Do espírito das leis

FUNDAÇÃO EDITORA DA UNESP

Presidente do Conselho Curador
Mário Sérgio Vasconcelos

Diretor-Presidente / Publisher
Jézio Hernani Bomfim Gutierre

Superintendente Administrativo e Financeiro
William de Souza Agostinho

Conselho Editorial Acadêmico
Divino José da Silva
Luís Antônio Francisco de Souza
Marcelo dos Santos Pereira
Patricia Porchat Pereira da Silva Knudsen
Paulo Celso Moura
Ricardo D'Elia Matheus
Sandra Aparecida Ferreira
Tatiana Noronha de Souza
Trajano Sardenberg
Valéria dos Santos Guimarães

Editores-Adjuntos
Anderson Nobara
Leandro Rodrigues

MONTESQUIEU

Do espírito das leis

Tradução e notas
Thiago Vargas e Ciro Lourenço

Revisão técnica
Thomaz Kawauche

© 2023 Editora Unesp
Título original: *De l'esprit des lois*

Direitos de publicação reservados à:
Fundação Editora da Unesp (FEU)
Praça da Sé, 108
01001-900 – São Paulo – SP
Tel.: (0xx11) 3242-7171
Fax: (0xx11) 3242-7172
www.editoraunesp.com.br
www.livrariaunesp.com.br
atendimento.editora@unesp.br

Dados Internacionais de Catalogação na Publicação (CIP) de acordo com ISBD
Elaborado por Vagner Rodolfo da Silva – CRB-8/9410

M779e
   Montesquieu
      Do espírito das leis / Montesquieu; traduzido por Thiago Vargas, Ciro Lourenço. – São Paulo: Editora Unesp, 2023.

      Tradução de: *De l'esprit des lois*
      Inclui bibliografia.
      ISBN: 978-65-5711-171-0

      1. Direito. 2. Filosofia. 3. Administração pública. 4. Leis. 4. Montesquieu. I. Vargas, Thiago. II. Lourenço, Ciro. III. Título.

   2023-521   CDD 340
                                                          CDU 34

Editora afiliada:

Sumário

Apresentação: A ciência política de Montesquieu . *35*

Nota sobre a presente tradução . *53*

Do espírito das leis

Advertência do autor . *57*

Prefácio . *59*

Primeira parte

Livro I. Das leis em geral . *65*

    Capítulo Primeiro – Das leis, na relação que possuem com os diversos seres . *65*

    Capítulo II – Das leis da natureza . 68

    Capítulo III – Das leis positivas . 69

Livro II. Das leis que derivam diretamente da natureza do governo . *73*

    Capítulo Primeiro – Da natureza dos três diversos governos . *73*

    Capítulo II – Do governo republicano e das leis relativas à democracia . *73*

Capítulo III – Das leis relativas à natureza da aristocracia . *79*

Capítulo IV – Das leis em sua relação com a natureza do governo monárquico . *81*

Capítulo V – Das leis relativas à natureza do Estado despótico . *84*

Livro III. Dos princípios dos três governos . *87*

Capítulo Primeiro – Diferença da natureza do governo e de seu princípio . *87*

Capítulo II – Do princípio dos diversos governos . *87*

Capítulo III – Do princípio da democracia . *88*

Capítulo IV – Do princípio da aristocracia . *90*

Capítulo V – Que a virtude não é o princípio do governo monárquico . *91*

Capítulo VI – Como se supre a virtude no governo monárquico . *93*

Capítulo VII – Do princípio da monarquia . *93*

Capítulo VIII – Que a honra não é o princípio dos Estados despóticos . *94*

Capítulo IX – Do princípio do governo despótico . *95*

Capítulo X – Diferença da obediência nos governos moderados e nos governos despóticos . *96*

Capítulo XI – Reflexão sobre tudo isso . *98*

Livro IV. Que as leis da educação devem ser relativas aos princípios do governo . *99*

Capítulo Primeiro – Das leis da educação . *99*

Capítulo II – Da educação nas monarquias . *99*

Capítulo III – Da educação no governo despótico . *103*

Capítulo IV – Diferença dos efeitos da educação entre os antigos e entre nós . *103*

Capítulo V – Da educação no governo republicano . *104*

Capítulo VI – De algumas instituições gregas . *105*

Capítulo VII – Em quais casos essas instituições singulares podem ser boas . *107*

Capítulo VIII – Explicação de um paradoxo dos antigos em relação aos costumes . *108*

Do espírito das leis

Livro V. Que as leis que o legislador oferece devem ser relativas ao princípio do governo . *113*

Capítulo Primeiro – Ideia deste livro . *113*

Capítulo II – O que é a virtude no Estado político . *113*

Capítulo III – O que é o amor pela república na democracia . *114*

Capítulo IV – Como se inspira o amor pela igualdade e pela frugalidade . *115*

Capítulo V – Como as leis estabelecem a igualdade na democracia . *115*

Capítulo VI – Como as leis devem conservar a frugalidade na democracia . *119*

Capítulo VII – Outros meios de favorecer o princípio da democracia . *120*

Capítulo VIII – Como as leis devem se relacionar com o princípio do governo na aristocracia . *123*

Capítulo IX – Como as leis são relativas ao seu princípio na monarquia . *128*

Capítulo X – Da prontidão da execução na monarquia . *129*

Capítulo XI – Da excelência do governo monárquico . *130*

Capítulo XII – Continuação do mesmo assunto . *131*

Capítulo XIII – Ideia do despotismo . *132*

Capítulo XIV – Como as leis são relativas ao princípio do governo despótico . *132*

Capítulo XV – Continuação do mesmo assunto . *137*

Capítulo XVI – Da comunicação do poder . *139*

Capítulo XVII – Dos presentes . *140*

Capítulo XVIII – Das recompensas que o soberano oferece . *141*

Capítulo XIX – Novas consequências dos princípios dos três governos . *142*

Livro VI. Consequências dos princípios dos diversos governos em relação à simplicidade das leis civis e criminais, à forma dos julgamentos e ao estabelecimento das penas . *147*

Capítulo Primeiro – Da simplicidade das leis civis nos diversos governos . *147*

Capítulo II – Da simplicidade das leis criminais nos diversos governos . *150*

Capítulo III – Em quais governos e em quais casos deve-se julgar segundo um texto preciso da lei . *151*

Capítulo IV – Da maneira de formar os julgamentos . *152*

Capítulo V – Em qual governo o soberano pode ser juiz . *153*

Capítulo VI – Que, na monarquia, os ministros não devam julgar . *156*

Capítulo VII – Do magistrado único . *157*

Capítulo VIII – Das acusações nos diversos governos . *157*

Capítulo IX – Da severidade das penas nos diversos governos . *158*

Capítulo X – Das antigas leis francesas . *159*

Capítulo XI – Que poucas penas são necessárias quando um povo é virtuoso . *160*

Capítulo XII – Do poder das penas . *161*

Capítulo XIII – Impotência das leis japonesas . *162*

Capítulo XIV – Do espírito do Senado de Roma . *165*

Capítulo XV – Das leis romanas em relação às penas . *165*

Capítulo XVI – Da justa proporção das penas com o crime . *167*

Capítulo XVII – Da tortura ou da tortura contra os criminosos . *169*

Capítulo XVIII – Das penas pecuniárias e das penas corporais . *170*

Capítulo XIX – Da lei do talião . *170*

Capítulo XX – Da punição dos pais por seus filhos . *171*

Capítulo XXI – Da clemência do príncipe . *171*

Livro VII. Consequências dos diferentes princípios dos três governos em relação às leis suntuárias, ao luxo e à condição das mulheres . *173*

Capítulo Primeiro – Do luxo . *173*

Capítulo II – Das leis suntuárias na democracia . *175*

Capítulo III – Das leis suntuárias na aristocracia . *176*

Capítulo IV – Das leis suntuárias nas monarquias . *177*

Capítulo V – Em quais casos as leis suntuárias são úteis em uma monarquia . *178*

Do espírito das leis

Capítulo VI – Do luxo na China . *179*

Capítulo VII – Fatal consequência do luxo na China . *181*

Capítulo VIII – Da continência pública . *181*

Capítulo IX – Da condição das mulheres nos diversos governos . *182*

Capítulo X – Do tribunal doméstico entre os romanos . *183*

Capítulo XI – Como as instituições mudaram, em Roma, com o governo . *184*

Capítulo XII – Da tutela das mulheres entre os romanos . *185*

Capítulo XIII – Das penas estabelecidas pelos imperadores contra a devassidão das mulheres . *185*

Capítulo XIV – Leis suntuárias entre os romanos . *187*

Capítulo XV – Dos dotes e das vantagens nupciais nas diversas constituições . *188*

Capítulo XVI – Belas práticas dos samnitas . *188*

Capítulo XVII – Da administração pelas mulheres . *189*

Livro VIII. Da corrupção dos princípios dos três governos . *191*

Capítulo Primeiro – Ideia geral deste livro . *191*

Capítulo II – Da corrupção do princípio da democracia . *191*

Capítulo III – Do espírito da igualdade extrema . *193*

Capítulo IV – Causa particular da corrupção do povo . *194*

Capítulo V – Da corrupção do princípio da aristocracia . *194*

Capítulo VI – Da corrupção do princípio da monarquia . *196*

Capítulo VII – Continuação do mesmo assunto . *196*

Capítulo VIII – Perigo da corrupção do princípio do governo monárquico . *197*

Capítulo IX – O quanto a nobreza está disposta a defender o trono . *198*

Capítulo X – Da corrupção do princípio do governo despótico . *199*

Capítulo XI – Efeitos naturais da bondade e da corrupção dos princípios . *199*

Capítulo XII – Continuação do mesmo assunto . *201*

Capítulo XIII – Efeito do juramento entre um povo virtuoso . *202*

Capítulo XIV – Como a menor mudança na constituição produz a ruína dos princípios . *203*

Capítulo XV – Meios muito eficazes para a conservação dos três princípios . *204*

Capítulo XVI – Propriedades distintivas da república . *204*

Capítulo XVII – Propriedades distintivas da monarquia . *205*

Capítulo XVIII – Que a monarquia da Espanha era um caso particular . *206*

Capítulo XIX – Propriedades distintivas do governo despótico . *206*

Capítulo XX – Consequência dos capítulos precedentes . *207*

Capítulo XXI – Do império da China . *207*

Segunda parte

Livro IX. Das leis na relação que possuem com a força defensiva . *213*

Capítulo Primeiro – Como as repúblicas providenciam sua segurança . *213*

Capítulo II – Que a constituição federativa deve ser composta de Estados da mesma natureza, sobretudo de Estados republicanos . *215*

Capítulo III – Outras coisas exigidas na república federativa . *215*

Capítulo IV – Como os Estados despóticos providenciam sua segurança . *216*

Capítulo V – Como a monarquia providencia sua segurança . *217*

Capítulo VI – Da força defensiva dos Estado em geral . *217*

Capítulo VII – Reflexões . *218*

Capítulo VIII – Caso em que a força defensiva de um Estado é inferior à sua força ofensiva . *219*

Capítulo IX – Da força relativa dos Estados . *219*

Capítulo X – Da fraqueza dos Estados vizinhos . *220*

Livro X. Das leis na relação que possuem com a força ofensiva . *221*

Capítulo Primeiro – Da força ofensiva . *221*

Capítulo II – Da guerra . *221*

Capítulo III – Do direito de conquista . *222*

Capítulo IV – Algumas vantagens do povo conquistado . 224

Capítulo V – Gelão, rei de Siracusa . 226

Capítulo VI – De uma república que conquista . 226

Capítulo VII – Continuação do mesmo assunto . 228

Capítulo VIII – Continuação do mesmo assunto . 228

Capítulo IX – De uma monarquia que conquista sua circunvizinhança . 228

Capítulo X – De uma monarquia que conquista uma outra monarquia . 230

Capítulo XI – Dos costumes de um povo vencido . 230

Capítulo XII – De uma lei de Ciro . 230

Capítulo XIII – Carlos XII . 231

Capítulo XIV – Alexandre . 232

Capítulo XV – Novos meios de conservar a conquista . 236

Capítulo XVI – De um Estado despótico que conquista . 237

Capítulo XVII – Continuação do mesmo assunto . 237

Livro XI. Das leis que formam a liberdade política em sua relação com a constituição . 239

Capítulo Primeiro – Ideia geral . 239

Capítulo II – Diversos significados atribuídos à palavra *liberdade* . 239

Capítulo III – O que é a liberdade . 240

Capítulo IV – Continuação do mesmo assunto . 241

Capítulo V – Do objetivo dos diversos Estados . 241

Capítulo VI – Da constituição da Inglaterra . 242

Capítulo VII – Das monarquias que conhecemos . 254

Capítulo VIII – Por que os antigos não tinham uma ideia muito clara da monarquia . 254

Capítulo IX – Maneira de pensar de Aristóteles . 255

Capítulo X – Maneira de pensar dos outros políticos . 256

Capítulo XI – Reis dos tempos heroicos entre os gregos . 256

Capítulo XII – Do governo dos reis de Roma e como os três poderes foram ali distribuídos . 257

Capítulo XIII – Reflexões gerais sobre o estado de Roma após a expulsão dos reis . 259

Capítulo XIV – Como a distribuição dos três poderes começou a mudar após a expulsão dos reis . 260

Capítulo XV – Como, durante a prosperidade da república, Roma de repente perdeu sua liberdade . 262

Capítulo XVI – Do poder legislativo na república romana . 264

Capítulo XVII – Do poder executivo na mesma república . 265

Capítulo XVIII – Do poder de julgar no governo de Roma . 266

Capítulo XIX – Do governo das províncias romanas . 273

Capítulo XX – Fim deste livro . 275

Livro XII. Das leis que formam a liberdade política em sua relação com o cidadão . 277

Capítulo Primeiro – Ideia deste livro . 277

Capítulo II – Da liberdade do cidadão . 278

Capítulo III – Continuação do mesmo assunto . 279

Capítulo IV – Que a liberdade é favorecida pela natureza da pena e por sua proporção . 279

Capítulo V – De certas acusações que precisam de particular moderação e prudência . 282

Capítulo VI – Do crime contra a natureza . 283

Capítulo VII – Do crime de lesa-majestade . 285

Capítulo VIII – Da má aplicação do nome de crime de sacrilégio e de lesa-majestade . 285

Capítulo IX – Continuação do mesmo assunto . 287

Capítulo X – Continuação do mesmo assunto . 288

Capítulo XI – Dos pensamentos . 288

Capítulo XII – Das palavras indiscretas . 288

Do espírito das leis

Capítulo XIII – Dos escritos . *290*

Capítulo XIV – Violação do pudor na punição dos crimes . *291*

Capítulo XV – Da libertação do escravo para acusar o senhor . *292*

Capítulo XVI – Calúnia no crime de lesa-majestade . *292*

Capítulo XVII – Da revelação das conspirações . *293*

Capítulo XVIII – O quanto é perigoso nas repúblicas punir excessivamente o crime de lesa-majestade . *293*

Capítulo XIX – Como o uso da liberdade é suspenso na república . *295*

Capítulo XX – Das leis favoráveis à liberdade do cidadão na república . *296*

Capítulo XXI – Da crueldade das leis para com os devedores na república . *296*

Capítulo XXII – Das coisas que atacam a liberdade na monarquia . *298*

Capítulo XXIII – Dos espiões na monarquia . *299*

Capítulo XXIV – Das cartas anônimas . *299*

Capítulo XXV – Da maneira de governar na monarquia . *300*

Capítulo XXVI – Que, na monarquia, o príncipe deve ser acessível . *301*

Capítulo XXVII – Dos costumes do monarca . *301*

Capítulo XXVIII – As atenções que os monarcas devem aos seus súditos . *301*

Capítulo XXIX – Das leis civis próprias a introduzir um pouco de liberdade no governo despótico . *303*

Capítulo XXX – Continuação do mesmo assunto . *303*

Livro XIII. Das relações que a arrecadação dos tributos e a grandeza das receitas públicas possuem com a liberdade . *305*

Capítulo Primeiro – Das receitas do Estado . *305*

Capítulo II – Que é um mau raciocínio dizer que a grandeza dos tributos seja boa por si mesma . *306*

Capítulo III – Dos tributos nos países onde uma parte do povo é servo da gleba . *307*

Capítulo IV – De uma república em semelhante caso . *307*

Capítulo V – De uma monarquia em semelhante caso . *308*

Capítulo VI – De um Estado despótico em semelhante caso . *308*

Capítulo VII – Dos tributos nos países em que não há servidão da gleba . *309*

Capítulo VIII – Como a ilusão é conservada . *311*

Capítulo IX – De uma má espécie de imposto . *311*

Capítulo X – Que o tamanho dos tributos depende da natureza do governo . *312*

Capítulo XI – Das penas fiscais . *312*

Capítulo XII – Relação do tamanho dos tributos com a liberdade . *313*

Capítulo XIII – Em quais governos os tributos são suscetíveis de aumento . *314*

Capítulo XIV – Que a natureza dos tributos é relativa ao governo . *314*

Capítulo XV – Abuso da liberdade . *315*

Capítulo XVI – Das conquistas dos maometanos . *316*

Capítulo XVII – Do aumento das tropas . *316*

Capítulo XVIII – Da remessa dos tributos . *317*

Capítulo XIX – O que é mais conveniente ao príncipe e ao povo: a coleta privada ou a gestão pública dos impostos? . *318*

Capítulo XX – Dos cobradores de impostos . *320*

Terceira parte

Livro XIV. Das leis em sua relação com a natureza do clima . *323*

Capítulo Primeiro – Ideia geral . *323*

Capítulo II – Quanto os homens são diferentes nos diversos climas . *323*

Capítulo III – Contradição nos caráteres de certos povos meridionais . *327*

Capítulo IV – Causa da imutabilidade da religião, dos costumes, das maneiras e das leis nos países do Oriente . *328*

Capítulo V – Que os maus legisladores são os que favoreceram os vícios do clima, e os bons, os que a eles se opuseram . *328*

Do espírito das leis

Capítulo VI – Da cultura das terras nos climas quentes . *329*

Capítulo VII – Do monasticismo . *329*

Capítulo VIII – Bom costume da China . *330*

Capítulo IX – Meios de encorajar a indústria . *330*

Capítulo X – Das leis que têm relação com a sobriedade dos povos . *331*

Capítulo XI – Das leis que têm relação com as doenças do clima . *332*

Capítulo XII – Das leis contra aqueles que se suicidam . *334*

Capítulo XIII – Efeitos que resultam do clima da Inglaterra . *335*

Capítulo XIV – Outros efeitos do clima . *336*

Capítulo XV – Da diferente confiança que as leis depositam no povo segundo os climas . *337*

Livro XV. Como as leis da escravidão civil têm relação com a natureza do clima . *339*

Capítulo Primeiro – Da escravidão civil . *339*

Capítulo II – Origem do direito de escravidão entre os jurisconsultos romanos . *340*

Capítulo III – Outra origem do direito de escravidão . *342*

Capítulo IV – Outra origem do direito de escravidão . *342*

Capítulo V – Da escravidão dos negros . *343*

Capítulo VI – Verdadeira origem do direito de escravidão . *343*

Capítulo VII – Outra origem do direito de escravidão . *344*

Capítulo VIII – Inutilidade da escravidão entre nós . *345*

Capítulo IX – Das nações onde a liberdade civil é geralmente estabelecida . *346*

Capítulo X – Diversas espécies de escravidão . *346*

Capítulo XI – O que as leis devem fazer em relação à escravidão . *347*

Capítulo XII – Abuso da escravidão . *347*

Capítulo XIII – Perigo do número elevado de escravos . *348*

Capítulo XIV – Dos escravos armados . *349*

Capítulo XV – Continuação do mesmo assunto . *350*

Capítulo XVI – Precauções a tomar no governo moderado . *350*

Capítulo XVII – Regras a serem instituídas entre o senhor e os escravos . *352*

Capítulo XVIII – Das manumissões . *353*

Capítulo XIX – Dos manumissos e dos eunucos . *355*

Livro XVI. Como as leis da escravidão doméstica têm relação com a natureza do clima . *357*

Capítulo Primeiro – Da servidão doméstica . *357*

Capítulo II – Que nos países do sul há uma desigualdade natural nos dois sexos . *357*

Capítulo III – Que a pluralidade das mulheres depende muito de seu sustento . *359*

Capítulo IV – Da poligamia, suas diversas circunstâncias . *359*

Capítulo V – Razão de uma lei de Malabar . *360*

Capítulo VI – Da poligamia em si mesma . *360*

Capítulo VII – Da igualdade de tratamento no caso da pluralidade das mulheres . *361*

Capítulo VIII – Da separação entre as mulheres e os homens . *362*

Capítulo IX – Ligação do governo doméstico com o político . *362*

Capítulo X – Princípio da moral do Oriente . *363*

Capítulo XI – Da servidão doméstica independente da poligamia . *365*

Capítulo XII – Do pudor natural . *365*

Capítulo XIII – Do ciúme . *366*

Capítulo XIV – Do governo da casa no Oriente . *366*

Capítulo XV – Do divórcio e do repúdio . *367*

Capítulo XVI – Do repúdio e do divórcio entre os romanos . *368*

Livro XVII. Como as leis da servidão política têm relação com a natureza do clima . *371*

Capítulo Primeiro – Da servidão política . *371*

Capítulo II – Diferença dos povos em relação à coragem . *371*

Capítulo III – Do clima da Ásia . *372*

Capítulo IV – Consequência disso . *374*

Capítulo V – Que quando os povos do norte da Ásia e os do norte da Europa conquistaram, os efeitos da conquista não foram os mesmos . *375*

Capítulo VI – Nova causa física da servidão na Ásia e da liberdade na Europa . *376*

Capítulo VII – Da África e da América . *377*

Capítulo VIII – Da capital do império . *377*

Livro XVIII. Das leis na relação que possuem com a natureza do terreno . *379*

Capítulo Primeiro – Como a natureza do terreno influi sobre as leis . *379*

Capítulo II – Continuação do mesmo assunto . *380*

Capítulo III – Quais são os países mais cultivados . *380*

Capítulo IV – Novos efeitos da fertilidade e da esterilidade do país . *381*

Capítulo V – Dos povos das ilhas . *382*

Capítulo VI – Dos países formados pela indústria dos homens . *382*

Capítulo VII – Das obras dos homens . *383*

Capítulo VIII – Relação geral das leis . *383*

Capítulo IX – Do terreno da América . *384*

Capítulo X – Da quantidade de homens em relação com a maneira como conseguem sua subsistência . *384*

Capítulo XI – Dos povos selvagens e dos povos bárbaros . *384*

Capítulo XII – Do direito das gentes entre os povos que não cultivam as terras . *385*

Capítulo XIII – Das leis civis entre os povos que não cultivam as terras . *385*

Capítulo XIV – Do estado político dos povos que não cultivam as terras . *386*

Capítulo XV – Dos povos que conhecem o uso da moeda . *386*

Capítulo XVI – Das leis civis entre os povos que não conhecem o uso da moeda . *387*

Capítulo XVII – Das leis políticas entre os povos que não usam a moeda . 387

Capítulo XVIII – Força da superstição . 387

Capítulo XIX – Da liberdade dos árabes e da servidão dos tártaros . 388

Capítulo XX – Do direito das gentes dos tártaros . 389

Capítulo XXI – Lei civil dos tártaros . 389

Capítulo XXII – De uma lei civil dos povos germanos . 390

Capítulo XXIII – Da longa cabeleira dos reis francos . 395

Capítulo XXIV – Dos casamentos dos reis francos . 395

Capítulo XXV – Quilderico . 396

Capítulo XXVI – Da maioridade dos reis francos . 396

Capítulo XXVII – Continuação do mesmo assunto . 398

Capítulo XXVIII – Da adoção entre os germanos . 398

Capítulo XXIX – Espírito sanguinário dos reis francos . 399

Capítulo XXX – Das assembleias da nação entre os francos . 399

Capítulo XXXI – Da autoridade do clero na primeira dinastia . 400

Livro XIX. Das leis na relação que possuem com os princípios que formam o espírito geral, os costumes e as maneiras de uma nação . 403

Capítulo Primeiro – Do assunto deste livro . 403

Capítulo II – Para as melhores leis, quanto é necessário que os espíritos estejam preparados . 403

Capítulo III – Da tirania . 404

Capítulo IV – O que é o espírito geral . 405

Capítulo V – Quanto é preciso estar atento para não mudar o espírito geral de uma nação . 405

Capítulo VI – Que não é preciso corrigir tudo . 406

Capítulo VII – Dos atenienses e lacedemônios . 406

Capítulo VIII – Efeitos do humor sociável . 406

Capítulo IX – Da vaidade e do orgulho das nações . 407

Capítulo X – Do caráter dos espanhóis e dos chineses . 408

Do espírito das leis

Capítulo XI – Reflexão . *408*

Capítulo XII – Das maneiras e dos costumes no Estado despótico . *409*

Capítulo XIII – Das maneiras entre os chineses . *409*

Capítulo XIV – Quais são os meios naturais de mudar os costumes e as maneiras de uma nação . *410*

Capítulo XV – Influência do governo doméstico sobre o político . *411*

Capítulo XVI – Como alguns legisladores confundiram os princípios que governam os homens . *411*

Capítulo XVII – Propriedade particular do governo da China . *412*

Capítulo XVIII – Consequência do capítulo precedente . *413*

Capítulo XIX – Como é feita essa união da religião, das leis, dos costumes e das maneiras entre os chineses . *414*

Capítulo XX – Explicação de um paradoxo sobre os chineses . *415*

Capítulo XXI – Como as leis devem ser relativas aos costumes e às maneiras . *416*

Capítulo XXII – Continuação do mesmo assunto . *416*

Capítulo XXIII – Como as leis seguem os costumes . *417*

Capítulo XXIV – Continuação do mesmo assunto . *417*

Capítulo XXV – Continuação do mesmo assunto . *418*

Capítulo XXVI – Continuação do mesmo assunto . *418*

Capítulo XXVII – Como as leis podem contribuir para a formação dos costumes, das maneiras e do caráter de uma nação . *419*

Quarta parte

Livro XX. Das leis na relação que possuem com o comércio considerado em sua natureza e suas distinções . *431*

Invocação às musas . *431*

Capítulo Primeiro – Do comércio . *432*

Capítulo II – Do espírito do comércio . *433*

Capítulo III – Da pobreza dos povos . *434*

Capítulo IV – Do comércio nos diversos governos . *435*

Capítulo V – Dos povos que fizeram o comércio de economia . *436*

Capítulo VI – Alguns efeitos de uma grande navegação . *437*

Capítulo VII – Espírito da Inglaterra a respeito do comércio . *438*

Capítulo VIII – Como por vezes se colocaram entraves ao comércio de economia . *438*

Capítulo IX – Da exclusão em matéria de comércio . *439*

Capítulo X – Instituição apropriada ao comércio de economia . *440*

Capítulo XI – Continuação do mesmo assunto . *440*

Capítulo XII – Da liberdade do comércio . *441*

Capítulo XIII – O que destrói essa liberdade . *441*

Capítulo XIV – Das leis do comércio que levam ao confisco das mercadorias . *442*

Capítulo XV – Do constrangimento corporal . *442*

Capítulo XVI – Admirável lei . *443*

Capítulo XVII – Lei de Rodes . *443*

Capítulo XVIII – Dos juízes para o comércio . *444*

Capítulo XIX – Que o príncipe absolutamente não deve praticar o comércio . *444*

Capítulo XX – Continuação do mesmo assunto . *445*

Capítulo XXI – Do comércio da nobreza na monarquia . *445*

Capítulo XXII – Reflexão particular . *445*

Capítulo XXIII – Para quais nações é desvantajoso praticar o comércio . *447*

Livro XXI. Das leis na relação que possuem com o comércio considerado segundo as revoluções às quais esteve sujeito no mundo . *449*

Capítulo Primeiro – Algumas considerações gerais . *449*

Capítulo II – Dos povos da África . *450*

Capítulo III – Que as necessidades dos povos do sul são diferentes daquelas dos povos do norte . *450*

Capítulo IV – Principal diferença do comércio dos antigos com o comércio atual . *451*

Capítulo V – Outras diferenças . *451*

Capítulo VI – Do comércio dos antigos . *452*

Capítulo VII – Do comércio dos gregos . *458*

Capítulo VIII – Sobre Alexandre. Sua conquista . *461*

Capítulo IX – Do comércio dos reis gregos após Alexandre . *464*

Capítulo X – O périplo da África . *469*

Capítulo XI – Cartago e Marselha . *472*

Capítulo XII – Ilha de Delos e Mitrídates . *476*

Capítulo XIII – Do gênio dos romanos pela marinha . *478*

Capítulo XIV – Do gênio dos romanos para o comércio . *479*

Capítulo XV – Comércio dos romanos com os bárbaros . *480*

Capítulo XVI – Do comércio dos romanos com a Arábia e as Índias . *480*

Capítulo XVII – Do comércio após a destruição dos romanos no Ocidente . *484*

Capítulo XVIII – Regulamento particular . *485*

Capítulo XIX – Do comércio após o enfraquecimento dos romanos no Oriente . *485*

Capítulo XX – Como o comércio emergiu na Europa através da barbárie . *485*

Capítulo XXI – Descoberta de dois novos mundos: a condição da Europa a esse respeito . *488*

Capítulo XXII – Das riquezas que a Espanha extraiu da América . *492*

Capítulo XXIII – Problema . *496*

Livro XXII. Das leis na relação que possuem com o uso da moeda . *497*

Capítulo Primeiro – Razão do uso da moeda . *497*

Capítulo II – Da natureza da moeda . *498*

Capítulo III – Das moedas ideais . *500*

Capítulo IV – Da quantidade de ouro e de prata . *501*

Capítulo V – Continuação do mesmo assunto . *501*

Capítulo VI – Por qual razão o preço da usura diminui pela metade com a descoberta das Índias . *502*

Capítulo VII – Como os preços das coisas é fixado quando há variação das riquezas de signo . *502*

Capítulo VIII – Continuação do mesmo assunto . *503*

Capítulo IX – Da raridade relativa do ouro e da prata . *504*

Capítulo X – Do câmbio . *505*

Capítulo XI – Das operações que os romanos efetuaram sobre as moedas . *514*

Capítulo XII – Circunstâncias nas quais os romanos efetuaram suas operações sobre as moedas . *515*

Capítulo XIII – Operação sobre as moedas na época dos imperadores . *516*

Capítulo XIV – Como o câmbio incomoda os Estados despóticos . *517*

Capítulo XV – O uso de alguns países da Itália . *518*

Capítulo XVI – Do auxílio que o Estado pode obter dos banqueiros . *518*

Capítulo XVII – Das dívidas públicas . *519*

Capítulo XVIII – Do pagamento das dívidas públicas . *520*

Capítulo XIX – Dos empréstimos a juros . *521*

Capítulo XX – Das usuras marítimas . *522*

Capítulo XXI – Do empréstimo por contrato e da usura entre os romanos . *523*

Capítulo XXII – Continuação do mesmo assunto . *523*

Livro XXIII. Das leis em sua relação com a quantidade de habitantes . *529*

Capítulo Primeiro – Dos homens e dos animais em relação com a multiplicação de sua espécie . *529*

Capítulo II – Dos casamentos . *530*

Capítulo III – Da condição dos filhos . *531*

Capítulo IV – Das famílias . *531*

Capítulo V – Das diversas ordens de esposas legítimas . *531*

Do espírito das leis

Capítulo VI – Dos bastardos nos diversos governos . *532*

Capítulo VII – Do consentimento dos pais ao casamento . *533*

Capítulo VIII – Continuação do mesmo assunto . *534*

Capítulo IX – Das jovens . *534*

Capítulo X – O que determina o casamento . *535*

Capítulo XI – Da severidade do governo . *535*

Capítulo XII – Da quantidade de meninas e meninos nos diferentes países . *536*

Capítulo XIII – Das portas do mar . *536*

Capítulo XIV – Das produções da terra que exigem um número maior ou menor de homens . *537*

Capítulo XV – Da quantidade de habitantes em relação às artes . *538*

Capítulo XVI – Dos propósitos do legislador sobre a propagação da espécie . *539*

Capítulo XVII – Da Grécia e da quantidade de seus habitantes . *539*

Capítulo XVIII – Da condição dos povos antes dos romanos . *541*

Capítulo XIX – Despovoamento do universo . *541*

Capítulo XX – Que os romanos se encontraram na necessidade de fazer leis para a propagação da espécie . *542*

Capítulo XXI – Das leis romanas sobre a propagação da espécie . *543*

Capítulo XXII – Do abandono dos filhos . *554*

Capítulo XXIII – Da condição do mundo após a destruição dos romanos . *555*

Capítulo XXIV – Mudanças ocorridas na Europa em relação à quantidade de habitantes . *555*

Capítulo XXV – Continuação do mesmo assunto . *556*

Capítulo XXVI – Consequências . *557*

Capítulo XXVII – Da lei feita na França para encorajar a propagação da espécie . *557*

Capítulo XXVIII – Como é possível remediar o despovoamento . *557*

Capítulo XXIX – Dos asilos . *558*

Quinta parte

Livro XXIV. Das leis em sua relação com a religião estabelecida em cada país, considerada em suas práticas e em si mesma . 563

Capítulo Primeiro – Das religiões em geral . 563

Capítulo II – Paradoxo de Bayle . 564

Capítulo III – Que o governo moderado convém mais à religião cristã e o governo despótico, à maometana . 565

Capítulo IV – Consequências do caráter da religião cristã e da religião maometana . 566

Capítulo V – Que a religião católica convém mais a uma monarquia e que a protestante se acomoda melhor em uma república . 567

Capítulo VI – Outro paradoxo de Bayle . 567

Capítulo VII – Das leis de perfeição na religião . 568

Capítulo VIII – Do acordo das leis da moral com as da religião . 568

Capítulo IX – Dos essênios . 569

Capítulo X – Da seita estoica . 569

Capítulo XI – Da contemplação . 570

Capítulo XII – Das penitências . 571

Capítulo XIII – Dos crimes inexpiáveis . 571

Capítulo XIV – Como a força da religião se aplica à das leis civis . 572

Capítulo XV – Como as leis civis às vezes corrigem as falsas religiões . 573

Capítulo XVI – Como as leis da religião corrigem os inconvenientes da constituição política . 574

Capítulo XVII – Continuação do mesmo assunto . 575

Capítulo XVIII – Como as leis da religião têm efeito de leis civis . 575

Capítulo XIX – A veracidade ou falsidade de um dogma não o torna mais útil ou pernicioso aos homens no estado civil quanto ao uso ou abuso que dele se faz . 576

Capítulo XX – Continuação do mesmo assunto . 577

Capítulo XXI – Da metempsicose . 578

Do espírito das leis

Capítulo XXII – Quão perigoso é que a religião inspire horror por coisas indiferentes . *578*

Capítulo XXIII – Das festas . *579*

Capítulo XXIV – Das leis locais de religiões . *579*

Capítulo XXV – Inconvenientes da transferência de uma religião de um país para outro . *580*

Capítulo XXVI – Continuação do mesmo assunto . *581*

Livro XXV. Das leis em sua relação com o estabelecimento da religião de cada país e sua polícia externa . *583*

Capítulo Primeiro – Do sentimento pela religião . *583*

Capítulo II – Do motivo de afeição pelas diversas religiões . *583*

Capítulo III – Dos templos . *585*

Capítulo IV – Dos ministros da religião . *586*

Capítulo V – Dos limites que as leis devem estabelecer às riquezas do clero . *588*

Capítulo VI – Dos monastérios . *589*

Capítulo VII – Do luxo da superstição . *590*

Capítulo VIII – Do pontificado . *591*

Capítulo IX – Da tolerância em matéria de religião . *591*

Capítulo X – Continuação do mesmo assunto . *592*

Capítulo XI – Da mudança de religião . *592*

Capítulo XII – Das leis penais . *593*

Capítulo XIII – Humilíssima admoestação aos inquisidores da Espanha e de Portugal . *594*

Capítulo XIV – Por que a religião cristã é tão odiosa no Japão . *596*

Capítulo XV – Da propagação da religião . *596*

Livro XXVI. Das leis segundo a relação que devem ter com a ordem das coisas sobre as quais estatuem . *599*

Capítulo Primeiro – Ideia deste livro . *599*

Capítulo II – Das leis divinas e das leis humanas . *599*

Capítulo III – Das leis civis que são contrárias à lei natural . 600

Capítulo IV – Continuação do mesmo assunto . 601

Capítulo V – Um caso em que se pode julgar pelos princípios do direito civil modificando os princípios do direito natural . 602

Capítulo VI – Que a ordem de sucessões depende dos princípios do direito político ou civil e não dos princípios do direito natural . 603

Capítulo VII – Que não se pode decidir pelos preceitos da religião quando se trata daqueles da lei natural . 605

Capítulo VIII – Que não se pode regulamentar pelos princípios do direito dito canônico as coisas regulamentadas pelos princípios do direito civil . 606

Capítulo IX – Que as coisas que devem ser regulamentadas pelos princípios do direito civil raramente podem sê-lo pelos princípios das leis da religião . 607

Capítulo X – Em que caso se deve seguir a lei civil que permite e não a lei da religião que proíbe . 608

Capítulo XI – Que não se deve regulamentar os tribunais humanos pelas máximas dos tribunais que visam à outra vida . 609

Capítulo XII – Continuação do mesmo assunto . 609

Capítulo XIII – Em relação aos casamentos, em que caso se devem seguir as leis da religião e em que caso se devem seguir as leis civis . 609

Capítulo XIV – Em que casos, nos casamentos entre parentes, se deve regulamentar pelas leis da natureza e em que casos se deve regulamentar pelas leis civis . 611

Capítulo XV – Que não se deve regulamentar pelos princípios do direito político as coisas que dependem dos princípios do direito civil . 615

Capítulo XVI – Que não se deve decidir pelas regras do direito civil quando se trata de decidir pelas do direito político . 616

Capítulo XVII – Continuação do mesmo assunto . 617

Capítulo XVIII – Que é preciso examinar se as leis que parecem se contradizer são da mesma ordem . 618

Capítulo XIX – Que não se deve decidir pelas leis civis as coisas que devem sê-lo pelas leis domésticas . *619*

Capítulo XX – Que não se deve decidir pelos princípios das leis civis as coisas que pertencem ao direito das gentes . *619*

Capítulo XXI – Que não se deve decidir pelas leis políticas as coisas que pertencem ao direito das gentes . *620*

Capítulo XXII – Infeliz destino do inca Atahualpa . *620*

Capítulo XXIII – Que, quando por alguma circunstância a lei política destrói o Estado, deve-se decidir pela política que o conserva, a qual ocasionalmente se torna um direito das gentes . *621*

Capítulo XXIV – Que os regulamentos de polícia são de uma ordem diferente das outras leis civis . *622*

Capítulo XXV – Que não se devem seguir as disposições gerais do direito civil quando se trata de coisas que devem ser submetidas a regras particulares tiradas da sua própria natureza . *623*

Sexta parte

Livro XXVII. Da origem e das revoluções das leis dos romanos sobre as sucessões . *629*

Capítulo único . *629*

Livro XXVIII. Da origem e das revoluções das leis civis entre os franceses . *643*

Capítulo Primeiro – Do diferente caráter das leis dos povos germanos . *643*

Capítulo II – Que as leis bárbaras foram todas pessoais . *647*

Capítulo III – Diferença capital entre as leis sálicas e as leis dos visigodos e dos borguinhões . *648*

Capítulo IV – Como o direito romano caiu em desuso nos países sob domínio dos francos e se conservou nos países sob domínio dos godos e borguinhões . *650*

Capítulo V – Continuação do mesmo assunto . *653*

Capítulo VI – Como o direito romano se conservou no domínio dos lombardos . *653*

Capítulo VII – Como o direito romano caiu em desuso na Espanha . *654*

Capítulo VIII – Falso capitular . *656*

Capítulo IX – Como os códigos das leis dos bárbaros e os capitulares caíram em desuso . *656*

Capítulo X – Continuação do mesmo assunto . *658*

Capítulo XI – Outras causas da queda dos códigos das leis dos bárbaros, do direito romano e dos capitulares . *658*

Capítulo XII – Das práticas consuetudinárias locais. Revolução das leis dos povos bárbaros e do direito romano . *659*

Capítulo XIII – Diferença da Lei Sálica ou dos francos sálios com a dos francos ripuários e a de outros povos bárbaros . *661*

Capítulo XIV – Outra diferença . *662*

Capítulo XV – Reflexão . *663*

Capítulo XVI – Da prova por água fervente estabelecida pela Lei Sálica . *664*

Capítulo XVII – Maneira de pensar de nossos pais . *665*

Capítulo XVIII – Como a prova por combate se difundiu . *667*

Capítulo XIX – Nova razão do esquecimento das leis sálicas, das leis romanas e dos capitulares . *672*

Capítulo XX – Origem do ponto de honra . *673*

Capítulo XXI – Nova reflexão sobre o ponto de honra entre os germanos . *675*

Capítulo XXII – Dos costumes relativos aos combates . *675*

Capítulo XXIII – Da jurisprudência do combate judiciário . *677*

Capítulo XXIV – Regras estabelecidas no combate judiciário . *677*

Capítulo XXV – Dos limites que eram colocados ao uso do combate judiciário . *679*

Capítulo XXVI – Do combate judiciário entre uma das partes e uma das testemunhas . *681*

Capítulo XXVII – Do combate judiciário entre uma parte e um dos pares do senhor. Apelação contra falso julgamento . *683*

Do espírito das leis

Capítulo XXVIII – A apelação por negativa de prestação jurisdicional . 689

Capítulo XXIX – Época do reino de São Luís . 693

Capítulo XXX – Observação sobre as apelações . 696

Capítulo XXXI – Continuação do mesmo assunto . 697

Capítulo XXXII – Continuação do mesmo assunto . 697

Capítulo XXXIII – Continuação do mesmo assunto . 698

Capítulo XXXIV – Como o procedimento se tornou secreto . 699

Capítulo XXXV – Das custas . 700

Capítulo XXXVI – Da parte pública . 702

Capítulo XXXVII – Como os *Estabelecimentos* de São Luís caíram no esquecimento . 704

Capítulo XXXVIII – Continuação do mesmo assunto . 706

Capítulo XXXIX – Continuação do mesmo assunto . 708

Capítulo XL – Como se adotaram as formas judiciárias das decretais . 709

Capítulo XLI – Fluxo e refluxo da jurisdição eclesiástica e da jurisdição laica . 710

Capítulo XLII – Renascimento do direito romano e o que resultou disso. Mudanças nos tribunais . 712

Capítulo XLIII – Continuação do mesmo assunto . 714

Capítulo XLIV – Da prova por testemunhas . 715

Capítulo XLV – Dos costumes da França . 716

Livro XXIX. Da maneira de compor as leis . 719

Capítulo Primeiro – Do espírito do legislador . 719

Capítulo II – Continuação do mesmo assunto . 719

Capítulo III – Que as leis que parecem se distanciar dos desígnios do legislador frequentemente são conformes a eles . 720

Capítulo IV – Das leis que colidem com os desígnios do legislador . 720

Capítulo V – Continuação do mesmo assunto . 721

Capítulo VI – Que as leis que parecem as mesmas nem sempre possuem o mesmo efeito . 721

Capítulo VII – Continuação do mesmo assunto. Necessidade de bem compor as leis . 722

Capítulo VIII – Que as leis que parecem as mesmas nem sempre possuem o mesmo motivo . 723

Capítulo IX – Que as leis gregas e romanas, sem possuírem os mesmos motivos, puniram o homicídio de si mesmo . 723

Capítulo X – Que as leis que parecem contrárias derivam algumas vezes do mesmo espírito . 724

Capítulo XI – De qual maneira duas leis diversas podem ser comparadas . 725

Capítulo XII – Que as leis que parecem as mesmas são, por vezes, realmente diferentes . 726

Capítulo XIII – Que não se devem separar as leis do objeto para o qual elas são feitas. Das leis romanas sobre o roubo . 726

Capítulo XIV – Que não se devem separar as leis das circunstâncias nas quais elas foram feitas . 728

Capítulo XV – Que por vezes é bom que uma lei corrija a si mesma . 729

Capítulo XVI – Coisas a se observar na composição das leis . 729

Capítulo XVII – Maneira ruim de outorgar as leis . 734

Capítulo XVIII – Das ideias de uniformidade . 735

Capítulo XIX – Dos legisladores . 735

Livro XXX. Teoria das leis feudais entre os francos, na relação que possuem com o estabelecimento da monarquia . 737

Capítulo Primeiro – Das leis feudais . 737

Capítulo II – Das fontes das leis feudais . 738

Capítulo III – Origem da vassalagem . 738

Capítulo IV – Continuação do mesmo assunto . 739

Capítulo V – Da conquista dos francos . 740

Capítulo VI – Dos godos, borguinhões e francos . 741

Capítulo VII – Diferentes maneiras de repartir as terras . 741

Capítulo VIII – Continuação do mesmo assunto . 742

Do espírito das leis

Capítulo IX – Justa aplicação da Lei dos Borguinhões e dos Visigodos sobre a partilha das terras . *743*

Capítulo X – Das servidões . *744*

Capítulo XI – Continuação do mesmo assunto . *745*

Capítulo XII – Que as terras da repartição dos bárbaros não pagavam tributos . *748*

Capítulo XIII – Quais eram os encargos dos romanos e dos gauleses na monarquia dos francos . *751*

Capítulo XIV – Do que se denominava *census* . *754*

Capítulo XV – Que a cobrança daquilo que se denominava *census* incidia apenas sobre os servos e não sobre os homens livres . *755*

Capítulo XVI – Dos leudes ou vassalos . *758*

Capítulo XVII – Do serviço militar dos homens livres . *759*

Capítulo XVIII – Do duplo serviço . *762*

Capítulo XIX – Da composição entre os povos bárbaros . *765*

Capítulo XX – Daquilo que desde então se denomina justiça dos senhores . *769*

Capítulo XXI – Da justiça territorial das igrejas . *773*

Capítulo XXII – Que as justiças se estabeleceram antes do fim da segunda dinastia . *775*

Capítulo XXIII – Ideia geral do livro *Estabelecimento da monarquia francesa nas Gálias*, do abade Dubos . *778*

Capítulo XXIV – Continuação do mesmo assunto. Reflexão sobre o cerne do sistema . *779*

Capítulo XXV – Da nobreza francesa . *782*

Livro XXXI. Teoria das leis feudais entre os francos, na relação que possuem com as revoluções de sua monarquia . *789*

Capítulo Primeiro – Mudanças nos ofícios e feudos . *789*

Capítulo II – Como o governo civil foi reformado . *792*

Capítulo III – Autoridade dos prefeitos do palácio . *795*

31

Capítulo IV – Qual era o gênio da nação no que concerne aos prefeitos . 797

Capítulo V – Como os prefeitos obtiveram o comando dos exércitos . 798

Capítulo VI – Segunda época do aviltamento dos reis da primeira dinastia . 800

Capítulo VII – Dos grandes ofícios e dos feudos sob os prefeitos do palácio . 801

Capítulo VIII – Como os alódios foram transformados em feudos . 802

Capítulo IX – Como os bens eclesiásticos foram convertidos em feudos . 805

Capítulo X – Riquezas do clero . 806

Capítulo XI – Estado da Europa na época de Carlos Martel . 807

Capítulo XII – Estabelecimento dos dízimos . 810

Capítulo XIII – Das eleições para os bispados e abadias . 813

Capítulo XIV – Dos feudos de Carlos Martel . 814

Capítulo XV – Continuação do mesmo assunto . 814

Capítulo XVI – Confusão da realeza e da prefeitura. Segunda dinastia . 815

Capítulo XVII – Particularidade na eleição dos reis da segunda dinastia . 816

Capítulo XVIII – Carlos Magno . 818

Capítulo XIX – Continuação do mesmo assunto . 819

Capítulo XX – Luís, o Bonachão . 820

Capítulo XXI – Continuação do mesmo assunto . 822

Capítulo XXII – Continuação do mesmo assunto . 823

Capítulo XXIII – Continuação do mesmo assunto . 824

Capítulo XXIV – Que os homens livres foram tornados capazes de possuir feudos . 827

Capítulo XXV – Causa principal do enfraquecimento da segunda dinastia. Mudança nos alódios . 828

Capítulo XXVI – Mudança nos feudos . 830

Capítulo XXVII – Outra mudança ocorrida nos feudos . 832

Capítulo XXVIII – Mudanças ocorridas nos grandes ofícios e nos feudos . 833

Capítulo XXIX – Da natureza dos feudos a partir do reinado de Carlos, o Calvo . *834*

Capítulo XXX – Continuação do mesmo assunto . *835*

Capítulo XXXI – Como o império deixou a casa de Carlos Magno . *837*

Capítulo XXXII – Como a coroa da França passou para a casa de Hugo Capeto . *837*

Capítulo XXXIII – Algumas consequências da perpetuidade dos feudos . *839*

Capítulo XXXIV – Continuação do mesmo assunto . *844*

Defesa do *Espírito das leis* . *847*

Primeira parte . *847*

Segunda parte . *862*

Terceira parte . *885*

Esclarecimentos sobre o *Espírito das leis* . *891*

Referências bibliográficas . *895*

Índice onomástico . *909*

Cronologia dos governos nas dinastias dos merovíngios, carolíngios e capetos . *917*

Apresentação
A ciência política de Montesquieu

Com trechos concebidos durante a intensa vida social parisiense e outros em períodos de laboriosos compromissos em Bordeaux, o *Espírito das leis* (1748) foi fundamentalmente redigido na calma bucólica de La Brède. Entre os cuidados rurais e a gerência de sua propriedade, Montesquieu também encontrou a tranquilidade necessária para desfrutar de sua biblioteca, reunir materiais, ler suas fontes e, finalmente, dedicar-se à preparação do livro que o faria ser lembrado pela posteridade.

Mais de duas décadas antes do lançamento de sua grande obra, Montesquieu já tivera a oportunidade de experimentar um relativo reconhecimento literário. Aos 32 anos, publica o estrondoso sucesso de público *Cartas persas* (1721), romance epistolar no qual dois persas em viagem pela França registram suas observações sobre os costumes ocidentais. Nesse clássico da literatura filosófica já encontramos a perspectiva relativista mais tarde desenvolvida pelo *Espírito das leis*. Embora as *Cartas persas* tenham sido publicadas anonimamente, parte considerável do círculo intelectual francês, sobretudo os membros da Academia de Bordeaux (na qual Montesquieu havia sido admitido em 1716), sabiam da verdadeira autoria da publicação. Animado com o êxito de seu livro, Montesquieu começa então a alimentar maiores pretensões e passa a realizar visitas regulares a Paris, frequentando os salões da sociedade letrada.[1]

---

1 Sobre a vida de Montesquieu, conferir a indispensável biografia escrita por Shackleton, *Montesquieu: A Critical Biography*.

Em seguida, dedica-se à escrita de dissertações e ensaios sobre variados temas e, no final daquela década, reside durante um ano em Paris (1727), transitando pela Áustria para depois passar temporadas na Itália (1728-1729) e na Inglaterra (1729-1731). Suas impressões foram relatadas em diários de viagem, nos quais lemos observações sobre cultura, religião, política, história, economia, descrições de personalidades com as quais se encontrou, dentre outras. Em maio de 1731, quando regressa para a França, notavelmente inspirado após suas viagens e incentivado pelos amigos, Montesquieu decide reacomodar-se em La Brède para escrever sua grande obra.

Entre 1734 e 1735, começa a realizar o projeto de escrita do *Espírito das leis*, embora a ideia de publicar um tratado contendo reflexões relativas aos mais variados campos de conhecimento fosse muito mais antiga e resultado de uma longa maturação intelectual. O próprio autor nos revela sua ambição em uma carta datada de março de 1749, em que reflete a respeito de seu recém-lançado livro:

> Posso dizer que trabalhei nele a minha vida inteira. Ao concluir a escola, puseram-me nas mãos livros de Direito: busquei seu espírito, trabalhei, mas não fiz nada que valha. Há vinte anos descobri meus princípios: são muito simples. Outra pessoa que tivesse trabalhado o tanto quanto eu o teria feito melhor. Confesso, no entanto, que essa obra pensou em me matar.[2]

Um relato semelhante seria inicialmente inserido no próprio prefácio do *Espírito das leis*, como lemos em um trecho de *Meus pensamentos*: "passei vinte anos de minha vida neste trabalho, e estive bem longe de ter dedicado tempo o bastante a ele" (*MP*, n.1924).[3] Consagrando boa parte de seus dias à escrita de seu livro e com o agravamento de seus problemas de visão a partir de 1747 (o que faria que dependesse cada vez mais da ajuda de secretários para realizar suas tarefas de escritor), não sem motivos Montesquieu encontrava-se

---

2 Carta a Solar, 7 mar. 1749, em *Correspondance de Montesquieu*, v.2, Carta 433, p.145.

3 Sobre o uso da numeração dos *Meus pensamentos*, ver neste volume a "Nota sobre a presente tradução", na p.53.

satisfeito por ter concluído seu projeto: dizia sentir-se aliviado e feliz como um jovem que acabara de sair do colégio.[4]

Visando escapar da censura, sobretudo por abordar temas ligados à religião e à política, Montesquieu envia o texto para ser impresso em Genebra, na Suíça, sem que inicialmente seu nome constasse no manuscrito. Tamanho plano de discrição não duraria muito: afinal, todos sabiam quem era o autor que preparava uma extensa obra envolvendo análises históricas e jurisprudenciais – ou, como ele próprio definia, fazia o trabalho de um "historiador e jurisconsulto" e escrevera um "livro de Direito".[5] Além de certa dificuldade de tratamento dos manuscritos (pois muitas vezes, como indicado, estes foram redigidos ou recopiados por seus secretários), ao longo da impressão Montesquieu ainda enviaria diversas correções e adições, fazendo que a primeira edição fosse emendada com os chamados *cartons*, isto é, páginas acrescentadas e coladas após a impressão final. O editor Jacob Vernet, já tendo tratado das primeiras provas, é responsável por realizar as derradeiras revisões e correções, além de sugerir o longo subtítulo do livro.

O *Espírito das leis* é então lançado em 1748, sendo calorosamente acolhido: rapidamente os exemplares se esgotam e cópias piratas passam a circular nas livrarias, fazendo que uma nova edição fosse impressa em Paris. No entanto, o sucesso fulgurante foi imediatamente acompanhado por críticas. A obra entra no *Index* em 1751 e, em seguida, diversos de seus trechos são alvos de censura por parte da Sorbonne. Além disso, o livro torna-se alvo de objeções dos jesuítas do *Journal de Trévoux* e de virulentos ataques dos jansenistas das *Nouvelles Ecclésiastiques*, que o acusaram de promover o ateísmo, o espinosismo, e de ser um "sectário da religião natural". A investida faz com que o filósofo retome a pluma para elaborar a *Defesa do* Espírito das leis, de 1750, escrita em terceira pessoa e publicada anonimamente. Já em 1752 é organizada uma coletânea intitulada *Peças contra e a favor do* Espírito das leis, na qual figura o texto *Esclarecimentos sobre o* Espírito das leis, também redigido por Montesquieu.

---

4 Carta a Maupertuis, final de jun. 1747, em *Correspondance de Montesquieu*, v.1, Carta 352, p.446.

5 Cf. *Defesa do* Espírito das leis.

Em 10 de fevereiro de 1755, após uma aguda crise febril e o agravamento rápido de seu estado de saúde, Montesquieu falece em Paris. Em 1757 é lançada uma edição póstuma do *Espírito das leis* com todas as correções e adições indicadas pelo autor. Essa última versão, considerada a mais próxima dos desígnios de Montesquieu, serviu de base para a presente tradução. Além disso, ambas as peças de defesa citadas acompanham este volume da Editora Unesp.

Em mais de uma ocasião Montesquieu conta que, apesar de trabalhoso, o processo de realização do *Espírito das leis* não deixou de ser prazeroso e de lhe propiciar momentos de contentamento. Desde seu ingresso no respeitado Collège de Juilly (1700-1705), para continuar sua formação na faculdade de Direito da Universidade de Bordeaux (1705-1708), seguido de um período de estudos em Paris (1709-1713), o barão de La Brède sempre encontrara prazer na leitura de clássicos da filosofia, da história, do direito, das ciências e na análise da jurisprudência romana e francesa. Seu admirável vigor intelectual, cuja grandeza talvez somente fosse proporcional à sua curiosidade pelos mais diversos assuntos, reflete-se no extenso número de matérias abordadas na obra: dos diferentes métodos de construções de barcos e das variadas formas de navegação; das análises geográficas, hidrográficas, climáticas; das reflexões sobre a história do comércio, da moeda, das críticas ao mercantilismo; do minucioso e erudito exame do direito romano e de sua incorporação e transformação pelos povos bárbaros; da pesquisa sobre institutos jurídicos relativos aos contratos, casamentos, sucessões, às penas e aos crimes; do recurso aos tratados científicos de sua época, sobretudo de medicina; da leitura dos textos clássicos latinos e gregos como Cícero, Plutarco, Platão, Aristóteles; da utilização das mais variadas obras filosóficas, políticas, morais. Montesquieu revelava ter plena consciência da dimensão de seu trabalho: "essa obra tem como objeto as leis, os costumes e os diversos usos de todos os povos da Terra. Pode-se dizer que o assunto dela é vasto, porque abarca todas as instituições recepcionadas entre os homens", conforme escreve na *Defesa*.

Sua maneira de encarar os estudos e a consciência da singularidade de seu empreendimento são manifestadas desde pelo menos 1741, anos antes da publicação do *Espírito das leis*, período no qual seu trabalho de redação se

Do espírito das leis

intensifica. Escrevendo para Jean Barbot, um de seus amigos da Academia de Bordeaux, Montesquieu faz a seguinte confissão: "a respeito das minhas *Leis*, trabalho nelas oito horas por dia. A obra é imensa [...]. Mal posso esperar para mostrá-la a você. Estou extremamente entusiasmado com ela: sou meu primeiro admirador, me pergunto se serei o último".[6]

A história não tardou a oferecer uma resposta a essa questão: desde o lançamento do *Espírito das leis*, a lista de leitores e admiradores de Montesquieu nunca parou de crescer. D'Alembert, no verbete *Elogio ao sr. Presidente de Montesquieu* (inserido como introdução ao volume 5 da *Enciclopédia*), atribui a ele a dignidade de benfeitor da humanidade e o enaltece como inspiração fundamental para o empreendimento enciclopédico. Diderot e Jaucourt utilizam fartamente passagens do *Espírito das leis* em seus verbetes para a *Enciclopédia*; além disso, a pedido dos próprios editores, Montesquieu chega a contribuir com parte da entrada "Gosto (*Gôut*)", publicada postumamente. Voltaire reconhece-o como um dos responsáveis por resgatar os títulos do gênero humano. Mesmo adversários teóricos e com visões antagônicas sobre temas econômicos, tais como o fervoroso fisiocrata Du Pont de Nemours, em contraposição ao defensor do "sistema de comércio" Véron de Forbonnais, encontram-se de acordo sobre o marco filosófico ocasionado pelo livro publicado em 1748. A importância da análise do direito penal e das reflexões sobre a proporção das penas feitas no *Espírito das leis* influenciou decisivamente Cesare Beccaria. O que dizer então de Rousseau, provavelmente o mais célebre – e talvez um dos mais rebeldes – dos discípulos de Montesquieu? Do *Discurso sobre a desigualdade* às *Considerações sobre o governo da Polônia*, passando pelo *Contrato* e pelo *Emílio*, Rousseau é confessadamente um devedor e continuador dos caminhos abertos pelo *Espírito das leis*, obra que ele fichou, leu e releu detalhadamente desde o ano em que foi lançada.

Atravessando o canal da Mancha, o *Espírito das leis* foi igualmente bem recepcionado. David Hume elogia o "genial e erudito" Montesquieu, responsável por estabelecer um "sistema de ciência política que está repleto de ideias brilhantes e engenhosas".[7] As ideias contidas sobretudo na Quarta

---

6 Carta a Barbot, 20 dez. 1741, em *Correspondance de Montesquieu*, v.I, Carta 285, p.360.
7 Hume, *Uma investigação sobre os princípios da moral*, p.49.

Parte foram centrais para o pensamento político e econômico característico das Luzes britânicas, e o livro recebeu sucessivas edições em língua inglesa a partir de 1750, ano em que foi publicado em Edimburgo. John Millar, escrevendo a respeito do curso "História da sociedade civil", ministrado por Adam Smith, seu professor na Universidade de Glasgow, faz uma célebre afirmação: "o grande Montesquieu apontou o caminho. Ele era o Lord Bacon nesse ramo da filosofia. O dr. Smith é o Newton".[8] Poderíamos ainda lembrar o prestígio de Montesquieu entre historiadores britânicos tais como William Robertson. Além disso, conforme avalia Richard Sher, os autores do iluminismo escocês "reconheciam a importância de Montesquieu na definição de problemas importantes da economia política".[9] Em poucas palavras, são por essas e outras razões que, segundo Donald Winch, "não pode haver dúvidas sobre a influência persuasiva do *Espírito das leis* em toda especulação política séria durante a segunda metade do século XVIII" e, continua, "isso era verdade para os escritores escoceses preocupados com a sociedade civil, assim como o era para os autores da república americana, para os quais a obra de Montesquieu permaneceu uma espécie de manual de formas alternativas de política".[10]

Se navegarmos em direção ao outro lado do Atlântico veremos o *Espírito das leis* se colocar como influência decisiva no contexto norte-americano. As reflexões que o livro faz sobre o modelo confederativo e sobre o equilíbrio entre poderes foram de suma importância para a formulação da constituição dos Estados Unidos e para políticos norte-americanos como James Madison.[11]

"Ao dizer tudo isso, não justifico os usos, mas apresento suas razões" (XVI, 4). Se essa afirmação de Montesquieu foi, durante a Revolução Francesa, vista como um vício de excessiva normatividade e alvo de críticas por

---

8 Millar, *An Historical View of the English Government*, v.II, cap.X, p.404, nota.

9 Sher, From Troglodytes to Americans: Montesquieu and the Scottish Enlightenment on Liberty, Virtue, and Commerce, em Wootton (org.), *Republicanism, Liberty, and Commercial Society, 1649-1776*, p.370.

10 Winch, *Adam Smith's Politics: An Essay on Historiographic Revision*, p.37.

11 Sobre o assunto, conferir Bailyn, *As origens ideológicas da Revolução Americana*. Ver também Arendt, *Sobre a revolução*.

autores como Condorcet, já no século XIX esse distanciamento é louvado como virtude, especialmente quando Auguste Comte, em seu *Curso de filosofia positiva*, destaca o pioneirismo sociológico do pensamento do *Espírito das leis*, ou quando Émile Durkheim atribui a Montesquieu o título de "precursor da sociologia".[12] Não nos esqueçamos também que Alexis de Tocqueville, com sua obra a *Da democracia na América*, insere-se na esteira dos epígonos de Montesquieu.

Adentrando no século XX, autores tão diferentes como Hannah Arendt e Louis Althusser debruçaram-se fartamente sobre as ideias do barão de la Brède. Da mesma forma, na contemporaneidade, Montesquieu foi ora vinculado ao liberalismo, como argumentam Isaiah Berlin ou Raymond Aron, ora inserido nas fileiras do republicanismo, como sustenta Judith Shklar.

Convém deixarmos os rótulos de lado para constatar um fato: desde 1748, a extensa lista dos leitores e leitoras do *Espírito das leis* nunca parou de aumentar. Modernos e contemporâneos tentaram situar seu pensamento a partir dele, buscando, cada qual à sua maneira, reivindicar-se como herdeiros intelectuais de Montesquieu. Passando pelo crivo do tempo, sendo incessantemente incorporada, lida e debatida, sua obra continua a ser uma fonte inesgotável de interpretações. Não há dúvidas que as ideias contidas neste livro continuam a ser inspiradoras e representam apenas alguns dos motivos relevadores da atualidade da obra.

História, pluralidade, liberdade e moderação: o sistema do *Espírito das leis*

Dentre os diversos aspectos que fazem do *Espírito das leis* uma obra seminal, podemos destacar três pontos que integram o núcleo de seu sistema e que podem servir de fios condutores para sua leitura: primeiro, a ênfase na abordagem histórico-jurídica da política; segundo, a recusa do universalismo, sendo privilegiada uma perspectiva da pluralidade e da conveniência; terceiro, uma apologia da liberdade política associada a uma defesa do princípio de moderação.

---

12 Cf. Durkheim, *Montesquieu et Rousseau, précurseurs de la sociologie*.

Quanto ao primeiro ponto, é adequado inicialmente lembrarmos que, no século XVII, o método da filosofia política tem como um dos seus principais paradigmas as matemáticas, com o estabelecimento das definições se apoiando sobretudo na geometria e na aritmética.[13] Nesse período da modernidade, que se estende até meados do XVIII, boa parte dos autores, especialmente a partir de Hobbes, passam a se dedicar à descoberta das origens do Estado, empenhando-se em encontrar um modelo abstrato ou ideal de governo da sociedade a partir do qual seria possível deduzir princípios universalmente aplicáveis: disto deriva, por exemplo, o foco na hipótese conjectural denominada "estado de natureza". Embora evidentemente a história não esteja excluída desse cálculo, há uma primazia conferida ao estabelecimento de proposições gerais cuja validade independeria das circunstâncias particulares às quais poderiam ser aplicadas; ou então, se quisermos formular a questão de outra maneira, o exame da diversidade das experiências históricas e da multiplicidade do direito positivo fica relegado a um segundo plano.

A obra de Montesquieu representa uma ruptura com essa maneira de proceder: paralelamente aos experimentos científicos e aos estudos relativos às condições climático-geográficas apresentados na Terceira Parte, ao longo de todo o livro é efetuada uma apreciação comparativa dos inumeráveis costumes, usos, maneiras e leis das sociedades existentes, buscando a relação entre causa e efeito que produzem determinados resultados no campo da legislação. Para isso, Montesquieu faz um retorno à doutrina dos historiadores da Antiguidade, utilizando-se fartamente de Dionísio de Halicarnasso, Dião Cássio, Tito Lívio, Suetônio, Tácito e uma miríade de outros autores, sem ainda deixar de levar em conta os escritos de Jean Chardin, François Bernier, George Anson e outros relatos de viagens propiciados pela expansão marítima europeia impulsionada desde o Renascimento. Desse modo, uma primeira característica notável do *Espírito das leis* diz respeito ao seu tratamento metodológico, no qual a análise histórica, com especial importância concedida à história do Direito, reconquista sua dignidade no campo da reflexão política. Afinal, como escreve o autor, "é preciso esclarecer a história pelas leis e as leis pela história" (XXXI, 2). A centralidade

---

13 Ver, por exemplo, os capítulos IV e V da Parte I do *Leviatã*.

Do espírito das leis

assumida pelos registros históricos e jurisprudenciais, já presente desde pelo menos a publicação de *Considerações sobre as causas da grandeza dos romanos e de sua decadência* (1734), encontra seu ápice no erudito estudo sobre o feudalismo apresentado na Sexta Parte do *Espírito das leis*.[14] Buscando retraçar a história do estabelecimento da monarquia e da evolução do direito francês, situando-se em um meio-termo entre a disputa dos "germanistas" (corrente segundo a qual os francos haviam conquistado a Gália) e dos "romanistas" (que defendiam que os francos intervieram na Gália sob o comando dos romanos), Montesquieu recorre abundantemente a historiadores tais como o abade Jean-Baptiste Dubos, Henri de Boulainvilliers, Gregório de Tours, e também a documentos legais, como as compilações de Justiniano, os capitulares, as leis sálica, visigoda, lombarda, alemã e saxônica.

Desse primado concedido à história decorre uma recusa da uniformização operada pelas doutrinas do direito natural, isto é, uma rejeição tanto da centralização política calcada na noção de soberania[15] quanto do universalismo representado por receituários políticos a serem aplicados indistintamente a toda e qualquer nação. Assim, e passando para um segundo ponto, Montesquieu não busca propor um modelo de sociedade a partir de hipóteses ou da dedução de princípios abstratos, morais ou antropológicos capazes de revelar a "verdadeira" essência humana. Na verdade, ele opta por enfatizar a importância da pluralidade das experiências históricas, continuamente enriquecidas pela diversidade dos costumes, das culturas e das legislações, para somente então descobrir os fios que atam essas várias relações. Nesse sentido, Céline Spector utiliza a expressão "filosofia das histórias" para classificar esse aspecto do pensamento de Montesquieu, destacando a novidade assim trazida: "tal é a originalidade fundadora da obra: existe uma legalidade do mundo humano, subjacente às leis e às instituições (governo, moral, economia, religião). Os costumes mais estranhos [...] encontram-se incluídos no campo da inteligibilidade política e história".[16]

---

14 Estudo fundamental para historiadores contemporâneos. Ver, por exemplo, Bloch, *A sociedade feudal*.

15 Cf. Larrère, *Actualité de Montesquieu*. Há também uma recusa política da uniformidade, que é característica dos governos despóticos. Cf. Binoche, *Introduction à De L'Esprit des lois de Montesquieu*.

16 Spector, *Montesquieu: liberté, droit et histoire*, p.28.

Esse relativismo que ataca alguns preceitos da filosofia moderna não deságua, no entanto, em uma posição cética radical, na qual todo juízo é suspenso: afinal, o *Espírito das leis* parte de uma avaliação da multiplicidade aparentemente desordenada do mundo apenas para descobrir as regularidades ocultas que presidem as experiências históricas. Com isso, visando instruir os legisladores para colaborar com o esclarecimento do povo, Montesquieu estabelece seus princípios, fazendo que as leis políticas de cada país passem a ser vistas como a expressão da razão humana aplicada a determinados casos concretos, como lemos na seguinte passagem:

> Comecei por examinar os homens e considerei que, nessa infinita diversidade de leis e de costumes, eles não eram dirigidos unicamente por suas extravagâncias.
>
> Estabeleci os princípios e observei os casos particulares se conformarem a eles como que por si próprios, as histórias de todas as nações se sucederem apenas como suas consequências, e cada lei particular ligar-se a uma outra lei ou depender de uma outra mais geral. (Prefácio)

Essa postura relativista franqueia o caminho para o surgimento de duas reflexões singulares expostas no *Espírito das leis*, ambas fundadas no que podemos chamar de *perspectiva da conveniência*: a primeira diz respeito a uma inédita tipologia dos governos, e a segunda, aos vasos comunicantes estabelecidos entre a economia e a política.

Relativamente à classificação dos regimes de governo, nos capítulos introdutórios lemos que as leis políticas e civis devem ser estudadas em todas as suas relações — clima, geografia, costumes, religião, dentre outros — e que o livro buscará considerá-las em todas essas correspondências. É precisamente o resultado do exame conjunto dessas relações que Montesquieu chama de "espírito das leis". Em seguida, ao continuar analisando-as ante o princípio que constitui cada governo, o filósofo propõe uma tipologia original ao categorizá-los em três espécies: 1) o *republicano*, movido pela virtude e sendo "aquele no qual o povo em corpo, ou somente uma parte do povo, tem o poder soberano", podendo ser democrático (o poder soberano advém do corpo do povo) ou aristocrático (o poder vem de uma parte do povo); 2) o *monárquico*, impulsionado pela paixão da honra, no qual apenas um governa, "mas por leis fixas e estabelecidas"; 3) o *despótico*, cujo princípio é a paixão do *medo*, no qual "um só, sem lei e sem regra, conduz tudo por sua vontade e por seus caprichos" (I, 2). Com exceção do despotismo, julgado como inerentemente vicioso, a clássica indagação sobre a melhor forma de governo é relativizada em prol de uma reflexão sobre as condições para o exercício da liberdade política, ou, conforme indicado em *Meus pensamentos*, "um povo livre não é aquele que tem esta ou aquela forma de governo" (*MP*, n.884).

Quanto às reflexões econômicas, Montesquieu não apenas conhecia de perto as ideias de William Petty ou John Law (cujo sistema é duramente criticado tanto nas *Cartas persas* quanto no *Espírito das leis*), mas também atentava para a crescente importância concedida aos objetos típicos da economia política, tais como o dinheiro, a moeda, o comércio, os juros, a manufatura, a agricultura, a população etc. Além disso, era um assumido leitor da *Fábula das abelhas* (1714), de Bernard de Mandeville, e do *Ensaio político sobre o comércio* (1734), de Jean-François Melon, obras importantes para os debates sobre tributos, consumo conspícuo e a desigualdade (concentradas na chamada "querela do luxo") que posteriormente culminam com as análises de David Hume e Adam Smith.

Devemos primeiramente ter em vista que o *Espírito das leis* é publicado em um período anterior à consolidação da economia política, cujos principais marcos ocorrem entre 1760 e 1770, primeiro com François Quesnay e a escola fisiocrática, e, em seguida, com Adam Smith e sua *Riqueza das nações* (1776). No entanto, se considerarmos que ao longo do século XVIII a *filosofia* e a *economia* nunca deixaram de ser realmente disciplinas separadas e se levarmos em conta que grande parte dos princípios dos discursos econômicos modernos foram previamente desenvolvidos pela filosofia moral e política moderna,[17] o *Espírito das leis* oferece e antecipa algumas reflexões fundamentais que seriam posteriormente aproveitadas e reformuladas pela história do pensamento econômico.

---

17 Sobre o assunto, cf. Spector, *Montesquieu et l'émergence de l'économie politique*; Rodrigues; Galé; Pimenta, Adam Smith filósofo, em Smith, *Ensaios filosóficos*; e Vargas, *A filosofia da fisiocracia: metafísica, política, economia*.

Para ficarmos com apenas um exemplo, examinemos o que se convencionou chamar de *teoria do "doux commerce"*,[18] a *brandura do comércio*, baseada no Capítulo I do Livro XX: "o comércio cura os preconceitos destrutivos, e é quase uma regra geral que, em todo lugar onde há costumes brandos, há comércio; e que em todo lugar onde há comércio, há costumes brandos". A partir dessa constatação, Montesquieu analisa diversos elementos capazes de contribuir para a difusão da *tolerância* ocasionada pelo comércio, como a desterritorialização progressiva das riquezas, isto é, a mobilidade da propriedade e o nomadismo típico dos mercadores, que precisavam se deslocar com certa regularidade e levar consigo seu dinheiro e seus bens: assim, o caráter itinerante dos negócios faz com que os comerciantes entrem em contato contínuo com diferentes povos e costumes, e, habituados a essa repetida comparação entre culturas, produz-se neles um espírito de transigência e de paz. Além disso, a defesa de um atributo civilizador do comércio se opõe aos teóricos da razão de Estado afeitos ao mercantilismo, que consideravam as trocas comerciais não como um meio para substituir a guerra, mas, pelo contrário, como uma arma a ser utilizada no âmbito da rivalidade entre as nações e como um meio de assegurar a conservação do Estado em detrimento de outros. Contra essa perspectiva de jogo de soma zero, Montesquieu sustenta que o espírito de comércio tem como característica substituir a violência das guerras pela prática das trocas, sendo capaz de arrefecer a beligerância entre as nações e beneficiar mutuamente dois países que negociam seus produtos. Assim, o *Espírito das leis* é um dos principais promotores da ideia segundo a qual a prática comercial abranda as práticas belicosas, estimula o espírito de indústria e de trabalho e torna as nações mais polidas, argumento que se tornará presente em inúmeros textos de economia política da segunda metade do século XVIII.

Um terceiro e último aspecto que merece ser destacado é a articulação entre os dois objetivos norteadores do *Espírito das leis*: uma defesa da liberdade e uma apologia ao espírito de moderação.

---

18 Cf. Hirschman, *The Passions and the Interests: Political Arguments for Capitalism before its Triumph.*

Do espírito das leis

Em relação à liberdade, Montesquieu rejeita a acepção negativa atribuída a essa noção, ou seja, não a identifica como ausência de obstáculos ou como a permissão de fazer tudo aquilo que as leis não proíbem. No *Espírito das leis* ela é definida sobretudo como o *direito* de fazer o que as leis permitem (XI, 3) e de agir dentro dos limites por elas estabelecidos. Nesse caso, as leis são o principal instrumento capaz de garantir o exercício da liberdade política. No entanto, há uma condição prévia e essencial que possibilita seu florescimento. Trata-se do espírito de moderação, compreendido como um mecanismo de equilíbrio dos poderes e um dos objetivos fundamentais do *Espírito das leis*, somente anunciado no final da obra: "afirmo-o e parece-me que fiz esta obra somente para prová-lo: o legislador deve ser dotado do espírito de moderação; o bem político, assim como o bem moral, encontra-se sempre entre dois extremos" (XXIX, 1). Sua relação com a liberdade política é assim apresentada no Livro XI, Capítulo 4:

> A liberdade política encontra-se somente nos governos moderados. Mas ela nem sempre está nos Estados moderados: apenas se apresenta neles quando o poder não é abusado. Todavia, uma eterna experiência mostra que todo homem que possui poder é levado a abusar dele, e assim continua até encontrar limites. Quem diria: a própria virtude tem necessidade de limites!
>
> Para que não se possa abusar do poder, é preciso que, pela disposição das coisas, o poder refreie o poder. Uma constituição pode ser tal que ninguém será constrangido a fazer as coisas que a lei não obriga e a não fazer as que a lei lhe permite. (XI, 4)

Célebre e apropriada das mais diversas maneiras, a ideia de que apenas um poder é capaz de conter outro poder é uma das formulações mais originais e célebres do *Espírito das leis*. Diferente dos teóricos do mercantilismo e da razão de Estado, que enfatizam a "inveja" internacional entre as nações e concentram a autoridade na figura do soberano, Montesquieu encontra um princípio de estabilidade interno ao próprio poder, cuja soma total pode ser aumentada através de sua limitação: quando ordenado e moderado, o poder tende a ser, se não mais efetivo, ao menos mais propício à liberdade. Contudo, essa formulação é muito mais ampla do que geralmente se atribui à "teoria da separação dos poderes", pois não se reduz somente aos *checks and balances* entre Executivo, Legislativo e Judiciário, e tampouco se refere apenas aos contrapoderes institucionais: ela trata também da relação entre Estados e das formas de distribuição do poder no interior de uma sociedade, abrangendo todos os campos de força que a permeiam, sejam eles sociais, econômicos ou políticos. É também nesse contexto que a noção de *corpos intermediários* adquire sua importância ao longo do *Espírito das leis*, isto é, aqui tratamos dos estratos sociais (como a nobreza na monarquia), das corporações, dos agrupamentos da sociedade civil, dos parlamentos, enfim, dos conjuntos ou grupos que atuam como intermediários entre os indivíduos e o governo. Assim, os corpos intermediários atuam como verdadeiras instâncias moderadoras, capazes de equilibrar o jogo de forças político-econômico e refrear o abuso do poder.

Portanto, a garantia do exercício da liberdade política depende de uma rara mistura composta por um sólido corpo de legislação, boas instituições políticas, um governo moderado, corpos intermediários organizados e o respeito à tranquilidade, segurança e aos bens dos indivíduos:

> Para formar um governo moderado, é preciso combinar os poderes, regrá-los, torná-los comedidos, fazê-los agir; dar, por assim dizer, lastro a um para colocá-lo em condições de resistir a outro. É uma obra-prima da legislação raramente produzida pelo acaso e que raramente se permite à prudência produzir. (V, 14)

Na modernidade, a Inglaterra era um exemplo que demonstrava conjugar tais características. Nesse sentido, o período de estadia de Montesquieu naquele país representa um momento de virada, e as reflexões por ele extraídas a partir de sua experiência compõem a célebre análise da constituição inglesa desenvolvida no Capítulo 6 do Livro IX do *Espírito das leis*. "Atualmente", escreve em suas notas de viagem, "a Inglaterra é o país mais livre do mundo, e não excluo nenhuma república dessa avaliação. Chamo-a de livre porque o príncipe não tem o poder de fazer nenhum mal imaginável a quem quer que seja, pela razão de seu poder ser controlado e limitado por um ato. No entanto, se a câmara baixa se tornasse dominante, seu poder seria ilimitado e poderoso, porque ela teria também o poder executivo".[19] A imersão na efervescente sociedade inglesa setecentista – marcada por discussões públicas acaloradas, escritos satíricos, um pensamento moral-econômico inovador e uma sociedade civil florescente – não apenas propiciou uma reconsideração sobre a questão da melhor forma de governo, tal como expressa na Primeira Parte do *Espírito das leis*. Seu contato com o sistema inglês, no qual o rei que possui o poder executivo é refreado pelo Parlamento (a Câmara dos Lordes e a Câmara dos Comuns), que possui o legislativo, contrapondo suas forças de modo a gerar uma espécie de equilíbrio, deixou, acima de tudo, uma marca indelével no seu pensamento: diante das diversidades existentes entre as monarquias, as aristocracias e as democracias, Montesquieu divide os governos em *moderados* e *imoderados*, optando pelos primeiros e enfatizando seu sistema de freios e contrapesos que passam a partir de então a constituir elementos fundamentais de sua ciência política.

* * *

O vasto número de matérias abordadas e a erudição do *Espírito das leis* são facilmente constatáveis através de um simples folhear das páginas e podem ser desconcertantes em uma primeira leitura. Visando tornar as referências acessíveis aos leitores e leitoras, buscando proporcionar o máximo de inteligibilidade do texto e seguindo a prática das boas edições internacionais, as notas da presente tradução buscam oferecer um aparato crítico no qual se encontram informações e explicações sobre as obras e passagens citadas; sobre eventos históricos, nomes de personalidades literárias, políticas, militares, históricas, jurídicas; sobre os institutos de direito fartamente utilizados; e sobre a utilização de determinados conceitos filosóficos. Além disso, nas notas se encontram traduções de trechos de *Meus pensamentos* e do *Spicilège*, cadernos de anotações fundamentais para esclarecer determinadas passagens e que constituem boa parte das informações colhidas e dos estudos realizados para a composição do *Espírito das leis*. Por fim, este volume também conta com um índice de nomes e uma cronologia das três dinastias de reis franceses.

---

19 Montesquieu, Notes sur l'Angleterre, em *Œuvres complètes*, v.I, p.884.

Esta tradução somente se tornou possível com o apoio de diversas pessoas. Agradeço em especial a Ciro Lourenço, parceiro neste e em outros trabalhos; a Pedro Paulo Pimenta, por todo o incentivo à realização desta tradução; aos funcionários e funcionárias da Editora Unesp, pelo trabalho editorial; a Thomaz Kawauche, pelo cuidado com a revisão e pelas proveitosas conversas sobre o texto; a Maria das Graças de Souza, pelos diálogos sobre filosofia política moderna; a Bárbara Villaça, pelas leituras do texto e pelo suporte ao longo desses anos de trabalho.

Thiago Vargas
Universidade de São Paulo/Fapesp

Referências bibliográficas

ALTHUSSER, L. *Montesquieu*: a política e a história. Trad. Luiz Cary e Luisa Costa. Lisboa: Editorial Presença, 1972.

ARENDT, H. *Sobre a revolução*. Trad. Denise Bottmann. São Paulo: Companhia das Letras, 2011.

ARON, R. *As etapas do pensamento sociológico*. Trad. Sérgio Bath. São Paulo: Martins Fontes, 2000.

BAILYN, B. *As origens ideológicas da Revolução Americana.* Trad. Cleide Rapucci. Bauru: Edusc, 2003.

BERLIN, I. Montesquieu. In: HARDY, Henry (org.). *Against the Current*: Essays in the History of Ideas. 2.ed. Princeton: Princeton University Press, [1955] 2013.

BINOCHE, B. *Introduction à De L'Esprit des lois de Montesquieu*. Paris: Publications de la Sorbonne, [1998] 2015. (Classiques de la Sorbonne.)

BLOCH, M. *A sociedade feudal*. Trad. Emanuel Lourenço Godinho. Lisboa: Edições 70, 2009.

DURKHEIM, É. *Montesquieu et Rousseau, précurseurs de la sociologie*. Paris: Marcel Rivière, 1966.

HIRSCHMAN, A. O. *The Passions and the Interests*: Political Arguments for Capitalism before its Triumph. Princeton, Nova Jersey: Princeton University Press, [1977] 2013. (First Princeton Classic Edition.)

HOBBES, T. *Leviathan*. Ed., intr. e notas J. C. A. Gaskin. Oxford: Oxford University Press, 1998.

HUME, D. *Uma investigação sobre os princípios da moral*. Trad. José Oscar de Almeida Marques. 2.ed. Campinas: Editora da Unicamp, 2013.

LARRÈRE, C. *Actualité de Montesquieu*. Paris: Presses de Sciences Po, 1999.

MILLAR, J. *An Historical View of the English Government*. Ed. Mark Salber Phillips e Dale R. Smith. 4v. Indianápolis: Liberty Fund, 2006.

MONTESQUIEU. *Considerações sobre as causas da grandeza dos romanos e de sua decadência*. Trad. Vera Ribeiro. Rio de Janeiro: Contraponto, 2002.

_____. *Cartas persas* (1721). Trad. Renato Janine Ribeiro. São Paulo: Pauliceia, 1991.

_____. *Notes sur l'Angleterre*. In: *Œuvres complètes*. Paris: Gallimard, 1949. (Bibliothèque de la Pléiade, v.1.)

_____. *Correspondance de Montesquieu*. Ed. François Gebelin e André Morize. 2v. Bordeaux: Gounouilhou, 1914.

RODRIGUES, A.; GALÉ, P. F.; PIMENTA, P. P. Adam Smith filósofo. In: SMITH, A. *Ensaios filosóficos*. São Paulo: Editora Unesp, 2019.

SHACKLETON, R. *Montesquieu*: A Critical Biography. Londres: Oxford University Press, 1961.

SHER, R. B. From Troglodytes to Americans: Montesquieu and the Scottish Enlightenment on Liberty, Virtue, and Commerce. In: WOOTTON, David (org.). *Republicanism, Liberty, and Commercial Society, 1649-1776*. Stanford, Califórnia: Stanford University Press, 1994.

SHKLAR, J. Montesquieu and the New Republicanism. In: BOCK, Gisela; VIROLI, Maurizio; SKINNER, Quentin (orgs.). *Machiavelli and Republicanism*. Cambridge: Cambridge University Press, 1991.

SPECTOR, C. *Montesquieu*: liberté, droit et histoire. Paris: Michalon, 2010.

_____. *Montesquieu et l'émergence de l'économie politique*. Paris: Honoré Champion, 2006.

VARGAS, T. *A filosofia da fisiocracia*: metafísica, política, economia. São Paulo: Discurso Editorial, 2021.

WINCH, D. *Adam Smith's Politics*: An Essay on Historiographic Revision. Cambridge: Cambridge University Press, 1978.

Nota sobre a presente tradução

Duas edições francesas foram tomadas como base para esta tradução: o volume estabelecido por Roger Caillois, disponível no tomo II das *Œuvres complètes de Montesquieu* (Gallimard, 1951), na Coleção Bibliothèque de la Pléiade, e a edição *L'Esprit des lois*, por Robert Derathé (Garnier Classiques, edição de 2014, dois tomos).

Foram também consultadas edições em outras línguas. Em inglês, consultaram-se *The Spirit of the Laws*, traduzido por Anne M. Cohler, Basia C. Miller e Harold S. Stoneda (Coleção Cambridge Texts in the History of Political Thought, 1989), e *The Spirit of Law*, na tradução de Philip Stewart (ENS--Lyon, 2020). Em espanhol, *El espíritu de las leyes*, traduzido por Siro García del Mazo (Librería General de Victoriano Suárez, 1906, dois tomos). Em italiano, foi consultada a excelente edição de *Lo Spirito delle Legi*, por Sergio Cotta (Unione Tipografico-Editrice Torinese, 1.ed., 1952; consultou-se a 3.ed., 1996, reimpressa em 2002).

Para as citações dos *Mes Pensées* foi utilizada tanto a edição *Pensées. Le Spicilège* (Coleção Bouquins, Robert Laffont, 1991) quanto a edição *on-line* do *Projet Montedite* (Universidade de Caen), ambas fazendo uso da numeração estabelecida por Louis Desgraves. O tomo I da Pléiade também foi consultado.

Para as traduções das passagens em latim, foram consultadas, quando disponíveis, as edições da Loeb Classical Library e Perseus.

A padronização dos termos e os problemas em língua portuguesa foram discutidos entre os tradutores e o revisor técnico. A divisão dos trabalhos e notas desta tradução do *Espírito das leis* foi realizada da seguinte maneira:

— Thiago Vargas: tradução das partes I, II, IV, VI, da *Defesa do* Espírito das leis e *Esclarecimentos sobre* o Espírito das leis.

— Ciro Lourenço: tradução das partes III e V.

Do espírito das leis

ou da relação que as leis devem ter com
a constituição de cada governo, os costumes,
o clima, a religião, o comércio etc.

ao qual o autor adiciona
novas investigações sobre as leis romanas
a respeito das sucessões, sobre as leis francesas
e as leis feudais

Prolem sine matre creatam*

---

* "Criança nascida sem mãe" (Ovídio, *Metamorfoses*, v.II, p.553). Em geral, atribui-se a escolha desta epígrafe à consciência que Montesquieu possuía acerca da originalidade da sua obra, autoavaliação também manifestada no Prefácio. (N. T.)

Advertência do autor

Para a compreensão dos quatro primeiros livros desta obra é necessário observar que aquilo que denomino de *virtude* na república é o amor pela pátria, isto é, o amor pela igualdade. Não é uma virtude moral nem uma virtude cristã, é a virtude *política*, e esta é o móbil* que faz o governo republicano se mover, assim como a *honra* é o móbil que faz a monarquia se mover. Portanto, chamei de *virtude política* o amor pela pátria e pela igualdade. Como concebi ideias novas, foi-me necessário encontrar novas palavras ou conferir novas acepções às antigas. Aqueles que não compreenderam isso imputaram coisas absurdas às minhas palavras** e que seriam revoltantes em todos os países do mundo, pois em todos os países do mundo a moral é desejada.

---

* O termo *ressort*, utilizado por Montesquieu em diversos momentos ao longo do livro, é uma noção fundamental do *Espírito das leis* e representa os motivos pelos quais os governos funcionam, realizam uma ação, agem ou se conduzem. Desse modo, a noção de *ressort*, interagindo com os princípios que formam a tipologia dos governos apresentada nesta Primeira Parte, ao mesmo tempo que revela a filiação de Montesquieu a uma tradição que privilegia uma análise do papel das paixões na conformação institucional e política, deixa entrever os aportes originais trazidos pelo autor do *Espírito das leis*. Traduziu-se aqui *ressort* como "móbil", "elã", "mola", "recurso" ou mesmo "elasticidade", a depender do contexto em que a palavra é empregada. (N. T.)

** A "Advertência do autor" foi inserida na edição póstuma, publicada em 1757. Montesquieu defende-se sobretudo das críticas suscitadas pelo Livro III, Capítulo 5, intitulado "Que a virtude não é princípio do governo monárquico". Ver ainda a *Defesa do* Espírito das leis no final deste volume. (N. T.)

2º – É necessário notar que existe uma enorme diferença entre dizer que uma certa qualidade, modificação da alma, ou virtude, não é a mola que faz um governo agir e dizer que ela não existe nesse governo. Se dissesse: "tal engrenagem, tal carrete não são a mola que faz o relógio se mover", concluir-se-ia disso que elas não estão presentes no relógio? Longe de as virtudes morais e cristãs estarem excluídas da monarquia, a própria virtude política também não o está. Em poucas palavras, a honra está presente na república, embora a virtude política seja sua mola; a virtude política está presente na monarquia, ainda que a honra seja sua mola.

Enfim, o homem de bem sobre o qual tratamos no Livro III, Capítulo V, não é o homem de bem cristão, mas o homem de bem político, que possui a virtude política da qual falei. É o homem que ama as leis de seu país e que age pelo amor das leis de seu país. Nesta edição, lancei nova luz sobre todas essas coisas, fixando ainda mais as ideias; e, na maior parte dos lugares em que utilizei a palavra *virtude*, grafei-a *virtude política*.

Prefácio

Se, dentre o infinito número de coisas contidas neste livro, houver alguma que, contra os meus propósitos, possa ofender, ao menos não há nenhuma que tenha sido apresentada com má intenção. Não possuo, por natureza, um espírito desaprovador. Platão agradecia ao céu por ter nascido na época de Sócrates; quanto a mim, sou-lhe grato por ter me feito nascer no governo em que vivo e por ter me feito disposto a obedecer àqueles que me fez amar.

Peço por uma graça que receio não me ser concedida: de não julgarem, por uma leitura pontual, um trabalho de vinte anos; de aprovarem ou condenarem o livro inteiro, e não algumas frases. Quem pretende encontrar o desígnio do autor apenas pode descobri-lo a contento no desígnio da obra.

Comecei por examinar os homens e considerei que, nessa infinita diversidade de leis e de costumes, eles não eram dirigidos unicamente por suas extravagâncias.

Estabeleci os princípios e observei os casos particulares se conformarem a eles como que por si próprios, as histórias de todas as nações se sucederem apenas como suas consequências, e cada lei particular ligar-se a uma outra lei ou depender de uma outra mais geral.

Quando me voltei à Antiguidade, busquei apreender seu espírito, a fim de não enxergar como sendo semelhantes casos realmente diferentes e para não deixar escapar as diferenças daqueles que me pareciam semelhantes.

De nenhuma forma extraí meus princípios de meus preconceitos, mas sim da natureza das coisas.

Aqui, muitas verdades apenas serão sentidas após termos observado o encadeamento que as liga a outras. Quanto mais se refletir sobre os detalhes, mais a certeza dos princípios será sentida. Esses próprios detalhes, eu não os ofereci todos: afinal, quem poderia tudo dizer sem causar um tédio mortal?

Não serão encontrados aqui os traços proeminentes que parecem caracterizar as obras atuais. À medida que vemos as coisas em uma perspectiva mais ampla, tais proeminências se dissipam: elas normalmente apenas nascem porque a mente se fixa em um só aspecto e abandona todos os outros.

Não escrevo para censurar o que está estabelecido em qualquer país que seja. Cada nação encontrará aqui as razões de suas máximas, e disso naturalmente se extrairá a seguinte consequência: a proposição de mudanças apenas cabe àqueles venturosamente nascidos para descortinar, em um rompante de gênio, a constituição inteira de um Estado.

Não é indiferente que o povo seja esclarecido. Os preconceitos dos magistrados começaram sendo os preconceitos da nação. Em uma época de ignorância, não há hesitação nem mesmo quando os piores males são cometidos; em uma época esclarecida, há vacilação mesmo quando os maiores bens são realizados. Percebem-se os abusos antigos, contempla-se sua correção, mas também são contemplados os abusos da própria correção. Caso se espere pelo pior, o mal é mantido; caso se duvide do melhor, o bem é mantido. As partes são observadas somente para julgar o todo reunido; examinam-se todas as causas para contemplar todos os resultados.

Se pudesse fazer que o mundo inteiro tivesse novas razões para amar seus deveres, seu príncipe, sua pátria, suas leis, que todos pudessem sentir melhor sua felicidade em cada país, em cada governo, em cada cargo que ocupa, considerar-me-ia o mais feliz dos mortais.

Considerar-me-ia o mais feliz dos mortais se pudesse fazer com que os homens pudessem se curar de seus preconceitos. Aqui chamo de preconceitos não aquilo que faz com que se desconheçam determinadas coisas, mas aquilo que faz com que se desconheça a si mesmo.

É ao procurar instruir os homens que se pode praticar essa virtude geral que inclui o amor de todos. O homem, este ser flexível, conformando-se, na sociedade, aos pensamentos e às impressões dos outros, é igualmente capaz de conhecer sua própria natureza quando esta lhe é apresentada e de perder até mesmo o sentimento de sua natureza quando ela lhe é ocultada.

Muitas vezes comecei e muitas vezes abandonei esta obra; mil vezes joguei aos ventos[1] as folhas que havia escrito; todos os dias eu sentia as mãos paternas caírem;[2] buscava meu objeto sem constituir o desígnio; não conhecia nem as regras, nem as exceções; encontrava a virtude apenas para perdê-la. Mas, quando descobri meus princípios, tudo o que buscava veio até mim; e, ao longo de vinte anos, vi minha obra começar, crescer, avançar e terminar.

Se esta obra for exitosa, deverei muito à majestade de meu tema. Contudo, não creio ter prescindido totalmente de gênio. Quando vi o que tantos homens[3] eminentes na França, na Inglaterra e na Alemanha escreveram antes de mim, fiquei admirado. Porém, de nenhuma forma perdi a coragem: "E eu também sou pintor",[4] disse Correggio.

---

1 *Ludibria ventis.* [Virgílio, *Eneida*, VI, 75: "Só não confies a folhas teus carmes, deixando-os que ao vento voem jogados daqui para ali". (N. T.)]

2 *Bis patriae cecidere manus...* [Referência ao momento em que Dédalo, pai de Ícaro, tenta gravar no ouro a imagem da queda do filho. Virgílio, *Eneida*, VI, 33: "Por duas vezes gravar intentou no ouro belo essa história; a mão paterna outras tantas caiu". (N. T.)]

3 Em *Meus pensamentos* (doravante *MP*, seguido do número), Montesquieu escreve: "agradeço ao sr. Grotius e ao sr. Pufendorf por terem executado aquilo que uma grande parte desta obra exigia de mim, com esta grandeza de gênio à qual não teria podido alcançar" (*MP*, n.1863). (N. T.)

4 *Ed io anche son pittore.* [Frase apócrifa atribuída ao pintor Antonio Correggio (1489-1534). Diz-se que Correggio, ao ver uma obra de Rafael Sanzio, teria feito essa exclamação. (N. T.)]

Primeira parte

Livro I
Das leis em geral

Capítulo Primeiro – Das leis, na relação que possuem com os diversos seres

As leis, em seu significado mais amplo, são as relações necessárias que derivam da natureza das coisas, e, nesse sentido, todos os seres possuem suas leis: a Divindade[1] tem suas leis, o mundo material tem suas leis, as inteligências superiores aos homens têm suas leis, os animais têm suas leis, o homem tem suas leis.

Aqueles que disseram que *uma fatalidade cega produziu todos os efeitos que vemos no mundo* disseram um grande absurdo. Pois há absurdo maior do que uma fatalidade cega que teria produzido seres inteligentes?

Há, portanto, uma razão primitiva, e as leis são as relações que se encontram entre ela e os diferentes seres, e as relações desses diferentes seres entre si.

Deus tem relação com o universo como criador e mantenedor. As leis segundo as quais criou são aquelas segundo as quais conserva: age segundo

---

1 A lei, diz Plutarco, é o reino de todos, mortais e imortais. No tratado: *O que se requer para que um príncipe seja sábio.* [Montesquieu refere-se ao texto *Para um príncipe inculto*, de Plutarco. (N. T.)]

65

essas regras, pois as conhece; as conhece porque as fez; as fez porque elas possuem relação com sua sabedoria e seu poder.[2]

Como observamos que o mundo, formado pelo movimento da matéria e privado de inteligência, continua a perdurar, é necessário que seus movimentos tenham leis invariáveis; e, se pudéssemos imaginar outro mundo que não este, ele teria regras constantes ou seria destruído.

Assim, a criação, que parece ser um ato arbitrário, supõe regras tão invariáveis quanto a fatalidade dos ateus. Seria absurdo dizer que o criador, sem essas regras, poderia governar o mundo, pois o mundo não perduraria sem elas.

Essas regras são uma relação constantemente estabelecida. Entre dois corpos que se movem, todos os movimentos são recebidos, aumentados, diminuídos, perdidos, segundo as relações de massa e de velocidade. Cada diversidade é *uniformidade*, cada mudança é *constância*.

Os seres particulares inteligentes podem possuir leis que eles mesmos elaboraram, mas também possuem aquelas que não elaboraram. Antes que houvesse seres inteligentes, eles eram possíveis: por conseguinte, possuíam relações possíveis e, consequentemente, leis possíveis. Antes que houvesse a elaboração de leis, havia relações de justiça possíveis. Dizer que não há justo e injusto senão o que as leis positivas ordenam ou proíbem é dizer que, antes que houvéssemos traçado o círculo, todos os raios não eram iguais.

É preciso, pois, admitir relações de equidade anteriores à lei positiva que as estabelece; por exemplo, ao supor que as sociedades de homens existissem, que seria justo se conformar às suas leis; que, se existissem seres inteligentes que tivessem recebido alguma dádiva de um outro ser, que deveriam demonstrar gratidão a ele; que, se um ser inteligente tivesse criado um ser inteligente, a criatura deveria permanecer na dependência na qual se encontrava desde sua origem; que um ser inteligente que ocasionou um mal a um ser inteligente merece receber o mesmo mal; e assim por diante.

---

2 "A liberdade é, em nós, uma imperfeição: somos livres e incertos porque não sabemos com certeza o que é mais conveniente para nós. O mesmo não acontece com Deus: como ele é soberanamente perfeito, somente pode agir da maneira mais perfeita" (Montesquieu, Spicilège, em *Œuvres complètes*, p.1310). (N. T.)

Do espírito das leis

Contudo, o mundo inteligente está longe de ser tão bem governado quanto o mundo físico. Afinal, embora o primeiro possua leis que, por sua natureza, sejam invariáveis, ele não as segue de modo constante tal como o mundo físico segue as suas leis. A razão para isso é que, por um lado, os seres particulares inteligentes são limitados por sua natureza, e, por conseguinte, sujeitos ao erro; e, por outro lado, é de sua natureza que ajam por si próprios. Logo, não seguem de modo constante as leis primitivas e nem sempre seguem aquelas que eles próprios dão a si.

Não se sabe se os animais são governados por leis gerais do movimento ou por uma moção específica. Seja como for, absolutamente não possuem com Deus uma relação mais íntima do que o resto do mundo material, e o sentimento lhes serve somente na relação que possuem entre si, ou com outros seres particulares, ou consigo mesmos.

Por meio da atração pelo prazer, conservam seu ser particular, e pela mesma atração conservam sua espécie. Possuem leis naturais, pois estão unidos pelo sentimento. Não possuem leis positivas, pois não estão unidos pelo conhecimento. Não obstante, não seguem invariavelmente suas leis naturais: as plantas, nas quais não observamos nem conhecimento nem sentimento, obedecem-nas melhor.

Os animais não têm as supremas vantagens que nós temos; possuem outras que não possuímos. Não possuem nossas esperanças, mas não possuem nossos medos; como nós, estão sujeitos à morte, mas sem a conhecer. A maior parte deles conserva-se melhor do que nós e não fazem tão mau uso de suas paixões.

O homem, enquanto ser físico, é, assim como os outros corpos, governado por leis invariáveis. Enquanto ser inteligente, viola incessantemente as leis que Deus estabeleceu e muda aquelas que ditou para si mesmo. Deve orientar sua conduta, no entanto, é um ser limitado: está sujeito à ignorância e ao erro, como todas as inteligências finitas, e ainda está sujeito a perder os parcos conhecimentos que possui. Como criatura sensível, torna-se sujeito a mil paixões. Tal ser poderia a todos os instantes esquecer seu criador: Deus chamou-o a si pelas leis da religião. Tal ser poderia a todos os instantes esquecer-se de si: os filósofos alertaram-no pelas leis da moral. Feito para viver em sociedade, poderia nela esquecer-se dos outros: os legisladores restituíram-no aos seus deveres pelas leis políticas e civis.

Capítulo II – Das leis da natureza

Antes de todas essas leis, há as da natureza, assim denominadas porque derivam unicamente da constituição de nosso ser. Para conhecê-las bem, é preciso considerar um homem antes do estabelecimento das sociedades. As leis da natureza serão aquelas que ele receberia em semelhante estado.

A lei que, imprimindo em nós a ideia de um criador, nos conduz para sua direção, é a primeira das *leis naturais* por sua importância, e não na ordem dessas leis. O homem, no estado de natureza, antes de ter conhecimentos teria a faculdade de conhecer. É claro que suas primeiras ideias não seriam especulativas: consideraria a conservação de seu ser antes de buscar a origem de seu ser. A princípio, semelhante homem sentiria apenas sua fraqueza. Sua timidez seria extrema e, se em relação a esse ponto precisássemos recorrer à experiência, iríamos encontrá-la nas florestas dos homens selvagens;[3] ali, tudo os faz tremer, tudo os faz fugir.

Nesse estado, cada um se sente inferior; muito dificilmente alguém se sente igual. Ninguém buscará atacar e a paz seria a primeira lei natural.

O desejo de subjugar uns aos outros, que Hobbes inicialmente confere aos homens, não é razoável. A ideia do império e da dominação é tão complexa, e depende de tantas outras ideias, que não poderia ser aquela que o homem teria em primeiro lugar.

Hobbes pergunta: "Por que, se os homens não estão naturalmente em estado de guerra, estão sempre armados? E por que possuem chaves para trancar suas casas?".[4] Contudo, não percebe que atribui aos homens, antes do estabelecimento das sociedades, aquilo que apenas lhes ocorre após esse estabelecimento, que lhes faz encontrar motivos para se atacar e para se defender.

Ao sentimento de fraqueza, o homem acrescentaria o sentimento de suas necessidades. Assim, uma outra lei natural seria a que lhe inspiraria buscar a se alimentar.

---

3 Assim testemunha o selvagem que foi encontrado nas florestas de Hanover, e que foi visto na Inglaterra sob o reino de George I.

4 Trecho do Prefácio da obra *Do cidadão* (1642), de Hobbes. (N. T.)

Do espírito das leis

Disse que o medo conduziria os homens a fugir; mas os sinais de um medo recíproco logo os incitariam a se aproximar. Além disso, seriam conduzidos a isto pelo prazer que um animal sente com a aproximação de um animal de sua espécie. Ademais, o charme que os dois sexos inspiram mutuamente por sua diferença aumentaria esse prazer, e o apelo natural que sempre fazem um ao outro seria uma terceira lei.

Além do sentimento que desde o início os homens possuem, chegam ainda a adquirir conhecimentos. Assim, têm um segundo vínculo que os outros animais não possuem. Têm, portanto, um novo motivo para se unir, e o desejo de viver em sociedade é uma quarta lei natural.[5]

Capítulo III – Das leis positivas

Tão logo estejam em sociedade, os homens perdem o sentimento de sua fraqueza. A igualdade que existia entre eles cessa, e o estado de guerra começa.

Cada sociedade particular passa a sentir sua força, o que produz um estado de guerra entre as nações. Os particulares, em cada sociedade, começam a sentir sua força, buscam dirigir a seu favor as principais vantagens da sociedade, o que estabelece entre eles um estado de guerra.

Essas duas espécies de estado de guerra estabelecem leis entre os homens. Considerados como habitantes de um planeta tão vasto, sendo necessário nele haver diferentes povos, possuem leis segundo as relações que estes povos têm entre si. Eis o DIREITO DAS GENTES. Considerados como vivendo em uma sociedade que deve ser preservada, possuem leis segundo as relações mantidas entre aqueles que governam e aqueles que são governados. Eis o DIREITO POLÍTICO. Possuem, ainda, a relação que todos os cidadãos mantêm entre si. Eis o DIREITO CIVIL.

O direito das gentes é naturalmente fundado sobre o seguinte princípio: que na paz as diversas nações devem realizar entre si o máximo de bem possível, e, na guerra, o menor dos males possível, sem prejudicar seus verdadeiros interesses.

---

5 Referência à tese da sociabilidade natural. Ver Aristóteles, *Política*, Lv.I, cap.I. (N. T.)

O objetivo da guerra é a vitória; o da vitória, a conquista; o da conquista, a conservação. Todas as leis que formam o direito das gentes devem derivar desse princípio e do precedente.

Todas as nações possuem um direito das gentes, e os próprios iroqueses,[6] que comem seus prisioneiros, possuem um. Enviam e recebem embaixadas, conhecem os direitos da guerra e da paz. O problema é que esse direito das gentes não é fundado nos verdadeiros princípios.

Além do direito das gentes, que diz respeito a todas as sociedades, há, para cada uma, um direito político. Uma sociedade não poderia subsistir sem um governo. "A reunião de todas as forças particulares", como afirma muito bem Gravina,[7] "forma aquilo que chamamos de ESTADO POLÍTICO".

A força geral pode ser colocada entre as mãos de *um só* ou entre as mãos de *vários*. Alguns pensaram que, tendo a natureza estabelecido o poder paterno, o governo de apenas um só era o mais conforme à natureza.[8] Contudo, o exemplo do poder paterno não prova nada. Pois, se o poder do pai tem relação com o governo de um só, após a morte do pai, o poder dos irmãos, ou, após a morte dos irmãos, o poder dos primos germanos,[9] possuem relação com o governo de muitos. O poder político contém necessariamente a união de muitas famílias.

É preferível dizer que o governo mais conforme à natureza é aquele cuja disposição particular melhor se relaciona com a disposição do povo para o qual ele é estabelecido.

As forças particulares não podem se reunir sem que todas as vontades se reúnam. "A reunião dessas vontades", como ainda diz Gravina muito bem, "é aquilo que chamamos de ESTADO CIVIL".

---

6 Os haudenosaunee, denominados pelos franceses como "iroqueses", são um povo nativo da América do Norte (entre o Canadá e os Estados Unidos), vivendo sobretudo no nordeste do continente. Formam uma confederação de tribos. (N. T.)

7 Giovanni Vincenzo Gravina (1664-1718), jurista e homem de letras italiano. Montesquieu refere-se à obra *Originum iuris civilis*, conhecida como *Origens do direito civil*. (N. T.)

8 Referência a Robert Filmer (1588-1653), autor de *Patriarca, ou o poder natural dos reis* (1680). (N. T.)

9 Primos diretos em primeiro grau. (N. T.)

Do espírito das leis

A lei, em geral, é a razão humana na medida em que governa todos os povos da terra; e as leis políticas e civis de cada nação devem ser apenas casos particulares aos quais essa razão humana se aplica.

Devem ser de tal modo adequadas ao povo para o qual são feitas que, caso as leis de uma nação possam convir a uma outra, tratar-se-ia apenas de um enorme acaso.

É necessário que elas se relacionem à natureza e ao princípio do governo que é estabelecido ou que se pretende estabelecer, quer essas leis o formem, como o fazem as leis políticas, quer o mantenham, como o fazem as leis civis.

Essas leis devem ser relativas ao *físico* do país, ao clima gélido, tórrido ou temperado; à qualidade do terreno, à sua situação, à sua grandeza; ao gênero de vida dos povos: agricultores, caçadores ou pastores. Devem relacionar-se com o grau de liberdade que a constituição pode suportar; com a religião dos habitantes; com suas inclinações, suas riquezas, sua quantidade, seu comércio, seus costumes, suas maneiras. Enfim, possuem relações umas com as outras; possuem relações com sua origem, com o objeto do legislador, com a ordem das coisas sobre as quais são estabelecidas. É necessário considerá-las em todos esses aspectos.

É nisso que me empenho ao fazer esta obra. Examinarei todas essas relações: em conjunto, elas formam o que chamamos de ESPÍRITO DAS LEIS.

Não separei as leis *políticas* das *civis*, pois, como não trato de leis, mas do espírito das leis, e como esse espírito consiste nas diversas relações que as leis podem ter com diversas coisas, não precisei tanto seguir a ordem natural das leis, mas seguir a ordem dessas relações e dessas coisas.

Examinarei inicialmente as relações que as leis possuem com a natureza e com o princípio de cada governo, e, como esse princípio exerce sobre as leis uma influência suprema, dedicar-me-ei a conhecê-lo bem. E, se conseguir estabelecê-lo, veremos as leis brotarem dele como de uma fonte. Em seguida, passarei às outras relações, que parecem ser mais particulares.

Livro II
Das leis que derivam diretamente da natureza do governo

Capítulo Primeiro – Da natureza dos três diversos governos

Há três espécies de governos: O REPUBLICANO, O MONÁRQUICO E O DESPÓTICO. Para descobrir sua natureza, basta recorrer à ideia que os homens menos instruídos possuem deles. Suponho três definições ou, melhor dizendo, três fatos: um, que *o governo republicano é aquele em que o povo como corpo, ou somente uma parte do povo, tem o poder soberano; o monárquico, aquele em que apenas um governa, mas por leis fixas e estabelecidas; ao passo que, no despótico, apenas um, sem lei e sem regra, dirige tudo segundo sua vontade e seus caprichos.*

Eis o que chamo de natureza de cada governo. É preciso verificar quais são as leis que decorrem diretamente dessa natureza, e que, por consequência, são as primeiras leis fundamentais.

Capítulo II – Do governo republicano e das leis relativas à democracia

Quando, na república, o povo enquanto corpo detém o poder soberano, trata-se de uma *democracia*. Quando o poder soberano se encontra nas mãos de uma parte do povo, isto é denominado *aristocracia*.

Na democracia, o povo é, em certos aspectos, o monarca; em outros, é o súdito.

Ele somente pode ser o monarca por seus sufrágios, que são suas vontades. A vontade do soberano é o próprio soberano. As leis que estabelecem o direito de sufrágio são, pois, fundamentais nesse governo. Na verdade, nesse assunto é tão importante regulamentar como, por quem, para quem, sobre o que os sufrágios devem ser realizados, quanto é importante saber em uma monarquia quem é o monarca e de que maneira deve governar.

Libânio[1] diz que, "em Atenas, um estrangeiro que se misturava na assembleia do povo era punido com a morte". Isso ocorria porque tal homem usurpava o direito de soberania.

É essencial determinar o número de cidadãos que devem formar as assembleias: sem isso, não se poderia saber se o povo falou ou se apenas uma parte do povo o fez. Na Lacedemônia, eram necessários dez mil cidadãos. Em Roma, nascida na pequenez para chegar à grandeza; em Roma, feita para experimentar todas as vicissitudes da fortuna; em Roma, que em alguns momentos tinha quase todos os seus cidadãos fora de suas muralhas, e em outros possuía toda a Itália e uma parte do mundo dentro de suas muralhas, esse número não foi fixado.[2] E esta foi uma das grandes causas de sua ruína.

O povo que detém o poder soberano deve fazer por si mesmo tudo o que pode fazer bem; e aquilo que não puder fazer bem é preciso que o faça através de seus ministros.

Seus ministros apenas são seus caso ele os nomeie. Trata-se, pois, de uma máxima fundamental desse governo que o povo nomeie seus ministros, isto é, seus magistrados.

Assim como os monarcas, e até mesmo mais do que eles, o povo tem necessidade de ser conduzido por um conselho ou Senado. Mas, para que adquira confiança nestes, é necessário que eleja seus membros, quer os escolha por si mesmo, como em Atenas, quer através de qualquer magistrado que instituiu para elegê-los, como se praticava em Roma em algumas ocasiões.

O povo é admirável por escolher aqueles aos quais deve confiar alguma parte de sua autoridade. Deve se decidir apenas por coisas que não pode

---

1 *Declamações*, 17 e 18. [Libânio (314-394 a.C.), retor e sofista grego. (N. T.)]

2 Ver as *Considerações sobre as causas da grandeza dos romanos e de sua decadência*, cap.IX.

Do espírito das leis

ignorar e por fatos que são evidentes aos sentidos. Ele sabe muito bem que determinado homem esteve frequentemente em guerras, que obteve tais e tais sucessos: o povo é, por conseguinte, capaz o bastante para eleger um general. Sabe que um juiz é assíduo, que muitas pessoas saem de seu tribunal contentes com ele, que não conseguiram corrompê-lo: eis o bastante para que eleja seu pretor. O povo impressionou-se com a magnificência ou com as riquezas de um cidadão: isso basta para que possa escolher um edil. Todas essas coisas são fatos sobre os quais o povo se instrui melhor na praça pública do que um monarca em seu palácio. Mas saberia ele conduzir um negócio, conhecer os lugares, as ocasiões, os momentos, tirar proveito disso? Não, não saberia.

Se alguém duvidasse da capacidade natural que o povo tem para discernir o mérito, bastaria lançar um rápido olhar sobre a contínua série de admiráveis escolhas feitas pelos atenienses e romanos, algo que, sem dúvidas, não se poderia atribuir ao acaso.

Sabe-se que, em Roma, embora o povo tivesse o direito de alçar os plebeus aos cargos, não se decidia a elegê-los.[3] E, ainda que em Atenas fosse possível, pela Lei de Aristides,[4] escolher magistrados de todas as classes, nunca aconteceu, diz Xenofonte,[5] que o populacho reivindicasse aquelas que poderiam se interessar por sua salvação ou sua glória.

Assim como a maior parte dos cidadãos, que têm competência o suficiente para eleger, mas não para serem eleitos, o povo, que tem competência suficiente para aferir a gestão dos outros, não é apto para gerir a si mesmo.

Os negócios públicos devem avançar, e avançar em um ritmo que não seja nem tão devagar, nem tão rápido. O povo, contudo, sempre age em excesso ou em exiguidade. Algumas vezes, com cem mil braços ele tudo subverte; em outras, com cem mil pés caminha apenas como os insetos.

---

3 O povo, podendo eleger os plebeus como tribunos, optou por constituir apenas nobres. Cf. Maquiavel, *Discurso sobre a primeira década de Tito Lívio*, I, 47. (N. T.)

4 Aristides, o Justo (séc. VI-V a.C.), estadista e político grego. A Lei de Aristides mudou a constituição ateniense, ampliando a democracia estabelecida por Sólon. (N. T.)

5 P. 691 e 692, edição de Wechelius, do ano 1596. [Montesquieu refere-se a Pseudo-Xenofonte ("Velho Oligarca"), *A constituição dos atenienses*. (N. T.)]

No Estado popular, o povo é dividido em certas classes. Os grandes legisladores se destacam na maneira de fazer essa divisão, e é disso que sempre dependeram a duração da democracia e sua prosperidade.

Sérvio Túlio[6] segue, na composição de suas classes, o espírito da aristocracia. Vemos, em Tito Lívio[7] e Dionísio de Halicarnasso,[8] como ele confiou o direito de sufrágio nas mãos dos principais cidadãos. Ele havia dividido o povo de Roma em 193 centúrias, que formavam seis classes. E, ao colocar os mais ricos, mas em menor número, nas primeiras centúrias, e os menos ricos, mas em maior número, nas centúrias seguintes, jogou toda a multidão de indigentes na última. E, como cada centúria tinha somente um voto,[9] eram antes os recursos e as riquezas, e não as pessoas, que consagravam o sufrágio.

Sólon[10] dividia o povo de Atenas em quatro classes. Guiado pelo espírito da democracia, fê-las não para determinar aqueles que deveriam eleger, mas aqueles que poderiam ser eleitos; e, deixando a cada cidadão o direito de eleição, dispôs[11] que, em cada uma dessas quatro classes, juízes pudessem ser eleitos. Mas apenas nas três primeiras, nas quais se encontravam os cidadãos abastados, era possível eleger os magistrados.[12]

---

6 Sérvio Túlio (578-534 a.C.), sexto rei de Roma, realizou importantes reformas políticas e dividiu Roma em cinco classes, de acordo com as rendas de cada estrato. Em seu reinado, instalou-se a plutocracia, na qual os ricos passaram a ter mais poder. (N. T.)

7 Lv.I. [Tito Lívio (59 a.C.-17 d.C.), autor de *Ab Urbe condita*, um dos mais importantes historiadores da Roma antiga. (N. T.)]

8 Lv.IV [*Antiguidades romanas*], art. 15 e seguintes. [Dionísio de Halicarnasso (60-8 a.C.), historiador e retor grego, autor *Das antiguidades romanas*. (N. T.)]

9 Ver nas *Considerações sobre as causas da grandeza dos romanos e de sua decadência*, cap.IX, como esse espírito de Sérvio Túlio se conservou na República.

10 Sólon (640-558 a.C.), legislador, estadista e poeta grego, considerado o instaurador da democracia em Atenas. Sólon é um dos mais célebres legisladores da Antiguidade. (N. T.)

11 Dionísio de Halicarnasso, *Elogio de Isócrates*, Pollux, Lv.VIII, cap.X, art.130. [A referência de Dionísio sobre Isócrates encontra-se em *De antiquis oratoribus*. (N. T.)]

12 Aristóteles descreve em *Política*, II, 12, que Sólon foi considerado o verdadeiro fundador da democracia ao fazer que os tribunais fossem compostos por juízes que poderiam ser eleitos dentre todos os cidadãos. Quanto aos magistrados, eleitos dentre os abastados, o povo apenas poderia verificar sua gestão. O parágrafo

Assim como a divisão daqueles que possuem o direito de sufrágio é, na república, uma lei fundamental, a maneira de dar o voto é uma outra lei fundamental.

O sufrágio pelo sorteio é da natureza da democracia; o sufrágio pela escolha, da aristocracia.

O sorteio é uma maneira de eleger que não causa tormentos a ninguém. Deixa em cada cidadão uma esperança razoável de servir sua pátria.

Contudo, como o sorteio é imperfeito por si mesmo, os grandes legisladores se esmeraram para regulá-lo e corrigi-lo.

Sólon estabeleceu, em Atenas, que todas as ocupações militares seriam nomeadas por escolha, e que os senadores e os juízes seriam eleitos por sorteio.

Dispôs que as magistraturas civis que exigiam uma grande despesa se realizassem por escolha, e que as outras fossem realizadas por sorteio.

Mas, para corrigir o sorteio, estatuiu que só poderiam se eleger aqueles que se apresentassem; que aquele que viesse a ser eleito fosse examinado pelos juízes,[13] e que qualquer um pudesse acusá-lo de ser indigno.[14] Quando o período de sua magistratura houvesse acabado, era preciso que enfrentasse um novo julgamento a respeito da maneira pela qual havia se comportado. As pessoas sem capacidade certamente deviam relutar a oferecer seu nome para serem sorteadas.

A lei que determina a maneira de entregar as cédulas de voto é também uma lei fundamental na democracia. É uma grande questão se os sufrágios devem ser públicos ou secretos. Cícero[15] escreve que as leis[16] que os tor-

---

seguinte, sobre a natureza dos sufrágios, é uma citação de Aristóteles, *Política*, Lv.IV, 9. (N. T.)

13 Vede a oração de Demóstenes, *De Falsa Legatione*, e a oração contra Timarco. [Demóstenes (384-322 a.C.), estadista grego, um dos mais célebres oradores áticos. (N. T.)]

14 Além disso, tirava-se, para cada assento, duas cédulas: uma indicando o assento e a outra nomeando aquele que deveria sucedê-lo, no caso de o primeiro ser rejeitado.

15 Lv.I e III das *Leis* [*De legibus*].

16 Chamavam-se *leis tabelárias*. Concediam-se a cada cidadão duas tábuas: a primeira marcada com um A, para dizer *antiquo*; a outra, com um U e um R, *uti rogas*.

naram secretos nos primeiros tempos da república romana foram uma das grandes causas de sua queda. Dado que isso se pratica de modo diverso nas diferentes repúblicas, eis, creio, algo sobre o que é preciso refletir.

Não há dúvida de que, quando um povo realiza seus sufrágios, estes devem ser públicos,[17] e isso deve ser visto como uma lei fundamental da democracia. É preciso que a camada modesta do povo seja esclarecida pelas camadas principais, e contida pela austeridade de certos personagens. Assim, na república romana, ao tornar os sufrágios secretos, tudo foi destruído; não foi mais possível esclarecer uma população que se perdia. Mas quando, em uma aristocracia, o corpo de nobres realiza os sufrágios,[18] ou quando em uma democracia quem o realiza é o Senado,[19] como se trata de evitar as intrigas,[20] os sufrágios não poderiam ser demasiadamente secretos.

A intriga é perigosa em um Senado, é perigosa em um corpo de nobres, mas não o é em meio ao povo, cuja natureza é agir por paixão. Nos Estados em que o povo não participa do governo, ele se inflamará por um ator assim como se inflamaria pelos negócios públicos. A infelicidade de uma república ocorre quando não há mais intrigas, e isso acontece quando o povo foi corrompido por dinheiro: ele se torna frígido, afeiçoa-se pelo dinheiro, mas deixa de se afeiçoar aos negócios públicos. Sem se preocupar com o governo e com aquilo que este lhe propõe, aguarda tranquilamente seu salário.

Outra lei fundamental da democracia é que somente o povo faça as leis. Há, no entanto, mil ocasiões em que é necessário que o Senado possa estatuir; frequentemente, ele até mesmo propõe testar uma lei antes de estabelecê-la. A constituição de Roma e a de Atenas eram muito sábias.

---

17 Em Atenas, levantam-se as mãos.

18 Como em Veneza.

19 Os trinta tiranos de Atenas quiseram que os sufrágios dos *areopagitas* fossem públicos, para dirigi-los ao seu bel-prazer. Lísias, *Orat. Contra Agorat*, cap.VIII. [O Areópago era um tribunal de justiça e um conselho político composto por cidadãos eminentes. (N. T.)]

20 O termo *brigues*, traduzido como *intriga*, pode também ser compreendido como conflito ou luta por interesses. Como registra o *Dictionnaire de l'Académie* (1762), a *brigue* é uma "busca vivaz que se faz por meio de diversas pessoas que se engajam em seus interesses", ou então, como define o *Littré*, trata-se de uma "manobra pela qual, na busca de algum objetivo, alguém envolve pessoas em seus interesses". (N. T.)

As resoluções do Senado[21] possuíam força durante um ano; somente se tornavam perpétuas pela vontade do povo.

Capítulo III – Das leis relativas à natureza da aristocracia

Na aristocracia, o poder soberano encontra-se nas mãos de um certo número de pessoas. São elas que fazem as leis e que ordenam que estas sejam executadas; e o resto do povo está para elas, no máximo, como em uma monarquia os súditos estão para o monarca.

Nela, o sufrágio não deve ser realizado por sorteio: disso resultariam apenas inconvenientes. De fato, em um governo que já estabeleceu as mais tormentosas distinções, ainda que alguém fosse escolhido pelo sorteio, não deixaria de ser menos odioso: inveja-se o nobre, não o magistrado.

Quando os nobres são numerosos, é necessário um Senado que regulamente os assuntos sobre os quais o corpo nobiliárquico não poderia decidir e que prepare aqueles sobre os quais ele decide. Nesse caso, pode-se dizer que de certo modo a aristocracia está no Senado, que a democracia está no corpo de nobres e que o povo nada é.

Seria algo muito auspicioso se, por alguma via indireta, o povo pudesse, na aristocracia, sair da sua condição de insignificância: assim, em Gênova, o banco de São Jorge, em grande parte administrado pelos principais do povo,[22] concede a este certa influência no governo, o que constitui a base de toda sua prosperidade.

Os senadores não devem ter o direito de substituir os ausentes no Senado: nada seria mais capaz de perpetuar os abusos. Em Roma, que nas suas primeiras épocas foi uma espécie de aristocracia, o Senado não apontava seus próprios substitutos: os novos senadores eram nomeados[23] pelos censores.

---

21 Vede Dionísio de Halicarnasso [*Das antiguidades romanas*], Lv.IV e IX.

22 Vede Addison, *Voyages d'Italie* [*Remarks on Several Parts of Italy*], p.16. [Joseph Addison (1672-1719), escritor e político inglês, autor de *Remarks on Several Parts of Italy etc. in the Years 1701, 1702, 1703* (1705) e um dos fundadores do jornal *The Spectator*. (N. T.)]

23 Inicialmente eles foram nomeados pelos cônsules.

Uma autoridade exorbitante, subitamente concedida a um cidadão em uma república, dá origem a uma monarquia ou a algo mais que uma monarquia. Nesta, as leis dispuseram a constituição ou se conformaram a ela: o princípio do governo detém o monarca. Porém, em uma república na qual o cidadão recebe[24] um poder exorbitante, o abuso deste poder é maior, pois as leis, que não o previram, nada fizeram para detê-lo.

A exceção a essa regra ocorre quando a constituição do Estado é tal que necessita de uma magistratura dotada de um poder exorbitante. Tal era Roma com seus ditadores, tal é Veneza com seus inquisidores de Estado: são magistraturas terríveis que conduzem violentamente o Estado à liberdade. Mas por que tais magistraturas são tão diferentes nessas duas repúblicas? É que Roma protegia, contra o povo, o que restava de sua aristocracia, ao passo que Veneza utiliza seus inquisidores de Estado para manter sua aristocracia contra os nobres. Disto resultava que, em Roma, a ditadura apenas deveria durar pouco tempo, pois o povo age por seu ímpeto, e não por seus desígnios. Era necessário que essa magistratura fosse exercida com brilho, pois se tratava de intimidar o povo, e não de puni-lo, e que o ditador fosse criado para apenas uma atribuição e só tivesse uma autoridade sem limites em razão dessa atribuição, pois era sempre criado para um caso imprevisto. Em Veneza, ao contrário, uma magistratura permanente é necessária: é nela que os intentos podem ser iniciados, continuados, suspensos, retomados; que a ambição de um só se torna a da família, e a ambição da família torna-se a de muitas. Precisam de uma magistratura dissimulada, pois os crimes que ela pune, sempre recônditos, são concebidos no segredo e no silêncio. Essa magistratura deve ter uma inquisição geral, pois não deve apenas impedir os males conhecidos, mas, antes, prevenir os desconhecidos. Enfim, essa última magistratura é estabelecida para vingar os crimes dos quais suspeita, e a primeira empregava mais ameaças do que punições para os crimes, mesmo aqueles confessados pelos seus autores.

Em toda magistratura é preciso compensar a magnitude do poder pela brevidade de sua duração. Um ano é o tempo fixado pela maioria dos legisla-

---

24 Foi isso que derrubou a república romana. Vede as *Considerações sobre as causas da grandeza dos romanos e de sua decadência*, cap.XIV e XVI.

Do espírito das leis

dores; um tempo maior seria perigoso, um mais curto seria contra a natureza da coisa. Quem gostaria de assim governar seus assuntos domésticos? Em Ragusa,[25] todos os meses alteram o chefe da república; os outros oficiais, todas as semanas; o governante do castelo, todos os dias. Isso apenas pode ocorrer em uma pequena república[26] cercada de potências formidáveis, que facilmente corromperiam os pequenos magistrados.

A melhor aristocracia é aquela na qual a parcela do povo que em nada participa do poder é tão pequena e tão pobre que a parte dominante não tem nenhum interesse em oprimi-la. Assim, quando Antípatro[27] instituiu em Atenas que aqueles que não possuíssem duas mil dracmas seriam excluídos do direito de sufrágio, ele formou a melhor aristocracia possível, pois esse recenseamento era tão ínfimo que apenas excluía poucas pessoas, e ninguém que gozasse de alguma consideração na cidade.

Portanto, as famílias aristocráticas devem ser, o tanto quanto possível, povo. Quanto mais uma aristocracia se aproxima da democracia, mais perfeita será; e será menos perfeita à medida que se aproxime da monarquia.

A mais imperfeita de todas é aquela na qual parte do povo que obedece está sob a escravidão civil da parte que comanda, como a aristocracia da Polônia, onde os camponeses são escravos da nobreza.

Capítulo IV – Das leis em sua relação com a natureza do governo monárquico

Os poderes intermediários, subordinados e dependentes, constituem a natureza do governo monárquico, isto é, daquele em que um só governa por leis fundamentais. Disse os poderes intermediários, subordinados e dependentes: na realidade, na monarquia, o príncipe é a fonte de todo o

---

25 *Viagens*, de Tournefort. [Joseph Pitton de Tournefort (1656-1708), botânico francês, autor de *Relation d'un voyage du Levant fait par ordre du roy* (1717). (N. T.)]

26 Em Lucca, os magistrados são estabelecidos por apenas dois meses.

27 Diodoro [*Biblioteca histórica*], Lv.XVIII, p.601, edição de Rhodoman. [Antípatro (397-319 a.C.), general macedônio que lutou por Alexandre, o Grande, tendo posteriormente sido regente do Império. Diodoro Sículo ou da Sicília (séc. I a.C.), historiador grego. Montesquieu refere-se à obra *Biblioteca histórica*. (N. T.)]

poder político e civil. Essas leis fundamentais supõem necessariamente canais mediatos por onde o poder segue seu fluxo; pois, se no Estado só existe a vontade momentânea e caprichosa de um só, nada pode ser fixado e, consequentemente, não há nenhuma lei fundamental.

O poder intermediário subordinado mais natural é o da nobreza. De alguma forma, ela entra na essência da monarquia, cuja máxima fundamental é: *sem monarca, sem nobreza; sem nobreza, sem monarca*. De outro modo, há um déspota.

Em alguns Estados da Europa, há pessoas que haviam imaginado abolir todas as justiças dos senhores.[28] Não viam que desejavam fazer aquilo que o Parlamento da Inglaterra fez. Se em uma monarquia abolirdes as prerrogativas dos senhores, do clero, da nobreza e das cidades, logo tereis um Estado popular, ou então um Estado despótico.

Há muitos séculos, os tribunais de um grande Estado na Europa continuamente golpeiam a jurisdição patrimonial dos senhores e dos eclesiásticos. Não pretendemos censurar magistrados tão sábios, mas deixemos por decidir até que ponto a constituição pode dessa forma ser mudada.

Não sou obstinado pelos privilégios dos eclesiásticos, mas gostaria que sua jurisdição fosse bem fixada de uma vez. Não se trata de saber se temos razão em estabelecê-la, mas sim se ela está estabelecida, se faz parte das leis do país e se ali ela se relaciona com tudo o mais; se, entre dois poderes reconhecidos como independentes, as condições não devem ser recíprocas; e se não é a mesma coisa para um bom súdito defender a justiça do príncipe ou os limites que ela sempre prescreveu a si mesma.

Tanto quanto o poder do clero é perigoso em uma república, ele é conveniente em uma monarquia, sobretudo nas que tendem ao despotismo. Onde estariam a Espanha e Portugal, desde a queda de suas leis, sem esse poder que, sozinho, detém o poder arbitrário? Barreira sempre boa quando não há nenhuma outra: afinal, como o despotismo causa à natureza humana males terríveis, o próprio mal que o limita é um bem.

Assim como o mar, que parece querer cobrir toda a terra, é detido pela relva e pelos menores gravetos que se encontram sobre a costa, também os

---

28 A "justiça dos senhores" é descrita na Sexta Parte, em Lv.XXX, Cap.20. (N. T.)

Do espírito das leis

monarcas, cujo poder parece sem limites, são detidos pelos menores obstáculos e submetem seu orgulho natural às queixas e às súplicas.

Os ingleses, para favorecer a liberdade, retiraram todos os poderes intermediários que formavam sua monarquia. Têm muita razão em conservar essa liberdade: se viessem a perdê-la, seriam um dos povos mais escravos da Terra.

O senhor Law,[29] ignorante tanto acerca da constituição republicana quanto da monárquica, foi um dos maiores promotores do despotismo já vistos na Europa. Além das alterações que realizou, excessivamente bruscas, inusitadas, inauditas, quis suprimir os estratos sociais[30] intermediários e destruir o corpo político: dissolvia[31] a monarquia por seus quiméricos reembolsos e parecia querer resgatar a própria constituição.

Não basta que haja, em uma monarquia, estratos sociais intermediários; além disso, é necessário haver um depósito de leis.[32] Esse depósito

---

29 John Law (1671-1729), economista escocês, elaborador do "sistema de Law", difusor da utilização do papel-moeda e considerado um dos primeiros promotores do sistema de finanças. Montesquieu é, como se pode depreender da descrição feita acima, um crítico de seu sistema. Cf. Lv.XXII, Cap.7 e 10. Em suas *Viagens*, Montesquieu escreve longamente sobre seu encontro com Law: "em 29 de agosto de 1728 encontrei, em Veneza, o senhor Law. Ele me falou muito sobre o seu sistema: como seu banco havia causado admiração do público [...]. Acredita que a ruína de seu sistema veio da custódia contra ele, da revogação de seu decreto (que partilhava as cédulas), e que o público não mais poderia ter confiança nele após ter sido difamado dessa forma [...]. É um homem capcioso, de raciocínio firme, cuja força inteira consiste em buscar fazer que nossa resposta se volte contra nós mesmos, encontrando algum inconveniente nela. Além disso, ama mais as suas ideias do que o seu dinheiro" (Montesquieu, *Voyages*, p.571 *ss.*). (N. T.)

30 O termo *rang*, em francês, não tem apenas uma conotação material ou econômica geralmente associada à noção de *classe* (utilizada amplamente a partir do século XIX), mas também envolve costumes, tradições, profissão ou cargo, hereditariedade, hierarquia, posição social. Traduziu-se *rang* como *estrato social*. (N. T.)

31 Ferdinando, rei de Aragão, fez de si mesmo grão-mestre das ordens, e tão somente isso alterou a constituição.

32 O "depósito" ou "repositório" de leis é explicado por Montesquieu no Lv.XXVIII, Cap.45. *Grosso modo*, na França, a senhoria de cada província depositava um documento escrito no qual eram descritos os costumes locais; algumas vezes, os próprios parlamentos serviam como depósitos legais. As leis, portanto, constituíam literalmente um "depósito" de relatos e descrições. (N. T.)

pode apenas residir nos corpos políticos, que anunciam as leis quando são elaboradas e as recordam quando são esquecidas. A ignorância natural da nobreza, sua desatenção, seu desprezo pelo governo civil, exigem a existência de um corpo que incessantemente faça que as leis sejam tiradas da poeira sob a qual estão soterradas. O conselho do príncipe não é um depósito conveniente. Ele é, por sua natureza, o depósito da vontade momentânea do príncipe que executa, e não o depósito de leis fundamentais. Além disso, o conselho do monarca muda incessantemente: não é permanente; não poderia ser numeroso; não desfruta, em grau suficiente, da confiança do povo; não está, pois, em condição de esclarecê-lo em tempos difíceis, nem de conduzi-lo à obediência.

Nos Estados despóticos, onde não há leis fundamentais, também não há depósito de leis. Disto resulta que, nesses países, a religião comumente possua tanta força: ela forma uma espécie de depósito e de permanência; e, se não for a religião, ali os costumes são venerados no lugar das leis.

Capítulo V – Das leis relativas à natureza do Estado despótico

Resulta da natureza do poder despótico que o único homem que o exerça faça, do mesmo modo, que seja exercido por um só. Um homem cujos cinco sentidos incessantemente lhe dizem que ele é tudo e que os outros não são nada é naturalmente preguiçoso, ignorante, voluptuoso. Por conseguinte, abandona seus deveres. Mas, se os confiasse a muitas pessoas, haveria disputas entre elas; haveria intrigas para ser o primeiro escravo; o príncipe seria obrigado a retomar a administração. É, pois, mais simples que a entregue a um vizir,[33] que teria, desde logo, o mesmo poder que ele. O estabelecimento de um vizir é, nesse Estado, uma lei fundamental.

---

33 Os reis do Oriente sempre têm vizires, diz Chardin. [Jean Chardin (1643-1731), escritor francês radicado na Inglaterra, autor de *Viagens do sr. Chardin na Pérsia e outros lugares do Oriente* (versão completa publicada em 1711). Trata-se de uma das fontes essenciais de Montesquieu. (N. T.)]

Do espírito das leis

Diz-se que um papa,[34] em sua eleição, convencido de sua incapacidade, a princípio criou infinitas dificuldades. Aceitou, enfim, e outorgou todos os negócios ao seu sobrinho. Estava na administração e dizia: "Jamais poderia ter acreditado que isso seria tão fácil". O mesmo acontece com príncipes do Oriente. Quando retirados dessa prisão, onde os eunucos debilitaram seu coração e mente e frequentemente os fazem ignorar sua própria condição, para serem colocados no trono, eles ficam inicialmente aturdidos. Porém, quando constituem um vizir, em seu serralho entregam-se às paixões mais brutais; quando em meio a uma corte prostrada satisfazem seus caprichos mais estúpidos, nunca teriam acreditado que isso fosse tão fácil.

Quanto mais se amplia o império, mais o serralho aumenta, e, consequentemente, mais o príncipe inebria-se de prazeres. Assim, nesses Estados, quanto mais povo o príncipe tem para governar, menos pensa no governo; quanto maiores são os negócios públicos, menos se delibera sobre eles.

---

34 O papa Clemente X (1590-1676). (N. T.)

Livro III
Dos princípios dos três governos

Capítulo Primeiro – Diferença da natureza do governo e de seu princípio

Após ter examinado quais são as leis relativas à natureza de cada governo, é necessário olhar para aquelas que são relativas a seu princípio.

Há a seguinte diferença[1] entre a natureza do governo e seu princípio: sua natureza é aquilo que o faz ser o que é, e seu princípio é aquilo que o faz agir. Uma é sua estrutura particular; a outra, as paixões humanas que o colocam em movimento.

Ora, as leis devem ser tão relativas ao princípio de cada governo quanto à sua natureza. É necessário, pois, investigar qual é esse princípio. Eis o que farei neste livro.

Capítulo II – Do princípio dos diversos governos

Disse que a natureza do governo republicano consiste no povo, enquanto corpo, ou certas famílias, possuírem o poder soberano; a do governo monárquico, no príncipe ter o poder soberano, mas o exercer segundo as leis estabelecidas; a do governo despótico, no fato de ali um só governar

---

1 Esta distinção é muito importante e dela tirarei muitas consequências; ela é a chave para uma infinidade de leis.

segundo suas vontades e caprichos. Nada mais me falta para encontrar seus três princípios: eles derivam naturalmente disso. Começarei pelo governo republicano, e falarei, inicialmente, do democrático.

Capítulo III – Do princípio da democracia

Não é preciso muita probidade para que um governo monárquico ou um governo despótico se mantenha ou se sustente. A força das leis em um, o braço do príncipe sempre levantado no outro, tudo regulam ou contêm. Mas, em um Estado popular, é necessário um móbil a mais, a VIRTUDE.

O que digo é confirmado por todo o conjunto da história e está em grande conformidade com a natureza das coisas. Pois é claro que, em uma monarquia, na qual aquele que executa as leis se julga para além das leis, há menos necessidade de virtude do que em um governo popular, no qual aquele que executa as leis sente que está ele próprio submetido a elas e que será capaz de suportar seu peso.

É claro que o monarca que, por maus conselhos ou por negligência, cessa de executar as leis, pode facilmente reparar o mal: basta mudar de conselho ou corrigir sua negligência. Contudo, quando em um governo popular as leis cessam de ser executadas, como isso somente pode decorrer da corrupção da república, o Estado já está perdido.

Foi um belo espetáculo ver, no século passado, os impotentes esforços dos ingleses para estabelecer a democracia entre si. Como aqueles que participavam dos negócios públicos absolutamente não possuíam virtude, como sua ambição era exasperada pelo sucesso daquele que havia sido mais audaz,[2] como o espírito de uma facção somente era reprimido pelo espírito de outra, o governo mudava incessantemente; atônito, o povo buscava a democracia e não a encontrava em nenhum lugar. Enfim, após muitos movimentos, choques e abalos, foi necessário voltar a se apoiar no próprio governo que havia sido proscrito.

Quando Sula quis dar a liberdade a Roma, ela já não mais poderia acolhê--la: contava com apenas um frágil resquício de virtude, e, como a possuía cada

---

2 Cromwell. [Oliver Cromwell (1599-1658) foi militar e estadista inglês, tendo sido umas das principais personagens da Revolução Inglesa (1640-1660). Ver Hill, *O eleito de Deus: Oliver Cromwell e a Revolução Inglesa*. (N. T.)]

Do espírito das leis

vez menos, ao invés de despertar após César, Tibério, Caio,[3] Cláudio, Nero e Domiciano, tornou-se ainda mais escrava. Todos os golpes eram dados contra os tiranos, nenhum contra a tirania.

Os políticos gregos, que viviam no governo popular, não reconheciam outra força que pudesse sustentá-los senão a virtude. Os de hoje apenas nos falam de manufaturas, de comércio, de finanças, de riquezas e mesmo do luxo.[4]

Quando essa virtude cessa, a ambição entra nos corações capazes de recebê-la, e a avareza entra em todos. Os desejos mudam de objetos: o que se amava, não mais se ama; era-se livre com as leis, quer-se ser livre contra elas; cada cidadão é como um escravo fugido da casa de seu senhor; o que era *máxima* é chamado de *rigor*; o que era *regra* é chamado de *incômodo*; o que ali era *atenção* é chamado de *medo*. É na frugalidade que reside a avareza, e não no desejo de possuir. Outrora, o bem dos particulares constituía o tesouro público, mas agora o tesouro público torna-se patrimônio dos particulares. A república é espoliada e sua força não é mais senão o poder de alguns cidadãos e a licença de todos.

Atenas conservava em seu âmago as mesmas forças tanto quando dominava com tamanha glória quanto quando experimentava tamanha vergonha. Tinha vinte mil cidadãos[5] quando defendia os gregos contra os persas, quando disputou o império com a Lacedemônia e quando atacou a Sicília. Tinha vinte mil quando Demétrio de Faleros os enumerou,[6] assim como se contam escravos em um mercado. Quando Filipe ousou dominar a Grécia, quando apareceu diante dos portões de Atenas,[7] ela então havia perdido tão somente tempo. Pode-se ver em Demóstenes quanto esforço foi necessário para despertá-la: temia-se Filipe não como inimigo da liberdade, mas dos

---

3 Montesquieu refere-se a Calígula. (N. T.)

4 A contraposição entre *virtude* e *comércio* é um dos binômios que mais estimularam as reflexões sobre economia política no século XVIII. Ela enseja, por exemplo, considerações sobre as formas de governo em relação aos regimes econômicos a serem adotados. A antinomia, aqui expressa com clareza por Montesquieu, será amplamente discutida e reverberará seja entre filósofos escoceses, como Hume e Smith, seja entre filósofos francófonos, como Quesnay e Rousseau. (N. T.)

5 Plutarco, *Péricles* [*Vidas paralelas*]; Platão, *Críton*.

6 Ali se encontravam 21 mil cidadãos, dez mil estrangeiros, quatrocentos mil escravos. Vede Ateneu, Lv.VI [*O banquete dos sofistas*].

7 Tinha vinte mil cidadãos. Vede Demóstenes, *Aristog.*

prazeres.[8] Essa cidade, que havia resistido a tantas derrotas, que havia sido vista renascer após suas destruições, foi vencida por Queroneia,[9] e foi para sempre derrotada. Que importa que Filipe devolva todos os prisioneiros? Ele não devolve homens. Era sempre tão fácil triunfar sobre as forças de Atenas quanto era difícil triunfar sobre sua virtude.

Como poderia Cartago ter se defendido? Quando Aníbal, tendo se tornado pretor, quis impedir os magistrados de pilhar a república, não foram eles acusá-lo diante dos romanos? Infelizes, que desejavam ser cidadãos sem que tivessem cidade e obter suas riquezas da mão de seus destrutores! Logo Roma lhes pediu trezentos de seus principais cidadãos como reféns; fez que entregassem as armas e as embarcações, e em seguida lhes declarou guerra. Considerando as coisas feitas pelo desespero de uma Cartago desarmada,[10] pode-se julgar o que ela teria podido fazer com sua virtude quando ainda dispunha de suas forças.

Capítulo IV – Do princípio da aristocracia

Assim como a virtude é necessária no governo popular, ela também o é no aristocrático. É verdade que, neste último, não é tão absolutamente requerida.

O povo, que é em relação aos nobres aquilo que os súditos são em relação ao monarca, é contido pelas leis. Portanto, ele necessita de menos virtude do que o povo de uma democracia. Mas como os nobres serão contidos? Aqueles que devem executar as leis contra seus colegas imediatamente sentirão que agem contra si. É necessário, pois, que haja virtude nesse corpo, pela natureza da constituição.

O governo aristocrático possui, por si mesmo, uma certa força que a democracia não tem. Nele, os nobres formam um corpo que, por sua prer-

---

8 Tinham elaborado uma lei para punir com a morte aquele que propusesse converter para os usos da guerra o dinheiro destinado aos teatros.

9 Queroneia é uma cidade da Beócia. Montesquieu faz referência à Batalha de Queroneia (338 a.C.), vencida por Filipe II, da Macedônia, contra Tebas e Atenas. (N. T.)

10 Essa guerra durou três anos.

rogativa e por seu interesse particular, reprime o povo: basta haver leis para que, nessa perspectiva, sejam executadas.

Mas, assim como é fácil para esse corpo reprimir os outros, é difícil que reprima a si mesmo.[11] A natureza dessa constituição é tal que parece colocar sob o poder das leis as mesmas pessoas que delas são isentas.

Ora, tal corpo apenas pode ser reprimido de duas maneiras: ou por uma grande virtude, que faz com que os nobres sejam, de alguma forma, iguais ao seu povo, o que pode formar uma grande república; ou por uma virtude menor, que é uma certa moderação que ao menos torna os nobres iguais a si mesmos, ocasionando a sua conservação.

A *moderação* é, pois, a alma desses governos. Por moderação, compreendo aquela que é fundada sobre a virtude, não a proveniente de uma covardia e de uma preguiça da alma.

Capítulo V – Que a virtude não é o princípio do governo monárquico

Nas monarquias, a política faz com que as grandes coisas sejam realizadas com a menor virtude possível, assim como, nas mais belas máquinas, a arte emprega tão poucos movimentos, forças e engrenagens quanto possível.

O Estado subsiste independentemente do amor pela pátria, do desejo da verdadeira glória, da renúncia a si mesmo, do sacrifício dos seus mais caros interesses e de todas essas virtudes heroicas que encontramos entre os antigos, sobre as quais apenas ouvimos falar.

Na monarquia, as leis ocupam o lugar de todas essas virtudes, das quais não se tem necessidade alguma; o Estado vos dispensa delas: ali, uma ação que se faz sem rumores é, de certo modo, desimportante.

Ainda que todos os crimes sejam públicos por sua natureza, distinguem--se, no entanto, os crimes verdadeiramente públicos dos crimes privados, assim denominados porque ofendem mais a um particular do que à sociedade inteira.

---

11 Os crimes públicos podem nela ser punidos, pois a questão convém a todos. Os crimes particulares não serão nela punidos, porque o que convém a todos é não os punir.

Ora, nas repúblicas, os crimes privados são mais públicos, isto é, ofendem mais a constituição do Estado do que os particulares; e, nas monarquias, os crimes públicos são mais privados, isto é, ofendem mais as fortunas particulares do que a própria constituição do Estado.

Rogo que não se sintam ofendidos por aquilo que eu disse: falo de acordo com todas as histórias. Sei muito bem que não é raro que nas monarquias haja príncipes virtuosos, mas digo que, em uma monarquia, é muito difícil que o povo o seja.[12]

Que se leia o que os historiadores de todas as épocas disseram sobre a corte dos monarcas, que se lembre das conversas dos homens de todos os países sobre o miserável caráter dos cortesãos: não são coisas da especulação, mas de uma triste experiência.

A ambição na ociosidade, a baixeza no orgulho, o desejo de enriquecer sem trabalho, a aversão pela verdade, a bajulação, a traição, a perfídia, o abandono de todos os seus compromissos, o desprezo dos deveres do cidadão, o medo da virtude do príncipe, a esperança de suas fraquezas, e, mais do que tudo isso, o perpétuo ridículo lançado sobre a virtude, formam, creio eu, o caráter da maioria dos cortesãos, como se observa em todos os lugares e épocas. Ora, é deplorável que a maior parte dos principais de um Estado sejam pessoas desonestas e que os inferiores sejam pessoas de bem; que os primeiros sejam enganadores e que os últimos apenas consintam em ser enganados.

Se em meio ao povo encontrar-se algum infeliz homem honesto,[13] insinua o cardeal Richelieu em seu testamento político,[14] um monarca deve

---

12 Falo aqui sobre a virtude política, que é a virtude moral no sentido de que ela se dirige para o bem geral; pouquíssimo sobre as virtudes morais particulares e nada sobre a virtude que tem relação com as verdades reveladas. Isso logo será visto no Livro V, Capítulo II. [Sobre essa explicação e sobre a noção de *homem bom* (nota no capítulo subsequente), cf. *Advertência do autor* e os *Esclarecimentos sobre* o Espírito das leis. (N. T.)]

13 Entenda-se isso no mesmo sentido da nota precedente.

14 Armand Jean du Plessis de Richelieu (1585-1642), conhecido como cardeal de Richelieu, foi um político, estadista e escritor francês, tendo exercido grande influência, enquanto ministro, sobre o rei Luís XIII. Foi autor de *Testamento político* (1688).

evitar valer-se dele.[15] Tanto isso é verdade que a virtude não é o móbil desse governo! Certamente não é excluída dele, mas não é seu móbil.

Capítulo VI – Como se supre a virtude no governo monárquico

Apresso-me, e caminho a passos largos, a fim de que não creiam que faço uma sátira do governo monárquico. Não, se ele carece de um móbil, possui outro: a HONRA, isto é, o preconceito de cada pessoa e de cada condição ocupa o lugar da virtude política da qual falei, e por toda a parte a representa. A honra pode inspirar os mais belos feitos, e, assim como a própria virtude, ela pode, junto com a força das leis, conduzir à finalidade do governo.

Dessa forma, nas monarquias bem regradas, todos serão mais ou menos bons cidadãos e raramente encontrar-se-á alguém que seja um homem de bem, pois, para ser homem de bem,[16] é necessário haver a intenção de sê-lo,[17] e amar o Estado mais em si mesmo do que para si próprio.

Capítulo VII – Do princípio da monarquia

O governo monárquico supõe, como havíamos dito, preeminências, estratos sociais e até mesmo uma nobreza de origem.[18] A natureza da *honra* é demandar preferências e distinções; é de sua inerência, portanto, possuir um lugar nesse governo.

Apesar de valer-se de aspectos da obra do ministro para a descrição da monarquia, Montesquieu critica e se opõe às posições mercantilistas e absolutistas de Richelieu, considerado como defensor do despotismo, da escravidão, possuindo "uma ambição maior do que todos os monarcas do mundo" e sendo, finalmente, considerado como um dos "mais maldosos cidadãos que a França já teve" (*MP*, n.1302). Sobre a questão, conferir *Meus pensamentos*, de Montesquieu, n.299, 1302, 1692, 2223. (N. T.)

15 "Não se deve", lê-se no livro, "valer-se de pessoas de categorias inferiores: elas são muito austeras e muito difíceis" [Richelieu, *Testamento político*, cap.IV].

16 Essa expressão, *homem de bem*, deve aqui ser compreendida apenas em um sentido político.

17 Vede a primeira nota do Livro III, Capítulo 5.

18 Isto é, uma nobreza hereditária. (N. T.)

A ambição é perniciosa em uma república. Produz, no entanto, bons efeitos na monarquia, dá vida a esse governo e nele ainda possui a seguinte vantagem: ali, ela não é perigosa, visto que pode ser continuamente reprimida.

Direis que isto se realiza como no sistema do universo, no qual há uma força que faz todos os corpos incessantemente se distanciarem do centro e uma força de gravidade que para ele os atrai. A honra faz todas as partes do corpo político se movimentarem, liga-as por sua própria ação, e assim acontece que cada um vai em direção ao bem comum acreditando estar indo atrás de seus interesses particulares.[19]

É verdade que, filosoficamente falando, é uma falsa honra que dirige todas as partes do Estado. Mas essa falsa honra é tão útil ao público quanto a verdadeira seria aos particulares que pudessem tê-la.

E não é o bastante obrigar os homens a realizar todas as ações difíceis e que demandam força, sem outra recompensa senão o renome decorrente dessas ações?

Capítulo VIII – Que a honra não é o princípio dos Estados despóticos

A *honra* não é o princípio dos Estados despóticos: ali, sendo os homens todos iguais, não se pode preferir um ao outro; ali, sendo os homens todos escravos, não se pode preferir ninguém.

Além disso, como a honra possui suas leis, suas regras, e não poderia ser flexível, como depende muito de seu próprio capricho e não do capricho de outrem, ela apenas pode ser encontrada nos Estados onde a constituição é fixa e as leis são estáveis.

---

19 Esse parágrafo marca um argumento importante que seria retomado e reelaborado pelos teóricos escoceses dedicados aos estudos de moral e de economia política: a busca pelos interesses particulares beneficia, ainda que de maneira involuntária, o bem comum. Se é verdade que a *Fábula das abelhas*, de Bernard de Mandeville, já propunha a expressão "vícios privados, benefícios públicos", Montesquieu, ao mesmo tempo que lapida a fórmula, subverte o lugar dessa ideia ao ligá-la antes à honra e ao governo monárquico do que ao desejo de lucro nas sociedades comerciais. Sobre as características de uma república comerciante, cf. Parte IV, Livro XX e nota do tradutor em VII, 1. (N. T.)

Como poderia a honra ser admitida pelo déspota? Ela torna glorioso o menosprezo pela vida, e o déspota apenas tem força porque pode eliminar a vida. Como poderia a honra admitir o déspota? Ela possui regras contínuas e caprichos constantes; o déspota não possui nenhuma regra, e seus caprichos destroem todos os outros.

A honra, desconhecida nos Estados despóticos, nos quais com muita frequência nem existe palavra para exprimi-la,[20] reina nas monarquias; nestas, ela concede vida ao corpo político inteiro, às leis e às próprias virtudes.

Capítulo IX – Do princípio do governo despótico

Assim como é preciso virtude em uma república e honra em uma monarquia, é necessário o MEDO em um governo despótico:[21] pois nele a virtude absolutamente não seria necessária, e, quanto à honra, seria perigosa.

No governo despótico, o imenso poder do príncipe passa inteiramente para aqueles em quem ele confia. No despotismo, pessoas capazes de estimarem-se a si próprias em demasia estariam em condição de fazer revoluções. É preciso, pois, que nesse governo o medo destrua os ânimos de todos e extinga até o mais ínfimo sentimento de ambição.

Um governo moderado pode, sem perigo e o tanto quanto quiser, afrouxar seus móbeis. Ele se mantém por suas leis e por sua própria força. Mas quando, no governo despótico, o príncipe por um momento deixa de levantar o braço, quando não pode imediatamente aniquilar aqueles que possuem os primeiros cargos,[22] tudo está perdido, pois, quando o móbil do governo, que é o medo, não mais existe, o povo deixa de ter um protetor.

---

20 Vede Perry [*Estado presente da grande Rússia*], p.447. [John Perry (1670-1732), autor de *The State of Russia, under the Present Czar* (1716). O livro foi traduzido para o francês em 1717, com o título *L'État présent de la Grande Russie*. (N. T.)]

21 *MP*, n.1898: "De fato, a autoridade despótica nunca deve ser transmitida. As ordens arbitrárias não devem ser executadas arbitrariamente, e é do interesse de um príncipe justo que aquele que executa suas vontades, mesmo as mais tirânicas, observe, na maneira de executá-las, as regras da mais exata justiça. Nos Estados despóticos, é-se pelo povo contra os governantes ou intendentes, enquanto na monarquia se passa o contrário". (N. T.)

22 Como frequentemente ocorre na aristocracia militar.

Aparentemente, foi nesse sentido que os cadis sustentaram que o grande senhor não era obrigado a manter sua palavra ou juramento se, ao fazê-lo, limitasse sua autoridade.[23]

É necessário que o povo seja julgado pelas leis e os grandes pela extravagância do príncipe; que a cabeça do último súdito esteja em segurança e que a dos paxás esteja sempre exposta. Não é possível falar desses governos monstruosos sem estremecer. O sufi da Pérsia, destronado em nossa época por Miruais, viu o governo perecer antes da conquista porque não havia derramado sangue o suficiente.[24]

A história nos conta que as horríveis crueldades de Domiciano aterrorizaram os governadores a tal ponto que o povo de algum modo foi restabelecido em seu reinado.[25] Do mesmo modo que uma torrente, que de um lado tudo devasta, do outro revela campos nos quais o olhar enxerga, ao longe, algumas pradarias.

Capítulo X – Diferença da obediência nos governos moderados e nos governos despóticos

Nos Estados despóticos, a natureza do governo requer uma obediência extrema; e a vontade do príncipe, uma vez conhecida, deve produzir tão infalivelmente seu efeito quanto uma bola lançada contra outra deve produzir o seu.

Não há temperamento, modificações, conciliações, termos, equivalências, negociações, repreensões, nada de igual ou de melhor a propor. O homem é uma criatura que obedece a uma criatura que demanda.

---

23 Ricaut, *Do império otomano*, Lv.I, cap.II. [Paul Rycaut (1629-1700), historiador e diplomata inglês, tendo trabalhado na embaixada de Constantinopla durante vários anos. O livro de Rycaut aqui citado, *The Present State of the Ottoman Empire* (1699), foi logo traduzido para o francês e tornou-se fonte de referência sobre costumes, religião e política do império otomano. (N. T.)]

24 Vede a história dessa revolução pelo padre Du Cerceau. [Referência ao *Histoire de la dernière révolution de Perse*, de 1728, de Jean-Antoine du Cerceau. Montesquieu refere-se a Miruais Cã Hotaqui (1673-1715). Na realidade, foi seu filho, o xá Mamude Hotaqui (1697-1725), que destronou o rei em 1722. (N. T.)]

25 Seu governo era militar, o que é uma das espécies do governo despótico. [Suetônio, Domiciano, em *Vida dos doze césares*.]

Do espírito das leis

Nesses Estados, ninguém pode nem exprimir seus temores sobre um evento futuro, nem desculpar seus maus êxitos apelando para o capricho da fortuna. Ali, o que cabe aos homens é, assim como às feras, o instinto, a obediência, o castigo.

De nada serve invocar os sentimentos naturais, o respeito por um pai, o carinho por seus filhos e suas mulheres, as leis da honra, o estado de sua saúde: recebe-se a ordem, e isso basta.

Na Pérsia, quando o rei condena alguém, não se pode mais falar com ele sobre o assunto, tampouco requerer pela graça. Que estivesse ele embriagado ou fora de seus sentidos, ainda assim seria necessário que a resolução fosse executada;[26] sem isto, ele se contradiria, e a lei não pode se contradizer. Essa maneira de pensar desde sempre existiu: como a ordem dada por Assuero para exterminar os judeus não podia ser revogada, decidiu-se que lhes seria concedida a permissão para se defenderem.

Há, contudo, uma coisa que por vezes pode ser oposta à vontade do príncipe:[27] a religião. Abandona-se ou até mesmo assassina-se o pai se o príncipe isso ordenar: mas não se beberá o vinho, ainda que ele assim deseje ou ordene. As leis da religião são de um preceito superior, porque incidem tanto sobre o príncipe quanto sobre os súditos. Mas o mesmo não ocorre quanto ao direito natural: supõe-se que o príncipe não mais é um homem.

Nos Estados monárquicos e moderados, o poder é limitado por aquilo que é seu móbil, e com isso refiro-me à honra, que reina como um monarca sobre o príncipe e o povo. Ninguém alegaria diante dele as leis da religião: um cortesão sentir-se-ia ridículo. Em vez disso, ser-lhe-iam incessantemente alegadas as leis da honra. Disso resultam as modificações necessárias na obediência; a honra está naturalmente sujeita a bizarrices, e a obediência acompanhará todas elas.

Ainda que o modo de obedecer seja diferente nesses dois governos, o poder é, no entanto, o mesmo. Seja qual for o lado para o qual o monarca se volte, ele empurra e inclina a balança, e é obedecido. Toda a diferença consiste no fato de que, na monarquia, o príncipe é dotado de esclarecimento e os minis-

---

26 Vede Chardin [*Viagens*].
27 Ibid.

tros são infinitamente mais hábeis e mais habituados aos negócios públicos do que no Estado despótico.

Capítulo XI – Reflexão sobre tudo isso

Tais são os princípios dos três governos, o que não significa que, em uma determinada república, alguém seja virtuoso, mas sim que deve sê-lo. Isso também não prova que em uma determinada monarquia haja honra e que em um Estado despótico em particular haja medo, mas que seria necessário que assim ocorresse, sem o que o governo seria imperfeito.

Livro IV
Que as leis da educação devem ser relativas aos princípios do governo

Capítulo Primeiro – Das leis da educação

As leis da educação são as primeiras que recebemos. E, como elas nos preparam para sermos cidadãos, cada família particular deve ser governada conforme o plano da grande família que contém todas as outras.

Se o povo em geral tem um princípio, as partes que o compõem, isto é, as famílias, também o terão. As leis da educação serão, pois, diferentes em cada espécie de governo. Nas monarquias, terão como objeto a honra; nas repúblicas, a virtude; no despotismo, o medo.

Capítulo II – Da educação nas monarquias

Nas monarquias, não se recebe a principal educação nos estabelecimentos públicos, onde instruímos a infância; nesse governo, a educação de certa forma começa quando entramos no mundo. Aqui se encontra a escola daquilo que chamamos *honra*, esse mestre universal que por toda a parte deve nos guiar.

É nele que se vê e sempre se ouve dizer três coisas: "que é necessário inculcar nas virtudes uma certa nobreza, nos costumes uma certa franqueza, nas maneiras uma certa polidez".

As virtudes ali demonstradas sempre são menos o que alguém deve aos outros do que aquilo que deve a si mesmo: não são tanto aquilo que nos aproxima de nossos concidadãos, mas o que nos distingue deles.

As ações dos homens não são julgadas como boas, mas como belas; não como justas, mas como grandes; não como razoáveis, mas como extraordinárias.

Nas monarquias, tão logo a honra possa encontrar alguma coisa de nobre, ela se torna ou o juiz que as torna legítimas ou o sofista que as justifica.

Quando unida à ideia dos sentimentos do coração ou à ideia de conquista, a honra permite a galanteria; e esta é a verdadeira razão pela qual os costumes nunca são tão puros nas monarquias como nos governos republicanos.

Permite a astúcia quando a associa à ideia de grandeza do espírito ou de grandeza nos negócios, tal como na política, cujas sutilezas não a ultrajam.

Somente proíbe a adulação quando separada da ideia de uma grande fortuna e quando associada ao sentimento de sua própria baixeza.

A respeito dos costumes, disse que a educação das monarquias deve neles inculcar uma certa franqueza. Por conseguinte, ali se deseja a verdade nas falas. Mas isso ocorre por amor à verdade? De modo algum. É desejada porque um homem que está acostumado a dizê-la parece ser ousado e livre. Na verdade, semelhante homem depende apenas das coisas, e não da maneira pela qual um outro as recebe.

Disto provém que, assim como na monarquia se recomenda essa espécie de franqueza, assim também se despreza a franqueza do povo, que tem como objetivos somente a verdade e a simplicidade.

Enfim, a educação nas monarquias exige, das maneiras, certa polidez. Os homens, nascidos para viver em conjunto, também nascem para se comprazer mutuamente; e aquele que não observasse a conformidade às regras de convivência, afrontando a todos com os quais convivesse, desacreditar-se-ia a tal ponto que se tornaria incapaz de fazer algum bem.

Mas a polidez não costuma encontrar sua origem em uma fonte tão pura. Ela nasce do desejo de se distinguir. É pelo orgulho que nos tornamos polidos: sentimo-nos lisonjeados em possuir maneiras que provam que não pertencemos às linhagens baixas, e que não vivemos com essa espécie de pessoas que em todas as épocas foi negligenciada.

Nas monarquias, a polidez é naturalizada na corte. Um homem excessivamente grandioso torna pequenos todos os demais. Disso deriva a consideração que devemos a todos; disso nasce a polidez, que adula tanto aqueles que são polidos quanto aqueles que são objetos da polidez, porque ela deixa transparecer quem é da corte ou quem é digno de sê-lo.

A atmosfera da corte consiste em deixar sua própria grandeza em detrimento de uma grandeza emprestada. Esta última adula um cortesão mais do que a sua própria grandeza. Ela dá certa modéstia soberba que se propaga ao longe, mas cujo orgulho diminui imperceptivelmente de modo proporcional à distância a que se encontra da fonte dessa grandeza.

Encontra-se na corte uma delicadeza de gosto em todas as coisas, proveniente de um uso contínuo das superfluidades de uma grande fortuna, da variedade e, sobretudo, da lassidão dos prazeres, da multiplicidade, da própria confusão das extravagâncias que, quando agradáveis, ali são sempre acolhidas.

A educação se debruça sobre todas essas coisas para formar aquilo que chamamos de homem honesto,[1] que possui todas as qualidades e todas as virtudes requeridas nesse governo.

A honra, ali introduzindo-se por toda parte, penetra em todas as formas de pensar e em todas as maneiras de sentir, guiando até mesmo os princípios.

Essa estranha honra faz com que as virtudes sejam somente aquilo que ela deseja e da maneira como as deseja: ao seu próprio alvitre, estabelece regras sobre tudo aquilo que nos é prescrito. A seu bel-prazer, amplia ou limita nossos deveres, quer eles encontrem sua fonte na religião, quer na política ou na moral.

Nas monarquias, não há nada mais prescrito pelas leis, pela religião e pela honra, do que a obediência às vontades do príncipe. Contudo, essa honra

---

1 A noção de *honnête homme*, aqui traduzida literalmente como *homem honesto*, significa um indivíduo sociável, polido e cortês, e que se versa, sobretudo, na arte de ser agradável. Contudo, se por um lado suas maneiras, condutas e gestos ligam-se à dinâmica da honra e o fazem ser bem aceito na corte, por outro, isso não significa dizer que a sua "honestidade" deva ser entendida como sinônimo de probidade ou correção moral. Como Montesquieu explica alguns parágrafos antes, o *honnête homme* pode agir bem simplesmente movido pelo orgulho ou pelo desejo de se distinguir, e não apenas pelo prazer de realizar uma ação honesta. Assim, uma das qualidades principais do *honnête homme* é agir sempre de modo conveniente e de acordo com os modos e ordem exigidos pela situação na qual se encontra. (N. T.)

nos dita que o príncipe nunca deve prescrever uma ação que nos desonre, pois ela nos tornaria incapazes de servi-lo.

Crillon recusou-se a assassinar o duque de Guise, mas se ofereceu a Henrique III para batalhar contra o duque. Após São Bartolomeu, tendo Carlos IX escrito a todos os governantes para que massacrassem os huguenotes, o visconde de Orte, que comandava a Baiona, escreveu ao rei:[2] "Senhor, entre os habitantes e guerreiros encontrei apenas bons cidadãos, bravos soldados, e nem sequer uma pessoa cruel. Assim, tanto eles quanto eu suplicamos a Vossa Majestade que empregue nossos braços e nossas vidas com coisas factíveis". Essa grande e generosa coragem considerava a covardia como uma coisa impossível.

Não há nada que a honra prescreva mais à nobreza do que servir o príncipe na guerra. Na verdade, essa é a mais distinta profissão, porque seus riscos, seus êxitos e até mesmo seus malogros conduzem à grandeza. Mas a honra, ao impor essa lei, deseja ser seu árbitro, e, ao ver-se melindrada, exige ou permite que o ofendido regresse para seu lar.

A honra requer que se possa indiferentemente aspirar aos cargos ou recusá-los; considera essa liberdade para além da própria fortuna.

A honra possui, pois, suas regras supremas, e a educação é obrigada a conformar-se a ela.[3] As principais são: que nos é permitido fazer caso de nossa fortuna, mas que não é soberanamente proibido fazer pouco caso de nossa vida.

A segunda, que, uma vez alçados a um estrato social, não devemos fazer ou permitir nada que possa mostrar que nos consideramos inferiores a esse estrato.

A terceira, que as coisas que a honra proíbe são mais rigorosamente proibidas quando as leis não convergem para proscrevê-las; e que as coisas que ela exige são mais intensamente exigidas quando as leis não as solicitam.

---

2 Vede *História*, de Aubigné. [Théodore-Agrippa d'Aubigné (1552-1630), soldado, poeta e escritor francês. Calvinista, ardoroso defensor dos protestantes na França e engajado politicamente, autor de *Histoire universelle* (1616-1620). (N. T.)]

3 Diz-se aqui aquilo que ela é, e não aquilo que deve ser: a honra é um preconceito que a religião trabalha ora para destruir, ora para regulamentar.

Do espírito das leis

Capítulo III – Da educação no governo despótico

Assim como a educação nas monarquias trabalha apenas para elevar o coração, nos Estados despóticos ela somente busca aviltá-lo. É necessário que no despotismo ela lhe seja servil. Será um benefício, mesmo no comando, tê-la dessa forma, pois no Estado despótico ninguém é tirano sem ao mesmo tempo ser escravo.

A extrema obediência supõe ignorância em quem obedece, supõe-na até mesmo naquele que comanda, pois ele não necessita nem deliberar, nem duvidar, nem raciocinar: basta que ele queira.

Nos Estados despóticos cada casa é um império à parte. Nesses Estados, a educação, que consiste principalmente em viver com os outros, é, portanto, muito limitada: ela se reduz a implantar o medo no coração e a inculcar no espírito o conhecimento de alguns princípios muito simples de religião. Ali, o saber é perigoso; a emulação, funesta; e, quanto às virtudes, Aristóteles não acredita que possa haver alguma virtude própria de escravos,[4] o que limitaria muito a educação nesse governo.

Então, nesse governo, a educação é, de alguma forma, nula. É preciso tudo subtrair, a fim de dar alguma coisa, e começar por fazer um mau súdito para fazer um bom escravo.

Ah! Por que nesses lugares a educação se empenharia em formar um bom cidadão que participa da infelicidade pública? Se amasse o Estado, seria propenso a afrouxar os móbeis do governo: caso não conseguisse, arruinar-se-ia; caso conseguisse, correria o risco de arruinar a si mesmo, ao príncipe e ao império.

Capítulo IV – Diferença dos efeitos da educação entre os antigos e entre nós

Os povos antigos viviam, em sua maior parte, sob governos que tinham a virtude como princípio; e, quando essa virtude se encontrava em sua plena força, eram realizadas coisas que já não vemos mais nos dias de hoje e que causam admiração em nossas almas pequenas.

---

4 *Política*, Lv.I [1260a *ss.*].

Sua educação possuía uma outra vantagem sobre a nossa: ela jamais era desmentida. No último ano de sua vida, Epaminondas dizia, escutava, via e fazia as mesmas coisas que na idade em que havia começado a ser instruído.

Atualmente, recebemos três educações diferentes ou contrárias: a de nossos pais, a de nossos mestres, a do mundo. Aquilo que nos é dito pela última subverte as ideias das duas primeiras. Isso decorre, em parte, do contraste existente em meio a nós entre os compromissos da religião e os do mundo, coisa que os antigos desconheciam.

Capítulo V – Da educação no governo republicano

É no governo republicano que se encontra a necessidade de todo o poder da educação. O medo dos governos despóticos nasce por si próprio das ameaças e castigos; a honra das monarquias é favorecida pelas paixões, e, por sua vez, favorece-as. Mas a virtude política é uma renúncia a si mesmo, o que é sempre algo penoso.

Pode-se definir assim essa virtude: o amor pelas leis e pela pátria. Esse amor, exigindo uma preferência contínua do interesse público em detrimento do interesse próprio, suscita todas as virtudes particulares; elas são apenas essa preferência.

Esse amor é singularmente afeito às democracias. Somente nelas o governo é confiado a cada cidadão. Ora, o governo é como todas as coisas do mundo: para conservá-lo, é preciso amá-lo.

Jamais se ouviu dizer que os reis não amassem a monarquia e que os déspotas odiassem o despotismo.

Tudo depende, pois, de estabelecer esse amor na república, e é para inspirá-lo que a educação se dedica. Mas, para que as crianças possam tê-lo, existe um meio certo: que os próprios pais o tenham.

Comumente, somos incumbidos de transmitir nossos conhecimentos às nossas crianças, e o somos ainda mais de transmitir nossas paixões.

Se isso não ocorre, é porque aquilo que foi feito na casa paterna é destruído pelas impressões recebidas do exterior.

Não é o rebento que se degenera: ele se arruína somente quando os homens feitos já estão corrompidos.

Do espírito das leis

Capítulo VI – De algumas instituições gregas

Os antigos gregos, convencidos da necessidade de educar para a virtude os povos que viviam sob um governo popular, construíram, para inspirá-la, instituições singulares. Quando observais, na vida de Licurgo, as leis que ele dera aos lacedemônios, acreditais ler a história dos sevarambos.[5] As leis de Creta eram o original das leis da Lacedemônia, e as de Platão eram a sua correção.

Peço que se preste um pouco de atenção à grandeza de gênio que foi necessária a esses legisladores para perceberem que, ao irem contra todos os usos recebidos, ao confundirem todas as virtudes, mostrariam ao universo sua sabedoria. Licurgo, misturando o furto com o espírito de justiça, a mais rígida escravidão com a extrema liberdade, os sentimentos mais atrozes com a maior moderação, conferiu estabilidade à sua cidade. Pareceu subtrair-lhe todos os recursos, artes, comércio, dinheiro, muralhas: havia ali a ambição sem a esperança de melhora; havia ali os sentimentos naturais e não se era nem criança, nem marido, nem pai. O próprio pudor era desprovido de castidade. Foram estes os caminhos pelos quais Esparta foi conduzida à grandeza e à glória, mas com uma tal infalibilidade de suas instituições que nada se ganhava dela ao vencê-la em batalhas, caso não se conseguisse derrubar[6] sua polícia.[7]

---

5 Licurgo é o legislador mítico de Esparta, cuja biografia foi objeto de historiadores antigos como Plutarco, em sua "Vida de Licurgo" (em *Vidas paralelas*). Já a referência aos sevarambos refere-se ao livro *Histoire des Sevarambes* (1677-1687, 5v.), escrito por Denis Vairasse d'Allais. Trata-se de uma utopia romantizada muito célebre no século XVIII. (N. T.)

6 Filopêmen constrangeu os lacedemônios a abandonar a maneira de alimentar seus filhos, sabendo bem que, sem isto, eles sempre teriam uma grande alma e um coração elevado. Plutarco, *Vida de Filopêmen*. Vede Tito Lívio, Lv.XXXVIII.

7 No original francês, o termo *police* deriva do termo grego *politeia*, e foi aqui traduzido como *polícia*. Não se trata da mesma coisa que *política*, pois a *polícia* refere-se ao conjunto de regras, ordens e disciplinas relativas às leis, aos costumes, ao comércio e à vida em comum que organizam e constituem uma determinada cidade ou comunidade. Da mesma forma, o termo pode ser compreendido em um sentido semelhante ao de "processo de civilização" ou de "polimento" dos costumes. Para

Creta e Lacônia foram governadas por essas leis. A Lacedemônia foi a última a ceder aos macedônios e Creta[8] foi a última presa dos romanos. Os samnitas tiveram as mesmas instituições e elas foram para esses romanos o motivo de 24 triunfos.[9]

Esse aspecto extraordinário observado nas instituições da Grécia foi visto na escória e na corrupção de nossos tempos modernos.[10] Um legislador, um homem honesto, formou um povo no qual a probidade parecia tão natural quanto a bravura entre os espartanos. O senhor Penn[11] é um verdadeiro Licurgo; e, ainda que o primeiro tenha a paz como objeto, assim como o outro tinha a guerra, eles se assemelham pelo caminho singular no qual puseram seu povo, na ascendência que tiveram sobre homens livres, nos preconceitos que venceram, nas paixões que subjugaram.

O Paraguai pode nos oferecer outro exemplo. Quiseram utilizá-lo para imputar um crime à *Companhia*,[12] que vê o prazer de comandar como o único bem da vida. Todavia, tornar os homens mais felizes ao governá-los será sempre uma bela coisa.[13]

É glorioso para ela ter sido a primeira a ter mostrado, nessas regiões, a ideia da religião associada com a ideia de humanidade. Reparando as devas-

---

evitar a equivocidade do termo, por vezes ele será traduzido simplesmente como "regras de convivência". Além disso, Montesquieu explica que o cumprimento e a observância da *polícia* são realizados pelos magistrados, e não pelo judiciário. Nesse sentido, a quebra dessas regras não configura exatamente um delito, mas uma espécie, por analogia, de pequena contravenção. (N. T.)

8 Ela defendeu suas leis e sua liberdade durante três anos. Vede os livros XCVIII, XCIX e C de Tito Lívio, na *Epítome* de Florus [Lúcio Aneu Florus, *Epitome rerum romanorum*, ou *Epítome da história romana de Rômulo a Augusto*]. Creta opôs mais resistência do que os grandes reis.

9 Florus [*Epítome da história romana de Rômulo a Augusto*], Lv.I, cap.XVI.

10 *In fece Romuli*, Cícero [*Cartas a Ático*, II, 1].

11 William Penn (1644-1718), pertencente ao grupo dos *quakers* e fundador da província da Pensilvânia, nos Estados Unidos. Pacifista, defensor da democracia e da liberdade religiosa, também estabeleceu os fundamentos para que a Pensilvânia se tornasse uma sociedade de comércio. (N. T.)

12 Companhia das Índias. (N. T.)

13 Os índios do Paraguai de nenhuma forma dependem de um senhor particular, pagam somente um quinto dos tributos e possuem armas de fogo para se defender.

tações dos espanhóis, começou a curar uma das grandes pragas já suportadas pelo gênero humano.

Um refinado sentimento que essa companhia tem por tudo aquilo que chama de honra, seu zelo por uma religião que torna bem mais humildes aqueles que a escutam do que aqueles que a pregam, fez com que empreendesse grandes feitos, e nisso ela foi muito exitosa. Retirou dos bosques pessoas dispersas; deu-lhes uma subsistência segura; vestiu-as; e se, mesmo tendo realizado tais coisas, não tivesse senão aumentado a indústria entre os homens, já teria feito muito.

Aqueles que desejarem criar semelhantes instituições estabelecerão a comunidade de bens da *República* de Platão, o respeito que ele exigia para com os deuses, a separação dos estrangeiros para conservar os costumes, e o comércio sendo realizado pela cidade, e não pelos cidadãos. Suscitarão nossas artes sem nosso luxo, e nossas necessidades sem nossos desejos.

Proscreverão o dinheiro, cujo efeito é ampliar a fortuna dos homens para além dos limites que a natureza pôs. Ensinarão a conservar inutilmente aquilo que se amealhou inutilmente; a multiplicar os desejos ao infinito e a suprir a natureza, que nos concedeu meios muito limitados para estimular nossas paixões e de corrompermos uns aos outros.

"Os epidamnienses,[14] sentindo seu costume se corromper em sua comunicação com os bárbaros, elegeram um magistrado para fazer todas as transações em nome da cidade e pela cidade." Desse modo, o comércio não corrompe a constituição, e a constituição não priva a sociedade das vantagens do comércio.

Capítulo VII – Em quais casos essas instituições singulares podem ser boas

Essas espécies de instituições podem convir nas repúblicas, porque a virtude política é seu princípio. Mas, para induzir à honra nas monarquias ou para inspirar o medo nos Estados despóticos, não são necessários tantos cuidados.

---

14 Plutarco, *Questões gregas* [cap.XXIX].

Montesquieu

Além disso, essas instituições somente podem efetivar-se em um Estado pequeno,[15] onde uma educação geral possa ser oferecida e onde se possa educar um povo inteiro como uma só família.

As leis de Minos,[16] de Licurgo e de Platão supõem uma atenção especial de todos os cidadãos uns sobre os outros. Isso não pode ser assegurado na confusão, nas negligências, na vastidão dos negócios de um grande povo.

Nessas instituições é necessário, como se disse, banir o dinheiro. Mas, nas grandes sociedades, o número, a variedade, os incômodos, a importância dos negócios, a facilidade das compras, a lentidão das trocas, requerem uma medida comum. Para alçar ou defender o seu poder por toda parte, é preciso ter aquilo que, por toda parte, os homens atribuíram ao poder.

Capítulo VIII – Explicação de um paradoxo dos antigos em relação aos costumes

Políbio, o judicioso Políbio, diz-nos que a música era necessária para suavizar os costumes dos árcades,[17] que habitavam um país onde o ar era triste e frio; que os habitantes de Cineta, que negligenciavam a música, ultrapassavam todos os gregos em crueldade, e que ali não havia cidade onde não tivessem sido observados tantos crimes. Platão não hesita em dizer que não se pode fazer mudança na música que não seja uma mudança na constituição do Estado. Aristóteles, que parece ter feito sua *Política* apenas para opor seus sentimentos aos de Platão, está, no entanto, de acordo com este no tocante ao poder da música sobre os costumes. Teofrasto, Plutarco,[18] Estrabão,[19] todos os antigos pensavam a mesma coisa. Não se trata, de modo algum, de uma opinião proferida sem reflexão: é um dos princípios de sua política.[20]

---

15 Como eram as cidades da Grécia.

16 Filho de Zeus e de Europa, Minos é o rei mítico de Creta. (N. T.)

17 *História*, Livro IV, cap. I, 20. (N. T.)

18 "Vida de Pelópidas" [*Vidas paralelas*].

19 Lv.I [*Geografia*].

20 Platão, no Livro IV de *As leis*, diz que as prefeituras encarregadas da música e da ginástica são os mais importantes cargos da cidade, e, em sua *República*, Livro III,

Do espírito das leis

É assim que davam suas leis; é assim que queriam que suas cidades fossem governadas.

Creio poder explicar isso. É preciso ter em mente que, nas cidades gregas, sobretudo aquelas que tinham como principal objetivo a guerra, todos os trabalhos e todas as profissões que poderiam levar a ganhar dinheiro eram vistas como indignas de um homem livre. "A maior parte das artes", diz Xenofonte,[21] "corrompem os corpos daqueles que as exercem. Elas obrigam alguém a se acomodar sob a sombra ou junto ao fogo: não há tempo para seus amigos, nem para a república". Os artesãos tornaram-se cidadãos apenas com a corrupção de algumas democracias. É isto que Aristóteles[22] nos ensina, e ele sustenta que uma boa república jamais lhes dará o direito de cidade.[23]

A agricultura ainda era uma profissão servil, e comumente era algum povo conquistado que a exercia: entre os lacedemônios, eram os hilotas; entre os cretenses, os periecos; entre os tessálios, os penestas; e, em outras repúblicas, outros povos escravos.[24]

Enfim, todo pequeno comércio[25] era infame entre os gregos. Um cidadão teria que prestar serviços a um escravo, a um locatário, a um estrangeiro: essa ideia chocava o espírito da liberdade grega. Platão também desejava, em suas *Leis*,[26] que um cidadão que praticasse o comércio fosse punido.

Havia muito embaraço, portanto, nas repúblicas gregas. Não se desejava que os cidadãos trabalhassem no comércio, na agricultura, nem nas artes;

---

ele diz: "Damon lhe dirá quais são os sons capazes de fazer nascer a baixeza da alma, a insolência e as virtudes contrárias" [765e].

21 Livro V, *Ditos memoráveis* [*Econômico*].

22 *Política*, Lv.III, cap.IV.

23 "Diofanto", diz Aristóteles, *Política*, Lv.II, cap.7, "outrora estabelecera em Atenas que os artesãos seriam escravos do público" [Livro II, 1267b].

24 Platão e Aristóteles também queriam que os escravos cultivassem as terras (*As leis*, Lv.VII; *Política*, Lv.VII, cap.X). É verdade que a agricultura não era exercida por escravos em todos os lugares: ao contrário, como diz Aristóteles [*Política*, VI, 4], as melhores repúblicas eram aquelas onde os cidadãos ligavam-se à agricultura. Mas isso ocorria somente pela corrupção dos antigos governos, tornados democráticos, pois, nos primeiros tempos, as cidades da Grécia viviam na aristocracia.

25 *Cauponatio*. [Comerciante, lojista. (N. T.)]

26 Lv.XI. [919e.]

tampouco se desejava que fossem ociosos.[27] Encontravam uma ocupação nos exercícios que dependiam da ginástica e nos que tinham relação com a guerra.[28] A instituição não lhes dava outros. É preciso, pois, enxergar os gregos como uma sociedade de atletas e de combatentes. Ora, esses exercícios, tão adequados para fazer pessoas rijas e selvagens,[29] precisavam ser moderados por outros capazes de suavizar os costumes. A música, que influencia o espírito através dos órgãos do corpo, era muito adequada para isso. É um meio-termo entre os exercícios do corpo, que tornam os homens rijos, e as ciências de especulação, que os tornam selvagens. Não se pode dizer que a música inspirava a virtude, isto seria inconcebível. Mas ela impedia o efeito da ferocidade da instituição e fazia com que a alma tivesse uma participação na educação que, de outro modo, não poderia ter exercido.

Suponho que haja entre nós uma sociedade de pessoas tão apaixonadas pela caça a ponto de se ocuparem unicamente disso; é certo que contrairiam uma certa rudeza. Se essas mesmas pessoas viessem a tomar gosto pela música, logo encontraríamos diferenças em suas maneiras e em seus costumes. Enfim, os exercícios dos gregos apenas estimulavam neles um gênero de paixões: a rudeza, a cólera, a crueldade. A música estimulava todas, podendo fazer com que a alma sinta a suavidade, a piedade, a ternura, o doce prazer. Nossos autores de moral, que, entre nós, proscrevem tão vigorosamente os teatros, fazem-nos perceber fortemente o poder que a música exerce sobre nossas almas.

---

27 Aristóteles, *Política*, Lv.X. [A política de Aristóteles tem, na verdade, apenas oito livros. Mas, conforme indica uma nota da edição de Cambridge do *Espírito das leis*, Montesquieu refere-se aqui a uma edição da *Política* que foi publicada em 1563. Preparada por Cyriacus Stroza (1504-1565), o volume continha livros 9 e 10: o primeiro tratava da educação militar, enquanto o segundo abordava o papel do príncipe e do clero; ambos os livros tratavam de artes, comércio, exercícios etc. (N. T.)]

28 *Ars corporum exercendorum, gymnastica; varis certaminibus terendorum pædotribica.* Aristóteles, *Política*, Lv.VIII, cap.3 [1338b] ["As crianças devem ser entregues aos cuidados do instrutor de ginástica e do treinador de crianças, a um deles para aperfeiçoar os hábitos do corpo e a outro para os exercícios", Aristóteles, *Política*.]

29 Aristóteles diz que as crianças dos lacedemônios, que começavam esses exercícios desde a mais tenra idade, contraíam muita ferocidade. *Política*, Lv.VIII, cap.IV.

Do espírito das leis

Se, para a sociedade sobre a qual falei, fossem dados apenas tambores e fanfarras de trompetes, não é verdade que o objetivo não seria tão bem alcançado quanto se lhe fosse dada uma música terna? Portanto, os antigos tinham razão quando, em consideração aos costumes, em certas circunstâncias preferiam um modo de música a outro.

Mas, dir-se-á, por que escolher preferencialmente a música? É porque, de todos os prazeres do sentido, não há nenhum que corrompa menos a alma. Enrubescemos ao ler em Plutarco que os tebanos,[30] para suavizar os costumes de sua juventude, estabeleceram por meio das leis um amor que deveria ser proscrito por todas as nações do mundo.

---

30 "Vida de Pelópidas" [*Vidas paralelas*].

Livro V
Que as leis que o legislador oferece devem ser relativas ao princípio do governo

Capítulo Primeiro – Ideia deste livro

Acabamos de ver que as leis da educação devem ser relativas ao princípio de cada governo. O mesmo deve ocorrer com as leis que o legislador dá à sociedade como um todo. Essa relação das leis com esse princípio distende todas as molas do governo; e, por sua vez, esse princípio com isso recebe uma nova força. É assim que, nos movimentos físicos, a ação é sempre seguida de uma reação.

Iremos examinar essa relação em cada governo, e começaremos pelo Estado republicano, que tem a virtude como princípio.

Capítulo II – O que é a virtude no Estado político

A virtude, em uma república, é algo muito simples: é o amor pela república. É um sentimento, e não uma série de conhecimentos; tanto o último como o primeiro homem do Estado podem possuir esse sentimento. Uma vez que o povo tenha boas máximas, ele conserva por um período maior aquilo que chamamos de pessoas honestas. É raro que a corrupção comece pelo povo: é comum que ele extraia da mediania de suas luzes uma adesão mais forte por aquilo que já está estabelecido.

O amor pela pátria conduz à bondade dos costumes, e a bondade dos costumes conduz ao amor pela pátria. Quanto menos podemos satisfazer nossas paixões particulares, mais nos entregamos às gerais. Por que os monges amam tanto a sua ordem? Esse amor deriva precisamente do mesmo lugar que faz com que ela lhes seja insuportável. Sua regra os priva de todas as coisas sobre as quais as paixões comuns se apoiam: remanesce, pois, essa paixão pela própria regra que os aflige. Quanto mais ela é austera, isto é, quanto mais restringe suas inclinações, mais força concede às restantes.

Capítulo III – O que é o amor pela república na democracia

O amor pela república, em uma democracia, é o amor pela democracia; o amor pela democracia é o amor pela igualdade.

O amor pela democracia é, ademais, o amor pela frugalidade. Como na democracia todos devem possuir a mesma felicidade e as mesmas vantagens, todos devem nela experimentar os mesmos prazeres e alimentar as mesmas esperanças – algo que somente se pode esperar da frugalidade geral.

O amor pela igualdade, em uma democracia, limita a ambição unicamente ao desejo, unicamente à felicidade de prestar à sua pátria maiores serviços do que os outros cidadãos. Não podem todos prestar serviços iguais à pátria, mas todos devem igualmente prestá-los a ela. Ao nascer, contraímos com ela uma dívida imensa, a qual nunca poderemos pagar.

Assim, as distinções na democracia nascem do princípio da igualdade, mesmo quando ela parece ser suprimida pelos exitosos serviços ou pelos talentos superiores.

O amor pela frugalidade limita o desejo de possuir ao cuidado requerido pela busca do necessário para sua família e mesmo daquilo que é supérfluo para sua pátria. As riquezas conferem um poder que um cidadão não pode utilizar para si mesmo, pois ele deixaria de ser igual. Elas oferecem prazeres dos quais ele não deve usufruir, pois da mesma forma seriam contrários à igualdade.

Consequentemente, as boas democracias, ao estabelecerem a frugalidade doméstica, abriram as portas para as despesas públicas, como se fez em Atenas e em Roma. Logo, a magnificência e a profusão nasciam da própria base da frugalidade. E, assim como a religião exige mãos imaculadas para fazer oferendas aos deuses, as leis requerem costumes frugais para que seja possível dar oferendas à sua pátria.

O bom senso e o êxito dos particulares consistem fortemente na mediania de seus talentos e de suas fortunas. Uma república na qual as leis tiverem formado muitas pessoas medianas, composta por pessoas moderadas, governar-se-á moderadamente; composta de pessoas felizes, ela será muito feliz.

Capítulo IV – Como se inspira o amor pela igualdade e pela frugalidade

O amor pela igualdade e pela frugalidade é extremamente estimulado pelas próprias igualdade e frugalidade quando se vive em uma sociedade nas quais ambas foram estabelecidas pelas leis.

Nas monarquias e nos Estados despóticos, ninguém aspira à igualdade; isso nem é cogitado. Nesses governos, cada um objetiva a superioridade. As pessoas de condições mais baixas apenas desejam delas sair para serem senhoras dos outros.

O mesmo ocorre com a frugalidade. Para amá-la, é preciso praticá-la. Não serão aqueles corrompidos pelos prazeres os que amarão a vida frugal; e, se isso houvesse sido natural ou comum, Alcebíades não teria causado a admiração do universo. Também não serão aqueles que invejam ou admiram o luxo dos outros os que amarão a frugalidade: pessoas que têm diante de si apenas homens ricos, ou homens miseráveis como elas, detestam sua miséria, sem amar ou conhecer o que coloca fim à miséria.

É, pois, uma máxima muito verdadeira que, para que se ame a igualdade e a frugalidade em uma república, são necessárias leis que as tenham estabelecido.

Capítulo V – Como as leis estabelecem a igualdade na democracia

Alguns legisladores antigos, como Licurgo e Rômulo, partilharam as terras igualmente. Isto somente poderia ocorrer na fundação de uma re-

Montesquieu

pública nova, ou quando a antiga lei fosse tão corrupta e os espíritos tão dispostos que os pobres se vissem obrigados a buscar, e os ricos obrigados a suportar, semelhante remédio.

Se quando o legislador faz semelhante partilha ele não elabora as leis para mantê-las, faz apenas uma constituição passageira; a desigualdade se introduzirá pelos flancos que as leis não tenham protegido, e a república estará perdida.

Portanto, é necessário que, quanto a esse objeto, regulemos os dotes das mulheres, as doações, as sucessões, os testamentos, enfim, todas as maneiras de contratar. Pois, se fosse permitido dar seu bem a quem se desejasse e como se desejasse, cada vontade particular perturbaria a disposição da lei fundamental.

Sólon, que em Atenas permitia que se legasse, por testamento, seu bem em favor de quem se quisesse, desde que não se tivesse filhos,[1] contradizia as leis antigas que ordenavam que os bens permanecessem na família do testador.[2] Contradizia as próprias leis, pois, ao cancelar as dívidas, havia buscado a igualdade.

Era uma boa lei para a democracia a que proibia receber duas heranças.[3] Tinha sua origem na partilha igual das terras e das porções dadas a cada cidadão. A lei não desejara que um único homem tivesse muitas porções.

A lei que ordenava que o parente mais próximo desposasse a herdeira provinha de uma fonte semelhante. Era aplicada entre os judeus após tal partilha. Platão,[4] que baseia suas leis sobre essa partilha, também a estipula; e era uma lei ateniense.

Havia em Atenas uma lei cujo espírito não foi, até onde eu saiba, compreendido por ninguém. Era permitido desposar a irmã consanguínea, mas não a irmã uterina.[5] Esse uso originara-se das repúblicas, cujo espírito era

---

1 Plutarco, "Vida de Sólon" [*Vidas paralelas*].

2 Ibid.

3 Filolau de Corinto estabeleceu em Atenas que o número das porções de terra e o número das heranças seriam sempre o mesmo. Aristóteles, *Política*, Lv.II, cap.XII.

4 *República*, Lv.VIII.

5 Cornélio Nepos, *in præfat* [Prefácio de *Liber de excellentibus ducibus exterrarum gentium*]. Esse uso pertencia aos primeiros tempos. Também Abraão diz de Sara: *Ela é minha*

Do espírito das leis

o de não reunir sob a mesma pessoa duas porções de fundos de terra, e, consequentemente, duas heranças. Quando um homem desposava a irmã do lado paterno, poderia apenas ter uma herança, a de seu pai; mas, quando desposava a irmã uterina, poderia acontecer que o pai dessa irmã, não tendo varões, deixasse a ela sua sucessão, e, por conseguinte, seu irmão, que havia a desposado, recebesse duas heranças.

Que não me objetem com aquilo que diz Fílon:[6] que, embora em Atenas se pudesse desposar a irmã consanguínea, e não a irmã uterina, na Lacedemônia era possível desposar a irmã uterina, mas não a irmã consanguínea. Pois leio em Estrabão[7] que, na Lacedemônia, quando uma irmã desposava seu irmão, ela recebia como dote a metade da porção do irmão. É claro que essa segunda lei era feita para evitar as consequências negativas da primeira. Para impedir que o bem da família da irmã passasse à família do irmão, metade do bem do irmão era dado como dote à irmã.

Sêneca,[8] falando sobre Silano, que havia desposado sua irmã, diz que em Atenas a permissão era restrita, enquanto em Alexandria era geral. No governo de um só, a questão de manter a partilha dos bens não é colocada.

Para manter essa partilha das terras na democracia, era uma boa lei a que estimulava que um pai com muitos filhos escolhesse um para herdar sua porção[9] e oferecesse os outros em adoção para alguém que não tivesse filhos, de modo que o número dos cidadãos pudesse sempre se manter igual ao número das partilhas.

Faleas de Calcedônia[10] havia imaginado uma maneira de igualar as fortunas em uma república em que elas eram desiguais. Estipulava que os ricos dessem dotes aos pobres e que não os recebessem; e que os pobres

---

    irmã, filha de meu pai, e não de minha mãe [*Genesis*, 20:12]. As mesmas razões haviam estabelecido uma mesma lei entre diferentes povos.

6 *De specialibus legibus quæ pertinent ad præcepta Decalogi* [Fílon de Alexandria, III, 22]. [Fílon de Alexandria (c. 20-45 d.C.), filósofo judeu-helenista. (N. T.)]

7 Lv.X [*Geografia*].

8 *Athenis dimidium licet, Alexandriæ totum.* Sêneca, *De morte Claudii.* ["Em Atenas, permitia--se casar-se com a meia-irmã; em Alexandria, com a irmã", *A Apocoloquintose do divino Cláudio.* (N. T.)]

9 Platão faz uma lei semelhante, Lv.V de *As leis*.

10 Aristóteles, *Política*, Lv.II, cap.VIII.

recebessem dinheiro para suas filhas, mas que não o dessem. Mas não conheço nenhuma república que tenha se conformado com tal regramento. Ele coloca os cidadãos sob condições nas quais as diferenças são tão gritantes que eles odiariam essa própria igualdade que se buscava introduzir. Em certas ocasiões, é bom que as leis não pareçam se dirigir tão diretamente à finalidade para as quais se propõem a ir.

Ainda que na democracia a igualdade real seja a alma do Estado, ela, no entanto, é tão difícil de ser estabelecida que uma exatidão extrema a esse respeito nem sempre seria conveniente. Basta que seja estabelecido um censo[11] que reduza ou fixe as diferenças a um certo ponto; ponto após o qual cabe às leis particulares equalizar, por assim dizer, as desigualdades por meio dos encargos que elas impõem aos ricos e ao alívio que concedem aos pobres. Há apenas riquezas medianas que podem oferecer ou tolerar tais espécies de compensações, pois, quanto às fortunas imoderadas, tudo aquilo que não lhes concede poder e honra é visto por elas como uma injúria.

Toda desigualdade na democracia deve ser extraída da natureza da democracia e do próprio princípio de igualdade. Por exemplo, na democracia pode-se temer que as pessoas que dependam de um trabalho contínuo para garantir sua subsistência ficassem demasiadamente empobrecidas ao exercerem uma magistratura, ou que negligenciassem suas funções; que os artesãos se tornassem orgulhosos; que muitos libertos se tornassem mais poderosos que os antigos cidadãos. Nesse caso, a igualdade entre os cidadãos[12] pode ser suprimida na democracia para a utilidade da democracia. No entanto, suprime-se apenas uma igualdade aparente, pois um homem arruinado ao exercer uma magistratura estaria em uma condição pior do que a dos outros cidadãos; e esse mesmo homem, que seria obrigado a negligenciar suas funções, colocaria os outros cidadãos em uma situação pior que a sua, e assim por diante.

---

11 Sólon estabeleceu quatro classes: a primeira, a dos que possuíam quinhentas minas de rendimento, tanto em grãos quanto em frutos líquidos; a segunda, a dos que possuíam trezentas minas e poderiam sustentar um cavalo; a terceira, a dos que possuíam apenas duzentas; a quarta, a de todos aqueles que viviam do trabalho de seus braços. Plutarco, "Vida de Sólon".

12 Sólon excluiu dos encargos todos aqueles do quarto censo.

Do espírito das leis

Capítulo VI – Como as leis devem conservar a frugalidade na democracia

Não basta, em uma boa democracia, que as porções de terra sejam iguais: é necessário que sejam pequenas, como entre os romanos. "Deus nos livre", dizia Cúrio a seus soldados,[13] "de um cidadão que tenha pouco apreço pela terra suficiente para alimentar um homem".

Como a igualdade de fortunas conserva a frugalidade, a frugalidade mantém a igualdade de fortunas. Embora diferentes, essas coisas são tais que não podem subsistir uma sem a outra; cada uma delas é a causa e o efeito; se uma se retira da democracia, a outra sempre a acompanha.

É verdade que, quando a democracia é fundada sobre o comércio, pode muito bem acontecer de os particulares reunirem grandes fortunas e de os costumes não se tornarem corrompidos. É que o espírito de comércio carrega consigo o espírito de frugalidade, de economia, de moderação, de trabalho, de sabedoria, de tranquilidade, de ordem e de regra. Assim, enquanto esse espírito perdura, as riquezas que ele produz não possuem nenhum efeito negativo. O mal acontece quando o excesso das riquezas destrói esse espírito de comércio; vê-se logo em seguida nascerem as desordens da desigualdade, que até então não eram sentidas.

Para manter esse espírito de comércio, é preciso que os próprios principais cidadãos o exercitem; que esse espírito reine sozinho e não seja contrariado por outro; que todas as leis o favoreçam; que essas mesmas leis, por suas disposições, dividindo as fortunas à medida que o comércio se avoluma, deixem cada cidadão pobre em um grande desafogo, para poder trabalhar como os outros; e que deixem cada cidadão rico em uma tal situação de mediania que tenha necessidade de seu trabalho para conservar ou para adquirir.

É uma lei muito boa, em uma república comerciante, a que dá a todas as crianças uma porção igual na sucessão dos pais. O efeito disso é que, seja qual for a fortuna que o pai tenha granjeado, seus filhos, sempre menos

---

13 Eles pediam por uma porção maior da terra conquistada. Plutarco, *Obras morais, ditos dos reis e comandantes* [*Regum et imperatorum apophthegmata*].

ricos do que ele, são levados a fugir do luxo e a trabalhar como o pai. Falo aqui apenas das repúblicas comerciantes, pois, para aquelas que não o são, o legislador tem muitos outros regulamentos para estabelecer.[14]

Na Grécia havia duas espécies de repúblicas: umas eram militares, como a Lacedemônia, e outras eram comerciantes, como Atenas. Em algumas desejava-se que os cidadãos fossem ociosos; em outras, buscava-se despertar o amor pelo trabalho. Sólon fez da ociosidade um crime, e exigia que cada cidadão prestasse contas sobre a maneira pela qual ganhava sua vida. De fato, em uma boa democracia, na qual as despesas devem ser realizadas apenas para o necessário, cada um deve poder obtê-lo: pois, senão, de quem o receberiam?

Capítulo VII – Outros meios de favorecer o princípio da democracia

Não se pode instituir uma partilha igual das terras em todas as democracias. Há circunstâncias em que um tal arranjo seria impraticável, perigoso e até mesmo feriria a constituição. Não se é sempre obrigado a tomar medidas extremas. Se, em uma democracia, julga-se que essa partilha, que deve manter os costumes, não é conveniente, é necessário recorrer a outros meios.

Se for estabelecido um corpo fixo que seja, por si mesmo, a regra dos costumes, um Senado onde a idade, a virtude, a gravidade e os serviços permitem o ingresso, os senadores, expostos aos olhares do povo como os simulacros dos deuses, inspirarão sentimentos que serão levados ao seio de todas as famílias.

É preciso, sobretudo, que o Senado se atenha às instituições antigas e proceda de modo que o povo e os magistrados jamais se distanciem delas.

Há muito a se ganhar, em matéria de costumes, ao manter as antigas práticas consuetudinárias.[15] Como os povos corrompidos raramente fazem

---

14 Nestas deve-se limitar muito os dotes das mulheres.

15 Montesquieu utiliza em contextos específicos os termos *coutume* e *mœurs*, ao que acrescenta ainda o vocábulo *usage*. De modo geral, embora todos participem de um mesmo campo semântico e tenham relação entre si, optou-se por traduzi-los,

Do espírito das leis

grandes coisas, como praticamente não estabeleceram nenhuma sociedade, nem fundaram cidades ou estabeleceram leis, e que, ao contrário, os povos que possuíam costumes simples e austeros fizeram a maior parte dos estabelecimentos, lembrar os homens das máximas antigas comumente significa conduzi-los à virtude.

Além disso, caso alguma revolução tenha ocorrido e se tenha dado uma nova forma ao Estado, isso apenas pode ser feito com esforços e trabalhos infinitos, e raramente com ociosidade e costumes corrompidos. Aqueles mesmos que fizeram a revolução quiseram que ela fosse saboreada, e absolutamente não teriam conseguido ser exitosos nisso senão pelas boas leis. Assim, as instituições antigas comumente são correções, e as novas, abusos. Durante um longo governo, por um declive imperceptível se desce em direção ao mal, e apenas com muito esforço se sobe em direção ao bem.

Questionou-se se os membros do Senado do qual falamos devem ser vitalícios ou temporários. Sem dúvida devem ser vitalícios, como se praticava em Roma,[16] na Lacedemônia[17] e na própria Atenas. Pois é necessário não confundir o que se chama de Senado em Atenas, que era um corpo que

---

na medida do possível e tendo em vista o contexto em que aparecem, de modo diferente. A primeira palavra, geralmente traduzida aqui como *práticas consuetudinárias* ou *práticas costumeiras*, pertence ao campo da jurisprudência e significa uma regra não escrita, fundada no uso, mas que com o tempo adquire força de lei; em outras palavras, o *coutume* pode exigir uma espécie de adesão. Relaciona-se, assim, com o direito costumeiro ou consuetudinário, embora esse vínculo seja merecedor de nuances (como Montesquieu argumentará em XVIII, 12). O termo *usage*, traduzido simplesmente como *uso*, pertence, em geral, à mesma rubrica do *coutume*. Já a palavra *mœurs*, derivada do latim *mores* e traduzida aqui como *costumes*, representa uma índole, natural ou adquirida, de um povo. Relaciona-se a diversos elementos, como o clima, o território, as instituições, a religião, a história, dentre outros. Essa fina distinção entre *coutume*, *usage* e *mœurs* será sobretudo importante na Sexta Parte, nos capítulos em que Montesquieu trata da história das leis romanas, bárbaras e francesas. (N. T.)

16 Ali, os magistrados eram anuais, e os senadores, vitalícios.

17 Licurgo, diz Xenofonte, em *De republ. Lacedæm.* [*A constituição dos Lacedemônios*, cap.X, §1 e 2], queria "que se elegessem senadores entre os anciãos, para que eles não se negligenciassem nem mesmo no final da vida; e, ao designá-los como juízes da coragem dos jovens, tornou a velhice daqueles mais honrosa do que a força destes".

121

mudava a cada três meses, com o Areópago, cujos membros eram estabelecidos vitaliciamente, como modelos perpétuos.

Máxima geral. Em um Senado feito para ser a regra e, por assim dizer, a reserva dos costumes, os senadores devem ser eleitos vitaliciamente. Em um Senado feito para organizar os negócios públicos, os senadores podem mudar.

O espírito, diz Aristóteles, envelhece como o corpo.[18] Essa reflexão somente é adequada a respeito de um magistrado único e não pode ser aplicada a uma assembleia de senadores.

Além do Areópago, havia em Atenas guardiães dos costumes e guardiães das leis.[19] Na Lacedemônia, todos os anciãos eram censores. Em Roma, dois magistrados particulares ocupavam-se da censura. Assim como o Senado vigia o povo, é preciso que os censores tenham sob sua vista o povo e o Senado. É preciso que restabeleçam na república tudo aquilo que foi corrompido, que reparem a tibieza, julguem as negligências e corrijam os erros, assim como as leis punem os crimes.

A lei romana que exigia que a acusação de adultério fosse pública era admirável por manter a pureza dos costumes; ela intimidava as mulheres e intimidava também aqueles que deveriam velá-las.

Nada conserva mais os costumes do que uma extrema subordinação dos jovens aos anciãos. Uns e outros serão contidos: os primeiros pelo respeito que terão pelos anciãos, os segundos pelo respeito que terão para consigo mesmos.

Nada confere mais força às leis do que a subordinação extrema dos cidadãos aos magistrados. "A grande diferença que Licurgo impôs entre a Lacedemônia e as outras cidades", diz Xenofonte,[20] "consiste no fato de que ele, acima de tudo, fez com que os cidadãos obedecessem às leis; eles se apressam no mesmo instante em que o magistrado os convoca. Mas, em Atenas, um homem rico entraria em desespero se alguém acreditasse que ele depende do magistrado".

---

18 *Política*, 1270b40. (N. T.)

19 O próprio Areópago era submetido à censura.

20 *A constituição dos Lacedemônios* [cap.VIII, 2].

Do espírito das leis

A autoridade paterna é, ademais, muito útil para conservar os costumes. Já dissemos que, em uma república, não há uma força tão repressiva quanto nos outros governos. É necessário, pois, que na república as leis busquem supri-la: fazem-no através da autoridade paterna.

Em Roma, os pais tinham direito de vida e de morte sobre sua prole.[21] Na Lacedemônia, cada pai tinha direito de repreender a prole de outra pessoa.

O poder paterno desapareceu em Roma com a república. Nas monarquias, onde costumes tão puros não servem a nada, requer-se que cada um viva sob o poder dos magistrados.

As leis de Roma, que teriam acostumado os jovens à dependência, estabeleceram uma minoridade de longa duração. Talvez estejamos errados em retomar esse uso: em uma monarquia, não há necessidade de tanto constrangimento.

Na república, essa mesma subordinação poderia exigir que o pai permanecesse, ao longo de sua vida, como dono dos bens de sua prole, como assim se regulamentou em Roma. Mas isso não faz parte do espírito da monarquia.

Capítulo VIII – Como as leis devem se relacionar com o princípio do governo na aristocracia

Se, na aristocracia, o povo é virtuoso, gozará aproximadamente da mesma felicidade do governo popular, e o Estado se tornará poderoso. Contudo, como é raro que haja virtude onde as fortunas dos homens são tão desiguais, é preciso que as leis tendam a estabelecer, o tanto quanto puderem, um espírito de moderação, e busquem restabelecer essa igualdade que a constituição do Estado necessariamente suprime.

O espírito de moderação é o que chamamos de virtude na aristocracia, e nesta ele ocupa o mesmo lugar do espírito de igualdade no Estado popular.

---

21 Pode-se constatar na história romana com qual vantagem para a república esse poder foi utilizado. Falarei apenas do tempo de maior corrupção. Aulo Fúlvio colocou-se na estrada para encontrar Catilina; seu pai o chamou e ordenou que fosse executado. Salústio, *De bello Catil.* [*A conspiração de Catilina*, cap.39]. Muitos outros cidadãos fizeram o mesmo. Dião Cássio, Lv.XXXVII [*História romana*].

Montesquieu

Se o fasto e o esplendor que rodeiam os reis constituem uma parte de seu poder, a modéstia e a simplicidade das maneiras constituem a força dos nobres aristocráticos.[22] Quando estes não adotam nenhuma distinção, quando se confundem com o povo, quando se vestem como ele, quando partilham com ele todos seus prazeres, o povo esquece sua própria fraqueza.

Cada governo tem sua natureza e seu princípio. A aristocracia não deve, pois, assumir a natureza e o princípio da monarquia, o que aconteceria caso os nobres tivessem algumas prerrogativas pessoais e particulares, distintas das prerrogativas do corpo da nobreza. Os privilégios são devidos ao Senado, e, aos senadores, o simples respeito.

Há duas fontes principais de desordem nos Estados aristocráticos: a desigualdade extrema entre aqueles que governam e aqueles que são governados, e a mesma desigualdade entre os diferentes membros do corpo que governa. Dessas duas desigualdades resultam ódios e invejas que as leis devem prevenir ou deter.

A primeira desigualdade ocorre principalmente quando os privilégios dos principais apenas são honrosos porque são vergonhosos ao povo. Assim foi, em Roma, a lei que impedia os patrícios de se unirem por casamento aos plebeus,[23] cujo único efeito produzido era tornar, de um lado, os patrícios mais soberbos, e, de outro, mais odiosos. É preciso observar as vantagens que, a partir disso, os tribunos tiravam em suas arengas.

Essa desigualdade também ocorrerá se a condição dos cidadãos diferir em relação aos subsídios.[24] Isso acontece de quatro maneiras: quando os nobres outorgam a si mesmos o privilégio de não os pagar; quando recor-

---

22 Em nossa época, os venezianos, que, em muitos aspectos, conduzem-se muito sabiamente, decidiram sobre uma disputa entre um nobre veneziano e um gentil--homem do continente, acerca de uma precedência em uma igreja, que, fora de Veneza, um nobre veneziano não tinha preeminência sobre outro cidadão.

23 Ela foi estabelecida pelos decênviros nas duas últimas Tábuas. Vede Dionísio de Halicarnasso, *Das antiguidades romanas*, Lv.X. [O decênviro era um colegiado composto por dez magistrados. Estabeleceram as Leis das Doze Tábuas, o primeiro corpo escrito de leis, consideradas como o fundamento do direito romano. Cf. Grimal, *A civilização romana*. (N. T.)]

24 Aqui, Montesquieu entende *subsídio* como sinônimo de *imposto*. (N. T.)

Do espírito das leis

rem a fraudes para se eximirem deles;[25] quando os reclamam para si, sob o pretexto de retribuições ou de vencimentos para os empregos que exercem; enfim, quando tornam o povo tributário e dividem entre si os impostos que cobram dele. Este último caso é raro: uma aristocracia, em tal caso, é o mais duro de todos os governos.

Enquanto Roma se inclinou para a aristocracia, evitou muito bem esses inconvenientes. Os magistrados jamais obtinham vencimentos de sua magistratura. Os principais da república foram taxados como os outros; foram até mesmo sobretaxados, e, algumas vezes, eram os únicos a pagarem taxas. Enfim, longe de dividirem entre si as receitas do Estado, tudo o que puderam tocar do tesouro público, todas as riquezas que a fortuna lhes propiciou, eles distribuíram ao povo para fazer que suas honras fossem perdoadas.[26]

É uma máxima fundamental que as distribuições feitas ao povo produzem efeitos perniciosos na democracia na mesma proporção que produzem bons efeitos no governo aristocrático. As primeiras arruínam o espírito de cidadania, as últimas conduzem até a ele.

Se as receitas não são de nenhuma forma distribuídas ao povo, é necessário demonstrar-lhe que são bem administradas: apresentá-las a ele é, de alguma maneira, fazê-lo usufruir delas. A corrente de ouro que se estendia em Veneza, as riquezas levadas a Roma nos triunfos, os tesouros que se guardavam no templo de Saturno, eram verdadeiramente as riquezas do povo.

É sobretudo essencial, na aristocracia, que os nobres não arrecadem impostos. Em Roma, a primeira ordem do Estado não se imiscuía na cobrança de impostos; a segunda era encarregada da arrecadação, e, posteriormente, mesmo isso ocasionou grandes inconvenientes. Em uma aristocracia na qual os nobres arrecadassem tributos, todos os particulares estariam sujeitos à discrição dos homens de negócios; não haveria tribunal superior capaz de repreendê-los. Entre os nobres encarregados de coibir os abusos, estes prefeririam, antes de mais nada, se aproveitar dos abusos. Os nobres

---

25 Como ocorre em algumas aristocracias de nossa época: nada enfraquece tanto o Estado.

26 Vede em Estrabão [*Geografia*], Lv.XIV, como os ródios se conduziram em relação a isso.

seriam como os príncipes dos Estados despóticos, que confiscam os bens de quem lhes aprouver.

Os lucros ali auferidos logo seriam vistos como um patrimônio, que a avareza ampliaria a seu bel-prazer. As contribuições agrícolas despencariam, as receitas públicas se reduziriam a nada. É desse modo que alguns Estados, sem que tenham observado um revés visível, caem em uma fraqueza que surpreende os vizinhos e atordoa aos próprios cidadãos.

É preciso que as leis também lhes proíbam o comércio: mercadores tão acreditados constituiriam todas as formas de monopólios. O comércio é a profissão das pessoas iguais; e, dentre os Estado despóticos, os mais miseráveis são aqueles em que o príncipe é mercador.

As leis de Veneza[27] proíbem a prática do comércio pelos nobres, que poderia lhes proporcionar, ainda que inocentemente, riquezas exorbitantes.

As leis devem empregar os meios mais eficazes para que os nobres entreguem justiça ao povo. Se as leis não estabeleceram um tribuno, é necessário que elas mesmas sejam um tribuno.

Toda espécie de asilo contra a execução das leis arruína a aristocracia, e, com isso, a tirania se avizinha.

As leis devem mortificar, em todas as épocas, o orgulho e a dominação. É necessário haver, durante um tempo ou para sempre, um magistrado que faça os nobres tremerem, como os éforos na Lacedemônia[28] e os inquisidores do Estado em Veneza, cujas magistraturas não se submetem a nenhuma formalidade. Esse governo tem necessidade de recursos bem violentos. Em Veneza, uma boca de pedra[29] abre-se para todo delator; direis que se trata da boca da tirania.

Essas magistraturas tirânicas na aristocracia possuem relação com a censura da democracia, que, por sua natureza, não é menos independente. Na verdade, os censores não devem ser examinados pelas coisas que fizeram

---

27 Amelot de la Houssaye, *Do governo de Veneza*, parte III. A Lei Cláudia proibia aos senadores possuir qualquer embarcação no mar que carregasse mais de quarenta moios. Tito Lívio, Lv.XXI.

28 Os éforos eram os cinco magistrados que, em Esparta, formavam um conselho anualmente eleito. Compartilhavam o poder junto com o rei. (N. T.)

29 Os delatores nela inserem seus bilhetes.

Do espírito das leis

durante sua censura; é necessário infundir-lhes confiança, nunca desencorajamento. Os romanos eram admiráveis: era possível exigir de todos os magistrados[30] os motivos de suas condutas, com exceção dos censores.[31]

Duas coisas são perniciosas na aristocracia: a pobreza extrema dos nobres e suas riquezas exorbitantes. Para evitar sua pobreza, é necessário acima de tudo obrigá-los a pagar prontamente suas dívidas. Para moderar suas riquezas, são necessárias disposições sábias e imperceptíveis, e não confiscações, leis agrárias, abolição das dívidas, que produzem infinitos males.

As leis devem abolir o direito de primogenitura entre os nobres,[32] a fim de que, pela partilha contínua das sucessões, as fortunas sempre retornem para a igualdade.

Não pode haver substituições, retratos por linhagem, morgadios,[33] adoções. Todos os meios inventados para perpetuar a grandeza das famílias nos Estados monárquicos não poderiam ser utilizados na aristocracia.[34]

---

30 Ver Tito Lívio, Lv.XLIX. Um censor não podia nem mesmo ser perturbado por outro censor: cada um fazia suas anotações sem pedir a opinião de seu colega; e, quando o fizeram de maneira diferente, a censura foi, por assim dizer, derrubada.

31 Em Atenas, os *logistas*, que faziam todos os magistrados prestarem contas, dispensavam a si próprios de prestá-las. [Os *logistaí* eram, por assim dizer, oficiais do fisco ou contadores atenienses responsáveis por observar a correta coleta das taxas e impostos. (N. T.)]

32 Isso foi assim estabelecido em Veneza. Amelot de la Houssaye, p.30 e 31.

33 Montesquieu trata de diferentes institutos do direito das sucessões, a serem retomados no capítulo e no livro subsequentes. *Grosso modo*, a *substituição* ocorre quando uma pessoa indicada substitui, durante um período predeterminado, o herdeiro nomeado. No Antigo Regime, a substituição era utilizada para manter os bens nas famílias nobres, e o substituto tinha apenas uma espécie de usufruto ou posse, devendo, posteriormente, devolvê-los ao herdeiro designado pelo testador. Quando algum bem recebido por herança era vendido, o instituto do *retrato por linhagem* previa à família, durante um prazo determinado, o direito de reaver o bem pelo mesmo preço, adicionadas as custas despendidas no momento da compra e registro. O *morgadio* garantia ao primogênito a herança de todos os bens paternos. Os institutos citados, portanto, tinham como finalidade manter o poder dos bens e terras concentrado no seio das famílias nobres. (N. T.)

34 Parece que o objetivo de algumas aristocracias é menos conservar o Estado do que conservar aquilo que elas chamam de nobreza.

Quando as leis igualarem as famílias, resta-lhes manter a união entre elas. As desavenças dos nobres devem ser prontamente decididas, pois, sem isso, as contendas entre as pessoas se tornam contendas entre famílias. Árbitros podem encerrar os processos ou impedi-los de surgir.

Enfim, não se pode permitir que as leis favoreçam as distinções que a vaidade introduz entre as famílias, sob pretexto de que elas são mais nobres ou mais antigas; isso deve ser deixado na conta das mesquinharias dos particulares.

Basta lançar um olhar sobre a Lacedemônia: ver-se-á como os éforos souberam mortificar as fraquezas dos reis, as dos grandes e as do povo.

Capítulo IX – Como as leis são relativas ao seu princípio na monarquia

Sendo a honra o princípio desse governo, as leis devem referir-se a ela.

É preciso que nesse governo elas trabalhem para sustentar a nobreza, de quem a honra é, por assim dizer, o filho e o pai.

É preciso que a tornem hereditária, não para ser o limite entre o poder do príncipe e a fraqueza do povo, mas sim o laço entre ambos.

As substituições, que conservam os bens nas famílias, serão muito úteis nesse governo, ainda que não convenham aos outros.

O retrato por linhagem devolverá às famílias nobres as terras alienadas pela prodigalidade de um parente.

As terras nobres terão privilégios, como as pessoas. Não se pode separar a dignidade do monarca da dignidade do reino; do mesmo modo, não se pode separar a dignidade do nobre da dignidade de seu feudo.

Todas essas prerrogativas serão particulares à nobreza e, caso não se queira contrariar o princípio do governo, nem diminuir a força da nobreza, nem a força do povo, não serão repassadas ao povo.

As substituições perturbam o comércio, o retrato por linhagem produz uma infinita necessidade de processos, e todas as propriedades fundiárias vendidas do reino permanecem, de alguma forma, pelo menos durante um ano sem um dono. Prerrogativas ligadas aos feudos conferem um poder muito oneroso aos que as exercem. São inconvenientes particulares da nobreza, que desaparecem diante da utilidade geral que ela oferece. No entanto, quando elas são transmitidas ao povo, todos os princípios são inutilmente contrariados.

Nas monarquias, pode-se permitir que a maior parte dos bens seja deixada a um dos filhos. Essa permissão é boa apenas nesse governo.

É preciso que as leis favoreçam todo comércio[35] permitido pela constituição desse governo, para que os súditos possam, sem se arruinar, satisfazer as necessidades sempre renascentes do príncipe e de sua corte.

É preciso que coloquem certa ordem na maneira de arrecadar os tributos, para que esta não seja mais penosa do que os próprios encargos.

O peso dos encargos inicialmente produz o trabalho; o trabalho, a prostração; a prostração, o espírito de preguiça.

Capítulo X – Da prontidão da execução na monarquia

O governo monárquico tem uma grande vantagem sobre o republicano: como os negócios públicos são conduzidos por uma única pessoa, há mais prontidão na execução. Mas, como essa prontidão poderia degenerar em estouvamento, as leis ali introduzem certa morosidade. Elas não devem somente favorecer a natureza de cada constituição, mas, ademais, remediar os abusos que poderiam resultar dessa mesma natureza.

O cardeal Richelieu[36] deseja que, nas monarquias, evitem-se as complexidades das companhias, que introduzem dificuldade em tudo. Mesmo se esse homem não carregasse o despotismo no coração, carregá-lo-ia na cabeça.

Os corpos depositários das leis nunca obedecem melhor que quando caminham a passos lentos e quando trazem, nos negócios do príncipe, uma reflexão que absolutamente não se pode esperar da falta de luzes da corte sobre as leis do Estado, nem da precipitação de seus Conselhos.[37]

---

35 Ela permite-o somente ao povo. Vede a terceira lei do código *De comm. et mercatoribus* [Justiniano, *Corpus Juris Civilis*, C. IV, 63], que é repleta de bom senso.

36 *Testamento político* [Parte 1, cap.4].

37 *Barbaris cunctatio servilis; statim exequi regium videtur.* Tácito, *Anais*, Lv.VI [cap.32]. ["Para os bárbaros, a indecisão é uma fraqueza servil, e a imediata execução é própria de um rei". Públio Cornélio Tácito (58 a.C.-120 d.C.), citado como Tácito, senador romano, moralista e importante historiador da Antiguidade. Sua obra mais conhecida é justamente *Anais* (título é apócrifo), obra que relata a

O que se tornaria a mais bela monarquia do mundo se os magistrados, por sua morosidade, suas queixas, suas súplicas, não houvessem detido o curso das próprias virtudes de seus reis, quando esses monarcas, consultando apenas a grandeza de suas almas, houvessem desejado recompensar desmedidamente os serviços prestados com uma coragem e uma fidelidade também desmesuradas?

Capítulo XI – Da excelência do governo monárquico

O governo monárquico tem uma grande vantagem sobre o despótico. Como é da sua natureza haver, sob o príncipe, diversas ordens que se ligam à constituição, o Estado é mais estável, a constituição mais inabalável, a pessoa dos governantes está mais segura.

Cícero[38] considerava que o estabelecimento dos tribunos de Roma havia sido a salvação da república. "Por certo", diz, "a força do povo que não tem chefe é mais terrível. Um chefe sente que os negócios públicos dependem dele, e reflete sobre isso; mas o povo, em sua impetuosidade, absolutamente não conhece o perigo ao qual se entrega". Essa reflexão pode ser aplicada a um Estado despótico, que é um povo sem tribunos, e a uma monarquia, na qual o povo tem, de alguma forma, tribunos.

De fato, vê-se por toda parte que, nos movimentos do governo despótico, o povo, conduzido por si próprio, sempre leva as coisas para tão longe quanto elas podem ir; todas as desordens que ele comete são extremas, ao passo que, nas monarquias, as coisas rarissimamente são levadas ao excesso. Os chefes temem por si mesmos, têm medo de serem abandonados; os poderes intermediários dependentes[39] não querem que o povo seja muito altivo. É raro que as ordens do Estado sejam inteiramente corrompidas. O príncipe está vinculado a essas ordens, e os sediciosos, que não possuem nem a vontade, nem a esperança de derrubar o Estado, não podem nem querem derrubar o príncipe.

---

vida dos imperadores romanos (de Tibério a Nero) que sucederam Augusto, fundador do Império. (N. T.)]

38 Lv.III, *Das leis.* [Cícero, *De legibus*, Lv.3, cap.X.]

39 Vede a primeira nota do Livro II, Cap.IV.

Do espírito das leis

Nessas circunstâncias, as pessoas que possuem a sabedoria e a autoridade intervêm; moderam-se os ânimos, realizam-se conciliações, fazem-se retificações; as leis recuperam seu vigor e são escutadas.

Assim, nossas histórias são repletas de guerras civis sem revoluções; as dos Estados despóticos são repletas de revoluções sem guerras civis.

Os que escreveram a história das guerras civis de alguns Estados, mesmo aqueles que as fomentaram, provam muito bem o quão pouco os príncipes devem suspeitar da autoridade que delegam a certas ordens para seu serviço, visto que, mesmo no momento de furor, elas aspiravam somente às leis e ao seu dever, e mais retardavam o ardor e a impetuosidade dos facciosos do que seria sua capacidade de servi-los.[40]

O cardeal Richelieu, pensando que talvez houvesse aviltado em demasia as ordens do Estado, recorre, para mantê-lo, às virtudes do príncipe e de seus ministros:[41] exige deles tantas coisas que, na verdade, apenas um anjo poderia dedicar tanta atenção, tanto esclarecimento, tanta firmeza, tantos conhecimentos; e somente com muitos esforços e muito dificilmente alguém poderia se vangloriar de que, daqui até a dissolução das monarquias, possa nelas haver semelhantes príncipe e ministros.

Assim como os povos que vivem sob uma boa polícia são mais felizes do que aqueles que, sem regra e sem chefes, erram pelas florestas, também os monarcas que vivem sob as leis fundamentais de seu Estado são mais felizes do que os príncipes despóticos, que não possuem nada que possa regrar nem o coração de seus povos, nem o seu próprio.

Capítulo XII – Continuação do mesmo assunto

Que não se procure magnanimidade alguma nos Estados despóticos. O príncipe não poderia oferecer uma grandeza que ele mesmo não possui: nele não há glória.

É nas monarquias que se verificará, no entorno do príncipe, os súditos serem tocados por suas luzes. É nelas que cada um, tendo, por assim dizer,

---

40 *Memórias do cardeal Retz e outras histórias.*

41 [Cardeal Richelieu] *Testamento político.*

um maior espaço, pode exercer essas virtudes que conferem à alma não a independência, mas a grandeza.

Capítulo XIII – Ideia do despotismo

Quando os selvagens da Louisiana querem colher frutas, cortam a árvore pelo pé e colhem a fruta.[42] Eis o governo despótico.

Capítulo XIV – Como as leis são relativas ao princípio do governo despótico

O governo despótico tem como princípio o medo. No entanto, para povos tímidos, ignorantes, abatidos, não são necessárias muitas leis.

Nesses governos, tudo deve se basear em duas ou três ideias: portanto, neles novas ideias não são necessárias. Quando se instrui um animal, toma-se grande cuidado para não mudar seu mestre, seu treino e seu adestramento; impressiona-se seu cérebro com dois ou três movimentos, e nada mais.

Quando o príncipe está recluso, não pode se retirar da morada da voluptuosidade sem consternar todos aqueles que o mantêm nela. Não podem admitir que sua pessoa e seu poder passem para outras mãos. Por conseguinte, ele raramente entra pessoalmente em guerra e não ousa deixar que seus lugares-tenentes a façam.

Semelhante príncipe, acostumado a não encontrar nenhuma resistência em seu palácio, indigna-se com a que lhe opõem à mão armada; é, pois, comumente conduzido pela cólera ou pela vingança. Além disso, não pode ter ideia da verdadeira glória. Assim, nesses Estados, as guerras devem ser travadas em todo o seu furor natural, e o direito das gentes[43] deve ali ter menos alcance do que em outros lugares.

---

42 *Lettres édifiantes et curieuses*, coletânea II, p.315. [As *Cartas edificantes e curiosas* são uma coletânea de epístolas, em diversos volumes, enviadas por jesuítas em missões na Ásia, na América e no Oriente Médio. (N. T.)]

43 O direito das gentes – ou o *jus gentium* – é o corpo de normas e regras que os romanos aplicavam aos estrangeiros, sendo considerado como a origem do direito internacional. (N. T.)

Do espírito das leis

Tal príncipe possui tantos defeitos que deveria temer expor sua estupidez natural à luz do dia. Vive recluso e ignora-se a condição na qual se encontra. Por sorte, os homens são de tal modo nesse país que apenas precisam de um nome para governá-los.

Carlos XII, estando em Bender e encontrando certa resistência no Senado da Suécia, escreveu que lhes enviaria uma de suas botas para comandar.[44] Essa bota teria comandado como um rei despótico.

Se o príncipe é prisioneiro, considera-se que esteja morto, e um outro sobe ao trono. Os tratados que o prisioneiro faz são nulos; seu sucessor não os ratificará. Na realidade, como ele é as leis, o Estado e o príncipe, e como tão logo deixe de ser príncipe ele se torna nada, se não fosse considerado morto, o Estado seria destruído.

Um dos principais fatores que determinaram os turcos a fazer sua paz separadamente com Pedro I foi o fato de os moscovitas haverem dito ao vizir que, na Suécia, outro rei havia sido colocado no trono.[45]

A conservação do Estado não é senão a conservação do príncipe, ou, antes, do palácio em que está recluso. Tudo o que não ameaça diretamente esse palácio ou a capital não produz nenhuma impressão nos espíritos ignorantes, orgulhosos e enviesados; e, quanto ao encadeamento dos eventos, não pode segui-lo, prevê-lo, nem mesmo pensar nisso. Ali, a política, seus móbeis e suas leis devem ser limitados, e o governo político é tão simples quanto o governo civil.[46]

Tudo se reduz a conciliar o governo político e civil com o governo doméstico, os oficiais do Estado com os do serralho.

Semelhante Estado se encontrará na melhor situação quando puder se considerar como o único no mundo, quando estiver rodeado por desertos e separado dos povos que chamará de bárbaros. Não podendo contar com a milícia, será bom que destrua uma parte de si mesmo.

---

44 Anedota contada por Voltaire em *História de Carlos XII, rei da Suécia* (1731), livro VII. (N. T.)

45 Continuação de Pufendorf, *História universal*, ao tratado da Suécia, cap.X. [Montesquieu refere-se à obra *História da Suécia*. (N. T.)]

46 Segundo Chardin, não há nenhum conselho de Estado na Pérsia. ["Description du gouvernement", em *Viagens*, t.IV. (N.T.)]

Enquanto o princípio do governo despótico é o medo, sua finalidade é a tranquilidade. Mas não se trata de uma paz, e sim do silêncio dessas cidades que o inimigo está prestes a ocupar.

Como a força não está no Estado, mas no exército que o fundou, seria necessário, para defender o Estado, conservar esse exército. Porém, para o príncipe, o exército é motivo de temor. Como, então, conciliar a segurança do Estado com a segurança da pessoa?

Vede, eu vos rogo, com qual artifício o governo moscovita busca escapar do despotismo, que lhe é mais pesado do que aos próprios povos. Desmembraram-se os grandes corpos de tropa; diminuíram-se as penas dos crimes; criaram-se tribunais; começaram-se a conhecer as leis; instruíram-se os povos. Mas há causas específicas que talvez o reconduzam à infelicidade da qual deseja fugir.

Nesses Estados, a religião exerce mais influência do que em qualquer outro; ela é um medo acrescentado ao medo. Nos impérios maometanos, é da religião que os povos adquirem, em parte, o espantoso respeito que possuem por seu príncipe.

É a religião que corrige um pouco a constituição turca. Os súditos, que não estão apegados à glória e à grandeza do Estado pela honra, estão-no pela força e pelo princípio da religião.

De todos os governos despóticos, não há nenhum que agrave tanto a si próprio do que aquele no qual o príncipe se declara proprietário de todos os fundos de terra e herdeiro de todos os seus súditos. Disso sempre resulta o abandono do cultivo das terras; e se, além disso, o príncipe é mercador, toda espécie de indústria é destruída.

Nesses Estados, nada é reparado ou melhorado.[47] Constroem-se casas apenas para durar uma vida, não se cavam açudes, não se plantam árvores; arranca-se tudo da terra, nada é devolvido para ela; tudo fica em pousio, tudo é deserto.

Pensais que as leis que suprimem a propriedade dos fundos de terra e a sucessão dos bens diminuirão a avareza e a cupidez dos grandes? Não: elas exasperarão essa cupidez e essa avareza. Serão levados a fazer mil vexações,

---

47 Vede Ricaut, *Do império otomano*, p.196.

Do espírito das leis

porque somente considerarão possuir como bens próprios o ouro e a prata que puderem roubar ou esconder.

Para que nem tudo esteja perdido, é bom que a avidez do príncipe seja moderada por algumas práticas consuetudinárias. Assim, na Turquia, o príncipe comumente se contenta em tomar 3% sobre as sucessões[48] dos indivíduos do povo. Mas como o grão-senhor oferece a maior parte das terras à sua milícia e dispõe delas a seu bel-prazer; como se apodera de todas as sucessões dos oficiais do império; como, quando um homem morre sem filhos varões, o grão-senhor obtém a propriedade e as filhas detêm apenas o usufruto, ocorre que os bens do Estado são possuídos de maneira precária.

Pela lei de Bantém, o rei assume a sucessão, incluindo-se a mulher, as crianças e a casa.[49] Para eludir a mais cruel disposição dessa lei, as pessoas são obrigadas a fazer que se casem crianças de oito, nove ou dez anos, e algumas vezes mais jovens, a fim de não se encontrarem na infeliz circunstância de serem parte da sucessão do pai.

Nos Estados em que não há leis fundamentais, a sucessão ao império não poderia ser fixa. Neles, a coroa é eleita pelo príncipe, seja em sua família ou fora dela. Em vão se estabeleceria que o primogênito sucederia: o príncipe poderia sempre escolher um outro. O sucessor é declarado pelo próprio príncipe, por seus ministros ou por uma guerra civil. Assim, esse Estado possui um motivo de dissolução a mais do que uma monarquia.

Como cada príncipe da família real possui igual capacidade de ser eleito, acontece de aquele que sobe ao trono desde logo ordenar o estrangulamento de seus irmãos, como na Turquia; ou mandar que os ceguem, como na Pérsia; ou os levar à insanidade, como se faz em Mogol; ou, se nenhuma dessas precauções forem tomadas, como em Marrocos, onde cada vacância do trono é seguida de uma horrenda guerra civil.

---

48 Vede, sobre a sucessão dos turcos, *Lacedemônia antiga e moderna* [de Georges Guillet de Saint-Georges]. Ver também Ricaut, *Do império otomano*.

49 *Coletânea de viagens que serviram para o estabelecimento da Companhia das Índias*, t.I. A lei de Pegu é menos cruel: havendo crianças, o rei herda apenas dois terços. Ibid., t.III, p.I. [Montesquieu refere-se a Bantém, província de Java, e Pegu, na Birmânia. A *Coletânea de viagens* aqui utilizada pelo autor foi bastante criticada na época, pois fundada em relatos pouco fiáveis de comerciantes holandeses. (N. T.)]

Pelas constituições da Moscóvia,[50] o tsar pode escolher como sucessor quem ele assim desejar, seja em sua família ou fora dela. A instituição de tal sucessão causa mil revoluções, tornando o trono tão instável quanto é arbitrária a sucessão. Como a ordem de sucessão é uma das coisas mais importantes a serem conhecidas pelo povo, a melhor é aquela que mais salta aos olhos, como o nascimento e uma certa ordem de nascimento. Semelhante disposição interrompe as intrigas, abafa a ambição; o espírito de um príncipe fraco não é mais cativo e os moribundos não são levados a se pronunciar.

Quando a sucessão é instituída por uma lei fundamental, um único príncipe é o sucessor, e seus irmãos não possuem nenhum direito real ou aparente de lhe contestar a coroa. Não se pode nem presumir, nem executar uma vontade particular do pai. Portanto, não há mais motivos para prender ou matar o irmão do rei do que para fazê-lo com qualquer outro súdito.

Contudo, nos Estados despóticos, nos quais os irmãos do príncipe são igualmente seus escravos e seus rivais, a prudência recomenda que suas pessoas sejam protegidas, sobretudo nos países maometanos, onde a religião enxerga a vitória ou o sucesso como um julgamento de Deus, de modo que, ali, ninguém é soberano de direito, mas somente de fato.

A ambição é bem mais exasperada nos Estados onde os príncipes de sangue vislumbram que, se não ascenderem ao trono, serão encarcerados ou mortos, do que entre nós, onde os príncipes de sangue gozam de uma condição que, se não é tão satisfatória para a ambição, é, talvez, mais satisfatória para os desejos moderados.

Os príncipes dos Estados despóticos sempre abusaram do casamento. Comumente têm diversas mulheres, sobretudo na parte do mundo — a Ásia — onde o despotismo é, por assim dizer, naturalizado. Possuem tantos filhos que não podem ter nenhuma afeição por eles, nem estes por seus irmãos.

A família reinante assemelha-se ao Estado: é demasiado fraca, e seu chefe, demasiado forte; parece extensa, mas se reduz a nada. Artaxerxes[51] mandou matar todos os seus filhos por terem conjurado contra ele. Não é

---

50 Vede as diferentes constituições, sobretudo a de 1722.
51 Vede Justino [*Epitoma Historiarum Philippicarum*, X, 1-2].

Do espírito das leis

verossímil que cinquenta crianças conspirem contra seu pai, e ainda menos que conspirem porque ele não quis ceder sua concubina ao filho mais velho. É mais simples crer que haja ali alguma intriga própria dos serralhos do Oriente, própria dos lugares onde o artifício, a maldade, a artimanha, reinam no silêncio e se ocultam sob uma espessa noite; onde um velho príncipe, tornando-se cada dia mais imbecil, é o primeiro prisioneiro do palácio.

Após tudo o que acabamos de dizer, pareceria que a natureza humana se sublevaria incessantemente contra o governo despótico. Contudo, malgrado o amor dos homens pela liberdade, malgrado seu ódio contra a violência, a maior parte dos povos submete-se ao despotismo. Isso é fácil de ser compreendido. Para formar um governo moderado, é preciso combinar os poderes, regrá-los, torná-los comedidos, fazê-los agir; dar, por assim dizer, lastro a um para colocá-lo em condições de resistir a outro.[52] É uma obra-prima da legislação raramente produzida pelo acaso e que raramente se permite à prudência produzir. Um governo despótico, ao contrário, salta, por assim dizer, aos olhos. Ele é uniforme por toda a parte: como bastam paixões para instituí-lo, o mundo inteiro está apto a recebê-lo.

Capítulo XV – Continuação do mesmo assunto

Nos climas quentes, onde comumente reina o despotismo, as paixões são mais prontamente sentidas e também mais rapidamente arrefecidas.[53] Nesses lugares, o espírito se desenvolve prematuramente; os perigos da dissipação dos bens são menores; não é tão fácil para alguém se distinguir; há menos comércio entre os jovens, fechados em suas casas; casam-se pre-

---

52 Lê-se, nesse parágrafo, uma primeira formulação do célebre princípio dos freios e contrapesos: o *lastro* (no original francês, *lest*) também pode ser entendido como uma concessão que se faz ao outro para que a convivência se torne possível, um sacrifício para a manutenção do equilíbrio almejado. Nesse caso, trata-se de buscar uma harmonia construída (pois obra da legislação) e possível (pois fruto do acaso ou de uma prudência difícil de ser encontrada) entre os poderes e as instituições, a fim de que o governo se torne ou permaneça moderado, regrado, distanciando-se das inclinações ao despotismo. Cf. XI, 4. (N. T.)

53 Vede o livro das leis em sua relação com a natureza do clima [Lv.XIV].

cocemente, e podem, pois, atingir a maioridade mais cedo do que nos climas da Europa. Na Turquia, a maioridade começa aos quinze anos.[54]

Em tais situações, a cessão dos bens não pode ser realizada. Em um governo no qual ninguém tem sua fortuna assegurada, os empréstimos fiam-se mais na pessoa do que nos bens.

A cessão de bens entra naturalmente nos governos moderados,[55] e sobretudo nas repúblicas, por causa da maior confiança que se deve ter na probidade dos cidadãos, e do contentamento que deve inspirar uma forma de governo que cada um parece ter dado a si mesmo.

Se na república romana os legisladores houvessem estabelecido a cessão de bens,[56] ela não teria mergulhado em tantas sedições e discórdias civis, e não teria experimentado nem os perigos das doenças nem os riscos dos remédios.

Nos Estados despóticos, a pobreza e a incerteza das fortunas naturalizam a usura, com cada um aumentando o preço do dinheiro à proporção dos riscos que corre ao emprestá-lo. Então, nesse infeliz país, a miséria brota de todas as partes; tudo ali é suprimido, até o recurso dos empréstimos.

Disso decorre que um mercador não poderia fazer um grande comércio. Ele vive um dia de cada vez: se dispusesse de muitas mercadorias, perderia mais pelos juros despendidos para pagá-las do que o montante que ganharia sobre elas. As leis sobre o comércio também não têm vez em tal Estado: reduzem-se à mera polícia.

O governo não poderia ser injusto sem ter as mãos que exercem suas injustiças; ora, é impossível que essas mãos deixem de trabalhar para si mesmas. O peculato, pois, é natural nos Estados despóticos.

Sendo esse crime um crime comum nos Estados despóticos, nele os confiscos são úteis. Por esse meio, o povo é consolado. O dinheiro daí retirado representa um tributo considerável que o príncipe dificilmente cobraria de súditos arruinados: nesses países, não há sequer uma família que se queira conservar.

---

54 La Guilletière, *Lacedêmonia antiga e nova*, p.463.

55 Como também ocorre com moratórias nas falências de boa-fé.

56 Foi estabelecida apenas com a Lei Júlia, *De cessione bonorum*. Evitavam-se a prisão e a cessão ignominiosa de bens.

Do espírito das leis

Nos Estados moderados, tudo se passa de modo diverso. Os confiscos tornariam a propriedade dos bens incerta; despojariam crianças inocentes; quando se tratasse somente de punir um culpado, destruiriam uma família inteira. Nas repúblicas, os confiscos perpetrariam o mal de suprimir a igualdade que constitui a alma desses governos, privando um cidadão do básico para suas necessidades físicas.[57]

Uma lei romana[58] estabelece que apenas se confisque no caso de crime de lesa-majestade de alto grau. Seria com frequência muito sábio seguir o espírito dessa lei e limitar os confiscos a determinados crimes. Nos países nos quais um costume local dispôs dos *bens próprios*, Bodin[59] diz muito bem que se deveriam confiscar somente os *bens adquiridos*.[60]

Capítulo XVI – Da comunicação do poder

No governo despótico, o poder passa inteiramente para as mãos daquele a quem é confiado. O vizir é o próprio déspota, e cada oficial particular é o vizir. No governo monárquico, o poder aplica-se menos imediatamente: o monarca, ao cedê-lo, ameniza-o.[61] Distribui sua autoridade de modo a nunca outorgar uma parte dela sem deixar de reter para si uma parte maior.

Assim, nos Estados monárquicos, os governadores particulares das cidades respondem mais ao príncipe do que ao governador da província; e os oficiais particulares dos corpos militares dependem ainda mais do príncipe do que do general.

---

57 Parece-me que, na república de Atenas, muito se gostava dos confiscos.

58 Authentica, *Bona damnatorum*. Código *De bonis proscriptorum seu damnatorum* [Justiniano, *Corpus Juris Civilis*, C. IX, 49].

59 Lv.V, cap.III [Bodin, *Os seis livros da República*].

60 Sobre os crimes de lesa-majestade, eles são em alto grau quando cometidos diretamente contra a pessoa do príncipe, e indiretos quando perpetrados contra os ministros que compõem o governo. A respeito dos *bens próprios*, são os bens recebidos por herança; quanto aos *bens adquiridos*, conforme o próprio nome indica, são aqueles adquiridos ou comprados por uma pessoa. (N. T.)

61 *Ut esse Phœbi dulcius lumen solet/ Jamjam cadentis...* ["A luz de Febo é mais amena/ À medida que se põe." Sêneca, *As troianas*, Ato V, Cena I (N. T.)]

Na maior parte dos Estados monárquicos, sabiamente estabeleceu-se que aqueles que possuem um comando um pouco mais amplo não estejam ligados a nenhum corpo de milícia, de modo que, ao possuírem comando somente através de uma vontade particular do príncipe, e podendo ou não ser empregados, eles estão, sob certo aspecto, em serviço, e, sob outro, fora do serviço.

Isso é incompatível com o governo despótico. Afinal, se aqueles que não possuem um emprego atual admitissem, apesar de tudo, prerrogativas e títulos, haveria nesse Estado homens eminentes por si mesmos — o que se chocaria com a natureza desse governo.

Se o governador de uma cidade fosse independente do paxá, haveria necessidade diária de certas concessões para conciliá-los, coisa absurda em um governo despótico. E, além disso, se o governador particular puder não obedecer, como o outro poderia responder pessoalmente pela sua província?

Nesse governo, a autoridade não pode ser contrabalançada; a autoridade do menor magistrado não é a mesma que a do déspota. Nos países moderados, a lei é por toda parte sábia, por toda parte conhecida, e os menores magistrados podem segui-la. Mas, no despotismo, onde a lei é somente a vontade do príncipe, ainda quando o príncipe fosse sábio, como poderia um magistrado seguir uma vontade que desconhece? É preciso que siga a sua própria.

Há mais: a lei sendo somente aquilo que o príncipe quer, e não podendo o príncipe querer aquilo que ele desconhece, é bastante necessário que haja uma infinidade de pessoas que queiram por ele e como ele.

Enfim, sendo a lei a vontade momentânea do príncipe, é necessário que aqueles que querem por ele queiram, subitamente, à maneira dele.

Capítulo XVII – Dos presentes

É um uso, nos países despóticos, que ninguém se dirija a alguém em condição superior, incluindo o rei, sem lhe dar um presente. O imperador de Mogol[62] não aceita as requisições de seus súditos caso não tenha recebi-

---

62 *Coletânea de viagens que serviram para o estabelecimento da Companhia das Índias*, t.I, p.80.

Do espírito das leis

do alguma coisa deles. Esses príncipes chegam até mesmo a corromper as próprias graças que concedem.

Deve ocorrer assim em um governo onde ninguém é cidadão; em um governo onde impera a ideia de que o superior nada deve ao inferior; em um governo onde os homens apenas se consideram ligados pelos castigos que uns exercem sobre os outros; em um governo onde há poucos negócios públicos e onde é raro que haja a necessidade de apresentar-se diante de um grande, de lhe fazer pedidos, muito menos de prestar-lhe queixas.

Em uma república, os presentes são uma coisa odiosa, porque a virtude não tem necessidade deles. Em uma monarquia, a honra é um motivo mais forte que os presentes. Mas, no Estado despótico, onde não há nem honra nem virtude, apenas a esperança pelas comodidades da vida pode determinar a ação.

Conforme as ideias da república, Platão[63] queria que os que recebessem presentes para fazer seu dever fossem punidos com a morte. "Não é necessário recebê-los", dizia ele, "nem para as coisas boas nem para as más".

Era ruim a lei romana[64] que permitia aos magistrados receberem pequenos presentes,[65] desde que não ultrapassassem a soma de cem escudos por ano. Aqueles aos quais nada damos, nada desejam; aqueles aos quais damos um pouco, logo desejam um pouco mais, e, em seguida, muito mais. Além disso, é mais fácil provar a culpabilidade daquele que, nada devendo receber, recebe alguma coisa, do que daquele que recebe mais quando deveria receber menos, e que sempre encontra, para isso, pretextos, desculpas, causas e razões plausíveis.

Capítulo XVIII – Das recompensas que o soberano oferece

Nos governos despóticos, onde, como dissemos, é-se determinado a agir apenas pela esperança das comodidades da vida, o príncipe que recompensa somente tem dinheiro a oferecer. Em uma monarquia, onde reina unicamente a honra, o príncipe apenas recompensaria por distinções, caso

---

63 Lv.XII, *As leis* [955c-d].

64 Lei VI, §2º, Digesto [Justiniano], *de lege Julia repetundarum*.

65 *Munuscula*.

as distinções que a honra estabelece não fossem acrescentadas a um luxo que forçosamente cria necessidades: na monarquia, o príncipe recompensa, enfim, por honras que conduzem à fortuna. Mas, em uma república onde a virtude reina, motivo suficiente por si mesmo e que exclui todos os outros, o Estado apenas recompensa por testemunhos dessa virtude.

É uma regra geral que as grandes recompensas em uma monarquia e em uma república sejam um sinal de sua decadência, porque elas provam que seus princípios estão corrompidos: pois, no primeiro caso, a ideia de honra não tem mais tanta força e, no segundo, a qualidade de cidadão é enfraquecida.

Os piores imperadores romanos foram aqueles que mais ofereceram recompensas: por exemplo, Calígula, Cláudio, Nero, Otão, Vitélio, Cômodo, Heliogábalo e Caracala. Os melhores, como Augusto, Vespasiano, Antonino Pio, Marco Aurélio e Pertinax, foram parcimoniosos. Sob os bons imperadores, o Estado retomava seus princípios; o tesouro da honra supria os outros tesouros.[66]

Capítulo XIX – Novas consequências dos princípios dos três governos

Não pude me decidir a terminar este livro sem fazer ainda algumas aplicações de meus três princípios.

PRIMEIRA QUESTÃO. As leis devem forçar um cidadão a aceitar os empregos públicos? Digo que elas devem assim proceder no governo republicano, mas não no monárquico. No primeiro, os magistrados são testemunhos da virtude, depósitos que a pátria confia a um cidadão, que apenas deve viver, agir e pensar para ela; não pode, pois, recusá-los.[67] No segundo, as magis-

---

66 Em *Meus pensamentos*, Montesquieu escreve: "Examinai os romanos nas épocas em que ofereciam coroas de ervas e nas épocas em que recebiam coroas de ouro. É, ademais, uma experiência ao longo de toda sua história que as recompensas que os fizeram realizar coisas realmente grandes são aquelas que, na realidade, tinham o preço mais baixo" (*MP*, n.1708). (N. T.)

67 Platão, na *República*, Lv.VIII, insere essas recusas entre as marcas da corrupção da república. Em *As leis*, Lv.VI, ele exige que sejam punidas com uma multa. Em Veneza, são punidas com o exílio.

Do espírito das leis

traturas são testemunhos da honra; ora, tal é a excentricidade da honra que ela só se compraz em aceitar tais testemunhos quando assim o desejar e da maneira que o desejar.

O falecido rei da Sardenha,[68] que punia aqueles que recusavam as dignidades e os empregos de seu Estado, seguia, sem o saber, ideias republicanas. De resto, sua maneira de governar prova suficientemente que essa não era sua intenção.

Segunda questão. É uma boa máxima que um cidadão possa ser obrigado a aceitar, no exército, um lugar inferior ao que ele previamente ocupava? Entre os romanos, observa-se com frequência o capitão servir, no ano subsequente, sob os comandos de seu lugar-tenente.[69] Isso porque, nas repúblicas, a virtude requer que se faça ao Estado um contínuo sacrifício de si mesmo e de suas aversões. Mas, nas monarquias, a honra, verdadeira ou falsa, não pode suportar aquilo que chama de degradação.

Nos governos despóticos, onde se abusa igualmente da honra, dos cargos e dos estratos sociais, faz-se indiferentemente de um príncipe um valete e de um valete um príncipe.

Terceira questão. Outorgar-se-á a uma só pessoa os empregos civis e militares? É preciso uni-los na república e separá-los na monarquia. Nas repúblicas, seria muito perigoso fazer da profissão de armas uma condição particular, distinta da exercida pelas funções civis; e, nas monarquias, não haveria menos perigo outorgar as duas funções a uma mesma pessoa.

Na república, só se recorre às armas na qualidade de defensor das leis e da pátria; é por ser cidadão que alguém se torna, durante algum tempo, soldado. Se houvesse duas condições distintas, far-se-ia que aquele que, servindo o exército, considerasse ser cidadão, passaria a sentir-se apenas como um soldado.

Nas monarquias, os militares somente têm por objetivo a glória, ou ao menos a honra ou a fortuna.[70] Deve-se evitar dar os empregos civis a tais

---

68 Vítor Amadeu [Vítor Amadeu II, 1666-1732].

69 Quando alguns centuriões chamaram o povo para perguntar quais empregos haviam exercido, disse um centurião: "É justo, meus companheiros, que vejais como honrosos todos os cargos nos quais defendeis a república". Tito Lívio, Lv.XLII.

70 Cf. Livro IV, Cap.2. (N. T.)

homens; é preciso, ao contrário, que sejam contidos pelos magistrados civis, e que as mesmas pessoas não tenham ao mesmo tempo a confiança do povo e a força para abusar dela.[71]

Observai, em uma nação onde a república se esconde sob a forma da monarquia,[72] o quanto se teme ceder uma condição particular aos militares, e como o guerreiro sempre permanece cidadão, ou mesmo magistrado, a fim de que essas qualidades sejam uma garantia para a pátria e para que isso nunca seja esquecido.

Essa divisão de magistraturas em civis e militares, feita pelos romanos após a ruína da república, não foi uma coisa arbitrária. Foi uma continuação da mudança da constituição de Roma; ela era da natureza do governo monárquico. E, aquilo que apenas se iniciou com Augusto,[73] os imperadores subsequentes[74] foram obrigados a terminar, a fim de moderar o governo militar.

Assim, Procópio, concorrente de Valente ao império, nada compreendeu quando, dando a Hormisda, príncipe do sangue real da Pérsia, a dignidade de procônsul,[75] concedera a essa magistratura o comando das armas que outrora ela possuía; a não ser que tivesse razões particulares para tanto. Um homem que aspira à soberania busca não tanto aquilo que é útil ao Estado, mas o que é útil à sua causa.

QUARTA QUESTÃO. Convém que os cargos sejam venais? Não devem sê-lo nos Estados despóticos, onde é preciso que os súditos sejam instantaneamente alocados e dispensados pelo príncipe.

---

71 *Ne imperium ad optimos nobilium transferretur, senatum militia vetuit Gallienus; etiam adire exercitum* ["Para que o império não fosse transferido para o melhor dos nobres, Galeno proibiu o serviço militar do senado, e mesmo o ingresso no exército". *De Caesaribus*]. Aurelius Victor, *De viris illustribus*.

72 Montesquieu refere-se à Inglaterra. (N. T.)

73 Augusto suprimiu dos senadores, procônsules e governadores o direito de portar armas. Dião Cássio, Lv.XXXIII [*História romana*].

74 Constantino. Ver Zósimo, Lv.II [*História nova*, cap.33]. [Zósimo (*c.* séculos V-VI), historiador grego radicado em Constantinopla. Autor de *História nova*, dedicou-se sobretudo a relatar a fase final do Império Romano. (N. T.)]

75 Ammian Marcellin, Lv.XXVI [*Res gestae*]. *More veterum, et bella recturo* ["De acordo com os costumes antigos e as regras da guerra"].

Do espírito das leis

Essa venalidade é boa nos Estados monárquicos, porque leva a fazer, como em um negócio de família, aquilo que não se desejaria empreender pela virtude; porque ela destina cada um ao seu dever e torna as ordens do Estado mais permanentes. Suídas[76] diz muito bem que Anastácio fizera do império uma espécie de aristocracia ao vender todas as magistraturas.

Platão[77] não pode tolerar essa venalidade. "É como se, em um navio", diz ele, "uma pessoa qualquer fosse feita de piloto ou de marinheiro por causa de seu dinheiro. Seria possível que a regra fosse má em algum outro emprego da vida, e boa somente para conduzir uma república?". Mas Platão fala de uma república fundada sobre a virtude, e nós falamos de uma monarquia. Ora, em uma monarquia na qual, quando os cargos não fossem vendidos por uma regra pública, a indigência e a avidez dos cortesãos os venderiam mesmo assim, o acaso dará melhores súditos do que a escolha do príncipe. Enfim, a maneira de progredir pelas riquezas inspira e entretém a indústria, coisa da qual essa espécie de governo tem grande necessidade.[78]

QUINTA QUESTÃO. Em qual governo os censores se fazem necessários? São necessários em uma república, onde o princípio do governo é a virtude. Não são apenas os crimes que destroem a virtude, mas também as negligências, os erros, uma certa tibieza no amor da pátria, os exemplos perigosos, as sementes da corrupção; aquilo que não contraria as leis, mas as elude; aquilo que não as destrói, mas as enfraquece. Tudo isso deve ser corrigido pelos censores.

Causa espanto a punição desse areopagita que matou um pardal que, perseguido por um gavião, refugiara-se em seu colo. Causa surpresa que o areopagita tenha mandado matar uma criança que cegara seu pássaro. Que se preste atenção que não se trata, de modo algum, de uma condenação por crime, mas de um julgamento de costumes em uma república fundada sobre os costumes.

---

76 Fragmentos tirados das *Embaixadas* de Constantino Porfirogeneta.

77 *A República*, Lv.XVIII. [Foi traduzida a citação diretamente do francês para o português, conforme utilizada por Montesquieu. As citações vertidas do grego para o português oferecem uma tradução mais próxima, por assim dizer, da passagem em questão, na qual Sócrates critica a oligarquia. Cf. ibid., 551c. (N. T.)]

78 Preguiça da Espanha, onde todos os empregos são oferecidos.

Nas monarquias, censores não são necessários. Elas são fundadas sobre a honra, e a honra tem, por sua natureza, o universo inteiro como censor. Todo homem ao qual falta honra é submetido às exprobrações, até mesmo daqueles que não a possuem.

Nesses governos, os censores receberiam afagos até mesmo dos que eles deveriam corrigir. Ao se colocarem contra a corrupção de uma monarquia, não fariam nada de bom, pois a corrupção de uma monarquia seria demasiado forte contra eles.

Percebe-se bem que não pode haver censores no governo despótico. O exemplo da China parece infringir essa regra; mas veremos, na sequência desta obra, as razões singulares desse estabelecimento.[79]

---

79 Cf. VIII, 21 e XIX, 16 *ss.* (N. T.)

Livro VI
Consequências dos princípios dos diversos governos em relação à simplicidade das leis civis e criminais, à forma dos julgamentos e ao estabelecimento das penas

Capítulo Primeiro – Da simplicidade das leis civis nos diversos governos

O governo monárquico não comporta leis tão simples como o despótico. Nele, tribunais são necessários. Esses tribunais emitem decisões; elas devem ser conservadas, devem ser conhecidas para que hoje se julgue como ontem se julgou, e para que, com isso, a propriedade e a vida dos cidadãos sejam asseguradas e estáveis, como a própria constituição do Estado.

Em uma monarquia, a administração de uma justiça que não decida somente sobre a vida e os bens, mas também sobre a honra, requer investigações escrupulosas. A sensibilidade do juiz aumenta à medida que o depósito de leis[1] aumenta e à medida que sejam maiores os interesses sobre os quais ele deve se pronunciar.

Não deve causar espanto, pois, encontrar nas leis desses Estados tantas regras, restrições, extensões, que multiplicam os casos particulares e parecem fazer da própria razão uma arte.

A diferença de estratos sociais, de origem, de condição, que é estabelecida no governo monárquico, frequentemente produz distinção na natureza dos bens, e leis relativas à constituição desse Estado podem aumentar o número

---

1 Cf. nota do tradutor em II, 4. (N. T.)

dessas distinções. Assim, entre nós, os bens são próprios, adquiridos ou conquistados; dotais, parafernais; paternos e maternos; móveis de muitas espécies; livres, substituídos; de retrato por linhagem ou não; nobres alodiais ou plebeus; rendas fundiárias ou estabelecidas em dinheiro.[2] Cada espécie de bem é submetida a regras particulares, sendo preciso segui-las para dispor deles, o que suprime ainda mais a simplicidade.

Em nossos governos, os feudos tornaram-se hereditários. Foi preciso que a nobreza possuísse certa quantidade de bens, isto é, que o feudo tivesse certa consistência, para que o proprietário do feudo estivesse em condição de servir ao príncipe. Isso deve ter produzido toda sorte de variedades: por exemplo, há países onde os feudos não puderam ser partilhados entre os irmãos; em outros, os caçulas puderam obter uma maior parte para sua subsistência.

O monarca, que conhece cada uma de suas províncias, pode estabelecer diversas leis ou tolerar diferentes práticas consuetudinárias. Mas o déspota nada conhece e a nada dedica sua atenção: ele precisa adotar uma conduta geral, e governa por uma vontade rígida que é por toda parte a mesma. Tudo se aplaina sob os seus pés.

À medida que os julgamentos dos tribunais se multiplicam nas monarquias, a jurisprudência se encarrega de decisões que algumas vezes se contradizem, ou porque os juízes que se sucedem pensam de modo diferente, ou porque os mesmos assuntos são ora bem defendidos, ora mal defendidos, ou, enfim, por uma infinidade de abusos que se introduzem em tudo aquilo que passa pela mão dos homens. É um mal necessário que o legislador corrige de tempos em tempos, como sendo um mal contrário até

---

2 Algumas dessas espécies de bens e formas de aquisição já foram explicadas em nota do tradutor em V, 9. Bens *dotais* são recebidos pela mulher pelo dote, mas administrados pelo marido; já os *parafernais* são aqueles de que ela dispõe livremente. *Alodial* ("*franc-alleu*") é o bem isento de encargos e livre de vínculos. O bem alodial pode ser nobre, onde há direito de justiça aplicável, ou plebeu ("*roturier*"), terra sem direito de justiça e na qual o detentor não deve aluguéis, arrendamentos ou encargos. As *rendas fundiárias* são vinculadas ao uso da terra e determinadas por pagamentos em prazos fixos (em geral anualmente); as *rendas estabelecidas por dinheiro* são ligadas à pessoa (embora possam eventualmente ser hipotecadas), que despende uma soma em espécie na qual, no final, em geral um bem será alienado. (N. T.)

Do espírito das leis

mesmo ao espírito dos governos moderados. Pois, quando se é obrigado a recorrer aos tribunais, é preciso que isso derive da natureza da constituição, e não das contradições e das incertezas das leis.

Nos governos em que necessariamente existem distinções entre as pessoas, é preciso que haja privilégios. Isso diminui ainda a simplicidade e ocasiona mil exceções.

Um dos privilégios menos onerosos à sociedade, sobretudo para aquele que o concede, é o da preferência de pleitear em um tribunal e não em outro. Eis novos problemas, isto é, aqueles nos quais se trata de saber perante qual tribunal se deve apresentar o pleito.

Os povos dos Estados despóticos encontram-se em uma situação bem diferente. Não sei sobre o que, nesses países, poderia o legislador estatuir ou o magistrado julgar. Porque as terras pertencem ao príncipe, segue-se que praticamente não há leis civis sobre a propriedade das terras. Do direito que o soberano tem sobre as heranças, segue-se que ali também não há nenhuma lei sobre as sucessões. Por causa do negócio exclusivo que o príncipe realiza em alguns países, todas as espécies de leis sobre o comércio tornam-se inúteis. Os casamentos ali contraídos com as filhas escravas fazem que não haja leis civis sobre os dotes e sobre os benefícios das mulheres. Dessa prodigiosa profusão de escravos resulta, ainda, que praticamente não haja pessoas com vontade própria que, por consequência, devam responder por sua conduta perante um juiz. A maior parte das ações morais, que são apenas as vontades do pai, do marido, do senhor, são por eles regradas, e não pelos magistrados.

Esquecia-me de dizer que, como aquilo que chamamos de honra é somente a muito custo conhecido nesses Estados, todos os assuntos que dizem respeito a ela, que é um ponto de extrema importância para nós, são inexistentes no despotismo. O despotismo basta-se a si mesmo: tudo é vazio em seu entorno. Ademais, quando os viajantes nos descrevem os países onde ele reina, raramente nos falam de leis civis.[3]

---

3 No Masulipatão, não se pôde descobrir se houve lei escrita. Ver *Coletânea de viagens que serviram para o estabelecimento da Companhia das Índias*, t.IV, Parte I, p.391. Os indianos conduzem-se, nos julgamentos, somente sobre certos costumes. Os *Vedas*

Todas as ocasiões de disputa e de processos são, pois, ali suprimidas. É isso que, em parte, faz com que no despotismo se maltratem tanto os litigantes: a injustiça de sua demanda parece desabrigada, não sendo escondida, posta em sigilo ou protegida por uma infinidade de leis.

Capítulo II – Da simplicidade das leis criminais nos diversos governos

Sempre se ouve dizer que seria necessário distribuir a justiça em todos os lugares do mesmo modo como é distribuída na Turquia. Teria o mais ignorante de todos os povos, então, sido o único a ter visto claramente a coisa no mundo que mais importa aos homens conhecer?

Se examinardes as formalidades da justiça em relação aos esforços que um cidadão empreende para conseguir recuperar seu bem ou para obter satisfação de alguma ofensa, sem dúvida ireis achá-las excessivas. Se as olhardes na relação que possuem com a liberdade e a segurança dos cidadãos, com frequência ireis achá-las escassas, e vereis que os esforços, as despesas, a duração, os próprios perigos da justiça, são o preço que cada cidadão paga por sua liberdade.

Na Turquia, onde pouca atenção é dada à fortuna, à vida, à honra dos súditos, todas as disputas são, de um modo ou de outro, prontamente concluídas. A maneira de encerrá-las é indiferente, desde que se encerrem. O paxá, inicialmente inteirado do assunto, distribui, a seu bel-prazer, golpes de bastão sobre a planta dos pés dos litigantes, e depois os manda de volta para casa.

E seria muito perigoso caso ali houvesse as paixões dos litigantes: elas supõem um desejo ardente de obter justiça, um ódio, uma ação no espírito, uma perseverança na demanda. Tudo isso deve ser evitado em um governo no qual é necessário haver somente um sentimento de medo, e onde tudo repentinamente conduz, sem que se possa prevenir, a revoluções. Cada pessoa deve saber que o magistrado não deve de nenhum modo ouvir falar dela, e que sua segurança se deve à sua insignificância.

---

e outros livros semelhantes não contêm leis civis, mas preceitos religiosos. Vede *Cartas edificantes*, 14ª coletânea.

Do espírito das leis

Mas, nos Estados moderados, onde a pessoa do menor cidadão é considerada, sua honra e seus bens somente lhe são retirados após um longo exame; sua vida lhe é privada apenas quando a própria pátria o acusa, e ela não o acusa sem dar a ele todos os meios possíveis para defender sua vida.

Ademais, quando um homem se torna mais absoluto,[4] ele desde logo cogita simplificar as leis. Começa-se, nesse Estado, a ser mais arrebatado pelos inconvenientes particulares do que pela liberdade dos súditos, com a qual absolutamente não se preocupa.

Observa-se que, nas repúblicas, são necessárias pelo menos tantas formalidades quanto nas monarquias. Em um e outro governo, elas aumentam em razão da importância concedida à honra, à fortuna, à vida, à liberdade dos cidadãos.

Os homens são todos iguais no governo republicano e são iguais no governo despótico: no primeiro, porque tudo são; no segundo, porque nada são.

Capítulo III – Em quais governos e em quais casos deve-se julgar segundo um texto preciso da lei

Quanto mais o governo se aproxima da república, mais estável torna-se a maneira de julgar; e era um vício da república da Lacedemônia que os éforos julgassem arbitrariamente sem que ali houvesse leis para conduzi-los. Em Roma, os primeiros cônsules julgaram como os éforos: perceberam os inconvenientes disso e instituíram leis precisas.

Nos Estados despóticos, não há lei: o juiz é ele próprio sua regra. Nos Estados monárquicos, há uma lei: e, no ponto em que ela é precisa, o juiz a segue; no ponto em que ela não o é, ele busca seu espírito. No governo republicano, é da natureza da constituição que os juízes sigam a letra da lei. Não há quem possa interpretar uma lei contra um cidadão quando se trata de seus bens, de sua honra ou de sua vida.

Em Roma, os juízes apenas pronunciavam que o acusado era culpado de um certo crime e a pena se encontrava na lei, como pode ser observado em

---

4 César, Cromwell e tantos outros.

diversas leis que foram feitas. Da mesma forma, na Inglaterra, os jurados decidem se o acusado é culpado ou não pelo fato que foi trazido diante deles; e, se for declarado culpado, o juiz pronuncia a pena que a lei aplica para esse fato, e, para isso, basta que tenha olhos.

Capítulo IV – Da maneira de formar os julgamentos

As diferentes maneiras de formar os julgamentos decorrem do seguinte. Nas monarquias, os juízes procedem à maneira dos árbitros. Deliberam em colegiado, comunicam seus pensamentos, conciliam-se; seu parecer é modificado para se tornar conforme ao de um outro; os pareceres com menos votos são absorvidos pelos dois com mais votos. Isso não é da natureza da república. Em Roma e nas cidades gregas, os juízes não se comunicavam. Cada um dava seu parecer segundo uma dessas três maneiras: *Eu absolvo, Eu condeno, Não está claro*,[5] porque quem julgava, ou deveria julgar, era o povo. Mas o povo não é jurisconsulto. Todas essas modificações e temperamentos dos árbitros não convêm para ele; é preciso apresentar-lhe um único objeto, um fato, e somente um fato, que ele apenas deve considerar se deve condenar, absolver ou adiar o julgamento.

Os romanos, a exemplo dos gregos, introduziram fórmulas de ações[6] e estabeleceram a necessidade de conduzir cada celeuma pela ação que lhe era própria. Isso era necessário em sua maneira de julgar: era preciso determinar o estado da questão, para que o povo sempre o tivesse diante dos olhos. De outro modo, no curso de uma grande celeuma, esse estado da questão mudava continuamente, e não mais podia ser reconhecido.

Disso segue-se que os juízes, entre os romanos, admitiam apenas a demanda precisa, sem nada aumentar, diminuir nem modificar. Mas os pretores imaginaram outras fórmulas de ação que chamavam *de boa-fé*,[7] nas quais a maneira de pronunciar dependia majoritariamente da disposição do

---

5 *Non liquet.*

6 *Quas actiones ne populus prout vellet institueret, certas solemnesque esse voluerunt* ["Tais ações, para que o povo não as instituísse ao seu arbítrio, foram tornadas fixas e solenes"], Lei 2, §6º, *Digesto, De origine juris.*

7 Nas quais se inseriam essas palavras: *ex bona fide.*

juiz. Isso estava mais conforme ao espírito da monarquia. Também dizem os jurisconsultos franceses: *Na França, todas as ações são de boa-fé.*[8]

Capítulo V – Em qual governo o soberano pode ser juiz

Maquiavel[9] atribui a perda da liberdade de Florença ao fato de que o povo não julgava em corpo, como em Roma, os crimes de lesa-majestade cometidos contra ele. Para isso, havia oito juízes estabelecidos: *Mas*, diz Maquiavel, *os poucos são corrompidos por poucos.*[10] Adotarei de bom grado a máxima desse grande homem; mas, como nesses casos o interesse político prevalece, por assim dizer, sobre o interesse civil (porque é sempre um inconveniente que o povo julgue suas ofensas por conta própria), é necessário, para remediar isso, que as leis providenciem, o tanto quanto lhes cabe, a segurança dos cidadãos.

Com essa ideia, os legisladores de Roma fizeram duas coisas: permitiram aos acusados se exilarem[11] antes do julgamento,[12] e quiseram a consagração dos bens dos condenados, para que o povo não tocasse o confisco. Ver-se-ão, no Livro XI,[13] as outras limitações que são impostas ao poder que o povo tinha de julgar.

Sólon soube prevenir bem o abuso que o povo poderia fazer de seu poder no julgamento dos crimes: exigiu que o areópago revisse o caso; que, se considerasse o acusado injustamente absolvido,[14] acusasse-o novamente diante

---

8 Na França, condena-se ao pagamento das custas mesmo a própria pessoa a quem se demanda mais do que deve, se ela não ofereceu ou consignou aquilo que deve.

9 *Discurso sobre a primeira década de Tito Lívio*, Lv.I, cap.VII.

10 Nessa passagem dos *Discursos*, Maquiavel escreve que se revelou como danoso, em Florença, que o povo não tivesse meios para acusar ou refrear a ambição dos cidadãos poderosos. Segundo Maquiavel, "não basta acusar um poderoso diante de oito juízes numa república: é preciso que os juízes sejam muitos porque os poucos sempre agem em favor dos poucos" (*Discurso sobre a primeira década de Tito Lívio*, p.35). (N. T.)

11 Isso foi bem explicado na oração de Cícero, *Pro Caecina*, na parte final.

12 Era uma lei de Atenas, segundo aparece em Demóstenes. Sócrates recusou utilizá-la.

13 XI, 18. (N. T.)

14 Demóstenes, *Oração da Coroa*, p.494, ed. de Frankfurt, ano 1604.

do povo; que, se o considerasse injustamente condenado,[15] interrompesse a execução e julgasse novamente o caso. Lei admirável, que submetia o povo à censura da magistratura que ele mais respeitava e à sua própria censura!

Será bom imprimir alguma lentidão em tais casos, sobretudo quando o acusado é feito prisioneiro, a fim de que o povo possa se acalmar e julgar de sangue-frio.

Nos Estados despóticos, o próprio príncipe pode julgar. Ele não o pode nas monarquias: a constituição seria destruída e os poderes intermediários dependentes seriam aniquilados; ver-se-iam cessar todas as formalidades dos julgamentos; o medo se apoderaria de todos os espíritos; a palidez seria observada em todos os semblantes; não mais haveria confiança, honra, amor, segurança, monarquia.

Eis aqui outras reflexões. Nos Estados monárquicos, o príncipe é a parte que procede judicialmente contra os acusados, punindo-os ou absolvendo-os. Se ele próprio julgasse, seria o juiz e a parte.

Nesses mesmos Estados, o príncipe com frequência detém os confiscos: se julgasse os crimes, também seria o juiz e a parte.

Ademais, perderia o mais belo atributo de sua soberania: o de conceder a graça.[16] Seria insensato que fizesse e desfizesse seus julgamentos; ele não gostaria de estar em contradição consigo mesmo. Para além de confundir todas as ideias, com isso não se saberia se um homem seria absolvido ou se receberia a graça.

Quando Luís XIII quis ser juiz no processo do duque de La Valette,[17] e, para isso, chamou a seu gabinete alguns oficiais do parlamento e alguns conselheiros de Estado, tendo o rei os forçado a opinar sobre o decreto de prisão, o presidente de Bellièvre[18] disse "que enxergava nesse caso uma

---

15 Vede Filóstrato, "Vida de Ésquines", em *Vida dos sofistas*, Lv.I.

16 Platão pensa que os reis, que são, como ele afirma, pastores, não possam assistir ao julgamento onde se condena à morte, ao exílio, à prisão [*Epístolas*, VIII].

17 Vede a relação do processo feito contra o duque de la Valette. Foi impressa nas *Mémoires* de Montrésor, t.II, p.62.

18 Bernard II de Nogaret, duque de La Valette (1592-1661), nobre das armas que possuía inimizade do cardeal Richelieu. Este fez com que o duque fosse acusado e julgado pelo caso do cerco de Hondarribia (Espanha). O colegiado foi composto pelo próprio rei Luís XIII. De La Valette foi condenado à morte, mas, tendo fugi-

Do espírito das leis

coisa estranha, um príncipe opinar no processo de um de seus súditos; que somente aos reis eram reservadas as graças e que as condenações foram confiadas aos seus oficiais. E Vossa Majestade bem gostaria de ter no banco dos réus, diante de Vós, um homem que, segundo seu julgamento, em uma hora seria destinado à morte! Que o semblante do príncipe, que porta consigo as graças, não pode suportar isso; que sua presença, por si só, revogaria os interditos das igrejas; que, diante da presença do príncipe, somente se deveria sair contente". Quando o mérito foi julgado, o mesmo presidente disse em seu parecer: "Esse é um julgamento sem precedentes, talvez contra todos os precedentes do passado até os dias atuais, que na qualidade de juiz um rei da França tenha condenado, por seu parecer, um gentil-homem à morte".[19]

Os julgamentos proferidos pelo príncipe seriam uma fonte inesgotável de injustiças e de abusos; os cortesãos, por suas inconveniências, extorquiriam seus julgamentos. Alguns imperadores romanos tiveram o furor de julgar; não houve reinos que, pelas injustiças cometidas, tenham espantado tanto o universo.

"Cláudio", diz Tácito,[20] "tendo tomado para si próprio o julgamento dos casos e as funções dos magistrados, dera ocasião para todas as espécies de rapinas". Nero também, tornando-se imperador após Cláudio, querendo se conciliar com os espíritos, declarara: "Que muito evitaria de ser o juiz de todos os casos, para que os acusadores e os acusados, nos muros de um palácio, não fossem expostos ao iníquo poder de alguns libertos".[21]

"Sob o reino de Arcádio", diz Zósimo,[22] "a turba dos caluniadores se expandiu, circundou a corte e a infectou. Quando um homem falecia,

---

do, sua pena foi aplicada sobre sua efígie. Nicolas de Bellièvre (1583-1650), que argumentou contra a presença do rei no julgamento, foi presidente do Parlamento de Paris. Por fim, Claude de Bourdeille (1606-1663), conde de Montrésor, foi um escritor gentil-homem, inimigo de Richelieu. [(N. T.)]

19 Em seguida, isso foi alterado. Ver a mesma relação [da nota anterior do autor: *Mémoires*, t.II, p.236].

20 *Anais*, Lv.XI.

21 Ibid., Lv.XIII.

22 *História nova*, Lv.V.

supunha-se que não havia deixado filhos;[23] seus bens eram dados por um rescrito. Pois, como o príncipe era estranhamente estúpido, e a imperatriz excessivamente atrevida, ela servia-se da insaciável avareza de seus domésticos e de seus confidentes; de modo que, para as pessoas moderadas, não havia nada de mais desejável do que a morte".

"Outrora", diz Procópio,[24] "havia poucas pessoas. Mas, sob Justiniano, como os juízes não tinham mais liberdade de proferir a justiça, seus tribunais eram desertos, enquanto o palácio do príncipe retinia com os clamores das partes que ali solicitavam seus casos". Todo mundo sabe como ali se vendiam os julgamentos e até mesmo as leis.

As leis são os olhos do príncipe: através delas, ele enxerga aquilo que não poderia ver sem elas. Se ele deseja assumir as funções dos tribunais, trabalha não para si, mas contra si e a favor de seus ludibriadores.

Capítulo VI – Que, na monarquia, os ministros não devam julgar

É ainda um grande inconveniente, na monarquia, que os ministros do príncipe julguem eles próprios os casos contenciosos. Atualmente ainda vemos Estados nos quais há inumeráveis juízes para decidir os casos fiscais, e onde os ministros – quem poderia acreditar! – ainda assim querem julgá-los. As reflexões chegam-me aos montes, mas irei me contentar apenas com a seguinte.

Há, pela natureza das coisas, uma espécie de contradição entre o Conselho do monarca e seus tribunais. O Conselho dos reis deve ser composto por poucas pessoas, e os tribunais de judicatura demandam muitas. A razão disso é que, no primeiro, deve-se encarar os casos com uma certa paixão e acompanhá-los do mesmo modo, o que somente pode ser esperado de quatro ou cinco homens que fazem do caso sua ocupação. É preciso, ao

---

23 Igual desordem sob Teodósio, o Jovem.

24 *História secreta*. [Procópio de Cesareia (séc. VI), historiador bizantino, autor de obras que relatam a vida do imperador Justiniano, o Grande, sendo também autor da *Guerra gótica*. (N. T.)]

contrário, tribunais de judicatura de sangue-frio, e para os quais todos os casos sejam, de alguma forma, indiferentes.

Capítulo VII – Do magistrado único

Semelhante magistrado somente pode existir no governo despótico. Vê-se, na história romana, a que ponto um juiz único pode abusar de seu poder. Como Ápio, em seu tribunal, não poderia desprezar as leis, uma vez que ele próprio desprezava as leis que havia feito?[25] Tito Lívio nos ensina a iníqua distinção do decênviro. Ápio induzira um homem para que alegasse, diante dele, que Virgínia era sua escrava. Os parentes de Virgínia lhe demandaram que, em virtude de sua lei, ela permanecesse em sua custódia até o julgamento definitivo. Ápio declarou que sua lei havia sido feita somente em favor do pai, e que, Virgínio estando ausente, ela não poderia ser aplicada.[26]

Capítulo VIII – Das acusações nos diversos governos

Em Roma[27] permitia-se ao cidadão acusar um outro. Isso estava de acordo com o espírito da república, onde cada cidadão deve ter pelo bem público um zelo sem limites; onde se presume que cada cidadão possua todos os direitos da pátria em suas mãos. Sob os imperadores, as máximas da república foram observadas, e desde logo foi observado o surgimento de uma espécie de homens funestos, uma trupe de delatores. Quem quer que tivesse muitos

---

25 Vede a Lei 2, §24, *Digesto, De origine juri.*

26 *Quod pater puellae abesset, locum injuriæ esse ratus.* Tito Lívio, Década I, Lv.III [cap.44]. ["Como o pai da garota estava ausente, pensou ser a oportunidade adequada para cometer a injúria." Segundo Tito Lívio, o decênviro Ápio Cláudio desejava ter Virgínia, que recusava suas investidas. Ápio então comissiona um cliente, Márcio Cláudio, para alegar que ela era uma escrava que lhe fora roubada. Como Virgínio, o pai da garota, encontrava-se ausente, em trabalho a serviço de Estado, Ápio negou a custódia à família, utilizando o argumento descrito por Montesquieu. Alegando defender a liberdade e o pudor da jovem, Virgínio assassinou a própria filha. (N. T.)]

27 E em muitas outras cidades.

vícios e muitos talentos, uma alma rasteira e um espírito ambicioso, ficava em busca de um criminoso cuja condenação pudesse agradar ao príncipe.[28] Era a via para alcançar as honras e a fortuna,[29] coisa que absolutamente não vemos entre nós.

Atualmente, temos uma lei admirável: a que exige que o príncipe, instituído para executar as leis, prepõe um oficial em cada tribunal para proceder judicialmente, em seu nome, contra todos os crimes. De modo que, entre nós, a função dos delatores é desconhecida, e, se esse vingador público fosse suspeito de abusar de seu ministério, seria obrigado a nomear seu denunciador.

Nas *Leis* de Platão,[30] aqueles que são negligentes para informar os magistrados ou para lhes dar assistência devem ser punidos. Isso não conviria aos dias atuais. A parte pública vela pelos cidadãos; ela age, e isso basta para deixá-los tranquilos.

Capítulo IX – Da severidade das penas nos diversos governos

A severidade das penas convém mais ao governo despótico, cujo princípio é o terror, do que à monarquia e à república, que têm como móbil a honra e a virtude.

Nos Estados moderados, o amor pela pátria, a vergonha e o medo da injúria são motivos repressores que podem muito bem impedir crimes. A maior pena de uma má ação será a de estar convencido a praticá-la. Nos Estados moderados, as leis civis corrigirão as condutas mais facilmente, e não terão necessidade de tanta força.

Nesses Estados, um bom legislador dedicar-se-á menos a punir os crimes do que a preveni-los; consagrar-se-á mais a estabelecer costumes do que a aplicar suplícios.

---

28 Os fatos e argumentos desse parágrafo são semelhantes aos que Maquiavel utiliza no Lv.I, 8, dos *Discursos*, citado por Montesquieu alguns capítulos antes. (N. T.)

29 Ver, em Tácito, as recompensas oferecidas a esses delatores [*Anais*, Lv.IV, cap.30].

30 *As leis*, Lv.IX.

Do espírito das leis

Os autores chineses[31] sempre observaram que, em seu império, quanto mais viam-se aumentar os suplícios, mais a revolução se aproximava. É que os suplícios aumentavam à medida que os costumes se perdiam.

Seria fácil provar que em todos ou quase todos os Estados da Europa as penas diminuíram ou aumentaram à medida que se estava mais próximo ou mais distante da liberdade.

Nos países despóticos é-se tão infeliz que o medo da morte supera o apreço pela vida; neles, os suplícios devem ser, pois, mais rigorosos. Nos Estados moderados, teme-se mais a perda da vida do que o medo da morte em si mesmo; neles, os suplícios que eliminam a vida são, pois, suficientes.

Os homens extremamente felizes e homens extremamente infelizes são igualmente levados à insensibilidade. São testemunhos disso os monges e os conquistadores. Somente a mediania, e a mistura da boa e da má fortuna, oferecem a brandura e a piedade.

O que observamos nos homens em particular é encontrado nas diversas nações. É-se igualmente cruel entre os povos selvagens, que levam uma vida muito dura, e entre os povos dos governos despóticos, onde há somente um homem exorbitantemente favorecido pela fortuna, enquanto todo o resto é maltratado. A brandura reina nos governos moderados.

Quando lemos nas histórias os exemplos da justiça atroz dos sultões, sentimos, com uma espécie de pesar, os males da natureza humana.

Nos governos moderados, tudo, para um bom legislador, pode servir para constituir as penas. Não é bastante extraordinário que em Esparta uma das principais penas foi a de não poder emprestar sua mulher a outro, nem de receber a de outro, de nunca estar em casa senão com virgens? Em poucas palavras, tudo o que a lei chama de pena é, efetivamente, uma pena.

Capítulo X – Das antigas leis francesas

Nas antigas leis francesas se encontra precisamente o espírito da monarquia. Nos casos envolvendo penas pecuniárias, os não nobres recebem

---

31 Mostrarei em seguida que a China, a esse respeito, entra no caso de uma república ou de uma monarquia. [Cf. sobre os costumes, VII, 7; sobre o governo e o império, VIII, 21; sobre as penas e suplícios, XIX, 17. (N. T.)]

Montesquieu

uma punição menor do que os nobres.[32] O inverso se dá com os crimes:[33] o nobre perde a honra e responde na corte, enquanto o vilão, que não tem honra, é punido corporalmente.

Capítulo XI – Que poucas penas são necessárias quando um povo é virtuoso

O povo romano tinha probidade. Essa probidade tinha tanta força que com frequência bastava ao legislador apontar o bem ao povo para fazer que ele o buscasse. Parece que, no lugar de ordenações, bastava dar-lhe conselhos.

As penas das leis reais e as das Leis das Doze Tábuas foram quase todas suprimidas na república, seja por efeitos da Lei Valéria[34] seja por uma consequência da Lei Pórcia.[35] Não se observa nisso que a república tenha sido mais mal administrada, tampouco que disso tenha resultado algum prejuízo para sua polícia.[36]

Essa Lei Valéria, que impedia aos magistrados qualquer via de fato contra um cidadão que houvesse conclamado o povo, somente aplicava ao que viesse a transgredi-la a pena de ser estigmatizado como maldoso.[37]

---

32 "Se, caso haja quebra de uma resolução, os não nobres devem uma multa de quarenta soldos e os nobres de sessenta libras." *Soma rural* [de Jean Boutillier], Lv.II, p.198, ed. gót. do ano 1512, e Beaumanoir [*Coutumes de Beauvaisis*, de Philippe de Beaumanoir], cap.61, p.309.

33 Ver o *Conselho* de Pierre de Fontaines, cap.XIII, sobretudo o artigo 22. [Pierre de Fontaines (séc. XIII), jurista francês, autor de uma compilação de direito romano e francês intitulada *Conseil*. (N. T.)]

34 Ela foi feita por Valério Publícola, logo após a expulsão dos reis. Foi renovada duas vezes, sempre por magistrados da mesma família, como diz Tito Lívio, Lv.X [cap.9, §3]. Não se tratava de dar-lhe mais força, mas de aperfeiçoar as disposições. *Diligentius sanctam*, diz Tito Lívio, ibid.

35 *Lex Porcia pro tergo civium lata*. Ela foi feita no ano 454 da fundação de Roma. ["A Lei Pórcia foi feita para proteger a pessoa dos cidadãos", Tito Lívio, Lv.10, cap.9, §4].

36 Sobre o termo *polícia* ("police"), cf. nota do tradutor em IV, 6. (N. T.)

37 *Nihil ultra quam improbe factum adjecit*, Tito Lívio ["Simplesmente declarava tal ato como reprovável", Tito Lívio, Lv.10, cap.9, §5].

Do espírito das leis

Capítulo XII – Do poder das penas

A experiência mostra que o espírito do cidadão fica impressionado pelas penas nos países em que elas são brandas, assim como se impressiona, em outros países, pelas penas rigorosas.

Se qualquer inconveniente for sentido em um Estado, um governo violento desejará subitamente corrigi-lo e, no lugar de considerar a execução das leis antigas, estabelecerá uma pena cruel que imediatamente detenha o mal. Contudo, o móbil do governo é desgastado: a imaginação se habitua a essa pena maior, como se acostumara à menor; e, como o medo desta última diminui, logo se é forçado a estabelecer a pena maior para todos os casos. Os roubos nas estradas eram comuns em alguns Estados; procurou-se impedi-los e inventou-se o suplício da roda, o que os fez cessar durante algum tempo. Após esse período, novamente passou-se a roubar nas estradas.

Em nossa época, a deserção foi muito frequente. Estabeleceu-se a pena de morte contra os desertores e a deserção não diminui. A razão disso é bem natural: um soldado, acostumado todos os dias a expor sua vida, despreza ou se vangloria em desprezar o perigo. Está acostumado a todos os dias temer a humilhação: era preciso, pois, ter sido estabelecida uma pena[38] que o fizesse carregar, por toda a vida, uma infâmia. Pretenderam aumentar a pena, mas, na realidade, diminuíram-na.

Não se deve conduzir os homens por caminhos extremos: deve-se administrar com cuidado os meios que a natureza nos deu para conduzi-los. Se examinar-se a causa de todos os relaxamentos, ver-se-á que ela provém da impunidade dos crimes, e não da moderação das penas.

Sigamos a natureza, que deu aos homens a vergonha como seu flagelo, e que a maior parte das penas consista na infâmia de sofrê-la.

Se há, pois, países em que a vergonha não é uma consequência do suplício, isso deriva da tirania, que aplicou as mesmas penas aos celerados e às pessoas de bem.

E se vedes outros países onde os homens são refreados apenas por suplícios cruéis, também estejais certo que isso provém em grande parte da violência do governo, que empregou esses suplícios para erros leves.

---

38 Fender-lhe o nariz ou cortar-lhe as orelhas.

Um legislador que pretenda corrigir um mal, com frequência considera apenas essa correção; seus olhos estão abertos para esse objeto e fechados para os inconvenientes. Uma vez corrigido o mal, somente permanece visível o rigor do legislador, mas um vício produzido por esse rigor remanesce no Estado: os espíritos são corrompidos, tornaram-se acostumados ao despotismo.

Após Lisandro[39] ter obtido a vitória sobre os atenienses, os prisioneiros foram julgados. Os atenienses foram acusados de terem jogado ao mar todos os cativos de duas galeras e de terem resolvido, em assembleia lotada, cortar a mão daqueles que haviam sido feitos prisioneiros. Foram todos decapitados, com exceção de Adimanto, que havia se oposto a esse decreto. Lisandro censurou Fílocles, antes de mandar matá-lo, por ter depravado os espíritos e por ter dado lições de crueldade para toda a Grécia.

"Após os argivos", diz Plutarco,[40] "terem matado mil e quinhentos de seus cidadãos, os atenienses ordenaram sacrifícios de expiação, para que fosse aprazível aos deuses desviar do coração dos atenienses um pensamento tão cruel".

Há duas espécies de corrupção: uma, quando o povo não observa as leis; a outra, quando é corrompido pelas leis. Este último é um mal incurável, pois se encontra no próprio remédio.

Capítulo XIII – Impotência das leis japonesas

As penas excessivas podem corromper o próprio despotismo. Voltemos nossos olhares ao Japão.

Ali quase todos os crimes[41] têm pena de morte, porque a desobediência a um imperador tão eminente quanto o do Japão é um crime enorme. Não se trata de corrigir o culpado, mas de vingar o príncipe. Essas ideias são

---

39 Xenofonte, *Helênicas*, Lv.II [cap.2]. [Lisandro (séc. IV a.C.), general espartano que, tendo vencido Atenas na batalha de Egospótamo, colocou fim à guerra do Peloponeso. (N. T.)]

40 *Obras morais*, "Preceitos para administrar o Estado".

41 Vede Kaempfer [*História natural, civil e eclesiástica do Império do Japão*]. [Engelbert Kaempfer (1651-1716), médico, naturalista e viajante alemão. (N. T.)]

Do espírito das leis

extraídas da servidão e decorrem sobretudo do fato de que, sendo o imperador proprietário de todos os bens, quase todos os crimes se realizam diretamente contra seus interesses.

Punem-se com a morte as mentiras contadas perante os magistrados,[42] coisa contrária à defesa natural.

No Japão, aquilo que não se aparenta a um crime é severamente punido. Por exemplo, pune-se com a morte um homem que aposta seu dinheiro em jogos.

É verdade que o caráter surpreendente desse povo obstinado, caprichoso, determinado, extravagante, e que afronta todos os perigos e todos os infortúnios, parece, à primeira vista, absolver seus legisladores da atrocidade de suas leis. Mas pessoas que naturalmente desprezam a morte e que abrem seu ventre à menor veleidade são corrigidas ou dissuadidas diante da exposição contínua aos suplícios? E elas não se familiarizam com isso?

Os relatos nos dizem, a respeito da educação dos japoneses, que é necessário tratar as crianças com doçura, pois elas se obstinam contra as punições; que os escravos não devem ser tratados com excessiva rudeza, pois imediatamente assumem uma postura de defesa. Pelo espírito que deve reinar no governo doméstico, não teria sido possível julgar qual convém aplicar ao governo político e civil?

Um legislador sábio teria buscado conduzir os espíritos para um justo equilíbrio das penas e das recompensas, por máximas de filosofia, de moral e de religião, adequadas a esses caracteres; pela justa aplicação das regras da honra; pelo suplício da vergonha; pelo gozo de uma felicidade constante e de uma suave tranquilidade. E, se tivesse temido que os espíritos acostumados a serem refreados apenas por uma pena cruel não pudessem ser refreados por uma pena mais branda, teria agido[43] de maneira silenciosa e imperceptível; teria, nos casos particulares mais perdoáveis, moderado a pena do crime, até que pudesse ter conseguido modificá-la em todos os casos.

---

42 *Coletânea de viagens que serviram para o estabelecimento da Companhia das Índias*, t.III, Parte II, p.428.

43 Vede bem isso como uma máxima prática, nos casos em que os espíritos foram estragados por penas muito rigorosas.

Mas o despotismo não conhece esses móbeis, não envereda por tais caminhos. Pode abusar de si, mas é tudo o que pode fazer. No Japão, o despotismo fez um esforço e tornou-se mais cruel que ele mesmo.

Almas por toda parte amedrontadas e tornadas demasiado atrozes somente puderam ser conduzidas por uma atrocidade ainda maior.

Eis a origem, eis o espírito das leis do Japão. Mas elas tiveram mais furor do que força. Foram bem-sucedidas em destruir o cristianismo, mas esforços tão inauditos são uma prova de sua impotência. Pretenderam estabelecer uma boa polícia, e sua fraqueza revelou-se ainda mais evidente.

Que se leia o relato da conversa entre o imperador e o dairo[44] de Meaco.[45] É incrível o número de pessoas que então foram asfixiadas ou mortas por patifes. Garotas e rapazes eram sequestrados, e todos os dias eram expostos em lugares públicos, em horários inoportunos, completamente nus, costurados em sacos de pano, para que não soubessem os lugares por onde haviam passado. Roubava-se tudo o que se desejava, cortava-se o ventre dos cavalos para derrubar quem os montava, derrubavam-se as conduções para saquear as donzelas. Os holandeses, avisados que não poderiam passar a noite nos cadafalsos sem serem assassinados, dali desceram etc.

Passarei rapidamente por um outro ponto. O imperador, entregue a prazeres infames, não se casara: corria o risco de morrer sem sucessor. O dairo lhe enviara duas garotas belíssimas: desposou uma por respeito, mas não tinha nenhuma relação com ela. Sua ama mandou buscar as mais belas mulheres do império. Tudo em vão: a filha de um armeiro arrebatara seu gosto,[46] ele se decidira e teve um filho com ela. As damas da corte, indignadas que ele houvesse preferido uma pessoa de origem tão baixa, asfixiaram a criança. Esse crime foi ocultado do imperador: ele teria vertido uma torrente de sangue. A atrocidade das leis impede, portanto, sua execução. Quando a pena é desmesurada, é-se frequentemente obrigado a preferir a impunidade.

---

44 Meaco, atual Kyoto, era a antiga capital do Japão. O dairo era considerado como o verdadeiro imperador espiritual e herdeiro das vidas do reino. (N. T.)

45 *Coletânea de viagens que serviram para o estabelecimento da Companhia das Índias*, t.V, p.2.

46 Ibid.

Capítulo XIV – Do espírito do Senado de Roma

Sob o consulado de Acílio Glabrião e de Pisão, fez-se a Lei Acília[47] para deter as conspirações. Dião diz[48] que o Senado provocou os cônsules a propô-la, porque o tribuno C. Cornélio havia resolvido estabelecer penas terríveis contra esse crime, que o povo era fortemente inclinado a cometer. O Senado pensava que penas imoderadas certamente introduziriam o terror nos espíritos, mas que elas teriam o seguinte efeito: o de não mais se encontrar ninguém para acusar e nem para condenar, ao passo que, ao propor penas módicas, haveria juízes e acusadores.

Capítulo XV – Das leis romanas em relação às penas

Sinto-me fortalecido em minhas máximas quando tenho os romanos ao meu lado, e creio que as penas derivam da natureza do governo quando vejo, a esse respeito, esse grande povo mudar as leis civis à medida que mudava as leis políticas.

As leis reais, feitas por um povo composto de fugitivos, escravos e bandidos, foram muito severas. O espírito da república teria exigido que os decênviros não as tivessem inserido dentre as Leis nas Doze Tábuas; mas pessoas que aspiravam à tirania não se viam obrigadas a seguir o espírito da república.

Tito Lívio[49] diz, sobre o suplício de Mécio Sufécio, ditador de Alba, que foi condenado por Túlio Hostílio a ser arrastado por duas carruagens, que esse foi o primeiro e o último suplício em que a perda da humanidade foi testemunhada. Ele se engana: a Lei das Doze Tábuas é repleta de disposições muito cruéis.[50]

---

47 Os culpados eram condenados a uma multa. Eles não mais poderiam ser admitidos na ordem dos senadores nem nomeados para qualquer magistratura. Dião Cássio, Lv.XXXVI [*História romana*]. [Dião Cássio (c. 155-c. 235 a.C.), historiador romano, autor de *História romana*. (N. T.)]

48 Ibid.

49 Lv.I [cap.28].

50 Elas preveem o suplício do fogo, das penas quase sempre capitais, o roubo punido com a morte etc.

Montesquieu

A disposição que melhor revela a intenção dos decênviros é a pena capital, proferida contra os autores dos libelos e os poetas. Isso não é de forma alguma compatível com a índole da república, na qual o povo ama ver os homens eminentes humilhados. Contudo, os que queriam a derrocada da liberdade temiam escritos que pudessem trazer à tona o espírito da liberdade.[51]

Após a expulsão dos decênviros, quase todas as leis que haviam fixado as penas foram suprimidas. Elas não foram ab-rogadas expressamente, mas, tendo a Lei Pórcia proibido a sentença de morte de um cidadão romano, não mais tiveram aplicação.

Eis a época na qual é possível lembrar o que Tito Lívio[52] disse sobre os romanos: que um povo nunca amou tanto a moderação das penas.

Se adicionar-se à brandura das penas o direito que um acusado tinha de se retirar antes do julgamento, ver-se-á claramente que os romanos haviam seguido esse espírito que eu afirmara ser natural à república.

Sula, que confundiu a tirania, a anarquia e a liberdade, fez as Leis Cornélias. Seus regulamentos parecem ter sido feitos somente para estabelecer crimes. Assim, qualificando como homicídio uma infinidade de ações, por toda parte encontrava homicidas; e, por uma prática que foi com frequência seguida, preparava armadilhas, semeava espinhos, abria buracos no caminho de todos os cidadãos.

Quase todas as leis de Sula previam apenas a interdição da água e do fogo.[53] César adicionou a elas o confisco dos bens,[54] porque os ricos, guardando seu patrimônio no exílio, eram mais audaciosos no cometimento de crimes.

---

51 Sula, animado pelo mesmo espírito que os decênviros, aumentara, como eles, as penas contra os escritores satíricos.

52 Lv.I. [cap.28].

53 *Aqua et igni interdictio.* Isto é, uma grave pena semelhante à deportação ou ao exílio. Ver nota do tradutor sobre *relegatio* e *deportatio* em VII, 13. (N. T.)

54 *Pœnas facinorum auxit, cum locupletes eo facilius scelere se obligarent, quod integris patrimoniis exularent.* Suetônio, em Júlio César. [Montesquieu cita a seguinte passagem: "Aumentou as penalidades para os delitos. E como os ricos se sentissem estimulados a cometê-los, de vez que a punição com o exílio não atingia o seu patrimônio, aplicou aos parricídios, tal como o relembra Cícero, a confiscação de todos os bens e, aos outros crimes, a da metade apenas" (Suetônio, *A vida dos doze Césares*, p.30). (N. T.)]

Do espírito das leis

Quando os imperadores estabeleceram um governo militar, logo sentiram que era tão terrível contra eles como contra os súditos. Buscaram moderá-lo, acreditaram ter necessidade das dignidades e do respeito que se tinha por elas.

Aproximaram-se um pouco da monarquia e as penas foram divididas em três classes:[55] as que diziam respeito às primeiras pessoas do Estado,[56] e que eram demasiado brandas; as que eram aplicadas às pessoas de um estrato inferior,[57] e que eram mais severas; enfim, as que diziam respeito somente às condições mais baixas,[58] e que foram as mais rigorosas.

O feroz e insensato Maximino irritara, por assim dizer, o governo militar que ele deveria ter abrandado. O Senado soube, diz Capitolino,[59] que uns haviam sido colocados na cruz, outros jogados às feras ou involucrados em peles de feras recentemente mortas, sem nenhuma consideração para com as dignidades. Ele parecia querer exercer a disciplina militar, tomando-a como modelo pelo qual pretendia regular os assuntos civis.

Encontrar-se-á, nas *Considerações sobre a grandeza dos romanos e de sua decadência*,[60] como Constantino mudara o despotismo militar para um despotismo militar e civil, e se aproximara da monarquia. Podem ser ali acompanhadas as diversas revoluções desse Estado, e ser observado como se passou do rigor à indolência, e da indolência à impunidade.

Capítulo XVI – Da justa proporção das penas com o crime

É essencial que as penas tenham harmonia entre si, porque é essencial que, de preferência, evite-se um crime mais grave que um menos grave, e que se evite sobretudo um crime que ataca mais a sociedade que outro que a perturbe menos.

---

55 Vede a Lei 3, §5 [Justiniano, *Corpus Juris Civilis*], *ad legem Corneliam de sicariis*, e um enorme número de outras no *Digesto* e no *Código*.

56 *Sublimiores*.

57 *Medios*.

58 *Infimos*. Lei 3, §5 [Justiniano, *Corpus Juris Civilis*], *ad legem Corneliam de sicariis*.

59 Júlio Capitolino, *Maximini duo* [cap.8].

60 Capítulo XVII, "Mudança no Estado". (N. T.)

"Um impostor[61] que se dizia Constantino Ducas suscitara uma grande sublevação em Constantinopla. Foi preso e condenado às chibatadas. Mas, tendo acusado pessoas consideráveis, foi condenado, como caluniador, a ser queimado." É curioso que se tenha estabelecido tal proporção das penas entre o crime de lesa-majestade e o de calúnia.

Isso faz lembrar uma palavra de Carlos II, rei da Inglaterra. Vendo, de passagem, um homem no pelourinho, perguntou o motivo pelo qual ele estava ali. "Sire", disseram-lhe, "é porque ele fez libelos contra vossos ministros". "Que grande tolo!", disse o rei, "por que não os escreveu contra mim? Nada teriam feito contra ele".

"Sessenta pessoas conspiraram contra o imperador Basílio:[62] ele mandou fustigá-las e seus cabelos e pelos foram queimados. Quando um cervo, com seus chifres, prendeu o imperador pelo cinto, alguém de sua comitiva pegou sua espada, cortou o cinto e o liberou. O imperador mandou cortar-lhe a cabeça, porque, assim dizia, haviam levantado a espada contra ele." Quem poderia pensar que, sob o mesmo príncipe, essas duas sentenças teriam sido proferidas?

É um grande mal, entre nós, a aplicação da mesma pena àquele que rouba nas estradas e àquele que rouba e mata. É visível que, para a segurança pública, seria necessário estabelecer alguma diferença na pena.

Na China, os ladrões cruéis são esquartejados,[63] os outros não o são. Essa diferença faz com que ali se roube, mas não se mate.

Na Moscóvia, onde as penas dos ladrões e dos homicidas são as mesmas, os homicídios[64] sempre ocorrem. Os mortos, dizem eles, não falam.

Quando não há nenhuma diferença entre as penas, é preciso introduzir nelas a esperança da graça. Na Inglaterra, não há homicídios porque os la-

---

61 *História*, de Nicéforo, patriarca de Constantinopla.

62 *História*, de Nicéforo.

63 Du Halde [*Descrição do império da China*], t.I, p.6. [Jean-Baptiste du Halde (1674-1743), jesuíta especialista sobre a China e autor de *Description géographique, historique, chronologique, politique et physique de l'Empire de la Chine et de la Tartarie chinoise* (1735, 4 tomos). A obra foi amplamente consultada por filósofos do século XVIII. (N. T.)]

64 *Estado presente da grande Rússia*, de Perry.

Do espírito das leis

drões podem ter a esperança de ser transportados para as colônias, enquanto os homicidas não.

Os indultos de graça são um grande recurso dos governos moderados. Se executado com sabedoria, esse poder de perdoar que o príncipe possui pode produzir efeitos admiráveis. O princípio do governo despótico, que não perdoa e que nunca é perdoado, priva-o dessas vantagens.

Capítulo XVII – Da tortura ou da tortura contra os criminosos

Porque os homens são maus, a lei é obrigada a supô-los melhores do que eles são. Assim, a deposição de dois testemunhos é suficiente para a punição de todos os crimes. A lei acredita neles como se falassem pela boca da verdade.[65] Julga-se também que toda criança concebida perante o casamento é legítima; a lei deposita confiança na mãe como se ela fosse a própria pudicícia. Mas a *tortura*[66] contra os criminosos não se inclui em um caso forçado como esse. Vemos, hoje em dia, uma nação[67] muito bem policiada rejeitá-la, sem gerar inconveniente. Ela não é, pois, necessária por sua natureza.[68]

---

65 Segundo a lenda, a *bocca della verità* arrancava a mão de todos aqueles que não dissessem a verdade. (N. T.)

66 A *question* era uma espécie de tortura, tormento ou suplício ao qual eram submetidos os acusados, sob a alegação de que, por esse expediente, eles confessariam seus supostos crimes. Como visto no capítulo anterior (VI, 17), a tortura era praticada em Roma e aceita pelo direito romano, mas seria duramente reprovada ao longo do século XVIII, críticas que passavam por Montesquieu até chegar a Beccaria, leitor do *Espírito das leis*. Em *Meus pensamentos* (n.653), Montesquieu afirma que "a tortura deriva da escravidão". (N. T.)

67 A nação inglesa.

68 Os cidadãos de Atenas não podiam ser submetidos à tortura (Lísias, *Orat. Contra Agorat*), exceto no crime de lesa-majestade. A tortura era aplicada trinta dias após a condenação (Consultus Fortunatianus, *Ars rhetorica*, Lv.II). Não havia tortura preparatória. Quanto aos romanos, a Lei 3 e 4 *ad legem Juliam majestatis* [Justiniano, *Corpus Juris Civilis*, Lv.IX, 8] demonstra que o nascimento, a dignidade, a profissão da milícia, garantiam a proteção contra a tortura, caso não se tratasse de crime

Tantas pessoas hábeis e tantos belos gênios escreveram contra essa prática que, após eles, não ouso falar. Iria dizer que poderia convir aos governos despóticos, onde tudo aquilo que inspira o medo envolve-se profundamente com os móbeis do governo. Iria dizer que os escravos, entre os gregos e os romanos... mas ouço a voz da natureza levantar sua voz contra mim.

Capítulo XVIII – Das penas pecuniárias e das penas corporais

Nossos pais, os germanos, admitiam tão somente penas pecuniárias. Esses homens guerreiros e livres estimavam que seu sangue não deveria ser vertido senão com armas em mãos. Os japoneses,[69] ao contrário, rejeitam essas espécies de penas, sob o pretexto de que as pessoas ricas escapariam da punição. Mas as pessoas ricas não têm medo de perder seus bens? Não podem as penas pecuniárias ser proporcionais às fortunas? E, enfim, não podemos acrescentar a infâmia a essas penas?

Um bom legislador adota um meio-termo: nem sempre ordena penas pecuniárias, nem sempre inflige penas corporais.

Capítulo XIX – Da lei do talião

Os Estados despóticos, que gostam das leis simples, muito recorrem à lei do talião.[70] Os Estados moderados algumas vezes a recepcionam, mas há a seguinte diferença: os primeiros a exercem rigorosamente, enquanto os outros quase sempre a moderam.

A Lei das Doze Tábuas admitia duas. Condenava ao talião apenas quando não conseguia saciar o querelante.[71] Poder-se-ia, após a condenação,

---

de lesa-majestade. Vede as sábias restrições que as leis dos visigodos impuseram a essa prática.

69 Vede Kaempfer [*História natural, civil e eclesiástica do Império do Japão*].

70 Ela está estabelecida no Alcorão. Vede o capítulo *Da vaca*.

71 *Si membrum rupit, ni cum eo pacit, talio esto* ["Se um membro for quebrado, não havendo acordo, aplicar-se-á o talião"]. Aulo Gélio [*Noites Áticas*], Lv.XX, cap.I.

Do espírito das leis

pagar as indenizações e os juros,[72] e a pena corporal se convertia em pena pecuniária.[73]

Capítulo XX – Da punição dos pais por seus filhos

Na China, os pais são punidos pelos erros de seus filhos. Esse era o uso no Peru.[74] É ainda outra punição extraída das ideias despóticas.

Por mais que se diga que na China o pai é punido por não ter feito uso do poder paternal que a natureza estabelece, e que as próprias leis amplificam, isso supõe sempre que não haja nenhuma honra entre os chineses. Entre nós, os pais cujos filhos são condenados ao suplício, e os filhos[75] cujos pais sujeitaram-se ao mesmo destino, são punidos pela honra tanto quanto seriam, na China, punidos com a perda da vida.

Capítulo XXI – Da clemência do príncipe

A clemência é a qualidade distintiva dos monarcas. Na república, onde a virtude é adotada como princípio, ela é menos necessária. No Estado despótico, onde reina o medo, é menos usada, pois é preciso conter os homens eminentes do Estado com exemplos de severidade. Nas monarquias, onde se governa pela honra, que frequentemente exige aquilo que a lei proíbe, a clemência é mais necessária. Nas monarquias, a desgraça é um equivalente da punição; as próprias formalidades do julgamento são, nesse caso, punições. Ali a vergonha surge de todos os cantos para constituir espécies particulares de penas.

Nas monarquias, os homens eminentes são tão duramente punidos pela desgraça, pela perda frequentemente imaginária de sua fortuna, de seu crédito, de seus hábitos, de seus prazeres, que, em relação a eles, o rigor é

---

72 Ibid.

73 Vede também a Lei dos Visigodos [*Lex Visigothorum*], Lv.VI, tit.IV, §§3 e 5.

74 Vede Garcilaso, *História das guerras civis dos espanhóis*.

75 No lugar de puni-los, dizia Platão, devem ser louvados por não se parecerem com seu pai. *As leis*, Lv.IX.

inútil: este só pode servir para apagar, nos súditos, o amor que têm pela pessoa do príncipe e o respeito que devem ter pelas posições na sociedade.

Assim como a instabilidade dos homens eminentes faz parte da natureza do governo despótico, sua segurança faz parte da natureza da monarquia.

Os monarcas têm tanto a ganhar pela clemência, ela é acompanhada de tanto amor e eles tiram tanta glória dela, que é quase sempre uma alegria para eles ter a ocasião de exercê-la – e, em nossas terras, pode ser exercida quase sempre.

Talvez haja disputa por algum braço da autoridade, mas quase nunca pela autoridade inteira; e, se alguma vez combatem pela coroa, de forma alguma combatem pela vida.

Entretanto, perguntarão, quando se deve punir e quando se deve perdoar? Trata-se de algo que é melhor sentir do que prescrever. Mesmo quando a clemência possua seus perigos, esses perigos são muito visíveis; distinguimo-la facilmente da fraqueza que leva o príncipe ao desprezo e à própria impotência de punir.

O imperador Maurício[76] tomou a resolução de jamais verter o sangue de seus súditos. Anastácio[77] não punia os crimes. Isaac, o Anjo, jurava que, em seu reino, ninguém seria condenado à morte.[78] Os imperadores gregos haviam esquecido de que não carregavam a espada em vão.

---

76 Evágrio, *História eclesiástica*.

77 Fragmento de Suídas, em Constantino Porfirogeneta.

78 Referência a três imperadores bizantinos: Maurício I (539-602), Anastácio I Dicoro (c. 431-518) e Isaac II Anjo (1156-1204). (N. T.)

Livro VII
Consequências dos diferentes princípios dos três governos em relação às leis suntuárias, ao luxo e à condição das mulheres

Capítulo Primeiro – Do luxo

O luxo está sempre em proporção com a desigualdade de fortunas. Se, em um Estado, as riquezas são igualmente divididas, não haverá nenhum luxo, pois ele é somente fundado nas comodidades que alguém obtém para si mesmo pelo trabalho dos outros.

Para que as riquezas permaneçam igualmente divididas, é necessário que a lei dê a cada um apenas o básico para suas necessidades físicas. Se tiverem mais do que isso, uns gastarão, outros adquirirão, e a desigualdade será estabelecida.

Supondo que o básico para as necessidades físicas seja igual a uma determinada quantia, o luxo daqueles com acesso somente ao necessário será igual a zero; aquele que tiver o dobro terá um luxo igual a um; aquele que tiver o dobro dos bens desse último, terá um luxo igual a três; quando houver ainda outro dobro, ter-se-á um luxo igual a sete; de modo que, supondo que o bem do particular seguinte seja sempre o dobro daquele que o precede, o luxo crescerá o dobro mais uma unidade, nessa progressão: 0, 1, 3, 7, 15, 31, 63, 127.

Montesquieu

Na república de Platão,[1] o luxo poderia ser calculado com exatidão. Havia quatro espécies de censos estabelecidos. O primeiro era precisamente o termo onde a pobreza acabava; o segundo era o dobro do primeiro, o terceiro era o triplo, o quarto era o quádruplo. No primeiro censo, o luxo era igual a zero; era igual a um no segundo, a dois no terceiro, a três no quarto, e assim seguia a proporção aritmética.

Considerando o luxo dos diversos povos uns em relação aos outros, ele encontra-se em cada Estado na razão composta da desigualdade das fortunas que existe entre os cidadãos e da desigualdade das riquezas dos diversos Estados. Na Polônia, por exemplo, as fortunas são de uma desigualdade extrema, mas a pobreza geral impede que ali haja tanto luxo como em um Estado mais rico.

O luxo encontra-se, ainda, em proporção com a grandeza das cidades, e sobretudo da capital, de modo que se encontra em razão composta das riquezas do Estado, da desigualdade das fortunas dos particulares e do número de homens reunidos em determinados lugares.

Quanto mais homens reunidos há, mais estes são vaidosos e mais sentem nascer em si o desejo de se distinguir por pequenas coisas.[2] Se estão

---

1 O primeiro censo era da destinação hereditária das terras, e Platão não queria que pudesse haver outros bens além do triplo dessa destinação hereditária. Vede *As leis*, IV.

2 Em uma grande cidade, diz o autor da *Fábula das abelhas*, t.I, p.133, as pessoas se vestem para além da qualidade de sua condição para serem estimadas, mais do que de fato são, pela multidão. É um prazer para um espírito fraco, quase tão grande quando o da satisfação de seus desejos. [Montesquieu refere-se a Bernard de Mandeville (1670-1733), médico, escritor e filósofo holandês radicado na Inglaterra, conhecido pela expressão *vícios privados, benefícios públicos*. Mandeville escreveu *A colmeia rabugenta, ou os patifes tornados honestos* em 1705, poema em que defende que as paixões viciosas e o luxo produzem, na realidade, efeitos econômicos benéficos para a sociedade. Em 1714, Mandeville lança *A fábula das abelhas*, volume com textos e observações sobre o poema, causando grande repercussão entre o meio intelectual europeu. Além de inspirar autores franceses como Voltaire, Jean-François Melon, Montesquieu e mesmo Rousseau, o autor da *Fábula* também foi profundamente importante para o iluminismo escocês, sobretudo para David Hume e Adam Smith. Em suma, Mandeville não somente elaborou importantes argumentos para a defesa do luxo, como também ofereceu reflexões cruciais para a emergente e moderna economia política do século XVIII. Cf. Limongi, "Sociabilidade e moralidade. Hume leitor de Mandeville",

em número tão grande a ponto de fazer com que sejam, em sua maioria, desconhecidos uns dos outros, o desejo de se distinguir redobra, porque há mais esperança de ser bem-sucedido. O luxo oferece essa esperança: cada qual busca assumir os sinais da condição superior à sua. Mas, de tanto se distinguir, tudo se torna igual, e não é mais possível ser distinguido: como todo mundo quer ser olhado, não se repara em mais ninguém.

De tudo isso resulta um incômodo geral. Aqueles que se destacam em uma profissão dão à sua arte o preço que quiserem; os menores talentos seguem esse exemplo, e a harmonia entre as necessidades e os meios deixam de existir. Quando sou forçado a litigar, é necessário que eu possa pagar um advogado; quando estou doente, é necessário que possa consultar-me com um médico.

Algumas pessoas pensaram que, ao reunir tantas pessoas numa capital, diminuir-se-ia o comércio, porque os homens não mais se encontram a uma certa distância uns dos outros. Não creio nisso: quando as pessoas estão reunidas, têm mais desejos, mais necessidades, mais extravagâncias.

Capítulo II – Das leis suntuárias na democracia

Acabo de dizer que, nas repúblicas onde as riquezas são igualmente divididas, não pode haver luxo; e, como vimos no Livro V[3] que essa igualdade de distribuição constitui a excelência de uma república, segue-se que, quanto menos luxo há em uma república, mais perfeita ela é. Não havia nenhum luxo entre os primeiros romanos, não havia nenhum luxo entre os lacedemônios, e, nas repúblicas onde a igualdade não está totalmente perdida, o espírito de comércio, de trabalho e de virtude faz com que ali cada um possa e seja capaz de viver de seus próprios bens, e que, por consequência, disponha de pouco luxo.

As leis da nova partilha dos campos, exigidas com tanta insistência em algumas repúblicas, eram salutares por sua natureza. Apenas são perigosas

---

Kriterion, Belo Horizonte, n.108, p.224-43, dez. 2003; Salles, "Natureza e artifício: Hume crítico de Hutcheson e Mandeville", *Discurso*, São Paulo, n.50, n.1, p.65-79, 2020; Vargas, "Anatomizing the Invisible: Moral Philosophy and Economics in Mandeville's thought", *Siglo Dieciocho*, Buenos Aires, n.2, p.209-30, 2021. (N. T.)]

3 Capítulos 3 e 4.

quando impostas subitamente. Ao suprimir abruptamente as riquezas de uns e do mesmo modo aumentando a riqueza de outros, elas ocasionam uma revolução em cada família e devem produzir uma revolução geral no Estado.

À medida que o luxo se estabelece em uma república, o espírito se direciona para o interesse particular. Para pessoas às quais basta apenas o necessário, apenas lhes resta como desejos a glória da pátria e a sua própria glória. Mas uma alma corrompida pelo luxo possui muitos outros desejos. Ela logo se torna inimiga das leis que a incomodam. Quando a guarnição de Régio começou a se familiarizar com certo luxo, ela degolou seus habitantes.[4]

Tão logo os romanos foram corrompidos, seus desejos tornaram-se descomunais. É possível julgar isso pelo preço que deram às coisas. Um cântaro de vinho de Falerno[5] era vendido por cem denários romanos; um barril de carne salgada da região do Ponto custava quatrocentos; um bom cozinheiro, quatro talentos; os jovens garotos tinham um preço incalculável. Quando, por impetuosidade[6] geral, todo o mundo fora arrastado à voluptuosidade, o que se tornara a virtude?

Capítulo III – Das leis suntuárias na aristocracia

A aristocracia mal constituída tem essa infelicidade: que os nobres possuem a riqueza e, no entanto, não devem gastá-la. O luxo, contrário ao espírito de moderação, deve ser banido dela. Há, então, apenas pessoas muito pobres que não podem receber e pessoas muito ricas que não podem gastar.

---

4 Montesquieu refere-se a Régio da Calábria. Uma legião romana, sob o comando de Décio Vibélio, sitiava Régio. Atraídos pela opulência da cidade, os soldados mataram os cidadãos e ocuparam o lugar. Posteriormente, com Roma retomando o controle da cidade, quatro mil soldados foram julgados no fórum romano, tendo sido condenados à decapitação. Cf. Tito Lívio, *Ab Urbe condita*, Lv.XXVIII, 28. Em *Meus pensamentos*, Montesquieu faz o seguinte complemento: "O que fez com que a guarnição romana de Régio degolasse os habitantes, sob instigação de Décio, seu tribuno? O fato de terem começado a se afeiçoar ao luxo" (*MP*, n.968). (N. T.)

5 Fragmento do livro XXXVI de Diodoro [*Biblioteca histórica*], relatado por Constantino Porfirogeneta, *Extrato das virtudes e dos vícios*.

6 *Cum maximus omnium impetus ad luxuriam esset* ["Todos tinham ímpeto pelo máximo de luxo"]. Ibid. [Diodoro, *Biblioteca histórica*].

Em Veneza, as leis forçam os nobres à modéstia. Estes são tão acostumados à parcimônia que somente as cortesãs podem induzi-los a gastar dinheiro. Esse caminho é adotado para manter viva a indústria: as mulheres mais desprezíveis ali gastam sem perigo, enquanto seus tributários levam a vida mais obscura do mundo.

As boas repúblicas gregas tinham, a esse respeito, instituições admiráveis. Os ricos empregavam seu dinheiro em festas, em coros musicais, em carruagens, em cavalos de corrida, em magistraturas onerosas. Nelas, as riquezas eram tão onerosas quanto a pobreza.

Capítulo IV – Das leis suntuárias nas monarquias

"Os suíones, nação germânica, prestam honras às riquezas", diz Tácito,[7] "o que faz com que vivam sob o governo de um só". Isso certamente significa que o luxo seja singularmente adequado às monarquias e que nelas não deva haver leis suntuárias.

Como, pela constituição das monarquias, as riquezas são igualmente divididas, é extremamente necessário que nelas haja luxo. Se os ricos não gastassem muito, os pobres morreriam de fome. É até mesmo necessário que os ricos ali gastem proporcionalmente à desigualdade das fortunas, e que, como dissemos, o luxo aumente nessa proporção. As riquezas particulares apenas aumentaram porque subtraíram de uma parte dos cidadãos o necessário para a subsistência. É preciso, portanto, que isso lhes seja devolvido.

Assim, para que o Estado monárquico se mantenha, o luxo deve avançar em uma crescente do agricultor ao artesão, ao negociante, aos nobres, aos magistrados, aos grandes senhores, aos principais cobradores de impostos, aos príncipes. Sem isso, tudo estaria perdido.

No Senado de Roma, composto de graves magistrados, de jurisconsultos e de homens repletos de ideias dos primeiros tempos, propôs-se, sob Augusto, a correção dos costumes e do luxo das mulheres. É curioso ver em Dião[8] com qual arte Augusto eludiu as demandas importunas desses senadores. É que ele fundava uma monarquia e dissolvia uma república.

---

7 [Tácito, *Germânia*] *De moribus Germanorum* [cap.44].
8 Dião [*História romana*], Lv.LIV.

Sob Tibério, os edis propuseram no Senado o restabelecimento das antigas leis suntuárias.[9] Esse príncipe, que era esclarecido, opôs-se a isso: "O Estado não poderia continuar", dizia ele, "na situação em que as coisas se encontram. Como poderia Roma viver? Como poderiam as províncias viverem? Tínhamos frugalidade quando éramos cidadãos de uma só cidade; hoje, consumimos as riquezas de todo o universo. Fazemos senhores e escravos trabalharem para nós". Ele enxergava muito bem que as leis suntuárias não eram mais necessárias.

Quando, sob o mesmo imperador, propôs-se ao Senado a proibição aos governadores de levarem suas mulheres às províncias, por causa dos desregramentos que elas ali causavam, isso foi rejeitado. Foi dito "que os exemplos do rigor dos antigos havia sido alterado para uma forma de viver mais agradável".[10] Sentia-se que outros costumes eram necessários.

O luxo é, portanto, necessário nos Estados monárquicos; ele o é ainda mais nos Estados despóticos. Nos primeiros, é um uso que se faz da liberdade que se possui; nos últimos, é um abuso que se faz dos proveitos da servidão de alguém: como quando um escravo, escolhido por seu senhor para tiranizar seus outros escravos, incerto todos os dias sobre o destino que o amanhã lhe reserva, não tem outra felicidade senão a de saciar o orgulho, os desejos e as voluptuosidades de cada dia.

Tudo isso leva a uma reflexão. As repúblicas acabam pelo luxo; as monarquias, pela pobreza.[11]

Capítulo V – Em quais casos as leis suntuárias são úteis em uma monarquia

Foi seguindo o espírito da república, ou de alguns casos particulares, que, no meio do século XIII, foram feitas as leis suntuárias em Aragão. Jaime I ordenou que nem o rei, nem nenhum de seus súditos, poderia comer

---

9 Tácito, *Anais*, Lv.III.

10 *Multa duritiei veterum melius et laetius mutata* ["Muito do rigor da antiguidade foi mudado para uma maneira melhor e mais agradável"], Tácito, *Anais*, Lv.III [cap.34].

11 *Opulentia paritura mox egestatem* ["A opulência logo faz nascer a pobreza"]. Florus [*Epítome da história romana de Rômulo a Augusto*], Lv.III.

Do espírito das leis

mais que duas espécies de carne a cada refeição, e que cada uma delas seria preparada somente de uma maneira, a não ser que se tratasse de uma caça morta que alguém pessoalmente houvesse matado.[12]

Em nossa época, leis suntuárias também são feitas na Suécia, mas possuem um objetivo diferente daquelas de Aragão.

Um Estado pode fazer leis suntuárias com o objetivo de frugalidade absoluta. É o espírito das leis suntuárias das repúblicas, e a natureza da coisa demonstra que esse foi o objetivo das leis de Aragão.

As leis suntuárias podem ter também por objetivo uma frugalidade relativa quando um Estado, sentindo que mercadorias estrangeiras de preço exorbitante exigiriam de tal modo a exportação de suas próprias mercadorias, privando-se mais de satisfazer suas necessidades com estas do que com aquelas, impede absolutamente sua entrada; e é esse espírito das leis que atualmente é adotado na Suécia.[13] São as únicas leis suntuárias que convêm à monarquia.

Em geral, quanto mais pobre um Estado for, mais é arruinado por seu luxo relativo, e, consequentemente, mais leis suntuárias relativas ele requer. Quanto mais rico um Estado for, mais seu luxo relativo se enriquece, e é preciso precaver-se ao máximo de fazer leis suntuárias. Explicaremos isso melhor no livro sobre o comércio.[14] Aqui, trata-se apenas do luxo absoluto.

Capítulo VI – Do luxo na China

Razões particulares requerem leis suntuárias em alguns Estados. Pela força do clima, o povo pode tornar-se tão numeroso e, por outro lado, os meios para fazê-lo subsistir podem ser tão incertos, que é bom empenhá-lo inteiramente ao cultivo das terras. Nesses Estados, o luxo é perigoso e as leis suntuárias devem ser rigorosas. Assim, para saber se é preciso encorajar ou proscrever o luxo, é preciso primeiramente observar a relação existente entre a quantidade do povo e a facilidade que ele possui para encontrar os

---

12 Constituição de Jaime I, do ano 1234, art.6º, em *Marca hispanica*, p.1429.
13 Foram proibidos na Suécia os vinhos requintados e outras mercadorias preciosas.
14 Vede Lv.XX, Cap.XX.

meios para sua subsistência. Na Inglaterra, o solo produz muito mais grãos que o necessário para alimentar aqueles que cultivam as terras, e os cultivadores querem adquirir vestimentas; logo, ali pode haver artes frívolas e, por consequência, luxo. Na França, medra trigo o bastante para a alimentação dos cultivadores e daqueles que se dedicam às manufaturas. Além disso, o comércio com os estrangeiros pode propiciar a troca de coisas frívolas por coisas necessárias, e nesses casos não se deve absolutamente temer o luxo.

Na China, ao contrário, as mulheres são tão fecundas, e a espécie humana se multiplica a tal ponto, que as terras, não importa o quão cultivadas sejam, mal são suficientes para a alimentação dos habitantes. Portanto, na China, o luxo é pernicioso, e o espírito de trabalho e de economia é tão exigido quanto em qualquer república.[15] É preciso que as pessoas se apeguem às artes necessárias, e que fujam das artes da voluptuosidade.

Eis o espírito das belas ordenações dos imperadores chineses. "Nossos anciões", diz um imperador da família Tang,[16] "tinham como máxima que, se houvesse um homem que não arasse a terra ou uma mulher que não tecesse, outra pessoa teria que suportar o frio ou a fome no império...". E, sobre esse princípio, destruiu uma infinidade de monastérios de bonzos.

O terceiro imperador da 21ª dinastia,[17] a quem eram levadas pedras preciosas encontradas em uma mina, mandou que a fechassem, não querendo fatigar seu povo a trabalhar em algo que não poderia nem alimentar, nem vestir.

"Nosso luxo é tão grande", diz Kiayventi,[18] "que o povo orna com bordados os sapatos dos jovens meninos e meninas que é obrigado a vender". Com tantos homens ocupados em fazer roupas para um só, como poderia não haver muitas pessoas para as quais faltam roupas? Para um cultivador, há dez homens que consomem o rendimento das terras: como poderia não haver muitas pessoas para as quais faltam alimentos?

---

15 Na China, o luxo sempre foi impedido.

16 Em uma ordenação relatada pelo padre Du Halde, t.II, p.497.

17 *História da China*, 21ª dinastia, na obra do padre Du Halde, t.I.

18 Em um discurso relatado pelo padre Du Halde, t.II, p.418. [O trecho citado provém de um discurso de Kia-chan, conselheiro do imperador Ven Ti, isto é, Wendi (203-157 a.C.), da dinastia Han, cujo reinado é conhecido pela grande prosperidade. Cf. Du Halde, *Descrição....*, t.II, p.735 *ss.* (N. T.)]

Do espírito das leis

Capítulo VII – Fatal consequência do luxo na China

Observa-se, na história da China, que ela tem 22 dinastias que se sucederam, isto é, experimentou 22 revoluções gerais, sem contar uma infinidade de revoluções particulares. As três primeiras dinastias duraram bastante tempo porque foram sabiamente governadas e porque o império era menos extenso do que posteriormente viria a ser. Mas é possível dizer, de forma geral, que todas essas dinastias começaram muito bem. A virtude, a atenção, a vigilância, são necessárias para a China; elas estavam presentes no início das dinastias e ausentes no final. Na verdade, era natural que imperadores, nutridos nas fadigas das guerras, capazes de destronar uma família mergulhada nos deleites, conservassem a virtude que haviam constatado tão útil e temessem as voluptuosidades que haviam considerado tão funestas. Mas, após esses três ou quatro primeiros príncipes, a corrupção, o luxo, a ociosidade, os deleites, tomam posse dos sucessores; eles se enclausuraram no palácio, seus espíritos se enfraquecem, suas vidas se abreviam, a família decai; os homens eminentes tomam a dianteira, os eunucos ganham crédito, são conduzidas ao trono tão somente crianças; o palácio torna-se inimigo do império; um povo ocioso que o habita arruína aquele que trabalha, o imperador é morto ou destruído por um usurpador, que funda uma família, cujo terceiro ou quarto sucessor dirige-se ao mesmo palácio para igualmente se enclausurar.

Capítulo VIII – Da continência pública

Há tantas imperfeições ligadas à perda da virtude nas mulheres, sua alma é tão completa e fortemente degradada por isso, que, uma vez a supressão desse ponto principal fazendo muitos outros também serem eliminados, é possível observar, em um Estado popular, a incontinência pública como a última das desgraças e a certeza de uma mudança na constituição.

Os bons legisladores também exigiram das mulheres uma certa circunspecção dos costumes. Proscreveram não apenas o vício, mas a própria aparência do vício. Baniram até mesmo o comércio de galanteria que produz a ociosidade, que faz as mulheres se corromperem antes mesmo de serem corrompidas, que confere um preço a todas as trivialidades, rebaixando as coisas importantes, e que faz as pessoas se conduzirem tão somente pelas máximas do ridículo, que as mulheres sabem muito bem estabelecer.

Capítulo IX – Da condição das mulheres nos diversos governos

As mulheres têm pouca discrição nas monarquias, porque, atraídas à corte pela distinção dos estratos sociais, nela adotam um espírito de liberdade que é praticamente o único ali tolerado. Todas se valem de seus encantos e de suas paixões para favorecer a própria fortuna, e, como sua fraqueza não lhes permite o orgulho, mas sim a vaidade, o luxo ali sempre reina com elas.

Nos Estados despóticos, as mulheres não introduzem o luxo, mas são elas próprias um objeto do luxo, são extremamente escravas dele. Todos seguem o espírito do governo e trazem para dentro de casa aquilo que observam ser estabelecido em outras. Como nesses Estados as leis são severas e imediatamente executadas, teme-se que a liberdade das mulheres possa dificultar os processos. Suas discórdias, suas indiscrições, suas repugnâncias, suas inclinações, seus ciúmes, suas desavenças, essa arte que as pequenas almas possuem para interessar as grandes, não poderiam ser isentas de consequências.

Ademais, como nesses Estados os príncipes menosprezam a natureza humana, possuem muitas mulheres e mil considerações os obrigam mantê-las presas.

Nas repúblicas, as mulheres são livres pelas leis e cativas pelos costumes. Nelas o luxo é banido e, com ele, a corrupção e os vícios.

Nas cidades gregas, nas quais não se vivia sob aquela religião que estabelece que, mesmo entre os homens, a pureza dos costumes é uma parte da virtude; nas cidades gregas, em que um vício cego reinava de maneira desenfreada, em que o amor tinha uma só forma sobre a qual não se ousa dizer, enquanto a amizade encontrava abrigo unicamente no casamento;[19] nessas cidades, a

---

19 Quanto ao verdadeiro amor, diz Plutarco, as mulheres não participam dele. *Obras morais*, tratado *Do amor*, p.600. Ele falava à maneira de seu século. Vede Xenofonte, no diálogo intitulado *Hieron*.

Do espírito das leis

virtude, a simplicidade, a castidade das mulheres eram tais que muito rara-mente já se viu um povo que tivesse, a esse respeito, uma melhor polícia.[20]

Capítulo X – Do tribunal doméstico entre os romanos

Os romanos não tinham, como os gregos, magistrados particulares que realizassem uma inspeção sobre a conduta das mulheres. Os censores dedicavam a elas a mesma atenção que consagravam ao resto da república. A instituição do tribunal doméstico[21] supria a magistratura estabelecida entre os gregos.[22]

O marido reunia os parentes da mulher e a julgava perante eles.[23] Esse tribunal conservava os costumes na república. Mas esses próprios costu-mes conservavam esse tribunal. Ele devia julgar não somente a violação das leis, mas também a violação dos costumes. Ora, para julgar a violação dos costumes, é preciso que eles existam.

As punições desse tribunal deviam ser arbitrárias, e de fato o eram. Afi-nal, tudo o que diz respeito aos costumes e tudo o que é relativo às regras da modéstia não pode ser abarcado por um código de leis. É fácil regular pelas leis aquilo que se deve aos outros; é difícil que elas abarquem tudo o que se deve a si mesmo.

O tribunal doméstico velava a conduta geral das mulheres. Mas havia um crime que, além de ser fortemente desaprovado por esse tribunal, era ainda submetido a uma acusação pública: trata-se do adultério. Isso ocorria seja porque, em uma república, uma tão grande violação dos costumes interes-

---

20 Em Atenas havia um magistrado particular que vigiava a conduta das mulheres.

21 Rômulo instituíra esse tribunal, como revela Dionísio de Halicarnasso [*Das anti-guidades romanas*], Lv.II, p.96.

22 Vede, em Tito Lívio, Lv.XXXIX, o uso que se fez desse tribunal quando da con-juração das bacanais: chamava-se de conjuração contra a república as assembleias onde se corrompiam os costumes das mulheres e das jovens.

23 Revela-se em Dionísio de Halicarnasso [*Das antiguidades romanas*], Lv.II, que, por instituição de Rômulo, o marido, em casos comuns, era o único julgador diante dos parentes das mulheres, e que, nos grandes crimes, julgava cinco dentre eles. Também Ulpiano [*Fragmentos*], no título VI, §9, 12 e 13, distingue, nos julgamentos dos costumes, os que chama de graves daqueles que eram menos graves, *mores graviores, mores leviores*.

sava ao governo, seja porque o desregramento da mulher pudesse tornar o marido desconfiado, seja, enfim, porque se temesse que as próprias pessoas honestas preferissem esconder tal crime a puni-lo, ignorá-lo a vingá-lo.

Capítulo XI – Como as instituições mudaram, em Roma, com o governo

Assim como o tribunal doméstico supunha costumes, a acusação pública também os supunha, e isso fez com que essas duas coisas desmoronassem junto com os costumes, acabando com a república.[24]

O estabelecimento das questões perpétuas, isto é, da partilha da jurisdição entre os pretores, e o costume gradualmente introduzido pelo qual esses pretores julgavam eles mesmos[25] todos os casos, enfraqueceram o uso do tribunal doméstico. Isso é revelado pela surpresa dos historiadores, que viam os julgamentos que Tibério mandava realizar nesse tribunal como fatos singulares e como uma renovação da prática antiga.

O estabelecimento da monarquia e a mudança dos costumes também acabaram com a acusação pública. Poder-se-ia temer que um homem desonesto, irritado com o desprezo de uma mulher, indignado com suas recusas, injuriado em sua própria virtude, pudesse tramar a intenção de arruiná-la. A Lei Júlia ordenara que uma mulher apenas poderia ser acusada de adúltera após ter acusado seu marido de favorecer seus desregramentos. Isso restringia muito essa acusação, e, por assim dizer,[26] aniquilava-a.

Sisto V parecia querer renovar a acusação pública.[27] Mas basta refletir apenas um pouco para perceber que, em uma monarquia como a dele, essa lei estava ainda mais deslocada do que em qualquer outra monarquia.

---

24 *Judicio de moribus (quod antea quidem in antiquis legibus positum erat, non autem frequenta-bur) penitus abolito* ["Julgamentos concernentes a costumes (que antigamente eram previstos nas leis antigas, embora pouco usados) tiveram penas abolidas"]. Lei XI, Cód. [Justiniano, *Corpus Juris Civilis*], *De repudis.*

25 *Judicia extraordinaria.*

26 Constantino a suprimiu inteiramente: "É uma coisa indigna", dizia, "que os casamentos tranquilos sejam perturbados pela audácia de terceiros".

27 Sisto V ordenara que um marido que não fosse se queixar a ele da devassidão de sua mulher seria punido de morte. Vede Leti [*Vida de Sisto V*].

Do espírito das leis

Capítulo XII – Da tutela das mulheres entre os romanos

As instituições dos romanos colocavam as mulheres sob uma perpétua tutela, a menos que elas não estivessem sob a autoridade de um marido.[28] Essa tutela era concedida ao mais próximo dos parentes do sexo masculino, e aparentemente, segundo uma expressão vulgar,[29] elas se incomodavam muito com isso. Isso era bom para a república, mas não era necessário na monarquia.[30]

Parece, pelos diversos códigos das leis bárbaras, que as mulheres, entre os primeiros germanos, também estavam sob uma perpétua tutela.[31] Esse uso foi transmitido para as monarquias por eles fundadas, mas não perdurou.

Capítulo XIII – Das penas estabelecidas pelos imperadores contra a devassidão das mulheres

A Lei Júlia estabelecia uma pena contra o adultério. Mas, longe de essa lei e as que depois foram ali estabelecidas serem uma marca da bondade dos costumes, elas foram, ao contrário, uma marca de sua depravação.

Todo o sistema político concernente às mulheres mudou na monarquia. Não se tratava mais de estabelecer entre elas a pureza dos costumes, mas de punir seus crimes. Novas leis eram apenas feitas para punir esses crimes porque as violações, que não se configuravam como delitos, não mais eram punidas.

O terrível excesso dos costumes obrigava os imperadores a fazer leis para limitar a impudicícia até certo ponto, mas sua intenção não foi a de corrigir os costumes em geral. Fatos positivos, relatados pelos historiadores, provam isso mais do que todas essas leis poderiam prová-lo ao contrário. Pode-se

---

28 *Nisi convenissent in manum viri.* ["Exceto quando se casavam *in manum*", isto é, quando passavam da autoridade do pai para a do marido. (N. T.)]

29 *Ne sis mihi patruus oro* ["Não sejais um tio paterno para mim"].

30 A Lei Papia ordenou, sob Augusto, que as mulheres que tivessem parido três crianças seriam isentas dessa tutela.

31 Entre os germanos, essa tutela chamava-se *Mundeburdium*.

consultar em Dião a conduta de Augusto a esse respeito, e como ele eludiu, em sua pretura e sua censura, as demandas que lhe foram apresentadas.[32]

Entre os historiadores, encontramos amiúde julgamentos rígidos, voltados, sob Augusto e sob Tibério, contra a impudicícia de algumas matronas romanas. Contudo, ao nos fazerem conhecer o espírito desses reinos, os historiadores nos fazem conhecer o espírito desses julgamentos.

Augusto e Tibério sondaram sobretudo punir as devassidões de suas parentes. Não puniam o desregramento dos costumes, mas determinado crime de impiedade ou lesa-majestade[33] que haviam inventado, útil para o respeito, útil para a vingança. Disso decorre que autores romanos tenham se oposto tão fortemente a essa tirania.

A pena da Lei Júlia era leve.[34] Os imperadores dispuseram que, nos julgamentos, fosse aumentada a pena da lei que haviam estabelecido. Isso foi tema das invectivas dos historiadores: não examinavam se as mulheres mereciam ser punidas, mas se, para puni-las, a lei havia sido violada.

---

32 Como na ocasião em que foi trazido, diante de Augusto, um jovem que havia desposado uma mulher com a qual ele anteriormente tivera um mau relacionamento, e ele hesitou durante muito tempo, não ousando nem aprovar nem punir essas coisas. Enfim, reanimando-se, disse: "as sedições foram causas de grandes males. Esqueçamo-las" (Dião Cássio [*História romana*], Lv.LIV [cap.16]). Tendo os senadores lhe requisitado regramentos sobre os costumes das mulheres, ele eludiu essa requisição, dizendo-lhes para que corrigissem suas mulheres, como ele corrigia a dele. No que lhe rogaram a dizer como ele lidava com sua esposa (questão, assim me parece, extremamente indiscreta).

33 *Culpam inter viros et feminas vulgatam, gravi nomine læsarum religionum, ac violatæ majestatis appellando, clementiam majorum suasque ipse leges egrediebatur*. Tácito, *Anais*, Lv.IV [cap.24]. ["Chamando o vício comum entre homens e mulheres pelo grave nome de sacrilégio e de lesa-majestade, passou por cima da clemência dos ancestrais e de suas próprias leis". Tácito refere-se a Augusto. (N. T.)]

34 Essa lei é reportada no *Digesto*, mas não foi incluída sua pena. Considera-se que ela consistia somente na relegação, porque a do incesto era apenas a deportação. Lei *si quis viduam* e seguintes. *De quæstionibus*. [A *relegatio* era um exílio muitas vezes temporário, que não implicava a perda total dos direitos civis ou dos bens. Já a *deportatio* era perpétua, com a perda completa e permanente dos direitos civis e dos bens. (N. T.)]

Uma das principais tiranias de Tibério[35] foi o abuso cometido contra as antigas leis. Quando desejava punir alguma matrona romana para além da pena prevista na Lei Júlia, restabelecia contra ela o tribunal doméstico.[36]

Essas disposições a respeito das mulheres concerniam somente às famílias dos senadores, não às do povo. Buscavam-se pretextos para as acusações contra os homens importantes, e os desvios das mulheres poderiam oferecê-los em abundância.

Enfim, o que já disse, que a bondade dos costumes não é o princípio do governo de um só, nunca foi mais bem comprovado que sob esses primeiros imperadores; e, se alguém duvida disso, basta ler Tácito, Suetônio, Juvenal e Marcial.

Capítulo XIV – Leis suntuárias entre os romanos

Havíamos falado da incontinência pública, porque ela é ligada ao luxo, pois é sempre seguida por ele e sempre o segue. Se deixardes em liberdade os movimentos do coração, como podereis impedir as fraquezas do espírito?

Em Roma, além das instituições gerais, os censores mandaram fazer, pelos magistrados, muitas leis particulares para manter as mulheres na frugalidade. As leis Fânia, Licínia e Ópia tiveram esse objetivo. É imperioso ver, em Tito Lívio,[37] como o Senado agitou-se quando as mulheres exigiram a revogação da Lei Ópia. Valério Máximo data a época do luxo entre os romanos no momento de ab-rogação dessa lei.

---

35 *Proprium id Tiberio fuit, scelera nuper reperta priscis verbis obtegere* ["Era próprio de Tibério esconder novos crimes com palavras antigas"]. Tácito [*Anais*, Lv.IV, cap.19].

36 *Adulterii graviorem paenam deprecatus, ut, exemplo majorum, propinquis suis ultra ducentesimum lapidem removeretur, suasit. Adultero Manlio Italia atque Africa interdictum est.* Tácito, *Anais*, Lv.II [cap.50]. ["Pelo adultério por ela cometido, ele deprecou uma pena mais grave, e, seguindo o exemplo dos antepassados, aconselhou que fosse afastada para mais de duzentos quilômetros de Roma. Seu amante Mânlio foi proibido de viver na Itália ou na África." Tácito refere-se a Apuleia Varília, sobrinha-neta do imperador Augusto. A punição aqui descrita foi dada por Tibério. (N. T.)]

37 *Década IV*, Lv.IV.

Capítulo XV – Dos dotes e das vantagens nupciais nas diversas constituições

Os dotes devem ser consideráveis nas monarquias, para que os maridos possam conservar sua posição social e o luxo ligado a ela. Devem ser medianos nas repúblicas, onde o luxo não deve reinar.[38] Devem ser praticamente nulos nos Estados despóticos, onde as mulheres de certo modo são escravas.

A comunidade dos bens, introduzida pelas leis francesas entre o marido e a mulher, é muito conveniente no governo monárquico, porque faz com que as mulheres se interessem pelos assuntos domésticos e as lembra, quase como contra sua vontade, de cuidar de seus lares. É menos conveniente na república, onde as mulheres têm mais virtude. Ela seria absurda nos Estados despóticos, onde quase sempre as próprias mulheres são uma parte da propriedade do senhor.

Como as mulheres, por sua condição, são deveras inclinadas ao casamento, são inúteis as vantagens que a lei lhes oferece sobre os bens de seus maridos. Mas seriam muito perniciosas em uma república, porque suas riquezas particulares produzem luxo. Nos Estados despóticos, os ganhos das núpcias devem consistir em sua subsistência e nada mais.

Capítulo XVI – Belas práticas dos samnitas

Os samnitas possuíam uma prática consuetudinária que, em uma pequena república, e sobretudo na situação em que se encontravam, deveria produzir efeitos admiráveis. Reuniam todos os jovens e os julgavam. Aquele que fosse declarado o melhor de todos escolhia como esposa qualquer jovem que desejasse; aquele que fosse o segundo mais votado, agia da mesma forma, e assim por diante.[39] Era admirável considerar entre os bens dos jovens ape-

---

38 Marselha foi a mais sábia das repúblicas de seu tempo. Os dotes não podiam ultrapassar cem escudos em dinheiro e cinco em vestes, diz Estrabão [*Geografia*], Lv.IV.

39 Fragmentos de Nicolau de Damasco, tirados de Estobeu, na coleção de Constantino Porfirogeneta.

nas as belas qualidades e os serviços prestados à pátria. Aquele que tivesse o maior número de riquezas dessas espécies de bens escolhia uma jovem dentre toda a nação. O amor, a beleza, a castidade, a virtude, o nascimento, as próprias riquezas, tudo isso era, por assim dizer, o dote da virtude. Seria difícil imaginar uma recompensa mais nobre, mais eminente, menos onerosa a um pequeno Estado, mais capaz de agir sobre ambos os sexos.

Os samnitas descendiam dos lacedemônios, e Platão, cujas instituições são somente a perfeição das leis de Licurgo, estabeleceu uma lei muito semelhante.[40]

Capítulo XVII – Da administração pelas mulheres

É contra a razão e contra a natureza que as mulheres sejam as patroas da casa, como foi estabelecido entre os egípcios, mas não o é que governem um império. No primeiro caso, a condição de fraqueza na qual se encontram não lhes permite a preeminência; no segundo, sua própria fraqueza lhes oferece mais brandura e moderação, o que, mais do que essas virtudes severas e ferozes, pode constituir um bom governo.

Nas Índias, o governo das mulheres é muito satisfatório, e estabeleceu-se que, se os varões não nascessem de uma mãe do mesmo sangue, as garotas que possuem uma mãe com sangue real sucedem ao trono.[41] Designam para elas um determinado número de pessoas para ajudá-las a suportar o peso do governo. Segundo Smith,[42] o governo das mulheres na África também é bastante satisfatório. Se a isso acrescentarmos o governo da Moscóvia e o da Inglaterra, ver-se-á que elas são igualmente bem-sucedidas no governo moderado e no governo despótico.

---

40 Ele até mesmo permite que se vejam com mais frequência. [*República*, 459d-460c].

41 *Cartas edificantes*, 14ª coletânea.

42 *Viagem a Guiné*, segunda parte, p.165 da tradução. Sobre o reino de Agona, sobre a Costa do Ouro. [William Smith, autor de *A New Voyage to Guinea* (1744). Agona era um reino em Gana. (N. T.)]

Livro VIII
Da corrupção dos princípios dos três governos

Capítulo Primeiro – Ideia geral deste livro

A corrupção de cada governo quase sempre começa pela corrupção dos princípios.

Capítulo II – Da corrupção do princípio da democracia

O princípio da democracia se corrompe não somente quando se perde o espírito da igualdade, mas também quando se adota o espírito da igualdade extrema, com cada um querendo ser igual àqueles que escolheu para comandá-lo. O povo, então, não podendo tolerar nem mesmo o poder que confia aos outros, quer tudo fazer por si mesmo, deliberar pelo Senado, executar pelos magistrados e destituir todos os juízes.

Nessa circunstância não pode mais haver virtude na república. O povo quer realizar a função dos magistrados, e estes deixam de ser respeitados. As deliberações do Senado não mais possuem peso, e, então, não mais se tem consideração pelos senadores e nem o respeito pelos mais velhos. Quando não se tem respeito pelos mais velhos, tampouco se respeitarão os pais; os maridos não mais merecem maiores deferências, nem os mestres mais submissão. Todos serão conduzidos a amar essa libertinagem; as dificuldades do comando fatigarão tanto quanto as da obediência. As mulheres, as crianças, os escravos não se submeterão a ninguém. Não mais haverá costumes, amor pela ordem, enfim, não mais haverá virtude.

Lê-se no *Banquete*, de Xenofonte, um retrato muito ingênuo de uma república na qual o povo abusou da igualdade. Um por um, cada conviva oferece a razão pela qual está contente consigo mesmo. "Estou contente comigo", diz Cármides, "por causa de minha pobreza. Quando era rico, era obrigado a tentar obter favores de caluniadores, sabendo muito bem que me encontrava muito mais na condição de receber o mal deles do que de praticá-lo contra eles. A república sempre me exigia um novo pagamento. Não podia viajar livremente. Desde que me tornei pobre, adquiri autoridade: ninguém me ameaça, sou eu quem ameaça os outros; posso partir ou ficar. Agora os ricos levantam-se de seus assentos e me cedem passagem. Sou um rei, era escravo; pagava um tributo à república, hoje ela me alimenta; nada mais receio perder, tenho apenas a esperança de adquirir".[1]

O povo se precipita nesse infortúnio quando aqueles aos quais ele se entrega, querendo esconder sua própria corrupção, buscam corrompê-lo. Para que não enxerguem sua ambição, falam a ele sobre a grandeza do povo; para que não percebam sua avareza, incessantemente adulam a própria avareza do povo.

A corrupção aumentará entre os corruptores e aumentará entre aqueles que já são corrompidos. O povo distribuirá para si os recursos públicos e, como terá unido sua preguiça à gestão dos negócios públicos, desejará unir sua pobreza aos divertimentos do luxo. Mas, com sua preguiça e seu luxo, terá como única aspiração o tesouro público.

Não deverá causar espanto se observarmos os sufrágios serem comprados por dinheiro. Não se pode dar muito ao povo sem, em contrapartida, retirar muito dele; no entanto, para retirar dele é preciso derrubar o Estado. Quanto mais o povo parecer tirar vantagem de sua liberdade, mais se aproximará do momento em que deverá perdê-la. Formam-se pequenos tiranos, com todos possuindo os vícios de um só. O que sobra da liberdade logo se torna insuportável. Um único tirano se ergue e o povo perde tudo, até mesmo as vantagens de sua corrupção.

---

1 Xenofonte, *Banquete*, IV, p.30-2. (N. T.)

Do espírito das leis

A democracia tem, portanto, dois excessos a serem evitados: o espírito de desigualdade, que conduz à aristocracia ou ao governo de um só; e o espírito de igualdade extrema, que a conduz ao despotismo de um só, assim como o despotismo de um só termina pela conquista.

É verdade que aqueles que corromperam as repúblicas gregas nem sempre se tornaram tiranos. Isso ocorreu porque estavam mais ligados à eloquência do que à arte militar e, além disso, havia no coração de todos os gregos um ódio implacável contra aqueles que derrubavam o governo republicano. Isso fez com que a anarquia, em vez de se transformar em tirania, degenerasse em destruição.

Mas Siracusa, que se encontrava localizada no meio de um grande número de pequenas oligarquias transformadas em tiranias,[2] que tinha um Senado[3] quase nunca mencionado pela história, experimentou infortúnios que a corrupção comum não suscita. Essa cidade, sempre na licença[4] ou na opressão, igualmente forjada em sua liberdade e sua servidão, recebendo sempre uma e outra como uma tempestade e, malgrado seu poder externo, sempre incitada à revolução pela menor força estrangeira, abrigava em seu seio um povo imenso, que nunca teve senão essa cruel alternativa entre se entregar a um tirano ou de ser ele próprio um tirano.

Capítulo III – Do espírito da igualdade extrema

O céu está tão distante da terra quanto o verdadeiro espírito de igualdade está do espírito de igualdade extrema. O primeiro absolutamente não consiste em proceder de modo que todo mundo comande, ou que ninguém seja

---

2 Vede Plutarco, vidas de Timoleão e de Dião [*Vidas paralelas*].

3 O dos Seiscentos, do qual fala Diodoro [*Biblioteca histórica*], Lv.XIX.

4 Tendo expulsado os tiranos, tornaram estrangeiros e soldados mercenários em cidadãos, o que ocasionou guerras civis. Aristóteles, *Política*, Lv.V, cap.3. Tendo o povo sido a causa da vitória sobre os atenienses, a república foi transformada. Ibid., cap.4. A paixão de dois jovens magistrados, o primeiro tendo sequestrado um jovem garoto do segundo e o segundo tendo devassado a mulher do primeiro, fez mudar a forma dessa república. Ibid., Lv.V, cap.4.

comandado, mas sim em obedecer e comandar seus iguais. O que se busca não é não ter nenhum chefe, mas ter como chefes somente os seus iguais.

No estado de natureza, os homens certamente nascem na igualdade, mas não poderiam permanecer assim. A sociedade faz com que a percam, e apenas se tornam novamente iguais através das leis.

Tal é a diferença entre a democracia regrada e aquela que não o é: na primeira alguém somente é igual como cidadão, enquanto na outra alguém também é igual como magistrado, como senador, como juiz, como pai, como marido, como chefe.

O lugar natural da virtude é junto à liberdade. Contudo, se estiver junto da liberdade extrema, estará mais próxima da servidão.

Capítulo IV – Causa particular da corrupção do povo

Os grandes êxitos, sobretudo aqueles aos quais o povo deu grande contribuição, insuflam neste tamanho orgulho que não mais é possível guiá-lo. Invejoso dos magistrados, torna-se invejoso da magistratura; inimigo daqueles que governam, logo se torna invejoso da constituição. Foi assim que a vitória de Salamina sobre os persas corrompeu a república de Atenas;[5] foi assim que a derrota dos atenienses arruinou a república de Siracusa.[6]

A de Marselha nunca experimentou esses grandes espaços entre rebaixamento e grandeza. Assim, ela é sempre governada com sabedoria; assim, conserva seus princípios.

Capítulo V – Da corrupção do princípio da aristocracia

A aristocracia se corrompe quando o poder dos nobres se torna arbitrário: não pode mais haver virtude nem entre os que governam, nem entre aqueles que são governados.

Quando as famílias que reinam observam as leis, trata-se de uma monarquia que tem muitos monarcas, e que é muito boa por sua natureza;

---

5 Aristóteles, *Política*, Lv.V, cap.4.
6 Ibid.

Do espírito das leis

quase todos esses monarcas são limitados pelas leis. Porém, quando essas famílias não observam as leis, trata-se de um Estado despótico que tem muitos déspotas.

Nesse caso, a república somente permanece em relação aos nobres e somente entre eles. A república encontra-se no corpo que governa e o Estado despótico encontra-se no corpo que é governado, algo que produz os dois corpos mais desunidos do mundo.

A extrema corrupção ocorre quando os nobres se tornam hereditários,[7] pois não conseguem mais ter moderação. Se são em pequeno número, seu poder é maior, mas sua segurança diminui; se são em grande número, seu poder é menor e sua segurança é maior. De modo que o poder vai em crescente e a segurança em decrescente até chegar ao déspota, pessoa na qual se concentra o excesso do poder e do perigo.

Portanto, o grande número de nobres na aristocracia hereditária tornará o governo menos violento. Entretanto, como haverá pouca virtude, cair-se-á em um espírito de desleixo, de preguiça, de abandono, que fará que o Estado não mais tenha nem força, nem móbil.[8]

Uma aristocracia pode manter a força de seu princípio caso as leis forem de modo a fazer com que os nobres sintam com mais força os perigos e os desgastes do comando do que seus deleites; caso o Estado se encontre em uma situação na qual tenha algo a temer; e caso a segurança venha do interior e a incerteza do exterior.

Assim como uma certa confiança constitui a glória e a segurança de uma monarquia, é preciso, ao contrário, que uma república tema alguma coisa.[9] O medo dos persas mantinha as leis entre os gregos. Cartago e Roma intimidaram uma à outra e se fortaleceram mutuamente. Coisa curiosa! Quanto

---

7 A aristocracia se transforma em oligarquia.

8 Veneza é uma das repúblicas que melhor corrigiu, através de suas leis, os inconvenientes da aristocracia hereditária.

9 Justino atribui à morte de Epaminondas a extinção da virtude em Atenas. Não tendo mais emulação, gastaram suas receitas em festas, *frequentius cænam quam castra visentes* ["frequentavam mais as ceias do que o acampamento"]. Nesse meio-tempo, os macedônios saíram da obscuridade. Lv.VI [*Epitoma Historiarum Philippicarum*].

mais esses Estados tiverem segurança, mais, como águas muito tranquilas, estarão sujeitos a se corromper.

Capítulo VI – Da corrupção do princípio da monarquia

Assim como as democracias se arruínam quando o povo destitui o Senado, os magistrados e os juízes de suas funções, as monarquias se corrompem quando vai, pouco a pouco, eliminando as prerrogativas dos corpos ou privilégios das cidades. No primeiro caso, vai-se em direção ao despotismo de todos; no outro, ao despotismo de um só.

"O que arruinou a dinastia de Qin e de Sui", diz um autor chinês, "foi que, em vez de se limitarem, como os antigos, a uma inspeção geral, digna somente do soberano, os príncipes quiseram governar tudo por si mesmos, sem intermediários".[10] O autor chinês nos oferece aqui a causa da corrupção de quase todas as monarquias.

A monarquia se arruína quando um príncipe acredita demonstrar o seu poder mais ao buscar mudar a ordem das coisas do que ao segui-la; quando retira as funções naturais de uns para concedê-las arbitrariamente a outros, e quando se afeiçoa mais às suas extravagâncias do que às suas vontades.

A monarquia se arruína quando o príncipe, atribuindo tudo unicamente a si, reduz o Estado à capital, a capital à sua corte, e a corte exclusivamente à sua pessoa.

Enfim, ela se arruína quando um príncipe desconhece sua autoridade, sua situação, o amor de seus povos, e quando não percebe que um monarca deve considerar-se em segurança, assim como um déspota deve considerar--se em perigo.

Capítulo VII – Continuação do mesmo assunto

O princípio da monarquia se corrompe quando as primeiras dignidades são as insígnias da primeira servidão, quando se elimina o respeito dos

---

10 *Compilação de obras feitas sob os Ming*, relatadas pelo padre Du Halde [*Descrição do império da China*].

Do espírito das leis

povos pelos homens eminentes, e quando os instrumentos do poder arbitrário se tornam vis.

O princípio se corrompe ainda mais quando a honra for colocada em contradição com as honras e quando alguém pode ser ao mesmo tempo coberto de infâmia[11] e de dignidades.

Torna-se corrompido quando o príncipe transforma sua justiça em severidade; quando insere, como faziam os imperadores romanos, uma cabeça de Medusa no peitoral de sua couraça;[12] quando adquire esse ar ameaçador e terrível que Cômodo mandava figurar em suas estátuas.[13]

O princípio da monarquia se corrompe quando almas singularmente covardes extraem vaidade da grandeza que sua servidão possa ter, e quando creem que aquilo que as faz dever tudo ao príncipe faz com que nada devam à sua pátria.

Mas se é verdade (o que foi observado em todas as épocas) que, à medida que o poder do monarca se torna imenso, a sua segurança diminui, não é um crime de lesa-majestade contra esse poder corrompê-lo a ponto de fazê-lo mudar de natureza?

Capítulo VIII – Perigo da corrupção do princípio do governo monárquico

Não há inconveniente quando o Estado passa de um governo moderado a um governo moderado, como da república à monarquia, ou da monar-

---

11 Sob o reino de Tibério, ergueram-se estátuas e deram-se ornamentos triunfais aos delatores, o que envileceu de tal modo essas honrarias que aqueles que a haviam merecido passaram a menosprezá-las. Fragmento de Dião Cássio [*História romana*], Lv.LVIII, tirado do *Extrato das virtudes e dos vícios*, de Constantino Porfirogeneta. Vede em Tácito a maneira como Nero, com a descoberta e a punição de uma pretensa conjuração, deu a Petrônio Turpiliano, a Nerva, a Tigelino, os ornamentos triunfais. *Anais*, Lv.XIV [cf. Lv.XV, cap.72]. Vede também como os generais menosprezaram fazer a guerra porque desprezavam as honrarias. *Pervulgatis triumphi insignibus* ["Os ornamentos triunfais foram vulgarizados"]. Tácito, *Anais*, Lv.XIII [cap.53].

12 Nesse Estado, o príncipe conhecia bem qual era o princípio de seu governo.

13 Herodiano [*História romana*].

quia à república, mas quando ele cai e se precipita do governo moderado ao despótico.

Os povos da Europa ainda são, em sua maioria, governados pelos costumes. Mas, se por um longo abuso do poder ou se por uma grande conquista, em determinada altura se estabelecesse o despotismo, não haveria nem costumes nem climas que pudessem refreá-lo; e, nessa bela parte do mundo, a natureza humana toleraria, ao menos durante algum tempo, os insultos feitos contra as outras três partes.

Capítulo IX – O quanto a nobreza está disposta a defender o trono

A nobreza inglesa soterrou-se, junto com Carlos I, sob os destroços do trono;[14] e, antes disso, quando Filipe II fez chegar aos ouvidos dos franceses a palavra "liberdade", a coroa sempre foi sustentada por essa nobreza, que assume a honra de obedecer a um rei, mas que enxerga como soberana infâmia dividir o poder com o povo.

Viu-se a casa da Áustria trabalhar sem descanso para oprimir a nobreza húngara: ignorava o valor que um dia atribuiria a essa nobreza. Procurava entre esses povos um dinheiro que não possuíam; desconsiderava os homens que ali se encontravam. No momento em que tantos príncipes partilhavam entre si seus Estados, todas as peças de sua monarquia, imóveis e sem ação, desmoronavam, por assim dizer, umas sobre as outras. Havia vida somente na nobreza que se indignou, que esqueceu tudo para combater e acreditou que consistia em sua glória perecer e perdoar.[15]

---

14 Sobre a relação entre nobreza, parlamento e a monarquia no período de Carlos I, conferir em especial os capítulos 12 a 14 em Hume, *História da Inglaterra*. (N. T.)

15 Em "Reflexões sobre a monarquia universal na Europa", Montesquieu avalia que a casa da Áustria (também chamada de casa de Habsburgo) indicava surgir como uma grande potência europeia após a sucessão de Carlos V por Filipe II. Mas, referindo-se à exploração de ouro e prata operada pelos espanhóis nas Américas, Montesquieu na realidade aproveita o comentário da sucessão para desferir críticas à política mercantilista então adotada: em vez de valorizar os habitantes e o trabalho realizado no império, buscavam-se sinais de riqueza no exterior. Lemos, portanto,

Do espírito das leis

Capítulo X – Da corrupção do princípio do governo despótico

O princípio do governo despótico se corrompe sem parar, porque ele é, por sua própria natureza, corrompido. Os outros governos perecem porque acidentes particulares violam seus princípios; o governo despótico perece por seu vício inerente, a não ser quando algumas causas acidentais não impedem seu princípio de se corromper. Portanto, ele apenas se mantém quando circunstâncias vindas do clima, da religião, da situação ou do gênio do povo o forçam a seguir alguma ordem e a tolerar alguma regra. Essas coisas forçam sua natureza sem a alterar; sua ferocidade permanece: durante algum tempo, ela é amansada.

Capítulo XI – Efeitos naturais da bondade e da corrupção dos princípios

Uma vez corrompidos os princípios do governo, as melhores leis tornam--se ruins, e voltam-se contra o Estado. Quando seus princípios são sadios, as leis ruins produzem o efeito das boas: a força do princípio arrasta tudo consigo.

Os cretenses, para manter os magistrados na dependência das leis, empregavam um meio muito singular: o da *insurreição*. Uma parcela dos cidadãos se sublevava,[16] punha os magistrados em fuga e obrigava-os a retornar à vida privada. Isso era supostamente realizado como uma consequência da lei. Um instituto semelhante, que estabelecia a sedição para impedir o abuso

---

a seguinte afirmação: "Todos sabem que o ouro e a prata são somente uma riqueza de ficção ou de signo. Como esses signos são muito duráveis, e se destroem pouco, como convém à sua natureza, acontece que quanto mais se multiplicam, mais desvalorizam, pois representam menos coisas. A infelicidade dos espanhóis foi que, pela conquista do México e do Peru, abandonaram as riquezas naturais para ter riquezas de signo que se degradavam por si mesmas" (Montesquieu, *Reflexões sobre a monarquia universal na Europa*, em *Œuvres complètes*, t.II, p.31). (N. T.)

16 Aristóteles, *Política*, Lv.II, cap.10.

do poder, parecia dever ocasionar a queda de qualquer república que fosse. Não destruiu a república de Creta, e eis aqui o porquê.[17]

Quando os antigos quiseram mencionar um povo que tivesse o maior amor pela pátria, citaram os cretenses. *"A pátria"*, dizia Platão,[18] *"nome tão terno aos cretenses"*. Chamavam-na de um nome que exprime o amor de uma mãe por seus filhos.[19] Ora, o amor pela pátria tudo corrige.

As leis da Polônia também contêm sua *insurreição*.[20] Mas os inconvenientes que disso resultam mostram claramente que somente o povo de Creta encontrava-se em condição de empregar com sucesso semelhante remédio.

Os exercícios da ginástica estabelecido entre os gregos não foram menos dependentes da bondade do princípio do governo. "Foram os lacedemônios e os cretenses", diz Platão,[21] "que abriram as academias famosas, que as alçaram, no mundo, a um patamar tão distinto. De início, o pudor alarmou-se, mas cedeu à utilidade pública". Na época de Platão, essas instituições eram admiráveis[22] e se relacionavam a um grande objetivo, a arte militar. Mas, quando os gregos deixaram de ser virtuosos, tais instituições destruíram a própria arte militar: ninguém mais descia à arena para se formar, mas para se corromper.[23]

---

17 De início, reunia-se sempre contra os inimigos externos, ao que se dava o nome de *sincretismo*. Plutarco, *Obras morais*, p.88.

18 *República*, Lv.IX [575d].

19 Plutarco, *Obras morais*, no tratado *Se o homem de idade deve se imiscuir com os assuntos públicos*.

20 No século XVIII, a insurreição encontrava respaldo legal na constituição polonesa, e esse direito era comumente exercido pelas confederações, formadas por membros da nobreza. Sobre a questão, ver as "Considerações sobre o governo da Polônia", em Rousseau, *Textos de intervenção política*. (N. T.)

21 *República*, Lv.V [452c *ss.*].

22 A ginástica dividia-se em duas partes, a dança e a luta. Em Creta havia as danças armadas dos curetes; na Lacedemônia, as de Castor e Pólux; em Atenas, as danças armadas de Palas, muito adequadas para aqueles que ainda não atingiram a idade para ir para a guerra. "A luta é a imagem da guerra", diz Platão, *As Leis*, Lv.VII [814d]. Ele louva a antiguidade, por esta ter estabelecido apenas duas danças: a pacífica e a pírrica. Vede como essa última dança se aplicava à arte militar. Platão, ibid. [814d *ss.*].

23 *Aut libidinosae Ledæas Lacedæmonis palestras*. (Marcial [*Epigrama*], Lv.IV, epig.55). ["Ou as arenas ledeanas dos libidinosos lacedemônios". Referência a Leda, rainha de Esparta, e a seus filhos Castor e Pólux, irmãos conhecidos pela dedicação à ginástica e aos exercícios nas arenas. (N. T.)]

Plutarco nos conta[24] que, em sua época, os romanos pensavam que esses jogos haviam sido a principal causa da servidão na qual os gregos haviam caído. Era, ao contrário, a servidão dos gregos que havia corrompido esses exercícios. Nos tempos de Plutarco,[25] os parques, onde as pessoas lutavam desnudas, e os combates de luta, transformavam os jovens em pessoas covardes, dispunham-nos a um amor infame e formavam somente bufões. Mas, nos tempos de Epaminondas, o combate de luta fez com que os tebanos ganhassem a batalha de Leuctra.[26]

Enquanto o Estado não tiver perdido seus princípios, há poucas leis que não sejam boas; e, como dizia Epicuro ao falar das riquezas, "não é o licor que está estragado, é a jarra".[27]

Capítulo XII – Continuação do mesmo assunto

Em Roma, os juízes eram escolhidos entre a ordem dos senadores. Os Graco transferiram essa prerrogativa aos cavaleiros. Druso a concedeu aos senadores e aos cavaleiros; Sula, somente aos senadores; Cota, aos senadores, aos cavaleiros e aos tesoureiros públicos. César excluiu esses últimos. Antônio fez decúrias de senadores, cavaleiros e centuriões.

Quando uma república é corrompida, não se pode remediar nenhum dos males nascentes a não ser ao eliminar a corrupção e ao relembrar os princípios: qualquer outra correção ou é inútil ou é um novo mal. Enquanto Roma conservou seus princípios, os julgamentos puderam estar nas mãos dos senadores sem sofrer abusos; no entanto, quando ela foi corrompida, seja qual fosse o corpo para o qual se transferisse o julgamento – aos senadores, aos cavaleiros, aos tesoureiros públicos, para dois desses corpos, para todos os três em conjunto, para qualquer outro órgão que fosse –, o desfecho era sempre ruim. Os cavaleiros não tinham mais virtude que os senadores, os tesoureiros públicos não mais que os cavaleiros, e estes tinham tão pouca virtude quanto os centuriões.

---

24 Em suas *Obras morais*, no tratado *Questões romanas*.

25 Ibid.

26 Plutarco, "No banquete", em *Obras morais*, Lv.II [Questão V, 2].

27 Citação que se refere a Horácio: "Se o vaso não estiver limpo, tudo o que nele se coloca fica azedo" (*Epístolas*, Lv.I, p.II, v.54). (N. T.)

Montesquieu

Quando o povo de Roma conseguiu conquistar uma participação nas magistraturas patrícias, era natural que se pensasse que seus aduladores seriam os árbitros do governo. Mas não: viu-se esse povo, que tornara as magistraturas comuns acessíveis aos plebeus, eleger sempre os patrícios. O povo, porque era virtuoso, era magnânimo; porque era livre, desdenhava o poder. Porém, quando perdera seus princípios, tinha maior poder e menor cautela, até que finalmente, tendo se tornado seu próprio tirano e seu próprio escravo, perdeu a força da liberdade para cair na fraqueza da licenciosidade.

Capítulo XIII – Efeito do juramento
entre um povo virtuoso

Nunca houve um povo, diz Tito Lívio,[28] em que a dissolução tenha se introduzido mais tardiamente do que entre os romanos, e no qual a moderação e a pobreza tenham sido durante mais tempo honradas.

O juramento possuía tanta força entre esse povo que não havia nada que os vinculasse tão fortemente às leis. Para cumprir o juramento, por muitas vezes realizou coisas que jamais teria realizado nem pela glória, nem pela pátria.

Quando Quinto Cincinato, cônsul, desejou formar um exército na cidade contra os équos e os volscos, os tribunos opuseram-se a isso. "Muito bem", disse ele, "que todos aqueles que prestaram juramento ao cônsul no ano precedente marchem sob minhas bandeiras".[29] Em vão os tribunos protestaram que ninguém mais se vinculava por esse juramento, e que, quando este havia sido prestado, Quinto era um homem privado: o povo foi mais religioso do que aqueles que se associavam para dirigi-lo, ele não escutava nem as distinções, nem as interpretações dos tribunos.

Quando o mesmo povo quis se retirar para o Monte Sagrado, sentiu-se restringido pelo juramento que havia prestado de seguir os cônsules na guerra.[30] Ele concebeu o propósito de matá-los; fizeram chegar ao povo que, apesar disso, o juramento permaneceria. É possível, pelo crime que

---

28 Lv.I [Tito Lívio, Prefácio, em *Ab Urbe condita*].
29 Tito Lívio, Lv.III [cap.20].
30 Id., Lv.II [cap.32].

Do espírito das leis

pretendia cometer, especular sobre a ideia que o povo possuía sobre a violação do juramento.

Após a batalha de Canas, o povo, horrorizado, quis se retirar para a Sicília. Cipião fê-lo jurar que permaneceria em Roma, e o temor de violar seu juramento superou qualquer outro medo. Roma era uma embarcação sustentada por duas âncoras na tempestade: a religião e os costumes.[31]

Capítulo XIV – Como a menor mudança na constituição produz a ruína dos princípios

Aristóteles nos fala da república de Cartago como uma república bem regrada. Políbio nos diz que, na segunda guerra púnica,[32] havia em Cartago o seguinte inconveniente: o Senado havia perdido quase toda sua autoridade. Tito Lívio nos ensina que, quando Aníbal retornou a Cartago, encontrou os magistrados e os principais cidadãos desviando as receitas públicas para benefício próprio, e abusando de seu poder.[33] A virtude dos magistrados decaiu, pois, junto com a autoridade do Senado. Tudo derivava do mesmo princípio.

São conhecidos os prodígios da censura entre os romanos. Houve um período em que ela se tornou opressiva, mas foi mantida, pois ali havia mais luxo que corrupção. Cláudio enfraqueceu-a, e por esse enfraquecimento a corrupção tornou-se ainda maior do que o luxo; e a censura[34] aboliu, por assim dizer, a si própria. Alterada, exigida, retomada, abandonada, ela foi

---

31 Em *Considerações sobre as causas da grandeza dos romanos e de sua decadência*, lemos as seguintes avaliações feitas por Montesquieu: "o que mais contribui para fazer dos romanos os senhores do mundo foi que, tendo combatido sucessivamente contra todos os povos, eles sempre renunciaram a seus costumes tão logo encontraram outros melhores" e que "os romanos eram o povo mais religioso do mundo no que concerne ao juramento, que foi sempre o ponto nodal de sua disciplina militar" (cap.I, p.10 e 13. Montesquieu, *Considerações sobre as causas da grandeza dos romanos e de sua decadência*). (N. T.)

32 Mais ou menos dez anos mais tarde.

33 Referências desse parágrafo: Aristóteles, *Política*, Lv.II, 8; Políbio, *História*, Lv.VI, 51; Tito Lívio, *Ab urbe condita*, Lv.XXXIII, cap.46. (N. T.)

34 Vede Dião Cássio [*História romana*], Lv.XXXVIII; a "Vida de Cícero", em Plutarco [*Vidas paralelas*]; Cícero em *Cartas a Ático*, Lv.IV, cartas 10 e 15; Ascônio, sobre Cícero, em *De divinatione*.

completamente interrompida até o período em que se tornou inútil, digo, nos reinos de Augusto e de Cláudio.

Capítulo XV – Meios muito eficazes para a conservação dos três princípios

Somente poderei ser compreendido quando os quatro capítulos seguintes tiverem sido lidos.

Capítulo XVI – Propriedades distintivas da república

É da natureza da república ter apenas um território pequeno: sem isso, ela não consegue se manter.[35] Em uma grande república há grandes fortunas e, por consequência, menos moderação nos espíritos: são demasiado grandes as arrecadações a serem confiadas às mãos de um só cidadão; os interesses se tornam particulares; um homem primeiramente sente que sem sua pátria pode ser feliz, eminente, glorioso, e logo em seguida percebe que pode ser grande somente sobre a ruína de sua pátria.

Em uma grande república, o bem comum é sacrificado por mil considerações; é subordinado a exceções, depende dos acidentes. Em uma pequena, o bem público é mais bem percebido, mais bem conhecido, mais próximo de cada cidadão; nela, os abusos são menos disseminados, e, por consequência, menos protegidos.

O que permitiu a conservação da Lacedemônia durante tanto tempo foi que, após todas as suas guerras, ela permaneceu sempre com seu território. O único propósito da Lacedemônia era a liberdade; a única vantagem de sua liberdade era a glória.

---

35 A inspiração de Montesquieu é, aqui, retirada da obra de Samuel Pufendorf. Cf. *MP*, n.777. A relação entre a extensão territorial da república com o modo de administração a ser adotado é uma tópica comum e muito disseminada no pensamento político moderno. Rousseau, por exemplo, praticamente condiciona a forma democrática de governo da república à administração de um território pouco extenso (ver a esse respeito suas considerações sobre o governo democrático no *Contrato social*, mas sobretudo no *Projeto de constituição para a Córsega*). (N. T.)

Era do espírito das repúblicas gregas contentar-se tanto com suas terras quanto com suas leis. Atenas foi tomada pela ambição e transmitiu-a para a Lacedemônia: mas isso se deu antes para comandar povos livres do que para governar escravos; antes para assumir a dianteira da união do que para rompê-la. Tudo foi perdido quando uma monarquia emergiu, governo cujo espírito é mais voltado à expansão.

Sem outras circunstâncias particulares,[36] é difícil que qualquer outro governo que não o republicano possa se manter em uma única cidade. Um príncipe de um Estado tão pequeno buscaria naturalmente oprimir, porque teria um grande poder e poucos meios para usufruir dele ou para fazê-lo ser respeitado: portanto, espezinharia bastante os seus povos. Por outro lado, semelhante príncipe seria facilmente oprimido por uma força estrangeira, ou até mesmo por uma força interna; o povo poderia a qualquer momento se reunir e se juntar contra ele. Ora, quando um príncipe de uma cidade é expulso de sua cidade, o processo terminou; se ele tem muitas cidades, o processo apenas começou.

Capítulo XVII – Propriedades distintivas da monarquia

Um Estado monárquico deve ter uma extensão mediana. Se fosse pequeno, transformar-se-ia em uma república. Se fosse muito amplo, os principais homens do Estado, grandes por si mesmos, distantes da vigilância do príncipe, tendo sua própria corte fora da corte dele, e, além disso, protegidos, pelas leis e pelos costumes, contra as execuções imediatas, poderiam parar de obedecer: não temeriam uma punição tão lenta e tão distante.

Da mesma forma, Carlos Magno, tendo acabado de fundar seu império, foi obrigado a dividi-lo, seja porque os governos das províncias não obedeciam, seja porque, para fazê-los obedecer de maneira mais satisfatória, precisou dividir o império em diversos reinos.

Após a morte de Alexandre, seu império foi dividido. Como aqueles eminentes homens da Grécia e da Macedônia, que eram livres, ou que eram

---

36 Como quando um pequeno soberano se mantém entre dois grandes Estados por causa de seu mútuo ciúme; mas ele só existe precariamente.

ao menos os chefes dos conquistadores espalhados naquela vasta conquista, poderiam ter obedecido?

Depois da morte de Átila, seu império foi dissolvido. Tantos reis, deixando de se verem dominados, não poderiam retornar aos seus grilhões.

O pronto estabelecimento do poder sem limites é o remédio que, nesses casos, pode prevenir a dissolução: novo infortúnio após o da expansão!

Os rios correm para se misturar ao mar, as monarquias correm para se perder no despotismo.

Capítulo XVIII – Que a monarquia da Espanha era um caso particular

Que a Espanha não seja citada como exemplo: ela prova, antes de mais nada, o que eu digo. Para manter a América, a Espanha fez aquilo que o próprio despotismo não faz: destruiu seus habitantes. Para conservar sua colônia, foi preciso que ela a mantivesse na dependência de sua própria subsistência.

Ela tentou o despotismo nos Países Baixos, e, tão logo abandonou sua tentativa, suas dificuldades aumentaram. De um lado, os valões não queriam ser governados pelos espanhóis; e, de outro, os soldados espanhóis não queriam obedecer aos oficiais valões.[37]

A Espanha apenas se mantinha na Itália porque fazia com que esta se enriquecesse enquanto ela se arruinava, pois aqueles que teriam desejado se desfazer do rei da Espanha não se sentiam dispostos, para fazê-lo, a renunciar a seu dinheiro.

Capítulo XIX – Propriedades distintivas do governo despótico

Um grande império supõe uma autoridade despótica naquele que governa. É preciso que a prontidão das resoluções supra a distância dos lugares para os quais são enviadas; que o medo impeça a negligência do governante ou do magistrado que se encontra distante; que a lei esteja concentrada em

---

37 Vede a *História das províncias unidas*, pelo sr. Le Clerc.

Do espírito das leis

uma só pessoa; e que ela mude incessantemente, como os acidentes, que, no Estado, sempre se multiplicam proporcionalmente à grandeza deste.

Capítulo XX – Consequência dos capítulos precedentes

Se a propriedade natural dos pequenos Estados é a de serem governados como república, a dos medianos a de serem submetidos a um monarca e a dos grandes impérios a de serem dominados por um déspota, segue-se disso que, para conservar os princípios do governo estabelecidos, é preciso que o Estado mantenha a extensão que já possuía anteriormente, e também que esse Estado mudará de espírito à medida que suas fronteiras forem retraídas ou expandidas.

Capítulo XXI – Do império da China

Antes de terminar este livro, responderei a uma objeção que pode ser feita sobre tudo o que disse até aqui.

Nossos missionários nos falam do vasto império da China como de um governo admirável, em cujo princípio se mistura o medo, a honra e a virtude. Portanto, quando estabeleci os princípios dos três governos, eu teria feito uma distinção inútil.

Ignoro o que seja essa honra da qual se fala entre os povos nos quais nada é feito senão mediante pauladas.[38]

Ademais, nossos comerciantes, longe de conseguir nos oferecer impressões sobre essa virtude da qual nossos missionários nos falam, podem, no entanto, ser consultados sobre as pilhagens dos mandarins.[39]

Valho-me ainda do testemunho do eminente milorde Anson.[40]

---

38 É o bastão que governa a China, diz o padre Du Halde [*Descrição do império da China*, t.II].

39 Vede, dentre outros, o relato de Lange [*Coletânea de viagens do Norte*].

40 Referência aos relatos contidos em *A Voyage Round the World in 1740-1744*, com informações sobre a expedição comandada por George Anson (1697-1762), almirante de frota da Marinha Real Britânica. Embora o livro tenha sido lançado em 1748, diversos dos relatos já circulavam desde 1744 nas livrarias. O texto foi

Montesquieu

Além disso, as cartas do padre Parennin sobre o processo que o imperador mandou instaurar contra os príncipes de sangue neófito,[41] que haviam lhe desagradado, revelam-nos um plano de tirania perseguido com perseverança e injúrias metodicamente feitas contra a natureza humana, isto é, realizadas a sangue-frio.

Temos também as cartas de Mairan e do mesmo padre Parennin sobre o governo da China.[42] Após questões e respostas muito sensatas, o maravilhamento desapareceu.

Não poderia ter acontecido de os missionários terem sido enganados por uma aparência de ordem? Que tenham ficado impressionados com esse exercício contínuo da vontade de uma só pessoa, pela qual eles mesmos são governados e do qual tanto gostam de encontrar nas cortes dos reis das Índias? Pois, indo até tais lugares apenas para realizar grandes mudanças, é-lhes mais fácil convencer os príncipes de que eles podem tudo fazer do que persuadir os povos de que eles podem tudo suportar.[43]

Enfim, frequentemente há algo de verdadeiro nos próprios erros. Circunstâncias específicas, e talvez únicas, podem fazer que o governo da China não seja tão corrompido quanto deva ser. Causas que são em grande parte extraídas do físico do clima conseguiram prevalecer sobre as causas morais nesse país e, de certa forma, operar prodígios.

---

depois publicado na França sob o título de *Voyage autour du monde par George Anson* (1749). Os textos de Anson são utilizados no *Espírito das leis* para fazer contraposição aos relatos favoráveis (aos olhos de Montesquieu) das *Cartas edificantes* (evocadas anteriormente). Ver nota do tradutor em V, 13. (N. T.)

41 Da família de Sunu. *Cartas edificantes*, 18ª coletânea.

42 Jean-Jacques Dortous de Mairan (1678-1771), físico, homem de letras francês, membro da Academia de Bordeaux e eleito para a Academia de Ciências francesa. Montesquieu trocou correspondências com Dortous. Quanto à referência do parágrafo, trata-se da troca de cartas entre Mairan e o padre Dominique Parrenin, posteriormente publicada sob o título *Lettres de M. de Mairan au R. P. Parrenin, missionaire de la Compagnie de Jésus à Pékin, contenant diverses questions sur la Chine* (1759). (N. T.)

43 Vede, no padre Du Halde [*Descrição do império da China*], como os missionários se valeram da autoridade de Canhi para silenciar os mandarins, que sempre diziam que, pelas leis do país, um culto estrangeiro não poderia ser estabelecido no império.

Do espírito das leis

O clima da China é tal que favorece prodigiosamente a propagação da espécie humana. A fecundidade das mulheres ali é tão grande que não há nada semelhante na Terra. A tirania mais cruel não consegue impedir o progresso da propagação. O príncipe não pode dizer, assim como o faraó, *oprimamo-los com sabedoria*. Antes, se veria reduzido a formular o desejo de Nero, qual seja, que o gênero humano tivesse só uma cabeça. Malgrado a tirania, a China, pela força do clima, sempre se povoará, e triunfará sobre a tirania.

A China, como todos os países onde se planta arroz,[44] está sujeita a fomes frequentes. Quando o povo morre de fome, ele se dispersa em busca de um sustento; por toda parte forma bandos de três, quatro ou cinco ladrões. A maior parte é imediatamente exterminada; outras crescem e são igualmente exterminadas. Mas, em um número tão grande de províncias tão distantes, pode acontecer de alguma turba ter sucesso. Ela se mantém, se fortifica, torna-se um corpo armado, vai direto à capital e o chefe sobe ao trono.

A natureza da coisa é tal que, naquele lugar, o mau governo é imediatamente punido. Ali a desordem nasce subitamente, porque esse povo prodigioso carece de subsistência. O que faz com que em outros países seja tão difícil se recuperar dos abusos é o fato de que neles os efeitos não são perceptíveis; o príncipe não é advertido de uma maneira imediata e inequívoca, como ocorre com os príncipes na China.

Ele não sentirá, como nossos príncipes, que, se governar mal, será menos feliz na outra vida, e menos poderoso e menos rico nesta. Saberá que, se seu governo não for bom, perderá o império e a vida.

Como, malgrado o desarrimo das crianças, o povo sempre aumenta na China,[45] é necessário um trabalho infatigável para fazer as terras produzirem o sustento para a alimentação: isso requer uma grande atenção da parte do governo. Ele está constantemente interessado em que todo mundo possa trabalhar sem medo de ser frustrado em seus esforços. Deve ser menos um governo civil que um governo doméstico.

---

44 Vede Lv.XXIII, Cap.14.

45 Vede o memorial de um *tsoungtou* relativo ao arroteamento da terra. *Cartas edificantes*, 21ª coletânea. [Segundo o padre Du Halde, o *tsoungtou* era um cargo semelhante ao de vice-rei. (N. T.)]

Eis o que produziram os regramentos sobre os quais tanto se fala. Quiseram que as leis reinassem com o despotismo, mas o que se junta ao despotismo deixa de ter força. Esse despotismo, acossado por seus infortúnios, em vão buscou se agrilhoar: ele se arma com suas correntes e torna-se ainda mais terrível.

A China é, pois, um Estado despótico, cujo princípio é o medo. Talvez nas primeiras dinastias, com o império não sendo tão vasto, o governo se afastasse um pouco desse espírito. Mas atualmente não é mais assim.

Segunda parte

Livro IX
Das leis na relação que possuem com a força defensiva

Capítulo Primeiro – Como as repúblicas providenciam sua segurança

Se uma república é pequena, é destruída por uma força estrangeira. Se é grande, destrói-se por um vício interno.

Esse duplo inconveniente contamina tanto as democracias quanto as aristocracias, sejam elas boas ou más. O mal está na própria coisa: não há nenhum expediente que possa remediá-lo.

Assim, é muito provável que os homens teriam sido, no final das contas, obrigados a viver sempre sob o governo de um só, caso não houvessem imaginado uma maneira de constituição que possui todas as vantagens internas do governo republicano e a força externa da monarquia. Falo da república federativa.

Essa forma de governo é uma convenção pela qual diversos corpos políticos consentem em se tornar cidadãos de um Estado maior que desejam formar. É uma sociedade de sociedades que criam uma nova, que pode ser aumentada por novos associados que se unirem a ela.[1]

---

1 As reflexões que o *Espírito das leis* faz sobre a confederação de Estados foi de suma importância para a Revolução Americana e para a constituição dos Estados Unidos, e alguns de seus pais fundadores, como Hamilton e Madison (que evoca a fórmula "somente um poder detém outro poder"), não deixam de expressar suas dívidas

Montesquieu

Foram essas associações que fizeram o corpo da Grécia florescer durante tanto tempo. Graças a elas os romanos atacaram o universo, e somente através delas o universo se defendia contra os romanos; e quando Roma atingiu o apogeu de sua grandeza, foi por meio das associações formadas do outro lado do Danúbio e do Reno, associações que o pavor produzira, que os bárbaros puderam lhe opor resistência.

Graças a elas, a Holanda,[2] a Alemanha, as Ligas suíças, são vistas, na Europa, como repúblicas eternas.

As associações das cidades eram outrora mais necessárias do que o são atualmente. Uma cidade sem poder corria graves perigos. A conquista a fazia perder não somente o poder executor e o legislativo, como hoje em dia, mas também tudo o que há de propriedade entre os homens.[3]

Essa espécie de república, capaz de resistir à força externa, pode conservar-se em seu tamanho sem que o interior se corrompa: a forma dessa sociedade previne todos os inconvenientes.

Aquele que desejasse usurpar não poderia ter igual credibilidade em todos os Estados confederados. Caso se tornasse muito poderoso em um dos Estados, alarmaria todos os outros; caso subjugasse uma parte deles, a que ainda permanecesse livre poderia lhe resistir com forças independentes daquelas que ele havia usurpado, e aniquilá-lo antes que ele se consolidasse.

Se ocorre alguma sedição entre um dos membros confederados, os outros podem apaziguá-la. Se certos abusos se introduzem em determinada parte, são corrigidos pelas partes sadias. Esse Estado pode perecer de um lado sem perecer do outro; a confederação pode ser dissolvida, e os confederados permanecer soberanos.

Composta de pequenas repúblicas, goza da bondade do governo interno de cada uma delas; e, em relação ao estrangeiro, possui, pela força da associação, todas as vantagens das grandes monarquias.

---

para com Montesquieu. Sobre o assunto, conferir Bailyn, *As origens ideológicas da Revolução Americana*; e também Arendt, *Sobre a revolução*. (N. T.)

2 Ela é formada por aproximadamente cinquenta repúblicas, todas diferentes umas das outras. *État Présent de la République des Provinces-Unies*, de [François-Michel] Janiçon.

3 Liberdade civil, bens, mulheres, crianças, templos e até mesmo as sepulturas.

Do espírito das leis

Capítulo II – Que a constituição federativa deve ser composta de Estados da mesma natureza, sobretudo de Estados republicanos

Os cananeus foram destruídos porque eram pequenas monarquias que não se confederavam e não possuíam uma defesa comum. Isso acontece porque confederar-se não está na natureza das pequenas monarquias.

A república federativa da Alemanha é composta de cidades livres e pequenos Estados que se submetem a príncipes. A experiência revela que ela é mais imperfeita do que a da Holanda e a da Suíça.

O espírito da monarquia é a guerra e a expansão; o espírito da república é a paz e a moderação. Essas duas espécies de governo somente podem coexistir, em uma república federativa, de maneira forçada.

Também vemos na história romana que, quando os veios escolheram um rei, todas as pequenas repúblicas da Toscana os abandonaram. Na Grécia, tudo se perdeu quando os reis da Macedônia obtiveram um lugar entre os anfictiões.[4]

A república federativa da Alemanha, composta de príncipes e cidades livres, subsiste porque tem um chefe que é, sob certos aspectos, o magistrado da união e, sob outros, o monarca.

Capítulo III – Outras coisas exigidas na república federativa

Na república da Holanda, uma província não pode fazer uma aliança sem o consentimento das outras. Essa lei é muito boa e até mesmo necessária na república federativa. Ela não é prevista na constituição germânica, na qual evitaria as infelicidades que poderiam advir a todos os membros pela imprudência, ambição ou avareza de uma única pessoa. Uma república que se uniu por uma confederação política entregou-se inteiramente, e nada mais tem para oferecer.

---

4 Os veios eram o povo de *Veii* ou Veios, uma das mais importantes cidades etruscas. Os anfictiões compunham a *anfictionia*, liga de religiosos cujos representantes eram enviados por diversos povos, de cidades-Estado variadas. (N. T.)

É improvável que os Estados que se associam possuam o mesmo tamanho e tenham um poder igual. A república dos lícios[5] era uma associação de 23 cidades; as grandes tinham três votos no conselho comum; as medianas, dois; as pequenas, um. A república da Holanda é composta por sete províncias, grandes ou pequenas, tendo cada uma delas um voto.

As cidades da Lícia[6] pagavam os encargos proporcionalmente aos seus sufrágios. As províncias da Holanda não podem seguir essa proporção; é preciso que sigam aquela determinada pelo seu poder.

Na Lícia,[7] os juízes e os magistrados das cidades eram eleitos pelo conselho comum e de acordo com a proporção apontada acima. Na república da Holanda, não são eleitos pelo conselho comum, e cada cidade nomeia seus magistrados. Se fosse preciso apresentar um modelo de uma bela república federativa, eu ofereceria o da república da Lícia.

Capítulo IV – Como os Estados despóticos providenciam sua segurança

Assim como as repúblicas providenciam sua segurança ao se unir, os Estados despóticos a garantem ao se separarem e se manterem, por assim dizer, isolados. Eles sacrificam uma parte do país, devastam as fronteiras e as tornam desertas; o corpo do império torna-se inacessível.[8]

É aceito na geometria que, quanto maior extensão possuem os corpos, menor é, relativamente, sua circunferência. Essa prática de devastar as fronteiras é, pois, mais tolerável nos grandes Estados que nos medianos.

Esse Estado faz contra si mesmo todo o mal que um cruel inimigo poderia fazer; um inimigo, no entanto, que não poderia ser detido.

O Estado despótico se conserva por uma outra espécie de separação, feita colocando as províncias longínquas nas mãos de um príncipe que seja

---

5 Estrabão [*Geografia*], Lv.XIV.

6 Ibid.

7 Ibid.

8 Nessa passagem, a noção de *corpo* refere-se ao núcleo ou parte central do império. (N. T.)

delas feudatário. O Mogol, a Pérsia, os imperadores da China possuem seus feudatários; e os turcos encontram-se em uma boa situação ao colocarem, entre si e seus inimigos, os tártaros, os moldávios, os valáquios e, outrora, os transilvanos.

Capítulo V – Como a monarquia providencia sua segurança

A monarquia não destrói a si mesma, como o Estado despótico; mas um Estado de tamanho mediano pode ser facilmente invadido. Assim, ela possui praças-fortes que protegem suas fronteiras e exércitos para defender suas praças-fortes. O menor terreno é disputado com arte, com coragem, com obstinação. Os Estados despóticos realizam invasões entre si; somente monarquias fazem guerra.

As praças-fortes pertencem às monarquias, já os Estados despóticos temem possuí-las. Não ousam confiá-las a ninguém, pois neles ninguém ama nem o Estado, nem o príncipe.

Capítulo VI – Da força defensiva dos Estado em geral

Para que um Estado se encontre em plena força, é necessário que seu tamanho seja tal que haja uma relação da velocidade com que é possível executar qualquer ataque contra ele e a prontidão que se pode utilizar para neutralizá-lo. Como aquele que ataca pode subitamente aparecer em qualquer lugar, é preciso que aquele que defende possa também estar presente em toda parte, e, por conseguinte, é preciso que o tamanho do Estado seja mediano, para que se encontre em proporção com o grau de velocidade que a natureza deu aos homens para se transportar de um lugar a outro.

A França e a Espanha são exatamente do tamanho que lhes convêm. As forças se comunicam tão bem que chegam imediatamente aonde querem chegar, os exércitos se reúnem e passam rapidamente de uma fronteira à outra, e ninguém teme as coisas que necessitam de certo tempo para serem executadas.

Por uma admirável felicidade, na França a capital se encontra mais próxima das diferentes fronteiras justamente na proporção de suas vulnerabilidades; e ali, quanto mais exposta cada parte de seu país estiver, melhor o príncipe consegue enxergá-las.

Contudo, quando um vasto Estado, tal como a Pérsia, é atacado, são necessários muitos meses para que as tropas dispersas possam se reunir, e nenhuma marcha pode ser forçada durante tanto tempo, como se faz quando dura quinze dias. Se o exército que se encontra na fronteira é derrotado, seguramente se dispersa, porque seus pontos de retirada não são próximos. O exército vitorioso, que não encontra resistência, avança a largos passos, aparece na capital e a sitia, enquanto os governadores das províncias mal puderam ser alertados para enviar socorro. Os que julgam que a revolução está próxima aceleram-na ao deixar de obedecer. Afinal, pessoas que são fiéis unicamente porque a punição é próxima deixam de sê-lo a partir do momento em que ela se distancia, e trabalham para seus interesses particulares. O império se dissolve, a capital é tomada e o conquistador disputa as províncias com os governadores.

O verdadeiro poder de um príncipe consiste menos na facilidade que ele possui para conquistar que na dificuldade que alguém encontra para atacá-lo, e, se me atrevo a dizer, na imutabilidade de sua condição. Mas a expansão de um Estado expõe novos pontos vulneráveis por onde pode ser assaltado.

Assim, do mesmo modo que os monarcas devem ter sabedoria para aumentar seu poder, não devem deixar de ter prudência para limitá-lo. Ao cessarem com os inconvenientes da pequeneza, é preciso que sempre mantenham um olho sobre os inconvenientes da grandeza.

Capítulo VII – Reflexões

Os inimigos de um grande príncipe, que reinou durante muito tempo,[9] acusaram-no mil vezes, mais por temor que por suas razões, assim creio, de ter formado e conduzido o projeto de uma monarquia universal. Se ele houvesse sido exitoso, nada teria sido mais fatal à Europa, aos seus antigos súditos, a ele próprio e à sua família. O céu, conhecedor dos verdadeiros

---

9 Referência a Luís XIV. Montesquieu reproduz aqui trechos de *Reflexões sobre a monarquia universal*. (N. T.)

Do espírito das leis

préstimos, melhor o serviu pelas derrotas do que o teria feito pelas vitórias. Em vez de tê-lo tornado o único rei da Europa, favoreceu-o ainda mais ao torná-lo o mais poderoso de todos.

Sua nação, que nos países estrangeiros apenas se comove com aquilo que abandonou; que, ao sair do país, vê a glória como o bem soberano, e, nos países distantes, como um obstáculo ao seu retorno; que incomoda por suas próprias boas qualidades, porque parece acrescentar a elas o desprezo; que pode suportar as feridas, os perigos, as fadigas, mas não a perda de seus prazeres; que não ama nada tanto quanto sua alegria, e que se consola pela derrota em uma batalha ao fazer canções sobre o general; tal nação jamais teria realizado um empreendimento que não pode fracassar em um país sem fracassar em todos os outros, nem fracassar por um momento sem fracassar para sempre.

Capítulo VIII – Caso em que a força defensiva de um Estado é inferior à sua força ofensiva

Dizia o *sire* de Coucy ao rei Carlos V "que os ingleses nunca são mais fracos ou mais fáceis de serem vencidos que em sua própria casa". É o que se dizia dos romanos; é o que experimentaram os cartaginenses; é o que acontecerá a toda potência que tenha enviado para longe seus exércitos, a fim de reunir, pela força da disciplina e do poder militar, os que estavam divididos entre si pelos interesses políticos ou civis. O Estado, fraco por causa do mal que persiste, torna-se ainda mais debilitado pelo remédio.

A máxima do *sire* de Coucy é uma exceção à regra geral que aconselha a não travar guerras em terras distantes. E essa exceção confirma bem a regra, pois se aplica somente contra aqueles mesmos que a violaram.

Capítulo IX – Da força relativa dos Estados

Toda grandeza, toda força, todo poder é relativo. É preciso tomar cuidado para que, ao tentar aumentar a grandeza real, não se diminua a grandeza relativa.

Aproximadamente na metade do reinado de Luís XIV, a França atingiu o mais alto ponto de sua grandeza relativa. A Alemanha ainda não tinha os grandes monarcas que teve desde então. A Itália encontrava-se na mesma situação. A Escócia e a Inglaterra não formavam uma monarquia única. Aragão não havia se constituído uma com Castela; as partes separadas da Espanha eram enfraquecidas por isso, e enfraqueciam-na. A Moscóvia era tão pouco conhecida na Europa quanto a Crimeia.

Capítulo X – Da fraqueza dos Estados vizinhos

Quando se tem por vizinho um Estado que se encontra em sua decadência, deve-se evitar apressar sua ruína, porque se está, a esse respeito, na situação mais afortunada na qual se possa estar. Não há nada de mais cômodo para um príncipe do que estar próximo de um outro que recebe em seu lugar todos os golpes e todas as afrontas do destino. É raro que, pela conquista de um semelhante Estado, se aumente o poder real o tanto quanto se perde em poder relativo.

Livro X
Das leis na relação que possuem com a força ofensiva

Capítulo Primeiro – Da força ofensiva

A força ofensiva é regulada pelo direito das gentes, que é a lei política das nações consideradas na relação que possuem umas com as outras.

Capítulo II – Da guerra

A vida dos Estados é como a dos homens. Estes últimos possuem o direito de matar no caso de defesa natural, e os primeiros possuem o direito de fazer guerra para sua própria conservação.

Nos casos de defesa natural, tenho o direito de matar porque minha vida pertence a mim, como a vida do outro que me ataca pertence a ele. Da mesma forma, um Estado faz guerra porque sua conservação é justa como qualquer outra conservação.

Entre os cidadãos, o direito da defesa natural não carrega consigo a necessidade de ataque. Em vez de atacar, basta recorrer aos tribunais. Portanto, os cidadãos apenas podem exercer o direito dessa defesa nos casos momentâneos em que estariam perdidos caso tivessem que esperar o socorro das leis. Mas, em meio às sociedades, o direito da defesa natural implica, por vezes, a necessidade de atacar, quando um povo percebe que uma paz mais longa daria a um outro povo a condição para destruí-lo, e que o ataque é, nesse momento, o único meio para impedir essa destruição.

Segue-se disso que as pequenas sociedades possuem com mais frequência o direito de fazer guerra do que as grandes, porque com mais frequência elas se encontram nos casos em que temem ser destruídas.

O direito da guerra deriva, pois, da necessidade e do rígido respeito pelo justo. Se aqueles que guiam a consciência ou os conselhos dos príncipes não se ativerem a isso, tudo estará perdido, e, quando se fundarem sobre princípios arbitrários de glória, de conveniência,[1] de utilidade, rios de sangue inundarão a terra.

Sobretudo, que não se fale da glória do príncipe. Sua glória seria seu orgulho: trata-se de uma paixão, e não de um direito legítimo.

É verdade que a reputação de seu poder poderia aumentar as forças de seu Estado; mas a reputação de sua justiça as aumentaria da mesma forma.

Capítulo III – Do direito de conquista

Do direito de guerra deriva o de conquista, que é sua consequência e deve, pois, seguir o mesmo espírito do primeiro. Quando um povo é conquistado, o direito que os conquistadores têm sobre ele segue quatro espécies de leis: a lei da natureza, que faz com que tudo tenda à conservação das espécies; a lei da luz natural, que estabelece que façamos aos outros o que gostaríamos que os outros nos fizessem; a lei que forma as sociedades políticas, que são de tal modo que a natureza de nenhuma forma lhes limitou a duração; enfim, a lei proveniente da própria coisa. A conquista é uma aquisição. O espírito de aquisição carrega consigo o espírito de conservação e de uso, e não o de destruição.

---

1 No original *bienséance*, que se refere também a uma situação de desafogo, na qual alguém está livre de preocupação em relação aos bens, dos quais pode dispor como desejar sem observar prejuízo. Embora o termo *conveniência* (ou, em francês, *convenance*) tenha um significado específico sobretudo para os autores contratualistas do século XVIII (como Rousseau, por exemplo), nesse contexto Montesquieu assinala ao mesmo tempo o interesse material e o caráter de "bel-prazer" da expressão, isto é, aquilo que atende aos caprichos de um indivíduo. (N. T.)

Do espírito das leis

Um Estado que tenha conquistado um outro o trata de uma das quatro seguintes maneiras: continua a governar segundo as leis e assume para si somente o exercício do governo político e civil; dá-lhe um novo governo político e civil; destrói a sociedade e a dispersa em outras; ou, enfim, extermina todos os seus cidadãos.

A primeira maneira está em conformidade com o direito das gentes que seguimos atualmente, a quarta está mais em conformidade com o direito das gentes dos romanos. Sobre isso, deixo que julguem o quão melhores nos tornamos. É preciso aqui prestar homenagens aos nossos tempos modernos, à nossa presente razão, à religião atual, à nossa filosofia, aos nossos costumes.

Os autores de nosso direito público, baseados nos historiadores antigos, tendo deixado de seguir os casos rígidos, caíram em grandes erros. Acabaram incorrendo no arbitrário, supuseram que os conquistadores possuem um direito, não sei qual, de matar. Isso fez com que extraíssem consequências terríveis como princípios e que estabelecessem máximas que os próprios conquistadores, quando detentores do mínimo de bom senso, nunca adotaram. É evidente que, quando a conquista é efetuada, o conquistador não mais possui o direito de matar, porque não mais se encontra no caso de defesa natural e de sua própria conservação.

O que os fez pensar assim foi acreditar que o conquistador tinha o direito de destruir a sociedade: donde concluíram que ele possuía o direito de destruir os homens que a compõem, o que é uma consequência falsamente tirada de um falso princípio. Pois, mesmo quando a sociedade fosse aniquilada, não se seguiria disso que os homens que a formam também devessem ser aniquilados. A sociedade é a união dos homens, e não os homens; o cidadão pode perecer e o homem, permanecer.

A partir do direito de matar na conquista, os políticos[2] deduziram o direito de reduzir alguém à servidão. Mas a consequência é tão mal fundada quanto o princípio.

Não se tem o direito de reduzir alguém à servidão senão quando ela é necessária para a conservação da conquista. O objetivo da conquista é a

---

2 Neste capítulo, como nos subsequentes, Montesquieu refere-se aos *escritores políticos*. (N. T.)

conservação: a servidão jamais é o objetivo da conquista, mas pode ocorrer de ela ser um meio necessário para alcançar a conservação.

Nesses casos, é contra a natureza da coisa que essa servidão seja eterna. É preciso que o povo escravo possa tornar-se súdito. A escravidão na conquista é uma coisa acidental. Quando, após um certo espaço de tempo, todas as partes do Estado conquistador ligam-se com as partes do Estado conquistado através de práticas consuetudinárias, casamentos, leis, associações e uma certa conformidade de espírito, a servidão deve cessar. Afinal, os direitos do conquistador fundam-se apenas sobre o fato de que essas ligações ainda não existem e porque há de tal modo uma aversão entre as duas nações que uma não pode confiar na outra.

Assim, o conquistador que reduz o povo à servidão deve sempre se reservar os meios (e esses meios são inumeráveis) para fazê-lo livrar-se dela.

Absolutamente não faço aqui afirmações vagas. Nossos pais, que conquistaram o império romano, agiram assim. Abrandaram as leis que fizeram no calor do momento, na ação, na impetuosidade, no orgulho da vitória. Suas leis eram severas, eles as tornaram imparciais. Os borguinhões, os godos, os lombardos, desejaram que os romanos sempre fossem o povo vencido; as leis de Eurico, de Gundebaldo e de Rotário fizeram do bárbaro e do romano concidadãos.[3]

Carlos Magno, para dominar os saxões, retirou-lhes a ingenuidade[4] e a propriedade dos bens. Luís, o Bonachão, libertou-os:[5] nada fez de melhor em todo seu reinado. O tempo e a servidão haviam abrandado seus costumes, e para sempre os saxões lhe foram fiéis.

Capítulo IV – Algumas vantagens do povo conquistado

Em vez de extrair do direito de conquista consequências tão fatais, os políticos teriam feito melhor ao falar das vantagens que esse direito pode algumas vezes oferecer ao povo vencido. Teriam percebido melhor essas

---

3 Vede o código de leis dos bárbaros e o Livro XXVIII mencionado adiante.

4 A *ingenuidade* era, nesse caso, a condição do indivíduo que nasce livre. (N. T.)

5 Vede o autor desconhecido da vida de Luís, o Piedoso, na *Coletânea* de Duchesne, t.II, p.296.

Do espírito das leis

vantagens se o nosso direito das gentes tivesse sido rigorosamente seguido e se houvesse sido estabelecido em todos os cantos do mundo.

Comumente, os Estados que são conquistados não possuem a força que tinham em sua instituição: a corrupção se infiltrou neles, as leis deixaram de ser executadas, o governo tornou-se opressor. Quem pode duvidar que tal Estado deixaria de ganhar ou tirar certas vantagens da própria conquista, se esta não fosse destrutiva? Um governo, chegando ao ponto no qual não pode mais reformar a si mesmo, perderia o que ao ser refundado? Um conquistador que chega em meio a um povo onde o rico, por mil artimanhas e mil artifícios, imperceptivelmente praticou uma infinidade de meios de usurpação; onde o infeliz, que se lamenta ao ver aquilo que acredita serem abusos se tornarem leis, é oprimido e aflige-se por se sentir assim; um conquistador, digo eu, pode mudar o curso de tudo, e a tirania silenciosa é a primeira coisa passível de sofrer violência.

Observaram-se, por exemplo, Estados oprimidos pelos cobradores de impostos serem desonerados pelo conquistador, livre dos compromissos e das necessidades que o príncipe legítimo possuía. Os abusos eram corrigidos, mesmo que o conquistador não os corrigisse.

Algumas vezes a frugalidade da nação conquistadora a colocava em condição de deixar aos vencidos o necessário, do qual antes, sob o príncipe legítimo, eram privados.

Uma conquista pode destruir preconceitos nocivos e, se assim ouso dizer, acomodar uma nação sob um melhor gênio.

Que bem não poderiam os espanhóis ter feito aos mexicanos! Poderiam ter-lhes dado uma gentil religião, mas levaram a eles uma superstição furiosa. Poderiam ter libertado os escravos, mas transformaram em escravos os homens livres. Poderiam tê-los esclarecido sobre os abusos dos sacrifícios humanos, mas, em vez disso, os exterminaram. Nunca terminaria de falar caso quisesse contar todos os bens que os espanhóis deixaram de fazer e todos os males que cometeram.

Cabe a um conquistador reparar uma parte dos males que fez. Assim defino o direito de conquista: um direito necessário, legítimo e infeliz que, para quitar seus saldos com a natureza humana, sempre deixa uma imensa dívida a ser paga.

Capítulo V – Gelão, rei de Siracusa

O mais belo tratado de paz relatado pela história é, assim o creio, o que Gelão fez com os cartaginenses. Ele queria que estes abolissem a prática de imolar suas crianças.[6] Coisa admirável! Após ter derrotado trezentos mil cartaginenses, exigia uma condição que era útil somente a eles, ou melhor, estipulava-a em benefício do gênero humano.

Os bactrianos faziam que seus velhos pais fossem devorados por grandes cães. Alexandre proibiu-lhes tal conduta,[7] e esse foi um triunfo que ele conseguiu sobre a superstição.

Capítulo VI – De uma república que conquista

É contra a natureza da coisa que, em uma constituição federativa, um Estado confederado conquiste outro, como vimos, em nossos tempos, ocorrer entre os suíços.[8] Nas repúblicas federativas mistas, nas quais a associação é realizada entre pequenas repúblicas e pequenas monarquias, isso é menos chocante.

Também é contra a natureza da coisa que uma república democrática conquiste cidades que não poderiam entrar na esfera da democracia. É preciso que o povo conquistado possa gozar dos privilégios da soberania,

---

6 Vede a *Coletânea* [*História dos antigos tratados*, 1739] do sr. de Barbeyrac, art.112.

7 Estrabão [*Geografia*], Lv.IX.

8 Para o Togemburgo. [Em *Meus pensamentos*, Montesquieu escreve: "É contra a natureza da coisa que, em uma constituição federativa como a Suíça, os cantões conquistem uns aos outros, como recentemente fizeram os protestantes com os católicos. É contra a natureza de uma boa aristocracia que os cidadãos dentre os quais se elegem magistrados, o Senado, os conselhos, sejam em número tão pequeno que constituam somente uma ínfima parte do povo, como em Berna; pois, nesse caso, é uma monarquia que possui muitas cabeças. É ainda contra as leis naturais que uma república que tenha conquistado um povo o trate sempre como súdito, e não como aliado, pois, nessa situação, após um espaço considerável de tempo, todas as partes de um aliam-se umas às outras por casamentos, práticas consuetudinárias, leis, associações por afinidades" (*MP*, n.1227). (N. T.)]

Do espírito das leis

como os romanos haviam estabelecido em seus primórdios. Deve-se limitar a conquista ao número de cidadãos a ser estabelecido para a democracia.[9]

Se uma democracia conquista um povo para governá-lo como súdito, ela irá expor sua própria liberdade, porque confiará um poder excessivo aos magistrados que enviará ao Estado conquistado.

Em que perigo não se encontraria a república de Cartago caso Aníbal houvesse ocupado Roma? Tendo ele causado tantas revoluções em sua cidade após sua derrota, o que não teria feito a ela após sua vitória?[10]

Caso tivesse deixado apenas seu ciúme falar, Hanão[11] jamais teria podido persuadir o Senado a deixar de enviar socorro a Aníbal. Esse Senado, que Aristóteles[12] nos diz ter sido tão sábio (coisa que a prosperidade dessa república nos prova tão bem), somente poderia ter sido convencido por razões sensatas. Teria sido preciso ser muito estúpido para não ver que um exército, a trezentas léguas dali, necessariamente sofria perdas que precisavam ser reparadas.

O partido de Hanão queria que Aníbal fosse entregue aos romanos.[13] Quando não havia ocasião para se temer os romanos, então se temia Aníbal.

Não se podia acreditar, diziam, nos sucessos de Aníbal. Porém, como duvidar deles? Os cartagineses, espalhados por toda parte, desconheciam o que se passava na Itália? Foi por não o desconhecerem que não queriam enviar ajuda para Aníbal.

Hanão torna-se mais tenaz após Trébia, após a Trasemeno, após Canas:[14] não foi sua incredulidade que aumentara, mas seu medo.

---

9 Em geral, os escritores políticos associam a forma republicana (especialmente a democrática) de governo a um território pequeno e com população delimitada. Sobre o tema, cf. VIII, 20 e nota do tradutor em VIII, 16. (N. T.)

10 Ele era o líder de uma facção.

11 Hanão, o Grande (séc. III a.C.), importante estratego e político cartaginense. (N. T.)

12 Aristóteles, *Política*, II, 8 (1273a *ss.*). (N. T.)

13 Hanão queria entregar Aníbal aos romanos, como Catão queria que César fosse entregue aos gauleses.

14 Batalhas das Guerras Púnicas. (N. T.)

Capítulo VII – Continuação do mesmo assunto

Há ainda um inconveniente das conquistas realizadas pelas democracias. Seu governo é sempre odioso aos Estados subjugados. Ele é monárquico apenas fícticiamente, mas, verdadeiramente, é mais rigoroso que a monarquia, como a experiência de todas as épocas e de todos os países assim revelam.

Os povos conquistados pela democracia encontram-se em triste situação: não gozam nem das vantagens da república, nem das vantagens da monarquia.

O que eu disse do Estado popular pode ser aplicado à aristocracia.

Capítulo VIII – Continuação do mesmo assunto

Assim, quando uma república mantém algum povo sob sua dependência, é preciso que ela busque reparar os inconvenientes que nascem da natureza da coisa, outorgando-lhe um bom direito político e boas leis civis.

Uma república da Itália mantinha insulares sob seu comando, mas seu direito político e civil era, segundo os subjugados, vicioso. Lembremos daquele ato de anistia no qual se estabelece que não mais seriam condenados às penas aflitivas *por causa da consciência informada do governador.*[15] Vê-se com frequência os povos exigirem privilégios: aqui, o soberano outorga o direito de todas as nações.

Capítulo IX – De uma monarquia que conquista sua circunvizinhança

Se uma monarquia puder agir muito antes que o crescimento a debilite, tornar-se-á temível e, enquanto for pressionada por monarquias vizinhas, sua força perdurará.

---

15 De 18 de outubro de 1738, impresso em Gênova, por Franchelli. *Proibimos nosso general-governador dessa ilha de condenar, quando baseado somente na ex informata conscientia, qualquer pessoa a uma pena grave. Poderá certamente deter e encarcerar pessoas consideradas suspeitas, desde que celeremente preste contas a nós*, art.VI. Vede também a *Gazeta* de Amsterdã, de 23 de dezembro de 1738. [*Ex informata conscientia*, ou seja, sem que as partes sejam ouvidas, bastando, para a decisão, a convicção pessoal de quem forma o juízo. (N. T.)]

Do espírito das leis

Portanto, deve conquistar tão somente enquanto permanecer nos limites naturais à sua forma de governo. A prudência aconselha que ela se detenha tão logo ultrapasse esses limites.

Nessa espécie de conquista, é preciso deixar as coisas da maneira como que foram encontradas: os mesmos tribunais, as mesmas leis, as mesmas práticas, os mesmos privilégios. Deve-se mudar apenas o exército e o nome do soberano.

Quando a monarquia tiver ampliado seus limites pela conquista de algumas províncias vizinhas, é preciso que as trate com grande brandura.

Em uma monarquia que durante muito tempo tenha trabalhado para conquistar, as províncias de seu antigo domínio comumente estarão muito fustigadas. Sofrerão os novos e os antigos abusos; e uma vasta capital, que a tudo devora, frequentemente faz com que se torne despovoada.[16] Ora, se após ter conquistado a circunvizinhança desse domínio os povos vencidos fossem tratados como os antigos súditos o eram, o Estado estaria arruinado. O que as províncias conquistadas enviariam de tributos à capital não lhes seria retornado; as fronteiras seriam devastadas, e, consequentemente, enfraquecidas; os povos dali estariam em má disposição; a subsistência dos exércitos, que devem ali permanecer e agir, seria mais precária.

Tal é a inescapável condição de uma monarquia conquistadora: um detestável luxo na capital, a miséria nas províncias que dela se afastam, a abundância nos pontos extremos. Isso ocorre como no nosso planeta: o fogo encontra-se no centro, o verdor na superfície, e, entre ambos, uma terra árida, fria e estéril.

---

16 Em *MP*, n.1816, Montesquieu estabelece uma relação entre a grandeza da capital com as diferentes formas de governo. Assim, enquanto na república "uma cidade muito grande é perniciosa", pois ali os costumes se corrompem, no despotismo "a capital necessariamente aumenta", pois se torna o asilo do príncipe. Já a monarquia com "regras e leis não é arruinada pela capital: ela pode até mesmo tirar seu esplendor disso". A crítica à concentração de pessoas (ou da grande densidade populacional) em uma capital será frequentemente retomada no século XVIII, em especial por Rousseau. (N. T.)

Montesquieu

Capítulo X – De uma monarquia que conquista uma outra monarquia

Algumas vezes uma monarquia conquista outra. Quanto menor esta última for, mais bem controlada será por fortalezas; quanto maior for, mais bem conservada será pelas colônias.

Capítulo XI – Dos costumes de um povo vencido

Nessas conquistas, não basta deixar a nação vencida permanecer com as suas leis. Talvez seja mais necessário deixar que permaneça com seus costumes, porque um povo sempre conhece, ama e defende mais os seus costumes do que suas leis.

Os franceses foram nove vezes expulsos da Itália por causa, como assim dizem os historiadores,[17] de sua insolência para com as mulheres e garotas. É excessivo para uma nação ter que suportar não somente o orgulho do conquistador, mas também sua incontinência, além de sua indiscrição, sem dúvida mais incômoda, uma vez que multiplica as afrontas ao infinito.

Capítulo XII – De uma lei de Ciro

Não considero ser uma boa lei aquela feita por Ciro, segundo a qual os lídios somente podiam exercer profissões abjetas ou infames. Cuida-se do que é mais urgente: tem-se em vista as revoltas, e não as invasões. Mas as invasões logo chegam, os dois povos se unem e ambos se corrompem. Preferiria manter pelas leis a rudeza do povo vencedor a conservar, através delas, a molícia do povo vencido.

Aristodemo, tirano de Cumas,[18] tentou esmorecer a coragem da juventude. Queria que os rapazes deixassem seus cabelos crescerem, como as

---

17 Percorrei a *História do universo* [*Introdução à história geral e política do universo*], do sr. Pufendorf. [Samuel Pufendorf (1632-1694), filósofo, jurista e historiador alemão, autor de *Do direito da natureza e das gentes*, *Dez livros sobre os elementos da jurisprudência universal* e *Introdução à história dos principais impérios e Estado atualmente existentes na Europa*. (N. T.)]

18 Dionísio de Halicarnasso [*Das antiguidades romanas*], Lv.VII.

garotas; que os ornassem com flores e utilizassem túnicas coloridas até os calcanhares; que, quando fossem aos seus professores de dança e música, as mulheres carregassem para eles guarda-sóis, perfumes e leques; que, no banho, elas lhes entregassem pentes e espelhos. Essa educação duraria até a idade de vinte anos. Isso apenas é conveniente a um pequeno tirano, que expõe sua soberania para defender sua vida.

Capítulo XIII – Carlos XII

Esse príncipe, que somente utilizou suas próprias forças, provocou sua queda ao formar planos que só poderiam ser executados por uma longa guerra, algo que seu reino não poderia suportar.

Ele não tentou derrubar um Estado que estava em sua decadência, mas um império nascente. Os moscovitas aproveitaram-se da guerra que lhe fizeram como se fosse uma escola. A cada derrota aproximavam-se da vitória e, enquanto perdiam no estrangeiro, aprendiam a defender-se domesticamente.

Carlos acreditava ser o senhor do mundo nos desertos da Polônia, nos quais vagava e nos quais a Suécia se dispersava, por assim dizer, enquanto seu principal inimigo se fortificava contra ele, apertava seu cerco, estabelecia-se sobre o mar Báltico, destruía ou capturava a Livônia.

A Suécia assemelhava-se a um rio cujas águas são cortadas na fonte ao mesmo tempo que seus cursos eram desviados.

Não foi Poltava que arruinou Carlos: se ele não houvesse sido destruído nesse lugar, o teria sido em outro. Os acidentes da fortuna são facilmente retificados. Todavia, não se podem evitar os eventos que continuamente nascem da natureza das coisas.

Mas nem a natureza nem a fortuna jamais foram tão enérgicas contra ele do que ele próprio.

Carlos absolutamente não se regrava pela disposição atual das coisas, mas sobre um certo modelo que havia adotado – e mesmo este ele seguia mal. Não era Alexandre, mas teria sido o melhor soldado de Alexandre.

O projeto de Alexandre somente foi exitoso porque ele era sensato. Os insucessos dos persas nas invasões que fizeram à Grécia, as conquistas de Agesilau e a retirada dos Dez Mil[19] havia tornado célebre, com justiça, a superioridade dos gregos na sua maneira de combater e na capacidade de suas armas; e sabia-se muito bem que os persas eram demasiadamente grandiosos para corrigirem a si próprios.

Os persas não podiam mais enfraquecer a Grécia com divisões: os gregos então se reuniam em torno de um comandante, que não poderia ter melhor meio para lhes ocultar a servidão do que os deslumbrando com a destruição de seus inimigos eternos e pela esperança da conquista da Ásia.

Um império cultivado pela nação mais industriosa do mundo, que lavrava as terras por princípios religiosos e que era fértil e abundante em todas as coisas, oferecia ao inimigo todas as espécies de facilidades para que nela pudesse subsistir.

Pelo orgulho desses reis, sempre vaidosamente mortificados por suas derrotas, pode-se julgar que precipitaram sua queda porque sempre promoveram batalhas e porque a adulação nunca permitia que pudessem duvidar de sua grandeza.

E não somente esse projeto era sábio como foi sabiamente executado. Alexandre, na celeridade de suas ações, no calor de suas próprias paixões, contava, se ouso utilizar esse termo, com um lampejo de razão que o guiava: e aqueles que desejaram fazer de sua história um romance, e que possuíam o espírito mais degenerado que o dele, não conseguiram ocultar esse fato. Falemos mais longamente sobre isso.

Capítulo XIV – Alexandre

Ele somente deixou a Grécia após ter garantido a segurança da Macedônia contra os bárbaros que a circunvizinhavam e após ter conseguido oprimir os gregos. Utilizou-se dessa opressão apenas para a execução de sua empreitada; tornou impotente o zelo dos lacedemônios; atacou as províncias marítimas; fez seu exército terrestre marchar junto à costa, a

---

19 Agesilau II (444-360 a.C.), rei de Esparta da dinastia dos Euripôntidas. Os *Dez mil* são soldados gregos mercenários provenientes da Grécia. Foram arregimentados por Ciro, o Jovem, para retirar seu irmão Artaxerxes II do trono da Pérsia. (N. T.)

Do espírito das leis

fim de que não ficasse separado de sua frota; contra os números, utilizou admiravelmente bem a disciplina; não lhe faltaram meios de subsistência; e, se é verdade que a vitória tudo lhe deu, também é verdade que ele tudo fez para alcançá-la.

No começo de seu empreendimento, isto é, em um período no qual uma derrota poderia derrubá-lo, ele deixou pouco espaço para o acaso. Quando a fortuna o alçou para acima dos acontecimentos, a temeridade foi, por vezes, um de seus recursos. Quando, antes de sua partida, marchou contra os tribálios e os ilírios, vê-se uma guerra[20] como a que mais tarde César travou contra a Gália. Quando retornava para a Grécia,[21] foi quase como contra sua vontade que capturou e destruiu Tebas: acampado próximo dessa cidade, esperava que os tebanos quisessem fazer a paz; foram eles mesmos que precipitaram a sua própria ruína. Quando se tratou de combater[22] as forças marítimas dos persas, Parmênio teve mais audácia, mas Alexandre teve mais sabedoria. Sua engenhosidade foi separar os persas das costas marítimas e fazer que eles próprios tivessem que abandonar sua marinha, em que eram superiores. Tiro era, por princípio, anexada aos persas, que não podiam dispensar seu comércio e sua marinha; Alexandre as destruiu. Capturou o Egito que Dario havia deixado desguarnecido de tropas enquanto reunia inumeráveis exércitos em um outro universo.

A passagem do Grânico fez com que Alexandre se tornasse senhor das colônias gregas. A batalha de Isso deu-lhe Tiro e o Egito. A batalha de Arbelos deu-lhe o mundo inteiro.[23]

Após a batalha de Isso, ele deixa Dario escapar e ocupa-se somente de consolidar e ordenar suas conquistas. Após a batalha de Arbelos, segue-o

---

20 Vede Arriano, *Anábase*, Lv.I. [Lúcio Flávio Arriano (85-146), escritor romano célebre pela obra *Anábase de Alexandre*, uma das principais fontes das campanhas militares de Alexandre, o Grande. (N. T.)]

21 Ibid.

22 Ibid.

23 A fonte de Montesquieu, a *Anábase* de Arriano, anota que a batalha contra Dario se deu em Arbelos. No entanto, conforme anota Plutarco, "o grande reencontro com Dario não ocorreu em Arbelos, como a maioria dos autores escreveu, mas em Gaugamelos". Plutarco, "Alexandre", em *Vidas paralelas*, XXXI, 6. (N. T.)

Montesquieu

tão de perto[24] que não lhe deixa nenhuma espécie de abrigo em seu império. Dario somente entra em suas cidades e suas províncias para sair delas: as marchas de Alexandre são tão céleres que consideraríamos o império do universo antes como o prêmio pela corrida, assim como nos jogos da Grécia, do que como o prêmio pela vitória.

Foi assim que realizou suas conquistas. Vejamos como as conservou.

Resistiu àqueles que queriam que tratasse[25] os gregos como senhores e os persas como escravos. Não aspirou senão a unir as duas nações e a apagar as distinções entre o povo conquistador e o povo vencido. Abandonou, após a conquista, todos os preconceitos dos quais se valeu para realizá-la. Adotou os costumes dos persas, a fim de não os consternar, fazendo que adotassem os costumes dos gregos. Foi isso que fez com que ele revelasse tanto respeito pela mulher e pela mãe de Dario e mostrasse tanta continência. Que conquistador é esse, pranteado por todos os povos que subjugou? Que usurpador é esse, cuja morte fez a família derrubada do trono verter tantas lágrimas? É um aspecto da sua vida sobre o qual, assim nos dizem os historiadores, nenhum outro conquistador pode se gabar.

Nada consolida mais uma conquista que a união realizada entre dois povos através dos casamentos. Alexandre tomou como esposas as mulheres da nação que havia vencido, e queria que os de sua corte[26] também o fizessem. O resto dos macedônios seguiram esse exemplo. Os francos e os borguinhões[27] permitiram esses casamentos; os visigodos vetaram-nos[28] na Espanha e, em seguida, permitiram-nos; os lombardos não somente os permitiram, como foram favoráveis a eles.[29] Quando os romanos quiseram enfraquecer a Macedônia, ali estabeleceram que não se poderia realizar união por casamentos entre os povos das províncias.

---

24 Vede Arriano, *Anábase*, Lv.III.

25 Foi o conselho de Aristóteles. Plutarco, "A fortuna ou a virtude de Alexandre", em *Obras morais*.

26 Vede Arriano, *Anábase*, Lv.VII.

27 Vede a Lei dos Borguinhões [*Lex Burgundionum*], tit.XII, art.V.

28 Vede a Lei dos Visigodos [*Lex Visigothorum*], Lv.III, tit.V, §1, que ab-roga a lei antiga, que resguardava mais, como assim ela diz, a diferença entre as nações do que as diferenças de condições.

29 Vede a Lei dos Lombardos, Lv.II, tit.VII, §1-2.

Do espírito das leis

Alexandre, que buscava unir os dois povos, cogitou estabelecer na Pérsia um grande número de colônias gregas. Construiu uma infinidade de cidades e cimentou tão bem as partes desse novo império que, após sua morte, durante o tumulto e confusão das mais hediondas guerras civis, após os gregos terem sido, por assim dizer, aniquilados por si mesmos, nenhuma província da Pérsia se revoltou.

Para não exaurir a Grécia e a Macedônia, enviou para Alexandria uma colônia de judeus:[30] desde que lhe fossem fiéis, não se importava com os costumes que esses povos praticavam.

Não somente deixou que os povos vencidos mantivessem seus costumes, deixou também que mantivessem suas leis civis e, não raro, até mesmo os reis e governadores que ali encontrasse. Colocava os macedônios no comando das tropas e os nacionais do país no comando do governo. Preferia correr o risco de alguma infidelidade particular (o que por vezes lhe acontecia) do que uma revolta geral. Respeitava as tradições antigas e todos os monumentos da glória ou da vaidade dos povos. Os reis da Pérsia haviam destruído os templos dos gregos, dos babilônios e dos egípcios; ele os reconstruiu. Foram poucas as nações submetidas a Alexandre em cujos altares ele se recusou a realizar sacrifícios. Parecia ter realizado suas conquistas somente para ser o monarca particular de cada nação e o primeiro cidadão de cada cidade. Os romanos tudo conquistaram para tudo destruir. Alexandre queria tudo conquistar para tudo conservar e, qualquer que fosse o país que percorresse, suas primeiras ideias e seus primeiros intentos sempre foram o de fazer alguma coisa que pudesse aumentar a prosperidade e poder daquele lugar. Os primeiros meios para realizar isso, ele encontrou na grandeza de seu gênio; os segundos, em sua frugalidade e sua economia própria;[31] os terceiros, em sua imensa prodigalidade para as grandes coisas. Sua mão se fechava para as despesas privadas e se abria para as despesas públicas. Se precisava ordenar sua casa, era um macedônio. Se precisava pagar as dívidas dos sol-

---

30 Os reis da Síria, abandonando o plano dos fundadores do império, quiseram obrigar os judeus a adotar os costumes dos gregos, o que provocou em seu Estado terríveis rebeliões.

31 Vede Arriano, *Anábase*, Lv.VII.

dados, fazer que os gregos participassem de sua conquista, fazer a riqueza de cada homem de seu exército, então era Alexandre.

Fez duas más ações: incendiou Persépolis e matou Clito. Tornou-os célebres por seu arrependimento, de modo que suas ações criminosas foram esquecidas, para que seu respeito pela virtude fosse lembrado; de modo que tais acontecimentos foram considerados antes como infortúnios do que como coisas que lhe eram características; de modo que a posteridade situa a beleza de sua alma quase ao lado de seus arroubos e de suas fraquezas; de modo que se torna necessário verter lágrimas por ele, tornando-se impossível odiá-lo.

Irei compará-lo a César. Quando César queria imitar os reis da Ásia, levava os romanos ao desespero por uma pura ostentação.[32] Quando Alexandre queria imitar os reis da Ásia, fazia algo que estava nos planos de sua conquista.

Capítulo XV – Novos meios de conservar a conquista

Quando um monarca conquista um grande Estado, existe uma prática admirável, adequada tanto para moderar o despotismo quanto para conservar a conquista. Os conquistadores da China fizeram uso dela.

Para não levar o povo vencido ao desespero e para não assoberbar o vencedor, e para impedir que o governo se torne militar e manter os dois povos na observância de seus deveres, a família tártara que reina presentemente na China estabeleceu que, nas províncias, cada corporação de tropa seria composta metade por chineses e metade por tártaros, a fim de que a inveja entre as duas nações os faça cumprir seus deveres. Os tribunais são

---

32 Nas *Considerações sobre as causas da grandeza dos romanos e de sua decadência*, Montesquieu desenvolve o seguinte argumento: "César governou inicialmente com títulos de magistratura, pois os homens quase só se deixam impressionar por nomes. E, assim como os povos da Ásia abominavam os títulos de *cônsul* e *procônsul*, os povos da Europa detestavam o de *rei*, de modo que, nessa época, tais títulos levavam felicidade ou desespero à Terra inteira. César não deixou de tentar fazer com que lhe colocassem o diadema na cabeça; mas, vendo que o povo suspendia sua aclamação, rejeitou-o" (op. cit., p.89). (N. T.)

também metade chineses, metade tártaros. Isso produziu bons efeitos: 1º) as duas nações se continham mutuamente; 2º) ambas preservaram o poder militar e civil; 3º) a nação conquistadora pode espalhar-se por toda parte sem se enfraquecer ou se arruinar: torna-se capaz de resistir às guerras civis e estrangeiras. Instituição tão sensata que a ausência de uma parecida arruinou quase todos aqueles que realizaram alguma conquista no mundo.

Capítulo XVI – De um Estado despótico que conquista

Quando a conquista é imensa, ela supõe o despotismo. Nesse caso, o exército espalhado pelas províncias não é suficiente. É preciso que haja sempre em torno do príncipe um corpo particularmente confiável, sempre pronto a dissolver a parte do império que poderia se sublevar. Essa milícia deve conter as outras e causar temor em todos aqueles que foram obrigados a deixar alguma autoridade no império. Em torno do imperador da China há um grande corpo de tártaros sempre pronto para o que for preciso. Entre o Mogol, entre os turcos, no Japão, há um corpo pago a soldo pelo príncipe, independentemente do que seja recolhido com o rendimento das terras. Essas forças particulares mantêm as forças gerais dentro da linha.

Capítulo XVII – Continuação do mesmo assunto

Dissemos que os Estados que o monarca despótico conquista devem ser feudatários. Os historiadores acabam-se em elogios sobre a generosidade dos conquistadores que ofereceram a coroa aos príncipes que eles haviam vencido. Os romanos foram, pois, bem generosos: afinal, estabeleceram reis por toda parte para ter instrumentos de servidão.[33] Semelhante ação é um ato necessário. Se o conquistador mantém o Estado conquistado, os governantes que envia não poderiam conter os súditos, e ele próprio não poderia conter seus governantes. Será obrigado a retirar as tropas de seu antigo patrimônio para preservar o novo. Todos os infortúnios dos dois

---

33 *Ut haberent instrumenta servitutis et reges.* ["Consideravam até mesmo os reis como instrumentos de servidão", Tácito, *Agrícola*, XIV].

Montesquieu

Estados serão comuns; a guerra civil de um será a guerra civil do outro. Contudo, se, em vez disso, o conquistador der o trono ao príncipe legítimo, terá um aliado necessário que, com as próprias forças, aumentará as do conquistador. Acabamos de ver Nader Xá[34] conquistar os tesouros do Mogol e deixar-lhe o Hindustão.

---

34 Nader Xá (1688-1747), xá da Pérsia de 1736 até sua morte. (N. T.)

Livro XI
Das leis que formam a liberdade política em sua relação com a constituição

Capítulo Primeiro – Ideia geral

Distingo as leis que constituem a liberdade política em sua relação com a constituição daquelas que a constituem em sua relação com o cidadão. As primeiras serão o assunto deste livro; tratarei das segundas no livro seguinte.[1]

Capítulo II – Diversos significados atribuídos à palavra *liberdade*

Não há palavra que tenha recebido mais significados e que tenha arrebatado os espíritos de tantas maneiras quanto o vocábulo *liberdade*. Alguns a

---

1 Em *Meus pensamentos*, Montesquieu faz uma longa reflexão sobre o tema da liberdade. Lemos no pensamento n.884: "Na política, o significado da palavra *liberdade* está longe daquilo que os oradores e poetas a fazem significar: essa palavra apenas exprime propriamente uma relação e não pode servir para distinguir as diferentes espécies de governo, pois o Estado popular é a liberdade das pessoas pobres e fracas e a servidão das pessoas ricas e poderosas, e a monarquia é a liberdade dos grandes e a servidão dos pequenos. [...] Um povo livre não é aquele que tem esta ou aquela forma de governo: é aquele que goza da forma de governo estabelecida pela lei, e não se pode duvidar que os turcos se considerariam escravos se fossem submetidos à república de Veneza, e que os povos das Índias não vejam como uma servidão cruel o fato de serem governados pela companhia da Holanda". (N. T.)

consideraram como a facilidade de depor aquele a quem haviam conferido um poder tirânico; outros consideraram-na como a faculdade de eleger aquele a quem devem obedecer; outros, como o direito de portar armas e de poder exercer a violência; outros ainda, como o privilégio de serem governados por apenas um homem de sua nação ou por suas próprias leis.[2] Durante muito tempo, certo povo considerou a liberdade como a tradição de ostentar uma longa barba.[3] Outros associaram essa palavra a uma forma de governo, com exclusão dos demais. Outros, que haviam experimentado o governo republicano, atribuíram-na a esse governo; os que haviam desfrutado do governo monárquico atribuíram-na à monarquia.[4] Enfim, cada um chamou de liberdade o governo que se encontrava em conformidade com os seus costumes ou com as suas inclinações; e, como em uma república nem sempre estão visíveis, e de forma tão patente, os expedientes dos males dos quais se queixa, e como as próprias leis parecem se manifestar mais e os executores se manifestar menos, comumente a liberdade é atribuída às repúblicas e excluída das monarquias. Enfim, como nas democracias o povo parece fazer quase tudo aquilo que quer, atribuiu-se a liberdade a essas espécies de governo, e confundiu-se o poder do povo com a liberdade do povo.

Capítulo III – O que é a liberdade

É verdade que nas democracias o povo parece fazer o que quer. A liberdade política, contudo, não consiste em fazer o que se quer. Em um Estado, isto é, em uma sociedade onde há leis, a liberdade somente pode consistir em poder fazer o que se deve querer e de não ser constrangido a fazer aquilo que não se deve querer.

É preciso ter em mente o que é a independência e o que é a liberdade. A liberdade é o direito de fazer tudo o que as leis permitem, e, se um cidadão

---

2 "Copiei", diz Cícero, "o édito de Escévola, que permite aos gregos resolver entre si suas diferenças, de acordo com suas leis; o que faz com que se vejam como povos livres" [Cícero, *Cartas a Ático*, VI, 1].

3 Os moscovitas não podiam suportar que o tsar Pedro houvesse ordenado que cortassem a barba.

4 Os capadócios recusaram o Estado republicano que os romanos lhes ofereceram.

Do espírito das leis

pudesse fazer o que elas proíbem, não haveria mais liberdade, porque os outros também teriam esse mesmo poder.

Capítulo IV – Continuação do mesmo assunto

A democracia e a aristocracia não são Estados livres por sua natureza. A liberdade política encontra-se somente nos governos moderados. Mas ela nem sempre está nos Estados moderados: apenas se apresenta neles quando o poder não é abusado. Todavia, uma eterna experiência mostra que todo homem que possui poder é levado a abusar dele, e assim continua até encontrar limites. Quem diria: a própria virtude tem necessidade de limites!

Para que não se possa abusar do poder, é preciso que, pela disposição das coisas, o poder refreie o poder.[5] Uma constituição pode ser tal que ninguém será constrangido a fazer as coisas que a lei não obriga e a não fazer as que a lei lhe permite.

Capítulo V – Do objetivo dos diversos Estados

Ainda que os Estados possuam em geral um mesmo objetivo, o de se conservar, cada Estado possui um que lhe é particular. O crescimento era o objetivo de Roma; a guerra, o da Lacedemônia; a religião, o das leis judaicas; o comércio, o de Marselha; a tranquilidade pública, o das leis da China;[6] a navegação, o das leis dos Ródios; a liberdade natural, o objetivo da polícia dos selvagens; em geral, os deleites do príncipe são os dos Estados despóticos;

---

5 A ideia de que apenas um poder pode refrear ou conter outro é uma das formulações mais originais e célebres do *Espírito das leis*. Diferente dos teóricos da razão de Estado, que enfatizam a "inveja" internacional entre as nações (em geral ocasionada pelo comércio), concentrando o poder na figura do príncipe e fazendo do crescimento ilimitado da força um objetivo a ser atingido, Montesquieu encontra um princípio de estabilidade interno ao próprio poder, cuja soma total pode ser aumentada através de sua limitação: quando refreado e ordenado, o poder tende a ser se não mais efetivo, ao menos mais propício à liberdade. Cf. apresentação deste volume e nota em V, 15. (N. T.)

6 Objetivo natural de um Estado que não tem inimigos externos ou que crê tê-los impedido por meio de barreiras.

sua glória e a de seu Estado, o das monarquias; a independência de cada particular é o objetivo das leis da Polônia, e disso resulta a opressão de todos.[7]

Há também uma nação no mundo que tem a liberdade política como objetivo direto de sua constituição. Examinaremos os princípios sobre os quais ela a fundamenta. Se forem bons, a liberdade se revelará neles como em um espelho.

Para descobrir a liberdade política na constituição, não é preciso tanto esforço. Se é possível enxergá-la onde está, se foi encontrada, por que procurá-la?

Capítulo VI – Da constituição da Inglaterra

Há em cada Estado três espécies de poderes: o poder legislativo, o poder executivo das coisas que dependem do direito das gentes e o poder executivo das que dependem do direito civil.

Pelo primeiro, o príncipe ou magistrado faz as leis para um período ou para sempre, e corrige ou ab-roga as leis que foram feitas. Pelo segundo, faz a paz ou a guerra, envia ou recebe embaixadas, estabelece a segurança, previne as invasões. Pelo terceiro, pune os crimes ou julga as contendas dos particulares. Chamaremos esse último de poder de julgar e o outro de poder executivo do Estado.

A liberdade política, relativamente a um cidadão,[8] é a tranquilidade de espírito que decorre da opinião que cada um tem de sua segurança; e, para que se tenha essa liberdade, é preciso que o governo seja tal que um cidadão não venha a temer outro cidadão.

Quando na mesma pessoa ou no mesmo corpo de magistratura o poder legislativo encontra-se unido ao poder executivo, não há nenhuma liberdade, porque há razões para temer que o mesmo monarca ou o mesmo Senado faça leis tirânicas somente para executá-las tiranicamente.

Também não há liberdade alguma se o poder de julgar não estiver separado do poder legislativo e do executivo. Se o poder de julgar estivesse

---

7 Inconveniente do *Liberum veto*.
8 Cf. XII, 2. (N. T.)

Do espírito das leis

associado ao poder legislativo, o poder sobre a vida e a liberdade dos cidadãos seria arbitrário: afinal, o juiz seria legislador. Se estivesse associado ao poder executivo, o juiz poderia ter a força de um opressor.

Tudo estaria perdido se o mesmo homem, ou o mesmo corpo de próceres, de nobres ou do povo, exercessem estes três poderes: o de fazer as leis, o de executar as resoluções públicas e o de julgar os crimes ou as contendas particulares.

Na maior parte dos reinos da Europa, o governo é moderado, porque o príncipe, possuindo os dois primeiros poderes, deixa aos seus súditos o exercício do terceiro. Entre os turcos, onde esses três poderes estão reunidos na pessoa do sultão, reina um hediondo despotismo.

Nas repúblicas da Itália, onde esses três poderes estão unidos, há menos liberdade do que em nossas monarquias. O governo também tem a necessidade, para se conservar, de recorrer a meios tão violentos quanto os do governo dos turcos: os inquisidores do Estado[9] são provas disso, bem como a caixa em que qualquer delator pode, a qualquer momento, depositar um bilhete com sua acusação.

Observai qual pode ser a situação de um cidadão nessas repúblicas. O mesmo corpo de magistratura possui, enquanto executor das leis, todo o poder que atribuiu a si mesmo enquanto legislador. Esse corpo pode arruinar o Estado por suas vontades gerais e, como possui também o poder de julgar, pode, por sua vontade particular, destruir todo e qualquer cidadão.

Nessas repúblicas, o poder é inteiramente uno e, ainda que não seja revestido com a pompa exterior que revela um príncipe despótico, é sempre sentido.

Os príncipes que quiseram se tornar despóticos sempre começaram por concentrar em sua pessoa todas as magistraturas, e muitos reis da Europa acumularam todos os grandes cargos do Estado.

Tenho muita convicção de que a pura aristocracia hereditária das repúblicas da Itália não corresponde precisamente ao despotismo da Ásia. A profusão de magistrados por vezes torna mais branda a magistratura; nem todos os nobres concorrem para os mesmos desígnios; são ali formados diversos tribunais que se moderam. Assim, em Veneza, o *Grande Conselho* encarrega-se da

---

9 Em Veneza.

legislação; o conselho dos *Pregadi*, da execução; o dos *Quarantia*, do poder de julgar. Contudo, o mal consiste no fato de esses tribunais diferentes serem formados por magistrados do mesmo corpo, o que praticamente os torna um mesmo poder.

O poder de julgar não deve ser concedido a um Senado permanente, mas exercido por pessoas advindas do corpo do povo,[10] em determinados períodos do ano, da maneira prescrita pela lei, para formar um tribunal que somente dura tanto quanto a necessidade assim exigir.

Dessa forma, o poder de julgar, tão terrível entre os homens, não sendo vinculado nem a uma certa condição, nem a uma determinada profissão, torna-se, por assim dizer, invisível e nulo. Os juízes não mais estão sob escrutínio contínuo, e passa-se a temer a magistratura, e não os magistrados.

É até mesmo necessário que, nas acusações mais graves, o criminoso escolha, em conformidade com a lei, seus juízes; ou ao menos que possa recusar um bom número destes, de modo que se pressuponha que os remanescentes tenham sido aqueles de sua escolha.

Os dois outros poderes poderiam de preferência ser concedidos a magistrados ou a corpos permanentes, porque não são exercidos sobre algum particular, sendo um apenas a vontade geral do Estado, e o outro, somente a execução dessa vontade geral.

Mas, se os tribunais não devem ser fixos, os julgamentos devem sê-lo a tal ponto que nunca sejam outra coisa senão a exata letra da lei. Se fossem uma opinião particular do juiz, viver-se-ia na sociedade sem saber exatamente os compromissos que nela se contraem.

É também necessário que os juízes pertençam à mesma condição do acusado ou de seus pares, para que este não fique cismado de ter caído nas mãos de pessoas inclinadas a cometer contra ele algum ato de violência.

Se o poder legislativo deixa ao executivo o direito de prender cidadãos que possam oferecer fiança por suas condutas, não há mais liberdade, a não ser que sejam detidos para responder, sem demora, a uma acusação que a lei declarou como capital – caso em que são realmente livres, pois se submetem apenas ao poder da lei.

---

10 Como em Atenas.

Do espírito das leis

Mas, se o poder legislativo se considera em perigo por alguma conjuração secreta contra o Estado ou por algum entendimento entre inimigos externos, ele poderia, por um tempo curto e limitado, permitir ao poder executivo mandar deter os cidadãos suspeitos, que perderiam sua liberdade durante um período de tempo apenas para conservá-la sempiternamente.

E esse é o único meio em conformidade com a razão para remediar a tirânica magistratura dos *éforos* e dos *inquisidores de Estado* em Veneza, que também são despóticos.

Assim como, em um Estado livre, todo homem que supostamente possui uma alma livre deve ser governado por si mesmo, também seria necessário que o povo, enquanto corpo, detivesse o poder legislativo. Mas, como isso é impossível nos grandes Estados, e é sujeito a muitos inconvenientes nos pequenos, é preciso que o povo faça por seus representantes tudo aquilo que não pode fazer por si mesmo.

Uma pessoa conhece muito melhor as necessidades de sua cidade do que as necessidades de outras, e julga muito mais acertadamente a capacidade de seus vizinhos do que a de seus outros compatriotas. Portanto, os membros do corpo legislativo não devem ser escolhidos do corpo da nação de modo geral, mas convém que, em cada local importante, os habitantes escolham um representante para si.

A grande vantagem dos representantes é que eles são capazes de discutir os negócios públicos. O povo absolutamente não é feito para isso, o que forma um dos grandes inconvenientes da democracia.

Não é necessário que os representantes, que receberam uma instrução geral daqueles que os escolheram, recebam uma instrução particular sobre cada caso, como se pratica nas dietas da Alemanha. É verdade que, dessa maneira, a palavra dos deputados seria a mais direta expressão da voz da nação. Mas isso desaguaria em morosidades infinitas, tornaria cada deputado o senhor de todos os outros e, nas ocasiões mais prementes, toda a força da nação poderia ser bloqueada por um capricho.

Quando os deputados, como diz muito bem Sidney,[11] representam o corpo de um povo, como na Holanda, devem prestar contas àqueles que os

---

11 Algernon Sidney (1623-1683), político, escritor e filósofo inglês, autor de *Discourses Concerning Government* (1698). (N. T.)

comissionaram. Coisa diferente acontece quando são deputados por burgos, como na Inglaterra.

Todos os cidadãos, nos variados distritos, devem ter o direito de dar seu voto para escolher o representante, exceto aqueles que se encontram em uma condição de baixeza tamanha a ponto de considerar-se que não têm vontade própria.

Havia um grande vício na maior parte das antigas repúblicas: nelas o povo tinha o direito de tomar resoluções ativas e que demandam alguma execução, coisa da qual é inteiramente incapaz. O povo deve participar do governo somente para escolher seus representantes, algo que certamente está ao seu alcance. Afinal, se há poucas pessoas que conhecem o exato grau de capacidade dos homens, cada um é, no entanto, capaz de saber, de forma geral, se aquele que ele escolhe é mais esclarecido que a maior parte dos outros.

O corpo representativo também não deve ser escolhido para tomar alguma resolução ativa, coisa que ele não realizaria muito bem, mas sim para fazer leis ou para verificar se aquelas que fez foram executadas a contento, algo que pode fazer muito bem — e, na verdade, é o único que pode fazer isso muito bem.

Em um Estado, há sempre pessoas que se distinguem pelo nascimento, pelas riquezas ou pelas honras. Contudo, se fossem misturadas com o povo, e se o voto que manifestassem contasse apenas um, como todos os outros, a liberdade comum seria sua escravidão, e não teriam nenhum interesse em defendê-la, porque a maior parte das resoluções seria contra eles. A participação que lhes cabe na legislação deve, pois, ser proporcional aos outros benefícios que possuem no Estado; o que acontecerá se formarem um corpo que tenha direito de vetar as iniciativas do povo, assim como o povo tem o direito de vetar as deles.

Assim, o poder legislativo será confiado tanto ao corpo de nobres quanto ao corpo que será escolhido para representar o povo, cada qual tendo suas assembleias e suas deliberações à parte, bem como ter perspectivas e interesses distintos.

Dos três poderes sobre os quais falamos, o de julgar é, de algum modo, nulo. Sobram apenas dois, e, como ambos têm necessidade de um poder

Do espírito das leis

regulador para moderá-los, a parte do corpo legislativo que é composta de nobres é a mais adequada para produzir esse efeito.

O corpo de nobres deve ser hereditário. Ele o é, em primeiro lugar, por sua natureza. Além disso, é preciso que tenha um enorme interesse em conservar suas prerrogativas, odiosas por si mesmas, e que, em um Estado livre, devem estar sempre sob ameaça.

Mas, como um poder hereditário poderia ser induzido a seguir seus interesses particulares e a esquecer os do povo, é necessário que, nas coisas em que existe um sumo interesse em corrompê-lo – como nas leis que se referem aos tributos sobre a prata –, ele participe da legislação apenas por sua faculdade de vetar, e não por sua faculdade de estatuir.

Denomino *faculdade de estatuir* o direito de ordenar por si mesmo ou de corrigir o que foi ordenado por algum outro. Denomino *faculdade de vetar* o direito de tornar nula uma resolução tomada por outrem, que se tratava do poder dos tribunos de Roma. E ainda que aquele que possua a faculdade de vetar possa ter também o direito de aprovar, então essa aprovação não é outra coisa senão uma declaração de que ele não faz uso de sua faculdade de vetar, e deriva dessa faculdade.

O poder executivo deve estar nas mãos de um monarca, porque essa parte do governo, que quase sempre tem necessidade de uma ação imediata, é mais bem administrada por um do que por muitos, ao passo que aquele que depende do poder legislativo é frequentemente mais bem ordenado por muitos do que por um só.

Se não houvesse monarca, e se o poder executivo fosse confiado a um certo número de pessoas tiradas do corpo legislativo, não mais haveria liberdade, porque os dois poderes estariam unidos, com as mesmas pessoas algumas vezes participando – e sempre podendo assim participar – de um e de outro.

Se por um longo período de tempo o corpo legislativo deixasse de se reunir, não mais haveria liberdade, pois, de duas coisas, uma aconteceria: ou não mais haveria resolução legislativa e o Estado cairia na anarquia; ou essas resoluções seriam feitas pelo poder executivo e ele se tornaria absoluto.

Seria inútil que o corpo legislativo estivesse sempre reunido. Isso seria incômodo para os representantes, e, além disso, ocuparia excessivamente o poder executivo, que não mais se preocuparia em executar, mas em defender suas prerrogativas e o direito que possui de executar.

Ademais, se o corpo legislativo estivesse constantemente reunido, poderia acontecer de os novos deputados substituírem apenas o cargo daqueles que morressem; e, nesse caso, uma vez que o corpo legislativo fosse corrompido, o mal seria sem remédio. Quando diversos corpos legislativos se sucedem uns aos outros, o povo, possuindo uma impressão ruim do corpo legislativo atual, com razão deposita suas esperanças sobre aquele que virá depois. Porém, se fosse sempre o mesmo corpo legislativo, o povo, uma vez notando que aquele foi corrompido, nada mais esperaria de suas leis: tornar-se-ia furioso ou recairia na indolência.

O corpo legislativo não deve de modo algum se reunir por iniciativa própria, pois supostamente um corpo só deve ter vontade quando está reunido. E, se não se reunisse de forma unânime, não se poderia dizer qual parte seria verdadeiramente o corpo legislativo: a que estaria reunida ou a que não estivesse. Se esse corpo tivesse direito de prorrogar suas sessões, poderia ocorrer que nunca as prorrogasse, o que seria perigoso nos casos em que ele desejasse atentar contra o poder executivo. Além disso, há alguns períodos mais convenientes do que outros para a reunião do corpo legislativo: portanto, é o poder executivo que deve regulamentar, de acordo com as circunstâncias que conhece, o tempo da sessão e a duração dessas assembleias.[12]

Se o poder executivo não tem o direito de vetar as iniciativas do corpo legislativo, este será despótico; pois, como este pode outorgar a si mesmo todo o poder imaginável, aniquilará todos os outros poderes.

Mas não é necessário que o poder legislativo possua reciprocamente a faculdade de vetar o poder executivo. Afinal, como a execução possui, por

---

12 Locke aborda o problema em termos semelhantes no *Segundo tratado sobre o governo*: "Supondo-se que a regulação dos momentos para a *reunião e as sessões do legislativo* não tenha sido estabelecida pela constituição original, tal atribuição naturalmente recairá nas mãos do executivo, não como poder arbitrário dependente de sua boa vontade, mas com o encargo de sempre exercê-lo em prol do bem público, conforme o exijam as ocorrências dos tempos e as mudanças dos negócios" (Locke, "Segundo tratado sobre o governo", em *Dois tratados sobre o governo*, §156, p.525). (N. T.)

Do espírito das leis

sua natureza, seus limites, é inútil restringi-la. Além disso, o poder executivo se exerce sempre sobre coisas momentâneas. E o poder dos tribunos de Roma tinha vícios porque vetava não somente a legislação, mas até mesmo a execução, o que causava grandes males.

Mas se, em um Estado livre, o poder legislativo não deve ter o direito de vetar o poder executivo, ele tem o direito, e deve ter a faculdade, de examinar de qual maneira as leis por ele feitas foram executadas; e essa é a vantagem desse governo sobre o de Creta e da Lacedemônia, nos quais os *cosmes* e os *éforos*[13] não prestavam contas de sua administração.

Contudo, seja como se der esse exame, o corpo legislativo absolutamente não deve ter o poder de julgar a pessoa e, por conseguinte, a conduta daquele que executa. Sua pessoa deve ser sagrada, porque, sendo ele necessário ao Estado para que o corpo legislativo não se torne tirânico, a partir do momento em que fosse acusado ou julgado a liberdade deixaria de existir.

Nesse caso, o Estado não seria uma monarquia, e sim uma república não livre. Porém, como aquele que executa não pode executar mal sem ter maus conselheiros que, enquanto ministros, odeiam as leis, ainda que elas os favoreçam enquanto homens, eles podem ser acusados e punidos. E essa é a vantagem desse governo sobre o de Cnido, onde nunca se prestava contas ao povo das injustiças contra ele cometidas, pois a lei não permitia que os *aminones*[14] fossem submetidos a julgamento, mesmo depois de encerrada a sua administração.[15]

Ainda que em geral o poder de julgar não deva estar unido a nenhuma parte do legislativo, isso está sujeito a três exceções, fundadas sobre o interesse particular daquele que deve ser julgado.

---

13 Os *cosmes* ou cosmos tinha autoridade semelhante à dos éforos em Esparta, mas, enquanto estes eram em cinco, os primeiros eram em dez membros. Conferir nota do tradutor em V, 8. Cf. Aristóteles, *Política*, 1270b e 1272a-b. (N. T.)

14 Eram os magistrados que o povo elegia todos os anos. Vede Estevão de Bizâncio [*Ethnica*]. [Estevão (ou Étienne) de Bizâncio (séc. VI), escritor e lexicógrafo bizantino, autor de *Ethnica*. Em grego, *amymone* significa "sem culpa" ou "irreprochável". (N. T.)]

15 Podia-se acusar os magistrados romanos após sua magistratura. Vede, em Dionísio de Halicarnasso [*Das antiguidades romanas*], l, XI, o caso do tribuno Genúcio.

Os grandes sempre estão expostos à inveja e, se fossem julgados pelo povo, poderiam estar em perigo e não gozariam do privilégio de serem julgados por seus pares, privilégio do qual, em um Estado livre, o mais humilde dos cidadãos goza. Portanto, é necessário que os nobres sejam chamados não perante os tribunais comuns da nação, mas perante a parte do corpo legislativo que é composta por nobres.

Em alguns casos poderia acontecer de a lei, que é ao mesmo tempo clarividente e cega, ser excessivamente rigorosa. Mas os juízes da nação são apenas, como havíamos dito, a boca que pronuncia as palavras da lei, são seres inanimados que não podem moderar nem a força nem o rigor destas. Assim, a parte do corpo legislativo, que há pouco afirmei ser um tribunal necessário em outra ocasião, também o é nesse outro caso: cabe à sua autoridade suprema moderar a lei em favor da própria lei, ao pronunciar-se menos rigorosamente do que ela.

Quanto aos assuntos públicos, poderia também ocorrer que algum cidadão violasse os direitos do povo e cometesse crimes que os magistrados constituídos não saberiam ou não desejariam punir. Mas, em geral, o poder legislativo não pode julgar, e o pode ainda menos nesse caso particular, no qual ele representa a parte interessada, ou seja, o povo. Desse modo, ele pode ser somente acusador. Mas diante de quem fará sua acusação? Curvar-se-á diante dos tribunais da lei, que lhe são inferiores, e, além disso, compostos por pessoas que, também sendo do povo, seriam arrastadas pela autoridade de um acusador tão eminente? Não: é necessário, para conservar a dignidade do povo e a segurança dos particulares, que a parte legislativa do povo acuse perante a parte legislativa dos nobres, que não possuem nem os mesmos interesses, nem as mesmas paixões.

Essa é a vantagem que esse governo tem sobre a maior parte das repúblicas antigas, onde havia esse abuso: o povo era ao mesmo tempo juiz e acusador.

O poder executivo, como havíamos dito, deve participar da legislação através da sua faculdade de veto, sem o que logo será despojado de suas prerrogativas. Mas, se o poder legislativo participa na execução, o poder executivo estará igualmente arruinado.

Do espírito das leis

Se o monarca participasse da legislação por meio da faculdade de estatuir, não mais haveria liberdade. Como, no entanto, é necessário que ele participe da legislação para se defender, é preciso que participe dela pela faculdade de vetar.

A causa da mudança do governo de Roma foi que o Senado, que tinha uma parcela do poder executivo, e os magistrados, que tinham a outra, não possuíam, como o povo, a faculdade de vetar.

Eis, portanto, a constituição fundamental do governo sobre o qual falamos. Como nele o corpo legislativo é composto de duas partes, uma deterá a outra por sua faculdade mútua de vetar. Ambas serão ligadas pelo poder executivo, que, por sua vez, será ele próprio detido pelo poder legislativo.

Esses três poderes deveriam configurar um repouso ou uma inação. Mas como, pelo movimento necessário das coisas, eles são obrigados a se mover, serão forçados a mover-se em concerto.

Como o poder executivo faz parte do legislativo somente por sua faculdade de vetar, ele não poderia imiscuir-se no debate sobre os assuntos públicos. Não é nem mesmo necessário que proponha algo, porque, podendo sempre desaprovar as resoluções, pode rejeitar as decisões das propostas que desejaria que não tivessem sido feitas.

Em algumas repúblicas antigas, onde o povo em conjunto tomava o debate sobre os assuntos públicos, era natural que o poder executivo os propusesse e os debatesse com o povo, sem o que teria ocorrido, nas resoluções, uma estranha confusão.

Se o poder executivo estatui sobre a arrecadação de fundos públicos de outra forma que não pelo seu consentimento, não haveria mais liberdade, porque o poder executivo se tornaria legislativo no ponto mais importante da legislação.

Se o poder legislativo estatui não de ano em ano, mas permanentemente, sobre a arrecadação dos armazéns públicos, corre o risco de perder sua liberdade, porque o poder executivo não mais dependerá dele; e quando se possui um semelhante direito de forma perene, é extremamente indiferente que esse poder tenha sido conferido por aquele que o possui ou por outrem. O mesmo ocorre se estatui, não de ano em ano, mas sempiternamente, sobre as forças terrestres e marítimas que deve confiar ao poder executivo.

Para impedir que aquele que exerce o poder executivo possa oprimir, é preciso que as forças armadas a ele confiadas provenham do povo e tenham o mesmo espírito do povo, assim como se deu em Roma até o tempo de Mário. E, para conseguir isso, há apenas dois meios: ou aqueles que são empregados no exército devem possuir bens o suficiente para responder por sua conduta diante dos outros cidadãos e se alistar somente durante um ano, como se praticava em Roma; ou, se há um regimento de tropas permanente, cujos soldados sejam uma das mais vis partes da nação, é preciso que o poder legislativo possa debandá-los tão logo assim o deseje. Que os soldados vivam com os cidadãos e que não haja acampamento separado, nem casernas, nem praças-fortes.

Uma vez estabelecido o exército, ele não deve absolutamente depender de forma imediata do corpo legislativo, mas do poder executivo, e isso ocorre por causa da natureza da coisa: sua conduta consiste mais na ação do que na deliberação.

É próprio da maneira de pensar dos homens que se faça mais caso da coragem que da timidez; da atividade que da prudência; da força que dos conselhos. O exército sempre desprezará um Senado e respeitará seus oficiais. Fará pouco caso das ordens que lhe serão dirigidas por parte de um corpo composto de pessoas que ele acredita serem tímidas e indignas, por isso mesmo, de o comandá-lo. Assim, tão logo o exército venha a depender unicamente do corpo legislativo, o governo se tornará militar. E se o contrário alguma vez aconteceu, isso se deu pelo efeito de algumas circunstâncias extraordinárias, porque nesses casos o exército é sempre separado, porque é composto de muitos regimentos que dependem, cada um, de sua província particular, porque as capitais encontram-se em lugares excelentes que, unicamente por sua situação, são capazes de se defender e são locais nos quais não há nenhuma tropa.

A Holanda encontra-se em segurança ainda maior do que Veneza; ela naufragaria todas as tropas revoltadas, faria-as morrer de fome. Como as tropas não estão nas cidades que poderiam lhes oferecer subsistência, essa subsistência é, pois, precária.

Pois se, no caso em que o exército é governado pelo corpo legislativo, circunstâncias particulares impeçam o governo de se tornar militar, recair-

Do espírito das leis

-se-á em outros inconvenientes. De duas coisas, uma: ou será necessário que o exército destrua o governo, ou que o governo enfraqueça o exército.

Esse enfraquecimento produzirá uma causa extremamente fatal: nascerá da própria fraqueza do governo.

Se alguém desejar ler a admirável obra de Tácito *Sobre os costumes dos germanos*,[16] verá que os ingleses tiraram deles a ideia de seu governo político. Esse belo sistema foi encontrado em meio aos bosques.

Como todas as coisas humanas possuem um fim, o Estado do qual falamos perderá sua liberdade, perecerá. Roma, Lacedemônia e Cartago certamente pereceram. Ele perecerá quando o poder legislativo for mais corrompido do que o executivo.

Não cabe a mim examinar se os ingleses atualmente gozam ou não dessa liberdade. Basta-me dizer que ela é estabelecida por suas leis, e quanto a isso nada mais me importa.

Não pretendo com isso aviltar os outros governos, nem dizer que essa liberdade política extrema deve mortificar aqueles que possuem somente uma liberdade moderada. Como poderia dizer isso, eu, que creio que até mesmo o excesso da razão nem sempre é desejável, e que os homens quase sempre se acomodam melhor no meio-termo do que nas extremidades?

Harrington,[17] em sua *Oceana*, também examinou qual seria o mais alto grau de liberdade que a constituição de um Estado pode atingir. Mas dele pode-se dizer que desejava essa liberdade somente após tê-la entendido mal, e que construiu a Calcedônia tendo diante de seus olhos a costa de Bizâncio.[18]

---

16 *De minoribus rebus principes consultant, de majoribus omnes; ita tamen ut ea quoque quorum penes plebem arbitrium est apud principes pertractentur* [Tácito, *Germania*] ["Em assuntos menores consulta-se o príncipe; nos grandes, todos são consultados. No entanto, mesmo quando uma decisão está no poder do povo, ela é cuidadosamente considerada pelos príncipes"].

17 James Harrington (1611-1677), filósofo político inglês filiado à corrente republicana e autor de *A república de Oceana* (1656). Para uma obra sobre o republicanismo inglês, cf. Barros, *Republicanismo inglês: uma teoria da liberdade*. (N. T.)

18 Referência a Heródoto, *Histórias*, IV, CXLIV: "Uma simples frase de Megabizo tornou seu nome imortal entre os habitantes do Helesponto. Encontrando-se, certa vez, em Bizâncio, soube que os calcedônios tinham construído sua cidade dezessete anos antes de os bizantinos haverem fundado a deles. Disse-lhes, então,

Capítulo VII – Das monarquias que conhecemos

As monarquias que conhecemos não possuem, como aquelas sobre as quais acabamos de falar, a liberdade como objetivo direto; elas tendem somente à glória dos cidadãos, do Estado e do príncipe. Mas dessa glória resulta um espírito de liberdade que, nesses Estados, pode também ocasionar grandes realizações e, talvez, contribuir tanto para a felicidade quanto para a própria liberdade.

Nessas monarquias, os três poderes não são distribuídos e amalgamados a partir do modelo de constituição que mencionamos. Cada um deles possui uma distribuição específica, segundo a qual se aproximam em maior ou menor grau da liberdade política; e, se dela não se aproximassem, a monarquia degeneraria em despotismo.

Capítulo VIII – Por que os antigos não tinham uma ideia muito clara da monarquia

Os antigos absolutamente não conheciam o governo fundado sobre um corpo de nobreza, e conheciam ainda menos o governo fundado sobre um corpo legislativo formado pelos representantes de uma nação. As repúblicas da Grécia e da Itália eram cidades que tinham, cada qual, seu governo, e que reuniam os seus cidadãos no interior de seus muros. Antes que os romanos tivessem engolido todas as repúblicas, não havia reis em quase nenhum lugar: na Itália, na Gália, na Espanha, na Alemanha, todas elas eram pequenos povos ou pequenas repúblicas. A própria África era submetida a uma grande república; a Ásia menor era ocupada pelas colônias gregas. Não havia, pois, exemplos de deputados das cidades, nem de assembleia de Estados. Era necessário ir até a Pérsia para encontrar o governo de uma só pessoa.

É verdade que havia repúblicas federativas. Muitas cidades enviavam deputados a uma assembleia. Mas afirmo que ali não havia monarquia fundada no modelo sobre o qual falávamos.

---

que deviam ser cegos, pois de outro modo não teriam escolhido para a cidade local tão desagradável, quando se apresentava um outro mais belo". (N. T.)

Do espírito das leis

Eis como se forma o primeiro plano das monarquias que conhecemos. As nações germânicas que conquistam o império romano eram, como sabemos, muito livres. Sobre isso, basta ver *Sobre o costume dos germanos*, de Tácito. Os conquistadores se espalharam naquele país; habitavam a parte rural, raramente estavam nas cidades. Quando estavam na Germânia, a nação inteira podia se reunir. Quando foram dispersados pela conquista, não mais puderem se reunir. No entanto, era preciso que a nação deliberasse sobre seus assuntos públicos, como havia feito antes da conquista: ela assim o fez por meio de representantes. Eis a origem do governo gótico que existe entre nós. Ele foi inicialmente uma mistura de aristocracia e de monarquia. Havia o inconveniente de que ali a ralé era escrava. Era um bom governo que continha em si a capacidade de se tornar melhor. As cartas de alforria se tornaram prática costumeira, e logo a liberdade civil do povo, as prerrogativas da nobreza e do clero, o poder dos reis, encontraram-se em tamanha harmonia que não creio ter havido sobre a terra um governo tão equilibrado como o que existiu em cada parte da Europa durante o tempo em que continuou a existir. E é admirável que a corrupção do governo de um povo conquistador tenha formado a melhor espécie de governo que os homens tenham podido imaginar.

Capítulo IX – Maneira de pensar de Aristóteles

O embaraço de Aristóteles parece visível quando ele trata da monarquia.[19] Ele a divide em cinco espécies, não as distinguindo pela forma da constituição, mas por coisas acidentais, como as virtudes ou os vícios do príncipe, ou por coisas estrangeiras, como a usurpação ou a sucessão pela tirania.

Aristóteles situa os persas e o reino da Lacedemônia na categoria de monarquias e impérios. Contudo, quem não vê que um era um Estado despótico e o outro uma república?

Os antigos, que não conheciam a distribuição dos três poderes no governo de um só, não poderiam conceber uma ideia justa da monarquia.

---

19 *Política*, Lv.III, cap.XIV.

Capítulo X – Maneira de pensar dos outros políticos

Para moderar o governo de um só, Arribas,[20] rei de Epiro, somente imaginava uma república. Os molossos, não sabendo como limitar o mesmo poder, estabeleceram dois reis.[21] Com isso, enfraqueceram mais o Estado do que o mando: quiseram ter rivais e criaram apenas inimigos.

Dois reis apenas foram toleráveis da Lacedemônia: não formavam uma constituição, mas eram parte desta.

Capítulo XI – Reis dos tempos heroicos entre os gregos

Entre os gregos, nos tempos heroicos, foi estabelecida uma espécie de monarquia que não perdurou.[22] Aqueles que haviam inventado as artes, feito a guerra em favor do povo, reunido homens dispersos ou que lhes haviam dado terras, reivindicavam o reino para si e o transmitiam para seus filhos. Eram reis, padres e juízes. É uma das cinco espécies de monarquia mencionada por Aristóteles,[23] e a única que pode despertar a ideia de constituição monárquica. Mas o programa dessa constituição é oposto ao de nossas monarquias atuais.

Os três poderes ali estavam distribuídos de maneira que o povo possuía o poder legislativo[24] e o rei o poder executivo com o poder de julgar; ao passo que, nas monarquias que conhecemos, o príncipe possui o poder executivo e legislativo, ou ao menos uma parte do legislativo, mas ele não julga.

No governo dos reis dos tempos heroicos, os três poderes eram mal distribuídos. Essas monarquias não podiam perdurar, pois, uma vez que o povo exercia a legislação, ele poderia, ao menor capricho, acabar com o reinado, como o fez em toda parte.

Entre um povo livre que possui o poder legislativo; entre um povo confinado em uma cidade, onde tudo o que há de odioso torna-se mais odioso

---

20 Vede Justino, Lv.XVII [*Epítome das histórias filípicas*].

21 Aristóteles, *Política*, Lv.V, cap.IX.

22 Aristóteles, *Política*, Lv.III, cap.XIV.

23 Ibid.

24 Vede o que diz Plutarco em *Vida de Teseu*. Vede também Tucídides [*História da guerra do Peloponeso*], Lv.I.

Do espírito das leis

ainda, a obra-prima da legislação é saber posicionar bem o poder de julgar. No entanto, esse poder não pode estar mais mal localizado do que quando se encontra nas mãos daquele que já possui o poder executivo. A partir desse instante, o monarca torna-se terrível. Mas, ao mesmo tempo, como não tinha o poder de legislar, não pode se defender contra a legislação; possuía muito poder, contudo ainda não o possuía o bastante.

Ainda não se havia descoberto que a verdadeira função do príncipe era estabelecer juízes, e não ele próprio julgar. A política contrária torna o governo de um só insuportável. Todos esses reis foram cassados. Os gregos não imaginaram a verdadeira distribuição dos três poderes no governo de um só, apenas a imaginaram no governo de muitos, e chamaram essa espécie de constituição de *polícia*.[25]

Capítulo XII – Do governo dos reis de Roma e como os três poderes foram ali distribuídos

O governo dos reis de Roma tinha alguma relação com o dos reis dos tempos heroicos entre os gregos. Sua queda se deveu, como os outros, por seu vício geral, embora em si mesmo, e por sua natureza particular, tenha sido um bom governo.

Para explicar esse governo, distinguirei o reinado dos cinco primeiros reis dos governos de Sérvio Túlio e o de Tarquínio.[26]

A coroa era eletiva e, sob os cinco primeiros reis, o Senado teve o papel mais importante na eleição.

Após a morte do rei, o Senado examinava se seria mantida a forma de governo que havia sido estabelecida. Se julgasse conveniente mantê-la, nomeava um magistrado[27] escolhido internamente, que elegia um rei. O Senado devia aprovar a eleição; o povo, confirmá-la; e, quanto aos auspí-

---

25 Vede Aristóteles, *Política*, Lv.IV, cap.VIII [1293b-1294a]. [Cf. nota do tradutor em VI, 11. (N. T.)]

26 Além da já mencionada referência à edição brasileira de *Considerações sobre as causas da grandeza dos romanos e de sua decadência*, para uma boa introdução à história de Roma cf. Grimal, *História de Roma*. (N. T.)

27 Dionísio de Halicarnasso [*Das antiguidades romanas*], Lv.II, p.120 e Lv.IV, p.242-3.

Montesquieu

cios, garanti-la. Se uma dessas três condições estivesse ausente, uma outra eleição era necessária.

A constituição era monárquica, aristocrática e popular. Tamanha foi a harmonia do poder que não víamos nem inveja nem disputa nos primeiros reinados. O rei comandava os exércitos e assumia a intendência dos sacrifícios; tinha o poder de julgar os conflitos cíveis[28] e criminais;[29] convocava o Senado; reunia o povo e trazia certos assuntos diante dele, enquanto outros resolvia com o Senado.[30]

O Senado tinha uma grande autoridade. Os reis frequentemente escolhiam senadores para fazerem seus julgamentos: não levavam ao povo nenhum assunto que não houvesse sido deliberado[31] no Senado.

O povo tinha o direito de eleger[32] magistrados, de consentir as novas leis, e, quando o rei assim o permitia, de declarar a guerra e de fazer a paz. O povo não tinha nenhum poder de julgar. Quando Túlio Hostílio remeteu o julgamento de Horácio ao povo, teve razões particulares cuja descrição é encontrada em Dionísio de Halicarnasso.[33]

A constituição mudou sob[34] Sérvio Túlio. O Senado não tinha nenhuma participação na eleição do rei: este se fez proclamar pelo povo. Ele se

---

28 Vede o discurso de Tanaquil em Tito Lívio, Lv.I, década I, e o regulamento de Sérvio Túlio, em Dionísio de Halicarnasso [*Das antiguidades romanas*], Lv.IV, p.229. [Tanaquil foi uma rainha da aristocracia etrusca, esposa de Tarquínio Prisco (primeiro rei etrusco) e mãe de Sérvio Túlio. Segundo Tito Lívio, quando do assassinato e morte de Tarquínio, Tanaquil disse ao povo que o rei estava apenas ferido, e que a população deveria, naquele momento, obedecer à autoridade de Sérvio, que administraria a justiça e se encarregaria dos assuntos relativos aos julgamentos e à realeza. (N. T.)]

29 Vede Dionísio de Halicarnasso [*Das antiguidades romanas*], Lv.II, p.118 e Lv.III, p.171.

30 Túlio Hostílio mandara destruir Alba através de um senado-consulto. Dionísio de Halicarnasso [*Das antiguidades romanas*], Lv.III, p.167 e 172.

31 Dionísio de Halicarnasso [*Das antiguidades romanas*], Lv.IV, p.276.

32 Ibid., Lv.II. Era necessário, no entanto, que não fizesse nomeações para todos os cargos, porque Valério Publícola fez a famosa lei que proibia a qualquer cidadão o exercício de algum cargo se ele não tivesse obtido o sufrágio do povo.

33 Ibid., Lv.II, p.159.

34 Ibid., Lv.IV.

Do espírito das leis

desincumbiu dos julgamentos civis,[35] reservando para si os julgamentos criminais. Levava diretamente ao povo todos os assuntos, desafogou-o das taxas e colocou todo o ônus sobre os patrícios. Assim, à medida que enfraquecia o poder real e a autoridade do Senado, aumentava o poder do povo.[36]

Tarquínio não se elegeu nem pelo Senado, nem pelo povo. Via Sérvio Túlio como um usurpador e considerava a coroa como um direito hereditário. Exterminou a maior parte dos senadores; não mais consultava aqueles que sobraram, e nem mesmo os chamava para compor seus julgamentos.[37] Seu poder aumentou, mas aquilo que havia de odioso nesse poder tornou-se mais odioso ainda: usurpou o poder do povo, não o consultou para fazer as leis e fez até mesmo leis contra ele.[38] O rei teria reunido os três poderes sob sua coroa, mas o povo lembrou-se que uma vez havia sido legislador, e Tarquínio deixou de sê-lo.[39]

Capítulo XIII – Reflexões gerais sobre o estado de Roma após a expulsão dos reis

Os romanos são indeléveis: é por isso que, ainda hoje, em sua capital, deixamos os novos palácios para caminhar pelas ruínas; é por isso que o olho que pousa sobre o esmalte das pradarias ama ver os rochedos e montanhas.

As famílias patrícias tinham obtido, em todas as épocas, grandes prerrogativas. Essas distinções, grandes sob os reis, tornaram-se bem mais importantes após sua expulsão. Isso causou a inveja dos plebeus, que quiseram rebaixá-los. As contestações golpeavam a constituição sem enfraquecer o governo, pois, desde que os magistrados conservassem sua autoridade, era bastante indiferente de qual família provinham os magistrados.

---

35 Privou-se da metade do poder real, diz Dionísio de Halicarnasso [*Das antiguidades romanas*], Lv.IV, p.229.

36 Considera-se que, se não tivesse sido alertado por Tarquínio, teria estabelecido o governo popular. Dionísio de Halicarnasso [*Das antiguidades romanas*], Lv.IV, p.243.

37 Ibid., Lv.IV.

38 Ibid.

39 Tarquínio, o Soberbo (534-509 a.C.), último rei do período monárquico. Orgulhoso e odiado, acabou sendo deposto pelos patrícios. (N. T.)

Uma monarquia eletiva, como era Roma, supunha necessariamente um corpo aristocrático poderoso que a sustentasse, sem o que ela se transformaria inicialmente em uma tirania ou em um Estado popular. Mas um Estado popular não tem essa necessidade de distinção de famílias para se manter. Foi o que fizeram os patrícios, que eram partes necessárias da constituição do tempo dos cônsules; o povo pôde rebaixá-los sem destruir a si mesmo, e alterar a constituição sem a corromper.

Quando Sérvio Túlio aviltou os patrícios, Roma teve que sair das mãos dos reis para cair nas mãos do povo. Mas o povo, rebaixando os patrícios, não temeu recair nas mãos dos reis.

Um Estado pode mudar de duas maneiras: ou porque a constituição se corrige ou porque se corrompe. Se ele conservou seus princípios e a constituição mudou, é porque ela se corrige; se ele perdeu seus princípios e a constituição veio a ser alterada, é porque ela se corrompe.

Após a expulsão dos reis, Roma deveria ser uma democracia. O povo já tinha o poder legislativo: era seu sufrágio unânime que havia cassado os reis; e, se não se tivesse obstinado nessa determinação, os tarquínios poderiam retornar a qualquer instante. Sustentar que o povo quis cassá-los para cair na escravidão de algumas famílias não me parece razoável. A situação das coisas requeria, pois, que Roma fosse uma democracia e, no entanto, ela não o era. Era preciso moderar o poder das pessoas mais importantes, e que as leis tendessem para a democracia.

Os Estados com frequência prosperam mais na imperceptível passagem de uma constituição para outra do que quando se encontram sob uma ou outra dessas constituições. Nesse período, todas as molas do governo estão tensionadas, todos os cidadãos têm pretensões, todos se atacam ou se adulam, e há uma nobre emulação entre aqueles que defendem a constituição que decai e aqueles que promovem aquela que prevaleceu.

Capítulo XIV – Como a distribuição dos três poderes começou a mudar após a expulsão dos reis

Quatro coisas eram especialmente contrárias à liberdade de Roma. Somente os patrícios obtinham todos os cargos sagrados, políticos, civis

Do espírito das leis

e militares. Atribuíra-se ao consulado um poder exorbitante. O povo era ultrajado e, enfim, não lhe havia sido deixada quase nenhuma influência nos sufrágios. O povo corrigiu os quatro seguintes abusos.

1º) Estabeleceu que haveria magistraturas às quais os plebeus poderiam concorrer, e pouco a pouco conseguiu que pudessem concorrer a todas, exceto a do *inter-rei*.[40]

2º) O consulado foi desmembrado e formaram-se diversas magistraturas. Foram criados pretores,[41] aos quais se transferia o poder de julgar os negócios privados. Nomearam-se os questores[42] para fazer que fossem julgados os crimes públicos; estabeleceram-se edis, para os quais se outorgava a polícia; instituíram-se tesoureiros,[43] que tinham a administração dos armazéns públicos. Enfim, pela criação dos censores, foi retirado dos cônsules a parte do poder legislativo que regra os costumes dos cidadãos e a polícia momentânea dos diversos corpos do Estado. As principais prerrogativas que lhes restaram foram a de presidir os grandes estados do povo,[44] de reunir o Senado e de comandar os exércitos.

3º) As leis sagradas estabeleceram os tribunos, que podiam, a qualquer instante, deter os avanços dos patrícios, além de impedir não somente as injúrias particulares, mas também as gerais.

Enfim, os plebeus aumentaram sua influência nas decisões públicas. O povo romano estava dividido de três maneiras: por centúrias, por cúrias e por tribos. E, quando realizava seu sufrágio, reunia-se e adquiria uma dessas três formas.

Na primeira, os patrícios, os eminentes, os ricos, o Senado, o que era mais ou menos a mesma coisa, possuíam a autoridade por completo. Na segunda, detinham-na em menor grau. Na terceira, ainda menos.

---

40 O *inter-rei* (ou *interrex*) era um magistrado nomeado de forma excepcional, cujo governo e autoridade suprema (*imperium*) eram exercidos no interregno (*interregnum*) existente entre a morte de um rei e a ascensão de outro. (N. T.)

41 Tito Lívio, década I, Lv.VI [Livro VI, cap.42].

42 *Quæstores parricidi*. Pompônio, Lei 2, §23 [Justiniano, *Digesto, de origine juris et omnium magistratuum et successione prudentum*].

43 Plutarco, *Vida de Publícola*.

44 *Comitiis centuriatis*. [Por "grandes estados do povo" Montesquieu entende os comícios ou as assembleias das centúrias. (N. T.)]

A divisão por centúrias era antes de mais nada uma divisão censitária e de recursos, mais do que uma divisão de pessoas. O povo inteiro era dividido em 93 centúrias,[45] cada uma com um voto. Os patrícios e os homens eminentes formavam 98 centúrias. O resto dos cidadãos distribuía-se entre as outras 95. Nessa divisão, os patrícios eram, por conseguinte, os próceres dos sufrágios.

Na divisão por cúrias,[46] os patrícios não tinham as mesmas vantagens, embora possuíssem algumas. Era preciso consultar os auspícios, cujo controle estava nas mãos dos patrícios; nenhuma proposta poderia ser feita ao povo se não tivesse antes sido submetida ao Senado e aprovada por um senado-consulto. Mas, na divisão por tribos, não se tratava nem de auspícios nem de senado-consulto, e os patrícios não eram admitidos.

Ora, o povo buscava sempre realizar através de cúrias as assembleias que tinha o costume de fazer por centúrias, e realizar através de tribos as assembleias que eram feitas por cúrias, o que fez com que os negócios públicos passassem das mãos dos patrícios para a dos plebeus.

Assim, quando os plebeus obtiveram o direito de julgar os patrícios, o que se iniciou a partir do caso Coriolano,[47] os plebeus quiseram julgá-los em assembleias feitas por tribos,[48] e não por centúrias. Além disso, quando se instituíram em favor do povo as novas magistraturas[49] de tribunos e de edis, o povo conseguiu se reunir em cúrias para nomeá-los; e, quando seu poder se firmou, conseguiu[50] que ambos fossem nomeados por uma assembleia de tribos.

Capítulo XV – Como, durante a prosperidade da república, Roma de repente perdeu sua liberdade

No ardor das disputas entre os patrícios e os plebeus, estes exigiram que lhes dessem leis fixas, a fim de que os julgamentos não mais fossem o efeito

---

45 Sobre isso, vede Tito Lívio, Lv.I [cap.43] e Dionísio de Halicarnasso [*Das antiguidades romanas*], Lv.IV e VII.

46 Dionísio de Halicarnasso [*Das antiguidades romanas*], Lv.IX, p.598.

47 Ibid., Lv.VII.

48 Contra o antigo uso, como se verifica em ibid., Lv.V, p.320.

49 Ibid., Lv.VI, p.410 e 411.

50 Ibid., Lv.IX, p.605.

Do espírito das leis

de uma vontade caprichosa ou de um poder arbitrário. Após muita resistência, o Senado aquiesceu. Para compor essas leis, foram nomeados decênviros. Acreditava-se que um grande poder era reservado a estes, porque deviam dar leis a partidos que eram praticamente incompatíveis. A nomeação de todas as magistraturas foi suspensa e, nos comícios, eles foram eleitos como os únicos administradores da república. Encontravam-se revestidos com o poder consular e com o poder tribuniano. Um lhes dava o direito de reunir o Senado e o outro o de reunir o povo. Contudo, não convocaram nem o Senado, nem o povo. Dez homens na república detinham todo o poder legislativo, todo o poder executivo, todo o poder de julgar. Roma se viu submetida a uma tirania tão cruel quanto a de Tarquínio. Quando Tarquínio exercia suas vexações, Roma indignava-se do poder que havia sido usurpado; quando os decênviros exerceram as suas, ficou atônita pelo poder que lhes havia concedido.

Contudo, que sistema de tirania era este, produzido por pessoas que haviam obtido o poder político e militar somente pelo conhecimento dos assuntos civis, e que, dadas as circunstâncias daquela época, do ponto de vista doméstico necessitavam da covardia dos cidadãos para que se deixassem governar e, do ponto de vista externo, de sua coragem para os defender?

O espetáculo da morte de Virgínia, imolada por seu pai pelo pudor e pela liberdade, fez evanescer o poder dos decênviros.[51] Todos se encontraram livres, pois todos haviam sido ofendidos: todas as pessoas se tornaram cidadãs, porque todas se sentiram como um pai. O Senado e o povo ganharam novamente uma liberdade que havia sido confiada a tiranos ridículos.

O povo romano, mais do que qualquer outro, comovia-se com os espetáculos. O do corpo ensanguentado de Lucrécia colocou um término à monarquia.[52] O devedor que, coberto de feridas, apareceu na praça, mudou a forma da república.[53] A visão de Virgínia fez com que os decênviros fossem cassados. Para que Mânlio fosse condenado, foi preciso evitar que o povo

---

51 Cf. XI, 9, nota do tradutor. (N. T.)

52 Lucrécia era a esposa de Lúcio Tarquínio Colatino, político influente em Roma. Sexto Tarquínio, filho do rei Tarquínio, o Soberbo, é recebido na casa de Colatino e viola Lucrécia. Esta, indignada, conta para o marido e para a família a sua desgraça e, em seguida, se apunhala e morre. Com isso, Tarquínio Colatino lidera uma rebelião que põe fim ao período monárquico romano. (N. T.)

53 Cf. XII, 21. (N. T.)

pudesse ver o Capitólio.[54] O robe ensanguentado de César devolveu Roma à servidão.[55]

Capítulo XVI – Do poder legislativo na república romana

Sob os decênviros não havia direitos a serem disputados. Mas, quando a liberdade foi recobrada, viram-se nascer as invejas: enquanto restaram alguns privilégios patrícios, os plebeus trabalharam para retirá-los todos.

Pouco mal teria sido cometido se os plebeus tivessem ficado satisfeitos em privar os patrícios de suas prerrogativas e se não os houvessem ofendido em sua própria qualidade de cidadãos. Quando o povo se reunia em cúrias ou em centúrias, compunha-se de senadores, patrícios e plebeus. Nas disputas, os plebeus venceram sobre o seguinte ponto:[56] que apenas eles, sem os patrícios e sem o Senado, poderiam fazer leis que chamavam de plebiscitos, e os comícios nos quais tais leis foram feitas foram chamados de comícios por tribos. Assim, houve casos em que os patrícios[57] não tinham nenhuma participação no poder legislativo[58] e em que foram submetidos ao poder legislativo de um outro corpo do Estado. Esse foi um delírio da liberdade. O povo, para estabelecer a democracia, foi de encontro aos princípios da democracia. Parecia que um poder tão exorbitante deveria ter aniquilado a autoridade do Senado; mas Roma tinha instituições admiráveis. Em especial, contava com duas delas: por uma, o poder legislativo do povo era regrado; pela outra, limitado.

Os censores, e antes deles os cônsules,[59] formavam e criavam, por assim dizer, a cada cinco anos, o corpo do povo; exerciam a legislação sobre o

---

54 Cf. Tito Lívio, VI, 20. (N. T.)

55 Cf. *Considerações sobre as causas da grandeza dos romanos e de sua decadência*, cap.XII. (N. T.)

56 Dionísio de Halicarnasso [*Das antiguidades romanas*], Lv.XI, p.725.

57 Pelas leis sagradas, os plebeus puderam sozinhos realizar plebiscitos, sem que os patrícios fossem admitidos em sua assembleia. Dionísio de Halicarnasso [*Das antiguidades romanas*], Lv.VI, p.410; e Lv.VII, p.430.

58 Pela lei feita após a expulsão dos decênviros, os patrícios foram submetidos aos plebiscitos, ainda que neles não pudessem dar os seus votos. Tito Lívio, Lv.III e Dionísio de Halicarnasso [*Das antiguidades romanas*], Lv.XI, p.725. E essa lei foi confirmada pela de Públio Filo, ditador do ano 416 de Roma. Tito Lívio, Lv.VIII.

59 No ano 312 de Roma os cônsules faziam ainda o censo, como vê-se em Dionísio de Halicarnasso [*Das antiguidades romanas*], Lv.XI.

próprio corpo que possuía o poder legislativo. "Tibério Graco, censor", diz Cícero, "transferiu os libertos para as tribos da cidade, não pela força de sua eloquência, mas por uma palavra e por um gesto; e, se não houvesse assim feito, não mais teríamos essa república, que apenas com muito esforço hoje sustentamos".[60]

Por outro lado, o Senado tinha o poder de retirar, por assim dizer, a república das mãos do povo, pela criação de um ditador, perante o qual o soberano abaixava a cabeça e as leis mais populares permaneciam em silêncio.[61]

Capítulo XVII – Do poder executivo na mesma república

Se o povo foi zeloso de seu poder legislativo, ele o foi menos de seu poder executivo. Deixou-o quase inteiramente ao Senado e aos cônsules, e praticamente não reservou para si nenhum direito de eleger magistrados e de confirmar os atos do Senado e dos generais.

Roma, cuja paixão era comandar, cuja ambição era tudo subjugar, que havia sempre usurpado e permanecia usurpando, continuamente tinha assuntos públicos de primeira grandeza. Seus inimigos conjuravam contra ela, ou ela conjurava contra os seus inimigos.

Obrigado a, por um lado, conduzir-se com coragem heroica e, por outro, conduzir-se com uma sabedoria consumada, o estado das coisas requeria que o Senado tomasse a condução dos assuntos públicos. O povo disputava no Senado todos os braços do poder legislativo, porque era cioso de sua liberdade. Não disputava, no entanto, nenhum dos braços do poder executivo, porque era cioso de sua glória.

A parte que o Senado assumia no poder executivo era tão grande que, de acordo com Políbio,[62] todos os estrangeiros pensavam que Roma fosse uma aristocracia. O Senado dispunha de armazéns públicos e arrendava as receitas; era o árbitro nos processos de seus aliados; decidia sobre a guerra e sobre a paz, e dirigia, a esse respeito, os cônsules; fixava o número das

---

60 Cícero, *De oratore*, I, 9. (N. T.)

61 Tais como aquelas que permitiam que todas as ordenanças dos magistrados fossem passíveis de recursos pelo povo.

62 [Políbio, *História*] Lv.VI.

tropas romanas e das tropas aliadas, distribuía as províncias e os exércitos aos cônsules ou aos pretores; e, expirado o ano de mando, podia lhes dar um sucessor; conferia os triunfos; recebia embaixadas e as designava; nomeava os reis, recompensava-os, punia-os, julgava-os, dava-lhes ou os fazia perder os títulos de aliados do povo romano.

Os cônsules acionavam as tropas que deviam conduzir à guerra: comandavam os exércitos da terra ou do mar, preparavam os aliados. Tinham, em todas as províncias, o poder inteiro da república. Concediam a paz aos povos vencidos, impondo-lhes condições ou os submetendo-os ao Senado.

Nos primeiros tempos, quando o povo tinha alguma participação nos negócios da guerra e da paz, exercia antes seu poder legislativo do que seu poder executivo. Apenas confirmava aquilo que os reis e, após eles, os cônsules ou o Senado, haviam decidido. Longe de o povo ter sido o árbitro da guerra, vemos que os cônsules ou o Senado a faziam frequentemente, malgrado a oposição de seus tribunos. Mas, na embriaguez das prosperidades, aumentou seu poder executivo. Assim,[63] ele próprio criou os tribunos das legiões, até então nomeados pelos generais; e, pouco antes da guerra púnica, decretou que somente ele tinha o direito de declarar a guerra.[64]

Capítulo XVIII – Do poder de julgar no governo de Roma

O poder de julgar foi dado ao povo, ao Senado, aos magistrados, a certos juízes. É preciso verificar como ele foi distribuído. Começo pelas matérias cíveis.

Os cônsules[65] julgaram após os reis, assim como os pretores julgaram após os cônsules. Sérvio Túlio foi desincumbido do julgamento dos processos

---

63 Ano 444 de Roma. Tito Lívio, década I, Lv.IX [cap.30]. Parecendo perigosa a guerra contra a Pérsia, um senado-consulto ordenou que essa lei seria suspensa, e o povo consentiu com isso. Tito Lívio, década V, Lv.II [cap.42].

64 Arrebatou-o do Senado, diz Frenshemius, década II, Lv.IV [cap.16]. [Johann Freinsheim (1608-1660), ou Johannes Frenshemius, historiador e erudito alemão, autor de suplementos das obras de Quinto Cúrcio e da segunda década de Tito Lívio, esta última sendo aqui citada por Montesquieu. (N. T.)]

65 Não se pode duvidar que os cônsules, antes da criação dos pretores, não cuidavam dos julgamentos civis. Vede Tito Lívio, década I, Lv.II [cap.1], p.19. Dionísio de Halicarnasso [Das antiguidades romanas], Lv.X, p.627 e, no mesmo livro, p.645.

cíveis. Os cônsules também não os julgavam, a não ser nos raros[66] casos chamados, por essa razão, de *extraordinários*.[67] Contentavam-se em nomear os juízes e formar os tribunais incumbidos de julgar. Parece, pelo discurso de Ápio Cláudio, encontrado em Dionísio de Halicarnasso,[68] que, desde o ano 259 de Roma, isso era considerado como um costume estabelecido entre os romanos, e não parece ser retroceder muito retraçá-lo até a época de Sérvio Túlio.

A cada ano o pretor formava uma lista[69] ou uma relação daqueles que escolhia para assumir a função de juiz durante o ano de sua magistratura. Para cada processo eram escolhidos juízes em número suficiente. Pratica-se algo semelhante na Inglaterra. E, o que era muito favorável à liberdade,[70] o pretor escolhia os juízes com o consentimento[71] das partes. As numerosas recusas contra juízes que podem ser feitas hoje na Inglaterra remetem aproximadamente ao mesmo uso.

Esses juízes decidiam apenas sobre questões de fato:[72] por exemplo, se uma soma havia sido paga ou não; se uma ação havia sido realizada ou não. Mas, para as questões de direito,[73] como estas requeriam certa capacidade, eram levadas ao tribunais dos centúviros.[74]

Os reis reservaram para si o julgamento das matérias criminais, e os cônsules os sucederam em relação a isso. Foi em consequência dessa autoridade que o cônsul Brutus mandou matar seus filhos e todos aqueles que haviam conjurado em favor dos tarquínios. Esse poder era exorbitante. Com os

---

66 Frequentemente, os tribunos julgavam sozinhos; nada os tornava mais odiosos. Dionísio de Halicarnasso [*Das antiguidades romanas*], Lv.IX, p.709.

67 *Judicia extraordinária*. Vede os *Institutas* [*Corpus Juris Civilis*], Lv.IV.

68 [*Das antiguidades romanas*], Lv.VI, p.360.

69 *Album judictum*.

70 "Nossos ancestrais não queriam", diz Cícero em *Pro Cluentio*, "que, sem o consentimento das partes, um homem pudesse ser juiz, e isso não somente sobre a reputação de um cidadão, mas também relativamente à menor querela pecuniária".

71 Vede nos fragmentos da Lei Servília, da Cornélia e de outras, de que maneira essas leis designavam juízes aos crimes que elas se propunham a punir. Frequentemente eram selecionados por escolha, algumas vezes por sorteio, ou, enfim, por um misto entre sorteio e escolha.

72 Sêneca, *De beneficiis* [*Sobre os benefícios*], Lv.III, cap.7, *in fine*.

73 Vede Quintiliano [*Instituições oratórias*], Lv.IV, p.54, *in-fol.*, ed. Paris, 1541.

74 O tribunal dos centúviros julgava matérias relativas ao direito de herança. Seus membros eram eleitos pela assembleia tribal. (N. T.)

cônsules já possuindo o poder militar, eles o exerciam sobre os assuntos públicos da cidade, e seus procedimentos, desprovidos das formas da justiça, eram antes ações violentas do que julgamentos.

Isso fez a Lei Valéria ser promulgada, permitindo-se recorrer ao povo em todas as ordenações dos cônsules que colocavam em perigo a vida de um cidadão. Os cônsules, então, não mais puderam pronunciar uma pena capital contra um cidadão romano senão pela vontade do povo.[75]

Vemos, na primeira conjuração pelo retorno dos tarquínios, que o cônsul Brutus julga os culpados. Na segunda, o Senado e os comícios se reúnem para julgar.

As leis que se chamavam *sagradas* deram aos plebeus os tribunos, formando um corpo que desde logo manifestou imensas pretensões. Não se sabe o que foi maior: a covarde insolência dos plebeus em solicitar ou a condescendência e a facilidade do Senado em aquiescer. A Lei Valéria tinha permitido os recursos ao povo, isto é, ao povo composto de senadores, de patrícios e de plebeus. Os plebeus estabeleceram que os recursos deveriam ser apresentados perante eles. Logo se colocou em questão se os plebeus poderiam julgar um patrício: isso foi tema de uma disputa originada do caso Coriolano, e que terminou com esse caso. Coriolano, acusado pelos tribunos diante do povo, sustentava, contra o espírito da Lei Valéria, que, sendo patrício, somente poderia ser julgado pelos cônsules. Os plebeus, contra o espírito dessa mesma lei, defendiam que Coriolano deveria ser julgado somente por eles, e assim o julgaram.

A Lei das Doze Tábuas modificou isso. Ela ordenara que a vida de um cidadão somente poderia ser decidida pelos grandes estados do povo.[76] Assim, o corpo dos plebeus, ou, o que é a mesma coisa, os comícios por tribos, somente passaram a julgar os crimes cuja pena era apenas uma multa

---

75 *Quoniam de capite civis Romani, injussu populi Romani, non erat permissum consulibus jus dicere.* Vede Pompônio, Segunda Lei, §6º, *De origine juris et omnium magistratum et successione prudentum.* ["Assim, não era permitido aos cônsules pronunciar a pena capital contra um cidadão romano sem a injunção do povo"].

76 Os comícios por centúrias. Também Mânlio Capitolino foi julgado nesses comícios. Tito Lívio, década I, Lv.VI [cap.20], p.68.

Do espírito das leis

pecuniária. Era necessária uma lei para aplicar uma pena capital; para condenar a uma pena pecuniária, bastava um plebiscito.

Essa disposição da Lei das Doze Tábuas foi muito sábia. Ela formou uma admirável conciliação entre o corpo dos plebeus e o Senado. Afinal, como a competência de uns e de outros dependia da grandeza da pena e da natureza do crime, era necessário que entrassem em concerto.

A Lei Valéria fez desaparecer de Roma tudo aquilo que restava daquele governo que tinha relação com o dos gregos dos tempos heroicos. Os cônsules encontraram-se sem poder para aplicar punição aos crimes. Ainda que todos os crimes sejam públicos, é, no entanto, preciso distinguir aqueles que interessam mais os cidadãos entre si daqueles que interessam mais o Estado na relação que ele trava com o cidadão. Os primeiros são chamados de privados, os segundos são crimes públicos. O próprio povo julgava os crimes públicos; e, quanto aos privados, nomeava para cada crime, através de uma comissão particular, um questor para continuar a ação. O povo frequentemente escolhia um dos magistrados, algumas vezes um homem privado. Chamavam-no de "questor do parricídio". Ele é mencionado na Lei das Doze Tábuas.[77]

O questor nomeava o que era então chamado de juiz da questão, que escolhia os juízes por sorteio, formava o tribunal e presidia, abaixo do questor, o julgamento.[78]

É recomendável destacar aqui a participação assumida pelo Senado na nomeação do questor, a fim de que se veja como os poderes eram, a esse respeito, equilibrados. Algumas vezes o Senado fazia que fosse eleito um ditador para cumprir a função de questor;[79] outras vezes ordenava que o povo fosse convocado por um tribuno, para que nomeasse um questor.[80]

---

77 Assim diz Pompônio na Segunda Lei, no *Digesto*, *De origine juris*.

78 Vede um fragmento de Ulpiano, que se refere a outro da Lei Cornélia. Encontramo-lo na *Colação das leis mosaicas e romanas*, tit.I, *de sicariis et homicidiis*.

79 Isso acontecia sobretudo nos crimes cometidos na Itália, onde o Senado tinha uma inspeção principal. Vede Tito Lívio, primeira década, Lv.IX [cap.26], sobre as conjurações de Cápua.

80 Isso ocorreu na sequência da morte de Postúmio, no ano 340 de Roma. Vede Tito Lívio [Lv.IV, cap.50].

Enfim, o povo algumas vezes nomeava um magistrado para que fizesse o relato de um determinado crime ao Senado, e para requerer que um questor fosse designado, como se observa no julgamento de Lúcio Cipião,[81] segundo Tito Lívio.[82]

No ano 604 de Roma, algumas dessas comissões tornaram-se permanentes.[83] Paulatinamente, as matérias criminais foram divididas em diversas partes, chamadas de "questões perpétuas". Diversos pretores foram criados, atribuindo-se a cada um deles algumas dessas questões. Durante um ano lhes era concedido o poder de julgar os crimes sobre os quais possuíam competência, e, em seguida, iam governar suas províncias.

Em Cartago, o Senado dos Cem era composto de juízes vitalícios.[84] Mas em Roma os pretores serviam anualmente e os juízes nem mesmo durante um ano, porque eram escolhidos para cada caso. Vimos, no Capítulo VI deste livro, o quanto, em certos governos, essa disposição era favorável à liberdade.

Até o tempo dos Graco, os juízes eram escolhidos entre a ordem dos senadores. Tibério Graco mandou ordenar que fossem escolhidos entre a ordem dos cavaleiros: mudança tão considerável que o tribuno se vangloriava de ter cortado, por uma única rogação,[85] os nervos da ordem dos senadores.

É preciso destacar que os três poderes podem ser bem distribuídos em relação à liberdade da constituição, ainda que não o sejam tão bem em relação à liberdade do cidadão. Em Roma, como o povo possuía a maior parte do poder legislativo, uma parte do poder executivo e uma parte do poder de julgar, isso se tratava de um poder que precisava ser equilibrado por um outro. O Senado certamente tinha uma parte do poder executivo; tinha, ainda,

---

81 Esse julgamento foi realizado no ano 567 de Roma.

82 Lv.VIII.

83 Cícero, *Brutus*.

84 Isso pode ser provado em Tito Lívio [Lv.XLIII, cap.46], que diz que Aníbal tornou anual sua magistratura.

85 A *rogatio* era um projeto de lei apresentado diante das assembleias do povo. Na realidade, foi Caio Graco que, com a *Lex Acilia Repetundarum*, submeteu os senadores aos *equites*. (N. T.)

Do espírito das leis

algum ramo do poder legislativo.[86] Mas isso não bastava para contrabalançar o povo. Era necessário que o Senado participasse do poder de julgar, o que acontecia quando os juízes eram escolhidos dentre os senadores. Quando os Graco privaram os senadores do poder de julgar,[87] o Senado não mais pôde opor resistência ao povo. Foram, pois, contra a liberdade da constituição para favorecer a liberdade do cidadão; mas esta última se perdeu junto com a primeira.

Disso resultaram males infinitos. Mudou-se a constituição em uma época em que, no calor das discórdias civis, mal havia uma constituição. Os cavaleiros deixaram de ser essa ordem mediana que unia o povo ao Senado, e o elo da constituição foi rompido.

Havia até mesmo razões específicas que deviam impedir a transferência dos julgamentos para os cavaleiros. A constituição de Roma fundava-se no princípio segundo o qual aqueles que possuíssem bens suficientes para responder por sua conduta à república deveriam ser soldados. Os cavaleiros, assim como os mais ricos, formavam a cavalaria das legiões. Quando sua dignidade foi aumentada, não mais quiseram servir nessa milícia, e foi preciso convocar outra cavalaria: Mário admitia toda espécie de pessoas nas legiões, e a república se arruinou.[88]

Ademais, os cavaleiros eram os cobradores de impostos da república. Eram ávidos, fomentavam desgraça nas desgraças, e faziam nascer necessidades públicas das necessidades públicas. Bem longe de dar a tais pessoas o poder de julgar, teria sido necessário que elas estivessem continuamente sob a vigilância dos juízes. Em elogio às antigas leis francesas, deve-se dizer que elas estipularam leis para os homens de negócios que encarnavam a mesma desconfiança que se tem para com os inimigos. Quando em Roma

---

86 Os senado-consultos tinham força durante um ano, ainda que não fossem confirmados pelo povo. Dionísio de Halicarnasso [*Das antiguidades romanas*], Lv.IX, p.595 e Lv.XI, p.735.

87 No ano 630.

88 *Capite censos plerosque*. Salústio, *Guerra de Jugurta* [cap.86, 2]. [Caio Salústio Crispo (86 a.C.-35 a.C.), historiador e político romano. Segundo Salústio, Mário alistava soldados de todas as classes, sobretudo "entre os mais pobres dos cidadãos". (N. T.)]

os julgamentos foram transferidos aos cobradores de impostos, a virtude desapareceu, não mais havia polícia, leis, magistratura, magistrado.

Um ingênuo retrato disso é encontrado em alguns fragmentos de Diodoro da Sicília e de Dião. "Múcio Cévola", diz Diodoro,[89] "quis relembrar os antigos costumes e viver de seus próprios bens com frugalidade e integridade. Afinal, tendo seus predecessores feito uma sociedade com os cobradores de impostos, que então tinham os julgamentos em Roma, haviam coalhado a província com toda espécie de crimes. Mas Cévola aplicou a justiça aos publicanos e mandou prender aqueles que arrastavam outros para a prisão".

Dião nos diz[90] que Públio Rutilo, seu lugar-tenente, que não era menos odioso aos cavaleiros, foi acusado, em seu retorno, de ter recebido presentes, e foi condenado a uma multa. Ele entregou imediatamente seus bens. Sua inocência foi revelada, pois foram encontrados bens em quantidade muito menor do que o acusavam de ter roubado, e ele mostrou os títulos de sua propriedade. Públio Rutilo não mais queria permanecer na cidade com tais pessoas.

"Os italianos", diz ainda Diodoro,[91] "compravam na Sicília tropas de escravos para cultivar os campos e pastorear seu gado, mas se negavam a dar-lhes comida. Esses infelizes eram obrigados a roubar nas grandes estradas, armados com lanças e maças, cobertos com peles de animais, acompanhados de cães enormes. A província foi completamente devastada, e as pessoas do lugar somente poderiam chamar de seu aquilo que se encontrava dentro dos muros das cidades. Não havia nem procônsul nem pretor que pudesse ou quisesse se opor a essa desordem, e que ousasse punir esses escravos, porque eles pertenciam aos cavaleiros que tinham, em Roma, o poder de julgar".[92] Não obstante, essa

---

89 Fragmento desse autor [*Biblioteca histórica*], Lv.XXXVI, na coletânea de Constantino Porfirogeneta, *Extrato das virtudes e dos vícios*.

90 Fragmentos de sua história [*História romana*], tirados de *Extrato das virtudes e dos vícios*.

91 Fragmento do livro XXXIV [*Biblioteca histórica*], do *Extrato das virtudes e dos vícios*.

92 *Penes quos Romæ tum judicia erant, atque ex equestri ordine solerent sortito judices eligi in causa prætorum et proconsulum, quibus, post administratam provinciam, dies dicta erat.* [Diodoro da Sicília, *Biblioteca histórica*, Lv.XXXIV] ["Pertenciam àqueles que faziam os julgamentos em Roma, e foi entre a ordem equestre que foram eleitos muitos juízes para

Do espírito das leis

foi uma das causas das guerras entre os escravos. Direi apenas poucas palavras: uma profissão que não tem nem pode ter como objetivo senão o lucro, uma profissão que sempre exige e nunca é exigida; uma profissão surda e inexorável, que empobrece as riquezas e a própria miséria, absolutamente não deveria ter, em Roma, o poder de julgar.

Capítulo XIX – Do governo das províncias romanas

Os três poderes foram distribuídos na cidade dessa forma, mas nas províncias a coisa se passava de modo muito diferente. A liberdade encontrava-se no centro e a tirania nas extremidades.

Enquanto Roma dominava somente a Itália, os povos foram governados como confederados. As leis de cada república eram seguidas. Contudo, quando ela passou a conquistar lugares longínquos, quando o Senado não mais tinha vigilância direta sobre as províncias, quando os magistrados que estavam em Roma não puderam governar o império, foi preciso enviar pretores e procônsules. A partir de então, a harmonia dos três poderes deixou de existir. Os enviados tinham um poder que reunia o de todos os magistrados. Ora, mas o que digo! Reunia até mesmo o poder do Senado e o do povo.[93] Eram magistrados despóticos, que muito convinham à distância dos lugares para onde haviam sido enviados. Exerciam os três poderes; eram, se puder ousar utilizar esse termo, os paxás da república.

Dissemos anteriormente[94] que os mesmos cidadãos na república tinham, pela natureza das coisas, os cargos civis e militares. Isso faz com que uma república conquistadora não possa absolutamente comunicar seu governo e reger os Estados conquistados segundo a forma de sua constituição. Na verdade, é necessário que o magistrado que ela envia para governar, tendo o poder executivo, civil e militar, tenha também o poder legislativo: afinal, quem além dele faria as leis? É também necessário que ele tenha o poder de

---

os casos envolvendo os pretores e os procônsules, que, após terem administrado a província, eram chamados a julgamento"].

93 Faziam seus éditos ao entrar nas províncias.

94 Livro V, Cap.19. Vede também os livros II, III, IV e V.

julgar, pois quem além dele julgaria de forma independente? É necessário, enfim, que o governador que ela envia detenha os três poderes, como ocorreu nas províncias romanas.

Uma monarquia pode mais facilmente comunicar seu governo, porque alguns dos oficiais por ela enviados possuem o poder executivo civil, enquanto outros possuem o poder executivo militar, o que não carrega o despotismo consigo.

Poder ser julgado apenas pelo povo era um privilégio de suma importância para um cidadão romano. Sem isso, nas províncias ele teria sido subjugado pelo poder arbitrário de um procônsul ou de um propretor. A cidade não sentia a tirania, exercida somente sobre as nações subjugadas.

Dessa forma, no mundo romano, assim como na Lacedemônia, aqueles que eram livres eram extremamente livres, e aqueles que eram escravos eram extremamente escravos.

Enquanto os cidadãos pagavam os tributos, estes eram cobrados com uma grande equidade. Em relação a isso, eram seguidas as disposições de Sérvio Túlio, que tinha repartido todos os cidadãos em seis classes, segundo a ordem de suas riquezas, e fixado a parte do imposto proporcionalmente à participação que cada um tinha no governo. Disso derivava que a onerosidade do tributo era tolerada em razão do prestígio político, e que o pouco prestígio político era consolado pela baixa onerosidade do tributo.[95]

Havia ainda uma coisa admirável: a divisão de Sérvio Túlio por classe era, por assim dizer, o princípio fundamental da constituição; na imposição de tributos a equidade acabava por tomar o lugar de princípio fundamental do governo e somente poderia desaparecer junto com ele.

Mas, enquanto a cidade pagava sem esforço os tributos, ou absolutamente não os pagava,[96] as províncias eram devastadas pelos cavaleiros, que eram cobradores de impostos da república. Falamos das vexações e a história inteira é repleta delas.

---

95 Montesquieu utiliza a palavra *crédit*, que aqui possui uma equivocidade: os cidadãos que participavam do governo possuíam mais prestígio e também mais condições, por assim dizer, para pagar os tributos. (N. T.)

96 Após a conquista da Macedônia, cessaram os tributos em Roma.

Do espírito das leis

"A Ásia inteira me aguarda como seu libertador", dizia Mitrídates,[97] "as rapinas dos procônsules,[98] as exações dos negociantes e as calúnias dos julgamentos estimularam tamanho ódio contra os romanos".[99]

Eis o que fez com que a força das províncias nada adicionasse à força da república e, ao contrário, apenas a enfraqueceu. Eis o que fez com que as províncias considerassem a perda da liberdade de Roma como a época do estabelecimento da sua liberdade.

Capítulo XX – Fim deste livro

Gostaria de investigar, em todos os governos moderados que conhecemos, qual é a distribuição dos três poderes, e calcular, através disso, os graus de liberdade de que cada um deles pode desfrutar. Mas nunca é recomendável esgotar de tal forma um assunto que não se deixe nenhum espaço ao leitor. Não se trata de fazê-lo ler, mas de fazê-lo pensar.

---

97 Arenga tirada de Pompeu Trogo, relatada por Justino [*Epítome das histórias filípicas*], Lv.XXXVIII.

98 Vede *Contra Verres* [Cícero].

99 Sabe-se que foi o tribunal de Varo que fez com que os germanos se revoltassem.

Livro XII
Das leis que formam a liberdade política em sua relação com o cidadão

Capítulo Primeiro – Ideia deste livro

Não basta ter tratado a liberdade política em sua relação com a constituição. É preciso observá-la na relação que ela estabelece com o cidadão.

Disse que, no primeiro caso, ela é formada por uma certa distribuição dos três poderes. Mas, no segundo, é necessário considerá-la sob uma outra ideia. Ela consiste na segurança ou na opinião que alguém tem sobre sua segurança.

Poderá acontecer que a constituição seja livre e que o cidadão não o seja. O cidadão pode ser livre e a constituição não o ser. Nesses casos, a constituição será livre de direito, e não de fato; o cidadão será livre de fato, e não de direito.

Somente a disposição das leis, e mesmo das leis fundamentais, compõe a liberdade em sua relação com a constituição. Mas, na relação com o cidadão, são os costumes, as maneiras, os exemplos recebidos, que podem fazê-la nascer, e certas leis podem favorecê-la, como veremos mais adiante neste livro.

Ademais, como na maior parte dos Estados a liberdade é mais estorvada, contrariada ou fustigada do que sua constituição o requer, é bom falar sobre leis específicas que, em cada constituição, podem colaborar ou contrariar o princípio da liberdade que cada um desses Estados pode admitir.

Montesquieu

Capítulo II – Da liberdade do cidadão

A liberdade filosófica consiste no exercício de sua vontade, ou ao menos (caso seja necessário mencionar todos os sistemas) na opinião que a pessoa que exerce sua vontade possui. A liberdade política consiste na segurança, ou ao menos na opinião que se tem sobre sua segurança.

Nunca essa segurança é mais atacada do que nas acusações públicas ou privadas. Por conseguinte, a liberdade do cidadão depende principalmente da bondade das leis criminais.

As leis criminais não foram aperfeiçoadas de súbito. Mesmo nos próprios lugares onde mais se buscou a liberdade, nem sempre ela foi encontrada. Aristóteles[1] nos diz que, em Cumes, os parentes do acusador poderiam ser testemunhas. Sob os reis de Roma, a lei era tão imperfeita que Sérvio Túlio pronunciou a sentença contra os filhos de Anco Márcio, acusados de terem assassinado seu sogro, o rei.[2] Sob os primeiros reis dos francos, Clotário fez uma lei[3] para que um acusado não pudesse ser condenado sem ser ouvido, o que prova uma prática contrária em alguns casos particulares ou entre algum povo bárbaro. Foi Charondas que introduziu os julgamentos contra os falsos testemunhos.[4] Quando a inocência dos cidadãos não é assegurada, a liberdade também não o está.

Os conhecimentos que foram adquiridos em alguns países, e que serão adquiridos em outros, sobre as regras mais seguras possíveis nos julgamentos criminais, interessam ao gênero humano mais do que qualquer outra coisa que exista no mundo.

A liberdade somente pode ser fundada na prática desses conhecimentos; e, em um Estado que possua as melhores leis possíveis a esse respeito, um homem contra o qual fosse instaurado um processo, e que devesse ser condenado à forca no dia seguinte, seria mais livre do que um paxá na Turquia.

---

1 *Política*, Lv.II [1269a].
2 Tarquínio Prisco. Vede Dionísio de Halicarnasso [*Das antiguidades romanas*], Lv.IV.
3 Do ano 560.
4 Aristóteles, *Política*, Lv.II, cap.XII [1247b]. Ele deu suas leis a Túrio, na 84ª Olimpíada.

Do espírito das leis

Capítulo III – Continuação do mesmo assunto

As leis que condenam um homem à morte a partir do depoimento de uma única testemunha são fatais à liberdade. A razão exige que sejam duas, porque uma testemunha que afirma e um acusado que nega resultam em um empate, e é necessário um terceiro para resolver a questão.

Os gregos[5] e os romanos[6] exigiam um voto a mais para condenar. Nossas leis francesas exigem dois. Os gregos sustentavam que seu uso havia sido estabelecido pelos deuses;[7] não obstante, esse uso também é o nosso.

Capítulo IV – Que a liberdade é favorecida pela natureza da pena e por sua proporção

Triunfa a liberdade quando as leis criminais extraem cada pena da natureza particular do crime. Toda arbitrariedade cessa: a pena não deriva do capricho do legislador, mas da natureza da coisa, e o homem não exerce violência sobre o homem.

Há quatro tipos de crimes: os da primeira espécie contrariam a religião; os da segunda, os costumes; os da terceira, a tranquilidade; os da quarta, a segurança dos cidadãos. As penas atribuídas a eles devem derivar da natureza de cada uma dessas espécies.

Insiro na classe dos crimes que dizem respeito à religião somente aqueles que a atacam diretamente, como ocorrem em todos os sacrilégios simples. Afinal, os crimes que perturbam seu exercício pertencem à natureza daqueles que vão contra a tranquilidade dos cidadãos ou contra sua segurança, e devem ser tratados por essas classes.

Para que a pena dos sacrilégios simples seja extraída da natureza[8] da coisa, ela deve consistir na privação de todas as vantagens que a religião prevê: a ex-

---

5 Vede Aristides, *Oratio in Minervam*.

6 Dionísio de Halicarnasso [*Das antiguidades romanas*], sobre o julgamento de Coriolano, Lv.VII.

7 *Minerva calculus*.

8 São Luís fez leis tão excessivas contra aqueles que juravam que o papa se viu obrigado a adverti-lo. Esse príncipe moderou seu zelo e abrandou suas leis. Vede

pulsão dos templos; a privação das sociedades dos fiéis, por um período ou para sempre; o isolamento, as execrações, as maledicências, as conjurações.

Nas coisas que perturbam a tranquilidade ou a segurança do Estado, as ações ocultas concernem à justiça humana. Mas, naquelas que ofendem a Divindade, onde não há ação pública, não há matéria de crime: ali tudo se passa entre o homem e Deus, que sabe a medida e o tempo de suas vinganças. Pois se o magistrado, confundindo as coisas, investiga também o sacrilégio oculto, leva uma inquisição a um gênero de ação na qual ela absolutamente não é necessária: ele destrói a liberdade dos cidadãos, armando contra eles o zelo das consciências tímidas e o das consciências insolentes.

O mal vem da ideia de que é preciso vingar a Divindade. Mas é preciso honrar a Divindade, e nunca vingá-la. Na verdade, se essa última ideia fosse seguida, qual seria o fim dos suplícios? Se as leis dos homens devem vingar um ser infinito, elas se balizarão em sua infinidade, e não sobre as fraquezas, as ignorâncias e os caprichos da natureza humana.

Um historiador[9] de Provença relata um fato que retrata muito bem o que a ideia de vingar a Divindade pode produzir sobre espíritos débeis. Um judeu, acusado de ter blasfemado contra a Virgem, foi condenado a ser esfolado. Cavaleiros mascarados, empunhando cutelos, subiram o cadafalso e mataram o executor, para que eles próprios vingassem a honra da santa Virgem... Não quero predispor as reflexões do leitor.

A segunda classe é dos crimes que são contra os costumes. Tais são a violação da continência pública ou particular, isto é, da polícia sobre a maneira pela qual se deve gozar dos prazeres ligados ao uso dos sentidos e à união dos corpos. As penas desses crimes também devem ser extraídas da natureza da coisa. A privação das vantagens que a sociedade ligou à pureza dos costumes, as multas, a desonra, a coação para se esconder, a infâmia pública, a expulsão da cidade e da sociedade, enfim, todas as penas que são

---

suas ordenanças. [Referência a *Ordenança contra aqueles que fazem juramentos vis, ou seja, que blasfemam contra Deus, a Virgem e os santos*, de 1268-1269. (N. T.)]

9 O padre Bougerel. [Joseph Bougerel (1680-1753), eclesiástico e escritor, autor de *Relatos para servir à história de muitos homens ilustres da Provença* (1752). (N. T.)]

Do espírito das leis

da jurisdição correcional bastam para reprimir a temeridade dos dois sexos. Na verdade, essas coisas são menos fundadas na maldade do que sobre o esquecimento ou o desprezo de si mesmo.

Trata-se aqui somente dos crimes que dizem respeito unicamente aos costumes, não daqueles que também vão contra a segurança pública, tais como o rapto e o estupro, que são da quarta espécie.

Os crimes da terceira classe são aqueles que vão contra a tranquilidade dos cidadãos. Suas penas devem ser extraídas da natureza da coisa e dizer respeito à tranquilidade, como a prisão, o exílio, as correções e outras penas que guiam os espíritos inquietos e os fazem entrar novamente na ordem estabelecida.

Restrinjo os crimes contra a tranquilidade às coisas que contêm uma simples ofensa às regras de convivência,[10] pois as que, perturbando a tranquilidade, ao mesmo tempo atacam a segurança, devem ser classificadas na quarta classe.

As penas desses últimos crimes são as que chamamos de suplícios. É uma espécie de lei do talião, que faz com que a sociedade recuse a segurança a um cidadão que privou ou quis privar um outro cidadão dessa mesma segurança. Essa pena é tirada da natureza da coisa, derivada da razão e das fontes do bem e do mal. Um cidadão merece a morte quando viola a segurança a ponto de ter acabado ou tentado acabar com a vida. Essa pena de morte é como o remédio para a sociedade doente. Quando se viola a segurança relativa aos bens, podem aí existir razões para que a pena seja capital, mas talvez seja melhor, e mais conforme à natureza, que a pena dos crimes contra a segurança dos bens fosse punida pela perda dos bens; e isso deveria ser assim caso as fortunas fossem comuns ou iguais. Mas, como aqueles que não possuem nenhum bem são os que estão mais predispostos a atacar os bens dos outros, foi necessário que a pena corporal suprisse a pecuniária.

Tudo o que digo é extraído da natureza e é muito favorável à liberdade do cidadão.

---

10 Montesquieu utiliza o termo *police*, aqui traduzido como *regras de convivência*. Sobre o termo, ver nota do tradutor em IV, 6. (N. T.)

Montesquieu

Capítulo V – De certas acusações que precisam de particular moderação e prudência

Máxima importante: é preciso adotar muita circunspecção na perseguição por magia e heresia.[11] Caso o legislador não saiba limitá-la, a acusação desses crimes pode ir excessivamente contra a liberdade e ser a fonte de uma infinidade de tiranias. Afinal, como não incide diretamente sobre as ações de um cidadão, mas sim sobre a ideia que se tem sobre o seu caráter, ela se torna perigosa na mesma proporção da ignorância do povo, e a partir de então um cidadão encontra-se em perigo constante, pois a melhor conduta moral, a moral mais pura, a prática de todos os deveres, não são garantias suficientes contra as suspeitas levantadas por esses crimes.

Sob Manuel Comneno, o *protestator*[12] foi acusado de ter conspirado contra o imperador e de ter se valido, para tanto, de certos segredos que tornam os homens invisíveis. Diz-se, na vida desse imperador,[13] que Arão foi surpreendido lendo um livro de Salomão, cuja leitura fazia invocar legiões de demônios. Ora, ao supor que a magia tenha o poder de erguer o inferno e, baseando-se nisso, ao se considerar que aquele a quem se chama de mágico é o homem mais apto do mundo a poder perturbar e abalar a sociedade, isso leva as pessoas a puni-lo sem nenhuma medida.

A indignação cresce quando se atribui à magia o poder de destruir a religião. A história de Constantinopla[14] nos ensina que, sobre uma revelação

---

11 Nas *Cartas persas* lê-se uma condenação às inquisições que julgavam as heresias. Ao falar sobre Espanha e Portugal, Rica escreve: "Ainda que [um cidadão] jure por sua ortodoxia como um pagão, bem poderá ser que não concordem sobre suas qualidades e o queimem como herege: de nada adiantará que mostre suas distinções. Nenhuma distinção vale nada! Ele estará em cinzas antes que mesmo que pensem em dar-lhe ouvidos. Os outros juízes presumem que um acusado é inocente; esses, porém, sempre o supõem culpado: na dúvida, seguem a regra de sempre se decidirem pelo maior rigor – aparentemente, porque consideram os homens maus. Mas, por outro lado, eles os têm em tão alta conta que nunca os julgam capazes de mentir: pois aceitam os depoimentos dos inimigos capitais, das prostitutas, dos que exercem profissões infames" (Carta 29, p.50). (N. T.)

12 Nicetas, *Vida de Manuel Comneno* [*História*], Lv.IV. [Nicetas Coniates (séc. XII), historiador bizantino. (N. T.)]

13 Ibid.

14 *História do imperador Maurício* [*História*], por Teofilato [Simocata], cap.XI.

tida por um bispo, na qual um milagre havia sido interrompido por causa da magia de um indivíduo, este e seu filho foram condenados à morte. De quantas coisas prodigiosas não dependia esse crime? Que não fossem raras as revelações; que o bispo tivesse tido uma; que ela fosse verdadeira; que tivesse acontecido um milagre; que esse milagre tivesse sido interrompido; que houvesse magia; que a magia pudesse abalar a religião; que esse indivíduo fosse um mágico; que, enfim, ele tivesse realizado esse ato de magia.

O imperador Teodoro Láscaris[15] atribuía sua doença à magia. Aqueles que foram acusados por ela não tinham outro recurso senão o de segurarem um ferro candente sem se queimarem. Entre os gregos, teria sido uma boa coisa ser mágico para poder justificar sua mágica. Tamanho era o excesso de seu idiotismo que, ao crime mais incerto do mundo, eles juntavam as provas mais incertas.

Sob o reino de Filipe, o Alto,[16] os judeus foram expulsos da França, acusados de ter envenenado as fontes por meio dos leprosos. Essa absurda acusação certamente deve tornar duvidosas todas aquelas que se fundam sobre o ódio público.

Absolutamente não disse neste capítulo que não se deva punir a heresia; disse que é preciso adotar muita circunspecção para puni-la.

Capítulo VI – Do crime contra a natureza

Deus me livre de pretender diminuir o horror ocasionado por um crime que a religião, a moral e a política sucessivamente condenam. Seria preciso proscrevê-lo ainda que somente concedesse a um sexo as fraquezas do outro e preparasse alguém a uma velhice infame após uma juventude vergonhosa. O que direi sobre ele deixará intocada todas as suas infâmias e incidirá somente contra a tirania que pode abusar do próprio horror que devemos ter de semelhante crime.

Como esse delito oculta-se por sua própria natureza, com frequência os legisladores o puniram com base no depoimento de uma criança. Isso

---

15 Teodoro Láscaris (1174-1222), fundador e imperador do império de Niceia. (N. T.)
16 Filipe V e II (1293-1322), da dinastia capetiana, rei da França e Navarra. (N. T.)

era abrir uma porta bem larga para a calúnia: "Justiniano", diz Procópio,[17] "publicou uma lei contra esse crime. Mandou investigar aqueles que eram culpados do crime não somente depois da lei, mas antes dela. O depoimento de uma testemunha, por vezes de uma criança, por vezes de um escravo, era o bastante, sobretudo contra os ricos e contra aqueles que pertenciam à facção dos *verdes*".[18]

Entre nós, é singular que três crimes, a magia, a heresia e o crime contra a natureza (dos quais podemos provar, quanto ao primeiro, que não existe; quanto ao segundo, que é suscetível de uma infinidade de distinções, interpretações e limitações; quanto ao terceiro, que é frequentemente obscuro), tenham, todos os três, sido punidos com a pena da fogueira.

Afirmaria com segurança que o crime contra a natureza nunca fará grandes progressos na sociedade se o povo não estiver inclinado a ele através de alguma prática costumeira, como entre os gregos, onde todos os jovens faziam seus exercícios nus; como entre nós, onde a educação doméstica está fora de uso; como entre os asiáticos, onde os particulares têm um grande número de mulheres que desprezam, enquanto outros são privados de tê-las. Que não se ofereça a ocasião para esse crime, que seja proscrito por rigorosas regras de convivência, como todas as violações dos costumes, e se verá a natureza subitamente ou defender seus direitos ou recobrá-los. Suave, amável, encantadora, a natureza espalhou seus prazeres com uma mão liberal e, ao nos encher de deleites, ela nos prepara, através das crianças que nos fazem, por assim dizer, renascer, para satisfações maiores do que esses próprios deleites.

---

17 [Procópio de Cesareia] *História secreta*.

18 Os *verdes* e os *azuis* eram duas facções que dividiam o povo em Constantinopla. Justiniano encontrava-se do lado dos *azuis*. Sobre o assunto, Montesquieu escreve nas *Considerações sobre as causas da grandeza dos romanos e de sua decadência*: "O povo de Constantinopla sempre se dividira em duas facções: a dos azuis e a dos verdes. Elas se originavam na afeição que se tinha, nos teatros, por certos atores em vez de outros: nos jogos circenses, os carros cujos cocheiros vestiam-se de verde disputavam os prêmios com os que se vestiam de azul, e todos levavam ao desvario seu interesse por isso. [...] Justiniano, que favorecia os azuis e recusava qualquer justiça aos verdes, exasperou as duas facções e, por conseguinte, fortaleceu-as" (p.168). (N. T.)

Capítulo VII – Do crime de lesa-majestade

As leis da China decidem que qualquer um que falte com respeito ao imperador deve ser punido de morte. Como elas não definem o que é essa falta de respeito, tudo pode oferecer um pretexto para tirar a vida e exterminar a família de quem quiser.

Tendo duas pessoas encarregadas de fazer a gazeta da corte inserido em determinado fato circunstâncias que acabaram por não se demonstrarem verdadeiras, e como se sustentava que mentir na gazeta da corte era faltar com respeito à corte, ambos foram condenados à morte.[19] Tendo um príncipe de sangue inserido inadvertidamente uma nota em um memorial assinado com o pincel vermelho pelo imperador, decidiu-se que ele havia faltado com respeito ao imperador, o que causou contra essa família uma das mais terríveis perseguições já relatadas pela história.[20]

Basta que o crime de lesa-majestade seja vago para que o governo degenere em despotismo. Falarei detidamente sobre o assunto no livro "Da composição das leis".[21]

Capítulo VIII – Da má aplicação do nome de crime de sacrilégio e de lesa-majestade

É também um violento abuso dar o nome de crime de lesa-majestade a uma ação que não o é. Uma lei dos imperadores[22] imputava como sacrílegos os que questionavam o julgamento do príncipe e duvidavam do mérito daqueles que ele havia escolhido para algum cargo.[23] Certamente foi o gabinete

---

19 Du Halde [*Descrição do império da China*], t.I, p.43.

20 Cartas do padre Parennin, em *Cartas edificantes*.

21 Livro XXIX. (N. T.)

22 Graciano, Valentiniano e Teodósio. Trata-se da terceira lei do código *De crimine sacrilegii* [*Corpus Juris Civilis*].

23 *Sacrilegii instar est dubitare an is dignus sit quem elegerit imperator*, ibid. [*Corpus Juris Civilis*]. Essa lei serviu como modelo à Lei de Rogério nas constituições de Nápoles, tit.IV ["É como um sacrilégio duvidar se é digno aquele quem o imperador escolheu"].

e os favoritos que estabeleceram esse crime. Uma outra lei tinha declarado que aqueles que atentam contra os ministros e os oficiais do príncipe são criminosos de lesa-majestade, como se atentassem contra o próprio príncipe.[24] Devemos essa lei a dois príncipes[25] cuja fraqueza é célebre na história; dois príncipes que foram levados por seus ministros assim como o gado é levado pelos pastores; dois príncipes, escravos em seus palácios, crianças no conselho, estranhos aos exércitos; que somente conservaram o império porque o cediam todos os dias. Alguns desses favoritos conspiraram contra seus imperadores. Fizeram mais: conspiraram contra o império, atraíram os bárbaros até ele e, quando se buscou impedi-los, o Estado estava tão fraco que foi preciso violar a própria lei e correr o risco de cometer o crime de lesa-majestade para puni-los.

No entanto, o denunciante do caso do senhor de Cinco de Março[26] baseava-se nessa lei quando, querendo provar que ele era culpado do crime de lesa-majestade por ter desejado expulsar o cardeal de Richelieu dos assuntos públicos, disse: "O crime que atinge a pessoa dos ministros dos príncipes é considerado, pelas constituições dos imperadores, da mesma gravidade do crime que atinge a pessoa do imperador. Um ministro certamente serve seu príncipe e seu Estado, e se ele é removido, suprimem-se ambos: é como se privássemos o primeiro de um braço[27] e o segundo de uma parte de seu poder". Se a própria servidão descesse à terra, não falaria de outra maneira.

Uma outra lei de Valentiniano, Teodósio e Arcádio[28] declara os falsificadores de moedas culpados do crime de lesa-majestade. Contudo, não seria isso confundir as ideias das coisas? Dar a um outro crime o nome de lesa-majestade não é diminuir o horror do crime de lesa-majestade?

---

24 A quinta lei, *ad legem Juliam majestatis* [*Corpus Juris Civilis*].

25 Arcádio e Honório. [Flávio Arcádio (377-408), imperador romano do Oriente, e Flávio Honório (384-423), imperador romano e irmão de Arcádio. (N. T.)]

26 *Memórias*, de Montrésor, t.I.

27 *Nam ipsi pars corporis nostri sunt*. Mesma lei no código *ad legem Juliam majestatis* [*Corpus Juris Civilis*].

28 É a nona lei do código de Teodósio, *de falsa moneta*.

Do espírito das leis

Capítulo IX – Continuação do mesmo assunto

Quando Paulino comunicou ao imperador Alexandre[29] "que ele se preparava para processar, pelo crime de lesa-majestade, um juiz que tinha decidido contra suas ordens", o imperador lhe respondeu "que, nesse meu século, os crimes de lesa-majestade indiretos não seriam de nenhuma forma considerados".[30]

Quando Faustiniano escreveu ao mesmo imperador que, tendo jurado pela vida do príncipe que ele nunca perdoaria seu escravo, viu-se obrigado a perpetuar sua cólera para não se tornar culpado do crime de lesa-majestade. O imperador lhe respondeu: "haveis sido tomado por temores infundados,[31] e não conheceis as minhas máximas".

Um senado-consulto[32] ordenara que quem houvesse derretido as estátuas do imperador, que haviam sido reprovadas, não seria culpado do crime de lesa-majestade. Os imperadores Severo e Antonino escreveram a Pôncio que quem vendesse estátuas não consagradas do imperador não incidiria no crime de lesa-majestade.[33] Os mesmos imperadores escreveram a Júlio Cassiano que quem por acaso jogasse uma pedra contra uma estátua do imperador não deveria ser processado pelo crime de lesa-majestade.[34] A Lei Júlia exigia essas espécies de alterações, pois tinha tornado culpados de lesa-majestade não somente aqueles que derretiam as estátuas dos imperadores, mas aqueles que cometessem qualquer ação semelhante,[35] o que tornava esse crime arbitrário. Uma vez estabelecidos os muitos crimes de lesa-majestade, era necessário diferenciá-los. O jurista Ulpiano,[36] após ter

---

29 Alexandre Severo (208-235), último imperador romano da dinastia severa. (N. T.)

30 *Eitam ex aliis caussis majestatis crimina cessant meo sæculo.* Lei 2, *Código* [*Corpus Juris Civilis*], *ad legem Juliam majestatis.*

31 *Alienam sectæ meæ sollicitudinem concepisti.* Lei 2, *Código* [*Corpus Juris Civilis*], *ad legem Juliam majestatis.*

32 Vede a Lei 4, *ad legem Juliam majestatis.*

33 Vede a Lei 5, *ad legem Juliam majestatis.*

34 Ibid.

35 *Aliudve quid símile admiserint.* Lei 6, *ad legem Juliam majestatis.*

36 Eneu Domício Ulpiano (c. 270-223), político romano conselheiro de Alexandre Severo e um dos maiores juristas de seu tempo. (N. T.)

dito que a acusação do crime de lesa-majestade não cessava após a morte do culpado, acrescentava que isso não se estendia a todos[37] os crimes de lesa-majestade estabelecidos pela Lei Júlia, mas somente àquele que contém um atentado contra o império ou contra a vida do imperador.

Capítulo X – Continuação do mesmo assunto

Uma lei da Inglaterra, aprovada sob Henrique VIII, declarava culpados de alta traição todos aqueles que prediziam a morte do rei.[38] Essa lei era bem vaga. O despotismo é tão terrível que se volta até mesmo contra aqueles que o exercem. Na última doença desse rei, os médicos jamais ousaram dizer que ele estava em perigo, e, sem dúvida, agiram de forma consequente.[39]

Capítulo XI – Dos pensamentos

Um certo Marsias sonhou que cortavam a garganta de Dionísio.[40] Este mandou matar Marsias, dizendo que ele não teria sonhado à noite se não houvesse pensado sobre isso durante o dia. Era uma grande tirania: afinal, mesmo que tivesse pensado, não teria tentado.[41] As leis somente se encarregam de punir os atos externos.

Capítulo XII – Das palavras indiscretas

Nada torna o crime de lesa-majestade mais arbitrário do que quando palavras indiscretas se tornam o seu fundamento. As conversações são tão sujeitas a interpretações, há tanta diferença entre a indiscrição e a malícia e

---

37 Na última lei, *ad legem Juliam majestatis*.

38 Em *MP* n.626, Montesquieu desenvolve esse ponto sobre a história de Henrique VIII. (N. T.)

39 Vede *História da Reforma*, por Burnet. [Gilbert Burnet (1643-1715), clérigo e historiador escocês, autor dos volumes de *História da Reforma da Igreja da Inglaterra* (1679-1715). (N. T.)]

40 Vede Plutarco, *Vida de Dionísio*. [Embora Montesquieu refira-se no texto e na nota à vida de Dionísio, trata-se, na realidade, da *Vida de Dião de Siracusa*. O relato sobre Marsias encontra-se na parte IX. (N. T.)]

41 É preciso que o pensamento se una a alguma espécie de ação.

tão pouca nas expressões que elas empregam, que a lei absolutamente não pode submeter as palavras a uma pena capital, a não ser que declare expressamente aqueles que se enquadram nessa espécie de pena.[42]

As palavras não constituem um delito: elas permanecem apenas na ideia. A maior parte do tempo, nada significam por si mesmas, mas sim pelo tom empregado quando são ditas. Frequentemente, ao se repetir as mesmas palavras, não se adota o mesmo sentido; esse sentido depende da ligação que elas possuem com outras coisas. Algumas vezes o silêncio exprime mais do que todos os discursos. Não há nada de mais equívoco do que tudo isso. Como, pois, fazer disso um crime de lesa-majestade? Em todo lugar onde essa lei se estabelece, não somente a liberdade deixa de existir, mas também o próprio vestígio dela.

No manifesto da falecida tsarina feito contra a família Dolgorukov,[43] um príncipe dessa casa é condenado à morte por ter proferido palavras indecentes que se referiam à pessoa da tsarina; outro, por ter interpretado maliciosamente suas sábias disposições para o império e por ofender sua sagrada pessoa com palavras pouco respeitosas.

Não pretendo absolutamente diminuir a indignação que se deve ter contra aqueles que pretendem manchar a glória do príncipe, mas digo com certeza que, caso se deseje moderar o despotismo, uma simples punição correcional é mais conveniente nessas ocasiões do que uma acusação de lesa-majestade, sempre terrível, até mesmo para a própria inocência.[44]

As ações não acontecem todos os dias, e muitas pessoas podem presenciá-las: uma falsa acusação sobre fatos pode ser facilmente esclarecida. A palavras que se acrescentam a uma ação adquirem a natureza dessa ação. Assim, um homem que vai à praça pública exortar os súditos à revolta, torna-se culpado de lesa-majestade, porque as palavras juntam-se à ação e dela

---

42 *Si non tale sit delictum, in quod vel scriptura legis descendit, vel ad exemplum legis vindicandum est* ["Não deve ser punido como um crime, a não ser que a ofensa seja de fato o que está escrito na lei ou deva ser punida como exemplo"], diz Modestino na Lei 7, *ad legem Juliam majestatis* [*Corpus Juris Civilis*].

43 Em 1740. [A tsarina é Ana Ivanovna ou Ana da Rússia (1693-1740), imperatriz russa a partir de 1730. Em 1739, Ana estabelece um *ukaz* que determina o envio de Ivan Alexeievitch Dolgorouki, príncipe próximo de Pedro II, para a Sibéria. (N. T.)]

44 *Nec lubricum linguæ ad pænam facile trahendum est* ["Nem um deslize da língua deve ser facilmente punido"], Modestino, na Lei 7, *ad legem Juliam majestatis* [*Corpus Juris Civilis*].

participam. Não são as palavras que o puniram, mas uma ação cometida, na qual as palavras são utilizadas. Elas somente se tornam crimes quando preparam, acompanham ou seguem uma ação criminosa. Tudo vira de cabeça para baixo quando as palavras são consideradas um crime capital em vez de serem vistas como o sinal de um crime capital.

Os imperadores Teodósio, Arcádio e Honório escreveram a Rufino, prefeito do pretório: "Se alguém fala mal de nossa pessoa ou de nosso governo, nós não pretendemos puni-lo.[45] Se falar levianamente, deve-se desprezá-lo; se falar por loucura, merece compadecimento; se tratar-se de uma injúria, é preciso perdoá-lo. Assim, deixando as coisas intactas, dai-nos informações sobre elas, a fim de que julguemos as palavras pelas pessoas e que pesemos bem se devemos submetê-las a julgamento ou ignorá-las".

Capítulo XIII – Dos escritos

Os escritos contêm algo de mais permanente do que as palavras. Mas, quando não preparam para o crime de lesa-majestade, absolutamente não são fundamento para o crime de lesa-majestade.

No entanto, Augusto e Tibério atribuíram aos escritos a pena desse crime.[46] Augusto, atribuiu-o quando certos escritos eram feitos contra homens e mulheres ilustres; Tibério o fez por causa dos crimes que acreditava terem sido cometidos contra ele. Nada foi mais fatal à liberdade romana. Cremúcio Cordo[47] foi acusado porque, em seus anais, havia chamado Cássio de o último dos romanos.[48]

Os escritos satíricos são completamente desconhecidos nos Estados despóticos, onde o aviltamento de um lado e a ignorância do outro não oferecem nem o talento, nem a vontade de escrevê-los. Na democracia, não são

---

45 *Si id ex levitate processerit, contemnendum est; si ex insania, miseratione dignissimum; si ab injuria, remittendum.* Lei única no *Código, si quis imperatori maledixerit.*

46 Tácito, *Anais*, Lv.I [cap.72].

47 Aulo Cremúcio Cordo (séc. I d.C.), historiador romano. Tendo vivido sob os reinos de Augusto e Tibério, foi condenado pelo crime de lesa-majestade após ter escrito um elogio a Brutus e Cássio, assassinos de Júlio César. (N. T.)

48 Tácito, *Anais*, Lv.IV [cap.34]. Isso continuou nos reinados seguintes. Vede a primeira lei no *Código, De famosis libellis.*

Do espírito das leis

impedidos, pela mesma razão pela qual são proibidos nos governos de um só. Como são geralmente redigidos contra pessoas poderosas, tais escritos lisonjeiam, na democracia, a maldade do povo que governa. Na monarquia, são proibidos, mas nelas são mais matérias de polícia do que de crime.[49] São capazes de entreter a maldade geral, consolar os descontentes, diminuir a inveja contra os cargos mais altos, dar ao povo a paciência para padecer e para rir de seus padecimentos.

A aristocracia é o governo que mais proscreve as obras satíricas. Ali os magistrados são pequenos soberanos sem a altivez suficiente para desprezar as injúrias. Se na monarquia alguma farpa é dirigida contra o monarca, ele encontra-se em posição tão elevada que a farpa nem o alcança. Um senhor aristocrático é trespassado por elas de tempos e tempos. Também os decênviros, que constituíam uma aristocracia, puniam os escritos satíricos com a morte.[50]

Capítulo XIV – Violação do pudor na punição dos crimes

Há regras de pudor observadas por quase todas as nações do mundo: seria absurdo violá-las na punição dos crimes, que deve sempre ter como objetivo o restabelecimento da ordem.

Os orientais, que expunham mulheres a elefantes treinados para uma abominável espécie de suplício, quiseram fazer a lei violar a lei?

Um antigo uso dos romanos proibia mandar matar as jovens que não eram núbeis. Tibério concebeu o ardil de fazer que fossem estupradas pelo carrasco antes de enviá-las ao suplício.[51] Tirano sutil e cruel, destruiu os costumes para preservar as práticas costumeiras.

Quando a magistratura japonesa mandou expor mulheres nuas nas praças públicas, obrigando-as a andar de quatro como os animais, fez o pudor estre-

---

49 Ou seja, nas monarquias, os escritos satíricos são considerados mais como quebras da regra de decoro e convivência do que crimes e, portanto, não estão sujeitos a sanções penais graves, mas sim à autoridade dos magistrados. Trata-se, nesse sentido, de algo análogo a uma pequena contravenção. A esse respeito, cf. nota do tradutor em IV, 6 e a explicação do próprio Montesquieu em XXVII, 24. (N. T.)

50 A Lei das Doze Tábuas.

51 Suetônio, Tibério [*A vida dos doze Césares*].

mecer.[52] Mas, quando quis constranger uma mãe... quando quis constranger um filho... não posso ir adiante, pois fizeram a própria natureza estremecer.[53]

Capítulo XV – Da libertação do escravo para acusar o senhor

Augusto estabeleceu que os escravos daqueles que tinham conspirado contra ele seriam vendidos ao público, a fim de que pudessem depor contra seus senhores.[54] Não se deve negligenciar nada que conduza à descoberta de um grande crime. Assim, em um Estado onde há escravos, é natural que eles possam ser delatores, mas não poderiam ser testemunhas.

Vindex denunciou a conspiração feita em favor de Tarquínio, mas não foi testemunha contra os filhos de Brutus. Foi justo conceder a liberdade àquele que havia prestado um serviço tão grande à sua pátria, mas a liberdade não lhe foi concedida para que prestasse esse serviço.

O imperador Tácito também ordenou que os escravos não fossem testemunhas contra o seu senhor, até mesmo no crime de lesa-majestade;[55] lei que não foi compilada por Justiniano.

Capítulo XVI – Calúnia no crime de lesa-majestade

É preciso fazer justiça aos césares: não foram eles os primeiros a imaginar as tristes leis que fizeram. Foi Sula[56] quem lhes ensinou que caluniadores não deveriam ser punidos. Pouco depois, passaram até mesmo a ser recompensados.[57]

---

52 *Coletânea de viagens que serviram para o estabelecimento da Companhia das Índias*, t.V, II.

53 Ibid., p.496.

54 Dião Cássio [*História romana*], em Xifilino [Lv.LV, cap.5].

55 Flávio Volpisco [*História Augusta*], na *Vida do imperador Tácito*.

56 Sula fez uma lei de majestade, sobre a qual se fala nas *Orações*, de Cícero, *Pro Cluentio*, art.3º; *In Pisonem*, art.21; *Contra Verres*, art.5º; *Epístolas ad Familiares*, Lv.III, carta II. César e Augusto as inseriram nas leis Júlias; outros fizeram adições a elas.

57 *Et quo quis distinctior accusator eo magis honores assequebatur, ac veluti Sacrosanctus erat*. Tácito, [*Anais*, IV, 36] [A citação é diferente daquela encontrada em Tácito, em que se lê "*ut quis districtior accusator, velut sacrosanctus erat: leves ignobiles poenis adficiebantur*", ou seja,

Do espírito das leis

Capítulo XVII – Da revelação das conspirações

"Quando teu irmão, teu filho, tua filha, tua amada mulher ou teu amigo, que é como tua própria alma, disserem a ti em segredo: *Vamos, sirvamos a outros deuses*, tu deves apedrejá-los. Tua mão deverá ser a primeira a fazê-lo e, em seguida, a do povo inteiro." Essa lei do Deuteronômio[58] não pode ser uma lei civil na maior parte dos povos que conhecemos, porque abriria a porta a toda espécie de crimes.

A lei que em diversos Estados ordena, sob pena de morte, a revelação de conspirações a despeito do fato de se ter ou não participado delas, não é menos rigorosa. Quando transposta ao governo monárquico, é muito conveniente restringi-la.

Ela somente deve ser aplicada, em toda sua severidade, ao crime de lesa-majestade de primeiro grau. Nesses Estados, é muito importante não confundir os diferentes graus desse crime.

No Japão, onde as leis subverteram todas as ideias da razão humana, o crime de não revelação se aplica aos casos mais comuns.

Um relato[59] nos conta de duas donzelas que foram trancadas, até a morte, em um ataúde repleto de pregos: uma por ter feito algum mexerico de galanteria, a outra por não o ter revelado.

Capítulo XVIII – O quanto é perigoso nas repúblicas punir excessivamente o crime de lesa-majestade

Quando uma república consegue destruir aqueles que desejavam derrubá-la, é preciso ter pressa para colocar um fim às vinganças, às penas e às próprias recompensas.

Não se pode determinar grandes punições e, por conseguinte, grandes alterações, sem colocar nas mãos de alguns cidadãos um grande poder. Por-

---

"qualquer delator mais notável era, por assim dizer, como sacrossanto. Somente os ignóbeis eram punidos". (N. T.)]

58 [Deuteronômio] Cap.13, versículos 6, 7, 8 e 9.

59 *Coletânea de viagens que serviram para o estabelecimento da Companhia das Índias*, p.423, Lv.V, parte II.

tanto, nesses casos é melhor muito perdoar do que muito punir; pouco exilar do que exilar demasiadamente; deixar os bens intocados do que multiplicar os confiscos. Sob pretexto da vingança da república, será estabelecida a tirania dos vingadores. Não se trata de destruir aquele que domina, mas de destruir a dominação. É preciso o quanto antes retomar o rumo normal do governo, onde as leis a tudo protegem e não se predispõem contra ninguém.

Os gregos não impuseram limites às vinganças que conduziram contra os tiranos ou contra aqueles que eles desconfiavam serem tiranos. Mandaram matar crianças,[60] algumas vezes cinco de seus parentes mais próximos.[61] Expulsaram uma infinidade de famílias. Suas repúblicas foram abaladas por isso; o exílio ou o retorno dos exilados sempre foram épocas que marcaram a mudança da constituição.

Os romanos foram mais sábios. Quando Cássio foi condenado por ter aspirado à tirania, foi debatido se suas crianças deveriam ser mortas: elas não foram condenadas à nenhuma pena. Assim conta Dionísio de Halicarnasso:[62] "Os que quiseram mudar essa lei no fim da guerra dos Marsos e da guerra civil, e excluir dos cargos públicos os filhos proscritos por Sula, são criminosos".

Nas guerras de Mário e de Sula é possível verificar até que ponto as almas dos romanos haviam sido paulatinamente depravadas. Pensava-se que coisas tão funestas não aconteceriam novamente. Mas, sob os triúnviros, desejava-se ser mais cruel e parecer sê-lo menos: é lamentável ver os sofismas empregados pela crueldade. Lê-se, em Apiano,[63] a fórmula das proscrições. Direis que o objetivo delas era tão somente o bem da república, tamanho é o sangue-frio com que ali se fala, tamanhas são as vantagens ali demonstradas, tão preferíveis são os meios adotados em detrimento de outros, tamanha é a segurança em que as riquezas se encontram, tamanha é a tranquilidade

---

60 Dionísio de Halicarnasso, *Das antiguidades romanas*, Lv.VIII.

61 *Tyranno ocioso, quinte ejus proximos cognatione magistratus necato* ["Morto o tirano, cinco de seus parentes próximos também devem ser condenados à morte pelo magistrado"]. Cícero, *Da invenção*, Lv.II.

62 [*Das antiguidades romanas*] Lv.VIII, p.547.

63 *Guerras civis*, Lv.IV. [Apiano (c. 95-165), historiador romano de origem grega, autor de *História romana*. (N. T.)]

em que se encontra o populacho, tamanho é o medo de colocar em risco a vida dos cidadãos, tamanho é o desejo de apaziguar os soldados, e tamanha, enfim, é a promessa de felicidade.[64]

Roma estava inundada de sangue quando Lépido triunfou sobre a Espanha e, por um absurdo sem precedentes, ordenou que todos se regozijassem disso, sob pena de serem proscritos.[65]

Capítulo XIX – Como o uso da liberdade é suspenso na república

Há, nos Estados mais ciosos com a liberdade, leis que a violam contra uma só pessoa, a fim de proteger a todos. Tais são, na Inglaterra, as *bills of attainder*.[66] Elas se parecem com aquelas leis de Atenas que estatuíam contra algum particular,[67] desde que fossem feitas pelo sufrágio de seis mil cidadãos. Parecem-se com aquelas leis feitas em Roma contra alguns cidadãos particulares, chamadas de *privilégios*.[68] Eram feitas apenas nos grandes estados do povo. Mas, seja qual fosse a maneira pela qual o povo as fizesse,

---

64 *"Quod felix faustumque sit"* [Apiano, *Guerras civis*, Lv.IV, cap.2, sec. 11. "Que traga felicidade e bons auspícios"].

65 *Sacris et epulis dent hunc diem: quis secus faxit, inter proscrptos esto.* [Apiano, *Guerras civis*, Lv.IV, cap.5, sec. 31. "Que esse dia seja celebrado com sacrifícios e banquetes: os que fizerem de outro modo, estarão entre os proscritos"].

66 Não basta, nos tribunais do reino, haver uma prova tal que convença os juízes: faz--se ainda necessário que essa prova seja formal, isto é, legal, e a lei requer que haja duas testemunhas contra o acusado; uma outra prova não seria o bastante. Ora, se um homem, presumido como culpado por aquilo que se chama de alto crime, houvesse encontrado meios de descartar as testemunhas, de modo que fosse impossível condená-lo pela lei, poder-se-ia aplicar contra ele uma *bill of attainder* particular, isto é, fazer uma lei específica contra sua pessoa. Procede-se da mesma forma com todas as outras *bills*: é preciso que ela passe pelas duas câmaras e que o rei dê o seu consentimento, sem o que não há *bill*, isto é, não há julgamento. O acusado pode fazer seus advogados arguirem contra a *bill*, e pode-se arguir na câmara em favor dela.

67 *Legem de singulari aliquo ne rogato, nisi sex millibus ita visum* ["A lei a respeito de um indivíduo só pode ser proposta se seis mil a considerarem"]. Andócides, *Sobre os mistérios*. Trata-se do ostracismo.

68 *De privis hominibus latæ* ["Propostas a respeito de um só indivíduo"]. Cícero, *De legibus*, Lv.III.

Cícero queria que fossem abolidas, porque a força da lei consiste unicamente em ela ser estatuída para todos.[69] Admito, entretanto, que o uso dos povos mais livres que já existiram sobre a terra me fizeram crer que há casos em que é preciso, durante um momento, colocar um véu sobre a liberdade, assim como se cobrem as estátuas dos deuses.

Capítulo XX – Das leis favoráveis à liberdade do cidadão na república

Nos Estados populares, acontece frequentemente de as acusações serem públicas e de se permitir a qualquer homem acusar quem ele quiser. Isso fez com que fossem estabelecidas leis próprias para defender a inocência dos cidadãos. Em Atenas, o acusador que não obtivesse a seu favor um quinto dos sufrágios deveria pagar uma multa de mil dracmas. Ésquino, que havia acusado Ctesifonte, foi condenado a pagá-la.[70] Em Roma, o acusador injusto era marcado com a infâmia:[71] a letra K era carimbada em sua testa. O acusador era vigiado por guardas, a fim de que não pudesse corromper os juízes ou as testemunhas.[72]

Já mencionei a lei ateniense e romana que permitia ao acusado retirar-se antes do julgamento.[73]

Capítulo XXI – Da crueldade das leis para com os devedores na república

Um cidadão prontamente adquire uma grande superioridade sobre outro cidadão quando lhe empresta um dinheiro que este último utiliza apenas para logo dilapidá-lo, e que, por consequência, deixa de ter em mãos. O que aconteceria em uma república se as leis ampliassem ainda mais essa servidão?

---

69 *Scitum est jussum in omnes* ["O que a lei decreta vale para todos"]. Ibid.

70 Vede Filóstrato, Lv.I, "Vida de Ésquino", em *Vida dos sofistas*. Vede também Plutarco e Fócio.

71 Pela Lei *Remnia*. [*Lex remnia de calumnia*, que estabelecia punições e sanções para os caluniadores. (N. T.)]

72 Plutarco, no tratado *Como tirar proveito de seus inimigos*.

73 Cf. VI, 15. (N. T.)

Do espírito das leis

Em Atenas e em Roma,[74] a princípio era permitido vender os devedores que não tinham condição de quitar suas dívidas. Sólon corrigiu esse uso em Atenas:[75] ordenou que ninguém seria constrangido corporalmente por dívidas civis. Mas os decênviros[76] não reformaram similarmente o uso de Roma; e, ainda que tivessem diante de seus olhos o regulamento de Sólon, não quiseram segui-lo. Essa não é a única parte da Lei das Doze Tábuas em que se nota a intenção dos decênviros de abalar o espírito da democracia.

Essas leis cruéis contra os devedores colocaram muitas vezes em perigo a república romana. Um homem coberto de ferimentos escapou da casa de seu credor e apareceu na praça.[77] O povo comoveu-se com esse espetáculo. Outros cidadãos, que os credores não mais se atreviam a manter presos, saíram de seus calabouços. Fizeram-lhes promessas que não foram cumpridas: o povo se retirou para o Monte Sagrado. O povo não obteve a ab-rogação dessas leis, mas um magistrado para defendê-lo. Enquanto se abandonava a anarquia, acreditava-se cair na tirania. Mânlio, para se tornar popular, iria tirar das mãos dos credores os cidadãos que haviam sido reduzidos à escravidão.[78] Anteciparam-se aos desígnios de Mânlio, mas o mal prevalecia. Leis específicas facilitaram o pagamento dos devedores[79] e, no ano 428 de Roma, os cônsules propuseram uma lei[80] que tirava dos credores o direito de manter os devedores em suas casas[81] como escravos. Um usurário nomeado Papírio havia cogitado corromper a pudícicia de um jovem homem chamado Públio, que ele mantinha agrilhoado. O crime de Sexto[82] deu a Roma a liberdade política, o de Papírio lhe deu a liberdade civil.

---

74 Muitos vendiam suas crianças para pagarem suas dívidas. Plutarco, *Vida de Sólon*.

75 Ibid.

76 Na história é mostrado que esse uso era estabelecido entre os romanos antes da Lei das Doze Tábuas. Tito Lívio, Década I, Lv.II [cap.23 e 24].

77 Dionísio de Halicarnasso, *Das antiguidades romanas*, Lv.VI.

78 Plutarco, *Vida de Fúrio Camilo*.

79 Vede mais adiante o Capítulo 22 do Livro XXII.

80 Cento e vinte anos após a Lei das Doze Tábuas. *Eo anno plebi Romanæ, velut aliud initium libertatis, factum est quod necti desierunt* ["Esse ano, com o fim da escravidão por dívida, foi marcado pelo nascimento de uma nova era da liberdade para a plebe romana"]. Tito Lívio, Lv.VIII [cap.28].

81 *Bona debitoris, non corpus obnoxium esset* ["Os bens dos devedores, e não seu corpo, asseguravam o pagamento do débito"]. Ibid.

82 Isso é, o estupro de Lucrécia por Sexto. Cf. nota do tradutor em XI, 15. (N. T.)

Era o destino dessa cidade que os novos crimes ali confirmassem a liberdade que os crimes antigos haviam proporcionado. O atentado de Ápio contra Virgínia reacendeu no povo o horror contra os tiranos que a desgraça de Lucrécia havia anteriormente lhe inspirado. Trinta e sete anos[83] após o crime de infâmia de Papírio, um crime semelhante[84] fez com que o povo se retirasse para Janículo[85] e que a lei feita para a segurança dos devedores recobrasse uma nova força.

Desde essa época, foi maior o número de credores que passaram a ser processados pelos devedores por terem violado as leis feitas contra a usura do que o de devedores processados por não terem pagado suas dívidas.

Capítulo XXII – Das coisas que atacam a liberdade na monarquia

A coisa mais inútil do mundo para um príncipe com frequência enfraqueceu a liberdade nas monarquias: qual seja, os comissários por vezes nomeados para julgar um particular.

O príncipe tira tão pouca utilidade desses comissários que não vale a pena para ele mudar a ordem das coisas por causa disso. É moralmente indubitável que o príncipe possui mais espírito de probidade e de justiça do que seus comissários, que se consideram sempre suficientemente justificados por suas ordens, por um obscuro interesse do Estado, pelo fato de terem sido escolhidos e por seus próprios temores.

Sob Henrique VIII,[86] quando um processo era instaurado contra um par, ele era julgado por comissários escolhidos na câmara dos pares:[87] com esse método, condenavam-se todos os pares que assim se desejasse.

---

83 Ano 465 de Roma.

84 O crime de Pláucio, que atentou contra a pudicícia de Vetúrio. Vede Valério Máximo [*Factorum et dictorum memorabilium*], Lv.VI. Não se deve confundir esses dois eventos: não se trata nem das mesmas pessoas nem da mesma época.

85 Vede um fragmento de Dionísio de Halicarnasso, no *Extrato das virtudes e dos vícios*; *Epítome*, de Tito Lívio, Lv.XI; e Freinshemius, Lv.XI.

86 Para uma visão da relação de Henrique VIII com a legislação e com o Parlamento, cf. Hume, *História da Inglaterra: da invasão de Júlio César à Revolução de 1688*. (N. T.)

87 A Câmara dos Lordes. (N. T.)

Do espírito das leis

Capítulo XXIII – Dos espiões na monarquia

São necessários espiões na monarquia? Esta não é a prática comum dos bons príncipes. Quando um homem é fiel às leis, ele satisfaz os seus deveres para com o príncipe. É preciso que ele tenha ao menos sua casa como asilo e que realize suas outras ações em segurança. A espionagem seria talvez tolerável se pudesse ser exercida por pessoas honestas, mas a infâmia necessária da pessoa pode dar uma ideia da infâmia do ofício. Um príncipe deve agir com seus súditos com candura, com franqueza, com confiança. Quem tem tantas inquietudes, suspeitas e temores, é um ator que tem dificuldades em desempenhar seu papel. Quando observa que, de forma geral, as leis possuem sua força e que são respeitadas, ele pode se julgar em segurança. O comportamento geral o informa sobre o comportamento de todos os particulares. Que nada tema: ele não poderia saber quão prontamente todos são levados a amá-lo. Ora, por que não o amariam? Ele é a fonte de quase todo o bem realizado, e quase todas as punições são postas na conta das leis. Ele nunca se apresenta ao povo senão com um semblante sereno: sua própria glória nos é comunicada e seu poder nos sustenta. Uma prova de que é amado é que nele se deposita confiança e que, quando um ministro recusa algo, sempre se imagina que o príncipe teria concedido. Mesmo nas calamidades públicas, jamais sua pessoa é acusada: lamenta-se que ele desconheça o problema e que seja importunado por pessoas corruptas. *Se o príncipe soubesse!*, diz o povo. Essas palavras são uma espécie de invocação e uma prova da confiança que se tem nele.

Capítulo XXIV – Das cartas anônimas

Os tártaros são obrigados a colocar seus nomes em suas flechas, para que se conheça de que mão partiram. Tendo Filipe da Macedônia sido ferido no cerco a uma cidade, lia-se em um dardo: *Aster desferiu esse golpe mortal em Filipe.*[88] Se aqueles que acusam um homem o fizessem visando ao bem público, não o acusariam diante do príncipe, que pode facilmente ter uma predisposição contra alguém, mas diante dos magistrados, que possuem regras temíveis

---

88 Plutarco, "Histórias paralelas gregas e romanas", em *Obras morais*, t.II, p.487.

somente aos caluniadores. Que não queiram que as leis intervenham entre eles e o acusado, isso é uma prova de que têm algo a temer; e o castigo mais brando que pode lhes ser imposto é o de não se acreditar neles. Somente se pode dar atenção a eles nos casos em que não se pode aguardar a morosidade da justiça comum e nos quais se trata da integridade do príncipe. Em tais circunstâncias, pode-se considerar que aquele que acusa fez um esforço que soltou a sua língua e que o fez falar. Mas, em outros casos, é preciso dizer junto com o imperador Constâncio: "Não poderíamos suspeitar daquele que, embora não lhe faltem inimigos, não possui nenhum acusador".[89]

Capítulo XXV – Da maneira de governar na monarquia

A autoridade real é uma grande mola que deve se movimentar com facilidade e sem barulho. Os chineses gabam-se de um de seus imperadores, que, dizem eles, governava como os céus, isso é, através do exemplo.

Há casos em que o poder deve agir em toda sua amplitude; há outros em que deve agir de modo limitado. A administração atinge o sublime quando conhece bem qual é a parte do poder, grande ou pequena, que se deve empregar nas diversas circunstâncias.

Em nossas monarquias, a felicidade inteira consiste na opinião que o povo tem da afabilidade do governo. Um ministro pouco hábil quer sempre vos alertar de que sois escravos; mas, se assim fosse, deveria tentar ocultar isso de vós. Ele não sabe dizer ou escrever nada a não ser que o príncipe está chateado, que está surpreso, que colocará as coisas em ordem. Há uma certa facilidade no comando: é preciso que o príncipe promova estímulos e que as ameaças sejam feitas pelas leis.[90]

---

89 Leg. 6, *Código Teodosiano*, *De famosis libellis*.

90 Nerva, diz Tácito, ampliou as comodidades do império. [Marco Coceio Nerva (30-98), imperador romano sucedido por Marco Úlpio Nerva Trajano (53-117), cujo reinado é marcado pela expansão do império e pelo aumento das obras públicas. A citação de Tácito aqui evocada é inspirada no capítulo 3 de *Agrícola* e refere-se a Nerva Trajano. Lê-se o seguinte em Tácito: "Nerva Trajano cotidianamente tem aumentado a felicidade de nossos tempos" (Tácito, *Complete Works of Tacitus*). (N. T.)]

Do espírito das leis

Capítulo XXVI – Que, na monarquia, o príncipe deve ser acessível

O assunto será mais bem compreendido através de contrastes.

"O tsar Pedro I", diz o senhor Perry,[91] "fez um novo édito que proíbe que novas petições lhe sejam apresentadas sem antes terem sido oferecidas a dois de seus oficiais. Pode-se, no caso de denegação de justiça, apresentar-lhe uma terceira vez. Mas aquele que não tiver razão deve perder a vida. Desde então, ninguém mais endereçou petições ao tsar".

Capítulo XXVII – Dos costumes do monarca

Os costumes do príncipe contribuem para a liberdade tanto quanto as leis. Assim como estas, o príncipe pode transformar homens em animais e transformar animais em homens. Se ama as almas livres, terá súditos; se ama as almas vis, terá escravos. Deseja ele conhecer a grande arte de reinar? Que traga para perto de si a honra e a virtude, que reivindique o mérito pessoal. Algumas vezes ele pode até mesmo reter seu olhar sobre os talentos. Que não tema seus rivais, que atraia os homens de mérito: a partir do momento que os ama, é igual a eles. Que conquiste o coração, mas que não cative o espírito. Que se torne popular. Deve lisonjear-se com o amor demonstrado pelo menor dos súditos: afinal, trata-se sempre de homens. O povo exige tão poucas atenções que é justo que sejam concedidas a ele: a infinita distância que existe entre o soberano e o povo certamente impede que este o incomode. Que, sensível às súplicas, o príncipe seja firme contra as exigências, e que saiba que seu povo se beneficia de suas recusas assim como os cortesãos se beneficiam de suas graças.

Capítulo XXVIII – As atenções que os monarcas devem aos seus súditos

É preciso que os monarcas sejam extremamente contidos nos gracejos. Ele lisonjeia quando é moderado, porque franqueia o caminho para a fami-

---

91 [Perry] *Estado presente da grande Rússia*, p.173, ed. de Paris, 1717.

Montesquieu

liaridade; mas um gracejo mordaz é muito menos permitido aos monarcas do que ao último de seus súditos, pois seus gracejos são os únicos que sempre ferem de morte.

Devem muito menos fazer contra algum de seus súditos um insulto grave: os monarcas são estabelecidos para punir, nunca para insultar.

Quando insultam seus súditos, tratam-nos de forma mais cruel que o turco ou o moscovita fazem com o seus. Quando estes últimos insultam, eles humilham, mas não desonram. Mas, quando os monarcas insultam, eles humilham e desonram.

Tal é o preconceito dos asiáticos que eles veem uma afronta feita pelo príncipe como o efeito de uma bondade paternal; e tal é a nossa maneira de pensar que, ao cruel sentimento de afronta, unimos o desespero de nunca mais podermos nos livrar dele.

Os monarcas devem se deleitar de ter súditos para quem a honra é mais cara do que a vida e constitui tanto um motivo de fidelidade quanto de coragem.

É possível recordar os infortúnios que ocorreram contra príncipes por terem insultados seus súditos: as vinganças de Quereia, o eunuco de Narses e do conde Julião; enfim, a duquesa de Montpensier que, enraivecida contra Henrique III, que havia revelado alguns de seus defeitos secretos, perturbou-o durante toda sua vida.[92]

---

92 Cássio Quereia (m. 41 d.C.), importante figura da guarda pretoriana romana. Frequentemente zombado e insultado por Calígula, Quereia acaba por participar do assassinato do imperador. Narses (478-573), general bizantino no reinado do imperador Justiniano I. Conta-se que, após a morte de Justiniano I e com a ascensão de Justiniano II, Élia Sofia, a mulher do novo imperador, zomba da condição de eunuco de Narses. Por causa das ofensas, Narses teria facilitado abertura das fronteiras italianas que permitiram a entrada dos lombardos. Conde Julião, figura histórica cuja existência é envolta em mistérios, a quem se atribui o cargo de governador de Ceuta entre os séculos VII e VIII. Segundo a lenda, Julião tinha uma filha, Florinda, que é abusada por Rodrigo (m. séc. VIII), rei visigodo. Para vingar-se, Julião permite a entrada dos mouros na Península Ibérica. Catarina Maria de Lorena, duquesa de Montespensier (1552-1596), princesa pertencente à família Guise, gabava-se de ter orquestrado o assassinato de Henrique III. Diz-se que o

Do espírito das leis

Capítulo XXIX – Das leis civis próprias a introduzir um pouco de liberdade no governo despótico

Ainda que, por sua natureza, o governo despótico seja em todo lugar o mesmo, algumas circunstâncias – uma opinião de religião, um preconceito, um exemplo legado, uma mudança de mentalidade, maneiras, costumes – podem nele introduzir diferenças consideráveis.

É bom que certas ideias sejam ali estabelecidas. Assim, na China, o príncipe é visto como o pai do povo; e, nos primórdios do império dos árabes, o príncipe era seu pregador.[93]

Convém que nos despotismos haja algum livro sagrado que sirva de regra, como o Alcorão entre os árabes, os livros do Zoroastro entre os persas, os Vedas entre os indianos, os livros clássicos entre os chineses. O código religioso supre o código civil e regula o arbítrio.

Não é ruim que, nos casos incertos, os juízes consultem os ministros da religião.[94] Na Turquia, os cádis também perguntam aos molás. Se o caso merece a morte, pode ser conveniente que o juiz particular, se o houver, consulte a opinião do governador, a fim de que o poder civil e o eclesiástico também sejam moderados pela autoridade política.

Capítulo XXX – Continuação do mesmo assunto

Foi o furor despótico que estabeleceu que a desgraça do pai arrastaria consigo a das crianças e das mulheres. Estas são desde logo infelizes sem que sejam criminosas; e, além disso, é preciso que o príncipe permita haver suplicantes entre si e o acusado, para aplacar sua cólera ou para esclarecer a sua justiça.

---

rei zombava dela abertamente na corte, pelo fato de a duquesa mancar de uma das pernas. Segundo Montesquieu escreve em *Reflexões sobre o caráter de alguns príncipes e sobre alguns eventos de suas vidas*, a duquesa havia ficado furiosa por ter um segredo dela revelado e, por isso, passou a arquitetar a morte de Henrique III. (N. T.)

93 Os califas.

94 *História dos tártaros*, Terceira Parte, p.277, nas observações.

Montesquieu

Há um bom costume nas Maldivas[95] segundo o qual, quando um senhor se desgraça, ele deve ir todos os dias fazer sua corte ao rei, até que entre novamente em graça: sua presença desarma a cólera do príncipe.

Há Estados despóticos[96] onde se pensa que interceder ao príncipe em nome de um desgraçado é faltar-lhe com respeito. Esses príncipes parecem fazer todos os esforços para se privar da virtude da clemência.

Arcádio e Honório, na lei[97] sobre a qual tanto já falei,[98] declaram que não concederão nenhuma graça àqueles que ousarem lhes suplicar em favor dos culpados. Essa lei é muito ruim, porque ela é ruim até mesmo no despotismo.[99]

É muito boa a prática costumeira persa que dá permissão para qualquer pessoa que deseje sair do reino que assim o faça. E, ainda que o uso contrário tenha tirado sua origem no despotismo, onde os súditos foram considerados escravos,[100] e aqueles que saíssem do país, escravos fugidos, a prática persa, entretanto, é muito boa para o despotismo, no qual o medo da fuga ou do retiro dos devedores impede ou modera as perseguições dos paxás e de seus exatores.

---

95 Vede François Pyrard. [François Pyrard de Laval (1578-1623), explorador francês célebre por seus relatos de viagens publicado no livro *Viagem de François Pyrard de Laval, contendo sua navegação às Índias Orientais, Maldivas, Molucas e ao Brasil* (1611-1615). (N. T.)]

96 Como atualmente na Pérsia, segundo o relato do senhor Chardin. Esse uso é bem antigo. "Cabades foi preso na Torre do Esquecimento. Há uma lei que proíbe a comunicação com aqueles que estão presos nela, proibindo-se até mesmo que seu nome seja pronunciado", escreve Procópio ["Guerras persas", em *História da guerra*].

97 A Lei 5 do *Código, ad legem Juliam majestatis.*

98 No Capítulo 8 deste livro.

99 Frederico copiou essa lei nas *Constituições* de Nápoles, Lv.I.

100 Nas monarquias, há comumente uma lei que proíbe aqueles que têm cargos públicos de sair do reino sem a permissão do príncipe. Essa lei também deve ser estabelecida nas repúblicas. Contudo, naquelas que possuem instituições singulares, a proibição deve ser geral, para que não sejam ali introduzidos costumes estrangeiros.

Livro XIII
Das relações que a arrecadação dos tributos e a grandeza das receitas públicas possuem com a liberdade

Capítulo Primeiro – Das receitas do Estado

As receitas do Estado são uma porção que cada cidadão oferece de seu bem, seja para ter a segurança dos bens restantes ou para desfrutar deles com conforto.

Para bem determinar essas receitas, deve-se ter em vista tanto as necessidades do Estado quanto as necessidades dos cidadãos. Não se deve tirar das necessidades reais do povo para dar às necessidades imaginárias do Estado.

As necessidades imaginárias são aquelas exigidas pelas paixões e fraquezas daqueles que governam, o fascínio por um projeto extraordinário, o desejo doentio por uma glória vã e uma certa impotência do espírito contra as fantasias. Frequentemente, pessoas com um espírito inquieto, que estavam próximas do príncipe no comando dos negócios, pensaram que as necessidades de suas almas pequenas eram as necessidades do Estado.

Não há nada mais importante que a sabedoria e a prudência devem regrar do que a porção que se tira e a porção que se deixa aos súditos.

Não se devem medir as receitas públicas por aquilo que o povo pode dar, mas por aquilo que ele deve dar; e, se for medida por aquilo que ele pode dar, é preciso ao menos que seja calculada sobre aquilo que ele sempre pode dar.

Montesquieu

Capítulo II – Que é um mau raciocínio dizer que a grandeza dos tributos seja boa por si mesma

Observou-se, em algumas monarquias, que pequenos países isentos de tributos eram tão miseráveis quanto os lugares que, circundando-os, estavam sobrecarregados deles. A principal razão é que o pequeno Estado circundado não pode ter indústria, artes, nem manufaturas, pois, quanto a isso, ele é perturbado de mil maneiras pelo grande Estado no qual se encontra encravado.[1] O grande Estado que o circunda possui indústria, manufaturas e artes, e faz regulamentos que garantem para si todas as vantagens que estas lhe trazem. Então, o pequeno Estado torna-se necessariamente pobre, não importa o quão pouco de impostos seja ali cobrado.

No entanto, a partir da pobreza desses pequenos países concluiu-se que, para que o povo fosse industrioso, seriam necessários encargos pesados.[2] Melhor teria sido concluir que os encargos não eram necessários. Todos os miseráveis das redondezas se retiram para esses lugares para nada fazer; já desencorajados pela opressão do trabalho, fazem com que toda sua felicidade consista em sua preguiça.

O efeito das riquezas de um país é de introduzir a ambição em todos os corações. O efeito da pobreza é de fazer o desespero nascer nos corações. A primeira é estimulada pelo trabalho; a segunda se consola pela preguiça.[3]

---

1 Os países encravados são aqueles que não possuem saídas marítimas, dificultando o escoamento de seus produtos. (N. T.)

2 Sustentava-se uma ideia segundo a qual condições naturais desvantajosas (como um clima muito frio ou muito árido, por exemplo) estimulariam os indivíduos à industriosidade, e que a tributação seria uma forma artificial de desempenhar esse mesmo papel e incentivar o trabalho. Embora essa fosse uma premissa compartilhada sobretudo entre autores mercantilistas, ela também foi abordada, criticada e mesmo incorporada, sempre com nuances e reservas, por autores defensores do comércio. Cf. o ensaio *Dos impostos*, de David Hume. (N. T.)

3 Ao longo da Modernidade, a ociosidade é vista majoritariamente como um vício a ser evitado. De um ponto de vista mais específico, Montesquieu segue, aqui, um tópico comum no século XVIII: associar a pobreza à preguiça. Jean-François Melon, colega de Montesquieu no parlamento de Bordeaux e autor do *Ensaio político sobre o comércio* (1736), sustenta que não basta que uma nação possua um bom número de habitantes e uma boa extensão de terreno se não conjugar a isso

Do espírito das leis

A natureza é justa para com os homens: ela os recompensa por seus esforços e os torna laboriosos, porque aos maiores trabalhos ela atribui as maiores recompensas. Mas, se um poder arbitrário tolhe as recompensas da natureza, retoma-se o desgosto pelo trabalho, e a inação aparenta ser o único bem.

Capítulo III – Dos tributos nos países onde uma parte do povo é servo da gleba

A servidão da gleba por vezes se estabeleceu após uma conquista. Nesse caso, o escravo que cultiva deve ser o colono parciário do senhor.[4] Somente uma sociedade de perdas e ganhos pode reconciliar aqueles que são destinados a trabalhar com aqueles que são destinados a usufruir.

Capítulo IV – De uma república em semelhante caso

Quando uma república obriga uma nação a cultivar as terras para ela, não se deve absolutamente permitir que o cidadão possa aumentar o tri-

---

um incentivo à indústria: uma boa política deve incentivar o trabalho e afastar o ócio. Na *Fábula das abelhas*, Bernard de Mandeville compara a *máquina humana* a um moinho que não recebe vento: sem estímulo, ambos permanecem inoperantes. Finalmente, na *Enciclopédia*, os verbetes *Ociosidade* (Jaucourt) e *Hospital* (Diderot) fornecem exemplos de que o melhor remédio para os pobres e para a nação seria empregá-los em trabalhos públicos, colheitas, enviá-los para trabalhos nas colônias, dentre outros. Rousseau é, a esse respeito, uma exceção: o ocioso é o rico, que possui propriedades e apenas comanda "com a língua" o trabalho alheio, enquanto uma multidão de trabalhadoras se esforça para labutar em propriedade alheia. Seja como for, uma das novidades de Montesquieu é a de enfatizar o papel positivo da ambição (uma paixão em geral considerada negativa) para o estímulo ao trabalho, e considerar que o próprio trabalho é a fonte das riquezas de um país (nesse sentido o *Espírito das leis* vai contra as ideias mercantilistas ainda em voga na França de 1740). Essa discussão sobre as paixões e o trabalho comunica-se também com a chamada "querela do luxo". (N. T.)

4 A servidão da gleba vinculava o servo ao feudo ou porção de terra. Por um lado, o servo devia impostos e produtos; por outro, cabia ao suserano, dentre outros, zelar pela segurança do feudo. A questão será retomada no Livro XXX, sobretudo nos capítulos 5 e 10. (N. T.)

buto do escravo. Isso não era permitido na Lacedemônia: pensava-se que os hilotas[5] cultivariam melhor as terras se soubessem que sua servidão não seria aumentada, e acreditava-se que os senhores seriam melhores cidadãos se desejassem apenas aquilo que estavam acostumados a possuir.

Capítulo V – De uma monarquia em semelhante caso

Quando, em uma monarquia, a nobreza cultiva as terras para seu proveito em detrimento do povo conquistado, também é preciso que o foro[6] não aumente.[7] Além disso, é bom que o príncipe se contente com seu domínio e com o serviço militar. Porém, se quiser cobrar tributos em dinheiro sobre os escravos de sua nobreza, é preciso que o senhor seja fiador[8] do tributo, que o pague para seus escravos e depois cobre deles; e, se se essa regra não for seguida, o senhor e os exatores irão, um por um, atormentar o escravo, cobrando o tributo destes até que ele pereça na miséria ou fuja para os bosques.

Capítulo VI – De um Estado despótico em semelhante caso

O que acabo de dizer é ainda mais indispensável no Estado despótico. O senhor que pode a qualquer momento ser despojado de suas terras e de seus escravos não é levado a tentar conservá-los.

Pedro I, querendo adotar a prática da Alemanha de cobrar seus tributos em dinheiro, fez um regulamento muito sábio que até hoje é seguido na Rússia. O gentil-homem cobra a taxa dos camponeses e as paga ao tsar. Se o número dos camponeses diminui, ele paga a mesma quantia; se aumenta, não paga sobretaxa. Interessa-lhe, pois, que seus camponeses não sejam oprimidos.

---

5 Plutarco [*Ditos notáveis dos lacedemônios*].

6 Em francês, *redevance*. Trata-se do pagamento de taxa ou tributo de forma fixa e determinada, em troca, no caso, do uso da terra. (N. T.)

7 Foi o que motivou Carlos Magno a fazer suas belas instituições a respeito disso. Vede o Lv.V das *Capitulárias*, art.303.

8 Isso é praticado na Alemanha.

Do espírito das leis

Capítulo VII – Dos tributos nos países em que não há servidão da gleba

Quando em um Estado todos os particulares são cidadãos, e quando ali cada um possui por seu domínio o que o príncipe possui por seu império, os impostos podem incidir sobre as pessoas, sobre as terras ou sobre as mercadorias, e pode ser aplicado sobre duas dessas coisas ou sobre as três ao mesmo tempo.

No imposto sobre a pessoa, seria injusta a proporção que seguisse exatamente a proporção dos bens. Em Atenas, os cidadãos foram divididos em quatro classes.[9] Aqueles que tiravam de seus bens quinhentas medidas de frutos líquidos ou secos, pagavam ao público um talento; os que tiravam trezentas medidas deviam meio talento; os que obtinham duzentas medidas pagavam dez minas, ou a sexta parte de um talento; os da quarta classe nada pagavam. A taxa era justa, ainda que não fosse proporcional: embora não seguisse a proporção dos bens, seguia a proporção das necessidades. Julgava-se que cada um tinha necessidades físicas iguais, que essas necessidades físicas não deveriam ser taxadas; que o útil vinha em seguida, e que deveria ser taxado, mas menos que o supérfluo; que a grandeza da taxa sobre o supérfluo impediria o supérfluo.

Nas taxas sobre as terras foram feitos registros nos quais diversas classes fundiárias eram inseridas. No entanto, é muito difícil conhecer essas diferenças, e mais difícil ainda encontrar pessoas que não estejam interessadas em ignorá-las. Há, pois, duas espécies de injustiças: a injustiça do homem e a injustiça da coisa. Mas, em geral, se a taxa não for excessiva, se for deixado ao povo uma abundância do que lhe é necessário, essas injustiças particulares não serão sentidas. Porém, se, ao contrário, for deixado ao povo somente aquilo que é rigorosamente necessário para sobreviver, a menor desproporção produzirá a maior das consequências.

Que alguns cidadãos não paguem muito, o mal não é tão grande: seu desafogo sempre retorna ao público. Mas, que alguns particulares paguem

---

9 Pollux, Lv.VIII, cap.X, art.130.

excessivamente, sua ruína se volta contra o público. Se a fortuna do Estado corresponde proporcionalmente à fortuna dos particulares, o desafogo dos particulares logo fará o Estado aumentar sua fortuna. Tudo depende do momento. O Estado começará por empobrecer seus súditos para se enriquecer? Ou esperará seus súditos, com seu bem-estar material, o enriquecerem? De qual situação o Estado tirará maior proveito: da primeira ou da segunda? Começará sendo rico ou terminará por sê-lo?

Os impostos sobre as mercadorias são os menos sentidos pelos povos, porque nenhuma exigência formal lhes é requerida. Esses impostos podem ser tão sabiamente administrados que o povo praticamente ignorará que os está pagando. Para isso, é muito importante que seja o vendedor de mercadoria a pessoa a pagar o imposto. Ele sabe bem que não é ele que o paga; e o comprador, que no fundo está pagando o imposto, confunde-o com o preço. Alguns autores dizem que Nero havia suprimido o imposto do vigésimo quinto sobre os escravos que eram vendidos.[10] No entanto, ele havia apenas ordenado que, no lugar do comprador, seria o vendedor que o pagaria: esse regulamento, que ainda matinha o imposto, parecia suprimi-lo.

Há dois reinos na Europa[11] nos quais foram criados pesados impostos sobre as bebidas: em um, somente o cervejeiro pagava o imposto; no outro, era cobrado indistintamente de todos os súditos que consumiam. No primeiro, ninguém sente o rigor dos impostos; no segundo, ele é visto como oneroso. Naquele, o cidadão sente apenas a liberdade que tem de não os pagar; no último, sente apenas a necessidade que o obriga a fazê-lo.

Além disso, para que o cidadão pague, é preciso que sua casa seja incessantemente averiguada. Nada é mais contrário à liberdade, e aqueles que estabelecem essas espécies de impostos não tiveram a sorte de ter, a esse respeito, encontrado a melhor espécie de administração.

---

10 *Vectigal quoque quintae et vicesimae venalium mancipiorum remissum specie magis quam vi; quia cum venditor pendere juberetur, in partem pretii emptoribus accrescebat* ["Um imposto de 4% da venda dos escravos foi cobrado, um imposto mais ilusório do que real, pois, como o vendedor era obrigado a pagá-lo, os compradores perceberam que fora acrescido como parte do preço"]. Tácito, *Anais*, Lv.XIII [cap.31].

11 Inglaterra e França, respectivamente. (N. T.)

Do espírito das leis

Capítulo VIII – Como a ilusão é conservada

Para que o preço da coisa e o imposto possam se confundir na cabeça daquele que paga, é preciso que haja alguma relação entre a mercadoria e o imposto, e que, sobre um gênero de pouco valor, não se aplique um imposto excessivo. Há países em que o imposto é dezessete vezes maior que o valor da mercadoria. Assim, o príncipe tolhe a ilusão dos súditos: eles percebem que são conduzidos de uma maneira desrazoável, o que faz com que sintam sua servidão em seu máximo grau.

Além disso, para que o príncipe possa cobrar um imposto tão desproporcional ao valor da coisa, é preciso que ele mesmo venda a mercadoria, e que o povo não possa ir para outros lugares para comprá-la – algo que está sujeito a mil inconvenientes.

Sendo a fraude muito lucrativa nesse caso, a punição natural, aquela que a razão exige, que é o confisco da mercadoria, não é capaz de contê-la, tanto mais porque essa mercadoria comumente possui um valor muito baixo. É necessário então recorrer a penas extravagantes e semelhantes àquelas previstas aos crimes mais graves. A proporção das penas é completamente aniquilada. Pessoas que não poderíamos considerar como más são punidas como se fossem celerados, o que é, no mundo, a coisa mais contrária ao espírito do governo moderado.

Acrescento que, quanto mais oportunidades forem dadas às pessoas para fraudarem o cobrador de impostos, mais este se enriquece e mais as pessoas se empobrecem. Para reprimir a fraude, é necessário dar ao cobrador de impostos extraordinários meios de vexação; então, tudo está perdido.

Capítulo IX – De uma má espécie de imposto

Falaremos brevemente de um imposto estabelecido, em alguns Estados, sobre as diversas cláusulas dos contratos civis. Para se proteger do cobrador de impostos, é preciso que alguém tenha vasto conhecimento, pois essas coisas estão sujeitas a discussões sutis. Assim, o cobrador de impostos, intérprete dos regulamentos do príncipe, exerce um poder arbitrário sobre as

Montesquieu

fortunas. A experiência demonstra que vale muito mais a pena fazer incidir um imposto sobre o papel no qual o contrato deverá ser redigido.

Capítulo X – Que o tamanho dos tributos depende da natureza do governo

Os tributos devem ser leves no governo despótico. Sem isso, quem nesse governo se dedicaria ao esforço de cultivar as terras? Ademais, como pagar impostos pesados a um governo que não oferece nada ao súdito que o quitou?

No colossal poder do príncipe e na estranha fraqueza do povo, é preciso que nada seja equívoco. Os tributos devem ser tão facilmente captados e tão claramente estabelecidos que não podem nem ser aumentados nem diminuídos por aqueles que os cobram. Uma porção dos frutos da terra, uma taxa por cabeça, um tributo de tanto por cento sobre as mercadorias são os únicos tributos convenientes.

É bom, no governo despótico, que os mercadores tenham um salvo--conduto pessoal e que o uso os faça ser respeitados: sem isso, seriam muito fracos diante das altercações que poderiam ter com os oficiais do príncipe.

Capítulo XI – Das penas fiscais

É peculiar às penas fiscais que, contra a prática geral, sejam mais severas na Europa do que na Ásia. Na Europa, as mercadorias são confiscadas, algumas vezes até mesmo barcos e carruagens são confiscados. Na Ásia, não se confisca nem uma nem outra coisa. Isso acontece porque na Europa o mercador tem juízes que podem defendê-lo contra a opressão; na Ásia, os juízes despóticos seriam eles próprios os opressores. O que faria o mercador contra um paxá que tivesse resolvido confiscar suas mercadorias?

É a vexação que supera a si mesma e se vê constrangida a uma certa moderação. Na Turquia, cobra-se somente um imposto de entrada: após isso, todo o país está aberto aos mercadores. As declarações falsas não resultam nem em confisco, nem em majoração dos impostos. Na China,[12] absoluta-

---

12 Du Halde [*Descrição do império da China*], t.II, p.37.

mente não são averiguadas as sacolas de pessoas que não são mercadores. A fraude, entre os Mogol, não é punida pelo confisco, mas pela duplicação do imposto. Os príncipes[13] tártaros, que moram nas cidades na Ásia, quase nada cobram sobre as mercadorias em trânsito. Se no Japão o crime de fraude no comércio é um crime capital, isso ocorre porque há razões que proíbem qualquer comunicação com os estrangeiros, e porque a fraude[14] ali é mais uma contravenção às leis que se referem à segurança do Estado do que às leis do comércio.

Capítulo XII – Relação do tamanho dos tributos com a liberdade

Regra geral: podem-se cobrar tributos mais onerosos proporcionalmente à liberdade dos súditos, e é-se forçado a moderá-los à medida que a servidão aumenta. Isso sempre foi assim e sempre será. É uma regra extraída da natureza e é invariável. Encontramo-la em todos os países: na Inglaterra, na Holanda e em todos os Estados onde a liberdade vai sendo deteriorada, até chegar à Turquia. A Suíça parece não se conformar a essa regra, uma vez que lá tributos não são cobrados, embora o motivo peculiar para tanto seja conhecido e até mesmo confirma o que digo. Nessas montanhas estéreis, os víveres são muito caros, e o campo é tão povoado que um suíço paga à natureza quatro vezes mais do que um turco paga ao sultão.

Um povo dominador, tal como eram os atenienses e os romanos, pode se eximir dos impostos, porque domina nações subjugadas. Assim, estas não pagam proporcionalmente à sua liberdade, porque, sob essa perspectiva, ele não é um povo, mas um monarca.

---

13 *História genealógica dos tártaros* [Abu al-Ghazi Bahadur], p.III, p.290. [Abu al-Ghazi Bahadur (1603-1663), khan da Corásmia, historiador e autor da *História genealógica dos tártaros*. (N. T.)]

14 Buscando estabelecer um comércio com o estrangeiro sem se comunicar com eles, escolheram duas nações: a holandesa, para o comércio com a Europa, e a chinesa, para o comércio com a Ásia. Eles mantêm os comissários e os marinheiros em uma espécie de cárcere, atormentando-os até que estes percam a paciência.

Mas a regra geral sempre permanece. Há, nos Estados moderados, uma compensação pela onerosidade dos tributos: a liberdade. Há nos Estados[15] despóticos um equivalente para a liberdade: a modicidade dos tributos.

Em certas monarquias da Europa há províncias[16] que, pela natureza de seu governo político, encontram-se em melhor condição do que outras. Sempre se poderá considerar que elas não pagam o suficiente, pois, por um efeito da bondade de seu governo, poderiam pagar ainda mais; e sempre se terá a ideia de suprimir o próprio governo que produz esse bem que se comunica, que se dissemina para longe, e do qual seria muito melhor desfrutar.

Capítulo XIII – Em quais governos os tributos são suscetíveis de aumento

Podem-se aumentar os tributos na maior parte das repúblicas, porque o cidadão, que crê pagar a si mesmo, tem a disposição de pagá-los e, pelo efeito da natureza do governo, comumente possui os meios para fazê-lo.

Na monarquia, é possível aumentar os tributos, pois a moderação do governo pode propiciar riquezas: é como uma recompensa para o príncipe, devido ao seu respeito pelas leis.

No Estado despótico, não se pode aumentá-los, porque a servidão extrema não pode ser aumentada.

Capítulo XIV – Que a natureza dos tributos é relativa ao governo

O imposto por cabeça é o mais natural à servidão. O imposto sobre as mercadorias é o mais natural à liberdade, porque se relaciona de maneira menos direta com a pessoa.

---

15 Na Rússia, os tributos são medíocres: foram aumentados a partir do momento em que o despotismo ali tornou-se mais moderado. Vede *História genealógica dos tártaros* [Abu al-Ghazi Bahadur], parte II.

16 Os países de Estado. [Na França, os *pays d'État* eram as regiões que haviam conservado os estados provinciais (clero, nobreza, terceiro estado), e que tinham como uma de suas principais atribuições negociar com a monarquia a onerosidade dos tributos que eram cobrados na província. (N. T.)]

Do espírito das leis

É natural ao governo despótico que o príncipe não dê dinheiro à sua milícia ou aos integrantes de sua corte, mas que distribua suas terras a eles, e, por consequência, que ali poucos tributos sejam cobrados. Pois, se o príncipe der dinheiro, o tributo mais natural que ele pode cobrar é um tributo por cabeça. Esse tributo somente pode ser muito módico, pois, como não se pode criar várias classes de contribuintes por causa dos abusos que resultariam disso, dada a injustiça e a violência do governo, é preciso necessariamente se pautar sobre as taxas que os mais miseráveis podem pagar.

O tributo natural do governo moderado é o imposto sobre as mercadorias. Como esse imposto é, na realidade, pago pelo comprador, ainda que o mercador antecipe seu pagamento, trata-se de um empréstimo que o mercador desde logo adianta ao comprador: assim, é preciso ver o negociante como o devedor geral do Estado e como o credor de todos os particulares. Ele antecipa ao Estado o imposto que o comprador algum dia lhe pagará, e quitou, para o comprador, o imposto que este pagou sobre a mercadoria. Percebe-se, portanto, que, quanto mais moderado o governo for, quanto mais o espírito de liberdade reinar e quanto mais os patrimônios estiverem em segurança, mais fácil será ao mercador antecipar o pagamento de impostos ao Estado e emprestar aos particulares um montante mais considerável de taxas. Na Inglaterra, um mercador antecipa realmente ao Estado cinquenta ou sessenta libras esterlinas a cada barril de vinho que recebe. Que mercador ousaria fazer algo dessa espécie em um país governado como a Turquia? E, mesmo que ousasse fazê-lo, como poderia, com um patrimônio suspeito, incerto, arruinado, efetivar isso?

Capítulo XV – Abuso da liberdade

As grandes vantagens da liberdade fizeram com que a própria liberdade fosse abusada. Porque o governo moderado produziu efeitos admiráveis, abandonou-se essa moderação; porque pesados tributos foram estabelecidos, quis-se estabelecer tributos excessivos; e, desconhecendo a mão da liberdade que oferecia esse presente, recorreu-se à servidão, que tudo recusa.

A liberdade produz o excesso dos tributos; mas o efeito desses tributos excessivos é o de produzir, por sua vez, a servidão, e o efeito da servidão é o de produzir a diminuição dos tributos.

Os monarcas da Ásia quase nunca publicam éditos, a não ser para isentar, a cada ano, alguma província de seu império:[17] as manifestações de sua vontade são benfeitorias. Mas, na Europa, os éditos dos príncipes causam lamentos mesmo antes de serem conhecidos, porque falam sempre da necessidade dos monarcas e nunca das nossas.

De uma indiferença imperdoável que os ministros desses países contraem do governo, e frequentemente do clima, os povos tiram a vantagem de não serem incessantemente onerados por novas exigências. Nesses lugares, as despesas não aumentam, porque novos projetos não são feitos, e se por algum acaso são realizados, são projetos dos quais se vê o fim, e não projetos iniciados. Os que governam o Estado não se atormentam, pois não atormentam a si mesmos continuamente. Mas para nós é impossível ter regularidade em nossas finanças, porque sempre sabemos que faremos alguma coisa, mas nunca sabemos o que faremos.

Capítulo XVI – Das conquistas dos maometanos

Os tributos[18] excessivos propiciaram a estranha facilidade que os maometanos encontraram em suas conquistas. Os povos, no lugar da série contínua de vexações que a avareza sutil dos imperadores havia concebido, viram-se submetidos a um tributo simples, facilmente pago e facilmente aceito: estavam mais contentes obedecendo a uma nação bárbara do que a um governo corrompido, sob o qual sofriam todos os inconvenientes de uma liberdade de que não mais dispunham e todos os horrores de uma servidão efetiva.

Capítulo XVII – Do aumento das tropas

Uma nova doença se espalhou pela Europa; ela se apossou de nossos príncipes e os fez manter um número desproporcional de tropas. Essa

---

17 É o uso dos imperadores da China.

18 Vede o que a história mostra sobre o tamanho, a bizarrice e mesmo a loucura desses tributos. Anastácio concebera um tributo para quem respirasse o ar: *ut quisque pro haustu æris penderet*.

doença possui estágios de agravamento e se torna necessariamente contagiosa: afinal, tão logo um Estado aumente aquilo que denomina de "suas tropas", os outros Estados subitamente aumentam as suas, de maneira que nada se ganha com isso a não ser a destruição comum. Cada monarca tem sob seu comando todos os exércitos de que poderia dispor caso os seus povos estivessem em perigo de ser exterminados, e esse estado de tensão de todos contra todos é chamado de paz.[19] Assim, a Europa está tão arruinada que, caso os particulares que se vissem na mesma situação na qual se encontram as três potências mais opulentas dessa parte do mundo, careceriam do necessário para viver. Com toda a riqueza e o comércio do mundo, somos pobres; e em breve, de tanto termos soldados, teremos apenas soldados e seremos como os tártaros.[20]

Os grandes príncipes, não contentes de comprar as tropas dos príncipes menores, buscam de todas as formas comprar alianças, isto é, invariavelmente buscam desperdiçar seu dinheiro.

A consequência de uma situação como esta é a permanente majoração dos tributos; e o que compromete todos os remédios futuros é que não mais contam com as receitas, mas fazem a guerra com seu capital. Não é novidade ver Estados hipotecarem seus patrimônios durante a própria paz, e adotarem, para sua ruína, meios que chamam de extraordinários, e que são meios tão exagerados que nem sequer o mais pródigo dos filhos de uma família poderia conceber.

Capítulo XVIII – Da remessa dos tributos

A máxima dos grandes impérios do Oriente, segundo a qual os tributos devem ser remetidos às províncias que padecem, deveria ser introduzida nos Estados monárquicos. É verdade que em alguns desses lugares essa máxima foi adotada, mas ela causa mais sobrecarga do que se não o tivesse

---

19 É verdade que é principalmente esse estado de tensão que mantém o equilíbrio, porque extenua as grandes potências.

20 Para isso, basta somente lançar mão da nova invenção das milícias estabelecidas em toda a Europa, e levá-las ao mesmo excesso ao qual foram levadas as tropas regulares.

sido, porque, como o príncipe não varia a alíquota cobrada, o Estado inteiro torna-se solidário. Para aliviar uma cidade que paga mal, sobrecarrega-se uma outra que paga bem; a primeira não observa melhorias e a segunda é arruinada. O povo encontra-se desesperado entre a necessidade de pagar, por medo das exações, e o perigo de pagar, por temer as sobretaxas.

Um Estado bem governado deve destinar, como primeiro item de suas despesas, um montante regular para casos fortuitos. A esse respeito, o público é como os particulares, que se arruínam quando gastam exatamente as rendas tiradas de suas terras.

A respeito da responsabilidade solidária entre os habitantes de uma mesma cidade, afirmou-se[21] que ela era razoável, porque se poderia supor um complô fraudulento da parte deles. Mas de onde aprenderam que, a partir de suposições, se deva estabelecer uma coisa injusta por si mesma e ruinosa para o Estado?

Capítulo XIX – O que é mais conveniente ao príncipe e ao povo: a coleta privada ou a gestão pública dos impostos?[22]

A gestão pública dos impostos é a administração de um bom pai de família, que arrecada ele mesmo, com parcimônia e ordem, seus proventos.[23]

---

21 Vede *Tratado das finanças dos romanos*, cap.II, impresso em Paris, ed. Briasson, em 1740.

22 No original: *la ferme* e *la régie*. A primeira diz respeito ao *tax-farming*, na qual a coleta dos tributos e impostos é terceirizada a um agente privado que paga, por sua vez, uma taxa ao Estado. Na França, os cobradores privados eram chamados de *fermiers généraux*, isso é, coletores privados que durante um prazo determinado eram adjudicantes do direito de cobrança dos impostos. Já a segunda é a arrecadação direta, ou seja, realizada diretamente por instituições e oficiais do Estado, aqui traduzida como *gestão pública dos impostos*. (N. T.)

23 Em *Meus pensamentos*, Montesquieu indica que sua preferência pela gestão pública dos impostos se estabeleceu após diálogo com Joseph Pâris Duverney (1684-1770), empresário e ministro de Luís IV, duque de Bourbon (1692-1740) e crítico do sistema de Law (substituição dos metais por papel-moeda). Segundo Montesquieu, "se o que Duverney me disse é correto, a gestão pública dos impostos tem muitas vantagens. Nenhum cobrador de impostos ficou rico, nenhum deles se tornou odioso ao povo, o dinheiro foi levado e entregue aos cofres do rei" (*MP*, n.1572). [(N. T.)]

Do espírito das leis

Pela gestão pública dos impostos, o príncipe é soberano para adiantar ou retardar a cobrança dos tributos, seja seguindo as suas necessidades ou as do povo. Pela gestão pública, o Estado é preservado dos imensos lucros dos coletores privados,[24] que o empobrecem de inúmeras maneiras. Pela gestão pública, preserva o povo do angustiante espetáculo das riquezas súbitas. Pela gestão pública, o dinheiro arrecadado passa por poucas mãos: ele vai diretamente ao príncipe e, consequentemente, é mais prontamente transmitido ao povo. Pela gestão pública, o príncipe preserva o povo de uma infinidade de más leis que sempre lhes são impostas pela importuna avareza dos coletores privados, que mostram uma vantagem presente nos regulamentos que são funestos para o futuro.

Como aquele que possui dinheiro é sempre o senhor de outrem, o cobrador de impostos exerce despotismo até mesmo sobre o próprio príncipe; ele não é legislador, mas tem força para fazer as leis.

Confesso que algumas vezes é útil adjudicar a um coletor privado um tributo novo. O interesse dos coletores privados lhes sugere artifícios e invenções para impedir as fraudes, algo que os gestores públicos não poderiam imaginar. No entanto, vejam bem: uma vez estabelecido o sistema de cobranças pelos coletores privados, pode-se com sucesso estabelecer a gestão pública. Na Inglaterra, a administração da *excise*[25] e da receita dos correios, tal como se encontra atualmente, foi emprestado dos coletores privados.

Nas repúblicas, as receitas do Estado são quase sempre da gestão pública. A prática contrária foi um grande vício do governo de Roma.[26] Nos Estados despóticos, onde se estabeleceu a gestão pública de impostos, os povos são infinitamente mais felizes: a Pérsia e a China[27] são testemunhas disso.

---

24 Os *fermiers généraux*. (N. T.)

25 A *excise* é um imposto que incide sobre o produto no momento de sua manufatura ou fabricação. Na Inglaterra, era comumente cobrado sobre as bebidas. (N. T.)

26 César foi obrigado a tirar os publicanos da província da Ásia e de nelas estabelecer uma outra espécie de administração, como nos ensina Dião Cássio [*História romana*]. E Tácito [*Anais*, Lv.I, cap.76] nos diz que a Macedônia e a Acaia, províncias que Augusto tinha deixado ao povo romano, e que, por consequência, eram governadas pelo antigo sistema, conseguiram ser incluídas entre aqueles que o imperador governava através de seus oficiais.

27 Vede Chardin, *Viagem para a Pérsia*, t.VI.

Os mais infelizes são aqueles Estados nos quais o príncipe concede aos coletores privados seus portos marítimos e suas cidades de comércio. A história das monarquias é repleta de malfeitos cometidos pelos cobradores de impostos.

Nero, indigno das vexações dos publicanos, concebeu o impossível e magnânimo projeto de abolir todos os impostos.[28] Ele não considerou a gestão pública dos tributos. Fez quatro decretos: que as leis feitas contra os publicanos, que até então haviam sido mantidas em segredo, fossem tornadas públicas; que eles não poderiam mais exigir o que haviam esquecido de pedir durante o ano; que haveria um pretor estabelecido para julgar, sem formalidades, suas pretensões; que os mercadores não pagariam nada por seus navios. Eis os tempos mais aprazíveis desse imperador.

Capítulo XX – Dos cobradores de impostos

Tudo está perdido quando a lucrativa profissão dos cobradores de impostos torna-se, graças às suas riquezas, uma profissão honrada. Isso pode ser bom nos Estados despóticos, onde seu emprego é frequentemente uma parte das funções dos próprios governantes. Mas isso não é bom em uma república, e algo semelhante destruiu a república romana. Também não é melhor na monarquia: nada é mais contrário ao espírito desse governo. Caso isso se estabeleça, um desgosto se apodera de todos os estratos, a honra perde toda sua consideração, os meios lentos e naturais de se distinguir não mais comovem, e o governo é golpeado em seu princípio.

Observa-se claramente, em épocas passadas, fortunas escandalosas. Essa foi uma das calamidades das guerras de cinquenta anos: mas, naquela época, as riquezas foram vistas como ridículas, enquanto hoje nós as admiramos.

Cada profissão tem seu quinhão. O quinhão dos que cobram os tributos é a riqueza, e as recompensas dessas riquezas são as próprias riquezas. A glória e o honra cabem àquela nobreza que não conhece, que não vê e não sente verdadeiro bem senão na honra e na glória. O respeito e a consideração são devidos aos ministros e magistrados que, encontrando apenas trabalho atrás de trabalho, velam dia e noite pela felicidade do império.

---

28 Tácito, *Anais*, Lv.XIII.

Terceira parte

Livro XIV
Das leis em sua relação com a natureza do clima

Capítulo Primeiro – Ideia geral

Se é verdade que o caráter do espírito e as paixões do coração são extremamente diferentes nos diversos climas, as leis devem ser relativas à diferença dessas paixões e à diferença desses caráteres.

Capítulo II – Quanto os homens são diferentes nos diversos climas

O ar frio[1] contrai as extremidades das fibras exteriores de nosso corpo. Isso aumenta a elasticidade corpórea e favorece o retorno do sangue das extremidades para o coração. Ele também diminui o comprimento[2] dessas mesmas fibras, aumentando ainda, portanto, a força delas. O ar quente, pelo contrário, relaxa as extremidades das fibras e as distende, diminuindo-lhes, portanto, a força e elasticidade.[3]

---

1 Isto é evidente ao olhar: no frio se parece mais magro.

2 Sabe-se que ele encolhe o ferro.

3 Para tratar dos efeitos que o clima tem sobre os seres humanos (ou, mais especificamente, sobre seus corpos), Montesquieu utiliza larga e sistematicamente os conceitos da anatomia e da fisiologia de sua época. Ver verbetes dessa temática na *Enciclopédia* de Diderot e D'Alembert, em especial *Goût, Tact, Fibre e Houppe nerveuse*.

Montesquieu

Tem-se, então, mais vigor nos climas frios. A ação do coração e a reação das extremidades das fibras é melhor, os fluidos estão em maior equilíbrio, o sangue vai mais diretamente para o coração e, reciprocamente, o coração tem maior potência. Essa força maior deve certamente produzir efeitos. Por exemplo, mais confiança em si mesmo, isto é, mais coragem; mais conhecimento de sua superioridade, isto é, menos desejo de vingança; mais convicção de sua segurança, isto é, mais franqueza, menos desconfianças, política e trapaça. Enfim, isso deve criar caracteres bem diferentes. Colocai um homem em um lugar quente e fechado e ele sentirá, pelas razões que acabo de dizer, uma debilidade muito grande do coração. Se, nessa circunstância, lhe propusermos uma ação corajosa, penso que estaria muito pouco disposto a fazê-la: sua fraqueza atual incutirá um desânimo em sua alma, terá medo de tudo, pois sentirá que nada pode. Os povos dos países quentes são tímidos como os velhos; os dos países frios são corajosos como os jovens. Se nos atentarmos para as últimas guerras,[4] as quais temos mais à vista e nas quais podemos melhor observar certos efeitos sutis que são imperceptíveis à distância, entenderemos bem que os povos do Norte, trazidos para os países do Sul,[5] não realizaram tão belas ações como seus compatriotas que, combatendo em seu próprio clima, desfrutavam de toda sua coragem.

A força das fibras dos povos do Norte faz com que sucos mais rudimentares sejam extraídos dos alimentos. Disso resulta duas coisas: uma, que as partes do quilo, ou da linfa,[6] sejam mais apropriadas, por sua grande superfície, a ser aplicadas sobre as fibras e à sua nutrição; outra, que são mais apropriadas, por sua grossura, a oferecer certa sutileza ao suco nervoso. Esses povos terão, portanto, corpulência e pouca vivacidade.

Ver ainda o clássico artigo de Shackleton, "The Evolution of Montesquieu's Theory of Climate", *Revue Internationale de Philosophie*, v.9, n.33-34 (3/4), p.317-29, 1955. (N. T.)

4 As guerras de sucessão da Espanha.

5 Na Espanha, por exemplo.

6 Quilo é um líquido leitoso que, secretado pelo intestino durante a refeição, é composto por linfa e gordura. Linfa é o líquido orgânico de origem sanguínea que, formado por proteínas e lipídios, se desloca no interior dos vasos linfáticos, transportando glóbulos brancos. (N. T.)

Do espírito das leis

Os nervos, que por toda parte chegam ao tecido de nossa pele, constituem, cada qual, um feixe de nervos. Normalmente, não é todo o nervo que é tocado, mas uma parte infinitamente pequena. Nos países quentes, nos quais o tecido da pele está relaxado, as extremidades dos nervos estão desabrochadas e expostas à menor ação dos objetos mais delicados. Nos países frios, o tecido da pele está contraído e as papilas[7] comprimidas; as pequenas papilas[8] estão, de certa maneira, paralisadas; a sensação apenas é transmitida para o cérebro quando é extremamente forte e atinge o nervo inteiro. Entretanto, a imaginação, o gosto, a sensibilidade, a vivacidade dependem de uma quantidade infinita de pequenas sensações.

Observei o tecido externo de uma língua de carneiro no lugar em que aparece, a olho nu, coberta de papilas. Com um microscópio, observei, nessas papilas, pequenos pelos ou uma espécie de penugem; entre as papilas havia pirâmides[9] que formavam, na ponta, como que pequenos pincéis. É bem provável que essas pirâmides constituam o principal órgão do gosto.

Congelei a metade dessa língua e verifiquei, a olho nu, as papilas consideravelmente diminuídas; alguns tipos de papilas estavam até mesmo afundadas em sua bainha. Examinei seu tecido com o microscópio e não vi mais as pirâmides. À medida que a língua descongelou, as papilas, a olho nu, pareceram se erguer e, pelo microscópio, os pequenos pelos começaram a reaparecer.

Essa observação confirma o que disse: nos países frios, as papilas nervosas estão menos desabrochadas e afundam-se em suas bainhas, nas quais estão protegidas da ação dos objetos externos. As sensações são, portanto, menos vivas.

Nos países frios, ter-se-á pouca sensibilidade para os prazeres; nos países temperados, ela será maior; e, nos países quentes, será extrema. Como distinguimos os climas pelos graus de latitude, poderíamos distingui-los, por assim dizer, por graus de sensibilidade. Vi óperas na Inglaterra e na Itália.

---

7 No original, *mamelons*. Segundo o *Dictionnaire de l'Académie Française* (1762), trata-se de "pequenas partes muito delicadas e glandulares, salientes na pele do animal, na língua, e que alguns filósofos acreditavam servir à sensação". (N. T.)

8 *Houppes*, terminações dos nervos que formam as papilas. (N. T.)

9 Isto é, partes em forma piramidal. Cf. o verbete *Pyramidal*, da *Enciclopédia*. (N. T.)

São as mesmas peças e os mesmos atores, mas a mesma música produz efeitos muito diferentes sobre as duas nações: uma é tão calma, e a outra tão arrebatada, que isso parece inconcebível.

O mesmo acontecerá com a dor. Ela é estimulada em nós pelo rasgar de alguma fibra do nosso corpo. O autor da natureza estabeleceu que essa dor seria mais forte à medida que o incômodo fosse maior. Ora, é evidente que os corpos grandes e as fibras rudimentares dos povos do Norte são menos suscetíveis ao incômodo do que as fibras delicadas dos povos dos países quentes; entre os primeiros, a alma é menos sensível à dor. Para produzir sentimento em um moscovita é preciso esfolá-lo.

Com essa delicadeza de órgãos existente nos países quentes, a alma é soberanamente afetada por tudo que possui relação com a união dos dois sexos: tudo conduz a esse objetivo.

Nos climas do Norte, o aspecto físico do amor mal tem força para se fazer suficientemente sensível. Nos climas temperados, o amor, acompanhado de mil complementos, torna-se agradável por meio de coisas que inicialmente pareceriam ser o amor, mas que ainda não o são. Nos climas mais quentes, ama-se o amor por si mesmo: ele é a única causa da felicidade, é a vida.

Nos países do Sul, uma máquina[10] delicada, fraca, mas sensível, entrega-se a um amor que, num serralho, nasce e se acalma incessantemente; ou ainda a um amor que, dando às mulheres mais independência, está sujeito a mil desordens. Nos países do Norte, uma máquina sã e bem constituída, mas pesada, encontra seus prazeres em tudo aquilo que põe os espíritos em movimento: a caça, as viagens, a guerra, o vinho. Encontrareis povos nos climas do Norte que possuem poucos vícios, várias virtudes, muita sinceridade e franqueza. Se vos aproximardes dos países do Sul, acreditareis vos distanciar da própria moral: paixões mais vivas multiplicarão os crimes; cada um procurará conseguir à custa dos outros as vantagens que podem favorecer essas mesmas paixões. Nos países temperados, vereis povos cujas maneiras, bem como seus vícios e mesmo suas virtudes, são inconstantes.

---

10 Montesquieu utiliza o vocabulário mecânico para se referir ao corpo humano: isto é, o corpo enquanto máquina. (N. T.)

Nesses lugares, o clima não tem uma qualidade determinada o bastante para torná-los estáveis.

O calor do clima pode ser tão excessivo que o corpo se encontrará absolutamente sem força. E, então, o abatimento será transmitido para o próprio espírito: nenhuma curiosidade, nenhum projeto nobre, nenhum sentimento generoso. Nesses locais, as inclinações serão totalmente passivas, a preguiça constituirá a felicidade, será mais fácil suportar a maioria dos castigos do que a ação da alma, e a servidão será menos insuportável do que a força de espírito necessária para conduzir-se a si próprio.

Capítulo III – Contradição nos caráteres de certos povos meridionais

Os indianos[11] são, por natureza, privados de coragem. Mesmo os filhos[12] dos europeus nascidos nas Índias perdem a coragem típica de seu clima. Como, no entanto, isso se concilia com suas atrozes ações, seus costumes, suas bárbaras penitências? Ali, os homens se submetem a males inacreditáveis, as mulheres ateiam fogo em si mesmas: eis bastante força para tanta fraqueza.

A natureza, que deu a esses povos uma fraqueza que os torna tímidos, deu-lhes igualmente uma imaginação tão viva que tudo os atinge em excesso. Essa mesma delicadeza de órgãos que os faz temer a morte serve também para fazê-los temer mil coisas além da morte. É a mesma sensibilidade que os leva a fugir de todos os perigos e os faz tudo enfrentar.

Como uma boa educação é mais necessária às crianças do que às pessoas cujo espírito atingiu a maturidade, do mesmo modo os povos desses climas têm mais necessidade de um legislador sábio do que os povos do nosso clima. Quanto mais fácil e mais fortemente se é impressionado, mais

---

11 "Cem soldados da Europa", diz Tavernier, "não teriam muita dificuldade em vencer mil soldados indianos". [Jean Baptiste Tavernier (1605-1689), autor de *Les Six Voyages de J.-B. Tavernier* [...], *qu'il a fait en Turquie, en Perse et aux Indes.* (N. T.)]

12 Os próprios persas que se estabelecem nas Índias, ao cabo da terceira geração, apropriam-se da indolência e da covardia indiana. Vede Bernier, *Sur le Mogol*, t.I, p.282. [François Bernier (1625-1688), médico e viajante, autor de *Voyages, contenant la description des États du Grand Mogol.* (N. T.)]

importa sê-lo de uma maneira conveniente, de renunciar aos preconceitos e ser conduzido pela razão.

No tempo dos romanos, os povos do norte da Europa viviam sem artes, sem educação, quase sem leis. No entanto, apenas por causa do bom senso ligado às fibras rudimentares desses climas, mantiveram-se com uma admirável sabedoria contra o poder romano, até o momento em que saíram de suas florestas para destruí-lo.

Capítulo IV – Causa da imutabilidade da religião, dos costumes, das maneiras e das leis nos países do Oriente

A essa fraqueza de órgãos que leva os povos do Oriente a receberem as impressões do mundo com mais força, acrescentai certa preguiça do espírito – naturalmente ligada à do corpo e que faz esse espírito ser incapaz de qualquer ação, esforço, contenção – e compreendereis que a alma, uma vez tendo recebido impressões, não pode mais mudar. É isso que faz as leis, os costumes[13] e as maneiras, mesmo aquelas que pareciam indiferentes, tal como a maneira de se vestir, serem hoje no Oriente como eram há mil anos.

Capítulo V – Que os maus legisladores são os que favoreceram os vícios do clima, e os bons, os que a eles se opuseram

Os indianos acreditam que o repouso e o nada são o fundamento de todas as coisas e o fim ao qual se destinam. Consideram a completa inação, portanto, como o estado mais perfeito e o objeto de seus desejos. Dão ao ser soberano[14] o sobrenome de *imóvel*. Os siameses acreditam que a felicidade suprema[15] consiste em não ser obrigado a ligar uma máquina e fazer um corpo entrar em movimento.

---

13 Vê-se por um fragmento de Nicolas de Damas, compilado por Constantino Porfirogeneta, que era antigo o costume no Oriente de estrangular um governador que não agradava. Tratava-se da época dos medos.

14 Panamanack. Vede Kircher.

15 La Loubère, *Relation de Siam*, p.446.

Do espírito das leis

Nesses países, onde o calor excessivo debilita e oprime, o repouso é tão delicioso e o movimento tão penoso que esse sistema de metafísica parece natural. E *Fó*,[16] legislador das Índias, seguiu seu sentimento quando colocou os homens em um estado extremamente passivo. Todavia, sua doutrina, nascida da preguiça do clima e, por seu turno, favorecendo-a, causou uma miríade de males.

Os legisladores da China foram mais sensatos quando, ao considerar os homens não no estado de quietude em que um dia se encontrarão, mas sim no de atividade adequada para fazê-los cumprir os deveres da vida, conceberam sua religião, sua filosofia e suas leis todas com um caráter prático. Quanto mais as causas físicas levam os homens ao repouso, mais as causas morais devem dele se distanciar.

Capítulo VI – Da cultura das terras nos climas quentes

A cultura das terras é o maior trabalho dos homens. Quanto mais o clima os leva a evitar esse trabalho, mais a religião e as leis devem estimulá-los a fazê-lo. Assim, as leis das Índias, que dão as terras aos príncipes e tiram dos particulares o espírito de propriedade, aumentam os maus efeitos do clima, isto é, a preguiça natural.

Capítulo VII – Do monasticismo

Nesses climas, o monasticismo causa os mesmos males. Ele nasceu nos países quentes do Oriente, onde se é mais voltado para a especulação do que para a ação.

Na Ásia, a quantidade de dervixes ou monges parece aumentar com o calor do clima. Nas Índias, onde o calor é excessivo, estão repletos deles. Na Europa, encontra-se essa mesma diferença.

---

16 Fó deseja reduzir o coração ao puro vazio. "Nós temos olhos e ouvidos, mas perfeição é não ver nem escutar. Uma boca, mãos etc., a perfeição é que esses membros estejam em inação." Tirado do diálogo de um filósofo chinês, relatado por Du Halde, t.III. [Fó (no francês *Foë*) é o nome chinês do Buda. (N. T.)]

Para vencer a preguiça do clima seria preciso que as leis buscassem eliminar todos os meios de se viver sem trabalho. Mas, no sul da Europa, elas fazem totalmente o contrário: oferecem, para aqueles que desejam ser ociosos, funções próprias à vida especulativa, e associam a elas imensas riquezas. Essas pessoas, que vivem em uma abundância que lhes é onerosa, com razão oferecem seu supérfluo ao populacho: quanto a este último, que não possui mais a propriedade dos bens, é recompensado com a ociosidade que o fazem desfrutar, de modo que passam a amar sua própria miséria.

Capítulo VIII – Bom costume da China

Os relatos[17] da China nos falam da cerimônia[18] de lavra da terra realizada todos os anos pelo imperador. Por esse ato público e solene, buscaram instigar[19] as pessoas à lavoura.

Além disso, o imperador é a cada ano informado do lavrador que mais se destacou em sua profissão e o torna um mandarim da oitava ordem.

Entre os antigos persas,[20] no oitavo dia do mês denominado *Chorrem ruz*, os reis deixavam sua suntuosidade para comer junto com os lavradores. Essas instituições são admiráveis para encorajar a agricultura.

Capítulo IX – Meios de encorajar a indústria

Mostrarei, no Livro XIX,[21] que as nações preguiçosas são comumente orgulhosas. Poder-se-iam contrapor o efeito com a causa e eliminar a preguiça pelo orgulho. No sul da Europa, onde os povos são tão suscetíveis ao ponto de honra, seria bom dar prêmios aos lavradores que tivessem culti-

---

17 Du Halde, *Descrição do império da China*, t.II, p.72.

18 Vários reis das Índias fazem o mesmo. *Relation du royaume de Siam*, por La Loubère, p.69. [Simon de la Loubère (1642-1729), diplomata francês enviado a Sião (atual Tailândia), autor de *Description du Royaume de Siam* (1700). (N. T.)]

19 Ven Ti, terceiro imperador da terceira dinastia, cultivou sua terra com as próprias mãos e, em seu palácio, obrigou a imperatriz e suas mulheres a trabalhar a seda.

20 Hyde, *Religião dos persas* [*Historia religionis veterum Persarum eorum que magorum*]. [Thomas Hyde (1636-1703), orientalista inglês. (N. T.)]

21 Capítulo 9. (N. T.)

vado melhor suas terras ou aos operários que mais tivessem desenvolvido a sua indústria. Essa prática teria sucesso em todo o país. Em nossos dias ela serviu, na Irlanda, para o estabelecimento de uma das mais importantes manufaturas de tecido que existem na Europa.

Capítulo X – Das leis que têm relação com a sobriedade dos povos

Nos países quentes, a parte aquosa do sangue se dissipa muito pela transpiração.[22] É preciso, portanto, substituí-la por um líquido equivalente. Nesses casos, a água é de uma utilidade admirável: os fortes licores coagulariam os glóbulos[23] do sangue que permanecem após a dissipação da parte aquosa.

Nos países frios, a parte aquosa do sangue é pouco exalada pela transpiração, mantendo-se em grande abundância. Portanto, neles é possível consumir licores espirituosos sem que o sangue se coagule. As pessoas encontram-se repletas de humores, e os licores fortes, que dão movimento ao sangue, podem ser convenientes.

A lei de Maomé que proíbe beber vinho é, então, uma lei do clima da Arábia. Antes mesmo de Maomé a água era a bebida comum dos árabes. A lei[24] que proibia os cartagineses beberem vinho era também uma lei do clima. De fato, o clima desses dois países é praticamente o mesmo.

Semelhante lei não seria boa nos países frios, onde o clima parece forçar certa embriaguez da nação, bem diferente da embriaguez individual. A embriaguez encontra-se estabelecida ao redor do mundo na proporção do frio e da umidade do clima. Passeis do Equador até o nosso polo, vereis

---

22 Bernier, viajando do Laore para a Caxemira, escreveu: "Meu corpo é uma peneira: mal bebia um copo de água, eu a via sair como um orvalho de todos meus membros até a ponta dos meus dedos. Bebia dez copos de água por dia e isso não me fazia nenhum mal". *Voyage* de Bernier, t.II, p.261.

23 Há, no sangue, glóbulos vermelhos, partes fibrosas, glóbulos brancos e a água, na qual tudo isso nada.

24 Platão, Lv.II das *Leis*. Aristóteles [Pseudo-Aristóteles], *Economia*. Eusébio, *Prép. évang.*, Lv.XII, cap.XVII.

a embriaguez aumentar com os graus de latitude. Passeis igualmente do Equador ao polo oposto, verificareis a embriaguez seguir em direção ao sul,[25] como do nosso lado ela seguia em direção ao norte.

É natural que onde o vinho é contrário ao clima e, por conseguinte, à saúde, o excesso seja mais severamente punido que nos países onde a embriaguez tem poucos efeitos ruins, tanto para o indivíduo quanto para a sociedade, onde não torna os homens furiosos, mas somente estúpidos. Assim, as leis[26] que puniram um homem embriagado, tanto pelo delito cometido quanto pela embriaguez, eram aplicáveis apenas pela embriaguez do indivíduo, não pela embriaguez da nação. Um alemão bebe por hábito; um espanhol, por escolha.

Nos países quentes, o relaxamento das fibras produz uma grande transpiração dos líquidos, mas as partes sólidas se dissipam menos. As fibras, que possuem apenas uma ação muito fraca e pouca elasticidade, são pouco usadas. É preciso pouco suco nutritivo para repará-las e come-se, então, muito pouco.

São as diferentes necessidades nos diferentes climas que formaram as diferentes maneiras de viver; e essas diferentes maneiras de viver formaram os diversos tipos de leis. Em uma nação em que os homens se comunicam muito,[27] certas leis são necessárias; em meio a um povo que não se comunica, outras é que o são.

Capítulo XI – Das leis que têm relação com as doenças do clima

Heródoto nos diz que as leis dos judeus sobre a lepra foram tiradas da prática dos egípcios. Na verdade, as mesmas doenças demandavam os

---

25 Isso é observado entre os hotentotes e os povos da ponta do Chile, que estão mais próximos do sul.

26 Como fez Pittacus, segundo Aristóteles, *Política*, Lv.II, cap.III. Ele vivia em um clima em que a embriaguez não é um vício da nação.

27 O termo *comunicação* é amplamente utilizado no século XVIII no sentido de qualquer contato de um povo com um outro estrangeiro, função essencial no estabelecimento do comércio. Ver o verbete *Comércio*, de Forbonnais, na *Enciclopédia*. (N. T.)

Do espírito das leis

mesmos remédios. Essas leis, assim como a moléstia, eram desconhecidas dos gregos e dos primeiros romanos. O clima do Egito e da Palestina as tornaram necessárias, e a facilidade que essa doença tem de se espalhar pelo povo nos revela muito bem a astúcia e a previdência dessas leis.

Nós mesmos sentimos seus efeitos. As Cruzadas nos trouxeram a lepra, e as sábias regras então estabelecidas a impediram de se propagar entre a massa popular.

Vê-se, pela Lei dos Lombardos,[28] que essa doença tinha se espalhado pela Itália antes das Cruzadas e mereceu a atenção dos legisladores. Rotário ordenou que um leproso, expulso de sua casa e relegado a um determinado lugar, não poderia dispor de seus bens, pois desde o momento em que foi retirado de sua casa era dado como morto. Para impedir qualquer comunicação com os leprosos, tornavam estes incapazes dos efeitos[29] civis.

Penso que essa doença foi levada à Itália pelas conquistas dos imperadores gregos, cujos exércitos podiam incluir milícias da Palestina ou do Egito. Seja como for, os progressos foram barrados até a época das Cruzadas.

Diz-se que os soldados de Pompeu, voltando da Síria, trouxeram uma doença muito semelhante à lepra. Nenhuma regra então feita chegou até nós, mas parece que existiram, pois essa moléstia foi barrada até a época dos lombardos.

Há dois séculos que uma doença, desconhecida de nossos pais, passou do Novo Mundo para o nosso e veio atacar a natureza humana até na fonte da vida e dos prazeres.[30] Viu-se a grande parte das maiores famílias do sul da Europa sucumbir a uma moléstia que, de modo vergonhoso, tornou-se muito comum e foi simplesmente funesta. A sede do ouro perpetuou essa doença: ia-se continuamente para a América e novas leveduras eram sempre trazidas.

Por razões devotas, quiseram que o próprio mal fosse a punição pelo crime, mas essa calamidade havia entrado no seio do casamento e já havia corrompido até mesmo a infância.

---

28 [*Leges Langobardorum*] Lv.II.
29 [*Leges Langobardorum*] Lv.II, tit.I, §3; e tit.XVIII, §1.
30 Trata-se da sífilis. (N. T.)

Como faz parte da sabedoria dos legisladores zelar pela saúde dos cidadãos, teria sido sensato deter o contágio através de leis cuja elaboração tivesse como modelo as leis mosaicas.

A peste é uma moléstia cujas devastações são ainda mais súbitas e rápidas. Sua matriz principal encontra-se no Egito, de onde se espalha por todo o universo. Na maioria dos Estados da Europa, foram concebidas regras muito boas para impedir sua penetração, e nos dias atuais imaginou-se uma maneira admirável para detê-la: formou-se uma linha de tropas em torno do país infectado, a fim de impedir qualquer transmissão.

Os turcos,[31] que não possuem nenhuma polícia a esse respeito, viam os cristãos fugirem do perigo numa mesma cidade onde apenas eles pereciam. Compram as roupas dos pestíferos, vestem-nas e seguem seu caminho. A doutrina de um destino rígido, que a tudo regula, faz do magistrado um espectador tranquilo: ele pensa que Deus já fez tudo e que a ele nada resta fazer.

Capítulo XII – Das leis contra aqueles que se suicidam[32]

Não vemos, nas histórias, que os romanos se suicidassem sem motivo, mas os ingleses o fazem sem que se possa imaginar alguma razão que os leve a isso: suicidam-se mesmo em meio à felicidade. Essa razão, entre os romanos, era efeito da educação, devido à sua maneira de pensar e aos seus costumes. Entre os ingleses é efeito de uma doença.[33] Ela diz respeito ao estado físico da máquina e é independente de qualquer outra causa.

É provável que se trate de um defeito de filtragem do suco nervoso. A máquina, cujas forças motoras se encontram a todo momento inativas, está cansada de si mesma. A alma não sente nenhuma dor, mas certa dificuldade de existência. A dor é um mal local que nos leva ao desejo de ver essa dor cessar; o peso da vida é um mal sem local específico e que nos leva ao desejo de acabar com essa vida.

---

31 Ricaut, *De l'Empire ottoman*, p.284.

32 A ação dos que se suicidam é contrária à lei natural e à religião revelada.

33 Ela poderia até mesmo se agravar bastante com o escorbuto, que, sobretudo em alguns países, faz com que um homem se torne estranho e insuportável a si mesmo. *Voyage* de François Pyrard, parte II, cap.XXI.

Do espírito das leis

É claro que as leis civis de alguns países tiveram razões para condenar o homicídio de si mesmo,[34] mas, na Inglaterra, pode-se puni-lo tanto quanto se punem os efeitos da demência.

Capítulo XIII – Efeitos que resultam do clima da Inglaterra

Em uma nação cuja alma é de tal maneira afetada por uma doença do clima a ponto de poder acarretar o desgosto para com todas as coisas, mesmo com a vida, é evidente que o governo mais conveniente às pessoas para as quais tudo seria insuportável seria aquele no qual não poderiam acusar uma só pessoa de ser a causa dos seus infortúnios, e no qual, com as leis governando mais que os homens, fosse necessário, para mudar o Estado, derrubar as próprias leis.

Se a mesma nação ainda tiver recebido do clima um certo caráter de impaciência que não lhe permita aguentar durante muito tempo as mesmas coisas, é claro que o governo que acabamos de falar ainda seria o mais conveniente.

Esse caráter de impaciência não é importante por si mesmo, mas pode vir a sê-lo bastante quando unido à coragem.

É diferente da leviandade, que leva alguém a empreender alguma coisa sem motivos e a abandoná-la da mesma maneira como começou. Ele é mais próximo da obstinação, pois vem de um sentimento tão vivo dos males que não se enfraquece nem mesmo com o hábito de padecê-los.

Esse caráter, em uma nação livre, seria muito apropriado para atrapalhar os projetos da tirania,[35] que é inicialmente sempre lenta e fraca, assim como é súbita e vivaz no fim; que a princípio oferece apenas uma mão para socorrer, e em seguida oprime com uma infinidade de braços.

---

34 O *Dictionnaire de l'Académie française* apenas registra a entrada do verbo *suicider (se)* pela primeira vez em sua 8ª edição, de 1935. No caso específico, a formulação aqui utilizada por Montesquieu envolve uma punição pelo ato de se matar. Cf. XXIX, 9. (N. T.)

35 Utilizo aqui essa palavra como o desejo de derrubar o poder estabelecido e, sobretudo, a democracia. É o significado utilizado pelos gregos e romanos.

A servidão começa sempre pelo sono. Mas um povo que não encontra repouso em nenhuma situação, que está sempre se tateando e sente dor por todo lado, não poderia adormecer.

A política é uma lima cega que se gasta e chega lentamente ao seu fim. Ora, os homens dos quais acabamos de falar não poderiam tolerar a lentidão, os detalhes e o sangue-frio das negociações. Muitas vezes tiraram delas menos êxito do que qualquer outra nação e perderiam, por seus tratados, o que teriam obtido pelas armas.

Capítulo XIV – Outros efeitos do clima

Nossos pais, os antigos germanos, habitavam um clima em que as paixões eram muito calmas. Suas leis encontravam nas coisas apenas aquilo que viam, e não imaginavam nada além. E, como julgavam os insultos feitos aos homens pela gravidade das feridas, não empregavam mais refinamento nas ofensas às mulheres. A lei[36] dos alemães é, a esse respeito, bastante singular. Se a cabeça de uma mulher é descoberta, paga-se uma multa de seis soldos, e vale o mesmo caso a descubra da perna até o joelho; depois do joelho, cobra-se o dobro. Parece que a lei media o tamanho dos ultrajes feitos à pessoa das mulheres como se mede uma figura de geometria. Não punia o crime da imaginação, punia o dos olhos. Contudo, quando uma nação germana foi transferida para a Espanha, o clima encontrou outras leis. A Lei dos Visigodos proibia os médicos de tratar uma mulher ingênua[37] sem a presença de seu pai ou de sua mãe, de seu irmão, de seu filho ou de seu tio. A imaginação dos povos se acendeu, a dos legisladores se inflamou igualmente. A lei desconfiava de tudo para um povo capaz de desconfiar de tudo.

Essas leis dedicavam, portanto, extrema atenção aos dois sexos. Mas parece que, em suas punições, preocupavam-se mais em enaltecer a vingança particular do que em exercer a vingança pública. Assim, na maioria dos casos, submetia os dois culpados à servidão dos pais ou do marido ofendido.

---

36 Cap.LVIII, §1 e 2.

37 Isto é, que são livres por nascimento. Cf. nota do tradutor em X, 3. (N. T.)

Do espírito das leis

Uma mulher ingênua[38] que se entregava a um homem casado era submetida ao poder da esposa deste, para dela dispor como quisesse. Essas leis obrigavam os escravos[39] a amarrar e entregar ao marido sua mulher se esta tivesse sido surpreendida em adultério; permitiam ainda que seus filhos[40] a acusassem, bem como autorizava a tortura de seus escravos para provar sua culpa. Assim, essas leis foram mais adequadas para refinar ao extremo um certo ponto de honra do que para formar uma boa polícia. E ninguém deve se surpreender que o conde Julião tenha acreditado que um ultraje dessa espécie significasse a perda da pátria e do rei de alguém.[41] Ninguém deve ficar surpreso que os mouros, com tamanha conformidade de costumes, tenham encontrado tanta facilidade para se estabelecer na Espanha, ali permanecer e atrasar a queda de seu império.

Capítulo XV – Da diferente confiança que as leis depositam no povo segundo os climas

O povo japonês tem um caráter tão atroz que seus legisladores e magistrados não puderam depositar nenhuma confiança nele. Perante seus olhos colocaram somente juízes, ameaças e castigos; submeteram-no, para todo e qualquer ato, à inquisição da polícia. Essas leis que, entre cada cinco chefes de família, instituem um como magistrado sobre os outros quatro; essas leis que, por um único crime, punem uma família inteira ou um bairro inteiro; essas leis, que não reconhecem quaisquer inocentes onde possa haver um culpado, são feitas para que todos os homens desconfiem uns dos outros, para que cada um investigue a conduta do outro e que dele seja o inspetor, a testemunha e o juiz.

O povo das Índias, ao contrário, é brando,[42] terno, compassivo; seus legisladores também depositam grande confiança nele. Estabeleceram poucas

---

38 Lei dos Visigodos, Lv.III, tit.IV, §9.

39 Ibid., Lv.III, tit.IV, §6.

40 Ibid., Lv.III, tit.IV, §13.

41 Alusão à lenda na qual a filha de Julião, Florinda, é violada por Rodrigo, rei dos visigodos. (N. T.)

42 Vede Bernier [*Voyage*], t.II, p.140.

penas e são pouco severas; não são nem mesmo rigorosamente executadas. Entregaram sobrinhos aos tios, órfãos aos tutores assim como em outros lugares eles são entregues a seus pais, além de terem regulamentado a sucessão pelo mérito reconhecido do sucessor. Esses legisladores parecem ter pensado que cada cidadão deveria se apoiar na bondade natural dos outros.

Eles concedem facilmente a liberdade a seus escravos, os casam e tratam como seus filhos. Clima afortunado, que faz nascer a candura dos costumes e produz a brandura das leis!

Livro XV
Como as leis da escravidão civil têm relação com a natureza do clima

Capítulo Primeiro – Da escravidão civil

A escravidão propriamente dita é o estabelecimento de um direito que torna um homem exclusivo de outro homem a ponto de este último se tornar o senhor absoluto da vida e dos bens do primeiro. Ela não é boa por sua natureza, não é útil nem para o senhor nem para o escravo. A este, porque não pode fazer nada por virtude; àquele, pois compartilha com seus escravos toda espécie de maus hábitos, acostuma-se imperceptivelmente a faltar com todas as virtudes morais, torna-se orgulhoso, açodado, duro, colérico, voluptuoso, cruel.

Nos países despóticos, onde já se está sob a escravidão política, a escravidão civil é mais tolerável que em outros lugares. Nesses locais, todos devem estar bastante contentes por obter sua subsistência e sua vida. Assim, a condição de escravo não é mais onerosa do que a condição de súdito.

Mas, no governo monárquico, no qual é soberanamente importante não rebaixar ou aviltar a natureza humana, os escravos são desnecessários. Na democracia, na qual todo mundo é igual, e na aristocracia, na qual as leis devem esforçar-se para que todo mundo seja tão igual quanto a natureza do governo pode permitir, a existência de escravos contradiz o espírito da constituição. Eles servem apenas para oferecer aos cidadãos um poder e um luxo que não deveriam ter.

Capítulo II – Origem do direito de escravidão entre os jurisconsultos romanos

Jamais alguém acreditaria que a piedade tivesse estabelecido a escravidão e que, para tanto, tenha recorrido a três modos de proceder.[1]

O direito das gentes dispôs que os prisioneiros fossem escravos para que não fossem mortos. O direito civil dos romanos permitiu aos devedores, a quem os credores podiam maltratar, venderem a si mesmos. E o direito natural dispôs que os filhos que um pai escravo não podia alimentar fossem escravos como seu pai.

Essas razões dos jurisconsultos absolutamente não são sensatas.

1º) É falso que seja permitido matar na guerra, exceto em caso de necessidade. No entanto, assim que um homem faz de um outro seu escravo, não se pode dizer que tinha necessidade de matá-lo, pois não o fez. Todo o direito que a guerra pode oferecer sobre os cativos é o de manter controle sobre suas pessoas de modo que não possam mais causar mal. Os homicídios cometidos a sangue-frio pelos soldados, e após o calor da batalha, são rejeitados por todas as nações[2] do mundo.

2º) Não é verdade que um homem livre possa se vender. A venda supõe um preço: ao se vender, todos os bens do escravo passam a ser propriedade do senhor; o senhor não daria nada e o escravo nada receberia. Haveria um *pecúlio*,[3] diriam, mas o pecúlio é acessório à pessoa. Assim como não é permitido a alguém se matar, porque isso seria se furtar à sua pátria, também não é permitido se vender. A liberdade de cada cidadão é uma parte da liberdade pública. Essa qualidade, no Estado popular, é até mesmo uma parte da soberania. Vender sua qualidade de cidadão é um[4] ato de tal forma

---

1 *Instit.* de Justiniano, Lv.I.

2 Se não quisermos citar aquelas que comem seus prisioneiros.

3 Pecúlio refere-se a tudo que alguém possui em decorrência de seu trabalho ou adquirido de qualquer outra maneira. No direito romano, todavia, referia-se mais especificamente aos bens que o senhor, ou o pai da família, dava ao escravo ou filhos. Cf. verbete *Pécule*, da *Enciclopédia*. (N. T.)

4 Falo da escravidão tomada rigorosamente, tal como existia entre os romanos e que foi estabelecida em nossas colônias.

extravagante que não se pode supô-lo em um homem.[5] Se a liberdade tem um preço para quem a compra, ela não tem preço para quem a vende. A lei civil, que permitiu aos homens a partilha dos bens, não teria podido colocar entre a quantidade desses bens uma parte dos homens que deveriam participar dessa partilha. A lei civil, que dispõe a restituição nos contratos que causam algum prejuízo, não pode se abster de restituir em um acordo que contém o maior prejuízo de todos.

O terceiro modo de proceder é o nascimento. Este cai juntamente com os outros dois, pois, se um homem não pôde se vender, menos ainda pôde vender seu filho que não era nascido. Se um prisioneiro de guerra não pode ser reduzido à servidão, seus filhos menos ainda.

O que torna lícita a morte de um criminoso é que a lei que o pune foi feita em seu favor. Um assassino, por exemplo, desfrutou da lei que o condena, a todos os instantes ela lhe preservou a vida, e, portanto, ele não pode reclamar dela. Não se passa a mesma coisa com o escravo: a lei da escravidão nunca pôde lhe ser útil. Em todos os casos ela lhe é contrária, sem jamais o favorecer, o que é contrário ao princípio fundamental de todas as sociedades.

Dirão que ela pôde lhe ser útil, pois o senhor lhe deu o que comer. Seria preciso, portanto, restringir a escravidão às pessoas incapazes de ganhar sua vida: no entanto, não se deseja tais escravos. Quanto aos filhos, a natureza, que deu o leite às mães, proveu sua alimentação; e o restante de sua infância encontra-se tão próximo da idade em que atingem sua capacidade máxima de se tornarem úteis, que não seria possível dizer que aquele que os alimentasse, para se tornar seu senhor, lhes deu alguma coisa.

A escravidão é, ademais, tão oposta ao direito civil quanto ao direito natural. Que lei civil poderia impedir um escravo de fugir, ele que nem está na sociedade e a quem, por conseguinte, nenhuma das leis civis concerne? Ele só pode ser contido por uma lei de família, isto é, pela lei do senhor.

---

5 Rousseau ecoa essa frase e a recusa da escravidão quando afirma que "renunciar à sua liberdade é renunciar à sua qualidade de homem, aos direitos da humanidade, até mesmo aos seus deveres" (*Do contrato social*, I, 4). (N. T.)

Montesquieu

Capítulo III – Outra origem do direito de escravidão

Gostaria igualmente de mencionar que o direito de escravidão vem do desprezo que uma nação nutre por outra, fundado na diferença dos costumes.

López de Gómara[6] diz "que os espanhóis encontraram, perto de Santa-Marta,[7] cestas que continham alimentos: eram caranguejos, caracóis, cigarras, gafanhotos. Os vencedores imputaram isso como um crime aos vencidos". O autor admite que é a partir daí que se fundou o direito que tornava os americanos escravos dos espanhóis, além do fato de que fumavam tabaco e não faziam a barba à moda espanhola.

Os conhecimentos tornam os homens brandos e a razão leva à humanidade: somente os preconceitos fazem que se renuncie a isso.

Capítulo IV – Outra origem do direito de escravidão

Gostaria igualmente de mencionar que a religião dá aos que a professam um direito de reduzir à servidão aqueles que não a professam, para trabalhar mais facilmente pela sua propagação.

Foi essa maneira de pensar que encorajou os destruidores da América a cometerem seus crimes.[8] É sobre essa ideia que fundaram o direito de tornar tantos povos escravos, pois esses bandidos, que desejavam ser absolutamente bandidos e cristãos, eram muito devotos.

Luís XIII[9] sentiu um desgosto extremo pela lei que tornava escravos os negros de suas colônias, mas, quando o convenceram de que era a via mais certa para convertê-los, deu seu consentimento.

---

6 *Biblioth. angl.*, t.XIII, parte II, art.3.

7 Atualmente território da Colômbia. (N. T.)

8 Vede *Histoire de la conquête du Mexique*, de Solis, e a do *Peru*, de Garcilaso de la Vega.

9 Padre Labat, *Nouveau Voyage aux îles de l'Amérique*, t.IV, p.114, ano 1722, *in-22*. [Jean-Baptiste Labat (1663-1738), missionário, explorador e escritor de relatos de viagem. (N. T.)]

Capítulo V – Da escravidão dos negros

Se tivesse que defender o direito que tivemos de tornar os negros escravos, eis o que diria:

Os povos da Europa, tendo exterminado os da América, tiveram que escravizar os da África para deles se servirem a fim de arrotear tantas terras.

O açúcar seria caro demais caso não fossem utilizados escravos no cultivo da planta que o produz.

Esses de quem aqui se trata são pretos dos pés à cabeça, e possuem o nariz tão achatado que é quase impossível ter pena deles.

Não se pode compreender que Deus, que é um ser muito sábio, tivesse colocado uma alma, em especial uma alma boa, em um corpo todo preto.

É tão natural pensar que é a cor que constitui a essência da humanidade que os povos da Ásia, que produzem eunucos, sempre privam os pretos da relação que possuem conosco de uma maneira muito manifesta.

Pode-se julgar a cor da pele pela cor dos cabelos, que tinha tamanha importância entre os egípcios, os melhores filósofos do mundo, a ponto de matarem todos os homens ruivos que caíssem em suas mãos.

Uma prova de que os negros não têm senso comum é que eles atribuem mais valor a um colar de vidro do que ao ouro, o qual, entre as nações civilizadas, tem enorme importância.

É impossível que supuséssemos que essas pessoas sejam homens, pois, se os supuséssemos homens, começar-se-ia a acreditar que nós mesmos não somos cristãos.

Alguns pequenos espíritos exageram demais a injustiça cometida contra os africanos. Pois, se fosse tal como dizem, não teriam os príncipes da Europa, que estabelecem entre si tantas convenções inúteis, pensado em celebrar uma convenção geral favorável à misericórdia e à piedade?

Capítulo VI – Verdadeira origem do direito de escravidão

É chegado o momento de buscar a verdadeira origem do direito de escravidão, e ele deve estar fundado sobre a natureza das coisas. Vejamos se há casos em que dela deriva.

Em todo governo despótico há uma grande facilidade para que alguém venda a si mesmo: a escravidão política de certo modo destrói a liberdade civil.

Perry[10] diz que os moscovitas se vendem muito facilmente. Entendo bem a razão disso: é que sua liberdade não vale nada.

Em Achém,[11] todo mundo busca se vender. Alguns dos principais senhores[12] não possuem menos que mil escravos, que são os principais mercadores, que possuem também muitos escravos em seu poder e estes muitos outros: eles são herdados e traficados. Nesses Estados, os homens livres, fracos demais para se opor ao governo, procuram tornar-se escravos daqueles que tiranizam o governo.

Eis aqui a origem justa, e conforme à razão, desse direito de escravidão muito brando que se encontra em alguns países. E deve ser brando, pois é fundado sobre a livre escolha de um homem que, para sua utilidade, dá a si mesmo um senhor, formando uma convenção recíproca entre as duas partes.

Capítulo VII – Outra origem do direito de escravidão

Eis aqui uma outra origem do direito de escravidão, e mesmo dessa escravidão cruel observada entre os homens.

Há países onde o calor debilita o corpo e enfraquece tão fortemente a coragem que os homens somente são compelidos a uma tarefa árdua pelo medo da punição. Portanto, nesses locais, a escravidão é menos contrária à razão, e, como o senhor é tão covarde perante o príncipe quanto seu escravo o é perante ele, a escravidão civil é também acompanhada pela escravidão política.

Aristóteles[13] pretende provar que há escravos por natureza, e o que diz não prova nada. Penso que, se tais escravos existem, são esses sobre os quais acabo de falar.

---

10 *L'Etat présent de la Grande Russie*, por Jean Perry.

11 Achém, região localizada na Ilha de Sumatra, atualmente território especial da Indonésia. (N. T.)

12 *Nouveau Voyage autour du monde*, por Guillaume Dampierre [William Dampier], t.III.

13 *Política*, Lv.I, cap.I [1254a-1255a].

Do espírito das leis

Todavia, como todos os homens nascem iguais, é preciso dizer que a escravidão é contrária à natureza, embora em alguns países esteja fundada sobre uma razão natural. E é preciso bem distinguir esses países daqueles em que as próprias razões naturais a rejeitam, como os países da Europa, onde a escravidão foi muito felizmente abolida.

Plutarco nos conta, em *Vida de Numa*, que na época de Saturno não havia nem senhor, nem escravo. Em nossos climas, o cristianismo trouxe essa era de volta.

Capítulo VIII – Inutilidade da escravidão entre nós

É necessário, portanto, que a servidão natural deva ser limitada a certos países específicos do mundo. Em todos os outros, parece-me que tudo pode ser feito com homens livres, não importa o quão penosos sejam os trabalhos exigidos pela sociedade.

O que me faz pensar assim é que, antes que o cristianismo tivesse abolido a servidão civil na Europa, os trabalhos nas minas eram considerados como tão penosos que se acreditava que só podiam ser realizados por escravos ou criminosos. No entanto, hoje em dia sabe-se que os homens nelas empregados vivem felizes.[14] Por meio de pequenos privilégios, essa profissão foi encorajada; ao aumento do trabalho associou-se o aumento do lucro, e foi possível fazê-los amar sua condição mais do que qualquer outra que pudessem escolher.

Não há nenhum trabalho tão penoso que não possa ser proporcional à força de quem o executa, desde que seja a razão, e não a avareza, que o determine. Pode-se, pela comodidade das máquinas que a arte inventa ou aplica, suprir o trabalho forçado que em outros lugares são impostos aos escravos. As minas dos turcos, no Banato de Temesvar, eram mais ricas que as da Hungria e não produziam tanto, pois nada imaginavam para além dos braços de seus escravos.

---

14 Pode-se buscar instrução sobre o que se passa a esse respeito nas minas de Harz, na baixa Alemanha, e nas da Hungria.

Não sei se é o espírito ou o coração que me ditam esses parágrafos. Talvez não haja clima sobre a terra onde não seja possível empregar homens livres no trabalho. Porque as leis eram malfeitas, havia homens preguiçosos; porque esses homens eram preguiçosos, foram submetidos à escravidão.

Capítulo IX – Das nações onde a liberdade civil é geralmente estabelecida

Todos os dias escutamos que seria bom que houvesse escravos entre nós. No entanto, para bem julgar esse assunto, não se deve examinar se seriam úteis à pequena parte rica e voluptuosa de cada nação. Seriam úteis, obviamente, mas, partindo de outro ponto de vista, penso que nenhum daqueles que a compõem gostaria de tirar a sorte para saber quem deveria integrar a parte da nação que seria livre e aquela que seria escrava. Os que mais defendem a escravidão a veriam com grande horror, e o mesmo se passaria com os mais miseráveis. O grito em favor da escravidão é, portanto, o grito do luxo e da volúpia, e não o grito da felicidade pública. Quem pode duvidar que cada homem, em particular, não estaria muito contente em ser o senhor dos bens, da honra e da vida dos demais, e que todas as suas paixões não despertariam logo diante de semelhante ideia? Nessas coisas, quem quiser saber se os desejos de cada um são legítimos deve examinar os desejos de todos.

Capítulo X – Diversas espécies de escravidão

Há dois tipos de servidão: a real e a pessoal. A real[15] é aquela que vincula o escravo à terra. Assim eram os escravos entre os germanos, segundo Tácito.[16] Não tinham nenhuma função na casa; entregavam ao senhor certa quantidade de trigo, gado ou tecido; o propósito de sua escravidão não ia para além disso. Essa espécie de servidão é ainda estabelecida na Hungria, na Boêmia e em vários lugares na baixa Alemanha.

---

15 Definição segundo a acepção derivada da palavra latina *res*, isto é, das coisas materiais. (N. T.)

16 *De moribus germananorum* [Tácito, cap.XXV].

Do espírito das leis

A servidão pessoal diz respeito à administração da casa e está mais relacionada à pessoa do senhor.

O abuso extremo da escravidão ocorre quando é ao mesmo tempo pessoal e real. Tal era a servidão dos hilotas entre os lacedemônios, os quais eram submetidos a todos os trabalhos externos e a todos os insultos na casa: esse *hilotismo*[17] é contrário à natureza das coisas. Os povos simples possuem apenas uma escravidão real,[18] pois suas mulheres e filhos fazem os trabalhos domésticos. Os povos voluptuosos possuem uma escravidão pessoal, pois o luxo demanda o serviço dos escravos na casa. Ora, o hilotismo associa, nas mesmas pessoas, a escravidão estabelecida entre os povos voluptuosos e a estabelecida entre os povos simples.

Capítulo XI – O que as leis devem fazer em relação à escravidão

Todavia, seja qual for a natureza da escravidão, é preciso que as leis civis procurem dela eliminar, de um lado, os abusos, e de outro, os perigos.

Capítulo XII – Abuso da escravidão

Nos Estados maometanos,[19] não se é somente senhor da vida e dos bens das mulheres escravas, como também do que se chama sua virtude ou honra. Uma das infelicidades desse país é que a maior parte da nação exista apenas para servir à volúpia da outra. Essa servidão é recompensada pela preguiça da qual semelhantes escravos podem gozar, o que também é uma nova infelicidade para o Estado.

É essa preguiça que torna os serralhos do Oriente[20] lugares deleitantes até mesmo para aqueles contra os quais são criados. Pessoas que só temem o trabalho podem encontrar sua felicidade nesses lugares tranquilos. Mas é

---

17 Refere-se à condição propriamente servil do hilota entre os lacedemônios. (N. T.)

18 "Não poderíeis", diz Tácito em *Sobre os costumes dos germanos* [cap.XX], "distinguir o senhor do escravo pelas delícias da vida".

19 Vede Chardin, *Voyage de Perse*.

20 Vede Chardin, t.II, em sua *Description du marché d'Izagour*.

evidente que, desse modo, o próprio espírito da instituição da escravidão é contrariado.

A razão requer que o poder do senhor não se amplie para além das coisas concernentes ao seu serviço; é preciso que a escravidão exista pela utilidade e não pela volúpia. As leis do pudor pertencem ao direito natural e devem ser respeitadas por todas as nações do mundo.

Pois, se a lei que conserva o pudor dos escravos é boa nos Estados em que o poder ilimitado escarnece de tudo, o quanto não seria nas monarquias, o quanto seria nos Estados republicanos?

Há uma disposição da lei[21] dos lombardos que parece boa para todos os governos. "Se um senhor abusa da mulher de seu escravo, estes dois últimos se tornam livres." Temperamento admirável para prevenir e deter, sem demasiado rigor, a incontinência dos senhores.

Não avalio que os romanos tivessem, a esse respeito, uma boa polícia. Deixavam solta a rédea da incontinência dos senhores. De certa forma, até privaram os escravos do casamento. Era a parte mais vil da nação, mas, por mais vil que ela fosse, era bom que tivesse modos; e mais, ao tirar-lhe o casamento, os costumes dos cidadãos eram corrompidos.

Capítulo XIII – Perigo do número elevado de escravos

O número elevado de escravos produz efeitos distintos nos diversos governos. Não são penosos no governo despótico: a escravidão política, estabelecida no corpo do Estado, possibilita que a escravidão civil seja pouco sentida. Os que são chamados de homens livres não o são mais do que aqueles que não possuem esse título, e estes, na qualidade de eunucos, libertos ou escravos, ocupam-se de quase todos os negócios: a condição de um homem livre e a de um escravo ficam muito próximas uma da outra. É, portanto, quase indiferente que poucas ou muitas pessoas lá vivam na escravidão.

Mas, nos Estados moderados, é muito importante que não haja muitos escravos. Neles, a liberdade política torna a liberdade civil preciosa e

---

21 [*Leges Langobardorum*] Lv.I, tit.XXXII, §5.

aquele que é privado desta última encontra-se também privado da primeira. Observa uma sociedade feliz da qual ele mesmo não faz parte; encontra a segurança estabelecida para os outros e não para si; sente que seu senhor tem uma alma que pode se elevar e que a sua está constrangida a se rebaixar incessantemente. Nada se aproxima mais da condição dos animais do que sempre observar homens livres e não o ser. Tais pessoas são inimigas naturais da sociedade e um grande número delas seria perigoso.

Portanto, não deve surpreender que, nos governos moderados, o Estado tenha sido perturbado pela revolta dos escravos e que isso tenha ocorrido tão raramente[22] nos Estados despóticos.

Capítulo XIV – Dos escravos armados

Armar os escravos é menos perigoso na monarquia do que nas repúblicas. Na monarquia, um povo guerreiro, um corpo de nobres, conteria suficientemente esses escravos armados. Na república, homens que são unicamente cidadãos não poderão conter pessoas que, empunhando armas, seriam iguais aos cidadãos.

Os godos, conquistadores da Espanha, espalharam-se pelo país e rapidamente se viram muito fracos. Eles estabeleceram três regras consideráveis: aboliram o costume antigo que os proibia[23] de se aliar com os romanos pelo casamento; estabeleceram que todos os isentos[24] de imposto iriam para a guerra, sob pena de serem submetidos à servidão; ordenaram que cada godo levaria para a guerra e armaria um décimo de seus escravos.[25] Era um número pouco considerável perto dos que permaneciam. Além disso, esses escravos, levados para a guerra por seu senhor, não constituíam um corpo separado; estavam no exército e permaneciam, por assim dizer, na família.

---

22 A revolta dos mamelucos era um caso particular: tratava-se de um corpo miliciano que usurpou o império.

23 Leis dos visigodos [*Lex Visigothorum*], Lv.III, tit.I, §1º.

24 Ibid., Lv.V, tit.VII, §20.

25 Ibid., Lv.IX, tit.II, §9º.

Capítulo XV – Continuação do mesmo assunto

Quando a nação inteira é guerreira, os escravos armados são ainda menos temíveis.

Pela Lei dos Alemães, um escravo que roubasse[26] uma coisa que tivesse sido abandonada era submetido à pena aplicável a um homem livre. Contudo, se subtraísse[27] com emprego de violência, era obrigado apenas a restituir a coisa subtraída. Entre os alemães, as ações que tinham por princípio a coragem e a força não eram de nenhuma forma odiosas. Eles utilizavam seus escravos em suas guerras. Na maioria das repúblicas sempre se buscou extinguir a coragem dos escravos. O povo alemão, seguro de si mesmo, procurava aumentar a audácia dos seus; sempre armado, nada temia deles, pois eram instrumentos de suas pilhagens ou de sua glória.

Capítulo XVI – Precauções a tomar no governo moderado

No Estado moderado, a humanidade demonstrada para com os escravos poderá prevenir os perigos que poderiam ser temidos devido ao seu número elevado. Os homens acostumam-se com tudo, mesmo à servidão, desde que o senhor não seja mais duro do que a servidão. Os atenienses tratavam seus escravos com grande afabilidade; não se observa que eles tenham perturbado o Estado em Atenas, como abalaram o da Lacedemônia.

Não se observa que os primeiros romanos tivessem preocupações por causa dos seus escravos. Essas guerras civis, que foram comparadas às guerras púnicas,[28] nasceram quando os romanos perderam todos os sentimentos de humanidade por eles.

As nações simples e que se afeiçoam ao seu trabalho, comumente possuem mais brandura por seus escravos do que aquelas que renunciaram ao trabalho. Os primeiros romanos viviam, trabalhavam e comiam com seus

---

26 Lei dos Alemães [*Leges Alamannorum*], cap.V, §3.

27 Ibid., cap.V, §5, *per virtutem*.

28 "A Sicília", diz Florus, "foi mais cruelmente devastada pela guerra dos servos do que pela guerra púnica". Lv.III, cap.XIX [*Epítome da história romana de Rômulo a Augusto*].

Do espírito das leis

escravos. Eram tratados com brandura e equidade, e a maior pena que infligiam a eles era a de fazê-los passar diante de seus vizinhos com um pedaço de pau forquilhado sobre as costas. Bastavam os costumes para manter a fidelidade dos escravos. Nenhuma lei era necessária.

Porém, quando os romanos se expandiram, quando seus escravos deixaram de ser seus companheiros de trabalho, tornaram-se instrumentos de seu luxo e orgulho. Como não havia mais costumes, leis se tornaram necessárias. Foram necessárias até mesmo leis terríveis para estabelecer a segurança desses senhores cruéis que viviam em meio aos seus escravos como em meio de seus inimigos.

Conceberam o *senatus consultum* Silaniano e outras leis,[29] que estabeleciam o seguinte: quando um senhor fosse morto, todos os escravos que estivessem sob o mesmo teto, ou em um lugar próximo o bastante da casa para que se pudesse escutar a voz de um homem, seriam indistintamente condenados à morte. Aqueles que, nesse caso, refugiassem um escravo para salvá-lo, eram punidos como homicidas.[30] Mesmo aquele a quem seu senhor tivesse ordenado que o matasse e que tivesse obedecido, seria culpado;[31] aquele que não tivesse impedido o senhor de se suicidar, seria punido.[32] Se um senhor fosse morto em uma viagem, eram mortos tanto aqueles que tivessem permanecido com ele quanto os que tivessem fugido. Todas essas leis eram executadas mesmo contra aqueles cuja inocência era provada. Elas tinham o objetivo de criar um prodigioso respeito dos escravos por seus senhores. Não eram dependentes do governo civil, mas de um vício ou imperfeição do governo civil, pois eram contrárias aos princípios das leis civis. Eram propriamente fundadas sobre o princípio da guerra, ao passo que os inimigos se encontravam no seio do Estado. O *senatus consultum* Silaniano derivava do direito das gentes, o qual almeja que uma sociedade, mesmo imperfeita, se conserve.

---

29 Vede todo o título de [*Corpus Juris Civilis*] *De senatus consultum Silaniano*. [Decreto do Senado estabelecido pelo cônsul Caio Júnio Silano, no ano 10 a.C. (N. T.)]

30 Lei *Si quis*, §12 [*Corpus Juris Civilis*] *De senatus consultum Silaniano*.

31 Quando Antônio mandou que Eros o matasse, isso não era um comando para matá-lo, mas sim para que se matasse, porque, se tivesse obedecido, teria sido punido como assassino de seu senhor.

32 Lei I, §22 [*Corpus Juris Civilis*] *De senatus consultum Silaniano*.

Montesquieu

É um infortúnio do governo quando a magistratura se vê constrangida a fazer leis cruéis dessa forma. É por ter se tornado difícil a obediência que se é obrigado a agravar a pena da desobediência ou de desconfiar da fidelidade. Um legislador prudente previne a infelicidade de se tornar um legislador terrível. É porque os escravos não puderam confiar nas leis que, entre os romanos, a lei não pôde confiar nos escravos.

Capítulo XVII – Regras a serem instituídas entre o senhor e os escravos

O magistrado deve velar para que o escravo tenha alimento e roupas. Isso deve ser regulamentado pela lei.

As leis devem atentar para que sejam tratados quando doentes e na velhice. Cláudio[33] ordenou que os escravos doentes que fossem abandonados por seus senhores se tornariam livres caso escapassem. Essa lei assegurava sua liberdade; seria ainda preciso assegurar-lhes a vida.

Quando a lei permite ao senhor tirar a vida de seu escravo, é um direito que deve exercer enquanto juiz e não como senhor: é preciso que a lei ordene formalidades que afastem a suspeita de uma ação violenta.

Quando, em Roma, não foi mais permitido aos pais matar seus filhos, os magistrados aplicavam[34] a pena que o pai quisesse prescrever. Um uso semelhante entre o senhor e os escravos seria razoável nos países onde os senhores têm direito de vida e de morte.

A Lei de Moisés era bastante rude. "Se alguém bate no seu escravo e ele morre em suas mãos, será punido; mas, se ele sobrevive um dia ou dois, não o será, pois se trata de dinheiro."[35] Que povo é esse, para o qual a lei civil devia se desprender da lei natural!

---

33 Xifilino, em *Claudio*. [João Xifilino, historiador bizantino do século IX. Montesquieu se refere à edição de *L'Histoire de Dion Cassius de Nycaee, contenant les vies des 26 empereurs qui ont régné depuis Jules César jusqu'à Alexandre...*, abrégées par Xiphilin. (N. T.)]

34 Vede a Lei 3 do Código *De patria potestate* [*Corpus Juris Civilis*], do imperador Alexandre [Severo].

35 *Êxodo*, cap.XXI, 21-2.

Do espírito das leis

Por uma lei dos gregos,[36] os escravos tratados por seus senhores com rigor excessivo podiam exigir serem vendidos para um outro. Nos primeiros tempos, havia em Roma uma lei semelhante.[37] Um senhor irritado com seu escravo e um escravo irritado com seu senhor deviam ser separados.

Quando um cidadão maltrata o escravo de outrem, é preciso que este se apresente ao juiz. As leis de Platão[38] e da maioria dos povos retiraram dos escravos sua defesa natural. É preciso, portanto, lhes conceder a defesa civil.

Na Lacedemônia, os escravos não podiam esperar nenhuma justiça nem contra os insultos, nem contra as injúrias. Sua infelicidade era tamanha que eles não eram apenas escravos de um cidadão, mas também do público; pertenciam a todos e a um só. Em Roma, no dano cometido a um escravo, somente o interesse do senhor era considerado.[39] Confundia-se, sob a ação da Lei Aquiliana,[40] o ferimento cometido em um animal com o cometido em um escravo; preocupava-se somente com sua desvalorização. Em Atenas,[41] punia-se severamente, às vezes mesmo com a morte, quem tivesse maltratado o escravo de outrem. A lei de Atenas não queria, com razão, acrescentar a perda da segurança à da liberdade.

Capítulo XVIII – Das manumissões[42]

Não é difícil perceber que, no governo republicano, quando se tem muitos escravos é preciso manumitir bastante. O mal é que, se os escravos são numerosos, não podem ser contidos, e, se há muitos manumissos, eles

---

36 Plutarco, *Da superstição*.

37 Vede a Constituição de Antonino Pio [*Corpus Juris Civilis*]. *Instit.*, Lv.I, tit.VII.

38 *Das leis*, Lv.IX.

39 Esse foi ainda o espírito das leis dos povos que vieram da Germânia, como é possível verificar em seus códigos.

40 Provavelmente instituída por volta de 286 a.C., a Lei Aquiliana estabelecia que o proprietário tinha direito a uma compensação financeira por algum dano perpetrado à sua propriedade, incluindo-se seus escravos e animais. (N. T.)

41 Demóstenes, *Orationes*, *Contra Midiam*, p.610.

42 Manumissão é um ato jurídico realizado pelo senhor para conceder a liberdade ao escravo de sua posse. Os escravos manumissos, ou libertos, contrapunham-se aos ingênuos, pessoas que nunca haviam sido escravizadas. (N. T.)

não podem viver, e se tornam um ônus para a república. Além disso, ela pode estar igualmente em perigo pelo elevado número de manumissos e pelo elevado número de escravos. É preciso, portanto, que as leis observem esses dois inconvenientes.

As diversas leis e *senatus consulta* instituídos em Roma a favor e contra os escravos, tanto para dificultar quanto para facilitar as manumissões, mostram bem as contrariedades que se tinha a esse respeito. Houve tempos em que não se ousava mesmo fazer leis. Quando, sob Nero,[43] exigiu-se ao Senado que fosse permitido aos patrões escravizar novamente os manumissos ingratos, o imperador escreveu que seria preciso julgar os casos particulares e nada estatuir de modo geral.

Não saberia dizer quais são as regras que uma boa república deve estabelecer a esse respeito, pois isso depende muito das circunstâncias. Eis algumas reflexões.

Não se deve estabelecer de uma só vez, e por uma lei geral, um número considerável de manumissões. Sabe-se que, entre os volsinianos,[44] tendo os manumissos se tornado senhores dos sufrágios, fizeram uma lei abominável que lhes dava o direito de dormir primeiro com as meninas que se casassem com ingênuos.

Há diversas maneiras de introduzir imperceptivelmente novos cidadãos na república. As leis podem favorizar o pecúlio e colocar os escravos em condição de comprar sua liberdade. Podem estabelecer um termo à servidão, como as leis de Moisés, que haviam limitado a seis anos a dos escravos hebreus.[45] É simples conceder anualmente a manumissão a certo número de escravos entre os que, por sua idade, saúde, indústria, terão os meios de sobreviver. Pode-se mesmo curar o mal em sua raiz: como o elevado número de escravos está ligado aos diversos empregos que lhes são oferecidos, transferir aos ingênuos uma parte desses empregos, como o comércio e a navegação, equivale a diminuir o número de escravos.

---

43 Tácito, *Anais*, Lv.XIII, [cap.XXVII].
44 Suplemento de Freinshemius, década II, Lv.V.
45 *Êxodo*, cap.XXI, [v.2].

Do espírito das leis

Quando há muitos manumissos, é preciso que as leis civis estabeleçam o que eles devem a seu patrão ou que o contrato de manumissão determine quais são seus deveres.

Constata-se que sua condição deve ser mais favorecida no Estado civil que no Estado político, pois, mesmo no governo popular, o poder não deve cair nas mãos do populacho.

Em Roma, onde havia tantos manumissos, as leis políticas eram admiráveis a esse respeito. Pouco lhes era concedido e não eram excluídos de quase nada. Até tinham alguma participação na legislação, mas não exerciam quase nenhuma influência nas decisões que podiam ser tomadas. Podiam participar da administração e mesmo do sacerdócio,[46] mas esse privilégio se tornava, de certa maneira, vão pelas desvantagens que tinham nas eleições. Tinham o direito de entrar na milícia, mas, para ser soldado, era preciso algum censo.[47] Nada impedia os manumissos[48] de se unirem em casamento com famílias ingênuas, mas não lhes era permitido se unir com as dos senadores. Seus filhos eram, enfim, ingênuos, ainda que eles mesmos não o fossem.

Capítulo XIX – Dos manumissos e dos eunucos

Assim, no governo de vários, frequentemente é útil que a condição dos manumissos seja inferior à dos ingênuos, e que as leis trabalhem para eliminar o desgosto que experimentam por sua condição. Mas, no governo de um só, quando o luxo e o poder arbitrário reinam, não há nada a se fazer a esse respeito. Os manumissos encontram-se quase sempre acima dos homens livres. Dominam na corte do príncipe e nos palácios dos notáveis, e, como estudaram as fraquezas de seu senhor, e não suas virtudes, fazem-no reinar não por suas virtudes, mas por suas fraquezas. Assim eram, em Roma, os manumissos da época dos imperadores.

---

46 Tácito, *Anais*, Lv.XIII, cap.XXVII.

47 Certa quantidade de bens que, na Roma antiga, designava, entre outros, sua capacidade política; donde o voto censitário. (N. T.)

48 "Discurso de Augusto", em Dião Cássio [*História romana*], Lv.LVI.

Montesquieu

Quando os principais escravos são eunucos, seja qual for o privilégio a eles concedidos, não se pode considerá-los como manumissos. Pois, como não podem ter família, são por natureza vinculados a uma família, e somente por uma espécie de ficção é possível considerá-los como cidadãos.

Entretanto, há países nos quais lhes são oferecidas magistraturas: "Em Tonquim",[49] diz Dampierre,[50] "todos os mandarins civis e militares são eunucos". Não possuem nenhuma família e, ainda que sejam naturalmente avaros, o senhor ou o príncipe acabam por tirar proveito da própria avareza deles.

O mesmo Dampierre[51] nos conta que, nesse país, os eunucos não podem dispensar mulheres e se casam. A lei que lhes permite o casamento somente pode estar fundamentada, de um lado, sobre a consideração que se dá a tais pessoas e, de outro, sobre o desprezo que ali se tem pelas mulheres.

Assim, as magistraturas são confiadas a tais pessoas porque elas não possuem nenhuma família e, por outro lado, permitem que se casem porque possuem magistraturas.

É nesse caso em que os sentidos que restam desejam obstinadamente suprir aqueles que foram perdidos, e que as iniciativas do desespero são uma espécie de gozo. É assim, em Milton,[52] como aquele Espírito ao qual restaram apenas desejos, absorto por sua degradação, que pretende fazer uso da sua própria impotência.

Observa-se, na história da China, um grande número de leis para retirar dos eunucos todos os empregos civis e militares; mas eles sempre retornam. No Oriente, aparentemente os eunucos são um mal necessário.

---

49 Assim também outrora na China. Os dois árabes maometanos que viajaram para lá no século IX dizem *o Eunuco* quando querem falar do governador de uma cidade. [Tonquim, antiga denominação de uma região do atual Vietnã. (N. T.)]

50 [William Dampierre, *Viagens*], t.III, p.91.

51 Ibid., p.94.

52 Referência a *Paraíso perdido*, de John Milton (1608-1674). (N. T.)

Livro XVI
Como as leis da escravidão doméstica têm relação com a natureza do clima

Capítulo Primeiro – Da servidão doméstica

Os escravos são estabelecidos mais para a família do que na família. Assim, distinguirei sua servidão daquela em que as mulheres de alguns países se encontram, a qual chamarei propriamente de servidão doméstica.

Capítulo II – Que nos países do sul há uma desigualdade natural nos dois sexos

Nos climas quentes, as mulheres são núbeis[1] na idade de oito, nove e dez anos: assim, nesses lugares, a infância e o casamento sempre andam juntos. São velhas aos vinte: portanto, entre elas a razão jamais se encontra com a beleza. Quando a beleza clama por império, a razão o recusa; quando a razão poderia obtê-lo, a beleza já não existe mais. As mulheres devem ser dependentes, pois a razão não pode lhes proporcionar na velhice um império

---

1 Maomé desposou Cadija com cinco anos, deitou-se com ela aos oito. Nos países quentes da Arábia e das Índias, as meninas são núbeis com oito anos e deitam-se no ano seguinte. Prideaux, [*Life of Mahomet*]. Veem-se mulheres, nos reinos da Argélia, dar à luz com nove, dez e onze anos. Laugier de Tassy, *Histoire du royaume d'Alger*, p.61. [Humphrey Prideaux (1648-1724), orientalista, autor de *The True Nature of Imposture Fully Display'd in the Life of Mahomet* (1697). (N. T.)]

que a beleza não ofereceu na juventude. É muito fácil, portanto, que um homem, quando a religião não se opõe, deixe sua mulher para tomar uma outra e que assim a poligamia seja introduzida.

Nos países temperados, onde os atrativos das mulheres se conservam por mais tempo, onde são núbeis mais tardiamente e onde têm filhos em uma idade mais avançada, a velhice de seu marido de certa forma acompanha a sua. E como ali elas possuem mais razão e conhecimentos quando se casam, ainda que seja somente pelo fato de viverem por mais tempo, uma espécie de igualdade entre os dois sexos deve ter naturalmente se introduzido e, por conseguinte, a lei de uma só esposa.

Nos países frios, o uso quase necessário de bebidas fortes estabeleceu a intemperança entre os homens. As mulheres, que possuem uma moderação natural a esse respeito, pois sempre precisam se defender, possuem, além disso, a vantagem da razão sobre eles.

A natureza, que distinguiu os homens pela força e pela razão, não colocou outro limite ao seu poder senão essa força e razão. Deu atrativos às mulheres e quis que sua ascendência terminasse com esses atrativos; porém, nos países quentes estes se encontram apenas no início, nunca no decorrer da vida.

Assim, a lei que permite apenas uma esposa está mais relacionada ao físico do clima da Europa do que ao físico do clima da Ásia. Essa é uma das razões para que o maometismo tenha encontrado tanta facilidade para se estabelecer na Ásia e tanta dificuldade para se propagar pela Europa; para que o cristianismo tenha se mantido na Europa e fosse destruído na Ásia; e para que, enfim, os maometanos tenham feito tanto progresso na China e os cristãos tão pouco. As razões humanas são sempre subordinadas a essa causa suprema que faz tudo o que quer e faz uso de tudo que quer.

Algumas razões particulares de Valentiniano[2] o levaram a permitir a poligamia no império. Essa lei, violenta para nossos climas, foi suprimida por Teodósio, Arcádio e Honório.[3]

---

2 Vede Jordanes, *De regno et tempor. succes.*, e os historiadores eclesiásticos. [Jordanes (séc. VI), historiador bizantino, autor de *Gética*. Montesquieu se refere ao livro *De Regnorum ac Temporum Successione*, também denominado *De Summa Temporum Vel Origine Actibusque Gentis Romanorum*. Valentiniano I, imperador romano de 364 a 375 d.C., posteriormente conhecido por ser polígamo. (N. T.)]

3 Vede a Lei 7 [*Corpus Juris Civilis*] do código *De Judaeis et Caelicolis*, e a Novela 18, cap.V.

Do espírito das leis

Capítulo III – Que a pluralidade das mulheres depende muito de seu sustento

Nos países onde a poligamia encontra-se estabelecida, embora um grande número de mulheres dependa muito das riquezas do marido, não se pode dizer, no entanto, que o estabelecimento da poligamia no Estado decorra das riquezas. A pobreza pode produzir o mesmo efeito, como argumentarei ao falar dos selvagens.

Nas nações poderosas, a poligamia é menos um luxo do que a ocasião de um grande luxo. Nos climas quentes, tem-se menos necessidades[4] e é menos custoso sustentar uma mulher e filhos. Portanto, nesse caso é possível ter um maior número de esposas.

Capítulo IV – Da poligamia, suas diversas circunstâncias

Segundo os cálculos feitos em diversos lugares da Europa, nela nascem mais meninos do que meninas.[5] Ao contrário, os relatos da Ásia[6] e da África[7] nos dizem que lá nascem muito mais meninas do que meninos. A lei de uma única esposa na Europa, assim como a que permite várias mulheres na Ásia e na África, possui, portanto, certa relação com o clima.

Nos climas frios da Ásia nascem, como na Europa, mais meninos do que meninas. Esta é, dizem os Lamas,[8] a razão da lei que, entre eles, permite a uma mulher ter diversos maridos.[9]

---

4 No Ceilão, um homem vive com dez soldos mensais: lá se come apenas arroz e peixe. *Recueil des voyages qui ont servi à l'établissement de la Compagnie des Indes*, t.II, parte I.

5 M. Arbutnot verifica que, na Inglaterra, o número de meninos excede o de meninas; errou-se ao concluir que fosse a mesma coisa em todos os climas.

6 Vede Kaempfer [*História natural, civil e eclesiástica do império do Japão*], que nos reporta um recenseamento de Meaco em que se verificaram 182.072 machos e 223.573 fêmeas.

7 Vede *Voyage de Guinée* de [William] Smith, segunda parte, sobre o país de Anté. [Anté, ou Hanté, refere-se a uma pequena região e seu povo na então conhecida costa de ouro africana. (N. T.)]

8 Du Halde, *Mémoires de la Chine*, t.IV, p.46.

9 Albuzéir-el-Hassen, um dos maometanos árabes que iam às Índias e à China no século IX, entende esse costume como uma prostituição. É que nada chocava tantos as ideias maometanas quanto isso.

Mas não penso que haja muitos países onde a desproporção seja suficientemente grande a ponto de exigir que ali seja introduzida a lei de diversas esposas ou a lei de diversos maridos. Isso somente quer dizer que a pluralidade das mulheres, ou a pluralidade dos homens, distancia-se menos da natureza em certos países do que em outros.

Admito, se o que os relatos nos dizem for verdadeiro – que em Bantém[10] há dez mulheres para cada homem –, isso seria um caso bastante específico da poligamia.

Ao dizer tudo isso, não justifico os usos, mas apresento suas razões.

Capítulo V – Razão de uma lei de Malabar

Na costa de Malabar, na casta dos nairs,[11] os homens podem possuir apenas uma esposa; e uma esposa, por outro lado, pode possuir vários maridos. Penso ser possível descobrir a origem desse costume. Os nairs são a casta dos nobres, são os soldados dessas nações. Na Europa, os soldados são impedidos de se casar. No Malabar, onde as exigências do clima são maiores, contentaram-se em tornar o casamento o mais descomplicado possível: uma mulher é oferecida a vários homens, o que diminui bastante o vínculo com uma família e com os cuidados da casa, deixando para essas pessoas o espírito militar.

Capítulo VI – Da poligamia em si mesma

Considerando a poligamia em geral, independentemente das circunstâncias capazes de torná-la um pouco tolerável, ela não é útil nem ao gênero

---

10 *Recueil des voyages qui ont servi à l'établissement de la compagnie des Indes*, t.I. [Bantém, ou Bantão, é uma província da Indonésia. (N. T.)]

11 *Voyages* de François Pyrard, cap.XXVII, *Lettres édifiantes*, terceira e décima coletânea sobre o Malleami na costa de Malabar. Isso é visto como um abuso da profissão militar e, como diz Pyrard, uma mulher da casta dos brâmanes jamais casaria com vários maridos. [Os nairs constituíam uma respeitável casta indiana, também conhecida por sua organização matrilinear. Malabar é uma região costeira no sudoeste da Índia. (N. T.)]

Do espírito das leis

humano, nem a nenhum dos dois sexos, seja para quem comete o abuso, seja para quem o sofre. Tampouco é útil às crianças, e um de seus grandes inconvenientes é que o pai e a mãe não podem ter a mesma afeição por seus filhos. Um pai não pode amar vinte filhos como uma mãe ama dois. É ainda pior quando uma mulher tem dois maridos, pois, nesse caso, o amor paterno atém-se apenas à seguinte opinião: que um pai pode acreditar, se quiser, ou que outros possam acreditar, que certos filhos sejam seus.

Conta-se que o rei de Marrocos tem em seu serralho mulheres brancas, negras, amarelas. Pobrezinho, não tem cores o bastante!

A posse de muitas mulheres nem sempre impede os desejos[12] pela mulher do outro. A luxúria é como a avareza: aumenta sua sede com a aquisição de tesouros.

Na época de Justiniano, diversos filósofos, incomodados pelo cristianismo, retiraram-se para a Pérsia, junto a Cosroes. O que mais os impressionou, diz Agátias,[13] foi que a poligamia era permitida a pessoas que não se abstinham sequer do adultério.

A pluralidade de mulheres – quem o diria! – leva ao amor que a natureza repudia. É que uma dissolução sempre desencadeia outras. Na revolução que acometeu Constantinopla, quando o sultão Ahmed foi deposto, os relatos dizem que o povo, tendo pilhado a casa do chiaia,[14] não se encontrou ali nenhuma mulher. Contam que, em Argel,[15] chegou-se até o ponto de não haver nenhuma mulher na maioria dos serralhos.

Capítulo VII – Da igualdade de tratamento no caso da pluralidade das mulheres

Da lei da pluralidade das mulheres segue a da igualdade de tratamento. Maomé, que permite quatro esposas, quer que tudo seja igual entre elas:

---

12 É por isso que as mulheres no Oriente são escondidas com tanto cuidado.

13 *De la Vie et des actions de Justinien*, p.403.

14 No original, *"chiaya"*. O termo vem do persa *"kyahya"*, e, dentre as várias acepções utilizadas ao longo do império persa, nesta refere-se ao chefe da casa, ou ainda ao representante militar de determinada vila. (N. T.)

15 Tassy, *Histoire d'Alger*.

alimentação, roupas, dever conjugal. Essa lei é também estabelecida nas Maldivas,[16] onde é possível se casar com três mulheres.

A Lei de Moisés[17] até mesmo ordena que, caso alguém tenha casado seu filho com uma escrava e em seguida o case com uma mulher livre, que nada seja retirado das roupas, alimentação e deveres da escrava. Poder-se-ia dar mais à nova esposa, mas desde que a primeira não tivesse menos.

Capítulo VIII – Da separação entre as mulheres e os homens

É uma consequência da poligamia que, nas nações voluptuosas e ricas, tenha-se um grande número de esposas. Sua separação dos homens e sua clausura decorrem naturalmente desse grande número. A ordem doméstica assim o exige: um devedor insolvente busca se esconder da perseguição dos seus credores. Há certos climas onde o físico tem tamanha força que a moral é impotente. Deixai um homem com uma mulher: as tentações serão como cachoeiras, o ataque certo, a resistência nula. Nesses países, são necessários cadeados em vez de preceitos.

Um clássico[18] livro da China considera como um prodígio da virtude um homem encontrar-se sozinho com uma mulher, em um aposento afastado, e não cometer uma violência contra ela.

Capítulo IX – Ligação do governo doméstico com o político

Em uma república, a condição dos cidadãos é limitada, igual, branda, moderada; tudo permite que a liberdade pública seja experimentada. O império sobre as mulheres não poderia ser tão bem executado e, quando o

---

16 *Voyages*, de François Pyrard, cap.XII.

17 *Êxodo*, cap.XXI, v.10 e 11.

18 "Encontrar em um lugar afastado um tesouro do qual se assenhore, ou uma bela mulher sozinha em um aposento afastado; escutar a voz de seu inimigo que vai perecer caso não seja socorrido: uma admirável pedra de toque." Tradução de uma obra chinesa sobre a moral, em padre Du Halde [*Descrição do império da China*], t.III, p.151.

clima exigiu esse império, o governo de um só foi o mais conveniente. Eis uma das razões para que o governo popular sempre tivesse dificuldade de se estabelecer no Oriente.

Em contrapartida, a servidão das mulheres está em grande conformidade com a índole do governo despótico, que adora abusar de tudo. Assim se viu na Ásia, em todas as épocas, a servidão doméstica andar lado a lado com o governo despótico.

Em um governo no qual a tranquilidade é exigida acima de tudo e em que a subordinação extrema é chamada de paz, é preciso enclausurar as mulheres: suas intrigas seriam fatais para os maridos. Um governo que não tem tempo de averiguar a conduta dos súditos a julga como suspeita pelo simples fato de ela se manifestar e se fazer sentir.

Suponhamos por um momento que fossem transportadas para um governo do Oriente, junto com a atividade e liberdade que são entre nós permitidas, a leviandade de espírito e as indiscrições de nossas mulheres, seus gostos e seus desgostos, suas pequenas e grandes paixões: que pai de família poderia ficar tranquilo por um momento sequer? Pessoas suspeitas por todo lado, inimigos por todo lado; o Estado se abalaria, rios de sangue seriam vertidos.

Capítulo X – Princípio da moral do Oriente

No caso de haver múltiplas esposas, quanto mais a família deixa de ser una, mais as leis devem centralizar essas partes destacadas; e quanto mais os interesses forem diversos, tanto melhor é que as leis os reconduzam a um único interesse.

Isso é realizado, sobretudo, pela clausura. As mulheres não devem ser separadas somente dos homens pela clausura da casa, mas devem ainda estar separadas nessa mesma clausura, de modo a constituírem uma espécie de família particular dentro da família. Disso deriva, para as mulheres, toda a prática da moral: o pudor, a castidade, a discrição, o silêncio, a paz, a dependência, o respeito, o amor, enfim, um direcionamento geral dos sentimentos para a melhor coisa do mundo, por sua natureza, que é o apego exclusivo à sua família.

Por natureza, as mulheres devem cumprir tantos deveres que lhes são próprios que não seria possível separá-las o bastante das coisas que poderiam lhes oferecer outras ideias, de tudo que diz respeito aos divertimentos e de tudo que se denomina negócios.

Nos diversos Estados do Oriente, encontram-se costumes mais puros à medida que a clausura das mulheres é mais estrita. Nos grandes Estados, necessariamente há grandes senhores. Quanto melhores são suas condições, mais são capazes de manter as mulheres em uma clausura estrita e impedi-las de ingressar na sociedade. É por isso que, nos impérios da Turquia, da Pérsia, do Mogol, da China e do Japão, os costumes das mulheres são admiráveis.

Não se pode dizer o mesmo das Índias, que foi dividida em uma infinidade de pequenos Estados por conta do incontável número de ilhas e pela situação de seu território, e que várias causas, as quais não tenho aqui o tempo de relacionar, tornam despóticos.

Lá existem apenas miseráveis que pilham e miseráveis que são pilhados. Aqueles que são chamados de grandes possuem apenas poucos recursos; os que são chamados de pessoas ricas não possuem nada além de sua subsistência. A clausura das mulheres não pode ser tão estrita, e não se podem tomar grande precauções para contê-las; a corrupção de seus costumes é inimaginável.

É lá que se vê a que ponto os vícios do clima, deixados em grande liberdade, podem levar à desordem. É lá que a natureza tem uma força e o pudor uma fraqueza que não se pode compreender. Em Patane,[19] a lubricidade[20] das mulheres é tão grande que os homens são compelidos a utilizar certos aparatos para se protegerem de suas investidas. Segundo Smith,[21] as coisas

---

19 *Recueil des voyages qui ont servi à l'établissement de la compagnie des Indes*, t.II, parte II, p.196.

20 Nas Maldivas, os pais casam suas filhas com dez e onze anos, porque é um grande pecado, dizem, deixar que resistam à necessidade dos homens. *Voyages*, de François Pyrard, cap.XII. Em Bantém, assim que uma menina faz treze ou catorze anos é preciso casá-la, caso não se queira que ela leve uma vida desregrada. *Recueil des voyages qui ont servi à l'établissement de la compagnie des Indes*, p.348.

21 [William Smith] *Voyage de Guinée*, segunda parte, p.192 da tradução. "Quando as mulheres", diz, "encontram um homem, elas o agarram e o ameaçam de denunciá-los

Do espírito das leis

não vão melhor nos pequenos reinos de Guiné. Parece que, nesses países, os dois sexos corrompem até suas próprias leis.

Capítulo XI – Da servidão doméstica independente da poligamia

Não é apenas a pluralidade das esposas que exige sua clausura em certos lugares do Oriente: é o clima. Os que lerem os horrores, os crimes, as perfídias, as atrocidades, as malícias, os assassinatos que a liberdade das mulheres causou em Goa e nas colônias dos portugueses nas Índias, onde a religião permite apenas uma mulher, e que as compararão à inocência e pureza dos costumes das mulheres da Turquia, da Pérsia, de Mogol, da China e do Japão, verão bem que é frequentemente muito necessário separá-las dos homens, tanto quando existe apenas uma esposa como quando existem várias.

É o clima que deve decidir essas coisas. De que serviria enclausurar as mulheres em nossos países do Norte, onde seus costumes são naturalmente bons, onde todas as suas paixões são calmas, pouco ativas, pouco refinadas, onde o amor tem um império tão regrado sobre o coração que a mais ínfima polícia basta para as conduzir?

É uma felicidade viver nesses climas que permitem a convivência, onde o sexo que possui mais graciosidade parece embelezar a sociedade, e onde as mulheres, reservando-se aos prazeres de um só, ainda servem para o deleite de todos.

Capítulo XII – Do pudor natural

Todas as nações estão igualmente de acordo em desprezar a incontinência das mulheres. É o que a natureza ditou para todas as nações. Ela estabeleceu a defesa, ela estabeleceu o ataque; e tendo colocado os desejos dos dois lados, colocou em uma a temeridade e, no outro, a vergonha. Ela deu aos

---

a seu marido caso as rejeitem. Elas se metem na cama de um homem, o acordam e, se são rejeitadas, o ameaçam de se deixarem descobrir no ato".

indivíduos longos espaços de tempo para que pudessem se conservar, mas, para que pudessem se perpetuar, deu-lhes apenas breves instantes.

Não é verdade, portanto, que a incontinência segue as leis da natureza; pelo contrário, ela as viola. É a modéstia e a discrição que seguem essas leis.

Aliás, é da natureza dos seres inteligentes sentir suas imperfeições. A natureza, portanto, colocou em nós o pudor, isto é, a vergonha de nossas imperfeições.

Deste modo, quando o poder físico de alguns climas viola a lei natural dos dois sexos e a dos seres inteligentes, cabe ao legislador fazer leis civis que contrariem a natureza do clima e restabeleçam as leis primitivas.

Capítulo XIII – Do ciúme

É preciso bem distinguir, entre os povos, o ciúme derivado da paixão e o ciúme derivado do hábito, dos costumes, das leis. Um é uma febre ardente que devora; o outro, frio, mas às vezes terrível, pode aliar-se à indiferença e ao desprezo.

Um, que é um abuso do amor, nasce do próprio amor. O outro depende unicamente dos costumes, das maneiras da nação, das leis do país, da moral e às vezes até mesmo da religião.[22]

O ciúme é quase sempre o efeito da força física do clima e é o remédio para essa força física.

Capítulo XIV – Do governo da casa no Oriente

No Oriente, troca-se de mulher com tanta frequência que elas não podem exercer o governo da casa. Os eunucos são, portanto, encarregados disso: entrega-se a eles todas as chaves e eles cuidam dos negócios domésticos. "Na Pérsia", diz Chardin, "as roupas são escolhidas para as mulheres, como se faz com as crianças".[23] Assim, esse cuidado que parece lhes convir tão

---

22 Maomé recomendou aos seus sectários que vigiassem suas mulheres. Certo imã disse, ao morrer, a mesma coisa, e Confúcio também pregou essa doutrina.

23 Montesquieu não dá a referência da passagem de Chardin, que, todavia, encontra-se no livro *Voyage en Perse*, t.IV, cap.XII. (N. T.)

Do espírito das leis

bem, esse cuidado que, em todos os outros lugares, é o primeiro de seus cuidados, não lhes diz respeito.

Capítulo XV – Do divórcio e do repúdio

Há a seguinte diferença entre o divórcio e o repúdio: o divórcio é realizado por um consentimento mútuo, por ocasião de uma incompatibilidade mútua, ao passo que o repúdio é realizado pela vontade e em benefício de uma das partes, independentemente da vontade e do benefício da outra.

Por vezes, é tão necessário que as mulheres repudiem, e é sempre tão desagradável para elas fazê-lo, que é demasiado rigorosa a lei que concede esse direito aos homens sem o conceder às mulheres. Um marido é o senhor da casa e possui mil meios de manter ou reconduzir sua esposa aos seus deveres, e parece que, em suas mãos, o repúdio é apenas um novo abuso do seu poder. No entanto, uma mulher que repudia exerce apenas um triste remédio. Ser constrangida a buscar um novo marido quando perdeu a maior parte dos seus atrativos junto a outro é sempre uma grande infelicidade para ela. Uma das vantagens dos encantos da juventude das mulheres é a seguinte: que, em uma idade avançada, um marido aja com benevolência pela lembrança dos seus prazeres.

Portanto, é uma regra geral que, em todos os países nos quais a lei conceda aos homens a faculdade de repudiar, ela deva também ser concedida às mulheres. Além disso, nos climas onde as mulheres vivem sob a escravidão doméstica, parece que a lei deve permitir às mulheres o repúdio e aos maridos somente o divórcio.

Quando as mulheres se encontram em um serralho, o marido não pode repudiar por causa de incompatibilidade de costumes: é culpa dele se os costumes são incompatíveis.

O repúdio por conta da esterilidade da mulher pode ocorrer apenas no caso de haver uma única esposa.[24] Quando se tem várias mulheres, esse motivo não tem nenhuma importância para o marido.

---

24 Isso não significa que o repúdio, por causa de esterilidade, seja permitido no cristianismo.

367

A lei das Maldivas[25] permite retomar uma mulher que tenha sido repudiada. A lei do México[26] proibia o reatamento, sob pena de morte. A lei do México era mais sensata que a das Maldivas: mesmo no próprio momento da dissolução, ela considerava a eternidade do casamento, ao passo que a lei das Maldivas parecia desdenhar tanto do casamento quanto do repúdio.

A lei do México concedia apenas o divórcio. Era um novo motivo para não permitir que pessoas que haviam se separado voluntariamente reatassem. O repúdio parece estar mais associado a uma precipitação do espírito e a alguma paixão da alma; o divórcio parece ser uma questão deliberada.

O divórcio tem comumente uma grande utilidade política. E em relação à utilidade civil, é estabelecido para o homem e para a mulher, e quase nunca favorável às crianças.

Capítulo XVI – Do repúdio e do divórcio
entre os romanos

Rômulo permitiu ao marido repudiar sua mulher se ela tivesse cometido adultério, preparado um veneno ou falsificado as chaves. A mulher absolutamente não tinha o direito de repudiar seu marido. Plutarco[27] considera muito severa essa lei.

Como a lei de Atenas[28] concedia tanto à mulher quanto ao marido a faculdade de repudiar, e como é possível notar que as mulheres obtiveram esse direito entre os primeiros romanos não obstante a lei de Rômulo, fica evidente que essa instituição se trata de uma daquelas que os deputados de Roma trouxeram de Atenas e que foi inserida nas leis das Doze Tábuas.

---

25 *Voyage*, de François Pyrard. Retoma-se ela, e não outra, pois nesse caso incorre-se em menos despesas.

26 *Histoire de sa conquête*, por Solís, p.499. [Antonio de Solís y Ribadeneyra (1610-1686), escritor e historiador espanhol, autor de *Historia de la conquista de México, población y progresos de la América septentrional, conocida por el nombre de Nueva España* (1684). (N. T.)]

27 "Vida de Rômulo" [*Vidas paralelas*].

28 Era uma lei de Sólon.

Do espírito das leis

Cícero[29] diz que as causas de repúdio vieram da Lei das Doze Tábuas. Não se pode, portanto, duvidar que essa lei não tivesse aumentado o número de causas de repúdio estabelecidas por Rômulo.

A faculdade do divórcio era ainda uma disposição, ou ao menos uma consequência, das Leis das Doze Tábuas, pois, a partir do momento em que a mulher ou o marido possuíam separadamente o direito de repudiar, com mais razão podiam se separar em comum acordo e por uma vontade mútua.

A lei não exigia que os motivos do divórcio fossem apresentados.[30] É que, pela natureza da coisa, são necessárias causas para o repúdio e não para o divórcio, dado que onde quer que a lei estabeleça causas que podem romper o casamento, a incompatibilidade mútua é a mais forte de todas.

Dionísio de Halicarnasso,[31] Valério Máximo[32] e Aulo Gélio[33] relatam um fato que não me parece verossímil. Dizem que, ainda que houvesse em Roma a faculdade de repudiar sua mulher, não se tinha tanto respeito pelos auspícios, e que ninguém, durante 520 anos,[34] exerceu esse direito até Carvílio Ruga, que repudiou sua mulher por causa da esterilidade. Todavia, basta conhecer a natureza do espírito humano para perceber que prodígio seria que ninguém exercesse um direito semelhante quando a lei o outorgasse a todo um povo. Coriolano, partindo para o exílio, aconselhou[35] sua mulher a se casar com um homem mais bem-aventurado do que ele. Acabamos de ver que a Lei das Doze Tábuas e os costumes dos romanos ampliaram muito a lei de Rômulo. Por que esses acréscimos, se a faculdade de repudiar nunca tinha sido utilizada? Ademais, se os cidadãos tivessem tanto respeito pelos aus-

---

29 *Mimam res suas sibi flabere jussit, ex duodecim tabulis causam addidit.* [Cícero], *Filípicas*, II [cap.XXVIII, 69].

30 Justiniano modificou isso. *Novelas*, 117, cap.X.

31 Lv.II [*Das antiguidades romanas*, 25, 7].

32 Lv.II, cap.IV [*Factorum et dictorum memorabilium*, 2, 1, 4].

33 Lv.IV, cap.III [*Noites áticas*].

34 Segundo Dionísio de Halicarnasso e Valério Máximo; e 523, segundo Aulo Gélio. Eles também não citam os mesmos cônsules.

35 Vede o discurso de Vetúria em Dionísio de Halicarnasso, Lv.VIII [*Das antiguidades romanas*, 8, 41, 4].

Montesquieu

pícios a ponto de nunca terem repudiado, por que os legisladores de Roma teriam menos? De que modo a lei corrompeu incessantemente os costumes?

Aproximando duas passagens de Plutarco, vê-se desaparecer o que há de fantástico no fato em questão. A lei real[36] permitia ao marido repudiar nos três casos dos quais falamos. "E ela estabelecia", diz Plutarco,[37] "que aquele que repudiasse em outros casos seria obrigado a dar a metade dos seus bens a sua mulher e a outra metade seria consagrada a Ceres". Era possível, portanto, repudiar em todos os casos, desde que se submetesse à pena. Ninguém o fez antes de Carvílio Ruga,[38] "o qual", como acrescenta Plutarco,[39] "repudiou sua mulher por causa da esterilidade, 230 anos depois de Rômulo", ou seja, ele a repudiou 71 anos antes da Lei das Doze Tábuas, que ampliou o poder de repudiar e as causas do repúdio.

Os autores que citei contam que Carvílio Ruga amava sua mulher, mas que, por causa de sua esterilidade, os censores o fizeram jurar que a repudiaria, a fim de que pudesse dar filhos à república; e isso o fez ser odiado pelo povo. É preciso conhecer o gênio do povo romano para descobrir a verdadeira causa do seu ódio por Carvílio. Não é porque Carvílio repudiou sua mulher que caiu na desgraça do povo: isso não é algo que incomodaria o povo. No entanto, Carvílio tinha jurado aos censores que, dada a esterilidade de sua mulher, ele a repudiaria para dar filhos à república. Era um jugo que o povo percebia que os censores iam lançar sobre ele. Mostrarei, na sequência[40] desta obra, a aversão que o povo sempre tinha por semelhantes regras. Mas de onde deriva tal contradição entre esses autores? Do seguinte ponto: Plutarco examinou um fato, os outros relataram uma fantasia.

---

36 Plutarco, "Vida de Rômulo" [*Vidas paralelas*, 22, 3].

37 Ibid.

38 Efetivamente, a causa de esterilidade não é considerada pela Lei de Rômulo. Aparentemente, ele não foi submetido à confiscação, pois seguia a ordem dos censores.

39 Em "Comparação de Teseu e Rômulo" [*Vidas paralelas*, 6, 3].

40 No Livro XXIII, Cap.21.

Livro XVII
Como as leis da servidão política
têm relação com a natureza do clima

Capítulo Primeiro – Da servidão política

A servidão política não depende menos da natureza do clima do que a civil e a doméstica, como demonstraremos.

Capítulo II – Diferença dos povos em relação à coragem

Já dissemos que o calor excessivo debilita a força e a coragem dos homens; e que havia nos climas frios certa força do corpo e do espírito que tornava os homens capazes de ações duradouras, árduas, grandiosas e audaciosas. Isso se nota não somente de uma nação para outra, mas ainda no mesmo país, de uma região para outra. Os povos do norte da China são mais corajosos que aqueles mais ao sul.[1] Os povos do sul da Coreia[2] não o são tanto quanto aqueles do norte.

Não deve surpreender, portanto, que a lassidão dos povos de climas quentes os tenha tornado quase sempre escravos e que a coragem dos povos de climas frios os tenha mantido livres. É um efeito que deriva de sua causa natural.

---

1 Du Halde [*Descrição do império da China*], t.I, p.112.
2 Ibid., t.IV, p.448.

Montesquieu

Isso também é verdade na América. Os impérios despóticos do México e do Peru estavam próximos do equador e quase todos os pequenos povos livres estavam e ainda estão próximo dos polos.

Capítulo III – Do clima da Ásia

Os relatos[3] nos dizem "que o norte da Ásia, esse vasto continente que se estende do quarto grau, ou aproximadamente, até o polo, e das fronteiras da Moscóvia até o mar Oriental, encontra-se em um clima frio; que esse território imenso é dividido de oeste a leste por uma cadeia de montanhas que deixam ao norte a Sibéria, e ao sul a grande Tartária; que o clima da Sibéria é tão frio que, com exceção de alguns lugares, ela não pode ser cultivada; e que embora os russos tenham estabelecimentos ao longo de todo o Irtixe, nada ali é cultivado; que apenas alguns abetos e arbustos crescem; que os povos originários do país estão divididos em bandos miseráveis, como aqueles do Canadá; que a razão desse frio vem, de um lado, da altitude do terreno e, de outro, de que as montanhas se aplainam à medida que se vai do sul ao norte, de modo que o vento do norte sopra por toda parte sem encontrar obstáculos; que esse vento, que torna a Nova Zembla inabitável, soprando na Sibéria a torna improdutiva; que na Europa, ao contrário, as montanhas da Noruega e da Lapônia são vias admiráveis que protegem os países do norte desse vento; que isso possibilita que em Estocolmo, que está aproximadamente a 59° de latitude, a terra produza frutas, grãos, plantas; e que em torno de Abo, a 61°, e mesmo em torno de 63° e 64°, há minas de prata e a terra é bastante fértil".

Vemos ainda nos relatos "que a grande Tartária, que está ao sul da Sibéria, é também muito fria; que no país nada se cultiva; que se encontram apenas pastagens para os rebanhos; que nenhuma árvore cresce, apenas alguma vegetação espinhosa, como na Islândia; que há, perto da China e de Mogol, alguns países onde cresce uma espécie de milhete, mas que nem o trigo ou o arroz conseguem amadurecer; que não há nenhum lugar na Tartária

---

3 Vede as *Voyages du Nord*, t.VIII; a *Hist. des Tattars* e o quarto volume *De la Chine*, do padre Du Halde.

chinesa, a 43°, 44° e 45°, onde não congele sete ou oito meses do ano; de modo que é tão fria quanto a Islândia, ainda que devesse ser mais quente que o sul da França; que não há cidades, com exceção de quatro ou cinco próximas ao mar Oriental e algumas que os chineses, por razões políticas, fundaram perto da China; que no resto da grande Tartária há algumas na região de Bucara, no Turquistão e Corásmia;[4] que a razão desse frio extremo vem da natureza do terreno nitroso, repleto de salitre, arenoso e, além disso, da altitude do terreno. O padre Verbiest havia verificado que um certo lugar a oitenta léguas ao norte da grande muralha, próximo à nascente do Kavamhuram, ultrapassava a altitude do mar, perto de Pequim, em três mil passos geométricos;[5] que essa altitude[6] é a causa da falta de água, ainda que quase todos os grandes rios da Ásia nasçam no país, de maneira que possa ser habitado apenas perto dos rios e lagos".

Dados esses fatos, penso da seguinte maneira: a Ásia não tem propriamente uma zona temperada. E os lugares situados em um clima muito frio fazem fronteira imediatamente com aqueles situados em um clima muito quente, isto é, a Turquia, a Pérsia, o Mogol, a China, a Coreia e o Japão.

Na Europa, ao contrário, a zona temperada é muito extensa, ainda que esteja situada em climas muito diferentes entre si, não havendo nenhuma relação entre os climas da Espanha e Itália com os da Noruega e Suécia. Mas, como o clima vai se tornando imperceptivelmente frio conforme se vai do sul ao norte, mais ou menos em proporção à latitude de cada país, acontece que cada país é mais ou menos semelhante ao seu vizinho, que não há uma diferença importante, e que, como acabo de dizer, a zona temperada é muito extensa.

Disso se segue que, na Ásia, as nações opõem-se como fortes e fracas. Os povos guerreiros, bravos e ativos fazem fronteira imediatamente com povos afeminados, preguiçosos, tímidos, sendo forçoso, portanto, que um seja conquistado e o outro conquistador. Na Europa, ao contrário, opõem-

---

4 As regiões citadas abarcam territórios de vários países, como Cazaquistão, Quirguistão, Tajiquistão, Turquemenistão, Uzbequistão e China. (N. T.)

5 Unidade de medida equivalente a 1,65 metro. Altitude, portanto, de 4.950 metros. (N. T.)

6 A Tartária é, portanto, como uma espécie de montanha plana.

-se nações igualmente fortes. Aquelas que fazem fronteira têm mais ou menos a mesma coragem. Essa é a grande razão para a fraqueza da Ásia e a força da Europa; da liberdade da Europa e da servidão da Ásia; causa que desconheço que se tenha observado até o momento. Isso ocasiona que na Ásia a liberdade nunca aumente, ao passo que na Europa ela aumenta ou diminui conforme as circunstâncias.

Que a nobreza moscovita tenha sido submetida à servidão por um de seus príncipes, ver-se-ia nisso sempre os traços de impaciência que os climas do sul não engendram. Não vimos o governo aristocrático ali estabelecido durante alguns dias? Que um outro reino do norte[7] tenha perdido suas leis, pode-se confiar no clima, ele não as perdeu de maneira irrevogável.

Capítulo IV – Consequência disso

Isso que acabamos de dizer está de acordo com os acontecimentos da história. A Ásia foi subjugada treze vezes: onze vezes pelos povos do norte, duas vezes pelos do sul. Nos tempos longínquos, os citas a conquistaram três vezes; em seguida os medos e os persas uma vez cada; os gregos, os árabes, os mongóis, os turcos, os tártaros, os persas e os aguanos. Falo apenas da alta Ásia, nada dizendo das invasões no restante do sul dessa parte do mundo, a qual sofreu continuamente várias grandes revoluções.

Na Europa, ao contrário, conhecemos, desde o estabelecimento das colônias gregas e fenícias, apenas quatro grandes mudanças: a primeira, causada pela conquista dos romanos; a segunda, pela inundação dos bárbaros que destruíram esses mesmos romanos; a terceira, pelas vitórias de Carlos Magno; e a última, pelas invasões dos normandos. E isso bem examinado, perceber-se-á nessas próprias mudanças uma força geral espalhada por todas as partes da Europa. Sabe-se da dificuldade que os romanos encontraram para conquistar na Europa e a facilidade que tiveram ao invadir a Ásia. Conhecem-se os sofrimentos que os povos do norte padeceram para derrubar o império romano, as guerras e os trabalhos de Carlos Magno, as

---

7 Trata-se do reino da Dinamarca. Cf. Montesquieu, *Considerações sobre as causas da grandeza dos romanos e de sua decadência*, op. cit., cap.XV, p.119. (N. T.)

Do espírito das leis

diversas campanhas dos normandos. Os destruidores eram incessantemente destruídos.

Capítulo V – Que quando os povos do norte da Ásia e os do norte da Europa conquistaram, os efeitos da conquista não foram os mesmos

Os povos do norte da Europa conquistaram-na na condição de homens livres. Os povos do norte da Ásia conquistaram-na enquanto escravos e venceram apenas em nome de um senhor.

A razão é que o povo tártaro, conquistador natural da Ásia, tornou-se ele mesmo escravo. Ele conquista incessantemente no sul da Ásia, forma impérios, mas a parte da nação que sobra no país encontra-se submetida a um grande senhor que, despótico no sul, quer também sê-lo no norte, e que, com um poder arbitrário sobre os súditos conquistados, pretende tê-lo ainda sobre os conquistadores. Nos dias atuais, isso é facilmente observado nesse vasto país chamado Tartária Chinesa, no qual o imperador governa quase tão despoticamente quanto na própria China, e que aumenta a cada dia por meio de suas conquistas.

Pode-se ver ainda na história da China que os imperadores[8] enviaram colônias chinesas para a Tartária. Esses chineses tornaram-se tártaros e mortais inimigos da China, mas isso não impediu que levassem para a Tartária o espírito do governo chinês.

Uma parte da nação tártara que conquistou foi ela mesma muitas vezes expulsa, e carrega para seus desertos um espírito de servidão que adquiriu no clima da escravidão. A história da China nos fornece a esse respeito diversos exemplos, assim como nossa história antiga.[9]

Isso acarretou que o gênio da nação tártara ou gética fosse sempre semelhante ao dos impérios da Ásia. Os povos da Ásia são governados pelo bastão; os povos tártaros, por longos chicotes. O espírito da Europa sempre

---

8 Como Ven Ti, quinto imperador da quinta dinastia.

9 Os citas conquistaram três vezes a Ásia e foram três vezes expulsos de lá. Justino [*Epitoma Historiarum Philippicarum*], Lv.II, cap.III.

foi contrário a esses costumes e, em todas as épocas, o que os povos da Ásia chamaram de punição, os povos da Europa chamaram de ultraje.[10]

Ao destruir o império grego, os tártaros estabeleceram no país conquistado a servidão e o despotismo. Os godos, conquistando o império romano, fundaram por toda parte a monarquia e a liberdade.

Não sei se o famoso Rudbeck,[11] que na sua obra *Atlântica* tanto louvou a Escandinávia, falou dessa grande prerrogativa que deve colocar as nações que a habitam acima de todos os povos do mundo: a de que elas foram a fonte da liberdade na Europa, isto é, de quase toda que existe hoje entre os homens.

O godo Jordanes chamou o norte da Europa de "fábrica do gênero humano".[12] Eu preferiria chamá-la de "fábrica de instrumentos que quebram os grilhões forjados no sul". É lá que se formam essas nações valentes que deixam seu país para destruir tiranos e escravos, além de ensinar aos homens que, tendo a natureza os feito iguais, a razão não pôde torná-los dependentes senão para seu bem-estar.

Capítulo VI – Nova causa física da servidão na Ásia e da liberdade na Europa

Sempre se observaram grandes impérios na Ásia; na Europa, eles jamais puderam subsistir. É que a Ásia que conhecemos possui grandes planícies, é cortada em maiores porções pelos mares, e, como ela está mais ao sul, as nascentes secam mais facilmente, as montanhas estão menos cobertas de neve e os rios,[13] menos caudalosos, formam barreiras menores.

---

10 De forma nenhuma isso contradiz o que direi no Livro XXIII, Cap.20, sobre a maneira de pensar dos povos germanos sobre o bastão. Qualquer que fosse o instrumento, eles entenderam sempre como uma afronta o poder ou a ação arbitrária de bater.

11 Olof Rudbeck (1630-1702), naturalista sueco. Na sua obra *Atlantica* (*Atland eller Manheim*) defendia que a Suécia era a antiga Atlântida de Platão. (N. T.)

12 *Humani generis officinam.* [Jornandes (séc. VI), historiador de origem gótica, autor de uma história dos godos, intitulada *Gética*. (N. T.)]

13 As águas perdem-se ou evaporam-se antes de se juntarem ou após terem se juntado.

Do espírito das leis

O poder deve ser, portanto, sempre despótico na Ásia, pois, se lá a servidão não fosse extrema, inicialmente seria feita uma partilha que a natureza do país não pode comportar.

Na Europa, a partilha natural forma vários Estados de uma extensão mediana, nos quais o governo das leis não é incompatível com a manutenção do Estado. Pelo contrário, ele é tão favorável que, sem as leis, esse Estado entra em decadência e torna-se inferior a todos os outros.

Isso formou um gênio de liberdade que tornou cada parte muito difícil de ser subjugada e submetida a uma força estrangeira, a não ser pelas leis e pela utilidade de seu comércio.

Na Ásia, ao contrário, reina um espírito de servidão que nunca a deixou. E não é possível encontrar, em nenhuma das histórias desse país, um só traço que indique uma alma livre: nota-se somente o heroísmo da servidão.

Capítulo VII – Da África e da América

Eis o que eu podia dizer sobre a Ásia e sobre a Europa. A África está em um clima parecido com o do sul da Ásia e encontra-se sob uma mesma servidão. A América,[14] destruída e novamente repovoada pelas nações da Europa e da África, não pode hoje mostrar seu próprio gênio. Porém, o que sabemos de sua história antiga é bastante conforme aos nossos princípios.

Capítulo VIII – Da capital do império

Uma das consequências do que acabamos de dizer é a importância para um grandioso príncipe de bem escolher a sede de seu império. Aquele que a situar ao sul correrá o risco de perder o norte; o que situá-la ao norte facilmente conservará o sul. Não falo de casos específicos. A mecânica tem seus atritos, que frequentemente mudam ou interrompem os efeitos da teoria; a política também tem os dela.

---

14 Os pequenos povos bárbaros da América são chamados de *índios bravos* pelos espanhóis, muito mais difíceis de submeter que os grandes impérios do México e do Peru.

Livro XVIII
Das leis na relação que possuem com a natureza do terreno[1]

Capítulo Primeiro – Como a natureza do terreno influi sobre as leis

A boa qualidade das terras de um país estabelece naturalmente a dependência. Os camponeses, que representam a parte principal do povo, não são tão zelosos por sua liberdade. Estão muito ocupados e sobrecarregados por seus negócios particulares. Um campo abundante em bens teme a pilhagem, teme um exército. "Quem é que forma o bom partido?", dizia Cícero a Ático.[2] "Serão os comerciantes e camponeses? Não, a não ser que imaginemos que são contrários à monarquia, eles, para quem todos os governos são iguais, desde que estejam tranquilos".

Assim, o governo de um só é mais encontrado nos países férteis e o governo de vários nos países que não o são, o que às vezes é uma compensação.

A esterilidade do terreno da Ática ali estabeleceu o governo popular, e a fertilidade do terreno da Lacedemônia, o governo aristocrático. Pois, naqueles tempos, não se queria o governo de um só na Grécia; ora, o governo aristocrático possui relação mais próxima com o governo de um só.

---

1 No original *terrain*, que se refere tanto à qualidade do solo quanto das suas características topográficas. (N. T.)

2 Lv.VII [*Cicéron à Atticus*, VII, carta VII].

Plutarco[3] nos diz "que tendo sido a sedição ciloniana[4] apaziguada em Atenas, a cidade recaiu nas suas antigas dissensões e dividiu-se em tantos partidos quantos eram os tipos de território no país da Ática. As pessoas da montanha queriam o governo popular a todo custo; os da planície exigiam o governo dos notáveis; aqueles que se encontravam perto do mar eram favoráveis a uma mistura dos dois governos".

Capítulo II – Continuação do mesmo assunto

Os países férteis são planícies onde ninguém consegue disputar com o mais forte e, portanto, todos devem se submeter a ele. Uma vez efetivada essa submissão, não é possível recobrar o espírito de liberdade: os produtos do campo são uma garantia de fidelidade. Contudo, nos países montanhosos, é possível conservar o que se tem e há pouco o que conservar. A liberdade, ou melhor, o governo do qual se desfruta, é o único bem digno de ser defendido. Assim, a liberdade reina mais nos países montanhosos e difíceis do que naqueles em que a natureza parecia ter favorecido mais.

Os habitantes da montanha conservam um governo mais moderado, pois não estão tão expostos à conquista. Facilmente defendem-se, dificilmente são atacados. As munições de guerra e os alimentos são reunidos e transportados contra eles somente com muito dispêndio, uma vez que o país não os fornece. É mais difícil, portanto, realizar a guerra contra eles, e mais perigoso empreendê-la. E há menos espaço para todas as leis que se faz para a segurança do povo.

Capítulo III – Quais são os países mais cultivados

Os países não são cultivados em razão de sua fertilidade, mas em razão de sua liberdade; e, dividindo a terra em pensamento, seria surpreendente

---

3 "Vida de Sólon" [*Vidas paralelas*, cap. XX].
4 Referência à tentativa de golpe encabeçada pelo nobre ateniense Cílon, em 632 a.C. (N. T.)

ver desertos na maior parte do tempo naquelas partes mais férteis e grandes povos naquelas onde o terreno parece privar de tudo.

É natural que um povo deixe um país ruim para buscar um melhor, mas não que deixe um bom para buscar um pior. A maioria das invasões aconteceram, portanto, nos países onde a natureza foi feita para ser feliz, e, como a devastação é o que está mais próximo da invasão, os melhores países muito frequentemente sofrem com o despovoamento, enquanto o horrendo país do norte permanece sempre habitado, por ser quase inabitável.

Vê-se, pelo que os historiadores nos contam sobre a transição dos povos da Escandinávia para as margens do Danúbio, que não se tratava de uma conquista, mas somente de uma transmigração para terras desertas.

Portanto, esses climas afortunados tinham sido despovoados por outras transmigrações, e não conhecemos as coisas trágicas que lá aconteceram.

"De acordo com vários registros", diz Aristóteles,[5] "parece que a Sardenha é uma colônia grega. Outrora era muito rica; e Aristeu, a quem tanto se louvou o amor pela agricultura, dera-lhes leis. Mas ela decaiu desde então, pois os cartagineses, tornando-se seus senhores, destruíram tudo que poderia torná-la adequada para a alimentação dos homens, e proibiram, sob pena de morte, o cultivo da terra". A Sardenha não tinha se restabelecido à época de Aristóteles, e até os dias atuais ainda não se restabeleceu.

As partes mais temperadas da Pérsia, da Turquia, da Moscóvia e da Polônia não conseguiram se restabelecer das devastações dos grandes e pequenos tártaros.

Capítulo IV – Novos efeitos da fertilidade e da esterilidade do país

A esterilidade das terras torna os homens industriosos, sóbrios, resistentes ao trabalho, corajosos, apropriados para a guerra. É muito necessário que se empenhem para conseguir o que o terreno lhes priva. A fertilidade

---

5 Ou quem escreveu o livro *De Mirabilibus* [Aristóteles, *De mirabilibus auscultationibus*, 838b12-29, cap.100].

de um país oferece, com a abundância, a languidez e um certo amor pela conservação da vida.

Observou-se que as tropas da Alemanha, levadas para lugares onde os camponeses são ricos, como na Saxônia, não são tão boas como as outras. As leis militares poderão resolver esse inconveniente com uma disciplina mais severa.

Capítulo V – Dos povos das ilhas

Os povos das ilhas são mais inclinados para a liberdade do que os povos do continente. As ilhas são comumente de extensão pequena;[6] uma parte do povo não pode ser tão bem empregada para oprimir a outra; o mar os separa dos grandes impérios e a tirania não pode ajudá-los; os conquistadores são detidos pelo mar; os insulares não são envolvidos na conquista e conservam mais facilmente suas leis.

Capítulo VI – Dos países formados pela indústria dos homens

Os países que a indústria dos homens tornou habitáveis e que, para existir, têm necessidade da mesma indústria, clamam para si o governo moderado. Há principalmente três espécies deles: as duas belas províncias de Kiang-nan e Tche-kiang[7] na China, o Egito e a Holanda.

Os antigos imperadores da China não eram conquistadores. A primeira coisa que fizeram para se engrandecer foi o que provou a sua sabedoria. Viram-se emergir das águas as duas mais belas províncias que deram à Europa a ideia da prosperidade dessa vasta região. Porém, uma preocupação contínua e necessária para preservar da destruição uma parte tão considerável do império exigia mais os costumes de um povo sábio do que os de um povo voluptuoso, mais o povo legítimo de um monarca do que o poder tirânico de um déspota. Seria preciso que o governo fosse moderado, como

---

6 O Japão é uma exceção a isso por sua grandeza e por sua servidão.

7 Atualmente grafadas respectivamente como Jiangnan e Zhejiang. (N. T.)

era outrora no Egito. Seria preciso que o governo fosse moderado como o é na Holanda, que a natureza fez para chamar a atenção sobre si mesma e não para ser abandonada à negligência ou ao capricho.

Assim, malgrado o clima da China, onde se é naturalmente inclinado para a obediência civil, malgrado os horrores decorrentes da enorme extensão de um império, os primeiros legisladores da China foram obrigados a fazer leis muito boas e o governo foi frequentemente obrigado a segui-las.

Capítulo VII – Das obras dos homens

Os homens, por meio dos seus cuidados e boas leis, fizeram da terra o lugar mais apropriado para ser sua residência. Vemos correrem rios onde havia lagos e pântanos; é um bem que a natureza não fez, mas que é mantido pela natureza. Quando os persas[8] eram os senhores da Ásia, permitiam, aos que levavam a água da nascente para algum lugar que não havia ainda sido irrigado, que usufruíssem dele por cinco gerações, e, como brota uma grande quantidade de riachos do monte Tauro, não poupavam esforços para trazer a água. Hoje em dia, ela é encontrada em seus campos e em seus jardins, sem que saibam de onde vem.

Assim, como as nações destruidoras causam males que duram mais do que elas, há nações industriosas que produzem bens que não terminam mesmo depois delas.

Capítulo VIII – Relação geral das leis

As leis possuem uma grande relação com o modo como os diversos povos conseguem sua subsistência. Um povo que se liga ao comércio e ao mar necessita de um código de leis mais extenso do que um povo que se contenta em cultivar suas terras. É preciso um maior para este do que para um povo que vive de seus rebanhos. É preciso um maior para esse último do que para um povo que vive da caça.

---

8 Políbio [*História*], Lv.X [cap. XXV].

Capítulo IX – Do terreno da América

A causa para que haja tantas nações selvagens na América é que a própria terra produz muitos frutos com os quais podem se alimentar. Se as mulheres cultivam um pedaço de terra em volta da cabana, o milho logo brota. A caça e a pesca completam a abundância na qual os homens vivem. Ademais, os animais que pastam, como os bois, os búfalos etc., têm mais sucesso que os animais carnívoros. Estes sempre tiveram o império da África.

Penso que não haveria essas vantagens na Europa se a terra fosse deixada sem cultivo. Dela brotariam apenas florestas, carvalhos e outras árvores estéreis.

Capítulo X – Da quantidade de homens em relação com a maneira como conseguem sua subsistência

Quando as nações não cultivam as terras, a quantidade de homens se encontra na seguinte proporção: assim como o produto do terreno inculto está para o produto de um terreno cultivado, a quantidade de homens selvagens, em determinado país, está para o número de lavradores em outro. E quando o povo que cultiva as terras também cultiva as artes, seguem-se proporções que precisariam ser mais bem detalhadas.

Os povos que não cultivam terra não podem absolutamente formar uma grande nação. Se são pastores, têm necessidade de um grande país para que possam subsistir em certa quantidade; se são caçadores, estão em ainda menor quantidade e formam, para viver, uma pequena nação.

Seu país é habitualmente repleto de florestas; e como lá os homens não construíram cursos de água, ele está repleto de pântanos nos quais cada bando se confina e forma uma pequena nação.

Capítulo XI – Dos povos selvagens e dos povos bárbaros

Há a seguinte diferença entre povos selvagens e povos bárbaros: os primeiros são pequenas nações dispersas que, por algumas razões particulares, não podem se reunir, ao passo que as bárbaras são habitualmente pequenas nações que podem se reunir. Os primeiros são habitualmente povos caçadores; os últimos, povos pastores. Isso pode ser bem observado no norte da Ásia. Os povos da Sibéria não conseguiriam viver em conjunto, pois não conseguiriam se alimentar. Os tártaros podem viver conjuntamente por algum tempo, pois seus rebanhos podem ser reunidos durante algum tempo. Todas as hordas podem, portanto, se reunir, e isso é feito quando um chefe submete vários outros e, depois disso, é preciso que faça de duas coisas uma: que se separem ou que efetuem alguma grande conquista no império do sul.

Capítulo XII – Do direito das gentes entre os povos que não cultivam as terras

Como esses povos não vivem em um território delimitado e circunscrito, terão entre si vários motivos de desavença; disputarão entre si a terra não cultivada do mesmo modo como entre nós os cidadãos disputam as heranças. Encontrão, assim, frequentes ocasiões de guerra por suas caças, por suas pescas, pelo alimento de seus animais, pelo rapto de seus escravos. E, não possuindo nenhum território, terão tantas coisas para regular pelo direito das gentes que pouco terão que decidir pelo direito civil.

Capítulo XIII – Das leis civis entre os povos que não cultivam as terras

A partilha das terras é o que mais dá volume ao código civil. Entre as nações nas quais essa partilha não foi feita, haverá pouquíssimas leis civis.

Pode-se chamar as instituições desses povos mais de *costumes* do que de *leis*.

Entre tais nações, os idosos, que se lembram das coisas passadas, possuem uma grande autoridade. Não se pode distinguir-se pelos bens, mas pelas disposições e pelos conselhos.

Esses povos vagam e se dispersam pelas pastagens ou pelas florestas. Entre eles o casamento não será tão garantido quanto entre nós, onde é consolidado pela morada e a mulher é vinculada a uma casa. Eles podem trocar facilmente de mulher, ter várias e, por vezes, cruzam indiferentemente, como os animais.

Os povos pastores não podem se separar de seus rebanhos, do qual tiram sua subsistência; não conseguiriam tampouco se separar de suas mulheres, que deles cuidam. Tudo isso deve caminhar no mesmo passo, ainda mais que, vivendo habitualmente nas grandes planícies onde há poucos lugares bons para refúgio, suas mulheres, suas crianças e seus rebanhos se tornariam presas de seus inimigos.

Suas leis regulamentarão a partilha dos despojos e terão, como nossas leis sálicas, uma particular atenção sobre os roubos.

Capítulo XIV – Do estado político dos povos que não cultivam as terras

Esses povos gozam de uma grande liberdade, pois, como não cultivam as terras, não estão ligados a elas: são errantes, andarilhos. E se um chefe quisesse roubar sua liberdade, inicialmente iriam procurá-la com outro ou então se retirariam para os bosques para viver com sua família. Entre esses povos, a liberdade do homem é tão grande que envolve necessariamente a liberdade do cidadão.

Capítulo XV – Dos povos que conhecem o uso da moeda

Após um naufrágio, Aristipo nadou e chegou à margem de um rio próximo; viu figuras geométricas traçadas na areia. Comoveu-se de alegria, julgando que havia encontrado um povo grego e não um povo bárbaro.

Se estiverdes sozinho e por acidente encontrardes um povo desconhecido, caso virdes uma moeda, estais certo de que haveis encontrado uma nação policiada.

A cultura das terras exige o uso da moeda. Essa cultura pressupõe muitas artes e conhecimentos, e sempre se observa andar em passo de igualdade as artes, os conhecimentos e as necessidades. Isso tudo conduz ao estabelecimento de um signo de valores.

As torrentes e os incêndios[9] nos fizeram descobrir que as terras continham metais. Uma vez que foram separados, foi fácil empregá-los.

---

9 É assim que, nos diz Diodoro [*Biblioteca histórica*, Lv.V, cap.XXXV], os pastores encontraram o ouro dos Pireneus.

Do espírito das leis

Capítulo XVI – Das leis civis entre os povos que não conhecem o uso da moeda

Quando um povo não usa a moeda, sabe-se que há entre eles apenas as injustiças que decorrem da violência; e as pessoas fracas, ao se unirem, defendem-se contra a violência. Entre elas, há apenas alguns arranjos políticos. Porém, entre um povo em que a moeda está estabelecida, as pessoas encontram-se sujeitas às injustiças que decorrem do ardil, e essas injustiças podem ser cometidas de mil maneiras. É forçoso, portanto, que se tenha boas leis civis. Elas nascem com os novos meios e com as diversas maneiras de ser mau.

Nos países onde não há nenhuma moeda, o ladrão rouba apenas coisas e as coisas nunca são iguais. Nos países onde há a moeda, o ladrão rouba signos e os signos são sempre iguais. Nos primeiros países, nada pode ser escondido, pois o ladrão leva sempre consigo as evidências do roubo, o que não ocorre nos outros países.

Capítulo XVII – Das leis políticas entre os povos que não usam a moeda

O que mais assegura a liberdade dos povos que não cultivam as terras é que a moeda lhes é desconhecida. Os frutos da caça, da pesca, ou os rebanhos, não podem ser reunidos em grande quantidade, nem se conservar o suficiente para que um homem se encontre em condição de corromper todos os outros, ao passo que, quando há signos de riquezas, podem-se acumular esses signos e distribuí-los a quem se quiser.

Entre os povos que não possuem moeda, todos possuem poucas necessidades e estas são satisfeitas de maneira fácil e igual. A igualdade é, portanto, forçada; assim, seus chefes não são despóticos.

Capítulo XVIII – Força da superstição

Se o que os relatos nos dizem é verdade, a constituição de um povo da Luisiana, chamado *Natchez*, é uma exceção. Seu chefe[10] dispõe dos bens de

---

10 *Lettres édifiantes*, vigésima coletânea.

todos os seus súditos e os faz trabalhar a seu capricho, sem que possam se eximir. Ele é como o grão-senhor. Quando o herdeiro presumido nasce, todas as crianças lactentes lhe são oferecidas para servi-lo por toda sua vida. Diríeis tratar-se do grande Sesóstris. Em sua cabana, esse chefe é tratado com as mesmas cerimônias que seriam feitas a um imperador do Japão ou da China.

Os preconceitos da superstição são superiores a todos os outros preconceitos, e suas razões superiores a todas as outras razões. Assim, ainda que os povos selvagens não conheçam naturalmente o despotismo, esse povo o conhece. Eles adoram o Sol, e, se seu chefe não tivesse imaginado que fosse o irmão do Sol, tê-lo-iam considerado apenas um miserável como eles.

Capítulo XIX — Da liberdade dos árabes e da servidão dos tártaros

Os árabes e os tártaros são povos pastores. Os árabes encontram-se nos casos gerais de que falamos e são livres, ao passo que os tártaros, o povo mais singular da terra, encontram-se em escravidão política.[11] Já apresentei[12] algumas razões para esse último fato. Eis algumas novas.

Eles não têm cidades, não têm florestas, têm poucos pântanos; seus rios estão quase sempre congelados; habitam uma grande planície; têm pastagens e rebanhos e, por conseguinte, possuem bens; mas não possuem nenhuma espécie de refúgio ou de defesa. Assim que um cã é vencido, cortam sua cabeça[13] e a dos seus filhos; e todos seus súditos pertencem ao vencedor. Não são condenados à escravidão civil, pois seriam um fardo para uma nação simples que não tem terras para cultivar nem necessidade de serviço doméstico. Eles, então, são incorporados à nação. Mas, em vez da escravidão civil, é possível conceber que a escravidão política foi necessariamente introduzida.

Na verdade, em um país onde as diversas hordas guerreiam continuamente e se conquistam incessantemente umas às outras; em um país onde, pela morte do chefe, o corpo político de cada horda vencida é sempre des-

---

11 Quando se proclama um cã, o povo todo grita: *Que sua palavra lhe sirva de espada.*

12 Lv.XVII, Cap.5.

13 Assim, não se deve ficar surpreso quando Miruais, tornando-se senhor de Isfahan, fez com que se assassinassem todos os príncipes do sangue.

Do espírito das leis

truído, a nação em geral não pode ser livre, pois não há uma só parte que não deva ter sido subjugada diversas vezes.

Os povos vencidos podem conservar alguma liberdade quando, pela força de sua situação, encontrem-se em estado de fazer tratados após sua derrota. Mas os tártaros, sempre sem defesa, uma vez vencidos, nunca puderam estabelecer condições.

Disse, no Capítulo II, que os habitantes das planícies cultivadas não eram livres. Algumas circunstâncias fizeram com que os tártaros, habitando uma terra inculta, se encontrem nesse mesmo caso.

Capítulo XX – Do direito das gentes dos tártaros

Entre si, os tártaros parecem afáveis e humanos, mas são conquistadores muito cruéis: passam a fio da espada os habitantes das cidades que tomam; acreditam conceder-lhes graça quando os vendem ou os distribuem entre seus soldados. Destruíram a Ásia desde as Índias até o Mediterrâneo; todo o país que forma o oriente da Pérsia ficou deserto.

Eis o que me parece ter produzido um semelhante direito das gentes. Esses povos não tinham cidades e todas as suas guerras eram feitas com prontidão e impetuosidade. Quando tinham esperança de vencer, combatiam; quando não a tinham, juntavam-se ao exército dos mais fortes. Com semelhantes costumes, consideravam contrário ao seu direito das gentes que uma cidade que não apresentasse resistência os detivesse. Não viam as cidades como uma reunião de habitantes, mas como lugares apropriados para subtrair ao seu poder. Não tinham nenhuma arte para sitiá-los e expunham-se demais ao fazê-lo; vingavam com sangue todo o sangue que haviam acabado de derramar.

Capítulo XXI – Lei civil dos tártaros

O padre Du Halde conta que, entre os tártaros, o último dos filhos homens é sempre o herdeiro, visto que, à medida que os mais velhos se encontrem em condição de seguir a vida pastoral, eles saem de casa com certa quantidade de gado dada pelo pai e vão constituir uma nova habitação.

O último dos filhos homens, que fica na casa com seu pai, é, então, seu herdeiro natural.

Ouvi dizer que uma prática consuetudinária parecida era seguida em alguns pequenos distritos da Inglaterra, a qual ainda é encontrada na Bretanha, no ducado de Rohan, onde é aplicada às terras dos plebeus. É sem dúvida uma lei pastoral advinda de algum pequeno povo bretão, ou trazida por algum povo germano. Sabe-se, por César e Tácito, que esses últimos pouco cultivavam as terras.

Capítulo XXII – De uma lei civil dos povos germanos

Explicarei aqui como esse texto particular da lei sálica, comumente chamado de Lei Sálica, está ligado às instituições de um povo que não cultivava as terras, ou, ao menos, que pouco as cultivava.

A Lei Sálica[14] determina que, quando um homem deixa filhos, os filhos herdam a terra sálica em prejuízo das filhas.

Para saber o que eram as terras sálicas, é preciso pesquisar o que eram as propriedades ou o uso das terras entre os francos, antes de terem saído da Germânia.

Eckhart[15] descobriu muito bem que a palavra sálica vem da palavra *sala*, que significa casa e, assim, a terra sálica era a terra da casa. Iria mais longe e examinaria o que era a casa e a terra da casa entre os germanos.

"Eles não moram em cidades", diz Tácito,[16] "e não podem aceitar que suas casas se toquem umas às outras. Cada um deixa um pequeno terreno ou espaço em torno de sua casa, o qual é cercado e fechado". Tácito falava com exatidão, pois várias leis dos códigos bárbaros possuem diferentes disposições contra os que derrubavam esse cercado e mesmo os que invadiam a casa.

---

14 Tit.LXII.

15 Johann Georg von Eckhart (1664-1730), historiador alemão, autor de *Leges Francorum Salicae et Ripuariorum*, 1720. (N. T.)

16 *Nullas Germanorum populis urbes habitari satis notum est, ne pati quidem inter se junctas sedes; colunt discreti, ut nemus placuit. Vicos locant, non in nostrum morem connexis et cohærentibus ædificiis, suam quisque domum spatio circumdat.* [Tácito] *De moribus Germanorum*, [cap.xvi].

Do espírito das leis

Sabemos, por Tácito e César, que as terras que os germanos cultivavam eram-lhes concedidas apenas por um ano, após o que voltavam a ser públicas. Não tinham patrimônio além da casa e um pedaço de terra no cercado em torno da casa.[17] É esse patrimônio particular que pertencia aos filhos homens. Na verdade, por que teriam pertencido às mulheres? Afinal, elas mudavam para alguma outra casa.

A terra sálica era, portanto, um cercado que dependia da casa do germano, era a única propriedade que possuía. Os francos, após a conquista, adquiriram novas propriedades e continuou-se a chamá-las de terras sálicas.

Quando os francos viviam na Germânia, seus bens consistiam em escravos, rebanhos, cavalos, armas etc. A casa, bem como a pequena porção de terra que lhe era contígua, eram naturalmente dadas para os filhos homens que deveriam habitá-la. Porém, quando, após a conquista, os francos adquiriram grandes terras, acharam demasiado rigoroso que as mulheres e as crianças não pudessem ter uma parte dela. Introduziu-se um uso que permitia ao pai evocar à sucessão sua filha e os filhos de sua filha. Fizeram calar a lei; e era realmente necessário que esse tipo de chamamento fosse comum, pois havia fórmulas para elas.[18]

Dentre todas essas fórmulas, vejo uma singular.[19] Um avô chamava seus netos para a sucessão com seus filhos e suas filhas. O que a Lei Sálica então se tornara? Ela deve, nessa própria época, ter deixado de ser observada, ou então o uso contínuo de chamar as filhas fez com que sua capacidade de sucessão fosse considerada como algo comum.

Assim como a Lei Sálica não tinha por objeto certa preferência de um sexo sobre o outro, tinha menos ainda o de estabelecer a perpetuidade da família, do nome ou da transmissão de terra. Tudo isso não entrava na cabeça dos germanos. Era uma lei puramente econômica, a qual dava a casa, e

---

17 Esse cercado se chama *curtis* nos títulos. [Os títulos – no original, *chartres* – eram atos jurídicos assinados entre reis, príncipes e demais atores políticos. (N. T.)]

18 Vede Marculfo, Lv.II, form.10 e 12; o *Apêndice* de Marculfo, form.49, e as *Fórmulas antigas*, denominadas de Sirmond, form.22.

19 Form.55, na coletânea de Lindembroch.

a terra dependente da casa, aos filhos homens que deviam habitá-la e, por conseguinte, a quem ela mais convinha.

Apenas transcrevo aqui o título dos *alódios* da Lei Sálica, texto tão famoso, sobre o qual muitos falaram e que pouquíssimos leram.

"1º) Se um homem morre sem filhos, seu pai ou sua mãe o sucederá. 2º) Se não há pai nem mãe, seu irmão ou irmã o sucederá. 3º) Se não há irmão nem irmã, a irmã de sua mãe o sucederá. 4º) Se sua mãe não tem irmã, a irmã de seu pai o sucederá. 5º) Se seu pai não tem irmã, o parente homem mais próximo o sucederá. 6º) Nenhuma porção[20] da terra sálica passará às mulheres; mas ela pertencerá aos homens, isto é, os filhos homens sucederão a seu pai."

É claro que os cinco primeiros artigos são concernentes à sucessão daquele que morre sem filhos. E o sexto, à sucessão daquele que tem filhos.

Quando um homem morria sem filhos, a lei determinava que um sexo não tivesse preferência sobre o outro senão em alguns casos. Nos dois primeiros graus de sucessão, as vantagens dos homens e das mulheres eram as mesmas; no terceiro e quarto, as mulheres tinham preferência; e os homens a tinham no quinto.

Encontro a semente dessas bizarrices em Tácito: "Os filhos das irmãs", diz ele, "são estimados por seu tio assim como por seu próprio pai. Há quem veja esse laço como mais estreito, ou mesmo mais sagrado; preferem-no quando recebem reféns".[21] É por isso que nossos primeiros historiadores[22] nos falam tanto do amor dos reis francos por sua irmã e pelos filhos de sua irmã. Se os filhos das irmãs eram vistos na casa como seus próprios filhos, era natural que eles vissem sua tia como sua própria mãe.

A irmã da mãe era preferida à irmã do pai: isso se explica por outros textos da lei sálica. Quando uma mulher ficava viúva,[23] permanecia sob a

---

20 *De terra vero Salica in mulierem nulla portio hereditatis transit, sed hoc virilis sexus acquirit, hoc est filii in ipsa hereditate succedunt.* [*Pactus legis Salicae*] tit.62, §6.

21 *Sororum filiis idem apud avunculum quam apud patrem honor. Quidam sanctiorem arctioremque hunc nexum sanguinis arbitrantur, et in accipiendis obsidibus magis exigunt, tanquam ii et animum firmiùs et domum latiùs teneant. De moribus Germanorum.* [Tácito, cap.XX].

22 Vede, em Gregório de Tours [*História dos francos*], Lv.VIII, cap.XVIII e XX; Lv.IX, cap.XVI e XX, as fúrias de Gontrão acerca dos maus-tratos feitos a Ingunda, sua sobrinha, por Leovigildo; e como Quildeberto, seu irmão, foi à guerra para vingá-la.

23 Lei Sálica, tit.XLVII.

Do espírito das leis

tutela dos pais de seu marido; a lei preferia, para essa tutela, os pais do lado materno aos pais do lado paterno. Na verdade, uma mulher que entrava em uma família, ligando-se às pessoas de seu sexo, era mais ligada aos pais do lado materno que aos pais do lado paterno. Ademais, quando um homem[24] matava outro, e não tivesse como pagar a pena pecuniária que lhe era aplicada, a lei lhe permitia ceder seus bens, e os pais deviam suprir o que faltasse. Após o pai, a mãe e o irmão, era a irmã da mãe que pagava, como se esse laço tivesse algo de mais terno. Ora, o parentesco que ocasiona despesas devia igualmente ocasionar vantagens.

A Lei Sálica determinava que, após a irmã do pai, o mais próximo parente masculino teria a sucessão; mas, se fosse parente além do quinto grau, não sucedia. Assim, uma mulher no quinto grau teria sucedido em prejuízo do homem do sexto. E isso é observado na Lei dos Francos Ripuários,[25] fiel intérprete da Lei Sálica, no título dos alódios, no qual ela segue passo a passo o mesmo título da Lei Sálica.

Se o pai deixava filhos, a Lei Sálica determinava que as filhas fossem excluídas da sucessão da terra sálica e que ela pertencesse aos filhos homens.

Seria fácil provar que a Lei Sálica não exclui indistintamente as filhas da terra sálica, mas somente no caso em que os irmãos as excluíssem. 1º) Isso é visto na própria Lei Sálica que, após ter dito que as mulheres nada possuiriam da terra sálica, mas somente os homens, interpreta a si mesma e se limita: "isto é", diz a lei, "que os filhos sucederão à herança do pai".

2º) O texto da Lei Sálica é elucidado pela Lei dos Francos Ripuários, a qual também possui um título[26] dos alódios bastante consoante com o da Lei Sálica.

3º) As leis desses povos bárbaros, todos originários da Germânia, interpretam-se umas às outras, sobretudo porque todas possuem mais ou menos o mesmo espírito. A Lei dos Saxões[27] determina que o pai e a mãe

---

24 Ibid., tit.LXI, §1º.

25 *Et deinceps usque ad quintum genuculum qui proximus fuerit in hereditatem succedat.* [*Lex Ripuaria*] tit.LVI, §6º.

26 Tit.LVI.

27 Tit.VII, §1º. *Pater aut mater defuncti, filio non filiæ hereditatem relinquant;* §4º, *qui defunctus, non filios, sed filias reliquerit, ad eas omnis hereditas pertineat.*

deixem sua herança para seu filho e não para sua filha, mas, caso haja apenas filhas, que elas fiquem com toda a herança.

4º) Temos duas antigas fórmulas[28] que estabelecem o caso em que, seguindo a Lei Sálica, as filhas são excluídas pelos filhos homens: é quando disputam com seu irmão.

5º) Outra fórmula[29] prova que a filha sucedia em prejuízo do neto; ela era então excluída apenas pelo filho.

6º) Se as filhas, pela Lei Sálica, tivessem sido geralmente excluídas da sucessão das terras, seria impossível explicar as histórias, as fórmulas e os títulos,[30] os quais falavam continuamente das terras e dos bens das mulheres na primeira dinastia.

Errou-se[31] ao dizer que as terras sálicas eram feudos. 1º) Esse título é intitulado *Dos alódios*. 2º) Nos primeiros tempos, os feudos não eram hereditários. 3º) Se as terras sálicas fossem feudos, como Marculfo teria tratado como ímpio o costume que excluía as mulheres de sua sucessão, já que os próprios homens não sucediam aos feudos? 4º) Os títulos que são citados para provar que as terras sálicas eram feudos provam somente que eram terras francas.[32] 5º) Os feudos foram estabelecidos apenas depois da conquista e os costumes sálicos existiam antes que os francos partissem da Germânia. 6º) Não foi a Lei Sálica que, limitando a sucessão das mulheres, formou o estabelecimento dos feudos, mas foi o estabelecimento dos feudos que colocou limites à sucessão das mulheres e às disposições da Lei Sálica.

Após o que acabamos de dizer, não seria crível que a sucessão perpétua dos homens à coroa da França pudesse vir da Lei Sálica. É, entretanto, indubitável que vem dela. Provo-o pelos diversos códigos dos povos bárbaros. A Lei Sálica[33] e a Lei dos Borguinhões[34] não dão às filhas o direito

---

28 Em Marculfo, Lv.II, form.12, e no *Appendice* de Marculfo, form.49.

29 Na coletânea de Lindembroch, form.55.

30 No original *chartres*. Ver nota em XVII, 22. (N. T.)

31 Du Cange, [Pierre] Pithou, etc.

32 Isto é, terras livres. (N. T.)

33 [*Lex Salicae*] tit.LXII.

34 [*Lex Burgundionum*] tit.I, §3º; tit.XIV, §1º; e tit.LI.

de suceder à terra com seus irmãos; elas tampouco sucedem à coroa. A Lei dos Visigodos,[35] ao contrário, admite[36] que as mulheres sucedam às terras com seus irmãos; as mulheres tinham a capacidade de suceder à coroa. Entre esses povos, o disposto pela lei civil forçou[37] a lei política.

Esse não foi o único caso em que a lei política, entre os francos, cedeu à lei civil. Pelo disposto na Lei Sálica, todos os irmãos sucediam igualmente à terra; e era também o disposto pela Lei dos Borguinhões. E ainda, na monarquia dos francos e na dos borguinhões, todos os irmãos sucediam à coroa, mesmo com alguma violência, mortes e usurpações entre os borguinhões.

Capítulo XXIII – Da longa cabeleira dos reis francos

Os povos que não cultivam as terras não possuem a mesma ideia sobre o luxo. É preciso ver em Tácito a admirável simplicidade dos povos germanos. As artes não confeccionavam seus ornamentos, eles os encontravam na natureza. Se a família de seu chefe devia se distinguir por algum signo, era na própria natureza que deviam procurá-lo. Os reis dos francos, dos borguinhões e dos visigodos tinham como diadema sua longa cabeleira.

Capítulo XXIV – Dos casamentos dos reis francos

Disse acima que, entre os povos que não cultivam as terras, os casamentos eram muito menos estáveis e que comumente tomavam várias mulheres. "Os germanos eram quase os únicos[38] de todos os bárbaros que se conten-

---

35 [*Lex Visigothorum*] Lv.IV, tit.II, §1º.

36 As nações germanas, diz Tácito, *De moribus Germanorum*, cap.XXII, tinham usos em comum; elas também os tinham em particular.

37 A coroa, entre os ostrogodos, duas vezes passou das mulheres para os homens; uma por Amalasunta, na pessoa de Atalarico, e outra por Amalafrida, na pessoa de Teodato. Entre eles, não é que as mulheres não pudessem reinar sozinhas. Amalasunta reinou, após a morte de Atalarico, e mesmo após a eleição de Teodato, reinou juntamente com ele. Vede as cartas de Amalasunta e de Teodato em Cassiodoro [*Variæ epistolæ*], Lv.X.

38 *Prope soli barbarorum singulis uxoribus contenti sunt*, *De moribus Germanorum*, [cap.xviii].

tavam com uma única mulher, com exceção",[39] diz Tácito, "de algumas pessoas que tinham várias, não por devassidão, mas por causa de sua nobreza".

Isso explica como os reis da primeira dinastia tiveram uma tão grande quantidade de mulheres. Esses casamentos eram menos uma testemunha de incontinência do que um atributo de dignidade; seria atacá-los em um lugar muito sensível se lhes fizessem perder tal prerrogativa.[40] Isso explica como o exemplo dos reis não foi seguido pelos súditos.

Capítulo XXV – Quilderico

"Os casamentos entre os germanos são severos",[41] diz Tácito, "os vícios não são motivo de escárnio; corromper ou ser corrompido não são chamados de hábito ou de uma maneira de viver. Há poucos exemplos,[42] em uma nação tão numerosa, da violação da fé conjugal".

Isso explica a expulsão de Quilderico. Ele chocava costumes rígidos que a conquista não teve tempo de mudar.

Capítulo XXVI – Da maioridade dos reis francos

Os povos bárbaros que não cultivam as terras não possuem propriamente território e são, como dissemos, mais governados pelo direito das gentes do que pelo direito civil. Encontram-se, portanto, quase sempre armados.[43] Tácito também diz "que os germanos não faziam nenhum negócio público ou particular sem estarem armados. Emitiam sua opinião[44] por meio de um sinal que faziam com suas armas. Tão logo podiam[45] portá-las, eram

---

39 *Exceptis admodum paucis qui non libidine, sed ob nobilitatem, plurimis nuptiis ambiuntur.* Ibid.

40 Vede a *Crônica* de Fredegário sobre o ano 628.

41 *Severa matrimonia [...] Nemo illic vitia ridet; nec corrumpere et currumpi sæculum vocatur. De moribus Germanorum* [Tácito, cap.XVIII-XIX].

42 *Paucissima in tam numerosa gente adulteria.* Ibid.

43 *Nihil neque publicæ, neque privatæ rei, nisi armati agunt.* Tácito, *De moribus Germanorum,* [cap.XIII].

44 *Si displicuit sententia, aspernantur; sin placuit; frameas concutiunt.* Ibid. [cap.XI].

45 *Sed arma sumere ante cuiquam moris quam civitas suffecturum probaverit.* Ibid. [cap.XIII].

Do espírito das leis

apresentados na assembleia; colocava-se em suas mãos uma lança;[46] a partir desse momento saíam da infância;[47] eram uma parte da família, tornavam-se uma parte da república".

"As águias", dizia o rei dos ostrogodos,[48] "deixam de dar o alimento para seus filhotes tão logo suas plumas e asas estão formadas. Não precisam mais do auxílio dos pais quando eles próprios vão buscar uma presa. Seria indigno que nossos jovens que estão nos exércitos fossem considerados como estando numa idade muito fraca para gerir seus bens e para regrar a condução de sua vida. É a virtude que estabelece a maioridade entre os godos".

Quildeberto II tinha quinze anos[49] quando seu tio Gontrão o declarou maior e capaz de governar por si próprio.

Vê-se nessa idade de quinze anos, na Lei dos Ripuários, andarem juntas a capacidade de portar armas e a maioridade. "Se um ripuário morre, ou é morto, e tenha deixado um filho", diz-se na lei,[50] "este não poderá acusar nem ser acusado em juízo desde que tenha completado quinze anos e, então, ele mesmo responderá ou escolherá um defensor". Seria preciso que o espírito estivesse formado o bastante para se defender no julgamento e que o corpo também o estivesse o bastante para se defender no combate. Entre os borguinhões,[51] que igualmente faziam uso do combate nas ações judiciárias, a maioridade também chegava aos quinze anos.

Agátias nos diz que as armas dos francos eram leves, podendo então ser maiores aos quinze anos. Posteriormente, as armas se tornaram pesadas e já o eram muito no tempo de Carlos Magno, como parece segundo nossas capitulares e nossos romances. Aqueles que[52] possuíam feudos e que, por

---

46 *Tum in ipso concilio vel principum aliquis, vel pater, vel propinquus, scuto frameaque juvenem ornant.* [Ibid.].

47 *Hæc apud illos toga, hic primus juventæ honos; ante hoc domus pars videntur, mox reipublicæ.* [Ibid.]

48 Teodorico, em Cassiodoro [*Variæ epistolæ*], Lv.I, carta 38.

49 Ele mal tinha cinco anos, diz Gregório de Tours [*História dos francos*], Lv.V, cap.I, quando sucedeu a seu pai no ano 575, ou seja, tinha cinco anos. Gontrão o declarou maior no ano 585; ele tinha então quinze anos.

50 [*Lex Ripuaria*] tit.LXXXI.

51 [*Lex Burgundionum*] tit.LXXXVII.

52 Não houve modificação para os plebeus.

397

conseguinte, deviam cumprir o serviço militar, tornaram-se maiores apenas com 21 anos.[53]

Capítulo XXVII – Continuação do mesmo assunto

Vimos que, entre os germanos, não se comparecia à assembleia antes da maioridade; fazia-se parte da família e não da República. Isso acarretou que os filhos de Clodomiro, rei de Orléans e conquistador da Borgonha, não fossem declarados reis, pois, na tenra idade em que se encontravam, não poderiam ser apresentados à assembleia. Ainda não eram reis, mas deviam sê-lo quando fossem capazes de portar armas; entretanto, sua avó Clotilde governava o Estado.[54] Seus tios Clotário e Quildeberto os degolaram e partilharam seu reino. Esse exemplo foi a causa pela qual, posteriormente, os príncipes pupilos fossem declarados reis imediatamente após a morte de seus pais. Assim, o duque Gondovaldo salvou Quildeberto II da crueldade de Quilperico e conseguiu que fosse declarado rei[55] com a idade de cinco anos.

Mas, mesmo nessa mudança, seguiu-se o primeiro espírito da nação, de modo que os atos não eram sequer redigidos em nome dos reis pupilos. Houve também, entre os francos, uma administração dupla: uma que dizia respeito à pessoa do rei pupilo e a outra que dizia respeito ao reino; e, nos feudos, houve uma diferenciação entre a tutela e o bailio.

Capítulo XXVIII – Da adoção entre os germanos

Assim como, entre os germanos, uma pessoa tornava-se maior ao receber as armas, sua adoção se realizava sob o mesmo signo. Dessa forma, querendo Gontrão declarar seu sobrinho Quildeberto como maior e, além disso,

---

53 São Luís somente se tornou maior com essa idade. Isso mudou por um édito de Carlos V, no ano 1374.

54 Parece, de acordo com Gregório de Tours [*História dos francos*], Lv.III, que ela escolheu dois homens da Borgonha, que era uma conquista de Clodomiro, para educá-los na sede de Tours, a qual também pertencia ao reino de Clodomiro.

55 Gregório de Tours [*História dos francos*], Lv.V, cap.I. *Vix lustro ætatis uno jam peracto, qui die dominicæ natalis, regnare cæpit.*

Do espírito das leis

adotá-lo, disse a ele: "Coloquei[56] essa lança em tuas mãos como um signo de que te dei meu reino", e, voltando-se para a assembleia: "Vedes que meu filho Quildeberto tornou-se um homem: obedecei-lhe". Teodorico, rei dos ostrogodos, querendo adotar o rei dos Hérulos, lhe escreveu:[57] "Entre nós é uma bela coisa poder ser adotado pelas armas, pois homens corajosos são os únicos que nossas crianças merecem se tornar. Há uma tal força nesse ato que aquele que dele for objeto sempre preferirá morrer a passar por algo vergonhoso. Assim, pelo costume das nações, e porque sois um homem, nós vos adotamos com esses escudos, espadas e cavalos que vos enviamos".

Capítulo XXIX – Espírito sanguinário dos reis francos

Clóvis não tinha sido o único dos príncipes, entre os francos, a realizar expedições na Gália. Vários de seus parentes tinham levado para lá tribos particulares, e, como ele obteve grande sucesso e pôde oferecer possessões consideráveis àqueles que o tinham seguido, os francos de todas as tribos acorreram a ele, e os chefes das outras tribos viram-se muito fracos para resistir. Ele concebeu o propósito de exterminar sua casa inteira e conseguiu fazê-lo.[58] Temia, diz Gregório de Tours,[59] que os francos assumissem outro chefe. Seus filhos e seus sucessores seguiram essa prática tanto quanto puderam; continuamente se via o irmão, o tio, o sobrinho – mas ora, o que digo?! –, até mesmo o filho, o pai, conspirar contra toda sua família. Sem cessar, a lei dividia a monarquia; o temor, a ambição e a crueldade queriam reuni-la.

Capítulo XXX – Das assembleias da nação entre os francos

Foi dito anteriormente que os povos que não cultivam as terras gozavam de uma grande liberdade. Os germanos encontravam-se nesse caso. Tácito

---

56 Vede Gregório de Tours, Lv.VII, cap.XXIII.

57 Em Cassiodoro [*Variæ epistolæ*], Lv.IV, carta II.

58 Gregório de Tours [*História dos francos*], Lv.II.

59 Ibid.

diz que concediam aos seus reis ou chefes apenas um poder muito modera-do.[60] E César[61] diz que não tinham um magistrado comum durante a paz, mas que em cada vilarejo os príncipes faziam justiça entre os seus. Também os francos, na Germânia, não tinham rei, como Gregório de Tours[62] o prova muito bem.

"Os príncipes",[63] diz Tácito, "deliberam sobre as pequenas coisas e a nação inteira sobre as grandes, mas de tal modo que os assuntos dos quais o povo toma conhecimento são igualmente levados diante dos príncipes". Esse hábito se conservou após a conquista, como[64] vemos em todos os registros.

Tácito[65] diz que os crimes capitais podiam ser submetidos à assembleia. O mesmo ocorreu após a conquista, e os grandes vassalos foram julgados por ela.

Capítulo XXXI – Da autoridade do clero na primeira dinastia

Entre os povos bárbaros, normalmente os sacerdotes possuem poder, porque têm e devem ter a autoridade da religião e exercem o poder que entre tais povos é conferido pela superstição. Vemos também, em Tácito, que os sacerdotes tinham muito prestígio entre os germanos, porque policiavam[66] a assembleia do povo. Somente a eles[67] era permitido castigar, amarrar,

---

60 *Nec regibus libera aut infinita potestas. Cæterum neque animadvertere, neque vincire, ne verberare quidem etc. De moribus Germanorum*, [cap.vii].

61 *In pace nullus est communis magistratus, sed principes regionum atque pagorum inter suos jus dicunt.* [*Guerras da Gália*, César], Lv.VI, cap.XXII.

62 [*História dos francos*] Lv.II.

63 *De minoribus principes consultant, de majoribus omnes; ita tamen ut ea quorum penes plebem arbitrium est, apud principes quoque pertractentur. De moribus Germanorum*, [cap.xi].

64 *Lex consensu populi fit et constitutione regis.* Capitulares de Carlos, o Calvo, ano 864, art.6º.

65 *Licet apud Concilium accusare et discrimen capitis intendere. De moribus Germanorum*, [cap.xi].

66 *Silentium per sacerdotes, quibus et coercendi jus est, imperatur. De moribus Germanorum*, [cap.xi].

67 *Nec Regibus libera aut infinita potestas. Cæterum neque animadvertere, neque vincire, neque verberare, nisi sacerdotibus est permissum, non quasi in pænam, nec Ducis jussu, sed velut Deo imperante, quem adesse bellatoribus credunt. Ibid.* [cap.vii].

Do espírito das leis

bater; faziam isso não por uma ordem do príncipe, nem para infligir uma pena, mas como que por uma inspiração divina, sempre presente naqueles que guerreiam.

Não deve surpreender se, desde o começo da primeira dinastia, os bispos sejam vistos como árbitros[68] dos julgamentos, se são vistos aparecendo nas assembleias da nação, se influenciam tão fortemente as resoluções dos reis e se tantos bens lhes são concedidos.

---

68 Vede a Constituição de Clotário do ano 560, art.6º.

Livro XIX
Das leis na relação que possuem com os princípios que formam o espírito geral, os costumes e as maneiras de uma nação

Capítulo Primeiro – Do assunto deste livro

Essa matéria é de grande extensão. Com essa multidão de ideias que se apresenta ao meu espírito, ficarei mais atento à ordem das coisas do que às próprias coisas. É preciso que eu afaste as coisas à direita e à esquerda, que desvende e que me esclareça.

Capítulo II – Para as melhores leis, quanto é necessário que os espíritos estejam preparados

Nada parece mais insuportável para os germanos[1] que o tribunal de Varo. O que Justiniano erigiu[2] entre os lazianos, para realizar o processo contra o assassino de seu rei, lhes pareceu uma coisa horrível e bárbara. Mitrídates,[3] arengando contra os romanos, censura especialmente as formalidades[4] de sua justiça. Os partas não puderam suportar esse rei que, tendo sido

---

1 Eles cortavam a língua dos advogados e diziam: "Víbora, pare de assobiar". Tácito [Na verdade, a referência é Florus, *Epitome rerum Romanorum*, IV, 12. (N. T.)]

2 Agátias [*Histórias*], Lv.IV.

3 Justino, Lv.XXXVIII.

4 *Calumnias litium*. Ibid.

educado em Roma, se mostrava afável[5] e acessível a todo mundo. A própria liberdade pareceu insuportável para povos que não estavam acostumados a desfrutá-la. É assim que um ar puro é às vezes nocivo àqueles que viveram em países pantanosos.

Um veneziano chamado Balbi, estando em Pegu, foi apresentado ao rei. Quando este soube que não havia rei em Veneza, riu tão fortemente que uma tosse o tomou, tendo muita dificuldade de falar aos cortesãos.[6] Qual legislador poderia propor o governo popular a semelhantes povos?

Capítulo III – Da tirania

Há dois tipos de tirania: uma real, que consiste na violência do governo; e uma de opinião, que se manifesta quando os que governam estabelecem coisas que chocam a maneira de pensar da nação.

Dião conta que Augusto quis ser chamado de Rômulo, mas mudou de ideia ao saber que o povo temia que ele quisesse se proclamar rei. Os primeiros romanos não queriam um rei porque não podiam tolerar seu poder; os romanos daqueles tempos de Augusto não queriam um rei por não suportar suas maneiras. Pois, ainda que César, os triúnviros, Augusto, fossem verdadeiros reis, eles guardavam toda a aparência de igualdade e suas vidas privadas continham uma espécie de oposição ao fausto dos reis de então. Além disso, quando não queriam um rei, isso significava que queriam conservar suas maneiras e não adotar as dos povos da África e do Oriente.

Dião[7] nos conta que o povo romano estava indignado com Augusto por causa de certas leis muito severas que tinha feito, mas que o descontentamento cessou assim que o rei mandou retornar o comediante Pilades, a quem as facções tinham expulsado da cidade. Um tal povo sentia mais vivamente a tirania quando se expulsava um saltimbanco do que quando todas as suas leis lhes eram subtraídas.

---

5 *Prompti aditus, nova comitas, ignotæ Parthis virtutes, nova vitia.* Tácito [*Anais*, Lv.II, cap.ii].

6 Ele fez a descrição disso em 1596. *Recueil des voyages qui ont servi à l'établissement de la compagnie des Indes*, t.III, parte I, p.33.

7 [Dião Cássio, *História romana*] Lv.LIV, [cap.XVII], p.532.

Do espírito das leis

Capítulo IV – O que é o espírito geral

Várias coisas governam os homens: o clima, a religião, as leis, as máximas do governo, os exemplos das coisas passadas, os costumes, as maneiras, donde resulta a formação de um espírito geral.

À medida que, em cada nação, uma dessas causas age com mais força, as outras cedem proporcionalmente. A natureza e o clima dominam os selvagens quase exclusivamente; as maneiras governam os chineses; as leis tiranizam o Japão; os costumes outrora davam o tom na Lacedemônia; as máximas do governo e os costumes antigos o davam em Roma.

Capítulo V – Quanto é preciso estar atento para não mudar o espírito geral de uma nação

Se houvesse no mundo uma nação que tivesse um humor sociável, um coração aberto, uma alegria de viver, uma facilidade em comunicar seus pensamentos; que fosse vivaz, agradável, lúdica, às vezes imprudente, frequentemente indiscreta; e que tivesse aliado a isso coragem, generosidade, franqueza, uma certa honra, não se deveriam atrapalhar suas maneiras com leis, para não atrapalhar suas virtudes. Se o caráter é em geral bom, o que importa se alguns defeitos são encontrados?

As mulheres poderiam ser contidas, alguém poderia fazer leis para corrigir seus costumes e limitar seu luxo. No entanto, quem sabe se não se perderia um certo gosto que seria a fonte de riquezas da nação e uma polidez que atrai a atenção dos estrangeiros?

Cabe ao legislador seguir o espírito da nação quando isso não for contrário aos princípios do governo, pois não faríamos nada de melhor que aquilo que fazemos livremente e seguindo nosso gênio natural.

Se um espírito de pedantismo é dado a uma nação naturalmente alegre, o Estado não ganharia nada, nem interiormente, nem externamente. Deixai-os fazer as coisas frívolas seriamente, e alegremente as coisas sérias.

Capítulo VI – Que não é preciso corrigir tudo

Que nos deixem como nós somos, dizia um cavalheiro de uma nação muito parecida com aquela sobre a qual acabamos de oferecer uma ideia. A natureza a tudo conserta. Ela nos deu uma vivacidade capaz de ofender e adequada para nos fazer faltar com todo o respeito; essa mesma vivacidade é corrigida pela polidez que ela nos oferece, ao nos inspirar o gosto pelo mundo e, sobretudo, pelo convívio com as mulheres.

Que nos deixem tais como somos. Nossas qualidades indiscretas, aliadas à nossa pouca malícia, tornam inconvenientes as leis que atrapalhariam nosso humor sociável.

Capítulo VII – Dos atenienses e lacedemônios

Os atenienses, continuava esse cavalheiro, eram um povo que tinha alguma relação com o nosso. Colocavam alegria nos negócios e um ar de zombaria lhes agradava tanto na tribuna quanto no teatro. Essa vivacidade que introduziam nos conselhos se estendia à execução. O caráter dos lacedemônios era severo, sério, seco, taciturno. Nenhum proveito se tiraria de um ateniense ao aborrecê-lo, bem como de um lacedemônio ao diverti-lo.

Capítulo VIII – Efeitos do humor sociável

Quanto mais os povos se comunicam, mais facilmente mudam suas maneiras, dado que cada um é um espetáculo para o outro, percebendo-se melhor as singularidades dos indivíduos. O clima que faz com que uma nação ame se comunicar, a leva também a amar a mudança; e o que faz com que uma nação ame mudar leva também à formação do gosto.

A sociedade das mulheres deteriora os costumes e forma o gosto. O desejo de agradar mais que as outras estabelece os adereços, e o desejo de agradar mais do que a si mesma estabelece os modos. Os modos são um objeto importante: de tanto tornar o espírito frívolo, os ramos do comércio crescem incessantemente.[8]

---

8 Vede *A fábulas das abelhas* [Bernard de Mandeville].

Do espírito das leis

Capítulo IX – Da vaidade e do orgulho das nações

Para um governo, a vaidade é um recurso tão bom quanto o orgulho lhe é perigoso. Para demonstrar isso, basta somente apresentar, de um lado, os inúmeros bens que resultam da vaidade – o luxo, a indústria, as artes, os modos, a polidez, o gosto –, e, de outro, os males infinitos que nascem do orgulho de certas nações – a preguiça, a pobreza, o abandono de tudo, a destruição das nações que o acaso fez cair em suas mãos e sua própria destruição. A preguiça[9] é efeito do orgulho; o trabalho é uma consequência da vaidade. O orgulho de um espanhol o levará a não trabalhar; a vaidade de um francês o levará a saber trabalhar melhor que os outros.

Toda nação preguiçosa é severa, pois os que não trabalham se veem como soberanos daqueles que trabalham.

Examinai todas as nações e vereis que, na maioria, a gravidade, o orgulho e a preguiça andam juntos.

Os povos de Achim[10] são orgulhosos e preguiçosos. Os que não possuem escravos, alugam um, nem que seja para andar cem passos e levar duas canecas de arroz. Pensar-se-iam desonrados se o carregassem eles próprios.

Há vários lugares da Terra em que se deixam crescer as unhas para indicar que não se trabalha.

As mulheres das Índias[11] pensam ser vergonhoso aprender a ler: é um negócio, dizem, para escravos que cantam os cânticos nos templos. Em uma casta, elas não fiam; em outra, fazem apenas cestos e esteiras, não devendo nem mesmo pilar o arroz. Em outras, não precisam ir buscar água. Nesse lugar, o orgulho estabeleceu suas regras e faz com que sejam seguidas. Não é necessário dizer que as qualidades morais têm efeitos diferentes na medida em que estão ligadas a outras. Assim, o orgulho, em conjunto com uma

---

9 Os povos que seguem o cã de Malacamber, os de Carnataca e de Coromandel, são povos orgulhosos e preguiçosos, e consomem pouco porque são miseráveis, ao passo que os mongóis e os povos do Industão se ocupam e desfrutam das comodidades da vida, como os europeus. *Recueil des voyages qui ont servi à l'établissement de la Compagnie des Indes*, t.I, p.54.

10 Vede Dampierre [*Viagens*], t.III.

11 *Lettres édifiantes*, 12ª coletânea, p.80.

vasta ambição, com a grandeza das ideias etc., produziu entre os romanos os efeitos que todos conhecemos.

Capítulo X – Do caráter dos espanhóis e dos chineses

Os diversos caracteres das nações estão misturados com virtudes e vícios, de qualidades boas e más. As felizes misturas são aquelas das quais resultam grandes bens e frequentemente não se desconfiaria delas; há outras das quais resultam grandes males e das quais tampouco se desconfiaria.

A boa-fé dos espanhóis foi famosa em todas as épocas. Justino[12] nos fala da fidelidade deles em guardar os depósitos, tendo eles muitas vezes morrido para mantê-los em segredo. Essa fidelidade que tinham outrora é conservada ainda hoje. Todas as nações que comerciam em Cádis confiam sua fortuna aos espanhóis, e nunca se arrependeram. Mas essa qualidade admirável, em conjunto com a preguiça, forma uma mistura da qual resultam efeitos que lhes são perniciosos: os povos da Europa, debaixo dos seus narizes, fazem todo o comércio de sua monarquia.

O caráter dos chineses forma uma outra mistura que contrasta com o caráter dos espanhóis. Sua vida precária[13] os levam a uma atividade prodigiosa e um desejo tão excessivo pelo lucro que nenhuma nação comerciante pode confiar neles.[14] Essa reconhecida infidelidade lhes conservou o comércio do Japão. Nenhum negociante da Europa ousou realizá-lo em seu nome, mesmo com a facilidade que tinham em fazê-lo por suas províncias marítimas do norte.

Capítulo XI – Reflexão

Não disse isso para diminuir em nada a distância infinita que há entre os vícios e as virtudes. Deus me livre! Somente quis que se compreendesse que nem todos os vícios políticos são vícios morais, assim como nem todos os

---

12 Lv.XLIII [Justino, *Epitoma Historiarum Philippicarum*, cap.II].

13 Pela natureza do clima e do terreno.

14 Du Halde [*Descrição do império da China*], t.II.

vícios morais são vícios políticos, e isso não deve ser ignorado por aqueles que fazem leis que contrariam o espírito geral.

Capítulo XII – Das maneiras e dos costumes no Estado despótico

É uma máxima capital que não se devem nunca mudar os costumes e as maneiras em um Estado despótico: nada seria mais rápido para desencadear uma revolução. Isso ocorre porque nesses Estados não há leis, por assim dizer. Há apenas costumes e maneiras e, se subverteis isso, subverteis tudo.

As leis são estabelecidas, os costumes são inspirados; estes dizem mais respeito ao espírito geral, aquelas mais a uma instituição particular. Ora, é tão ou mais perigoso subverter o espírito geral quanto mudar uma instituição particular.

Há menos trato nos países em que cada um, como superior e como inferior, exerce e sofre um poder arbitrário, do que naqueles em que a liberdade reina em todas as condições. Nos primeiros lugares, portanto, as maneiras e os costumes mudam menos. As maneiras mais fixas aproximam-se mais das leis. Assim, é preciso que um príncipe ou um legislador contrarie menos seus costumes e maneiras do que em qualquer outro país do mundo.

As mulheres são normalmente enclausuradas e não ditam o tom das coisas. Nos outros países, onde vivem com os homens, o desejo que elas têm de agradar e o desejo que também se tem de agradá-las, leva a uma mudança contínua das maneiras. Os dois sexos se deterioram, ambos perdem sua qualidade distintiva e essencial. O arbitrário se estabelece naquilo que era absoluto e as maneiras mudam todos os dias.

Capítulo XIII – Das maneiras entre os chineses

Porém, é na China que as maneiras são indestrutíveis. Além de as mulheres estarem absolutamente separadas dos homens, ensinam-se nas escolas tanto as maneiras como os costumes. Um letrado[15] pode ser reconhecido

---

15 Assim diz Du Halde [*Descrição do império da China*].

pela simples maneira como faz a reverência. Essas coisas, uma vez oferecidas como preceitos e por doutores sérios, fixam-se como princípios de moral e não mudam mais.

Capítulo XIV – Quais são os meios naturais de mudar os costumes e as maneiras de uma nação

Dissemos que as leis eram instituições particulares e precisas do legislador; e os costumes e as maneiras, instituições da nação em geral. Disso se segue que, quando se quer mudar os costumes e as maneiras, não se deve mudá-los por meio de leis; isso pareceria muito tirânico. Vale mais mudá-los por meio de outros costumes e outras maneiras.

Assim, quando um príncipe quer realizar grandes mudanças em sua nação, é preciso que ele reforme pelas leis o que é estabelecido pelas leis, e que mude pelas maneiras o que é estabelecido pelas maneiras. E é uma política muito ruim mudar pelas leis o que deve ser mudado pelas maneiras.

A lei que obrigava os moscovitas a cortar a barba e as roupas, e a violência de Pedro I de mandar cortar as longas túnicas daqueles que entravam nas cidades, eram tirânicas. Há meios para impedir os crimes: são as penas. Também há meios para mudar as maneiras: são os exemplos.

A facilidade e a rapidez com que essa nação bem se policiou mostrou que esse príncipe tinha uma opinião muito negativa dela e que esses povos não eram animais, como ele dizia. Os meios violentos que empregou eram inúteis. No fim, teria alcançado seu objetivo do mesmo modo por meio da brandura.

Ele mesmo comprovou a facilidade dessas mudanças. As mulheres estavam enclausuradas e, de certa maneira, eram escravas. Ele as chamou para a corte, fez com que se vestissem à maneira alemã, enviou-lhes tecidos. Esse sexo logo experimentou uma maneira de viver que agradava bastante seu gosto, sua vaidade e suas paixões. Além disso, ele fez com que os homens gostassem disso.

O que tornou essa mudança mais fácil foi que os costumes daquele tempo eram estranhos ao clima e tinham sido trazidos por uma mistura entre as nações e as conquistas. Oferecendo os costumes e maneiras da

Europa a uma nação europeia, Pedro I encontrou facilidades que ele mesmo não esperava. O império do clima é o primeiro de todos os impérios.

Não havia, portanto, necessidade de leis para mudar os costumes e as maneiras de sua nação; teria bastado inspirar outros costumes e outras maneiras.

Em geral, os povos são muito ligados aos seus costumes. Tirá-los violentamente é torná-los infelizes. Não se deve, portanto, mudá-los, mas engajá-los para que eles mesmos os mudem.

Toda pena que não derive da necessidade é tirânica. A lei não é um puro ato de poder; por sua natureza, as coisas indiferentes não são de sua alçada.

Capítulo XV – Influência do governo doméstico sobre o político

A mudança dos costumes das mulheres certamente exercerá grande influência no governo da Moscóvia. Tudo está extremamente ligado: o despotismo do príncipe se une naturalmente à servidão das mulheres, e a liberdade das mulheres ao espírito da monarquia.

Capítulo XVI – Como alguns legisladores confundiram os princípios que governam os homens

Os costumes e as maneiras são hábitos que as leis não estabeleceram, não puderam ou não quiseram estabelecer.

Há a seguinte diferença entre as leis e os costumes: as leis regulamentam sobretudo as ações do cidadão e os costumes sobretudo as ações do homem. Há a seguinte diferença entre costumes e maneiras: os primeiros dizem respeito mais à conduta interna e os outros à externa.

Algumas vezes essas coisas[16] se confundem em um Estado. Licurgo estabeleceu um mesmo código para as leis, os costumes e as maneiras; e os legisladores da China fizeram a mesma coisa.

---

16 Moisés estabeleceu um mesmo código para as leis e a religião. Os primeiros romanos confundiram os costumes antigos com as leis.

Não deve surpreender se os legisladores da Lacedemônia e da China confundiram as leis, os costumes e as maneiras, pois os costumes representam as leis, e as maneiras representam os costumes.

O principal objetivo dos legisladores da China era fazer com que seu povo vivesse tranquilamente; queriam que os homens se respeitassem muito; que a todo momento cada um sentisse que devia muito aos outros; que não houvesse cidadão que dependesse, em todos os sentidos, de um outro cidadão. Deram, portanto, às regras de civilidade uma grande amplitude.

Assim, entre os povos chineses, é possível observar pessoas[17] do vilarejo realizarem entre si cerimônias como as pessoas de uma condição elevada; meio muito apropriado para inspirar a brandura, para manter entre o povo a paz e a boa ordem, e para afastar todos os vícios que vinham de um espírito enrijecido. Na verdade, livrar-se das regras de civilidade não é buscar o meio de deixar seus defeitos mais à vontade?

A civilidade, nesse sentido, vale mais que a polidez. A polidez enaltece os vícios dos outros e a civilidade nos impede que os nossos sejam expostos; é uma barreira que os homens colocam entre si para se impedirem de se corromper.

Licurgo, cujas instituições eram severas, não objetivava a civilidade quando formou suas maneiras. Ele visava a esse espírito belicoso que queria dar a seu povo. Pessoas que sempre corrigiam, ou eram sempre corrigidas, que sempre instruíam e eram sempre instruídas, igualmente simples e rígidas, que entre si exerciam mais as virtudes do que o entreolhar-se.

Capítulo XVII – Propriedade particular do governo da China

Os legisladores da China fizeram mais.[18] Confundiram a religião, as leis, os costumes e as maneiras: tudo isso era moral, tudo isso era virtude. Os preceitos que concerniam a esses quatro pontos eram o que se chama ritos. Foi na observância exata desses ritos que o governo chinês triunfou. Passaram toda sua juventude a aprendê-los e toda a sua vida a praticá-los.

---

17 Vede Du Halde [*Descrição do império da China*, t.II].

18 Vede os livros clássicos dos quais Du Halde nos ofereceu tão belos excertos.

Do espírito das leis

Os letrados os ensinavam, os magistrados os pregavam. E, como abarcavam todas as pequenas ações da vida, quando se encontrou o meio para que fossem observados com mais exatidão, a China foi bem governada.

Duas coisas puderam facilmente gravar os ritos no coração e no espírito dos chineses: uma, sua maneira de escrever extremamente complexa, a qual acarretou que, durante uma enorme parte da vida, o espírito tenha se ocupado unicamente[19] com esses ritos, pois foi preciso aprender a ler nesses livros e pelos livros que os continham; a outra, que os preceitos dos ritos não tinham nada de espiritual, mas simplesmente regras de uma prática comum; é bem mais fácil convencer e tocar os espíritos com isso do que com uma coisa intelectual.

Os príncipes que, em vez de governarem pelos ritos, governaram pela força dos suplícios, quiseram fazer dos suplícios algo que não está em seu poder: proporcionar os costumes. Os suplícios subtrairão da sociedade um cidadão que, tendo perdido seus costumes, viola as leis, mas, se todo mundo perdeu os costumes, eles os restabelecerão? Os suplícios certamente impedirão várias consequências do mal geral, mas não o corrigirão. Do mesmo modo, quando os princípios do governo chinês foram abandonados, quando a moral foi perdida, o Estado caiu na anarquia e irromperam revoluções.

Capítulo XVIII – Consequência do capítulo precedente

Disso resulta que a China não perde suas leis pela conquista. Sendo as maneiras, os costumes, as leis, a religião, todas a mesma coisa, não se pode mudar tudo isso de uma vez só. E como é preciso que o vencedor ou o vencido mudem, foi sempre necessário que na China isso ocorresse com o vencedor, pois, não sendo seus costumes as suas maneiras, nem suas maneiras as suas leis, nem suas leis a sua religião, era mais fácil que aos poucos o vencedor se curvasse ao povo vencido do que o inverso.

Disso resulta ainda uma coisa bem triste: é quase impossível que em algum momento o cristianismo se estabeleça na China.[20] Os votos de virgin-

---

19 Isso estabeleceu a emulação, a fuga da ociosidade e a estima pelo saber.
20 Vede as razões dadas pelos magistrados chineses nos decretos pelos quais proscreveram a religião cristã. *Lettres édifiantes*, 17ª coletânea.

dade, as assembleias das mulheres nas igrejas; sua necessária comunicação com os ministros da religião; sua participação nos sacramentos; a confissão ao ouvido; a extrema-unção; o casamento monogâmico; tudo isso subverte os costumes e as maneiras do país e ao mesmo tempo ainda se choca com a religião e com as leis.

A religião cristã, pelo estabelecimento da caridade, por um culto público, pela participação nos mesmos sacramentos, parece exigir que tudo esteja unido. Os ritos dos chineses parecem ordenar que tudo esteja separado.

E, como se viu que essa separação[21] geralmente diz respeito ao espírito do despotismo, aqui se observará uma das razões que fazem que o governo monárquico e todo governo moderado se aliem melhor[22] com a religião cristã.

Capítulo XIX – Como é feita essa união da religião, das leis, dos costumes e das maneiras entre os chineses

Os legisladores da China tinham a tranquilidade do império como principal objetivo. A subordinação lhes pareceu o meio mais apropriado para mantê-la. Com essa ideia, acreditaram dever inspirar o respeito pelos pais e concentraram todas as suas forças nesse sentido. Estabeleceram uma infinidade de ritos e cerimônias para honrá-los durante sua vida e após sua morte. Era impossível honrar os pais mortos sem serem levados a honrá-los em vida. As cerimônias para os pais mortos tinham mais relação com a religião; as cerimônias para os pais em vida tinham mais relação com as leis, os costumes e as maneiras. Mas eram apenas as partes de um mesmo código e esse código era bem extenso.

O respeito pelos pais era necessariamente ligado a tudo o que representava a figura paterna: os velhos, os senhores, os magistrados, o imperador. Esse respeito pelos pais supunha um retorno do amor para com os filhos, e, por conseguinte, o mesmo retorno dos velhos para com os jovens, dos magistrados para com aqueles que lhes eram submetidos, do imperador para com os súditos. Tudo isso formava os ritos e esses ritos formavam o espírito geral da nação.

---

21 Vede o Lv.IV, Cap.3 e o Lv.XIX, Cap.13.
22 Vede adiante Lv.XXIV, Cap.3.

Do espírito das leis

Vejamos a relação que as coisas aparentemente mais indiferentes podem ter com a constituição fundamental da China. Esse império é formado sobre a ideia do governo de uma família. Se diminuirdes a autoridade paterna, ou mesmo se suprimirdes as cerimônias que exprimem o respeito que se tem por ela, enfraquecereis o respeito pelos magistrados que são vistos como pais; os magistrados não terão o mesmo cuidado pelos povos que devem considerar como filhos; essa relação de amor que existe entre o príncipe e os súditos aos poucos também se perderá. Suprimi uma dessas práticas e abalareis o Estado. Que uma nora se levante todas as manhãs para ir cumprir tais ou tais deveres para com sua sogra é, em si mesmo, algo indiferente, mas, se atentarmos que essas práticas externas incessantemente nos remetem a um sentimento que é necessário imprimir em todos os corações, e que de todos os corações partirá para formar o espírito que governa o império, ver-se-á que é necessário que uma tal ou tal ação particular seja realizada.

Capítulo XX – Explicação de um paradoxo sobre os chineses

O que há de singular é que os chineses, cuja vida é inteiramente regida pelos ritos, são, todavia, o povo mais ardiloso da Terra. Isso se manifesta sobretudo no comércio, que nunca conseguiu inspirar neles a boa-fé que lhe é natural. Aquele que compra deve levar[23] sua própria balança, uma vez que cada mercador possui três: uma pesada para comprar, uma leve para vender e uma justa para os que são seus protegidos. Penso poder explicar essa contradição.

Os legisladores da China tiveram dois objetivos: quiseram que o povo fosse tanto submisso e tranquilo, quanto laborioso e industrioso. Pela natureza do clima e do terreno, ele tem uma vida precária; a subsistência é obtida apenas através de muita indústria e trabalho.

Quando todo mundo obedece e todo mundo trabalha, o Estado se encontra em uma situação feliz. É a necessidade, e talvez a natureza do clima, o que motivou em todos os chineses uma inimaginável avidez pelo lucro;

_____

23 *Journal* de Lange em 1721 e 1722; t.VIII das *Voyages du Nord*, p.363.

e as leis não consideraram freá-la. Tudo foi proibido quando era questão de adquirir por meio de violência; tudo foi permitido quando se tratava de obter por artifício ou indústria. Não comparemos, portanto, a moral dos chineses com a da Europa. Na China, cada um tinha que estar atento ao que lhe era útil; se o velhaco cuidou dos seus interesses, aquele que foi enganado deveria pensar nos seus. Na Lacedemônia era permitido roubar; na China é permitido enganar.

Capítulo XXI – Como as leis devem ser relativas aos costumes e às maneiras

Somente instituições singulares confundem assim as leis, os costumes e as maneiras, que são naturalmente distintas. Mas, ainda que sejam distintas, não deixam de guardar grandes relações entre elas.

Perguntaram para Sólon se as leis que havia dado aos atenienses eram as melhores: "Eu lhes dei", respondeu, "as melhores que podiam suportar".[24] Belas palavras que deveriam ser ouvidas por todos os legisladores. Quando a sabedoria divina diz ao povo judeu: "Eu vos dei preceitos que não são bons", isso significa que eram de uma bondade apenas relativa. Isso elimina todas as dificuldades que se pode conceber acerca das leis de Moisés.

Capítulo XXII – Continuação do mesmo assunto

Quando um povo tem bons costumes, as leis tornam-se mais simples. Platão[25] diz que Radamanto, que governava um povo extremamente religioso, expedia todos os processos com celeridade, deferindo somente o juramento sobre cada chefe. Contudo, acrescenta Platão,[26] quando um povo não é religioso, o juramento só pode ser usado nas ocasiões em que aquele que jura não tem interesse, como um juiz e as testemunhas.

---

24 Referência tirada de Plutarco, "Vida de Sólon", *Vidas paralelas*. (N. T.)
25 *As leis*, Lv.XII [948b].
26 Ibid.

Do espírito das leis

Capítulo XXIII – Como as leis seguem os costumes

No tempo em que os costumes dos romanos eram puros, não havia uma lei particular sobre o peculato. Quando esse crime começou a aparecer, era visto como infame a ponto de se achar que ser condenado a restituir[27] o que se havia subtraído era uma grande pena. O julgamento de L. Cipião[28] testemunha isso.

Capítulo XXIV – Continuação do mesmo assunto

As leis que concedem a tutela para a mãe dão uma atenção maior à conservação da pessoa do pupilo; as que a concedem ao herdeiro mais próximo dão uma atenção maior à conservação dos bens. Entre os povos cujos costumes estão corrompidos, vale mais conceder a tutela à mãe. Entre aqueles no qual as leis devem confiar nos costumes dos cidadãos, concede-se a tutela aos herdeiros dos bens, ou à mãe, e algumas vezes aos dois.

Refletindo sobre as leis romanas, verificar-se-ia que seu espírito está de acordo com o que eu disse. Nos tempos em que foram concebidas as Leis das Doze Tábuas, os costumes em Roma eram admiráveis. Deferiu-se a tutela ao parente mais próximo do pupilo pensando que, se ele devia ter a responsabilidade da tutela, podia ter a vantagem da sucessão. Não se acreditava que a vida do pupilo estava em perigo, ainda que fosse colocada nas mãos de quem sua morte era muito útil. Mas, quando os costumes mudaram em Roma, observou-se que os legisladores também mudaram a maneira de pensar. "Se na substituição pupilar", dizem Caio[29] e Justiniano,[30] "o testamenteiro teme que o substituído estabeleça armadilhas para o pupilo, ele pode deixar exposta a substituição vulgar[31] e inserir a pupilar em uma parte

---

27 *In simplum.*

28 Tito Lívio, Lv.XXXVIII, [cap.LII].

29 *Institutas* [*Corpus Juris Civilis*], Lv.II, tit.VI, §2; na compilação de Ozel, Leyde, 1658.

30 *Institutas* [*Corpus Juris Civilis*], Lv.II, *de pupillari substituione*, §3.

31 A substituição vulgar é: "Se tal pessoa não assume a herança, eu a substituo etc.".
A pupilaria é: "Se tal pessoa morre antes da sua puberdade, eu a substituo etc.".

do testamento, o qual poderá ser aberto somente após certo tempo". Eis temores e precauções desconhecidos dos primeiros romanos.

Capítulo XXV – Continuação do mesmo assunto

A lei romana dava liberdade para o oferecimento de dádivas antes do casamento, mas, após o casamento, isso não era mais permitido. Isso se baseava nos costumes dos romanos, os quais eram levados ao casamento apenas pela frugalidade, pela simplicidade e pela modéstia, mas que podiam se deixar seduzir pelos cuidados domésticos, pelas conveniências e a felicidade de toda uma vida.

A Lei dos Visigodos[32] determinava que o esposo pudesse oferecer dádivas apenas para aquela que devia desposar, não mais que um décimo de seus bens e que nada pudesse ser doado no primeiro ano de seu casamento. Isso vinha também dos costumes do país. Os legisladores queriam impedir essa jactância espanhola que levava unicamente a essas liberalidades excessivas em uma ação impulsiva.

Com suas leis, os romanos acabaram com alguns inconvenientes do império mais durável do mundo, que é o da virtude. Os espanhóis, com as suas, queriam impedir o efeito nocivo da tirania mais frágil do mundo, que é a da beleza.

Capítulo XXVI – Continuação do mesmo assunto

A Lei de Teodósio e de Valentiniano[33] retirou as causas do repúdio dos antigos costumes[34] e das maneiras dos romanos. Ela colocou entre o número dessas causas a ação de um marido[35] que castigasse sua mulher de maneira indigna para uma pessoa ingênua. Essa causa foi omitida nas leis posteriores.[36]

---

32 [*Lex Visigothorum*] Lv.III, tit.I, §5.

33 [*Corpus Juris Civilis*] Leg.8, Cod. *de repudiis*.

34 E da Lei das Doze Tábuas. Vede Cícero, *Filípica*, II [cap.69].

35 *Si verberibus, quæ ingenuis aliena sunt, afficientem probaverit* [*Corpus Juris Civilis*].

36 Na *Novela* CXXVII, cap.XIV.

Do espírito das leis

É que os costumes haviam mudado a esse respeito; os hábitos do Oriente haviam tomado o lugar dos da Europa. O primeiro eunuco da imperatriz, mulher de Justiniano II, a ameaçou, diz a história, desse castigo com o qual se pune as crianças nas escolas. Somente costumes estabelecidos, ou que buscam se estabelecer, poderiam fazer que se imaginasse uma coisa semelhante.

Vimos como as leis seguem os costumes. Vejamos agora como os costumes seguem as leis.

Capítulo XXVII – Como as leis podem contribuir para a formação dos costumes, das maneiras e do caráter de uma nação

Os costumes de um povo escravo são uma parte da sua servidão; os de um povo livre são uma parte da sua liberdade.

Falei no Livro XI[37] de um povo livre e apresentei os princípios de sua constituição. Vejamos os efeitos daí derivados, o caráter que foi possível formar e as maneiras resultantes disso.

Não digo que o clima não produziu, em grande parte, as leis, os costumes e as maneiras dessa nação, mas digo que os costumes e as maneiras dessa nação deveriam ter uma grande relação com suas leis.

Como haveria nesse Estado dois poderes visíveis – o poder legislativo e o executivo –, todo cidadão teria sua própria vontade e faria valer sua independência como quisesse, a maioria das pessoas teria uma afeição maior por um desses poderes do que por outro, não tendo normalmente o vulgo nem equidade nem senso o bastante para se afeiçoar igualmente a ambos.

E como o poder executivo, que tem todos os cargos à sua disposição, poderia oferecer grandes esperanças sem nunca incutir temores, todos que obtivessem algo dele estariam inclinados a tomar seu lado, ao passo que ele poderia ser atacado por todos aqueles que nada esperassem dele.

Como ali todas as paixões são livres, o ódio, a inveja, o ciúme, o ardor por se enriquecer e se distinguir apareceriam com toda a sua força; e, se fosse

---

37 Cap.6.

de outra maneira, o Estado seria como um homem abatido pela doença, que não tem paixões porque não tem forças.

O ódio entre os dois partidos se prolongaria, pois seria sempre impotente.

Como esses partidos são compostos por homens livres, se um dos dois tomasse excessiva dianteira, o efeito da liberdade faria com que fosse rebaixado, enquanto os cidadãos, assim como as mãos que socorrem o corpo, viriam para reerguer o outro.

Como cada particular sempre independente seguiria sobretudo seus caprichos e fantasias, frequentemente haveria mudança de partido: abandonar-se-ia um, deixando todos seus amigos, para ligar-se a um outro no qual se encontram todos os seus inimigos; e, nessa nação, muitas vezes as leis da amizade e do ódio poderiam ser esquecidas.

O monarca estaria no mesmo caso dos particulares: contra as máximas comuns da prudência, seria muitas vezes obrigado a oferecer sua confiança àqueles que mais o teriam contrariado e desfavorecer aqueles que melhor o teriam servido, fazendo por necessidade o que os outros príncipes fazem por escolha.

Tememos ver escapar um bem que sentimos, que não conhecemos e que pode se esconder de nós; e o temor sempre aumenta os objetos. O povo ficaria inquieto acerca da sua situação e acharia estar em perigo mesmo nos momentos mais seguros.

Isso se verificaria ainda mais quando aqueles que se opusessem o mais vivamente ao poder executivo não pudessem confessar os motivos interessados de sua oposição, e aumentariam os terrores do povo, que jamais saberia ao certo se estava em perigo ou não. Mas isso mesmo contribuiria para fazê-lo evitar os verdadeiros perigos aos quais poderia, em seguida, estar exposto.

Mas tendo o corpo legislativo a confiança do povo e sendo mais esclarecido que ele, poderia reverter as más impressões que lhe teriam atribuído e acalmar seus movimentos.

É a grande vantagem que esse governo teria sobre as democracias antigas, nas quais o povo possuía um poder imediato, pois, quando os oradores o agitavam, essas agitações sempre produziam seu efeito.

Do espírito das leis

Assim, mesmo que os terrores incutidos não tivessem um objeto preciso, produziriam apenas reclamações e injúrias vãs; e teriam mesmo esse bom efeito: esticariam todas as molas do governo e os cidadãos ficariam atentos. Mas, se elas nascessem por ocasião da subversão das leis fundamentais, seriam inflexíveis, funestas, atrozes e produziriam catástrofes.

Rapidamente se veria uma calmaria terrível, durante a qual tudo se reuniria contra o poder violador das leis.

Se, no caso em que as inquietudes não tivessem um objeto preciso, alguma potência estrangeira ameaçasse o Estado e colocasse sua fortuna ou sua glória em perigo, nesse caso, cedendo os pequenos interesses aos maiores, tudo se reuniria em favor do poder executivo.

Se as disputas fossem formadas por ocasião da violação das leis fundamentais e uma potência aparecesse, haveria uma revolução que não mudaria nem a forma do governo, nem a sua constituição, pois as revoluções que produzem a liberdade são apenas uma confirmação da liberdade.

Uma nação livre pode ter um libertador; uma nação subjugada pode ter apenas um outro opressor.

Afinal, todo homem que tem força suficiente para expulsar aquele que já é o senhor absoluto de um Estado, tem-na o suficiente para ele mesmo vir a sê-lo.

Como para gozar da liberdade é preciso que cada um possa falar o que pensa e que, para conservá-la, ainda é preciso que cada um possa falar o que pensa, um cidadão nesse Estado diria e escreveria tudo que as leis não proíbem expressamente de falar ou escrever.

Essa nação, sempre inflamada, poderia ser conduzida mais facilmente por suas paixões do que pela razão, que nunca produz grandes efeitos sobre o espírito dos homens; e seria fácil para os que a governassem fazê-la obrar contra seus verdadeiros interesses.

Essa nação amaria prodigiosamente sua liberdade, pois essa liberdade seria verdadeira; e poderia acontecer que, para defendê-la, sacrificasse seu bem, sua riqueza, seus interesses; ela imporia a si impostos com uma dureza tal que mesmo o príncipe mais absoluto não ousaria impor aos seus súditos.

Mas, como teria um conhecimento certo sobre a necessidade de se submeter a eles, pagaria com a esperança bem fundamentada de não pagar mais. As despesas seriam mais pesadas que a sensação de sua sobrecarga. Há Estados, porém, em que essa sensação é infinitamente pior que o mal.

Teria um crédito garantido, pois emprestaria a si mesma e pagaria a si mesma. Poderia acontecer de empreender para além das suas forças naturais e impor contra seus inimigos imensas riquezas fictícias[38] que a confiança e a natureza do seu governo tornariam reais.

Para conservar sua liberdade, tomaria emprestado de seus súditos; e seus súditos, que perceberiam que seu crédito seria perdido caso fosse conquistada, teriam uma nova motivação para fazer esforços para defender sua liberdade.

Se essa nação habitasse uma ilha, não seria conquistadora, pois conquistas distantes a enfraqueceriam. Se o terreno dessa ilha fosse bom, ela seria ainda menos inclinada à conquista, pois não teria necessidade da guerra para se enriquecer. E, como nenhum cidadão dependeria de outro cidadão, cada um faria mais caso da sua liberdade do que da glória de alguns cidadãos ou de um só.

Lá os militares seriam vistos como pessoas de uma profissão que pode ser útil e muitas vezes perigosa, como pessoas cujos serviços são penosos para a própria nação; e as qualidades civis seriam mais estimadas.

Essa nação, cuja paz e liberdade tornariam rica, liberta de preconceitos destruidores, seria levada a tornar-se comerciante. Se tivesse alguma dessas matérias-primas das quais resultam essas coisas a que a mão do artesão agrega um grande valor, poderia criar estabelecimentos próprios para conseguir desfrutar plenamente desse dom do céu.

Se essa nação estivesse situada no norte e tivesse uma grande quantidade de víveres excedentes, como também lhe faltaria uma grande quantidade de mercadorias que seu clima lhe negaria, faria um comércio necessário, mas grande, com os povos do sul. E, escolhendo os Estados que favoreceria com um comércio vantajoso, faria tratados reciprocamente úteis com a nação que teria escolhido.

---

38 Montesquieu se refere a riquezas simbólicas, como o ouro, a prata, a moeda ou o crédito, ou seja, tudo que não advém do trabalho ou da terra e que se pode efetivamente consumir. (N. T.)

Em um Estado no qual, de um lado, a opulência seria extrema, e de outro, os impostos seriam excessivos, quase não se poderia viver sem indústria com uma fortuna limitada. Muitas pessoas, sob pretexto de viagem ou saúde, se exilariam e iriam buscar a abundância mesmo nos países da servidão.

Uma nação comerciante tem um número prodigioso de pequenos interesses particulares; pode, portanto, melindrar ou ser melindrada de infinitas maneiras. Ela se tornaria soberanamente invejosa e se preocuparia mais com a prosperidade das outras do que desfrutaria da sua.

E suas leis, ademais brandas e descomplicadas, poderiam ser tão rígidas no que diz respeito ao comércio e à navegação que pareceria estarem negociando apenas com inimigos.

Se essa nação estabelecesse colônias longínquas, o faria mais para aumentar seu comércio do que sua dominação.

Como se ama estabelecer em outros lugares o que se vê estabelecido em seu território, ela daria ao povo de suas colônias a forma de seu próprio governo; e com esse governo levando consigo a prosperidade, ver-se-iam formar grandes povos nas florestas que mandaria habitar.

Pode ser que teria subjugado outrora uma nação vizinha a qual, por sua situação, pela qualidade dos seus portos, pela natureza de suas riquezas, lhe teria causado inveja. Assim, ainda que tenha dado suas próprias leis, ela a manteria em uma grande dependência, de maneira que os cidadãos fossem livres e o próprio Estado fosse escravo.

O Estado conquistado teria um ótimo governo civil, mas seria oprimido pelo direito das gentes; e leis lhes seriam impostas de nação para nação, as quais seriam de tal natureza que sua prosperidade seria apenas precária e custodiada por um senhor.

Habitando uma grande ilha e possuindo um grande comércio, a nação dominante teria todos os tipos de facilidade para obter forças marítimas; e como a conservação de sua liberdade não exigiria que tivesse quartéis, nem fortalezas, nem exércitos terrestres, ela teria necessidade de uma esquadra naval que a protegesse das invasões. Sua marinha seria superior à de todas as outras potências, que, tendo necessidade de empregar suas finanças na guerra terrestre, não as teria o bastante para a guerra no mar.

O império marítimo sempre conferiu uma audácia natural aos povos que o possuíam, pois, sentindo-se capazes de realizar afrontas por toda parte, acham que seu poder não tem limites além do oceano.

Essa nação poderia ter uma grande influência nos negócios de seus vizinhos, pois, como não empregaria seu poder para conquistar, buscaria mais a sua amizade; e temeria mais seu ódio do que a inconstância de seu governo, e sua agitação interna não pareceria ameaçá-la.

Assim, seria esse o destino do poder executivo, de ser quase sempre inquieto internamente e respeitado externamente.

Se acontecesse de essa nação se tornar em algumas ocasiões o centro das negociações da Europa, traria um pouco mais de probidade e boa-fé que as outras, porque, sendo seus ministros muitas vezes obrigados a justificar sua conduta diante de um conselho popular, suas negociações não poderiam ser secretas e, sob esse aspecto, seriam forçados a serem pessoas um pouco mais honestas.

Ademais, como teriam que, de certa maneira, endossar acontecimentos que uma conduta tortuosa poderia engendrar, o mais seguro seria que tomassem o caminho mais reto.

Se em certos momentos os nobres tivessem um poder imoderado na nação e o monarca tivesse encontrado o meio de rebaixá-los elevando o povo, o ponto de extrema servidão teria sido entre o momento do rebaixamento dos grandes e aquele em que o povo tivesse começado a sentir seu poder.

Poderia ser que essa nação, tendo sido outrora submetida a um poder arbitrário, houvesse conservado o estilo em várias ocasiões, de maneira que, no fundo de um governo livre, muitas vezes se veria a forma de um governo absoluto.

A respeito da religião, como nesse Estado cada cidadão teria sua própria vontade e seria, por conseguinte, conduzido por suas próprias luzes – ou por suas fantasias –, ocorreria que ou cada um seria muito indiferente a todos os tipos de religiões, de qualquer espécie que fossem, de modo que todo mundo seria levado a adotar a religião dominante; ou seriam zelosos pela religião em geral, de modo que as seitas se multiplicariam.

Não seria impossível haver nessa nação pessoas sem nenhuma religião, bem como pessoas que, tendo uma, não gostariam de ser obrigadas a mudar

Do espírito das leis

a que seguem, pois sentiriam imediatamente que a vida e os bens lhes pertencem tanto quanto sua maneira de pensar – e quem pode roubar um, pode mais ainda tirar o outro.

Se entre as diferentes religiões houvesse uma cujo estabelecimento tivesse tentado se concretizar pela via da escravidão, ela seria odiosa, porque, como julgamos as coisas pelas ligações e complementos que adicionamos, essa religião nunca se apresentaria ao espírito em conjunto com a ideia de liberdade.

As leis contra os que professassem essa religião não seriam sanguinárias, pois a liberdade não concebe esses tipos de penas, mas seriam tão repressoras que fariam todo o mal que pode ser feito a sangue-frio.

Poderia acontecer de mil maneiras que o clero tivesse tão pouco crédito que os outros cidadãos teriam mais. Assim, em vez de estar em separado, ele preferiria suportar os mesmos encargos que os laicos e, nesse sentido, constituir um único corpo. No entanto, como buscaria sempre trazer para si o respeito do povo, ele se distinguiria por uma vida mais reclusa, uma conduta mais reservada e costumes mais puros.

Não podendo proteger essa religião, nem por ela ser protegido, esse clero buscaria a persuasão. Obras muito boas sairiam de suas penas para provar a revelação e a providência do grande Ser.

Poderia acontecer que se evitassem suas assembleias e que não se quisesse nem mesmo permitir ao clero corrigir seus abusos; e, por um delírio da liberdade, seria preferível deixar sua reforma imperfeita em vez de suportar que fosse reformador.

As dignidades, fazendo parte da constituição fundamental, seriam mais estáveis do que em outros lugares, mas, por outro lado, os grandes, nesse país de liberdade, estariam mais próximos do povo. Os estratos sociais estariam, portanto, mais separados e as pessoas mais próximas.

Os que governam, tendo um poder que se recupera, por assim dizer, e se refaz todos os dias, teriam mais atenção por aqueles que lhes são úteis do que por aqueles que os divertem. Assim, haveria poucos cortesãos, bajuladores, aduladores, enfim, todos esses tipos de pessoa que fazem os grandes pagarem o vazio de seu próprio espírito.

Não se estimariam os homens por seus talentos ou frívolos atributos, mas pelas qualidades reais; e desse gênero há apenas duas: as riquezas e o mérito pessoal.

Haveria um luxo sólido, fundado não no refinamento da vaidade, mas em necessidades reais; e se buscariam nas coisas apenas os prazeres inseridos pela natureza.

Desfrutar-se-ia de um grande supérfluo e, entretanto, as coisas frívolas seriam proscritas. Assim, com diversas pessoas tendo mais bens do que ocasiões de gastá-los, empregá-los-iam de maneira excêntrica; e nessa nação haveria mais espírito do que gosto.

Como alguém sempre estaria ocupado com seus interesses, não se teria essa polidez que é fundada na ociosidade; e, realmente, não teria tempo para ela.

A época da polidez dos romanos é a mesma do estabelecimento do poder arbitrário. O governo absoluto produz a ociosidade; e a ociosidade faz nascer a polidez.

Quanto mais pessoas em uma nação têm necessidade de cerimônias entre si e de não desagradar, mais haverá polidez. No entanto, é mais a polidez dos costumes do que a das maneiras que deve nos distinguir dos povos bárbaros.

Em uma nação na qual todo homem, à sua maneira, participaria da administração do Estados, as mulheres não devem viver com os homens. Elas seriam, portanto, modestas, isto é, tímidas e essa timidez constituiria sua virtude. Ao passo que os homens, sem galanteria, se lançariam em uma devassidão que lhes preservaria toda sua liberdade e seu lazer.

Como ali as leis não são feitas mais para um particular do que para outro, cada um se veria como monarca; e, nessa nação, os homens seriam mais confederados do que concidadãos.

Se o clima tivesse conferido a muitas pessoas um espírito inquieto e um olhar que vê ao longe, em um país onde a constituição concedesse a todo mundo uma parte no governo e interesses políticos, muito se falaria de política; ver-se-iam pessoas que passariam toda sua vida calculando acontecimentos que, em vista da natureza das coisas e do capricho da fortuna, isto é, dos homens, não são passíveis de cálculo.

Do espírito das leis

Em uma nação livre, é muitas vezes indiferente que os particulares raciocinem bem ou mal: basta que raciocinem. Daí deriva sua liberdade, que garante os efeitos desses mesmos raciocínios.

De modo semelhante, em um governo despótico, é igualmente pernicioso que se raciocine bem ou mal; basta que se raciocine para que o princípio do governo seja afrontado.

Muitas pessoas que não se preocupariam em agradar a ninguém se deixariam levar por seu humor. A maioria que tem espírito seria atormentada por seu próprio espírito; tendo desdém ou desgosto de tudo, seriam infelizes com tantos motivos para não o ser.

Com nenhum cidadão temendo outro cidadão, essa nação seria orgulhosa, pois o orgulho dos reis está fundado apenas em sua independência.

As nações livres são soberbas, as demais podem mais facilmente ser enfatuadas.

Mas esses homens tão orgulhosos, vivendo muito consigo mesmos, frequentemente se veriam em meio de pessoas desconhecidas; seriam tímidos e se veria neles, na maior parte do tempo, uma estranha mistura de vergonha e de orgulho.

O caráter da nação apareceria, sobretudo, em suas obras de espírito, nas quais se notariam pessoas reclusas que as teriam pensado totalmente sozinhas.

A sociedade nos ensina a sentir o ridículo; o recolhimento nos torna mais aptos para sentir os vícios. Seus escritos satíricos seriam cruéis; e, entre eles, haveria vários Juvenais antes de se encontrar Horácios.

Nas monarquias extremamente absolutas, os historiadores traem a verdade, pois não têm a liberdade de dizê-la. Nos Estados extremamente livres, eles traem a verdade por causa de sua própria liberdade, que, sempre produzindo divisões, faz com que cada um se torne tão escravo dos preconceitos de sua facção quanto o seria de um déspota.

Seus poetas apresentariam mais frequentemente essa rusticidade original da invenção do que certa delicadeza que cria o gosto. Encontrar-se-ia alguma coisa que mais se aproxima da força de Michelangelo do que da graça de Rafael.

Quarta parte

Livro XX
Das leis na relação que possuem com o comércio considerado em sua natureza e suas distinções

Docuit quæ maximus Atlas.

Virgílio, *Eneida*[1]

Invocação às musas[2]

Virgens do monte Piéria,[3] ouvistes o nome que vos dou? Dai-me inspiração. Percorro um longo caminho e encontro-me sobrecarregado de

---

1 "O que Atlante a tocar lhe ensinara", em Virgílio, *Eneida*, I, 741, p.131. (N. T.)

2 A *Invocação às musas* que abre a quarta parte foi suprimida da edição original após sugestão do editor Jacob Vernet. Inicialmente, Montesquieu foi resistente à supressão do trecho, mas depois cedeu às insistências do editor. No entanto, o autor do *Espírito das leis* argumentava o seguinte a Vernet: "A respeito da *Invocação às musas*, ela possui contra si o fato de tratar-se de algo singular nessa obra e que não havia ainda sido feita. Mas, quando uma coisa singular é boa em si mesma, não se deve rejeitá-la por sua singularidade, que se torna, ela mesma, uma razão de sucesso; e não há obra na qual se deva tentar desfatigar o leitor mais do que esta, por conta de sua extensão e da sobrecarga das matérias" (Montesquieu, *Œuvres complètes* [OC], t.II, p.1514). Por esse motivo, a maior parte das edições modernas e contemporâneas acabam por incorporar a *Invocação* aqui traduzida. (N. T.)

3 Conforme Hesíodo conta em sua *Teogonia*, as Musas *olimpíades*, geradas por Zeus, nasceram em Piéria. Cf. Hesíodo, *Teogonia*, §53 ss. (N. T.)

tristeza e de tédio.[4] Que vós infundísseis em meu espírito esse charme e essa doçura que outrora sentia, e que agora se afasta para longe de mim. Nunca sois tão divinas como quando me conduzis à sabedoria e à verdade mediante o prazer.

Mas, se não quiserdes abrandar o rigor de meus trabalhos, escondei o próprio trabalho. Fazei que sejam instruídos e que eu não ensine; que eu reflita e que pareça sentir; e, quando eu anunciar coisas novas, fazei que acreditem que nada sei, e que sejais vós que tudo tenha me dito.

Quando as águas de vossa fonte irrompem de vosso amado rochedo, não sobem aos ares para caírem novamente: elas escoam na pradaria, fazem vossos deleites porque deleitam os pastores.

Encantadoras musas, se lançardes sobre mim um só de vossos olhares, o mundo inteiro lerá a minha obra, e o que não deveria ser um entretenimento será um prazer.

Divinas musas, sinto que me inspirais, não o que se canta em Tempe[5] nos *chalumeaus*, ou o que se repete em Delos[6] na lira; querei que eu fale à razão; ela é o mais perfeito, o mais nobre e o mais refinado de nossos sentidos.

Capítulo Primeiro – Do comércio

As matérias a seguir exigiriam ser tratadas com mais vagar, mas a natureza desta obra não o permite. Gostaria de fluir num rio tranquilo; sou arrastado por uma torrente.

O comércio cura os preconceitos destrutivos, e é quase uma regra geral que, em todo lugar onde há costumes brandos, há comércio; e que em todo lugar onde há comércio, há costumes brandos.

---

4 *Narrate, puellæ/ Pierides; prosit mihi vos dixisse puellas.* Juvenal, *Sátiras*, IV, versos 35-36. ["Narrai a história, donzelas de Piéria, e que eu seja beneficiado por tê-las chamado de donzelas"].

5 O vale de Tempe é um desfiladeiro localizado na Grécia, relacionado ao culto a Apolo. Sua beleza é exaltada por Virgílio (citado na epígrafe da Quarta Parte do *Espírito das leis*). Os *chalumeaus* são instrumentos de sopro simples, em geral de madeira, considerados como precursores da clarineta. (N. T.)

6 Delos é uma das ilhas gregas que fazem parte das Cíclades, local de nascimento de Apolo e sua irmã, Ártemis (na mitologia romana, Diana). (N. T.)

Que não nos espantemos, portanto, se nossos costumes são menos ferozes do que foram outrora. O comércio fez com que o conhecimento dos costumes de todas as nações tenha penetrado em todo lugar: nós os comparamos entre si e disso resultaram grandes benefícios.

Pode-se dizer que as leis do comércio aperfeiçoam os costumes pela mesma razão que essas próprias leis estragam os costumes. O comércio corrompe os costumes puros:[7] este era o motivo das queixas de Platão. O comércio aprimora e abranda os costumes bárbaros, como observamos todos os dias.

Capítulo II – Do espírito do comércio[8]

O efeito natural do comércio é o de conduzir à paz. Duas nações que negociam juntas tornam-se reciprocamente dependentes: se uma tem o interesse de comprar, outra tem o interesse de vender; e todas as uniões são fundadas sobre necessidades mútuas.

Contudo, se o espírito de comércio une as nações, não une os particulares da mesma forma. Observamos que nos países[9] onde apenas o espírito de comércio é suscitado, traficam-se todas as ações humanas e todas as virtudes morais: as menores coisas, aquelas que a humanidade requer, são feitas ou entregues por dinheiro.

---

7 Sobre os gauleses, César diz que a vizinhança e o comércio de Marselha os haviam estragado de tal modo que eles, que outrora haviam vencido os germanos, haviam se tornado inferiores a estes. *Guerras das Gálias*, Lv.VI, cap.21.

8 Em *MP* n.1694, lemos que o título do livro ou algum de seus capítulos poderia se chamar *Que, no fundo, tudo é troca*. Montesquieu opõe-se, aqui, a alguns princípios das teorias mercantilistas, seja no metalismo ou no papel da razão (ou, nesse caso, interesse) de Estado que outorgava ao comércio um caráter eminentemente beligerante. Como é possível constatar no Livro XX, Montesquieu elabora a teoria do *doux commerce*, isto é, a de que o comércio abranda os costumes e conduz as nações à paz. Sobre o tema, cf. Hirschman, *The Passions and the Interests: Political Arguments for Capitalism before its Triumph*; Spector, *Montesquieu et l'émergence de l'économie politique*; Vargas, *As sociedades e as trocas: Rousseau, a economia política e os fundamentos filosóficos do liberalismo*. (N. T.)

9 A Holanda.

O espírito de comércio produz nos homens certo sentimento de justiça rigorosa, oposta, de um lado, ao banditismo, e, de outro, a essas virtudes morais que fazem que nem sempre eles examinem seus interesses com precisão e fazem que possam negligenciá-los em favor do interesse de outros.

Por contraste, a privação total do comércio produz o banditismo, que Aristóteles enumera como uma das maneiras de aquisição.[10] O espírito do banditismo não é oposto a certas virtudes morais: por exemplo, a hospitalidade, muito rara nos países de comércio, encontra-se admiravelmente presente entre os povos salteadores.

Entre os germanos é um sacrilégio, diz Tácito, fechar a casa para qualquer homem, seja ele quem for, conhecido ou desconhecido. Aquele que exerceu[11] a hospitalidade para com um estrangeiro irá lhe apontar uma outra casa onde a hospitalidade será igualmente exercida, e na qual ele será recebido com a mesma humanidade. No entanto, quando os germanos fundaram reinos, a hospitalidade se tornou um fardo. Isso é mostrado por duas leis do código dos borguinhões,[12] dentre as quais uma impõe uma pena a qualquer bárbaro que mostrasse a casa de um romano a um estranho, e a outra regulamenta que aquele que recebesse um estranho deveria ser indenizado pelos habitantes, cada qual com sua cota-parte.

Capítulo III – Da pobreza dos povos

Há duas espécies de povos pobres. Há os que se tornaram pobres pela severidade do governo, e estes são incapazes de ter alguma virtude, porque sua pobreza constitui uma parte de sua servidão. Há outros que são pobres porque desdenharam ou não conheceram as comodidades da vida, e estes podem fazer grandes coisas, porque essa pobreza constitui uma parte de sua liberdade.

---

10 Aristóteles, *Política*, I, 1256a-b. (N. T.)

11 *Et qui modo hospes fuerat, monstrator hospitii*. ["E aquele que acabou de hospedar alguém, mostrou-lhe outro hospedeiro"]. [Tácito] *De moribus Germanorum*, [cap.21]. Vede também Júlio César, *Guerras das Gálias*, Lv.VI [cap.23, 9].

12 [*Lex Burgundionum*], tit.XXXVIII.

Do espírito das leis

Capítulo IV – Do comércio nos diversos governos

O comércio tem relação com a constituição. No governo de um só, é comumente fundado sobre o luxo, e, embora seja também fundado nas necessidades reais, seu objetivo principal é o de oferecer à nação que o pratica tudo aquilo que pode servir para o seu orgulho, seus deleites e suas extravagâncias. No governo de muitos, o comércio é mais frequentemente fundado sobre a economia. Os negociantes, estendendo seus olhares sobre todas as nações do mundo, trazem até uma nação o que levam de outra. É assim que as repúblicas de Tiro, de Cartago, de Atenas, de Marselha, de Florença, de Veneza e da Holanda fizeram o comércio.

Essa espécie de tráfico convém ao governo de muitos por sua natureza, e ao monárquico por ocasião. Afinal, como é fundado somente sobre a prática de ganhar pouco, e mesmo de ganhar menos que qualquer outra nação, e somente dando uma compensação através de ganhos obtidos de forma contínua, não seria possível que esse comércio pudesse ser feito por um povo no qual o luxo esteja estabelecido, que gasta muito e que vê somente grandes objetos.

É seguindo essas ideias que Cícero dizia muito bem: "Absolutamente não gosto que um mesmo povo seja ao mesmo tempo o dominador e comissário do universo".[13] De fato, seria necessário supor que cada particular nesse Estado, e até mesmo o Estado como um todo, tivesse sempre sua cabeça repleta de grandes projetos, e que essa mesma cabeça estivesse preenchida de pequenos projetos, o que é algo contraditório.

Isso não significa que, nesses Estados que subsistem pelo comércio de economia, não sejam realizados grandes empreendimentos e falte uma ousadia não encontrada nas monarquias. Eis a razão para isso.

Um comércio leva a outro: do pequeno ao médio, do médio ao grande, e aquele que antes apenas desejava ganhar pouco acaba se encontrando em uma condição na qual nutre o desejo de ganhar muito.

Ademais, os grandes empreendimentos dos negociantes necessariamente sempre se misturam com os negócios públicos. Mas, nas monarquias, os

---

13 *Nolo eumdem populum, imperatorem et portitorem esse terrarum.* [Cícero, *De republica*, Lv.IV.]

negócios públicos são, na maior parte do tempo, tão suspeitos aos mercadores quanto lhes parecem seguros nos Estados republicanos. Portanto, os grandes empreendimentos comerciais não são feitos para as monarquias, mas para o governo de muitos.

Em poucas palavras, nesses Estados, a confiança que existe na certeza de segurança sobre a própria propriedade acaba por encorajar todos os empreendimentos; e, porque há uma confiança de possuir em segurança algo que é adquirido, se ousa arriscá-lo para obter ainda mais. Os riscos estão apenas no modo de aquisição: ora, os homens esperam demasiadamente de sua fortuna.

Não quero dizer que não existe alguma monarquia que seja totalmente excluída do comércio de economia; mas ela é, por sua natureza, menos inclinada a ele. Não quero dizer que as repúblicas que conhecemos sejam inteiramente privadas do comércio de luxo, mas este tem menos relação com sua constituição.

Quanto ao Estado despótico, é inútil falar sobre o assunto. Regra geral: em uma nação que se encontra na servidão, trabalha-se mais para conservar do que para adquirir. Em uma nação livre, trabalha-se mais para adquirir do que para conservar.

Capítulo V – Dos povos que fizeram o comércio de economia

Marselha, refúgio necessário em meio a um mar revoltoso. Marselha, esse lugar onde os ventos, os bancos de areia e a disposição das costas obrigam o atracamento, foi frequentada por pessoas do mar. A esterilidade[14] de seu território impeliu seus cidadãos ao comércio de economia. Era imperativo que fossem laboriosos, para suprir o que a natureza lhes recusava; que fossem justos, para viver entre as nações bárbaras que haviam de contribuir para sua prosperidade; que fossem moderados, para que o governo fosse sempre tranquilo; enfim, que tivessem costumes frugais, para que pudessem sempre viver de um comércio tanto mais fácil de conservar quanto menos vantajoso fosse.

---

14 Justino [*Epítome das histórias filípicas*], Lv.XLIII, cap.3.

Do espírito das leis

Em todos os lugares verificou-se a violência e a vexação darem lugar ao nascimento do comércio de economia, isto é, quando os homens são obrigados a se refugiar nos pântanos, nas ilhas, nas marismas e mesmo nos baixios. Foi assim que Tiro, Veneza e as cidades da Holanda foram fundadas; nelas, os fugitivos encontraram sua segurança. Era necessário sobreviver, e obtiveram seu sustento do universo inteiro.

Capítulo VI – Alguns efeitos de uma grande navegação

Algumas vezes pode acontecer de uma nação que faz comércio de economia, necessitando da mercadoria de um país que lhe serve de base para obter mercadorias de outro, contentar-se em ganhar muito pouco, e algumas vezes nada, no primeiro negócio que envolve a primeira mercadoria, na esperança ou certeza de ganhar muito naquele que envolve a segunda. Assim, quando a Holanda fazia praticamente sozinha o comércio do meridiano no norte da Europa, os vinhos da França, que ela levava para o norte, apenas lhe serviam, de algum modo, como recursos para fazer seu comércio no norte.

Sabe-se que, na Holanda, frequentemente certas espécies de mercadoria vindas de longe são vendidas pelo mesmo preço do país de origem. Eis a razão oferecida para isso: um capitão que precisa de lastro para o seu navio, carregará mármore; se precisa de madeira para a estivagem, então a comprará; visto que ele nada perde, se dará por satisfeito. É desse modo que a Holanda possui também suas pedreiras e suas florestas.

Não somente um comércio que nada oferece pode ser útil, até mesmo um comércio desvantajoso pode sê-lo. Ouvi dizer que, na Holanda, geralmente a pesca de baleias quase nunca rende o que custa: mas aqueles que foram empregados na construção da embarcação, os que fizeram os mastros, os aprestos, que providenciaram a alimentação, são os que têm interesse principal nessa pesca. Ainda que percam na pesca, ganharam nos preparos. Esse comércio é uma espécie de loteria e cada um é seduzido pela esperança de um bilhete premiado. Todos gostam de jogar, e mesmo as pessoas mais ajuizadas jogam de bom grado quando não enxergam o aspecto do jogo, suas violências, suas dissipações, a perda de tempo e mesmo da vida inteira.

Capítulo VII – Espírito da Inglaterra a respeito do comércio

A Inglaterra não tem nenhuma tarifa regular com as outras nações; sua tarifa muda, por assim dizer, a cada parlamento, pelas taxas particulares que ela revoga ou impõe. A Inglaterra também quis conservar sua independência relativamente a esse assunto. Soberanamente desconfiada[15] do comércio que nela é praticado, ela pouco se prende por tratados e depende apenas de suas leis.

Outras nações submeteram os interesses comerciais aos interesses políticos: a Inglaterra sempre fez seus interesses políticos se submeterem aos interesses de seu comércio.

É, no mundo, o povo que melhor soube valer-se dessas três grandes coisas: a religião, o comércio e a liberdade.

Capítulo VIII – Como por vezes se colocaram entraves ao comércio de economia

Em algumas monarquias foram elaboradas leis destinadas a rebaixar os Estados que praticam o comércio de economia. Estes foram proibidos de trazer outras mercadorias que não aquelas produzidas em seu próprio país; só foram autorizados a realizar suas trocas com os navios fabricados no país de onde são originários.

É também necessário que o Estado que impõe essas leis possa ele mesmo facilmente realizar o comércio: sem isso, no mínimo faria a si mesmo um

---

15 Em inglês, a *jealousy of trade*. A "inveja", a "desconfiança" ou mesmo o "zelo" do comércio, que se refere à competição internacional e às trocas comerciais entre as nações, foi tema onipresente nos escritos econômicos a partir de meados do século XVIII. *Grosso modo*, com o surgimento da economia política moderna, o assunto era geralmente evocado para refutar terias mercantilistas que enxergavam o comércio entre as nações unicamente do ponto de vista da beligerância e da razão de Estado. Além de Montesquieu, Hume ("Da desconfiança do comércio", em *Ensaios políticos*) e os enciclopedistas (verbete *Jalousie*, por Jaucourt e Diderot), para ficarmos com dois exemplos, tratam da questão. Cf. Hont, *Jealousy of Trade: International Competition and the Nation-State in Historical Perspective*. (N. T.)

Do espírito das leis

mal igual ao que faz a outro Estado. Vale mais a pena fazer negócio com uma nação que exige pouco, e cujas necessidades comerciais a tornam de alguma forma dependente; com uma nação que, pela abrangência de suas perspectivas ou de seus negócios, sabe onde situar todas as mercadorias supérfluas; com uma nação que é rica e pode se encarregar de muitos víveres; com uma nação que pagará prontamente por eles; com uma nação que, por assim dizer, tem necessidade de ser fiel, que é pacífica por princípio e que busca ganhar, e não conquistar; vale mais a pena, digo eu, ter negócios com esse tipo de nação do que com outras sempre rivais, e que não oferecerão todas essas vantagens.

Capítulo IX – Da exclusão em matéria de comércio

A verdadeira máxima é não excluir nenhuma nação de seu comércio sem que haja grandes razões para isso. Os japoneses comerciam apenas com duas nações, a chinesa e a holandesa. Os chineses[16] ganham 1.000% sobre o açúcar e algumas vezes o mesmo sobre retornos. Os holandeses percebem lucros mais ou menos semelhantes. Toda nação que se conduzir sobre as máximas japonesas será necessariamente enganada. É a concorrência que coloca um preço justo sobre as mercadorias e estabelece as verdadeiras relações entre ambas.

Menos ainda deve um Estado se sujeitar a vender suas mercadorias a uma só nação, sob o pretexto que ela comprará todas por um preço fixo. Os poloneses fizeram um negócio assim com seu trigo, com a cidade de Danzig; muitos reis da Índia têm, em relação às especiarias, contratos parecidos com os holandeses.[17] Essas convenções são adequadas somente a uma nação pobre, que abandonou as expectativas de se tornar rica, visto que tem uma subsistência assegurada, ou a nações cuja servidão consiste em renunciar ao uso das coisas que a natureza lhes ofereceu ou a usar essas coisas para fazer um comércio desvantajoso.

---

16 Padre du Halde [*Descrição do império da China*], t.II, p.170.

17 Isso foi estabelecido primeiramente pelos portugueses. Pyrard, *Viagens*, cap.XV, parte II.

Capítulo X – Instituição apropriada ao comércio de economia

Nos Estados que praticam o comércio de economia, felizmente estabeleceram-se bancos que, por seu crédito, formaram novos signos de valores. Mas seria um erro transpô-los aos Estados que fazem comércio de luxo. Colocá-los nos países governados por um só é supor o dinheiro de um lado e o poder de outro: isto é, de um lado, a faculdade de tudo adquirir sem ter nenhum poder, e, de outro, o poder sem a faculdade de adquirir algo. Em tal governo, somente o príncipe teve ou pôde ter um tesouro, e onde quer que este exista, a partir do momento em que se torna excessivo, logo se torna o tesouro do príncipe.

Pela mesma razão, as companhias dos negociantes que se associam para fazer determinado comércio raramente convêm ao governo de um só. A natureza dessas companhias é a de conferir às riquezas particulares a força das riquezas públicas. Mas, nesses Estados, essa força somente pode se encontrar nas mãos do príncipe. Digo mais: elas nem sempre convêm aos Estados onde se pratica o comércio de economia; e, se os negócios não forem tão grandes a ponto de ultrapassarem o alcance dos particulares, far-se-á ainda melhor de não se colocar empecilhos, como os privilégios exclusivos, à liberdade do comércio.

Capítulo XI – Continuação do mesmo assunto

Nos Estados que praticam o comércio de economia, é possível estabelecer uma zona franca. A economia do Estado, que acompanha sempre a frugalidade dos particulares, confere ao seu comércio de economia uma alma, por assim dizer. O que ele perde em tributos com a zona franca é compensado por aquilo que pode tirar da riqueza industriosa da república. Mas, no governo monárquico, semelhantes instituições atentariam contra a razão, e não teriam outro efeito senão o de aliviar o luxo do peso dos impostos. Seria privado do único bem que o luxo lhe pode oferecer e do único freio que, em semelhante constituição, este governo é capaz receber.

Do espírito das leis

Capítulo XII – Da liberdade do comércio

A liberdade do comércio não é uma faculdade concedida aos negociantes de fazer o que bem entenderem; ao contrário, isso seria sua servidão. O que coloca óbices ao comerciante não coloca óbices, por isso, ao comércio. É nos países da liberdade que o negociante encontra inumeráveis empecilhos, e as leis nunca o incomodam menos do que nos países da servidão.

A Inglaterra proíbe a exportação de suas lãs; exige que o carvão seja transportado pelo mar até a capital; não permite a exportação de seus cavalos caso não sejam castrados; as embarcações[18] de suas colônias que comerciam na Europa devem ancorar na Inglaterra. Ela incomoda o comerciante, mas faz isso em favor do comércio.

Capítulo XIII – O que destrói essa liberdade

Onde há comércio, há alfândegas. O objetivo do comércio é a exportação e a importação das mercadorias em favor do Estado, o objetivo das alfândegas é um certo direito sobre essas mesmas exportação e importação, também em favor do Estado. Portanto, o Estado deve permanecer neutro entre sua alfândega e seu comércio, e deve cuidar para que essas duas coisas nunca estejam em desacordo: isso feito, goza-se da liberdade do comércio.

A finança[19] destrói o comércio por suas injustiças, por suas vexações, pelo excesso daquilo que impõe. Mas o destrói ainda, independentemente disso, pelas dificuldades que faz nascer e pelas formalidades que exige. Na Inglaterra, onde as alfândegas estão nas mãos da administração pública, há uma facilidade singular para a negociação: uma palavra escrita permite os maiores negócios. Não é preciso que os mercadores percam um infindável tempo, tampouco que designem comissários para fazer que cessem todas

---

18 *Ato de navegação*, de 1660. Somente nos tempos de guerra os comerciantes de Boston e da Filadélfia enviaram suas embarcações carregando víveres diretamente ao Mediterrâneo.

19 Montesquieu refere-se à finança como a autoridade responsável pelo fisco. (N. T.)

as dificuldades impostas pelos cobradores privados de impostos ou para se submeterem a elas.[20]

Capítulo XIV – Das leis do comércio que levam ao confisco das mercadorias

A Carta Magna dos ingleses proíbe, em casos de guerra, o sequestro e o confisco das mercadorias dos negociantes estrangeiros, exceto por represálias. É admirável que a nação inglesa tenha feito disso um dos artigos de sua liberdade.

Na guerra que a Espanha travou com os ingleses em 1740, ela fez uma lei[21] que punia com a morte os que introduzissem nos estados da Espanha mercadorias da Inglaterra. Cominava a mesma pena àqueles que levassem aos estados da Inglaterra mercadorias da Espanha. Creio que semelhante ordenação só pode encontrar paralelo nas leis do Japão. Ela contraria os costumes, o espírito do comércio e a harmonia existente na proporção das penas; confunde todas as ideias, fazendo um crime de Estado o que é somente uma violação das regras de convivência.[22]

Capítulo XV – Do constrangimento corporal

Sólon[23] estabeleceu, em Atenas, que não mais haveria constrangimentos corporais por dívidas civis. Pegou essa lei[24] do Egito: Bócoris a havia feito e Sesóstris a havia renovado.

Essa lei era muito boa para os assuntos[25] civis comuns; mas temos razão de não a observar nos negócios do comércio. Afinal, estando os negociantes

---

20 Cf. Lv.XIII, Cap.19. (N. T.)

21 Publicada em Cádis no mês de março de 1740.

22 *Police.* Cf. nota do tradutor em Lv.XII, Cap.4 e Lv.IV, Cap.6. (N. T.)

23 Plutarco, no tratado *De que não se deve emprestar com usura* [IV, 1].

24 Diodoro [*Biblioteca histórica*], Lv.I, parte II, cap.79.

25 São dignos de repreensão os legisladores gregos que, enquanto proibiam que fossem tomadas como fiança as armas e a charrua de um homem, permitiam que o próprio homem fosse preso. Diodoro [*Biblioteca histórica*], Lv.I, parte II, cap.79.

obrigados a confiar grandes somas para períodos frequentemente muito curtos, de dá-las e de retomá-las, é preciso que o devedor sempre cumpra seus compromissos no tempo fixado, o que pressupõe o constrangimento corporal.

Nos negócios que derivam dos contratos civis comuns, a lei não deve ditar o constrangimento corporal, porque ela é mais ciosa da liberdade de um cidadão do que do desafogo de um outro. Mas, nas convenções que derivam do comércio, a lei deve ser mais ciosa do desafogo público do que da liberdade de um cidadão; o que não impede as restrições e limitações que podem requerer a humanidade e a boa polícia.[26]

Capítulo XVI – Admirável lei

É muito boa a lei de Genebra que exclui das magistraturas, e mesmo da entrada no Grande Conselho, os filhos daqueles que viveram ou morreram insolventes, a menos que quitem as dívidas de seu pai. Ela produz como efeito oferecer confiança para os negociantes, para os magistrados e para a própria cidade. Ali, a fé particular ainda possui a força da fé pública.

Capítulo XVII – Lei de Rodes

Os ródios foram mais longe. Sexto Empírico[27] afirma que, entre eles, um filho não poderia ser dispensado de pagar as dívidas de seu pai ao renunciar à sucessão. A lei de Rodes foi dada a uma república fundada sobre o comércio. Ora, creio que a própria razão do comércio deveria estabelecer a seguinte limitação: que as dívidas contratadas pelo pai, posteriores ao momento em que o filho havia começado a praticar o comércio, não afetariam os bens adquiridos por este. Um negociante deve sempre conhecer suas obrigações e a todo momento se conduzir segundo o estado de sua riqueza.

---

26 Cf. nota do tradutor anteriormente, Cap.14, e em Lv.VI, 6. (N. T.)

27 *Hipotiposes*, Lv.I, cap.XIV.

Capítulo XVIII – Dos juízes para o comércio

Xenofonte, no livro *Das rendas*, sugeria que fossem dadas recompensas aos magistrados do comércio que despachassem o processo de forma mais célere.[28] Ele percebia a necessidade de nossa jurisdição consular.

Os negócios comerciais são pouquíssimo suscetíveis a formalidades. São ações rotineiras, que outras ações da mesma natureza devem dar sequência. Portanto, é preciso que possam ser resolvidas diariamente. Outra coisa acontece com as ações da vida que têm grande influência no futuro, mas que raramente ocorrem. Casamo-nos apenas uma vez; não fazemos doações ou testamentos todos os dias; entra-se na maioridade apenas uma vez.

Platão[29] afirma que, em uma cidade onde não há comércio marítimo, somente metade das leis civis é necessária, e isso é muito verdadeiro. O comércio introduz no mesmo país diferentes espécies de pessoas, um grande número de convenções, de espécies de bens e de maneiras de adquirir.

Assim, em uma cidade comerciante, há menos juízes e mais leis.

Capítulo XIX – Que o príncipe absolutamente não deve praticar o comércio

Teófilo,[30] ao ver um barco que carregava presentes para sua mulher Teodora, fez a embarcação ser queimada. "Sou imperador", disse ele, "e me fazeis de capitão de galera. Com o que as pessoas pobres poderiam ganhar sua vida, se nós também exercermos seu ofício?" Poderia ter acrescentado: "Quem poderia nos reprimir, se fizermos monopólios? Quem nos obrigará a cumprir nossos compromissos? Esse comércio que fazemos, os cortesões querem fazê-lo, e serão mais ávidos e injustos do que nós. O povo tem

---

28 Segundo Xenofonte, deveriam ser concedidas recompensas aos magistrados responsáveis pelo comércio que resolvessem as disputas mais rapidamente e que liberassem o tráfico portuário, evitando atrasos nas chegadas e partidas. Cf. Xenofonte, *Das rendas*, III, 3. (N. T.)

29 *As leis*, Lv.VIII.

30 Zonaras [*Epitome historiarum*]. [João Zonaras (séc. XII), historiador bizantino, autor de *Epítome das histórias*. (N. T.)]

Do espírito das leis

confiança na nossa justiça, mas não em nossa opulência: a quantidade de impostos que constituem sua miséria são provas certas da nossa".

Capítulo XX – Continuação do mesmo assunto

Quando os portugueses e os castelhanos dominavam as Índias Orientais, o comércio tinha ramos tão ricos que seus príncipes não deixaram de se apropriar deles. Isso arruinou os estabelecimentos que possuíam nessa região.

O vice-rei de Goa concedia aos particulares privilégios exclusivos. Pessoas assim não são dignas de nenhuma confiança; o comércio é descontinuado pela mudança permanente das pessoas às quais ele foi creditado; ninguém administra o comércio nem se preocupa de deixá-lo arruinado para seu sucessor; o lucro permanece na mão dos particulares e não se difunde o bastante.

Capítulo XXI – Do comércio da nobreza na monarquia

É contra o espírito do comércio que a nobreza o pratique na monarquia. "Isso seria pernicioso às cidades", dizem os imperadores Honório e Teodósio,[31] "e tiraria dos mercadores e dos plebeus a facilidade de comprar e vender".

É contra o espírito da monarquia que a nobreza pratique o comércio. Na Inglaterra, o uso que permitiu à nobreza praticar o comércio é uma das coisas que mais contribui para ali enfraquecer o governo monárquico.

Capítulo XXII – Reflexão particular

Pessoas que se surpreendem com aquilo que se pratica em alguns Estados pensam que seria necessário, na França, haver leis que engajassem os nobres a praticar o comércio. Isso seria o meio para destruir a nobreza sem nenhuma utilidade para o comércio. A prática desse país é muito sábia: os negociantes ali não são nobres, mas podem chegar a sê-lo. Têm esperança de obter a nobreza, mas sem sofrer os inconvenientes imediatos dos nobres. Não

---

31 *Leg. Nobiliores*, cód. *De commerciis* e *Leg. Ult. de rescindenda venditione* [*Corpus Juris Civilis*].

possuem meio mais seguro de sair de sua profissão do que realizá-la bem, ou realizá-la com honradez, algo que é comumente ligado à competência.

As leis que ordenam que cada um permaneça em sua profissão e a transmita a seus filhos, não são nem podem ser úteis senão nos Estados[32] despóticos, onde ninguém nem pode nem deve exercer a emulação.

Que não se diga que cada um exercerá melhor a sua profissão se não puder trocá-la por uma outra. Digo que a profissão poderá ser mais bem exercida quando aqueles que se sobressaem nela nutrem a esperança de alcançar uma outra mais elevada.

A nobreza que pode ser adquirida com dinheiro encoraja muito os negociantes a se colocarem em condições para conseguir obtê-la. Não examino se é um bom procedimento entregar o prêmio da virtude às riquezas desse modo: há governos em que isso pode ser muito útil.

Na França, a condição da toga, que se encontra entre a grande nobreza e o povo; que, sem possuir o brilho da primeira, possui todos os seus privilégios; essa condição que deixa os particulares na mediania, enquanto o corpo depositário das leis é coberto de glória; essa condição, ademais, na qual a virtude e a competência são os únicos meios para se distinguir; profissão honorável, mas que sempre deixa entrever uma mais elevada; na França, a nobreza inteiramente guerreira,[33] que pensa que, não importa qual o grau de riqueza que alguém possua, é preciso construir sua fortuna, mas que é vergonhoso aumentar seus bens se não se começa por dissipá-los; essa parte da nação que serve sempre seu próprio patrimônio como capital; que, quando está arruinada, concede seu lugar a uma outra que, novamente, também servirá com seu próprio capital; que vai à guerra para que ninguém ouse dizer que ela não guerreou; que, quando não pode esperar por riquezas,

---

32 Efetivamente, isso é frequentemente estabelecido dessa forma.

33 Referência à diferença entre a *nobreza togada* e a *nobreza da espada*. Os comerciantes tinham a esperança de poder comprar títulos nobiliários para ascender aos cargos da magistratura e da administração pública, ou seja, a *noblesse de robe* aspirava justamente assumir a "toga". Já a *noblesse d'épée*, que tinha o direito de portar armas, era concentrada em famílias nobres de linhagem mais antiga e, portanto, considerada mais prestigiosa. Cf. Elias, *O processo civilizador*, 2v.; Chaussinand-Nogaret, *La Noblesse au XVIIIE siècle: De la Féodalité aux Lumières*. (N. T.)

Do espírito das leis

espera pelas honras, e quando não as obtém, consola-se por ter adquirido a honra: todas essas coisas necessariamente contribuíram para a grandeza desse reino. E se, após dois ou três séculos, a França continuamente aumentou seu poder, é preciso atribuir isso à bondade de suas leis, não à fortuna, que não possui esse tipo de constância.

Capítulo XXIII – Para quais nações é desvantajoso praticar o comércio

As riquezas consistem em propriedades territoriais ou bens mobiliários: as propriedades territoriais de cada país são comumente possuídas por seus habitantes. A maior parte dos Estados possuem leis que desencorajam os estrangeiros à aquisição de suas terras.[34] Somente a presença do senhor faz com que sejam devidamente exploradas: esse gênero de riqueza pertence, portanto, a cada Estado em particular. Mas os bens mobiliários, como o dinheiro, as cédulas, as letras de câmbio, as ações das companhias, as embarcações, todas as mercadorias, pertencem ao mundo inteiro, que, nessa relação, compõem um só Estado, do qual todas as sociedades são membros. O povo mais rico do mundo é aquele que mais possui esses bens mobiliários. Alguns Estados possuem uma imensa quantidade desses bens; adquirem-nos cada qual por seus víveres, pelo trabalho de seus trabalhadores, por sua indústria, por suas descobertas, até mesmo pelo próprio acaso. A avareza das nações trava uma disputa pelos bens do mundo inteiro. Pode acontecer de um Estado ser infeliz a ponto de ser privado dos bens de outros países e até mesmo de quase todos os seus próprios bens: nesse caso, os proprietários de terra não passarão de colonos dos estrangeiros. A esse Estado tudo faltará e ele nada poderá adquirir. Seria bem melhor que não estabelecesse comércio com nenhuma nação do mundo: é o comércio que, nas circunstâncias em que se encontra, conduziu esse Estado à pobreza.

Um país que sempre exporta menos mercadorias ou víveres do que importa, encontra o próprio equilíbrio ao se empobrecer: importará sempre menos até que, encontrando-se na pobreza extrema, não importe mais nada.

---

34 O *droit d'aubaine*, ou *direito de aubana*, pelo qual os bens de um estrangeiro não naturalizado passavam ao Estado no momento da sucessão. (N. T.)

Nos países de comércio, o dinheiro que subitamente se esvai acaba por retornar, porque os Estados que o receberam estão em dívida. Nos Estados dos quais falamos, o dinheiro jamais retorna, porque os que o tomaram não devem nada.

A Polônia, nesse caso, servirá de exemplo. Ela quase não tem nenhuma das coisas que chamamos de bens mobiliários do mundo, a não ser o trigo de suas terras. Alguns senhores possuem províncias inteiras; pressionam o lavrador para ter a maior quantidade de trigo que possa exportar para os estrangeiros, e obter para si as coisas exigidas pelo seu luxo. Se a Polônia não comerciasse com nenhuma nação, seus povos seriam mais felizes. Seus homens importantes, que teriam somente seu trigo, dá-lo-iam aos camponeses, para que pudessem sobreviver; estariam incumbidos de domínios excessivamente grandes, e partilhá-los-iam com seus camponeses; com todos encontrando peles ou lãs em seus rebanhos, não mais seria feita uma imensa despesa com vestimentas; os homens importantes, que sempre amam o luxo, e que somente poderiam encontrá-lo em seu próprio país, encorajariam os pobres ao trabalho. Digo que essa nação seria mais florescente, a não ser que se tornasse bárbara: algo que as leis poderiam prevenir.

Consideremos agora o Japão. A quantidade excessiva do que pode receber produz a quantidade excessiva do que pode enviar: as coisas estarão em equilíbrio como se a importação e a exportação fossem moderadas. E, além disso, essa espécie de exagero produzirá mil vantagens para o Estado: ele terá mais consumo, mais coisas sobre as quais as artes podem ser exercidas, mais homens empregados, mais meios de adquirir poder; e se podem ocorrer casos nos quais um auxílio imediato é necessário, um Estado bem aprovisionado pode doá-lo mais rapidamente do que qualquer outro. É difícil que um país tenha coisas supérfluas, mas é a natureza do comércio transformar as coisas supérfluas em úteis e as coisas úteis em necessárias. O Estado poderá, então, oferecer as coisas necessárias a um número maior de súditos.

Digamos, portanto, que não são as nações que não necessitam de nada as que perdem fazendo o comércio, mas sim as que têm necessidade de tudo. Não são os povos autossuficientes, mas sim os que nada possuem em seu país, que encontram vantagens em não realizar trocas com ninguém.

Livro XXI
Das leis na relação que possuem com o comércio considerado segundo as revoluções às quais esteve sujeito no mundo

Capítulo Primeiro – Algumas considerações gerais

Ainda que o comércio esteja sujeito a grandes revoluções, pode acontecer de certas causas físicas, como a qualidade do terreno ou do clima, determinarem para sempre sua natureza.

Atualmente fazemos o comércio nas Índias somente pelo numerário que para lá enviamos. Todos os anos, os romanos[1] levavam para lá cerca de cinquenta milhões de sestércios. Esse numerário, como o nosso nos dias de hoje, era convertido em mercadorias que traziam para o Ocidente. Todos os povos que negociaram nas Índias sempre levaram metais para lá e trouxeram mercadorias.

Foi a própria natureza que produziu esse efeito. Os indianos têm suas artes, adaptadas à sua maneira de viver. Nosso luxo não poderia ser o deles, nem nossas necessidades serem as suas. Seu clima não lhes exige nem lhes permite quase nada daquilo que vem de nós. Geralmente andam nus; a sua região lhes forneceu as vestimentas adequadas que possuem; e sua religião, que exerce grande império sobre eles, dá-lhes repugnância pelas coisas que nos servem de alimento. Não têm, pois, necessidade de nossos metais, que são os signos dos valores e pelos quais oferecem mercadorias, que sua

---

1 Plínio [o Velho], *História natural*, Lv.VI, cap.23.

frugalidade e a natureza de sua região lhes oferece em grande abundância. Os autores antigos que nos falaram das Índias, retratam-nas[2] tais como as vemos hoje em dia, seja quanto à polícia, às maneiras e aos costumes. Os indianos foram e as Índias serão o que são atualmente; e, em todas as épocas, aqueles que negociarem com os indianos levarão dinheiro e nada trarão.

Capítulo II – Dos povos da África

Os povos das costas da África são, em sua grande maioria, selvagens ou bárbaros. Creio que isso se deve muito ao fato de lá existirem países quase inabitáveis que separam pequenos países que podem ser habitados. Não possuem indústria, não possuem artes, têm abundância de metais preciosos que obtêm diretamente da mão da natureza. Todos os povos policiados encontram-se, portanto, em condições vantajosas ao negociar com eles: podem fazê-los estimar muitas coisas de nenhum valor e receber por elas um alto preço.

Capítulo III – Que as necessidades dos povos do sul são diferentes daquelas dos povos do norte

Há, na Europa, uma espécie de equilíbrio entre as nações do sul e do norte. As primeiras possuem todas as espécies de comodidades para a vida e poucas necessidades; as segundas possuem muitas necessidades e poucas comodidades para a vida. Às primeiras, a natureza ofereceu muito, e elas somente lhe pedem pouco; às segundas, a natureza oferece pouco, e elas lhe pedem bastante. O equilíbrio se mantém pela preguiça que a natureza deu às nações do sul e pela indústria e atividade que deu às nações do norte. Estas últimas são obrigadas a trabalhar muito, sem o que lhes faltaria tudo e se tornariam bárbaras. Foi isso que naturalizou a servidão entre os povos do sul: como eles podem facilmente prescindir de riquezas, podem ainda mais prescindir da liberdade. Mas os povos do norte têm necessidade da liberdade, que lhes oferece mais meios para satisfazer todas as necessidades que

---

2 Ibid., cap.19; e Estrabão [*Geografia*], Lv.XV.

a natureza lhes deu. Os povos do norte, quando não são livres ou bárbaros, encontram-se, pois, em uma condição de constrangimento; quase todos os povos do sul, quando não são escravos, encontram-se, de algum modo, em uma condição violenta.

Capítulo IV – Principal diferença do comércio dos antigos com o comércio atual

De tempos em tempos, o mundo se encontra em situações que mudam o comércio. Hoje em dia, o comércio da Europa se realiza principalmente do norte ao sul. Então, a diferença dos climas faz com que os povos tenham uma grande necessidade das mercadorias uns dos outros. Por exemplo, as bebidas do sul levadas ao norte constituem uma espécie de comércio que os antigos não possuíam. Também a capacidade dos navios, que outrora se media por almudes de trigo, é atualmente medida por tonéis de licor.

O comércio antigo que conhecemos, sendo feito de um porto do Mediterrâneo a outro, era quase todo feito no sul. Ora, como os povos do mesmo clima possuem mais ou menos as mesmas coisas em seu país, eles não têm tanta necessidade de comerciar entre si quanto têm de comerciar entre povos de um clima diferente. Portanto, o comércio na Europa era outrora menos amplo do que o é presentemente.

Isso não é contraditório com o que disse sobre nosso comércio com as Índias: a diferença excessiva dos climas faz com que as necessidades relativas sejam nulas.

Capítulo V – Outras diferenças

O comércio, por vezes destruído pelos conquistadores, por vezes dificultado pelos monarcas, percorre o mundo, foge de onde é oprimido e permanece onde o deixam respirar. Atualmente ele reina em lugares nos quais antes havia somente desertos, mares e rochedos; e lá, nos lugares em que anteriormente reinava, agora há somente deserto.

Ao se observar a Cólquida nos dias de hoje, que não é mais do que uma vasta floresta onde o povo, que diminui todos os dias, defende sua liberdade somente para se vender a varejo aos turcos e aos persas, jamais se poderia dizer que essa região tivesse sido, no tempo dos romanos, repleta de cidades onde o comércio atraía todas as nações do mundo. Atualmente, não há nesse país nenhum registro que testemunhe esse passado; há somente os escritos de Plínio[3] e de Estrabão.[4]

A história do comércio é a história da comunicação entre os povos. Suas diversas destruições, assim como certos fluxos e refluxos de populações e devastações, configuram seus maiores acontecimentos.

Capítulo VI – Do comércio dos antigos

Os tesouros imensos de Semíramis,[5] que não poderiam ter sido adquiridos em um só dia, nos fazem pensar que os próprios assírios haviam pilhado outras nações ricas, assim como as outras nações posteriormente os pilharam.

O efeito do comércio são as riquezas; a consequência das riquezas, o luxo; a do luxo, a perfeição das artes. As artes, levadas até o ponto em que se encontravam na época de Semíramis,[6] indicam-nos que um grande comércio já estava estabelecido.

Havia um grande comércio de luxo nos impérios da Ásia. A história do luxo seria uma bela parte da história do comércio; o luxo dos persas era o luxo dos medos, assim como o luxo dos medos era o luxo dos assírios.

Grandes transformações ocorreram na Ásia. A parte da Pérsia que se encontra ao nordeste, a Hircânia, a Margiania, a Bractriana etc., eram outrora repletas de cidades florescentes[7] que agora não existem mais; e o norte[8]

---

3 [Plínio, o Velho, *História natural*] Lv.VI.

4 [*Geografia*] Lv.XI.

5 Diodoro [*Biblioteca histórica*], Lv.II. [Semíramis é uma rainha mítica da Assíria. Atribui-se a ela a construção da Babilônia, sendo responsável pela construção de jardins, muralhas e diques. Cf. Heródoto, *Histórias*, I, p.184. (N. T.)]

6 Diodoro [*Biblioteca histórica*], Lv.II.

7 Vede Plínio [o Velho, *História natural*], Lv.VI, cap.XVI; e Estrabão [*Geografia*], Lv.XI.

8 Estrabão [*Geografia*], Lv.XI.

Do espírito das leis

desse império, isto é, o istmo que separa o mar Cáspio do Ponto Euxino, era coberto de cidades, que também deixaram de existir.

Eratóstenes[9] e Aristóbulo informavam-se por Pátroclo[10] que as mercadorias das Índias passavam por Oxo no mar do Ponto. Marco Varrão[11] nos conta que se sabia, no tempo de Pompeu durante a guerra contra Mitríades, que a viagem da Índia até o país dos bactrianos e ao rio Ícaro, que deságua no Oxo, durava sete dias; que dali as mercadorias da Índia podiam atravessar o mar Cáspio para adentrar na embocadura do Ciro; que desse rio bastava somente um trajeto de cinco dias por terra para chegar a Fásis, que conduzia ao Ponto Euxino.[12] Foi sem dúvida através dessas nações que povoaram esses diversos países que os grandes impérios dos assírios, dos medos e dos persas mantinham uma comunicação com as partes mais longínquas do Oriente e do Ocidente.

Essa comunicação não existe mais. Todos esses países foram devastados pelos tártaros,[13] e essa nação destrutiva ainda vive ali para infestá-los. O Oxo não mais corre em direção ao mar Cáspio: os tártaros o desviaram por certas razões.[14] Agora ele se perde nas áreas áridas.

O Jaxartes, que outrora formava uma barreira entre as nações policiadas e as nações bárbaras, foi igualmente desviado[15] pelos tártaros, e não mais deságua no mar.

---

9 Ibid.

10 Segundo um relato de Estrabão [*Geografia*], Lv.II, a autoridade de Pátroclo é considerável.

11 Em Plínio [o Velho, *História natural*], Lv.VI, cap.XVII. Vede também Estrabão [*Geografia*], Lv.XI, sobre o trajeto das mercadorias do Fásis ao Ciro.

12 O rio Oxo é, atualmente, o rio Amu Dária; o Ciro, o rio Kura; o Fásis, o rio Rioni; o Ponto Euxino, o Mar Negro. Mais adiante, o rio Tánais refere-se ao rio Dom, e o Jaxartes ao rio Sir Dária. (N. T.)

13 É forçoso que, desde o tempo de Ptolomeu, que nos descreve tantos rios que deságuam na parte oriental do mar Cáspio, tenham ocorrido grandes transformações nesse país. O mapa do tsar apenas sinaliza nesse canto o rio Astrabat; e o mapa de Battalzi nada registra.

14 Vede a relação de Jenkinson na *Coletânea de viagens ao norte*, t.IV. [Anthony Jenkinson (1529-1611), explorador britânico na Rússia. (N. T.)]

15 Creio que o lago Aral se formou a partir disso.

Seleuco Nicátor[16] elaborou o projeto[17] de juntar o Ponto Euxino com o mar Cáspio. Esse desígnio, que possibilitou muitas facilidades para o comércio que se fazia naqueles tempos, dissipou-se com sua morte.[18] Não se sabe se ele teria podido executá-lo no istmo que separa ambos os mares. Esse país é atualmente pouquíssimo conhecido; é despovoado e repleto de florestas. Ali as águas não faltam, pois uma infinidade de rios desce do monte Cáucaso; mas esse Cáucaso, que constitui o norte do istmo, e que estende espécies de braços[19] ao sul, teria sido um grande obstáculo, sobretudo naqueles tempos, onde absolutamente não havia a arte de fazer eclusas.

Pode-se imaginar que Seleuco queria fazer a junção dos dois mares no próprio lugar em que mais tarde o tsar Pedro I a realizou, isto é, naquele pedaço de terra onde o Tánais se aproxima do Volga. Mas o norte do mar Cáspio ainda não havia sido descoberto.

Enquanto nos impérios da Ásia havia um comércio de luxo, os tírios faziam em toda parte do mundo um comércio de economia. Bochart[20] dedicou o primeiro livro de seu *Canaã* à enumeração das colônias que eles enviaram para todos os países que possuem costa marítima; foram para além das Colunas de Hércules e fizeram estabelecimentos[21] sobre as costas do Oceano.

Naqueles tempos, os navegadores eram obrigados a seguir as costas, que eram, por assim dizer, sua bússola. As viagens eram longas e custosas. Os trabalhos da navegação de Ulisses foram um assunto fértil para o mais belo — apenas depois daquele que ocupa o primeiro lugar — poema do mundo.[22]

O pouco conhecimento que a maior parte dos povos tinha dos que se encontravam distantes deles favorecia as nações que faziam o comércio de

---

16 Seleuco Nicátor (c. 385 a.C.-281 a.C.), general grego próximo de Alexandre, o Grande. Após a morte de Alexandre, Nicátor estabeleceu o império selêucida, governando boa parte do Oriente Médio. (N. T.)

17 Cláudio César, em Plínio [o Velho, *História natural*], Lv.VI, cap.11.

18 Ele foi morto por Ptolomeu Cerauno.

19 Vede Estrabão [*Geografia*], Lv.XI.

20 Samuel Bochart (1599-1667), ministro protestante e erudito da zoologia. Escreveu uma exegese bíblica em dois volumes, intitulada *Geographia Sacra seu Phaleg et Canaan* (1646). (N. T.)

21 Eles fundaram Tartesso e se estabeleceram em Cádis.

22 Referência a *Odisseia* e *Ilíada*, de Homero. (N. T.)

economia. Elas inseriam em seus negócios as obscuridades que desejassem: tinham todas as vantagens que as nações inteligentes possuem sobre os povos ignorantes.

O Egito, apartado pela religião e pelos costumes de qualquer comunicação com os estrangeiros, não fazia comércio externo: gozava de um terreno fértil e de uma extrema abundância. Era o Japão daquela época, e bastava a si mesmo.

Os egípcios foram tão pouco desconfiados do comércio exterior que deixaram o comércio do mar Vermelho a todas as pequenas nações que tivessem algum porto no local. Toleraram que os idumeus, os judeus e os sírios tivessem frotas ali. Para essa navegação, Salomão[23] empregou os tírios, que conheciam esses mares.

Josefo[24] diz que sua nação, unicamente ocupada com a agricultura, conhecia pouco o mar: desse modo, os judeus negociavam apenas circunstancialmente no mar Vermelho. Conquistaram Elat e Eziom-Geber dos idumeus, que lhes deram esse comércio; perderam essas duas cidades e, com elas, também esse comércio.

Não ocorreu o mesmo com os fenícios: eles não praticavam um comércio de luxo, nem realizavam negócios por meio da conquista. Sua frugalidade, sua habilidade, sua indústria, os riscos e fadigas aos quais se expunham, tornaram-nos necessários a todas as nações do mundo.

As nações vizinhas ao mar Vermelho negociavam somente com esse mar e o da África. O espanto do universo com a descoberta do mar das Índias, realizada na época de Alexandre, demonstra-o suficientemente. Dissemos[25] que metais preciosos sempre foram levados à Índia e que nenhum é trazido de lá:[26] as frotas judias que levavam ouro e prata pelo mar Vermelho retornavam da África, e não das Índias.

---

23 [*Antigo Testamento*], Lv.III dos *Reis*, cap.9 [v.26]; *Crônicas*, Lv.II [cap.8, v.17].

24 *Contra Apião*. [Flávio Josefo (c. 37-100), historiador judeu-romano, escritor de *A guerra dos judeus* e outros textos da história judaica. (N. T.)]

25 No Capítulo I deste Livro [XXI].

26 A proporção estabelecida na Europa entre o ouro e a prata pode por vezes permitir que algum lucro seja encontrado ao trocar ouro por prata nas Índias; mas ele é muito ínfimo.

Digo mais: essa navegação era empreendida sobre a costa oriental da África, e a condição na qual a marinha então se encontrava é prova suficiente que não se ia a lugares distantes.

Sei que as frotas de Salomão e de Josafá só retornavam no terceiro ano, mas não considero que a duração da viagem prove a grandeza do distanciamento.

Plínio e Estrabão nos dizem que, enquanto um navio fabricado com juncos fazia em vinte dias o caminho das Índias e do mar Vermelho, um navio grego ou romano o fazia em sete.[27] Nessa proporção, uma viagem de um ano feita pelas frotas gregas e romanas era mais ou menos uma viagem de três anos para as frotas de Salomão.

Dois navios com uma velocidade desigual não fazem sua viagem em um período proporcional à sua velocidade: a lentidão com frequência produz uma lentidão ainda maior. Quando se trata de seguir as costas e quando continuamente se encontra em uma posição diferente; quando precisa esperar um bom vento para sair de um golfo e precisa de ainda outro para continuar adiante, um navio que veleja bem beneficia-se de todos os climas favoráveis, enquanto o outro permanece em uma posição difícil e aguarda muitos dias por uma mudança no tempo.

Essa lentidão dos navios das Índias, que em um tempo igual somente conseguem fazer um terço do caminho que os navios gregos e romanos faziam, pode ser explicada por aquilo que hoje em dia vemos em nossa marinha. Os navios das Índias, que eram de junco, tinham um calado-d'água menor do que os navios gregos e romanos, que eram de madeiras unidas com ferro.

Pode-se comparar esses navios das Índias com os de algumas nações atuais, cujos portos são pouco profundos: tais são os portos de Veneza, e de forma geral até mesmo os da Itália,[28] os do mar Báltico e os da província da Holanda.[29] Seus navios, que devem entrar e sair desses portos, têm um fundo redondo e largo, ao passo que os navios de outras nações que têm

---

27 Vede Plínio [o Velho, *História natural*], Lv.VI, cap.22; e Estrabão [*Geografia*], Lv.XV.

28 Ela praticamente só tem ancoradouros. Mas a Sicília possui portos muito bons.

29 Digo a província da Holanda porque os portos da Zelândia são bastante profundos.

bons portos são, quanto ao casco, de um formato que os faz entrar profundamente na água. Essa mecânica faz com que estes últimos navios naveguem mais próximos do vento e que os primeiros praticamente só naveguem quando houver vento em popa. Um navio que entra profundamente na água navega na mesma direção em quase todos os ventos; isso se deve à resistência que a embarcação, empurrada pelo vento, encontra na água, que faz um ponto de apoio, e da forma longa da embarcação que se apresenta ao vento lateral, ao passo que, graças à forma do leme, vira-se a proa para a direção que se deseja; de modo que é possível avançar muito próximo ao vento, isto é, muito próximo da direção de onde vem o vento. Mas, quando o navio é de uma forma redonda e com fundo largo, e, consequentemente, cala pouco na água, ele não mais tem ponto de apoio; o vento arrasta o navio, que não pode resistir e somente pode avançar do lado oposto ao vento. Donde se segue que as embarcações de uma construção de fundo redondo são mais lentas em suas viagens: 1º) perdem muito tempo esperando o vento, sobretudo se forem obrigadas a mudar frequentemente de direção; 2º) avançam mais lentamente, pois, não tendo ponto de apoio, não poderiam carregar tantas velas quanto os outros. Afinal, se sentimos essas diferenças em um período no qual a marinha se encontra tão bem aperfeiçoada, em um período no qual as artes são transmitidas, em um período no qual a arte corrige as falhas da natureza e as falhas da própria arte, como deve ter sido em relação à marinha dos antigos?

Eu não poderia deixar de abordar esse assunto. Os navios das Índias eram pequenos, e os dos gregos e romanos, com exceção das máquinas produzidas pela ostentação, eram menores que os nossos. Ora, quanto menor é um navio, mais ele se encontra em perigo em tempo ruim. Uma tempestade submerge um navio que, caso fosse maior, seria apenas balouçado. Quanto mais um corpo ultrapassa o outro em tamanho, mais a sua superfície é relativamente pequena: donde se segue que, em um pequeno navio há uma razão menor, isto é, uma grande diferença da superfície do navio em relação ao peso ou à carga que ele pode suportar, do que em uma embarcação grande. Sabe-se que, por uma prática mais ou menos geral, coloca-se em um navio uma carga de peso igual à metade da água que ele poderia conter. Suponhamos que um navio tivesse oitocentos tonéis de água, sua carga seria a de quatrocentos tonéis; a de um navio que tivesse somente quatrocentos tonéis de água seria de duzentos tonéis. Assim, o tamanho do primeiro navio em relação ao peso que ele carregaria seria assim como 8 está para 4; e a do segundo, assim como de 4 está 2. Suponhamos que a superfície do navio grande esteja em relação à superfície do pequeno como 8 está para 6; a superfície[30] deste estará para seu peso como 6 está para 2, enquanto a superfície do grande será apenas, em relação ao seu peso, assim como 8 está para 4; e os ventos e ondas agindo somente sobre a superfície, a embarcação grande, por causa de seu peso, resistirá à impetuosidade do clima mais do que a pequena.

Capítulo VII – Do comércio dos gregos

Os primeiros gregos eram todos piratas. Minos,[31] que havia conquistado o império sobre o mar, talvez só tivesse tido maior sucesso no banditismo: seu império estava restrito às cercanias de sua ilha. Mas, quando os gregos se tornaram um grande povo, os atenienses obtiveram o verdadeiro império do mar, porque essa nação comerciante e vitoriosa impunha a lei ao monarca[32] mais poderoso da época, e abatia as forças marítimas da Síria, da ilha de Chipre e da Fenícia.

É preciso que eu fale desse império do mar exercido por Atenas. "Atenas", diz Xenofonte,[33] "tem o império do mar. Mas, como a Ática está presa à terra, os inimigos a depredam enquanto ela faz expedições para lugares longínquos. Os principais deixam suas terras serem destruídas, e colocam seus bens em segurança naquela ilha: o populacho, que não possui nenhuma terra, vive sem inquietude alguma. Mas, se os atenienses habitassem uma ilha e tivessem além disso o império do mar, teriam o poder de prejudicar

---

30 Isto é, para comparar grandezas da mesma espécie: a ação ou o empuxo da água sobre o navio estará para sua resistência como etc.

31 Minos, filho de Zeus e de Europa, foi o rei lendário de Creta. Segundo Tucídides (*História da guerra do Peloponeso*, I, 4), Minos foi o primeiro a ter uma marinha e a dominar o mar Helênico. (N. T.)

32 O rei da Pérsia.

33 [Pseudo-Xenofonte] *A constituição dos atenienses* [cap.2].

Do espírito das leis

os outros sem que pudessem ser prejudicados, enquanto seriam os senhores do mar". Direis que Xenofonte queria se referir à Inglaterra.

Atenas, repleta de projetos para a glória; Atenas, que aumentava a desconfiança em vez de aumentar a influência; mais ciosa de expandir seu império marítimo do que usufruir dele; com um governo político tal que o populacho distribuía as receitas públicas enquanto os ricos encontravam-se oprimidos, não realizou esse grande comércio que lhe prometiam o trabalho de suas minas, a profusão de seus escravos, o número de seus trabalhadores do mar, sua autoridade sobre as cidades gregas, e, mais que tudo isso, as admiráveis instituições de Sólon. Seu negócio limitou-se praticamente à Grécia e ao Ponto Euxino, de onde tirava sua subsistência.

Corinto foi admiravelmente bem situada: separava dois mares, abria e fechava o Peloponeso, e abria e fechava a Grécia. Foi uma cidade da maior importância, em um tempo no qual o povo grego era um mundo e as cidades gregas eram nações. Fez um comércio maior que Atenas. Tinha um porto para receber as mercadorias da Ásia e outro para receber as da Itália, pois, como havia grande dificuldades a serem superadas no promontório Maleia, onde os ventos[34] opostos se encontram e causam naufrágios, preferia-se ir a Corinto, e podia-se até mesmo fazer que as embarcações passassem por terra para ir de um mar a outro. Em nenhuma cidade levou-se tão longe as obras da arte. A religião terminou de corromper os costumes que sua opulência não havia tocado. Ela erigiu um templo para Vênus, onde mais de mil cortesãs foram consagradas.[35] É desse seminário que saíram a maior parte dessas belas celebridades cuja história Ateneu ousou escrever.[36]

Parece que, nos tempos de Homero, a opulência da Grécia encontrava-se em Rodes, Corinto e Orcômeno. "Júpiter", diz ele,[37] "amava os ródios e lhes deu grandes riquezas". Ele atribui a Corinto[38] o epíteto de rica.

---

34 Vede Estrabão [*Geografia*], Lv.VIII.

35 O estudo desse argumento é desenvolvido em *MP*, n.491. (N. T.)

36 Ateneu (séc. II-III), retórico e gramático grego, autor de *Dipnosofistas*. (N. T.)

37 *Ilíada*, Lv.II [verso 668].

38 Ibid. [verso 570].

Montesquieu

Da mesma forma, quando quer falar das cidades que têm muito ouro, ele cita Orcômeno,[39] juntamente com Tebas e Egito. Rodes e Corinto conservaram seu poder e Orcômeno o perdeu. A posição de Orcômeno, próxima do Helesponto, da Propôntida e de Ponto Euxino, naturalmente faz pensar que ela tirava suas riquezas de um comércio sobre as costas desses mares, que haviam suscitado a fábula do velocino de ouro.[40] E, efetivamente, a alcunha de miniares é dada a Orcômeno[41] e também aos Argonautas. Mas como, em seguida, esses mares tornaram-se mais conhecidos; como os gregos ali estabeleceram um número muito grande de colônias; como essas colônias negociaram com os povos bárbaros; como se comunicaram com sua metrópole, Orcômeno começou a decair, e voltou a fazer parte da multidão de outras cidades gregas.

Antes de Homero, os gregos apenas tinham negociado entre si e com algum povo bárbaro. Mas ampliaram sua dominação à medida que formaram novos povos. A Grécia era uma grande península cujos cabos pareciam ter feito que os mares recuassem e os golfos se abrissem de todos os lados, como para acolhê-los novamente. Caso se observe a Grécia, ver-se-á, em um país muito comprimido, uma vasta extensão de costas. Suas inumeráveis colônias faziam uma imensa circunferência em torno dela; e ela enxergava dali, por assim dizer, todo o mundo que não era bárbaro. Penetrasse na Sicília e na Itália, ela ali formava nações. Navegasse para os mares do Ponto, para as costas da Ásia Menor, para as da África, fazia o mesmo. Suas cidades adquiriam prosperidade à medida que se aproximavam de novos povos. E, o que havia de admirável, inumeráveis ilhas, situadas como se estivessem na frente de batalha, ainda a protegiam.

Que causas da prosperidade para a Grécia, que jogos ela oferecia, por assim dizer, ao universo; templos para onde todos os reis enviavam oferendas; festas onde se reuniam pessoas de todos os lugares; oráculos que

---

39 Ibid., Lv.I, verso 381. Vede Estrabão [*Geografia*], Lv.IX, p.414, ed. 1620.

40 O velocino de ouro refere-se à lenda da lã de ouro do carneiro Crisómalo, que, guardado por um dragão, ficava protegido em Cólquida. A história do velocino é mais conhecida pelo seu roubo, realizado por Jasão e os argonautas, ajudados por Medeia. (N. T.)

41 Estrabão [*Geografia*], Lv.IX, p.414.

Do espírito das leis

atraíam toda a curiosidade humana; enfim, o gosto e as artes alçados a tal ponto que acreditar que seja possível superá-los será sempre desconhecê-los!

Capítulo VIII – Sobre Alexandre. Sua conquista

Quatro eventos ocorridos sob Alexandre realizaram, no comércio, uma grande revolução: a tomada de Tiro, a conquista do Egito, a das Índias e a descoberta do mar que se encontra ao sul desse país.

O império dos persas se estendia até o Indo.[42] Dario[43] havia, muito tempo antes de Alexandre, enviado navegadores que desceram esse rio e foram até o mar Vermelho. Como, então, foram os gregos os primeiros que fizeram, pelo sul, comércio com as Índias? Como os persas não o haviam feito anteriormente? De que lhes serviam os mares que eram tão próximos deles, mares que banhavam seu império? É verdade que Alexandre conquistou as Índias: mas é preciso conquistar um país para negociar com ele? Examinarei isso.

Ariana,[44] que se estendia do Golfo Pérsico até o Indo, e do mar do Sul até as montanhas de Paropâmiso, de certo modo dependia bastante do império dos persas. Mas, em sua parte meridional, era árida, abrasada, inculta e bárbara. A tradição[45] conta que os exércitos de Semíramis e de Ciro haviam perecido nesses desertos; e Alexandre, que fez com que sua frota o seguisse, ali perdeu boa parte de seu exército. Os persas abandonaram toda a costa ao poder dos ictiófagos,[46] dos oritas e outros povos bárbaros. Além disso, os persas[47] não eram navegadores, e sua própria religião os dissuadia de qualquer ideia de comércio marítimo. A navegação que Dario realizou nos Indos e no mar das Índias foi mais uma extravagância de um príncipe que quer mostrar seu poder

---

42 Estrabão [*Geografia*], Lv.XV.

43 Heródoto, *Melpomene* [*Histórias*, IV, 44].

44 Estrabão [*Geografia*], Lv.XV.

45 Ibid.

46 Plínio [o Velho, *História natural*], Lv.VI, cap.23; e Estrabão [*Geografia*], Lv.XV.

47 Para não contaminar os elementos, não navegavam sobre os rios. Hyde, *Religião dos persas*. Ainda hoje eles não possuem comércio marítimo, e tratam como ateus aqueles que se lançam aos mares.

Montesquieu

do que o projeto determinado de um monarca que deseja fazer uso dele. A navegação não produziu efeitos nem para o comércio nem para a marinha; e, se saiu da ignorância, foi apenas para a ela retornar.

Há mais: admitia-se,[48] antes da expedição de Alexandre, que a parte meridional das Índias era inabitável,[49] e isso derivava da tradição de que Semíramis[50] havia dali retornado com apenas vinte homens, e Ciro, com sete.

Alexandre entrou pelo norte. Seu desígnio era o de marchar em direção ao Oriente, mas, tendo encontrado a parte sul repleta de grandes nações, de cidades e de rios, tentou conquistá-las e assim o fez.

Naquela época, alimentou o desejo de unir as Índias com o Ocidente por um comércio marítimo, como os havia unido pelas colônias que tinha estabelecido em terra firme.

Mandou construir uma frota sobre o Hidaspes, desceu esse rio, entrou no Indo e navegou até sua embocadura. Deixou seu exército e sua frota em Patala, foi ele próprio com alguns barcos reconhecer o mar, marcou os lugares nos quais queria que fossem construídos portos, enseadas e arsenais. Retornando a Patala, separou-se de sua frota, tomou o caminho por terra para prestar-lhe auxílio e recebê-lo. A frota seguiu a costa a partir da embocadura do Indo, ao longo do rio do país dos oritas, dos ictiófagos, da Carmânia e da Pérsia. Mandou cavar poços, erigir cidades; proibiu os ictiófagos[51] de viverem à base de peixe; queria que as bordas desse mar fossem habitadas por nações civilizadas. Nearco e Onesícrito escreveram

---

48 Estrabão [*Geografia*], Lv.XV.

49 Heródoto, *Melpomene* [*Histórias*, IV, 44], diz que Dario conquistou as Índias. Pode--se dizer isso apenas de Ariana; ainda assim, foi uma conquista apenas imaginária.

50 Estrabão [*Geografia*], Lv.XV.

51 Não se poderia dizer isso de todos os ictiófagos, que habitam uma costa de mil estádios. Como teria Alexandre podido lhes oferecer meios de subsistência? Como conseguiria ser obedecido? Nesse caso, somente poderia se tratar de alguns povos particulares. Nearco, no livro *Rerum Indicarum*, diz que na extremidade dessa costa, do lado da Pérsia, havia encontrado povos menos ictiófagos. Creio que a ordem de Alexandre visava essa região ou ainda alguma outra vizinha da Pérsia. [A indicação de Montesquieu é *Indica*, de Arriano. Nearco (c. 360-300 a.C.), oficial de Alexandre que participou da campanha indiana, tendo navegado pelo golfo persa. Já Onesícrito de Astipaleia (c. 360-290 a.C.) foi um historiador e filósofo grego que acompanhou Alexandre em suas campanhas asiáticas. (N. T.)]

Do espírito das leis

o diário de bordo, em uma navegação que durou dez meses. Chegaram a Susa, e ali encontraram Alexandre, que promovia festas para o seu exército.

Esse conquistador fundou Alexandria, tendo em vista assegurar o Egito. Era uma chave para abri-lo no próprio lugar[52] em que os reis, seus predecessores, possuíam uma chave para fechá-lo; ele então não vislumbrava um comércio, cuja descoberta do mar das Índias já seria por si só capaz de inspirá-lo.

Aparentemente, mesmo após essa descoberta ele não teve nenhuma nova perspectiva sobre Alexandria. Certamente tinha, em geral, o projeto de estabelecer um comércio entre as Índias e as partes ocidentais de seu império; mas, quanto ao projeto de realizar esse comércio através do Egito, faltavam-lhe muitos conhecimentos para poder concebê-lo. Havia visto o Indo, havia visto o Nilo, mas não conhecia os mares da Arábia, que se encontram entre os dois. Mal havia chegado às Índias e mandou construir novas frotas, e navegou[53] sobre o Eulaeu, o Tigre, o Eufrates e o mar: acabou com as cataratas que os persas haviam colocado nesses rios. Descobriu que o *sinus* pérsico era um golfo do Oceano. Como reconhecera[54] esse mar, assim como havia reconhecido o das Índias; como mandara construir um porto na Babilônia para mil barcos e arsenais; como enviara quinhentos talentos para a Fenícia e para a Síria, para de lá trazer navegadores que desejava colocar nas colônias que ele ampliava sobre as costas, como, enfim, realizou trabalhos imensos sobre o Eufrates e outros rios da Assíria, não se pode duvidar que seu desígnio foi o de fazer o comércio das Índias pela Babilônia e pelo Golfo Pérsico.

Algumas pessoas, sob o pretexto de que Alexandre queria conquistar a Arábia,[55] disseram que ele havia concebido o desejo de ali erigir a sede de seu

---

52 Alexandria foi fundada em uma praia chamada Racótis. Nela, os antigos reis dispunham de uma guarnição para proibir a entrada de estrangeiros no país, e sobretudo os gregos, que eram, como se sabe, grandes piratas. Vede Plínio [o Velho, *História natural*], Lv.VI, cap.10; e Estrabão [*Geografia*], Lv.XVIII.

53 Arriano, *Anábase*, Lv.VII.

54 Ibid.

55 Estrabão [*Geografia*], final do Livro XVI.

463

império. Contudo, como teria ele escolhido um lugar que não conhecia?[56] Além disso, tratava-se do país mais incômodo do mundo: ele estaria separado de seu império. Os califas, que conquistaram terras distantes, deixaram imediatamente a Arábia para se estabelecer em outros lugares.

Capítulo IX – Do comércio dos reis gregos após Alexandre

Quando Alexandre conquistou o Egito, o mar Vermelho era pouquíssimo conhecido, e nada se conhecia dessa parte do Oceano que se junta ao mar e que banha de um lado a costa da África e do outro a da Arábia. Naquela época, acreditava-se até mesmo que era impossível dar a volta na península da Arábia. Os que tentaram dar a volta de cada um dos lados haviam abandonado seu empreendimento. Dizia-se:[57] "Como seria possível navegar pelo sul das costas da Arábia se o exército de Cambises pereceu quase inteiramente ao atravessá-la pelo lado norte, e se o exército que Ptolomeu, filho de Lagos, enviou ao auxílio de Seleuco Nicátor na Babilônia sofreu males inacreditáveis e, por causa do calor, conseguia marchar somente durante a noite?".

Os persas não tinham nenhuma espécie de navegação. Quando conquistaram o Egito, levaram para o lugar o mesmo espírito que possuíam em suas terras; e a negligência deles era tão extraordinária que os reis gregos acharam que eles ignoravam não somente as navegações dos tírios, dos idumeus e dos judeus no Oceano, mas também as do mar Vermelho. Creio que a destruição da primeira Tiro por Nabucodonosor, e a destruição de diversas pequenas nações e cidades vizinhas do mar Vermelho, fizeram com que os conhecimentos que haviam sido adquiridos fossem perdidos.

O Egito, no tempo dos persas, não se avizinhava ao mar Vermelho: continha[58] apenas aquela faixa de terra longa e estreita que o Nilo cobre com suas inundações, e que é comprimida pelos dois lados por cadeias de mon-

---

56 Vendo a Babilônia inundada, ele via a Arábia, que é próxima dela, como uma ilha. Aristóbulo, em Estrabão [*Geografia*], Lv.XVI.

57 Vede o livro *Rerum Indicarum* [Arriano].

58 Estrabão [*Geografia*], Lv.XVI.

Do espírito das leis

tanhas. Foi preciso então descobrir o mar Vermelho e o Oceano por uma segunda vez, e essa descoberta se deu graças à curiosidade dos reis gregos.

Subia-se o Nilo; realizava-se a caça de elefantes nos países que estão entre o Nilo e o mar; descobriram-se as bordas desse mar pelas terras; e, como essa descoberta foi feita no tempo dos gregos, os nomes delas são gregos, e os templos são consagrados[59] a divindades gregas.

Os gregos do Egito puderam fazer um comércio muito amplo: eram donos dos portos do mar Vermelho; Tiro, rival de qualquer nação comerciante, não existia; não eram mais incomodados pelas antigas[60] superstições do país; o Egito tornara-se o centro do universo.

Os reis da Síria deixaram aos reis do Egito o comércio meridional das Índias e engajaram-se somente no comércio setentrional que se fazia pelo Oxo e pelo mar Cáspio. Naqueles tempos, acreditava-se[61] que esse mar era uma parte do Oceano setentrional; e Alexandre, algum tempo antes de sua morte, havia mandado construir[62] uma frota para descobrir se esse mar se comunicava com o Oceano pelo Ponto Euxino ou por algum outro mar oriental em direção às Índias. Após ele, Seleuco e Antíoco dedicaram especial atenção para reconhecê-lo. Mantiveram frotas no local.[63] O que Seleuco reconheceu foi chamado de mar Selêucida; o que Antíoco descobriu foi chamado de mar Antioquio. Atentos aos projetos que poderiam realizar nessa costa, negligenciaram os mares do sul, seja porque os ptolomeus, por suas frotas sobre o mar Vermelho, já tivessem obtido domínio sobre ele, seja porque tivessem descoberto entre os persas uma invencível aversão pela marinha. A costa do sul da Pérsia não fornecia marinheiros; somente foram vistos ali nos últimos momentos da vida de Alexandre. Mas os reis do Egito, donos da ilha de Chipre, da Fenícia e de um grande número de lugares nas costas da Ásia Menor, possuíam todas as espécies de meios para realizar empreendimentos

---

59 Ibid.

60 Elas lhes conferiram o horror pelos estrangeiros.

61 Plínio [*História natural*], Lv.II, cap.67; e Lv.VI, cap.9 e 11; Estrabão [*Geografia*], Lv.XI; Arriano, *Anábase*, Lv.III, p.74; e Lv.V, p.104.

62 Arriano, *Anábase*, Lv.VII.

63 Plínio [*História natural*], Lv.II, cap.67.

marítimos. Não precisavam constranger o talento de seus súditos, bastava secundá-lo.

Há uma dificuldade para compreender a obstinação dos antigos em acreditar que o mar Cáspio era uma parte do Oceano. As expedições de Alexandre, dos reis da Síria, dos partas e dos romanos não conseguiram fazer que mudassem de pensamento: isso acontece porque os erros somente são revistos o mais tardiamente possível. A princípio, conhecia-se apenas o sul do mar Cáspio, tomado como se fosse o Oceano; à medida que se avançava ao longo de suas orlas, do lado norte, considerava-se ainda que era o Oceano que entrava nas terras. Ao seguir as costas, explorava-se apenas, do lado leste, até o Jaxartes; e, do lado oeste, até as extremidades da Albânia. O mar, do lado do norte, era lodoso[64] e, consequentemente, pouquíssimo adequado para a navegação. Tudo isso fez com que tão somente o Oceano fosse visto.

O exército de Alexandre havia ido apenas, do lado do Oriente, até o Hífasis, o último dos rios a desaguarem no Indo. Assim o primeiro comércio que os gregos tiveram nas Índias foi feito em uma pequeníssima parte do país. Seleuco Nicátor penetrou até o Ganges,[65] e, por meio disso, descobriu-se o mar onde esse rio deságua, isto é, o golfo de Bengala. Atualmente as terras são descobertas por viagens marítimas; outrora os mares eram descobertos pela conquista das terras.

Estrabão,[66] malgrado o testemunho de Apolodório, parece duvidar que os reis[67] gregos da Bactriana tenham ido mais longe que Seleuco e Alexandre. Ainda que fosse verdadeiro que não tenham ido mais longe em direção ao oriente do que Seleuco, foram mais longe em direção ao sul: descobriram[68] Siger e portos em Malabar, palcos da navegação da qual falarei.

Plínio[69] nos ensina que três rotas foram sucessivamente empregadas para fazer a navegação das Índias. Inicialmente, ia-se do promontório de Siagre

---

64 Vede o mapa do tsar.

65 Plínio [*História natural*], Lv.VI, cap.17.

66 [*Geografia*] Lv.XV.

67 Os macedônios da Bactriana, das Índias e de Ariana, estando separados do reino da Síria, formaram um grande Estado.

68 Apolodoro de Artemisa, em Estrabão [*Geografia*], Lv.XI.

69 [*História natural*] Lv.VI, cap.23.

Do espírito das leis

até a ilha de Patalene, que se encontra na embocadura do Indo: vê-se que era a rota que a frota de Alexandre havia tomado. Em seguida, tomava-se um caminho mais curto[70] e mais seguro, e ia-se do mesmo promontório até Siger. Essa Siger só pode ser o reino de Siger do qual fala Estrabão,[71] descoberto pelos reis da Bactriana. Plínio só pôde dizer que o caminho foi mais curto porque era realizado em menos tempo, porque Siger devia ser mais afastada que o Indo, uma vez que foram os reis da Bactriana que o descobriram. Era preciso, pois, que essa rota fosse evitada fazendo o desvio por certas costas e fazendo proveito de determinados ventos. Enfim, os mercadores tomavam uma terceira rota: iam a Cane ou a Ocelis, portos situados na embocadura do mar Vermelho, de onde, por um vento do oeste, chegava-se a Muziris, primeira cidade mercadora das Índias, e de lá para outros portos.

Vê-se que em vez de ir da embocadura do mar Vermelho até o Siagre, subindo a costa da Arábia Feliz rumo ao nordeste, ia-se diretamente do oeste ao leste, de um lado ao outro, por meio das monções, cujas mudanças foram descobertas pela navegação nessas paragens. Os antigos somente deixaram as costas quando utilizaram as monções[72] e os ventos alísios, que eram, para eles, uma espécie de bússola.

Plínio[73] diz que se partia para as Índias no meio do verão, e que o retorno se realizava pelo fim de dezembro e no começo de janeiro. Isso está inteiramente de acordo com os diários dos navegadores. Nessa parte do mar das Índias que se encontra entre a península da África e aquela desse lado do Ganges, há duas monções: a primeira, durante a qual os ventos vão do oeste para o leste, começa no mês de agosto e de setembro; a segunda, durante a qual os ventos vão do leste para o oeste, começa em janeiro. Assim, partimos da África para Malabar no período em que as frotas de Ptolomeu partiam, e também voltamos na mesma época.

A frota de Alexandre gastou sete meses para ir de Patalene a Susa. Ela partiu no mês de julho, isto é, em um período em que atualmente nenhum navio

---

70 Ibid.

71 [*Geografia*] Lv.XI, *Sigertidis regnum*.

72 As moções sopravam parte do ano de um lado, e parte do ano de outro, e os ventos alísios sopravam do mesmo lado durante o ano inteiro.

73 [*História natural*] Lv.VI, cap.23.

ousa entrar no mar para retornar das Índias. Entre uma monção e outra, há um intervalo de tempo durante o qual os ventos variam, e em que um vento do norte, misturando-se com os ventos comuns, produz, sobretudo junto às costas, tempestades terríveis. Isso dura os meses de junho, julho e agosto. A frota de Alexandre, partindo de Patalene no mês de junho, experimentou muitas tempestades, e a viagem foi longa, porque ela navegou em uma monção contrária.

Plínio diz que se partia para as Índias no final do verão: assim, o tempo para a variação da monção era empregado para fazer o trajeto de Alexandria ao mar Vermelho.

Vede, eu vos peço, como pouco a pouco a navegação se aperfeiçoava. A que Dario mandou fazer para descer o Indo e ir até o mar Vermelho durou dois anos e meio.[74] A frota de Alexandre,[75] descendo o Indo, chegou a Susa após dez meses, tendo navegado três meses sobre o Indo e sete sobre o mar das Índias. Na sequência, o trajeto da costa de Malabar ao mar Vermelho foi realizado em quarenta dias.[76]

Estrabão, explicando os motivos da ignorância na qual se encontravam os países situados entre o Hifásis e o Ganges, diz que, entre os navegadores que iam do Egito às Índias, há poucos que alcançavam o Ganges. Efetivamente, vê-se que as frotas não chegavam até ali; iam pelas monções de oeste para o leste, da embocadura do mar Vermelho para a costa de Malabar. Paravam nas cidades mercadoras no caminho e não iam fazer a volta da península desse lado do Ganges pelo cabo Comorim e a costa de Coromandel. O plano de navegação dos reis do Egito e dos romanos era o de regressar no mesmo ano.[77]

Assim, era forçoso que o comércio dos gregos e dos romanos nas Índias fosse tão amplo quanto o nosso: nós, que conhecemos países imensos que eles não conheciam; nós, que fazemos nosso comércio com todas as nações indianas e que até mesmo comerciamos e navegamos por elas.

---

74 Heródoto, *Melpomene* [*Histórias*, IV, 44].
75 Plínio [*História natural*], Lv.VI, cap.23.
76 Ibid.
77 Ibid.

Do espírito das leis

Mas faziam esse comércio com mais facilidade do que nós; e se hoje em dia negociássemos somente na costa de Gujarat e de Malabar, e se, sem ir buscar nas ilhas do sul, nos contentássemos com as mercadorias que os insulares pudessem nos trazer, seria forçoso adotar a rota do Egito à do cabo da Boa Esperança. Estrabão[78] diz que os negócios feitos com os povos de Taprobana eram realizados dessa maneira.

Capítulo X – O périplo da África

A história nos ensina que antes da descoberta da bússola tentou-se por quatro vezes fazer o périplo da África. Os fenícios, enviados por Necao[79] e Eudoxo,[80] fugindo da ira de Ptolomeu Látiro, partiram do mar Vermelho e foram exitosos. Sataspes,[81] sob Xerxes e Hanão, que foi enviado pelos cartaginenses, saíram das Colunas de Hércules e não foram exitosos.[82]

O ponto capital para realizar o périplo da África era descobrir e dobrar o cabo da Boa Esperança. Mas, partindo-se do mar Vermelho, encontrava-se nesse cabo um percurso que era pela metade mais breve do que partindo do Mediterrâneo. A costa que vai do mar Vermelho ao cabo é mais segura do que[83] aquela que vai do cabo às Colunas de Hércules. Para que aqueles que partissem das Colunas de Hércules tivessem podido descobrir o cabo, teria sido necessária a invenção da bússola, que fez com que se abandonasse a

---

78 [*Geografia*] Lv.XV.

79 Heródoto [*Histórias*], Lv.IV [cap.42]. Ele desejava conquistar.

80 Plínio [*História natural*], Lv.II, cap.67. Pompônio Mela, Lv.III, cap.9.

81 Heródoto, *Melpomene* [*Histórias*, IV, 43].

82 Neco ou Necao II (século VI a.C.), faraó que comissionou uma expedição de fenícios que completaram a Rota do Cabo. Eudoxo de Cízico (século II-I a.C.), navegante e geógrafo grego que tentou realizar uma circum-navegação da África. Segundo Plínio, o Velho, Eudoxo fugiu do rei Látiro pelo golfo Arábico. Eudoxo estava a serviço de Ptolemeu VIII (século II a.C.). Ptolomeu IX, ou Ptolomeu Látiro (século II-I a.C.), faraó egípcio. Sataspes (século V a.C.), primo de Xerxes, foi um navegador persa. Hanão, o Navegador (c. século VI-V a.C.), navegador cartaginense, conhecido por suas explorações nas costas africanas. (N. T.)

83 Acrescente-se a isso o que eu digo no Capítulo XI deste livro, sobre a navegação de Hanão.

Montesquieu

costa da África e que se navegasse no vasto Oceano[84] para ir até a ilha de Santa Helena ou em direção à costa do Brasil. É, portanto, bem possível que fossem do mar Vermelho ao Mediterrâneo, sem que retornassem do Mediterrâneo pelo mar Vermelho.

Assim, sem realizar esse grande circuito, após o qual não se pode mais retornar, era mais natural fazer o comércio da África oriental pelo mar Vermelho e o da costa ocidental pelas Colunas de Hércules.

Os reis gregos do Egito desde logo descobriram no mar Vermelho a parte da costa da África que vai do fundo do golfo onde se encontra a cidade de Herum até Dira, isto é, até o estreito chamado de Bab-el-Mandeb. Dali até o promontório dos Arômatas, situado na entrada do mar Vermelho,[85] a costa não tinha sido reconhecida pelos navegadores. E isso é evidente por aquilo que nos diz Artemidoro,[86] que os lugares dessa costa eram conhecidos, mas que suas distâncias eram desconhecidas, o que derivava do fato de que esses portos foram sucessivamente conhecidos através das terras, sem que se fosse de um porto a outro.

Para além desse promontório, onde começa a costa do Oceano, nada era conhecido, como nos[87] ensinam Eratóstenes e Artemidoro.

Tais eram os conhecimentos que se possuía das costas da África no tempo de Estrabão, isto é, nos tempos de Augusto. Mas, depois de Augusto, os romanos descobriram o promontório Raptum e o promontório Prassum, não mencionados por Estrabão, porque ainda não eram conhecidos. Vê-se que esses dois nomes são romanos.

---

84 Nos meses de outubro, novembro, dezembro e janeiro há, no oceano Atlântico, um vento do nordeste. Atravessa-se a linha e, para eludir o vento geral do leste, a rota é dirigida para o sul, ou então se entra na zona tórrida, nos lugares em que o vento sopra de oeste para leste.

85 Esse golfo, ao qual hoje em dia damos esse nome, era chamado, pelos antigos, de *sinus* Arábico: eles chamavam de mar Vermelho a parte do Oceano que era vizinha desse golfo.

86 Estrabão [*Geografia*], Lv.XVI. [Artemidoro de Éfeso (século I a.C.), geógrafo grego. (N. T.)]

87 Estrabão [*Geografia*], Lv.XVI. Artemidoro limitava a costa conhecida ao lugar chamado *Austricornu*; e Eratóstenes ao *ad Cinnamomiferam*.

Do espírito das leis

Ptolemeu, o geógrafo, vivia sob Adriano e Antonino Pio, e o autor do *Périplo* do mar da Eritreia, seja ele quem for, viveu pouco tempo depois. Entretanto, o primeiro limita o conhecimento da África[88] ao promontório Prassum, que está a cerca de 14° da latitude sul; e o autor do *Périplo*[89] limita-o ao promontório Raptum, que está aproximadamente a 10° dessa latitude. Parece que o último tomava como limite um lugar aonde se podia ir, e Ptolemeu um lugar aonde não mais se ia.

O que me fornece uma confirmação dessa ideia é que os povos em torno do Prassum eram antropófagos.[90] Ptolemeu, que nos fala de numerosos lugares entre o porto dos Arômatas e o promontório Raptum, deixa um espaço completamente vazio do Raptum até o Prassum. Os grandes lucros da navegação das Índias devem ter feito os da África serem negligenciados. Enfim, os romanos nunca tiveram nessa costa uma navegação regular: haviam descoberto esses portos por via terrestre, e por navios lançados pela tempestade. E como atualmente a costas da África são muito bem conhecidas e seu interior muito mal explorado,[91] os antigos conheciam muito bem o interior e muito mal as costas.

Disse que os fenícios, enviados por Necao e Eudoxo no tempo de Ptolomeu Látiro, haviam feito o périplo da África: é forçoso que, no tempo de Ptolemeu, o geógrafo, essas duas navegações fossem consideradas como fabulosas, porque ele situa[92] abaixo do *sinus magnus* – que é, assim creio, o golfo de Siam – uma terra desconhecida que vai da Ásia até a África para finalizar no promontório Prassum, de modo que o mar das Índias teria sido somente um lago. Os antigos, que reconheceram as Índias pelo norte e avançaram em direção ao oriente, situaram essa terra desconhecida como próxima ao sul.

---

88 Atribui-se esse périplo a Arriano.

89 Ptolemeu, Lv.IV, cap.9.

90 Ibid., cap.7 e 8.

91 Vede com qual exatidão Estrabão e Ptolemeu nos descreveram as diversas partes da África. Esses conhecimentos advinham das diversas guerras que as duas mais poderosas nações do mundo, os cartaginenses e os romanos, tinham travado com os povos da África, com as alianças que haviam fechado, com o comércio que haviam feito por terra.

92 [Ptolemeu, *Geografia*] Lv.VII, cap.3.

Capítulo XI – Cartago e Marselha

Cartago tinha um direito das gentes peculiar: condenava ao afogamento[93] todos os estrangeiros que fizessem negócios na Sardenha e na região das Colunas de Hércules. Seu direito político não era menos extraordinário: proibia que os sardos cultivassem a terra, sob pena de morte. Ela aumentou seu poder por suas riquezas, e em seguida suas riquezas por seu poder. Dona das costas da África que banham o Mediterrâneo, também estendia seus domínios sobre as do Oceano. Hanão, por ordem do senado de Cartago, distribuiu trinta mil cartagineses das Colunas de Hércules até Cerne. Ele conta que esse lugar era tão distante das Colunas de Hércules quanto as Colunas de Hércules o são de Cartago. Essa posição é notável: ela permite ver que Hanão limitara seus estabelecimentos a $25°$ de latitude norte, isto é, $2°$ ou $3°$ sul das ilhas Canárias.

De Cerne, Hanão fez uma outra navegação, cujo objetivo era realizar descobertas mais ao sul. Quase não adquiriu nenhum conhecimento sobre o continente. A extensão das costas por ele seguida foi de 26 dias de navegação, e foi obrigado a retornar por falta de víveres. Parece que os cartaginenses não fizeram nenhum uso desse empreendimento de Hanão. Cílax[94] diz que, para além de Cerne, o mar não é navegável,[95] porque ali ele é baixo, repleto de limo e algas marinhas: efetivamente, há muitas delas nessas paragens.[96] Os mercadores cartaginenses mencionados por Cílax poderiam encontrar obstáculos que Hanão, que tinha sessenta navios de cinquenta remos cada, havia superado. As dificuldades são relativas e, ademais, não se devem confundir um empreendimento que tem como objeto a intrepidez e a temeridade com aquele que é o efeito de uma conduta comum.

---

93 Eratóstenes, em Estrabão [*Geografia*], Lv.XVII, p.802.

94 Vede seu *Périplo*, artigo "Cartago". [Cílax de Carianda (século VI a.C.), explorador e escritor grego, ao qual se atribuía o *Périplo* (obra de Pseudo-Cílax). (N. T.)]

95 Vede Heródoto, *Melpomene* [*Histórias*, IV, 43], sobre os obstáculos que Sataspes encontrou.

96 Vede os mapas e os relatos do primeiro volume de *Coletânea de viagens que serviram para o estabelecimento da Companhia das Índias*, parte I, p.201. Essa alga cobre de tal modo a superfície do mar que mal se pode ver a água, e os barcos somente podem atravessar o lugar com um vento fresco.

Do espírito das leis

O relato de Hanão é uma bela passagem da Antiguidade: o mesmo homem que a executou, escreveu-a; ele não insere nenhuma ostentação em seus relatos. Os grandes capitães escrevem suas ações com simplicidade, porque são mais gloriosos por aquilo que fizeram do que por aquilo que disseram.

As coisas relatadas são como seu estilo: ele nada oferece de maravilhoso, e tudo que diz do clima, do terreno, dos costumes, das maneiras dos habitantes, refere-se ao que vemos atualmente nessa costa da África. Parece ser o diário de um de nossos navegadores.

Em sua frota, Hanão observou[97] que durante o dia um vasto silêncio reinava no continente, que à noite era possível escutar os sons de diversos instrumentos musicais e que por toda parte viam-se fogueiras, algumas maiores e outras menores. Nossos relatos confirmam isso: ali se nota que os selvagens, para evitar o ardor do sol, retiram-se para as florestas, que durante a noite fazem grandes fogueiras para espantar os animais ferozes e que amam passionalmente a dança e os instrumentos musicais.

Hanão nos descreve um vulcão com todos os fenômenos apresentados atualmente pelo Vesúvio, e o relato que faz de duas mulheres peludas que preferiam morrer a seguir os cartagineses, e cujas peles ele levou para Cartago, não é, como se afirmou, inverossímil.

Esse relato é ainda mais precioso por ser um registro púnico – e, por ser um registro púnico, foi visto como fabuloso. Pois, afinal, os romanos mantiveram-se em alerta contra os cartagineses, mesmo após tê-los destruídos. Mas foi apenas a vitória que determinou se deveria se dizer *a fé púnica* ou *a fé romana*.

Há modernos[98] que continuarão esse preconceito. "O que aconteceu", dizem eles, "com as cidades que Hanão nos descreve e das quais, já na época de Plínio, não havia sobrado nenhum vestígio?". Miraculoso seria se tivessem sobrado. Hanão foi construir sobre essas costas Corinto ou Atenas?

---

97 Plínio [*História natural*, V, 1] nos conta a mesma coisa ao falar do monte Atlas: *Noctibus micare crebris ignibus, tibiarum cantu tympanorumque sonitu strepere, neminem interdiu cerni.* ["Durante a noite crepitavam muitas fogueiras, ressoavam o canto das flautas e pandeiros, durante o dia não se via ninguém"].

98 Dodwell, vede sua *Dissertação sobre o périplo de Hanão*. [Henry Dodwell (1641-1711), escritor irlandês. (N. T.)]

Montesquieu

Ele deixava, nos lugares adequados para o comércio, famílias cartaginesas, e apressadamente as colocava em segurança contra os homens selvagens e os animais ferozes. As calamidades dos cartagineses fizeram a navegação da África cessar; essas famílias devem ter perecido ou se tornado selvagens. Digo mais: ainda que as ruínas dessas cidades existissem, quem teria ido descobri-las no meio dos bosques e dos pântanos? No entanto, lemos em Cílax e Políbio que os cartagineses tinham grandes estabelecimentos sobre essas costas. Eis os vestígios das cidades de Hanão. Não há outros, pois dificilmente há outros da própria Cartago.

Os cartagineses estavam no caminho das riquezas e se tivessem chegado até os 4° de latitude norte e aos 15° de longitude, teriam descoberto a Costa do Ouro e as costas vizinhas. Teriam ali feito um comércio muito mais importante do que aquele que se faz atualmente nesse lugar, quando a América parece ter desvalorizado as riquezas de todos os outros países: teriam ali encontrado tesouros que não poderiam ser arrebatados pelos romanos.

Coisas muito surpreendentes foram ditas sobre as riquezas da Espanha. A se crer em Aristóteles,[99] os fenícios que aportaram em Tartesso ali encontraram tanto dinheiro que seus navios não podiam carregá-lo e mandaram fazer os utensílios mais banais a partir desses metais. Os cartagineses, no relato de Diodoro,[100] encontraram tanto ouro e dinheiro nos Pireneus que fundiram ambos para as âncoras de seus navios. Não é preciso se fiar nesses relatos populares: eis os fatos precisos.

Lê-se, em um fragmento de Políbio citado por Estrabão,[101] que as minas de prata presentes na fonte do rio Bétis, onde quarenta mil homens eram empregados, dava ao povo romano 25 mil dracmas por dia. Isso gira em torno de cinco milhões de libras por ano, a cinquenta francos o marco. As montanhas onde essas minas se encontravam eram chamadas de *montanhas de prata*,[102] o que demonstra que se tratava do Potosí daquela época. Hoje em dia, as minas de Hanover não têm nem um quarto de operários que eram empregados nas minas da Espanha, mas elas produzem mais. Porém, como os romanos não

---

99 *Das maravilhosas coisas ouvidas* [CXXXV].

100 [*Biblioteca histórica*] Lv.VI.

101 [*Biblioteca histórica*] Lv.III.

102 *Mons argentarium.*

possuíam minas de cobre e tinham poucas minas de prata, e como os gregos somente conheciam as minas da Ática, pouco ricas, devem ter se espantado com a abundância das minas espanholas.

Na guerra pela sucessão da Espanha, um homem chamado marquês de Rodes, que diziam ter se arruinado com as minas de ouro e enriquecido com asilos,[103] propôs à corte da França a abertura das minas dos Pireneus. Ele citava os tírios, os cartagineses e os romanos. Permitiram-lhe a prospecção, ele prospectou, escavou por toda parte. Continuou suas citações, mas nada encontrava.

Os cartagineses, senhores do comércio de ouro e de prata, quiseram também ser os do chumbo e do estanho. Esses metais eram transportados por terra, a partir dos portos da Gália sobre o Oceano, até os portos do Mediterrâneo. Os cartagineses quiseram recebê-los em primeira mão: enviaram Himilcão para formar[104] estabelecimentos nas ilhas Cassitérides, que se acreditava ser as ilhas de Scilly.

Essas viagens da Bética para a Inglaterra fizeram alguns pensarem que os cartagineses possuíam a bússola. Contudo, é evidente que eles foram seguindo as costas. Não preciso de outra prova senão aquela dita por Himilcão, que demorou quatro meses para ir da embocadura do Bétis para a Inglaterra. Além disso, a famosa[105] história desse piloto cartaginês que, ao ver uma embarcação romana vindo em sua direção, encalhou a sua para não lhe ensinar a rota para a Inglaterra,[106] demonstra que essas embarcações estavam muito próximas das costas quando elas se encontraram.

Os antigos podem ter feito viagens marítimas indicativas de que possuíam a bússola, ainda que não a possuíssem. Se um piloto se distanciasse

---

103 Ele tinha um papel na direção.

104 Vede Festus Avienus [*Orlas marítimas*]. [Himilcão (séc. V), navegador e explorador cartaginês, cujos relatos são citados pelos historiadores antigos como Rúfio Festos Avieno ou Plínio, o Velho. A primeira edição do *Espírito das leis* ainda continha a seguinte continuação: "Parece, segundo Plínio, que esse Himilcão foi enviado ao mesmo tempo que Hanão, e como no período de Agátocle havia um Hanão e um Hamilcão, ambos chefes dos cartagineses, Dodwell conjectura que eles são os mesmos, especialmente porque então a república estava florescendo. Vede a *Dissertação sobre o périplo de Hanão*". (N. T.)]

105 Estrabão [*Geografia*], Lv.III, na parte final.

106 Ele foi recompensado pelo Senado de Cartago.

das costas, se durante a sua viagem pegasse um clima sereno, se durante a noite sempre pudesse ver uma estrela polar e se durante o dia pudesse ver o nascer e o pôr do sol, é claro que teria podido se conduzir como hoje em dia se faz com a bússola. Contudo, isso seria um caso fortuito, e não uma navegação regrada.

Vê-se, no tratado que encerra a primeira guerra púnica, que Cartago foi principalmente ciosa de conservar seu império marítimo, e Roma a proteger seu império terrestre. Hanão,[107] na negociação com os romanos, declarou que não consentiria nem mesmo que eles lavassem as mãos nos mares da Sicília; proibiu-os de navegar para além do promontório Bom;[108] foi-lhes proibido realizar negociações[109] na Sicília,[110] na Sardenha, na África, exceto em Cartago – exceção que demonstra que ali não lhes seria oferecido um comércio vantajoso.

Nos primeiros tempos ocorreram grandes guerras entre Cartago e Marselha[111] relativas à pesca. Após a paz, concorreram com um comércio de economia. Marselha mostrou ser a mais zelosa porque, igualando seu rival em indústria, tornou-se inferior em termos de poder: eis a razão dessa grande fidelidade pelos romanos. A guerra que estes travaram contra os cartaginenses na Espanha foi uma fonte de riquezas para Marselha, que servia de entreposto. A ruína de Cartago e de Corinto aumenta ainda mais a glória de Marselha; e, sem as guerras civis, nas quais era preciso fechar os olhos e tomar um partido, ela teria sido feliz sob a proteção dos romanos, que não tinham nenhuma inveja de seu comércio.

Capítulo XII – Ilha de Delos e Mitrídates

Tendo Corinto sido destruída pelos romanos, os mercadores se retiraram de Delos. A religião e a veneração dos povos faziam essa ilha ser vista como

---

107 Tito Lívio, suplemento de Freinsheimius, segunda década, Lv.VI.

108 *Promontorium Pulchrum.* (N. T.)

109 Políbio [*História*], Lv.III.

110 Na parte relativa aos cartagineses.

111 Justino [*Epítome das histórias filípicas*], Lv.XLIII, cap.5. *Carthaginensium quoque exercitus, cum bellum, captis piscatorum navibus, ortum esset, sæpe fuderunt, pacemque victis dederunt.*

Do espírito das leis

um local seguro.[112] Ademais, ela era bem localizada para o comércio com a Itália e a Ásia, que, desde a destruição da África e o enfraquecimento da Grécia, havia se tornado mais importante.

Desde os primeiros tempos os gregos enviaram, como já dissemos, colônias para Propôntida e Ponto Euxino. Sob os persas, essas colônias conservaram suas leis e sua liberdade. Alexandre, que partiu apenas contra os bárbaros, não as atacou.[113] Aparentemente nem mesmo os reis de Ponto, que ocuparam muitas delas, tiraram-lhes seu governo político.[114]

O poder desses reis aumentou assim que as subjugaram. Mitrídates[115] encontrou-se em condição de comprar tropas em todos os lugares, de continuamente reparar[116] suas perdas, de ter operários, embarcações, máquinas de guerra; de conseguir aliados para si, de corromper os aliados dos romanos e até mesmo os próprios romanos; de pagar a soldo[117] os bárbaros da Ásia e da Europa; de travar guerra durante longos períodos e, consequentemente, de disciplinar suas tropas. Pôde armá-las e instruí-las na arte militar[118] dos romanos e formar corpos de exército consideráveis a partir de seus trânsfugas; pôde, enfim, sustentar grandes perdas e sofrer grandes derrotas sem perecer, e não teria perecido se, durante a prosperidade, o rei voluptuoso e bárbaro não tivesse destruído aquilo que o grande príncipe havia construído em tempos adversos.

É assim que, nos tempos em que os romanos estavam no ápice da grandeza e pareciam temer apenas a si mesmos, Mitrídates colocou novamente em

---

112 Estrabão [*Geografia*], Lv.X.

113 Ele reforçou a liberdade da cidade de Amisa, colônia ateniense, que havia gozado do Estado popular mesmo sob os reis da Pérsia. Lúculo, que conquistou Sinope e Amisa, deu-lhes a liberdade e chamou os habitantes que estavam refugiados em seus navios.

114 Vede o que escreve Apiano sobre os fanagórios, amisanos e sinopianos em seu livro *Da guerra contra Mitrídates*. [Apiano (c. 95-165), historiador grego e cidadão romano, autor de *História romana*, na qual se inclui a história da guerra com Mitrídates. (N. T.)]

115 Vede Apiano, sobre os imensos tesouros que Mitrídates utilizou em suas guerras, os que ele havia escondido, os que ele perdeu, frequentemente por traição dos seus, e aqueles que foram encontrados após a sua morte.

116 Uma vez ele perdeu 170 mil homens e novos exércitos apareceram de pronto.

117 Vede Apiano, *Da guerra contra Mitrídates*.

118 Ibid.

questão aquilo que a tomada de Cartago, as derrotas de Filipe, de Antíoco e de Perseu haviam decidido. Nunca uma guerra foi tão funesta, e com os dois partidos possuindo um grande poder e vantagens mútuas, os povos da Grécia e da Ásia foram destruídos, ou como amigos de Mitrídates ou como seus inimigos. Em todos os lugares o comércio desapareceu: deveria estar destruído, uma vez que os povos o estavam.

Os romanos, seguindo um sistema do qual falei em outro escrito,[119] eram destruidores para não parecerem conquistadores, e arruinaram Cartago e Corinto; e, com semelhante prática, talvez teriam encontrado sua ruína, caso não tivessem conquistado o mundo inteiro. Quando os reis de Ponto se tornaram senhores das colônias gregas do Ponto Euxino, não se importaram de destruir o que deveria ser a causa de sua grandeza.

Capítulo XIII – Do gênio dos romanos pela marinha

Os romanos importavam-se somente com as tropas terrestres, cujo espírito era o de sempre permanecer firme, de combater no mesmo lugar e de ali morrer. Não podiam estimar as práticas das pessoas do mar, que se apresentam ao combate, fogem, retornam, sempre evitam o perigo, frequentemente utilizam ardis, raramente a força. Tudo isso não fazia parte do gênio dos gregos,[120] menos ainda dos romanos.

Eram destinados à marinha, portanto, somente aqueles que não eram cidadãos suficientemente consideráveis[121] para assumir um lugar nas legiões: as pessoas do mar eram comumente indivíduos libertos.

Hoje em dia não temos nem a mesma estima pelas tropas terrestres, nem o mesmo desprezo pelas do mar. Entre os primeiros,[122] a arte diminuiu; entre os segundos,[123] aumentou. Ora, as coisas são estimadas em proporção ao grau de capacidade requerida para fazê-las bem.

---

119 Nas *Considerações sobre as causas da grandeza dos romanos...* [Cap.6].
120 Como notou Platão, Lv.IV, *As leis* [706a-707b].
121 Políbio [*História*], Lv.V.
122 Vede as *Considerações sobre as causas da grandeza dos romanos...* [Cap.4].
123 Ibid.

Do espírito das leis

Capítulo XIV – Do gênio dos romanos para o comércio

Jamais se notou nos romanos zelo pelo comércio. Foi como nação rival, e não como nação comerciante, que atacaram Cartago. Favoreceram as cidades que realizavam comércio, ainda que elas não estivessem subjugadas a eles. Assim aumentaram, pela cessão de diversas localidades, o poder de Marselha. Temiam tudo dos bárbaros e nada de um povo negociante. Além disso, seu gênio, sua educação militar, a forma de seu governo, distanciavam-nos do comércio.

Na cidade, ocupavam-se apenas com guerras, eleições, intrigas e processos; no campo, somente com a agricultura; e, nas províncias, um governo duro e tirânico era incompatível com o comércio.

Se sua constituição política era oposta ao comércio, seu direito das gentes não o repugnava menos. "Os povos", diz o jurisconsulto Pompônio,[124] "com os quais não temos nem amizade, nem hospitalidade, nem aliança, não são nossos inimigos. Entretanto, se uma coisa que nos pertence cai nas mãos deles, tornam-se proprietários dela, os homens livres tornam-se seus escravos e eles se encontram nos mesmos termos em relação a nós".

Seu direito civil não era menos opressivo. A Lei de Constantino, após ter declarado como bastardos os filhos das pessoas plebeias que se casassem com as pertencentes a uma condição mais elevada, não faz distinção entre as mulheres que têm uma butique[125] de mercadorias e as escravas, taberneiras, atrizes, filhas de um homem que possui um prostíbulo ou que tenha sido condenado a combater na arena. Isso provinha das antigas instituições romanas.

Sei bem que há pessoas repletas dessas ideias:[126] uma, que o comércio é a coisa mais útil do mundo para um Estado; a outra, pelo fato de os romanos terem tido a melhor polícia do mundo, considera que por isso eles tinham

---

124 [*Corpus Juris Civilis*] Lei 5, *De captivis.*

125 [*Corpus Juris Civilis*] *Quæ mercimoniis publice praefuit*, Lei. 5, cód. *De natural. liberis.*

126 Montesquieu refere-se a Pierre Daniel Huet (1630-1721), autor de *Histoire du commerce et de la navigation des anciens* (1716). A obra de Huet, que escreveu um dos únicos tratados modernos sobre a história do comércio tendo em vista a navegação dos antigos, inspirou (ainda que sob forte viés crítico) importante parte deste livro do *Espírito das leis*. (N. T.)

muito encorajado e honrado o comércio. Mas a verdade é que os romanos raramente pensaram nele.

Capítulo XV – Comércio dos romanos com os bárbaros

Os romanos haviam feito da Europa, da Ásia e da África um vasto império: a fraqueza dos povos e a tirania do comando uniram todas as partes desse corpo imenso. Naquele momento, a política romana foi a de separar-se de todas as nações que não haviam sido subjugadas: o temor de levar até eles a arte de conquistar fez com que a arte de enriquecer fosse negligenciada. Fizeram leis para impedir qualquer comércio com os bárbaros. "Que ninguém", dizem Valêncio e Graciano,[127] "envie vinho, óleo ou outros licores para os bárbaros, mesmo que seja para degustação". "Que não levem ouro",[128] adicionam Graciano, Valentiniano e Teodósio, "e que mesmo aquilo que possuem lhes seja retirado com destreza". O transporte do ferro foi proibido com pena de morte.[129]

Domiciano, príncipe tímido, mandou arrancar as vinhas da Gália, certamente temendo que esse licor pudesse atrair os bárbaros, como outrora haviam assim sido atraídos para a Itália. Probo e Juliano, que nunca temeram os bárbaros, restabeleceram as plantações de uva.

Sei bem que, quando o império se enfraqueceu, os bárbaros obrigaram os romanos a estabelecer cidades mercadoras[130] e a realizar comércio com elas. Mas esse próprio fato prova que o espírito dos romanos não era o de comerciar.

Capítulo XVI – Do comércio dos romanos com a Arábia e as Índias

Os negócios com a Arábia Feliz e com as Índias foram os dois ramos, e praticamente os únicos, do comércio exterior. Os árabes possuíam grandes

---

127 Lei *ad Barbaricum*, cód. *Quae res exportari non debeant.*

128 Lei 2, cód. *De commercio et mercateribus.*

129 Lei 2, *Quæ res exportari non debeant*; e Procópio, *Guerra dos persas*, Lv.I.

130 Vede as *Considerações sobre as causas da grandeza dos romanos e de sua decadência* (1755).

riquezas: obtinham-nas de seus mares e de suas florestas; e, como compravam pouco e vendiam muito, atraíam[131] para si o ouro e a prata de seus vizinhos. Sabendo da opulência dos árabes, Augusto[132] decidiu que os teria ou como amigos ou como inimigos. Mandou Élio Galo passar do Egito para a Arábia. Ali ele encontrou povos ociosos, tranquilos e pouco aguerridos. Travou batalhas, estabeleceu cercos e perdeu somente sete soldados. Mas a perfídia de seus guias, as marchas, o clima, a fome, a sede, as doenças, escolhas ruins, fizeram com que perdesse seu exército.

Assim, precisaram se contentar em negociar com os árabes, como os outros povos haviam feito, ou seja, em dar a eles ouro e prata em troca de suas mercadorias. Ainda hoje o comércio com os árabes se faz dessa maneira: a caravana de Alepo e o navio real de Suez levaram a eles somas imensas.[133]

A natureza havia destinado os árabes ao comércio; ela não os havia destinado à guerra. Contudo, quando esses povos tranquilos atingiram as fronteiras dos partas e dos romanos, tornaram-se auxiliares de ambos. Élio Galo encontrara os árabes enquanto povo comerciante, Maomé enquanto povo guerreiro; dotou-os de entusiasmo e eis que se tornaram conquistadores.

O comércio dos romanos com as Índias era considerável. Estrabão[134] soubera, no Egito, que os romanos utilizavam 120 navios: do mesmo modo, esse comércio apenas se mantinha graças à sua prata. Todos os anos, enviavam para lá cinquenta milhões de sestércios. Plínio[135] diz que as mercadorias dali trazidas eram vendidas em Roma por um valor cem vezes maior. Creio que falava isso genericamente: uma vez obtido esse lucro, todo mundo desejará tê-lo; e, a partir desse momento, ninguém mais conseguirá obtê-lo.

É possível questionar se, para os romanos, foi vantajoso comerciar com a Arábia e com as Índias. Tinham que enviar sua prata e, diferentemente de nós, não dispunham do recurso da América, que repõe a que enviamos. Estou persuadido que uma das razões para o aumento do valor numerário

---

131 Plínio [*História natural*], Lv.VI, cap.28; e Estrabão [*Geografia*], Lv.XVI.

132 Ibid.

133 As caravanas de Alepo e de Suez levavam dois milhões de nossas moedas até lá, e uma soma igual em contrabando. O navio real de Suez também leva dois milhões.

134 [Estrabão, *Geografia*] Lv.II [cap.12], p.181.

135 [Plínio, *História natural*], Liv VI, cap.23.

das moedas entre eles, isto é, para que se estabelecesse o bilhão,[136] foi a raridade da prata, causada pelo transporte contínuo feito com as Índias. Afinal, se as mercadorias desse país eram vendidas em Roma em cem vezes o seu preço, esse lucro dos romanos era feito sobre os próprios romanos, e não enriquecia em nada o império.

Pode-se dizer, por outro lado, que esse comércio oferecia aos romanos uma vasta navegação, isto é, um grande poder; que as mercadorias novas aumentavam o comércio interno, favoreciam as artes, alimentavam a indústria; que o número de cidadãos se multiplicava proporcionalmente aos novos meios de vida; que esse novo comércio produzia o luxo, que havíamos demonstrado ser tão favorável ao governo de um só quanto fatal ao governo de muitos; que esse estabelecimento data da mesma época que a queda de sua república; que o luxo em Roma era necessário; e que era ainda necessário que uma cidade que atraísse todas as riquezas do universo as restituísse através de seu luxo.

Estrabão[137] diz que o comércio dos romanos com as Índias era muito mais considerável do que aquele feito com os reis do Egito; e é singular que os romanos, que conheciam pouco o comércio, tenham dedicado mais atenção ao comércio com as Índias do que com os reis do Egito, os quais tinham, por assim dizer, sob sua vigilância. É preciso explicar isso.

Após a morte de Alexandre, os reis do Egito estabeleceram nas Índias um comércio marítimo; e os reis da Síria, que detinham as províncias mais orientais do império e, consequentemente, as Índias, mantiveram esse comércio, sobre o qual falamos no Capítulo VI, que se fazia por vias terrestres e fluviais, e que havia ganhado novas facilidades com a fundação das colônias macedônias; de modo que a Europa se comunicava com as Índias através do Egito e do reino da Síria. O desmembramento ocorrido realizado no reino da Síria, donde se formou o reino de Bactriana, de nenhuma forma prejudicou esse comércio. Marino de Tiro, citado por Ptolemeu,[138] fala das

---

136 Moeda com baixo teor de prata, geralmente misturada com cobre. A moeda bilhão também pode ser vista como uma espécie de "adulteração", pois nela eram utilizados metais comuns, até mesmo com título inferior ao oficialmente estabelecido. (N. T.)

137 Ele diz, no Livro II, que os romanos utilizaram naquele lugar 120 navios, e, no Livro XVII, que os reis gregos para lá enviaram somente vinte.

138 [*Geografia*] Lv.I, cap.2.

Do espírito das leis

descobertas feitas nas Índias realizadas por alguns mercadores macedônios. As expedições que os reis não haviam feito, os mercadores fizeram. Lemos em Ptolemeu[139] que eles iam da Torre de Pedra[140] até Sera, e a descoberta feita pelos negociantes em uma cidade mercadora tão distante, situada na parte oriental e setentrional da China, foi uma espécie de prodígio. Assim, sob os reis da Síria e da Bactriana, as mercadorias do sul da Índia passavam pelo Indo, pelo Oxo e pelo mar Cáspio, ao oeste; e as mercadorias das regiões mais orientais e mais setentrionais eram levadas de Sera, da Torre de Pedra e de outras cidades mercadoras até ao Eufrates. Esses mercadores faziam sua rota seguindo aproximadamente o quadragésimo grau de latitude norte, por países que se situam ao poente da China, e que eram mais policiados do que atualmente, pois os tártaros ainda não os haviam infestado.

Ora, enquanto o império da Síria expandia com força o seu comércio pelas vias terrestres, o Egito não aumentara muito o seu comércio marítimo.

Os partas surgiram e fundaram seu império; e, quando o Egito caiu sob o poder dos romanos, esse império encontrava-se em plena força e extensão.

Os romanos e os partas foram duas potências rivais, que combateram não para saber qual delas deveria reinar, mas para saber qual deveria existir. Entre os dois impérios formaram-se desertos; entre os dois impérios sempre se andava armado. Bem longe de haver comércio entre eles, nem havia comunicação. A ambição, a inveja, a religião, o ódio, os costumes, tudo era motivo para separação. Assim, o comércio entre o Ocidente e o Oriente, que havia tido diversas rotas, agora seguia apenas uma; e Alexandria, tornando--se a única cidade mercadora, cresceu.

Direi apenas algumas palavras sobre o comércio interior. Seu principal ramo foi o dos grãos, que era trazido para a subsistência do povo de Roma — o que era mais uma questão de polícia do que um objeto de comércio. Nessa ocasião, os navegantes receberam alguns privilégios,[141] porque a salvação do império dependia de sua vigilância.

---

139 Ibid., Lv.VI, cap.13.

140 Nossos melhores mapas localizam a Torre de Pedra aos 100° de longitude e em torno dos 40° de latitude.

141 Suetônio, Cláudio [*A vida dos doze Césares*]. Lei 7, *Código Teodosiano, De naviculariis.*

Montesquieu

Capítulo XVII – Do comércio após a destruição dos romanos no Ocidente

O Império Romano foi invadido, e um dos efeitos da calamidade geral foi a destruição do comércio. De início, os bárbaros o viam somente como um objeto para suas pilhagens; e, quando se estabeleceram, não o honravam mais do que a agricultura e as outras profissões do povo conquistado.

Rapidamente quase não houve mais comércio na Europa. A nobreza, que reinava em toda parte, não se ocupava do assunto.

A Lei[142] dos Visigodos permitia aos particulares ocupar a metade do leito dos grandes rios, desde que a outra permanecesse livre para as redes de pesca e para as embarcações: era imperioso que houvesse pouco comércio nos países que eles conquistavam.

Naqueles tempos, estabeleceram-se direitos insensatos como a aubana e o naufrágio:[143] os homens pensavam que os estrangeiros não se uniam a eles por nenhum laço de direito civil, e que por isso não lhes deviam, por um lado, nenhuma espécie de justiça, e, por outro, nenhuma espécie de piedade.

Nos estreitos limites em que se encontravam os povos do norte, tudo lhes era estranho: em sua pobreza, para eles tudo era um objeto de riquezas. Instalados, antes de suas conquistas, nas costas de um mar fechado e repleto de abrolhos, haviam tirado proveito desses próprios abrolhos.

Porém, os romanos, que ditavam leis para o mundo inteiro, fizeram leis muito humanas a respeito dos naufrágios:[144] reprimiram, relativamente a esse ponto, os assaltos praticados por aqueles que habitavam as costas e, mais do que isso, coibiram a rapacidade do fisco.[145]

---

142 [*Lex Visigothorum*] Lv.VIII, tit.4, §9.

143 Sobre o direito de aubana, ver nota em Lv.XX, Cap.23. Pelo direito de naufrágio, o senhor da costa tinha direito sobre a carga e mesmo sobre a tripulação que havia naufragado. (N. T.)

144 *Toto titulo*, [*Corpus Juris Civilis*], *De incend. ruin. naufrag.*; cód. *De naufragiis*; e Lei 3, *ad. Legem Corneliam de sicariis.*

145 Lei I [*Corpus Juris Civilis*], cód. *De naufragiis.*

Do espírito das leis

Capítulo XVIII – Regulamento particular

A Lei dos Visigodos previa, no entanto, uma disposição favorável ao comércio: ordenava que os mercadores que viessem do outro lado do mar fossem julgados, quando sobreviesse uma contenda entre eles, pelas leis e pelos juízes de sua própria nação. Isso tinha como fundamento o uso estabelecido entre todos esses povos misturados, uso segundo o qual cada homem vivia sob sua própria lei. Trata-se de algo que abordarei profusamente mais adiante.[146]

Capítulo XIX – Do comércio após o enfraquecimento dos romanos no Oriente

Os maometanos surgiram, conquistaram e se dividiram. O Egito teve seus soberanos particulares e continuou a fazer o comércio das Índias. Senhor das mercadorias desse país, atraiu as riquezas de todos os outros. Seus sultões foram os mais poderosos príncipes daquela época: pode-se consultar na história como, com uma força constante e bem administrada, impediram o ardor, o entusiasmo e a impetuosidade das cruzadas.

Capítulo XX – Como o comércio emergiu na Europa através da barbárie

Quando a filosofia de Aristóteles foi levada ao Ocidente, ela agradou muito aos espíritos sutis, que, nos tempos de ignorância, são os belos espíritos. Os escolásticos se enfatuaram-se e extraíram desse filósofo[147] explicações sobre o empréstimo a juros, ao passo que sua fonte mais natural era o Evangelho, e assim condenaram a usura indistintamente e em todas as situações. Com isso, o comércio, visto apenas como a profissão de pessoas vis, tornou-se, além disso, a de pessoas desonestas: afinal, todas as vezes

---

146 Livro XXVIII. (N. T.)
147 Vede Aristóteles, *Política*, Lv.I, cap.9 e 10 [1256b-1258b].

Montesquieu

que se proíbe uma coisa naturalmente permitida ou necessária, não se faz senão tornar desonestos aqueles que a praticam.

O comércio passou a uma nação então coberta de infâmia, e logo deixou de ser distinguido das mais repugnantes usuras, monopólios, imposições de subsídios e de todos os meios desonestos de adquirir dinheiro.

Os judeus,[148] enriquecidos por suas exações, eram pilhados pelos príncipes com a mesma tirania: algo que consolava os povos, mas que não os deixava mais aliviados.

O que aconteceu na Inglaterra pode oferecer uma ideia do que foi feito em outros países. Quando o rei João[149] mandou prender os judeus para se apoderar de seus bens, poucos dentre estes não tiveram pelo menos um olho vazado: assim esse rei administrava sua justiça. Um deles, a quem arrancaram sete dentes, um a cada dia, entregou 10 mil marcos de prata no oitavo. Henrique III arrancou de Aarão, judeu de York, 14 mil marcos de prata e 10 mil para a rainha. Naqueles tempos, fazia-se violentamente aquilo que hoje na Polônia é feito com comedimento. Como os reis não podiam meter suas mãos nos bolsos de seus súditos, por conta de seus privilégios, eles torturavam os judeus, que não eram considerados cidadãos.

Enfim, foi introduzida uma prática que confiscava todos os bens dos judeus que se convertiam ao cristianismo. Só temos conhecimento dessa prática tão bizarra por causa da lei[150] que a ab-rogou. As razões que a fundamentavam eram extremamente fúteis: diziam que queriam pô-los à prova e proceder de modo que não restasse nada de sua escravidão ao demônio. Mas é visível que essa confiscação era uma espécie de direito[151] de

---

148 Vede, em *Marca hispanica*, as constituições de Aragão dos anos 1228 e 1231; e, em Brussel, o acordo do ano 1206, realizado entre o rei, a condessa de Champagne e Guy de Dampierre.

149 Slowe, em seu *Survey of London*, Lv.III, p.54. [John Stow (1524-1605), historiador inglês, autor de *Survey of London* (1598), obra na qual faz uma descrição detalhada da cidade e sua história. Nesse trecho, Montesquieu cita-o erroneamente como "Slowe". (N. T.)]

150 Édito proclamado em Bâville em 4 de abril de 1392.

151 Na França, os judeus eram servos mão-mortáveis e os senhores os sucediam. O senhor Brussel relata um acordo do ano 1206, entre o rei e Teobaldo, conde de

amortização, em benefício do príncipe ou dos senhores, das taxas impostas sobre os judeus, das quais estes se tornavam isentos quando adotavam o cristianismo. Naqueles tempos, os homens eram vistos como propriedades fundiárias. E observarei de passagem o quanto, de um século ao outro, fizeram desse povo um joguete. Quando decidiram ser cristãos, seus bens foram confiscados; pouco depois, quando decidiram não se converter, foram condenados à fogueira.

Entretanto, viu-se o comércio emergir do seio da vexação e do desespero. Os judeus, sucessivamente proscritos de um país a outro, encontraram o meio de resguardar suas riquezas mobiliárias. Dessa forma, conseguiram sempre se fixar em seu local de retiro: afinal, ainda que um príncipe quisesse se desfazer deles, não lhe apeteceria se desfazer de seu dinheiro.

Os judeus[152] inventaram as letras de câmbio, e, por esse meio, o comércio pôde burlar a violência e se manter por toda parte. O negociante mais rico tinha somente bens invisíveis, que podiam ser enviados para qualquer lugar e não deixavam nenhum rastro.

Os teólogos foram obrigados a limitar seus princípios, e o comércio, que havia sido violentamente ligado à má-fé, retornou, por assim dizer, ao seio da probidade.

Assim, devemos às especulações escolásticas todos os infortúnios[153] que acompanharam a destruição do comércio; e à ganância dos príncipes devemos o estabelecimento de uma coisa que, de certa forma, coloca o comércio para fora do alcance do poder deles.

Champagne, pelo qual se convencionou que os judeus de um não poderiam fazer empréstimos na terra do outro. [A *mão-morta* é um antigo direito feudal pelo qual os servos eram impedidos de legar seus bens à sua família, permanecendo tudo com o senhor. (N. T.)]

152 Sabe-se que, sob Filipe Augusto e Filipe, o Alto, os judeus, expulsos da França, refugiaram-se na Lombardia, e que ali davam aos negociantes estrangeiros e aos viajantes letras secretas de câmbio, sacadas contra aqueles a quem tinham confiado seus pertences na França, com as quais seus débitos foram quitados.

153 Vede, no Corpo de Direito, a 83ª Novela de Lyon, que revoga a Lei de Basílio, seu pai. Essa Lei de Basílio está no *Armenópulo*, sob o nome de Léon, Lv.III, tit. VII, §27. [Constantino Armenópulo (1320-1385), jurista bizantino, autor de *Hexábiblos*, uma coleção e um manual de leis. (N. T.)]

Desde aquela época foi preciso que os príncipes se governassem com mais sabedoria do que eles próprios poderiam imaginar: pois, graças a esses acontecimentos, as grandes intervenções da autoridade se revelaram tão inoportunas que a experiência demonstra que só a bondade do governo pode trazer prosperidade.

Começaram a se curar do maquiavelismo e, todos os dias, continuarão a se curar dele. É preciso mais moderação nos conselhos. Nos dias atuais, o que outrora chamávamos de golpes de Estado seriam, a despeito do horror causado, somente imprudências.

E é uma felicidade para os homens se encontrarem em uma situação na qual enquanto suas paixões lhes inspiram o pensamento de serem maus, eles, no entanto, não possuem o interesse de sê-lo.

Capítulo XXI – Descoberta de dois novos mundos: a condição da Europa a esse respeito

A bússola abriu, por assim dizer, o universo. Foram descobertas a Ásia e a África, das quais se conheciam apenas algumas costas, e descobriu-se a América, até então completamente desconhecida.

Os portugueses, navegando sobre o oceano Atlântico, descobriram a ponta mais meridional da África. Avistaram um vasto mar que os levava às Índias Orientais. Os perigos que encontraram nesse mar e a descoberta de Moçambique, de Melinde e de Calicute, foram cantados por Camões, cujo poema transmite algo dos encantos da *Odisseia* e de certa magnificência da *Eneida*.

Até então, os venezianos tinham feito comércio com as Índias pelo país dos turcos, e o haviam feito em meio a insultos e ultrajes. Com a descoberta do cabo da Boa Esperança, e das descobertas feitas algum tempo depois, a Itália deixou de ser o centro do mundo comerciante; ela foi relegada, por assim dizer, ao canto do mundo, e lá permanece até os dias de hoje. Mesmo o comércio do Levante, atualmente dependente do comércio que as grandes nações fazem com as duas Índias, é feito apenas acessoriamente pela Itália.

Os portugueses realizaram negócios nas Índias como conquistadores. As incômodas leis comerciais[154] que os holandeses atualmente impõem aos

---

154 Vede a relação de François Pyrard, parte II, cap.15.

Do espírito das leis

pequenos príncipes indianos já haviam sido anteriormente estabelecidas pelos portugueses.

A fortuna da Casa da Áustria era prodigiosa. Carlos V herdou a sucessão de Borgonha, Castela e Aragão. Chegou a alcançar o império e, para lhe conceder uma nova ordem de grandeza, o universo se ampliou e, então, viu-se surgir um novo mundo que estava sob seu comando.

Cristóvão Colombo descobriu a América; e, embora a Espanha não enviasse para lá mais forças que mesmo um pequeno príncipe europeu também poderia enviado, ela subjugou dois grandes impérios e outros grandes Estados.

Enquanto os espanhóis descobriram e conquistaram o lado ocidental, os portugueses ampliavam suas conquistas e descobertas do lado oriental. Essas duas nações se encontraram e recorreram ao papa Alexandre VI, que estabeleceu a célebre linha de demarcação,[155] sendo juiz desse grande processo.

Mas as outras nações da Europa não as deixaram gozar tranquilamente da divisão que fizeram: os holandeses expulsaram os portugueses de quase todas as Índias Orientais e diversas nações instituíram estabelecimentos na América.

A princípio, os espanhóis viam as terras descobertas como objetos de conquista. Povos mais refinados do que eles as consideravam como objetos de comércio, e assim dirigiam suas atenções. Muitos povos agiram com tanta sabedoria que outorgaram o controle às companhias de negociantes, que, governando esses Estados longínquos e tendo como única preocupação seus negócios, formaram uma grande potência secundária sem que o Estado principal fosse incomodado.

As colônias ali formadas estão sob uma espécie de dependência que praticamente não encontra nenhum exemplo dentre as antigas colônias, quer as atuais estejam ligadas ao próprio Estado ou a alguma companhia comerciante estabelecida nesse Estado.

O objetivo dessas colônias é o de fazer o comércio em condições melhores do que se faz com os povos vizinhos, com os quais todas as vantagens são

---

155 O Tratado de Tordesilhas. (N. T.)

Montesquieu

recíprocas. Definiu-se que somente a metrópole poderia realizar negócios na colônia, e isso por uma boa razão: afinal, o objetivo desse estabelecimento foi a extensão do comércio, não a fundação de uma cidade ou de um novo império.

Assim, na Europa ainda se considera como lei fundamental que todo comércio feito com uma colônia estrangeira seja visto como um puro monopólio, punível de acordo com as leis do país, e isso não deve ser julgado segundo as leis e exemplos dos povos antigos,[156] que, nessa questão, não se aplicam.

É também amplamente aceito que o comércio estabelecido entre as metrópoles não gera uma permissão para que comerciem nas colônias, que permanecem sempre em situação de proibição.[157]

A desvantagem das colônias, que perdem a liberdade do comércio, é visivelmente compensada pela proteção exercida pela metrópole,[158] que a defende com suas armas ou a mantém por suas leis.

Disso se segue uma terceira lei na Europa: que, quando o comércio estrangeiro é proibido com a colônia, somente se permite a navegação em seus mares nos casos previstos em tratados.

As nações, que estão para o mundo inteiro assim como os particulares estão em relação para um Estado, governam-se, como eles, pelo direito natural e pelas leis que estabeleceram. Um povo pode ceder o mar a um outro, assim como pode ceder a terra.[159] Os cartagineses exigiram que os romanos não navegassem para além de certos limites, assim como os gregos haviam exigido do rei da Pérsia que se mantivesse sempre longe das costas marítimas, à distância de uma corrida de cavalo.[160]

---

156 Exceto os cartagineses, como vemos pelo tratado que terminou a Primeira Guerra Púnica.

157 Pela situação de proibição interditava-se a entrada de mercadorias estrangeiras – salvo as provenientes da metrópole – na colônia. (N. T.)

158 *Metrópole* é, na língua dos antigos, o Estado que fundou a colônia.

159 Políbio [*História*], Lv.III.

160 O rei da Pérsia obrigou-se, por meio de um tratado, de não navegar com nenhuma embarcação para além das rochas Simplégades e das ilhas Quelidônias. Plutarco, *Vida de Címon.*

Do espírito das leis

A grande distância de nossas colônias absolutamente não configura um inconveniente para sua segurança, pois, se a metrópole se encontra distante para defendê-las, as nações rivais da metrópole não estão mais próximas para conquistá-las.

Além disso, esse distanciamento faz com que aqueles que partem para se estabelecer nessas colônias não possam adotar o modo de vida próprio a um clima tão diferente, sendo forçados a conseguir todos os confortos da vida através de seu país de origem. Os cartagineses,[161] para aumentar a dependência dos sardos e corsos, haviam proibido, sob pena de morte, que estes pudessem plantar, semear ou fazer algo nesse sentido: enviam-lhes víveres da África. Chegamos ao mesmo ponto, sem precisar fazer leis tão rigorosas. Nossas colônias das ilhas Antilhas são admiráveis: elas possuem artigos de comércio que não poderíamos ter e carecem de artigos que constituem o nosso comércio.

A descoberta da América teve como efeito ligar a Ásia e a África à Europa. A América fornece à Europa a matéria de seu comércio junto a essa vasta parte da Ásia denominada de Índias Orientais. A prata, que, enquanto signo, é um metal muito útil ao comércio, também foi, enquanto mercadoria, a base do maior comércio do mundo. Enfim, a navegação na África tornou-se necessária, fornecendo homens para trabalhar nas minas e nas terras da América.

A Europa alcançou um elevadíssimo grau de poder, incomparável na história se levar-se em consideração a imensidão das despesas, o tamanho dos compromissos, a quantidade de tropas e a continuidade de sua manutenção, mesmo quando sejam totalmente inúteis e mantidas somente por ostentação.

O padre Du Halde[162] diz que o comércio interno da China é maior que o da Europa inteira. Isso poderia ser verdade caso nosso comércio externo não aumentasse o interno. A Europa realiza o comércio e a navegação das três outras partes do mundo, assim como a França, a Inglaterra e a Holanda fazem aproximadamente quase todo o comércio da Europa.

---

161 Aristóteles, *Das coisas maravilhosas ouvidas* [838b]. Tito Lívio, Lv.VII da segunda década.

162 Du Halde [*Descrição do império da China*], t.II, p.170.

Capítulo XXII – Das riquezas que a Espanha extraiu da América

Se a Europa[163] percebe tantas vantagens no comércio da América, seria natural acreditar que a Espanha teria recebido os maiores benefícios disso. Ela extraiu uma quantidade tão prodigiosa de ouro e de prata do novo mundo então descoberto que não há comparação possível com o que até então havia à disposição.

Mas (algo que jamais se poderia ter suspeitado) a miséria a fez fracassar em quase toda parte. Filipe II, que sucedeu a Carlos V, foi obrigado a decretar a célebre bancarrota que todo mundo conhece, e é difícil encontrar um príncipe que tenha padecido mais do que ele dos resmungos, insolência e revolta de suas tropas sempre mal pagas.

Desde essa época, a monarquia da Espanha observou um declínio ininterrupto. Isso ocorreu porque havia um vício interno e físico na natureza dessas riquezas que as tornava inúteis, e esse vício cresceu dia após dia.

O ouro e a prata são uma riqueza de ficção ou de signo. Esses signos são muito duráveis e são pouco suscetíveis à degradação, como convém à sua natureza. Quanto mais se multiplicam, mais perdem seu preço, pois representam menos coisas.

Quando conquistaram o México e o Peru, os espanhóis abandonaram as riquezas naturais para ter riquezas de signo, que por si próprias perderam valor. O ouro e a prata eram muito raros na Europa, e a Espanha, subitamente tendo se tornado detentora de uma grande quantidade desses metais, nutriu esperanças que jamais havia alimentado. As riquezas encontradas nos países conquistados não eram, no entanto, proporcionais às de suas minas. Os índios esconderam uma parte delas, e, além disso, esses povos, que apenas utilizavam o ouro e prata para dar magnificência aos templos dos deuses e dos palácios dos reis, não o cobiçavam com a mesma ganância que nós o fazemos. Enfim, eles desconheciam o procedimento para extrair os metais

---

163 Isso foi revelado, há mais de vinte anos, em uma pequena obra manuscrita do autor, que foi quase inteiramente incorporada por esta. [Montesquieu refere-se ao seu texto *Considérations sur les richesses de l'Espagne*. (N. T.)]

492

Do espírito das leis

de todas as minas, sabendo somente o método no qual a separação se faz através do fogo, e não conheciam a maneira de utilizar o mercúrio – talvez nem conhecessem o próprio mercúrio.

Entretanto, logo a quantidade de prata dobrou na Europa, algo que se tornou evidente quando o preço de todas as mercadorias dobrou.

Os espanhóis exploravam as minas, escavavam as montanhas, inventaram máquinas para obter água, para quebrar os minérios e para separá-los; e, como faziam pouco caso da vida dos indígenas, obrigaram-nos a trabalhar sem descanso. A prata logo duplicou na Europa, e o lucro diminuiu pela metade na Espanha, que, a cada ano, tinha somente a mesma quantidade de um metal cujo valor havia caído pela metade.

No dobro do tempo, a quantidade de prata foi ainda duas vezes maior, e o lucro também diminui pela metade.

Diminuiu até mesmo mais do que a metade. Eis como isso aconteceu.

Para extrair ouro das minas, para lhe dar os preparativos necessários e transportá-lo para a Europa, era preciso realizar alguma despesa. Suponho que ela esteja assim como 1 está para 64: quando a prata duplicou uma vez, e, consequentemente, estava desvalorizada pela metade, a despesa estava como 2 estão para 64. Assim, as frotas que levavam para a Espanha a mesma quantidade de ouro, levavam uma coisa que de fato era pela metade menos valiosa, mas que custava metade a mais.

Se seguirmos isso de duplicação em duplicação, veremos a progressão da causa da impotência das riquezas da Espanha.

As minas das Índias têm sido exploradas há cerca de duzentos anos. Suponho que a quantidade de prata atualmente existente no mundo comerciante esteja, para aquela que existia antes do descobrimento, como 32 está para 1, isto é, que tenha duplicado cinco vezes. Dentro de duzentos anos mais, a mesma quantidade estará como aquela que existia antes da descoberta, de 64 para 1, isto é, duplicará novamente. Ora, atualmente, cinquenta[164] quintais de minério para o ouro fornecem quatro, cinco e seis

---

164 Vede as viagens de Frézier. [Amédée-François Frézier (1682-1773), engenheiro militar, matemático e explorador francês, autor de *Relato de viagem do mar do Sul, nas costas do Chile, do Peru e do Brasil, feito entre os anos de 1712, 1713 e 1714.* (N. T.)]

onças de ouro; e, quando fornece apenas duas, o minerador apenas cobre seus custos. Em duzentos anos, quando tiver apenas quatro, o minerador ainda estará apenas cobrindo seus custos. Portanto, haverá pouco lucro a ser obtido com o ouro. O mesmo raciocínio se aplica à prata, exceto que o trabalho das minas de prata é um pouco mais vantajoso do que aquele realizado nas minas de ouro.

Se forem descobertas minas tão abundantes a ponto de darem mais lucro, quanto mais elas forem abundantes, mais rapidamente o lucro acabará.

Os portugueses encontraram tanto ouro[165] no Brasil que forçosamente o lucro dos espanhóis, assim como o dos portugueses, logo deverá diminuir consideravelmente.

Muitas vezes ouvi deplorarem a cegueira do Conselho de Francisco I ao recusar Cristóvão Colombo, que lhe propôs as Índias. Na verdade, ele fez, talvez por imprudência, uma coisa muito sábia. A Espanha fez como aquele rei insensato que pediu que tudo aquilo que tocasse se convertesse em ouro, e que depois foi obrigado a recorrer aos deuses, implorando-lhes para acabar com sua miséria.

As companhias e bancos criados por diversas nações acabaram por depreciar o ouro e a prata em sua qualidade de signo; pois, através de novas ficções, multiplicaram de tal modo os signos que representam os produtos que o ouro e a prata apenas desempenharam em parte essa função, e tornaram-se menos preciosos.

Assim, o crédito público passou a substituir as minas e diminuiu ainda mais o lucro que os espanhóis tiravam das suas.

É verdade que os holandeses, através do comércio que fizeram nas Índias Orientais, atribuíram algum valor à mercadoria dos espanhóis: pois, como levavam prata para trocar pelas mercadorias do Oriente, aliviaram, na Europa, os espanhóis de uma parte de seus produtos que eram superabundantes em território europeu.

---

165 Segundo milorde Anson, a Europa recebeu do Brasil, todos os anos, dois milhões de esterlinas em ouro, encontrado nas areias aos pés das montanhas ou nos leitos dos rios. Quando redigi a pequena obra que mencionei na primeira nota deste capítulo, as embarcações vindas do Brasil estavam longe de ter a importância que possuem atualmente.

Do espírito das leis

E esse comércio, que parece só indiretamente interessar a Espanha, é vantajoso tanto para ela quanto para as nações que o praticam.

Por tudo o que acaba de ser dito, é possível fazermos um juízo sobre as ordenanças do Conselho da Espanha, que proíbem utilizar o ouro e a prata em dourações e outras superfluidades: decreto semelhante ao que fariam os Estados da Holanda caso proibissem o consumo de canela.

Meu raciocínio não se aplica a todas as minas: as da Alemanha e da Hungria, das quais se tira pouco mais do que o necessário para cobrir os custos, são muito úteis. Elas se encontram no Estado principal, ocupam muitos milhares de homens que ali consomem os produtos superabundantes e são, na realidade, a manufatura do país.

As minas da Alemanha e da Hungria promovem o cultivo das terras, enquanto a exploração das minas do México e o Peru o destrói.

As Índias e a Espanha são duas potências sob um mesmo senhor. As Índias, contudo, são o principal, a Espanha é somente acessória. É inútil que a política queira conduzir o principal ao acessório: as Índias sempre atraem a Espanha para si.

Das cerca de cinquenta milhões de mercadorias anualmente enviadas às Índias, a Espanha fornece somente dois milhões e meio: as Índias formam, portanto, um comércio de cinquenta milhões, e a Espanha um de dois milhões e meio.

Um tributo acidental, que não dependa da indústria da nação, da quantidade de habitantes, nem do cultivo das terras, é uma má espécie de riqueza. O rei da Espanha, que recebe grandes somas de sua duana em Cádis, não passa, a esse respeito, de um particular muito rico em um Estado muito pobre. Tudo acontece entre os estrangeiros e ele, sem que seus súditos participem do negócio. Esse comércio é independente da boa e da má fortuna de seu reino.

Se algumas províncias em Castela lhe dessem uma soma parecida àquela percebida na duana de Cádis, seu poder seria bem maior: suas riquezas não seriam senão o efeito das riquezas do país, essas províncias animariam todas as outras e cada uma delas estaria em melhores condições de arcar com os respectivos encargos. No lugar de um grande tesouro, teria um grande povo.

Montesquieu

Capítulo XXIII – Problema

Não cabe a mim dizer se, sendo a Espanha incapaz de fazer comércio com as Índias, seria melhor que o liberasse aos estrangeiros. Direi somente que convém a ela, o tanto quanto sua política lhe permita, colocar o menor número de obstáculos a esse comércio. Quando as mercadorias que as diversas nações enviam para as Índias lá são vendidas por um valor alto, as Índias oferecem muitas de suas mercadorias – o ouro e a prata – por poucas mercadorias estrangeiras; o contrário ocorre quando estas estão com um valor muito baixo. Talvez fosse útil que essas nações se prejudicassem mutuamente, a fim de que as mercadorias que enviam às Índias sempre fossem lá vendidas por preços baixos. Eis princípios que precisamos examinar, sem, no entanto, separá-los de outras considerações: a segurança das Índias, a utilidade de uma duana única, os perigos de uma grande mudança, os inconvenientes que podem ser previstos e que frequentemente são menos perigosos do que aqueles que não se podem prever.

Livro XXII
Das leis na relação que possuem com o uso da moeda

Capítulo Primeiro – Razão do uso da moeda

Os povos que dispõem de poucas mercadorias para comerciar, como os selvagens[1] e os povos policiados que possuem apenas duas ou três espécies de produtos, negociam através do escambo. Assim, as caravanas dos mouros que saem de Tombuctu, no interior da África, para trocar sal por ouro, não precisam de moeda. O mouro empilha seu sal, o negro empilha seu pó de ouro; se não há ouro suficiente, o mouro subtrai um pouco de seu sal, ou então o negro acrescenta seu ouro, até que as partes entrem em acordo.

Porém, quando um povo lida com uma vultosa quantidade de mercadorias, é preciso necessariamente ter uma moeda, porque um metal fácil de transportar poupa muitos custos que ele seria obrigado a fazer caso sempre procedesse pelo escambo.

---

1 *MP*, n.647: "A invenção das moedas contribuiu muito para o estabelecimento de grandes impérios. Da mesma forma, todos aqueles que não possuem moeda são selvagens: pois o príncipe não pode superar os outros em riqueza a ponto de ser obedecido, nem comprar pessoas o suficiente para oprimir os outros. Cada um tem poucas necessidades e as satisfaz fácil e igualmente. A igualdade é, portanto, forçosa entre eles. Assim, os caciques dos selvagens e dos tártaros nunca são despóticos". (N. T.)

Como todas as nações têm necessidades mútuas, frequentemente há situações em que uma nação deseja ter uma grande quantidade de mercadorias da outra, mas esta outra não deseja quase nada da primeira, ao passo que, em relação a uma terceira nação, a primeira pode se encontrar na situação inversa. Mas, quando as nações têm uma moeda e operam por compra e venda, as que adquirem mais mercadorias liquidam seus débitos ou pagam o excedente com prata. Há ainda a seguinte diferença: que, nos casos de compra, o comércio se efetiva na proporção das necessidades da nação que requer mais coisas, ao passo que, no escambo, o comércio se efetiva somente na medida das necessidades da nação que requer menos coisas, sem o que esta última estaria impossibilitada de liquidar seus débitos.

Capítulo II – Da natureza da moeda

A moeda é um signo que representa o valor de todas as mercadorias. Emprega-se algum metal para que o signo seja duradouro,[2] que se degrade pouco pelo uso e que, sem se destruir, possa ser dividido em muitas partes. Escolhe-se um metal precioso para que o signo possa ser facilmente transportado. Um metal é muito adequado para ser uma medida comum, porque é possível facilmente reduzi-lo à mesma proporção. Cada Estado cunha sua estampa, a fim de que a forma corresponda à proporção e ao peso, e para que um e outro sejam conhecidos tão somente pela inspeção.

Os atenienses, não tendo feito uso dos metais, utilizavam bois,[3] enquanto os romanos utilizavam ovelhas. No entanto, um boi não é a mesma coisa que outro boi, enquanto uma peça de metal pode ser igual à outra.

Assim como o dinheiro é o signo dos valores das mercadorias, o papel é um signo do valor do dinheiro; e, quando é fidedigno, representa o dinheiro tão bem que, quanto ao efeito, não há diferença alguma.

Da mesma forma que o dinheiro é o signo de uma coisa, representando-a, cada coisa é um signo de prata, e a representa. O Estado é próspero quando,

---

2 O sal, utilizado na Abissínia, tem o defeito de se degradar continuamente.

3 Heródoto, Clio [*Histórias*], afirma que os lídios descobriram a arte de cunhar a moeda. Os gregos assimilaram isso deles, e as moedas de Atenas tinha como estampa o seu antigo boi. Vi uma dessas moedas no gabinete do conde de Pembroke.

de um lado, o dinheiro representa adequadamente todas as coisas, e, de outro, quando todas as coisas representam adequadamente o dinheiro e são signos uns dos outros. Em outras palavras, seu valor relativo é tal que se torna possível ter um tão prontamente quanto se tem o outro. Isso somente se verifica em um governo moderado, mas nem sempre ocorre neles: por exemplo, se as leis favorecem um devedor injusto, as coisas que pertencem a ele não representam o dinheiro, e, assim, não são um signo deste. A respeito do governo despótico, seria um prodígio caso as coisas ali representassem seu signo: a tirania e a desconfiança fazem que todos enterrem seu dinheiro.[4] Portanto, ali as coisas absolutamente não representam o dinheiro.

Algumas vezes os legisladores empregaram tamanha arte que as coisas não somente representavam o dinheiro por sua natureza, mas se tornavam moeda como o próprio dinheiro. César,[5] ditador, permitiu que devedores oferecessem aos seus credores propriedades fundiárias como forma de pagamento, pelo preço que valiam antes da guerra civil. Tibério[6] ordenou que aqueles que quisessem dinheiro poderiam emprestá-lo do tesouro público, mas hipotecando suas terras no dobro do valor emprestado. Sob César, as propriedades fundiárias foram a moeda que pagou todas as dívidas; sob Tibério, 10 mil sestércios em propriedades tornaram-se uma moeda comum, como 5 mil sestércios em dinheiro.

A Carta Magna da Inglaterra proíbe o confisco de terras ou de rendas de um devedor quando seus bens mobiliários ou pessoais bastam para o pagamento, e que ele os ofereça como tais. Dessa forma, todos os bens de um inglês representavam dinheiro.

As leis dos germanos calculavam em dinheiro as compensações devidas por quem cometia algum mal, assim como para as penas dos crimes. No entanto, como havia pouquíssimo dinheiro no país, recalculavam o dinheiro em víveres ou gado. Consideradas algumas diferenças, isso também é estabelecido nas

---

4 Na Argélia, há um antigo uso pelo qual cada pai de família tem um tesouro enterrado. Laugier de Tassy, *História do reino da Argélia* [Lv.I, cap.8]. [Jacques Philippe Laugier de Tassy (s.d.), diplomata e escritor francês, autor de *Histoire du royaume d'Alger* (1725). (N. T.)]

5 Vede César, *Guerra Civil*, Lv.III.

6 Tácito, *Anais*, Lv.VI, cap.17.

leis dos saxões, de acordo com o desafogo e a comodidade de diversos povos. A lei inicialmente define[7] o valor do soldo em cabeças de gado: o soldo de duas tremisses[8] equivalia a um boi de doze meses ou a uma ovelha com seu cordeiro; o soldo de três tremisses valia um boi de dezesseis meses. Entre esses povos, a moeda tornava-se gado, mercadoria ou víveres, e essas coisas se tornavam moeda.

Não somente o dinheiro é um signo das coisas, ele é também um signo do dinheiro e representa o dinheiro, como veremos no capítulo sobre a troca.

Capítulo III – Das moedas ideais

Há moedas reais e moedas ideais. Os povos policiados, entre os quais praticamente todos adotam as moedas ideais, fazem-no porque converteram suas moedas reais em ideais. A princípio, suas moedas reais são certo peso e certo título de um metal. No entanto, a má-fé ou a necessidade logo fazem que retirem uma parte do metal de cada peça da moeda, para a qual continuam a dar o mesmo nome. Por exemplo: de uma peça que pesa uma libra de prata, retira-se a metade da prata, mas ela continua sendo chamada de libra; quanto à peça que tinha um vigésimo da parte de libra da prata, continua-se a chamá-la de soldo, ainda que ela não seja mais a vigésima parte dessa libra. Dessa forma, a libra é uma libra ideal, e o soldo, um soldo ideal. Isso segue para outras subdivisões, podendo chegar até o ponto em que aquilo que chamamos de libra é somente uma pequeníssima porção da libra, o que a tornará ainda mais ideal. Pode mesmo acontecer que nunca mais seja feita uma peça de moeda que valha precisamente uma libra, e que também jamais se faça novamente uma peça que valha um soldo: assim, a libra e o soldo serão moedas puramente ideais. Dar-se-á a cada peça de moeda a denominação de tantas libras ou tantos soldos que assim se desejar: poderá haver uma variação contínua, porque é tão fácil dar outro nome a uma coisa quanto é difícil mudar a própria coisa.

---

7 Lei dos Saxões, cap.18.

8 Tremisse era uma moeda romana que valia um terço do soldo, tendo sido adotada pelos visigodos, lombardos, anglo-saxões, dentre outros. (N. T.)

Para coibir a fonte dos abusos, seria uma boa lei, em todos os países que queiram fazer seu comércio florescer, a que ordenasse a utilização de moedas reais e a proibição de qualquer operação que pudesse torná-las ideais.

Nada deve ser tão imune a variações quanto aquilo que é a medida comum de tudo.

Os negócios são, por si mesmos, muito incertos; e é um grande mal acrescentar uma nova incerteza àquela que se funda na natureza da coisa.

Capítulo IV – Da quantidade de ouro e de prata

Quando as nações policiadas dominam o mundo, o ouro e a prata aumentam diariamente, seja porque conseguem explorá-los em suas próprias jazidas, seja porque vão obtê-los onde eles se encontram. Pelo contrário, quando as nações bárbaras passam a dominar, eles diminuem. É notório o quão escassos se tornaram esses metais quando os godos e os vândalos, de um lado, e os sarracenos e os tártaros, de outro, invadiram o mundo.

Capítulo V – Continuação do mesmo assunto

A prata tirada das minas da América, transportada para a Europa e depois dali enviada para o Oriente, favoreceu a navegação europeia: trata-se de uma mercadoria adicional que a Europa recebe na troca com a América e envia na troca com as Índias. Uma maior quantidade de ouro e de prata é, portanto, favorável quando esses metais são vistos como mercadoria; no entanto, é desfavorável quando são considerados como signos, porque sua abundância vai de encontro à sua qualidade de signo, em grande parte fundada na escassez.

Antes da Primeira Guerra Púnica, o cobre estava para a prata como 960 está para 1.[9] Atualmente, está aproximadamente como $73\frac{1}{2}$ está para 1.[10] Caso a proporção tivesse se mantido como outrora, a prata desempenharia ainda melhor sua função de signo.

---

9 Vede, mais adiante, o Capítulo XII.
10 Supondo a prata em 49 libras o marco, e o cobre em 20 soldos a libra.

Capítulo VI – Por qual razão o preço da usura diminui pela metade com a descoberta das Índias

O inca Garcilaso[11] diz que na Espanha, após a conquista das Índias, os juros, que estavam em 10%, caíram para 5%. É forçoso que isso ocorra. Uma grande quantidade de prata foi subitamente levada para a Europa; logo, menos pessoas tiveram necessidade dela, o preço de todas as coisas aumentou e o da prata diminuiu; assim, a proporção foi rompida e todas as antigas dívidas foram extintas. Podemos lembrar do tempo do Sistema,[12] onde todas as coisas tinham um grande valor, exceto a prata. Após a conquista das Índias, os que tinham prata foram obrigados a diminuir o preço ou o aluguel de suas mercadorias, isto é, diminuir o juro.

Após esse período, o empréstimo não conseguiu retornar às antigas taxas, porque a quantidade de prata na Europa aumentou ano após ano. Além disso, como os fundos públicos de alguns Estados, assentados sobre as riquezas que o comércio lhes ofereceu, fixam um juro muito módico, os contratos entre os particulares forçosamente passaram a ser regulados a partir disso. Enfim, como o câmbio oferece aos homens uma facilidade singular de transportar o dinheiro de um país a outro, ele não poderia ser escasso em um lugar sem abundar em todos os cantos nos locais em que é comum.

Capítulo VII – Como os preços das coisas é fixado quando há variação das riquezas de signo

O dinheiro é o preço das mercadorias ou víveres. Mas como esse preço é fixado? Em outras palavras, por qual quantidade de dinheiro cada coisa será representada?

Se compararmos o volume mundial de ouro e de prata com a soma de todas as mercadorias existentes, é certo que cada produto ou mercadoria em

---

11 *História das guerras civis dos espanhóis nas Índias.* [Inca Garcilaso de la Vega (1539-1616), historiador hispano-andino, autor de *Historia general del Perú.* (N. T.)]

12 Assim era chamado o projeto de [John] Law na França.

Do espírito das leis

particular poderia ser comparada com uma certa porção do volume inteiro de ouro e de prata. Assim como o total de um está para o total do outro, a parte de um estará para a parte de outro. Suponhamos que haja somente um produto ou mercadoria no mundo, ou que apenas uma possa ser comprada e, ainda, que possa ser dividida como o dinheiro. Assim, uma parte dessa mercadoria corresponderá a uma parte do volume de dinheiro; a metade do total de um corresponderá à metade do total da outra; a décima, a centésima e a milésima parte de uma corresponderão à décima, à centésima e à milésima parte da outra. Mas, como aquilo que constitui a propriedade entre os homens não está de uma só vez disponível no comércio, assim como os metais e as moedas, que são os signos, também não se encontram todos ali ao mesmo tempo, os preços serão estabelecidos na razão composta do total de coisas com o total dos signos e também do total das coisas disponíveis no comércio com o total de signos que nele também se encontram; e, como as coisas que hoje não estão no comércio podem estar no dia seguinte, da mesma forma que os signos que atualmente ali não estão podem em seguida estar, o estabelecimento do preço das coisas sempre depende fundamentalmente da razão existente entre o total das coisas e o total dos signos.

Assim, o príncipe ou o magistrado não podem taxar o valor das mercadorias, bem como não podem estabelecer por decreto que a relação de um para dez é igual à relação de um para vinte. Juliano,[13] tendo baixado os preços dos víveres em Antioquia, ocasionou uma terrível fome naquele lugar.

Capítulo VIII – Continuação do mesmo assunto

Os negros da costa da África possuem, sem utilizar moedas, um signo dos valores: trata-se de um signo puramente ideal, fundado no grau de estima, infundida em seu espírito, que eles demonstram por cada mercadoria, proporcionalmente à necessidade que têm dela. Um certo gênero ou mercadoria vale três macutas; outra, seis macutas; uma outra ainda, dez macutas. É como se dissessem simplesmente três, seis, dez. O preço é

---

13 *História eclesiástica*, por Sócrates, Lv.II [cap.17]. [Sócrates de Constantinopla (c. 380-439), historiador grego dedicado à história da Igreja e do cristianismo. (N. T.)]

estabelecido pela comparação que fazem de todas as mercadorias entre si. Assim, absolutamente não há uma moeda em particular, mas cada porção de mercadoria é moeda da outra.

Adotemos entre nós, por um breve instante, essa maneira de avaliar as coisas, e unamo-la com a nossa: todas as mercadorias e produtos do mundo, ou ainda todas as mercadorias e produtos de um Estado em particular, considerado como separado de todos os outros, valerão um certo número de macutas; e, dividindo o dinheiro desse Estado em tantas partes quanto há de macutas, uma parte dividida desse dinheiro será o signo de uma macuta.

Se supusermos que a quantidade de dinheiro de um Estado duplica, é preciso, para uma macuta, o dobro de dinheiro; mas se, ao dobrar o dinheiro, dobrarem-se também as macutas, a proporção permanecerá tal como era antes de ambas as duplicações.

Se desde a descoberta das Índias o ouro e a prata aumentaram na Europa na razão de um para vinte, o preço dos produtos e das mercadorias deveria ter subido na razão de um para vinte. Mas se, por um lado, a quantidade das mercadorias aumentou de um para dois, será forçoso, por um lado, que o preço dessas mercadorias e produtos tenha aumentado em razão de um para vinte, e que tenha diminuído, por outro, em razão de um para dois, para apenas se estabelecer, por conseguinte, na razão de um para dez.

A quantidade de mercadorias e produtos cresce por um aumento do comércio. O aumento do comércio, por sua vez, por um aumento do numerário que chega sucessivamente, e por novas comunicações com novas terras e novos mares, que nos dão novos produtos e novas mercadorias.

Capítulo IX – Da raridade relativa do ouro e da prata

Além da abundância e da raridade positiva do ouro e da prata, há ainda uma abundância e uma raridade relativa de um desses metais em relação ao outro.

A avareza entesoura o ouro e a prata, pois, como é avessa ao consumo, prefere signos imperecíveis. Ela prefere mais o ouro à prata, porque sempre carrega consigo o temor de perder, sendo mais fácil esconder o que tem menor volume. Assim, o ouro desaparece quando a prata se torna comum,

Do espírito das leis

porque todos que possuem um pouco de ouro buscam escondê-lo; ele reaparece quando a prata se torna rara, pois todos são obrigados a retirá-lo de seus cofres.

Trata-se, portanto, de uma regra: o ouro é comum quando a prata é rara, e o ouro é raro quando a prata é comum. Assim, é possível sentir a diferença da abundância e da raridade relativa com a abundância e a raridade real, assunto sobre o qual falarei longamente.

Capítulo X – Do câmbio

São a abundância e a raridade relativa das moedas dos diversos países que formam aquilo que chamamos de câmbio.

O câmbio é a fixação de um valor atual e momentâneo das moedas.

A prata, como metal, tem um valor como todas as outras mercadorias; e tem ainda um valor derivado do fato de que ela é capaz de se tornar signo das outras mercadorias; e, caso fosse somente uma simples mercadoria, sem dúvida perderia muito de seu preço.

A prata, enquanto moeda, tem um valor que o príncipe pode estabelecer em determinadas relações, mas não em outras.

Primeiro, o príncipe estabelece uma proporção entre uma quantidade de prata como metal e a mesma quantidade como moeda; segundo, ele fixa a proporção existente entre os diversos metais utilizados na moeda; terceiro, estabelece o peso e o título de cada peça de moeda. Enfim, e em quarto, dá a cada peça esse valor ideal sobre o qual já falei. Ao me referir a essas quatro relações, chamarei o valor da moeda como *valor positivo*, porque ele pode ser fixado através de uma lei.

As moedas de cada Estado têm, ademais, um *valor relativo* quando as comparamos com as moedas dos outros países: é o câmbio que estabelece esse valor relativo. O valor relativo depende em grande parte do valor positivo. O primeiro é determinado por uma impressão geral dos negociantes, e não pode sê-lo por uma ordenança do príncipe, porque varia incessantemente e depende de uma miríade de circunstâncias.

Para determinar o valor relativo, as diversas nações se regularão em grande parte através daquela que detiver mais dinheiro. Se ela tiver mais dinheiro do que todas as outras juntas, estas últimas deverão certamente se medir pela primeira. Isso fará com que se regulem entre si mais ou menos da forma como se medem em relação à nação principal.

Nas atuais circunstâncias mundiais, a Holanda[14] é a nação que ocupa esse lugar que acabamos de falar. Examinemos o câmbio em relação a ela.

Há, na Holanda, uma moeda que chamamos de florim; o florim vale vinte soldos, ou quarenta meio-soldos, ou o *grosso*.[15] Para simplificar as coisas, imaginemos que não haja florins na Holanda, havendo apenas *grossos*: um homem que tivesse mil florins teria quarenta mil *grossos*, e assim por diante. Ora, o câmbio com a Holanda consiste em saber quantos *grossos* vale cada peça de moeda de outros países; e como comumente na França a contagem é feita por escudos de três libras, para determinar o câmbio será preciso saber o quanto um escudo de três libras valerá em *grosso*. Se o câmbio estiver em 54, o escudo de três libras valerá 54 *grossos*; se estiver em sessenta, valerá sessenta *grossos*; se o dinheiro estiver escasso na França, o escudo de três libras valerá mais *grossos*; se estiver em abundância, valerá menos *grossos*.

Essa raridade ou essa abundância, donde resulta a mudança do câmbio, não é a raridade ou abundância real: é uma raridade ou uma abundância relativa. Por exemplo: quando a França tem maior de necessidade de fundos na Holanda do que os holandeses têm na França, o dinheiro é considerado comum na França e escasso na Holanda, e vice-versa.

Suponhamos que o câmbio com a Holanda esteja em 54. Se a França e a Holanda fossem apenas uma cidade, efetivar-se-ia o mesmo que fazemos quando trocamos a moeda de um escudo: o francês tiraria de seu bolso três libras, e o holandês tiraria 54 *grossos*. Mas, como Paris e Amsterdã são distantes uma da outra, é preciso que aquele que me dá 54 *grossos* por um escudo de três libras, me dê uma letra de câmbio de 54 *grossos* sacável contra a Holanda. Nesse caso, não se trata mais de 54 *grossos*, mas de uma carta

---

14 Os holandeses regulam o câmbio de quase toda a Europa através de uma espécie de deliberação que fazem entre si, segundo seja conveniente aos seus interesses.

15 O *grosso*, conhecido como *groschen* e chamado de *groot* nos Países Baixos, era uma espécie de moeda de prata utilizada em diversos Estados da Europa. (N. T.)

Do espírito das leis

de 54 *grossos*. Assim, para julgar[16] a escassez ou abundância de dinheiro, é preciso saber se há na França mais letras de 54 *grossos* destinadas à França do que há de escudos destinados à Holanda. Se há muitas cartas emitidas pelos holandeses e poucos escudos disponíveis entre os franceses, o dinheiro é escasso na França e comum na Holanda; então, é necessário que o câmbio se eleve e que, por meu escudo, me sejam dados mais do que 54 *grossos*; de outro modo, não o darei, e vice-versa.

Vê-se que as diversas operações de câmbio formam uma conta de receitas e despesas que cumpre sempre liquidar, e que um Estado devedor não paga aos outros pelo câmbio, assim como um particular não paga uma dívida ao trocar de moeda.

Suponhamos que haja apenas três Estados no mundo: a França, a Espanha e a Holanda; e que diversos particulares da Espanha devessem, na França, o valor de 100 mil marcos de prata, e que diversos particulares da França devessem, na Espanha, 110 mil marcos. Suponhamos ainda que alguma circunstância fizesse que cada um deles, na Espanha e na França, quisesse de repente sacar seu dinheiro: o que fariam as operações de câmbio? Pagariam reciprocamente a essas duas nações a soma de 100 mil marcos. No entanto, a França permaneceria devendo 10 mil marcos para a Espanha, e os espanhóis teriam sempre letras de câmbio, no valor de 10 mil marcos, contra a França, e a França nada teria contra a Espanha.

Caso a Holanda se encontrasse em uma situação inversa em relação à França, e que, por saldo, devesse a esta mil marcos, a França poderia pagar a Espanha de duas maneiras: ou dar aos seus credores na Espanha letras no valor de 10 mil marcos contra seus devedores na Holanda ou então enviar 10 mil marcos de dinheiro em espécie para a Espanha.

Segue-se disso que, quando um Estado tem necessidade de enviar uma soma de dinheiro para um outro país, para ele é indiferente, pela natureza da coisa, se o dinheiro é transportado até lá ou se são emitidas letras de câmbio. Os benefícios dessas duas maneiras de pagamento dependem unicamente das circunstâncias atuais. É preciso verificar o que, nesse momento,

---

16 Há muito dinheiro em um lugar quando há mais prata do que papel; e há pouco quando há mais papel do que prata.

507

oferecerá mais *grossos* na Holanda: se o dinheiro levado em espécie[17] ou uma letra de mesmo montante contra a Holanda.

Quando o mesmo título e o mesmo peso de prata na França rendem para mim o mesmo peso e mesmo título de prata na Holanda, dizemos que o câmbio se encontra em paridade. No atual contexto das moedas,[18] a paridade está aproximadamente em 54 *grossos* por escudo. Quando o câmbio estiver acima de 54 *grossos*, diremos que ele está alto; quando estiver abaixo, diremos que está baixo.

Para saber se, em uma certa situação de câmbio, o Estado ganha ou perde, é preciso considerá-lo enquanto devedor, credor, vendedor e comprador. Quando o câmbio está abaixo da paridade, perde enquanto devedor e ganha enquanto credor, e perde enquanto comprador e ganha enquanto vendedor. É bem perceptível que ele perde enquanto devedor: por exemplo, se a França deve à Holanda uma determinada quantia de *grossos*, quanto menos *grossos* seu escudo valer, de mais escudos ela necessitará para pagar. Pelo contrário, se a França é credora uma determinada quantia de *grossos*, quanto menos *grossos* valer cada escudo, mais escudos ela receberá. Ademais, o Estado perde enquanto comprador, pois é preciso sempre o mesmo número de *grossos* para comprar a mesma quantidade de mercadorias; e, quando o câmbio baixa, cada escudo da França dá menos *grossos*. Pela mesma razão, o Estado ganha enquanto vendedor: vendo minha mercadoria na Holanda pela mesma quantidade de *grossos* que a vendia. Terei, portanto, mais escudos na França quando com cinquenta *grossos* conseguir um escudo do que quando me forem necessários, para obter este mesmo escudo, 54 *grossos*. O contrário de tudo isso acontecerá no outro Estado. Se a Holanda deve um certo número de escudos, ela ganhará, e, caso devam a ela, perderá; se vende, perderá; se compra, ganhará.

É preciso, portanto, observar o seguinte. Quando o câmbio está abaixo da paridade e se encontra, por exemplo, em cinquenta em vez de 54, eis o que deveria acontecer: a França, enviando pelo câmbio 54 mil escudos para a Holanda, compraria mercadorias somente por 50 mil; e, de outro lado,

---

17 Deduzidos os custos de seguro e de transporte.

18 Em 1744.

Do espírito das leis

a Holanda, enviando o valor de 50 mil escudos para a França, compraria mercadorias por 54 mil. Isso daria uma diferença de 8/54, isto é, mais de um sétimo de perda para a França, de modo que seria necessário enviar para a Holanda mais de um sétimo em dinheiro ou mercadoria do que se envia-va quando o câmbio se encontrava em paridade; e, como o mal continua a aumentar sempre, pois uma semelhante dívida faria que o câmbio abaixasse ainda mais, a França estaria, no final das contas, arruinada. Parece, como eu dizia, que isso deveria acontecer, no entanto, isso não acontece por causa do princípio que já estabeleci anteriormente,[19] qual seja, que os Estados tendem sempre a encontrar o equilíbrio e a buscar sua desoneração. Assim, emprestam somente na proporção que podem pagar e compram somente à medida que vendem. E, ao tomar o exemplo acima, se o câmbio na França cair de 54 para 50, o holandês, que comprava mercadorias por mil escudos e pagava 54 mil *grossos* por elas, agora não pagaria mais do que 50 mil, se o francês assim consentisse. Mas a mercadoria da França aumentaria imper-ceptivelmente e o lucro seria partilhado entre o francês e o holandês, pois, quando um negociante pode ganhar, não hesita em partilhar seu lucro. Da mesma maneira, o francês, que comprava mercadorias da Holanda por 54 mil *grossos*, e que as pagava com mil escudos quando o câmbio estava em 54, seria obrigado a acrescentar 4/54 em escudos franceses para comprar as mesmas mercadorias. Contudo, o mercador francês, que perceberá a perda que es-taria sofrendo, quererá oferecer menos pela mercadoria da Holanda. Assim, haveria uma comunicação das perdas entre o mercador francês e o mercador holandês; o Estado imperceptivelmente alcançará o equilíbrio e a queda do câmbio não observará todos os inconvenientes que poderiam ser temidos.

Quando o câmbio está mais baixo que a paridade, um negociante pode, sem diminuir sua fortuna, fazer uma remessa de seus fundos para países estrangeiros porque, ao recuperá-los, ganha de volta o que perdeu. No en-tanto, um príncipe que só envia para países estrangeiros um dinheiro que nunca irá recuperar, este perde sempre.

Quando os negociantes fecham muitos negócios em um país, infalivel-mente o câmbio aumenta. Isso ocorre porque ali assumem diversos com-

---

19 Vede Lv.XX, Cap.23.

promissos e porque muitas mercadorias são compradas, recorrendo ao país estrangeiro para pagá-los.

Se um príncipe acumula grandes quantidades de dinheiro em seu Estado, ali o dinheiro pode ser escasso realmente e abundante relativamente. Por exemplo: se no mesmo período esse Estado tivesse que pagar por muitas mercadorias a um país estrangeiro, o câmbio cairia, não obstante o dinheiro fosse escasso.

O câmbio de todas as praças[20] tende sempre a se estabelecer em uma certa proporção, e isso é da própria natureza da coisa. Se o câmbio da Irlanda com a Inglaterra está abaixo da paridade e o da Inglaterra com a Holanda também estiver, o câmbio da Irlanda com a Holanda estará ainda mais abaixo: isto é, em razão composta da Irlanda com a Inglaterra e da Inglaterra com a Holanda. Afinal, um holandês que quer indiretamente enviar seus fundos da Irlanda através Inglaterra não quererá pagar mais caro para trazê-los diretamente. Digo que isso deveria ser assim, mas há sempre circunstâncias que fazem com que essas coisas variem. Ademais, a diferença do lucro que pode ser obtido entre uma praça e outra constitui a arte ou habilidade particular dos banqueiros, assunto de que não tratarei aqui.

Quando um Estado eleva a própria moeda, por exemplo, quando diz que seis libras ou dois escudos são o que antes chamava de três libras ou um escudo, essa nova denominação, que não acrescenta nada de real ao escudo, não deve proporcionar nem um *grosso* a mais através do câmbio. Pelos dois escudos novos, devemos obter a mesma quantidade de *grossos* que recebíamos pela denominação antiga; e, se isso não ocorre, não é pelo próprio efeito do valor determinado para a moeda, mas sim do que ela produz por ser nova e repentina. O câmbio diz respeito a negócios já iniciados, e somente se regula após um certo tempo.

Quando um Estado, no lugar de simplesmente elevar sua moeda através de uma lei, refunde-a a fim de tornar uma moeda forte em fraca, verifica-se, durante o tempo que toma essa operação, duas espécies de moeda: a forte, que é a antiga, e a fraca, que é a nova. E como a forte está desacreditada e somente é recebida na Casa da Moeda, e porque, consequentemente, as letras

---

20 Praça, aqui, tem um sentido semelhante ao de *mercado*. (N. T.)

Do espírito das leis

de câmbio devem ser pagas na nova espécie, parece que o câmbio deveria se regular com base na nova espécie. Se, por exemplo, o enfraquecimento da moeda na França se desse pela metade, e se o antigo escudo de três libras desse sessenta *grossos* na Holanda, o novo escudo deveria dar somente trinta *grossos*. Por outro lado, parece que o câmbio deveria se regular sobre o valor da espécie antiga, porque o banqueiro que tem dinheiro e recebe as letras é obrigado a levar à Casa da Moeda as espécies antigas para trocar pelas novas, sobre as quais ele perde. O câmbio, portanto, se fixará entre o valor da espécie nova e o da espécie antiga. O valor da espécie antiga é derrubado, por assim dizer, porque já circula no comércio a espécie nova e porque o banqueiro não pode ser tão exigente, pois tem interesse em fazer que o dinheiro velho saia prontamente de seu caixa para torná-lo ativo, sendo até mesmo forçado a isso para realizar seus pagamentos. De outro lado, o valor da espécie nova se eleva, por assim dizer, porque o banqueiro, com a espécie nova, encontra-se em uma circunstância na qual pode, como veremos, obter grande vantagem ao adquirir para si as espécies antigas. Portanto, o câmbio se fixará, como já disse, entre a espécie nova e a espécie antiga. Então, os banqueiros percebem lucros ao fazer a espécie antiga sair do Estado, porque, através disso, obtêm para si a mesma vantagem que um câmbio regulado sobre a espécie antiga, isto é, muitos *grossos* na Holanda, e também porque obtêm um retorno sobre o câmbio, regulado entre a espécie nova e a antiga, ou seja, mais baixo, o que lhes dá mais escudos na França.

Suponhamos que, pelo câmbio atual, três libras da espécie antiga rendam 45 *grossos*, e que, ao transportar esse mesmo escudo para a Holanda, obtenhamos sessenta. Mas, com uma letra de 45 *grossos*, obteremos um escudo de três libras na França, o qual, transportado como espécie antiga para a Holanda, dará também sessenta *grossos*: toda espécie antiga então sairá do Estado que faz a refundição e o lucro irá para os banqueiros.

Para remediar isso, é preciso fazer uma nova operação. O Estado, que faz a refundição, enviará ele mesmo uma grande quantidade de espécies antigas para a nação que regula o câmbio; e, lá obtendo um crédito para si, elevará o câmbio até o ponto em que conseguir, aproximadamente, tantos *grossos* pelo câmbio de um escudo de três libras quanto conseguiria ao fazer sair do país um escudo de três libras em espécies antigas. Digo *aproximadamente*, pois, quando o lucro é módico, ninguém será tentado a enviar espécies para fora por causa dos custos de transporte e dos riscos de confiscação.

É conveniente oferecermos uma ideia bem clara sobre isso. O senhor Bernard,[21] ou qualquer outro banqueiro que o Estado queira empregar, oferece suas letras contra a Holanda e as emite em um, dois ou três *grossos* a mais do que o câmbio atual; amealha uma provisão, nos países estrangeiros, de espécies antigas que ele continuamente exportou; fez, portanto, o câmbio subir até atingir o ponto sobre o qual falamos há pouco. Entretanto, de tanto emitir essas letras, apoderou-se de todas as espécies novas, forçando os outros banqueiros, que têm pagamentos a fazer, a levar suas espécies antigas para a Casa da Moeda; e, além disso, como imperceptivelmente ficou em posse de todo o dinheiro, obrigou, por sua vez, os outros banqueiros a lhe darem letras a um câmbio altíssimo. O lucro final indeniza em grande parte a perda que teve no começo.

Percebe-se que, durante toda essa operação, o Estado deve sofrer uma violenta crise. O dinheiro se tornará raro: 1º) porque é preciso desacreditar a maior parte; 2º) porque é preciso transportar uma parte para os países estrangeiros; 3º) porque todos o guardarão em seus cofres, com ninguém querendo deixar ao príncipe um lucro que pode garantir para si mesmo. É perigoso fazê-lo com lentidão, é perigoso fazê-lo com prontidão. Se um ganho desmedido é vislumbrado, os inconvenientes aumentam na mesma proporção.

Vimos anteriormente que, quando o câmbio estava mais baixo que a espécie, poderia se perceber um lucro ao enviarmos o dinheiro para fora. Pela mesma razão, quando ele está mais alto que a espécie, há lucro trazê-lo novamente ao país.

Mas há um caso no qual é possível obter lucro ao enviar espécies para fora mesmo quando o câmbio esteja em paridade: quando os enviamos para os países estrangeiros para recunhá-lo ou para refundi-lo. Quando esse dinheiro retorna, obtém-se lucro dele quer seja utilizado no país, quer seja convertido em letras de câmbio para o estrangeiro.

---

21 Samuel Bernard (1651-1739), negociante, financista e banqueiro, considerado um dos indivíduos mais ricos da Europa seiscentista e setecentista. Ganhou poder ao emprestar dinheiro ao Tesouro Real francês e foi tornado nobre por Luís XIV. (N. T.)

Do espírito das leis

Imagine-se que, em um Estado, fosse criada uma companhia que tivesse um número muito considerável de ações e que em alguns meses essas ações valorizassem 20 ou 25 vezes em relação ao valor da primeira compra, e que esse mesmo Estado tivesse estabelecido um banco cujas cédulas exercessem a função da moeda, e, ainda, que o valor numerário dessas cédulas fosse prodigioso, a fim de responder ao prodigioso valor numerário das ações (trata-se do sistema de Law):[22] disso resultaria, pela natureza da coisa, que as ações e cédulas se dissipariam da mesma maneira que foram estabelecidas. Não teria sido possível subir as ações 20 ou 25 vezes mais em relação ao seu valor inicial sem que se tivesse dado a muita gente o meio para adquirir imensas riquezas em papel: cada um buscaria assegurar sua fortuna, e, como o câmbio é a via mais fácil para convertê-la ou para transportá-la para o lugar que se quiser, todos fariam constantes remessas de uma parte de seus bens para a nação que regula o câmbio. Um projeto contínuo de fazer remessas para os países estrangeiros faria o câmbio baixar. Suponhamos que, na época do Sistema, na relação do título e do peso da moeda de prata a taxa de câmbio estivesse em quarenta *grossos* por escudo; quando uma quantidade inumerável de papel se tornasse moeda, seria preciso somente dar 39 *grossos* por escudo; em seguida, 38, 37 etc. Isso foi tão longe que eram oferecidos apenas oito *grossos* por escudo, até que, enfim, não houve mais câmbio.

Nesse caso, era o câmbio que deveria regular, na França, a proporção da prata com o papel. Suponho que, pelo peso e o título da prata, o escudo de três libras de prata valesse quarenta *grossos*, e que, quando o câmbio era realizado em papel, o escudo de três libras em papel valesse somente oito *grossos*, uma diferença de quatro quintos. O escudo de três libras em papel valia, então, quatro quintos a menos que o escudo de três libras em prata.

---

22 Mais uma crítica de Montesquieu à especulação ocasionada pelo sistema do economista escocês John Law. Cf. nota do tradutor em Lv.II, Cap.4. Nas *Cartas persas*, lemos o seguinte: "A França, à morte do falecido rei, era um corpo atacado por mil doenças. N[oailles] tomou a faca na mão, cortou a carne que era inútil e aplicou alguns remédios locais. Mas persistia um vício interior, que não estava curado. Veio um estrangeiro, que se propôs a curar o enfermo. Depois de vários remédios violentos ele acreditou ter-lhe restituído a robustez, mas tudo o que conseguiu foi inchá-las" (Montesquieu, *Cartas persas*, Carta 138, p.195). (N. T.)

Montesquieu

Capítulo XI – Das operações que os romanos efetuaram sobre as moedas

Sejam quais forem os atos de autoridade praticados na França atual sobre as moedas nos dois ministérios consecutivos, os romanos praticaram ainda maiores, não na época da república corrompida, tampouco nos tempos da república que era somente uma anarquia, mas quando, no vigor de sua instituição, tanto pela sabedoria quanto pela coragem, após ter conquistado as cidades da Itália, Roma disputava o império com os cartagineses.

E eu me sinto bem à vontade para aprofundar essa matéria, para que não tomemos como exemplo aquilo que de fato não o é.

Na Primeira Guerra Púnica,[23] o asse, que devia ser constituído de doze onças de cobre, pesava somente duas; e, na Segunda, pesava apenas uma. Essa diminuição corresponde àquilo que chamamos hoje em dia de expansão das moedas. Tirar a metade de prata de um escudo de seis libras para fazer dois ou fazê-lo valer doze libras é precisamente a mesma coisa.

Não sobraram reminiscências da maneira pela qual os romanos efetuaram sua operação na Primeira Guerra Púnica. Contudo, a que efetuaram na Segunda nos mostra uma sabedoria admirável. A república não se encontrava em condições de saldar as suas dívidas; o asse pesava doze onças de cobre, e o denário, valendo dez asses, valia vinte onças de cobre. A república cunhou asses de uma onça de cobre:[24] ganhou metade sobre seus credores e pagou um denário com essas dez onças de cobre. Essa operação causou um grande abalo no Estado, quando seria preciso que causasse o menor possível. Além disso, continha em si uma grande injustiça, quando também seria preciso que causasse a menor possível. Ela tinha como objetivo a liberação da república em relação a seus cidadãos, não precisava ter realizado a liberação dos cidadãos entre si. Isso fez surgir uma segunda operação, pela qual foi ordenado que os denários, que até então eram somente de dez asses, passassem a conter dezesseis. Como resultado dessa dupla operação, enquanto

---

23 Plínio, *História natural*, Lv.XXXIII, art.13.
24 Ibid.

os credores da república perdiam a metade,[25] os dos particulares perdiam apenas um quinto;[26] as mercadorias aumentaram somente em um quinto, a mudança real na moeda era de só um quinto. Outras consequências são facilmente imagináveis.

Os romanos, pois, agiram melhor que nós, que, em nossas operações, envolvemos as fortunas públicas e as fortunas particulares. Isso não é tudo: veremos que eles as efetuaram em circunstâncias mais favoráveis que as nossas.

Capítulo XII – Circunstâncias nas quais os romanos efetuaram suas operações sobre as moedas

Antigamente havia pouquíssimo ouro e prata na Itália. Esse país tem pouca ou nenhuma mina de ouro e de prata. Quando Roma foi tomada pelos gauleses, ali havia apenas mil libras de ouro.[27] Entretanto, os romanos haviam saqueado diversas cidades poderosas e carregado as riquezas delas para Roma. Durante muito tempo, utilizaram apenas moeda de cobre: apenas após a paz de Pirro eles tiveram prata suficiente para fazer a moeda.[28] Com esse metal, fizeram o denário, que valia dez asses[29] ou dez libras de cobre. Então, a proporção de prata para o cobre era de 1 para 960, pois, valendo o denário romano dez asses ou dez libras de cobre, ele valia vinte onças de cobre; e como o mesmo denário valendo um oitavo de onça de prata,[30] isso representava a proporção que acabamos de falar.

Roma, tendo virado dona dessa parte da Itália, a mais avizinhada da Grécia e da Sicília, pouco a pouco se encontrou entre dois países ricos: os gregos e os cartagineses. A prata aumentou em Roma, e como a proporção de 1 para 960 entre a prata e o cobre não podia mais ser sustentada, ela

---

25 Recebiam dez onças de cobre por vinte.

26 Recebiam dezesseis onças de cobre por vinte.

27 Plínio [*História natural*], Lv.XXXIII, art.5.

28 Freinshemius, Lv.V da segunda década.

29 Ibid. Cunharam também, diz o mesmo autor, meios denários chamados de quinários, e quartos denários chamados de sestércios.

30 Um oitavo, segundo Budé. Um sétimo, segundo outros autores. [Guillaume Budé (1467-1540), escritor e humanista francês. (N. T.)]

efetuou diversas operações, que desconhecemos, sobre as moedas. Sabemos somente que, no começo da Segunda Guerra Púnica, o denário romano valia apenas vinte onças de cobre,[31] e que assim a proporção entre a prata e o cobre não ultrapassava a de 1 para 160. A redução era bem considerável, pois a república ganhou cinco sextos sobre toda moeda de cobre. Mas apenas foi feito aquilo que a natureza da coisa exigia e foi restabelecida a proporção entre os metais que serviam de moeda.

A paz que encerrou a Primeira Guerra Púnica tinha deixado os romanos com domínio sobre a Sicília. Tão logo entraram na Sardenha, começaram a conhecer a Espanha: o volume de prata aumentou ainda mais em Roma. Ali foi realizada a operação que diminuiu o denário de prata de vinte onças para dezesseis,[32] produzindo como efeito o restabelecimento da proporção entre a prata e o cobre. Essa proporção era de 1 para 160 e passou a ser de 1 para 128.

Estudai os romanos e vereis que sua superioridade sempre se encontra nas escolhas das circunstâncias nas quais fizeram coisas boas e más.

Capítulo XIII – Operação sobre as moedas na época dos imperadores

Nas operações efetuadas sobre as moedas na época da República, procedeu-se por meio da redução: o Estado revelava ao povo suas necessidades e nunca tentava enganá-lo. Na época dos imperadores, recorreu-se ao aumento das ligas metálicas. Esses príncipes, reduzidos ao desespero por suas próprias liberalidades, viram-se obrigados a alterar as moedas. Tratava-se de uma via indireta, que mitigava o mal, embora sem aparentemente tocá-lo: retirava-se uma parte da dádiva e se ocultava a mão; e, sem falar de diminuição dos pagamentos e das benesses, estas eram de fato reduzidas.

Ainda é possível ver, em algumas coleções de medalhas,[33] as que chamamos de estofadas, que possuem somente uma lâmina de prata que envolve

---

31 Plínio, *História natural*, Lv.XXXIII, art.13.

32 Ibid.

33 Vede *Ciência das medalhas*, de P. Joubert, p.59.

Do espírito das leis

o cobre. Em um fragmento do Livro LXXVII de Dião,[34] essa moeda é abordada.

Dídio Juliano começou o enfraquecimento. Lemos que a moeda[35] de Caracala tinha mais da metade de liga; a de Alexandre Severo,[36] dois terços; e o enfraquecimento continuava; enfim, sob Galiano,[37] havia apenas cobre prateado.

É possível sentir que essas operações violentas não poderiam ocorrer em nossos tempos. Um príncipe iludiria a si mesmo e não conseguiria iludir ninguém. O câmbio ensinou ao banqueiro a comparar todas as moedas do mundo e a atribuir a elas seu justo valor. O título das moedas não pode mais ser um segredo. Se um príncipe começa a cunhar o bilhão,[38] todos seguem o exemplo e passam a fazer isso em seu lugar; as espécies com metal de lei inicialmente são remetidas para o exterior e depois voltam para ele enfraquecidas. Se, como os imperadores romanos, o príncipe enfraquecesse a lei da prata sem enfraquecer a do ouro, subitamente veria o ouro desaparecer e ficaria apenas com sua prata desvalorizada. O câmbio, como eu já disse no livro anterior,[39] evitou os grandes abusos de autoridade — ou, ao menos, o êxito dos grandes abusos de autoridade.

Capítulo XIV – Como o câmbio incomoda os Estados despóticos

A Moscóvia gostaria de abandonar seu despotismo, mas não pode fazê-lo. O estabelecimento do comércio requer o estabelecimento do câmbio, e as operações do câmbio se chocam com todas as suas leis.

---

34 [*História romana*], *Extrato das virtudes e dos vícios*.

35 Vede Savot [*Discurso sobre as medalhas antigas*], parte II, cap.12; e o *Journal des Savants*, de 28 de julho de 1681, sobre uma descoberta de 50 mil medalhas.

36 Ibid.

37 Ibid.

38 Ou seja, caso o príncipe comece a adulterar a moeda, utilizando uma liga com metais menos preciosos. Vede nota do tradutor em Lv.XXI, Cap.16. (N. T.)

39 Cap.XXI.

Em 1745, a tsarina estabeleceu uma ordenança para expulsar os judeus, porque eles haviam remetido para países estrangeiros o dinheiro daqueles que haviam sido exilados para a Sibéria e dos estrangeiros que estavam em serviço. Como escravos, todos os súditos do império não tinham permissão para sair, tampouco para enviar seus bens para o exterior. O câmbio, que oferece o meio para transportar o dinheiro de um país a outro, está, pois, em contradição com as leis da Moscóvia.

O próprio comércio contraria as leis desse país. O povo é composto apenas de escravos ligados às terras e de escravos que chamamos de eclesiásticos ou gentis-homens, pois são senhores desses escravos. Não sobra ninguém, portanto, para o terceiro estado, que deve ser constituído de operários e comerciantes.

Capítulo XV – O uso de alguns países da Itália

Em alguns países da Itália, foram elaboradas leis para impedir os súditos de vender fundos de terra a fim de enviarem seu dinheiro para os países estrangeiros. Essas leis poderiam ser boas nos casos em que as riquezas de cada Estado lhes eram de tal modo vinculadas que haveria muita dificuldade para passá-las a algum outro. Contudo, a partir do momento em que, graças ao uso do câmbio, as riquezas não pertencem, em certo sentido, a nenhum Estado em particular, e como há grande facilidade para enviá-las de um país para o outro, é uma lei ruim aquela que não permite dispor, para os próprios negócios, das suas propriedades territoriais, quando se pode dispor do próprio dinheiro. Essa lei é ruim porque dá benefícios às riquezas mobiliárias em detrimento das propriedades de terra, porque dissuade os estrangeiros de se estabelecer no país e porque, enfim, é passível de ser eludida.

Capítulo XVI – Do auxílio que o Estado pode obter dos banqueiros

Os banqueiros servem para trocar o dinheiro, e não para emprestá-lo. Se o príncipe recorre aos banqueiros apenas para trocar seu dinheiro, como somente efetua negócios vultosos, o menor lucro que lhes dá por suas remessas torna-se algo considerável; e, se lhe pedem lucros maiores, o príncipe pode ter certeza de que isso é um problema de sua administração. Quando, ao contrário, recorre-se aos banqueiros para receber adiantamentos, a arte destes consiste em obter os maiores lucros possíveis com seu dinheiro, sem que seja possível acusá-los de usura.

Capítulo XVII – Das dívidas públicas

Algumas pessoas acreditavam ser bom quando um Estado devesse a si mesmo: pensaram que isso multiplicaria as riquezas ao aumentar a circulação.

Creio que confundiram um papel circulante que representa a moeda, ou um papel circulante que é signo dos lucros que uma companhia fez ou fará no comércio, com um papel que representa uma dívida. Os dois primeiros são vantajosos ao Estado; o último não pode sê-lo, e tudo o que se pode esperar dele é que seja, para os particulares, uma boa caução da dívida da nação, isto é, que lhes assegure o pagamento.

1º) Se os estrangeiros possuem muitos papéis que representam uma dívida, anualmente eles retiram da nação uma soma considerável em juros.

2º) Em uma nação assim perpetuamente devedora, o câmbio deve ser muito baixo.

3º) O imposto cobrado para o pagamento dos juros da dívida prejudica os manufatores, tornando a mão de obra mais cara.

4º) Os que realizam atividade ou indústria são privados das verdadeiras receitas do Estado, que acabam sendo encaminhadas para os ociosos, isto é, são dadas comodidades de trabalho para aqueles que absolutamente não trabalham e impostas dificuldades de trabalho para aqueles que trabalham.

Eis os inconvenientes, e desconheço quaisquer vantagens. Dez pessoas têm, cada uma, mil escudos de renda em propriedades territoriais ou em indústria; a 5%, isso representa para a nação um capital de 200 mil escudos. Se essas dez pessoas utilizarem a metade de sua renda, isto é, 5 mil escudos, para pagar os juros de 100 mil escudos que emprestaram de outros, isso continua a representar para o Estado apenas 200 mil escudos. Na linguagem dos matemáticos: 200.000 escudos − 100.000 escudos + 100.000 escudos = 200.000 escudos.

O que pode induzir ao erro é que um papel que representa a dívida de uma nação é um signo de riqueza, pois só um Estado rico pode sustentar um tal papel sem cair na decadência.[40] Caso não caia, é porque o Estado possui grandes riquezas alhures. Diz-se que não há mal nisso, porque há recursos contra esse mal; e diz-se que o mal é um bem, porque os recursos superam o mal.

Capítulo XVIII – Do pagamento das dívidas públicas

É preciso que haja uma proporção entre o Estado credor e o Estado devedor. O Estado pode ser credor ao infinito, mas só pode ser devedor até certo ponto; e, quando esse ponto é ultrapassado, o título de credor desaparece.

Se esse Estado possui também um crédito que não tenha se deteriorado, ele poderá fazer aquilo que foi com êxito praticado em um Estado da Europa:[41] assegurar para si uma grande quantidade de espécies e oferecer a todos os particulares seu reembolso, a não ser que concordem em reduzir o juro. Efetivamente, assim como quando o Estado empresta são os particulares que determinam a taxa de juros, cabe ao Estado determinar quando deseja pagar.

Não basta reduzir os juros, é preciso que o benefício da redução forme um fundo de amortização para pagar anualmente uma parte dos capitais; operação tanto mais exitosa quanto seu sucesso aumenta dia após dia.

Quando o crédito do Estado não está integralizado, essa é uma nova razão para buscar formar um fundo de amortização, porque esse fundo, uma vez estabelecido, revive a confiança.

1º) Se o Estado é uma república, cujo governo comporta, por sua natureza, projetos previstos no longo prazo, o capital do fundo de amortização

---

40 *MP*, n.17: "A Inglaterra encontra-se próxima da condição mais florescente que pode alcançar. Entretanto, ela deve de 53 a 54 milhões de esterlinas, isto é, no zênite de sua grandeza, pode dever sem perder seu crédito. Assim, esse zênite de grandeza tornou-se uma condição necessária para ela, e ela não pode descer sem cair no abismo". (N. T.)

41 A Inglaterra.

Do espírito das leis

pode ser considerável. Em uma monarquia, é necessário que esse capital seja maior.

2º) Os regulamentos devem ser tais que todos os cidadãos do Estado suportem a carga do estabelecimento desses fundos, porque o estabelecimento da dívida pesa sobre todos, com o credor do Estado, pelas somas com as quais contribui, pagando-se a si mesmo.

3º) Há quatro classes de pessoas que pagam as dívidas do Estado: os proprietários dos fundos de terra, aqueles que exercem sua indústria através dos negócios, os cultivadores e artesãos e, enfim, os rentistas do Estado ou dos particulares. Dessas quatro classes, parecerá que a última, em caso de necessidade, deverá ser a menos salvaguardada, porque é uma classe inteiramente passiva no Estado, ao passo que esse mesmo Estado é sustentado pela força ativa das três outras. Mas, como não é possível sobrecarregá-la sem destruir a confiança pública, cujo Estado, de forma geral, e essas três classes, de forma particular, têm uma necessidade soberana; como certo número de cidadãos não pode ser desprovido de fé pública sem parecer que todos são desprovidos dela; como a classe dos credores é sempre a mais exposta aos projetos dos ministros, e porque está sempre mais à vista e ao alcance das mãos, é preciso que o Estado conceda a ela uma singular proteção, e que a parte devedora nunca tenha a mínima vantagem sobre a credora.

Capítulo XIX – Dos empréstimos a juros[42]

O dinheiro é signo dos valores. É claro que quem tem necessidade desse signo deve emprestá-lo, como faz com todas as coisas das quais tenha necessidade. A diferença inteira consiste que as outras coisas podem ou

---

42 Este capítulo, sobretudo o segundo parágrafo, foi condenado pela Sorbonne. Montesquieu, que no Lv.XXI, Cap.20, já havia criticado os escolásticos que "condenaram a usura indistintamente e em todas as situações", busca aqui justificar o empréstimo a juros, visto como negócio e preço legítimo cobrado pelo empréstimo do dinheiro. Este capítulo é citado por Adam Smith em *A riqueza das nações*, I, 9. O tema também havia sido tratado por Locke e Hume. Cf. Locke, *Considerações sobre as consequências da redução do juro*; Hume, "De juro", em *Ensaios políticos*. (N. T.)

ser emprestadas ou compradas, ao passo que o dinheiro, que é o preço das coisas, pode ser emprestado, mas não comprado.[43]

Emprestar ao outro seu dinheiro sem cobrar juros é, sem dúvida, uma ação muito boa, mas percebemos que isso somente poderia ser um conselho religioso, e não uma lei civil.

Para que o comércio possa ser realizado a contento, é preciso que o dinheiro tenha um preço, mas que esse preço seja pouco considerável. Se for muito elevado, o negociante, percebendo que os custos dos juros ultrapassariam o que ele ganharia com seu comércio, não inicia empreendimento algum. Se o dinheiro não tem preço, ninguém o empresta, e o negociante também não empreende.

Engano-me quando digo que ninguém o empresta. É sempre necessário que os negócios da sociedade aconteçam; a usura se estabelece, mas com as desordens que são experimentadas em todas as épocas.

A Lei de Maomé confunde a usura com o empréstimo a juros. A usura aumenta nos países maometanos proporcionalmente ao rigor da proibição: o emprestador recebe uma compensação pelo perigo da contravenção.

Nesses países do Oriente, a maior parte dos homens não tem nada em segurança. Quase não há relação entre a posse atual de uma soma e a esperança de reavê-la após tê-la emprestado: por conseguinte, nesses lugares, a usura aumenta proporcionalmente ao perigo de insolvabilidade.

Capítulo XX – Das usuras marítimas

O valor elevado da usura marítima é fundado sobre duas coisas: o perigo do mar, que faz com que alguém se arrisque a emprestar seu dinheiro somente para depois tê-lo em maior quantidade, e a facilidade que o comércio dá ao emprestador de fazer prontamente negócios vultosos e em grande número. Por seu lado, as usuras na terra, não se fundando em nenhuma dessas duas razões, são proscritas pelos legisladores ou, o que é mais sensato, reduzidas a limites justos.

---

43 Não nos referimos aos casos em que o ouro e a prata são considerados enquanto mercadorias.

Do espírito das leis

Capítulo XXI – Do empréstimo por contrato e da usura entre os romanos

Além do empréstimo feito para o comércio, há ainda uma outra espécie de empréstimo feita por meio de um contrato civil, donde resultam juros ou usura.

Com o povo romano aumentando todos os dias seu poder, os magistrados buscaram adulá-lo fazendo leis que fossem mais de seu agrado: reduziram os capitais; diminuíram os juros e proibiram sua cobrança; acabaram com as prisões por dívida; enfim, todas as vezes que um tribuno quisesse se tornar popular, a abolição das dívidas era colocada em pauta.

Essas mudanças contínuas, seja através das leis, seja através dos plebiscitos, naturalizaram, em Roma, a usura. Afinal, com os credores vendo o povo como seu devedor, seu legislador e seu juiz, perderam a confiança nos contratos. Os credores não se predispunham a emprestar para o povo, um devedor desprovido de qualquer crédito, senão com juros altíssimos, ainda mais porque, se as leis só surgiam de tempos em tempos, as queixas do povo eram contínuas e sempre intimidavam os credores. Isso fez com que todos os meios honestos de empréstimo fossem abolidos em Roma e que uma terrível usura, repetidamente eliminada[44] e repetidamente renascida, ali se estabelecesse. O mal derivava do fato de as coisas não terem sido bem administradas. As leis que buscam o sumo bem fazem nascer o sumo mal. O povo acabava tendo que pagar pelo empréstimo do dinheiro e pelo perigo das penas da lei.

Capítulo XXII – Continuação do mesmo assunto

Os primeiros romanos não tiveram leis para regulamentar a taxa da usura.[45] Nos imbróglios que se formaram nessa questão entre os plebeus e os patrícios, na própria sedição[46] do Monte Sagrado, de um lado alegava-se somente a fé e, de outro, a severidade dos contratos.

---

44 Tácito, *Anais*, Lv.VI [cap.16].

45 Usura e juros significavam as mesmas coisas para os romanos.

46 Vede Dionísio de Halicarnasso, que a descreveu tão bem [*Antiguidades romanas*, Lv.VI, cap.45].

Montesquieu

Portanto, eram seguidas as convenções individuais, e creio que as mais comuns eram de 12% ao ano. Minha razão para isto é que, na linguagem[47] antiga entre os romanos, o juro a 6% era chamado de metade da usura e o juro a 3%, de um quarto da usura: a usura total era, pois, o juro a 12%.

Caso nos perguntemos como usuras tão pesadas podem ter sido estabelecidas em meio a um povo que quase não tinha comércio, direi que esse povo, muito frequentemente obrigado a ir à guerra sem receber soldo, tinha com frequência a necessidade de empréstimos, e que, fazendo continuamente essas exitosas expedições, muitas vezes tinha facilidade para pagar. E isso é muito perceptível nos relatos dos imbróglios que foram suscitados a esse respeito: afinal, se a ganância daqueles que emprestavam é inquestionável, diz-se, no entanto, que aqueles que se queixavam poderiam ter pago suas dívidas caso adotassem uma conduta regrada.[48]

Eram feitas leis, portanto, que apenas afetavam a situação imediata: foi feita uma ordenança, por exemplo, determinando que aqueles que se alistavam para a guerra a ser empreendida não seriam cobrados por seus credores; que aqueles que estavam presos seriam libertados; que os mais indigentes seriam levados para as colônias; algumas vezes, abria-se o tesouro público. O povo se apaziguava com o alívio dos males imediatos, e, como não exigia mais nada para o futuro, o Senado não se importava em preveni-lo.

Nos tempos em que o Senado proibia com tanta constância a causa da usura, entre os romanos havia uma exacerbação do amor da pobreza, da frugalidade, da mediania. Mas a constituição era tal que os principais cidadãos suportavam toda a carga do Estado, enquanto a plebe nada pagava. Como poderiam os principais ser privados de cobrar seus devedores, exigidos de pagar seus encargos e requeridos a subvencionar as necessidades mais urgentes da república?

Tácito[49] diz que a Lei das Doze Tábuas fixou o juro a 1% ao ano. É evidente que ele se enganou, e que tomou uma outra lei, sobre a qual falarei,

---

47 *Usuræ semisses, trientes, quadrantes.* Sobre isso, vede os diversos tratados do *Digesto* e do *Código* [Lv.IV, cap.32] *De usuris*, e sobretudo a Lei 17 e sua nota, em [*Digesto*, Lv.XXII, cap.I] *De usuris.*

48 Vede o discurso de Ápio sobre o tema, em Dionísio de Halicarnasso [*Antiguidades romanas*, Lv.V].

49 *Anais*, Lv.VI [cap.16].

Do espírito das leis

pela Lei das Doze Tábuas. Se a Lei das Doze Tábuas tivesse regulamentado isso, como, nas disputas que surgiram entre os credores e devedores, não teriam invocado sua autoridade? Não encontramos nenhum vestígio dessa lei sobre o empréstimo a juros, e mesmo alguém pouco versado na história de Roma verá que uma semelhante lei absolutamente não poderia ter sido obra dos decênviros.

A Lei Licínia,[50] feita 24 anos após a Lei das Doze Tábuas, foi uma dessas leis passageiras que mencionamos. Ela determinou que fosse deduzido do capital aquilo que havia sido destinado ao pagamento dos juros e que o resto seria quitado em três pagamentos iguais.

No ano 398 de Roma, os tribunos Duílio e Menêmio passaram uma lei que reduziu os juros a 1% ao ano.[51] É essa lei que Tácito[52] confunde com a Lei das Doze Tábuas, e é a primeira que foi feita entre os romanos a fim de estabelecer a taxa de juros. Dez anos depois,[53] essa usura foi reduzida pela metade,[54] e, em seguida, completamente abolida;[55] e caso nos fiássemos em alguns autores consultados por Tito Lívio, isso ocorreu durante o consulado[56] de C. Márcio Rutilo e de Q. Servílio, no ano 413 de Roma.

Aconteceu com essa lei o mesmo que acontece com todas aquelas em que o legislador levou as coisas ao extremo: encontrou-se um meio de burlá-la. Foi necessário editar muitas outras para ratificá-la, corrigi-la, moderá-la. Por vezes leis foram abandonadas para que o uso fosse seguido,[57] por vezes os usos foram abandonados para que as leis fossem seguidas – mas, nesse caso, o uso devia facilmente prevalecer. Quando um homem empresta, ele encontra um obstáculo na própria lei que é feita em seu favor: essa lei tem contra

---

50 Ano 388 de Roma. Tito Lívio, Lv.VI [cap.25].

51 *Unciara usura*. Tito Lívio, Lv.VII [cap.16].

52 *Anais*, Lv.VI [cap.16].

53 Sob o consulado de L. Mânlio Torquato e de C. Pláucio, segundo Tito Lívio, Lv.VII [cap.27], e essa é a lei de que trata Tácito, *Anais*, Lv.VI [cap.16].

54 *Semiunciaria usura*.

55 Como conta Tácito, *Anais*, Lv.VI [cap.16].

56 Essa lei foi feita sob iniciativa de M. Genúcio, tribuno do povo. Tito Lívio, Lv.VII, final [cap.42].

57 *Veteri jam more fænus receptum erat* ["Aceitar juro era um uso antigo"]. Apiano, *Guerras civis*, Lv.I.

Montesquieu

si tanto aquele que ela beneficia quanto aquele que ela condena. O pretor Semprônio Aselio, tendo permitido que os devedores agissem conforme as leis,[58] foi morto pelos credores[59] por ter desejado restabelecer uma severidade que não poderia mais ser tolerada.

Deixo um pouco a cidade para dirigir minhas atenções para as províncias.

Disse em outro lugar[60] que as províncias romanas foram devastadas por um governo despótico e severo. Isso não é tudo: elas também o eram por sua hedionda usura.

Cícero afirma[61] que os habitantes de Salamina queriam emprestar dinheiro para Roma, e que não o podiam por causa da Lei Gabiana. É preciso, pois, que eu examine em que consistia essa lei.

Quando os empréstimos a juros foram proibidos em Roma, foram inventadas todas as espécies de meios para eludir a lei;[62] e, como nem os aliados[63] nem os da nação latina estavam sujeitos às leis romanas, valiam-se de um latino ou de um aliado que emprestasse seu nome e se passasse como credor. A lei, portanto, apenas havia imposto aos credores uma formalidade, e o povo não ficara mais aliviado.

O povo se queixava dessa fraude, e Marco Semprônio, tribuno do povo, recorrendo à autoridade do Senado, fez um plebiscito[64] no qual se estipulava que, em matéria de empréstimos, as leis que proibiam os empréstimos com usura entre dois cidadãos romanos também seriam aplicáveis entre um cidadão e um aliado ou latino.

Nessa época, denominavam-se aliados os povos da Itália propriamente dita, que se estendia até o Arno e o Rubicão, e que não era governada como as províncias romanas.

---

58 *Permisit eos legibus agere* ["Permitiu que agissem legalmente"]. Apiano, *Guerras civis*, Lv.I; e *Epítome* de Tito Lívio, Lv.LXIV [ep.74].

59 Ano 663 de Roma.

60 Livro XI, Cap.19.

61 *Cartas a Ático*, Lv.V, carta 21.

62 Tito Lívio [Lv.XXXV, cap.7].

63 Ibid.

64 Ano 561 de Roma. Vede Tito Lívio [Lv.XXXV, cap.7].

Do espírito das leis

Tácito[65] diz que novas fraudes eram sempre inventadas contra as leis feitas para impedir a usura. Quando não era mais possível nem emprestar nem fazer empréstimo em nome de um aliado, não foi difícil encontrar um homem das províncias disposto a emprestar seu nome.

Foi necessária uma nova lei contra esses abusos, e Gabínio,[66] fazendo a célebre lei que tinha como objetivo acabar com a corrupção nos sufrágios, naturalmente deve ter pensado que o melhor meio para conseguir isso era desencorajando os empréstimos. Ambas as coisas estavam naturalmente ligadas, pois as usuras aumentavam[67] sempre nos períodos das eleições, uma vez que o dinheiro era necessário para ganhar votos. Fica evidente que a Lei Gabínia havia ampliado o *senatus consultum* Semproniano aos provincianos, pois os salaminianos não podiam emprestar dinheiro de Roma por causa dessa lei. Brutus, valendo-se de nomes de terceiros, emprestou-lhes[68] por 4% ao mês,[69] e para isso conseguiu dois *senatus consulta*, dentre os quais o primeiro dizia que esse empréstimo não seria considerado como uma fraude feita à lei e que o governador da Cilícia julgaria em conformidade com as convenções expressas no acordo com os salaminianos.[70]

Como a Lei Gabínia havia proibido o empréstimo a juros entre os povos das províncias e os cidadãos romanos, e uma vez que os últimos então dispunham de todo o dinheiro do mundo, foi necessário atraí-los com altas taxas de usura, que fizessem desaparecer, aos olhos da avareza, o risco de não ver o pagamento do débito. E como em Roma havia pessoas poderosas que intimidavam os magistrados e silenciavam as leis, elas eram mais atrevidas na hora de emprestar e de exigir usuras exorbitantes. Isso fez com que as províncias fossem uma a uma devastadas por todos aqueles que possuíam crédito em Roma; e, como cada governador anunciava seu édito ao entrar

---

65 *Anais*, Lv.VI [cap.16].

66 Ano 615 de Roma.

67 Vede as cartas de Cícero para Ático, Lv.IV, carta 15 e 16.

68 [Cícero] *Cartas a Ático*, Lv.VI, carta 1.

69 Pompeu, que havia emprestado seiscentos talentos ao rei Ariobarzanes, recebia 33 talentos áticos a cada trinta dias. *Cartas a Ático*, Lv.V, carta 21; Lv.VI, carta 1.

70 *Ut neque Salaminis, neque cui eis dedisset, fraudi esset*. [Cícero, *Cartas a Ático*, Lv.V, carta 21, "Nem o povo de Salamis nem os que dessem [empréstimo] deveriam sofrer fraudes.]

em sua província,[71] no qual estabelecia a taxa de usura que lhe aprouvesse, a avareza ajudava a legislação e a legislação ajudava a avareza.

É preciso que os negócios prossigam, e um Estado está perdido se tudo nele se encontra na inação. Havia ocasiões nas quais era preciso que as cidades, as corporações, as sociedades das cidades, os particulares, realizassem empréstimos, e a necessidade de emprestar era grande, seja para subvencionar as devastações dos exércitos, as rapinas dos magistrados, as concussões dos negociantes e os maus usos que se estabeleciam cotidianamente: afinal, nunca se fora tão rico ou tão pobre. O Senado, que tinha o poder executivo, concedia por necessidade, frequentemente por favor, a permissão aos cidadãos romanos de obter empréstimos, e fazia isso através dos *senatus consulta*. Mas mesmo esses *senatus consulta* estavam descreditados pela lei: podiam oferecer[72] ao povo a ocasião de exigir novas regulamentações, o que, aumentando o perigo de perda do capital, aumentava também a usura. Sempre defenderei o seguinte: é a moderação que governa os homens, e não o excesso.

"Paga menos", diz Ulpiano,[73] "aquele que paga mais tarde". Eis o princípio que dirigiu os legisladores após a destruição da república romana.

---

71 O édito de Cícero estabeleceu em 1% ao mês, com a usura da usura ao fim de um ano. Quanto aos coletores de impostos da república, ele os incitava a dilatar os prazos de seus devedores. Se estes não pagassem no tempo estipulado, adjudicava a usura assinalada na cédula. *Cartas a Ático*, Lv.VI, carta 1.

72 Vede o que diz Lucéio, *Cartas a Ático*, Lv.V, carta 21. Havia até mesmo um *senatus consultum* geral para estabelecer a usura em 1% ao mês. Vede a mesma carta.

73 [*Corpus Juris Civilis*] Lei 12, *de verborum significatione*.

Livro XXIII
Das leis em sua relação com a quantidade de habitantes

Capítulo Primeiro – Dos homens e dos animais em relação com a multiplicação de sua espécie

Ó Vênus! Ó mãe do Amor!

Desde o belo dia por teu astro trazido
Os zéfiros permitem sentir teu amoroso suspiro.
A terra orna seu seio com brilhantes cores,
E o ar é perfumado com o doce espírito das flores.
Escutam-se os pássaros, tocados com tua potência,
com mil tons lascivos celebrar tua presença.
Pela bela novilha, vemos touros jactantes
Saltando nas planícies ou cruzando correntes.
Enfim, os habitantes dos bosques e das montanhas,
Dos rios e dos mares, e das verdadeiras campanhas,
Ardendo por ti de amor e de desejo,
Dedicam-se a povoar pela atração do regozijo.
Amam tanto seguir a ti e a esse império fascinante
Que confere beleza a tudo o que é existente.[1]

---

1 Tradução [para o francês] do começo de Lucrécio, pelo senhor D'Hesnaut.

As fêmeas dos animais têm uma fecundidade quase constante. Mas, na espécie humana, a maneira de pensar, o caráter, as paixões, as fantasias, os caprichos, a ideia de conservar sua beleza, as dificuldades da gravidez, os embaraços de uma família muito numerosa, perturbam de mil maneiras a propagação.

Capítulo II – Dos casamentos

A obrigação natural que o pai tem de alimentar seus filhos deu origem ao estabelecimento do casamento, que declara quem deve cumprir essa obrigação. Os povos[2] que Pompônio Mela[3] menciona determinavam o pai com base na semelhança.

Entre os povos bem policiados, o pai é aquele que as leis, através da cerimônia do casamento, reconhecem como tal,[4] pois encontram nele a pessoa que buscavam.

Essa obrigação, entre os animais, é de tal modo que, comumente, não é preciso mais do que a mãe para cumpri-la. Entre os homens, ela é bem mais ampla: seus filhos são dotados de razão, a qual, todavia, neles desperta apenas de modo gradual. Não basta alimentá-los, é preciso também orientá-los: mesmo quando já conseguem viver, não conseguem se governar.

Os consórcios ilícitos pouco contribuem para a propagação da espécie. Nelas, o pai, que tem a obrigação natural de alimentar e de educar as crianças, não pode ser definido; e a mãe, sobre quem recai a obrigação, encontra mil obstáculos pela vergonha, pelos remorsos, pelos embaraços de seu sexo, pela severidade das leis: ela quase sempre não dispõe de meios suficientes.

As mulheres que são submetidas à prostituição pública não podem se dedicar a criar seus filhos. As dificuldades envolvidas nessa educação são até mesmo incompatíveis com sua condição; e elas são tão corrompidas que não poderiam obter a confiança da lei.

Segue-se de tudo isso que a continência pública é naturalmente vinculada à propagação da espécie.

---

2 Os garamantes.

3 [*De situ orbis*] Lv.I, cap.8.

4 *Pater est quem nuptiæ demonstrant* ["O pai era aquele quem o casamento indicava"].

Do espírito das leis

Capítulo III – Da condição dos filhos

A razão dita que, quando há casamento, os filhos seguem a condição do pai; e que, quando não há, filiam-se somente à mãe.[5]

Capítulo IV – Das famílias

Em praticamente todos os lugares é admitido que a mulher passe para a família do marido. O contrário é, sem nenhum inconveniente, estabelecido em Formosa,[6] onde o marido passa a integrar a família da mulher.

Essa lei, que faz com que a família seja constituída de uma série de pessoas do mesmo sexo, contribui muito, independentemente dos primeiros motivos, para a propagação da espécie humana. A família é uma espécie de propriedade: um homem que tem filhos do sexo que não a perpetua, nunca está contente enquanto não tiver um que a perpetue.

Os nomes, que dão aos homens a ideia de uma coisa que parece destinada a nunca perecer, são muito úteis para inspirar, em cada família, o desejo de ampliar sua duração. Há povos entre os quais os nomes distinguem as famílias; há outros em que eles distinguem apenas os indivíduos, o que não é tão bom.

Capítulo V – Das diversas ordens de esposas legítimas

Algumas vezes as leis e a religião estabeleceram várias espécies de consórcios civis; e isso ocorre entre os maometanos, onde há diversas ordens de esposas, cujos filhos são reconhecidos pelo nascimento na casa, pelos contratos civis ou até mesmo pela escravidão da mãe e o reconhecimento subsequente do pai.

Seria insensato que a lei recriminasse nos filhos aquilo que aprovou nos pais: todos esses filhos devem participar da sucessão paterna, a não ser que

---

5 É por isso que, em meio às nações que possuem escravos, o filho quase sempre herda a condição da mãe.

6 Padre Du Halde [*Descrição do império da China*], t.I, p.165.

alguma razão particular se oponha a isso, como no Japão, onde somente os filhos de uma mulher dada pelo imperador podem herdar. Nesse país, a política exige que os bens dados pelo imperador não sejam partilhados em excesso, porque são submetidos a um préstimo, como o eram outrora nossos feudos.

Há países onde uma esposa legítima frui, na casa, quase das mesmas honras que a esposa única desfruta em nossos climas: nesses lugares, considera-se que os filhos pertencem à primeira esposa. Isso é assim estabelecido na China. O respeito filial,[7] a cerimônia de um luto rigoroso, não cabem à mãe natural, mas sim à mãe que dá a lei.

Com o auxílio dessa ficção,[8] não há mais filhos bastardos; e nos países onde essa ficção não existe, é perceptível que a lei que legitima os filhos das concubinas é uma lei forçada: afinal, boa parte da nação seria estigmatizada pela lei. Nesses países, a questão dos filhos adulterinos não levanta um problema. As separações das esposas, da clausura, os eunucos, os cadeados, tornam a coisa tão difícil que a lei a julga impossível. Além disso, o mesmo gládio exterminaria a mãe e o filho.

Capítulo VI – Dos bastardos nos diversos governos

Não há bastardos nos países onde a poligamia é reconhecida. Mas os encontramos naqueles onde a lei da esposa única é estabelecida. Nesses países, foi preciso estigmatizar o concubinato e, assim, foi preciso estigmatizar as crianças dele nascidas.

Nas repúblicas, onde é necessário que os costumes sejam puros, os bastardos devem ser ainda mais odiosos do que na monarquia.

Em Roma, foram estabelecidas disposições talvez excessivamente severas contra os bastardos. Porém, como as instituições antigas impunham aos cidadãos a necessidade de se casar, e, além disso, como os casamentos eram

---

7 Id., t.II, p.121.

8 Distinguem as esposas em grandes e pequenas, isto é, em legítima ou não. Mas não há semelhante distinção entre as crianças. "É a grande doutrina do império", como se diz em uma obra chinesa sobre a moral traduzida pelo mesmo padre [*Descrição do império da China*], p.140.

Do espírito das leis

mitigados pela permissão de repudiar ou de se divorciar, somente uma excessiva corrupção dos costumes poderia levar ao concubinato.

É preciso notar que, como a qualidade de cidadão era considerável nas democracias, nas quais carregava consigo o poder soberano, nelas frequentemente eram feitas leis sobre a condição dos bastardos, que tinham menos relação com a coisa em si mesma e com a honestidade do casamento do que com a constituição particular da república. Assim, o povo por vezes acolheu os bastardos enquanto cidadãos,[9] a fim de aumentar seu poder contra os grandes. Desse modo, em Atenas o povo excluiu os bastardos do rol dos cidadãos, para garantir uma porção maior dos cereais enviados pelo rei do Egito. Enfim, Aristóteles[10] nos ensina que, em diversas cidades, quando não havia cidadãos o suficiente, os bastardos tinham direito à sucessão, e que, quando os primeiros eram em número suficiente, os últimos não sucediam.

Capítulo VII – Do consentimento dos pais ao casamento

O consentimento dos pais é baseado em seu poder, isto é, em seu direito de propriedade. É também baseado em seu amor, em sua razão, bem como na incerteza da razão de seus filhos, cuja idade os mantém em um estado de ignorância, e as paixões, em um estado de embriaguez.

Nas pequenas repúblicas, ou nas instituições singulares sobre as quais falamos, podem existir leis que concedem aos magistrados uma inspeção sobre os casamentos dos filhos dos cidadãos, algo que a natureza já concede aos pais. Nessas repúblicas, o amor pelo bem público pode ser tal que iguale ou supere qualquer outro amor. Por isso, Platão desejava que os magistrados regulassem os casamentos, e assim os magistrados lacedemônios os orientavam.

Mas, nas instituições comuns, cabe aos pais casar seus filhos: a esse respeito, sua prudência estará sempre acima de qualquer outra. A natureza concede aos pais um desejo de oferecer sucessores aos seus filhos, ainda que estes pouco sintam essa vontade. Nos diversos graus de progenitura,

---

9 Vede Aristóteles, *Política*, Lv.VI, cap.4 [1319b].
10 Id., Lv.III, cap.3 [1278a].

Montesquieu

veem-se imperceptivelmente avançando em direção ao futuro. Mas o que aconteceria caso a vexação e a avareza chegassem ao ponto de usurpar a autoridade dos pais? Escutemos Thomas Gage[11] a respeito da conduta dos espanhóis nas Índias:

"Para aumentar a quantidade de pessoas que pagam o tributo, é preciso que todos os índios com quinze anos completos se casem; e até mesmo a idade de casamento entre os índios foi estabelecida em catorze anos para os meninos e treze para a meninas. Fundam-se em um cânone que diz que a malícia pode suprir a idade." Ele viu um desses recenseamentos serem realizados: "era", afirma, "algo vergonhoso". Assim, nesse que deve ser o ato mais livre do mundo, os índios permanecem escravos.

Capítulo VIII – Continuação do mesmo assunto

Na Inglaterra, as jovens frequentemente abusam da lei para se casar segundo seus caprichos, sem consultar seus pais. Não sei se esse uso poderia ser mais tolerável ali do que em outros lugares, porque não tendo as leis daquele país estabelecido um celibato monástico, as jovens não têm outra condição a escolher senão a do casamento, e não podem recusá-lo. Na França, ao contrário, onde o monaquismo está estabelecido, as jovens sempre podem recorrer ao celibato; e a lei que lhes ordena aguardar o consentimento dos pais poderia ali ser mais conveniente. O uso da Itália e da Espanha seria menos razoável no tocante a essa ideia: o monaquismo é estabelecido nesses lugares, e é possível que alguém se case sem o consentimento dos pais.

Capítulo IX – Das jovens

As jovens, que somente são levadas ao prazer e à liberdade pelo casamento; que possuem um espírito que não ousa pensar; um coração que não

---

11 *Relato de viagem de Thomas Gage*, p.171. [Thomas Gage (c. 1597-1656), frade inglês da ordem dominicana que realizou missões para o Caribe e para América Central. É o autor de *Thomas Gage's Travels in the New World* e *A New Survey of the West Indies*, traduzido para o francês e publicado em 1676. (N. T.)]

Do espírito das leis

ousa sentir, olhos que não ousam ver, ouvidos que não ousam escutar; que se apresentam apenas para se revelar estúpidas; condenadas sem tréguas às ninharias e aos preceitos, são bastante inclinadas ao matrimônio. São os jovens que precisam de encorajamento.[12]

Capítulo X – O que determina o casamento

Em toda parte que houver um lugar onde duas pessoas podem viver confortavelmente, um casamento será celebrado. A natureza é bastante inclinada a isso quando não for obstada pela dificuldade da subsistência.

Os povos nascentes se multiplicam e crescem bastante. Entre eles, seria um incômodo muito grande viver no celibato, mas não o seria ter muitos filhos. O contrário acontece quando a nação já está formada.

Capítulo XI – Da severidade do governo

As pessoas que não possuem absolutamente nada, como os mendigos, têm muitos filhos. Isso ocorre porque se encontram no caso dos povos nascentes: não custa nada aos pais ensinar sua arte para seus filhos, que, nascendo, tornam-se instrumentos dessa arte. Essas pessoas, em um país rico ou supersticioso, multiplicam-se porque não arcam com os custos da sociedade e porque são elas próprias esses custos da sociedade. Mas as pessoas que são pobres somente porque vivem em um governo severo, que enxergam suas pastagens menos como a base de sua subsistência do que como um pretexto para a vexação, essas pessoas, digo eu, fazem poucos filhos. Se nem possuem sua própria alimentação, como poderiam pensar em reparti-la? Não podem cuidar de si mesmas em suas doenças, como poderiam criar seres em uma situação de doença contínua, a infância?

---

12 *MP*, n.233: "São os homens que precisam ser encorajados ao casamento, e não as jovens, pois a situação na qual estas se encontram as predispõe bastante a se casar, dado que a honra apenas lhes permite gozar dos prazeres após consumado o casamento. Os pais são igualmente propensos a colocar suas filhas fora de perigo". (N. T.)

É a facilidade de falar e a incapacidade de examinar que leva as pessoas a dizer que quanto mais os súditos são pobres, mais suas famílias são numerosas, e que quanto mais os sobrecarregarmos com impostos, maior será a condição de pagá-los: são dois sofismas que sempre arruinaram e sempre arruinarão as monarquias.

A severidade do governo pode chegar ao ponto de destruir os sentimentos naturais pelos próprios sentimentos naturais. Afinal, as mulheres da América não buscavam abortar para que seus filhos não tivessem senhores tão cruéis?[13]

Capítulo XII – Da quantidade de meninas e meninos nos diferentes países

Já disse que,[14] na Europa, nascem um pouco mais meninos do que meninas. Notamos que no Japão nascem um pouco mais meninas do que meninos.[15] Se as coisas fossem consideradas em paridade, haveria mais mulheres fecundas no Japão do que na Europa, e, por consequência, uma população maior.

Relatos[16] dizem que em Bantém há dez meninas para cada menino: semelhante desproporção, que faria com que a quantidade de famílias lá em relação à quantidade de família dos outros climas fosse de um para cinco, é excessiva. Nesses lugares, as famílias poderiam ser maiores, é verdade; mas há poucas pessoas abastadas o suficiente para poder manter uma família tão grande.

Capítulo XIII – Das portas do mar

Nas portas do mar, onde os homens são expostos a mil perigos e vão viver ou morrer nos climas longínquos, há menos homens do que mulheres. Entretanto, lá encontramos mais crianças do que em qualquer outro lugar. Isso

---

13 *Relato de viagem de Thomas Gage*, p.58.

14 Em Lv.XVI, Cap.4.

15 Vede Kaempfer [*História natural, civil e eclesiástica do império do Japão*], que relata um recenseamento de Meaco.

16 *Coletânea de viagens que serviram para o estabelecimento da Companhia das Índias*, t.I, p.347.

Do espírito das leis

decorre da facilidade da subsistência. Talvez até mesmo as partes oleosas do peixe sejam mais adequadas para fornecer essa matéria que serve para a procriação. Isso seria uma das causas desse número infinito de pessoas que se encontra no Japão[17] e na China,[18] onde praticamente só se vive de peixe.[19] Se assim fosse, certas regras monásticas que obrigam a viver de peixe seriam contrárias ao próprio espírito do legislador.

Capítulo XIV – Das produções da terra que exigem um número maior ou menor de homens

Os países de pastagens são pouco povoados, pois neles poucas pessoas encontram uma ocupação. As terras cultivadas com trigo ocupam um número maior de homens, e os vinhedos infinitamente mais.[20]

Na Inglaterra,[21] frequentemente as pessoas lamentam que o crescimento das pastagens diminui o número de habitantes, e observamos, na França, que a grande quantidade de vinhedos é uma das grandes causas da multidão de homens.

Os países onde as minas de carvão fornecem matérias adequadas a serem queimadas têm a seguinte vantagem sobre os outros: as florestas não são necessárias e todas as terras podem ser cultivadas.

Nos lugares onde cresce o arroz, grandes trabalhos são necessários para controlar as águas, e muitas pessoas podem, portanto, encontrar uma ocupação. Há mais: nesses países, menos terras são necessárias para suprir a

---

17 O Japão é composto de ilhas. Há muitos rios e o mar é repleto de peixes.

18 A China é repleta de riachos.

19 Vede o padre Du Halde [*Descrição do império da China*], t.II, p.139, 142 *ss*.

20 *MP*, n.1716: "Há três espécies de países: os que cultivam trigo, pobres; os que cultivam vinhedos, populosos e pobres; os de pastagens, pouco populados e ricos". (N. T.)

21 "A maior parte dos proprietários das propriedades territoriais", diz Burnet, "encontrando mais lucro na venda de sua lã do que de seu trigo, cercaram suas posses. Os comuns, que morriam de fome, sublevaram-se. Foi proposta uma lei agrária. O jovem rei escreveu, ele próprio, sobre o assunto: foram feitas proclamações contra aqueles que haviam cercado suas terras". *Resumo da história da Reforma*, p.44 e 83. [Gilbert Burnet (1643-1715), filósofo, historiador e bispo escocês, autor de *History of the Reformation of the Church of England* (1679). (N. T.)]

subsistência de uma família que nos lugares que produzem outros grãos. Enfim, a terra, que em outros lugares é utilizada para a alimentação dos animais, ali serve imediatamente para a subsistência dos homens. O trabalho que os animais fazem alhures é feito pelos homens, e o cultivo das terras torna-se, para os homens, uma imensa manufatura.

Capítulo XV – Da quantidade de habitantes em relação às artes

Quando há uma lei agrária e as terras são igualmente partilhadas, o país pode ser muito povoado, ainda que nele não haja muitas artes. Isso acontece porque cada cidadão encontra no trabalho de sua terra precisamente com o que se alimentar, e porque o conjunto dos cidadãos consome todos os frutos do país. Isso ocorria dessa forma em algumas repúblicas antigas.

Contudo, nos Estados atuais, as propriedades territoriais são igualmente distribuídas, e produzem mais frutos do que aqueles que as cultivam podem consumir; além disso, se as artes são negligenciadas e as pessoas se dedicam somente à agricultura, o país não consegue ser povoado. Quando aqueles que cultivam ou comandam o cultivo possuem frutos de sobra, nada os anima a trabalhar no ano seguinte; os frutos não serão consumidos por pessoas ociosas, pois estas não teriam meios para comprá-los. É preciso, pois, que as artes sejam estabelecidas, para que os frutos sejam consumidos pelos agricultores e artesãos. Em poucas palavras, esses Estados precisam que muitas pessoas cultivem para além do que lhes é necessário. Para isso, é preciso lhes incitar o desejo de obter coisas supérfluas, mas somente artesãos podem oferecê-las.

Essas máquinas, cujo objetivo é o de abreviar a arte, nem sempre são úteis. Se uma obra tem um preço mediano, convindo tanto àquele que a compra quanto ao operário que a faz, as máquinas que simplificassem a manufatura, isto é, que diminuíssem a quantidade de operários, seriam perniciosas; e, se os moinhos d'água não estivessem estabelecidos por toda parte, não creio que seriam tão úteis quanto se diz, pois fizeram com que uma infinidade de braços ficasse em repouso, privaram muitas pessoas do uso das águas e acabaram com a fertilidade de muitas terras.

Do espírito das leis

Capítulo XVI – Dos propósitos do legislador sobre a propagação da espécie

Os regulamentos sobre a quantidade de cidadãos dependem muito das circunstâncias. Há países onde a natureza faz tudo; o legislador, portanto, nada tem a fazer. De que serve induzir, pelas leis, à propagação, quando a fecundidade do clima favorece o bastante o aumento do povo? Por vezes, o clima é mais favorável do que o terreno; o povo se multiplica e as fomes o destroem: a China se encontra em tal situação, e assim um pai vende suas filhas e expõe as crianças.[22] As mesmas causas produzem os mesmos efeitos em Tonquim;[23] e não é preciso, como o fazem os viajantes árabes cujo relato nos foi oferecido por Renaudot, tentar explicá-la através da metempsicose.[24]

Os mesmos motivos fazem que, na ilha de Formosa,[25] a religião proíba as mulheres com menos de 35 anos de colocar crianças no mundo: antes dessa idade, a sacerdotisa lhes esmaga o ventre e as faz abortar.

Capítulo XVII – Da Grécia e da quantidade de seus habitantes

Esse efeito, que se liga a causas físicas em certos países do Oriente, foi produzido, na Grécia, pela natureza do governo. Os gregos eram uma

---

22 *MP*, n.1792: "Na China, onde o amor pelos pais é um princípio fundamental, a lei induz ao aumento da população. Assim, o padre Du Halde diz o seguinte: *Um pai é desonrado caso não case sua prole; um filho falha para com seus deveres caso não tenha descendentes.* Mas o sistema permite que o pai venda e exponha suas crianças, e isso é algo que a necessidade exigiu, a fim de reparar as consequências extremas dessa moralidade e dessas leis". (N. T.)

23 Dampier, *Viagens*, t.II, p.41. [William Dampier (1651-1715), navegador, naturalista e explorador inglês, autor de *Voyages and Descriptions* (1699) e diversos outros relatos de viagem. (N. T.)]

24 [*Antigas relações das Índias e da China*], p.167. [Eusèbe Renaudot (1646-1720), teólogo e orientalista francês, cuja obra *Anciennes Relations des Indes et de la Chine* é publicada em 1718. (N. T.)]

25 Vede *Coletânea de viagens que serviram para o estabelecimento da Companhia das Índias*, t.V, parte I, p.182 e 188.

Montesquieu

grande nação, composta de cidades que tinham, cada qual, seu governo e suas leis. Elas não eram mais conquistadoras do que atualmente o são a Suíça, a Holanda e a Alemanha. Em cada república, o legislador havia fixado como objetivo doméstico a felicidade dos cidadãos e, do ponto de vista externo, um poder que não fosse inferior ao das cidades vizinhas.[26] Com um território pequeno e uma grande felicidade, era fácil que a quantidade de cidadãos aumentasse e se tornasse um fardo: por isso, continuamente estabeleceram colônias[27] e venderam-se para fazer a guerra, assim como os suíços o fazem atualmente, e não negligenciaram nada que pudesse impedir a excessiva multiplicação dos filhos.

Havia, entre os gregos, repúblicas cuja constituição era singular. Os povos subjugados eram obrigados a fornecer a subsistência aos cidadãos: os lacedemônios eram alimentados pelos hilotas; os cretenses, pelos periecos; os tessálios, pelos penestas. Nesses lugares somente poderia haver uma certa quantidade de homens livres, para que os escravos estivessem em condições de lhes fornecer a subsistência. Atualmente dizemos que é preciso limitar a quantidade de tropas regulares: ora, a Lacedemônia era um exército mantido pelos camponeses; era preciso, pois, limitar esse exército. Sem isso, os homens livres, que possuíam todas as vantagens da sociedade, multiplicar-se-iam infindavelmente, e os agricultores seriam sobrecarregados.

Os políticos gregos se dedicaram com particular afinco, pois, a regular a quantidade de cidadãos. Platão[28] a determina em 5.040, e propõe que a propagação seja vetada ou encorajada, segundo a necessidade, pelas honras, pela vergonha e pelas advertências dos anciãos; propõe, ademais, que a quantidade de casamentos seja regulamentada de maneira que o povo se reponha sem que a república seja sobrecarregada.[29]

Se a lei do país, diz Aristóteles,[30] proíbe o abandono dos filhos, o número de filhos que cada um pode conceber precisa ser limitado. Se alguém tiver

---

26 Pelo valor, disciplina e exercícios militares.

27 Os gauleses, que se encontravam na mesma situação, fizeram a mesma coisa.

28 Em suas *Leis*, Lv.V [737e].

29 *República*, Lv.V [460a].

30 *Política*, Lv.VII, cap.16 [1335b].

540

Do espírito das leis

filhos para além do número definido pela lei, ele aconselha[31] que a mulher aborte antes que o feto tenha vida.

Aristóteles relata o meio infame empregado pelos cretenses para prevenir um número excessivo de crianças. Ao pensar em relatá-lo aqui, senti o pudor se horrorizar.

Há lugares, acrescenta Aristóteles,[32] onde a lei reconhece estrangeiros e bastardos como cidadãos, ou ainda aqueles que somente são nascidos de uma mãe cidadã. Porém, a partir do momento em que possuem pessoas o bastante, cessam de reconhecê-los. Os selvagens do Canadá mandam queimar seus prisioneiros, mas, quando possuem cabanas vazias a serem habitadas, os reconhecem como parte de sua nação.

O cavaleiro Petty supôs, em seus cálculos, que um homem na Inglaterra vale o preço pelo qual seria vendido em Argel.[33] Isso só poderia ser válido na Inglaterra: há países onde um homem nada vale, e há outros onde vale menos que nada.

Capítulo XVIII – Da condição dos povos antes dos romanos

A Itália, a Sicília, a Ásia Menor, a Espanha, a Gália, a Germânia, eram mais ou menos como a Grécia, repletas de pequenos povos e regurgitando de habitantes: nesses lugares não eram necessárias leis para aumentar sua quantidade.

Capítulo XIX – Despovoamento do universo

Todas essas pequenas repúblicas foram engolidas por uma maior, e observava-se o universo se despovoar imperceptivelmente: basta ver o que eram a Itália e a Grécia antes e depois da vitória dos romanos.

---

31 Ibid.

32 Id., Lv.III, cap.5 [1278a].

33 Sessenta libras esterlinas.

Montesquieu

"Perguntar-me-ão", diz Tito Lívio,[34] "onde os volscos puderam encontrar tantos soldados para guerrear, depois de terem sido vencidos com tanta frequência. Deveria haver uma infinidade de povos nessas regiões, que, sem alguns poucos soldados e escravos romanos, atualmente seriam um deserto".

"Os oráculos acabaram", diz Plutarco,[35] "porque os lugares nos quais falavam foram destruídos. Dificilmente hoje alguém encontraria três mil guerreiros na Grécia".

"Não descreverei", diz Estrabão,[36] "o Epiro e os lugares circunvizinhos, porque esses países são inteiramente desertos. Esse despovoamento, que começou há muito tempo, continua todos os dias, de modo que os soldados romanos fazem seus acampamentos em casas abandonadas". Ele encontra a causa para isso em Políbio,[37] que diz que Paulo Emílio,[38] após sua vitória, destruiu setenta cidades de Epiro e retornou dali com 150 mil escravos.

Capítulo XX – Que os romanos se encontraram na necessidade de fazer leis para a propagação da espécie

Os romanos, ao destruírem todos os povos, destruíram a si mesmos. Em constante estado de ação, esforço e violência, desgastaram-se, assim como se desgasta uma arma de uso contínuo.

Não falarei aqui da atenção que tiveram em repor seus cidadãos[39] à medida que os perdiam, das associações que estabeleceram, dos direitos de cidades que outorgaram, e tampouco desse imenso viveiro de cidadãos que encontravam em seus escravos. Falarei sobre o que fizeram não para reparar a perda dos cidadãos, mas sim a dos homens; e, como esse foi o povo que

---

34 Lv.VI [cap.12].

35 Plutarco, "Do término dos oráculos", em *Obras morais*.

36 [*Geografia*] Lv.VII [cap.3], p.496.

37 "As questões gregas", em *História*, Lv.XXX, 15. (N. T.)

38 Lúcio Emílio Paulo Macedônico (c. 229-160 a.C.), cônsul e general romano, conquistador da Macedônia. (N. T.)

39 Tratei disso nas *Considerações sobre as causas da grandeza dos romanos* etc. [cap.XIII].

Do espírito das leis

melhor soube no mundo conciliar suas leis com seus projetos, não é indiferente examinar o que ele fez a esse respeito.

Capítulo XXI – Das leis romanas sobre a propagação da espécie

As antigas leis de Roma se esforçaram muito para induzir os cidadãos ao casamento. O Senado e o povo frequentemente estabeleceram regulamentos sobre o assunto, como o demonstra Augusto em sua arenga relatada por Dião.[40]

Dionísio de Halicarnasso[41] não consegue acreditar que após a morte de 305 Fábios, exterminados pelos Veios, houvesse restado apenas uma única criança dessa estirpe, porque a lei antiga, que ordenava que cada cidadão se casasse e criasse todos os seus filhos, ainda estava em vigor.[42]

Independentemente das leis, os censores não perdiam as vistas sobre o casamento; e, de acordo com as necessidades da república, exortavam as pessoas ao matrimônio através da vergonha e das sanções.[43]

Os costumes, que começaram a se corromper, contribuíram bastante para criar, nos cidadãos, um desgosto pelo casamento, que somente é um pesar para aqueles que não mais possuem gosto pelos prazeres da inocência. É esse o espírito da arenga que Metelo Numídico[44] dirigiu ao povo em sua censura:[45] "Se fosse possível não termos esposas, estaríamos livres desse mal. Mas como a natureza determinou que não podemos viver felizes sem elas, nem subsistir sem elas, é preciso ter mais consideração pela nossa conservação do que por satisfações passageiras".

---

40 [*História romana*] Lv.LVI.

41 [*Antiguidades romanas*] Lv.II.

42 Ano 277 de Roma.

43 Vede o que eles fizeram a este respeito. Tito Lívio, Lv.XLV; *Epítome* de Tito Lívio, Lv.LIX; Aulo Gélio [*Noites áticas*], Lv.I, cap.6; Valério Máximo [*Factorum et dictorum memorabilium*], Lv.II, cap.9.

44 Quinto Cecílio Metelo Numídico (c. 155-91 a.C.), cônsul e general, líder dos *optimates*. (N. T.)

45 Ela se encontra em Aulo Gélio [*Noites áticas*], Lv.I, cap.6.

Montesquieu

A corrupção dos costumes destruiu a censura, ela própria estabelecida para destruir a corrupção dos costumes. Mas, quando essa corrupção se generalizou, a censura não mais teve força.[46]

As discórdias civis, os triunviratos, as proscrições, enfraqueceram Roma mais do que qualquer guerra já tivesse feito: restavam apenas poucos cidadãos[47] e a maior parte não era casada. Para remediar esse último mal, César e Augusto restabeleceram a censura, e até mesmo quiseram ser censores.[48] Fizeram diversos regulamentos. César[49] deu recompensas àqueles que tivessem muitos filhos; proibiu[50] que mulheres com menos de 45 anos, que não tinham nem maridos nem filhos, utilizassem pedras preciosas e liteiras: um método excelente para atacar o celibato pela vaidade. As leis de Augusto[51] foram mais pressurosas: ele impôs[52] novas sanções aos que não eram casados, aumentou as recompensas para aqueles que o eram e para os que possuíam crianças. Tácito chama essas leis de Júlias;[53] aparentemente os antigos regulamentos feitos pelo Senado, pelo povo e pelos censores foram amalgamados nessas leis.

A Lei de Augusto encontrou uma miríade de obstáculos, e, 34 anos[54] após seu estabelecimento, os cavaleiros romanos lhe pediram sua revogação. Ele colocou de um lado aqueles que eram casados e, de outro, os que não o eram: esses últimos estavam em maior número, o que causou perplexidade e confusão entre os cidadãos. Augusto, com a gravidade dos antigos censores, assim lhes falou:[55]

---

46 Vede o que eu disse no Lv.V, Cap.19.

47 César, após a Guerra Civil, tendo mandado realizar o censo, encontrou ali apenas 150 mil chefes de família. *Epítome* de Florus, em Tito Lívio, 12ª década.

48 Vede Dião [*História romana*], Lv.XLIII; e Xifilino, *In August.*

49 Dião [*História romana*], Lv.XLIII [cap.25]; Suetônio, César [*A vida dos doze Césares*], cap.20; Apiano, Guerras civis [*História romana*], Lv.II.

50 Eusébio, em sua *Crônica.* [Eusébio de Cesareia (c. 260-339), historiador grego, autor de *Crônica* e *História eclesiástica.* (N. T.)]

51 Dião [*História romana*], Lv.LIX [cap.16].

52 Ano 736 de Roma.

53 *Julias rogationes*, [Tácito], *Anais*, Lv.III [cap.25].

54 Ano 762 de Roma. Dião [*História romana*], Lv.LVI [cap.1].

55 Eu abreviei essa arenga, que é de uma sufocante extensão. Ela é relatada em Dião [*História romana*], Lv.LVI [2 a 9].

Do espírito das leis

Enquanto as doenças e as guerras nos tolhem tantos cidadãos, o que se tornará a cidade se não mais celebrarmos casamentos? A cidade não consiste nas casas, pórticos, praças públicas: são os homens que constituem a cidade. Não vereis, como nas fábulas, homens saírem da terra para cuidar de vossos negócios. Não é para viver a sós que permaneceis no celibato: cada um de vós tem companheiras em vossa mesa e vossa cama, e, em vossos desregramentos, apenas buscais a paz. Citareis aqui o exemplo das virgens vestais? Então, se não observais as leis da pudicícia, deveis ser castigados como elas. Sois maus cidadãos do mesmo modo: seja porque todo mundo imita vosso exemplo, seja porque ninguém o segue. Meu único objetivo é a perpetuidade da república. Aumentei as sanções dos que não obedeceram e, a respeito das recompensas, elas são tais que não me consta que a virtude jamais tenha concedido maiores: há menores que levam mil pessoas a arriscarem suas vidas. Estas recompensas, portanto, não vos estimulariam a desposar uma mulher e a criar filhos?

Estabeleceu a Lei Júlia, assim por ele batizada, e Papia-Popeia, nomeada dessa forma de acordo com cônsules[56] de uma parte daquele ano. A magnitude do mal evidenciou-se na própria eleição destes últimos: Dião[57] nos conta que ambos não eram casados e não tinham filhos.

Essa Lei de Augusto foi propriamente um código de leis e um corpo sistemático de todos os regulamentos que poderiam ser feitos sobre a matéria. Nele se amalgamaram as leis Júlias,[58] conferindo-lhes novas forças; estas possuem tantos desígnios, influenciam sobre tantas coisas, que formam a parte mais admirável das leis civis romanas.

Encontramos trechos dispersos[59] dessas leis nos preciosos fragmentos de Ulpiano; nas leis do *Digesto*, extraídas dos autores que escreveram sobre as leis Papias; nos historiadores e outros autores que os citaram; no código Teodosiano que as ab-rogou; nos pais que as censuraram, sem dúvida com

---

56 *Marcus Papius Mutilus* e *Quintus Poppaeus Sabinus*. Dião [*História romana*], Lv.LVI [10, 3].

57 Dião [*História romana*, Lv.LVI, 10, 3].

58 O título XIV dos *Fragmentos* de Ulpiano distingue muito bem a Lei Júlia da Papia.

59 Jacques Godefroy fez uma compilação desses trechos. [Jacques Godefroy (1587-1652), jurista, diplomata e magistrado genebrino, compilador do *Codex Theodosianus*. (N. T.)]

um zelo louvável pelas coisas da outra vida, mas com pouquíssimo conhecimento dos assuntos concernentes a esta.

Essas leis tinham diversos artigos, dos quais 35[60] chegaram ao nosso conhecimento. Mas, indo diretamente ao meu tema o tanto quanto me for possível, começarei pelo artigo que Aulo Gélio[61] nos afirma ser o sétimo, e que diz respeito às honras e recompensas conferidas por essa lei.

Os romanos, em sua maior parte provenientes de cidades latinas, que eram colônias lacedemônias[62] e tinham até mesmo tirado dessas cidades[63] uma parte de suas leis, tiveram pela velhice, assim como os lacedemônios, um respeito que concede todas as honras e preferências. Quando faltaram cidadãos na república, foram conferidas prerrogativas, antes dadas à idade,[64] ao casamento e à quantidade de filhos; algumas delas ligavam-se somente ao casamento, independentemente dos filhos que pudessem nascer do matrimônio: isso era chamado de direito dos maridos. Outras eram conferidas aos que tinham filhos, e outras ainda maiores aos que tinham três crianças. Não se deve confundir essas três coisas. Havia privilégios que sempre foram desfrutados por pessoas casadas, como o de ter um assento específico no teatro;[65] e outros que somente eram desfrutados quando as pessoas que tinham filhos, ou as que tinham mais do que eles, não as despojassem dessas vantagens.

Esses privilégios eram muito amplos. As pessoas casadas com o maior número de filhos tinham sempre preferência,[66] seja na obtenção das honras, seja no exercício destas. O cônsul que tinha mais filhos era o primeiro a conseguir os fasces[67] e a escolher as províncias;[68] o senador que tinha mais

---

60 A 35ª é citada na Lei 19 [*Corpus Juris Civilis*], *de ritu nuptiarum*.

61 [*Noites áticas*] Lv.II, cap.15.

62 Dionísio de Halicarnasso [*Antiguidades romanas*, II, 49].

63 Os deputados de Roma que foram enviados para buscar as leis gregas foram para Atenas e para as cidades da Itália.

64 Aulo Gélio [*Noites áticas*], Lv.II, cap.15.

65 Suetônio, Augusto [*A vida dos doze Césares*], cap.XLIV.

66 Tácito, *Anais*, Lv.II [cap.51]. *Ut numerus liberorum in candidatis præpolleret, quod lex jubebat.*

67 Aulo Gélio [*Noites áticas*], Lv.II, cap.15.

68 Tácito, *Anais*, Lv.XV [cap.19].

Do espírito das leis

filhos era o primeiro a ser inscrito no catálogo dos senadores e o primeiro a emitir sua opinião ao Senado.[69] Tornava-se possível alcançar as magistraturas antes da idade definida, porque cada filho conferia a dispensa de um ano.[70] Em Roma, alguém que tivesse três filhos se tornava isento de todos os encargos pessoais.[71] As mulheres ingênuas[72] que tinham três filhos e as libertas que tivessem quatro, livravam-se[73] dessa tutela perpétua àqual as antigas leis de Roma as relegavam.[74]

Contudo, assim como existiam recompensas, existiam também sanções.[75] Aqueles que não eram casados não podiam receber nada via testamento de pessoas que não eram seus parentes;[76] e aqueles que, sendo casados, não tivessem filhos, recebiam apenas a metade.[77] Os romanos, diz Plutarco,[78] casavam-se para ser herdeiros, e não para ter herdeiros.

Os benefícios que um marido e uma mulher poderiam dar um ao outro via testamento eram limitados pela lei. Se tivessem filhos, poderiam dar tudo um ao outro;[79] se não tivessem, poderiam receber a décima parte da sucessão, por causa do casamento; e, se possuíssem filhos de um outro casamento, poderiam receber tantas décimas partes quantos filhos tivessem.

Se um marido se afastasse[80] de sua esposa por outra causa que não os assuntos da república, não poderia ser herdeiro dela.

---

69 Vede a Lei 6, §5º [*Corpus Juris Civilis*], *de decurion*.

70 Vede a Lei 2 [*Corpus Juris Civilis*], *de minoribus*.

71 Lei I, §3º, e Lei 2, §Iº [*Corpus Juris Civilis*], *de vacatione et excusatione munerum*.

72 Mulheres nascidas livres. (N. T.)

73 Ulpiano, *Fragmentos*, tit.XXIX, §3º.

74 Plutarco, "Vida de Numa" [*Vidas paralelas*].

75 Vede os *Fragmentos* de Ulpiano, tit.XIV, XV, XVI, XVII e XVIII, que são uma das belas passagens da antiga jurisprudência romana.

76 Sozomeno [*História eclesiástica*], Lv.I, cap.9. Recebia-se de seus parentes. Ulpiano, *Fragmentos*, tit.XVI, §Iº. [Salamanes Hermias Sozomenos (c. 400-450), jurista e historiador romano, autor de *História eclesiástica*. (N. T.)]

77 Sozomeno [*História eclesiástica*], Lv.I, cap.9; e Lei Única no *Código Teodosiano*, *De infirmandis pœnis cælibatus et orbitatis*.

78 "Do amor dos pais pelos filhos", em *Obras morais*.

79 Vede isso em maiores detalhes nos *Fragmentos* de Ulpiano, tit.XV e XVI.

80 Ulpiano, *Fragmentos*, tit.XVI, §Iº.

A lei dava, a um marido ou a uma mulher enviuvados, dois anos[81] para que se casassem novamente, e um ano e meio no caso de divórcio. Os pais que não quisessem casar seus filhos ou dar o dote a suas filhas eram obrigados, pelos magistrados, a fazê-lo.[82]

Noivados não poderiam ser celebrados se o casamento tivesse que ser adiado por mais de dois anos;[83] e, como uma jovem somente poderia se casar com doze anos completos, não era possível noivá-la antes dos dez. A lei queria evitar que os indivíduos pudessem gozar inutilmente,[84] sob o pretexto do noivado, de privilégios conferidos às pessoas casadas.

Proibia-se que um homem de sessenta anos se casasse com uma mulher de cinquenta.[85] Como grandes privilégios eram concedidos às pessoas casadas, a lei buscava evitar casamentos inúteis. Pela mesma razão, o *senatus consultum* Calvisiano[86] declarava como desigual o casamento de uma mulher com mais de cinquenta anos com um homem com menos de sessenta, de modo que uma mulher que tivesse cinquenta anos não poderia se casar sem incorrer nas penas dessas leis. Tibério aumentou[87] a severidade da Lei Papia e proibiu os homens de sessenta anos de esposarem uma mulher com menos de cinquenta, de modo que um homem de sessenta anos não poderia se casar, em nenhum caso, sem incorrer na pena. Porém, Cláudio ab-rogou,[88] a esse respeito, o que havia sido estabelecido nos tempos de Tibério.

---

81 Id., tit.XIV. Aparentemente as primeiras leis Júlias davam três anos. Arenga de Augusto, em Dião [*História romana*], Lv.LVI; Suetônio, Augusto [*A vida dos doze Césares*], cap.XXXIV. Outras leis Júlias davam apenas um ano. Enfim, a Lei Papia dava dois. Ulpiano, *Fragmentos*, tit.XIV. Essas leis não agradavam ao povo, e Augusto as moderava ou as reforçava a depender se as pessoas estavam mais ou menos dispostas a suportá-las.

82 Esse era o 35º artigo da Lei Papia, Lei 19 [*Corpus Juris Civilis*], *de ritu nuptiarum*.

83 Vede Dião [*História romana*], Lv.LIV, ano 736; Suetônio, Otávio [*A vida dos doze Césares*], cap.34.

84 Vede Dião [*História romana*], Lv.LIV e, no mesmo Dião, a Arenga de Augusto, Lv.LVI.

85 Ulpiano, *Fragmentos*, tit.XVI; e a Lei 27 [*Corpus Juris Civilis*], cód. *de nuptiis*.

86 Ulpiano, *Fragmentos*, tit.XVI, §3º.

87 Vede Suetônio, Cláudio [*A vida dos doze Césares*], cap.23.

88 Vede ibid.; e Ulpiano, *Fragmentos*, tit.XVI, §3º.

Do espírito das leis

Todas essas disposições eram mais conformes ao clima da Itália que ao do norte, onde um homem de sessenta anos ainda possui força e onde as mulheres de cinquenta anos geralmente ainda não são estéreis.

Para evitar restrições inúteis à escolha que alguém pudesse fazer, Augusto permitiu que todos os ingênuos que não fossem senadores[89] desposassem libertas.[90] A Lei Papia[91] proibia os senadores de se casar com mulheres que haviam sido libertadas ou que houvessem trabalhado no teatro; e, na época de Ulpiano,[92] os ingênuos eram proibidos de se casar com mulheres que haviam levado uma vida dissoluta, atuado no teatro ou sido condenadas por um julgamento público. Algum *senatus consultum* deve ter estabelecido isso. Nos tempos da república não foram feitas tais espécies de leis, pois, a esse respeito, os censores corrigiam as desordens que nasciam ou as impediam de nascer.

Como Constantino[93] fez uma lei na qual incluía na proibição da Lei Papia não somente os senadores, mas também aqueles que tinham um cargo considerável no Estado, sem falar daqueles que se encontravam em uma condição inferior, isso acabou por estabelecer o direito daquela época; só aos ingênuos, abrangidos na Lei de Constantino, foram proibidos tais casamentos. Justiniano[94] ab-rogou também a Lei de Constantino e permitiu que todos os tipos de pessoas contratassem tais casamentos: foi por essa via que adquirimos uma tão triste liberdade.

É evidente que as penas aplicadas contra aqueles que se casassem infringindo a proibição da lei eram as mesmas aplicadas contra os que não se casavam. Esses casamentos não lhes davam nenhuma vantagem civil:[95] o dote[96] caducava[97] após a morte da mulher.

---

89 Dião [*História romana*], Lv.LIV; Ulpiano, *Fragmentos*, tit.XIII.

90 Dião, "Arenga de Augusto" [*História romana*], Lv.LVI.

91 Ulpiano, *Fragmentos*, cap.13; e a Lei 44 [*Corpus Juris Civilis*], em *de ritu nuptiarum*, parte final.

92 Vede Ulpiano, *Fragmentos*, tit.XIII e XVI.

93 Vede a Lei 1 [*Corpus Juris Civilis*], no cód. *de naturalibus liberis*.

94 Novela 117 [*Corpus Juris Civilis*].

95 Lei 37 [*Corpus Juris Civilis*], *de operis libertorum*, §7º; Ulpiano, *Fragmentos*, tit.XVI, §2º.

96 Ulpiano, *Fragmentos*, tit.XVI, §2º.

97 Vede o Lv.XXVI, Cap.13.

Montesquieu

Como Augusto adjudicou ao tesouro[98] público as sucessões e os legados daqueles que essas leis declaravam incapazes de herdá-los, estas se apresentavam mais como leis fiscais do que políticas e civis. O desgosto que alguém já se sentia por carregar um fardo considerado como excessivo, foi ainda aumentando pelo de se ver continuamente como presa da avidez do fisco. Isso fez com que, nos tempos de Tibério, tais leis devessem ser modificadas;[99] que Nero diminuísse as recompensas dos delatores ao fisco;[100] que Trajano reprimisse os assaltos;[101] que Severo modificasse essas leis;[102] que jurisconsultos as vissem como odiosas, e que, em suas decisões, abandonassem o rigor.

Além disso, os imperadores debilitaram essas leis[103] por privilégios concedidos aos direitos dos maridos, dos filhos e dos três filhos.[104] Fizeram ainda mais: dispensaram os particulares[105] das sanções previstas nessas leis. Mas parece que regras estabelecidas para a utilidade pública não deveriam ser dispensadas.

Foi razoável conceder o direito dos filhos às vestais,[106] que a religião mantinha em uma condição de virgindade obrigatória. Conferia-se tam-

---

98 Exceto em certos casos. Vede Ulpiano, *Fragmentos*, tit.XVIII, e a Lei Única [*Corpus Juris Civilis*], no cód. *de caducis tollendis*.

99 *Relatum de moderanda Pappia Poppæa*. Tácito, *Anais*, Lv.III, p.117.

100 Ele as reduziu à quarta parte. Suetônio, Nero [*A vida dos doze Césares*], cap.10.

101 Vede o *Panegírico* de Plínio

102 Severo ampliou os prazos das disposições das leis Papias em 25 anos para os homens e vinte para as mulheres, como se lê ao cotejarmos os *Fragmentos* de Ulpiano, tit.XVI, com o que descreve Tertuliano, *Apologeticum*, cap.IV. [Tertuliano (c. 150-220), escritor e teólogo cartaginês, autor de *Apologeticum* e outras obras sobre o cristianismo. (N. T.)]

103 Públio Cipião, censor, em sua arenga ao povo sobre os costumes, queixa-se do abuso que já havia sido introduzido: que um filho adotivo dava o mesmo privilégio que um filho natural. Aulo Gélio [*Noites áticas*], Lv.V, cap.19.

104 Como Montesquieu havia mencionado acima, o direito dos três filhos – *jus trium liberorum* – era um benefício concedido aos cidadãos romanos, dando privilégios não somente fiscais, mas também conferindo prerrogativas e preferências no direito de sucessão e heranças. (N. T.)

105 Vede a Lei 31 [*Corpus Juris Civilis*], *de ritu nuptiarum*.

106 Augusto, pela Lei Papia, dava-lhes o mesmo privilégio conferido às mães. Vede Dião [*História romana*], Lv.LVI. Numa lhes havia concedido o antigo privilégio das mulheres que tinham três filhos, o de não ter curador. Plutarco, "Vida de Numa" [*Vidas paralelas*].

Do espírito das leis

bém o privilégio dos maridos aos soldados, uma vez que eles não podiam se casar.[107] Era uma prática consuetudinária isentar os imperadores dos incômodos de certas leis civis. Assim, Augusto foi isento dos embaraços da lei que limitava a faculdade de libertar[108] e a que restringia a faculdade de legar.[109] Tudo isso se tratava somente de casos particulares, mas, na sequência, as isenções foram concedidas sem cuidado, e a regra tornou-se apenas uma exceção.

Seitas de filosofia já haviam introduzido no império um espírito de distanciamento pelos negócios públicos, algo que, na época da república,[110] não teria conseguido chegar até o ponto em que chegou, uma vez que nela todos estavam ocupados com as artes da guerra e da paz. Disso deriva a ideia de perfeição associada a tudo que leva a uma vida especulativa; disso o distanciamento dos cuidados e preocupações de uma família. A religião cristã, sucedendo a filosofia, fixou, por assim dizer, ideias que a primeira havia somente preparado.

O cristianismo imprimiu seu caráter na jurisprudência, pois o império sempre teve relação com o sacerdócio. Isso pode ser observado no Código Teodosiano, que não é senão uma compilação das ordenanças dos imperadores cristãos.

Um panegirista[111] de Constantino diz a esse imperador: "Vossas leis foram feitas apenas para corrigir os vícios e regrar os costumes: haveis removido o artifício das antigas leis, que pareciam somente ter como escopo preparar armadilhas para a simplicidade".

É certo que as mudanças de Constantino foram realizadas ou baseadas em ideias relacionadas ao estabelecimento do cristianismo ou em ideias fundadas sobre sua perfeição. Do primeiro desses objetivos derivaram as leis que conferem uma autoridade aos bispos de modo a torná-los o fundamento da jurisdição eclesiástica: daí as leis que enfraqueceram a autoridade

---

107 Cláudio concedeu-lhes esse privilégio. Dião [*História romana*], Lv.LX.

108 Lei *Apud eum* [*Corpus Juris Civilis*], *de manumissionibus*, §1º.

109 Dião [*História romana*], Lv.LVI.

110 Vede em Cícero, *De officiis* [Lv.I], suas ideias sobre esse espírito de especulação.

111 Nazário, *Panegírico para Constantino*, ano 321. [Nazário (séc. IV), retórico e panegirista, conhecido pelo panegírico em honra a Constantino. (N. T.)]

Montesquieu

paterna,[112] excluindo o pai da propriedade dos bens de seus filhos. Para disseminar uma nova religião, é preciso suprimir a extrema dependência dos filhos, que sempre têm menos apego ao que é estabelecido.

As leis que tinham como objeto a perfeição cristã foram sobretudo aquelas pelas quais Constantino suprimiu as sanções das leis Papias,[113] isentando tanto os que não eram casados quanto os que, sendo casados, não tinham filhos.

"Essas leis haviam sido estabelecidas", diz um historiador eclesiástico,[114] "como se a multiplicação da espécie humana pudesse ser um efeito dos nossos cuidados, em vez de observarem que esse número cresce e diminui segundo a ordem da Providência".

Os princípios da religião influenciaram sobremaneira a propagação da espécie humana: ora eles a encorajaram, como ocorreu entre os judeus, maometanos, guebros e chineses, e ora a contrariaram, como ocorreu entre os romanos tornados cristãos.

A continência era continuamente pregada em todos os lugares, isto é, essa virtude que é a mais perfeita, pois, por sua natureza, deve ser praticada por pouquíssimas pessoas.

Constantino não suprimiu as leis decimárias que davam grande extensão aos dotes que o marido e a mulher poderiam reciprocamente se conceder, segundo a proporção do número de filhos que tinham: Teodósio, o jovem, também ab-rogou essas leis.[115]

Justiniano declarou válidos[116] todos os casamentos que as leis Papias haviam proibido. Essas leis buscavam fazer que as pessoas se casassem novamente, e Justiniano conferiu benefícios aos que não o fizessem.[117]

Pelas leis antigas, a faculdade natural que cada um tinha de se casar e ter filhos não poderia ser suprimida. Assim, quando alguém recebesse um

---

112 Vede as leis 1, 2 e 3 do *Código Teodosiano*, *De bonis maternis, maternique generis* etc., e a Lei Única do mesmo código, *De bonis quæ filiis familias ex matrimonio acquiruntur*.
113 Lei Única do *Código Teodosiano*, *De infirmandis pœnis cælibatdus et orbitatis*.
114 Sozomeno [*História eclesiástica*, Lv.I, cap.9], p.27.
115 Leis 2 e 3 do *Código Teodosiano*, *De jure liberorum*.
116 Lei *Sancimus* [*Corpus Juris Civilis*], *De nuptiis*.
117 Novela 127 [*Corpus Juris Civilis*], cap.3; Novela 118, cap.5.

Do espírito das leis

legado[118] sob a condição de não se casar, quando um patrão fazia seu liberto jurar[119] que não se casaria e não teria filhos, a Lei Papia anulava[120] essa condição e esse juramento. As cláusulas *resguardando a viuvez*, estabelecidas entre nós, contradizem, pois, o direito antigo, e descendem das constituições dos imperadores, feitas com base na ideia da perfeição.

Não há nenhuma lei que contenha uma ab-rogação expressa dos privilégios e honras que os romanos pagãos haviam conferido aos casamentos e à quantidade de filhos. Contudo, ali onde o celibato tinha preeminência, o casamento não mais seria honroso, e, como era possível obrigar os coletores de impostos a renunciar a tantos lucros através da abolição das sanções, percebe-se que foi ainda mais fácil acabar com as recompensas.

O mesmo motivo espiritual que havia possibilitado a instauração do celibato impôs, na sequência, a necessidade do próprio celibato. Deus me livre de falar aqui contra o celibato adotado pela religião.[121] Mas quem poderia se calar diante do celibato que constitui a libertinagem, aquele no qual os dois sexos, corrompendo-se pelos próprios sentimentos naturais, esquivam-se do vínculo que deve torná-los melhores para viverem em uma união que os torna sempre piores?

Trata-se de uma regra tirada da natureza que, quanto mais diminuirmos a quantidade de casamentos que poderiam ser celebrados, mais corrompe-

---

118 Lei 54 [*Corpus Juris Civilis*], *De conditionibus et demonstrationibus*.

119 Lei 5 [*Corpus Juris Civilis*], §4º, *De jure patronatos*.

120 Paulo, em *Sentenças*, Lv.III, tit.IV, §15. [Paulo (séc. III), jurista, autor de obras sobre o corpo de direito romano. (N. T.)]

121 Nas *Cartas persas*, Usbek faz a seguinte observação: "A proibição do divórcio não é a única causa para o despovoamento dos países cristãos. Outra razão considerável consiste no seu grande número de eunucos. Falo dos padres e dervixes de ambos os sexos, que fazem voto de continência eterna. Entre os cristãos parece ser esta a virtude mais estimada: o que não consigo entender, não sabendo em que consiste uma virtude da qual nada resulta. Penso que seus doutores se contradizem de forma manifesta quando afirmam o caráter sagrado do casamento, só para acrescentar que é ainda mais santo o celibato, justamente o seu oposto; sem contar que, em matéria de preceitos e dogmas fundamentais, o bem sempre é o melhor. [...] Essa política é bem diferente da romana, que impunha leis e penas a quem se furtasse às leis do matrimônio, pretendendo gozar de uma liberdade tão contrária à utilidade pública" (Montesquieu, *Cartas persas*, carta 117, p.165). (N. T.)

remos os que são consagrados; que, quanto menos pessoas casadas houver, menos fidelidade haverá nos casamentos, assim como quanto mais ladrões existirem, mais roubos existirão.

Capítulo XXII – Do abandono dos filhos

Os primeiros romanos tiveram uma excelente polícia[122] sobre o abandono dos filhos. Rômulo, diz Dionísio de Halicarnasso,[123] impôs a todos os cidadãos a necessidade de criar todos seus filhos varões e suas filhas mais velhas. Se os filhos fossem disformes e monstruosos, permitia que fossem abandonados, após tê-los mostrados para cinco de seus vizinhos mais próximos.

Rômulo não permitia[124] que nenhuma criança com menos de três anos fosse morta: com isso, conciliava a lei que concedia aos pais o direito de vida e de morte sobre sua prole com a lei que proibia o abandono dos filhos.

Lemos ainda em Dionísio de Halicarnasso[125] que a lei que ordenava que os cidadãos se casassem e criassem todos os seus filhos estava em vigor no ano 277 de Roma: vê-se que o uso havia restringido a Lei de Rômulo, que permitia o abandono das filhas caçulas.

Somente sabemos o que a Lei das Doze Tábuas, outorgada no ano 301 de Roma, estatuiu sobre o abandono dos filhos, por uma passagem de Cícero,[126] na qual, falando do tribunato da plebe, afirma-se que este foi sufocado logo após seu nascimento, tal como a criança monstruosa da Lei das Doze Tábuas. Os filhos que não eram monstruosos eram, pois, conservados, e a Lei das Doze Tábuas nada modificou das instituições precedentes.

"Os germanos", diz Tácito,[127] "não abandonavam seus filhos; e, entre eles, os bons costumes possuem mais força do que as boas leis possuem alhures". Entre os romanos havia, pois, leis contra esse uso, e não eram

---

122 Ver nota do tradutor em Lv.IV, Cap.6, p.105. (N. T.)

123 Dionísio de Halicarnasso, *Antiguidades romanas*, Lv.II.

124 Ibid.

125 Id., Lv.IX

126 Cícero, *De legibus*, Lv.III [19].

127 [Tácito, *Germânia*] *De moribus Germanorum* [19].

respeitadas. Não encontramos nenhuma lei romana[128] que permitisse o abandono dos filhos: esse foi, sem dúvida, um abuso introduzido nos últimos tempos, quando o luxo acabou com o desafogo, quando as riquezas divididas foram chamadas de pobreza, quando o pai acreditou ter perdido o que dava à sua família e passou a distinguir essa família de sua propriedade.

Capítulo XXIII – Da condição do mundo após a destruição dos romanos

Os regulamentos estabelecidos pelos romanos para aumentar a quantidade de seus cidadãos produziram seus efeitos enquanto sua república, no ápice de sua instituição, apenas reparava as perdas que sofria por sua coragem, sua audácia, sua firmeza, por seu amor pela glória e sua própria virtude. Mas logo as leis mais sábias não puderam restabelecer o que sucessivamente uma república moribunda, uma anarquia geral, um governo militar, um império rígido, um despotismo soberbo, uma monarquia débil, uma corte estúpida, idiota e supersticiosa, haviam solapado. Dir-se-ia que os romanos apenas haviam conquistado o mundo para enfraquecê-lo e entregá-lo indefeso aos bárbaros. As nações godas, getas, sarracenas e tártaras os esmagaram alternadamente: logo os povos bárbaros tinham somente outros povos bárbaros para destruir. Do mesmo modo como, nos tempos das fábulas, após as inundações e os dilúvios, brotaram homens armados da terra que se exterminaram.

Capítulo XXIV – Mudanças ocorridas na Europa em relação à quantidade de habitantes

Na condição em que a Europa se encontrava, não seria possível acreditar que ela pudesse se restabelecer, sobretudo quando, na época de Carlos Magno, formava tão somente um vasto império. No entanto, pela natureza do governo daqueles tempos, ela se dividiu em uma infinidade de peque-

---

128 Não há título correspondente ao tema no *Digesto*. O título do *Código* [VIII, 51] nada diz, tampouco as *Novelas*.

nas soberanias. E, uma vez que um senhor residia em sua aldeia ou em sua cidade, e como era grande, rico, poderoso, ou melhor, como se encontrava em segurança somente graças à quantidade de seus habitantes, cada qual dedicava um singular empenho para fazer seu pequeno país prosperar. Isso logrou tamanho sucesso que, malgrado as irregularidades do governo, a falta de conhecimentos que foram posteriormente adquiridas sobre o comércio, o grande número de guerras e de querelas continuamente surgidas, houve, na maior parte das regiões da Europa, mais população do que atualmente se encontra nesses mesmos lugares.

Não tenho tempo de tratar a fundo essa matéria, mas citarei os prodigiosos exércitos dos cruzados, compostos por pessoas de todos os tipos. O senhor Pufendorf[129] diz que nos tempos de Carlos IX havia 20 milhões de homens na França.

Foram as contínuas reuniões de diversos pequenos Estados que produziram essa diminuição. Outrora, cada aldeia francesa era uma capital; atualmente, há apenas uma grande. Cada parte do Estado era um centro de poder; atualmente, tudo se liga a um centro — e este centro é, por assim dizer, o próprio Estado.

Capítulo XXV – Continuação do mesmo assunto

É verdade que a Europa, de dois séculos para cá, tem aumentado sua navegação: isso fez com que ganhasse e perdesse habitantes. A Holanda envia anualmente às Índias uma grande quantidade de marinheiros, da qual apenas um terço retorna; o resto morre ou se instala nas Índias. De modo semelhante, a mesma coisa pode acontecer a qualquer outra nação que faça esse comércio.

Não se deve julgar a Europa como um Estado particular, como sendo o único a empreender uma grande navegação. Esse Estado aumentaria seu povo, porque todas as nações vizinhas viriam tomar parte nessa navegação; chegariam marinheiros de todas as partes. A Europa, separada do resto do

---

129 [Pufendorf], "Sobre a França", em *História universal*, cap.5.

Do espírito das leis

mundo pela religião,[130] pelos vastos mares e pelos desertos, não se repõe dessa maneira.

Capítulo XXVI – Consequências

De tudo o que foi dito, deve-se concluir que a Europa ainda hoje encontra-se em uma situação na qual necessita de leis que favoreçam a propagação da espécie humana. Desse modo, assim como os políticos gregos falam continuamente da grande quantidade de cidadãos que extenuam a república, os políticos de hoje somente falam de meios propícios para aumentá-la.

Capítulo XXVII – Da lei feita na França para encorajar a propagação da espécie

Luís XIV ordenou[131] certas pensões para aqueles que tivessem dez filhos, e maiores ainda para os que tivessem doze. Mas não se tratava de recompensar prodígios. Para dar um certo espírito geral que pudesse conduzir à propagação da espécie, seria preciso estabelecer, como os romanos, recompensas gerais ou sanções gerais.

Capítulo XXVIII – Como é possível remediar o despovoamento

Há recursos disponíveis quando um Estado se encontra despovoado por acidentes particulares, pestes, fomes. Os homens que sobrevivem podem conservar o espírito de trabalho e de indústria; podem tentar reparar as infelicidades e, pela própria calamidade, se tornar mais industriosos. O mal quase incurável se verifica quando um despovoamento ocorre de longa data, por um vício interno e um mau governo. Nesses casos, os homens perecem por uma doença imperceptível e habitual: nascidos no langor e na miséria, na violência ou nos preconceitos do governo, veem-se destruídos, frequentemente sem

---

130 Os países maometanos a circundam praticamente por todos os lados.
131 Édito de 1666, em favor dos casamentos.

perceber as causas dessa destruição. Os países assolados pelo despotismo, ou pelas vantagens excessivas do clero em detrimento dos laicos, são grandes exemplos disso.

Para restabelecer um Estado assim despovoado, esperar-se-iam em vão os socorros das crianças que poderiam nascer. O tempo oportuno já se foi: os homens, em seu deserto, são desprovidos de coragem e indústria. Com terras destinadas a alimentar um povo, dificilmente se encontra com o que alimentar sua família. Nesses países, o populacho nem sequer tem a cota de sua miséria, isto é, os pousios que ali abundam. O clero, o príncipe, as cidades, os eminentes e alguns cidadãos principais imperceptivelmente se tornam proprietários de toda a região: ela é inculta, mas as famílias destruídas lhes deixaram os pastos e o trabalhador nada possui.

Nessa situação, seria preciso fazer no império inteiro aquilo que os romanos faziam em uma parte do seu: praticar, na escassez de habitantes, o que faziam quando estavam na abundância; distribuir terras a todas as famílias que nada possuem; oferecer-lhes meios para lavrá-las e cultivá-las. Essa distribuição deveria ser feita à medida que houvesse um homem para recebê-la, de modo que nenhum tempo de trabalho fosse desperdiçado.

Capítulo XXIX – Dos asilos[132]

Um homem não é pobre porque não tem nada, mas porque não trabalha. Aquele que não tem nenhum bem e trabalha se encontra no mesmo desafogo daquele que recebe cem escudos de renda sem trabalhar. Quem

---

132 Autores como Hume, Montesquieu, e depois Rousseau, afirmavam o trabalho como o verdadeiro signo de riqueza, distanciando-se de determinadas políticas mercantilistas. Além disso, boa parte dos autores de meados do século XVIII buscava diferenciar a pobreza da mendicância, vendo a questão pelo prisma do "trabalho" e do "ócio". Sustentavam, em suma, que caberia ao bom governo oferecer trabalhos, cuidar dos cidadãos em necessidade, bem como mantê-los sadios e com acesso à dignidade através de uma atividade profissional. Os *hôpitaux* eram asilos ou "albergues", locais nos quais muitas vezes os pobres eram encarcerados, sendo uma espécie de detenção cuja estrutura administrativa constituía uma pequena soberania. Cf. Foucault, *História da loucura na Idade Clássica*. Cf. ainda os verbetes *Mendigo* (Jaucourt) e *Hospital* (Diderot) da *Enciclopédia*. (N. T.)

não tem nada, mas tem um ofício, não é mais pobre do que aquele que tem dez arpentes de terra e precisa cultivá-las para sobreviver. O operário que deixou sua arte como herança à prole, deixou-lhes um bem que se multiplica proporcionalmente ao número de filhos que possui. O mesmo não ocorre com aqueles que possuem dez arpentes de terras para viver e os dividem entre seus filhos.

Nos países de comércio, onde muitas pessoas possuem apenas sua arte, o Estado frequentemente é obrigado a prover às necessidades dos velhos, dos doentes e dos órfãos. Um Estado bem policiado extrai essa subsistência do âmago da própria arte: a uns, atribui trabalho de acordo com a capacidade destes, a outros, ensina-os a trabalhar, o que já é um trabalho em si.

Algumas esmolas dadas a um homem nu nas ruas absolutamente não cumprem as obrigações do Estado, que deve assegurar a todos os cidadãos uma subsistência, uma alimentação, uma vestimenta conveniente e uma espécie de vida que não seja contrária à saúde.

Aurangzeb,[133] a quem perguntavam por que construía asilos, dizia: "tornarei meu império tão rico que ele não precisará de asilos".[134] Deveria ter dito: *Começarei por tornar meu império rico, e construirei asilos.*

As riquezas de um Estado supõem muita indústria. Não é possível que em um número tão grande de ramos de comércio não haja algum que passe apertos, e no qual, consequentemente, os operários passem por necessidades momentâneas.

É então que o Estado precisa realizar um socorro imediato, seja para impedir que o povo sofra, seja para evitar que se revolte: são esses os casos nos quais os asilos são necessários, ou qualquer disposição equivalente que possa prevenir essa miséria.

Porém, quando a nação é pobre, a pobreza particular deriva da miséria geral; e ela é, por assim dizer, a miséria geral. Todos os asilos do mundo não poderiam curar essa pobreza particular: ao contrário, o espírito de preguiça que eles inspiram aumenta a pobreza geral, e, consequentemente, a pobreza particular.

---

133 Aurangzeb ou Alamgir (1618-1707), imperador mogol. (N. T.)

134 Vede Chardin, *Viagens*, t.VIII.

Montesquieu

Henrique VIII,[135] buscando reformar a Igreja da Inglaterra, acabou com os monges, grupo essencialmente preguiçoso e que alimentava a preguiça alheia, pois, praticando a hospitalidade, uma infinidade de pessoas ociosas, fidalgos ou burgueses, passavam a vida a transitar de convento em convento. Henrique acabou também com os asilos onde o populacho encontrava sua subsistência, do mesmo modo que os fidalgos a encontravam nos monastérios. A partir dessas mudanças, o espírito de comércio e de indústria se estabeleceu na Inglaterra.

Em Roma, os asilos faziam com que todos vivessem confortavelmente, com exceção dos que trabalhavam, dos que cultivavam as artes, dos que tinham terras, dos que se dedicavam ao comércio.

Disse que as nações ricas tinham necessidade de asilos, porque nesses lugares a fortuna está sujeita a mil acidentes. Todavia, é perceptível que os auxílios pontuais são preferíveis aos perenes. O mal é momentâneo: portanto, os auxílios devem ser da mesma natureza e ser aplicáveis ao acidente particular.

---

135 Vede Burnet, *História da reforma da Inglaterra.*

Quinta parte

Livro XXIV
Das leis em sua relação com a religião estabelecida em cada país, considerada em suas práticas e em si mesma

Capítulo Primeiro – Das religiões em geral

Assim como é possível julgar dentre as trevas as que são menos espessas e dentre os abismos os que são menos profundos, também é possível buscar dentre as religiões falsas as que estão em maior conformidade com o bem da sociedade e as que podem contribuir mais, conquanto não tenham como efeito conduzir os homens aos contentamentos de outra vida, à sua felicidade nesta vida.

Portanto, examinarei as diversas religiões do mundo em relação ao bem que delas pode ser extraído para o estado civil, seja quando falo das que possuem sua raiz no céu ou mesmo das que possuem a sua na terra.

Como nesta obra não sou teólogo, mas escritor político, ela poderia conter coisas que seriam inteiramente verdadeiras apenas em um modo de pensar humano, não podendo ser consideradas em relação com as verdades mais sublimes.

A respeito da verdadeira religião, bastará pouquíssima equidade para ver que eu nunca pretendi fazer com que os interesses da religião cedam aos interesses políticos, mas sim uni-los: ora, para uni-los é preciso conhecê-los.

A religião cristã, que ordena aos homens se amarem, quer sem dúvida que cada povo tenha as melhores leis políticas e as melhores leis civis, porque ambas são, depois dela, o maior bem que os homens poderiam dar e receber.

Montesquieu

Capítulo II – Paradoxo de Bayle

O senhor Bayle[1] pretendeu provar que valia mais ser ateu que idólatra, ou seja, que não ter qualquer religião é menos perigoso do que ter uma má. "Preferiria", diz ele, "que se dissesse que eu não existo do que se dissesse que sou um homem mau". Isso é apenas um sofisma fundado no fato de que não há, para o gênero humano, utilidade alguma em se acreditar que certo homem existe, ao passo que é muito útil acreditar que Deus existe. Da ideia de que ele não existe deriva a ideia de nossa independência ou, se não podemos ter essa ideia, a da nossa revolta. Dizer que a religião não é um motivo repressor, porque não reprime sempre, é dizer que tampouco as leis civis são um motivo repressor. É raciocinar mal contra a religião reunir, em uma obra extensa, uma longa lista dos males que ela produziu caso não se faça igualmente uma lista dos bens por ela realizados. Se eu quisesse contar todos os males que as leis civis, a monarquia e o governo republicano produziram no mundo, eu diria coisas terríveis. Ainda que fosse inútil aos súditos ter uma religião, não o seria que os príncipes a tivessem e que embocassem o único freio que aqueles que não temem as leis humanas poderiam ter.

Um príncipe que ama e teme a religião é um leão que cede à mão que o afaga ou à voz que o apazigua. Aquele que teme e que odeia a religião é como os animais selvagens que mordem a corrente que os impede de avançar sobre os que passam. Aquele que não tem nenhuma religião é como aquele animal terrível que apenas sente sua liberdade quando despedaça e devora.

A questão não é tanto saber se valeria mais que certo homem ou certo povo não tivesse nenhuma religião em vez de fazer mau uso daquela que possui, mas saber qual é o mal menor: que às vezes se faça mau uso da religião ou que não exista nenhuma entre os homens.

Para diminuir o horror do ateísmo, ataca-se demasiadamente a idolatria. Não é verdade que, quando os antigos erigiam altares para algum vício,

---

1 *Pensamentos diversos sobre o cometa* etc. [Pierre Bayle (1647-1706), filósofo francês, autor de *Dicionário histórico e crítico* (1695-1697); *Pensamentos diversos sobre o cometa* (1683); e *Continuação dos pensamentos diversos* (1705). (N. T.)]

significava que amassem o vício; pelo contrário, significava que o odiavam. Quando os lacedemônios erigiram uma capela ao Medo,[2] não significava que essa nação belicosa lhe pedisse para que se apoderasse do coração dos lacedemônios na batalha. Havia divindades às quais se pedia para não inspirar o crime e outras às quais se pedia para afastá-lo.

Capítulo III – Que o governo moderado convém mais à religião cristã e o governo despótico, à maometana

A religião cristã se distancia do puro despotismo. Isso ocorre porque a brandura, tão recomendada no Evangelho, se opõe à cólera despótica com a qual o príncipe faria a própria justiça e exerceria suas crueldades.

Como essa religião proíbe o casamento com mais de uma mulher, os príncipes encontram-se menos reclusos, menos separados de seus súditos e, por conseguinte, são mais homens; estão mais dispostos a dar leis a si mesmos e mais capazes de sentir que não podem tudo.

Enquanto os príncipes maometanos incessantemente matam ou morrem, a religião, entre os cristãos, torna os príncipes menos tímidos e, por conseguinte, menos cruéis. O príncipe conta com seus súditos e os súditos com seu príncipe. Coisa admirável! A religião cristã, que parece não ter outro objetivo senão a beatitude da outra vida, também propicia nossa felicidade nesta.

Apesar da grandeza do império e do vício do clima, a religião cristã foi a responsável por impedir o despotismo de se estabelecer na Etiópia e por levar os costumes e as leis da Europa para o meio da África.

O príncipe herdeiro da Etiópia goza de um principado e oferece aos outros súditos o exemplo do amor e da obediência. Muito perto dali se vê o maometismo aprisionar as crianças do[3] rei de Senar. Com a morte deste, o conselho manda degolá-las em favor daquele que sobe ao trono.

---

2 Alusão ao deus Fobos, espécie de personificação do medo produzido pela guerra. (N. T.)

3 "Relation d'Éthiopie", pelo senhor Ponce, médico, na quarta coletânea das *Lettres édifiantes*, p.290.

Que tenhamos em vista, de um lado, os contínuos massacres dos reis e chefes gregos e romanos e, de outro, a destruição dos povos e cidades por esses mesmos chefes, Timur e Gengis Khan, que devastaram a Ásia, e veremos que devemos ao cristianismo tanto certo direito político no governo quanto certo direito das gentes nas guerras, algo pelo qual a natureza humana nunca poderia ser suficientemente grata.

É esse direito das gentes que faz com que, entre nós, a vitória deixe aos povos vencidos essas grandes coisas: a vida, a liberdade, as leis, os bens e sempre a religião, quando não estão eles mesmos embotados.

Pode-se dizer que hoje em dia os povos da Europa não estão mais desunidos do que estavam os povos e os exércitos, ou os exércitos entre si, no período em que o império romano se tornou despótico e militar. De um lado, os exércitos faziam guerra entre si e, de outro, concediam-lhes a pilhagem das cidades e a partilha ou o confisco das terras.

Capítulo IV – Consequências do caráter da religião cristã e da religião maometana

Sobre o caráter da religião cristã e da religião maometana, deve-se, sem qualquer exame, abraçar uma e rejeitar a outra, pois nos é muito evidente que uma religião deve mais abrandar os costumes dos homens do que ser apenas uma religião verdadeira.

É um infortúnio para a natureza humana quando a religião é atribuída por um conquistador. A religião maometana, falando apenas de gládio, ainda age sobre os homens com esse espírito destruidor que a fundou.

A história de Sabaco,[4] um dos reis pastores, é admirável. O deus de Tebas apareceu-lhe em sonho e lhe ordenou que matasse todos os padres do Egito. Julgou que os deuses não queriam mais que ele reinasse, pois lhe ordenavam coisas bem contrárias à sua vontade costumeira. Retirou-se assim para a Etiópia.

---

4 Vede Diodoro [*Biblioteca histórica*], Lv.II [I, cap.5].

Do espírito das leis

Capítulo V – Que a religião católica convém mais a uma monarquia e que a protestante se acomoda melhor em uma república

Quando uma religião nasce e se forma em um Estado, ela normalmente segue o plano do governo no qual foi estabelecida, pois os homens que a adotam e aqueles que a fizeram ser adotada praticamente não possuem nenhuma outra ideia de polícia senão aquelas do Estado no qual nasceram.

Quando, há dois séculos, a religião cristã sofreu essa infeliz divisão em católica e protestante, os povos do norte assumiram a protestante, e os do sul mantiveram a católica.

Isso porque os povos do norte têm e sempre terão um espírito de independência e liberdade que os povos do sul não têm. Uma religião que não possui um chefe visível convém mais à independência do clima do que aquela que possui um.

Mesmo nos países onde a religião protestante se estabeleceu, as revoluções se realizaram sobre as bases do Estado político. Tendo a seu favor grandes príncipes, Lutero não conseguiria fazê-los aceitar uma autoridade eclesiástica que não tivesse nenhuma preeminência externa. Tendo a seu favor os povos que viviam em repúblicas ou os burgueses eclipsados nas monarquias, Calvino poderia muito bem não instituir preeminências e dignidades.

Cada uma dessas religiões poderia acreditar-se como a mais perfeita: a calvinista julgando-se em maior conformidade com o que Jesus Cristo disse e a luterana com o que os apóstolos fizeram.

Capítulo VI – Outro paradoxo de Bayle

Bayle, após ter insultado todas as religiões, difama a religião cristã: ousa propor que verdadeiros cristãos não poderiam formar um Estado capaz de perdurar. Por que não? Seriam cidadãos infinitamente esclarecidos sobre seus deveres, e dedicariam um enorme zelo para cumpri-los; sentiriam muito bem os direitos da defesa natural; quanto mais acreditassem dever à religião, mais pensariam dever à pátria. Os princípios do cristianismo, profundamente gravados no coração, seriam infinitamente mais fortes que essa falsa honra das monarquias, essas virtudes humanas das repúblicas e esse medo servil dos Estados despóticos.

É surpreendente que se possa imputar a esse grande homem o desconhecimento do espírito de sua própria religião, que não tenha sabido distinguir as ordens para o estabelecimento do cristianismo e do cristianismo em si mesmo, nem entre os preceitos do Evangelho e os seus conselhos. Quando o legislador deu conselhos em vez de dar as leis, é porque viu que seus conselhos, se fossem prescritos como leis, seriam contrários ao espírito de suas leis.

Capítulo VII – Das leis de perfeição na religião

Feitas para falar ao espírito, as leis humanas devem oferecer preceitos, mas nenhum conselho. Feita para falar ao coração, a religião deve oferecer muitos conselhos e poucos preceitos.

Quando, por exemplo, ela oferece regras não para o bem, mas para o melhor, não para o que é bom, mas para o que é perfeito, é conveniente que sejam conselhos e não leis, pois a perfeição não visa a universalidade dos homens ou das coisas. Ademais, se elas fossem leis, seria preciso uma infinidade de outras para fazer que as primeiras fossem obedecidas. O celibato foi um conselho do cristianismo; quando dele se fez uma lei para uma certa ordem de pessoas, a cada dia foram necessárias outras novas[5] leis para fazer os homens observá-la. O legislador se enfastiou, e enfastiou a sociedade, para fazer os homens cumprirem por preceito o que os que amam a perfeição teriam cumprido como conselho.

Capítulo VIII – Do acordo das leis da moral com as da religião

Em um país onde se tem a infelicidade de haver uma religião que não foi dada por Deus, é sempre necessário que ela esteja de acordo com a moral,

---

5 Vede Dupin, *Bibliothèque des auteurs ecclésiastiques du sixième siècle*, t.V. [Louis Ellies Dupin (1657-1719), historiador francês. (N. T.)]

Do espírito das leis

porque a religião, mesmo falsa, é a melhor garantia que os homens podem ter da probidade dos homens.

Os principais pontos da religião daqueles de Pegu são: não matar, não roubar, evitar a impudência, não causar nenhum desprazer ao próximo e, ao contrário, lhe fazer todo o bem possível.[6] Com isso acreditavam que seriam salvos em qualquer religião, de tal maneira que esses povos, a despeito de quão orgulhosos e pobres sejam, demonstram brandura e compaixão para com os desafortunados.

Capítulo IX – Dos essênios

Os essênios[7] faziam voto de observar a justiça para com os homens, de não fazer mal a ninguém, mesmo para obedecer, de odiar os injustos, de assegurar a fé para todo mundo, de comandar com modéstia, de sempre tomar o partido da verdade e de evitar todo ganho ilícito.

Capítulo X – Da seita estoica

Entre os antigos, as diversas seitas de filosofia podiam ser consideradas como espécies de religião. Jamais houve uma cujos princípios fossem mais dignos do homem, e mais próprios a formar pessoas de bem, que a dos estoicos. E, se por um momento eu pudesse parar de pensar que sou cristão, não evitaria em incluir a destruição da seita de Zenão como um dos infortúnios do gênero humano.

Ela só exagerava as coisas em que há grandeza: o desprezo pelos prazeres e pela dor.

Somente ela sabia criar cidadãos, somente ela criava grandes homens, somente ela criava grandes imperadores.

Deixai de lado, por um momento, as verdades reveladas: buscai em toda a natureza e não encontrareis objeto maior que os Antoninos, ou Juliano,[8]

---

6 *Recueil des voyages qui ont servi à l'établissement de la Compagnie des Indes*, t.III, parte I, p.63.

7 Prideaux, *História dos judeus*.

8 Flávio Cláudio Juliano (331-363 d.C.), imperador romano que reinou do ano 361 até a sua morte. Tendo sido o último imperador pagão, era também chamado de Juliano, o Apóstata. (N. T.)

até mesmo Juliano (um assentimento assim compelido não me tornará cúmplice de sua apostasia): não, depois dele não houve príncipe mais digno de governar os homens.

Enquanto os estoicos viam a riqueza como algo inútil, e a dor, as tristezas, os prazeres como grandiosidades humanas, eles se ocupavam apenas em contribuir para a felicidade dos homens, em exercer os deveres da sociedade. Parece que viam esse espírito sagrado que acreditavam conter em si mesmos como uma espécie de providência venturosa que zelava pelo gênero humano.

Nascidos para a sociedade, todos eles acreditavam que trabalhar por ela era seu destino. Não vendo nisso tanto um fardo, encontravam sua recompensa em si mesmos e, encontrando a felicidade tão somente através de sua filosofia, parecia que só a felicidade dos outros poderia aumentar a sua própria.

Capítulo XI – Da contemplação

Como os homens são feitos para conservar-se, nutrir-se, vestir-se e realizar todas as ações da sociedade, a religião não deve oferecer-lhes uma vida demasiado contemplativa.[9]

Os maometanos tornam-se especulativos por hábito, rezam cinco vezes por dia e a cada vez é preciso que façam um gesto com o qual jogam por trás das costas tudo que pertence a este mundo: isso os prepara para a especulação. Acrescentai a isso a indiferença por todas as coisas produzida pelo dogma de um destino inflexível.

Se, aliás, outras causas concorrem para inspirar-lhes desinteresse, assim como a severidade do governo ou as leis concernentes à propriedade das terras, preparando um espírito de precariedade, então tudo está perdido.

A religião dos guebros[10] outrora tornou o reino da Pérsia florescente e corrigiu os efeitos ruins do despotismo. A religião maometana hoje destrói esse mesmo império.

---

9 É o inconveniente da doutrina de Fó e de Laockium. [Laockium refere-se a Lao Zi, também conhecido como Lao-Tsé, fundador do taoísmo. (N. T.)]

10 Persas adeptos do zoroastrismo. (N. T.)

Do espírito das leis

Capítulo XII – Das penitências

É bom que as penitências estejam associadas à ideia de trabalho, e não à de ociosidade. Associadas à ideia do bem, e não à do extraordinário; à ideia de frugalidade, e não à de avareza.

Capítulo XIII – Dos crimes inexpiáveis

A partir de uma passagem dos livros dos pontífices, reproduzida por Cícero,[11] parece que, entre os romanos, havia crimes inexpiáveis. É baseado nisso que Zósimo fundamenta o relato tão próprio para deturpar os motivos da conversão de Constantino, e que Juliano, por sua vez, faz uma troça amarga sobre essa mesma conversão em seus *Césares*.

A religião pagã, que proibia somente alguns crimes grosseiros, que detinha a mão e abandonava o coração, podia conter crimes inexpiáveis. Porém, uma religião que abarca todas as paixões; que não é mais zelosa das ações que dos desejos e pensamentos; que absolutamente não nos mantém atados por alguma corrente, mas sim por uma inumerável quantidade de fios; que deixa para trás a justiça humana e começa uma outra justiça; que é feita para continuamente conduzir do arrependimento ao amor e do amor ao arrependimento; que coloca entre o juiz e o criminoso um grande mediador, e entre o justo e o mediador um grande juiz; uma semelhante religião não deve ter crimes inexpiáveis. Mas, ainda que propicie temores e esperanças a todos, ela faz com que se perceba suficientemente que, se não há crime inexpiável por sua natureza, uma vida inteira pode sê-lo; que seria muito perigoso atormentar continuamente a misericórdia com novos crimes e novas expiações; que, inquietos pelas antigas dívidas, nunca quitadas com o Senhor, devemos temer contrair outras novas, reiterar no pecado,[12] e atingir o ponto onde termina a bondade paterna.

---

11 Lv.II [cap.22], das *Leis*.

12 No original, *combler la mesure* refere-se a um pecado reiterado, somando-se crime após crime e que, assim, diante do número de seus pecados, leva ao temor de um castigo certo diante da justiça divina. (N. T.)

Capítulo XIV – Como a força da religião se aplica à das leis civis

Como a religião e as leis civis devem tender principalmente a tornar os homens bons cidadãos, quando se observa que uma das duas se desvia desse fim, a outra deve buscar atingi-lo com ainda mais afinco. Quanto menos a religião for repressora, mais as leis civis devem reprimir.

Assim, no Japão, como a religião dominante não tem quase nenhum dogma e não propõe nem paraíso, nem inferno, as leis, para suprir isso, foram feitas com uma severidade e executadas com uma regularidade extraordinárias.

Quando a religião estabelece o dogma da necessidade das ações humanas, as penas das leis devem ser mais severas e a polícia mais vigilante para que os homens, que sem isso abandonariam a si mesmos, sejam determinados por esses motivos. No entanto, se a religião estabelece o dogma da liberdade, isso já se trata de outra coisa.

Da preguiça da alma nasce o dogma da predestinação maometana, e do dogma dessa predestinação nasce a preguiça da alma. Diz-se: isso está nos decretos de Deus; portanto, é necessário ficar em repouso. Em um caso seme-lhante, deve-se por meio das leis instigar os homens indolentes pela religião.

Quando a religião condena coisas que as leis civis devem permitir, é perigoso que, por seu turno, as leis civis permitam o que a religião deve condenar. Afinal, uma dessas coisas sempre indica uma falta de harmonia e justeza nas ideias, que se difundem uma sobre a outra.

Assim, os tártaros[13] de Gengis Khan, entre os quais era um pecado, ou mesmo um crime capital, colocar a faca no fogo, proteger-se de um chicote, açoitar um cavalo com sua rédea, quebrar um osso com outro, não acredi-tavam que houvesse pecado em violar a fé, em roubar o bem de outrem, em cometer injúria com um homem, em matá-lo. Em poucas palavras, as leis

---

13 Vede o relato do frade Jean Duplan Carpin, enviado à Tartária pelo papa Inocêncio IV, no ano 1246. [Trata-se do franciscano italiano Giovanni da Pian del Carpini, cujo relato foi publicado com o título *História dos mongóis* (*Historia Mongolorum quos nos Tartaros appellamus*), tratando-se da primeira e mais completa descrição do universo mongol. (N. T.)]

Os habitantes de Formosa[14] acreditavam em uma espécie de inferno, mas para punir aqueles que deixavam de andar nus em algumas estações, que usavam roupas de linho e não de seda, que buscavam ostras, que agiam sem consultar o canto dos pássaros. E não viam como pecado a embriaguez e o desregramento das mulheres. Acreditavam até que a devassidão de suas crianças agradasse aos deuses.

Quando a religião santifica uma coisa acidental, ela perde inutilmente o maior recurso existente entre os homens. Acredita-se, entre os indianos, que as águas do Ganges possuem uma virtude santificadora.[15] Os que morrem em suas margens são considerados isentos das penas da outra vida e devem habitar uma região plena de deleites. Desde os lugares mais longínquos, urnas cheias com as cinzas dos mortos são enviadas para serem jogadas no Ganges. Que importância há em ter vivido virtuosamente ou não? Afinal, serão jogados no Ganges.

A ideia de um lugar de recompensa envolve necessariamente a ideia de um local de penas, e quando se espera um sem temer o outro, as leis civis não têm mais força. Homens que acreditam em recompensas asseguradas em outra vida escaparão do legislador, eles desprezarão demais a morte. Que meio há para conter pelas leis um homem que acredita estar certo de que a maior pena que os magistrados poderão lhe cominar acabará justamente no momento em que inicia sua felicidade?

Capítulo XV – Como as leis civis às vezes corrigem as falsas religiões

O respeito pelas coisas antigas, a simplicidade ou a superstição às vezes estabeleceram mistérios ou cerimônias capazes de chocar o pudor. E os exemplos disso não são raros no mundo. Aristóteles[16] diz que, nesse caso, a

---

14 *Recueil des voyages...*, op. cit., t.V, parte I, p.192. [Ilha Formosa era o nome atribuído à ilha de Taiwan após a chegada dos europeus. (N. T.)]

15 *Lettres édifiantes*, 15ª coletânea.

16 *Política*, Lv.VII, cap.17 [1336b].

lei permite aos pais de família irem ao templo celebrar esses mistérios para suas mulheres e suas crianças. Admirável lei civil que conserva os costumes contra a religião!

Augusto[17] proibiu os jovens de ambos os sexos de assistir a qualquer cerimônia noturna se não estivessem acompanhados de um parente mais velho. E quando restabelece as festas[18] lupercálias, quis que os jovens não corressem nus.

Capítulo XVI – Como as leis da religião corrigem os inconvenientes da constituição política

Por outro lado, a religião pode dar sustentação ao Estado político quando as leis se encontram impotentes.

Assim, quando o Estado for frequentemente agitado por guerras civis, a religião contribuirá muito se estabelecer que alguma parte desse Estado permaneça sempre em paz. Entre os gregos, os eleatas, enquanto sacerdotes de Apolo, desfrutavam de uma paz eterna. No Japão,[19] a cidade de Meaco, uma cidade santa, era sempre deixada em paz. A religião mantém essa regra; e esse império, que parece estar sozinho no mundo, que não recebe e não quer receber nenhum recurso dos estrangeiros, sempre abrigou em seu seio um comércio que a guerra não arruína.

Nos estados nos quais as guerras não são feitas após uma deliberação comum e em que as leis não preveem nenhum meio de encerrá-las ou preveni-las, a religião estabelece os tempos de paz ou de tréguas para que o povo possa fazer as coisas sem as quais o Estado não poderia sobreviver, como o plantio e outros trabalhos semelhantes.

A cada ano, durante quatro meses, cessava toda hostilidade entre as tribos[20] árabes. O menor distúrbio era visto como ímpio. Na França, quando

---

17 Suetônio, Augusto [*Vida dos doze Césares*], cap.XXXI.

18 Ibid. [As lupercálias eram festas de purificação celebradas anualmente em Roma no mês de fevereiro. (N. T.)]

19 *Recueil des voyages...*, op. cit., t.IV, parte I, p.127.

20 Vede Prideaux, *Vie de Mahomet*, p.64.

cada senhor fazia a guerra ou a paz, a religião proporcionava tréguas que deviam ocorrer em determinadas estações.

Capítulo XVII – Continuação do mesmo assunto

Quando existem, em um Estado, muitos motivos para o ódio, é preciso que a religião ofereça muitos meios para a reconciliação. Os árabes, povo bandido, frequentemente cometiam entre si injúrias e injustiças. Maomé[21] estabeleceu esta lei: "Se alguém perdoa o sangue de seu irmão,[22] poderá processar o malfeitor por perdas e danos. Todavia, aquele que fizer mal ao criminoso após ter dele recebido compensação, será submetido a dolorosos sofrimentos no dia do juízo".

Entre os germanos, herdavam-se os ódios e as inimizades de seus próximos, mas nada disso era eterno. Expiava-se o homicídio oferecendo uma certa quantidade de gado e toda a família recebia a compensação. "Coisa muito útil", diz Tácito,[23] "pois as inimizades são muito mais perigosas entre um povo livre". Estou certo de que os ministros da religião, que gozavam de tanto crédito entre eles, participavam dessas reconciliações.

Entre os malaios,[24] entre os quais a reconciliação não está estabelecida, aquele que matou alguém, certo de ser assassinado pelos parentes ou amigos do morto, rende-se ao furor, fere e mata todos que encontra.

Capítulo XVIII – Como as leis da religião têm efeito de leis civis

Os primeiros gregos eram povos pequenos frequentemente dispersos, piratas no mar, injustos na terra, sem polícia e sem leis. As belas ações de Hércules e Teseu mostram o estado em que esse povo nascente se encon-

---

21 No *Alcorão*, Lv.I, cap."A vaca".

22 Renunciando à lei do talião. [Cf. Lv.VI, Cap.19. (N. T.)]

23 *De moribus Germanorum* [cap.XXI].

24 *Recueil des voyages...*, op. cit., t.VII, p.303. Vede igualmente as *Mémoires du comte de Forbin* e o que é dito sobre os macaçares. [Povo habitante de Macaçar, na ilha indonésia de Celebes. (N. T.)]

trava. O que mais a religião poderia fazer, além do que fez, para produzir o horror ao assassinato? Determinava que um homem morto violentamente[25] ficava a princípio encolerizado com o assassino, que lhe inspirava perturbação e terror, e dispunha que abandonasse os lugares que tivesse frequentado; não se podia tocar ou conversar com o criminoso sem se macular[26] ou se tornar intestável;[27] a cidade devia ser poupada da presença do assassino e era preciso expiá-la.[28]

Capítulo XIX – A veracidade ou falsidade de um dogma não o torna mais útil ou pernicioso aos homens no estado civil quanto ao uso ou abuso que dele se faz

Os dogmas mais verdadeiros e mais santos podem ter consequências muito ruins quando não estão vinculados aos princípios da sociedade. E, por outro lado, os dogmas mais falsos podem ter consequências admiráveis quando estão relacionados aos mesmos princípios.

A religião de Confúcio nega a imortalidade da alma e a seita de Zenão não acreditava nela. Quem o diria? Essas duas seitas extraíram de seus maus princípios consequências, não justas, mas admiráveis para a sociedade.

A religião dos Tao e dos Fó[29] crê na imortalidade da alma, mas desse dogma tão santo extraíram consequências terríveis.[30]

---

25 Platão, *As leis*, Lv.IX [865d].

26 Vede a tragédia *Édipo em Colono* [de Sófocles].

27 Instituto jurídico do direito romano para aqueles que perdiam o direito de testemunhar e de fazer testamento. (N. T.)

28 Platão, *As leis*, Lv.IX [865d].

29 Referência aos seguidores, respectivamente, de Lao-Tsé, fundador do taoísmo, e de Buda, fundador do budismo. (N. T.)

30 Um filósofo chinês argumenta assim contra a doutrina de Fó: "É dito, num livro dessa seita, que nosso corpo é nosso domicílio e a alma, a hospedadora imortal que o habita. Mas, se o corpo de nossos pais é apenas um abrigo, é natural vê-lo com o mesmo desprezo que se tem por um monte de barro e terra. Isso não seria querer arrancar do coração a virtude do amor aos pais? Isso leva mesmo a negligenciar o cuidado do corpo e recusar-lhe a compaixão e afeição tão necessárias

Do espírito das leis

Quase em todo mundo e em todas as épocas, a opinião sobre a imortalidade da alma, quando mal compreendida, levou as mulheres, os escravos, os súditos, os amigos a se matarem para irem servir, no outro mundo, aos objetos de seu respeito ou amor. Era assim nas Índias Ocidentais, era assim entre os dinamarqueses[31] e assim o é ainda no Japão,[32] em Macaçar[33] e em vários outros lugares da Terra.

Esses costumes derivam menos diretamente do dogma da imortalidade da alma do que no da ressurreição dos corpos. Disso se conclui que, após a morte, um mesmo indivíduo teria as mesmas necessidades, os mesmos sentimentos, as mesmas paixões. Nessa perspectiva, o dogma da imortalidade da alma afeta os homens prodigiosamente, pois a ideia de uma simples mudança de morada está mais ao alcance do nosso espírito, e afaga mais o coração, do que a ideia de uma nova modificação.

Não basta para uma religião estabelecer um dogma, é preciso que o dirija. Eis o que a religião cristã fez admiravelmente bem em relação aos dogmas dos quais falamos. Ela nos faz esperar um estado no qual acreditamos, não um estado que sentimos ou que conhecemos. Tudo, inclusive a ressurreição dos corpos, nos remete a ideias espirituais.

Capítulo XX – Continuação do mesmo assunto

Os livros[34] sagrados dos antigos persas diziam: "Se quiserdes ser santo, educai vossos filhos, porque todas as suas boas ações serão a vós imputadas". Eles aconselhavam o casamento precoce, pois os filhos seriam como uma ponte no dia do juízo, e aqueles que não tivessem filhos não poderiam passar. Esses dogmas eram falsos, mas muito úteis.

---

para sua conservação. Assim, os discípulos de Fó se matam aos milhares". Obra de um filósofo chinês, na coletânea do padre Du Halde, [*Description de l'empire de la Chine*] t.III, p.52.

31 Vede Bartholin, *Antiquités danoises*.

32 Relato do Japão em *Recueil des voyages...*, op. cit.

33 Forbin, *Mémoires*.

34 Sr. [Thomas] Hyde, *Historia religionis veterum Persarum eorum que magorum*.

Capítulo XXI – Da metempsicose

O dogma da imortalidade da alma se divide em três ramificações: a da imortalidade pura, a da simples mudança de morada[35] e a da metempsicose, ou seja, o sistema dos cristãos, o sistema dos citas, o sistema dos indianos. Acabei de falar sobre os dois primeiros. Quanto ao terceiro, direi que, como foi bem e mal dirigido, produziu nas Índias tanto bons quanto maus efeitos. Como ele causa nos homens um certo horror por derramar sangue, há bem poucos assassinatos nas Índias e, ainda que lá não exista pena capital, todo mundo é tranquilo.

Por outro lado, as mulheres ateiam fogo em si mesmas após a morte de seus maridos. Apenas os inocentes sofrem uma morte violenta.

Capítulo XXII – Quão perigoso é que a religião inspire horror por coisas indiferentes

Certa honra que os preconceitos de religião estabelecem nas Índias faz com que as diversas castas abominem umas às outras. Essa honra é fundada unicamente na religião, essas distinções de família não constituem distinções civis. Há indianos que se considerariam desonrados caso comessem junto com seu rei.

Esses tipos de distinção estão ligados a uma certa aversão por outras pessoas, muito diferente dos sentimentos que devem originar as diferenças de ordens que, entre nós, envolve o amor pelos inferiores.

As leis da religião evitarão inspirar outro desprezo além do desprezo pelo vício e, sobretudo, evitarão afastar os homens do amor e da piedade pelos homens.

As religiões maometana e indiana abrigam um número infinito de povos. Os indianos odeiam os maometanos porque estes comem carne de vaca. Os maometanos detestam os indianos porque estes comem carne de porco.

---

35 Isto é, a passagem da morada terrena para, após a morte, a morada eterna. (N. T.)

Do espírito das leis

Capítulo XXIII – Das festas

Quando uma religião ordena a suspensão do trabalho, deve considerar mais as necessidades dos homens do que a grandeza do ser que ela reverencia.

O excessivo número de festas era um grande inconveniente em Atenas.[36] Esse povo dominador, perante o qual todas as cidades da Grécia vinham apresentar suas divergências, não conseguia lidar com todos os negócios.

Quando Constantino estabeleceu que não se trabalharia no domingo, ele criou esse ordenamento para as cidades[37] e não para os povos do campo. Parecia-lhe que nas cidades estavam os trabalhos úteis e nos campos os trabalhos necessários.

Pela mesma razão, nos países onde se pratica o comércio, o número de festas deve ser relativo a esse próprio comércio. Os países protestantes e os países católicos estão situados[38] de tal modo que há mais necessidade de trabalho nos primeiros do que nos segundos. A extinção das festas conviria, portanto, mais aos países protestantes do que aos países católicos.

Dampier[39] salienta que o entretenimento dos povos varia muito segundo os climas. Como os climas quentes produzem boa quantidade de frutos delicados, após encontrarem o necessário, os bárbaros gastam mais tempo divertindo-se. Os indianos dos países frios não têm muito lazer, pois precisam caçar e pescar continuamente. Há, portanto, menos dança, música e festins entre eles, e uma religião que se estabelecesse entre esses povos deveria estar atenta a isso na instituição das festas.

Capítulo XXIV – Das leis locais de religiões

Há muitas leis locais nas diversas religiões. E quando Montezuma[40] tanto se obstinava em dizer que a religião dos espanhóis era boa para o país

---

36 [Pseudo] Xenofonte, *A constituição dos atenienses* [cap.III].

37 Leg.3, Cód. *De feriis*. Essa lei certamente foi feita apenas para os pagãos.

38 Os católicos encontram-se mais ao sul e os protestantes ao norte.

39 [William Dampier] *Nouveaux voyages autour du monde*, t.II.

40 Imperador asteca que reinou no México durante a invasão espanhola. (N. T.)

deles e a do México para o seu, ele não dizia um absurdo, pois, na verdade, os legisladores não puderam deixar de atentar para o que a natureza havia estabelecido antes deles.

A crença na metempsicose é feita para o clima das Índias. O calor excessivo queima[41] todos os campos, e apenas pouquíssimo gado pode ali ser alimentado; a falta de gado para a lavoura é sempre um risco, pois eles se reproduzem[42] muito medianamente e estão sujeitos a muitas doenças. Uma lei religiosa que os conserve é, portanto, muito conveniente à polícia do país.

Enquanto as pradarias são queimadas, nesses lugares o arroz e os legumes crescem abundantemente pelo uso das águas disponíveis para serem utilizadas. Uma lei religiosa que permite apenas esse alimento é, portanto, muito útil aos homens nesses climas.

A carne[43] dos animais não tem gosto e o leite e a manteiga que deles retiram representa uma parte de sua subsistência. Nas Índias, portanto, a lei que proíbe matar e comer a carne das vacas não é insensata.

Atenas possuía em seu seio uma inumerável quantidade de gente e seu território era estéril. Havia uma máxima religiosa que aqueles que ofereciam alguns pequenos presentes aos deuses os honrariam[44] mais do que aqueles que imolavam bois.

Capítulo XXV – Inconvenientes da transferência de uma religião de um país para outro

Segue-se disso que há frequentemente muitos inconvenientes em transferir uma religião[45] de um país para outro.

"O porco", diz Boulainvilliers,[46] "deve ser muito raro na Arábia, onde não há quase nenhum boi e quase nada adequado para a alimentação desses

---

41 Bernier, *Voyages...*, t.II, p.137.

42 *Lettres édifiantes*, 12ª coletânea, p.95.

43 Bernier, *Voyages...* t.II, p.137.

44 Eurípedes, *Ateneu*, Lv.II, p.40.

45 Nada é dito aqui da religião cristã, pois, como foi dito no Lv.XXIV, ao final do Cap.I, a religião cristã é o primeiro bem.

46 [Prideaux] *Vie de Mahomet*.

Do espírito das leis

animais. Ademais, o sal presente nas águas e nos alimentos torna o povo muito suscetível às doenças de pele". A lei local que o proíbe não poderia ser boa para outros países[47] nos quais o porco é um alimento quase universal e, de certa forma, necessário.

Farei aqui uma reflexão. Santorio[48] observou que a carne do porco que comemos pouco transpira e que inclusive esse mesmo alimento impede muito a transpiração dos outros alimentos. Constatou que a diminuição chegava a um terço.[49] Sabe-se, aliás, que a deficiência de transpiração forma ou acentua as doenças de pele. A carne de porco deve ser, portanto, proibida nos climas onde essas doenças são mais suscetíveis, como no da Palestina, da Arábia, do Egito e da Líbia.

Capítulo XXVI – Continuação do mesmo assunto

Chardin[50] diz que não há nenhum rio navegável na Pérsia, com exceção do rio Kura, que se encontra nas extremidades do império. A antiga Lei dos Guebros,[51] que proibia a navegação sobre os rios, não apresentava, portanto, nenhum inconveniente em seu país, mas teria arruinado o comércio em outro.

As abluções recorrentes são muito usadas nos climas quentes, o que fez com que a lei maometana e a indiana as prescrevessem. Nas Índias, rezar[52] para Deus em água corrente é um ato bastante meritório. Como, no entanto, executar essas coisas em outros climas?

Quando uma religião fundada no clima contrariou excessivamente o clima de outro país, ela não pôde ali se estabelecer, e quando mesmo assim

---

47 Para a China, por exemplo.

48 *Médecine statique*, seção III, aforismo 22. [Sanctorius, ou Santorio Santorio (1561-1636), fisiologista italiano, autor de *De stactica medicina* (1614), conhecido pela sua teoria da "transpiração" ou "perspiração insensível". (N. T.)]

49 Idem, seção III, afor. 23.

50 [Chardin] *Voyage de Perse*, t.II.

51 Cf. nota neste mesmo livro, Cap.XI. (N. T.)

52 Bernier, *Voyages...*, t.II.

581

Montesquieu

foi introduzida, dali foi banida. Humanamente falando, o clima parece ter sido o responsável por prescrever os limites da religião cristã e da religião maometana.

Segue-se disso que é quase sempre conveniente que uma religião tenha dogmas específicos e um culto geral. Nas leis que concernem às práticas do culto, poucos detalhes são necessários. Por exemplo, mortificações em geral, e não uma determinada mortificação. O cristianismo é cheio de bom senso: a abstinência é um direito divino, mas uma abstinência específica é um direito de polícia, e é possível mudá-la.

Livro XXV
Das leis em sua relação com o estabelecimento da religião de cada país e sua polícia externa

Capítulo Primeiro – Do sentimento pela religião

O homem devoto e o ateu sempre falam de religião. Um fala do que ama e o outro do que teme.

Capítulo II – Do motivo de afeição pelas diversas religiões

As diversas religiões do mundo não oferecem motivos iguais de afeição para os que as professam, dependendo muito da maneira como elas se conformam com a maneira de pensar e sentir dos homens.

Somos extremamente inclinados à idolatria; no entanto, não somos tão fortemente ligados às religiões idólatras. Não somos nada inclinados às ideias espirituais; no entanto, somos muito afeiçoados às religiões que nos fazem adorar um Ser espiritual. É um sentimento feliz que deriva em parte da satisfação que encontramos em nós mesmos, por termos sido inteligentes o bastante para ter escolhido uma religião que retira a divindade da humilhação em que as outras a haviam colocado. Vemos a idolatria como a religião dos povos grosseiros e a religião que cultua um Ser espiritual como a dos povos esclarecidos.

Quando podemos ainda acrescentar à ideia de um Ser espiritual supremo, que forma o dogma, ideias sensíveis que entram no culto, isso nos oferece

Montesquieu

uma grande afeição pela religião, pois os motivos sobre os quais acabamos de falar encontram-se associados ao nosso pendor natural para as coisas sensíveis. Desse modo, os católicos, que possuem mais desse tipo de culto que os protestantes, são invencivelmente mais afeitos à sua religião que os protestantes, e mais zelosos com sua propagação.

Quando[1] o povo de Éfeso soube que os padres do concílio haviam decidido que se podia chamar a virgem de *Mãe de Deus*, exultou de alegria. Beijava as mãos dos bispos, abraçava seus joelhos, e tudo estrepitava com aclamações.

Quando uma religião intelectual nos oferece ainda a ideia de uma escolha feita pela Divindade e uma distinção entre aqueles que a professam e aqueles que não a professam, isso nos afeiçoa bastante a essa religião. Os maometanos não seriam tão bons muçulmanos caso não houvesse, de um lado, povos idólatras que os fizessem pensar que são os vingadores da unidade de Deus e, de outro, cristãos, para fazê-los acreditarem que são o objeto das preferências divinas.

Uma religião repleta de muitas[2] práticas causa mais afeição do que uma que as tem em menor quantidade. Conecta-se muito mais às coisas com as quais se está continuamente ocupado. É o que testemunha a obstinação tenaz dos maometanos[3] e dos judeus, e a facilidade que os povos bárbaros e selvagens têm de mudar de religião, os quais, ocupados unicamente com a caça ou a guerra, não se encarregam de práticas religiosas.

Os homens são extremamente inclinados a esperar e a temer. E uma religião que não tivesse nem inferno nem paraíso não poderia agradá-los. Isso se prova pela facilidade que as religiões estrangeiras tiveram para se estabelecer no Japão e o zelo e amor com que foram lá recebidas.[4]

---

1 Carta de São Cirilo. [Cirilo de Alexandria (c. 375-444), padre da Igreja e figura central do primeiro concílio de Éfeso, em 431, no qual pronunciou um discurso sobre Maria. (N. T.)]

2 Isso não é contraditório com o que disse no penúltimo capítulo do livro precedente. Aqui falo dos motivos de afeição por uma religião e lá dos meios de torná-la mais geral.

3 Isso é observado em toda terra. Vede, sobre os turcos, as "Missions du levant", em *Recueil des voyages qui ont servi à l'établissement de la Compagnie des Indes*, t.III, parte I, p.201, sobre os mouros da Batávia e P. Labat, sobre os negros maometanos etc.

4 A religião cristã e as religiões das Índias; estas possuem um inferno e um paraíso, ao passo que a religião xintoísta não os possui.

Do espírito das leis

Para que uma religião cause afeição, é preciso que ela tenha uma moral pura. Os homens, patifes se considerados no varejo, são pessoas honestas se vistos no atacado. Eles amam a moral e, se não estivesse tratando de um assunto tão grave, eu diria que isso é observado admiravelmente bem nos teatros. Tem-se a certeza de agradar ao povo com sentimentos que a moral admite e é certo que ficarão chocados com aqueles que a moral reprova.

Quando o culto externo possui grande magnificência, isso nos encanta e cria em nós uma grande afeição pela religião. A riqueza dos templos e do clero nos afetam muito. Assim, a própria miséria dos povos é um motivo que os afeiçoa a essa religião, a qual serviu de pretexto para aqueles que causaram sua miséria.

Capítulo III – Dos templos

Quase todos os povos policiados moram em casas. Donde decorreu naturalmente a ideia de edificar uma casa para Deus onde pudessem adorá-lo e ir buscá-lo nos momentos de medo ou de esperança.

Na verdade, não há nada mais consolador para os homens do que um lugar onde encontram a divindade mais presente e onde todos falam juntos de sua fraqueza e de sua miséria.

Mas essa ideia tão natural advém apenas aos povos que cultivam as terras e não se verá edificar templo entre os que não possuem casas.

É isso que fez Gengis Khan manifestar um desprezo tão grande pelas mesquitas.[5] Esse príncipe[6] interrogou os maometanos e aprovou todos os seus dogmas, com exceção do que estabelece a necessidade de ir a Meca. Ele não podia compreender que não se pudesse adorar a Deus em qualquer lugar. Os tártaros, que não moram em casa, não possuem quaisquer templos.

Os povos que não têm templos possuem pouca afeição por sua religião: eis porque os tártaros sempre foram tão tolerantes,[7] porque os povos

---

5 Entrando na Mesquita de Bucara, ele apanhou o *Alcorão* e o jogou sob as patas dos seus cavalos. [Abu al-Ghazi Bahadur] *História genealógica dos tártaros*, parte III, p.273.

6 Ibid., p.342.

7 Essa disposição de espírito prosseguiu até os japoneses, que, como é fácil provar, têm sua origem nos tártaros.

bárbaros que conquistaram o império romano não titubearam em adotar o cristianismo, porque os selvagens da América são tão pouco afeiçoados à sua própria religião, e porque, desde que nossos missionários os fizeram edificar igrejas no Paraguai, eles são tão zelosos com a nossa religião.

Como a divindade é o refúgio dos infelizes e não há gente mais infeliz que os criminosos, foi-se naturalmente concebido que os templos eram um asilo para eles, e essa ideia foi ainda mais natural entre os gregos, onde os assassinos, expulsos de sua cidade e da presença dos homens, pareciam não ter mais outra casa senão os templos, nem outros protetores senão os deuses.

Esses asilos se multiplicaram na Grécia. Os templos, diz Tácito,[8] estavam repletos de devedores insolventes e de escravos maldosos. Os magistrados tinham dificuldade para exercer a polícia e o povo protegia os crimes dos homens assim como a cerimônia dos deuses. O Senado foi obrigado a fechar boa parte dos templos.

As leis de Moisés foram muito sábias. Os homicidas involuntários eram inocentes, mas deviam ser retirados da vista dos parentes do morto. Ele estabeleceu, então, um asilo[9] para eles. Os grandes criminosos não mereciam asilo e não o tiveram.[10] Os judeus tinham apenas um tabernáculo portátil e que continuamente mudava de lugar, o que excluía a ideia de asilo. É verdade que deviam ter um templo, mas os criminosos que afluíam de toda parte poderiam atrapalhar o serviço divino. Se os homicidas tivessem sido expulsos do país, como foram entre os gregos, temiam que adorassem deuses estrangeiros. Todas essas considerações levaram a estabelecer cidades de asilo, onde devia-se permanecer até a morte do soberano pontífice.

Capítulo IV – Dos ministros da religião

Os primeiros homens, diz Porfírio, sacrificavam apenas plantas.[11] Para um culto simples, cada um poderia ser um pontífice na sua própria família.

---

8 *Anais*, Lv.II.

9 *Números*, cap.XXXV [v.14].

10 Ibid. [v.16 *ss.*]

11 *De abstinentia animalium*, II, 5. (N. T.)

Do espírito das leis

O desejo natural de agradar à divindade multiplicou as cerimônias, o que fez os homens, ocupados com a agricultura, tornarem-se incapazes de executá-las todas e de fazê-las em seus pormenores.

Lugares específicos foram consagrados aos deuses. Foi necessário haver ministros para cuidar deles, assim como cada cidadão toma conta de sua casa e de seus assuntos domésticos. Assim, os povos que não possuem sacerdotes normalmente são bárbaros. Tais eram outrora os pedalianos,[12] tais são ainda os wolgusky.[13]

Pessoas consagradas à Divindade deviam ser honradas, sobretudo entre os povos que haviam formado uma certa ideia de pureza corporal, necessária para se aproximar dos lugares mais agradáveis para os deuses e dependente de certas práticas.

O culto dos deuses exige uma atenção contínua, de modo que os povos em sua maioria foram levados a instituir o clero como um corpo separado. Assim, entre os egípcios, os judeus e os persas,[14] certas famílias, que se perpetuavam e realizavam o serviço, foram consagradas à divindade. Houve mesmo religiões nas quais não se pensou apenas em afastar os eclesiásticos dos negócios, mas também em lhes retirar o incômodo de ter uma família. É essa a prática da principal ramificação da lei cristã.

Não tratarei aqui das consequências da lei do celibato. É perceptível que ela poderia se tornar perniciosa à medida que o corpo do clero aumentasse demasiadamente e, por conseguinte, que o corpo de laicos não aumentasse suficientemente.

Pela natureza do entendimento humano, em matéria de religião amamos tudo que supõe um esforço, da mesma maneira que, em matéria de moral, especulativamente amamos tudo que possui um caráter de severidade. O celibato foi mais agradável aos povos para os quais ele parecia menos conveniente e podia ter efeitos mais indesejáveis. Nos países do sul da Europa, onde a lei do celibato é, devido à natureza do clima, mais difícil de

---

12 Lilio Giraldi, p.726. [Os *pédaliens* era um povo das Índias. Ver verbete na *Enciclopédia*. Lilio Gregorio Giraldi (1479-1552), humanista italiano, autor de uma obra sobre mitologia intitulada *De deis gentium* (1548). (N. T.)]

13 Povos da Sibéria. Vede a "Relation" de Everald Isbrands-Ides, em *Recueil des voyages du nord*, t.VIII.

14 Vede Hyde [*De religione veterum Persarum*, cap.28, p.349, ed. 1700].

ser cumprida, ela foi mantida. Já nos do norte, onde as paixões têm menos vivacidade, foi proscrita. Além disso, essa lei foi admitida nos países em que há poucos habitantes e rejeitada naqueles em que há muitos. É perceptível que todas essas reflexões abarcam apenas a excessiva extensão do celibato, e não o celibato em si.

Capítulo V – Dos limites que as leis devem estabelecer às riquezas do clero

Famílias particulares podem perecer, de tal modo que os bens não possuem uma destinação perpétua. O clero é uma família particular que não perece, logo, os bens estão para sempre a ela ligados e não podem sair dela.

As famílias particulares podem aumentar, logo, é preciso que seus bens também possam crescer. O clero é uma família que não pode aumentar, logo, seus bens devem ser limitados.

Conservamos as disposições do Levítico sobre os bens do clero, com exceção daquelas que concernem aos limites desses bens. Efetivamente, entre nós sempre se ignorou o limite após o qual não é mais permitido a uma comunidade religiosa adquirir bens.

Essas aquisições sem fim parecem algo muito insensato para os povos e quem quisesse defendê-las seria visto como um imbecil.

As leis civis às vezes encontram obstáculos para mudar os abusos já estabelecidos, pois estes estão ligados às coisas que as leis devem respeitar. Nesse caso, uma disposição indireta indica melhor o bom espírito do legislador do que uma outra que atacasse a coisa em si mesma. Em vez de defender as aquisições do clero, deve-se buscar fazer que ele mesmo tenha aversão a elas: deixar o direito, retirar o fato.

Em alguns países da Europa, a consideração dos direitos dos senhores fez com que se estabelecesse em seu favor um direito de indenização sobre os imóveis adquiridos pelas pessoas de mão-morta.[15] O interesse do prín-

---

15 *Gens de mainmorte* são pessoas morais, ou seja, comunidades, associações etc., que, em termos jurídicos, não morrem e, por conseguinte, seus bens (*biens de mainmorte*) não

Do espírito das leis

cipe o fez exigir um direito de amortização nesse mesmo caso. Em Castela, onde não há um direito semelhante, o clero invadiu tudo. Em Aragão, onde há algum direito de amortização, ele adquiriu menos. Na França, onde esse direito e o de indenização estão estabelecidos, adquiriu menos ainda; e pode-se dizer que a prosperidade desse Estado se deve, em parte, ao exercício desses dois direitos. Ampliai esses direitos e, se possível, contenhais a mão-morta.

Tornai sagrado e inviolável o antigo e necessário domínio do clero. Que seja fixo e eterno como ele, mas deixai que os novos domínios saiam de suas mãos.

Permiti que a regra seja violada quando ela se tornou um abuso. Tolerai o abuso quando ele retornar à regra.

Em Roma, nunca é esquecido um memorando que foi enviado por ocasião de algumas desavenças com o clero. Nele havia essa máxima: "O clero deve contribuir com os custos do Estado, a despeito do que diz o Antigo Testamento". Concluiu-se que o autor do memorando entendia melhor a linguagem do imposto abusivo do que a da religião.

Capítulo VI – Dos monastérios

O mínimo de bom senso mostra que esses corpos que se perpetuam infinitamente não devem vender suas propriedades vitalícias, nem fazer empréstimos de modo igualmente vitalício, a menos que se queira que eles se tornem herdeiros de todos aqueles que não possuem parentes ou de todos que não querem tê-los. Essas pessoas apostam contra o povo, mas a banca está contra eles.

---

podem ser passados adiante, não trocam de mãos, como ocorreria após a morte de uma pessoa física. Montesquieu, nesse caso, tem em vista as instituições religiosas que, como pessoas de mão-morta, ficariam permanentemente em poder dos bens por elas adquiridos, assim privando os senhores de uma parte importante de sua riqueza e renda, de modo que só puderam concordar com tais aquisições (pelo direito de amortização) após terem assegurado uma indenização. (N. T.)

Capítulo VII – Do luxo da superstição

"São ímpios aqueles que negam a existência dos deuses", diz Platão,[16] "ou os que a afirmam, mas sustentam que os deuses não se misturam com as coisas terrenas, ou, enfim, os que pensam que eles são facilmente tranquilizados por meio de sacrifícios. Três opiniões igualmente perniciosas". Platão diz tudo o que a razão natural jamais disse de mais sensato em matéria de religião.

A magnificência do culto externo tem muita relação com a constituição do Estado. Nas boas repúblicas, não somente o luxo da vaidade foi reprimido, mas também o da superstição. Instituíram-se leis de parcimônia para a religião. Dessas, várias são leis de Sólon, várias leis de Platão sobre os funerais e que Cícero adotou, enfim, algumas leis de Numa[17] sobre os sacrifícios.

"Pássaros", diz Cícero, "e pinturas feitas em um dia são dádivas muito divinas".[18]

"Oferecemos coisas comuns", diz um espartano, "para que tenhamos sempre os meios de honrar os deuses".[19]

O cuidado que os homens devem dedicar ao cultuar a divindade é bem diferente da magnificência desse culto. Não ofereçamos a ela nossos tesouros se não queremos mostrar à divindade a estima que temos por coisas que ela quer que desprezemos.

"Um homem de bem se envergonharia em receber presentes de um homem desonesto", diz admiravelmente Platão,[20] "logo, o que devem pensar os deuses das dádivas dos ímpios?".

Não é necessário que a religião, sob pretexto de dádivas, exija dos povos o que as necessidades do Estado lhes deixaram, e, como diz Platão,[21] ho-

---

16 *As leis*, Lv.X [885b].

17 *Rogum vino ne respergito* [Não jogue vinho na pira funerária]. Lei das Doze Tábuas.

18 Cícero, *Das leis*, II, 45, onde Platão é citado. (N. T.)

19 Platão, *As leis*, 956b. Plutarco atribui essa citação a Licurgo. (N. T.)

20 Ibid., Lv.IV. (N. T.)

21 Ibid., Lv.III.

Do espírito das leis

mens castos e devotos devem oferecer dádivas que estão de acordo com eles próprios.

Não seria igualmente necessário que a religião encorajasse as despesas com funerais. O que há de mais natural do que afastar a diferença de fortunas em uma coisa e em momentos que igualizam todas as fortunas?

Capítulo VIII – Do pontificado

Quando a religião possui muitos ministros, é natural que tenham um chefe e que o pontificado seja estabelecido. Na monarquia, na qual não se poderia separar demasiadamente as ordens do Estado e na qual não se devem agrupar todas as potências em um mesmo prócer, é bom que o pontificado esteja separado do império. A mesma necessidade não é verificada no governo despótico, cuja natureza é reunir em um mesmo prócer todos os poderes. Mas, nesse caso, poderia ocorrer que o príncipe visse a religião como suas próprias leis e como efeito de sua vontade. Para prevenir esse inconveniente é preciso que haja registros da religião, por exemplo, livros sagrados que a alicercem e a estabeleçam. O rei da Pérsia é o chefe da religião, mas o Alcorão rege a religião. O imperador da China é o soberano pontífice, mas há livros que estão entre as mãos de todo mundo e aos quais ele mesmo deve se conformar. Um imperador quis, em vão, aboli-los, e eles triunfaram diante da tirania.

Capítulo IX – Da tolerância em matéria de religião

Aqui somos políticos, não teólogos. E, para os próprios teólogos, há uma notória diferença entre tolerar uma religião e aprová-la.

Quando as leis de um Estado entenderam que se deviam admitir várias religiões, também foi preciso que as leis as obrigassem a se tolerar umas às outras. É um princípio que toda religião reprimida se torna, ela mesmo, repressora, pois, assim que por algum acaso pode desvencilhar-se da opressão, ela ataca a religião que a reprimiu, não como uma religião, mas como uma tirania.

É útil, portanto, que as religiões exijam dessas diversas religiões não somente que não perturbem o Estado, mas também que não se perturbem entre si. Um cidadão atende às leis contentando-se em não agitar o corpo do Estado; é preciso, além disso, que ele não perturbe qualquer outro cidadão.

Capítulo X – Continuação do mesmo assunto

Como apenas religiões intolerantes têm um cuidado enorme em se estabelecer em outros lugares, uma vez que uma religião que pode tolerar outras não busca propagar-se, seria uma ótima lei civil que, quando o Estado estivesse satisfeito com a religião já estabelecida, não se admitisse o estabelecimento[22] de uma outra.

Eis, portanto, o princípio fundamental das leis políticas em matéria de religião. Quando se tem a autoridade para receber ou não uma nova religião no Estado, não se deve estabelecê-la. Quando ela está estabelecida, deve-se tolerá-la.

Capítulo XI – Da mudança de religião

Um príncipe que tenta destruir ou mudar a religião dominante no seu Estado fica muito exposto. Se seu governo é despótico, ele corre mais risco de ver uma revolução do que teria em qualquer outra tirania, o que nunca é algo novo nesses tipos de Estado. A revolução decorre do fato de que um Estado não muda de religião, de costumes e de maneiras de modo súbito ou tão logo um príncipe publique um decreto estabelecendo uma nova religião.

Além disso, a religião antiga está ligada à constituição do Estado, enquanto a nova, não. Aquela está de acordo com o clima e a nova frequentemente

---

22 Em todo esse capítulo não falo da religião cristã, pois, como já disse anteriormente, a religião cristã é o primeiro bem. Vede o fim do Capítulo I do livro precedente e a *Defesa do Espírito das Leis*, segunda parte. [Esta nota, introduzida apenas na edição de 1757, e as recorrentes advertências sobre o cristianismo como "primeiro bem", demonstram como esses livros sobre a religião foram particularmente criticados à época da publicação do *Espírito das leis*. (N. T.)]

Do espírito das leis

lhe oferece resistência. Ademais, os cidadãos não gostam de suas leis, passando a sentir desprezo pelo governo já estabelecido. As desconfianças pelas duas religiões são substituídas por uma firme crença em uma. Em suma, ao menos por um tempo, oferece-se ao Estado maus cidadãos e maus fiéis.

Capítulo XII – Das leis penais

Em matéria de religião, é preciso evitar as leis penais. É verdade que elas incutem o medo, mas, como a religião tem também suas leis penais que inspiram o medo, uma anula a outra. Em meio a esses dois diferentes medos, as almas tornam-se atrozes.

A religião tem ameaças tão grandes, promessas tão grandes que, quando elas se encontram presentes em nosso espírito, qualquer coisa que o magistrado possa fazer para nos constranger a deixá-la já nos dá a impressão de que ficamos sem nada se a religião nos for retirada, e que nada nos é retirado quando nos deixam ficar com ela.

Não será, portanto, ao preencher a alma com esse grande objeto, ao aproximá-lo do momento em que deve dar maior importância a ele, que se conseguirá desvincular-se da religião. É mais seguro atacar uma religião por meio do benefício, das comodidades da vida, da esperança pela fortuna. Não pelo que adverte, mas pelo que faz com que seja esquecida. Não pelo que indigna, mas pelo que nos causa tepidez quando outras paixões agem sobre nossas almas, enquanto as que a religião inspira estão em silêncio. Regra geral: em matéria de mudança de religião, o convidativo é mais potente que as penas.

O caráter do espírito humano apareceu na própria ordem das penas empregadas. Lembremos das perseguições no Japão:[23] houve mais revolta contra os cruéis suplícios do que contra as longas penas, as quais aborrecem mais do que amedrontam, que são mais difíceis de superar, pois parecem menos difíceis.

Em suma, a história nos ensina suficientemente que as leis penais somente produziram como efeito a destruição.

---

23 Vede o *Recueil des voyages qui ont servi à l'établissement de la Compagnie des Indes*, t.V, parte I, p.192.

Montesquieu

Capítulo XIII – Humilíssima admoestação aos inquisidores da Espanha e de Portugal

Uma judia de dezoito anos, queimada em Lisboa no último auto de fé, ocasionou essa pequena obra – e penso que seja a mais inútil jamais escrita. Quando se trata de provar coisas tão claras, fica-se certo de não convencer.

O autor declara que, ainda que seja judeu, ele respeita a religião cristã e que a ama o suficiente para retirar dos reis não cristãos um pretexto plausível para persegui-la. Diz ele aos inquisidores:

Queixai-vos que o imperador do Japão mandou queimar em fogo brando todos os cristãos que se encontram em seus Estados, mas ele vos responderá: "Nós vos tratamos, vós que não credes como nós, como tratais aqueles que não acreditam como vós. Podeis vos queixar apenas de vossa fraqueza, a qual vos impede de nos exterminar e que faz com que nós vos exterminemos".

Porém, é preciso admitir que sois bem mais cruéis que esse imperador. Vós nos matais, nós que não cremos no que credes, porque não cremos em tudo o que credes. Seguimos uma religião que vós mesmos sabeis ter sido outrora cara a Deus. Pensamos que Deus ainda a ama, e pensais que ele não a ama mais. E porque assim julgais, submeteis a ferro e fogo aqueles que se encontram nesse erro tão imperdoável que é acreditar que Deus[24] ainda ame aquele que amou.

Se sois cruéis conosco, sois ainda mais com nossos filhos. Mandastes queimá-los porque seguem as inspirações que lhes foram dadas por aqueles que a lei natural e as leis de todos os povos lhes ensinam a respeitar como deuses.

Houvestes vos privado das vantagens que vos foram conferidas sobre os maometanos pela forma pela qual sua religião foi estabelecida. Quando eles se orgulham do número de seus fiéis, dizeis-lhes que foi a força que os conseguiu e que expandiram sua religião pelo ferro. Por que, então, estabeleceis a vossa pelo fogo?

Quando quereis nos fazer ir até vós, objetamos-vos recorrendo a uma origem da qual vos orgulhais de descender. Respondeis que vossa religião é nova,

---

24 A origem do fanatismo dos judeus é não perceberem que a economia do Evangelho está na ordem dos desígnios de Deus e que, assim, ela é consequência de sua própria imutabilidade.

Do espírito das leis

mas que é divina, e o provais porque ela cresceu a partir da perseguição dos pagãos e pelo sangue de vossos mártires. Mas, hoje em dia, haveis assumido o papel dos dioclecianos e fazeis que assumamos o vosso.

Nós vos conjuramos, não pelo Deus potente ao qual servimos, vós e nós, mas pelo Cristo que nos dizeis ter adotado a condição humana para vos propor exemplos que podeis seguir. Nós vos conjuramos a agir conosco como ele próprio ainda agiria sobre a Terra. Quereis que sejamos cristãos e não quereis sê-lo vós mesmos.

Mas, se não quereis ser cristãos, sejais ao menos homens, tratai-nos como faríeis se, tendo apenas essas fracas fagulhas de justiça que a natureza nos dá, não tivésseis uma religião para vos conduzir e uma revelação para vos esclarecer.

Se o Céu vos amou suficientemente para vos fazer enxergar a verdade, ele vos agraciou imensamente. Mas cabe às crianças que receberam a herança de seu pai odiar aquelas que não a receberam?

Se tiverdes essa verdade, não a escondais de nós pela maneira que a propondes a nós. O caráter da verdade é seu triunfo sobre os corações e os espíritos, mas não essa impotência que admitis quando quereis que a recebam por meio de suplícios.

Se sois razoáveis, não deveis nos matar, porque não queremos vos enganar. Se vosso Cristo é o filho de Deus, esperamos que ele nos recompensará por não ter desejado profanar seus mistérios. E acreditamos que o Deus que servimos, vós e nós, não nos punirá por termos morrido por uma religião que outrora ele nos deu, pois ainda acreditamos nisso.

Viveis em um século no qual a luz natural está mais viva que nunca, no qual a filosofia esclareceu os espíritos, no qual a moral de vosso Evangelho ficou mais conhecida, no qual os direitos respectivos de certos homens, o império que uma consciência tem sobre outra, estão mais bem estabelecidos. Se, portanto, não reconsiderardes vossos antigos preconceitos, que são, prestando bem atenção, vossas paixões, é preciso admitir que sois incorrigíveis, incapazes de qualquer ilustração e instrução. E uma nação que confere autoridade a homens como vós é uma nação muito infeliz.

Quereis que exprimamos ingenuamente nosso pensamento? Vós nos vedes mais como inimigos do que os inimigos de vossa religião, pois, se amásseis vossa religião, não a deixaríeis se corromper por uma grosseira ignorância.

Montesquieu

É necessário que vos advirtamos de uma coisa: se alguém no futuro ousar dizer que, no século em que vivemos, os povos da Europa eram policiados, sereis citados para provar que eles eram bárbaros. E a ideia que se terá de vós será tal que ela desonrará vosso século e fará recair o ódio sobre todos os vossos contemporâneos.

Capítulo XIV – Por que a religião cristã é tão odiosa no Japão

Falei do caráter atroz das almas japonesas.[25] Os magistrados viam a determinação que inspira o cristianismo, quando se trata de renunciar à fé, como algo muito perigoso, crendo que a audácia aumentava. A lei do Japão pune severamente a mínima desobediência: ordenou-se renunciar à religião cristã, e não renunciar seria desobedecer; castigou-se por esse crime, e continuar a desobediência pareceu merecer outro castigo.

Entre os japoneses, as punições são vistas como a vingança de um insulto ao príncipe. Os cantos de júbilo de nossos mártires pareciam ser um atentado contra ele. O título de mártir intimidou os magistrados pois, em seu espírito, significava rebelde. Eles fizeram de tudo para impedir que se obtivesse o título. Foi então que as almas se amedrontaram e viu-se um combate terrível entre os tribunais que condenavam e os acusados que sofreram tanto com as leis civis quanto com as da religião.

Capítulo XV – Da propagação da religião

Todos os povos do Oriente, com exceção dos maometanos, acreditam que todas as religiões são, em si mesmas, indiferentes. Temem o estabelecimento de outra religião apenas no que isso diga respeito à mudança no governo. Entre os japoneses, dentre os quais há várias seitas e onde o Estado teve por muito tempo um chefe eclesiástico, nunca se discute sobre religião.[26]

---

25 Lv.VI, Cap.XVI [na realidade, Cap.XIII].

26 Vede Kaempfer [*História natural, civil e eclesiástica do império do Japão*].

Do espírito das leis

Também é assim entre os siameses.[27] Os calmucos[28] vão além: para eles é uma questão de consciência admitir todos os tipos de religião. Em Calicute, é uma máxima do Estado que toda religião é boa.[29]

Mas disso não resulta que uma religião trazida de um país longínquo e com clima, leis, costumes e maneiras completamente diferentes, alcance todo êxito que sua santidade deveria lhe prometer. Isso é especialmente verdadeiro nos impérios despóticos; a princípio toleram-se os estrangeiros, pois não se dá atenção ao que parece não afrontar o poder do príncipe. As pessoas encontram-se aí em uma ignorância extrema de tudo. Um europeu pode tornar-se agradável por certos conhecimentos que oferece e isso é um bom começo. Todavia, esse Estado, por sua natureza, exige tranquilidade antes de tudo, e a menor perturbação pode subvertê-lo. Dessa forma, assim que o europeu tiver algum sucesso, que alguma disputa surgir, que as pessoas que possam ter algum interesse forem advertidas, proscreve-se desde o início a nova religião e os que a anunciam. Eclodindo as disputas entre os que pregam, começa-se a ter aversão por uma religião na qual seus próprios pregadores não conseguem entrar em acordo.

---

27 *Mémoires* do conde de Forbin.
28 [Abu al-Ghazi Bahadur] *História genealógica dos tártaros*, parte V.
29 *Voyage*, de François Pyrard, cap.XXVII.

Livro XXVI
Das leis segundo a relação que devem ter com a ordem das coisas sobre as quais estatuem

Capítulo Primeiro – Ideia deste livro

Os homens são governados por diversos tipos de leis: pelo direito natural; pelo direito divino, que é o da religião; pelo direito eclesiástico, também chamado canônico e que é o da polícia da religião; pelo direito das gentes, que se pode considerar como o direito civil do universo, no sentido de que cada povo é dele cidadão; pelo direito político em geral, que tem por objeto essa sabedoria humana fundadora de todas as sociedades; pelo direito de conquista, fundado sobre o que um povo quis, pôde ou foi obrigado a agir violentamente sobre outro; pelo direito civil de cada sociedade, pelo qual um cidadão pode defender seus bens e sua vida contra qualquer cidadão; e, enfim, pelo direito doméstico, que advém da divisão de uma sociedade em diversas famílias, as quais têm necessidade de um governo particular.

Há, portanto, diferentes ordens de lei e a sublimidade da razão humana consiste em bem saber a qual dessas ordens concernem as coisas sobre as quais se deve estatuir, bem como a não confundir os princípios que devem governar os homens.

Capítulo II – Das leis divinas e das leis humanas

Não se deve estatuir por leis divinas o que deve sê-lo por leis humanas, nem regular por leis humanas o que deve sê-lo por leis divinas.

Esses dois tipos de leis diferem por sua origem, por seu objeto e por sua natureza.

Todo mundo aceita bem que as leis humanas são de uma natureza distinta das leis da religião, e esse é um grande princípio. Mas esse princípio é ele mesmo submetido a outros que devem ser buscados.

1º) A natureza das leis humanas é de serem submetidas a todos os acidentes que ocorrem e de variarem à medida que as vontades dos homens mudam. A natureza das leis da religião, pelo contrário, é a de nunca variarem. As leis humanas estatuem sobre o bem, as da religião sobre o melhor. O bem pode ter um objeto distinto, pois há vários bens, mas o melhor é único e não pode, portanto, mudar. Certamente é possível mudar as leis, pois espera-se apenas que sejam boas; porém, as instituições da religião são supostamente sempre as melhores.

2º) Há Estados nos quais as leis não são nada ou são apenas a vontade caprichosa e transitória do soberano. Se, nesses Estados, as leis da religião forem da mesma natureza das leis humanas, as leis da religião tampouco serão alguma coisa. É então necessário para a sociedade que haja alguma coisa de fixo, e a religião é esse algo fixo.

3º) A principal força da religião deriva da crença nela depositada. A força das leis humanas deriva do medo que elas inspiram. A antiguidade convém à religião, porque frequentemente cremos mais nas coisas à medida que são mais remotas, porquanto não temos na mente ideias acessórias desses tempos que possam contradizê-las. As leis humanas, pelo contrário, tiram sua vantagem de sua novidade, a qual anuncia uma atenção particular e atual do legislador para que sejam respeitadas.

Capítulo III – Das leis civis que são contrárias à lei natural

"Se um escravo", diz Platão,[1] "defende-se e mata um homem livre, ele deve ser tratado como parricida". Eis uma lei civil que pune a defesa natural.

A lei que, sob Henrique VIII, condenava um homem sem que as testemunhas lhe fossem confrontadas era contrária à defesa natural. Na verdade, para que se possa condenar, é bem necessário que as testemunhas saibam

---

1 Lv.IX de *As leis* [869d].

Do espírito das leis

que o homem contra quem depõem é aquele que é acusado e que este possa dizer: não é de mim que vós falais.

A lei aprovada nesse mesmo reino e que condenava toda menina que, tendo tido uma relação ilícita com alguém, não declarasse isso ao rei antes de ser desposada, violava a defesa do pudor natural. É tão insensato exigir de uma menina que faça essa declaração quanto pedir a um homem que não busque defender sua vida.

A lei de Henrique II, a qual condena à morte uma menina cuja criança morreu sem que tenha declarado sua gravidez ao magistrado, não é menos contrária à defesa natural. Bastaria tê-la obrigado a informar para uma de suas parentes mais próximas, que cuidaria da conservação da criança.

Que outra declaração ela poderia fazer nesse suplício do pudor natural? A educação fez crescer a ideia da conservação desse pudor e, nesses momentos, dificilmente restou com ela uma ideia da perda da vida.

Muito se falou de uma lei da Inglaterra[2] que permitia a uma menina de sete anos escolher um marido. Essa lei era revoltante de duas maneiras: não tinha nenhuma preocupação com o tempo de maturação que a natureza deu ao espírito e nem com o tempo de maturação que deu ao corpo.

Um pai podia, entre os romanos, obrigar sua filha a repudiar seu marido[3] ainda que ele mesmo tenha consentido no casamento. Mas é contra a natureza que o divórcio seja colocado nas mãos de um terceiro.

Se o divórcio está de acordo com a natureza, ele o é apenas quando as duas partes, ou ao menos uma delas, consentem. E, quando nenhuma consente, o divórcio é uma monstruosidade. Enfim, a faculdade do divórcio pode ser concedida apenas àqueles que percebem as inconveniências do casamento e que sentem o momento em que têm interesse de interrompê-las.

Capítulo IV – Continuação do mesmo assunto

Gundebaldo, rei da Borgonha, dispunha que, se a mulher ou o filho de alguém que roubou não delatasse o crime, fossem submetidos à escravidão.[4]

---

2 Bayle fala dessa lei em sua *Crítica da história do calvinismo*, p.293.

3 Vede a Lei 5 do cód. *De Repudiis et Judicio de moribus sublato.*

4 Lei dos Borguinhões, tit.XLVII.

Essa lei era contra a natureza. Como uma mulher poderia ser acusadora de seu marido? Como um filho poderia ser acusador de seu pai? Para vingar uma ação criminosa, ele ordenava uma ainda mais criminosa.

A lei[5] de Recesvindo permitia às crianças da mulher adúltera, ou às de seu marido, acusá-la e interrogar os escravos da casa. Lei iníqua que, para conservar os costumes, subvertia a natureza, da qual os costumes tiram sua origem.

Assistimos com prazer em nossos teatros[6] a um jovem herói demonstrar tanto horror ao descobrir o crime de sua madrasta quanto o tinha pelo crime em si. Surpreendido, acusado, julgado, condenado, proscrito e coberto de infâmia, ele mal ousa fazer algumas reflexões sobre o abominável sangue que originou Fedra. Abandonando tudo o que há de mais caro para ele e objeto de maior ternura, tudo que fala ao seu coração, tudo que pode indigná-lo, ele se submete à vingança dos deuses, algo que tampouco mereceu. São os acentos da natureza os causadores desse prazer; é a mais doce de todas as vozes.

Capítulo V – Um caso em que se pode julgar pelos princípios do direito civil modificando os princípios do direito natural

Uma lei de Atenas obrigava[7] os filhos a alimentar seus pais em situação de indigência, com exceção daqueles nascidos[8] de uma cortesã, daqueles cujo pai havia exposto a pudicícia por uma relação infame, daqueles aos quais[9] o pai não ensinou uma profissão para que ganhassem a vida.

A lei considerava que, no primeiro caso, sendo incerto quem é o pai, ele precarizou sua obrigação natural. No segundo, manchou a vida que havia concebido e que fez o maior mal que pudesse fazer aos seus filhos ao privá-los de seu caráter. No terceiro, tornou insuportável uma vida que

---

5 No código dos visigodos, Lv.III, tit.IV, §13.

6 Trata-se da peça *Fedra*, de Racine. (N. T.)

7 Sob pena de infâmia e, uma outra, sob pena de prisão.

8 Plutarco, "Vida de Sólon" [*Vidas paralelas*, §24].

9 Ibid.; e Galiano, *in Exhort. ad Art.*, cap.VIII.

os filhos já encontravam tanta dificuldade em conservar. A lei via o pai e o filho apenas como dois cidadãos e estatuía apenas no horizonte do político e do civil. Ela considerava que, em uma boa república, os costumes são essencialmente necessários.

Penso que a lei de Sólon era boa nos dois primeiros casos, seja naquele em que a natureza deixa que o filho ignore quem é seu pai, seja naquele em que ela parece até mesmo ordenar que ele não o conheça. Mas não se poderia aprovar no terceiro, no qual o pai violou apenas uma regra civil.

Capítulo VI – Que a ordem de sucessões depende dos princípios do direito político ou civil e não dos princípios do direito natural

A Lei Vocônia não permitia constituir uma mulher como herdeira, nem mesmo uma filha única. Jamais houve, diz Santo Agostinho,[10] uma lei mais injusta. Uma fórmula de Marculfo[11] trata como ímpio o costume que priva as meninas da sucessão de seus pais. Justiniano[12] denomina bárbaro o direito de sucessão dos meninos em prejuízo das meninas. Essas ideias vêm de se ver o direito que os filhos têm à sucessão de seus pais como uma consequência do direito natural, e não é.

A lei natural ordena aos pais que alimentem seus filhos, mas não obriga que se faça deles herdeiros. A partilha dos bens, as leis sobre essa partilha, as sucessões após a morte daquele que obteve essa partilha, tudo isso pode ser regulamentado apenas pela sociedade e, por conseguinte, por leis políticas ou civis.

É verdade que a ordem política ou civil frequentemente demanda que os filhos sucedam aos pais, mas não o exige sempre.

As leis de nossos feudos podiam ter razões para que o primogênito dos filhos homens, ou os parentes homens mais próximos, recebessem tudo,

---

10 *A cidade de Deus*, Lv.III.

11 [*Fórmulas*] Lv.II, cap.XII.

12 *Novela 21* [*Corpus Juris Civilis*, prefácio].

e as filhas, nada. E as leis dos lombardos[13] também podiam tê-las para que as irmãs, os filhos naturais, os outros parentes e, em sua ausência, o fisco, concorressem com as filhas.

Em algumas dinastias da China, foi regulamentado que os irmãos do imperador o sucederiam e que seus filhos não o sucederiam. Se fosse desejável que o príncipe tivesse uma certa experiência, caso as menoridades fossem receadas, se fosse necessário prevenir que eunucos sucessivamente colocassem crianças no trono, podia-se muito bem estabelecer uma ordem de sucessão semelhante. E, quando alguns[14] escritores trataram esses irmãos como usurpadores, julgaram-no a partir de ideias tomadas nesse país.

Segundo o costume da Numídia,[15] Oezalces, irmão de Gala, sucedeu ao trono, e não seu filho Massinissa. E, ainda hoje em dia,[16] entre os árabes da Barbária, onde cada aldeia tem um chefe, escolhe-se, segundo esse antigo costume, o tio ou qualquer outro parente para suceder.

Há monarquias puramente eletivas e, desde que fique claro que a ordem das sucessões deve decorrer das leis políticas ou civis, cabe a elas decidir em qual caso a razão quer que essa sucessão seja deferida aos filhos e em quais casos é preciso dá-la a outros.

Nos países onde a poligamia está estabelecida, o príncipe tem muitos filhos. O número deles é maior em certos países do que em outros. Há Estados[17] nos quais a manutenção dos filhos do rei seria impossível para o povo, sendo que aí se pôde estabelecer que os filhos do rei não lhe sucederiam, mas os filhos de sua irmã.

Uma quantidade prodigiosa de filhos exporia o Estado a guerras civis terríveis. A ordem de sucessão que concede a coroa aos filhos da irmã, cujo

---

13 [*Leges Langobardorum*] Lv.II, tit.XIV, §6, 7 e 8.

14 O padre Du Halde, sobre a segunda dinastia [*Descrição do império da China*].

15 Tito Lívio, terceira década, Lv.XXIX [cap.XXIX].

16 Vede as *Voyages* do senhor Shaw, t.I, p.402 [Thomas Shaw (1694-1751), autor de *Travels, or, Observations Relating to Several Parts of Barbary and the Levant* (1738, traduzida para o francês em 1743, em dois tomos). (N. T.)]

17 Como em Loango, na África. Vede *Recueil des voyages qui ont servi à l'établissement de la Compagnie des Indes*, t.IV, parte I, p.114; e Smith, *Voyage de Guinée*, parte II, p.150, sobre o reino de Uidá.

Do espírito das leis

número não é tão grande quanto seria o de filhos de um príncipe que não possui apenas uma mulher, previne esses inconvenientes.

Há nações em que a razão de Estado ou alguma máxima de religião exigiu que uma certa família sempre reinasse; assim é nas Índias[18] no que diz respeito ao apego por sua casta e ao medo de não descender dela. Pensou-se que, para sempre ter príncipes de sangue real, seria preciso tomar os filhos da irmã mais velha do rei.

Máxima geral: alimentar os filhos é uma obrigação pelo direito natural; dar-lhes sua sucessão é uma obrigação pelo direito civil ou político. Daí derivam as diferentes disposições sobre os bastardos nos diferentes países do mundo. elas seguem as leis civis ou políticas de cada país.

Capítulo VII – Que não se pode decidir pelos preceitos da religião quando se trata daqueles da lei natural

Os abissínios fazem um duríssimo jejum de cinquenta dias, de tal maneira que, por muito tempo, não conseguem agir. Os turcos[19] não deixam de atacá-los após seu jejum. A religião deveria, em prol da defesa natural, colocar limites a essas práticas.

O sabá foi ordenado aos judeus, mas era uma estupidez para essa nação não poder defender-se[20] quando seus inimigos escolheram esse dia para atacá-los.

Cambises,[21] ao sitiar Pelúsio, colocou na linha de frente uma grande quantidade de animais que os egípcios consideravam sagrados e os soldados da guarnição não ousaram atirar. Quem não vê que a defesa natural é de uma ordem superior a todos os preceitos?

---

18 Vede as *Lettres édifiantes*, 14ª coletânea; e as *Voyages qui ont servi à l'établissement de la Compagnie des Indes*, t.III, parte II, p.644.

19 *Recueil des voyages qui ont servi à l'établissement de la Compagnie des Indes*, t.IV, parte I, p.35 e 103.

20 Como fizeram, quando Pompeu sitiou o templo. Vede Dião Cássio [*História romana*], Lv.XXXVII [cap.16].

21 Cambises II, rei da Pérsia entre 530 e 522 a.C. (N. T.)

Montesquieu

Capítulo VIII – Que não se pode regulamentar pelos princípios do direito dito canônico as coisas regulamentadas pelos princípios do direito civil

Pelo direito civil dos romanos,[22] aquele que rouba uma coisa privada de um lugar sagrado é punido apenas pelo crime de roubo. Pelo direito[23] canônico, é punido pelo crime de sacrilégio. O direito canônico considera o lugar, ao passo que o direito civil, a coisa. Mas considerar apenas o lugar não é analisar nem a natureza e a definição de roubo, nem a natureza e a definição de sacrilégio.

Como o marido pode pedir a separação por causa da infidelidade de sua mulher, a mulher o pedia outrora por causa da infidelidade do marido.[24] Essa prática, contrária à disposição das leis[25] romanas, era introduzida nos tribunais da Igreja,[26] nas quais se observava apenas o direito canônico. E, efetivamente, observando o casamento apenas pelas ideias puramente espirituais e em relação às coisas do além, a violação é a mesma. Mas as leis políticas e civis de quase todos os povos distinguiram, com razão, essas duas coisas. Elas exigiram das mulheres um certo grau de moderação e continência que não exigem dos homens, pois a violação do pudor supõe, nas mulheres, a renúncia a todas as virtudes; pois a mulher, ao violar as leis do casamento, sai do estado de sua dependência natural; pois a natureza marcou a infidelidade das mulheres com signos claros; ademais, os filhos adulterinos da mulher são necessariamente do marido, e às suas expensas, enquanto os filhos adulterinos do marido não são da mulher, nem às expensas da mulher.

---

22 Lei 5, ff. *Ad leg. Juliam peculatus* [*Digesto, Corpus Juris Civilis*, XLVIII, 13].

23 Cap. *Quisquis* 17, *quaestione* 4; [Jacques] Cujas, *Observat.*, Lv.XIII, cap.XIX, t.III. [Referência a *Corpus Juris Canonici, Decretum Magistri Gratiani*; e a Jacques Cujas, *Observationum et emendationum libri*, ed. 1868. (N. T.)]

24 Beaumanoir, *Coutumes de Beauvoisis*, cap.XVIII.

25 Lei I, cód. *ad legem Juliam de adulteriis et de stupro* [*Corpus Juris Civilis*, IX, 9].

26 Hoje em dia, na França, ela não possui competência para isso.

Do espírito das leis

Capítulo IX – Que as coisas que devem ser regulamentadas pelos princípios do direito civil raramente podem sê-lo pelos princípios das leis da religião

As leis religiosas têm mais sublimidade; as leis civis, mais extensão.

As leis de perfeição, tiradas da religião, observam mais a bondade do homem que as cumpre do que da sociedade na qual são cumpridas. As leis civis, pelo contrário, observam mais a bondade moral dos homens em geral que a dos indivíduos.

Assim, quão respeitáveis sejam as ideias que nascem imediatamente da religião, elas não devem sempre servir de princípio para as leis civis, uma vez que estas possuem um outro, a saber, o bem geral da sociedade.

Os romanos instituíram regulamentos para conservar, na república, os costumes das mulheres; eram instituições políticas. Quando a monarquia se estabeleceu, instituíram a propósito leis civis e o fizeram sobre os princípios do governo civil. Quando a religião cristã surgiu, as leis novas que foram instituídas tinham menos relação com a bondade geral dos costumes do que com a santidade do casamento. Considerou-se menos a união dos dois sexos no estado civil do que em um estado espiritual.

Inicialmente, pela lei[27] romana, um marido que reintroduzisse em casa sua mulher condenada por adultério era punido como cúmplice de sua devassidão. Justiniano,[28] em sentido diverso, ordenou que ele poderia, por dois anos, ir resgatá-la no monastério.

Quando uma mulher, cujo marido foi para a guerra, não tinha mais notícias suas, ela podia, nos primeiros tempos, simplesmente casar-se de novo, pois tinha em suas mãos o direito de realizar o divórcio. A lei de Constantino[29] dispôs que ela esperasse quatro anos, podendo então enviar o libelo de divórcio ao chefe. E, caso seu marido retornasse, não podia mais

---

27 Lei 11, §ult. ff. *ad legem Juliam de adulteriis coercendis* [*Corpus Juris Civilis, Digesto*, VIII, 5].

28 *Novela* 134, col. 9, cap.10, tit.170.

29 Lei 7, Código de *Repudiis et Judicio de moribus sublato* [*Corpus Juris Civilis*, V, 17, 7].

acusá-la de adultério. Mas Justiniano[30] estabeleceu que, a despeito do tempo decorrido desde a partida do marido, ela não podia casar-se novamente, a menos que, por disposição e atestação do chefe, ela provasse a morte de seu marido. Justiniano tinha em vista a indissolubilidade do casamento, mas é possível dizer que o visava excessivamente. Ele exigia uma prova positiva enquanto uma prova negativa bastaria. Ao exigir que se desse conta do destino de um homem afastado e exposto a tantos acidentes, exigia algo muito complicado. Presumia um crime, isto é, a deserção do marido quando era muito natural presumir sua morte. Ele afrontava o bem público ao deixar uma mulher sem casamento e afrontava o interesse particular ao expô-la a inúmeros perigos.

A lei de Justiniano,[31] tendo colocado entre as causas do divórcio o consentimento do marido e da mulher em ingressar no monastério, afastava-se inteiramente dos princípios das leis civis. É natural que as causas do divórcio tenham sua origem em empecilhos que não poderiam ser previstos antes do casamento, mas esse desejo de preservar a castidade podia ser previsto, pois ele se encontra em nós. Essa lei favorece a inconstância em um estado que, por sua natureza, é perpétuo. Ela afronta o princípio fundamental do divórcio, o qual suporta a dissolução de um casamento apenas na esperança de um outro. Enfim, seguindo as mesmas ideias religiosas, ela oferece apenas vítimas a Deus, e não sacrifício.

Capítulo X – Em que caso se deve seguir a lei civil que permite e não a lei da religião que proíbe

Quando uma religião que proíbe a poligamia é introduzida em um país onde é permitida, acredita-se, falando politicamente, que a lei do país deva tolerar que um homem que tenha várias mulheres assuma essa religião, desde que o magistrado ou o marido as recompensem, outorgando a elas, de alguma maneira, seu estado civil. Sem isso, sua condição seria deplorável.

---

30 *Auth. Hodie quantiscumque*, cód. *de repud.* [*Authentica, Hodie quantiscumque, Corpus Juris Civilis, Novela* 117, cap.II; cód. V, 17, 7, *de repudiis et judicio de moribus sublato.*]

31 *Auth. Quod hodie*, cód. *de repud.* [Ibid., cód. V, 17, 9.]

Do espírito das leis

Fariam apenas obedecer às leis e se veriam privadas das maiores vantagens da sociedade.

Capítulo XI – Que não se deve regulamentar os tribunais humanos pelas máximas dos tribunais que visam à outra vida

O tribunal da Inquisição, formado por monges cristãos a partir da ideia do tribunal da penitência, é contrário a toda boa polícia. Encontrou uma insurreição generalizada em todos os lugares, e teria cedido às contradições se aqueles que quiseram estabelecê-lo não tivessem tirado vantagens dessas próprias contradições.

Esse tribunal é insustentável em todos os governos. Na monarquia, ele cria apenas delatores e traidores. Nas repúblicas, forma apenas pessoas desonestas. No Estado despótico, é tão destruidor quanto o próprio governo.

Capítulo XII – Continuação do mesmo assunto

Um dos abusos desse tribunal é o seguinte: de duas pessoas acusadas do mesmo crime, uma que o nega é condenada à morte e a que confessa escapa do suplício. Isso é retirado das ideias monásticas, nas quais aquele que nega parece se encontrar em impenitência e em danação, enquanto o que confessa parece estar arrependido e redimido. Mas semelhante distinção não pode concernir aos tribunais humanos. A justiça humana, que somente observa as ações, tem apenas um pacto com os homens: o da inocência. A justiça divina, que observa os pensamentos, possui um pacto duplo: com a inocência e com o arrependimento.

Capítulo XIII – Em relação aos casamentos, em que caso se devem seguir as leis da religião e em que caso se devem seguir as leis civis

Ocorreu, em todos os países e em todas as épocas, de a religião envolver--se com os casamentos. Desde que algumas coisas foram vistas como impuras ou ilícitas quando, na verdade, eram necessárias, foi mesmo necessário interpelar a religião para legitimá-las ou reprová-las, conforme o caso.

Por outro lado, sendo o casamento, de todas as ações humanas, a que mais interessa à sociedade, foi bastante necessária sua regulamentação pelas leis civis.

Tudo que diz respeito ao caráter do casamento – sua forma, a maneira de contratá-lo, a fecundidade que ele proporciona, o que fez todos os povos compreenderem que ele era objeto de uma bênção particular que, nem sempre estando a ele vinculada, dependia de determinadas graças divinas –, tudo isso é da alçada da religião.

As consequências dessa união em relação aos bens, as vantagens recíprocas, tudo que possui relação com a nova família, com aquela da qual se originou, com aquela que deve nascer, tudo isso diz respeito às leis civis.

Como um dos grandes objetivos do casamento é afastar as incertezas de uniões ilegítimas, a religião incute nela seu caráter e as leis civis acrescentam o seu, a fim de que ele tenha toda a autenticidade possível. Assim, além das condições que a religião exige para que o casamento seja válido, as leis civis podem ainda exigir outras.

O que faz com que as leis civis tenham esse poder é que se trata de caracteres acrescentados, e não de caracteres contraditórios. A lei da religião determina certas cerimônias e as leis civis determinam o consentimento dos pais. Com isso, as leis civis exigem algo a mais, mas não exigem nada que seja contrário.

Consequentemente, cabe à lei da religião decidir se o laço será ou não indissolúvel, pois, se as leis da religião tivessem estabelecido o laço indissolúvel e as leis civis tivessem regulamentado que ele poderia se romper, seriam duas coisas contraditórias.

Por vezes os caracteres incutidos no casamento pelas leis civis não são de uma necessidade absoluta. Assim são aqueles estabelecidos pelas leis que, em vez de pôr fim ao casamento, se contentam em punir os que o contratam.

Entre os romanos, as leis papais declararam injustos os casamentos que elas proibiam e somente os submeteram a penas.[32] E o *senatus consultum* apresentado no discurso do imperador Marco Antônio os declarou nulos.

---

32 Vede o que eu disse no Cap.XXI do Livro XXIII, "Das leis em sua relação com a quantidade de habitantes".

Não havia[33] mais casamento, mulher, dote, marido. A lei civil determina-se segundo as circunstâncias; algumas vezes ela se preocupa mais em reparar o mal; outras, em preveni-lo.

Capítulo XIV – Em que casos, nos casamentos entre parentes, se deve regulamentar pelas leis da natureza e em que casos se deve regulamentar pelas leis civis

Na questão da proibição de casamento entre parentes, é algo muito delicado identificar o ponto no qual as leis da natureza terminam e as leis civis começam. Para isso é necessário estabelecer princípios.

O casamento do filho com a mãe confunde a natureza das coisas; o filho deve um respeito ilimitado à sua mãe, a esposa deve um respeito sem limites ao seu marido. O casamento de uma mãe com seu filho subverteria seu estado natural em ambos os casos.

Além disso, a natureza antecipou nas mulheres o tempo em que podem ter filhos e, para os homens, recuou. E, pela mesma razão, a mulher deixa de ter essa faculdade mais cedo e os homens, mais tarde. Se o casamento entre a mãe e o filho fosse permitido, quase sempre ocorreria que, quando o marido fosse capaz de participar dos desígnios da natureza, a mulher não mais o seria.

O casamento entre o pai e a filha causa repugnância à natureza assim como o precedente, mas repugna menos, pois não há esses dois obstáculos. Desse modo, os tártaros, que podem desposar suas filhas,[34] nunca desposam suas mães, como vemos nos *Relatos*.[35]

---

33 Vede a Lei 16 ff. *De ritu nuptiarum*; e a Lei 3, §1º, também no *Digesto* [*Corpus Juris Civilis*], *De donationibus inter virum et uxorem*.

34 Essa lei é bem antiga entre eles. Átila, diz Prisco de Pânio em sua *Ambassade*, parou em determinado lugar para desposar Esca, sua filha: *coisa permitida*, diz ele, pelas leis dos citas, p.22. [Átila, o Huno (c. 400-453 d.C.), imperador dos hunos entre 434-453 d.C. Prisco de Pânio, historiador grego de origem bizantina, é uma das principais fontes sobre o império huno, ainda que apenas fragmentos de seus escritos tenham sobrevivido, em especial os que tratam do período em que esteve presencialmente na corte de Átila, em uma embaixada enviada pelo imperador bizantino Teodósio II. (N. T.)]

35 [Bahadur] *História genealógica dos tártaros*, parte III, p.256.

Sempre foi natural que os pais zelassem pelo pudor de seus filhos. Encarregados com o cuidado de sua criação, tiveram que preservar em seus filhos o corpo mais perfeito e alma menos corrompida possível, e tudo que pode mais facilmente inspirar os desejos e ser mais apropriado para produzir a ternura. Pais sempre ocupados na conservação dos costumes de seus filhos precisaram ter um distanciamento natural de tudo que poderia corrompê-los. O casamento não é uma corrupção, diriam, mas antes do casamento é preciso falar, fazer-se amar, é preciso seduzir: é essa sedução que deve ter causado horror.

Foi necessária, portanto, uma barreira intransponível entre aqueles que deveriam educar e aqueles que fossem educados, evitando todo tipo de corrupção, mesmo com uma causa legítima. Por que os pais privam suas filhas tão meticulosamente da companhia e familiaridade daqueles que devem se casar com elas?

O horror pelo incesto do irmão com a irmã deve ter se originado na mesma fonte. Bastou que os pais e as mães tivessem desejado conservar a pureza dos costumes de seus filhos e de suas casas para ter inspirado em seus filhos o horror por tudo que podia levá-los à união dos dois sexos.

A proibição do casamento entre primos germanos possui a mesma origem. Nos primeiros tempos, isto é, nos tempos santos, nas épocas em que o luxo não era conhecido, todos os[36] filhos permaneciam na casa e lá se estabeleciam — afinal, uma casa muito pequena já era suficiente para uma grande família. Os filhos[37] de dois irmãos, ou os primos germanos, eram vistos e viam-se entre si como irmãos. O distanciamento existente entre os irmãos e as irmãs para o casamento existia também, portanto, entre os primos germanos.[38]

---

36 Foi assim entre os primeiros romanos.

37 Na verdade, entre os romanos, eles tinham o mesmo nome. Os primos germanos eram chamados de irmãos.

38 Nos primeiros tempos de Roma, os primos eram proibidos de se casar, até que o povo fez uma lei para permiti-lo; ele queria favorecer um homem muito popular e que havia se casado com sua prima germana. Plutarco [*Obras morais*] no tratado "Questões romanas".

Do espírito das leis

Essas causas são tão fortes e tão naturais que agiram em quase todo planeta, independentemente de qualquer comunicação. Não foram os romanos que ensinaram aos habitantes de Formosa[39] que o casamento com seus parentes de quarto grau era incestuoso; não foram os romanos que o disseram aos árabes;[40] tampouco o ensinaram às Maldivas.[41]

Se alguns povos não rejeitaram os casamentos entre pais e filhos, entre irmãs e irmãos, vimos, no primeiro livro, é porque os seres inteligentes não seguem sempre as suas leis. Quem o diria! As ideias religiosas frequentemente lançaram os homens nessas confusões. Se os assírios e os persas se casaram com suas mães, os primeiros o fizeram por um respeito religioso por Semíramis e, os segundos, porque a religião de Zoroastro dava preferência a esses casamentos.[42] Se os egípcios se casaram com suas irmãs foi ainda por um delírio da religião egípcia que consagrou esses casamentos em honra de Ísis. Como o espírito da religião é o de nos levar a fazer, com esforço, coisas grandes e difíceis, não se deve julgar que uma coisa seja natural porque uma falsa religião o consagrou.

O princípio segundo o qual os casamentos entre os pais e filhos, entre irmãos e irmãs, são proibidos para conservar o pudor natural da casa, servirá para nos mostrar quais são os casamentos proibidos pela lei natural e quais não podem sê-lo pela lei civil.

Como os filhos moram — ou presume-se que morem — na casa de seu pai e, por conseguinte, o genro com a sogra, o sogro com a nora ou com a filha de sua mulher, o casamento entre eles é proibido pela lei da natureza. Nesse caso, a imagem tem o mesmo efeito que a realidade, pois tem a mesma causa. A lei civil não pode nem deve permitir esses casamentos.

Há povos entre os quais, como disse, os primos germanos são vistos como irmãos, pois normalmente habitam a mesma casa. E há povos entre os quais esse hábito não é conhecido. Entre os primeiros, o casamento

---

39 *Recueil des voyages des Indes*, t.V, parte I, "Relation de l'état de l'île de Formose".

40 *Alcorão*, cap. "Das mulheres".

41 Vede François Pyrard [*Voyages*].

42 Eles eram vistos como mais honrosos. Vede Fílon [de Alexandria], *De specialibus legibus quæ pertinent ad præcepta Decalogi*, p.778.

entre primos germanos deve ser visto como contrário à natureza; entre os últimos, não.

Mas as leis da natureza não podem ser leis locais. Assim, quando esses casamentos são proibidos ou permitidos, eles o são permitidos ou proibidos por uma lei civil de acordo com as circunstâncias.

Não é um hábito necessário que o cunhado ou a cunhada morem na mesma casa. Entre eles, portanto, o casamento não é proibido para conservar a pudicícia na casa. E a lei que o proíbe ou o permite não é uma lei da natureza, mas uma lei civil, que se regulamenta de acordo com as circunstâncias e depende dos usos de cada país. São casos em que as leis dependem dos costumes e das maneiras.

As leis civis proíbem os casamentos quando, pelos usos recebidos em um certo país, se encontram nas mesmas circunstâncias daqueles que são proibidos pelas leis da natureza, e os permitem quando os casamentos não se enquadrem nesses casos. A proibição feita pelas leis da natureza é invariável, porque ela depende de uma coisa invariável: o pai, a mãe e os filhos moram necessariamente na mesma casa. Mas as proibições das leis civis são acidentais, pois dependem de uma circunstância acidental, uma vez que os primos germanos e outros moram acidentalmente na casa.

Isso explica como as leis de Moisés, dos egípcios[43] e vários outros povos permitem o casamento entre o cunhado e a cunhada, ao passo que esses mesmos casamentos são proibidos em outras nações.

Nas Índias, há uma razão bem natural para se admitir esses tipos de casamento. Lá o tio é visto como pai e é obrigado a manter e criar seus sobrinhos como se fossem seus próprios filhos. Isso advém do caráter desse povo, dotado de bondade e pleno de humanidade. Essa lei ou esse uso produziu um outro: se um marido perdeu sua mulher, não comete erro ao casar-se com a irmã;[44] e isso é muito natural, pois a nova esposa torna-se a mãe dos filhos de sua irmã e não se tem uma madrasta injusta.

---

43 Vede a Lei 8, no cód. *De incestis et inutilibus nuptiis.* [*Corpus Juris Civilis*, cód. V, 5, 8].
44 *Lettres édifiantes*, 14ª coletânea, p.403

Do espírito das leis

Capítulo XV – Que não se deve regulamentar pelos princípios do direito político as coisas que dependem dos princípios do direito civil

Assim como os homens renunciaram à sua independência natural para viver sob leis políticas, eles renunciaram à comunidade natural dos bens para viver sob leis civis.

As primeiras leis lhes angariaram a liberdade, e as segundas, a propriedade. Não se deve decidir pelas leis da liberdade (que, como dissemos, é apenas o império da cidade) o que deve ser decidido apenas pelas leis que concernem à propriedade. É um paralogismo dizer que o bem particular deve ceder ao bem público: isso acontece apenas nos casos em que se trata do império da cidade, ou seja, da liberdade do cidadão. Isso não ocorre nos casos em que se trata da propriedade dos bens, pois o bem público é sempre que cada um invariavelmente conserve a propriedade que as leis civis lhe deram.

Cícero sustentava que as leis agrárias eram funestas, porque a cidade era estabelecida apenas para que cada um conservasse seus bens.

Estabeleçamos como máxima, portanto, que, quando se trata do bem público, o bem público nunca significa privar um particular de seu bem, tampouco subtrair-lhe a mínima parte desse bem por uma lei ou um regulamento político. Nesse caso, deve-se seguir rigorosamente a lei civil, que é o paládio da propriedade.

Assim, quando o público tem necessidade dos fundos de um particular, nunca se deve agir com o rigor da lei política, embora aí devesse triunfar a lei civil, que, com seus olhos maternais, vê cada particular como a própria totalidade da cidade.

Se o magistrado político quer fazer algum edifício público, alguma nova estrada, é preciso que pague uma compensação. Desse ponto de vista, o público é como um particular que negocia com outro particular. É mais que suficiente que o público possa obrigar um cidadão a vender-lhe sua herança, privando-lo desse grande privilégio obtido pela lei civil, o de não poder ser forçado a alienar seu bem.

Depois que os povos que destruíram os romanos tinham abusado de suas próprias conquistas, o espírito de liberdade os chamou de volta ao espírito de equidade. Os direitos mais bárbaros eram exercidos com moderação e, caso alguém duvide disso, bastaria ler a admirável obra de Beaumanoir, que escrevia sobre a jurisprudência no século XII.

Em sua época as grandes estradas estavam sendo reformadas, assim como hoje em dia. Ele diz que, quando uma grande estrada não podia ser restaurada, fazia-se outra, o mais próximo possível da antiga. Porém, os proprietários[45] eram indenizados às expensas daqueles que tiravam alguma vantagem da estrada. Naquela época, as determinações eram dadas pela lei civil; hoje em dia, somos determinados pela lei política.

Capítulo XVI – Que não se deve decidir pelas regras do direito civil quando se trata de decidir pelas do direito político

O cerne de todas as questões se tornará evidente caso não se confundam as regras que derivam da propriedade da cidade com as que nascem da liberdade da cidade.

O domínio de um Estado é ou não alienável? Essa questão deve ser decidida pela lei política, e não pela lei civil. Não deve ser decidida pela lei civil, pois é tão necessário que haja um domínio para que o Estado subsista quanto é necessário que haja leis civis no Estado que regulamentem a disposição dos bens.

Se o domínio, portanto, é alienado, o Estado será forçado a criar um novo fundo para um outro domínio. Mas essa experiência subverte ainda o governo político, pois, pela natureza da coisa, para cada domínio a ser estabelecido, o súdito pagará sempre mais e o soberano retirará sempre menos. Em suma, o domínio é necessário e a alienação não o é.

A ordem de sucessão está fundada, nas monarquias, sobre o bem do Estado, o qual exige que essa ordem seja fixada para evitar os infortúnios

---

45 O senhor nomeava homens probos para fazer a coleta dos camponeses. Os gentis-
-homens eram obrigados a contribuir pelo conde, ao passo que o homem de Igreja, pelo bispo. Beaumanoir [*Coutume de Beauvoisis*], cap.XXV.

Do espírito das leis

que, como disse, devem ocorrer no despotismo, no qual tudo é incerto porquanto tudo é arbitrário.

A ordem de sucessão não é estabelecida para a família reinante, mas porque é de interesse do Estado que haja uma família reinante. A lei que regula a sucessão dos particulares é uma lei civil que tem como objetivo o interesse dos particulares. A que regula a sucessão à monarquia é uma lei política que tem como objetivo o bem e a conservação do Estado.

Segue-se que, quando a lei política estabeleceu uma ordem de sucessão no Estado e que essa ordem venha ao fim, é absurdo reivindicar a sucessão em virtude da lei civil de qualquer povo que seja. Uma sociedade particular não faz leis para uma outra sociedade. As leis civis dos romanos não são mais aplicáveis que todas as outras leis civis. Eles mesmos não as aplicaram quando julgaram os reis; e as máximas com as quais julgaram os reis são tão abomináveis que não se deve revivê-las.

Segue-se ainda que, quando a lei política fez alguma família renunciar à sucessão, é absurdo querer empregar as restituições tiradas da lei civil. As restituições estão na lei e podem ser boas contra os que vivem na lei. Mas elas não são boas para os que foram estabelecidos pela lei e que vivem pela lei.

É ridículo pretender decidir direitos dos reinos, das nações e do universo pelas mesmas máximas com as quais se decide, entre particulares, um direito de uma goteira, para utilizar a expressão de Cícero.[46]

Capítulo XVII – Continuação do mesmo assunto

O ostracismo deve ser examinado pelas regras da lei política, e não pelas regras da lei civil. Longe de ser capaz de depreciar o governo popular, esse uso é, pelo contrário, muito adequado para provar sua brandura. Teríamos percebido isso se, em vez de o exílio ter sido entre nós sempre considerado como uma pena, pudéssemos ter separado a ideia do ostracismo da ideia de punição.

---

46 *De legibus*, Lv.I [cap.4, §14].

Aristóteles nos diz[47] que é consenso de todo mundo que essa prática tem algo de humano e popular. Se, na época e lugares em que se exercia esse juízo, não era considerado odioso, cabe a nós, que vemos as coisas de tão longe, pensar diferentemente dos acusadores, dos juízes e do próprio acusado?

E se nos atentarmos que esse julgamento do povo cobria de glória aquele contra quem era proferido; que, quando tinha sido abusado em Atenas ao ser usado contra um homem sem mérito,[48] naquele instante deixou de ser aplicado,[49] ficaria bem claro que se assumiu uma ideia falsa e que era uma lei admirável que prevenia os maus efeitos que a glória de um cidadão podia produzir, cobrindo-o com uma nova glória.

Capítulo XVIII – Que é preciso examinar se as leis que parecem se contradizer são da mesma ordem

Em Roma, foi permitido ao marido emprestar sua mulher a outrem. Plutarco o diz expressamente.[50] Sabe-se que Catão emprestou sua mulher a Hortênsio,[51] e Catão não era homem de violar as leis de seu país.

Por outro lado, um marido que tolerava a licenciosidade de sua mulher, que não a submetia a julgamento ou que a retomava[52] após a condenação, era punido. Essas leis parecem se contradizer, mas não se contradizem. A lei que permitia a um romano emprestar sua mulher é, visivelmente, uma instituição lacedemônia, estabelecida para dar filhos de uma boa espécie à república, se ouso servir-me desse termo; a outra tinha como objetivo conservar os costumes. A primeira era uma lei política, a segunda uma lei civil.

---

47 *Política*, Lv.III, cap.XIII [1284a].

48 Hipérbolo, vede Plutarco, "Vida de Aristides" [*Vidas paralelas*]. [Hipérbolo, político ateniense morto em 411 a.C., foi o último a ser condenado ao ostracismo, por volta de 417 a.C. (N. T.)]

49 Ele se viu em oposição ao espírito do legislador.

50 Plutarco, em sua comparação entre Licurgo e Numa [*Vidas paralelas*].

51 Id., "Vida de Catão". Isso se passou em nosso tempo, diz Estrabão [*Geografia*], Lv.XI.

52 Lei 11, §ult. ff. *ad legem Juliam de adulteriis coercindis*. [*Corpus Juris Civilis*, *Digesto*, XLVIII, 5, 11].

Do espírito das leis

Capítulo XIX – Que não se deve decidir pelas leis civis as coisas que devem sê-lo pelas leis domésticas

A Lei dos Visigodos dispunha que os escravos[53] fossem obrigados a atar o homem e a mulher surpreendidos em adultério e os apresentassem ao marido e ao juiz. Lei terrível que colocava nas mãos dessas pessoas vis o cuidado com vingança pública, doméstica e particular!

Essa lei seria boa apenas nos serralhos do Oriente, nos quais o escravo encarregado da clausura prevarica assim que a mulher tenha prevaricado. Ele prende os criminosos não tanto para que sejam julgados, mas para que ele mesmo o seja, e para conseguir que nas circunstâncias da ação seja encontrado algo que afaste a desconfiança de sua negligência.

Todavia, nos países onde as mulheres não são vigiadas é insensato que a lei civil as submeta, elas que governam a casa, à inquisição de seus escravos.

Essa inquisição poderia ser, quando muito em alguns casos, uma lei particular doméstica, mas nunca uma lei civil.

Capítulo XX – Que não se deve decidir pelos princípios das leis civis as coisas que pertencem ao direito das gentes

A liberdade consiste principalmente em não ser forçado a fazer uma coisa que a lei não ordena, e nos encontramos nesse estado apenas porque somos governados por leis civis. Somos livres, portanto, porque vivemos sob leis civis.

Por conseguinte, os príncipes que não vivem entre si sob leis civis não são livres. Eles são governados pela força: podem continuamente exercer a força ou submeter-se a ela. Disso se segue que os tratados que fizeram pela força são tão obrigatórios quanto aqueles que teriam feito voluntariamente. Quando nós, que vivemos sob leis civis, somos constrangidos a efetuar algum contrato que a lei não exige, podemos, sob os auspícios da lei, voltarmo-nos contra a violência. No entanto, um príncipe que se encontra sempre nesse estado em que exerce a força ou se submete a ela não pode

---

53 Lei dos Visigodos, Lv.III, tit.IV, §6º.

se queixar de um tratado que lhe foi imposto sob violência. É como se ele se queixasse de seu estado natural, é como se quisesse ser príncipe em relação aos outros príncipes e que estes fossem cidadãos em relação a ele, isto é, como se quisesse afrontar a natureza das coisas.

Capítulo XXI – Que não se deve decidir pelas leis políticas as coisas que pertencem ao direito das gentes

As leis políticas exigem que todo homem seja sujeito aos tribunais criminais e civis do país onde se encontra e à animadversão do soberano.

O direito das gentes dispôs que os príncipes enviassem embaixadores uns aos outros e a razão, tirada da natureza da coisa, não permitiu que esses embaixadores dependessem do soberano ao qual foram enviados, nem dos seus tribunais. Eles são a voz do príncipe que os envia e essa voz deve ser livre. Nenhum obstáculo deve impedi-los de agir. Eles podem frequentemente desagradar, pois falam por um homem independente. Poderiam ser imputados de crimes, se pudessem ser punidos por crimes. Poderiam lhes imputar dívidas, se pudessem ser detidos por dívidas. Um príncipe, orgulhoso por natureza, falaria pela boca de um homem que teria tudo a temer. É preciso seguir, portanto, em relação aos embaixadores, as razões tiradas do direito das gentes e não por aquelas que derivam do direito político. Se abusam de seu ser representativo, põe-se um fim a isso ao mandá-los de volta para casa. Podemos até mesmo acusá-los diante de seu senhor, que se torna assim seu juiz ou seu cúmplice.

Capítulo XXII – Infeliz destino do inca Atahualpa

Os princípios que acabamos de estabelecer foram cruelmente violados pelos espanhóis. O inca[54] Atahualpa podia ser julgado apenas pelo direito das gentes, mas foi julgado por direitos políticos e civis. Acusaram-no de ter matado alguns de seus súditos, de ter várias mulheres etc. E o cúmulo

---

54 Vede o Inca Garcilaso de la Vega, p.108.

Do espírito das leis

da estupidez foi não o terem condenado pelas leis políticas e civis de seu país, mas pelas leis políticas e civis espanholas.

Capítulo XXIII – Que, quando por alguma circunstância a lei política destrói o Estado, deve-se decidir pela política que o conserva, a qual ocasionalmente se torna um direito das gentes

Quando a lei política, que estabeleceu no Estado uma certa ordem de sucessão, torna-se destruidora do corpo político para o qual foi feita, não se deve duvidar que uma outra lei política possa mudar essa ordem. Isso não quer dizer que essa mesma lei esteja em oposição à primeira; no fundo, estará inteiramente em conformidade com esta, pois ambas dependerão do seguinte princípio: *o bem-estar do povo é a lei suprema.*[55]

Eu disse que um grande Estado[56] que se tornasse acessório de um outro se enfraqueceria e enfraqueceria até mesmo o Estado principal. Sabe-se que o Estado tem interesse em ter seu chefe dentro de seu território, que as receitas públicas sejam bem administradas, que não haja fuga de sua moeda para enriquecer um outro país. É importante que quem governe não esteja imbuído de máximas estrangeiras, pois são menos convenientes do que aquelas que já estão estabelecidas. Além disso, os homens apegam-se prodigiosamente a suas leis e costumes: elas representam a felicidade de cada nação, e é raro que sejam modificados sem grandes abalos e um grande derramamento de sangue, como demonstram as histórias de todos os países.

Disso se segue que, se um grande Estado tem como herdeiro o possuidor de um grande Estado, o primeiro pode muito bem excluir este, pois é útil para ambos os Estados que a ordem de sucessão seja modificada. Assim, a lei da Rússia, feita no começo do reino de Isabel, muito prudentemente ex-

---

55 Referência à máxima política romana *Salus populi suprema lex esto*. Pode-se entender o termo *salus* (*salut*, no original francês) como bem-estar, saúde, salvação, ou mesmo segurança. Ela é primeira e notadamente encontrada em Cícero, *Das leis*, Lv.III, cap.III, §8º. Ver ainda Thomas Hobbes, *Leviatã*, cap.30; e John Locke, *Segundo tratado do governo civil*, cap.XIII, §158. (N. T.)

56 Vede Lv.V, Cap.14; Lv.VIII, Cap.16-20; Lv.IX, Cap.4-7; e Lv.X, Cap.9 e 10.

cluiu todo herdeiro que possuísse outra monarquia; assim, a lei de Portugal rejeita todo estrangeiro que fosse convocado à coroa pelo direito de sangue.

Se uma nação pode excluir, ela tem, com mais forte razão, o direito de exigir a renúncia. Se teme que certo casamento tenha consequências que podem fazê-la perder sua independência, ou lançá-la em uma partilha, ela poderá muito bem fazer os contratantes renunciarem, bem como, quanto àqueles que deles nascerão, renunciarem a todos os direitos que teriam sobre ela. E aqueles que renunciam ou aqueles contra quem se renuncia poderão ainda menos se queixar de que o Estado tivesse o poder de fazer uma lei para excluí-los.

Capítulo XXIV – Que os regulamentos de polícia são de uma ordem diferente das outras leis civis

Há criminosos que o magistrado pune, há outros que ele corrige. Os primeiros são submetidos ao poder da lei, os outros à autoridade do magistrado. Aqueles são excluídos da sociedade, enquanto os últimos são obrigados a viver segundo as regras da sociedade.

No exercício da polícia, não é tanto a lei que pune, mas sim o magistrado. No julgamento dos crimes, quem pune é, sobretudo, a lei, e não tanto o magistrado. As matérias de polícia são coisas de cada momento, que geralmente são de pouca importância; formalidades, portanto, não são necessárias. As ações da polícia são instantâneas e realizadas sobre coisas que acontecem todos os dias; as grandes punições, portanto, não lhes são características. A polícia se ocupa sempre de detalhes; os grandes exemplos, portanto, não são de sua alçada. Ela possui mais regulamentações do que leis. As pessoas que respondem a ela estão incessantemente sob os olhares do magistrado e é, portanto, culpa do magistrado se elas se excedem. Assim, não se devem confundir as grandes violações da lei com a simples violação da polícia: essas coisas são de ordens distintas.

Segue-se disso que aquela república da Itália[57] não está em conformidade com a natureza das coisas, lugar onde o porte de armas de fogo é punido

---

57 Veneza.

Do espírito das leis

como um crime capital e onde é menos arriscado fazer mau uso delas do que portá-las.

Segue-se ainda que a ação tão louvada desse imperador, mandar empalar um padeiro que havia sido surpreendido fraudando, é uma ação de sultão que poderia ser justa apenas ao ultrajar a própria justiça.

Capítulo XXV – Que não se devem seguir as disposições gerais do direito civil quando se trata de coisas que devem ser submetidas a regras particulares tiradas da sua própria natureza

É uma boa lei aquela que dispõe a nulidade de todas as obrigações civis instituídas entre os marinheiros de um navio durante uma viagem? François Pyrard nos diz[58] que, em seu tempo, ela não era observada pelos portugueses, mas que o era pelos franceses. Pessoas que estão juntas apenas por pouco tempo; que não possuem quaisquer necessidades, pois o príncipe as satisfaz; que têm como objetivo apenas sua viagem; que não se encontram mais na sociedade, pois são cidadãos de navio; tais pessoas não devem contrair certas obrigações que foram introduzidas apenas para manter os ônus da sociedade civil.

É nesse mesmo espírito que a lei dos ródios, feita para uma época na qual ainda se navegava ao longo das costas, dispunha que aqueles que, durante uma tempestade, permanecessem no navio, ficassem com o navio e a carga, enquanto aqueles que o tivessem abandonado não ficassem com nada.

---

58 [*Voyages*] cap.XIV, parte 12.

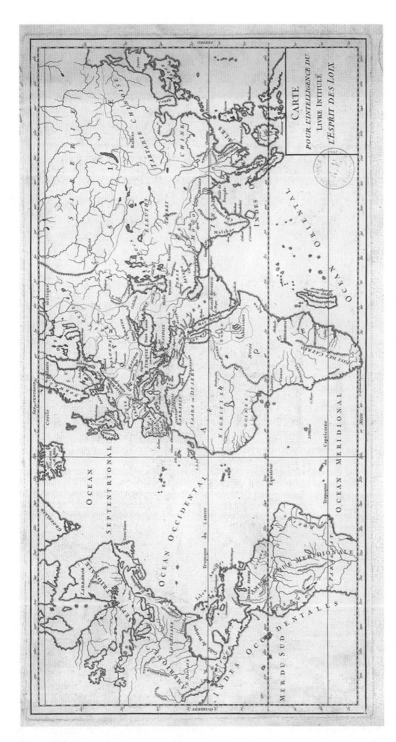

Figura 1. Mapa que consta na edição de 1756 do *Espírito das leis*. Disponível em <https://gallica.bnf.fr/ark:/12148/btv1b8491061j/f1.highres>.

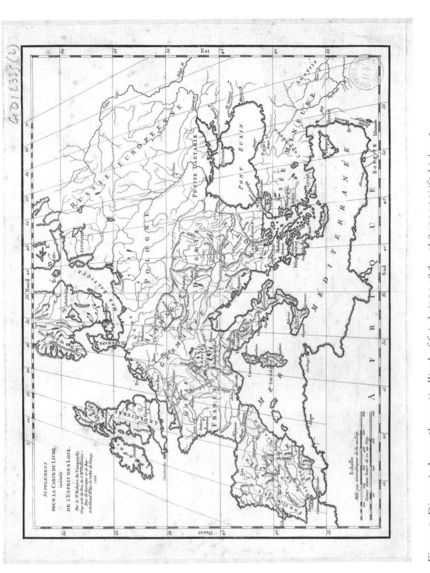

Figura 2. Disponível em <https://gallica.bnf.fr/ark:/12148/btv1b8491061j/f2.highres>.

Sexta parte

Livro XXVII
Da origem e das revoluções das leis dos romanos sobre as sucessões[1]

Capítulo único[2]

Esta matéria refere-se a instituições que remontam a um passado antiquíssimo, e, para adentrarmos a fundo na questão, permitam-me investigar nas primeiras leis dos romanos aquilo que, segundo me consta, não foi observado até o momento.

---

1 Alguns livros da Sexta Parte foram inseridos como um suplemento do manuscrito original: é também o que indica o subtítulo da obra, acrescentado pelo editor Jacob Vernet. No entanto, conforme explica Robert Derathé em suas notas na edição da Garnier, nem toda a Sexta Parte deve ser considerada como adição, pois alguns livros, como o XXVII, tratam de questões sobre a formação das leis e foram originalmente previstos por Montesquieu para figurar na obra original. A história das leis da França, apresentada no Capítulo XXVIII, também estava sendo trabalhada pelo autor. Ainda segundo Derathé, apenas os trechos que abordam as leis feudais seriam acréscimos. Sobre o assunto, vede as notas de Derathé em Montesquieu, *De L'Esprit des lois*; e cf. Oake, "*De L'Esprit des lois*, books XXVI-XXXI", *Modern Language Notes*, Johns Hopkins University Press, v.63, n.3, p.167-71, mar. 1948. (N. T.)

2 Montesquieu considerava este capítulo como um exemplo do método que adotara nesta e em outras partes do *Espírito das leis*. Lemos em *MP*, n.1794: "Há leis principais e leis acessórias, e, em cada país, forma-se uma espécie de geração de leis. Os povos, como cada indivíduo, possuem uma sequência de ideias, e sua maneira geral de pensar, assim como a de cada particular, tem um começo, um meio e um fim. Esse assunto não teria limites caso eu não os colocasse. Escolhi um exemplo, o

Sabe-se que Rômulo repartiu as terras de seu pequeno Estado entre seus cidadãos.[3] Parece-me que disto derivavam as leis de Roma sobre as sucessões.

A lei da divisão das terras exigia que os bens de uma família não passassem a outra. Segue-se disso que apenas duas ordens de herdeiros eram estabelecidas pela lei:[4] as crianças e todos os descendentes que viviam sob o poder do pai, chamados de herdeiros necessários;[5] e, na falta destes, os parentes mais próximos por linhagem masculina, chamados de agnatos.

Segue-se ainda que os parentes por linhagem feminina, chamados de cognatos, não deviam suceder, pois isso teria ocasionado a transferência dos bens de uma família para outra. Isso foi instituído dessa maneira.

Segue-se disso, ademais, que os filhos não deviam suceder a mãe, nem a mãe seus filhos, pois isso causaria o transporte dos bens de uma família para outra. Assim, foram também excluídos da Lei das Doze Tábuas:[6] ela indicava apenas os agnatos à sucessão, e os filhos e a mãe não o eram entre si.

Mas era indiferente que o herdeiro necessário, ou, na falta deste, o mais próximo agnato, fosse ele próprio homem ou mulher, porque os parentes do lado materno não sucediam, e, mesmo que uma mulher herdeira se casasse,

---

da origem e geração das leis romanas sobre as sucessões, e esse exemplo servirá aqui de método. Não tomei a pluma para ensinar as leis, mas sim a maneira de ensiná-las. Também não tratei de leis, mas do espírito das leis. Se ofereci a teoria das leis romanas sobre as sucessões, com o mesmo método será possível ver o nascimento das leis da maior parte dos povos. É natural crer que os jurisconsultos, tomando suas decisões sobre as propriedades dos bens, fundaram-se no estado no qual as coisas se encontravam na constituição da época, e que, portanto, com os romanos assim pronunciando suas leis sobre as sucessões, deram-nas em consequência da lei política, que havia feito uma partilha igual das terras". (N. T.)

3 Dionísio de Halicarnasso [*Antiguidades romanas*], Lv.II, cap.3; Plutarco, em sua "Comparação de Numa e de Licurgo" [*Vidas paralelas*].

4 *Ast si intestato moritur, cui suus hæres nec extabit, agnatus proximus familiam habeto* ["Caso morra sem herdeiros e seja intestado, que o agnato mais próximo fique com a herança"]. Fragmento da Lei das Doze Tábuas, em Ulpiano [*Fragmentos*], último título.

5 Os *heredes sui*. (N. T.)

6 Vede Ulpiano, *Fragmentos*, tit.XXVI, §8º; *Institutas* [*Corpus Juris Civilis*], tit.III, *in præmio ad Senatus consulto Tertulliano*.

Do espírito das leis

os bens sempre voltavam para a família da qual tinham saído. É por isso que na Lei da Doze Tábuas não havia distinção se a pessoa que sucedia era homem ou mulher.[7]

Como resultado disso, ainda que os netos por parte do filho sucedessem ao avô, os netos por parte da filha não o sucederiam: pois, para que os bens não passassem para uma outra família, os agnatos tinham preferência sobre os últimos. Assim, a filha sucedia o pai, mas seus filhos não.[8]

Assim, entre os primeiros romanos, as mulheres sucediam quando isso estivesse de acordo com a lei da divisão de terras, e não sucediam quando ia de encontro a esta.

Tais foram as leis de sucessões entre os primeiros romanos, e, como dependiam naturalmente da constituição e derivavam da partilha de terras, é fácil constatar que não tiveram uma origem estrangeira e não se encontravam dentre as leis trazidas pelos deputados enviados para as cidades gregas.

Dionísio de Halicarnasso[9] nos conta que Sérvio Túlio, tendo encontrado abolidas as leis de Rômulo e de Numa sobre a divisão das terras, restabeleceu-as e fez novas leis para dar um renovado vigor às antigas. Assim, não se pode duvidar que as leis sobre as quais acabamos de falar, feitas em consequência dessa partilha, não sejam obra desses três legisladores de Roma.

Como a ordem de sucessão foi estabelecida em consequência de uma lei política, um cidadão não deveria contrariá-la por uma vontade particular, isto é, durante os primeiros tempos de Roma não era permitido que se fizesse um testamento. Entretanto, teria sido severo privar alguém de dispor, nos últimos momentos da vida, da comunicação de suas benfeitorias.

Quanto a isso, encontrou-se um meio para conciliar as leis com a vontade dos particulares. Foi permitido que alguém dispusesse de seus bens em uma assembleia do povo, e cada testamento era, de certo modo, um ato do poder legislativo.

A Lei das Doze Tábuas permitiu ao testador escolher como herdeiro o cidadão que desejasse. A lei da divisão das terras foi a razão pela qual as

---

7 Paulo, *Sentenças*, Lv.IV, tit.VIII, §3º.

8 *Institutas* [*Corpus Juris Civilis*], Lv.III, tit.I, §15.

9 [*Antiguidades romanas*] Lv.IV, p.276.

Montesquieu

leis romanas restringiram tão fortemente a quantidade de pessoas capazes de suceder *ab intestato*; e a razão pela qual ampliaram tão fortemente a faculdade de testar foi que, uma vez que o pai podia vender seus filhos,[10] podia, com mais forte razão ainda, privá-los de seus bens. Eram, pois, efeitos diferentes, porque decorriam de princípios diversos, e eis o espírito das leis romanas a esse respeito.

As antigas leis de Atenas não permitiam que o cidadão fizesse um testamento. Sólon permitiu-o,[11] com exceção daqueles que tinham filhos; e os legisladores de Roma, imbuídos da ideia do poder paterno, permitiram que se testasse, mesmo em detrimento dos filhos. É preciso reconhecer que as antigas leis e Atenas foram mais consequentes do que as leis de Roma. A permissão indefinida de testar, concedida aos romanos, pouco a pouco arruinou a disposição política sobre a divisão das terras; ela introduziu, mais do que qualquer outra coisa, a funesta diferença entre as riquezas e a pobreza; muitos lotes se concentraram em uma só pessoa; alguns cidadãos tinham em demasia enquanto outros nada possuíam. Também o povo, continuamente privado de seu quinhão, incessantemente pedia uma nova distribuição de terras. Pediu-a na época em que a frugalidade, a parcimônia e a pobreza constituíam o caráter distintivo dos romanos, assim como na época em que o luxo foi levado ao excesso.

Como os testamentos eram propriamente uma lei feita na assembleia do povo, aqueles que estavam no exército se encontravam privados da faculdade de testar. O povo outorgava aos soldados a faculdade de fazer,[12] diante de alguns de seus companheiros, as disposições que teriam feito diante do próprio povo.[13]

---

10 Dionísio de Halicarnasso prova, por uma lei de Numa, que a lei que permitia ao pai vender seus filhos por três vezes era uma lei de Rômulo, não dos decênviros [*Antiguidades romanas*], Lv.II.

11 Vede Plutarco, "Vida de Sólon" [*Vidas paralelas*].

12 Esse testamento, chamado *in procintu*, era diferente daquele chamado de *militar*, que somente foi estabelecido pelas constituições dos imperadores, Lei I, ff. *De militari testamento* [*Corpus Juris Civilis*]. Essa era uma forma de agradar aos soldados.

13 Esse testamento não era escrito e não requeria formalidades, *sine libra et tabulis*, como diz Cícero, *De Oratore*, Lv.I.

Do espírito das leis

As grandes assembleias do povo aconteciam somente duas vezes por ano; ademais, a quantidade de pessoas, assim como os assuntos públicos, haviam aumentado. Julgou-se que convinha permitir a todos os cidadãos fazer seu testamento diante de alguns cidadãos romanos púberes,[14] que representassem o conjunto do povo: na presença de cinco cidadãos escolhidos,[15] o herdeiro comprava sua família, isto é, sua hereditariedade,[16] do testador; um outro cidadão carregava uma balança para pesar o valor, pois os romanos ainda não tinham moeda.[17]

É provável que esses cinco cidadãos representassem as cinco classes do povo, e que a sexta, composta por pessoas desprovidas de tudo, não fosse levada em conta.

Não se pode afirmar, como o faz Justiniano, que essas vendas eram imaginárias: elas se tornaram assim, mas, no começo, não o eram. A maior parte das leis que em seguida regularam os testamentos encontram sua origem na realidade dessas vendas, e encontramos a prova disso nos fragmentos de Ulpiano.[18] O surdo, o mudo, o pródigo, não podiam fazer testamento: o surdo, porque não podia ouvir as palavras do comprador da família; o mudo, porque não podia pronunciar os termos da nomeação; o pródigo, porque, como estava proibido de gerir qualquer negócio, não podia vender sua família. Dispenso outros exemplos.

Como os testamentos eram feitos na assembleia do povo, eram mais atos do direito político que do direito civil, mais do direito público que do privado. Disso se segue que o pai não podia permitir que seu filho, que se encontrava sob seu poder, fizesse um testamento.

Entre a maior parte dos povos, os testamentos não estão sujeitos a maiores formalidades que os contratos comuns, porque uns e outros são apenas

---

14 *Institutas* [*Corpus Juris Civilis*], Lv.II, tit X, §1º; Aulo Gélio [*Noites áticas*], Lv.XV, cap.27. Essa espécie chamava-se *per æs et libram*.

15 Ulpiano [*Fragmentos*], tit.X, §2º.

16 Teófilo, *Instituições*, Lv.II, tit.X.

17 Somente a tiveram na época da guerra de Pirro. Tito Lívio, falando do cerco de Veios, diz: *nondum argentum signarum erat* [ainda não havia dinheiro cunhado], Lv.IV [cap.60, §6º].

18 [*Fragmentos*] tit.XX, §13.

expressões da vontade daquele que contrata, ambas igualmente integrando o direito privado. Contudo, em meio aos romanos, entre os quais os testamentos derivavam do direito público, eles possuíam mais formalidades[19] do que outros atos, e isso persiste até hoje nos países da França regidos pelo direito romano.

Como os testamentos eram, como eu o disse, uma lei do povo, deviam ser feitos com força mandatória e por palavras que eram chamadas de *diretas* e *imperativas*. Disso se formou uma regra, pela qual somente seria possível dar ou transmitir sua herança através de palavras mandatórias.[20] Donde se segue que é bem possível, em certos casos, fazer uma substituição[21] e ordenar que a herança passasse a um outro herdeiro, mas nunca se podia fazer fideicomisso,[22] isto é, encarregar alguém, em forma de pedido, de transferir a outro sua herança, ou parte dela.

Quando um pai nem instituísse seu filho como herdeiro nem o deserdasse, o testamento era anulado, mas continuava válido se a mesma coisa ocorresse com sua filha. Compreendo a razão disso. Quando nem instituía seu filho como herdeiro nem o deserdasse, causava prejuízo ao seu neto, que teria sucedido seu pai *ab intestato*; mas, ao nem instituir sua filha nem a deserdar, não fazia mal aos filhos de sua filha, que não teria podido suceder sua mãe[23] *ab intestato*, porque não eram nem *heredes sui*, nem agnatos.

Como as leis dos primeiros romanos acerca das sucessões apenas pensaram em seguir o espírito da divisão das terras, elas não restringiram suficientemente as riquezas das mulheres, e, com isso, deixaram uma porta aberta ao luxo, sempre inseparável dessas riquezas. Entre a Segunda e a Terceira Guerra Púnica, o mal começou a ser sentido, e foi feita a Lei

---

19 *Institutas* [*Corpus Juris Civilis*], Lv.II, tit.X, §1º.

20 "Que Tito seja meu herdeiro."

21 A substituição vulgar, a pupilar e a exemplar. [Ver nota do tradutor em Lv.V, Cap.8. (N. T.)]

22 Augusto, por razões específicas, começou a autorizar os fideicomissos. *Institutas* [*Corpus Juris Civilis*], Lv.II, tit.XXIII, §1º.

23 *Ad liberos matris intestatæ hæreditas*, lege XXI tab., *non pertinebat quia fæmina suos hæredes non haben* ["A Lei das Doze Tábuas não se aplicava à herança da mãe intestada, uma vez que as mulheres não podiam ter herdeiros"]. Ulpiano [*Fragmentos*], Lv.II, tit. XXIII, §1º.

Do espírito das leis

Vocônia.[24] E porque essa lei se estabeleceu após grandes considerações, da qual sobraram escassas reminiscências e sobre a qual todos, até o momento, apenas falaram de maneira muito confusa, irei elucidá-la.

Cícero conservou um fragmento dela, no qual se proíbe instituir uma mulher como herdeira, fosse casada ou não.[25]

A *Epítome* de Tito Lívio, que escreve sobre essa lei, não nos oferece maiores detalhes.[26] Parece, segundo Cícero[27] e Santo Agostinho,[28] que a filha, e até mesmo a filha única, incluíam-se nessa proibição.

Catão, o Velho, empregou todo seu poder para que essa lei fosse recebida.[29] Aulo Gélio cita um fragmento da arenga feita por Catão nessa ocasião.[30] Ao impedir que as mulheres sucedessem, quis prevenir as causas do luxo, assim como, ao defender a Lei Ópia, quis impedir o próprio luxo.

Nas *Institutas* de Justianiano[31] e de Teófilo,[32] lemos um artigo da Lei Vocônia que restringia a faculdade de legar. Ao ler esses autores, ninguém poderia deixar de pensar que esse artigo foi feito para evitar que a sucessão fosse esgotada a tal ponto que o herdeiro se recusasse a aceitá-la. Mas esse não era o espírito da Lei Vocônia. Acabamos de ver que ela tinha como objetivo impedir as mulheres de receber qualquer herança. O artigo dessa lei, que estabelecia limites à faculdade de legar, encontrava-se de acordo com esse objetivo: afinal, se tivesse sido possível legar o tanto quanto se quisesse, as mulheres teriam podido receber como legatárias aquilo que não teriam podido obter como sucessoras.

---

24 Quinto Vocônio, tribuno do povo, propôs a lei. Vede Cícero, *Segundo discurso contra Verres*. Na *Epítome* de Tito Lívio, Lv.XLI, leia-se Vocônio no lugar de Volúmnio.

25 *Sanxit... ne quis hæredem virginem neve mulierem faceret* ["Estabeleceu que ninguém poderia fazer uma menina ou uma mulher de herdeira"]. Cícero, *Segundo discurso contra Verres* [II, i, LXII, 107-8].

26 *Legem tulit, ne quis hæredem mulierem institueret* ["Defendeu uma lei segundo a qual ninguém poderia instituir uma mulher como herdeira"], [*Epítome*] Lv.XLI.

27 *Segundo discurso contra Verres* [II, i, LXI, 107]

28 *Cidade de Deus*, Lv.III.

29 *Epítome* de Tito Lívio, Lv.XLI.

30 [*Noites áticas*], Lv.XVII, cap.6.

31 *Institutas* [*Corpus Juris Civilis*], Lv.II, tit.XXII.

32 Ibid.

A Lei Vocônia foi feita para evitar as riquezas excessivas das mulheres. Portanto, era necessário privá-las das sucessões de grande monta, e não das heranças incapazes de sustentar o luxo. A lei fixava um determinado montante a ser destinado às mulheres que ela própria privava da sucessão. Cícero,[33] que nos informa sobre esse fato, nada nos diz sobre o valor desse montante, mas Dião[34] nos diz que se tratava de cem mil sestércios.

A Lei Vocônia era feita para regular as riquezas, não para regular a pobreza. Cícero[35] também nos diz que ela somente se aplicava sobre os que estavam inscritos no censo.

Isso forneceu um pretexto para eludir a lei. Sabe-se que os romanos eram extremamente formalistas, e dissemos anteriormente que o espírito da república consistia em seguir a letra da lei. Havia pais que não se inscreveram no censo para poder deixar a própria sucessão à filha, e os pretores julgaram que isso não se tratava de uma violação da Lei Vocônia, porque a letra da lei não havia sido violada.

Um certo Ânio Aselo instituiu a filha como sua única herdeira. Segundo Cícero, era-lhe permitido fazê-lo: a Lei Vocônia não o impedia, porque ele não estava listado no censo.[36] Verres, enquanto pretor, privou a filha da sucessão: Cícero sustenta que Verres havia sido corrompido, porque, sem isso, não teria revertido uma ordem que os outros pretores haviam seguido.

Quem eram, afinal, os cidadãos que não estavam no censo que incluía todos os cidadãos? Pois, segundo a instituição de Sérvio Túlio, relatada por Dionísio de Halicarnasso,[37] todo cidadão que não se inscrevesse no censo era tornado escravo: o próprio Cícero afirma que um homem assim perdia a liberdade,[38] e Zonaras diz a mesma coisa. Era preciso, pois, que houvesse

---

33 *Nemo censuit plus Fadiæ dandum, quam posset ad eam lege Voconia pervenire* ["Nenhum deles o aconselhou a dar a Fádia mais do que ela poderia receber pela Lei Vocônia"]. [Cícero] *De finibus*, Lv.II [17].

34 *Cum lege Voconia mulieribus prohiberetur ne qua majorem centum millibus nummum hæreditatem posset adire* ["Foi possível apelar para a Lei Vocônia, que proibia as mulheres de herdar mais de cem mil sestércios"]. [Dião, *História romana*] Lv.LVI.

35 *Qui censos esset.* [Cícero] *Segundo discurso contra Verres.*

36 *Census non erat.* Ibid.

37 [*Antiguidades romanas*] Lv.IV.

38 [Cícero] *Oratione pro Cæcinna.*

Do espírito das leis

uma diferença entre não estar no censo segundo o espírito da Lei Vocônia e não estar no censo segundo o espírito das instituições de Sérvio Túlio.

Aqueles que não estavam inscritos nas cinco primeiras classes, nas quais as posições se definiam segundo a proporção dos bens de cada pessoa,[39] não figuravam, de acordo com o espírito da Lei Vocônia, no censo. Aqueles que não estavam inscritos em nenhuma das seis classes, ou que não se incluíam entre os que os censores denominavam de *ærarii*, não figuravam, de acordo com as instituições de Sérvio Túlio, no censo. Tamanha era a força da natureza que alguns pais, para eludir a Lei Vocônia, consentiam em passar pela vergonha de serem confundidos com a sexta classe, junto com os proletários e os que eram taxados por capitação, talvez até mesmo com os que eram listados nas tábuas dos ceritas.[40]

Já dissemos que a jurisprudência dos romanos não admitia fideicomissos. A esperança de eludir a Lei Vocônia os introduziu. Instituía-se um herdeiro capaz de receber pela lei, e lhe era pedido que transferisse a sucessão para uma pessoa que a lei havia excluído. Essa nova maneira de dispor as coisas teve efeitos bem diversos. Uns devolveram a herança, e a ação de Sexto Peduceu[41] foi notável. Foi-lhe dada uma grande herança, e ninguém no mundo senão ele sabia que lhe fora pedido para transferi-la; ele foi à procura da viúva do testador e entregou a ela todos os bens de seu marido.

Outros mantiveram a herança para si, e o exemplo de Públio Sextílio Rufo também se tornou célebre, porque Cícero o evoca nas suas disputas contra os epicuristas. "Em minha juventude", diz ele, "Sextílio pediu que eu o acompanhasse até a casa de seus amigos, para consultá-los se ele deveria transferir a herança de Quinto Fádio Galo para Fádia, sua filha. Ele havia reunido muitos jovens, com semblantes muito graves, e nenhum deles o aconselhou a dar a Fádia mais do que ela poderia receber pela Lei Vocônia. Sextílio conseguiu com isso uma grande herança, da qual não teria conservado um sestércio caso tivesse preferido o que é justo e honesto àquilo

---

39 Essas cinco primeiras classes eram tão consideradas que por vezes os autores mencionam apenas essas cinco.

40 *In Cæritum tabulas referri; ærarius fieri.* [As *tabulæ Cæritum* eram listas nas quais eram inscritas as pessoas sem direito de sufrágio. (N. T.)]

41 Cícero, *De finibus*, Lv.II [58].

637

que era útil. Posso acreditar", acrescenta, "que teríeis transferido a herança; posso até mesmo acreditar que Epicuro a teria transferido; mas não teríeis, então, seguido vossos princípios". Farei aqui algumas reflexões.

É uma infelicidade da condição humana que os legisladores sejam obrigados a fazer leis que combatam os próprios sentimentos naturais: tal foi o caso da Lei Vocônia. Isso ocorre porque os legisladores estatuem mais sobre a sociedade do que sobre o cidadão, e mais sobre o cidadão do que sobre o homem. A lei sacrificava tanto o cidadão quanto o homem, e pensava apenas na república. Um homem pedia que seu amigo transferisse a sucessão à sua filha: a lei desprezava, no testador, os sentimentos da natureza; desprezava, na filha, a piedade filial; não tinha consideração alguma pelo encarregado de transferir a herança, que se encontrava em circunstâncias terríveis. Se a transferisse, era um mau cidadão; se a pegasse para si, era um homem desonesto. Somente as pessoas dotadas de uma bondade natural cogitavam eludir a lei, e somente pessoas honestas poderiam ser escolhidas para burlá-la: afinal, é sempre um triunfo superar a avareza e as voluptuosidades, e somente pessoas honestas conseguem atingir essa espécie de triunfo. Talvez fosse até mesmo demasiado severo vê-las como más cidadãs. Não é possível que o legislador atingisse a maior parte de seu objetivo, uma vez que a lei era feita de tal modo a forçar somente pessoas honestas a burlá-la.

Na época em que foi feita a Lei Vocônia, os costumes conservavam alguma coisa de sua antiga pureza. Por vezes fez-se que a consciência pública se interessasse em favor da lei, fazendo que jurassem obedecê-la,[42] de modo que a probidade travava, por assim dizer, uma guerra contra a probidade. Mas, nas épocas ulteriores, os costumes se corromperam a tal ponto que foi preciso menos força para eludir a Lei Vocônia por meio dos fideicomissos do que essa lei tinha para se fazer obedecer.

As guerras civis ocasionaram a morte de um infindável número de cidadãos. Roma, nos tempos de Augusto, encontrava-se praticamente deserta: era preciso repovoá-la. Foram então feitas as leis Papias, na qual não se negligenciou nada que pudesse encorajar os cidadãos a se casarem e

---

42 Sextílio diz que havia jurado obedecê-la. Cícero, *De finibus*, Lv.II [55].

Do espírito das leis

a terem filhos.[43] Um dos principais meios foi o de aumentar, para aqueles que aquiesciam aos desígnios da lei, as esperanças de suceder, e de diminuir as esperanças daqueles que se recusassem a fazê-lo; e, como a Lei Vocônia incapacitou as mulheres na sucessão, a Lei Papia determinou, em certos casos, o fim dessa proibição.

As mulheres,[44] sobretudo as que tinham filhos, tornaram-se então capazes de receber herança em virtude do testamento de seus maridos, e, quando tinham filhos, também puderam recebê-la em virtude do testamento de não parentes. Tudo isso contra a disposição da Lei Vocônia, sendo ainda notável que o espírito dessa lei não foi completamente abandonado. Por exemplo, a Lei Papia[45] permitia que um homem que tivesse um filho[46] recebesse toda a herança por testamento de um não parente, mas somente concedia a mesma graça à mulher caso ela tivesse três filhos.[47]

É preciso destacar que a Lei Papia somente tornava as mulheres que tivessem três filhos capazes de suceder em virtude do testamento de não parentes; e que, a respeito da sucessão de parentes, mantinha toda a força das antigas leis e da Lei Vocônia.[48] Mas isso não perdurou.

Roma, depravada pelas riquezas de todas as nações, havia mudado de costumes; não mais buscava impedir o luxo das mulheres. Aulo Gélio, que vivia na época de Adriano,[49] nos conta que, em seu tempo, a Lei Vocônia estava praticamente extinta: ela foi soterrada pela opulência da cidade.

---

43 Vede o que eu disse sobre isso no Lv.XXIII, Cap.21.

44 Sobre o assunto, vede os *Fragmentos* de Ulpiano, tit.XV, §16.

45 A mesma diferença se encontra em muitas disposições da Lei Papia. Vede os *Fragmentos* de Ulpiano, §4º e 5º, último tit.; e o mesmo no tit., §6º.

46 "Julga pouco os filhos teus me deverem quanto são e valem? [...] Campeias, pai, direitos tens de herança" (Juvenal, *Sátiras*, IX, v.83 e 87). [Trad. Francisco Antônio Martins Bastos, p.90.]

47 Vede a Lei 9 do código Teodosiano, *De bonis proscrptorum*; e Dião Cássio [*História romana*], Lv.LV. Vede os *Fragmentos* de Ulpiano, último tit., §6º, e tit.XXIX, §3º.

48 *Fragmentos* de Ulpiano, tit.XVI, §1º; Sozomeno [*História eclesiástica*], Lv.I, cap.19.

49 [*Noites áticas*] Lv.XX, cap.I. [Públio Élio Adriano (76-138 d.C.), imperador romano, considerado por Maquiavel (*Discursos sobre a primeira década de Tito Lívio*) e Edward Gibbon (*História do declínio e queda do império romano*) como um dos "cinco bons imperadores". (N. T.)]

Também lemos nas *Sentenças* de Paulo,[50] que vivia na época de Niger,[51] e nos *Fragmentos* de Ulpiano,[52] da época de Alexandre Severo, que irmãos por parte do pai podiam suceder e que somente os parentes de um grau mais distante entravam nos casos de proibição da Lei Vocônia.

As antigas leis de Roma começavam a parecer severas. Os pretores não eram movidos senão por razões de equidade, moderação e conveniência.

Vimos que, pelas antigas leis de Roma, as mães não participavam na sucessão de seus filhos. A Lei Vocônia constituiu uma nova razão para excluí-las disso. Mas o imperador Cláudio concedeu à mãe a sucessão de seus filhos, como uma consolação por sua perda; o *senatus consultum* Tertúlio, instituído na época de Adriano,[53] concedeu-a a elas caso tivessem três filhos e fossem ingênuas.[54] É claro que esse *senatus consultum* era somente uma extensão da Lei Papia, que, nos mesmos casos, havia concedido às mulheres as sucessões que lhes eram deixadas por não parentes. Enfim, Justiniano lhes concedeu a sucessão, independentemente do número de filhos que tivessem.[55]

As mesmas causas que levaram à restrição da lei que impedia as mulheres de sucederem, gradualmente derrubaram a lei que havia colocado obstáculos à sucessão dos parentes pela linhagem feminina. Essas leis estavam em grande conformidade com o espírito de uma boa república, onde se deve proceder de modo que esse sexo não possa prevalecer por meio do luxo, nem de suas riquezas, nem das esperanças de suas riquezas. Já pelo contrário, como o luxo de uma monarquia torna o casamento pesado e custoso, é preciso estimulá-lo, seja pelas riquezas que as mulheres podem oferecer, seja pela esperança das sucessões que podem proporcionar. Assim, quando a monarquia se estabeleceu em Roma, o sistema das sucessões foi comple-

---

50 [Paulo, *Sentenças*] Lv.IV, tit.VIII, §3º.

51 Pescênio Niger (c. 135-194), imperador romano do ano dos cinco imperadores. (N. T.)

52 [Ulpiano, *Fragmentos*] tit.XXVI, §6º.

53 Isso é, o imperador [Antonino] Pio, que pegou o nome de Adriano por adoção.

54 Ver nota do tradutor em Lv.XXIII, Cap.21. (N. T.)

55 [*Corpus Juris Civilis*] Lei 2, cód. *De juri liberorum*; *Institutas*, Lv.III, tit.III, §4, *De senatus-consult. Tert.*

Do espírito das leis

tamente modificado. Os pretores convocavam os parentes por linhagem feminina na falta de parentes da masculina, ao passo que, pelas antigas leis, os parentes da linhagem feminina nunca eram convocados. O *senatus consultum* Orfitiano convocava os filhos para a sucessão da mãe; e os imperadores Valentiniano,[56] Teodósio e Arcádio convocavam os netos, por via da filha, a sucederem o avô. Enfim, o imperador Justiniano[57] suprimiu até o menor vestígio do direito antigo acerca das sucessões: estabeleceu três ordens de herdeiros, os descendentes, os ascendentes, os colaterais, sem nenhuma distinção entre os homens e as mulheres, entre os parentes por linhagem feminina e os por linhagem masculina, e ab-rogou todas as leis remanescentes que tratavam da matéria. Acreditou seguir a própria natureza, afastando-se do que chamava de embaraços da antiga jurisprudência.

---

56 [Ibid.] Lei 9, cód. *De suis et legitimis liberis.*
57 [Ibid.] Lei 12, cód. ibid.; e *Novelas* 118 e 127.

Livro XXVIII
Da origem e das revoluções das leis civis
entre os franceses

In nova fert animus mutatas dicere formas Corpora...

Ovídio, *Metamorfoses*[1]

Capítulo Primeiro – Do diferente caráter
das leis dos povos germanos[2]

Quando os francos deixaram seu país, pediram aos sábios de sua nação que redigissem as leis sálicas.[3] Quando a tribo dos francos ripuários se

---

1 "É meu propósito falar das metamorfoses dos seres em novos corpos." [Ovídio, *Metamorfoses*, Lv.I, 1-2, p.43].

2 Este capítulo foi redigido já num estado avançado de redação e edição do *Espírito das leis*. Em uma correspondência de 1748, lemos que o filósofo escreve o seguinte ao monsenhor Cerati: "Assim que [o livro] for publicado, dar-vos-ei em mãos um volume que faço como uma homenagem às minhas terras. Pensei em me matar após três meses de trabalho, a fim de terminar um trecho que gostaria de inserir [no *Espírito das leis*], e que será um livro sobre a origem e as revoluções de nossas leis civis na França. Ele custará três horas de leitura. Mas garanto que me custou tanto trabalho que meus cabelos embranqueceram. Seria ainda preciso, para que minha obra se tornasse completa, que eu pudesse acrescentar dois livros sobre as leis feudais" (Montesquieu, *Œuvres complètes de Montesquieu*. Carta XXXIII, p.294). Em *MP*, n.1795, Montesquieu havia feito a seguinte introdução ao capítulo: "*Utilidade de se conhecer as coisas passadas*. É preciso conhecer as coisas passadas não

juntou, na época de Clóvis,[4] à dos francos sálios, ela conservou seus usos, e Teodorico, rei da Austrásia, mandou registrá-las por escrito.[5] Ele também compilou[6] os usos dos bávaros e dos alemães, dependentes de seu reino. Afinal, com a Germânia enfraquecida pela debandada de tantos povos, os francos, após terem conquistado tudo o que se encontrava diante deles, haviam dado um passo para trás e ampliaram seu domínio sobre as florestas de seus pais. Aparentemente, o código[7] dos turíngios foi outorgado pelo próprio Teodorico, pois os turíngios também eram seus súditos. Como os frísios foram subjugados por Carlos Martel e Pepino, sua lei não era anterior a esses príncipes.[8] Carlos Magno, o primeiro a domar os saxões,

---

para mudar as novas, mas sim para utilizá-las de modo oportuno. É um princípio elementar que as opiniões gerais de cada século sejam sempre exageradas, e elas apenas se tornaram gerais porque causaram grande impressão nos espíritos. Ora, para recolocá-los no trilho da razão, é necessário examinar a imagem que, em outros séculos, causavam as opiniões predominantes de um determinado período. Isso pode torná-las muito úteis: por um lado, ao empregarmos, para o bem, o ardor e a ação que elas inspiram; e, por outro, impedindo-as de propagar preconceitos em benefício do mal. Os livros precedentes conduziram até este, onde oferecerei um pequeno ensaio da história das leis da França, assim como acabei de oferecer a história de algumas leis romanas. Gostaria que fossem feitas obras melhores sobre as leis de cada país, pois, para podermos bem conhecer os tempos modernos, é preciso bem conhecer os tempos antigos; é preciso acompanhar cada lei no espírito de todos os tempos. Afinal, não semeamos dentes de dragão para que homens brotassem do ventre da terra, a fim de lhes outorgar leis". Montesquieu refere-se à história de Cadmo e Palas, contada no início do Livro III das *Metamorfoses*, de Ovídio, citada na epígrafe deste capítulo. (N. T.)

3 Vede o prólogo da Lei Sálica. Leibniz afirma, em seu tratado *Da origem dos francos*, que essa lei foi estabelecida antes do reino de Clóvis. Mas isso não poderia ter sido feito antes que os francos tivessem deixado a Germânia: naquela época, eles não compreendiam a língua latina. [Gottfried Wilhelm Leibniz (1646-1716), filósofo e polímata alemão, autor de obras fundamentais da filosofia moderna, como a *Monadologia*. Montesquieu refere-se ao livro *De origine Francorum disquisitio (Dissertação sobre a origem dos francos)*, de 1715. (N. T.)]

4 Vede Gregório de Tours [*História dos francos*]. [Gregório de Tours (538-594), historiador e bispo de Tours, na França, autor de *História dos francos*. (N. T.)]

5 Vede o prólogo da Lei dos Bávaros e o da Lei Sálica.

6 Ibid.

7 *Lex Angliorum Werinorum, hoc est, Thuringorum.*

8 Eles não sabiam escrever.

Do espírito das leis

outorgou-lhes a lei que ainda conservamos. Basta ler os dois últimos códigos para notar que saíram da mão dos conquistadores. Como os visigodos, os borguinhões e os lombardos fundaram os reinos, mandaram que suas leis fossem escritas, não para que seus usos fossem seguidos pelos povos selvagens, mas para que eles próprios os seguissem.

Nas leis sálicas e ripuárias, assim como nas dos alemães, bávaros, turíngios e frísios, há uma simplicidade admirável: nelas encontramos uma rudeza original e um espírito que absolutamente não havia sido debilitado por outro espírito. Elas pouco mudaram, porque esses povos, com exceção dos francos, permaneceram na Germânia. Os francos até mesmo fundaram ali uma grande parte de seu império: assim, suas leis foram todas germânicas. O mesmo não ocorreu com as leis dos visigodos, dos lombardos e dos borguinhões; elas perderam muito de seu caráter, porque esses povos, que se fixaram em suas novas moradas, perderam muito do seu próprio caráter.

O reino dos borguinhões não durou tempo o suficiente para que as leis do povo conquistador pudessem sofrer grandes mudanças. Gundebaldo e Sigismundo, que compilaram seus usos, foram quase os últimos de seus reis. As leis dos lombardos tiveram mais adições do que alterações. As leis de Rotaris foram seguidas pelas de Grimoaldo, Liuprando, Raquis e Astolfo, mas não assumiram uma nova forma. O mesmo não ocorreu com as leis dos visigodos:[9] seus reis as refundiram e mandaram que o clero as refundisse.

Os reis da primeira dinastia[10] de fato suprimiram as leis sálicas e ripuárias,[11] que definitivamente não podiam se harmonizar com o cristia-

---

9 Eurico as outorgou, Leovigildo as emendou. Vede a *Crônica* de Isidoro. Quindasvindo e Recesvindo as reformaram. Égica mandou fazer o código que temos atualmente e atribuiu a comissão da redação aos bispos: conservamos, no entanto, as leis de Quindasvindo e de Recesvindo, como é possível observar no 16º concílio de Toledo. [Isidoro de Sevilha (c. 560-636), eclesiástico e historiador, autor de *Historia de regibus Gothorum, Vandalorum et Suevorum*. (N. T.)]

10 O texto utiliza o termo *race*, que tem, no século XVIII, também o significado de *linhagem* ou *dinastia*, representando os ascendentes e descendentes de uma mesma família, em geral ligada a uma genealogia da realeza e da nobreza. Nesse sentido, vede o verbete *Race (généalogie)*, de Jaucourt, publicado no tomo XIII da *Enciclopédia*. Montesquieu considera os merovíngios como reis de primeira dinastia, os carolíngios como de segunda e os capetianos como de terceira. Ver, no final deste volume, a cronologia das três dinastias francesas. (N. T.)

11 Vede o prólogo da Lei dos Bávaros.

Montesquieu

nismo, mas deixaram seu fundamento intocado. O mesmo não pode ser dito das leis dos visigodos.

As leis dos borguinhões, e sobretudo a dos visigodos, admitiam as penas corporais. As leis sálicas e ripuárias não as recepcionaram,[12] e conservaram melhor seu caráter.

Os borguinhões e os visigodos, cujas províncias eram muito vulneráveis, buscaram se conciliar com os antigos habitantes, e lhes promulgar as mais imparciais leis civis possíveis.[13] Contudo, os reis francos, confiantes em seu poder, não tiveram tais preocupações.[14]

Os saxões, que viviam sob o império dos francos, eram dotados de um temperamento indomável e se obstinaram em se revoltar. Encontramos em suas leis os rigores do conquistador,[15] as quais não vemos nos outros códigos das leis bárbaras.

Na legislação dos saxões observamos o espírito das leis dos germanos no que concerne às leis pecuniárias, e o dos conquistadores no que concerne às penas corporais.

Os crimes que cometem em seu país são punidos corporalmente, e o espírito da lei germânica somente é observado na punição dos crimes cometidos fora de seu território.

Essas leis declaram que, por conta de seus crimes, jamais terão paz, e até mesmo os asilos das igrejas lhes serão negados.

Os bispos tiveram uma autoridade imensa na corte do rei dos visigodos; os assuntos mais importantes eram decididos nos concílios. Devemos ao código dos visigodos todas as máximas, todos os princípios e todos os projetos da Inquisição atual; e os monges apenas copiaram, contra os judeus, as leis outrora feitas pelos bispos.

De resto, as leis de Gundebaldo para os borguinhões parecem muito judiciosas; as de Rotaris e dos outros príncipes lombardos o são ainda mais.

---

12 Encontramos apenas algumas dessas penas no decreto de Quildeberto.

13 Vede o prólogo do código dos borguinhões [*Lex Burgundionum*] e a redação do próprio código, sobretudo o tit.XII, §5º, e o tit.XXXVIII. Vede também Gregório de Tours [*História dos francos*], Lv.II, cap.XXXIII; e o código dos visigodos.

14 Vede, na sequência, o Cap.3.

15 Vede [*Lex Saxonum*] o cap.II, §8º e 9º; e o cap.IV, §2º e 7º.

Mas as leis dos visigodos, as de Recesvindo, de Quindasvindo e de Égica, são pueris, malfeitas, idiotas; não atingem o objetivo, são repletas de retórica e vazias de sentido, são frívolas no fundamento e excessivas no estilo.[16]

Capítulo II – Que as leis bárbaras foram todas pessoais

Um caráter distintivo das leis dos bárbaros é que elas não se ligavam a um determinado território: o franco era julgado pela lei dos francos, o alemão pela lei dos alemães, o borguinhão pela Lei dos Borguinhões, o romano pela lei dos romanos. E assim como naqueles tempos ninguém sequer remotamente cogitava uniformizar as leis dos povos conquistadores, também ninguém pensava em se tornar legislador dos povos conquistados.

Situo a origem disso nos costumes dos povos germanos. Essas nações eram divididas por pântanos, lagos e florestas; mesmo em César lemos que elas gostavam de se separar.[17] O pavor que tinham dos romanos fez com que se reunissem; cada homem, nessas nações misturadas, tinha que ser julgado pelos usos e costumes de sua própria nação. Todos esses povos, em sua particularidade, eram livres e independentes; e, quando se misturaram, a independência continuou a perseverar. A pátria era comum, e a república, particular; o território era o mesmo, e as nações eram diversas. Portanto, o espírito das leis pessoais encontrava-se entre esses povos, antes mesmo que deixassem suas casas, e eles o carregaram consigo em suas conquistas.

Esse uso estabelecido pode ser encontrado nas fórmulas[18] de Marculfo; nos códigos das leis dos bárbaros, sobretudo na Lei dos Ripuários;[19] nos decretos[20] dos reis da primeira dinastia, donde derivam os capitulares redi-

---

16 Clóvis (466-511), rei dos francos sálios da dinastia merovíngia e, posteriormente, primeiro rei de todos os francos, tendo unificado os reinos francos. (N. T.)

17 [Júlio César] *Guerra das Gálias*, Lv.VI.

18 [*Formulæ Marculfi*] Lv.I, form.VIII. [O *Formulário de Marculfo*, ou as *Fórmulas*, é um compilado de documentos, formulários e modelos jurídicos da época dos merovíngios. (N. T.)]

19 [*Lex Ripuaria*] cap.XXXI.

20 O de Clotário, no ano 560, na edição dos *Capitulares* de Baluze, t.I, art.4; ibid., *in fine*. [Étienne Baluze (1630-1718), historiador e jurista francês, autor de *Capitularia regum Francorum capitularia*, 2v. (1677). (N. T.)]

Montesquieu

gidos sobre o assunto durante a segunda dinastia.[21] Os filhos[22] seguiam a lei de seu pai; as mulheres, a de seu marido;[23] as viúvas regressavam à sua lei antes do matrimônio;[24] os libertos submetiam-se à de seu patrão.[25] Isso não é tudo: cada um podia adotar a lei que quisesse. A Lei de Lotário I[26] exigia que essa escolha fosse tornada pública.

Capítulo III – Diferença capital entre as leis sálicas e as leis dos visigodos e dos borguinhões

Eu disse[27] que a leis dos borguinhões e dos visigodos eram imparciais, mas a Lei Sálica não era assim: ela estabeleceu entre os francos e os romanos as mais deploráveis distinções. Se alguém assassinasse um franco,[28] um bárbaro ou um homem que vivesse sob a Lei Sálica, pagava aos parentes do morto uma composição de duzentos soldos;[29] caso matasse um romano possuidor,[30] pagava cem; e, caso se tratasse de um romano tributário, pagava uma composição de apenas 45 soldos. A composição pelo assassinato de um franco, vassalo do rei,[31] era de seiscentos soldos, e a do assassinato de um romano,

---

21 Capitulares adicionados à Lei dos Lombardos [*Leges Langobardorum*], Lv.I, tit.XXV, cap.71; Lv.II, tit.XLI, cap.7; e tit.LVI, cap.I e 2. [Os capitulares eram espécies de decretos reais. Segundo a definição do Littré, eram os "nomes dos estatutos e regulamentos decretados nas assembleias nacionais sob as duas monarquias francas (merovíngios e carolíngios). Capitular. Nome dado aos regulamentos dos reis da segunda dinastia, pois se distinguiam por seções e capítulos". Ver também a definição de Montesquieu mais adiante neste mesmo liivro, Cap.9. (N. T.)]

22 [*Leges Langobardorum*], Lv.II, tit.V.

23 Ibid., tit.VII, cap.I.

24 Ibid., cap.2.

25 Ibid., tit.XXXV, cap.2.

26 Na Lei dos Lombardos [ibid.], Lv.II, tit.XXXVII.

27 No primeiro capítulo deste livro.

28 Lei Sálica, tit.XLIV, §1º.

29 As composições – como assim são denominadas nos códigos dos povos bárbaros – são reparações, indenização ou compensações. Cf. Lv.XXX, Cap.19. (N. T.)

30 *Qui res in pago ubi remanet proprias habet* ["Aquele que tem propriedade na região em que reside"]. Lei Sálica, tit.XLIV, §15. Vede também o §7º.

31 *Qui in truste Dominica est* ["Aquele que está sob o domínio do rei"]. Ibid., tit.44, §4º.

Do espírito das leis

conviva[32] do rei,[33] somava apenas trezentos. Assim, a lei inseria uma cruel diferença entre o senhor franco e o senhor romano, bem como entre o franco e o romano que se encontravam em uma condição mediana.

Isso não é tudo: caso se reunisse uma turba para assaltar um franco em sua casa,[34] e caso ele fosse morto, a Lei Sálica estipulava uma composição de seiscentos soldos. Contudo, caso se assaltasse um romano ou um liberto,[35] pagava-se somente metade dessa soma. Pela mesma lei,[36] caso um romano agrilhoasse um franco, devia trinta soldos de composição; mas, caso um franco agrilhoasse um romano, devia apenas quinze. Um franco espoliado por um romano recebia 62 soldos de composição; já um romano espoliado por um franco recebia apenas trinta. Tudo isso devia ser opressivo para os romanos.

Entretanto, um autor célebre[37] constitui um sistema de *Estabelecimento dos francos na Gália*, assentado na pressuposição de que estes eram os melhores amigos dos romanos. Ora, eram os francos os melhores amigos dos romanos, eles que lhes causaram e que deles receberam[38] males terríveis? Eram os francos amigos dos romanos, eles que, após tê-los subjugado pelas armas, com sangue-frio os oprimiram por meio de suas leis? Eram amigos dos romanos assim como os tártaros, que conquistaram a China, eram amigos dos chineses.

Se alguns bispos católicos quiseram se valer dos francos para destruir os reis arianos, segue-se disso que tinham desejado viver submetidos aos povos bárbaros? E poderia então se concluir que os francos tivessem considerações especiais pelos romanos? Tiraria outras consequências disso: quanto mais

---

32 *Si Romanus homo conviva regis fueret* ["Se fosse um homem romano sendo conviva do rei"]. Ibid., §6º.

33 Os romanos mais eminentes se associavam à corte, como podemos ver pela vida de muitos bispos que nela foram criados. Somente os romanos sabiam escrever.

34 Lei Sálica, tit.XLV.

35 *Lidus*, cuja condição era melhor do que a do servo. Lei dos Alemães [*Lex Alamannorum*], cap.95.

36 [*Lex Salica*] tit.XXXV, §3º e 4º.

37 O abade Dubos. [Jean-Baptiste Dubos (1670-1742), abade Dubos, diplomata e historiador francês, membro da Academia Francesa e autor de *Histoire critique de l'établissement de la monarchie française dans les Gaules* (1733-1734). (N. T.)]

38 Assim testemunha a expedição de Arbogasto, em Gregório de Tours, *História dos francos*, Lv.II.

seguros os francos se encontrassem em relação aos romanos, com menos deferência os tratariam.

Mas o abade Dubos bebeu em más fontes para um historiador: nos poetas e oradores. Sistemas não devem se fundar em obras de ostentação.

Capítulo IV – Como o direito romano caiu em desuso nos países sob domínio dos francos e se conservou nos países sob domínio dos godos e borguinhões

As coisas que disse trarão à luz outras que até o momento permaneciam completamente obscurecidas.

O país que atualmente se chama França foi governado, na primeira dinastia, pela lei romana ou pelo Código Teodosiano e pelas diversas leis dos bárbaros que ali viviam.[39]

Nos países sob domínio dos francos, a Lei Sálica era estabelecida para os francos e o Código[40] Teodosiano para os romanos. Nos que estavam sob domínio dos visigodos, uma compilação do Código Teodosiano, feita por ordem de Alarico,[41] regulamentou as contendas entre os romanos, enquanto as práticas consuetudinárias da nação, que Eurico[42] mandou registrar por escrito, decidiram as que ocorriam entre os visigodos. Mas por que as leis sálicas adquiriram uma autoridade quase geral nos países dos francos? E por que o direito romano ali gradualmente caiu em desuso, ao passo que no domínio dos visigodos o direito romano se difundiu e exerceu uma autoridade geral?

Digo que o direito romano caiu em desuso entre os francos por causa dos grandes benefícios que havia em ser um franco, um bárbaro ou um homem vivendo sob a Lei Sálica.[43] Todos foram levados a abandonar o direito romano para viver sob a Lei Sálica. Ele foi conservado somente pelos

---

39 Os francos, os visigodos e os borguinhões.

40 Ele foi terminado no ano 438.

41 Vigésimo ano do reino desse príncipe, publicado dois anos depois por Aniano, como se vê no prefácio desse código.

42 Ano 504 da Era Hispânica. *Crônica* de Isidoro.

43 *Francum aut barbarum, aut hominem qui Salica lege vivit.* Lei Sálica, tit.XLV, §1º.

Do espírito das leis

eclesiásticos,[44] porque estes não tinham interesse em mudar. As diferenças de condições e de estratos consistiam somente, como demonstrarei mais adiante, no valor das composições. Ora, as leis[45] particulares davam aos eclesiásticos indenizações tão favoráveis quanto aquelas concedidas aos francos; portanto, eles conservaram o direito romano. Não observavam prejuízo algum com isso, e, ademais, isso lhes convinha, porque se tratava de uma obra dos imperadores cristãos.

De outro lado, no patrimônio dos visigodos, como a Lei Visigoda[46] não dava nenhum benefício civil aos visigodos sobre os romanos, os romanos não tiveram nenhuma razão para deixar de viver sob sua lei para viver sob outra: conservaram, pois, suas leis, não adotando a dos visigodos.

Isso se confirma à medida que avançamos. A Lei de Gundebaldo foi bastante imparcial, e não foi mais favorável aos borguinhões do que aos romanos. Pelo prólogo dessa lei, vê-se que foi feita para os borguinhões e, além disso, para regular as questões que poderiam nascer entre os romanos e os borguinhões; e, nesse último caso, o tribunal era dividido meio a meio. Isso era necessário por razões específicas, decorrentes do arranjo político daquela época.[47] O direito romano sobreviveu na Borgonha para regular as contendas que poderiam ocorrer entre os romanos. Estes não tinham motivos para abandonar sua lei, como aconteceu no país dos francos, tanto mais que a Lei Sálica não fora estabelecida na Borgonha, como lemos na famosa carta que Agobardo escreve a Luís, o Bonachão.

---

44 *Segundo a lei romana sob a qual vive a Igreja*, assim é dito na Lei dos Ripuários, tit. LVIII, §1º. Vede também as inumeráveis autoridades sobre o assunto, relatadas por Du Cange [*Glossarium ad scriptores mediæ et infimæ latinitatis*] para a palavra *Lex romana*. [Charles du Fresne, senhor de Du Cange (1610-1688), historiador francês e autor de um glossário latino. (N. T.)]

45 Vede os capitulares adicionados à Lei Sálica em Lindenbrog, no final dessa lei, e os diversos códigos das leis bárbaras acerca dos privilégios dos eclesiásticos a esse respeito. Vede também a carta de Carlos Magno a Pepino, seu filho, rei da Itália, do ano 807, na ed. de Baluze, t.I, p.452, onde é dito que um eclesiástico deve receber uma indenização tripla. Vede também a *Coletânea dos capitulares*, t.I, Lv.V, art.302, ed. de Baluze. [Friedrich Lindenbrog (1573-1648), jurista, filólogo e latinista alemão. (N. T.)]

46 Vede essa lei [*Lex Visigothorum*].

47 Falarei sobre isso mais adiante, no Livro XXX, Cap.6, 7, 8 e 9.

Montesquieu

Agobardo[48] pediu a esse príncipe que estabelecesse a Lei Sálica na Borgonha: portanto, ela não vigorava naquele lugar. Assim, o direito romano sobrevivia e ainda sobrevive em muitas províncias que outrora dependiam desse reino.

O direito romano e a lei gótica também foram mantidos no país onde os godos se estabeleceram: ali, a Lei Sálica jamais foi recepcionada. Quando Pepino e Carlos Martel expulsaram os sarracenos, as cidades e as províncias que se submeteram a esses príncipes[49] solicitaram a conservação de suas leis e a obtiveram: o que, malgrado o uso daqueles tempos, nos quais todas as leis eram pessoais, logo fez o direito romano ser visto como uma lei real e territorial nesses países.

Isso é provado por um édito de Carlos, o Calvo, proclamado em Pistes no ano 864, que distingue[50] os países nos quais se julgava com base no direito romano daqueles que não o faziam.

O Édito de Pistes prova duas coisas: uma, que havia países onde se julgava segundo a lei romana e que havia outros nos quais não se julgava segundo essa lei; outra, que esses países que julgavam segundo a lei romana[51] eram precisamente aqueles onde ela ainda hoje é seguida, como apontado nesse mesmo édito. Assim, a distinção dos países da França consuetudinária e da França regida pelo direito escrito já estava estabelecida na época do Édito de Pistes.

---

48 Agobardo, *Opera*. [Agobardo (c. 769-840), arcebispo de Lyon, autor crítico da Lei Gombeta em *Liber Adversus Legem Gundobadi*. (N. T.)]

49 Vede Gervásio de Tilburi, na coletânea de Duchesne, t.III, p.366: *Facta pactione cum Francis, quod illic Gothi patriis legibus, moribus paternis vivant. Et sic Narbonensis província Pippino subjicitur* ["Foi feito um pacto com os francos, para que vivessem de acordo com seus costumes ancestrais, isto é, pelas leis de sua pátria gótica. E, assim, a província de Narbona ficou sob o domínio de Pepino"]. E uma crônica do ano 759, relatada por Catel, *História do Languedoc*. E o autor incerto da de *Luís, o Bonachão*, a respeito do pedido, feito pelo povo da Septimania, na reunião em *Casisiaco*, na coletânea de Duchesne, t.II, p.316. [André Duchesne (1584-1640), geógrafo e historiador francês, autor no *Historiæ Francorum scriptores* (5v., 1636-1649). Guillaume Catel (1560-1626), conselheiro do parlamento de Toulouse e historiador, autor de *Mémoire de l'histoire du Languedoc* (1633). (N. T.)]

50 *In illa terra in qua judicia secundum legem Romanam terminantur, secundum ipsam legem judicetur; et in illa terra in qua* etc. ["Na terra em que se julga segundo a lei romana, o caso será julgado segundo ela; e nas terras em que etc."], art.16. Vede também o art.20.

51 Vede os artigos 12 e 16 do Édito de Pistes, *in Cavilono, in Narbona* etc.

Do espírito das leis

Disse que, nos primórdios da monarquia, todas as leis eram pessoais. Assim, quando o Édito de Pistes distingue os países de direito romano dos que não o adotavam, isso significa que, nos países que não estavam sob a égide do direito romano, tantas pessoas haviam escolhido viver de acordo com alguma das leis dos povos bárbaros que não havia quase ninguém que, nessas regiões, escolhesse viver de acordo com a lei romana; e que, nos países sob a lei romana, havia poucas pessoas que tivessem escolhido viver de acordo com as leis dos povos bárbaros.

Sei bem que aqui digo coisas novas. Se, porém, forem verdadeiras, são também coisas muito antigas. Que importa, afinal, que tenha sido eu, os Valois ou os Bignons[52] que as tenha dito?

Capítulo V – Continuação do mesmo assunto

A Lei de Gundebaldo vigorou durante muito tempo entre os borguinhões, concorrentemente à lei romana. Ela ainda estava em uso na época de Luís, o Bonachão, e a carta de Agobardo não deixa nenhuma dúvida a esse respeito. Ademais, ainda que o Édito de Pistes chame o território ocupado pelos visigodos de *país da lei romana*, a Lei dos Visigodos sempre vigorou nesse lugar. Isso pode ser provado pelo sínodo de Troyes, reunido nos tempos de Luís, o Gago, no ano 878, isto é, catorze anos após o Édito de Pistes.

Em seguida, as leis góticas e borguinhãs extinguiram-se em seu próprio país, por causas gerais[53] que por toda parte fizeram com que as leis pessoais dos povos bárbaros desaparecessem.

Capítulo VI – Como o direito romano se conservou no domínio dos lombardos

Tudo converge aos meus princípios. A Lei dos Lombardos era imparcial, e os romanos não tiveram nenhum interesse em abandonar a sua para adotá-la.

---

52 Montesquieu se refere a Adrien de Valois (1607-1692), historiógrafo do rei Luís XIV, autor de *Gesta Francorum* (1658) e *Notitia Galliarum* (1675); e a Jérôme Bignon (1589-1656), autor do *Traité de l'excellence des rois et du royaume de France* (1610), editor de um volume das *Fórmulas de Marculfo* (1613). (N. T.)

53 Vede mais adiante os cap.9, 10 e 11.

Montesquieu

O motivo que incitou os romanos vivendo sob os francos a escolherem a Lei Sálica simplesmente não estava presente na Itália. Ali, o direito romano foi mantido junto com a Lei dos Lombardos.

Aconteceu até mesmo de esta última ceder lugar ao direito romano. Ela deixou de ser a lei da nação dominante e, ainda que continuasse a ser a lei principal da nobreza, a maior parte das cidades acabou por se constituir como república, e essa nobreza decaiu ou foi extinta.[54] Os cidadãos das novas repúblicas não foram estimulados a adotar uma lei que estabelecesse o uso do combate judiciário[55] e cujas instituições se agarrassem às práticas costumeiras e aos usos da cavalaria. Como o clero, até então tão poderoso na Itália, vivia quase inteiramente sob a lei romana, forçosamente a quantidade dos que seguiam a Lei dos Lombardos diminui.

Além disso, a Lei dos Lombardos não possuía a majestade do direito romano, que evocava para a Itália a memória de sua dominação do mundo inteiro; e a primeira tampouco tinha a amplitude da última. Então, a Lei dos Lombardos e a lei romana apenas supriam os estatutos das cidades se houvessem se erigido enquanto república. Ora, quem poderia supri-las mais a contento: a Lei dos Lombardos, que somente estatuía sobre alguns casos, ou a lei romana, que abrangia a todos?

Capítulo VII – Como o direito romano caiu em desuso na Espanha

As coisas sucederam de outro modo na Espanha. A Lei dos Visigodos triunfou e o direito romano caiu em desuso. Quindasvindo[56] e Recesvindo[57] proscreveram as leis romanas, e nem sequer permitiram que fossem citadas nos tribunais. Recesvindo foi ainda o autor da lei que suprimiu a proibição

---

54 Vede o que diz Maquiavel sobre a destruição da antiga nobreza de Florença. [Cf. Maquiavel, *História de Florença*, Proêmio e alguns capítulos do Livro III. (N. T.)]

55 Segundo o Littré, o combate judiciário, utilizado na Idade Média, era um "combate, autorizado por um juiz, entre dois campeões, e o vencido perdia sua causa". (N. T.)

56 Ele começou a reinar em 642.

57 *Não mais queremos ser incomodados nem pelas leis estrangeiras nem pelas romanas.* Lei dos Visigodos, Lv.II, tit.I, §9º e 10.

Do espírito das leis

dos casamentos entre os godos e os romanos.[58] É claro que essas duas leis tinham o mesmo espírito: esse rei queria afastar as principais causas da separação que existiam entre os godos e os romanos. Ora, considerava-se que nada os separava mais do que a proibição de contratar casamentos entre si e a permissão de viver sob leis diversas.

Mas, ainda que os reis dos visigodos tivessem proscrito o direito romano, este continuou a vigorar nos domínios que possuíam na Gália meridional. Esses países, afastados do centro da monarquia, viviam em grande independência.[59] Vê-se pela história de Vamba, que subiu ao trono em 672, que os habitantes naturais do país haviam obtido uma vantagem.[60] Assim, naquele lugar, a lei romana tinha mais autoridade, enquanto a lei goda tinha menos. As leis espanholas não convinham nem às suas maneiras, nem à situação na qual se encontravam: talvez o povo tenha até mesmo se agarrado à lei romana porque associava a ela a ideia de sua liberdade. Há mais: as leis de Quindasvindo e Recesvindo continham disposições aterradoras contra os judeus, mas esses judeus eram poderosos na Gália meridional. O autor da história do rei Vamba chama essas províncias de *o prostíbulo* dos judeus. Quando os sarracenos vieram para essas províncias, quem poderia tê-los chamado senão os judeus ou os romanos? Os godos foram os primeiros oprimidos, porque eram a nação dominante. Lê-se em Procópio[61] que, durante as calamidades que sofreram, se retiraram da Gália Narbonesa para a Espanha. Nesses infortúnios, sem dúvida se refugiaram nas partes da Espanha que

---

58 *Ut tam Gotho Romanam quam Romano-Gotham, matrimonio liceat sociari*. Lei dos Visigodos, Lv.III, tit.I, cap.I.

59 Vede, em Cassiodoro [*Variæ epistolæ*], as deferências que Teodorico, rei dos ostrogodos, príncipe mais reputado de seu tempo, prestava a eles. Lv.IV, cartas 19 e 26. [Cassiodoro (c. 485-585), historiador, conselheiro de Teodorico, o Grande, e autor de *Variæ epistolæ*. (N. T.)]

60 A revolta dessas províncias foi uma defecção geral, como se vê na continuação da história. Paulo e seus adeptos eram romanos; foram até mesmo favorecidos pelos bispos. Vamba não ousou mandar matar os sediciosos que ele havia vencido. O autor da história chama a Gália Narbonesa de "berço da perfídia".

61 *Gothi qui cladi superfuerant, ex Gallia cum uxoribus liberisque egressi, in Hispaniam ad Teudim jam palam tyrannum se receperunt* ["Os godos, sobrevivendo ao massacre, retiraram-se com suas esposas e filhas da Gália para a Espanha, e ali foram recebidos por Têudis, que então era um manifesto tirano"]. [Procópio] *Guerra gótica*, Lv.I, cap.13.

Capítulo VIII – Falso capitular

Não é que o infeliz compilador Benedictus Levita transformou a lei visigoda, que proibia o uso do direito romano, em um capitular[62] posteriormente atribuído a Carlos Magno? Fez dessa lei particular uma lei geral, como se tivesse desejado abolir o direito romano no mundo inteiro.

Capítulo IX – Como os códigos das leis dos bárbaros e os capitulares caíram em desuso

As leis sálicas, ripuárias, borguinhãs e visigodas pouco a pouco deixaram de ser usadas pelos franceses. Eis como isso ocorreu.

Como os feudos se tornaram hereditários e os subfeudos se difundiram, foram introduzidos muitos usos ao quais essas leis não se aplicavam. Seu espírito, o de regular a maior parte das contendas mediante multas, foi mantido. Contudo, como os valores indubitavelmente mudaram, as multas também mudaram, e vemos muitos títulos[63] nas quais os senhores determinavam as multas que deveriam ser pagas em seus pequenos tribunais. Assim, seguia-se o espírito dessa lei sem que ela mesma fosse seguida.

Além disso, como a França se encontrava dividida em uma infinidade de pequenos senhorios, que reconheciam antes uma dependência feudal do que uma dependência política, era bem difícil que uma só lei pudesse ser autorizada. Na realidade, não teria sido possível fazer que fosse observada. O uso de enviar oficiais[64] extraordinários às províncias, para que vigiassem a administração da justiça e os negócios políticos, havia praticamente desa-

---

62 *Capitulários*, ed. de Baluze, t.I, Lv.VI, cap.343, p.981.

63 O sr. de la Thaumassière coletou muitos deles. Vede, por exemplo, cap.61, 64 e outros. [Gaspard Thaumas de la Thaumassière (1631-1702), jurista e historiador francês, autor de *Histoire du Berry* (1689). Sobre o termo *chartres* ("títulos", "cartas" ou mesmo "escrituras"), ver nota do tradutor em Lv.XVIII, Cap.22. (N. T.)]

64 *Missi dominici.*

Do espírito das leis

parecido; pelas escrituras, fica até mesmo claro que, quando os novos feudos foram estabelecidos, os reis se privaram do direito de enviá-los para esses lugares. Assim, quando quase tudo se tornou feudo, esses oficiais deixaram de ter emprego; não mais houve lei comum, porque ninguém podia fazer a lei comum ser observada.

Desse modo, as leis sálicas, borguinhãs e visigodas foram extremamente negligenciadas no término do reino da segunda dinastia, e, no começo da terceira, praticamente não se ouvia falar delas.

A nação era frequentemente reunida em assembleias nos períodos das duas primeiras dinastias, isto é, os senhores e os bispos eram reunidos, pois ainda não se falava das comunas. Nessas assembleias, buscou-se regular o clero, que era um corpo que se formava, por assim dizer, sob os conquistadores, e que estabelecia suas prerrogativas. As leis feitas nessas assembleias são o que chamamos de capitulares. Quatro coisas aconteceram: as leis dos feudos se estabeleceram e uma grande parte dos bens da Igreja foi governada pelas leis dos feudos; os eclesiásticos se separaram ainda mais e negligenciaram[65] as leis da reforma das quais não tinham sido os únicos reformadores; os cânones dos concílios e as decretais papais foram coligidos;[66] e o clero recebeu essas leis, como provenientes de uma fonte mais pura. Desde a instauração dos grandes feudos, os reis não mais tiveram, como já disse, emissários nas províncias, para que vigiassem as leis por eles emanadas. Assim, na época da terceira dinastia não mais ouvimos falar dos capitulares.

---

65 "Que os bispos", diz Carlos, o Calvo, no capitular do ano 844, art.8, "sob o pretexto de possuírem autoridade de fazer cânones, não se oponham a essa constituição, nem a negligenciem" [Baluze apud *Tolosam Civitaten, Capitularia regum Francorum*]. Ele parecia já prever a queda.

66 Inseriu-se na coletânea dos cânones uma quantidade infinita de decretais papais; havia pouquíssimas delas na antiga coleção. Dionísio, o Menor, incluía muitas na sua; mas a de Isidoro Mercator é repleta de verdadeiras e falsas decretais. A antiga coleção esteve em uso na França até Carlos Magno. Esse príncipe recebeu das mãos do papa Adriano I a coleção de Dionísio, o Menor, e fez com que fosse adotada. A coletânea de Isidoro Mercator surgiu na França por volta do reino de Carlos Magno, e as pessoas a abraçaram. Em seguida, veio aquela que chamamos de *Corpo do direito canônico*. [Dionísio Exíguo, ou Dionísio, o Menor (c. 440-544), monge da Cítia Menor, inventor do *Anno Domini* e autor da *Collectiones canonum Dionysianæ*. Isidoro Mercator, ou Pseudo-Isidoro, é o autor de uma compilação de falsas decretais. (N. T.)]

657

Capítulo X – Continuação do mesmo assunto

Vários capitulares foram acrescentados à Lei dos Lombardos, às leis sálicas, à Lei dos Bávaros. Procurou-se a razão disso, mas é preciso encontrá-la na própria coisa. Havia diversas espécies de capitulares. Uns tinham relação com o governo político, outros com o governo econômico, a maior parte com o governo eclesiástico, alguns com o governo civil. Os dessa última espécie foram acrescentados à lei civil, isto é, às leis pessoais de cada nação: é por isso que, nos capitulares, se diz que nada neles foi estipulado contra a lei romana.[67] De fato, os que diziam respeito ao governo econômico, eclesiástico ou político não tinham relação alguma com essa lei, enquanto aqueles que versavam sobre o governo civil diziam respeito somente às leis dos povos bárbaros, que eram explicadas, corrigidas, aumentadas e diminuídas. Mas esses capitulares, acrescentados às leis pessoais, fizeram, assim acredito, que o próprio conjunto dos capitulares fosse negligenciado. Nesses tempos de ignorância, o compêndio de uma obra frequentemente faz a própria obra entrar em declínio.

Capítulo XI – Outras causas da queda dos códigos das leis dos bárbaros, do direito romano e dos capitulares

Quando as nações germanas conquistaram o império romano, ali encontraram a utilização da escrita; e, imitando os romanos, registraram seus usos por escrito e estabeleceram códigos a partir deles.[68] Os infelizes reinos que seguiram o de Carlos Magno, as invasões dos normandos, as guerras intestinas, mergulharam novamente as nações vitoriosas nas trevas das quais haviam saído: não sabiam mais ler nem escrever. Isso fez com que na França e na Alemanha as leis bárbaras escritas, o direito romano e os capitulares fossem esquecidos. O uso da escrita foi mais bem conservado na Itália, onde

---

67 Vede o Édito de Pistes, art.20.

68 Isso é expressamente assinalado em alguns prólogos desses códigos. Disposições diferentes podem ser vistas mesmo nas leis dos saxões e dos frísios, segundo os diversos distritos. Acrescentaram-se a esses usos algumas disposições particulares que as circunstâncias exigiam: tais foram as rigorosas leis contra os saxões.

Do espírito das leis

reinam os papas e os imperadores gregos, onde havia cidades prósperas e local no qual se realizava praticamente todo o comércio do mundo. Essa vizinhança com a Itália fez com que o direito romano fosse mais bem conservado nas regiões da Gália que outrora estavam submetidas aos godos e aos borguinhões, sobretudo porque ali esse direito era uma lei territorial e uma espécie de privilégio. Tudo indica que a ignorância da escrita foi a causa da decadência da Lei dos Visigodos na Espanha. E, como resultado da decadência de tantas leis, por toda parte formaram-se práticas consuetudinárias.

As leis pessoais decaíram. As composições e o que se chamava de *freda*[69] passaram a se regular mais pelas práticas consuetudinárias do que pelo texto dessas leis. Desse modo, assim como no estabelecimento da monarquia havia se passado dos usos dos germanos às leis escritas, alguns séculos depois as leis escritas passaram aos usos não escritos.

Capítulo XII – Das práticas consuetudinárias locais. Revolução das leis dos povos bárbaros e do direito romano

Em diversos documentos é possível identificar as práticas consuetudinárias locais durante a primeira e a segunda dinastias. Nelas, fala-se de *práticas habituais locais*,[70] de *uso antigo*[71] de *práticas costumeiras*,[72] de *leis*[73] *e práticas consuetudinárias*.[74] Há autores que acreditaram que aquilo que se denominava de práticas consuetudinárias eram as leis dos povos bárbaros, e que aquilo que se denominava de lei era o direito romano. Provarei não ser possível as coisas serem assim. O rei Pepino ordenou[75] que, em qualquer lugar onde não houvesse lei, fossem seguidas as práticas costumeiras, mas que estas não teriam precedência sobre a lei. Ora, dizer que o direito romano tinha prece-

---

69 Falarei disso adiante [Lv.XXX, Cap.14].

70 Prefácio das *Fórmulas* de Marculfo.

71 Lei dos Lombardos, Lv.II, tit.LVIII, §3º.

72 Ibid., Lv.II, tit.XLI, §6º.

73 *A vida de São Ludgero.*

74 O *coutume*, no original, liga-se ao campo da jurisprudência. Neste livro, a depender do contexto em que o vocábulo aparece, optou-se por traduzi-lo como *práticas consuetudinárias* ou simplesmente *costumes*. Cf. nota do tradutor em Lv.V, Cap.7. (N. T.)

75 Lei dos Lombardos, Lv.II, tit.XLI, §6º.

dência sobre os códigos das leis dos bárbaros é inverter todos os documentos antigos e, sobretudo, os códigos das leis bárbaras que não se cansam de dizer o contrário.

Muito longe de as leis dos povos bárbaros serem essas práticas costumeiras, foram essas próprias leis que, enquanto leis pessoais, as introduziram. A Lei Sálica, por exemplo, era uma lei pessoal; porém, nos lugares geralmente ou quase geralmente habitados pelos francos sálios, a Lei Sálica, embora fosse inteiramente pessoal, tornou-se, em relação a esses francos sálios, uma lei territorial, e continuava a ser somente pessoal para os francos que habitavam alhures. Ora, nos casos em que muitos borguinhões, alemães, ou até mesmo romanos, tivessem frequentes querelas em um lugar onde a Lei Sálica era territorial, tais querelas eram resolvidas pelas leis desses povos; e um grande número de julgamentos, estando em conformidade com algumas dessas leis, devem ter introduzido novos usos no país. E isso explica bem a constituição de Pepino. Era natural que, nos casos que não eram decididos pela Lei Sálica, esses usos pudessem afetar os próprios francos do local; mas não o era quando pudessem prevalecer sobre a Lei Sálica.

Assim, em cada lugar havia uma lei dominante e usos recebidos que serviam de suplemento à lei dominante, desde que não fossem contra ela.

Poderia até mesmo acontecer de servirem como suplementos para uma lei que não era territorial; e, para seguir o mesmo exemplo, se, em um lugar onde a Lei Sálica era territorial, um borguinhão fosse julgado por uma Lei dos Borguinhões, e se o caso não fosse previsto no texto dessa lei, não se pode duvidar que seria julgado segundo as práticas consuetudinárias do local.

Na época de Pepino, as práticas costumeiras que haviam se formado tinham menos força que as leis, mas logo as primeiras destruíram as segundas; e, como os novos regulamentos são sempre remédios que denunciam um mal atual, é possível considerar que, nos tempos de Pepino, as práticas costumeiras já passavam a ter precedência sobre as leis.

O que eu disse explica como o direito romano começou, desde muito cedo, a se tornar uma lei territorial, como vemos no Édito de Pistes; e também como a lei gótica não deixou de estar em uso, como vemos no sínodo de Troyes, sobre o qual já falei.[76] Tendo a lei romana se tornado a lei pessoal geral, e a lei gótica a lei pessoal particular, consequentemente, a lei romana era territorial. No entanto, como a ignorância fez com que as leis pessoais dos povos bárbaros decaíssem em todos os lugares, enquanto o direito romano continuou a existir, como lei territorial, nas províncias visigodas e borguinhãs? Respondo que a própria lei romana teve aproximadamente o mesmo destino das outras leis pessoais: sem isso, teríamos ainda o Código Teodosiano nas províncias onde a lei romana era territorial, ao passo que nelas encontramos as leis de Justiniano. Restou a essas províncias praticamente o nome de país do direito romano ou do direito escrito, o amor que os povos têm por sua lei – sobretudo quando a veem como um privilégio – e algumas disposições do direito romano então conservadas na memória dos homens. Mas isso foi o suficiente para produzir o seguinte efeito: quando a compilação de Justiniano surgiu, foi recebida nas províncias do domínio dos godos e dos borguinhões como lei escrita, ao passo que, no antigo domínio dos francos, foi recebida apenas como razão escrita.

Capítulo XIII – Diferença da Lei Sálica ou dos francos sálios com a dos francos ripuários e a de outros povos bárbaros

A Lei Sálica não admitia a utilização das provas negativas, isto é, segundo a Lei Sálica, aquele que fizesse uma petição ou uma acusação deveria prová--la, e não bastava ao acusado negá-la: isso está em conformidade com as leis de quase todas as nações do mundo.

A Lei dos Franco Ripuários tinha um espírito completamente diferente:[77] se contentava com provas negativas, e a pessoa contra a qual se formava uma acusação podia, na maior parte dos casos, justificar-se, ao jurar, junto com um determinado número de testemunhas, que não havia cometido aquilo que lhe fora imputado. A quantidade de testemunhas[78] que deviam jurar

---

76 Vede o Cap.5 deste livro.

77 Isso se refere ao que diz Tácito em [*Germânia*] *De moribus Germanorum*.

78 Lei dos Ripuários, tit.VI, VII, VIII e outros.

aumentava segundo a importância da coisa, podendo alcançar o número de 72.[79] As leis dos alemães, dos bávaros, dos turíngios, as dos frísios, dos saxões, dos lombardos e dos borguinhões, foram alicerçadas sobre o mesmo plano das leis dos ripuários.

Disse que a Lei Sálica não admitia provas negativas. Havia, no entanto, um caso em que eram admitidas,[80] mas, nesse caso, não as admitia sozinhas e sem o concurso das provas positivas. O pleiteante[81] fazia suas testemunhas serem ouvidas para formar seu pleito; o defensor fazia as suas serem ouvidas para se justificar; e o juiz buscava a verdade em ambos os testemunhos.[82] Essa prática era bem diferente daquelas presentes nas leis ripuárias e outras leis bárbaras, nas quais um acusado se justificava ao jurar que não era culpado e ao jurar, pelos seus pais, que havia dito a verdade. Essas leis somente poderiam convir a um povo dotado de simplicidade e de certa candura natural. Mesmo assim, impunha-se aos legisladores prevenir os abusos contra elas, como veremos em breve.

Capítulo XIV – Outra diferença

A Lei Sálica não permitia a prova por combate singular. A Lei dos Ripuários,[83] e quase[84] todas as leis dos povos bárbaros, recepcionaram-na. Parece-me que a lei do combate era a consequência natural e o remédio da lei que estabelecia as provas negativas. Quando alguém pleiteava e percebia que seria injustamente trapaceado por um juramento, o que restava a um guerreiro[85] que se via prestes a ser ludibriado senão pedir satisfação pelo mal que lhe faziam e pela própria oferta do perjúrio? A Lei Sálica, que

---

79 Ibid., tit.XI, XII e XVII.

80 O caso em que um antrustião, isto é, um vassalo do rei, o qual se supunha ter uma maior franqueza, era acusado. Vede o tít.LXXVI do *Pactus legis salicæ*.

81 Vede ibid.

82 Como ainda hoje se pratica na Inglaterra.

83 [*Lex Ripuaria*] tit.XXXII; tit.LVII, §2º; tit.LIX, §4º.

84 Vede nota 87 adiante.

85 Esse espírito era evidente na Lei dos Ripuários, [*Lex Ripuaria*] tit.LIX, §4º, e tit. LXVII, §5º; e o capitular de Luís, o Bonachão, acrescentado à Lei dos Ripuários, do ano 803, art.22.

Do espírito das leis

não admitia o uso das provas negativas, não tinha necessidade da prova por combate e não a recepcionou. Mas as leis dos ripuários[86] e dos outros povos[87] bárbaros que admitiam o uso de provas negativas foram forçadas a estabelecer a prova por combate.

Peço que leiam as duas famosas[88] disposições de Gundebaldo, rei da Borgonha, sobre essa matéria: ver-se-á que são extraídas da natureza da coisa. Seria preciso, segundo a linguagem das leis dos bárbaros, remover o juramento das mãos de um homem que quisesse abusar dele.

Entre os lombardos, a Lei de Rotaris admitia casos nos quais se exigia que a pessoa que tivesse se defendido por um juramento não pudesse mais ser importunada por um combate. Esse uso se difundiu: veremos, na sequência,[89] que males resultaram disso, e como tornou-se necessário voltar à antiga prática.

Capítulo XV – Reflexão

Não digo que, nas mudanças realizadas nos códigos dos bárbaros, nas disposições a eles acrescentadas, e nos conjuntos dos capitulares, não fosse possível encontrar algum texto em que, de fato, a prova do combate não seja uma consequência da prova negativa. Circunstâncias particulares tiveram o condão de, no curso de muitos séculos, estabelecer determinadas leis específicas. Falo do espírito geral das leis dos germanos, de sua natureza e de sua origem; falo dos antigos usos desses povos, indicados ou estabelecidos por essas leis: aqui, trato apenas disso.

'86 Vede essa lei [*Lex Ripuaria*].

87 A lei dos frísios, dos lombardos, dos bávaros, dos saxões, dos turíngios e dos borguinhões.

88 Na Lei dos Borguinhões, o tit.VIII, §1º e 2º, sobre os casos criminais, e o tit.XLV, que versa sobre os casos civis. Vede também a Lei dos Turíngios, tit.I, §31; tit.VII, §6º e tit.VII. Vede também a Lei dos Alemães, tit.LXXXIX; a Lei dos Bávaros, tit. VIII, cap.2, §6º; e cap.3, §1º; e tit.IX, cap.4, §4º; a Lei dos Frísios, tit.II, §3º; e tit.XIV, §4º; a Lei dos Lombardos, Lv.I, tit.XXXII, §3º; e tit.XXXV, §1º; e Lv.II, tit.XXXV, §2º.

89 Vede mais adiante o Cap.18, parte final.

Capítulo XVI – Da prova por água fervente estabelecida pela Lei Sálica

A Lei Sálica[90] admitia o uso da prova por água fervente;[91] e, como essa prova era demasiado cruel, a lei[92] adotava um comedimento para suavizar seu rigor. Ela permitia que aquele que tivesse sido citado para comparecer à prova de água fervente pudesse, com o consentimento da outra parte, resgatar a própria mão. O acusador, mediante uma certa soma fixada pela lei, podia se contentar com o juramento de algumas testemunhas, que declaravam que o acusado não havia cometido o crime: e esse era um caso particular da Lei Sálica, na qual a prova negativa era admitida.

Essa prova era uma convenção permitida, embora não exigida, pela lei. A lei concedia uma certa compensação ao acusador que desejasse permitir ao acusado se defender por uma prova negativa: concedia-se liberdade para que o acusador escolhesse satisfazer-se com o juramento do acusado ou perdoar o mal ou a injúria.

A lei[93] estabelecia certa moderação para que, antes do julgamento, as partes, uma com medo de uma prova cabal e a outra com a perspectiva de obter uma compensação pequena, terminassem suas querelas e encerrassem os rancores mútuos. É fácil perceber que essa prova negativa, uma vez consumada, não necessitava de mais nenhuma outra, e que, assim, a prática do combate não poderia ser uma consequência dessa disposição particular da Lei Sálica.

---

90 E algumas outras leis dos bárbaros também.

91 Nessa prova, o acusado deveria mergulhar sua mão em água fervente para pegar um anel. Em seguida, eram colocadas ataduras nas mãos do acusado e retiradas três dias depois: caso houvesse marcas de queimadura, a pessoa era considerada culpada; caso não tivesse marcas, era considerada inocente. Conforme explica Montesquieu, o acusador poderia consentir que a outra parte "resgatasse" ou "comprasse" sua mão, pagando uma determinada quantia e permitindo que se defendesse via testemunhas. (N. T.)

92 [*Lex Salica*] tit.LVI.

93 Ibid.

Do espírito das leis

Capítulo XVII – Maneira de pensar de nossos pais

É espantoso ver que nossos pais faziam a honra, a fortuna e a vida depender de coisas que se apoiavam menos na razão do que no acaso, e que continuamente empregassem provas que nada produziam e que não se ligavam nem à inocência, nem ao crime.

Os germanos, que nunca haviam sido subjugados, gozavam de uma independência extrema.[94] As famílias travavam guerra por assassinatos, roubos, injúrias.[95] Esse costume foi modificado ao submeterem as guerras às regras: elas se travavam por ordem e sob os olhos do magistrado,[96] o que era preferível a uma licença geral de se prejudicar mutuamente.

Assim como atualmente os turcos, em suas guerras civis, enxergam a primeira vitória como um decisivo julgamento de Deus, também os povos germanos, em suas contendas particulares, interpretavam o evento do combate como um decreto da Providência, sempre atenta para punir o criminoso ou o usurpador.

Tácito diz que, entre os germanos, quando uma nação queria entrar em guerra com outra, ela procurava fazer algum prisioneiro que pudesse combater com algum dos seus, e que o sucesso da guerra era julgado pelo evento desse combate. Os povos que acreditavam que o combate singular resolveria as questões públicas poderiam muito bem pensar que ele também resolveria as diferenças dos particulares.

Gundebaldo,[97] rei da Borgonha, foi, de todos os reis, o que mais autorizou o uso do combate. Esse príncipe justifica sua lei na própria lei: "Ela serve", diz, "para que nossos súditos não façam juramentos sobre fatos

---

94 Isto é revelado pelo que diz Tácito [*Germânia, De moribus Germanorum*]: *Omnibus idem habitus* ["Todos com os mesmos hábitos". Trata-se de uma paráfrase de Montesquieu. (N. T.)]

95 Veleio Patérculo [*História romana*], Lv.II, cap.118, diz que os germanos decidiam todas suas contendas por meio de combates. [Veleio Patérculo (19 a.C.-31 d.C.), militar e historiador romano, autor de *História romana*. (N. T.)]

96 Vede os códigos das leis dos bárbaros, e, para tempos mais modernos, Beaumanoir, em *Coûtumes de Beauvoisis*.

97 Lei dos Borguinhões, cap.45.

obscuros e não cometam perjúrio sobre certos fatos". Assim, enquanto os eclesiásticos[98] declaravam ímpia a lei que permitia o combate, a Lei dos Borguinhões encarava como sacrilégio a que estabelecia o juramento.

A prova pelo combate singular tinha um motivo fundado na experiência. Em uma nação exclusivamente guerreira, a covardia supõe outros vícios: ela prova que alguém resistiu à educação recebida e não foi nem sensível à honra, nem conduzido pelos princípios que governaram os outros homens; demonstra ainda que esse alguém não teme o desprezo dos outros e faz pouco caso da estima alheia. Por menos bem-nascido que alguém seja, comumente não deixará de ter a destreza que deve se aliar com a força, nem de ter a força que deve colaborar com a coragem, pois, tendo a honra em alta estima, dedicará toda sua vida às coisas sem as quais não pode obter a própria honra. Ademais, em uma nação guerreira, na qual a força, a coragem e a proeza são honrosas, os crimes verdadeiramente odiosos são os que nascem da velhacaria, da astúcia e da artimanha, isto é, da covardia.

Quanto à prova por fogo, após o acusado colocar a mão sobre um ferro quente ou na água fervente, a mão é envolvida em ataduras que a escondiam. Se após três dias não aparecessem marcas de queimadura, a pessoa era declarada inocente. Quem deixaria de observar que, em um povo exercitado a manejar armas, a pele rude e calosa não receberia impressão forte o bastante do ferro quente ou da água fervente a ponto de fazer aparecer marcas nas mãos três dias depois? E, caso aparecesse, tratava-se de uma marca que provava que a pessoa era efeminada. E, quanto às mulheres, as mãos daquelas que trabalhavam podiam resistir ao ferro quente. Não faltavam às donzelas campeões para defendê-las,[99] e, em uma nação onde absolutamente não havia luxo, não havia estados intermediários.

Pela Lei dos Turíngios,[100] uma mulher acusada de adultério não era condenada pela prova da água fervente senão quando um campeão não se apresentasse para tomar seu lugar; e a Lei[101] dos Ripuários somente admite

---

98 Vede as *Obras* [*Opera, Liber Adversus Legem Gundobadi*] de Agobardo.

99 Vede Beaumanoir, *Coutume de Beauvoisis*, cap.61. Vede também a *Lex Angliorum*, cap.14, onde a prova por água fervente é apenas subsidiária.

100 [*Lex Angliorum*] tit.XIV.

101 [*Lex Ripuaria*] cap.31, §5º.

Do espírito das leis

essa prova quando não são encontradas testemunhas para justificar o acusado. Mas uma mulher que nenhum parente quisesse defender e um homem que não pudesse alegar nenhum testemunho de sua probidade, já estavam, por esse próprio motivo, condenados.

Portanto, afirmo que, nas circunstâncias da época em que a prova por combate e a prova por ferro quente e água fervente ainda se encontravam em uso, houve tamanha harmonia entre essas leis e os costumes, que essas leis produziram menos injustiças do que foram injustas; que mais perturbavam a equidade do que violavam direitos; que foram mais insensatas do que tirânicas.

Capítulo XVIII – Como a prova por combate se difundiu

Poder-se-ia concluir da carta de Agobardo para Luís, o Bonachão, que a prova por combate não se encontrava em uso entre os francos, porque, após ter advertido esse príncipe sobre os abusos da Lei de Gundebaldo,[102] solicitou que as contendas fossem julgadas na Borgonha segundo a Lei dos Francos. Contudo, como também é notório que naquela época o combate judiciário estava em uso na França, a confusão fica instaurada. Isso se explica por algo que eu já disse: a lei dos francos sálios não admitia essa prova, enquanto a dos francos ripuários[103] a recepcionava.

Contudo, malgrado os clamores dos eclesiásticos, o uso do combate judiciário difundiu-se na França dia após dia; e provarei agora que foram eles próprios, em grande parte, a causa disso.

A Lei dos Lombardos nos fornece essa prova. "Há muito tempo uma detestável prática havia sido introduzida", como se lê no preâmbulo da constituição de Otão II, "qual seja, a de que se o título de alguma herança fosse acusado de falsidade, aquele que o apresentasse jurava sobre os Evangelhos que o documento era verdadeiro; e, sem nenhum julgamento prévio, tornava-se proprietário da herança. Assim, os perjuros tinham segurança de

---

102 *Si placeret Domino nostro ut eos transferret ad Legem Francorum* ["Se agradar nosso senhor, que seja mudada para a Lei dos Francos"].

103 Vede essa lei, tit.LIX, §4º; e tit.LXVII, §5º.

que receberiam".[104] Quando o imperador Otão I foi coroado em Roma,[105] enquanto o papa João XII realizava um concílio, todos os senhores[106] da Itália clamavam ser necessário que o imperador fizesse uma lei para corrigir esse indigno abuso. O papa e o imperador julgaram ser preciso submeter a questão ao concílio, que seria em breve realizado em Ravena.[107] Ali, os senhores fizeram as mesmas exigências e redobraram seus protestos. Contudo, sob o pretexto de ausência de algumas pessoas, a questão foi mais uma vez adiada. Quando Otão II e Conrado,[108] rei da Borgonha, chegaram à Itália, tiveram, em Verona,[109] uma conferência[110] com os senhores da Itália; e, ante as reiteradas insistências destes, o imperador, com o consentimento de todos, fez uma lei na qual se dizia que, quando houvesse qualquer contestação sobre as heranças, e quando uma das partes quisesse se valer de um título e a outra sustentasse que este era falso, a contenda seria decidida pelo combate. A lei estabelecia também que a mesma regra seria observada quando se tratasse de assuntos concernentes aos feudos, que as igrejas estariam sujeitas à mesma lei e que elas combateriam indicando seus campeões. Nota-se que a nobreza exigia a prova por combate por causa do inconveniente da prova introduzida nas igrejas; que, malgrado o clamor dessa nobreza, malgrado o abuso evidente em si mesmo e malgrado a autoridade de Otão, que chegara à Itália para falar e agir como um senhor, o clero se manteve firme nos dois concílios. Além disso, vê-se que, como a colaboração da nobreza e do príncipe havia forçado os eclesiásticos a cederem, o uso do combate judiciário deve ter sido visto como um privilégio da nobreza, como um baluarte contra a injusti-

---

104 Lei dos Lombardos, Lv.II, tit.LV, cap.XXXIV.

105 Ano 962.

106 *Ab Italiæ Proceribus est proclamatum, ut Imperator Sanctus, mutata lege, facinus indignum destrueret* ["Foi proclamado por todos os próceres da Itália que o Santo Imperador, ao mudar a lei, acabaria com um indigno crime"]. Lei dos Lombardos, Lv.II, tit. LV, cap.XXXIV.

107 Foi realizado no ano 967, na presença do papa João XIII e do imperador Otão I.

108 Tio de Otão III, filho de Rodolfo e rei da Borgonha Transjurana.

109 Ano 988.

110 *Cum in hoc ab omnibus imperiales aures pulsarentur* ["Assim, bombardearam por todos os lados os ouvidos do imperador"]. Lei dos Lombardos, Lv.II, tit.LV, cap.XXXIV.

Do espírito das leis

ça e como uma segurança de sua propriedade; e que, a partir desse momento, essa prática deve ter se difundido. E isso foi feito em uma época na qual os imperadores eram grandes, e os papas, pequenos; em uma época na qual os Otão foram restabelecer, na Itália, a dignidade do império.

Farei uma reflexão confirmadora do que disse anteriormente: que o estabelecimento das provas negativas trouxe consigo a jurisprudência do combate. O abuso sobre o qual se queixavam para os Otão era o seguinte: era possível a um homem, contra o qual se objetava a falsidade de um título, defender-se por meio de uma prova negativa ao declarar, sobre os Evangelhos, que o título não era falso. O que foi feito para corrigir o abuso de uma lei que havia sido truncada? Restabeleceu-se o uso do combate.

Antecipei-me ao falar da constituição de Otão II a fim de dar uma ideia clara das disputas entre o clero e os laicos daqueles tempos. Antes, havia sido estabelecida a constituição[111] de Lotário I, que, fundada nas mesmas queixas e disputas, buscando assegurar a propriedade dos bens, havia ordenado que o notário jurasse que seu título não era falso; e que, caso estivesse morto, as testemunhas que tivessem assinado o documento deveriam fazer o juramento. Porém, se a dificuldade ainda persistisse, era preciso recorrer ao remédio sobre o qual acabei de falar.

Considero que antes dessa época, nas assembleias gerais realizadas por Carlos Magno, a nação lhe manifestou[112] que, no estado das coisas, era muito difícil que o acusador ou o acusado não cometessem perjúrio, e que era melhor restabelecer o combate judiciário, o que ele fez.

O uso do combate judiciário se difundiu entre os borguinhões e o uso do juramento foi então limitado. Teodorico, rei da Itália, aboliu o combate singular entre os ostrogodos:[113] as leis de Quindasvindo e de Recesvindo parecem até mesmo ter dissipado a ideia disso. Mas essas leis foram tão

---

111 Na Lei dos Lombardos, Lv.II, tit.LV, §33. No exemplar utilizado por Muratori, é atribuída ao imperador Guido. [Ludovico Antonio Muratori (1672-1750), clérigo e historiador italiano. Guido III de Espoleto (s.d.-894), rei da Itália e imperador do Ocidente a partir de 891. (N. T.)]

112 Lei dos Lombardos, Lv.II, tit.LV, §23.

113 Vede Cassiodoro [*Variæ epistolæ*], Lv.III, carta 23 e 24.

Montesquieu

pouco recepcionadas na Narbonesa[114] que ali o combate era visto como uma prerrogativa dos godos.

Os lombardos, que conquistaram a Itália após a destruição dos ostrogodos pelos gregos, levaram para lá o uso do combate: mas suas primeiras leis o restringiram.[115] Carlos Magno,[116] Luís, o Bonachão, os Otão, fizeram diversas constituições gerais que aparecem inseridas nas leis dos lombardos e acrescentadas às leis sálicas, que inicialmente difundiram o duelo nas querelas criminais e, em seguida, nas civis. Não se tinha certeza sobre como proceder. A prova negativa por juramento tinha inconvenientes, a do combate também: alternavam entre elas à medida que se inclinavam mais para uma ou para outra.

De um lado, os eclesiásticos se compraziam em observar que, em todas as questões seculares, recorria-se às igrejas[117] e aos altares; e, de outro, uma nobreza orgulhosa gostava de defender seus direitos com sua espada.

Não digo que o clero tenha sido o responsável por introduzir o uso de que a nobreza se queixava. Esse costume derivava do espírito das leis bárbaras e do estabelecimento das provas negativas. Porém, como essa prática que podia garantir a impunidade para tantos criminosos suscitou o pensamento de que era preciso se valer da santidade das igrejas para incutir medo nos culpados e empalidecer os perjuros, os eclesiásticos defenderam esse uso e prática associada a ele, pois, além disso, se opunham às provas

---

114 *In Palatio quoque Bera Comes Barcinonensis, cum impeteretur a quodam Sunila et infidelitatis argueretur, cum eodem secundum legem propriam, utpote quia uterque Gothus erat, equestri prælio congressus est et victus* ["Naquele palácio, Bera, conde de Barcinoninia, foi procurado por um certo Sunila, sendo por ele acusado de ser infiel. Lutou com ele a cavalo, o que estava de acordo com a sua própria lei, pois ambos eram godos; e ele foi vitorioso"]. O autor incerto da *Vida de Luís, o Bonachão.*

115 Vede, na Lei dos Lombardos, o Lv.I, tit.IV; e tit.IX, §23; e Lv.II, tit.XXXV, §4º e 5º; e tit.LV, §1º, 2º e 3º; e os regulamentos de Rotaris; e no §15 do regulamento de Liuprando.

116 Ibid., Lv.II, tit.LV, §23.

117 O juramento judiciário era então feito nas igrejas, e durante a primeira dinastia havia, nos palácios dos reis, uma capela exclusiva para as questões ali julgadas. Vede as *Fórmulas* de Marculfo, Lv.I, cap.38; Lei dos Ripuários, tit.LIX, §4º; e tit. LXV, §5º; a *História dos francos*, de Gregório de Tours; o capitular do ano 803, acrescentado à Lei Sálica.

Do espírito das leis

negativas. Vemos em Beaumanoir[118] que essas provas nunca foram admitidas nos tribunais eclesiásticos, o que sem dúvida contribuiu bastante para seu declínio e para enfraquecer a disposição dos códigos das leis dos bárbaros a esse respeito.

Isso também possibilitará que se perceba muito bem a ligação entre o uso das provas negativas e o do combate judiciário sobre o qual tanto falei. Os tribunais laicos admitiram tanto um como o outro, e os tribunais clericais rejeitaram ambos.

Na escolha da prova por combate, a nação seguia seu gênio guerreiro, pois, a partir do momento em que o combate foi estabelecido como um julgamento de Deus, foram abolidas as provas pela cruz, água fria e água fervente, que também haviam sido consideradas como julgamentos de Deus.

Carlos Magno ordenou que, caso surgisse algum dissenso entre seus filhos, este fosse resolvido pelo julgamento da cruz. Luís, o Bonachão,[119] limitou esse julgamento aos assuntos eclesiásticos: Lotário, seu filho, aboliu-o em todos os casos, como também aboliu a prova por água fria.[120]

Não digo que, em uma época na qual havia tão poucos usos universalmente aceitos, essas provas não tenham sido reproduzidas em algumas igrejas, tanto mais que um documento[121] de Filipe Augusto faz menção a elas. Digo, porém, que foram pouco usadas. Beaumanoir,[122] vivendo na época de São Luís[123] e um pouco depois disso, tendo feito a enumeração das diferentes espécies de provas, fala da prova do combate judiciário, mas não diz nenhuma palavra sobre as outras.

---

118 [*Coûtumes de Beauvoisis*] cap.39, p.212.

119 Encontramos essas constituições inseridas na Lei dos Lombardos e na continuação das leis sálicas.

120 Em sua constituição inserida na Lei dos Lombardos, Lv.II, tit.LV, §31.

121 Do ano 1200.

122 *Coûtumes de Beauvoisis*, cap.39.

123 Luís IX (1214-1270), rei francês da dinastia capetiana, canonizado santo em 1297. Durante muito tempo foi-lhe atribuída a autoria dos *Établissements* (c. séc. XIII; na realidade, a obra foi feita por um jurisconsulto anônimo; como diz Montesquieu mais adiante, provavelmente foi feita por um jurisconsulto ou bailio), compilação jurídica que misturava influências da jurisprudência francesa e direito romano. Cf. Cap.37 e 38 deste livro. (N. T.)]

Capítulo XIX – Nova razão do esquecimento das leis sálicas, das leis romanas e dos capitulares

Já disse as razões que fizeram com que as leis sálicas, romanas e os capitulares perdessem sua autoridade. Acrescentarei que a grande difusão da prova por combate foi a principal causa disso.

As leis sálicas, que absolutamente não admitiam esse uso, de certo modo tornaram-se inúteis e caíram em desuso. As leis romanas, que também não a admitiam, pereceram da mesma forma. Pensava-se somente em dar forma à lei do combate judiciário e a fazer uma boa jurisprudência a partir dela. As disposições dos capitulares não se tornaram menos inúteis. Assim, muitas leis perderam sua autoridade sem que seja possível citar o momento em que a perderam; foram esquecidas, sem que possamos encontrar outras que tenham tomado seu lugar.

Tal nação não tinha necessidade de leis escritas, e suas leis escritas podiam muito facilmente cair no esquecimento.

Se houvesse ali alguma discussão entre duas partes, ordenava-se o combate. Para isso, não era necessária muita competência.

Todas as ações civis e criminais se reduziam a fatos. Os combates eram travados sobre esses fatos, e não era somente o âmago da ação que era julgado pelo combate, mas também os incidentes e interlocutórios, como o diz Beaumanoir,[124] que dá exemplos disso.

Considero que no começo da terceira dinastia a jurisprudência era completamente procedimental: tudo era governado pelo ponto de honra. Se o juiz fosse desobedecido, prosseguia sua ofensa. Em Bourges,[125] se o preboste tivesse chamado alguém e essa pessoa não tivesse vindo, ele dizia: "Mandei te buscar e você desdenhou do chamado. Dê-me explicações sobre esse desprezo", e então combatiam. Luís, o Gordo, reformou essa prática costumeira.[126]

---

124 [*Coûtumes de Beauvoisis*] cap.61, p.309 e 310.

125 Carta de Luís, o Gordo, ano 1145, na *Coletânea das ordenações* [*Recueil général des anciennes lois françaises*].

126 Ibid.

Do espírito das leis

Em Orleans, o combate judiciário era utilizado em todas as querelas de dívidas.[127] Luís, o Jovem, declarou que essa prática costumeira apenas poderia ocorrer quando a querela excedesse cinco soldos. Essa ordenação era uma lei local, pois, no tempo de São Luís,[128] bastava que o valor fosse maior que doze denários. Beaumanoir[129] tinha ouvido um senhor da lei dizer que outrora havia, na França, a má prática de poder alugar durante um certo período um campeão para combater em suas contendas. Era preciso que o uso do combate judiciário tivesse, no período, uma prodigiosa amplitude.

Capítulo XX – Origem do ponto de honra

Encontram-se enigmas nos códigos das leis dos bárbaros. A Lei dos Frísios[130] oferece apenas meio soldo de composição para aquele que houvesse recebido bastonadas; mas, por qualquer ferida, por menor que fosse, estipulava uma quantia maior. Pela Lei Sálica, se um ingênuo dava três bastonadas em outro ingênuo, pagava três soldos; se tivesse feito escorrer sangue, era como se houvesse ferido com ferro, e pagava quinze soldos: a pena era medida a partir do tamanho dos ferimentos. A Lei dos Lombardos[131] estabelece diferentes composições para um, dois, três, quatro golpes. Atualmente, um golpe vale o mesmo que mil golpes.

A constituição de Carlos Magno, inserida na Lei dos Lombardos,[132] dispõe que aqueles ao quais o duelo era permitido deviam combater com bastão. Talvez isso se tratasse de uma concessão ao clero; talvez, como o uso dos combates se difundia, a intenção era torná-lo menos sanguinolento. O capitular[133] de Luís, o Bonachão, oferece a escolha de combater com bastão ou com armas. Subsequentemente, somente os servos combatiam com o bastão.[134]

---

127 Carta de Luís, o Jovem, ano 1168, na *Coletânea de ordenações* [*Recueil général des anciennes lois françaises*].

128 Vede Beaumanoir [*Coûtumes de Beauvoisis*], cap.63, p.325.

129 Vede ibid., cap.28, p.203.

130 [*Lex Frisionum*] *Additio sapientium Wilemari*, tit.V.

131 [*Leges Langobardorum*] Lv.I, tit.VI, §3º.

132 Ibid., Lv.II, tit.LV, §23.

133 Acrescentado à Lei Sálica no ano 819.

134 Vede Beaumanoir [*Coûtumes de Beauvoisis*], cap.64, p.328.

Já vejo nascerem e se formarem os artigos particulares de nosso ponto de honra. O acusador começava por declarar diante do juiz que tal pessoa havia cometido tal ação, e esta respondia que aquele havia mentido;[135] a partir disso, o juiz ordenava o duelo. Estabeleceu-se a máxima segundo a qual, quando houvesse um desmentido, era preciso pelejar.

Quando um homem[136] declarasse que iria combater, não poderia mais voltar atrás, e, caso o fizesse, era condenado a uma pena. Disso segue-se a regra de que, quando um homem se comprometesse por sua palavra, a honra não lhe permitia retratá-la.

Os gentis-homens[137] batalhavam entre si a cavalo e com suas armas, enquanto os vilões[138] combatiam a pé e com bastão. É por causa disso que o bastão era instrumento de ultrajes,[139] porque um homem que recebesse bastonadas era tratado como um vilão.

Somente os vilões combatiam com o rosto desprotegido;[140] assim, apenas eles poderiam receber golpes na face. Um tapa tornava-se uma injúria que deveria ser lavada com sangue, porque um homem que o houvesse recebido tinha sido tratado como um vilão.

Os povos germanos não eram menos sensíveis do que nós quanto ao ponto de honra: eram-no ainda mais. Assim, os parentes mais distantes tinham uma participação muito ativa nas injúrias, e todos seus códigos baseiam-se nisso. A Lei dos Lombardos[141] dispõe que alguém que, acompanhado dos seus, vai bater em um homem desprevenido a fim de cobri-lo de vergonha e de expô-lo ao ridículo, paga a metade da composição que lhe

---

135 Ibid., p.329.

136 Ibid., cap.3, p.25, e [cap.64] p.329.

137 Vede, sobre as armas dos combatentes, Beaumanoir [*Coûtumes de Beauvoisis*], cap.61, p.308, e cap.64, p.328.

138 Vede ibid., cap.64, p.328. Vede também as cartas de Saint-Aubin d'Anjou, relatadas por Galland, p.263. [Auguste Galland (1572-1637), jurista e conselheiro de Estado francês, autor do *Traité du franc-alleu sans titre* (1629). (N. T.)]

139 Entre os romanos, as bastonadas não eram infames. [*Corpus Juris Civilis*] Lei *Ictus justium. De iis qui notantur infâmia.*

140 Eles carregavam somente o escudo e o bastão. Beaumanoir [*Coûtumes de Beauvoisis*], cap.64, p.328.

141 [*Leges Langobardorum*] Lv.I, tit.VI, §1º.

Do espírito das leis

caberia pagar caso o tivesse matado; e que, se pelo mesmo motivo ele o tiver amarrado, paga três quartos da mesma composição.[142]

Digamos, pois, que nossos pais eram extremamente sensíveis às afrontas, mas que as afrontas que constituíam tipos específicos – como receber bastonadas de um determinado instrumento sobre uma certa parte do corpo e que fossem dadas de uma certa maneira –, não eram de seu conhecimento. Tudo isso era abarcado na afronta de ter sido batido, e, nesse caso, a magnitude da violência era a medida da magnitude dos ultrajes.

Capítulo XXI – Nova reflexão sobre o ponto de honra entre os germanos

"Entre os germanos", diz Tácito, "constituía uma grande infâmia ter abandonado seu escudo no combate; e muitos se matavam após essa infelicidade".[143] A antiga Lei Sálica[144] também dava quinze soldos de indenização para quem tivesse dito, cometendo injúria, que outra pessoa havia abandonado seu escudo.

Carlos Magno,[145] emendando a Lei Sálica, fixou, para esses casos, apenas três soldos de indenização. Não se pode suspeitar que esse príncipe tenha desejado debilitar a disciplina militar: é claro que essa mudança veio da mudança das armas, e que a origem de muitos usos se deve a essa mudança das armas.

Capítulo XXII – Dos costumes relativos aos combates

Nossa ligação com as mulheres baseia-se na felicidade ligada ao prazer dos sentidos, no charme de amar e ser amado e também no desejo de lhes agradar, porque estes são juízes muito esclarecidos sobre uma parcela das coisas que constituem o mérito pessoal. Esse desejo geral de agradar produz

---

142 Ibid., §2º.
143 [Tácito, *Germânia*] *De moribus Germanorum* [6].
144 No *Pactus legis salicæ* [Lv.XXX, cap.6].
145 Tínhamos a antiga lei e a que foi emendada por esse príncipe.

a galanteria, que não é o amor, mas a delicada, a leve, a perpétua mentira do amor.

Segundo diferentes circunstâncias de cada nação e cada século, o amor se inclina mais em direção a uma dessas três coisas do que às duas outras. Ora, afirmo que, na época de nossos combates, o espírito de galanteria devia estar ganhando mais forças.

Leio, na Lei dos Lombardos,[146] que se um dos campeões carregasse consigo ervas típicas de encantamento, o juiz fazia que se desfizesse delas e obrigava-o a jurar que não possuía mais nenhuma. Essa lei só podia basear-se na opinião comum: foi o medo, que dizem ter inventado tantas coisas, que fez esses tipos de prestígio serem imaginados. Como nos combates particulares, os campeões armavam-se até os dentes, e como as armas pesadas, ofensivas e defensivas, ofereciam vantagens incalculáveis por possuírem certa têmpera e certa força, a opinião de que alguns combatentes tinham armas encantadas deve ter mexido com a cabeça de muitas pessoas.

Disso nasceu o maravilhoso sistema da cavalaria. Todos os espíritos se abriram a essas ideias. Nos romances liam-se sobre paladinos, necromantes, fadas, cavalos alados ou inteligentes, homens invisíveis ou invulneráveis, mágicos que se ligavam ao nascimento ou à educação de grandes personagens, palácios encantados e desencantados: nosso mundo abriu-se para um mundo novo, e o curso trivial da natureza foi relegado apenas aos homens vulgares.

Paladinos, sempre armados em uma parte do mundo repleta de castelos, de fortalezas e bandidos, encontravam honra ao punir a injustiça e a defender a fraqueza. Disso também decorre, em nossos romances, a galanteria fundada na ideia do amor, vinculada à ideia de força e proteção.

Assim nasceu a galanteria, quando se imaginavam homens extraordinários que, vendo a virtude associar-se à beleza e à fraqueza, foram conduzidos a se expor aos perigos por ela e a agradá-la nas ações comuns da vida.

Nossos romances de cavalaria adularam esse desejo de agradar e ofereceram a uma parte da Europa esse espírito de galanteria que, é possível afirmar, foi pouco conhecido de nossos ancestrais.

---

146 [*Leges Langobardorum*] Lv.II, tit.LV, §11.

Do espírito das leis

O luxo prodigioso dessa imensa cidade de Roma adulou a ideia dos prazeres dos sentidos. Uma certa ideia de tranquilidade nos campos da Grécia fez com que se descrevessem os sentimentos do amor.[147] A ideia dos paladinos, protetores da virtude e da beleza das mulheres, conduziu à ideia de galanteria.

Esse espírito se perpetuou pelo uso dos torneios, que, unindo em um conjunto os direitos do valor e do amor, conferiram também à galanteria uma grande importância.

Capítulo XXIII – Da jurisprudência do combate judiciário

Talvez seja despertada a curiosidade de verificar o uso monstruoso do combate judiciário reduzido a princípios e de conhecer o corpo de uma jurisprudência tão peculiar. Os homens, fundamentalmente razoáveis, submetem até mesmo seus preconceitos às regras. Nada era mais contrário ao bom senso do que o combate judiciário, mas, uma vez assentado esse ponto, sua execução se fez com uma certa prudência.

Para bem se inteirar da jurisprudência daquela época, é preciso ler com atenção os regulamentos de São Luís, que fez enormes mudanças na ordem judiciária. De Fontaines era contemporâneo desse príncipe, Beaumanoir escreveu depois dele[148] e outros viveram posteriormente. Portanto, é necessário encontrar a antiga prática nas correções pelas quais passou.

Capítulo XXIV – Regras estabelecidas no combate judiciário

Quando[149] havia muitos acusadores, era necessário que entrassem em acordo para que a contenda fosse levada a cabo por uma só pessoa; e, se não conseguissem convir, aquele diante do qual o pleito era feito designava um dentre eles para prosseguir a querela.

---

147 Consulte-se os romances gregos da Idade Média.
148 No ano 1283.
149 Beaumanoir [*Coûtumes de Beauvoisis*], cap.6, p.40 e 41.

Quando[150] um gentil-homem chamava um vilão, devia se apresentar a pé, com escudo e bastão; e, caso viesse a cavalo e com as armas de um gentil--homem, era privado de seu cavalo e de suas armas. Ficava apenas com sua camisa e era obrigado a, nessas condições, combater o vilão.

Antes do combate, a justiça[151] mandava publicar três proclamações. Por uma, ordenava-se aos parentes das partes que se retirassem. Por outra, advertia-se o povo que se mantivesse em silêncio. Pela terceira, proibia-se a prestação de socorro para uma das partes, sob penas pesadas, até mesmo a de morte, se, através desse socorro, um dos combatentes fosse vencido.

Funcionários da justiça protegiam o entorno[152] e, nos casos em que uma das partes mencionasse a paz, prestavam grande atenção à condição na qual todos se encontravam naquele momento, para que, caso a paz não fosse alcançada, retomassem o combate a partir da mesma situação.[153]

Quando as prendas[154] eram dadas por crime ou por falso julgamento, a paz não poderia ser estabelecida sem o consentimento do senhor; e, quando uma das partes tinha sido vencida, somente poderia haver paz com o aval do conde,[155] algo que tinha relação com nossas cartas de indulto.

Mas, se o crime era capital e o senhor, corrompido por dádivas, consentia com a paz, ele pagava uma multa de sessenta libras, e o direito[156] que possuía de punir o malfeitor era devolvido ao conde.

Havia muitas pessoas que não estavam em condições nem de propor um combate nem de aceitá-lo. Permitia-se, com conhecimento de causa, que

---

150 Ibid., cap.64, p.328.

151 Ibid., p.330.

152 Ibid.

153 Ibid.

154 As *prendas de batalha* — no original, *gages de bataille* ou *gages de combat* — eram sinais de um desafio para combate. Eram objetos, em geral uma luva, atirados na direção daquele contra o qual se pretendia batalhar. (N. T.)

155 Os grandes vassalos possuíam direitos particulares.

156 Beaumanoir [*Coûtumes de Beauvoisis*], no cap.64, p.330, diz: *ele perdia sua justiça.* Essas palavras, nos autores dessa época, não possuem um significado geral, mas se restringem ao processo sobre o qual tratam. De Fontaines [*O Conselho*], cap.21, art.29.

Do espírito das leis

escolhessem um campeão; e, para que este se empenhasse em defender sua parte, sua mão era decepada caso fosse vencido.[157]

Quando, no século passado, foram aprovadas leis capitais contra os duelos, talvez tivesse bastado ter privado um guerreiro da sua qualidade guerreira ao condená-lo à perda da mão, pois normalmente não há nada mais triste para os homens do que sobreviver à perda de seu caráter.

Quando, em um crime capital,[158] o combate era travado por campeões, as partes ficavam em um lugar onde não podiam ver a batalha: cada uma delas era cingida com a corda que deveria servir ao seu suplício caso seu campeão fosse vencido.

Aquele que sucumbia no combate nem sempre pedia a coisa contestada. Se, por exemplo,[159] se combatesse sobre um julgamento interlocutório, perdia-se apenas o interlocutório.

Capítulo XXV – Dos limites que eram colocados ao uso do combate judiciário

Quando haviam sido oferecidas prendas de batalha relativas a um processo civil de pouca importância, o senhor obrigava as partes a retirá-las.

Se um fato era notório[160] – por exemplo, se um homem tivesse sido assassinado no meio do mercado –, não eram ordenadas nem a prova por testemunhas, nem a prova por combate: o juiz pronunciava a sentença com base na publicidade do fato.

Quando, na corte do senhor, se houvesse julgado frequentemente da mesma maneira e quando, assim, o uso fosse conhecido,[161] o senhor recusava o combate às partes, a fim de que as práticas consuetudinárias não fossem alteradas pelos diversos eventos dos combates.

---

157 Esse uso, encontrado nos capitulares, ainda permanecia na época de Beaumanoir. Vede [*Coûtumes de Beauvoisis*] cap.61, p.315.

158 Ibid., cap.64, p.330.

159 Ibid., cap.61, p.309.

160 Ibid., cap.61, p.308, e cap.43, p.239.

161 Ibid., cap.61, p.314. Vede também De Fontaines [*O Conselho*], cap.22, art.24.

Podia-se somente requerer o combate para si,[162] para alguém de sua linhagem ou para seu senhor lígio.[163]

Quando um acusado era absolvido,[164] um outro parente não podia requerer o combate: de outra forma, as querelas não teriam fim.

Se os parentes quisessem vingar a morte de uma pessoa que então reaparecesse, não mais se tratava de uma questão de combate. O mesmo acontecia se, por uma ausência manifesta, o fato era impossível.[165]

Se um homem que houvesse sido assassinado[166] tivesse, antes de morrer, desculpado aquele que era acusado, e tivesse apontado para outra pessoa, não se procedia ao combate. Mas, se não houvesse apontado ninguém, sua declaração era vista somente como um perdão por sua morte: continuavam-se os processos e, entre gentis-homens, era até mesmo possível declarar guerra.

Quando havia uma guerra, e quando um dos parentes dava ou recebia as prendas da batalha, o direito da guerra cessava. Considerava-se que as partes queriam seguir o curso comum da justiça, e a que tivesse continuado a guerra teria sido condenada a reparar as perdas.

Dessa forma, a prática do combate judiciário tinha essa vantagem: ela podia transformar uma querela geral em uma querela particular, dar força aos tribunais e recolocar no estado civil aqueles que eram governados somente pelo direito das gentes.

Assim como há uma infinidade de coisas sábias que são conduzidas de uma maneira muito tola, há também tolices que são conduzidas de uma maneira muito sábia.

Quando um homem denunciado[167] por um crime mostrava visivelmente que era o próprio denunciante que o havia cometido, não mais havia prendas de batalha, pois não havia culpado que deixasse de preferir um combate incerto a uma punição certa.

---

162 Beaumanoir [*Coûtumes de Beauvoisis*], cap.63, p.322.

163 O vassalo jurava uma fidelidade total e sem reservas ao senhor lígio, ao qual ficava completamente subordinado. (N. T.)

164 Beaumanoir [*Coûtumes de Beauvoisis*], cap.63, p.322.

165 Ibid.

166 Ibid., p.323.

167 Ibid., cap.63, p.324.

Do espírito das leis

Não havia combate nas contendas que se decidiam por árbitros ou por cortes eclesiásticas.[168] Também não havia quando se tratasse dos dotes das mulheres.

Mulher, diz Beaumanoir, *não pode combater*. Se uma mulher denunciasse alguém sem designar um campeão, as prendas de batalha não eram aceitas. Era preciso ainda que uma mulher fosse autorizada, por seu barão,[169] isto é, seu marido, para denunciar. Poderia, porém, ser denunciada sem que se recorresse a essa autoridade.

Se o denunciado[170] ou denunciante tivesse menos de quinze anos, não havia combate. Era possível, no entanto, ordená-lo nas contendas dos pupilos, quando o tutor ou aquele que detinha a guarda dos bens quisesse correr os riscos desse procedimento.

Eis aqui, assim me parece, os casos em que era permitido ao servo combater. Combatia contra um outro servo; combatia contra um liberto e até mesmo contra um gentil-homem, caso desafiado, mas, caso assim o fizesse,[171] este último podia recusar o combate, e mesmo o senhor[172] do servo tinha o direito de retirá-lo da corte. O servo podia, por uma carta do senhor ou por uso, combater contra todos os libertos, e a Igreja[173] reivindicava o mesmo direito para seus servos, como uma marca de respeito para consigo mesma.[174]

Capítulo XXVI – Do combate judiciário entre uma das partes e uma das testemunhas

Beaumanoir[175] diz que um homem que visse que uma testemunha iria depor contra ele podia recusar a segunda testemunha ao dizer aos juízes que

---

168 Ibid., p.325.

169 Ibid.

170 Ibid., p.323. Vede também o que eu disse no Lv.XVIII [Cap.26].

171 Ibid., cap.63, p.322.

172 De Fontaines [*O Conselho*], cap.22, art.7.

173 *Habeant bellandi et testificandi licentiam* ["Possuem licença para combater e testemunhar"]. Carta de Luís, o Gordo, do ano 1118.

174 Ibid.

175 Beaumanoir [*Coûtumes de Beauvoisis*], cap.61, p.315.

a outra parte produzia um testemunho falso e caluniador;[176] e, caso a testemunha quisesse sustentar a querela, oferecia as prendas de batalha. Não mais se tratava de uma inquirição, pois, se o testemunho fosse vencido, decidia-se que a parte tinha produzido um falso testemunho e perdia seu processo.

Não se devia permitir que a segunda testemunha jurasse, pois teria pronunciado seu testemunho e a contenda se encerraria com a deposição das duas testemunhas. Contudo, ao impedir a segunda, a deposição da primeira tornava-se inútil.

Como a segunda testemunha era assim rejeitada, a parte não podia fazer com que outras fossem ouvidas, e perdia seu processo; mas, no caso em que não havia prendas de batalha,[177] era possível produzir outras testemunhas.

Baumanoir afirma[178] que a testemunha podia dizer à sua parte antes de depor: "Não desejo combater por vossa querela, tampouco pleitear pela minha; e, se quiserdes me defender, de bom grado direi minha verdade". A parte encontrava-se obrigada a combater pela testemunha, e, caso fosse vencida, não perdia a causa,[179] mas o testemunho era rejeitado.

Creio que isso era uma modificação da antiga prática costumeira, e o que me faz pensar assim é que esse uso de chamar testemunhas se encontra previsto na Lei dos Bávaros[180] e na dos Borguinhões,[181] sem nenhuma restrição.

Já falei da constituição de Gundebaldo, contra a qual Agobardo[182] e Santo Ávito[183] tanto protestaram. "Quando o acusado", diz esse príncipe, "apresenta testemunhas para jurar que não cometeu o crime, o acusador poderá chamar ao combate uma das testemunhas. Afinal, é justo que aquele

---

176 "Deve-se lhes perguntar, antes que façam qualquer juramento, para quem desejam testemunhar; pois este é o momento de levantar falso testemunho." Ibid., cap.39, p.218.

177 Ibid., cap.61, p.316.

178 Ibid., cap.6, p.40.

179 Porém, se o combate se fizesse por meio de campeões, o campeão tinha a mão decepada.

180 [*Lex Baiuvariorum*] tit.XVI, §2º.

181 Ibid., tit.XLV.

182 [Agobardo] *Carta a Luís, o Bonachão.*

183 *Vida de Santo Ávito.* [Ávito de Vienne (c. 450-518), poeta, escritor e arcebispo da comuna francesa de Vienne. (N. T.)]

Do espírito das leis

que se ofereceu para prestar juramento e tenha declarado saber a verdade não crie dificuldades em combater para sustentá-la". Esse rei não deixava às testemunhas nenhum subterfúgio para evitar o combate.

Capítulo XXVII – Do combate judiciário entre uma parte e um dos pares do senhor. Apelação contra falso julgamento

Como a natureza da decisão pelo combate era a de encerrar de vez a querela, e como não era compatível[184] com um novo julgamento e novos processos, a apelação, tal qual prevista pelas leis romanas e pelas leis canônicas, isto é, proposta ante um tribunal superior para reformar o julgamento de outra instância, era desconhecida na França.

Uma nação guerreira, unicamente governada pelo ponto de honra, não conhecia essa forma de proceder; e, sempre de acordo com o mesmo espírito, tomava, contra os juízes, medidas[185] que poderia ter empregado contra as partes.

Nessa nação, a apelação era um desafio a um combate por armas, que devia terminar com sangue, e não o convite a uma querela de plumas, conhecida apenas posteriormente.[186]

São Luís também diz em seus *Estabelecimentos*[187] que a apelação contém uma felonia e uma iniquidade. Beaumanoir[188] também nos diz que, se um homem quisesse se queixar de algum atentado cometido contra ele por seu senhor, devia lhe manifestar que estava deixando seu feudo. Após isso, desafiava-o diante de seu senhor suserano e oferecia as prendas de batalha.

---

184 "Pois diante da corte, na qual alguém vai para manter seu desafio de prendas de combate, se a batalha é feita, a querela chega ao fim, de modo que não há mais recurso de apelação." Beaumanoir [*Coûtumes de Beauvoisis*], cap.2, p.22.

185 Ibid., cap.61, p.312, e cap.67, p.338.

186 De fato, como explica Montesquieu nessa passagem e no Capítulo 30 deste mesmo livro, o termo "apelação" não deve ser entendido aqui como um recurso escrito contra uma sentença ou veredito, mas consistia, na prática, sobretudo em desafios e provocações a um combate. (N. T.)

187 Lv.II, Cap.15.

188 Beaumanoir [*Coûtumes de Beauvoisis*], cap.61, p.310 e 311, e cap.67, p.337.

Da mesma forma, o senhor renunciava à homenagem[189] caso desafiasse seu vassalo diante do conde.

Apelar contra o senhor por um falso julgamento era o mesmo que dizer que seu julgamento havia sido falsa e acintosamente proferido. Ora, desferir tais palavras contra seu senhor significava cometer o crime de felonia.

Assim, no lugar de interpor uma apelação por falso julgamento contra o senhor que estabelecia e regulava o tribunal, apelava-se contra os pares que formavam o próprio tribunal. Evitava-se com isso o crime de felonia: insultavam-se apenas os pares do senhor, contra os quais o insulto sempre poderia ser justificado.

As pessoas se expunham a muitos riscos ao apelar ao falso julgamento dos pares.[190] Alguém que aguardava o julgamento ser concluído e proferido era constrangido a combater[191] todos aqueles que se oferecessem para que sua sentença fosse cumprida. Caso se apelasse antes de todos os juízes proferirem seu voto, era preciso combater todos aqueles que fossem seguir esse mesmo voto.[192] Para evitar esse perigo, rogava-se ao senhor[193] que ordenasse que cada par dissesse em alto e bom som seu voto; e, quando o primeiro houvesse se pronunciado e o segundo estivesse para fazê-lo, era-lhe dito que era falso, acintoso e caluniador. Assim, a batalha era travada apenas contra ele.

De Fontaines[194] desejava que primeiro se deixasse os três juízes se pronunciarem antes de se declarar a falsidade,[195] e nada diz que era necessário combater todos os três, e menos ainda que havia casos em que era necessário combater todos aqueles que haviam emitido um parecer de mesma opinião. Essas diferenças decorrem do fato de que, naqueles tempos, não havia

---

189 A homenagem feudal era um contrato de fidelidade e subordinação, rito pelo qual se estabelecia ou se renovava a vassalagem. (N. T.)

190 Beaumanoir [*Coûtumes de Beauvoisis*], cap.61, p.313.

191 Ibid., p.314.

192 Que estivessem de acordo com o julgamento.

193 Beaumanoir [*Coûtumes de Beauvoisis*], cap.61, p.314.

194 [*O Conselho*] cap.22, art.1, 10 e 11. Ele diz somente que uma multa era paga a cada um deles.

195 Apelação contra falso julgamento.

Do espírito das leis

usos que fossem precisamente os mesmos. Beaumanoir dava conta do que se passava no condado de Clermont; De Fontaines, do que se praticava em Vermandois.

Quando um dos pares[196] ou um homem do feudo declarasse que apoiaria o veredito, o juiz fazia as prendas de batalha serem oferecidas e, ademais, exigia cauções de que o apelante sustentaria o seu apelo. Mas o par que era apelado não oferecia caução, porque era homem do senhor, e deveria ou defender o apelo ou pagar ao senhor uma multa de sessenta libras.

Se aquele que apelava[197] não provasse que o julgamento era vicioso, pagava ao senhor uma multa de sessenta libras, igual multa[198] ao par que havia sido apelado e o mesmo tanto a cada um daqueles que tinham abertamente consentido no julgamento.

Quando um homem fortemente suspeito de um crime cuja pena era a morte tivesse sido preso e condenado, não podia apelar por falso julgamento,[199] pois apelaria eternamente, seja para prolongar sua vida, seja para obter a paz.

Se alguém dizia que o julgamento era falso e vicioso,[200] e não se oferecia para demonstrá-lo, isto é, para combater, era condenado a dez soldos de multa se fosse gentil-homem e a cinco soldos se fosse servo, como punição pelas vis palavras que proferira.

Os juízes[201] ou pares que tinham sido vencidos não perdiam nem a vida nem os membros. No entanto, aquele que apelava contra eles era punido de morte quando se tratasse de uma pena capital.[202]

Essa maneira de apelar contra os homens do feudo por falso testemunho servia para evitar que o próprio senhor fosse apelado. Mas, se o senhor não

---

196 Beaumanoir [*Coûtumes de Beauvoisis*], cap.61, p.314.
197 Ibid.; De Fontaines [*O Conselho*], cap.22, art.9.
198 De Fontaines [*O Conselho*], cap.22, art.9.
199 Beaumanoir [*Coûtumes de Beauvoisis*], cap.61, p.316; De Fontaines [*O Conselho*], cap.22, art.21.
200 Beaumanoir [*Coûtumes de Beauvoisis*], cap.61, p.314.
201 De Fontaines [*O Conselho*], cap.22, art.7.
202 Vede ibid., cap.21, art.11, 12 e seguintes, no qual se distinguem os casos em que o que declarava a falsidade perdia sua vida, a coisa contestada ou apenas a decisão interlocutória.

possuísse pares,[203] ou não os tivesse em número suficiente, ele poderia, à sua custa, emprestar[204] pares de seu senhor suserano. Contudo, esses pares não eram obrigados a julgar se não quisessem: poderiam declarar que compareciam ali apenas para dar seu conselho, e, nesse caso particular,[205] como o próprio senhor julgava e proferia a sentença, se alguém apelasse contra ele por falso julgamento, cabia a ele sustentar a apelação.

Se o senhor fosse tão pobre a ponto de não ter condições de tomar pares de seu senhor suserano,[206] ou se tivesse negligenciado de pedi-los, ou se este se recusasse a emprestá-los, o senhor não podia julgar monocraticamente, e como ninguém era obrigado a pleitear diante de um tribunal sem competência para proferir julgamentos, o pleito era remetido para a corte do senhor suserano.

Creio que essa foi uma das grandes causas da separação entre a justiça e o feudo, donde se formou a regra dos jurisconsultos franceses: *uma coisa é o feudo, outra coisa é a justiça*. Pois havendo ali uma infinidade de homens de feudo que não tinham pessoas submetidas a eles, não estavam em condições de manter sua própria corte; todas as ações eram remetidas para a corte de seu senhor suserano; eles perderam o direito de justiça, porque não tiveram nem poder, nem vontade de reivindicá-la.

Todos os juízes[207] que haviam participado do julgamento deviam estar presentes quando a sentença era proferida, a fim de que pudessem em seguida dizer *Sim* àquele que, querendo apelar por falsidade, lhes requeria se dariam prosseguimento. Afinal, diz De Fontaines, "trata-se de uma questão de cortesia e de lealdade, e não havia espaço nem para se esquivar, nem para protelar".[208] Creio que foi dessa maneira de pensar que surgiu o uso,

---

203 Beaumanoir [*Coûtumes de Beauvoisis*], cap.62, p.322; De Fontaines [*O Conselho*], cap.22, art.3.

204 O conde não era obrigado a emprestá-los. Beaumanoir [*Coûtumes de Beauvoisis*], cap.67, p.337.

205 Ninguém podia realizar julgamento em sua corte, diz Beaumanoir [*Coûtumes de Beauvoisis*], cap.62, p.336 e 337.

206 Ibid., cap.62, p.322.

207 De Fontaines [*O Conselho*], cap.21, art.27 e 28.

208 Ibid., art.28.

Do espírito das leis

seguido até os dias atuais na Inglaterra, pelo qual todos os jurados devem estar de acordo para condenar à morte.

Portanto, era necessário se declarar a favor do parecer da maioria, e, se houvesse divergência, pronunciava-se, no caso de crime, a favor do acusado; em caso de dívidas, a favor do devedor; em caso de heranças, a favor do demandado.

Um par, diz De Fontaines,[209] não poderia dizer que não julgaria se estivessem apenas em quatro,[210] ou se todos não estivessem presentes, ou se os mais sábios não estivessem ali. É como se houvesse dito, no combate, que não socorreria seu senhor porque no momento só dispunha de uma parte de seus homens. Mas cabia ao senhor dar honra à sua corte e a escolher seus mais valentes e sábios homens. Menciono isso para que se perceba o dever dos vassalos, o de combater e julgar, e esse dever era mesmo este, que julgar era combater.

Um senhor que pleiteasse[211] à sua corte contra seu vassalo, podia, caso fosse condenado, apelar contra um de seus homens por falso julgamento. Mas, por causa do respeito que este devia ao seu senhor pela fé depositada e da benevolência que o senhor devia ao seu vassalo pela fé recebida, fazia-se uma distinção: ou o senhor em geral dizia que o julgamento era falso e vicioso,[212] ou imputava ao seu homem prevaricações[213] pessoais. No primeiro caso, ofendia sua própria corte, e, de certo modo, a si mesmo, e não podia ali oferecer as prendas de batalha; no segundo caso, poderia oferecê-las, porque atacava a honra de seu vassalo, e, entre ambos, aquele que fosse derrotado perdia sua vida e os bens, a fim de manter a paz pública.

Essa distinção, necessária nesse caso particular, estendeu-se então para outros. Beaumanoir diz que, quando aquele que apelava por falso julgamento atacava um dos homens por imputações pessoais, travava-se uma batalha, mas que, caso atacasse apenas o julgamento, o par que havia sido apelado

---

209 Ibid., cap.21, art.37.

210 Esse era o número mínimo necessário. Ibid., cap.21, art.36.

211 Vede Beaumanoir [*Coûtumes de Beauvoisis*], cap.67, p.337.

212 "Esse julgamento é falso e vicioso". Ibid.

213 "Haveis proferido julgamento falso e vicioso, como homem mau que és, seja por recompensa ou por promessa." Ibid.

tinha liberdade[214] para decidir a questão pela batalha ou pelo direito. Porém, como o espírito que reinava nos tempos de Beaumanoir era o de restringir o uso do combate judiciário, e como a liberdade concedida ao par apelado de defender ou não o veredito por meio de combate é igualmente contrária às ideias de honra estabelecidas nessa época e ao compromisso, para com seu senhor, de defender sua corte, creio que essa distinção de Beaumanoir era uma jurisprudência nova entre os franceses.

Não digo que todas as apelações contra falso julgamento se decidissem por batalha; ocorria com essa apelação o que ocorre com todas as outras. Recordem-se das exceções que abordei no Capítulo XXV. Aqui, cabia ao tribunal suserano verificar se as prendas de batalha precisavam ou não ser recolhidas.

Não se podia imputar falsidade aos julgamentos proferidos na corte do rei, pois, como não havia nenhuma pessoa igual ao rei, ninguém poderia apelar contra ele; e, como o rei não tinha superior, ninguém poderia apelar contra sua corte.

Essa lei fundamental, necessária como lei política, também diminuiu, como lei civil, os abusos da prática judiciária daquela época. Quando um senhor temia[215] que um julgamento de sua corte fosse declarado falso ou via que alguém se apresentava para lhe atribuir falsidade, se conviesse à justiça que o julgamento não fosse apontado como falso, ele podia pedir homens da corte do rei, contra os quais não se podia pleitear julgamento falso; e o rei Filipe, diz De Fontaines,[216] enviara todo o seu conselho para julgar uma ação na corte do abade de Corbie.

Mas, se o senhor não podia contar com juízes do rei, podia colocar sua corte na corte do rei caso respondesse diretamente a este; e, caso tivesse senhores intermediários, dirigia-se ao seu senhor suserano, indo de senhor em senhor até chegar ao rei.

Assim, ainda que nessa época não houvesse nem a prática nem a própria ideia das apelações atuais, havia recurso ao rei, que era sempre a fonte da qual todos os rios partiam e o mar para o qual todos voltavam.

---

214 Ibid., cap.LXVII, p.337 e 338.
215 De Fontaines [*O Conselho*], cap.XXII, art.14.
216 Ibid.

Do espírito das leis

Capítulo XXVIII – A apelação por negativa de prestação jurisdicional

Apelava-se por negativa de prestação jurisdicional[217] quando, na corte de um senhor, postergava-se, evitava-se ou recusava-se a distribuição da justiça às partes.

Na segunda dinastia, ainda que o conde tivesse diversos oficiais sob seu comando, a pessoa destes era subordinada, mas não a jurisdição. Esses oficiais, em seus pleitos, sessões ou audiências,[218] julgavam, em última instância, o próprio conde. Toda diferença residia na partilha da jurisdição: por exemplo, o conde[219] podia condenar à morte, julgar a liberdade e a restituição dos bens, enquanto o centenário[220] não podia.

Pela mesma razão, as causas maiores,[221] que interessavam diretamente à ordem política, eram reservadas ao rei. Tais eram as disputas ocorridas entre os bispos, os abades, os condes e outras figuras eminentes, as quais os reis julgavam junto com os grandes vassalos.[222]

Carece de fundamento o que afirmam alguns autores, isto é, que se podia apelar contra o conde ao enviado do rei, ou o *missus dominicus*. O conde e o *missus* tinham uma jurisdição igual e independente uma da outra;[223] a di-

---

217 No original, *défaute de droit*. Como se lê no capítulo, trata-se exatamente de uma negativa de prestação jurisdicional, ou seja, quando o tribunal ou corte competente para julgar uma ação omitia-se, protelava ou recusava-se a tomar uma decisão sobre um assunto trazido à justiça. Em geral, a negativa dava ao vassalo o direito de contestar o senhor em uma corte ou jurisdição superior. (N. T.)

218 As *assises* e os *placites*. As *assises* eram sessões extraordinárias convocadas para o julgamento de causas importantes em cada senhorio ou mesmo assim eram denominadas algumas assembleias de senhores junto com o rei. Os *placites* podiam ser assembleias que decidiam assuntos importantes do reino, ou então câmaras, ou ainda audiências, nas quais geralmente eram julgados temas relativos aos usos de cada região. (N. T.)

219 Capitular III, do ano 812, art.3; ed. de Baluze, p.497; e de Carlos, o Calvo, adicionada à Lei dos Lombardos, Lv.II, art.3.

220 No original, *centenier*, espécie de conde, chefe ou magistrado de um condado (*centaine*) ou de uma parte do condado. (N. T.)

221 Capitular III, ano 812, art.2; ed. de Baluze, p.497.

222 *Cum fidelibus*. Capitular de Luís, o Bonachão, ed. de Baluze, p.667.

223 Vede o capitular de Carlos, o Calvo, adicionado à Lei dos Lombardos, Lv.II, art.3.

ferença fundamental[224] consistia em que o *missus* realizava suas audiências durante quatro meses do ano e o conde nos oito restantes.

Se qualquer pessoa[225] condenada em uma sessão[226] ali requeresse um novo julgamento e novamente sucumbisse, pagava uma multa de quinze soldos ou recebia quinze golpes de mão dos juízes que haviam decidido a ação.

Quando os condes ou os enviados do rei não se sentiam fortes o suficiente para trazer as pessoas eminentes à razão, faziam que dessem cauções[227] de que se apresentariam diante do tribunal do rei: isso era feito para que a ação fosse julgada, e não revista. Leio no capitular de Metz[228] que a apelação contra falso julgamento foi estabelecida na corte do rei, e que todas outras espécies de apelações foram proscritas e punidas.

Se alguém não concordasse[229] com o julgamento dos escabinos[230] e não reclamasse, era encarcerado até que estivesse de acordo; e, caso reclamasse, era escoltado por uma forte guarda até ficar diante do rei, e a ação era discutida na sua corte.

Muito dificilmente surgiam motivos para a apelação por negativa de prestação jurisdicional. Pois, naqueles tempos, bem longe de haver o costume de as pessoas se queixarem que os condes e outros que tinham o direito de tomar assento nas sessões não se conduzissem assiduamente em suas cortes, queixavam-se, ao contrário, que eram demasiado assíduos;[231] e há incontáveis ordenanças proibindo aos condes e quaisquer outros oficiais de justiça de realizar mais de três sessões por ano. Era menos necessário corrigir sua negligência do que impedir sua atividade.

Mas, quando uma inumerável quantidade de pequenos senhorios se formou, estabelecendo diferentes graus de vassalagem, a negligência de

---

224 Capitular III, ano 812, art.8.

225 Capitular adicionado à Lei dos Lombardos, Lv.II, tit.LIX.

226 *Placitum.*

227 Isso aparece nas fórmulas, nas cartas e nos capitulares.

228 Do ano 757, ed. de Baluze, p.180, art.9 e 10; e o sínodo *apud Vernas*, ano 755, art.29, ed. de Baluze, p.175. Esses dois capitulares foram feitos sob o rei Pepino.

229 Capitular XI de Carlos Magno, ano 805, ed. de Baluze, p.423; e a Lei de Lotário, na Lei dos Lombardos, Lv.II, tit.LII, art.23.

230 Oficiais subordinados ao conde: *scabini.*

231 Vede a Lei dos Lombardos, Lv.II, tit.LII, art.22.

Do espírito das leis

certos vassalos na manutenção de suas cortes deu origem a essas espécies de apelações,[232] tanto mais porque vultosas multas recaíam sobre o senhor suserano.

Com o uso do combate judiciário difundindo-se cada vez mais, houve lugares, casos, épocas, em que foi difícil reunir pares, e em que, consequentemente, negligenciou-se a distribuição da justiça. A apelação por negativa de prestação jurisdicional foi então introduzida; e essas espécies de apelações frequentemente constituíram pontos notáveis de nossa história, porque a maior parte das guerras desses tempos eram motivadas pela violação do direito político, assim como nossas guerras atuais comumente têm como causa, ou como pretexto, o direito das gentes.

Beaumanoir[233] diz que, no caso da negativa de prestação jurisdicional, nunca havia batalha. Eis as razões para isso. Não era possível desafiar o próprio senhor para o combate, por causa do respeito devido à sua pessoa. Não era possível desafiar os pares do senhor, porque a questão era clara e cabia somente contar os dias dos adiamentos ou dos outros prazos: não havia julgamento, embora somente fosse possível acusar de falsidade um julgamento. Enfim, o delito dos pares ofendia tanto o senhor como a parte, e seria contra a ordem haver um combate entre o senhor e seus pares.

Contudo, como diante do tribunal suserano a negativa de prestação era provada por meio de testemunhas, podia-se desafiar as testemunhas ao combate;[234] e, com isso, não se ofendia nem o senhor, nem o tribunal.

1º) Nos casos em que a negativa vinha da parte dos homens ou pares do senhor que haviam protelado a distribuição da justiça, ou evitado fazer o julgamento após escoados os prazos, apelava-se, ao suserano, por negativa de prestação jurisdicional contra os pares do senhor; e, se sucumbissem, pagavam uma multa ao seu senhor.[235] Este não podia oferecer nenhum auxílio aos seus homens: ao contrário, embargava seus feudos até que cada um deles tivesse pagado uma multa de sessenta libras.

---

232 Veem-se apelações por negativa de prestação jurisdicional nos tempos de Filipe Augusto.

233 Beaumanoir [*Coûtumes de Beauvoisis*], cap.61, p.315.

234 Ibid.

235 De Fontaines [*O Conselho*], cap.21, art.24.

2º) Quando a negativa vinha da parte do senhor, o que acontecia quando não havia homens o suficiente em sua corte para fazer o julgamento, quando ele não havia reunido seus homens ou quando havia encarregado alguém para reuni-los, a negativa era requerida diante do senhor suserano. Mas, por causa do respeito devido ao senhor, citava-se a parte,[236] e não o senhor.

O senhor chamava sua corte diante do tribunal suserano e, se ganhasse a negativa, a ação lhe era remetida e pagava-se a ele uma multa de sessenta libras.[237] Mas, se a negativa fosse provada, a pena contra ele consistia em perder o julgamento da coisa contestada,[238] e o mérito era julgado no tribunal suserano. Na verdade, a apelação por negativa era interposta somente com essa finalidade.

3º) Quando alguém pleiteava[239] na corte de seu senhor contra ele, o que cabia somente a matérias concernentes ao feudo, após ter deixado escoar todos os prazos, o próprio senhor[240] era intimado diante de pessoas idôneas e faziam que fosse intimado pelo soberano, de quem se devia obter a autorização. Os pares não faziam a citação, porque os pares não podiam citar o senhor,[241] mas podiam citar em nome de seu senhor.

Algumas vezes,[242] a apelação por negativa de prestação jurisdicional era seguida de uma apelação contra falso julgamento, quando o senhor, malgrado a negativa, havia proferido um julgamento.

O vassalo[243] que sem razões apelasse por negativa de prestação contra o seu senhor, era condenado a lhe pagar uma multa à sua discrição.

---

236 Ibid., cap.32, art.32.

237 Beaumanoir [*Coûtumes de Beauvoisis*], cap.61, p.312.

238 De Fontaines [*O Conselho*], cap.21, art.29.

239 Sob o reino de Luís VIII, o senhor de Nesle pleiteava contra Joana, condessa de Flandres. Intimou-a a julgá-lo em quarenta dias e, em seguida, apelou por negativa de prestação jurisdicional na corte do rei. Ela respondeu que faria que fosse julgado por seus pares em Flandres. A corte do rei pronunciou que ele não seria remetido e que a condessa seria citada.

240 De Fontaines [*O Conselho*], cap.21, art.34.

241 Ibid., art.9.

242 Beaumanoir [*Coûtumes de Beauvoisis*], cap.61, p.311.

243 Ibid., p.312. No entanto, aquele que não fosse nem homem, nem dependente do senhor, paga-lhe apenas uma multa de sessenta libras.

Do espírito das leis

Os ganteses[244] haviam apelado ao rei contra o conde de Flandres por negativa de prestação jurisdicional, pois ele havia protelado um julgamento, pedido por eles, em sua corte. Descobriu-se que ele havia se valido de um prazo menor do que o usualmente praticado naquele país. A ação dos ganteses foi remetida ao conde, que embargou os bens deles até o valor de sessenta mil libras. Eles apelaram novamente à corte do rei, para que essa multa fosse moderada; decidiu-se que o conde podia fixar essa multa, e até mesmo uma maior, se assim quisesse. Beaumanoir assistiu a esses julgamentos.

4º) Nas ações que os senhores poderiam propor contra o vassalo, por razões concernentes à pessoa ou à honra deste, ou por bens que não eram do feudo, não cabia apelação por negativa de prestação jurisdicional, porque o caso não era julgado na corte do senhor, mas na corte daquele a quem o senhor respondia; pois os homens, diz De Fontaines,[245] não tinham direito de realizar um julgamento sobre a pessoa de seu senhor.

Esforcei-me para oferecer uma ideia clara dessas coisas, que, na verdade, por serem tão confusas e tão obscuras nos outros autores daqueles tempos, tirá-las do caos em que se encontram significa descobri-las.

Capítulo XXIX – Época do reino de São Luís

São Luís aboliu o combate judiciário nos tribunais de seus domínios, como se vê na ordenança que fez sobre o assunto[246] e nos seus *Estabelecimentos.*[247]

Mas ele não os suprimiu nas cortes de seus barões,[248] exceto no caso de apelação contra falso julgamento.

Uma pessoa não podia falsear[249] na corte do seu senhor sem requerer combate judiciário contra os juízes que haviam proferido o julgamento.

---

244 Ibid., p.318.

245 [*O Conselho*], cap.XXI, art.35.

246 No ano 1260.

247 Lv.I, Cap.2 e 7; Lv.II, Cap.10 e 11.

248 Como se vê em toda parte nos *Estabelecimentos*; e Beaumanoir [*Coûtumes de Beauvoisis*], cap.61, p.309.

249 Isso é, apelar contra falso julgamento.

Mas São Luís introduziu[250] o uso de apelar por falso julgamento sem combate: mudança que foi uma espécie de revolução.

São Luís declarou[251] que não se poderia apelar por falsidade contra os julgamentos dados nos senhorios de seus domínios, porque isso era um crime de felonia. Efetivamente, tratava-se de uma espécie de crime de felonia contra o senhor e também o era, com mais forte razão ainda, contra o rei. Mas ele dispôs a possibilidade de pedir correções[252] dos julgamentos proferidos nas cortes, não porque fossem falsos ou acintosos, mas porque causavam certos prejuízos.[253] Também dispôs, ao contrário, que alguém fosse obrigado a apelar por falsidade[254] contra os julgamentos das cortes dos barões, caso quisessem recorrer deles.

Não se podia, segundo os *Estabelecimentos*, apelar por falsidade nas cortes do domínio do rei, como acabamos de dizer. Era preciso requerer a correção ao mesmo tribunal e, caso o bailio não quisesse fazer as emendas solicitadas, o rei permitia que se apelasse à sua corte,[255] ou melhor, se seguirmos a interpretação dos próprios *Estabelecimentos*, permitia que se apresentasse[256] a ele um requerimento ou uma súplica.

A respeito das cortes dos senhores, São Luís, permitindo que estas pudessem ser objeto de apelação por falso julgamento, dispôs que o litígio fosse levado ao tribunal do rei ou do senhor suserano,[257] não para ali ser decidido por combate,[258] mas por testemunhas, seguindo uma forma de proceder cujas regras foram por ele estabelecidas.[259]

---

250 *Estabelecimentos*, Lv.I, cap.6, e Lv.II, cap.15.

251 Ibid., Lv.II, cap.15.

252 Ibid., Lv.I, cap.78; e Lv.II, cap.15.

253 Ibid., Lv.I, cap.78.

254 Ibid., Lv.II, cap.15.

255 Ibid., Lv.I, cap.78.

256 Ibid., Lv.II, cap.15.

257 Mas, se não fosse alegada falsidade e se quisesse apelar, o recurso não seria recebido. *Estabelecimentos*, Lv.II, cap.15. "O senhor poderia recorrer à sua corte no exercício de seu direito."

258 *Estabelecimentos*, Lv.I, cap.6 e 67, e Lv.II, cap.15; e Beaumanoir [*Coûtumes de Beauvoisis*], cap.11, p.58.

259 *Estabelecimentos*, Lv.I, cap.1, 2 e 3.

Do espírito das leis

Assim, seja nos casos que se pudesse apelar por falsidade, como nas cortes dos senhores, seja nos casos em que isso fosse proibido, como nas cortes de seus domínios, São Luís estabeleceu que seria possível apelar sem correr o risco de entrar em um combate.

De Fontaines[260] nos relata os dois primeiros exemplos que observou, nos quais assim se procedeu sem o combate judiciário: um, em um caso julgado na corte de São Quintino, que pertencia ao domínio do rei; e o outro, na corte de Ponthieu, onde o conde, que estava presente, contrapôs a antiga jurisprudência. Contudo, esses dois casos foram julgados pelo direito.

Perguntar-se-á, talvez, por que São Luís ordenou, para as cortes de seus barões, uma maneira de proceder diferente daquela que estabeleceu nos tribunais de seus domínios. Eis aqui a razão. São Luís, estatuindo para as cortes de seus domínios, não foi incomodado em seus desígnios, mas teve considerações a zelar para com os senhores que gozavam dessa antiga prerrogativa: os casos nunca eram retirados de suas cortes, a não ser que se expusessem ao risco de impugnarem os julgamentos por falsidade. São Luís manteve esse uso de apelar por falso julgamento, mas dispôs que fosse possível impugnar por falsidade sem que se combatesse: isto é, para que a mudança fosse menos sentida, suprimiu a coisa, deixando, entretanto, que os termos perdurassem.

Isso não foi universalmente aceito nas cortes dos senhores. Beaumanoir[261] diz que, em sua época, havia duas maneiras de julgar: uma seguindo o *Estabelecimento régio* e a outra seguindo a prática antiga; que os senhores tinham direito de seguir uma ou outra dessas práticas; mas que, quando em um caso se houvesse optado por uma, não mais se podia recorrer à outra. Ele acrescenta que o conde de Clermont seguia a nova prática, enquanto seus vassalos atinham-se à antiga;[262] mas que ele podia, quando assim quisesse, restabelecer a prática antiga, sem o que ele teria menos autoridade que seus vassalos.

---

260 [*O Conselho*] cap.22, art.16 e 17.
261 Beaumanoir [*Coûtumes de Beauvoisis*], cap.61, p.309.
262 Ibid.

Montesquieu

É necessário saber que a França era,[263] naquela época, dividida em países do domínio do rei, chamados de países dos barões ou baronias; e, para me valer dos termos dos *Estabelecimentos* de São Luís, em países de *obediência ao rei e fora da obediência ao rei*. Quando os reis faziam ordenanças para os países de seus domínios, empregavam somente sua autoridade; mas, quando faziam outras que também diziam respeito aos países de seus barões, eram feitas conjuntamente com estes,[264] seladas ou subscritas por eles. Sem isso, os barões podiam recepcioná-las ou não, segundo lhes parecesse conveniente ou não ao bem de seus senhorios. Os subvassalos encontravam-se na mesma condição que os grandes vassalos. Ora, os *Estabelecimentos* não foram dados com o consentimento dos senhores, ainda que estatuíssem sobre assuntos que lhes eram de grande importância, mas só foram recepcionados por aqueles que acreditavam obter vantagens com sua recepção. Roberto, filho de São Luís, admitiu-os em seu condado de Clermont, mas seus vassalos acharam que não lhes convinha adotar essa prática entre si.

Capítulo XXX – Observação sobre as apelações

Dispunha-se que as apelações, que eram provocações a um combate, deveriam ser feitas de imediato. "Caso deixe a corte sem apelar", diz Beaumanoir, "perde sua apelação e aceita os termos do julgamento".[265] Isso perdurou mesmo depois que o uso do combate judiciário foi restringido.[266]

---

263 Vede Beaumanoir, De Fontaines e os *Estabelecimentos*, Lv.II, cap.10, 11, 15 e outros.

264 Vede as ordenanças do começo da terceira dinastia, na coletânea de Laurière, sobretudo a de Filipe Augusto sobre a jurisdição eclesiástica, e a de Luís VIII sobre os judeus. Vede também as cartas relatadas por Brussel, especialmente a de São Luís sobre o arrendamento e recompra das terras e sobre a maioridade feudal das jovens, t.II, Lv.III, p.35; e ibid., a ordenança de Filipe Augusto, p.7. [Eusèbe--Jacob de Laurière (1659-1728), advogado e jurista francês, editor dos volumes das *Ordonnances des rois de France de la troisieme race*. Nicolas Brussel, autor de *Nouvel examen de l'usage general des fiefs en France*. Luís VIII (1187-1226), rei da França entre 1223 e 1226. (N. T.)]

265 Beaumanoir [*Coûtumes de Beauvoisis*], cap.63, p.327; cap.61, p.312.

266 Vede os *Estabelecimentos* de São Luís, Lv.II, cap.15; a *Ordenança* [Laurière] de Carlos VII, de 1453.

Do espírito das leis

Capítulo XXXI – Continuação do mesmo assunto

O vilão não podia apelar por falsidade contra uma sentença da corte de seu senhor. Isso nos é ensinado por De Fontaines[267] e confirmado pelos *Estabelecimentos.*[268] "Assim", diz ainda De Fontaines, "não há entre seu vilão e você, senhor, outro juiz além de Deus".[269]

O uso do combate judiciário foi o responsável por excluir os vilãos de poderem alegar falsidade contra a corte de seu senhor. Isso é tão verdadeiro que os vilãos, que por alvará ou por uso[270] tinham o direito de combater, tinham também o direito de alegar falsidade contra a corte de seu senhor, ainda que os homens que o tivessem julgado fossem cavaleiros;[271] e De Fontaines sugere expedientes para impedir que esse escândalo do vilão, que ao alegar falsidade do julgamento poderia combater contra um cavaleiro, não acontecesse.

Quando a prática dos combates judiciários começou a ser abolida e o uso das novas apelações a ser introduzido, considerou-se insensato que as pessoas livres tivessem um remédio contra a injustiça de seus senhores e que os vilãos não dispusessem disso; e o parlamento passou a receber suas apelações, assim como as das pessoas livres.

Capítulo XXXII – Continuação do mesmo assunto

Quando se alegava falsidade na corte do seu senhor, ele comparecia pessoalmente diante do senhor suserano para sustentar o julgamento de sua corte. Do mesmo modo,[272] nos casos de apelação por negativa de prestação

---

267 [*O Conselho*] cap.21, art.21 e 22.

268 Lv.I, cap.136.

269 [*O Conselho*] cap.2, art. 8.

270 De Fontaines [*O Conselho*], cap.22, art.7. Esse artigo, bem como o 21 do cap.22 do mesmo autor, foram até então mal explicados. De Fontaines não coloca em oposição o julgamento do senhor com o do cavaleiro, porque se tratava da mesma coisa, mas opõe o vilão comum com aquele que tinha o privilégio do combate.

271 Os cavaleiros sempre podem ser da mesma quantidade de juízes. Ibid., cap.21, art.48.

272 Ibid., cap.21, art.33.

jurisdicional, a parte citada diante do senhor suserano levava seu senhor consigo, a fim de que, caso a negativa não fosse provada, pudesse reaver sua corte.

Subsequentemente, como o que antes eram somente dois casos particulares tornou-se geral para todas as ações; como resultado da introdução de todas as espécies de apelações, parecia extraordinário, para o senhor, que ele fosse obrigado a passar sua vida em outros tribunais que não os seus e dedicar-se a outras ações que não as suas. Filipe de Valois[273] ordenou que somente os bailios seriam citados. E, quando o uso das apelações se tornou ainda mais frequente, coube às partes sustentar a apelação: o que antes cabia ao juiz passou a caber às partes.[274]

Disse que,[275] na apelação por negativa de prestação jurisdicional, o senhor perdia somente o direito de julgar a ação na sua corte. Mas, se o senhor era ele mesmo atacado enquanto parte,[276] o que se tornou muito frequente,[277] ele pagava ao rei, ou então ao senhor suserano ao qual se havia apelado, uma multa de sessenta libras. Disso decorre o seguinte uso: quando as apelações se difundiram por toda parte, era-se obrigado a pagar uma multa ao senhor quando a sentença de seu juiz fosse reformada. Trata-se de um uso que perdurou durante muito tempo, que foi confirmado pela ordenança de Roussillon e que foi extinta por sua absurdez.

Capítulo XXXIII – Continuação do mesmo assunto

Na prática do combate judiciário, o apelante que acusava um dos juízes por falsidade poderia perder[278] seu processo pelo combate, não podendo ganhá-lo. Com efeito, a parte que obtivesse um julgamento favorável não

---

273 Em 1332.

274 Vede o estado das coisas no tempo de Boutillier, que vivia no ano 1402. *Suma rural*, Lv.I, p.19 e 20. [Jean Boutillier (1340-1395), jurista e político francês, autor da coletânea de costumes *Somme rural* (1479). (N. T.)]

275 Vede Cap.30 deste livro.

276 Beaumanoir [*Coûtumes de Beauvoisis*], cap.61, p.312 e 318.

277 Ibid.

278 De Fontaines [*O Conselho*], cap.21, art.14.

Do espírito das leis

devia ser privada disso por fato alheio. Era preciso, pois, que o apelante por falsidade que houvesse vencido a querela combatesse também contra a parte, não para saber se o julgamento era bom ou ruim: não se tratava mais de julgamento, porque o combate o havia extinguido, mas sim de decidir se a demanda era legítima ou não. O combate travava-se, então, sobre esse novo ponto. Nossa maneira de pronunciar os decretos deve ter derivado disso: *A Corte extingue a apelação; a Corte extingue a apelação e aquilo que foi trazido ao apelo.*

De fato, quando aquele que havia apelado por falso julgamento tivesse perdido, a apelação era extinta. Quando tivesse ganhado, o julgamento e a própria apelação se extinguiam: era preciso preceder a um novo julgamento.

Isso é tão verdadeiro que, quando a ação era julgada por inquirição, essa maneira de proferir não era aplicada. O senhor de la Roche-Flavin nos diz que a câmara das inquirições não podia usar essa forma nos primeiros tempos de sua criação.[279]

Capítulo XXXIV – Como o procedimento se tornou secreto

Os duelos haviam introduzido uma forma de procedimento público: a acusação e a defesa eram igualmente conhecidas. "As testemunhas", diz Beaumanoir, "devem dizer seu testemunho diante de todos".[280]

O comentador de Boutillier diz ter aprendido com os antigos praxistas e com alguns velhos processos escritos à mão que, antigamente, na França, os processos criminais eram realizados publicamente e em um formato quase nada diferente dos julgamentos públicos dos romanos. Isso se correlacionava com a ignorância da escrita, comum naqueles tempos. O uso da escrita consolida as ideias e permite estabelecer o segredo; mas, quando esse uso absolutamente não existe, somente a publicidade do procedimento pode assentar essas próprias ideias.

---

279 *Dos parlamentos da França*, Lv.I, cap.16. [Bernard de la Roche-Flavin (1552-1627), jurista francês e magistrado de Toulouse. (N. T.)]

280 Beaumanoir [*Coûtumes de Beauvoisis*], cap.61, p.315.

E, como podia haver uma incerteza sobre o que havia sido julgado por homens ou pleiteado perante eles,[281] era possível relembrá-lo todas as vezes que a corte se reunia, motivo pelo qual o procedimento se chamava *por recordação*;[282] e, nesses casos, não era permitido desafiar testemunhas para o combate, pois de outro modo as ações nunca teriam fim.

Posteriormente, uma forma secreta de procedimentos foi introduzida. Tudo era público, e tudo se tornou secreto: os interrogatórios, as informações, a releitura do depoimento para as testemunhas, a acareação, as conclusões da parte pública. Esse é o uso dos dias atuais. A primeira forma de proceder convinha ao governo de então, assim como a nova forma era mais adequada ao governo estabelecido posteriormente.

O comentador Boutillier aponta que a ordenança de 1539 marca a data dessa mudança. Creio que ela foi feita pouco a pouco, e que passou de senhorio a senhorio, à medida que os senhores renunciaram à antiga prática de julgar e que a extraída dos *Estabelecimentos* de São Luís veio a se aperfeiçoar. De fato, Beaumanoir[283] diz que as testemunhas eram ouvidas publicamente apenas nos casos em que era possível ofertar prendas de batalha; nos outros, eram ouvidas em segredo e suas deposições eram registradas por escrito. Os procedimentos, pois, tornaram-se secretos quando as prendas de batalhas deixaram de existir.

Capítulo XXXV – Das custas

Antigamente, na França, não havia condenação de pagamento de custas na corte laica.[284] A parte que sucumbia já era suficientemente punida pelas condenações de multa devidas ao senhor e seus pares. A maneira de proceder pelo combate judiciário fazia que, nos crimes, a parte que sucumbisse

---

281 Como diz Beaumanoir [*Coûtumes de Beauvoisis*], cap.39, p.209.

282 Provava-se por testemunhas o que já havia ocorrido, sido dito ou ordenado pela justiça.

283 Beaumanoir [*Coûtumes de Beauvoisis*], cap.39, p.218.

284 De Fontaines em seu *Conselhos*, cap.22, art.3 e 8; Beaumanoir [*Coûtumes de Beauvoisis*], cap.33; *Estabelecimentos*, Lv.I, cap.90. [Sobre as cortes laicas, cf. neste mesmo livro, Cap.40 e 41. (N. T.)]

e perdesse a vida e os bens, fosse punida o tanto quanto poderia sê-lo; e, nos outros casos de combate judiciário, havia multas por vezes fixas, por vezes dependentes da vontade do senhor, fazendo com que os rumos do processo fossem bastante temidos. O mesmo ocorria nos litígios que somente podiam ser decididos pelo combate. Como era o senhor que percebia os lucros principais, ele também tinha as principais despesas, seja para reunir seus pares, seja para colocá-los em condições de proceder ao julgamento. Além disso, como os litígios acabavam no próprio lugar e quase sempre imediatamente, e sem esse infinito número de escritos que vieram depois, não era necessário atribuir o pagamento de custas às partes.

Foi o uso das apelações que deve naturalmente ter introduzido o uso de pagar as custas. De Fontaines[285] também diz que, quando se apelava por lei escrita, isto é, quando eram seguidas as novas leis de São Luís, atribuíam-se custas ao processo; mas que, no uso comum, que não permitia apelação sem alegação de falsidade, não havia custas, havendo somente uma multa e a posse de um ano e um dia da coisa contestada, se o caso fosse remetido ao senhor.

Mas, quando novas facilidades de apelar aumentaram o número de apelações;[286] quando, pelo frequente uso dessas apelações de um tribunal a outro, as partes foram incessantemente remetidas para foros que não o de seu domicílio; quando a nova arte do procedimento multiplicou e eternizou os processos; quando se refinou a ciência de burlar as demandas mais justas; quando um pleiteante aprendeu a se evadir unicamente para ser procurado; quando a demanda foi ruinosa, e a defesa, tranquila; quando as razões se perderam nos volumes de palavras e escritos; quando tudo foi tomado por subalternos da justiça que não deviam distribuir a justiça; quando a má-fé encontrou conselhos onde não encontrava apoios; foi preciso impedir os pleiteantes através do medo inspirado pelas custas. Deviam pagá-las pela decisão e pelos meios que haviam empregado para burlá-la. Carlos, o Belo, fez disso um ordenamento geral.[287]

---

285 [*Os Conselhos*] cap.XXIII, art.8.
286 "Nos dias de hoje, em que há tanta predisposição para apelar [...]", diz Boutillier em *Suma rural*, Lv.I, tit.III, p.16.
287 Em 1324.

Montesquieu

Capítulo XXXVI – Da parte pública

Como, pelas leis sálicas, ripuárias e pelas outras leis dos bárbaros, as penas dos crimes eram pecuniárias, não havia então à disposição, como nós atualmente dispomos, uma parte pública encarregada de promover a ação contra crimes. De fato, tudo se reduz a reparações de perdas; toda ação era, de alguma maneira, civil, e cada particular poderia propô-la. De outro lado, o direito romano previa formas populares de ação contra crimes, que não podiam se harmonizar com as funções de uma parte pública.

O uso dos combates judiciários não era menos contrário a essa ideia. Afinal, quem teria desejado ser a parte pública e servir de campeão de todos contra todos?

Leio, em uma coletânea de fórmulas que Muratori inseriu nas leis dos lombardos, que havia na segunda dinastia um *advogado* da parte pública.[288] Mas, se lermos toda essa coletânea de fórmulas, veremos que há uma total diferença entre esses oficiais e o que hoje em dia chamamos de parte pública, nossos procuradores gerais, procuradores do rei ou senhores. Os primeiros eram mais agentes do público para a manutenção política e doméstica do que para a manutenção civil. De fato, não lemos nessas fórmulas que fossem encarregados das ações contra crimes e litígios que diziam respeito aos menores, às igrejas ou ao estado das pessoas.

Disse que o estabelecimento de uma parte pública era contrário ao uso do combate judiciário. Leio, no entanto, em uma dessas fórmulas, um advogado da parte pública que dispõe de liberdade para combater. Muratori inseriu essa fórmula na sequência da constituição de Henrique I,[289] para a qual ela foi feita. Nessa constituição, lê-se que, "se alguém mata seu pai, irmão, sobrinho ou qualquer um de seus parentes, perderá a sucessão, que passará para outros parentes, e sua própria sucessão pertencerá ao fisco". Ora, é por essa ação de sucessão transferida ao fisco que o advogado da parte pública, defendendo os direitos desta, tinha a liberdade de combater: esse caso entrava novamente na regra geral.

---

288 *Advocatus de parte publica.*

289 Vede essa constituição e essa fórmula no segundo volume de [Muratori] *Historia-dores da Itália*, p.175.

Nessas fórmulas, vemos o advogado da parte pública agir contra aquele que tivesse pego um ladrão e não o tivesse levado ao conde;[290] contra aquele que tivesse feito uma sublevação ou um agrupamento contra o conde;[291] contra aquele que tivesse salvado a vida de um homem que o conde havia condenado à morte;[292] contra o advogado das igrejas, a quem o conde havia ordenado que lhe trouxesse um ladrão e que não houvesse obedecido;[293] contra aquele que tivesse revelado o segredo do rei a estrangeiros;[294] contra aquele que, à mão armada, houvesse perseguido o emissário do imperador;[295] contra aquele que tivesse desprezado as cartas do imperador e fosse processado pelo advogado do imperador ou pelo próprio imperador;[296] contra aquele que tivesse se recusado a aceitar a moeda do príncipe.[297] Enfim, esse advogado pleiteava as coisas que a lei adjudicava ao fisco.[298]

Contudo, nas ações criminais não encontramos advogado da parte pública, mesmo quando se recorresse aos duelos;[299] mesmo quando se tratasse de incêndio;[300] mesmo quando o juiz fosse morto em seu tribunal;[301] mesmo quando se tratasse do estado das pessoas,[302] da liberdade e da servidão.[303]

Essas fórmulas são feitas não somente para as leis dos lombardos, mas para os capitulares acrescentados. Assim, não há dúvida de que, sobre essa matéria, elas não nos apresentam a prática da segunda dinastia.

É claro que esses advogados da parte pública, bem como os emissários do rei nas províncias, deveriam desaparecer com a segunda dinastia, e isso

---

290 *Coletânea* [*Rerum scriptores Italicarum*] de Muratori, p.104; sobre a Lei 88 de Carlos Magno, Lv.I, tit.XXVI, §78.

291 Outra fórmula, ibid., p.87.

292 Ibid., p.104.

293 Ibid., p.95.

294 Ibid., p.88.

295 Ibid., p.98.

296 Ibid., p.132.

297 Ibid.

298 Ibid., p.137.

299 Ibid., p.147.

300 Ibid.

301 Ibid., p.168.

302 Ibid., p.134.

303 Ibid., p.107.

porque não havia mais nem lei geral, nem fisco geral, porque não havia mais condes nas províncias para receber os pleitos, e porque, consequentemente, não havia mais essas espécies de oficiais cuja principal função era a de manter a autoridade do conde.

O uso dos combates, tornando-se mais frequente na terceira dinastia, não permitiu o estabelecimento de uma parte pública. Boutillier, em sua *Suma rural*, ao falar dos oficiais de justiça cita somente os bailios, homens feudais e sargentos. Vede, a respeito da maneira pela qual as ações eram realizadas naquele tempo, os *Estabelecimentos*[304] e Beaumanoir.[305]

Vejo nas leis[306] de Jaime II, de Maiorca, a criação do cargo de procurador do rei,[307] com as funções que atualmente são as nossas. É notório que estas apenas surgiram após as alterações sofridas por nossa forma judiciária.

Capítulo XXXVII – Como os *Estabelecimentos* de São Luís caíram no esquecimento

Os *Estabelecimentos* tiveram como destino nascer, envelhecer e morrer em pouquíssimo tempo.

Farei algumas reflexões sobre o assunto. O código que conhecemos sob o nome de *Estabelecimentos de São Luís* jamais foi feito para servir de lei ao reino como um todo, ainda que isso seja dito no prefácio desse código. Essa compilação é um código geral que estatui sobre todas as questões civis, as disposições dos bens por testamento ou entre vivos, os dotes e os privilégios das mulheres, os lucros e as prerrogativas dos feudos, as questões de polícia etc. Ora, em uma época em que cada cidade, burgo ou vilarejo tinha suas práticas costumeiras, promulgar um corpo geral de leis civis significava querer subverter, subitamente, todas as leis particulares que regiam a vida das pessoas em cada um dos lugares do reino. Fazer um costume geral de todos os cos-

---

304 Lv.I, cap.I; e Lv.II, cap.II e 13.

305 Cap.I e 61.

306 Vede essas leis nas *Vidas dos santos*, mês de junho, t.III, p.26.

307 *Qui continue nostram sacram curiam sequi teneatur, instituatur qui facta et causas, in ipsa curia promoveat atque prosequatur* [Aquele que deve estar continuamente presente em nosso tribunal sagrado, instituído para promover as ações e causas trazidas à nossa corte].

Do espírito das leis

tumes particulares seria uma coisa inconsiderada, mesmo naqueles tempos em que os príncipes não encontram senão obediência por toda parte. Afinal, se é verdade que não se deve mudar quando os inconvenientes igualam os benefícios, deve-se ainda menos fazê-lo quando os benefícios são pequenos, e os inconvenientes, imensos. Ora, se prestamos atenção à condição em que o reino então se encontrava, onde cada um se inebriava com a ideia de sua soberania e seu poder, fica evidente que buscar mudar em todos os lugares as leis e os usos recebidos era algo que não podia ocorrer àqueles que governavam.

O que acabo de dizer também prova que esse código dos *Estabelecimentos* não foi confirmado no parlamento pelos barões e juristas do reino, como dito em um manuscrito da prefeitura da cidade de Amiens, citado por Ducange.[308] Lê-se, em outros manuscritos, que esse código foi promulgado por São Luís no ano 1270, antes que ele partisse para a Tunísia. Esse fato não é verdadeiro, pois São Luís partiu em 1269, como observa Ducange; donde se conclui que esse código teria sido publicado em sua ausência. No entanto, sustento que isso não aconteceu assim. Como São Luís teria usado o tempo de sua ausência para fazer uma coisa que teria sido uma semente de problemas e teria podido produzir não mudanças, mas revoluções? Semelhante empreendimento tinha necessidade, mais do que qualquer outro, de ser seguido de perto, e absolutamente não era a obra de uma regência fraca e tampouco composta por senhores cujo interesse seria que a coisa não fosse exitosa. Estes eram Mateus, abade de São Dionísio; Simon de Clermont, conde de Nesle; e, em caso de morte, Filipe, bispo de Évreux, e João, conde de Ponthieu. Já vimos[309] que o conde de Ponthieu se opôs, em seu senhorio, à execução de uma nova ordem judiciária.

Digo, em terceiro lugar, que há grandes indícios de que o código que conhecemos seja algo diferente dos *Estabelecimentos* de São Luís acerca da ordem judiciária. Esse código cita os *Estabelecimentos*: é, pois, uma obra sobre os *Estabelecimentos*, e não os *Estabelecimentos*. Ademais, Beaumanoir, que frequentemente fala sobre os *Estabelecimentos* de São Luís, cita somente os estabelecimentos particulares desse príncipe, e não essa compilação dos

308 Prefácio sobre os *Estabelecimentos*.
309 Cap.29.

705

Estabelecimentos. De Fontaines,[310] que escrevia na época desse príncipe, nos fala das duas primeiras vezes que esses estabelecimentos foram executados sobre a ordem judiciária como se pertencessem a um passado remoto. Os *Estabelecimentos* de São Luís eram, pois, anteriores à compilação de que falo, a qual, a rigor, e ao adotar os prólogos errôneos inseridos por alguns ignorantes no início da obra, teria surgido apenas no último ano da vida de São Luís, ou mesmo após a morte desse príncipe.

Capítulo XXXVIII – Continuação do mesmo assunto

O que é, portanto, essa compilação que conhecemos sob o nome de *Estabelecimentos* de São Luís? O que é esse código obscuro, confuso e ambíguo, em que incessantemente se misturam a jurisprudência francesa com a lei romana? No qual se fala como um legislador e se apresenta como jurisconsulto? Onde é encontrado um corpo inteiro de jurisprudência sobre todos os casos, sobre todos os pontos do direito civil? É preciso nos transportarmos para aqueles tempos.

São Luís, vendo o abuso da jurisprudência de sua época, buscou tornar esse abuso repugnante ao povo; fez vários regulamentos para os tribunais de seus domínios e para os de seus barões; e obteve tamanho sucesso que Beaumanoir,[311] escrevendo pouco tempo após a morte desse príncipe, nos diz que a maneira de julgar estabelecida por São Luís era praticada em um grande número de cortes dos senhores.

Assim, esse príncipe realizou seu objetivo, ainda que seus regulamentos para os tribunais dos senhores não tivessem sido feitos para ser uma lei do reino, mas como um exemplo que cada um poderia seguir e até mesmo que cada um teria interesse em seguir. Suprimiu o mal, fazendo com que o melhor fosse conhecido. Quando se viu nos seus tribunais e nos tribunais desses senhores uma maneira de proceder mais natural, mais razoável, mais conforme à moral, à religião, à tranquilidade pública, à segurança da pessoa e dos bens, esta foi adotada, e a outra foi abandonada.

---

310 Vede anteriormente o Cap.29.
311 Beaumanoir [*Coûtumes de Beauvoisis*], cap.61, p.309.

Do espírito das leis

Convidar quando não é necessário constranger e conduzir quando não é necessário comandar, eis a habilidade suprema. A razão tem um império natural, até mesmo um império tirânico: resistem-lhe, mas essa resistência é seu triunfo; um pouco mais de tempo e serão obrigados a voltar a ela.

Para que se criasse uma repugnância pela jurisprudência francesa, São Luís mandou traduzir os livros do direito romano, a fim de que fossem conhecidos dos homens da lei daqueles tempos. De Fontaines, o primeiro autor de prática que tivemos,[312] faz um grande uso dessas leis romanas. Sua obra é, de algum modo, um resultado da antiga jurisprudência francesa, das leis ou *Estabelecimentos* de São Luís e da lei romana. Beaumanoir fez pouco uso da lei romana, mas conciliou a antiga jurisprudência francesa com os regulamentos de São Luís.

Foi seguindo o espírito dessas duas obras, e sobretudo a de De Fontaines, que algum bailio, assim creio, fez a obra de jurisprudência que chamamos de *Estabelecimentos*. Diz-se, no título dessa obra, que ela é feita segundo o uso de Paris, de Orléans e da corte da baronia; e, no prólogo, que nela são tratados os usos de todo o reino, de Anjou e da corte da baronia. É visível que essa obra foi feita para Paris, Orléans e Anjou, assim como as obras de Beaumanoir e De Fontaines foram feitas para os condes de Clermont e de Vermandois. E, como é revelado por Beaumanoir que diversas leis de São Luís haviam se introduzido nas cortes da baronia, o compilador possui alguma razão ao dizer que sua obra[313] considerava também as cortes da baronia.

É claro que aquele que fez essa obra compilou os costumes do país com as leis e os *Estabelecimentos* de São Luís. Essa obra é muito preciosa, porque contém os antigos costumes de Anjou e os *Estabelecimentos* de São Luís, tais como eram então praticados, e, enfim, contém também o que era praticado pela antiga jurisprudência francesa.

---

312 Ele mesmo o diz em seu prólogo: *Ninguém antes de mim ocupou-se do assunto de que trato.*

313 Não há nada tão vago quanto o título e o prólogo. Inicialmente, são tratados os usos de Paris e de Orléans, e da corte da baronia; em seguida, os usos de todas as cortes laicas do reino e do preboste da França; em seguida, os usos de todo o reino, de Anjou e da corte da baronia.

Montesquieu

A diferença dessa obra com as de De Fontaines e Beaumanoir é que nela se fala em termos de comando, como o fazem os legisladores; e isso poderia ser assim, porque tratava-se de uma compilação de práticas consuetudinárias escritas e de leis.

Essa compilação tinha um vício interno: ela formava um código anfíbio, onde misturava-se a jurisprudência francesa com a romana; eram aproximadas coisas que nunca tiveram relação alguma, e que frequentemente eram contraditórias.

Sei bem que os tribunais franceses de homens ou pares, que os julgamentos sem apelações a um outro tribunal, que a maneira de pronunciar as palavras *eu condeno*[314] ou *eu absolvo*, estavam em conformidade com os julgamentos populares dos romanos. Mas pouco uso foi feito dessa antiga jurisprudência. Antes de mais nada, utilizaram-se da jurisprudência subsequentemente introduzida pelos imperadores, empregada por toda parte nessa compilação, para regrar, limitar, corrigir e ampliar a jurisprudência francesa.

Capítulo XXXIX – Continuação do mesmo assunto

As formas judiciárias introduzidas por São Luís deixaram de ser usadas. Esse príncipe tinha menos em vista a própria coisa, isto é, a melhor maneira de julgar, do que a melhor maneira de substituir a antiga prática de julgar. O primeiro objetivo era causar repugnância pela antiga jurisprudência, e o segundo, formar uma nova. Mas, uma vez surgidos os inconvenientes desta última, logo se viu uma outra sucedê-la.

Assim, as leis de São Luís, mais do que mudar a jurisprudência francesa, ofereceram os meios para mudá-la: abriram novos tribunais, ou melhor, vias para acessá-los; e, quando se tornou possível facilmente chegar àquele que detinha uma autoridade geral, os julgamentos, que antes apenas ocasionavam os usos de um senhorio específico, formaram uma jurisprudência universal. Por força dos *Estabelecimentos*, chegou-se a ter decisões gerais, que antes faltavam completamente ao reino. Uma vez construído o edifício, foram retirados os andaimes.

---

314 *Estabelecimentos*, Lv.II, cap.15.

Do espírito das leis

Assim, as leis feitas por São Luís produziram efeitos que não poderiam ser esperados de uma obra-prima da legislação. Por vezes são necessários alguns séculos para preparar as mudanças; os eventos amadurecem, e eis as revoluções.

O parlamento julgou em última instância quase todas as causas do reino. Antes, julgava[315] apenas as que ocorriam entre os duques, condes, barões, bispos, abades ou entre o rei e seus vassalos,[316] e mais na relação que possuíam com a ordem política do que com a ordem civil. Em seguida, logo tiveram a necessidade de torná-lo permanente e de mantê-lo sempre reunido. Enfim, foram criados muitos outros deles, para que pudessem dar conta de todos os casos.

Mal o parlamento se tornou um corpo fixo, seus decretos começaram a ser compilados. Jean de Monluc, durante o reino de Filipe, o Belo, fez a coletânea que atualmente é chamada de registros de *Olim*.[317]

Capítulo XL – Como se adotaram as formas judiciárias das decretais

Mas o que ocorreu para, ao se ter abandonado as formas judiciárias estabelecidas, ter-se adotado preferencialmente as do direito canônico às do direito romano? Isso aconteceu porque os tribunais clericais, que seguiam as formas do direito canônico, estavam sempre à vista, ao passo que se desconhecia qualquer tribunal que seguisse as formas do direito

---

315 Vede Du Tillet [*Coletânea dos reis da França*], sobre a corte dos pares. Vede também La Roche-Flavin [*Dos parlamentos da França*], Lv.I, cap.3; Budé e Paulo Emílio. [Jean du Tillet (s.d.-1570), historiador, jurista e escrivão do parlamento de Paris, autor do *Recueil des rois de France*. Paulo Emílio Veronensis (c. 1455-1529), historiador italiano radicado em Paris, autor de *De rebus gestis Francorum*. (N. T.)]

316 As outras causas eram decididas por tribunais comuns.

317 Vede a excelente obra do sr. presidente Hénault, sobre o ano 1313. [Charles-Jean-François Hénault (1685-1770), escritor, historiador e político francês, presidente da Primeira Câmara de Inquirições de Paris e autor de *Abrégé chronologique de l'histoire de France* (1744). Jean de Monluc (s.d.) foi, segundo Hénault, um escrivão do parlamento parisiense, tendo organizado uma compilação dos decretos do parlamento de Paris. (N. T.)]

romano. Ademais, os limites da jurisdição eclesiástica e da secular eram, naqueles tempos, pouco conhecidos: havia pessoas[318] que pleiteavam indiferentemente nas duas cortes,[319] e o mesmo acontecia com algumas matérias. Parece que a jurisdição laica somente manteve, com exclusão da outra, o julgamento das matérias feudais e dos crimes cometidos pelos laicos nos casos que não iam de encontro à religião.[320] Pois se, em razão das convenções e dos contratos, era preciso recorrer à justiça laica,[321] as partes podiam voluntariamente proceder diante dos tribunais clericais, que, não possuindo o direito de obrigar a justiça laica a mandar executar a sentença, constrangiam-na a obedecer através de excomunhão.[322] Nessas circunstâncias, quando nos tribunais laicos desejava-se mudar de prática, adotava-se a dos clérigos, porque era conhecida, e a do direito romano não era adotada, porque era desconhecida. Afinal, em matéria de prática, só se tem conhecimento daquilo que se pratica.

Capítulo XLI – Fluxo e refluxo da jurisdição eclesiástica e da jurisdição laica

Como o poder civil se encontrava nas mãos de uma infinidade de senhores, foi fácil para o poder eclesiástico ampliar-se mais e mais a cada dia: porém, como a jurisdição eclesiástica enfraqueceu a jurisdição dos senhores e, com isso, contribuiu para dar forças à jurisdição real, a jurisdição real pouco a pouco restringiu a jurisdição eclesiástica, e esta teve que ceder diante da primeira. O parlamento, que havia adotado em sua forma de proceder tudo o que havia de bom e de útil na forma dos tribunais dos clérigos, logo percebeu somente seus abusos; e como a jurisdição real se

---

318 Beaumanoir [*Coûtumes de Beauvoisis*], cap.11, p.58.
319 As viúvas, os cruzados, os que detinham os bens da Igreja, em razão desses bens. Ibid.
320 Vede o capítulo 11 inteiro em ibid.
321 Os tribunais clericais haviam, sob pretexto do juramento, arrogado para si essa competência, como se lê na famosa concordata feita entre Filipe Augusto, os clérigos e os barões, que se encontra nas ordenanças de Laurière.
322 Beaumanoir [*Coûtumes de Beauvoisis*], cap.11, p.60.

Do espírito das leis

fortalecia dia após dia, ela sempre teve mais condições de corrigir esses mesmos abusos. De fato, eles eram intoleráveis; e, sem pretender fazer a enumeração deles, remeto a Beaumanoir, a Boutillier, às ordenanças de nossos reis.[323] Falarei apenas daqueles que interessam mais diretamente à fortuna pública. Conhecemos esses abusos pelas resoluções que as reformaram. A crassa ignorância os havia introduzido, uma espécie de claridade apareceu e eles se dissiparam. É possível julgar, pelo silêncio do clero, que ele próprio tomou a dianteira dessa correção – o que, haja vista a natureza do espírito humano, merece elogios. Todo homem que morria sem dar uma parte de seus bens à Igreja, o que se chamava de morrer *inconfesso*, era privado da comunhão e da sepultura. Se alguém morria sem fazer testamento, era necessário que, em acordo com o bispo, os parentes obtivessem do bispo a nomeação dos árbitros para determinar o que o defunto teria dado caso tivesse feito um testamento. Na primeira noite de núpcias, bem como nas duas seguintes, o casal não podia dormir junto se não tivesse comprado a permissão: foi certeiro terem escolhido as três primeiras noites, pois pelas demais ninguém teria pago muito dinheiro. O parlamento corrigiu tudo isso. Lemos, no glossário do direito francês de Ragueau,[324] a resolução que o parlamento editou contra o bispo de Amiens.[325]

Retorno ao começo do meu capítulo. Quando, em um século ou em um governo, observamos os diversos corpos do Estado buscarem aumentar sua autoridade e obter uns sobre os outros certas vantagens, frequentemente nos enganaremos se enxergarmos seus empreendimentos como uma marca certa de sua corrupção. Por uma infelicidade vinculada à condição humana, os grandes homens moderados são raros; e, como é sempre mais fácil seguir sua força do que a deter, talvez, na classe das pessoas superiores, é mais fácil

---

323 Vede Boutillier, *Suma rural*, tit.IX, "Quais pessoas não podem propor ações na corte laica"; Beaumanoir [*Coûtumes de Beauvoisis*], cap.11, p.56; os regulamentos de Filipe Augusto a esse respeito; e o estabelecimento de Filipe Augusto, feito entre os clérigos, o rei e os barões.

324 No verbete *Executores testamentários*. [François Ragueau (s.d.-1605), jurista francês, autor de *Indice des droicts roiaux et seigneuriaux* (1583), teve sua obra coligida e organizada por Laurière no *Glossaire du droit français* (1704). (N. T.)]

325 De 19 de março de 1409.

encontrar pessoas extremamente virtuosas do que homens extremamente sábios.

A alma saboreia tantas delícias ao dominar as outras almas, e mesmo aqueles que amam o bem, amam tão fortemente a si mesmos que não há ninguém suficientemente isento da infelicidade de deixar de desconfiar de suas boas intenções. E, na verdade, nossas ações dependem tanto das coisas que é mil vezes mais fácil fazer o bem do que agir bem.

Capítulo XLII – Renascimento do direito romano e o que resultou disso. Mudanças nos tribunais

Como o *Digesto*, de Justiniano, foi encontrado em meados do ano 1137, o direito romano pareceu observar um segundo nascimento. Foram estabelecidas escolas na Itália, onde ele era ensinado: já possuíamos o *Código* de Justiniano e as *Novelas*. Já disse que esse direito foi tão favorecido a ponto de fazer com que a Lei dos Lombardos fosse eclipsada.

Os doutores italianos levaram o direito de Justiniano para a França, onde apenas o Código Teodosiano era conhecido,[326] porque as leis de Justiniano somente foram feitas após o estabelecimento dos bárbaros na Gália.[327] Esse direito sofreu algumas oposições, mas se manteve, malgrado as excomunhões dos papas, que protegiam seus cânones.[328] São Luís buscou acreditá-lo por meio de traduções que mandou fazer das obras de Justiniano, das quais ainda temos manuscritos em nossas bibliotecas; e já disse que fizemos um grande uso delas nos *Estabelecimentos*. Filipe, o Belo, fez com que as leis de Justiniano fossem ensinadas,[329] somente como razão escrita, nos países da França que são governados pelas práticas consuetudinárias; e foram adotadas como lei nos países onde o direito romano era a lei.

---

326 Na Itália, o *Código* de Justiniano era seguido. É por isso que o papa João VIII, em sua constituição, promulgada após o sínodo de Troyes, fala desse código, não porque ele era conhecido na França, mas porque ele próprio o conhecia; e sua constituição era geral.

327 O código desse imperador foi publicado por volta do ano 530.

328 *Decretais*, Lv.V, tit. *De privilegiis*, capite *super specula*.

329 Através de uma carta do ano 1312, em favor da Universidade de Orléans, conforme relatado por Du Tillet [*Coletânea dos reis da França*].

Do espírito das leis

Já disse anteriormente que a maneira de proceder pelo combate judiciário requeria, daqueles que julgavam, pouca habilidade; em cada lugar, os litígios eram decididos segundo alguns costumes simples, recebidos pela tradição. Havia, na época de Beaumanoir, duas maneiras diferentes de administrar a justiça.[330] Em alguns lugares, os julgadores eram os pares;[331] em outros, os bailios. Quando a primeira forma era seguida, os pares julgavam segundo o uso de sua jurisdição;[332] quando se seguia a segunda, os especialistas judiciais ou anciãos indicavam esse mesmo uso ao bailio. Tudo isso não exigia nenhum letramento, nenhuma capacidade, nenhum estudo. Mas, quando surgiram o obscuro código dos *Estabelecimentos* e outras obras de jurisprudência; quando o direito romano foi traduzido; quando ele começou a ser ensinado nas escolas; quando uma certa arte dos procedimentos e uma certa arte da jurisprudência começaram a se formar; quando se pôde observar o nascimento de praxistas e jurisconsultos, os pares e os especialistas judiciais não mais se encontravam em condição de julgar; os pares começaram a se retirar dos tribunais do senhor; os senhores se mostraram pouco inclinados a reuni-los — tanto mais que os julgamentos, no lugar de serem uma ação resplandecente, agradável à nobreza, interessante para os guerreiros, era somente uma prática que eles não conheciam e não queriam conhecer. A prática de julgar por pares passou a ser menos usada;[333] a de julgar por bailios se difundiu. Os bailios não julgavam:[334] faziam a instrução e pronunciavam

---

330 Beaumanoir [*Coûtumes de Beauvoisis*], cap.1, "Do ofício dos bailios".

331 Na comuna, os burgueses eram julgados por outros burgueses, como os homens de feudo se julgavam entre si. Vede La Thaumassière [*Histoire du Berry*], cap.19.

332 Da mesma forma, todas as requisições começavam com as seguintes palavras: "Senhor juiz, é um uso que em vossa jurisdição etc.", como revelado pela fórmula relatada por Boutillier, *Suma rural*, Lv.I, tit.XXI.

333 A mudança foi perceptível. Ainda vemos os pares serem utilizados nos tempos de Boutillier, que vivia em 1402, data de seu testamento, que relata essa fórmula no [*Suma rural*] Lv.I, tit.XXI: "Senhor juiz, em minha alta, média e baixa justiça, que disponha em tal lugar, corte, pleitos, bailios, homens feudais e sargentos". Mas somente as matérias feudais eram julgadas por pares. Ibid., Lv.I, tit.I, p.16.

334 Como se vê pela fórmula das cartas que o senhor lhes dava, conforme relatado por Boutillier, *Suma rural*, Lv.I, tit.XIV. O que é também comprovado por Beaumanoir, *Coûtumes de Beauvoisis*, cap.1, "Dos bailios". Eles faziam somente o procedimento:

o julgamento dos especialistas judiciais; mas, quando os especialistas não mais se encontravam em condição de julgar, os próprios bailios julgavam.

Isso ainda aconteceu mais facilmente na medida em que se tinha diante dos olhos a prática dos juízes da Igreja: o direito canônico e o novo direito civil contribuíram igualmente para abolir os pares.

Assim, perdeu-se o uso, constantemente observado na monarquia, segundo o qual um juiz nunca julgava monocraticamente, tal como se observa nas leis sálicas, nos capitulares e nos primeiros escritores de praxe da terceira dinastia.[335] O abuso contrário, que só tinha guarida nas justiças locais, foi moderado, e de alguma forma corrigido pela introdução, em diversos lugares, de um lugar-tenente do juiz, consultado por este e que representa os antigos especialistas judiciais. O abuso foi também moderado e corrigido pela obrigação que o juiz tinha de selecionar dois bacharéis nos casos que uma pena aflitiva pudesse ser aplicada; e, enfim, o abuso foi eliminado com a extrema facilidade das apelações.

Capítulo XLIII – Continuação do mesmo assunto

Assim, não foi uma lei que proibiu os senhores de terem sua própria corte; não foi uma lei que aboliu as funções que seus pares nela desempenhavam; não houve lei que ordenasse a criação de bailios; não foi através de uma lei que obtiveram o direito de julgar. Tudo isso foi feito pouco a pouco e pela força da coisa. O conhecimento do direito romano, dos regulamentos das cortes, dos corpos de costumes então recentemente escritos, requeriam um estudo do qual os nobres e o povo iletrado absolutamente não eram capazes.

"O bailio, colocado na presença dos homens, deve registrar as palavras daqueles que pleiteiam, e deve perguntar às partes se elas querem receber o direito segundo as razões que lhes são explicadas; e, se dizem *Sim, senhor*, o bailio deve obrigar os homens a realizar o julgamento". Vede também os *Estabelecimentos*, de São Luís, Lv.I, cap.105, e Lv.II, cap.15, "Quando o juiz não deve proferir um julgamento".

335 Beaumanoir [*Coûtumes de Beauvoisis*], cap.67, p.336, e cap 61, p.315 e 316; e *Estabelecimentos*, Lv.II, cap.15.

Do espírito das leis

A única ordenança[336] que temos sobre essa matéria é a que obrigava os senhores a escolherem seus bailios na ordem dos laicos. Isso foi erroneamente considerado como a lei que os criava, mas ela apenas diz o que nela é dito. Ademais, determina o que prescreve pelos motivos que oferece para tanto: "É para que os bailios", diz, "possam ser punidos por suas prevaricações, que se faz necessário que sejam escolhidos dentre a ordem dos laicos".[337] Os privilégios eclesiásticos dessa época são conhecidos.

Não se deve crer que os direitos dos quais os senhores gozavam outrora, e dos quais atualmente não gozam mais, foram-lhes retirados como usurpações: muitos desses direitos foram perdidos por negligência, e outros foram abandonados, porque, como várias mudanças foram introduzidas nas cortes ao longo de vários séculos, eles não podiam coexistir com essas mudanças.

Capítulo XLIV – Da prova por testemunhas

Os juízes, que tinham como regras apenas os usos, comumente inquiriam por meio de testemunhas em cada questão que lhes era apresentada.

Como o combate judiciário tornou-se menos utilizado, os inquéritos eram feitos por escrito. Mas uma prova oral registrada por escrito nunca deixa de ser senão uma prova oral; isso apenas ocasionava o aumento das custas do procedimento. Foram feitos regulamentos que tornaram inúteis a maior parte dessas inquirições;[338] foram estabelecidos registros públicos, nos quais se encontravam provas da maior parte dos fatos: a nobreza, a idade, a legitimidade, o casamento. A escritura é um testemunho dificilmente corrompível. Os costumes foram registrados por escrito. Tudo isso era muito razoável: é mais fácil consultar nos registros de batismo se Pedro é filho de Paulo do que provar esse fato por uma longa inquirição. Quando, em um país, há um grande número de usos, é mais fácil escrevê-los todos em um código do que obrigar os particulares a provar cada uso. Enfim, foi feita a famosa ordenança que proibia a aceitação de prova por testemunhas

---

336 Do ano 1287.

337 *Ut, si ibi delinquant, superiores sui possint animadvertere in eosdem* [Então, caso cometessem delitos, os superiores poderiam puni-los].

338 Vede como era provada a idade e o parentesco: *Estabelecimentos*, Lv.I, cap.71 e 72.

para dívidas acima de cem libras, a menos que já houvesse algum princípio de prova por escrito.

Capítulo XLV – Dos costumes da França

A França era regida, como já disse, por práticas consuetudinárias não escritas, e os usos específicos de cada senhorio formavam o direito civil. Cada senhorio tinha seu direito civil, como o diz Beaumanoir;[339] e esse direito era tão específico que esse autor, o qual devemos considerar como um farol daqueles tempos – e um grande farol –, afirma não crer que em todo o reino houvesse dois senhores que fossem governados em todos os pontos pela mesma lei.

Essa prodigiosa diversidade tinha uma primeira e uma segunda origem. A respeito da primeira, é possível lembrarmos aquilo que já disse anteriormente no capítulo sobre os costumes locais;[340] e, quanto à segunda, encontramo-la nos diversos eventos dos combates judiciários, sendo que os casos continuamente fortuitos devem naturalmente introduzir novos usos.

Essas práticas consuetudinárias eram conservadas na memória dos anciões, mas gradualmente foram feitas leis ou costumes escritos.

I⁰) No começo da terceira dinastia,[341] os reis promulgaram cartas particulares e até mesmo gerais, da maneira que já expliquei anteriormente: tais são os *Estabelecimentos* de Filipe Augusto e os de São Luís. Do mesmo modo, os grandes vassalos, em concerto com os senhores aos quais se vinculavam, outorgaram, nas sessões de seus ducados ou condados, certas cartas ou estabelecimentos, de acordo com as circunstâncias. Tais foram as sessões de Geoffroi, conde da Bretanha, sobre as partilhas dos nobres; os costumes da Normandia, garantidos pelo duque Raoul; os costumes de Champagne, dados pelo rei Thibaut; as leis de Simon, conde de Montfort, e outras. Isso produziu algumas leis escritas, até mesmo mais gerais do que as que já existiam.

---

339 Prólogo do *Coûtumes de Beauvoisis*.

340 Cap.12.

341 Vede as *Ordenanças dos reis da França da terceira dinastia*, de Laurière.

Do espírito das leis

2º) No começo da terceira dinastia, quase todo populacho era servo. Diversos motivos obrigaram os reis e os senhores a libertá-los.

Os senhores, ao libertarem seus servos, davam-lhes bens; era preciso lhes dar leis civis para regulamentar a disposição desses bens. Os senhores, ao libertarem seus servos, se privaram de seus bens; era preciso, portanto, regulamentar os direitos que os senhores reservavam para si como o equivalente de seus bens. Ambas as coisas foram regulamentadas pelas cartas de libertação; essas cartas constituíram uma parte de nossos costumes e essa parte se encontra registrada por escrito.

3º) Sob o reino de São Luís e nos seguintes, praxistas hábeis, tais como De Fontaines, Beaumanoir e outros, registraram por escrito as práticas consuetudinárias de seus bailiados. Seu objetivo era mais oferecer uma prática judiciária do que os usos de sua época sobre a disposição dos bens. Mas tudo se encontra ali, e, ainda que esses autores específicos somente tivessem autoridade pela verdade e pela publicidade das coisas que diziam, não se pode duvidar de que tenham contribuído bastante para o renascimento de nosso direito francês. Tal era, naquela época, nosso direito consuetudinário escrito.

Eis a grande época. Carlos VII e seus sucessores mandaram que fossem registrados por escrito, em todo o reino, os diversos costumes locais, prescrevendo formalidades a serem observadas em sua redação. Ora, como essa redação era feita por províncias e como cada senhorio vinha depositar na assembleia geral da província os usos escritos ou não escritos de cada lugar, buscou-se tornar os costumes mais gerais, o tanto quanto se podia fazê-lo sem ferir os interesses dos particulares, que foram resguardados.[342] Assim, nossos costumes adquiriram três características: tornaram-se escritos, mais gerais e receberam o selo da autoridade real.

Como muitos desses costumes foram novamente redigidos, várias mudanças foram feitas, seja ao suprimir tudo aquilo que não poderia ser compatível com a jurisprudência atual, seja adicionando diversas coisas extraídas dessa jurisprudência.

---

342 Procedeu-se assim no momento da redação dos costumes de Berry e de Paris. Vede La Thaumassière [*Histoire du Berry*], cap.3.

Ainda que o direito consuetudinário seja visto entre nós como contendo uma espécie de oposição ao direito romano, de modo que esses dois direitos dividem os territórios, é verdade que diversas disposições do direito romano entraram em nossos costumes, sobretudo quando fizemos novas redações destes, em épocas não tão distantes das nossas, nas quais esse direito era objeto de conhecimentos de todos aqueles que se destinavam aos empregos civis; em épocas em que as pessoas não se glorificavam por ignorar aquilo que deveriam saber, e de saber o que deveriam ignorar; nas quais a aptidão do espírito servia mais para aprender a profissão do que para exercê-la; e nas quais os divertimentos contínuos não eram sequer atributos das mulheres.

Teria sido necessário que eu me alongasse mais no final deste livro e que, entrando em maiores detalhes, tivesse acompanhado todas as mudanças imperceptíveis que, desde a introdução das apelações, constituíram o grande corpo de nossa jurisprudência francesa. Mas eu teria inserido uma obra extensa em uma obra extensa. Sou como aquele antiquário que, partindo de seu país, chegou ao Egito, deu uma olhadela nas pirâmides e voltou para casa.[343]

---

343 Em *The Spectator* [Joseph Addison. Ed. de 1º de março de 1711].

Livro XXIX
Da maneira de compor as leis

Capítulo Primeiro – Do espírito do legislador

Afirmo-o e parece-me que fiz esta obra somente para prová-lo: o legislador deve ser dotado do espírito de moderação; o bem político, assim como o bem moral, encontra-se sempre entre dois extremos. Eis aqui um exemplo.

As formalidades da justiça são necessárias à liberdade. Mas elas poderiam se encontrar em tamanha profusão a ponto de colidirem com o objetivo das próprias leis que as teriam estabelecido: a propriedade dos bens permaneceria incerta; dar-se-ia, sem perquirição, a uma das partes o bem de outra, ou ambas se arruinariam de tanto perquirir.

Os cidadãos perderiam sua liberdade e sua segurança, os acusadores não mais encontrariam os meios para convencer, nem os acusados o meio para se justificar.

Capítulo II – Continuação do mesmo assunto

Cecílio, em Aulo Gélio,[1] discorrendo sobre a Lei das Doze Tábuas, que permitia ao credor cortar em pedaços o devedor insolvente, justifica-a por sua própria atrocidade, que impedia que alguém empregasse uma medida que

---

1 [*Noites áticas*] Lv.XX, cap.I.

Montesquieu

ultrapassasse suas faculdades.[2] As leis mais cruéis serão, pois, as melhores? O bem será o excesso, e todas as relações entre as coisas serão destruídas?

Capítulo III – Que as leis que parecem se distanciar dos desígnios do legislador frequentemente são conformes a eles

A Lei de Sólon, que declarava infames todos aqueles que, durante uma sedição, não tomassem nenhum partido, pareceu extraordinária: mas é preciso prestar atenção às circunstâncias nas quais a Grécia então se encontrava. Ela estava repartida em três pequenos Estados: era de se temer que, em uma república atormentada por dissensões civis, as pessoas mais prudentes se recolhessem, e que, com isso, as coisas fossem levadas ao extremo.

Nas sedições que aconteciam nesses pequenos Estados, a maioria da cidade entrava na querela ou a provocava. Em nossas grandes monarquias, os partidos são formados por poucas pessoas, e o povo quer viver na inação. Nesse caso, é natural incorporar os sediciosos à massa dos cidadãos, e não a massa dos cidadãos aos sediciosos. Porém, no primeiro caso é preciso fazer com que a pequena quantidade de pessoas sábias e tranquilas se junte aos sediciosos: é assim que a fermentação de um licor pode ser detida por uma única gota de outro.

Capítulo IV – Das leis que colidem com os desígnios do legislador

Há leis que o legislador concebeu tão mal que são contrárias à própria finalidade à qual ele se propôs. Os que estabeleceram entre os franceses que, quando um dos dois pretendentes a um cargo eclesiástico morre, o cargo eclesiástico fica com aquele que sobrevive, buscaram sem dúvida acabar

---

2 Cecílio diz que nunca viu nem leu que essa pena tenha sido aplicada: mas provavelmente ela nunca foi estabelecida. A opinião de alguns jurisconsultos, segundo a qual a Lei das Doze Tábuas falava somente da divisão do preço do devedor vendido, parece mais verosímil.

Do espírito das leis

com os litígios. Mas disso resulta um efeito contrário: o que se vê são os eclesiásticos se atacarem e se agredirem, como mastins ingleses, até a morte.

Capítulo V – Continuação do mesmo assunto

A lei sobre a qual irei falar se encontra no juramento cuja preservação se deve a Ésquines: "Juro que nunca destruirei uma cidade dos anfictiões e que não desviarei suas águas correntes. Se algum povo ousar fazer algo semelhante a isso, declararei guerra contra ele e destruirei suas cidades".[3] O último artigo dessa lei, que parece confirmar o primeiro, é, na realidade, contrário a ele. Anfictião[4] dispôs que as cidades gregas nunca fossem destruídas, e sua lei abre a porta para a destruição dessas cidades. Para estabelecer um bom direito das gentes entre os gregos, era preciso torná-los acostumados a pensar que era algo atroz destruir uma cidade grega; não deveriam, portanto, nem mesmo destruir os destruidores. A Lei de Anfictião era justa, mas não era prudente. A prova disso é encontrada no próprio abuso que fizeram dela. Filipe não outorgou a si o poder de destruir as cidades, sob pretexto de que tinham violado as leis dos gregos? Anfictião teria podido cominar outras penas: ordenar, por exemplo, que uma certa quantidade de magistrados da cidade destruidora, ou de chefes do exército violador, seriam punidos de morte; que o povo destruidor cessaria, por um tempo, de gozar dos privilégios dos gregos; que pagaria uma multa até o restabelecimento da cidade. A lei deveria sobretudo incidir sobre a reparação do dano.

Capítulo VI – Que as leis que parecem as mesmas nem sempre possuem o mesmo efeito

César proibiu que alguém guardasse consigo mais de sessenta sestércios.[5] Essa lei foi vista em Roma como muito adequada para conciliar os devedores com os credores, porque, ao obrigar os ricos a emprestar aos pobres,

---

3 [Ésquines] *Da falsa embaixada* [115].
4 Anfictião, rei mitológico de Termópilas e Atenas. (N. T.)
5 Dião [*História romana*], Lv.XLI.

colocava estes últimos em condição de satisfazer os ricos. Uma mesma lei, elaborada na França na época do Sistema,[6] foi extremamente funesta: isso porque a circunstância na qual foi feita era terrível. Após ter-se suprimido todas as maneiras de investir seu dinheiro, suprimiu-se até mesmo o recurso de guardá-lo em sua própria casa, o que se igualava a um sequestro feito com violência. César fez sua lei para que o dinheiro circulasse entre o povo; o ministro da França fez a sua para que o dinheiro fosse depositado em uma só mão. O primeiro ofereceu propriedades fundiárias ou hipotecas sobre particulares em troca de dinheiro; o segundo propôs, em troca de dinheiro, efeitos que não tinham valor algum e que, por sua natureza, não poderiam tê-lo, porque sua lei obrigava a aceitá-los.

Capítulo VII – Continuação do mesmo assunto. Necessidade de bem compor as leis

A Lei do Ostracismo foi estabelecida em Atenas, Argos e Siracusa.[7] Em Siracusa, ela produziu uma miríade de males, porque foi feita sem prudência. Os cidadãos principais baniam uns aos outros ao colocarem uma folha de figueira na mão,[8] de modo que aqueles que tinham algum mérito abandonaram os negócios públicos. Em Atenas, onde o legislador tinha percebido a amplitude e os limites que deveria impor à sua lei, o ostracismo foi uma coisa admirável: era aplicada apenas individualmente, e era preciso um número tão grande de sufrágios que era difícil exilar alguém, a não ser que sua ausência fosse necessária.[9]

---

6 Referência ao Sistema de Law. Ver nota do tradutor em Lv.II, Cap.4, e Lv.XXII, Cap.10. (N. T.)

7 Aristóteles, *Política*, Lv.V, cap.8 [1302b].

8 Plutarco, "Vida de Dionísio" [*Vidas paralelas*]. [Na realidade, a fonte de Montesquieu para o *petalismo* – ostracismo praticado em Siracusa, na qual o nome do ostracizado era escrito em folhas de oliveira –, não parece ter sido a "Vida de Dião de Siracusa" (uma vez que não existe uma "Vida de Dionísio"), mas sim o procedimento descrito no livro XI da *Biblioteca histórica*, de Diodoro da Sicília. (N. T.)]

9 Cf. Lv.XXVI, Cap.17. (N. T.)

Era possível banir apenas a cada cinco anos: de fato, uma vez que o ostracismo só poderia ser aplicado contra um grande personagem que ocasionasse temor sobre seus concidadãos, não deveria ser um negócio rotineiro.

Capítulo VIII – Que as leis que parecem as mesmas nem sempre possuem o mesmo motivo

A França recepcionou a maior parte das leis romanas sobre as substituições. Porém, nela, as substituições tinham um motivo bem diverso do que entre os romanos. Entre estes, a hereditariedade ligava-se a certos sacrifícios que deviam ser feitos pelo herdeiro, e que eram regulados pelo direito dos pontífices.[10] Isso fez com que considerassem desonroso morrer sem herdeiro, que apontassem seus escravos como herdeiros e inventassem as substituições. A substituição vulgar, que foi a primeira inventada e que somente se aplicava no caso em que o herdeiro instituído não aceitasse a herança, é uma grande prova disso: ela não tinha como objetivo perpetuar a herança em uma família do mesmo nome, mas sim encontrar alguém que aceitasse a herança.

Capítulo IX – Que as leis gregas e romanas, sem possuírem os mesmos motivos, puniram o homicídio de si mesmo

"Um homem", diz Platão, "que tenha matado a pessoa à qual é mais intimamente ligado, isto é, ele próprio, não por ordem do magistrado nem para evitar ignomínia, mas por fraqueza, será punido".[11] A lei romana punia essa ação, não quando ela tivesse sido perpetrada por fraqueza da alma, por tédio da vida, por incapacidade de suportar a dor, mas sim por desespero por algum crime. A lei romana absolvia no caso em que a grega condenava, e condenava no caso em que a outra absolvia.

A lei de Platão era concebida a partir das instituições lacedemônias, onde as ordens do magistrado eram totalmente absolutas, onde a ignomínia era

---

10 Quando a hereditariedade era muito onerosa, eludia-se o direito dos pontífices através de certas vendas: donde vem o termo *sine sacris hæreditas*.

11 [*As leis*] Lv.IX [873c-d].

o maior dos infortúnios e a fraqueza o maior dos crimes. A lei romana abandonava todas essas belas ideias: era somente uma lei fiscal.

Na época da república, em Roma não havia uma lei que punisse os que se suicidavam: esse ato, entre os historiadores, é sempre visto sob uma ótica favorável, e nunca se verifica uma punição contra aqueles que o praticaram.

Na época dos primeiros imperadores, as grandes famílias de Roma foram sem cessar exterminadas por julgamentos. Introduziu-se a prática de se impedir a condenação por uma morte voluntária, e viam nisso uma grande vantagem. Obtinha-se a honra da sepultura e os testamentos eram executados;[12] isso decorria do fato de não haver lei civil em Roma contra aqueles que se suicidassem. Contudo, quando os imperadores se tornaram tão avaros quanto tinham sido cruéis, não mais permitiram que aqueles de quem queriam se livrar mantivessem seus bens, e declararam que seria um crime privar-se da vida pelos remorsos de um outro crime.

O que digo sobre os motivos dos imperadores é tão verdadeiro que eles consentiram que os bens dos suicidas não fossem confiscados quando o crime pelo qual haviam se suicidado não estivesse sujeito à confiscação.[13]

Capítulo X – Que as leis que parecem contrárias derivam algumas vezes do mesmo espírito

Atualmente, vai-se até a casa de um homem para citá-lo para um julgamento. Isso, porém, não poderia ser feito entre os romanos.[14]

A citação em juízo era uma ação violenta,[15] como uma espécie de ordem de prisão,[16] e não era possível entrar na casa de um homem para citá-lo em

---

12 *Eorum qui de se statuebant, humabantur corpora, manebant testamenta, pretium festinandi.* Tácito [*Anais*, Lv.VI, cap.29: "aqueles que decidiam seu próprio destino tiveram seus corpos enterrados, seus testamentos permaneceram válidos. Esta foi a recompensa pela morte precipitada"].

13 Rescrito do imperador Pio, [*Corpus Juris Civilis*] na Lei 3, §1º e 2º. *De bonis eorum qui ante sententiam mortem sibi consciverunt.*

14 [*Corpus Juris Civilis*] Lei 18, *De in jus vocando.*

15 Vede a Lei das Doze Tábuas.

16 *Rapt in jus*, Horácio [*Sátiras*], sat.IX [Lv.I]. É por isso que não se podia citar em juízo aqueles a quem se devia um certo respeito.

juízo, assim como atualmente não se pode mandar prender em sua casa um homem condenado somente por dívidas civis.

As leis romanas[17] e as nossas admitiam igualmente esse princípio: que cada cidadão tem sua casa como asilo e que nela não deve sofrer nenhuma violência.

Capítulo XI – De qual maneira duas leis diversas podem ser comparadas

Na França, a pena contra os falsos testemunhos é capital; na Inglaterra, não. Para julgar qual dessas duas leis é a melhor, é preciso acrescentar: na França, pratica-se a tortura contra os criminosos; na Inglaterra, não. É preciso ainda dizer: na França, o acusado não arrola suas testemunhas e é muito raro que se admita aquilo que chamamos de fatos justificativos;[18] na Inglaterra, são acolhidas as testemunhas de ambas as partes. As três leis francesas formam um sistema fortemente coeso e consistente; as três leis inglesas formam outro com igual combinação. A lei da Inglaterra, que não admite tortura contra criminosos, tem apenas poucas esperanças de extrair do acusado a confissão de seu crime: recorre, pois, a testemunhas externas de todos os lados, e não ousa desencorajá-las através do medo de uma pena capital. A lei francesa, que tem um recuso extra, não teme tanto assim intimidar as testemunhas: ela escuta as testemunhas de apenas uma parte[19] – as arroladas pela parte pública – e o destino do acusado depende unicamente de seu testemunho. Mas, na Inglaterra, são aceitas testemunhas das duas partes e a contenda é, por assim dizer, discutida entre elas. Portanto, ali o falso testemunho é menos perigoso; o acusado tem um recurso contra o falso testemunho, ao passo que a lei francesa não dispõe de nenhum. Assim, para julgar quais dessas leis são mais conformes à razão, não basta comparar uma a uma: é preciso considerá-las em seu conjunto e compará-las conjuntamente.

---

17 Vede [*Corpus Juris Civilis*] Lei 18, *De in jus vocando*.

18 Os *fatos justificativos* são, nesse caso, espécies de excludente de ilicitude e de culpabilidade. (N. T.)

19 Pela antiga jurisprudência francesa, eram ouvidas as testemunhas das duas partes. Vede também nos *Estabelecimentos* de São Luís, Lv.I, cap.8, que a pena contra os falsos testemunhos em juízo era pecuniária.

Capítulo XII – Que as leis que parecem as mesmas são, por vezes, realmente diferentes

As leis gregas e as romanas puniam tanto o receptador do roubo quanto o ladrão:[20] a lei francesa faz a mesma coisa. As primeiras eram razoáveis, as últimas não o são. Entre os gregos e entre os romanos, como o ladrão era condenado a uma pena pecuniária, era preciso punir o receptador com a mesma pena, pois qualquer homem que de alguma forma contribui para causar um dano deve repará-lo. Contudo, entre nós, como a pena do roubo é capital, não foi possível punir o receptador do mesmo modo que o ladrão sem que as coisas fossem levadas ao excesso. Aquele que recepta o produto roubado pode em mil ocasiões recebê-lo inocentemente, ao passo que aquele que rouba é sempre culpado: um impede o elemento de prova de um crime já cometido, o outro comete o crime; em um, tudo é passivo, enquanto no outro verifica-se uma ação; é preciso que o ladrão supere mais obstáculos e que sua alma se obstine mais longamente contra as leis.

Os jurisconsultos foram mais longe: consideraram o receptador como mais odioso que o ladrão,[21] pois, sem ele, assim afirmam, o roubo não poderia ter sido ocultado durante muito tempo. Uma vez mais, isso poderia ser bom quando a pena era pecuniária: tratava-se de um prejuízo e o receptador comumente se encontrava em melhores condições de repará-lo. Porém, quando a pena se tornou capital, teria sido preciso se regrar sobre outros princípios.

Capítulo XIII – Que não se devem separar as leis do objeto para o qual elas são feitas. Das leis romanas sobre o roubo

Quando o ladrão era surpreendido com a coisa roubada antes que a tivesse levado para o lugar no qual iria escondê-la, isso se chamava, entre os romanos, de roubo manifesto. Quando o ladrão somente era descoberto após isso, tratava-se de um roubo não manifesto.

---

20 [*Corpus Juris Civilis*] Lei I, *De receptatoribus.*
21 Ibid.

A Lei das Doze Tábuas ordenava que o ladrão manifesto fosse açoitado com varas e reduzido à servidão, caso fosse púbere, ou então somente açoitado com varas, caso fosse impúbere. Ela condenava o ladrão não manifesto apenas ao pagamento do dobro do valor da coisa roubada.

Quando a Lei Pórcia aboliu o uso de submeter os cidadãos ao açoite com varas e reduzi-los à servidão, o ladrão manifesto foi condenado a pagar o quádruplo do valor,[22] enquanto continuou a punir o ladrão não manifesto ao pagamento do dobro.

Parece bizarro que essas leis propusessem tamanha diferença na qualidade desses dois crimes e na pena que aplicavam: de fato, que o ladrão fosse surpreso antes ou depois de ter levado a coisa roubada para o lugar de sua destinação, revelava-se como uma circunstância que em nada mudava a natureza do crime. Eu não poderia duvidar de que toda a teoria das leis romanas sobre o roubo tenha sido extraída das instituições lacedemônias. Licurgo, com a intenção de dar aos seus cidadãos habilidade, astúcia e atividade, estimulou que as crianças fossem adestradas a fazer pequenos furtos, e que fossem severamente chicoteadas caso se deixassem ser pegas. Isso estabeleceu entre os gregos, e depois entre os romanos, uma grande diferença entre o roubo manifesto e o roubo não manifesto.[23]

Entre os romanos, o escravo que tivesse roubado era jogado da rocha Tarpeia. Aqui não se tratava das instituições lacedemônias, pois as leis de Licurgo sobre o roubo não haviam sido feitas para os escravos. Afastar-se delas significava, nesse ponto, segui-las.

Em Roma, quando um impúbere fosse pego furtando, o pretor mandava açoitarem-no com varas a seu bel-prazer, como se fazia na Lacedemônia. Tudo isso tinha uma origem mais remota. Os lacedemônios tinham extraído esses usos dos cretenses, e Platão, que pretendia provar que as instituições dos cretenses eram feitas para a guerra, cita a seguinte: "a faculdade de tolerar a dor nos combates individuais e nos furtos que devem ser ocultados".[24]

---

22 Vede o que diz Favorino, de acordo com Aulo Gélio [*Noites áticas*], Lv.XX, cap.I.

23 Vede o que diz Plutarco, "Vida de Licurgo" [*Vidas paralelas*], com as leis do *Digesto*, no título *De furtis* e os *Institutas* [*Corpus Juris Civilis*], Lv.IV, tit.I, §1, 2 e 3.

24 *As leis*, Lv.I [633b].

Como as leis civis dependem das leis políticas, porque sempre são feitas para uma sociedade, seria bom que, quando se quisesse transpor uma lei civil de uma nação para outra, se examinasse previamente se ambas possuem as mesmas instituições e o mesmo direito político.

Assim, quando as leis sobre o roubo passaram dos cretenses para os lacedemônios, assim como passaram para eles com o governo e a própria constituição, essas leis foram tão sensatas para um povo quanto para o outro. Mas, quando foram transpostas da Lacedemônia para Roma, como nesse caso a constituição não era a mesma, ali elas foram sempre deslocadas e não tiveram nenhuma ligação com as outras leis civis dos romanos.

Capítulo XIV – Que não se devem separar as leis das circunstâncias nas quais elas foram feitas

Uma lei de Atenas dispõe que, quando a cidade fosse sitiada, todas as pessoas inúteis deveriam ser mortas.[25] Era uma abominável lei política, derivada de um abominável direito das gentes. Entre os gregos, os habitantes de uma cidade tomada perdiam a liberdade civil e eram vendidos como escravos. A tomada de uma cidade levava à sua destruição completa, e essa é a origem não somente dessas defesas obstinadas e dessas ações desnaturadas, mas também dessas leis atrozes que por vezes foram feitas.

As leis romanas previam que os médicos podiam ser punidos por sua negligência ou imperícia.[26] Nesse caso, condenavam à deportação o médico de condição um pouco mais elevada, e à morte aquele que pertencesse a uma condição mais baixa. Nossas leis oferecem um tratamento diferente à questão. As leis romanas não tinham sido feitas nas mesmas circunstâncias que as nossas: em Roma, qualquer um que quisesse exercer a medicina poderia fazê-lo; mas, entre nós, os médicos são obrigados a fazer estudos e a obter certos graus, e, portanto, pressupõe-se que conhecem sua arte.

---

25 *Inutilis ætas occidatur.* Siriano, em *Comentário a Hermógenes*. [Siriano de Alexandria (s.d.-c. 437), filósofo neoplatonista grego. (N. T.)

26 A Lei Cornélia, *De sicariis*; *Institutas* [*Corpus Juris Civilis*], Lv.IV, tit.III, *De lege Aquilia*, §7º.

Do espírito das leis

Capítulo XV – Que por vezes é bom que uma lei corrija a si mesma

A Lei das Doze Tábuas permitia que se matasse tanto o ladrão noturno quanto o diurno que, sendo perseguido, opusesse resistência.[27] Porém, ela dispunha que aquele que matasse o ladrão deveria gritar e conclamar os cidadãos,[28] e isto é algo que deve ser exigido pelas leis que permitem fazer justiça com as próprias mãos. É o grito da inocência que, no momento da ação, clama testemunhas, clama juízes. É preciso que o povo tome conhecimento da ação, e que tome conhecimento dela no momento em que foi executada, no momento em que tudo fala: o ar, o semblante, as paixões, o silêncio, onde cada palavra condena ou justifica. Uma lei que pode se tornar tão contrária à segurança e à liberdade dos cidadãos deve ser executada na presença dos cidadãos.

Capítulo XVI – Coisas a se observar na composição das leis

Os que possuem um gênio suficientemente amplo para poder dar leis à sua nação ou a uma outra devem dedicar certos cuidados sobre a maneira de constituí-las.

O estilo das leis deve ser conciso. As leis das Doze Tábuas são um modelo de precisão: as crianças as aprendem de cor.[29] As *Novelas* de Justiniano são tão difusas que seria preciso abreviá-las.[30]

O estilo das leis deve ser simples: a expressão direta sempre se difunde melhor do que a expressão refletida. As leis do Baixo Império carecem de majestade; nelas, fez-se com que os príncipes falassem como retores. Quando o estilo das leis é empolado, elas são consideradas somente como uma obra de ostentação.

---

27 Vede [*Corpus Juris Civilis*] Lei 4, *ad leg. Aquil.*

28 Ibid. Vede o decreto de Tassilão, acrescentado à Lei dos Bávaros, *De copularibus legibus*, art.4.

29 *Ut carmen necessarium.* Cícero, *De Legibus*, Lv.II [cap.23].

30 Esse foi o trabalho de Inério. [Inério (c. 1050-1130), jurista e glosador italiano, estudioso do *Corpus Juris Civilis*. (N. T.)]

É essencial que as palavras das leis despertem em todos os homens as mesmas ideias. O cardeal de Richelieu admitia a possibilidade de alguém poder acusar um ministro diante do rei.[31] Dispunha, contudo, que a pessoa fosse punida se as coisas apresentadas como provas não fossem consideráveis: o que deveria impedir todo mundo de dizer qualquer verdade que fosse contra ele, porque uma coisa considerável é inteiramente relativa, e o que é considerável para um não o é para outro.

A Lei de Honório punia com a morte aquele que comprasse um liberto como servo ou que quisesse incomodá-lo.[32] Uma expressão tão vaga não deveria ter sido utilizada: o incômodo que causamos a um homem depende inteiramente do grau de sua sensibilidade.

Quando a lei precisa fixar um montante, é necessário, o tanto quanto possível, evitar valorá-lo em dinheiro. Mil causas alteram o valor da moeda, e com a mesma denominação não se tem mais a mesma coisa. É conhecida a história de um impertinente de Roma que distribuía tapas em todos aqueles que encontrava e que era obrigado a pagar 25 soldos pela Lei das Doze Tábuas.[33]

Quando, em uma lei, as ideias das coisas foram bem fixadas, não se deve voltar às expressões vagas. Quando na ordenança criminal de Luís XIV,[34] após ter sido feita a enumeração exata dos casos reais, acrescentaram os termos "e aqueles que, em todas as épocas, os juízes reais julgaram", isso fez com que se recaísse na arbitrariedade da qual se tinha acabado de sair.

Carlos VII[35] diz ter conhecimento que as partes interpõem a apelação três, quatro e seis meses após o julgamento, contrariando os costumes do reino num país consuetudinário: ele ordena que apelem sem demora, a não

---

31 *Testamento político*.

32 *Aut qualibet manumissione donatum inquietare voluerit.* Apêndice ao *Código Teodosiano*, no t.I das obras de P. Sirmond, p.737.

33 Aulo Gélio [*Noites áticas*], Lv.XX, cap.I. [Trata-se da anedota de Lucius Veratius: como em sua época a multa de 25 asses, aplicada a quem infligisse uma lesão a outra pessoa, tornara-se irrisória, Veratius distribuía tapas em quem encontrasse nas ruas. (N. T.)]

34 Os motivos para isso se encontram no processo verbal dessa ordenança.

35 Em sua ordenança de Montel-les-Tours, ano 1453.

Do espírito das leis

ser que haja fraude ou dolo do procurador[36] ou que haja uma grande e evidente causa que permita ao apelante recorrer extemporaneamente. A parte final dessa lei destrói a parte inicial, e a destrói tão bem que, depois dela, passaram a apelar durante trinta anos.[37]

A Lei dos Lombardos não permite que uma mulher que tenha adotado o hábito de uma ordem religiosa, ainda que não tenha sido consagrada, possa se casar, "pois", assim diz, "se um esposo que se comprometeu com uma mulher apenas por meio de um anel não pode sem crime desposar outra, com maior razão a esposa de Deus ou da Santa Virgem [...]". Digo que nas leis é preciso raciocinar da realidade para a realidade, e não da realidade para o figurado, tampouco do figurado para a realidade.

Uma lei de Constantino dispõe que basta o testemunho do bispo, sem que outras testemunhas sejam ouvidas.[38] Esse príncipe tomava um caminho bem curto: julgava as ações pelas pessoas, e as pessoas pelas dignidades.

As leis não devem ser sutis: elas são feitas para pessoas dotadas de compreensão intelectual mediana, e absolutamente não são uma arte lógica, mas a simples razão de um pai de família.

Quando, em uma lei, as exceções, limitações, modificações não são necessárias, é muito melhor deixar de inseri-las. Semelhantes detalhes fazem brotar novos detalhes.

Não se deve realizar uma alteração em uma lei sem uma boa razão. Justiniano ordenou que um marido poderia ser repudiado sem que a mulher perdesse seu dote, se, durante os dois anos, não tivesse conseguido consumar o casamento.[39] Ele mudou sua lei e concedeu três anos ao pobre infeliz.[40] Mas, em semelhante caso, dois anos valem três, e três não valem mais do que dois.

Quando são empregados esforços para se explicar a razão de uma lei, é preciso que essa razão seja digna dela. Uma lei romana decide que um cego

---

36 Era possível punir o procurador sem que fosse necessário perturbar a ordem pública.

37 [*Leges Langobardum*] Lv.II, tit.XXXVII.

38 No apêndice de P. Sirmond para o *Código Teodosiano*, t.I.

39 [*Corpus Juris Civilis*] Lei 1, cód. *De repudiis*.

40 Vede a autêntica *sed hodie*, no cód. *De repudiis*.

não pode pleitear porque não enxerga os ornamentos da magistratura.[41] Deve ter sido proposital oferecer uma razão tão ruim assim, quando tantas outras boas se apresentavam.

O jurisconsulto Paulo diz que a criança nasce perfeita no sétimo mês, e que a razão dos números de Pitágoras parece provar isso.[42] É singular que tais coisas sejam julgadas com base na razão dos números de Pitágoras.

Alguns jurisconsultos franceses afirmaram que, quando o rei adquirisse algum país, as igrejas dali deveriam estar sujeitas ao direito de regalo,[43] porque a coroa do rei é redonda. Não discutirei aqui os direitos do rei, tampouco se, nesse caso, a razão da lei civil ou eclesiástica deve ceder à razão da lei política. Mas direi que direitos tão respeitáveis devem ser defendidos com as mais circunspectas máximas. Quem já viu a forma de um signo de uma dignidade ser o fundamento dos direitos reais dessa mesma dignidade?

Dávila[44] diz que Carlos IX foi declarado maior, pelo parlamento de Rouen, com catorze anos iniciados, porque as leis dispunham que o tempo fosse contado instante por instante quando se tratasse da restituição e da administração dos bens do pupilo, ao passo que a lei considera o ano iniciado como um ano completo quando se trata de adquirir honras. Não pretendo censurar uma disposição que não parece ter até o momento apresentado inconvenientes. Contudo, me limitarei a dizer que a razão alegada pelo chanceler l'Hôpital[45] não é verdadeira: o governo dos povos está bem longe de ser somente uma honra.

Em matéria de presunção, a da lei vale mais que a do homem. A lei francesa considera como fraudulentos todos os atos feitos por um comerciante

---

41 [*Corpus Juris Civilis*] Lei I, *De postulando*.

42 Em suas *Sentenças*, Lv.IV, tit.IX.

43 De acordo com o Littré, o direito de regalo era um "direito que todos os reis da França tinham de dispor de todos os benefícios simples de uma diocese durante a vacância da Sé, e de gerirem as receitas segundo sua discrição". Os benefícios eclesiásticos são os rendimentos e dotes percebidos pelos clérigos. (N. T.)

44 *Della guerra civile di Francia*, p.96. [Enrico Caterino Dávila (1576-1631), historiador e diplomata italiano, autor da *História da guerra civil da França* (1644, 2v.). (N. T.)]

45 Referência a Michel de l'Hôpital (1507-1573), político francês, chanceler da França entre 1560 e 1573. (N. T.)

nos dez dias que precederam sua bancarrota:[46] é a presunção da lei. A lei romana aplicava penas ao marido que mantivesse sua mulher após o adultério, a não ser que ele fosse levado a agir assim temendo pela ocorrência de um processo ou pela negligência de sua própria vergonha: é a presunção do homem. Era preciso que o juiz presumisse os motivos da conduta do marido e se decidisse fundado sobre uma maneira de pensar muito obscura. Quando o juiz presume, os julgamentos tornam-se arbitrários; quando a lei presume, ela dá ao juiz uma regra fixa.

A Lei de Platão,[47] como já disse, pune aquele que se suicida, fazendo-o não a fim de evitar a ignomínia, mas por fraqueza. Essa lei era viciosa, pois no único caso em que não era possível extrair do criminoso a confissão do motivo que o havia feito agir, ela desejava que o juiz decidisse sobre esses motivos.

Como as leis inúteis enfraquecem as leis necessárias, as que são passíveis de serem burladas enfraquecem a legislação. Uma lei deve produzir seu efeito, e não se deve permitir que seja derrogada por uma decisão particular.

A Lei Falcídia ordenava, entre os romanos, que o herdeiro tivesse sempre a quarta parte da herança; já uma outra lei[48] permitia ao testador proibir que o herdeiro tocasse a quarta parte. Isso é brincar com as leis. A Lei Falcídia tornou-se inútil, pois, se o testador quisesse beneficiar seu herdeiro, este não tinha necessidade da Lei Falcídia; e, caso não quisesse beneficiá-lo, proibia-o de recorrer à Lei Falcídia.

É preciso cuidar para que as leis sejam concebidas de maneira a não se chocarem com a natureza das coisas. Na proscrição do príncipe de Orange, Filipe II prometeu, para a pessoa que assassinasse o príncipe, dar a ela ou aos seus herdeiros 25 mil escudos e o título de nobreza; e fez isso empenhando a palavra de rei e enquanto servidor de Deus. A nobreza prometida por semelhante ato! Semelhante ato ordenado na qualidade de servidor de Deus! Tudo isso subverte de uma só vez as ideias da honra, da moral e da religião.

---

46 Lei de 18 de novembro de 1702.

47 *As leis*, Lv.IX.

48 A autêntica: *Sed cum testator*.

É raro que seja preciso proibir uma coisa que não é má, sob pretexto de alguma perfeição imaginada.

Nas leis deve haver certa candura. Feitas para punir a maldade dos homens, elas devem trazer em si a maior inocência. Pode-se conferir na Lei dos Visigodos essa exigência ridícula, pela qual obrigavam os judeus a comerem todas as coisas preparadas com porco, contanto que não comessem o próprio porco.[49] Isso era uma grande crueldade: eram submetidos a uma lei contrária à deles, e permitiam que pudessem conservar de sua lei somente aquilo que fosse um signo para se poder reconhecê-los.

Capítulo XVII – Maneira ruim de outorgar as leis

Assim como nossos príncipes, os imperadores romanos manifestavam suas vontades por decretos e éditos. Porém, e isso é algo que nossos príncipes não fazem, eles permitiram que os juízes ou particulares, em suas contendas, os interrogassem por meio de cartas, e suas respostas eram denominadas de rescritos. As decretais dos papas são, falando propriamente, rescritos. Percebe-se que se trata de uma má espécie de legislação. Aqueles que requerem leis dessa forma são guias ruins para o legislador; os fatos sempre são mal apresentados. Trajano, diz Júlio Capitolino,[50] frequentemente se recusou a dar essas espécies de rescritos, a fim de que uma decisão, e com frequência um favor particular, não se estendesse para todos os casos. Macrino havia resolvido abolir todos esses rescritos,[51] e não podia tolerar que fossem consideradas como leis as respostas de Cómodo, de Caracala e de todos esses outros príncipes repletos de imperícia. Justiniano pensava de outra forma e preencheu sua compilação com elas.

Gostaria que aqueles que leem as leis romanas distinguissem bem essas espécies de hipóteses dos *senatus consulta*, dos plebiscitos, das constituições gerais dos imperadores, e de todas essas leis fundadas sobre a natureza

---

49 [*Lex Visigothorum*] Lv.XII, tit.II, §16.

50 Vede Júlio Capitolino, *Macrino*. [Júlio Capitolino, nome de um dos seis escritores da *História Augusta*. (N. T.)]

51 Ibid.

das coisas, sobre a fragilidade das mulheres, a fraqueza dos menores e a utilidade pública.

Capítulo XVIII – Das ideias de uniformidade

Existem certas ideias de uniformidade que por vezes arrebatam os grandes espíritos (pois elas tocaram Carlos Magno), mas que infalivelmente impressionam os pequenos. Tais espíritos encontram nelas um gênero de perfeição que reconhecem, porque é impossível não o encontrar: na polícia, os mesmos pesos; no comércio, as mesmas medidas; no Estado, as mesmas leis; em todas suas partes, a mesma religião. Mas isso é sempre válido, sem exceção? O mal de mudar é sempre menor que o mal de tolerar? E a grandeza do gênio não consistiria mais em saber em qual caso é preciso a uniformidade e em qual caso as diferenças são necessárias? Na China, os chineses são governados pelo cerimonial chinês, e os tártaros pelo cerimonial tártaro:[52] no entanto, no mundo todo, trata-se do povo que mais tem a tranquilidade como objetivo. Quando os cidadãos seguem as leis, o que importa que sigam a mesma lei?

Capítulo XIX – Dos legisladores

Aristóteles queria satisfazer tanto o zelo que tinha por Platão quanto a paixão que tinha por Alexandre. Platão estava indignado contra a tirania do povo de Atenas. Maquiavel estava extasiado pelo seu ídolo, o duque Valentino. Thomas More, que falava mais do que ele havia lido e não tanto sobre aquilo que havia pensado, queria governar todos os Estados com a simplicidade de uma cidade grega.[53] Harrington enxergava apenas a república da Inglaterra, enquanto uma multidão de escritores via a desordem em qualquer lugar que não visse uma coroa. As leis sempre esbarram nas paixões e nos preconceitos do legislador. Algumas vezes, elas o perpassam e adquirem suas tonalidades; em outras, ficam ali enredadas e são incorporadas.

---

52 Cf. Lv.X, Cap.15. (N. T.)

53 Em sua *Utopia*.

Livro XXX
Teoria das leis feudais entre os francos, na relação que possuem com o estabelecimento da monarquia

Capítulo Primeiro – Das leis feudais

Eu acreditaria haver uma imperfeição na minha obra caso silenciasse sobre um evento ocorrido uma única vez no mundo, e que talvez nunca mais ocorra; caso eu não falasse dessas leis que vimos surgir num instante por toda a Europa, sem que tivessem ligação com aquelas até então conhecidas; dessas leis que fizeram bem e mal infinitos; que deixaram direitos ao ceder o domínio; que, ao outorgar a uma miríade de pessoas diversos gêneros de senhoria sobre a mesma coisa ou sobre as mesmas pessoas, diminuíram o peso da senhoria em sua integralidade; que impuseram diversos limites nos impérios demasiado extensos; que produziram a regra com uma inclinação para a anarquia, e a anarquia com uma tendência à ordem e à harmonia.

Isso exigiria uma obra à parte. Contudo, visto a natureza desta, encontrar-se-ão aqui mais essas leis tais como eu as considerei do que como as tratei.

As leis feudais são um belo espetáculo. Um carvalho antigo cresce,[1] o olho enxerga de longe suas folhagens e, chegando mais perto, vê-se o tronco, mas suas raízes não se revelam: é preciso cavar a terra para encontrá-las.

---

1 "[…] e tão alto nas auras serenas eleva a copa, tal como no Tártaro afinca as raízes." [Virgílio, *Eneida*, v.445-6, p.283.]

Montesquieu

Capítulo II – Das fontes das leis feudais

Os povos que conquistaram o império romano haviam saído da Germânia. Ainda que poucos autores antigos nos tenham descrito seus costumes,
conhecemos dois deles que possuem grande peso. César, travando a guerra
com os germanos, descreve os costumes desse povo,[2] e foi sobre tais costumes que governou alguns de seus empreendimentos.[3] Algumas páginas de
César sobre esses assuntos representam volumes.

Tácito fez uma obra à parte sobre os costumes dos germanos. Essa obra
é curta, mas é a obra de Tácito, que tudo abreviava porque tudo via.

Esses dois autores se encontram em tal concerto com os códigos das leis
dos povos bárbaros legados a nós que, ao lermos César e Tácito, por toda
parte encontramos esses códigos, e, ao ler esses códigos, por toda parte
encontramos César e Tácito.

Se na busca das leis feudais encontro-me em um labirinto obscuro, repleto de caminhos e de desvios, creio segurar a ponta do fio e poder caminhar.

Capítulo III – Origem da vassalagem

César diz "que os germanos não se dedicavam à agricultura; que a maior
parte vivia de leite, de queijo e de carne; que ninguém tinha terras nem
limites que lhe fossem próprios; que os príncipes e os magistrados de cada
nação davam aos particulares a porção de terra que quisessem, no lugar que
quisessem, e os obrigavam, um ano depois, a passá-la para outra pessoa".[4]
Tácito diz "que cada príncipe tinha uma tropa, constituída de pessoas que
se associavam a ele e o seguiam".[5] Esse autor, que, na sua língua, dá-lhes um
nome relacionado à sua condição, nomeia-os de "companheiros".[6] Havia

---

2 [César, *Guerra das Gálias*] Lv.IV.

3 Por exemplo, sua retirada da Alemanha, em ibid.

4 Lv.VI das *Guerra das Gálias*. Tácito adiciona: "Não possuem casa, nem terra, nem
  ocupação; são sustentados por quem quer que os visite". *De moribus Germanorum*
  [cap.31].

5 *De moribus Germanorum* [cap.13].

6 *Comites.*

Do espírito das leis

entre eles uma emulação[7] singular para obter alguma distinção perante o príncipe, e uma mesma emulação entre os príncipes a respeito da quantidade e da bravura de seus companheiros. "É", adiciona Tácito, "a dignidade, é o poder de sempre ser rodeado de uma multidão de jovens que se escolheu; é um ornamento na paz, um baluarte na guerra. Alguém se torna célebre na nação, e em meio aos seus povos vizinhos, se ultrapassar os outros pela quantidade e coragem de seus companheiros: presentes são recebidos, chegam embaixadas de todos os lugares. Frequentemente a reputação decide a guerra. No combate, é vergonhoso para o príncipe ser inferior em coragem; é vergonhoso para a tropa não igualar a virtude do príncipe; é uma infâmia eterna ter sobrevivido a ele. O compromisso mais sagrado é defendê-lo. Se uma cidade está em paz, os príncipes se dirigem para aquelas que travam a guerra; é desse modo que conservam uma grande quantidade de amigos. Estes recebem daqueles cavalos de combate e dardos temíveis. As refeições pouco delicadas, mas grandes, são uma espécie de soldo para eles. O príncipe apenas mantém suas liberalidades pelas guerras e pelas rapinas. Seria mais difícil persuadi-los a cultivar a terra e aguardar o ano da colheita do que a desafiar o inimigo e expor-se a ferimentos: eles não adquirem por suor o que podem adquirir por sangue".

Assim, entre os germanos, havia vassalos, mas não feudos. Absolutamente não havia feudos, porque os príncipes não tinham terras para oferecer, ou melhor: os feudos eram cavalos de batalha, armas, refeições. Havia vassalos, porque havia homens fiéis que eram ligados por sua palavra, que eram comprometidos para travar a guerra, e que faziam mais ou menos o mesmo serviço que posteriormente foi feito nos feudos.

Capítulo IV – Continuação do mesmo assunto

César diz que, "quando um dos príncipes declarava à assembleia que havia concebido o projeto de alguma expedição, e pedia que fosse seguido, aqueles que aprovavam o chefe e o empreendimento proposto se levantavam e ofereciam seu auxílio. Eram louvados pela multidão. Mas, se não efeti-

---

7 *De moribus Germanorum* [cap.13 e 14].

vassem seu compromisso, perdiam a confiança pública e eram vistos como desertores e traidores".[8]

O que César conta aqui e o que nós dissemos no capítulo precedente, acompanhando Tácito, é o germe da história da primeira dinastia.

Não devemos ficar surpresos que os reis tenham sempre tido a necessidade de, a cada expedição, formar novos exércitos, possuírem outras tropas a persuadir, novas pessoas a engajar; que tenham precisado se promover muito para adquirir muito; que continuamente tenham adquirido através da partilha das terras e dos espólios, e que continuamente distribuíssem essas terras e esses espólios; que seu domínio crescesse continuamente e diminuísse constantemente; que um pai que desse a um de seus filhos um reino sempre o vinculasse a um tesouro;[9] que o tesouro do rei fosse visto como necessário para a monarquia, e que um rei não pudesse, mesmo para o dote de sua filha, dividi-lo com estrangeiros sem o conhecimento dos outros reis.[10] O ritmo da monarquia era impresso através de molas as quais era sempre preciso dar corda.

Capítulo V – Da conquista dos francos

Não é verdade que os francos, entrando na Gália, tenham ocupado todas as terras do país para ali estabelecerem feudos. Algumas pessoas pensaram assim porque viram, no fim da segunda dinastia, quase todas as terras se tornarem feudos, subfeudos ou dependências de um ou de outro. Mas isso ocorreu por causas específicas que serão explicadas na sequência.

A consequência que se quis tirar disso —que os bárbaros fizeram um regulamento geral para estabelecer por toda parte a servidão da gleba — não é menos falsa que o princípio. Se, em uma época na qual os feudos eram amovíveis, todas as terras do reino tivessem sido feudos ou dependências de

---

8 [César] *Guerra das Gálias*, Lv.VI.

9 Vede a *Vida de Dagoberto*.

10 Vede Gregório de Tours [*História dos francos*], Lv.VI, sobre o casamento da filha de Quilderico. Quildeberto enviou embaixadores até ele para lhe dizer que não poderia oferecer nenhuma das cidades do reino de seu pai para sua filha, nem seus tesouros, servos, cavalos, cavaleiros, atrelagens de charruas etc.

Do espírito das leis

feudos, e todos os homens do reino dos vassalos ou dos servos dependessem deles, uma vez que quem possui bens sempre possui também o poder, o rei, que continuamente teria disposto dos feudos, isto é, da única propriedade, teria tido um poder tão arbitrário quanto o poder do sultão na Turquia: algo que subverte toda a história.

Capítulo VI – Dos godos, borguinhões e francos

Os gauleses foram invadidos por nações germanas. Os visigodos ocuparam a Narbonesa e quase todo o sul; os borguinhões se estabeleceram na parte concernente ao oriente; e os francos conquistaram quase todo o resto.

Não se pode duvidar que, em suas conquistas, esses bárbaros não tenham conservado seus costumes, inclinações e usos que tinham em seu país, porque uma nação não muda subitamente sua maneira de pensar e de agir. Esses povos, na Germânia, pouco cultivavam as terras. É revelado, por Tácito e por César, que eles se dedicavam bastante à vida pastoral: assim, quase todas as disposições dos códigos de leis dos bárbaros versam sobre os rebanhos. Roricon, que escrevia a história entre os francos, era pastor.[11]

Capítulo VII – Diferentes maneiras de repartir as terras

Como os godos e os borguinhões penetraram, sob diversos pretextos, no interior do império, os romanos, para deter suas devastações, foram obrigados a lhes prover subsistência. Inicialmente, deram-lhes trigo;[12] em seguida, preferiram dar-lhes terras. Os imperadores, ou, em seu nome, os magistrados romanos,[13] fizeram convenções com eles sobre a reparti-

---

11 Roricon, autor de *Gesta Francorum*, historiador citado por Duchesne em *Historia Francorum scriptores*. (N. T.)

12 Vede Zósimo [*História nova*], Lv.V, sobre a distribuição de trigo requerida por Alarico. [Zósimo (c. séc. V-VI), historiador grego, autor de *História nova*. (N. T.)]

13 *Burgundiones partem Galliæ occupaverunt, terrasque cum Gallicis senatoribus diviserunt* ["Os borguinhões ocuparam parte da Gália e dividiram as terras com os senadores gauleses"]. *Crônica* de Mário, sobre o ano 456. [Mário de Avenches (séc. VI), autor de *Crônicas*. (N. T.)]

ção do país, como se lê nas crônicas e nos códigos dos visigodos[14] e dos borguinhões.[15]

Os francos não seguiram o mesmo plano. Não se encontram nas leis sálicas e ripuárias nenhum traço de tal repartição de terras. Eles haviam conquistado, tomaram o que quiseram e apenas convencionaram entre si.

Distingamos, pois, o procedimento dos borguinhões e dos visigodos na Gália, o desses mesmos visigodos na Espanha, dos soldados auxiliares[16] sob Augústulo e Odoacro na Itália, do procedimento dos francos na Gália e dos vândalos na África.[17] Os primeiros fizeram convenções com os antigos habitantes, e, consequentemente, uma repartição de terras com eles; os segundos não fizeram nada disso.

Capítulo VIII – Continuação do mesmo assunto

O que suscita a ideia de uma grande usurpação das terras dos romanos pelos bárbaros é o fato de lermos, nas leis dos visigodos e dos borguinhões, que esses dois povos obtiveram dois terços das terras. Contudo, esses dois terços apenas foram obtidos em certos distritos que lhes foram atribuídos.

Gundebaldo afirma, na Lei dos Borguinhões, que seu povo, quando de seu estabelecimento, recebeu dois terços das terras;[18] e diz, no segundo suplemento a essa lei, que não se daria mais que a metade àqueles que entrassem depois no país.[19] Portanto, todas as terras não tinham sido inicialmente repartidas entre os romanos e os borguinhões.

---

14 [*Lex Visigothorum*] Lv.X, tit.I, §8º, 9º e 16.

15 [*Lex Burgundionum*] cap.LIV, §1º e 2º. Essa repartição perdurava ainda nos tempos de Luís, o Bonachão, como se lê em seu capitular do ano 829, que foi inserido na Lei dos Borguinhões, tit.LXXIX, §1º.

16 Vede Procópio, *Guerra dos godos*.

17 Vede id., *Guerra dos vândalos*.

18 *Licet eo tempore quo populus noster mancipiorum tertiam et duas terrarum partes accepit* ["Naquele período, assegurou-se que nossos povos receberiam um terço dos servos e dois terços das terras"] etc. *Lex Burgundionum*, tit.LIV, §1º.

19 *Ut non amplius a Burgundionibus qui infra venerunt, requiratur quam ad præsens necessitas fuerit, mediatas terræ* ["Que nada mais seja exigido pelos borguinhões que chegarem posteriormente, a não ser o atual requerimento de metade das terras", *Lex Burgundionum*].

Do espírito das leis

Encontramos nos textos desses dois regulamentos as mesmas expressões; portanto, eles se explicam mutuamente. E, assim como não se pode interpretar o segundo como uma repartição universal das terras, também não é possível atribuir esse sentido ao primeiro.

Os francos agiram com a mesma moderação que os borguinhões, e não despojaram os romanos em toda amplitude de sua conquista. O que teriam feito com tantas terras? Apropriaram-se das que lhes convinham e deixaram o resto.

Capítulo IX – Justa aplicação da Lei dos Borguinhões e dos Visigodos sobre a partilha das terras

É preciso considerar que essas partilhas absolutamente não foram feitas por um espírito tirânico, mas sim com a ideia de atender às necessidades mútuas dos dois povos que deviam habitar o mesmo país.

A Lei dos Borguinhões dispõe que cada borguinhão seja recebido na qualidade de hóspede na casa de um romano. Isso está em conformidade com os costumes dos germanos, que, segundo o relato de Tácito, era, no mundo inteiro, o povo que mais amava exercer a hospitalidade.[20]

A lei dispõe que o borguinhão possua dois terços das terras e um terço dos servos. Ela seguia o gênio dos dois povos e se conformava à maneira pela qual ganhavam sua própria subsistência. O borguinhão, que pastoreava os rebanhos, tinha necessidade de muitas terras e poucos servos; e o grande trabalho do cultivo da terra exigia que o romano tivesse menos gleba e uma maior quantidade de servos. Os bosques foram repartidos meio a meio, porque as necessidades, a esse respeito, eram as mesmas.

Vê-se no código dos borguinhões que cada bárbaro foi colocado na casa de cada romano.[21] Portanto, a repartição não foi geral, mas a quantidade de romanos que cederam para a partilha foi igual à dos borguinhões que a receberam. O romano foi lesado o menos possível. O borguinhão, guerreiro, caçador e pastor, não hesitou em se apossar das terras em pousio; o romano

---

20 *De moribus Germanorum* [cap.21].

21 Vê-se também no código dos visigodos.

detinha as terras mais adequadas para o cultivo; os rebanhos do borguinhão fertilizavam o campo do romano.

Capítulo X – Das servidões

É dito, na Lei dos Borguinhões, que, quando esses povos se estabeleceram na Gália, receberam dois terços das terras e um terço dos servos.[22] A servidão da gleba era, portanto, estabelecida nessa parte da Gália antes da entrada dos borguinhões.[23]

A Lei dos Borguinhões, estatuindo sobre as duas nações, distingue formalmente, em uma e em outra, os nobres, os nascidos livres e os servos.[24] A servidão não era, pois, uma coisa particular aos romanos, nem a liberdade e a nobreza o eram aos bárbaros.

Essa mesma lei diz que, se um liberto borguinhão não tivesse dado uma determinada quantia ao seu senhor, nem recebido uma terça porção de um romano, ele continuava a ser considerado como pertencente à família de seu senhor.[25] O romano proprietário era, por conseguinte, livre, pois não pertencia à família de outra pessoa; era livre porque a terça porção era um sinal de liberdade.

Basta abrir as leis sálicas e ripuárias para ver que os romanos não viviam mais em servidão entre os francos do que entre os outros conquistadores da Gália.

O conde de Boulainvilliers[26] deixou escapar o ponto capital de seu sistema: não provou que os francos haviam feito um regulamento geral que colocasse os romanos em uma espécie de servidão.

---

22 [*Lex Burgundionum*] tit.LIV.

23 Isso é confirmado pelo título inteiro do código [*Corpus Juris Civilis*] *De agricolis et censitis et colonis.*

24 [*Lex Burgundionum*] *Le Si dentem optimati Burgundioni vel Romano Nobili excusserit* ["Se alguém golpear os dentes de um aristocrata borguinhão ou de um romano nobre", tit.26, §1º; e *Si Mediocribus Personis ingenuis tam Burgundionibus quam Romanis* ["Se um ingênuo comum seja borguinhão ou romano"], ibid., §2º.

25 [*Lex Burgundionum*] tit.LVII.

26 Henri de Boulainvilliers (1658-1722), historiador e tradutor francês, autor de *État de la France, mémoires historiques sur l'ancien gouvernement*, obra publicada postumamente (1727). (N. T.)

Do espírito das leis

Como sua obra é escrita sem arte, e como ele ali fala com a simplicidade, franqueza e ingenuidade da antiga nobreza à qual pertence, qualquer pessoa é capaz de julgar as belas coisas que ele diz e os erros nos quais recai. Assim, não irei examiná-lo. Direi somente que nele havia mais ânimo do que esclarecimento, mais esclarecimento do que conhecimento; mas esse conhecimento não era desprezível, porque, de nossa história e de nossas leis, ele conhecia muito bem as grandes coisas.

O conde de Boulainvilliers e o abade de Dubos fizeram cada qual um sistema dentre os quais um parece ser uma conjuração contra o terceiro estado e o outro uma conjuração contra a nobreza. Quando o Sol deu a Faetonte sua carruagem, disse-lhe: "Passando mais alto, farás arder as mansões celestes, se fores mais por baixo, queimarás a terra. Pelo meio, irás com total segurança. Não te encaminhem as rodas mais para a direita, para perto da sinuosa Serpente, nem te levem mais para a esquerda, até o baixo Altar. Mantém-te entre ambos".[27]

Capítulo XI – Continuação do mesmo assunto

O que suscita a ideia de um regramento geral realizado nos tempos da conquista é que se verificou, na França, uma prodigiosa quantidade de servidões por volta do início da terceira dinastia; e, como a progressão contínua dessa servidão não foi percebida, imaginou-se em uma época obscura uma lei geral que nunca existiu.

No início da primeira dinastia, verificou-se uma quantidade incontável de homens livres, seja entre os francos, seja entre os romanos. No entanto, a quantidade de servos aumentou de tal forma que, no início da terceira dinastia, todos os lavradores e quase todos os habitantes das cidades se encontravam na condição de servos;[28] e, ao passo que no começo da primeira havia nas cidades aproximadamente a mesma administração observada entre os romanos – corpos de burguesia, um Senado, cortes de judicatura –, no início da terceira quase não encontramos senão um senhor e servos.

---

27 Ovídio, *Metamorfoses*, Lv.II [v.135 *ss.*, p.111].

28 Enquanto a Gália se encontrava sob o domínio dos romanos, formavam corpos particulares: comumente, eram compostos pelos libertos ou descendentes de libertos.

Quando os francos, os borguinhões e os godos realizavam suas invasões, pegavam ouro, prata, móveis, vestimentas, homens, mulheres, jovens que o exército poderia levar consigo: tudo era reunido em comum e o exército o repartia.[29] Todo o corpo da história prova que, após o primeiro estabelecimento, isto é, após os primeiros saques, eles chegaram a um acordo com os habitantes e lhes deixaram todos seus direitos políticos e civis. Esse era o direito das gentes daquele tempo: apropriavam-se de tudo durante a guerra e acordavam tudo durante a paz. Se isso não tivesse sido assim, como encontraríamos nas leis sálicas e borguinhãs tantas disposições contraditórias à servidão geral dos homens?

Mas o mesmo direito das gentes, que perdurou após a conquista,[30] fez o que esta não havia feito. A resistência, a revolta, a tomada das cidades, levavam consigo a servidão dos habitantes. E como, além das guerras que as diferentes nações conquistadoras travaram entre si, houve aquela específica entre os francos, cujas diversas partilhas da monarquia fizeram continuamente nascer guerras civis entre irmãos ou primos, nas quais esse direito das gentes foi sempre praticado, as servidões tornaram-se mais gerais na França do que nos outros países: e essa é, assim acredito, uma das causas da diferença existente entre as nossas leis francesas e as da Itália e da Espanha a respeito dos direitos dos senhores.

A conquista foi apenas questão de um momento, e o direito das gentes então aplicado produziu algumas servidões. O uso desse mesmo direito das gentes durante muitos séculos fez com que as servidões se difundissem prodigiosamente.

Teodorico, crendo que os povos de Auvergne não eram fiéis a ele, falou aos francos sobre sua divisão: "Segui-me, e conduzir-vos-ei para um país onde tereis ouro, prata, cativos, vestimentas, rebanhos em abundância, e trareis todos os homens para vosso país".[31]

---

29 Vede Gregório de Tours [*História dos francos*], Lv.II, cap.27; Aimoin, Lv.I, cap.12. [Aimoin de Fleury (séc. X), cronista francês da Idade Média, contribuinte de *Historiæ Francorum*. (N. T.)]

30 Vede as *Vidas dos santos* citada mais adiante na nota deste mesmo livro.

31 Gregório de Tours [*História dos francos*], Lv.III [cap.11].

Do espírito das leis

Depois da paz estabelecida entre Gontrão e Quilperico,[32] como os que sitiavam Bourges tinham ordem de retornar, carregaram tantos butins que quase não deixaram nenhum homem ou rebanho no país.

Teodorico, rei da Itália, cujo espírito e política consistiam em sempre se distinguir dos outros reis bárbaros, tendo enviado seu exército para a Gália, escreve ao general: "Gostaria que as leis romanas fossem seguidas, e que devolvais os escravos fugitivos aos seus senhores: o defensor da liberdade não deve favorecer o abandono da servidão. Que os outros reis se comprazam na pilhagem e na ruína das cidades que eles tomaram: nós queremos vencer de maneira que nossos súditos se queixem de não terem se submetido mais cedo à servidão".[33] Fica claro que ele queria tornar odiosos os reis dos francos e dos borguinhões, e que fazia alusão a seu direito das gentes.

Esse direito perdurou na segunda dinastia. Quando o exército de Pepino entrou na Aquitânia, retornou para a França carregado de uma quantidade infinita de espólios e servos, dizem os *Anais de Metz*.[34]

Poderia citar inumeráveis autoridades.[35] E como, diante desses infortúnios, o coração da caridade foi tocado; como muitos santos bispos, vendo os cativos algemados dois a dois, utilizaram o dinheiro das igrejas e até mesmo venderam os vasos sagrados para recomprar aqueles que podiam; e como santos monges se entregaram a essa tarefa, é na vida dos santos que encontramos os maiores esclarecimentos sobre essa matéria.[36] Ainda que fosse possível criticar os autores dessas vidas por terem sido algumas vezes um pouco crédulos demais sobre as coisas que Deus certamente fez, se estivessem na ordem de seus desígnios, não deixamos de extrair deles grandes esclarecimentos sobre os costumes e usos daqueles tempos.

---

32 Ibid., Lv.VI, cap.31.

33 Carta 43, Lv.III, Cassiodoro [*Variæ epistolæ*].

34 Sobre o ano 763. *Innumerabilibus spoliis et captivis totus ille exercitus ditatus, in Franciam reversus est.*

35 *Anais de Fulda*, ano 739; Paulo, o Diácono, *De gentis Langobardorum*, Lv.III, cap.30, e Lv.IV, cap.1; e as *Vidas dos santos*, citadas na nota a seguir. [Paulo, o Diácono (c. 720-799), monge beneditino, poeta e historiador, autor de uma história dos lombardos. (N. T.)]

36 Vede as vidas de Santo Epifânio, de Santo Eptádio, de São César, de São Fidolo, de São Pórcio, de São Trevério, de Santo Eusichius e de São Ludgero; o milagre de São Juliano.

Montesquieu

Quando voltamos nossos olhares para os registros de nossa história e de nossas leis, parece que tudo é mar, e que mesmo o mar carece de orlas.[37] Todos esses escritos frios, secos, insípidos e rígidos, é preciso lê-los, é preciso devorá-los, como a fábula diz que Saturno devorou as pedras.

Infinidades de terras tornadas proveitosas por homens livres transformaram-se em mãos-mortáveis.[38] Quando um país se encontrava privado dos homens livres que o habitavam, aqueles que tinham muitos servos se apoderaram ou cederam a si mesmos grandes territórios, e ali construíram aldeias, como se vê nos diversos títulos de propriedade. De outro lado, os homens livres que cultivavam as artes foram tornados servos obrigados a exercê-las; as servidões devolveram às artes e à lavoura o que lhes havia sido subtraído.

Tornou-se frequente que os proprietários de terras as doassem às igrejas para que eles próprios se vinculassem ao pagamento do censo,[39] acreditando que com sua servidão participavam da santidade das igrejas.

Capítulo XII – Que as terras da repartição dos bárbaros não pagavam tributos

Povos simples, pobres, livres, guerreiros, pastores, que viviam sem indústria e apenas se vinculavam às suas terras por casebres de junco,[40] acompanhavam seus chefes para amealhar butins, e não para pagar ou cobrar tributos. A arte da cobrança abusiva de impostos é sempre inventada posteriormente, quando os homens começam a gozar da felicidade das outras artes.

O tributo transitório de uma jarra de vinho por arpente de terra, que foi uma das vexações de Quilderico e de Fredegunda, concernia somente aos

---

37 "E o mar não tinha praias." Ovídio [*Metamorfoses*, v.293, p.65.]

38 Os próprios colonos não eram todos servos: vede as leis 18 e 23 do código [*Corpus Juris Civilis*], *De agricolis et censitis et colonis*, e a vigésima lei do mesmo título. [Sobre as mãos-mortáveis, cf. nota do tradutor em Lv.XXI, Cap.20. (N. T.)]

39 O censo era um tributo cobrado dos servos e pagos ao rei, ao clero ou ao senhor. Conferir, adiante, Cap.14 e 15. (N. T.)

40 Vede Gregório de Tours [*História dos francos*], Lv.II.

romanos.[41] Na verdade, não foram os francos que despedaçaram os registros desses impostos, mas os eclesiásticos, que, naqueles tempos, eram todos romanos.[42] Esse tributo aplicava-se principalmente sobre os habitantes das cidades:[43] ora, as cidades eram quase todas habitadas por romanos.

Gregório de Tours[44] diz que um certo juiz foi obrigado, após a morte de Quilderico, a se refugiar em uma igreja, por ter, durante o reinado desse príncipe, imposto tributos aos francos que, na época de Quilderico, eram nascidos livres: *Multos de Francis, qui, tempore Childeberti regis, inegnui fuerant, publico tributo subegit.* Portanto, os francos que não eram servos não pagavam tributos.

Não há gramático que não empalideça ao ver como essa passagem foi interpretada pelo abade Dubos.[45] Ele observa que, naquela época, os libertos eram também chamados de ingênuos. Quanto a isso, interpreta a palavra latina *ingenui* pelas palavras *livres de tributos*, expressão que pode ser utilizada, na língua francesa, *livres de cuidados, livres de penas*, mas, na língua latina, *ingenui a tributis, libertini a tributis, manumissi tributorum*, seriam expressões monstruosas.

Partênio, diz Gregório de Tours,[46] pensou que seria condenado à morte pelos francos por lhes ter imposto tributos. O abade Dubos,[47] impelido por essa passagem, supõe friamente o que está em questão: tratava-se, diz ele, de uma sobretaxa.

Vê-se na Lei dos Visigodos[48] que, quando um bárbaro ocupava a propriedade de um romano, o juiz obrigava-o a vendê-la para que essa propriedade

---

41 Ibid., Lv.V.

42 Isso é revelado em toda a *História* de Gregório de Tours. O mesmo Gregório pergunta a um certo Valfiliaco, que era lombardo em sua origem, como ele conseguiu chegar à clericatura. Ibid., Lv.VIII, cap.36.

43 *Quæ conditio universis urbibus per Galliam constitutes summopere est adhibita.* "Vida de São Arídio".

44 [*História dos francos*] Lv.VII.

45 *Estabelecimento da monarquia francesa*, t.III, cap.14, p.515.

46 [*História dos francos*] Lv.III, cap.36.

47 [*Estabelecimento da monarquia francesa*] t.III, p.514.

48 *Judices atque præpositi tertias Romanorum, ab illis qui occupatas tenent, auferant, et Romanis sua exactione sine aliqua dilatione restituant, ut nihil fisco debeat deperire.* [*Lex Visigothorum*] Lv.X, tit.I, cap.14.

Montesquieu

continuasse a ser tributável: os bárbaros não pagavam, portanto, tributos sobre as terras.[49]

O abade Dubos,[50] que precisava que os visigodos pagassem tributos,[51] abandona o sentido literal e espiritual da lei e imagina, unicamente porque imagina, que teria havido entre o estabelecimento dos godos e essa lei um aumento de tributos que concernia apenas aos romanos. Mas somente ao padre Hardouin[52] é permitido assim exercer um poder arbitrário sobre os fatos.

O abade Dubos vai buscar,[53] no código de Justiniano,[54] leis para provar que os benefícios militares, entre os romanos, eram sujeitos aos tributos: donde conclui que o mesmo ocorria com feudos ou benefícios entre os francos. Mas a opinião segundo a qual nossos feudos encontram sua origem nesse estabelecimento dos romanos está atualmente proscrita: ela só teve crédito naqueles tempos em que se conhecia a história romana, mas muito pouco a nossa, e em que nossos monumentos antigos estavam enterrados sob a poeira.

O abade Dubos erra ao citar Cassiodoro e recorrer ao que se passou na Itália e na parte da Gália submetida a Teodorico para nos informar sobre o que se encontrava em uso entre os francos. Essas são coisas que absolutamente não devem ser confundidas. Algum dia demonstrarei, em uma obra específica,[55] que o plano da monarquia dos ostrogodos era inteiramente

---

49 Os vândalos não o pagavam na África. Procópio, *Guerra dos vândalos*, Lv.I e II; [Landolfi Sagacis] *Historia miscella*, Lv.XVI, p.106. Observai que os conquistadores da África eram um composto de vândalos, alanos e francos. *Historia miscella*, Lv.XIV, p.94.

50 *Estabelecimento dos francos nas Gálias. Da monarquia francesa*, t.III, cap.14, p.510.

51 Ele se baseia sobre uma outra Lei dos Visigodos, Lv.X, tit.I, art.11, que não prova absolutamente nada: ela somente diz que aquele que recebeu uma terra de um senhor, sob condição de pagamento, deve pagá-la.

52 Jean Hardouin (1646-1729), jesuíta, defendia que os clássicos greco-romanos eram obras de alegoria cristã, feitas por monges do século XIII, e negava, portanto, a autenticidade e autoria de boa parte das obras da Antiguidade. (N. T.)

53 Ibid., t.III, p.511.

54 [*Corpus Juris Civilis*] Lei 3, Lv.XI, tit.LXXIV.

55 Segundo Robert Derathé, a intenção manifesta de Montesquieu de escrever uma obra sobre a monarquia ostrogoda é encontrada somente nessa passagem do *Espírito das leis*. De acordo com Roger Caillois, em comentário na edição da Pléiade, Montesquieu pensava em dedicar uma obra sobre o reinado de Teodorico. (N. T.)

Do espírito das leis

diferente do plano de todas as outras fundadas pelos outros povos bárbaros naquela época; e que, bem longe de se poder afirmar que uma coisa estava em uso entre os francos, porque ela assim o estava entre os ostrogodos, haveria, ao contrário, um motivo justo para pensar que uma coisa que se praticava entre os ostrogodos não era praticada entre os franceses.

O mais custoso para aqueles cujo espírito divaga em uma vasta erudição é buscar suas provas nos lugares onde elas não são alheias ao assunto, e de encontrar, para falar como os astrônomos, a posição do Sol.

O abade Dubos abusa tanto dos capitulares quanto da história e das leis dos povos bárbaros. Quando assevera que os francos pagavam tributos, aplica a homens livres o que somente poderia incidir sobre os servos;[56] quando pretende falar c'a milícia deles, aplica aos servos o que somente poderia dizer respeito a homens livres.[57]

Capítulo XIII – Quais eram os encargos dos romanos e dos gauleses na monarquia dos francos

Eu poderia examinar se os romanos e os gauleses conquistados continuaram a pagar os encargos aos quais estavam sujeitos sob os imperadores. Mas, para ser mais célere, me contentarei em dizer que, se inicialmente eles os pagavam, logo foram isentos disso, e que esses tributos foram transformados em um serviço militar; e assinto que não concebo como os francos teriam inicialmente sido tão amigáveis com a cobrança abusiva de impostos para, de repente, se tornarem recalcitrantes a ela.

Um capitular de Luís, o Bonachão, nos explica muito bem o estado em que se encontravam os homens livres na monarquia dos francos.[58] Alguns bandos de godos ou de iberos, fugindo da opressão dos mouros, foram recebidos nas terras de Luís.[59] A convenção então feita com eles dispõe que,

---

56 *Estabelecimento da monarquia francesa*, t.III, cap.14, p.513; no qual ele cita o art.28 do Édito de Pistes. Vede mais adiante o Cap.18.

57 Ibid., t.III, cap.4, p.298.

58 No ano 815, cap.I. O que está em conformidade com o capitular de Carlos, o Calvo, do ano 844, art.I e 2.

59 *Pro Hispanis in partibus Aquitaniæ, Septimaniæ et Provinciæ consistentibus*. Ibid.

assim como os outros homens livres, serviriam o exército sob o comando de seu conde; que, na marcha, montariam a guarda e fariam as patrulhas[60] sob as ordens desse mesmo conde, e que dariam aos enviados do rei,[61] assim como aos embaixadores que partissem de sua corte ou fossem até ele, cavalos e carruagens para os transportes; que, além disso, não poderiam ser constrangidos a pagar outro censo, e que seriam tratados como os outros homens livres.

Não se pode dizer que esses fossem novos usos introduzidos nos primórdios da segunda dinastia; isso devia ser próprio pelo menos em meados ou ao final da primeira. Um capitular do ano 864 diz expressamente que se tratava de um antigo costume que os homens livres prestassem o serviço militar e pagassem, ademais, os cavalos e os transportes de que falamos;[62] encargos estes que lhes eram específicos, e dos quais aqueles que possuíam feudos estavam isentos, como provarei a seguir.

Isso não é tudo: havia um regulamento que não permitia submeter esses homens livres a tributos.[63] Aquele que possuísse quatro solares[64] era sempre obrigado a ir à guerra; o que tinha apenas três era colocado junto a um homem livre que tinha apenas uma; este pagava-lhe um quarto dos custos e permanecia em casa. Da mesma forma, juntavam-se dois homens livres que tinham, cada um, dois solares; aquele que fosse para a guerra era indenizado pela metade dos custos pelo outro, que ficava.

Há mais: tínhamos uma infinidade de títulos nos quais eram concedidos os privilégios de feudos às terras ou distritos possuídos por homens livres, sobre os quais falarei bastante na sequência.[65] Essas terras estavam isentas

---

60 *Excubias et explorationes quas wactas dicunt.* Ibid.

61 Não eram obrigados a dá-los ao conde. Ibid., art.5.

62 *Ut Pagenses Franci, qui caballos habent, cum suis comitibus in hostem pergant.* É proibido aos condes privá-los de seus cavalos; *ut hostem facere, et debitos paraveredos secundùm antiquam consuetudinem exsolvere possint.* Édito de Pistes, em Baluze, p.186.

63 Capitular de Carlos Magno, ano 821, cap.I. Édito de Pistes, ano 864, art.27.

64 *Quatuor mansos.* Parece-me que aquilo que se chamava *mansus* era uma certa porção de terra ligada a uma granja onde havia escravos. Assim atesta o capitular do ano 853, *apud Sylvacum*, tit.XIV, contra os que expulsavam os escravos de seu *mansus*.

65 Vede adiante o Cap.20 deste livro.

Do espírito das leis

de todos os encargos que os condes ou outros oficiais dos reis exigiam sobre elas, e, como todos esses encargos são enumerados especificamente, e como não se trata de tributos, é evidente que não eram arrecadados.

Era de se esperar que a cobrança abusiva de impostos romana decaísse por si mesma na monarquia dos francos. Tratava-se de uma arte muito complicada que não entrava nem na cabeça nem nos planos desses povos simples. Se os tártaros atualmente inundassem a Europa, seria preciso muito expediente para lhes explicar o que é, para nós, um financista.

O desconhecido autor da *Vida de Luís, o Bonachão,*[66] falando dos condes e outros oficiais da nação dos francos que Carlos Magno estabeleceu na Aquitânia, diz que ele lhes deu a guarda da fronteira, o poder militar e a intendência dos domínios que pertenciam à coroa. Isso revela a condição das receitas do príncipe na segunda dinastia. O príncipe havia conservado os domínios, que explorava por meio de seus escravos. Mas as indicções,[67] a capitação e outros impostos cobrados na época dos imperadores sobre a pessoa ou os bens dos homens livres tinham sido transformados em uma obrigação de guardar a fronteira ou de ir à guerra.

Vê-se, na mesma história,[68] que quando Luís, o Bonachão, foi encontrar seu pai na Alemanha, esse príncipe lhe perguntou como ele poderia ser tão pobre, ele, que era rei. Que Luís lhe respondeu que era rei apenas de nome, que os senhores tinham quase todos seus domínios; que Carlos Magno, temendo que esse jovem príncipe perdesse a afeição dos senhores caso ele mesmo retomasse aquilo que havia impensadamente dado, enviou comissários para restabelecer as coisas.

Os bispos, escrevendo para Luís,[69] irmão de Carlos Magno, diziam-lhe: "Tomai cuidado com vossas terras, a fim de que não sejais obrigado a viajar continuamente pelas casas eclesiásticas e a fatigar os servos deles com transportes. Fazei de modo que", assim continuam, "tenhais com o que

---

66 Em Duchesne, t.II, p.287.

67 Durante o Império Romano, a indicção era a reavaliação, feita num ciclo de quinze anos, dos tributos cobrados. (N. T.)

68 Duchesne, t.II, p.89.

69 Vede o capitular do ano 858, art.14.

Montesquieu

viver e receber as embaixadas". É notório que as receitas dos reis consistiam, então, em seus domínios.[70]

Capítulo XIV – Do que se denominava *census*

Quando os bárbaros deixaram seu país, quiseram registrar seus usos por escrito. Contudo, como encontraram dificuldade em escrever palavras germanas com letras romanas, essas leis foram redigidas em latim.

Na confusão da conquista e seus progressos, a maior parte das coisas mudaram de natureza; para exprimi-las, era necessário se valer das antigas palavras latinas que possuíssem maior proximidade com os novos usos. Assim, o que podia despertar a ideia do antigo censo dos romanos foi denominado de *census, tributum*;[71] e, quando as coisas não tinham proximidade alguma, exprimiam-se, como se podia, as palavras germanas com letras romanas: assim, formou-se a palavra *fredum*, sobre a qual falarei bastante nos capítulos seguintes.

Como as palavras *census* e *tributum* foram empregadas de maneira arbitrária, isso lançou certa obscuridade no significado que tais palavras possuíam na primeira e na segunda dinastia; os autores modernos, que tinham sistemas particulares,[72] ao encontrar essa palavra nos escritos daqueles tempos, julgaram que aquilo que se denominava *census* era precisamente o censo dos romanos. Assim, extraíram a seguinte consequência disso: que nossos reis das primeiras dinastias assumiram o lugar dos imperadores romanos e nada haviam mudado em sua administração.[73] E como certos direitos cobrados na

---

70 Cobravam ainda alguns pedágios sobre os rios quando havia uma ponte ou passagem.

71 O *census* era uma palavra tão genérica que era utilizada para exprimir os pedágios dos rios, quando havia uma ponte ou uma balsa. Vede o capitular III do ano 803, ed. de Baluze, p.395, art.I, e o capitular V do ano 819, p.616. Chamavam-se ainda por esse nome os transportes fornecidos por homens livres ao rei ou aos seus enviados, como visto no capitular de Carlos, o Calvo, ano 865, art.8.

72 O abade Dubos e aqueles que o seguiam.

73 Vede a fraqueza das razões do abade Dubos, *Estabelecimento da monarquia francesa*, t.III, Lv.VI, cap.14, sobretudo a indução que ele faz a partir de uma passagem de Gregório de Tours sobre uma contenda de sua igreja com o rei Cariberto.

Do espírito das leis

segunda dinastia foram, por certos acasos e certas modificações, convertidos em outros, concluíram disso que esses direitos eram o censo dos romanos;[74] e como, a partir dos regulamentos modernos, observaram que o domínio da coroa era absolutamente inalienável, disseram que esses direitos, que representavam o censo dos romanos, e que não constituíam uma parte desse domínio, eram puras usurpações. Nada direi das outras consequências.

Transportar para os séculos remotos todas as ideias do século no qual se vive é, dentre as fontes de erro, a mais fecunda. A essas pessoas que querem transformar em modernos todos os séculos antigos, direi aquilo que os padres do Egito disseram a Sólon: "Ó atenienses! Sois apenas crianças".[75]

Capítulo XV – Que a cobrança daquilo que se denominava *census* incidia apenas sobre os servos e não sobre os homens livres

O rei, os eclesiásticos e os senhores cobravam tributos regulados, cada um sobre os servos de seus domínios. Provo-o, a respeito do rei, pelo capitular *de Viliis*; a respeito dos clérigos, pelos códigos de leis dos bárbaros;[76] a respeito dos senhores, pelos regulamentos que Carlos Magno fez sobre a matéria.[77]

Esses tributos eram chamados de *census*: tratava-se de direitos econômicos, e não fiscais; foros unicamente privados, e não encargos públicos.

Afirmo que aquilo que se denominava de *census* era um tributo cobrado sobre os servos. Provo-o por uma fórmula de Marculfo, que contém uma permissão do rei para que alguém se tornasse clérigo, desde que fosse ingênuo e não fosse inscrito no registro do censo.[78] Provo-o, ademais, por uma dada por Carlos Magno a um conde enviado para as regiões da Saxônia:[79]

---

74 Por exemplo, pelas libertações.

75 Platão, *Timeu*, 23c. (N. T.)

76 Lei dos Alemães [*Leges Alamannorum*], cap.XXII; e a Lei dos Bávaros [*Lex Baiuvariorum*], tit.I, cap.14, onde se encontram os regulamentos que os eclesiásticos fizeram acerca de sua condição.

77 Lv.V dos capitulares, cap.303.

78 *Si ille de capite suo bene ingenuus sit, et in Puletico publico censitus non est.* Lv.I, form.XIX.

79 Do ano 789, ed. dos capitulares de Baluze, t.I, p.250.

ela contém a libertação dos saxões, por terem abraçado o cristianismo, e é propriamente uma carta de ingenuidade.[80] Esse príncipe restituiu-lhes sua liberdade civil inicial e os isentou de pagar o censo.[81] Assim, ser servo e pagar o censo era a mesma coisa, assim como o era ser livre e não o pagar.

Por uma espécie de cartas-patentes do mesmo príncipe em favor dos espanhóis que haviam sido acolhidos na monarquia,[82] foi proibido aos condes exigir deles qualquer censo e de tomar-lhes as terras. Sabe-se que os estrangeiros que chegavam à França eram tratados como servos, e Carlos Magno, desejando que fossem vistos como homens livres, porque queria que tivessem a propriedade de suas terras, proibia que o censo fosse exigido deles.

Um capitular[83] de Carlos, o Calvo, outorgado em favor dos mesmos espanhóis, dispõe que sejam tratados como se tratavam os outros francos, e proíbe que se exija deles o censo: portanto, os homens livres não o pagavam.

O artigo 30 do Édito de Pistes reforma o abuso pelo qual diversos colonos do rei ou da Igreja vendiam as terras dependentes de seus solares para os eclesiásticos ou para pessoas de sua condição, e que mantivessem para si apenas um casebre, de modo que não mais podiam pagar o censo; e o édito então ordenou que as coisas voltassem ao seu estado inicial: o censo era, pois, um tributo de escravos.

Disso ainda resulta que não havia censo geral na monarquia, e isso se torna claro por um grande número de textos. Afinal, o que significaria este capitular:[84] "Queremos que o censo real seja exigido em todos os lugares onde outrora era exigido legitimamente"?[85] O que quer dizer daquele[86] no qual Carlos Magno ordena a seus enviados às províncias que fizessem uma busca

---

80 *Et ut ista Ingenuitatis pagina firma stabilisque consistat.* Ibid. [Sobre a *ingenuidade*, cf. notas do tradutor em Lv.X, Cap.3, e Lv.XIV, Cap.14. (N. T.)]

81 *Pristinæque libertati donatos, et omni nobis debito Censu solutos.* Ibid.

82 *Præceptum pro Hispanis*, ano 812, ed. de Baluze, t.I, p.500.

83 Do ano 844, ed. de Baluze, t.II, art.1 e 2, p.27.

84 Capitular III, do ano 805, art.20 e 22, inserido na coletânea de Anzegise, Lv.III, art.15. Isso está em conformidade com o de Carlos, o Calvo, do ano 854, *apud Attinacum*, art.6.

85 *Undecumque legitime exigebatur.* Ibid.

86 Do ano 812, art.10 e 11, ed. de Baluze, t.I, p.498.

Do espírito das leis

exata de todos os censos que tinham antigamente sido do domínio do rei,[87] e daquele[88] em que se dispõe sobre os censos pagos por aqueles dos quais era exigido?[89] Que significado dar para aquele outro[90] no qual se lê: "Se alguém adquiriu uma terra tributável sobre a qual tínhamos o costume de cobrar o censo"?[91] Ou, enfim, esse outro[92] em que Carlos, o Calvo, fala das terras censuais,[93] cujo censo havia pertencido ao rei desde as épocas mais remotas?

Observai que há alguns textos que inicialmente parecem contrários ao que eu disse, e que, no entanto, o confirmam. Vimos precedentemente que os homens livres na monarquia eram obrigados apenas a se encarregar de certos transportes. O capitular que acabo de citar chama isso de *census* e opõe-no ao censo que era pago pelos servos.[94]

Ademais, o Édito de Pistes[95] fala de homens francos que deviam pagar o censo real por cabeça e por seus casebres, e que venderam a si mesmos durante a fome.[96] O rei desejava que fossem recomprados. Isso porque aqueles que foram libertos pelas cartas do rei[97] comumente não adquiriam uma liberdade plena e integral,[98] mas pagavam o *censum in capite*; e, no caso, a referência diz respeito a essa espécie de pessoas.

É necessário, portanto, desfazer-se da ideia de um censo geral e universal, derivado da polícia dos romanos, do qual se supõe que também derivavam, por meio de usurpações, os direitos dos senhores. O que se denominava

---

87 *Undecumque antiquitus ad partem regis venire solebant.* Capitular do de ano 812, art.10 e 11.

88 Do ano 813, art.6, ed. de Baluze, t.I, p.508.

89 *De illis unde censa exigunt.* Capitular do ano 813, art.6.

90 Lv.VI dos *Capitulares*, art.37, e apensado às leis dos lombardos.

91 *Si quis terram tributariam, unde census ad partem nostram exire solebat, susceperit.* Lv.VI dos *Capitulares*, art.37.

92 Do ano 805, art.8.

93 *Unde census ad partem regis exivit antiquitus.* Capitular do ano 805, art.8.

94 *Censibus vel paraveredis quos franci homines ad regiam potestatem exsolvere debent.*

95 Do ano 864, art.34, ed. de Baluze, p.192.

96 *De illis francis hominibus qui censum regium de suo capite et de suis recellis debeant.* Ibid.

97 O artigo 28 do mesmo édito explica muito bem tudo isso. Ele faz uma distinção entre o liberto romano e o liberto franco, e com isso vemos que o censo não era geral. Lê-lo é imprescindível.

98 Como revelado por um capitular de Carlos Magno, do ano 813, já citado.

de *censo* na monarquia francesa, independentemente do abuso que foi feito dessa palavra, era um direito particular cobrado pelos senhores sobre os servos.

Rogo ao leitor que me perdoe pelo tédio mortal que tantas citações devem estar lhe causando: eu seria mais breve caso tivesse diante de mim o livro do *Estabelecimento da monarquia francesa nas Gálias*, do abade Dubos. Nada faz recuar tanto o progresso dos conhecimentos quanto uma obra ruim feita por um autor célebre, porque, antes de instruir, faz-se necessário desfazer os erros.

Capítulo XVI – Dos leudes ou vassalos

Falei dos voluntários que, entre os germanos, acompanhavam os príncipes em suas empreitadas. O mesmo uso foi conservado após a conquista. Tácito os designa pelo nome de "companheiros";[99] a Lei Sálica, pelo de homens sob a fidelidade do rei;[100] as fórmulas de Marculfo,[101] pelo de antrustiões do rei;[102] nossos primeiros historiadores, pelo de leudes, de fiéis;[103] e os seguintes pelo de vassalos e senhores.[104]

Nas leis sálicas e ripuárias encontra-se uma quantidade infinita de disposições para os francos e algumas somente para os antrustiões.[105] As disposições sobre esses antrustiões são diferentes das feitas para os outros francos. Nelas, por toda parte os bens dos francos são regulamentados e nada é dito sobre os bens dos antrustiões: isso ocorre porque os bens destes se regulavam mais pela lei política do que pela lei civil, e porque eram uma espécie de pecúlio do exército, e não o patrimônio de uma família.

---

99 *Comites. De moribus Germanorum*, cap.13.

100 *Qui sunt in truste regis*, tit.XLIV, art.4.

101 Lv.I, form.XVIII.

102 Da palavra *trew*, que entre os alemães significa *fiel* e entre os ingleses *true*, isto é, *verdadeiro*.

103 *Leudes, fideles*.

104 *Vassali, seniores*.

105 Um vassalo do rei. Cf. Lv.XXX, Cap.25. (N. T.)

Os bens reservados para os leudes foram chamados de bens fiscais,[106] benefícios, honras, feudos, segundo diversos autores e diversas épocas.

Não se pode duvidar que inicialmente os feudos não fossem amovíveis.[107] Vê-se, em Gregório de Tours,[108] que tomaram de Sunegisilo e Gallomagnus tudo o que deviam ao fisco, sendo-lhes deixado somente aquilo que tinham como propriedade. Gontrão, elevando ao trono seu sobrinho Quildeberto, realizou uma conferência secreta com ele, indicando-lhe para quem deveria dar os feudos e de quem deveria confiscá-los.[109] Em uma fórmula de Marculfo,[110] o rei dá em troca não somente os benefícios que seu fisco possuía, mas também os que um outro havia possuído. A Lei dos Lombardos opõe os benefícios à propriedade.[111] Os historiadores, as fórmulas, os códigos dos diferentes povos bárbaros, todos os registros que nos restam são unânimes. Enfim, aqueles que escreveram o *Livro dos feudos*[112] nos ensinam que, inicialmente, os senhores puderam confiscar os feudos a seu bel-prazer; que posteriormente os asseguravam por um ano;[113] e que, subsequentemente, os deram vitaliciamente.

Capítulo XVII – Do serviço militar dos homens livres

Duas espécies de pessoas eram compelidas a prestar serviço militar: os leudes vassalos ou subvassalos, que eram obrigados a fazê-lo em conse-

---

106 *Fiscalia*. Vede a fórmula XIV de Marculfo, Lv.I. Na vida de São Mauro, diz-se *dedit fiscum unum*; e nos *Anais de Metz*, sobre o ano 747, *dedit illi comitatus et fiscos plurimos*. Os bens destinados à manutenção da família real eram chamados de *regalia*.

107 Vede o Lv.I, tit.I, *De feudis* e Cujas sobre esse livro. [Jacques Cujas (1522-1590), jurisconsulto francês, figura importante do humanismo jurídico. (N. T.)]

108 [*História dos francos*] Lv.IX, cap.38.

109 *Quos honoraret muneribus, quos ab honore depelleret*. Ibid., Lv.VII.

110 *Vel reliquis quibuscumque beneficiis, quodcumque ille, vel Fiscus noster, in ipsis locis tenuisse noscitur*. Lv.I, form.XXX.

111 [*Leges Langobardorum*] Lv.III, tit.VIII, §3º.

112 [Jacques Cujas] *Libri Feudorum*, Lv.I, tit.I.

113 Era uma espécie de posse precária que o senhor renovava ou não no ano subsequente, como observou Cujas.

quência de seu feudo; e os homens livres, francos, romanos e gauleses, que serviam sob o comando do conde, e eram liderados por ele e seus oficiais.

Eram chamados de homens livres aqueles que, de um lado, não tinham benefícios ou feudos, e que, de outro, não estavam submetidos à servidão da gleba. As terras que possuíam eram o que se chamava de terras alodiais.

Os condes reuniam os homens livres e os conduziam à guerra:[114] tinham sob seu comando oficiais chamados de *vicários*;[115] e, como todos os homens livres eram divididos em *centenas*, que formavam o que era chamado de *burgo*, os condes tinham ainda sob seu comando oficiais que eram chamados de *centenários*, que lideravam os homens livres do burgo, ou suas centenas, para a guerra.[116]

Essa divisão por centenas é posterior ao estabelecimento dos francos na Gália. Ela foi feita por Clotário e Quildeberto, tendo em vista obrigar cada distrito a responder pelos roubos que poderiam ser ali cometidos: vê-se isso nos decretos desses príncipes.[117] Semelhante polícia ainda hoje é observada na Inglaterra.

Assim como os condes lideravam os homens livres para a guerra, os leudes também lideravam para ela seus vassalos ou subvassalos, e os bispos, abades ou seus advogados,[118] lideravam os seus.[119]

Os bispos estavam muito desordenados: eles próprios não entravam em acordo sobre seus afazeres.[120] Requereram a Carlos Magno que não fossem mais obrigados a ir para a guerra, e, quando seu pedido foi atendido, quei-

---

114 Vede o capitular de Carlos Magno, do ano 812, art.3 e 4, ed. de Baluze, t.I, p.491; e o Édito de Pistes, ano 864, art.26, t.II, p.186.

115 *Et habeat unusquisque comes vicarios et centenarios secum.* Lv.II dos *Capitulares*, art.28.

116 Denominavam-se *compagenses*. [Durante as dinastias carolíngia e merovíngia, as *centenas* eram jurisdições que se encontravam sob a administração do *centenarius*, um oficial que assumia a função de conde ou similar. Cf. nota do tradutor em Lv.XVIII, Cap.28 e mais adiante neste mesmo livro, Cap.18. (N. T.)]

117 Dados por volta do ano 595, art.I. Vede os *Capitulares*, ed. de Baluze, p.20. Esses regulamentos foram sem dúvidas feitos em concerto.

118 *Advocati.*

119 Capitular de Carlos Magno, ano 812, art.I e 5, ed. de Baluze, t.I, p.490.

120 Vede o capitular do ano 803, dado em Worms, ed. de Baluze, p.408 e 410.

Do espírito das leis

xaram-se de que isso os fazia perder a consideração pública: esse príncipe foi então obrigado a justificar suas intenções a esse respeito. Seja como for, nos tempos em que não foram mais para a guerra, não vejo que seus vassalos tenham sido levados à batalha pelos condes; vê-se, ao contrário, que os reis ou bispos escolhiam um dos fiéis para conduzi-los a ela.[121]

Em um capitular de Luís, o Bonachão,[122] o rei distingue três espécies de vassalos: do rei, dos bispos, dos condes. Os vassalos de um leude[123] ou senhor apenas eram levados para a guerra pelo conde quando algum expediente na casa do rei impedia que esses próprios leudes assim o fizessem.

Mas quem conduzia os leudes à guerra? Indubitavelmente era o rei, que estava sempre à frente de seus fiéis. É por isso que, nos capitulares, vê-se sempre uma oposição entre os vassalos do rei e os dos bispos.[124] Nossos reis, corajosos, altivos e magnânimos, não participavam do exército para se colocar à frente dessa milícia eclesiástica; não eram essas as pessoas que escolhiam para vencer ou morrer com eles.

Mas esses leudes também conduziam seus vassalos e subvassalos, e isso é bem evidente pelo capitular[125] no qual Carlos Magno ordena que todo homem livre que tiver quatro solares, seja em sua própria propriedade, seja em benefício de outra pessoa, lute contra o inimigo ou siga seu senhor. É visível que Carlos Magno quis dizer que aquele que tivesse somente uma terra como sua propriedade entrava na milícia do conde, e que aquele que tivesse um benefício do senhor partia com ele.

---

121 Capitular de Worms, ano 803, ed. de Baluze, p.409; e o concílio do ano 845, sob Carlos, o Calvo, *in Verno palatio*, ed. de Baluze, t.II, p.17, art.18.

122 *Capitular quintum anni 819*, art.27, ed. de Baluze, p.618.

123 *De Vassis Dominicis qui adhuc intra casam serviunt, et tamen Beneficia habere noscuntur, statutum est ut quicumque ex eis cum Domno Imperatore domi remanserint, Vassallos suos casatos secum non retineant; sed cum Comite, cujus pagenses sunt, ire permittant.* Capitular IX, do ano 812, art.7, ed. de Baluze, t.I, p.494.

124 Capitular I do ano 812, art.5. *De hominibus nostris, et episcoporum et abbatum qui vel beneficia vel talia propria habent* etc., ed. de Baluze, t.I, p.490.

125 Do ano 812, cap.I, ed. de Baluze, p.490. *Ut omnis homo liber qui quatuor mansos vestitos de proprio suo, sive de alicujus beneficio habet, ipse se præparet, et ipse in hostem pergat, sive cum seniore suo.*

Entretanto, o abade Dubos[126] sustenta que os capitulares, ao mencionar homens dependentes de um senhor particular, referem-se unicamente aos servos, e ele se baseia na Lei dos Visigodos e na prática desse povo. Seria melhor se basear nos próprios capitulares. Aquele que acabo de citar diz expressamente o contrário. O tratado entre Carlos, o Calvo, e seus irmãos, fala também de homens livres que podem escolher entre um senhor ou o rei, e essa disposição está em conformidade com muitas outras.

Portanto, pode-se dizer que havia três espécies de milícias: a dos leudes ou fiéis do rei, que tinham eles próprios outros fiéis sob sua dependência; a dos bispos ou outros eclesiásticos e de seus vassalos; e, enfim, a do conde, que liderava os homens livres.

Não afirmo que os vassalos não pudessem ser submetidos ao conde, assim como aqueles que possuem um comando específico subordinam-se àqueles que têm um comando mais geral.

Percebemos até mesmo que o conde e os emissários do rei poderiam fazê-los pagar o *ban*, isto é, uma multa, quando não tivessem cumprido os compromissos de seu feudo.

Da mesma forma, se os vassalos do rei perpetravam rapinas,[127] eram submetidos a uma correção do conde, a não ser que preferissem se submeter à correção do rei.

Capítulo XVIII – Do duplo serviço

Era um princípio fundamental da monarquia que aqueles que estivessem sob o poder militar de alguém também estivessem sob sua jurisdição civil. O capitular[128] de Luís, o Bonachão, do ano 815, também faz com que caminhem juntos o poder militar do conde e sua jurisdição civil sobre os homens livres. Igualmente, as sessões[129] do conde, que conduziam os homens livres à guerra, eram chamadas de sessões dos homens livres,[130] donde sem

---

126 *Estabelecimento da monarquia francesa*, t.III, Lv.VI, cap.4, p.299.

127 Capitular do ano 882, art.11, *apud Vernis palatium*, ed. de Baluze, t.II, p.17.

128 Art.1 e 2, e o concílio *in Verno palatio*, do ano 845, art.8, ed. de Baluze, t.II, p.17.

129 Sessões ou audiências. [Cf. nota do tradutor no Lv.XVIII, Cap.28. (N. T.)]

130 *Capitulares*, Lv.IV da coleção de Anzegise, art.57; e o capitular V de Luís, o Bonachão, do ano 819, art.14, ed. de Baluze, t.I, p.615.

Do espírito das leis

dúvida resultou esta máxima: que apenas nas sessões do conde, e não nas de seus oficiais, as questões sobre a liberdade podiam ser julgadas. O conde também não levava para a guerra os vassalos dos bispos ou abades,[131] porque eles não se encontravam sob sua jurisdição civil; também não levava os subvassalos dos leudes. O glossário dos ingleses[132] também nos informa[133] que aqueles denominados de *coples*[134] pelos saxões foram denominados de *comtes* ou *companheiros* pelos normandos, porque compartilhavam com o rei as multas judiciárias: igualmente, vemos, em todas as épocas, que a obrigação de qualquer vassalo para com seu senhor[135] era a de carregar as armas e julgar seus pares em sua corte.[136]

Uma das razões que vinculava dessa forma esse direito de justiça ao direito de conduzir à guerra era que aquele que conduzia à guerra fazia também que se pagassem os direitos do fisco, que consistiam em alguns serviços de transporte devidos pelos homens livres e, em geral, em certos proventos judiciários sobre os quais falarei adiante.

Os senhores tiveram o direito de aplicar a justiça em seu feudo pelo mesmo princípio que fez com que os condes tivessem o direito de aplicá-la em seu condado; e, a bem dizer, os condes, com as transformações ocorridas nas diversas épocas, sempre acompanharam as mudanças ocorridas nos feudos: uns e outros eram governados pelo mesmo plano e pelas mesmas ideias. Em poucas palavras, em seus condados, os condes eram leudes; os leudes, em suas senhorias, eram condes.

Foram concebidas ideias incorretas quando consideraram os condes como oficiais de justiça e os duques como oficiais militares. Uns e outros

---

131 Vede, no capítulo anterior, as notas sobre o capitular de Carlos Magno [ano 812] e o capitular I [ano 812].

132 Encontrado na coletânea de William Lambarde, *De priscis Anglorum legibus* [*Archainomia*]. [William Lambarde (1536-1601), antiquário inglês, autor de *Archainomia* (1568). (N. T.)]

133 No termo *satrapia*.

134 Conforme se vê no glossário de Lambarde disponível da Gallica e nas anotações de outras edições, a palavra é, na verdade, *eorles* – e não *coples* –, que se encontra na etimologia do termo *earl*. (N. T.)

135 Os *Assizes de Jerusalém*, cap.221 e 222, explicam isso muito bem.

136 Os advogados da Igreja (*advocati*) estavam igualmente à frente de seus pleitos e de sua milícia.

eram igualmente oficiais militares e civis:[137] a diferença toda consistia em que o duque tinha sob sua dependência diversos condes, ainda que houvesse condes que não estivessem sob a dependência de duques, como nos ensina Fredegário.[138]

Crer-se-á, talvez, que o governo dos francos então era muito rigoroso, porque os mesmos oficiais tinham simultaneamente sobre os súditos o poder militar e o poder civil, e até mesmo o poder fiscal: coisa que, nos livros precedentes, afirmei ser uma das marcas distintivas do despotismo.

Mas não se deve pensar que os condes julgassem sozinhos e aplicassem a justiça como os paxás a aplicam na Turquia:[139] eles constituíam, para julgar as causas, espécies de sessões ou audiências, nas quais os notáveis eram convocados.[140]

Para que se possa compreender bem o que diz respeito aos julgamentos nas fórmulas, nas leis dos bárbaros e nos capitulares, direi que as funções do conde, do *graf* e do centenário eram as mesmas;[141] que os juízes, os rachimburgos e os escabinos eram, sob diferentes nomes, as mesmas pessoas.[142] Eram os adjuntos do conde, comumente em número de sete; e, como não deveria haver menos de doze pessoas para realizar um julgamento,[143] esse número era preenchido pelos notáveis.[144]

Mas, quem quer que detivesse a jurisdição, o rei, o conde, o *graf*, o centenário, os senhores, os eclesiásticos, eles nunca julgavam sozinhos: e esse

---

137 Vede a fórmula VIII de Marculfo, Lv.I, que contém as cartas dadas a um duque, patrício ou conde, que lhes outorgava a jurisdição civil e a administração fiscal.

138 *Crônica*, cap.78, sobre o ano 636.

139 Vede Gregório de Tours [*História dos francos*], Lv.V, *ad annum 580*.

140 *Mallum*.

141 Acrescentai a isso o que eu disse no Livro XXVIII, Cap.28 e ao Livro XXXI, Cap.8.

142 O *graf* equivalia, entre os germanos, ao título de conde. Os *rachimburgos* eram subordinados ao conde. Sobre os escabinos e centerários, cf. notas do tradutor no Lv.XVIII, Cap.28 e anteriormente neste mesmo livro, Cap.27. (N. T.)

143 Sobre tudo isso, vede os capitulares de Luís, o Bonachão, acrescentados à Lei Sálica, art.2, e a fórmula dos julgamentos, outorgada por Du Cange, na entrada *boni homines*.

144 *Per bonos homines*. Algumas vezes havia penas notáveis. Vede o *Apêndice às fórmulas*, de Marculfo, cap.51.

Do espírito das leis

uso, que extraía sua origem das florestas da Germânia, manteve-se mesmo quando os feudos adquiriram uma nova forma.

Quanto ao poder fiscal, era tal que o conde não podia abusar dele. Os direitos do príncipe a respeito dos homens livres eram tão simples que somente consistiam, como eu já disse, em certos transportes exigidos em certas ocasiões públicas;[145] e, quanto aos direitos judiciários, havia leis que preveniam as malversações.[146]

Capítulo XIX – Da composição entre os povos bárbaros

Como é impossível adentrar em nosso direito político se não conhecermos perfeitamente as leis e os costumes dos povos germanos, deter-me-ei durante um instante em um estudo desses costumes e dessas leis.

Tácito revela que os germanos apenas conheciam dois crimes capitais: enforcavam os traidores e afogavam os poltrões. Ambos eram, entre eles, os únicos crimes públicos. Quando um homem cometesse algum malfeito a um outro, os parentes da pessoa ofendida ou lesada ingressavam na querela; a raiva, então, se apaziguava por uma satisfação.[147] Essa satisfação concernia àquele que tinha sido ofendido, se pudesse aceitá-la, e aos parentes, se a injúria ou o mal perpetrado fosse comum a ambos, ou se, pela morte daquele que havia sido ofendido ou lesado, a compensação lhes fosse transferida.

Da maneira pela qual Tácito fala, essas compensações eram transacionadas por uma convenção recíproca entre as partes. Da mesma forma, nos códigos dos povos bárbaros, essas compensações chamavam-se composições.

---

145 E alguns pedágios sobre os rios, sobre os quais já falei [cf. Lv.XXX, Cap.13, última nota].

146 Vede a Lei dos Ripuários, tit.LXXXIX; e a Lei dos Lombardos, Lv.II, tit.LII, §9º.

147 *Suscipere tam inimicitias, seu patris seu propinqui, quam amicitias necesse est: nec implacabiles durant; luitur enim etiam homicidium certo armentorum ac pecorum numero, recipitque satisfactionem universa domus* ["É um dever entre eles adotar tanto as contendas como a amizade de um pai ou seus parentes. Entretanto, essas contendas não são insuperáveis: mesmo o homicídio é expiado pelo pagamento de um certo número de vacas ou ovelhas, e a satisfação é aceita pela família inteira"]. Tácito, *De moribus germanorum* [cap.21].

Somente na Lei dos Frísios vejo que se tenha deixado o povo em uma situação na qual cada família inimiga se encontrava, por assim dizer, no estado de natureza,[148] e onde, sem restrição imposta por alguma lei política ou civil, podia a seu bel-prazer exercer sua vingança, até que estivesse satisfeita. Essa mesma lei foi moderada: estabeleceu-se que aquele cuja vida fora sentenciada teria paz em sua casa, ao ir e vir da igreja ou no lugar no qual se realizavam os julgamentos.[149]

Os compiladores das leis sálicas citam um antigo uso dos francos pelo qual a pessoa que houvesse exumado um cadáver para espoliá-lo era banida da sociedade dos homens, até que os parentes consentissem com seu regresso;[150] e como antes dessa época era proibido a todos, mesmo à esposa dessa pessoa, dar-lhe pão ou abrigá-lo em sua casa, um tal homem se encontrava, relativamente aos outros e os outros relativamente a ele, no estado de natureza, até que esse estado tivesse cessado pela composição.

Excetuada essa questão, vê-se que os sábios das diversas nações bárbaras consideraram executar por si mesmos o que era demasiado longo e perigoso aguardar pela convenção recíproca das partes. Dedicaram-se a colocar um preço justo na composição a ser paga por aquele que tivesse cometido algum mal ou injúria. Todas essas leis bárbaras possuem, sobre esse ponto, uma precisão admirável: nelas os casos são distinguidos com fineza, pesam-se as circunstâncias;[151] a lei se põe no lugar daquele que foi ofendido e pede para ele uma satisfação que, em um momento de sangue-frio, teria ele próprio pedido.

Foi pelo estabelecimento dessas leis que os povos germanos saíram desse estado de natureza, condição na qual aparentemente ainda se encontravam na época de Tácito.

Rotário declarou, na Lei dos Lombardos, que havia aumentado as composições que o costume antigo havia fixado para os ferimentos, a fim de

---

148 Vede essa lei, tit.II, sobre os assassinatos; e o acréscimo de Wulemar sobre os roubos.

149 *Addito sapientum*, tit.I, §1º.

150 Lei Sálica, tit.LVIII, §1º; tit.XVII, §3º.

151 Vede sobretudo os títulos III-VII da Lei Sálica, que versam sobre os furtos de animais.

Do espírito das leis

que, estando satisfeito o ferido, as inimizades pudessem cessar.[152] De fato, como os lombardos, povo pobre, haviam se enriquecido com a conquista da Itália, as composições antigas tornaram-se frívolas, e as reconciliações não mais aconteciam. Não duvido que essa consideração tenha obrigado os outros chefes das nações conquistadoras a fazer os diversos códigos de leis que vemos atualmente.

A composição principal era que o assassino deveria pagar aos parentes do morto. A diferença das condições refletia uma diferença nas composições: assim, na Lei dos Anglos, a composição era de seiscentos soldos pela morte de um atelingo,[153] de duzentos pela de um homem livre e de trinta pela de um servo. O montante da composição fixado sobre a cabeça de um homem constituía, então, uma de suas grandes prerrogativas, pois, além da distinção que ela fazia de sua pessoa, garantia para esta, entre as nações violentas, uma maior segurança.

A Lei dos Bávaros nos faz perceber bem isso:[154] ela dá o nome das famílias bávaras que recebem uma composição em dobro, porque eram as primeiras depois dos agilolfingos.[155] Os agilolfingos eram uma dinastia ducal, e o duque era escolhido entre eles; possuíam uma composição quádrupla. A composição para o duque excedia em um terço a que era fixada para os agilolfingos. "Porque ele é duque", diz a lei, "prestar-lhe-emos uma honra maior do que a seus parentes".

Todas essas composições eram fixadas em dinheiro. Mas, como esses povos, sobretudo durante o período em que se mantiveram na Germânia, mal tinham dinheiro, podia-se pagar com gado, grãos, móveis, armas, cachorros, aves de caça, terras etc.[156] Frequentemente, a própria lei fixava o

---

152 [*Leges Langobardorum*] Lv.I, tit.VII, §15.

153 Vede a Lei dos Anglos, tit.I, §1º, 2º e 4º; ibid., tit.V, §6º; a Lei dos Bávaros, tit.I, cap.8 e 9; e a Lei dos Frísios, tit.XV. [Um atelingo era, entre os anglo-saxões, um membro da dinastia real ou de família nobre. (N. T.)]

154 [*Lex Baiuvariorum*] tit.II, cap.20.

155 Hozidra, Ozza, Sagana, Hailingua, Anniena. Ibid.

156 Assim, a Lei de Ina estimava a vida por uma certa quantia em dinheiro ou uma certa porção de terra. *Leges Inæ regis*, tit. *De Villico regio. De priscis Anglorum Legibus*. Cambridge, 1644.

valor dessas coisas,[157] o que explica como, com tão pouco dinheiro, tantas penas pecuniárias eram estabelecidas entre eles.

Portanto, essas leis dedicaram-se a determinar com precisão as diferenças dos males, das injúrias, dos crimes, com a finalidade de que cada um conhecesse com justeza o grau em que havia sido lesado ou ofendido; que soubesse exatamente a reparação que devia receber e, sobretudo, que não deveria esperar receber nada mais.

Desse ponto de vista, percebe-se que aquele que se vingava após ter recebido a satisfação cometia um grande crime. Esse crime continha tanto uma ofensa pública quanto uma ofensa particular: tratava-se de um desprezo para com a própria lei. Eis o crime que os legisladores não deixaram de punir.[158]

Havia um outro crime que foi sobretudo visto como perigoso, quando os povos perderam no governo civil alguma coisa de seu espírito de independência[159] e quando os reis se dedicaram a introduzir uma melhor polícia no Estado: o crime de não querer pagar ou receber a satisfação. Vemos, nos diversos códigos das leis bárbaras, que os legisladores obrigavam o cumprimento disto.[160] De fato, aquele que se recusava a receber a satisfação, queria conservar seu direito de vingança, e aquele que se recusasse a cumpri-la deixava ao ofendido seu direito de vingança: foi isso que as pessoas sábias reformaram nas instituições dos germanos, que convidavam à composição, mas não a tornavam obrigatória.

---

157 Vede a Lei dos Saxões, que faz essa mesma fixação para diversas pessoas, cap.8. Vede também a Lei dos Ripuários, tit.XXXVI, §11; a Lei dos Bávaros, tit.I, §10 e 11. *Si auram non habet, donet aliam pecuniam, mancipiam, terram etc.* ["Se não tiver ouro, então dará por seus rebanhos, escravos, terras etc."].

158 Vede a Lei dos Lombardos, Lv.I, tit.XXV, §21; ibid., Lv.I, tit.IX, §8º e 34; ibid., §38; e o capitular de Carlos Magno, do ano 802, cap.32, contendo uma instrução dada àqueles que ele enviou para as províncias.

159 Vede em Gregório de Tours [*História dos francos*], Lv.VII, cap.47, o detalhe de um processo no qual uma parte perde a metade da composição que lhe havia sido adjudicada, por ter feito justiça com as próprias mãos no lugar de receber a satisfação, a despeito de qualquer excesso que tivesse sofrido depois.

160 Vede a Lei dos Saxões, cap.3, §4º; a Lei dos Lombardos, Lv.I, tit.XXXVII, §1º e 2º; e a Lei dos Alemães, tit.XLV, §1º e 2º. Essa última lei permitia fazer justiça com as próprias mãos, no local e imediatamente. Vede também os capitulares de Carlos Magno, do ano 779, cap.22; do ano 802, cap.31; e, do mesmo, do ano 805, cap.5.

Acabo de falar de um texto da Lei Sálica na qual o legislador dava liberdade ao ofendido de receber ou não receber a satisfação: trata-se da lei que proibia a convivência com os outros homens aquele que tivesse espoliado um cadáver,[161] até que os parentes, aceitando a satisfação, consentissem que ele pudesse voltar a viver entre os homens. O respeito pelas coisas santas fez com que aqueles que redigiram as leis sálicas não tocassem no antigo uso.

Teria sido injusto conceder uma composição aos parentes de um ladrão morto na ação do roubo, ou aos de uma mulher devolvida à família após uma separação por crime de adultério. A Lei dos Bávaros não oferecia composição em semelhantes casos, e punia os parentes que recorriam à vingança por isso.[162]

Não é raro encontrar nos códigos das leis dos bárbaros composições para as ações involuntárias. A Lei dos Lombardos é quase sempre sensata: ela dispõe que, nesse caso, a composição se fundasse na generosidade, e que os parentes não pudessem mais buscar vingança.[163]

Clotário II fez um decreto muito sábio: proibiu àquele que tivesse sido roubado que recebesse sua composição em segredo e sem uma ordenança do juiz.[164] Muito em breve veremos os motivos dessa lei.

Capítulo XX – Daquilo que desde então se denomina justiça dos senhores

Além da composição cujo pagamento era devido aos parentes em casos de assassinatos, malfeitos e injúrias, era ainda necessário pagar um certo direito que os códigos das leis dos bárbaros denominam de *fredum*.[165] Falarei

---

161 Os compiladores das leis dos ripuários pareciam ter modificado isso. Vede o título LXXXV dessas leis [*Lex Ripuaria*].

162 Vede o decreto de Tassilão, *De popularibus legibus*, art.3, 4, 10, 16, 19; a Lei dos Anglos, tit.VII, §4º.

163 [*Leges Langobardorum*] Lv.I, tit.IX, §4º.

164 *Pactus pro tenore pacis inter Childebertum et Clotarium, anno 593*; e *decretio Clotarii II regis, circa annum 595*, cap.11.

165 Quando a lei não o fixava, ele constituía comumente um terço do montante dado para a composição, como se vê na Lei dos Ripuários, cap.89, que é explicado pelo terceiro capitular do ano 813, ed. de Baluze, t.I, p.512.

bastante sobre ele, e, para dar uma ideia do assunto, direi que se trata da recompensa pela proteção dada contra o direito de vingança. Ainda hoje, na língua sueca, *fred* significa "paz".

Entre essas nações violentas, aplicar a justiça não era outra coisa senão conceder àquele que havia cometido uma ofensa uma proteção contra a vingança daquele que a havia recebido, e obrigar este último a receber a satisfação que lhe era devida: de modo que, entre os germanos, diferentemente de todos os outros povos, a justiça era aplicada para proteger o criminoso contra a pessoa que ele tinha ofendido.

Os códigos das leis dos bárbaros nos oferecem os casos nos quais esses *freda* deviam ser exigidos. Naqueles em que os parentes não podiam exercer a vingança, não estipulavam nenhum *fredum*: de fato, nas situações em que não houvesse vingança não poderia haver direito de proteção contra a vingança. Assim, na Lei dos Lombardos,[166] se alguém fortuitamente matava um homem livre, pagava o valor do homem morto, sem o *fredum*, porque, tendo-o matado involuntariamente, não era o caso de exercer o direito de vingança por parte dos parentes. Assim, na Lei dos Ripuários,[167] quando um homem fosse morto por um pedaço de madeira ou por um instrumento feito por mãos humanas, presumia-se que o instrumento ou a madeira eram culpados, e os parentes se apropriavam destes para seu uso, sem poder exigir o *fredum*.

Da mesma forma, quando um animal tivesse matado um homem,[168] a lei estabelecia uma composição sem o *fredum*, porque os parentes do morto não haviam sido ofendidos.

Enfim, pela Lei Sálica,[169] uma criança que tivesse cometido algum malfeito antes de completar doze anos pagava a composição sem o *fredum*. Como ela ainda não podia portar armas, não se tratava de um caso em que a parte lesada ou seus parentes pudessem exigir a vingança.

---

166 [*Leges Langobardorum*] Lv.I, tit.IX, §17, ed. de Lindembrock.

167 [*Lex Ripuaria*] tit.LXX.

168 [*Lex Ripuaria*] tit.XLVI. Vede também a Lei dos Lombardos, Lv.I, cap.21, §3º, ed. de Lindembrock: *Si caballus cum pede* etc.

169 [*Lex Salica*] tit.XXVIII, §6º.

Do espírito das leis

Era o culpado que pagava o *fredum*, para a paz e a segurança que perdera pelos excessos que havia cometido e para que pudesse recobrá-las através da proteção. Entretanto, uma criança não perdia essa segurança: ela não era um homem e não podia ser expulsa da sociedade dos homens.

Esse *fredum* era um direito local para a pessoa que julgasse no território.[170] A Lei dos Ripuários[171] lhe proibia, no entanto, que ela mesmo o exigisse; a lei dispunha que a parte que havia obtido o ganho de causa o recebesse e o apresentasse ao fisco, para que a paz, como assim diz a lei, fosse eterna entre os ripuários.

O montante do *fredum* era proporcional à magnitude da proteção:[172] assim, o *fredum* para a proteção do rei era maior do que aquele concedido para a proteção do conde e dos outros juízes.

Já vejo nascer a justiça dos senhores. Os feudos compreendiam vastos territórios, como uma infinidade de registros nos releva. Já provei que os reis não cobravam nada sobre as terras que pertenciam à partilha dos francos, e muito menos reservavam para si direitos sobre os feudos. Os que obtinham os feudos desfrutaram, a esse respeito, do mais amplo gozo: tiraram todos os frutos e todos os emolumentos deles, e, como um dos mais consideráveis eram os proveitos judiciários (*freda*)[173] recebidos segundo os usos dos francos, seguia-se que aquele que detinha o feudo detinha também a justiça, exercida apenas através das composições aos parentes e dos proventos devidos ao senhor. Ela não era outra coisa senão o direito de exigir o pagamento das composições e das multas previstas na lei.

Vê-se, pelas fórmulas que contêm a confirmação ou a translação em perpetuidade de um feudo em favor de um leude ou fiel,[174] ou dos privilégios

---

170 Como se vê no decreto de Clotário II, do ano 595. *Fredus tamen judicis, in cujus pago est, reservetur.*

171 [*Lex Ripuaria*] tit.LXXXIX.

172 *Capitulare incerti anni*, cap.57, ed. de Baluze, t.I, p.515. E é preciso notar que aquilo que se denomina *fredum* ou *faida* nos registros da primeira dinastia se chama *bannum* nos da segunda, como se vê no capitular *de partibus Saxoniæ*, do ano 789.

173 Vede o capitular de Carlos Magno, *de Villis*, onde ele insere os *freda* dentre os grandes rendimentos do que se chamava de *villæ* ou domínios do rei.

174 Vede as fórmulas III, IV e XVII, Lv.I, de Marculfo.

dos feudos em favor das igrejas,[175] que os feudos detinham esse direito. Isso novamente aparece em infindáveis documentos[176] que contêm uma proibição aos juízes ou oficiais do rei de entrar no território para ali exercer qualquer ato de justiça e exigir qualquer emolumento de justiça que seja. A partir do momento em que os juízes reais nada mais podiam exigir em um distrito, não mais entravam nele; e as funções que eles haviam realizado eram então exercidas por aqueles a quem esse distrito havia sido legado.

Era vedado aos juízes reais obrigar as partes a oferecerem cauções para comparecer diante deles. Portanto, cabia àquele que recebia o território exigi-las. Diz-se que os emissários do rei não podiam mais requerer estadia e, efetivamente, não possuíam mais nenhuma função.

A justiça foi, pois, nos feudos antigos e nos feudos novos, um direito inerente ao próprio feudo, um direito lucrativo que o integrava. É por isso que, em todas as épocas, ela foi vista assim, donde nasceu o princípio segundo o qual as justiças são patrimoniais na França.

Alguns acreditaram que as justiças encontravam sua origem nas libertações que os reis e senhores fizeram de seus servos. Mas as nações germanas, e as que descenderam dela, não são as únicas que libertaram escravos, embora sejam as únicas que estabeleceram justiças patrimoniais. Além disso, as fórmulas de Marculfo[177] nos revelam homens livres dependentes dessas justiças dos primeiros tempos: os servos eram, pois, sujeitos à justiça, porque se encontravam no território; e não deram origem aos feudos, por terem sido incorporados ao feudo.

Outras pessoas adotaram um caminho mais curto: os senhores usurparam as justiças, disseram, e isso é tudo a ser dito. Mas sobre a Terra somente os povos descendentes da Germânia usurparam direitos dos príncipes? A história não cansa de nos ensinar que outros povos realizaram ações contra

---

175 Ibid., fórm.II, III e IV.

176 Vede as compilações desses documentos, sobretudo o que está no fim do quinto volume dos *Historiadores da França*, dos padres beneditinos.

177 Vede as fórmulas III, IV e XIV do Lv.I; e a carta de Carlos Magno, do ano 771, em Martenne, t.I, *Anecdot. collect.*, II. *Præcipientes jubemus ut ullus judex publicus...homines ipsius ecclesiæ et monasterii ipsius Morbacensis, tam ingenuos quam et servos, et qui super eorum terras manere* etc.

Do espírito das leis

seus soberanos, mas não vemos nascer disso o que se denomina de justiças dos senhores. Portanto, era necessário buscar a origem disso no âmago dos usos e dos costumes dos germanos.

Peço que consultem, em Loyseau,[178] de que maneira ele presume que os senhores procederam para formar e usurpar suas diversas justiças. Seria necessário que tivessem sido as pessoas mais refinadas do mundo, e que tivessem roubado não como guerreiros que pilham, mas sim como juízes de aldeia e procuradores roubam uns aos outros. Seria preciso afirmar que esses guerreiros, em todas as províncias particulares do reino e em tantos outros reinos, teriam feito um sistema geral de política. Loyseau os faz raciocinar como ele próprio raciocina em seu gabinete.

Afirmá-lo-ei uma vez mais: se a justiça não era absolutamente uma dependência do feudo, por que vemos por toda parte[179] que o serviço do feudo era o de servir o rei ou o senhor nas suas cortes e nas suas guerras?

Capítulo XXI – Da justiça territorial das igrejas

As igrejas adquiriram bens muito consideráveis. Vemos que os reis lhes deram grandes fiscos, isto é, grandes feudos, e inicialmente encontramos as justiças instituídas nos domínios dessas igrejas. De onde um privilégio tão extraordinário teria tirado sua origem? Da natureza da coisa dada: o bem dos eclesiásticos tinha esse privilégio porque não era possível suprimi-lo. Dava--se um fisco à Igreja e deixavam-lhe prerrogativas que teriam sido concedidas caso tivesse sido dado a um leude; assim, era sujeito ao serviço que o Estado teria percebido caso tivesse sido concedido a um laico, como já vimos.

As igrejas tiveram, portanto, o direito de fazer que as composições em seu território fossem pagas, e a partir disso exigir o *fredum*. Ademais, como esses direitos implicavam necessariamente o de impedir os oficiais reais de entrar no território para exigir esses *freda* e de ali exercer todos os atos de justiça, o direito que esses eclesiásticos tiveram de aplicar a justiça em

---

178 *Tratado das justiças de aldeia*. [Charles Loyseau (1564-1627), jurista francês, autor, dentre outros, do *Discours de l'abus des justices de village* (1603). (N. T.)]
179 Vede Du Cange, entrada *hominium*.

seu território foi chamado de *imunidade*, no estilo das fórmulas,[180] cartas e capitulares.

A Lei dos Ripuários[181] proíbe aos libertos das igrejas[182] realizar assembleia na qual a justiça é aplicada[183] noutro lugar que não a igreja na qual foram libertados. As igrejas possuíam, assim, jurisdição mesmo sobre homens livres e realizavam suas sessões desde os primeiros tempos da monarquia.

Leio na *Vida dos santos*[184] que Clóvis deu a um santo personagem o poder sobre um território de seis léguas, dispondo ainda que ele fosse livre de toda e qualquer jurisdição. Tenho convicção de que isso é uma falsidade, mas uma falsidade muito antiga: os fundamentos e as mentiras da *Vida* se reportam aos costumes e às leis da época, e são esses costumes e essas leis que examinamos aqui.[185]

Clotário II ordenou aos bispos ou às pessoas eminentes[186] que possuíssem terras em países distantes que escolhessem pessoas do próprio lugar que deveriam aplicar a justiça ou receber seus emolumentos.

O mesmo príncipe[187] regulamentou a competência entre os juízes das igrejas e seus oficiais. O capitular de Carlos Magno, do ano 802, prescreve aos bispos e aos abades as qualidades que seus oficiais de justiça deveriam possuir. Um outro capitular do mesmo príncipe[188] proíbe os oficiais reais exercer qualquer jurisdição sobre aqueles que cultivam as terras eclesiásticas,[189] a não ser que tenham fraudulentamente obtido essa con-

---

180 Vede as fórmulas III e IV de Marculfo, Lv.I.

181 *Ne aliubi nisi ad ecclesiam, ubi relaxati sunt, mallum teneant*, tit.LVIII, §1º. Vede também o §19, ed. de Lindembrock.

182 *Tabulariis.*

183 *Mallum.*

184 *Vita sancti Germeri episcopi Tolosani, apud Bollandianos, 16 maii.*

185 Vede também a *Vida de São Melânio* e de *São Deicola.*

186 No Concílio de Paris, ano 615, art.5. *Episcopi vel potentes, qui in aliis possident regionibus, judices vel missos discussores de aliis provinciis non instituant, nisi de loco, qui justitiam percipiant et aliis reddant*, art.19. Vede também o art.12.

187 No Concílio de Paris, ano 615, art.5.

188 Na Lei dos Lombardos, Lv.II, tit.XLIV, cap.2, ed. de Lindembrock.

189 *Servi aldiones, libellarii antiqui, vel alii noviter factii.* Ibid.

Do espírito das leis

dição e para serem isentos dos encargos públicos. Os bispos, reunidos em Reims, declararam que os vassalos das igrejas estavam compreendidos dentro de sua imunidade.[190] O capitular de Carlos Magno, do ano 806, dispõe que as igrejas tenham a justiça criminal e civil sobre todos os que habitam em seu território.[191] Enfim, o capitular de Carlos, o Calvo, distingue as jurisdições do rei, dos senhores e das igrejas.[192] Nada mais acrescentarei ao assunto.

Capítulo XXII – Que as justiças se estabeleceram antes do fim da segunda dinastia

Disseram que foi durante a desordem da segunda dinastia que os vassalos arrogaram para si a justiça em seus fiscos: preferiram fazer uma proposição geral a examiná-la, acharam mais fácil dizer que os vassalos não possuíam do que compreender como eles possuíam. Mas as justiças não devem sua origem às usurpações: elas derivam do primeiro estabelecimento, e não de sua corrupção.

"Aquele que matou um homem livre", é dito na Lei dos Bávaros, "pagará a composição aos parentes do morto, caso este os tenha; e, caso ele não os tenha, pagará ao duque ou àquele ao qual havia se recomendado durante sua vida".[193] Sabe-se o que significava se recomendar por um benefício.[194]

"Aquele cujo escravo foi raptado", diz a Lei dos Alemães, "apresentar-se-á diante do príncipe ao qual o raptor está submetido, a fim de que possa obter deste uma composição".[195]

---

190 Carta do ano 858, art.7, nos *Capitulares*, p.108. *Sicut illæ res et facultates in quibus vivunt clerici, ita et illæ sub consecratione immunitatis sunt de quibus debent militare vassalli.*

191 Acrescentado à Lei dos Bávaros, art.7. Vede também o artigo 3 da ed. de Lindembrock, p.444. *Imprimis omnium jubendum est ut habeant ecclesiæ earum justitias, et in vita illorum qui habitant in ipsis ecclesiis et post, tam in pecuniis quam et in substantiis earum.*

192 Do ano 857, *in synodo apud Carisiacum*, art.4, ed. de Baluze, p.96.

193 [*Lex Baiuvariorum*] tit.III, cap.13, ed. de Lindembrock.

194 O ato de se recomendar significava ceder domínios a um senhor para obter certos benefícios em troca, tais como a proteção. (N. T.)

195 [*Lex Alamannorum*] tit.LXXXV.

Montesquieu

"Se um centenário",[196] diz o decreto de Quildeberto, "encontra um ladrão em uma outra centena que não a sua ou nos limites de nossos fiéis e não o expulsa dali, ele representará o ladrão ou se purgará por juramento".[197] Havia, pois, diferença entre o território dos centenários e o dos fiéis.

Esse decreto de Quildeberto explica a constituição de Clotário do mesmo ano,[198] que, outorgada no mesmo caso e sobre o mesmo fato, apenas difere nos termos: a constituição chama *in truste* o que o decreto chama *in terminis fidelium nostrorum*. Bignon e Du Cange,[199] que acreditaram que *in truste* significava domínio de um outro rei, não interpretaram bem a questão.

Em uma constituição de Pepino,[200] rei da Itália, feita tanto para os francos quanto para os lombardos, esse príncipe, depois de ter imposto penas aos condes e outros oficiais reais que prevaricavam no exercício da justiça ou que postergavam em aplicá-la, ordena que, caso um franco ou um lombardo detentor de um feudo não queira administrar a justiça, o juiz em cujo distrito ele se encontra suspenderá o exercício de seu feudo;[201] e que, nesse intervalo, o juiz ou seu enviado aplicará a justiça.

Um capitular[202] de Carlos Magno prova que os reis não cobravam por toda parte os *freda*.[203] Um outro do mesmo príncipe nos revela já estabe-

---

196 Cf. nota do tradutor em Lv.XXX, Cap.17. (N. T.)

197 Do ano 595, art.11 e 12, ed. dos *Capitulares* de Baluze, p.19. *Pari conditione convenit ut si una centena in alia centena vestigium secuta fuerit et invenerit, vel in quibuscumque fidelium nostrorum terminis vestigium miserit, et ipsum in aliam centenam minime expellere potuerit, aut convictus reddat latronem* etc.

198 *Si vestigius comprobatur latronis, tamen præsentia nihil longe mulctando; aut si persequens latronem suum comprehenderit, integram sibi compositionem accipiat. Quod si in truste invenitur, medietatem compositionis rustis adquirat, et capitale exigat a latrone.*

199 Vede o glossário de Du Cange, na entrada *trustis*.

200 Inserida na Lei dos Lombardos, Lv.II, tit.LII, §14. Trata-se do capitular do ano 793, ed. de Baluze, p.544, art.10.

201 *Et si forsitan Francus aut Langobardus habens beneficium justitiam facere noluerit, ille judex in cujus ministerio fuerit, contradicat illi beneficium suum, interim dum ipse aut missus ejus justitiam faciat.* Vede também a mesma Lei dos Lombardos, Lv.II, tit.LII, §2º, que se reporta ao capitular de Carlos Magno do ano 779, art.21.

202 O terceiro do ano 812, art.10.

203 O segundo capitular do ano 813, art.14 e 20, p.509.

Do espírito das leis

lecidas as regras feudais e a corte feudal. Um outro, de Luís, o Bonachão, dispõe que, quando aquele que possui um feudo não administra a justiça ou impede que esta seja administrada,[204] se viva à sua discrição em sua casa até que a justiça seja administrada. Citarei ainda dois capitulares de Carlos, o Calvo: um, do ano 861, em que vemos estabelecidas jurisdições particulares, nas quais se incluíam juízes e oficiais;[205] o outro, do ano 864, em que ele faz a distinção entre suas próprias senhorias e dos particulares.[206]

Não há concessões originárias dos feudos, porque estes foram estabelecidos pela repartição que sabemos ter sido realizada entre os conquistadores. Portanto, não é possível provar por contratos originários que as justiças, em seus primórdios, tenham sido vinculadas aos feudos. Mas, se nas fórmulas das confirmações ou translações à perpetuidade dos feudos vemos, como já se disse, que a justiça já estava ali instituída, seria necessário que esse direito de justiça fosse da natureza do feudo e uma de suas principais prerrogativas.

Temos um número muito maior de registros que instituem a justiça patrimonial das igrejas em seu território do que registros provando os benefícios ou feudos dos leudes ou fiéis, e isso por duas razões. A primeira, que a maior parte dos registros que nos restam foi conservada ou coletada por monges para a utilidade de seus monastérios. A segunda, pelo fato de que, como o patrimônio das igrejas foi formado por concessões específicas e uma espécie de derrogação da ordem estabelecida, eram necessárias cartas para isso, ao passo que as concessões feitas aos leudes, sendo consequências da ordem política, não necessitavam obter, e muito menos conservar, uma carta específica. Frequentemente, mesmo os reis se contentavam em realizar uma simples tradição pelo cetro, como se vê na vida de São Mauro.

---

204 *Capitulare quintum anni 819*, art.23, ed. de Baluze, p.617. *Ut ubicumque missi, aut episcopum, aut abbatem, aut alium quemlibet honore præditum invenerint, qui justitiam facere noluit vel prohibuit, de ipsius rebus vivant quandiù in eo loco justitias facere debent.*

205 *Edictum in Carisiaco*, ed. de Baluze, t.II, p.152. *Unusquisque advocatus pro omnibus de sua advocatione...in convenientia ut cum ministerialibus de sua advocatione quos invenerit contra hunc bannum nostrum fecisse...castiget.*

206 *Edictum Pistense*, art.18, ed. de Baluze, t.II, p.181. *Si in fiscum nostrum, vel in quamcumque immunitatem, aut alicujus potentis potestatem vel proprietatem confugerit etc.*

Mas a terceira fórmula de Marculfo[207] nos prova suficientemente que o privilégio da imunidade, e, consequentemente, o da justiça, eram comuns aos eclesiásticos e aos seculares, porque ela é feita tanto para uns como para outros. O mesmo vale para a constituição de Clotário II.[208]

Capítulo XXIII – Ideia geral do livro *Estabelecimento da monarquia francesa nas Gálias*, do abade Dubos

Antes de finalizar este livro, é oportuno que eu examine brevemente a obra do abade Dubos, porque minhas ideias estão em contínua contrariedade com as dele, e porque, se ele encontrou a verdade, eu não a encontrei.

Essa obra seduziu muitas pessoas, porque foi escrita com muita arte; porque continuamente supõe-se aquilo que está em questão; porque, quanto menos provas possui, mais as probabilidades se multiplicam; porque infinidades de conjecturas são estabelecidas como princípios, e porque, a partir disso, outras conjecturas são tiradas como consequências. O leitor esquece que duvidou para começar a acreditar. E, como uma erudição sem fim é apresentada, não no sistema, mas à margem do sistema, o espírito é distraído por acessórios e não mais se ocupa do principal. Além disso, tantas pesquisas não permitem imaginar que nada tenha sido encontrado. A duração da viagem faz crer que enfim se tenha chegado ao destino.

Contudo, quando se examina bem, vê-se um colosso com pés de barro, e é porque os pés são de barro que o colosso é imenso. Se o sistema do abade Dubos tivesse se assentado em bons fundamentos, ele não teria sido obrigado a fazer três mortificantes volumes para prová-lo; tudo teria sido encontrado em seu assunto, e, sem ter que ir buscar em todos os lugares o que estava muito longe dele, a própria razão se encarregaria de inserir essa verdade na cadeia das outras verdades. A história de nossas leis lhe teria dito: "Não empregai tantos esforços: nós testemunharemos por vós".

---

207 Lv.I. *Maximum regni nostri augere credimus monimentum, si beneficia opportuna locis ecclesiarum, aut cui volueris dicere, benevola deliberatione concedimus.*

208 Citei-a no capítulo precedente: *Episcopi vel potentes* etc.

Do espírito das leis

Capítulo XXIV – Continuação do mesmo assunto. Reflexão sobre o cerne do sistema

O abade Dubos pretende acabar com qualquer tipo de ideia de que os francos tenham entrado na Gália como conquistadores: segundo ele, nossos reis, chamados pelos povos, nada fizeram senão assumir seu posto e suceder aos direitos dos imperadores romanos.

Essa pretensão não pode ser aplicada à época em que Clóvis, entrando na Gália, saqueou e assaltou as cidades; ela também não pode se aplicar à época em que desafiou Siágrio, oficial romano, e conquistou o país que ele regia; portanto, ela apenas pode se relacionar à época em que Clóvis, tornando--se, através da violência, senhor de uma grande parte das Gálias, teria sido conclamado pela escolha e pelo amor dos povos a dominar o resto do país. E não basta que Clóvis tenha sido recepcionado, é preciso que tenha sido conclamado. É preciso que o abade Dubos prove que os povos preferiram viver sob a dominação de Clóvis do que viver sob a dominação dos romanos, ou sob suas próprias leis. Ora, os romanos dessa parte da Gália que ainda não tinha sido invadida pelos bárbaros, eram, segundo o abade Dubos, de duas espécies: uns eram da confederação armórica e tinham expulsado os oficiais do imperador para que eles próprios se defendessem contra os bárbaros e se governassem por suas próprias leis; outros obedeciam aos oficiais romanos. Ora, o abade Dubos prova que os romanos, que ainda estavam submetidos ao império, tenham conclamado Clóvis? Absolutamente não. Prova que a República dos Armóricos tenha conclamado Clóvis e até mesmo feito algum tratado com ele? De novo, absolutamente não. Muito longe de poder nos dizer qual foi o destino dessa república, nem sequer poderia nos mostrar sua existência; e, ainda que a tenha acompanhado a partir da época de Honório até a conquista de Clóvis, ainda que se refira com admirável arte sobre todos os eventos daqueles tempos, ela permaneceu invisível nos autores. Pois há muita diferença entre provar, por uma passagem de Zósimo,[209] que, sob o império de Honório, a região armórica e as outras províncias da

---

209 *História nova*, Lv.VI.

Gália se revoltaram e formaram uma espécie de república,[210] e demonstrar que, malgrado as diversas pacificações da Gália, os armóricos formaram sempre uma república particular, que perdurou até a conquista de Clóvis. Entretanto, ele teria necessidade, para estabelecer seu sistema, de provas muito contundentes e precisas. Afinal, quando se vê um conquistador entrar em um Estado e ali subjugar uma grande parte deste com o emprego da força e da violência, e quando se verifica algum tempo depois a submissão total do Estado, sem que a história diga como isso aconteceu, temos um motivo muito justo para crer que a questão terminou assim como começou.

Uma vez solapado esse pressuposto, é fácil ver que todo o sistema do abade Dubos desmorona da cabeça aos pés, e todas as vezes que ele tirar alguma consequência desse princípio – que a Gália não foi conquistada pelos francos, mas que os francos foram chamados pelos romanos –, sempre será possível refutá-la.

O abade Dubos prova seu princípio pelas dignidades romanas com as quais Clóvis se revestiu. Ele pretende que Clóvis tenha sucedido a Quilderico, seu pai, no emprego de senhor da milícia. Mas esses dois cargos são puramente criação do abade. A carta de São Remígio a Clóvis, sobre a qual ele se baseia,[211] é somente uma felicitação sobre sua ascensão à coroa. Quando o propósito de um escrito é conhecido, a que se presta lhe atribuir um outro?

Clóvis, no fim de seu reinado, foi feito cônsul pelo imperador Anastácio. Mas que direito poderia lhe conceder uma autoridade tão somente anual? Aparentemente, diz o abade Dubos, no mesmo diploma o imperador Anastácio fez Clóvis procônsul. Quanto a mim, eu diria que aparentemente não o fez. Sobre um fato que não tem fundamento algum, a autoridade de quem o nega é igual à autoridade de quem o alega. Tenho até mesmo uma razão para isso. Gregório de Tours, que fala do consulado, nada diz do pró-consulado. Esse próprio pró-consulado teria durado apenas cerca de seis meses. Clóvis morreu um ano e meio após ter sido feito cônsul; não é possível fazer do

---

210 *Totusque tractus armoricus, aliæque Galliarum provinciæ* ["A totalidade dos armóricos e as outras províncias da Gália"]. Ibid.

211 Tomo II, Lv.III, cap.18, p.270.

Do espírito das leis

pró-consulado um cargo hereditário. Enfim, quando o consulado e, se assim se quiser, o pró-consulado, lhe foram concedidos, ele já era o senhor da monarquia, e todos seus direitos estavam estabelecidos.

A segunda prova alegada pelo abade Dubos é a cessão feita pelo imperador Justiniano, concedida aos filhos e netos de Clóvis, de todos os direitos do império sobre a Gália. Eu teria muitas coisas a dizer sobre essa cessão. É possível julgar a importância que os reis dos francos deram a isso pela maneira pela qual executaram suas condições. Além disso, os reis dos francos eram senhores das Gálias, e eram soberanos pacíficos. Ali, Justiniano não possuía nem uma polegada de terra; o império do Ocidente há muito já estava destruído e o imperador do Oriente apenas tinha direito sobre a Gália enquanto representasse o imperador do Ocidente. Eram direitos sobre direitos. A monarquia dos francos já havia sido fundada; a regulação de seu estabelecimento já havia sido feita; os direitos recíprocos das pessoas e das diversas nações que viviam na monarquia já haviam sido convencionados; as leis de cada nação já haviam sido dadas, e até mesmo registradas por escrito. O que fazia essa cessão estrangeira em um estabelecimento já formado?

O que pretende o abade Dubos afirmar com as declamações de todos aqueles bispos que, na desordem, na confusão, na total decadência do Estado, nas devastações da conquista, buscam adular o conquistador? O que supõe a adulação senão a fraqueza daquele que é obrigado a adular? O que prova a retórica e a poesia senão o próprio emprego dessas artes? Quem não se espantaria ao ler Gregório de Tours, após ter falado sobre os assassinatos de Clóvis, dizer que, no entanto, Deus prosternava todos os dias seus inimigos, pois ele caminhava por suas sendas? Quem pode duvidar que o clero não tenha ficado muito satisfeito com a conversão de Clóvis, e que não tenha até mesmo tirado grandes vantagens disso? Mas quem pode duvidar que ao mesmo tempo os povos não tenham suportado todos os infortúnios da conquista e que o governo romano não tenha cedido ao governo germânico? Os francos não quiseram e nem mesmo puderam mudar tudo, e, ademais, poucos conquistadores tiveram essa mania. Mas, para que todas as consequências do abade Dubos fossem verdadeiras, teria sido necessário não somente que eles nada houvessem mudado entre os romanos, mas também que nada houvessem mudado entre si.

Seguindo o método do abade Dubos, eu da mesma forma me engajaria a provar que os gregos não conquistaram a Pérsia. Inicialmente, falaria dos tratados que algumas de suas cidades fizeram com os persas: falaria dos gregos que estiveram a soldo dos persas, assim como os francos estiveram a soldo dos romanos. Que, se Alexandre entrou no país dos persas, sitiou, tomou e destruiu a cidade de Tiro, isso era uma questão particular, como o de Siágrio. Mas vede como o pontífice dos judeus veio ao seu encontro; escutai o oráculo de Júpiter Amon; relembrai do que lhe havia sido predito em Górdio, vede como todas as cidades correm, por assim dizer, ao seu encontro; como chegam em multidão os sátrapas e os homens eminentes. Ele se veste à maneira dos persas: é o robe consular de Clóvis. Dario não lhe ofereceu metade de seu reino? Dario não foi assassinado como um tirano? A mãe e a mulher de Dario não choraram a morte de Alexandre? Quinto Cúrcio, Arriano, Plutarco: eram eles contemporâneos de Alexandre? A imprensa não nos deu as luzes que faltavam a esses autores?[212] Eis a história do *Estabelecimento da monarquia francesa nas Gálias.*

Capítulo XXV – Da nobreza francesa

O abade Dubos sustenta que, nos primórdios de nossa monarquia, havia somente uma única ordem de cidadãos entre os francos. Essa afirmação, injuriosa ao sangue de nossas primeiras famílias, não o seria menos às três grandes casas que sucessivamente reinaram sobre nós. A origem de sua grandeza não iria então se perder no esquecimento, na noite e no tempo? A história iluminaria os séculos em que elas teriam sido famílias comuns; e, para que Quilderico, Pepino e Hugo Capeto fossem fidalgos, seria preciso ter ido buscar sua origem entre os romanos ou os saxões, isto é, entre as nações subjugadas?

O abade Dubos baseia sua opinião na Lei Sálica.[213] É claro, diz ele, por essa lei, que não havia duas ordens de cidadãos entre os francos. A lei dava

---

212 Vede o *Discurso preliminar* do abade Dubos.
213 Vede o *Estabelecimento da monarquia francesa*, t.III, Lv.VI, cap.4, p.304.

Do espírito das leis

duzentos soldos de composição pela morte de qualquer franco que fosse,[214] mas distinguia, entre os romanos, o conviva do rei, cuja morte dava trezentos soldos de composição, do romano possuidor, pela qual dava cem, e do romano tributário, pela qual dava apenas 45. E, como a diferença das composições constituía a principal distinção, o abade conclui que, entre os francos, havia somente uma ordem de cidadãos e que entre os romanos havia três.

É surpreendente que seu próprio erro não o tenha levado a descobrir seu erro. De fato, seria muito extraordinário que os nobres romanos que viviam sob a dominação dos francos ali obtivessem uma composição mais vultosa e tivessem sido personagens mais importantes que os mais ilustres dos francos e seus mais eminentes capitães. O quão plausível é que o povo conquistador tenha tido tão pouco respeito para consigo mesmo e demonstrado tão grande para com o povo conquistado? Ademais, o abade Dubos cita as leis das outras nações bárbaras que provam que havia entre elas diversas ordens de cidadãos. Seria muito extraordinário que essa regra geral estivesse ausente precisamente entre os francos. Isso deveria tê-lo feito pensar que interpretou mal ou que aplicou mal os textos da Lei Sálica — o que efetivamente lhe aconteceu.

Ao abrir essa lei, lemos que a composição pela morte de um antrustião,[215] isto é, de um fiel ou vassalo do rei, era de seiscentos soldos, e que pela morte de um romano, conviva do rei, devia-se somente trezentos.[216] Nela lemos[217] que a composição pela morte de um simples franco era fixada em duzentos soldos,[218] enquanto a prevista pela morte de um romano[219] oriundo de uma condição comum totalizava apenas cem. Pagava-se ainda

---

214 Ele cita o título XLIV dessa lei; e a Lei dos Ripuários, tit.VII e XXXVI.

215 *Qui in truste dominica est*, tit.XLIV, §4º. E isso se relaciona com a fórmula XIII de Marculfo, *de regis antrustione*. Vede também o tit.LXVI e a Lei Sálica, §3º e 4º; e o tit.LXXIV; e a Lei dos Ripuários, tit.XI; e o capitular de Carlos, o Calvo, *apud Carisiacum*, do ano 877, cap.20.

216 Lei Sálica, tit.XLIV, §6º.

217 Ibid., §4º.

218 Ibid., §1º.

219 Ibid., §15.

pela morte de um romano tributário,[220] espécie de servo ou liberto, uma composição de 45 soldos. Mas não falarei disso, tampouco da composição pela morte do servo franco ou do liberto franco: não se trata aqui dessa terceira ordem de pessoas.

O que faz o abade Dubos? Silencia sobre a primeira ordem de pessoas entre os francos, isto é, o artigo concernente aos antrustiões. Em seguida, comparando o franco comum, para cuja morte pagavam-se duzentos soldos de composição, com o que denomina de três ordens entre os romanos, para cuja morte se pagavam diferentes composições, ele conclui que havia apenas uma única ordem de cidadãos entre os francos, enquanto entre os romanos havia três.

Como, segundo o abade, havia somente uma ordem de pessoas entre os francos, teria sido bom que também só houvesse uma entre os borguinhões, porque seu reino constituíra uma das principais peças de nossa monarquia. Mas em seus códigos há três espécies de composições:[221] uma para o nobre borguinhão ou romano, outra para o borguinhão ou romano de uma condição mediana, e uma terceira para os que pertenciam a uma condição inferior nas duas nações. O abade Dubos absolutamente não cita essa lei.

É curioso ver como ele foge das passagens que o pressionam por todos os lados.[222] Falam-lhe dos grandes, dos senhores, dos nobres? São, diz ele, simples distinções, e não distinções de ordens; são coisas de cortesia, e não prerrogativas da lei. Ou melhor, diz ele, as pessoas sobre as quais se fala eram do conselho do rei; podiam até mesmo ser romanos, mas sempre havia somente uma única ordem de cidadãos entre os francos. Por outro lado, se algum franco de estrato inferior é mencionado,[223] trata-se de servos, e é dessa maneira que ele interpreta o decreto de Quildeberto. É preciso que eu me detenha sobre esse decreto. O abade Dubos o tornou célebre, por-

---

220 Ibid., §7º.

221 *Si quis, quolibet casu dentem optimati Burgundioni vel Romano nobili excusserit, solidos viginti quinque cogatur exsolvere; de mediocribus personis ingenuis, tam Burgundionibus quam Romanis, si dens excussus fuerit, decem solidis componatur; de inferioribus personis, quinque solidos.* Art.1, 2 e 3, do tit.XXVI da Lei dos Borguinhões.

222 *Estabelecimento da monarquia francesa*, t.III, Lv.VI, cap.4 e 5.

223 Ibid., cap.5, p.319 e 320.

Do espírito das leis

que se valeu dele para provar duas coisas: uma, que todas as composições encontradas nas leis dos bárbaros eram apenas juros civis somados às penas corporais, o que subverte da cabeça aos pés todos os registros antigos,[224] outra, que todos os homens livres eram julgados direta e imediatamente pelo rei,[225] o que é contradito por uma infinidade de passagens e de autoridades reveladas a nós pela ordem judiciária daquele tempo.[226]

Diz-se nesse decreto, feito em uma assembleia da nação,[227] que se o juiz encontra um ladrão célebre, mandará amarrá-lo para ser enviado à presença do rei, caso seja um franco (*Francus*). Contudo, se for uma pessoa mais fraca (*debilior persona*), será enforcada no local. Segundo o abade Dubos, *Francus* é um homem livre, *debilior persona* é um servo. Por um instante ignorarei o que a palavra *Francus* pode significar aqui, e começarei por examinar o que podemos compreender por essas palavras: *uma pessoa mais fraca*. Afirmo que, em qualquer língua que seja, todo comparativo supõe necessariamente três termos: o maior, o menor e o mínimo. Se nesse caso se tratasse somente de homens livres e servos, ter-se-ia dito *um servo*, e não *um homem com menor poder*. Assim, aqui *debilior persona* absolutamente não significa um servo, mas uma pessoa abaixo da qual se encontra o servo. Assumindo esse pressuposto, *Francus* não significará um homem livre, mas um homem poderoso: e *Francus* é tomado aqui nessa acepção, porque, entre os francos, eram aqueles que possuíam, no Estado, um poder maior, e era mais difícil para o juiz ou para o conde corrigi-los. Essa explicação está em consonância com inumeráveis capitulares[228] que listam os casos nos quais os criminosos podiam ser colocados diante do rei e aqueles nos quais não podiam.

Lemos na *Vida de Luís, o Bonachão*, escrita por Tégan,[229] que os bispos foram os principais autores da humilhação desse imperador, sobretudo os

---

224 Ibid., Lv.VI, cap.4, p.307 e 308.

225 Ibid., t.III, cap.4, p.309; e, no capítulo seguinte, p.319 e 320.

226 Vede o Lv.XXVIII desta obra, Cap.28, e o Lv.XXXI, Cap.8.

227 *Itaque Colonia convertit et ita bannivimus, ut unusquisque judex criminosum latronem ut audierit, ad casam suam ambulet, et ipsum ligare faciat: ita ut, si Francus fuerit, ad nostram præsentiam dirigatur; et, si debilior persona fuerit, in loco pendatur.* Capitular da ed. de Baluze, t.I, p.19.

228 Vede o Lv.XXVIII desta obra, Cap.28; e o Lv.XXXI, Cap.8.

229 [*Gesta Hludowici imperatoris*] cap.XLIII e XLIV.

que tinham sido servos e os que tinham nascido entre os bárbaros. Tégan apostrofa assim Ebbon, a quem o príncipe havia tirado da servidão e nomeado como arcebispo de Reims: "Que recompensa o imperador recebeu por tantas benfeitorias! Fez-te livre, e não nobre; não poderia fazer-te nobre após ter-te dado a liberdade".[230]

Esse discurso, que prova de modo expresso duas ordens de cidadãos, absolutamente não constrange o abade Dubos. Ele assim responde: "Essa passagem não quer dizer que Luís, o Bonachão, não tenha conseguido fazer que Ebbon entrasse na ordem dos nobres. Ebbon, como arcebispo de Reims, teria sido da primeira ordem, superior à da nobreza".[231] Deixo ao leitor decidir se essa passagem nada quer dizer; deixo-o julgar se aqui se trata de uma preeminência do clero sobre a nobreza. "Essa passagem somente prova", continua o abade Dubos, "que os cidadãos nascidos livres eram qualificados de nobres homens: no uso do mundo, *nobre homem* e *homem livre* durante muito tempo significaram a mesma coisa".[232] Mas ora! Pelo fato de que, em nossos tempos modernos, alguns burgueses tenham assumido a qualidade de homens nobres, uma passagem da *Vida de Luís, o Bonachão* se aplicará a todas essas espécies de pessoas! "Talvez também", ainda acrescenta ele, "Ebbon não tenha sido escravo na nação dos francos, mas na nação saxônica, ou em uma outra nação germânica, onde os cidadãos eram divididos em várias ordens".[233] Então, por causa do *talvez* do abade Dubos, não teria havido nobreza na nação dos francos. Mas ele nunca aplicou tão mal o *talvez*. Acabamos de ver que Tégan distingue os bispos que tinham se oposto a Luís, o Bonachão, dentre os quais uns eram servos e outros eram de uma nação bárbara.[234] Ebbon estava entre os primeiros, não entre os segundos. Além disso, não sei como é possível dizer que um servo tal

---

230 *O qualem remunerationem reddidisti ei! Fecit te liberum, non nobilem, quod impossibile est post libertatem.* Ibid.

231 *Estabelecimento da monarquia francesa*, t.III, Lv.VI, cap.4, p.316.

232 Ibid.

233 Ibid.

234 *Omnes episcopi molesti fuerunt Ludovico, et maxime ii quos e servili conditione honoratos habebat, cum his qui ex barbaris nationibus ad hoc fastigium producti sunt.* Em *Gesta Hludowici imperatoris*, cap.43 e 44.

Do espírito das leis

como Ebbon teria sido saxão ou germano: um servo não tem família e, consequentemente, não tem nação. Luís, o Bonachão, libertou Ebbon, e, como os servos libertos seguiam a lei de seu senhor, Ebbon tornou-se franco, e não saxão ou germano.

Acabo de atacar, agora é preciso que me defenda. Dir-me-ão que o corpo dos antrustiões formava, no Estado, uma ordem distinta daquela dos homens livres, mas que, como os feudos foram a princípio amovíveis, e em seguida vitalícios, isso não poderia constituir uma nobreza de origem, porque as prerrogativas não eram absolutamente ligadas a um feudo hereditário. É essa objeção que sem dúvida fez Valois pensar que havia somente uma ordem de cidadãos entre os francos: sentimento que o abade Dubos emprestou dele e o qual arruinou completamente graças às suas provas viciadas. Seja como for, o abade Dubos não teria sido capaz de fazer essa objeção. Afinal, como estabeleceu três ordens de nobreza romana e a qualidade de conviva do rei para a primeira, não teria podido dizer que esse título determinava mais uma nobreza de origem do que o de antrustião. Mas é preciso uma resposta direta. Os antrustiões ou fiéis não eram tais porque tinham um feudo, mas um feudo lhes era concedido porque eram antrustiões ou fiéis. Recorde-se o que eu disse nos primeiros capítulos deste livro: eles então não possuíam, como assim possuíram depois, o mesmo feudo; mas, se não possuíssem o mesmo, possuíam um outro, porque os feudos eram concedidos no nascimento, porque frequentemente eram concedidos nas assembleias da nação, e, enfim, porque, como era do interesse dos nobres em tê-lo, era também do interesse do rei em concedê-lo. Essas famílias eram distinguidas pela sua dignidade de fiéis, e pela prerrogativa de poder se recomendar para um feudo. Demonstrarei no livro seguinte[235] como, pelas circunstâncias dos tempos, houve homens livres que foram admitidos no gozo dessa grande prerrogativa, e, consequentemente, no ingresso da ordem na nobreza. Isso não acontecia na época de Gontrão e de Quildeberto, seu sobrinho, mas acontecia na época de Carlos Magno. Contudo, ainda que desde os tempos desse príncipe os homens livres não fossem incapazes de possuir feudos, demonstra-se, pela passagem de Tégan supracitada, que

---

235 Cap.23.

os servos libertos eram absolutamente excluídos disso. O abade Dubos, que recorre à Turquia para nos oferecer uma ideia daquilo que era a antiga nobreza francesa,[236] nos dirá que nunca houve na Turquia queixas pela elevação às honras e dignidades das pessoas de baixo nascimento, como houve durante os reinados de Luís, o Bonachão, e de Carlos, o Calvo? Não existiam queixas disso nos tempos de Carlos Magno, porque esse príncipe sempre distinguia as antigas famílias das novas, algo que Luís, o Bonachão, e Carlos, o Calvo, não fizeram.

O público não deve esquecer que está em débito com o abade Dubos por diversas composições excelentes. É por essas belas obras que deve julgá-lo, e não por esta de que tratamos. O abade Dubos incorreu em grandes erros porque tinha mais em vista o conde de Boulainvilliers do que o seu tema. De todas as críticas que fiz, extrairei somente esta reflexão: se esse grande homem errou, que não devo eu temer?

---

236 *História do estabelecimento da monarquia francesa*, t.III, Lv.VI, cap.IV, p.302.

Livro XXXI
Teoria das leis feudais entre os francos, na relação que possuem com as revoluções de sua monarquia

Capítulo Primeiro – Mudanças nos ofícios e feudos

Inicialmente os condes eram enviados para seus distritos somente por um ano, mas logo compraram a continuidade de seus ofícios. Encontramos um exemplo disso desde o reinado dos netos de Clóvis. Um certo Peônio era conde na cidade de Auxerre e enviou Mumolo, seu filho, para levar dinheiro para Gontrão, visando permanecer na continuidade de seu emprego; o filho deu-lhe o dinheiro em seu lugar e obteve o cargo do pai.[1] Os reis já tinham começado a corromper suas próprias graças.

Ainda que, pela lei do reino, os feudos fossem amovíveis, eles, no entanto, não eram nem dados nem confiscados de maneira caprichosa e arbitrária; comumente, isso era uma das principais coisas tratadas pelas assembleias da nação. É bem possível cogitar que a corrupção havia se infiltrado nessa seara, assim como se infiltrara na outra, e que a continuidade da posse dos feudos fosse preservada ao se comprá-la com dinheiro, assim como continuava na posse dos condados.

Demonstrarei, na sequência deste livro,[2] que, independentemente das doações temporárias realizadas pelos príncipes, existiram outras feitas em

---

1 Gregório de Tours [*História dos francos*], Lv.IV, cap.42.
2 Cap.7.

caráter permanente. Poderia acontecer de a corte querer revogar as doações realizadas: isso instaurava um descontentamento geral na nação, e logo observou-se o nascimento dessa famosa revolução na história da França, cujo primeiro período inclui o impressionante espetáculo do suplício de Brunilda.

A princípio parece extraordinário que essa rainha, filha, irmã, mãe de tantos reis, ainda hoje célebre por suas obras dignas de um edil ou procônsul romano, nascida com um gênio admirável para com os negócios públicos e dotada de qualidades que haviam sido por tanto tempo respeitadas, tenha subitamente se encontrado exposta a suplícios tão longos,[3] vergonhosos, cruéis, perpetrados por um rei[4] cuja autoridade era tão pouco consolidada em sua nação, isso tudo caso ela não tivesse caído, por alguma causa singular, na desgraça dessa nação. Clotário acusou-a da morte de dez reis.[5] No entanto, dois destes ele mesmo havia mandado matar, a morte de alguns outros foi crime do acaso ou da maldade de outra rainha, e uma nação que tinha deixado Fredegunda morrer em seu leito, que até mesmo se opôs à punição de seus execráveis crimes,[6] deveria permanecer bastante indiferente em relação aos crimes de Brunilda.

Ela foi posta sobre um camelo e a desfilaram diante de todo o exército: indubitável sinal de que havia caído na desgraça daquele exército. Fredegário diz que Protádio, o favorito de Brunilda, apoderava-se do bem dos senhores e com eles engordava o fisco, que humilhava a nobreza e que ninguém conseguia se sentir seguro de conservar o cargo que ocupava.[7] O exército conjurou contra ele, apunhalou-o em sua tenda, e Brunilda, seja pelas vinganças que empreendeu por essa morte,[8] seja por continuar o mesmo plano, tornou-se dia após dia mais odiosa ante os olhos da nação.[9]

---

3 Fredegário, *Crônica*, cap.42.

4 Clotário II, filho de Quilderico e pai de Dagoberto.

5 Fredegário, *Crônica*, cap.42.

6 Vede Tours [*História dos francos*], Lv.VIII, cap.31.

7 *Sæva illi fuit contra personas iniquitas, fisco nimium tribuens, de rebus personarum ingeniose fiscum vellens implere... ut nullus reperiretur qui gradum quem arripuerat potuisset adsumere.* Em Fredegário, *Crônica*, cap.28, sobre o ano 605.

8 Ibid., cap.28, sobre o ano 607.

9 Ibid., cap.41, sobre o ano 613. *Burgundiæ farones, tam episcopi quam ceteri leudes, timentes Brunichildem, et odium in eam habentes, consilium inientes* etc.

Do espírito das leis

Clotário, alimentando a ambição de reinar sozinho e embebido na mais detestável vingança, certo de perecer caso os filhos de Brunilda prevalecessem, entrou em uma conjuração contra si mesmo e, tenha sido ele inábil ou forçado pelas circunstâncias, tornou-se acusador de Brunilda e fez dessa rainha um exemplo terrível.

Varnacário tinha sido a alma da conjuração contra Brunilda. Foi prefeito da Borgonha e exigiu de Clotário sua conservação vitalícia nesse cargo.[10] Dessa forma, o prefeito não mais se encontrava na situação dos senhores franceses, e essa autoridade começou a se tornar independente da autoridade real.

Foi a funesta regência de Brunilda que, antes de mais nada, assustou a nação. Enquanto as leis conservaram sua força, ninguém podia se queixar que um feudo lhe havia sido arrebatado, porque a lei não o concedia para sempre. Contudo, quando a avareza, as más práticas, a corrupção, passaram a reger a concessão dos feudos, as pessoas queixavam-se de terem sido privadas, por meios desonestos, das coisas que frequentemente haviam obtido por meios igualmente desonestos Talvez se o bem público tivesse sido o motivo da revogação das doações, nada teria sido dito; no entanto, se mostrava a ordem sem esconder a corrupção; reclamava-se do direito do fisco para prodigar os bens do fisco segundo seu bel-prazer; as doações não eram mais a recompensa ou esperança pelos serviços. Brunilda, por um espírito corrompido, quis corrigir os abusos da corrupção antiga. Seus caprichos não eram os de um espírito fraco: os leudes e os grandes oficiais sentiram-se arruinados e, assim, arruinaram-na.

Estamos bem longe de conhecer todos os atos que ocorreram naqueles tempos, e os cronistas, que conheciam a história de sua época tanto quanto os aldeões atuais conhecem a nossa, são demasiado estéreis. Entretanto, dispomos da constituição de Clotário, outorgada no Concílio de Paris[11] para corrigir os abusos, que demonstra que esse príncipe acabou com as

---

10 Ibid., cap.42, sobre o ano 613. *Sacramento a Clotario, accepto ne unquam vitae suæ temporibus degradaretur.*

11 Algum tempo depois do suplício de Brunilda, ano 615. Vede a ed. de Baluze, *Capitulares*, p.21.

queixas que motivaram a revolução.[12] De um lado, ele confirma todos os dons que haviam sido feitos ou confirmados pelos reis, seus predecessores;[13] e ordena, de outro lado, que tudo o que foi tirado de seus leudes ou fiéis lhes fosse restituído.[14]

Essa não foi a única concessão que o rei fez nesse concílio. Ele dispôs que o que havia sido feito contra os privilégios dos eclesiásticos fosse corrigido:[15] moderou a influência da corte nas eleições para os bispados.[16] O rei reformou também os assuntos fiscais: dispôs que todos os novos censos fossem anulados[17] e que não fosse cobrado nenhum pedágio estabelecido a partir da morte de Gontrão, Sigeberto e Quilderico,[18] isto é, que fosse revogado tudo o que havia sido feito durante as regências de Fredegunda e de Brunilda. Ele proibira que seus rebanhos fossem pastoreados pelas florestas dos particulares;[19] e, como veremos muito em breve, a reforma foi bem mais geral ainda e se estendeu às questões civis.

Capítulo II – Como o governo civil foi reformado

Vimos até aqui a nação dar sinais de impaciência e de leviandade quanto à escolha ou à conduta de seus senhores. Vimo-la regular as contendas de seus senhores entre si e lhes impor a necessidade da paz. Todavia, a nação fez então algo que não havíamos visto: lançou seus olhares sobre sua situação, examinou suas leis com frieza, remediou suas insuficiências, acabou com a violência, regulou o poder.

---

12 *Quæ contra rationis ordinem acta vel ordinata sunt, ne in antea, quod avertat divinitas, contingant, disposuerimus, Christo præsule, per hujus edicti tenorem generaliter emendare.* Em Proœmio, ibid., art.16.

13 Ibid., art.16.

14 Ibid., art.17.

15 *Et quod per tempora ex hoc prætermissum est, vel dehinc, perpetualiter observetur.*

16 *Ita ut episcopo decedente, in loco ipsius qui a metropolitano ordinari debet cum principalibus, a clero et populo eligatur; et si persona condigna fuerit, per ordinationem principis ordinetur; vel certe si de palatio eligitur, per meritum personae et doctrinae ordinetur.* Ibid., art.1.

17 *Ut ubicumque census novus impie additus est, ... emendetur,* art.8.

18 Ibid., art.9.

19 Ibid., art.21.

Do espírito das leis

As regências varonis, ousadas e insolentes de Fredegunda e Brunilda não tinham tanto surpreendido essa nação, mas sim a advertido. Fredegunda protegera suas maldades através de suas próprias maldades: havia justificado o veneno e os homicídios pelo veneno e pelos homicídios; conduzia-se de modo que seus atentados fossem ainda mais particulares do que públicos. Fredegunda perpetrou mais males, Brunilda fez com que males maiores fossem temidos. Nessa crise, a nação não se contentou em pôr ordem no governo feudal, quis também assegurar seu governo civil: afinal, este último era ainda mais corrompido que o primeiro, e essa corrupção era tanto mais perigosa quanto mais antiga fosse, e envolvia, de algum modo, mais o abuso dos costumes do que o abuso das leis.

A *História* de Gregório de Tours e outros testemunhos nos revelam, de um lado, uma nação feroz e bárbara, e, de outro, reis que não o eram menos. Esses príncipes eram assassinos, injustos e cruéis, porque toda a nação assim o era. Se o cristianismo por vezes pareceu abrandá-los, isso se deu somente pelo terror que o cristianismo infundia nos culpados. As igrejas se defenderam deles através dos milagres e prodígios de seus santos. Os reis não eram sacrílegos, porque receavam as penas dos sacrílegos; mas, fora isso, cometeram, seja por cólera ou sangue-frio, todas as espécies de crimes e de injustiças, porque a mão da divindade não se mostrava tão presente nesses crimes e injustiças. Os francos, como já disse, toleravam os reis assassinos, porque eles mesmos eram assassinos; não se impressionavam com as injustiças e saques de seus reis, porque eles mesmos eram saqueadores e injustos como eles. Havia muitas leis estabelecidas, mas os reis tornavam-nas inúteis por determinadas cartas chamadas *precepções*,[20] derrubando-as: tratava-se quase da mesma coisa que os rescritos dos imperadores romanos, seja porque os reis emprestaram esse uso deles, seja porque o haviam extraído do próprio âmago de sua natureza. Vê-se, em Gregório de Tours, que cometiam assassinatos a sangue-frio e mandavam matar acusados que nem sequer haviam sido escutados; davam precepções para fazer casamentos ilícitos;[21]

---

20 Eram ordens enviadas pelo rei aos juízes, para que fizessem ou tolerassem certas coisas contra a lei.

21 Vede Tours [*História dos francos*], Lv.IV, p.227. A história e as certidões estão repletas disso, e a amplitude desses abusos aparece sobretudo no Édito de Clotário II, do ano 615, dada para reformá-los. Vede os *Capitulares*, ed. de Baluze, t.I, p.22.

davam-nas para transferir sucessões; davam-nas para suprimir o direito dos parentes; davam-nas para desposar as religiosas. Na verdade, não criavam leis de sua própria iniciativa, mas suspendiam a prática daquelas já criadas.

O Édito de Clotário corrigiu todos esses gravames. Ninguém mais podia ser condenado sem antes ser ouvido;[22] os parentes deveriam sempre suceder segundo a ordem estabelecida pela lei;[23] todas as precepções para desposar jovens, viúvas ou religiosas, foram anuladas, e aqueles que as tinham obtido e feito uso delas eram severamente punidos.[24] Talvez saberíamos com mais exatidão o que ele estatuiu sobre esses preceitos se o artigo 13 desse decreto, bem como os dois seguintes, não tivessem se perdido com o tempo. Conhecemos apenas as primeiras palavras desse artigo 13, que ordena que as precepções serão observadas, o que não pode se referir àquelas que essa mesma lei havia abolido. Conhecemos uma outra constituição do mesmo príncipe,[25] referente ao seu édito, e que da mesma forma corrige, ponto por ponto, todos os abusos das precepções.

É verdade que Baluze, tendo encontrado essa constituição sem a data e sem o nome do lugar em que foi outorgada, atribuía-a a Clotário I. Ela é de Clotário II. Darei três razões para isso:

1ª) Diz-se na constituição que o rei conservará as imunidades concedidas às igrejas por seu pai e seu avô.[26] Quais imunidades teria podido Quilderico, avô de Clotário I, ter concedido às igrejas, ele que não era cristão e vivia antes que a monarquia houvesse sido fundada? Contudo, se atribuirmos esse decreto a Clotário II, seu avô será o próprio Clotário I, que fez imensas doações para as igrejas, a fim de expiar a morte de seu filho Chramn, que ele havia mandado queimar junto com mulher e filhos.

2ª) Os abusos que essa constituição corrige perduraram após a morte de Clotário I, e foram até mesmos levados ao seu ápice durante a fraqueza do

---

22 Art.22.

23 Ibid., art.6.

24 Ibid., art.18.

25 Na edição dos *Capitulares* de Baluze, t.I, p.7.

26 Já falei no livro precedente, Cap.21, dessas imunidades, que eram concessões de direitos de justiça, que continham proibições aos juízes reais de realizar qualquer função no território e eram equivalentes à instauração ou concessão de um feudo.

Do espírito das leis

reinado de Gontrão, a crueldade do reinado de Quilderico e as detestáveis regências de Fredegunda e de Brunilda. Ora, como teria podido a nação tolerar gravames tão solenemente proscritos sem deixar de se queixar sobre o retorno contínuo desses gravames? Como não teria ela feito aquilo que fez quando Quilderico II,[27] tendo reavivado as antigas violências, foi então pressionado a ordenar que, nos julgamentos, fossem seguidas a lei e as práticas costumeiras, como se fazia antigamente?[28]

3ª) Enfim, essa constituição feita para corrigir os gravames não pode se referir a Clotário I, porque, durante seu reinado, absolutamente não havia no reino queixas a esse respeito, e porque sua autoridade ali era muito consolidada, sobretudo na época em que se situa essa constituição; ao passo que ela convém muito bem aos eventos que aconteceram durante o reinado de Clotário II, que causaram uma revolução na condição política do reino. É preciso esclarecer a história pelas leis e as leis pela história.

Capítulo III — Autoridade dos prefeitos do palácio

Disse que Clotário II se comprometera a não exonerar Varnacário do cargo de prefeito durante o período em que este vivesse. A revolução produziu um outro efeito. Antes dessa época, o prefeito era prefeito do rei: tornou-se prefeito do reino; antes o rei o escolhia, depois a nação passou a escolhê-lo. Protádio, antes da revolução, tinha sido alçado ao cargo de prefeito por Teodorico,[29] e Landerico por Fredegunda.[30] Contudo, em seguida a nação assumiu a direção para eleger.[31]

Assim, não se pode confundir, como alguns autores o fizeram, os prefeitos do palácio com os que possuíam essa dignidade antes da morte

---

27 Ele começou a reinar por volta do ano 670.

28 Vede a *Vida de São Ludgero*.

29 *Instigante Brunichilde, Theoderico jubente*, etc. Fredegário [Crônica], cap.27, sobre o ano 605.

30 *Gesta rerum Francorum*, cap.36.

31 Vede Fredegário, *Crônica*, cap.54, sobre o ano 626; e seu continuador anônimo, cap.101, sobre o ano 695, e o cap.105, sobre o ano 715. Aimoin [*Historiæ Francorum*], Lv.IV, cap.15. Eginhardo [*Vida de Carlos Magno*], cap.48. *Gesta rerum Francorum*, cap.45. [Eginhardo (c. 770-840), autor de *Vita Caroli Magni*. (N. T.)]

de Brunilda, os prefeitos do rei com os prefeitos do reino. Vê-se, pela Lei dos Borguinhões, que entre eles o cargo de prefeito não era um dos primeiros do Estado,[32] e da mesma forma não foi um dos mais eminentes entre os primeiros reis francos.[33]

Clotário tranquilizou aqueles que possuíam cargos e feudos, e, após a morte de Varnacário, quando esse príncipe perguntou aos senhores reunidos em Troyes quem eles gostariam de colocar no lugar, estes exclamaram que não elegeriam ninguém,[34] e, pedindo-lhe sua graça, colocaram-se em suas mãos.

Dagoberto reuniu, como seu pai, a monarquia inteira: a nação confiou nele e não lhe deu um prefeito. Esse príncipe se sentiu em liberdade e, além disso, tendo ganhado confiança por suas vitórias, retomou o plano de Brunilda. Mas isso sucedeu tão mal para ele que os leudes da Austrásia deixaram-se derrotar pelos eslavônios,[35] bateram em retirada para casa e as marchas da Austrásia foram deixadas expostas aos bárbaros.

Ele decidiu propor aos austrasianos a cessão da Austrásia para seu filho Sigeberto, com um tesouro, e depositar o governo do reino e do palácio nas mãos de Cuniberto, bispo de Colônia, e do duque Adalgiso. Fredegário não entra nos detalhes das convenções então realizadas, mas o rei confirmou-as todas por suas cartas, e a princípio Austrásia foi afastada do perigo.[36]

Dagoberto, sentindo sua morte, recomendou a Aega sua mulher Nantilda e seu filho Clóvis. Os leudes de Nêustria e da Borgonha escolherem esse jovem príncipe como seu rei.[37] Aega e Nantilda governaram o palácio,[38]

---

32 Vede a Lei dos Borguinhões, *in præfat.*, e o segundo suplemento a esta lei, tit.XIII.

33 Vede Tours [*História dos francos*], Lv.IX, cap.34.

34 *Eo anno, Clotarius cum proceribus et leudibus Burgundiae Trecassinis conjungitur, cum eorum esset sollicitus, si vellent jam, Warnachario discesso, alium in ejus honoris gradum sublimare; sed omnes unanimiter denegantes se nequaquam velle majorem-domus eligere, regis gratiam obnixe petentes, cum rege transegere.* Em Fredegário, *Crônica*, cap.54, sobre o ano 626.

35 *Istam victoriam quam Vinidi contra Francos meruerunt, non tantum Sclavinorum fortitudo obtinuit, quantum dementatio Austrasiorum, dum se cernebant cum Dagoberto odium incurrisse, et assidue expoliarentur.* Em ibid., cap.68, sobre o ano 630.

36 *Deinceps Austrasii eorum studio limitem et regnum Francorum contra Vinidos utiliter défensasse noscuntur.* Em ibid., cap.75, sobre o ano 632.

37 Ibid., cap.79, sobre o ano 638.

38 Ibid.

Do espírito das leis

restituíram todos os bens que Dagoberto havia confiscado[39] e acabaram com queixas na Nêustria e Borgonha, assim como haviam acabado com as da Austrásia.

Após a morte de Aega, a rainha Nantilda estimulou os senhores da Borgonha a elegerem Floacato como seu prefeito.[40] Este enviou para os bispos e aos eminentes senhores do reino da Borgonha cartas nas quais prometia para sempre conservar, isto é, durante sua vida, as honras e as dignidades que possuíam.[41] Sua palavra foi confirmada por um juramento. É aqui que o autor do *Livro dos prefeitos da casa real* situa o início da administração do reino por prefeitos do palácio.[42]

Fredegário, que era borguinhão, entrou nos mais profundos detalhes sobre o que concernia aos prefeitos da Borgonha na época da revolução sobre a qual falamos, mais do que sobre os prefeitos da Austrásia e da Nêustria. Contudo, as convenções feitas na Borgonha foram, pelas mesmas razões, feitas na Nêustria e na Austrásia.

A nação acreditou ser mais seguro depositar o poder nas mãos de um prefeito que ela elegia e a quem podia impor condições do que nas de um rei cujo poder era hereditário.

Capítulo IV – Qual era o gênio da nação no que concerne aos prefeitos

Um governo no qual uma nação que tinha um rei elegia a pessoa que devia exercer o poder real parecia, de fato, algo muito extraordinário. Porém, independentemente das circunstâncias nas quais se encontravam, creio que, a esse respeito, os francos tiraram suas ideias de um passado remoto.

Eram descendentes de germanos, a respeito dos quais Tácito afirma que, na escolha de seu rei, decidiam por sua nobreza, e, na escolha de seu chefe,

---

39 Ibid., cap.80, sobre o ano 639.

40 Ibid., cap.89, sobre o ano 641.

41 Ibid. *Floachatus cunctis ducibus a regno Burgundiae, seu et pontificibus, per epistolam etiam et sacramentis firmavit unicuique gradum honoris et dignitatem, seu et amicitiam, perpetuo conservare.*

42 *Deinceps a temporibus Clodovei, qui fuit filius Dagoberti inclyti regis, pater vero Theoderici, regnum Francorum decidens per majores-domus cæpit ordinari.* Em *De majoribus-domus regiæ.*

por sua virtude.[43] Eis os reis da primeira dinastia e os prefeitos dos palácios; os primeiros eram hereditários, os segundos eram eletivos.

Não se pode duvidar que esses príncipes, que, na assembleia da nação, se levantavam e se ofereciam como chefes de alguma empreitada a todos os que quisessem segui-los, em sua maioria não reunissem, em sua pessoa, a autoridade do rei e o poder do prefeito. Sua nobreza lhes havia dado a realeza, enquanto sua virtude, fazendo que fossem seguidos por diversos voluntários que os consideravam como chefes, deu-lhes o poder do prefeito. Foi pela dignidade real que nossos primeiros reis estiveram à frente dos tribunais e das assembleias, e outorgaram leis com o consentimento delas. Foi por meio dessa dignidade de duque ou de chefe que realizaram suas expedições e comandaram seus exércitos.

Para conhecer o gênio dos primeiros francos a esse respeito, basta observar a conduta de Arbogasto,[44] franco da nação, a quem Valentiniano tinha entregado o comando do exército. Enclausurou o imperador no palácio, não permitindo que absolutamente ninguém lhe falasse sobre qualquer assunto civil ou militar. Arbogasto fez naquela época o que os Pepino fizeram posteriormente.

Capítulo V – Como os prefeitos obtiveram o comando dos exércitos

Enquanto os reis comandaram os exércitos, a nação não pensava em escolher um chefe para si. Clóvis e seus quatro filhos estiveram à frente dos franceses e os conduziram de vitória a vitória. Teodebaldo, filho de Teodeberto, príncipe jovem, débil e doente, foi o primeiro dos reis que permaneceu em seu palácio.[45] Recusou-se a fazer uma expedição na Itália contra Narses, e teve a infelicidade de ver os francos escolherem para si dois chefes que os liderariam nela.[46] Dos quatro filhos de Clotário I, Gontrão

---

43 *Reges ex nobilitate, duces ex virtute sumunt.* Em [Tácito] *De moribus Germanorum* [cap.7].

44 Vede Gregório de Tours, "Sulpicius Alexander" [*História dos francos*], Lv.II.

45 No ano 552.

46 *Leutheris vero et Butilinus, tametsi id regi ipsorum minime placebat, belli cum eis societatem inierunt* ["Leutário e Butilino, embora isso não agradasse a seu rei, formaram aliança de

Do espírito das leis

foi aquele que mais negligenciou o comando dos exércitos,[47] e outros reis seguiram esse exemplo; e, para transferir sem perigo o comando para outras mãos, deram-no a diversos chefes ou duques.[48]

Incontáveis inconvenientes surgiram disso: deixou de haver disciplina, a obediência foi esquecida; os exércitos tornaram-se funestos somente para o seu próprio país; estavam fartos de despojos antes mesmos de alcançarem as paragens inimigas. Lemos em Gregório de Tours uma viva pintura de todos esses males.[49] "Como poderemos obter a vitória", dizia Gontrão, "nós que não conservamos o que nossos pais adquiriram? Nossa nação não é mais a mesma...".[50] Coisa curiosa! A nação estava em decadência desde os tempos dos netos de Clóvis.

Portanto, era natural que um único duque fosse nomeado; um duque que tivesse autoridade sobre essa infinita multidão de senhores e de leudes que não mais conheciam suas obrigações; que restabelecesse a disciplina militar e que conduzisse, contra o inimigo, uma nação que não mais sabia guerrear senão consigo mesma. O poder foi entregue aos prefeitos do palácio.

A primeira função dos prefeitos do palácio foi o governo econômico das casas reais. Concorrentemente com outros oficiais, tiveram o governo político dos feudos e, no final das contas, dispunham deles inteiramente para si.[51] Detinham também a administração dos assuntos da guerra e o comando dos exércitos, e essas duas funções necessariamente se encontraram ligadas com as duas outras. Naquela época, era mais difícil reunir os exércitos do

---

guerra com eles"]. Agátias [*Histórias*], Lv.I; Gregório de Tours [*História dos francos*], Lv.IV, cap.9.

47 Gontrão nem sequer fez a expedição contra Gundovaldo, que se dizia filho de Clotário e exigia sua parte do reino.

48 Algumas vezes em número de vinte. Vede Gregório de Tours [*História dos francos*], Lv.V, cap.27, Lv.VIII, cap.28 e 30, Lv.X, cap.3. Dagoberto, que não tinha prefeito na Borgonha, adotou a mesma política, e enviou contra os gascões dez duques e diversos condes que não tinham duques acima deles. *Crônica* de Fredegário, cap.78, sobre o ano 636.

49 Gregório de Tours [*História dos francos*], Lv.VIII, cap.30, Lv.X, cap.3, e Lv.VIII, cap.30.

50 Ibid.

51 Vede o segundo suplemento à Lei dos Borguinhões, título XIII; e Gregório de Tours [*História dos francos*], Lv.IX, cap.36.

que comandá-los: e que outra pessoa senão aquela que dispunha das graças poderia ter essa autoridade? Nessa nação independente e guerreira, era preciso antes convidar do que constranger; era preciso dar ou manter a expectativa sobre os feudos que vagavam pela morte de seu possuidor, recompensar incessantemente, fazer com que as preferências fossem temidas; aquele que tinha a superintendência do palácio devia, pois, ser o general do exército.

Capítulo VI – Segunda época do aviltamento dos reis da primeira dinastia

Desde o suplício de Brunilda, os prefeitos tinham sido administradores do reino sob os reis, e, ainda que tivessem a condução da guerra, os reis encontravam-se, no entanto, à frente dos exércitos, e o prefeito da nação combatia sob sua liderança. Mas a vitória do duque Pepino sobre Teodorico e seu prefeito[52] completou a degradação dos reis,[53] e a vitória de Carlos Martel sobre Quilderico e seu prefeito Rainfroy confirmou essa degradação.[54] A Austrásia triunfou duas vezes sobre a Nêustria e a Borgonha; e, como a prefeitura da Austrásia era ligada à família dos Pepino, ela ganhou ascendência sobre todas as outras prefeituras, assim como essa casa ganhou sobre todas as outras. Os vencedores temeram que algum homem de prestígio pudesse se apoderar da pessoa dos reis para promover turbulências. Mantiveram os reis em uma mansão real, como em uma espécie de cárcere.[55] Uma vez por ano, estes eram mostrados ao povo. Ali faziam as ordenanças, mas eram as do prefeito;[56] respondiam aos embaixadores, mas eram as respostas do prefeito. É nessa época que os historiadores nos falam do governo dos prefeitos sobre os reis, que estavam sujeitos a eles.[57]

---

52 Vede os *Anais de Metz* sobre os anos 687 e 688.

53 *Ilis quidem nomina regum imponens, ipse totius regni habens privilegium* etc. Ibid., sobre o ano 695.

54 Ibid., sobre o ano 719.

55 *Sedemque illi regalem sub sua ditione concessit.* Em *Anais de Metz*, sobre o ano 719.

56 [Hariulfo] *Ex Chronico Centulensi*, Lv.II. *Ut responsa quae erat edoctus, vel potius jussus, ex sua velut potestate redderet.*

57 *Anais de Metz*, sobre o ano 691. *Anno principatus Pippino super Theodericum* [...]. *Anais de Fulda* ou Laurisham. *Pippinus dux Francorum obtinuit regnum Francorum per annos 27, cum regibus sibi subjectis.*

Do espírito das leis

O delírio da nação pela família de Pepino foi tão longe que ela elegeu como prefeito um de seus netos, que ainda se encontrava na fase da infância.[58] Instituiu-o como prefeito contra um certo Dagoberto, sobrepondo fantasmas atrás de fantasmas.

Capítulo VII – Dos grandes ofícios e dos feudos sob os prefeitos do palácio

Os prefeitos do palácio tiveram o cuidado de não restabelecer a amovibilidade dos cargos e ofícios, pois reinavam apenas pela proteção que ofereciam à nobreza a esse respeito: assim, os grandes ofícios continuaram a ser dados em caráter vitalício, e esse uso consolidou-se cada vez mais.

Tenho, contudo, reflexões específicas a fazer sobre os feudos. A meu ver, não há dúvida de que, a partir daquela época, a maior parte deles tenha se tornado hereditária.

No Tratado de Andely,[59] Gontrão e seu sobrinho Quildeberto se obrigaram a manter as liberalidades feitas aos leudes e às igrejas pelos reis que os precederam; e permitia-se às rainhas, às jovens, às viúvas dos reis, disporem, via testamento, e para sempre, das coisas que obtinham do fisco.[60]

Marculfo escrevia suas fórmulas na época dos prefeitos.[61] Vemos em muitas delas os reis fazerem doações a uma pessoa e a seus herdeiros;[62] como as fórmulas são as imagens das ações comuns da vida, elas provam que, por volta do fim da primeira dinastia, uma parte dos feudos já era transmitida

---

58 *Posthæc Theudoaldus, filius ejus (Grimoaldi) parvulus, in loco ipsius, cum prædicto rege Dagoberto, major-domus palatii effectus est.* O continuador anônimo de Fredegário, sobre o ano 714, cap.104.

59 Relatado por Gregório de Tours [*História dos francos*], Lv.IX. Vede também o Édito de Clotário II, ano 615, art.16.

60 *Ut si quid de agris fiscalibus vel speciebus atque præsidio, pro arbitrii sui voluntate, facere, aut cuiquam conferre voluerint, fixa stabilitate perpetuo conservetur.* [Gregório de Tours, *História dos francos*, Lv.IX, cap.20.]

61 Vede a fórmula XXIV e a XXXIV do Lv.I.

62 Vede a fórmula XIV do Lv.I, que se aplica igualmente aos bens fiscais concedidos diretamente em caráter perpétuo e aos concedidos inicialmente em benefício, mas que, em seguida, concediam-se em caráter perpétuo: *Sicut ab illo, aut a fisco nostro, fuit possessa.* Vede também a fórmula XVII, ibid.

aos herdeiros. Naquela época, estava-se ainda muito distante de haver a ideia de um domínio inalienável: isso é uma coisa bem moderna, mas que então era desconhecida, tanto na teoria quanto na prática.

Em breve veremos provas factuais a esse respeito; e, se mostro um período no qual já não havia benefícios para o exército, tampouco fundos para sua manutenção, será necessário convir que os antigos benefícios haviam sido alienados. Essa é a época de Carlos Martel, que fundou novos feudos, os quais devem ser efetivamente distinguidos dos primeiros.

Quando os reis começaram a conceder em caráter de perpetuidade, seja pela corrupção que se infiltrara no governo, seja pela própria constituição que fizera com que os reis fossem obrigados a continuamente oferecer recompensas, era natural que começassem primeiro a dar os feudos em perpetuidade, mais do que os condados. Privar-se de algumas terras era coisa pouca; renunciar aos grandes ofícios era perder o próprio poder.

Capítulo VIII – Como os alódios foram transformados em feudos

A maneira de transformar um alódio em feudo é encontrada em uma fórmula de Marculfo.[63] Uma pessoa doava sua terra ao rei, que a devolvia ao doador em usufruto ou benefício, e este designava seus herdeiros ao rei.

A fim de descobrir as razões existentes para que uma pessoa desnaturasse dessa forma seu alódio, cabe a mim averiguar, como que nos abismos, as antigas prerrogativas dessa nobreza que, há onze séculos, está coberta de pó, de sangue e de suor.

Aqueles que possuíam feudos tinham enormes vantagens. A composição devida aos danos feitos a eles era bem maior do que a dos homens livres. Pelas fórmulas de Marculfo, revela-se ser um privilégio do vassalo do rei que quem o matasse fosse obrigado a pagar seiscentos soldos de composição. Esse privilégio fora estabelecido pela Lei Sálica[64] e pela dos Ripuários;[65] ao passo

---

63 Lv.I, fórmula XIII.
64 [*Lex Salica*] tit.XLIV. Vede também os títulos XLVI, §3º e 4º, e o título LXXIV.
65 [*Lex Ripuaria*] tit.IX.

Do espírito das leis

que essas leis determinavam seiscentos soldos pela morte do vassalo do rei, estipulavam apenas duzentos pela morte de um ingênuo, franco, bárbaro ou homem vivendo sob a Lei Sálica,[66] e somente cem pela de um romano.

Esse não era o único privilégio desfrutado pelos vassalos do rei. É imperioso saber que, quando um homem era citado em julgamento e não se apresentasse ou não obedecesse às ordenações dos juízes, era chamado a comparecer perante o rei;[67] e, se persistisse em sua contumácia, era excluído da proteção do rei,[68] e ninguém poderia recebê-lo em sua casa e nem mesmo lhe oferecer pão. Ora, caso fosse de uma condição comum, seus bens eram confiscados;[69] mas, caso fosse vassalo do rei, não o eram.[70] O primeiro, por sua contumácia, era presumido como culpado pelo crime, enquanto o segundo não o era. O primeiro, nos menores crimes, era submetido à prova por água fervente;[71] o segundo apenas o era nos casos de homicídio.[72] Enfim, um vassalo do rei não poderia ser constrangido a jurar na justiça contra outro vassalo.[73] Esses privilégios aumentaram progressivamente, e o capitular de Carlomano concede a seguinte honra aos vassalos do rei: a de não serem obrigados eles próprios a prestar juramento, mas somente de fazê-lo pela boca de seus próprios vassalos.[74] Ademais, quando aquele que tinha essas honras não se apresentasse ao exército, sua pena era se abster de carne e de vinho pelo mesmo período de tempo que havia faltado no serviço; mas o homem livre que não houvesse seguido o conde[75] pagava uma composição de sessenta soldos[76] e era reduzido à servidão até que a houvesse pago.

---

66 Vede a Lei dos Ripuários, tit.VII; e a Lei Sálica, tit.XLIV, art.I e 4.

67 Lei Sálica, tit.LIX e LXXVI.

68 *Extra sermonem regis*. Lei Sálica, tit.LIX e LXXVI.

69 Ibid., tit.LIX, §1.

70 Ibid., tit.LXXVI, §1.

71 Ibid., tit.LVI e LIX.

72 Ibid., tit.LXXVI, §1.

73 Ibid., tit.LXXVI, §2º.

74 *Apud Vernis palatium*, do ano 883, art.4 e 11.

75 *Capitular* de Carlos Magno, que é o segundo do ano 812, art.I e 3.

76 *Heribannum*.

Portanto, é fácil conceber que os francos – e ainda mais os romanos –, que não eram vassalos do rei, buscassem vir a sê-lo, e que, a fim de não serem privados de seus domínios, cogitassem a prática de entregar seu alódio ao rei, de recebê-lo como feudo e de lhe designar seus herdeiros. Essa prática perdurou e foi sobretudo empregada nas desordens da segunda dinastia, onde todos tinham a necessidade de um protetor, desejando unir-se a outros senhores[77] e entrar, por assim dizer, na monarquia feudal, porque a monarquia política já não existia mais.

Isso continuou na terceira dinastia, como é possível constatar em diversas certidões,[78] seja quando alguém dava seu alódio para depois retomá-lo no mesmo ato, seja quando o declarava como alódio para reconhecê-lo como feudo. Esses feudos eram chamados de *feudos de retomada*.

Isso não significa que aqueles que tinham feudos os governassem como bons pais de família; e, ainda que os homens livres ativamente procurassem obter feudos, tratavam esse gênero de bens como atualmente se administram os usufrutos. Eis o que motivou Carlos Magno, o príncipe mais vigilante e atento que já tivemos, a fazer diversos regulamentos, a fim de impedir que os feudos fossem degradados em proveito de suas propriedades.[79] Isso prova somente que, em sua época, a maioria dos benefícios eram ainda vitalícios, e que, por conseguinte, mais atenção era dedicada aos alódios do que aos benefícios; mas isso não impedia que as pessoas preferissem ser um vassalo do rei a ser um homem livre. Era possível que alguém tivesse razões de dispor de uma certa porção particular de um feudo, mas ninguém queria perder a própria dignidade.

Também sei muito bem que Carlos Magno se queixa, em um capitular, que, em alguns lugares, existiam pessoas que davam seus feudos como propriedade e em seguida os recompravam como propriedade.[80] Mas não

---

77 *Non infirmis reliquit hæredibus*, diz Lambert d'Ardres, em Du Cange, na entrada *alodis*.

78 Vede as que Du Cange cita na entrada *alodis*, e as que relata Galland em *Traité du franc-alleu*.

79 *Capitular* II do ano 802, art.10; e o *Capitular* VII do ano 803, art.3; e o *Capitular* I, *incerti anni*, art.49; e o *Capitular* do ano 806, art.7.

80 O quinto [capitular] do ano 806, art.8.

Do espírito das leis

sustento que dessem mais preferência a uma propriedade do que a um usufruto: sustento apenas que, quando era possível fazer com que um alódio se tornasse um feudo que passasse aos herdeiros, o que é o caso da fórmula sobre a qual falei, havia grandes vantagens em fazê-lo.

Capítulo IX – Como os bens eclesiásticos foram convertidos em feudos

Os bens fiscais não deveriam ter tido outra destinação senão a de servir às dotações que os reis podiam fazer para convidar os francos a participar de novas empreitadas, as quais, por seu lado, aumentavam os bens fiscais: e esse era, como já o disse, o espírito da nação. Contudo, as dotações tomaram outro curso. Temos um discurso de Quilperico, neto de Clóvis, no qual ele já se queixava que quase todos seus bens haviam sido dotados às igrejas.[81] "Nosso fisco tornou-se pobre", dizia ele, "nossas riquezas foram transferidas para as igrejas.[82] Somente os bispos reinam: eles se encontram na magnificência, enquanto nós não mais nos encontramos".

Isso fez com que os prefeitos, que não ousaram atacar os senhores, despojassem as igrejas: e uma das razões que Pepino alegou para entrar em Nêustria[83] foi que ele havia sido convidado pelos eclesiásticos para impedir as expedições dos reis, isto é, dos prefeitos, que privavam a Igreja de todos seus bens.

Os prefeitos da Austrásia, ou seja, a casa dos Pepino, tinham tratado a Igreja com a maior moderação até então praticada na Nêustria e na Borgonha; e isso fica muito evidente pelas nossas crônicas,[84] nas quais os monges não podem deixar de admirar a devoção e a liberalidade dos Pepino. Eles

---

81 Em Gregório de Tours [*História dos francos*], Lv.VI, cap.46.

82 Isso fez com que ele anulasse os testamentos feitos em proveito das igrejas, e mesmo as doações feitas por seu pai: Gontrão as reinstituiu e até mesmo fez novas doações. Gregório de Tours [*História dos francos*], Lv.VII, cap.7.

83 Vede os *Anais de Metz*, sobre o ano 687. *Excitor imprimis querelis sacerdotum et servorum dei, qui me sæpius adierunt ut pro sublatis injuste patrimoniis etc.*

84 Ibid.

próprios haviam ocupado os primeiros cargos da Igreja. "Um corvo não arranca os olhos de um corvo",[85] como dizia Quilperico aos bispos.

Pepino subjugou a Nêustria e a Borgonha. Porém, como se valeu do pretexto da opressão das igrejas para destruir os prefeitos e os reis, não podia mais despojá-las sem contradizer seu título e demonstrar que debochava da nação. Mas a conquista dos dois grandes reinos e a destruição do partido oposto lhe ofereceram meios suficientes para satisfazer seus capitães.

Pepino se tornou senhor da monarquia ao proteger o clero. Carlos Martel, seu filho, apenas conseguiu se manter ao oprimi-lo. Esse príncipe, vendo que uma parte dos bens reais e dos bens fiscais tinha sido concedida vitaliciamente ou como propriedade para a nobreza, e que o clero, recebendo das mãos dos ricos e dos pobres, tinha adquirido uma grande parte dos próprios alódios, despojou as igrejas: e, como os feudos da primeira partilha não mais perduraram, formou feudos por uma segunda vez.[86] Ele tomou, para si e para seus capitães, os bens das igrejas e as próprias igrejas, e acabou com um abuso que, diferente dos males comuns, era tanto mais fácil curar quanto era extremo.

Capítulo X – Riquezas do clero

O clero recebia tanto que, durante as três dinastias, por diversas vezes todos os bens do reino devem ter-lhe sido doados. Mas se os reis, a nobreza e o povo encontraram o meio de lhes doar todos seus bens, não deixaram de igualmente encontrar o meio de privá-los deles. A piedade fundou as igrejas na primeira dinastia, mas o espírito militar fez com que fossem cedidas aos militares, que as dividiram entre seus filhos. Quantas terras não saíram das rendas do clero! Os reis da segunda dinastia abriram suas mãos e também fizeram imensas liberalidades. Os normandos chegam, pilham e destroem, perseguem sobretudo os padres e monges, fazem buscas nas abadias e averiguam qualquer

---

85 Em Gregório de Tours [*História dos francos*, Lv.V, cap.18].

86 *Karolus plurima juri ecclesiastico detrahens, prædia fisco sociavit, ac deinde militibus dispertivit.* [Hariulfo] *Ex Chronico Centulensi*, Lv.II.

Do espírito das leis

lugar religioso: afinal, atribuíam aos eclesiásticos a destruição de seus ídolos e todas as violências de Carlos Magno, que os havia obrigado a se refugiar no Norte, um após o outro. Eram ódios que quarenta ou cinquenta anos não os haviam feito esquecer. Nesse estado de coisas, quantos bens o clero não perdeu! Mal havia eclesiásticos para reavê-los. Assim, coube à piedade da terceira dinastia fazer muitas fundações e doar muitas terras: as opiniões difundidas e aceitas naqueles tempos teriam privado os laicos de todos os seus bens, caso tivessem sido pessoas suficientemente honestas. Mas, se os eclesiásticos tinham ambição, os laicos também a tinham: se o moribundo doava, o sucessor queria reaver. Viam-se apenas querelas entre os senhores e os bispos, os gentis-homens e os abades, e era necessário pressionar vivamente eclesiásticos, porque eles foram obrigados a se colocar sob a proteção de certos senhores, que os defendiam em um momento para em seguida oprimi-los.

Uma melhor polícia, que se estabelecia na corte da terceira dinastia, já permitia aos eclesiásticos aumentar seus bens. Os calvinistas surgiram e mandaram cunhar moedas com todo ouro e prata que se encontravam nas igrejas. Como o clero teria assegurado suas fortunas, se nem sequer estava seguro de sua própria existência? Tratava de assuntos controversos e seus arquivos eram queimados. De que valia insistir em solicitar a uma nobreza permanentemente arruinada aquilo que ela não mais possuía ou que havia hipotecado de mil maneiras? O clero sempre adquiriu, sempre devolveu e continua a adquirir.

Capítulo XI – Estado da Europa na época de Carlos Martel

Carlos Martel, que se dedicou a despojar o clero, encontrou-se na mais feliz das circunstâncias: era temido e amado pelos militares e trabalhava para eles; tinha o pretexto de suas guerras contra os sarracenos;[87] por mais ódio que o clero alimentasse contra o príncipe, este não tinha necessidade dele; o papa, a quem era necessário, estendia-lhe as mãos: é conhecida a cé-

---

87 Vede os *Anais de Metz*.

Montesquieu

lebre embaixada que Gregório III lhe enviou.[88] Essas duas potências foram fortemente unidas, pois não podiam dispensar uma à outra: o papa tinha necessidade dos francos para apoiá-lo contra os lombardos e os gregos, enquanto Carlos Martel tinha necessidade do papa para humilhar os gregos, embaraçar os lombardos, tornar-se mais respeitável em seu país e acreditar os títulos que tinha e os que ele ou seus filhos poderiam vir a obter.[89] Não podia, portanto, falhar em sua empreitada.

Santo Euquério, bispo de Orléans, teve uma visão que assombrou os príncipes. Sobre isso, é preciso que me refira à carta[90] que os bispos reunidos em Reims escreveram para Luís, o Germânico, que havia entrado nas terras de Carlos, o Calvo, porque ela é muito adequada para nos revelar qual era, naquela época, o estado das coisas e a situação dos ânimos. Dizem que "quando Santo Euquério foi arrebatado aos céus, viu Carlos Martel atormentado no inferno inferior, por ordem dos santos responsáveis por auxiliar Jesus Cristo no Juízo Final; que ele havia sido condenado a essa pena antes do tempo por haver despojado as igrejas de seus bens e por ter sido considerado culpado dos pecados de todos aqueles que os haviam entregado; que o rei Pepino mandou estabelecer um concílio a esse respeito; que mandou restituir às igrejas tudo aquilo que pôde reunir de bens eclesiásticos; que, como apenas conseguiu recobrar uma parte desses bens por causa de suas contendas com Vaifro, duque da Aquitânia, mandou que, quanto ao restante,[91]

---

88 *Epistolam quoque, decreto Romanorum principum, sibi prædictus præsul Gregorius miserat, quod sese populus Romanus, relicta imperatoris dominatione, ad suam defensionem et invictam clementiam convertere voluisset. Anais de Metz,* sobre o ano 741 [...] *Eo pacto patrato, ut a partibus imperatoris recederet.* [Crônica] Fredegário.

89 É possível verificar, nos autores daquela época, a impressão que a autoridade de tantos papas exerceu sobre o espírito dos franceses. Ainda que o rei Pepino tivesse já sido coroado pelo arcebispo de Mainz, ele encarava a unção que havia recebido do papa Estêvão como algo que o confirmava em todos seus direitos.

90 *Anno 858, apud Carisiacum,* ed. de Baluze, t.II, p.101; e ibid., t.II, art.7, p.109.

91 *Precaria, quod precibus utendum conceditur,* diz Cujas, em suas notas sobre o Livro I *De Feudis.* Leio em um diploma do rei Pepino, datado do terceiro ano de seu reinado, que esse príncipe não foi o primeiro a estabelecer as cartas precárias: ele cita uma feita pelo prefeito Ebroin, e continua depois disso. Vede o diploma desse rei, no tomo V dos *Historiadores da França,* pelos beneditinos, art.6.

Do espírito das leis

fossem feitas cartas precárias[92] em favor das igrejas e regulou que os laicos pagariam um dízimo sobre os bens obtidos das igrejas e doze denários por cada casa; que Carlos Magno não doou os bens da Igreja; que, ao contrário, fez um capitular pelo qual se comprometia, em seu próprio nome e no de seus sucessores, em nunca os doar; que tudo o que propunham está escrito e que mesmo muitos dentre eles tinham ouvido contar a Luís, o Bonachão, pai dos dois reis".

O regulamento do rei Pepino que os bispos comentam foi feito no concílio realizado em Leptines.[93] A Igreja com isso encontrava a seguinte vantagem: aqueles que tivessem recebido alguns de seus bens o possuiriam somente de maneira precária e, além disso, ela receberia um dízimo e doze denários por cada casa que lhe houvesse pertencido. Mas era um remédio paliativo, e o mal continuava a persistir.

Até mesmo isso encontrou oposição e Pepino foi obrigado a fazer um outro capitular[94] no qual ordenava àqueles que desfrutavam desses benefícios que pagassem esse dízimo e esse foro, e mesmo que mantivessem as casas do bispo ou do monastério, sob pena de perder os bens dados. Carlos Magno renovou os regulamentos de Pepino.[95]

O que os bispos afirmam na mesma carta — que Carlos Magno promete, em seu próprio nome e pelo de seus sucessores, de não mais repartir os bens das igrejas entre os militares — está em conformidade com o capitular desse príncipe, outorgado em Aix-la-Chapelle, no ano 803, feito para acalmar os terrores dos eclesiásticos a esse respeito. As doações já feitas, contudo,

---

92 Segundo Marc Bloch, o *precarium* era uma forma de obtenção de um bem a partir da "oração (*preces*) que emanava, ou se supunha que emanava, do donatário" (Bloch, *A sociedade feudal*, p.178). O mesmo valia para doações recebidas pelas cartas de rogação ou cartas precárias (*epistola precaria*). Conforme se lê mais adiante, a *casa* era dotar alguém de uma morada específica, mas transferindo para um indivíduo "a preocupação de prover sua própria manutenção" (ibid., p.177). (N. T.)

93 Ano 743. Vede o Lv.V dos *Capitulares*, art.3, ed. de Baluze, p.825.

94 O de Metz, ano 756, art.4.

95 Vede seu capitular do ano 803, outorgado em Worms, ed. de Baluze, p.411, no qual ele regulamenta o contrato precário; e o de Frankfurt, ano 794, p.267, art.24, sobre as reparações das casas; e o do ano 800, p.330.

perduravam.[96] Os bispos acrescentam, e com razão, que Luís, o Bonachão, seguiu a conduta de Carlos Magno, e não deu nenhum dos bens da Igreja para os soldados.

Entretanto, os antigos abusos haviam ido tão longe que, sob os filhos de Luís, o Bonachão, os laicos designavam os padres em suas igrejas ou os expulsavam, sem o consentimento dos bispos.[97] As igrejas eram repartidas entre os herdeiros,[98] e, quando eram mantidas de uma maneira indecente, os bispos não tinham outro recurso senão recolher suas relíquias.[99]

O capitular de Compiègne[100] estabelece que o emissário do rei poderia realizar a visita de todos os monastérios com o bispo, com o acordo e presença daquele que o possuía;[101] e essa regra geral prova que o abuso era geral.

Não era o caso de faltarem leis para a restituição dos bens das igrejas. Como o papa havia admoestado os bispos por sua negligência quanto ao restabelecimento dos monastérios, escreveram[102] para Carlos, o Calvo, dizendo que essa admoestação não incidia sobre eles, porque não eram culpados disso, e o informaram sobre aquilo que havia sido prometido, decidido e estatuído em tantas assembleias da nação. Efetivamente, citam nove delas.

As disputas continuaram. Os normandos chegaram e puseram todos de acordo.

Capítulo XII – Estabelecimento dos dízimos

Os regulamentos feitos sob o rei Pepino havia mais dado à Igreja a esperança de um alívio do que um alívio efetivo; e, assim como Carlos Martel

---

96 Como revelado pela nota precedente e pelo capitular de Pepino, rei da Itália, no qual se diz que o rei concederá como feudo os monastérios àqueles que se recomendassem para eles. Ele é acrescentado à Lei dos Lombardos, Lv.II, tit.I, §30, e às leis sálicas, coletânea das leis de Pepino, em Échard, p.195, tit.XXVI, art.4.

97 Vede a constituição de Lotário I, na Lei dos Lombardos, Lv.III, Lei I, §43.

98 Ibid., §44.

99 Ibid.

100 Outorgado no 28º ano do reinado de Carlos, o Calvo, ano 868, ed. de Baluze, p.203.

101 *Cum consilio et consensu ipsius qui locum retinet.*

102 *Concilium apud Bonoilum,* 16º ano de Carlos, o Calvo, ano 856, ed. de Baluze, p.78.

Do espírito das leis

encontrara todo o patrimônio público nas mãos dos eclesiásticos, Carlos Magno encontrara todos os bens dos eclesiásticos nas mãos dos militares. Não era possível fazer com que estes restituíssem tudo o que lhes havia sido doado, e as circunstâncias nas quais então se encontravam tornavam a coisa ainda mais impraticável do que ela já o era por sua natureza. Por outro lado, o cristianismo não devia perecer por falta de ministros, templos e instruções.[103]

Isso fez Carlos Magno estabelecer os dízimos, novo gênero de bem, que teve a seguinte vantagem para o clero: como era doado exclusivamente à Igreja, posteriormente suas usurpações seriam mais facilmente identificáveis.[104]

Buscaram atribuir datas antiquíssimas para esse estabelecimento, mas as autoridades citadas para tanto me parecem testemunhar contra aqueles que as alegam. A constituição de Clotário[105] diz somente que certos dízimos[106] não serão cobrados sobre os bens da Igreja. Muito longe, portanto, de as igrejas cobrarem dízimos naqueles tempos, toda sua pretensão consistia em buscar se isentar deles. O segundo Concílio de Mâcon,[107] ocorrido no ano 585, ordenando que os dízimos sejam pagos, diz, na verdade, que eles eram pagos antigamente, mas diz também que, naquela época, não eram mais pagos.

Quem duvida que antes de Carlos Magno não se tivesse aberto a Bíblia e pregado os dons e as oferendas do Levítico?[108] Mas digo que antes desse príncipe os dízimos podiam ser predicados, mas que não estavam instituídos.

---

103 Nas guerras civis que surgiram na época de Carlos Martel, os bens da Igreja de Reims foram dados aos laicos. Deixou-se o clero "subsistir como podia", conforme se lê na vida de São Remígio. Surius, tI, p.279.

104 Lei dos Lombardos, Lv.III, tit.III, §1 e 2.

105 É a constituição sobre a qual tanto falei no Capítulo 4 deste livro, que é encontrada na edição dos *Capitulares*, por Baluze, t.I, art.11, p.9.

106 *Agraria et pascoaria, vel decimas porcorum, Ecclesiæ concedimus; ita ut actor decimator in rebus Ecclesiæ nullus accedat.* O capitular de Carlos Magno, do ano 800, ed. de Baluze, p.336, explica muito bem o que era essa espécie de dízimo do qual Clotário isentou a Igreja: tratava-se de um décimo dos porcos que eram colocados nas florestas do rei para a engorda, e Carlos Magno dispunha que seus juízes o pagassem como os outros, a fim de dar o exemplo. Vê-se que se tratava de um direito senhorial ou econômico.

107 *Conciliorum antiquorum Galliæ, opera Jacobi Sirmondi.* Canone V, t.I.

108 *Levítico*, XXVII, v.30 ss. (N. T.)

Disse que os regulamentos feitos sob o rei Pepino haviam submetido ao pagamento dos dízimos e às reparações das igrejas aqueles que possuíam em feudo os bens eclesiásticos. Era muita coisa obrigar, através de uma lei cuja justiça não poderia ser questionada, os principais da nação a darem o exemplo.

Carlos Magno fez mais: vê-se, pelo capitular *de Villis*,[109] que ele empenhou seus próprios fundos de terra para o pagamento dos dízimos. Trata-se também de um grande exemplo.

Mas o populacho absolutamente não é capaz de abandonar seus interesses por meio de exemplos. O sínodo de Frankfurt[110] lhe apresentou um motivo mais premente para pagar os dízimos. Fez-se um capitular no qual se diz que, na última fome, espigas de trigo vazias haviam sido encontradas;[111] que haviam sido devoradas por demônios, e que haviam escutado suas vozes censurando o fato de o dízimo não ter sido pago; e, consequentemente, ordenou-se que todos aqueles que possuíssem bens eclesiásticos pagassem o dízimo, e, ainda como consequência disso, ordenou-se que todos o pagassem.

O projeto de Carlos Magno inicialmente não foi exitoso: esse encargo parecia opressivo. O pagamento dos dízimos entre os judeus havia entrado no plano da fundação de sua república, mas, aqui, o pagamento dos dízimos era um encargo independente daqueles do estabelecimento da monarquia. É possível ver, nas disposições acrescentadas à Lei dos Lombardos,[112] a dificuldade encontrada para fazer que os dízimos fossem recepcionados pelas leis civis: pode-se julgar, pelos diferentes cânones dos concílios, o quão difícil foi fazê-los serem recepcionados pelas leis eclesiásticas.

---

109 Art.6, ed. de Baluze, p.332. O capitular foi outorgado no ano 800.

110 Ocorrido no reinado de Carlos Magno, ano 794.

111 Vede, dentre outros, o capitular de Luís, o Bonachão, do ano 829, ed. de Baluze, p.663, contra aqueles que, com a intenção de não pagar o dízimo, deixavam de cultivar suas terras. Vede também o art.5: *Nonis quidem et decimis, unde et genitor noster et nos frequenter in diversis placitis admonitionem fecimus.*

112 Dentre outras, a de Lotário, Lv.III, tit.III, cap.6.

Do espírito das leis

O povo enfim consentiu em pagar os dízimos, com a condição de que pudesse resgatá-los. A constituição de Luís, o Bonachão,[113] e a do imperador Lotário,[114] seu filho, não permitiram isso.

As leis de Carlos Magno sobre a instituição dos dízimos era obra da necessidade: somente a religião participou disso, a superstição não teve papel algum.

A famosa divisão[115] que separou os dízimos em quatro partes – para a construção das igrejas, para os pobres, para o bispo e para os clérigos –, prova bem que ele queria dar à Igreja essa condição fixa e permanente que ela havia perdido.

Seu testamento[116] revela que ele queria concluir a reparação dos males que Carlos Martel, seu avô, havia cometido. Dividiu seus bens mobiliários em três partes iguais: quis que duas dessas partes fossem divididas em 21 para as 21 metrópoles de seu império;[117] cada parte devia ser subdividida entre a metrópole e os bispos que dependiam dela. Dividiu o terço que restava em quatro partes: deu uma aos seus filhos e seus netos; outra foi adicionada aos dois terços já dados; as duas outras foram empregadas em obras pias. Parece que ele considerava o imenso dom que acabara de fazer às igrejas menos como uma ação religiosa do que como uma distribuição política.

Capítulo XIII – Das eleições para os bispados e abadias

Como as igrejas se tornaram pobres, os reis abandonaram as eleições para os bispados e outros benefícios eclesiásticos.[118] Os príncipes se preo-

---

113 Do ano 829, art.7, em Baluze, t.I, p.663.

114 Lei dos Lombardos, Lv.III, tit.III, §8º.

115 Ibid., §4º.

116 É uma espécie de codicilio relatado por Eginhardo [*Vida de Carlos Magno*], e que é diferente do próprio testamento que se encontra em Goldast e Baluze. [Melchior Goldast (1578-1635), jurista suíço, autor de *Collectio Constitutionum Imperialium* (1713). (N. T.)]

117 A arquidiocese ou igreja arquiepiscopal. (N. T.)

118 Vede o capitular de Carlos Magno, do ano 803, art.2, ed. de Baluze, p.379; e o Édito de Luís, o Bonachão, do ano 834, em Goldast, *Constituições imperiais*, t.I.

cuparam menos em nomear ministros para esses cargos e os competidores reivindicavam menos sua autoridade. Assim, a Igreja recebia uma espécie de compensação pelos bens que lhe haviam sido arrebatados.

E se Luís, o Bonachão, deixou ao povo romano o direito de eleger os papas,[119] esse foi um efeito do espírito geral de sua época: conduziam-se em relação à Sé de Roma do mesmo modo como se conduziam em relação às outras.

Capítulo XIV – Dos feudos de Carlos Martel

Absolutamente não afirmarei se Carlos Martel, ao doar os bens da Igreja como feudo, doou-os em caráter vitalício ou à perpetuidade. Tudo o que sei é que, na época de Carlos Magno[120] e de Lotário I,[121] havia essas espécies de bens que passavam aos herdeiros e se partilhavam entre eles.

Acho, ademais, que uma parte foi doada como alódio e a outra parte como feudo.[122]

Disse que os proprietários dos alódios estavam submetidos ao serviço enquanto possuidores dos feudos. Indubitavelmente, isso foi, em parte, a causa pela qual Carlos Martel deu-os tanto como alódio quanto como feudo.

Capítulo XV – Continuação do mesmo assunto

É preciso notar que, como os feudos foram transformados em bens da Igreja, e como os bens da Igreja foram transformados em feudos, os feudos e os bens da Igreja adquiriram reciprocamente algo da natureza de um e do outro. Assim, os bens da Igreja tiveram os privilégios dos feudos e os feudos

---

119 Isso é dito no famoso cânone *Ego Ludovicos*, que é visivelmente apócrifo. Encontra-se na ed. de Baluze, p.591, sobre o ano 817.

120 Como se vê em seu capitular do ano 801, art.17, em Baluze, t.I, p.360.

121 Vede sua constituição inserida no código dos lombardos, Lv.III, tit.I, §44.

122 Vede a constituição acima citada e o capitular de Carlos, o Calvo, do ano 846, cap.20, *in villa Sparnaco*, ed. de Baluze, t.II, p.31; e o do ano 853, cap.3 e 5, no sínodo de Soissons, ed. de Baluze, t.II, p.54; e o do ano 854, *apud Attiniacum*, cap.10, ed. de Baluze, t.II, p.70. Vede também o capitular primeiro de Carlos Magno, *incerti anni*, art.49 e 56, ed. de Baluze, t.I, p.519.

Do espírito das leis

tiveram os privilégios dos bens da Igreja: tais foram os direitos honoríficos nas igrejas que vimos surgir nessa época.[123] E, como esses direitos sempre foram ligados à alta justiça, preferivelmente ao que atualmente chamamos de feudo, segue-se que as justiças patrimoniais foram estabelecidas na época desses direitos.

Capítulo XVI – Confusão da realeza e da prefeitura. Segunda dinastia

A ordem dos assuntos fez com que eu desordenasse a ordem das épocas, de modo que falei de Carlos Magno antes de ter falado daquele famoso período da translação da coroa para os carolíngios, realizada sob o rei Pepino: coisa que, diferente dos acontecimentos comuns, talvez seja mais notada atualmente do que o foi na própria época em que aconteceu.

Os reis não possuíam autoridade, mas tinham um nome; o título de rei era hereditário, e o de prefeito era eletivo. Ainda que em tempos posteriores os prefeitos tivessem colocado no trono o merovíngio que assim desejavam, nunca escolheram um rei de outra família; e a antiga lei que entregava a coroa a uma certa família ainda não havia sido apagada do coração dos franceses. A pessoa do rei era praticamente desconhecida na monarquia, mas a realeza não. Pepino, filho de Carlos Martel, acreditou ser conveniente confundir esses dois títulos, confusão que sempre deixaria a incerteza se a monarquia era hereditária ou não, e isso bastava para aquele que unisse um grande poder à realeza. Naquela época, a autoridade do prefeito uniu-se à autoridade real. Na mistura dessas duas autoridades, operou-se uma espécie de conciliação. O prefeito fora eletivo e o rei, hereditário: no começo da segunda dinastia, a coroa era eletiva porque o povo escolhia, e tornou-se hereditária porque ele escolhia sempre alguém da mesma família.[124]

---

123 Vede os *Capitulares*, Lv.V, art.44; e o Édito de Pistes do ano 866, art.8 e 9, onde são expostos os direitos honoríficos dos senhores, estabelecidos tais como são atualmente.

124 Vede o testamento de Carlos Magno e a partilha que Luís, o Bonachão, fez a seus filhos na assembleia dos Estados, ocorrida em Quierzy, relatada por Goldast: *Quem populus eligere velit, ut patri suo succedat in regni hæreditate.*

815

O padre Le Cointe, malgrado a fé de todos os testemunhos,[125] nega[126] que o papa tenha autorizado essa grande mudança: uma de suas razões é que ele teria cometido uma injustiça. É admirável ver um historiador julgar aquilo que os homens fizeram por aquilo que deveriam ter feito! Com essa maneira de raciocinar, não mais haveria história.

Seja como for, é certo que, a partir do momento da vitória do duque Pepino, sua família tornou-se reinante e a dos merovíngios deixou de sê-lo. Quando seu neto Pepino foi coroado rei, tratou-se apenas de uma cerimônia a mais e de um fantasma a menos: por meio disso somente adquiriram os ornamentos reais, e não houve mudança alguma na nação.

Eu disse isso para especificar o momento da revolução, para que não se cometa o erro de considerar como uma revolução o que era apenas uma consequência da revolução.

Quando Hugo Capeto foi coroado rei no começo da terceira dinastia, houve uma grande mudança, porque o Estado passou da anarquia para uma espécie governo. Porém, quando Pepino assumiu a coroa, passou-se de um governo para o mesmo governo.

Quando Pepino foi coroado rei, apenas mudou de nome. Contudo, quando Hugo Capeto foi coroado rei, a coisa mudou, porque um grande feudo, unido à coroa, fez com que a anarquia cessasse.

Quando Pepino foi coroado rei, o título de rei uniu-se ao maior ofício. Quando Hugo Capeto foi coroado, o título de rei uniu-se ao maior feudo.

Capítulo XVII – Particularidade na eleição dos reis da segunda dinastia

Verifica-se, na fórmula da consagração de Pepino,[127] que Carlos e Carlomano também foram ungidos e abençoados, e que os senhores franceses se

---

125 O anônimo, sobre o ano 752, e [Hariulfo] *Ex Chronico Centulensi*, sobre o ano 754.

126 *Fabella quæ post Pippini mortem excogitata est, æquitati ac sanctitati Zachariae papae plurimum adversatur...* [Charles Le Cointe] *Annales eccleiastici Francorum*, t.II, p.319.

127 Tomo V dos *Historiadores da França*, dos padres beneditinos, p.9.

Do espírito das leis

obrigaram, sob pena de interdição e excomunhão, a jamais elegerem alguém de outra dinastia.[128]

É revelado, pelos testamentos de Carlos Magno e de Luís, o Bonachão, que os francos faziam sua escolha entre os filhos do rei, algo intimamente relacionado com a cláusula mencionada anteriormente. E, quando o império passou para outra casa que não a de Carlos Magno, a faculdade de eleger, que era restrita e condicional, tornou-se pura e simples, e assim se afastava da antiga constituição.

Sentindo que seu fim se aproximava, Pepino convocou os senhores eclesiásticos e laicos em Saint-Denis[129] e dividiu seu reino entre seus dois filhos Carlos e Carlomano. Não possuímos os registros dessa assembleia, mas sabemos o que se passou nela através do autor da antiga coleção histórica atualizada por Canisius[130] e dos *Anais de Metz*, como observou Baluze.[131] E vejo nisso duas coisas de algum modo contrárias: que ele fez a partilha com o consentimento dos grandes e, em seguida, que a fez por um direito paterno. Isso prova o que eu disse, ou seja, que o direito do povo, nessa dinastia, era o de eleger dentre os membros da família: falando mais propriamente, tratava-se antes de um direito de excluir do que um direito de eleger.

Essa espécie de direito de eleição é confirmada pelos testemunhos da segunda dinastia. Tal é o capitular da divisão do império que Carlos Magno fez entre seus três filhos, onde, após ter formado sua partilha, diz que, "caso um dos três irmãos tenha um filho e o povo queira elegê-lo para que suceda ao reino de seu pai, seus tios consentirão com isso".[132]

Essa mesma disposição se encontra na partilha que Luís, o Bonachão, realizou entre seus três filhos,[133] Pepino, Luís e Carlos, no ano 837, na assembleia de Aix-la-Chapelle, assim como em uma outra partilha do mesmo

---

128 *Ut nunquam de alterius lumbis regem in ævo præsumant eligere, sed ex ipsorum.* Ibid., p.10.
129 Ano 768.
130 [Henricus Canisius] *Lectionis antiquæ*, t.II.
131 Ed. dos *Capitulares*, t.I, p.188.
132 No capitular I do ano 806, ed. de Baluze, p.439, art.5.
133 Em Goldast, *Constituições imperiais*, t.II, p.19.

817

imperador,[134] feita vinte anos antes, entre Lotário, Pepino e Luís. Também é possível ver o juramento que Luís, o Gago, fez em Compiègne, quando ali foi coroado: "eu, Luís, constituído rei pela misericórdia de Deus e pela eleição do povo, prometo...".[135] O que digo é confirmado pelos atos do Concílio de Valência,[136] ocorrido no ano 890, para a eleição de Luís, filho de Bosão, ao reino de Arles. Ali Luís foi eleito, e eis as principais razões dadas para sua eleição: que ele era da família imperial;[137] que Carlos, o Gordo, havia lhe concedido a dignidade de rei; e que o imperador Arnulfo o havia investido pelo cetro e pelo ministério de seus embaixadores. O reino de Arles, assim como os demais, desmembrados ou dependendo do império de Carlos Magno, era eletivo e hereditário.

Capítulo XVIII – Carlos Magno

Carlos Magno pensava em manter o poder da nobreza dentro de seus limites e em impedir a opressão do clero e dos homens livres. Introduziu uma moderação nas ordens do Estado de modo que elas foram contrabalanceadas, e ele então permaneceu como o senhor. Tudo foi unido pela força de seu gênio. Guiou continuamente a nobreza de expedição em expedição, não deixando tempo para que ela formasse planos e mantendo-a totalmente ocupada em seguir os seus. O império se conservou pela magnificência do chefe: o príncipe era grande, o homem era maior ainda. Os reis, seus filhos, foram seus primeiros súditos, instrumentos de seu poder e modelos de obediência. Fez regulamentos admiráveis e mais ainda: fez com que fossem executados. Seu gênio se difundiu sobre todas as partes do império. Observam-se, nas leis desse príncipe, um espírito de previdência que tudo abarca e uma certa

---

134 Ed. de Baluze, p.574, art.14. *Si vero aliquis illorum decedens, legitimos filios reliquerit, non inter eos potestas ipsa dividatur; sed potius populus, pariter conveniens, unum ex eis, quem dominus voluerit, eligat; et hunc senior frater in loco fratris et filii suscipiat.*

135 Capitular do ano 877, ed. de Baluze, p.272.

136 Em Dumont, *Corpo diplomático*, t.I, art.36. [Jean Dumont (1667-1727), historiógrafo francês, autor de *Corps universel diplomatique du droit des gens* (1726-1731). (N. T.)]

137 Pela linhagem feminina.

Do espírito das leis

força que tudo arrasta. Os pretextos[138] para eludir os deveres são eliminados, as negligências são corrigidas e os abusos, reformados ou prevenidos.
Ele sabia punir, e sabia ainda melhor perdoar. Amplo em seus desígnios,
simples em sua execução, ninguém jamais alcançou tamanha arte de fazer
as maiores coisas com tanta facilidade e de tratar as dificuldades com tanta
prontidão. Percorreu incansavelmente seu vasto império, oferecendo ajuda
onde quer que estivesse. Problemas renasciam em todos os cantos, e todos
ele resolvia. Nunca um príncipe soube melhor desbravar os perigos; nunca
um príncipe soube melhor evitá-los. Desafiou todos os perigos, particularmente aqueles que quase sempre todos os grandes conquistadores
experimentam – refiro-me às conspirações. Esse prodigioso príncipe era extremamente moderado; seu caráter era gentil, suas maneiras, simples; amava
viver com as pessoas de sua corte. Foi, talvez, excessivamente suscetível ao
prazer das mulheres, mas um príncipe que sempre governou por si mesmo
e que dedicou a vida aos seus trabalhos deve ser merecedor de algumas
indulgências a mais. Ele introduziu uma regra admirável em sua despesa:
explorou seus domínios com sabedoria, atenção e parcimônia; com suas
leis, um pai de família poderia aprender a administrar sua casa.[139] Vê-se em
seus *Capitulares* a fonte pura e sagrada de onde extraiu suas riquezas. Direi
somente mais algumas palavras: ele ordenava que os ovos de seu galinheiro e
as ervas inúteis de seu jardim[140] fossem vendidos em seus domínios, e havia
distribuído aos seus povos todas as riquezas dos lombardos e os imensos
tesouros dos hunos que haviam espoliado o mundo.

Capítulo XIX – Continuação do mesmo assunto

Carlos Magno e seus primeiros sucessores temiam que as pessoas que
haviam enviado para lugares distantes fossem induzidas à revolta, e pensa-

---

138 Vede seu capitular III do ano 811, p.486, art.1 a 8; e o capitular I do ano 812,
    p.490, art.1; e o capitular do mesmo ano, p.494, art.9 e 11; e outros.

139 Vede o capitular *de Villis* do ano 800; seu capitular II do ano 813, art.6 e 19; e o
    Lv.V dos *Capitulares*, art.303.

140 Capitular *de Villis*, art.39. Vede esse capitular na íntegra, que é uma obra-prima de
    prudência, de boa administração e de economia.

ram que encontrariam mais docilidade nos eclesiásticos: assim, erigiram, na Alemanha, um grande número de bispos[141] e os uniram a grandes feudos. Segundo algumas certidões, aparentemente as cláusulas que continham as prerrogativas desses feudos não eram diferentes das comumente inseridas nessas concessões,[142] ainda que atualmente vejamos os principais eclesiásticos da Alemanha revestidos com o poder soberano. Seja como for, eram peças que eles erigiam contra os saxões. O que Carlos Magno e seus sucessores não podiam esperar da indolência ou das negligências de um leude, pensaram dever esperar do zelo e da ativa atenção de um bispo. Além disso, tal vassalo, bem longe de utilizar súditos contra eles, teria, ao contrário, necessidade deles para assegurar-se contra o povo.

Capítulo XX – Luís, o Bonachão

Quando Augusto estava no Egito, mandou abrir a tumba de Alexandre. Perguntaram-lhe se ele queria abrir a dos Ptolomeus: respondeu que queria ver o rei, e não os mortos. Assim, na história dessa segunda dinastia, esforçamo-nos por encontrar Pepino e Carlos Magno: queremos ver os reis, e não os mortos.

Um príncipe que foi joguete de suas paixões e enganado pelas suas próprias virtudes; um príncipe que nunca conheceu nem sua força nem sua fraqueza; que não soube conciliar nem o medo, nem o amor; que, com poucos vícios no coração e todas as espécies de defeito do espírito, tomou as rédeas do império que Carlos Magno havia segurado.

Na época em que o universo derrama lágrimas pela morte de seu pai, nesse momento de comoção, onde o mundo inteiro clama por Carlos e não mais o encontra; na época em que ele estuga seus passos para ocupar seu lugar, ele primeiramente envia pessoas de sua confiança para prender aqueles

---

141 Vede, entre outros, a fundação do arcebispo de Bremen, no capitular de 789, ed. de Baluze, p.245.

142 Por exemplo, a proibição imposta aos juízes reais de entrar no território para exigir os *freda* e outros direitos. Falei muito sobre isso no livro precedente.

Do espírito das leis

que haviam contribuído para a desordem da conduta de suas irmãs. Isso causou sangrentas tragédias:[143] eram imprudências bastante precipitadas. Ele começa a vingar os crimes domésticos antes de ocupar o palácio, e a revoltar os espíritos antes de se tornar o senhor.

Mandou furar os olhos de Bernardo, rei da Itália, seu sobrinho, que tinha vindo implorar sua clemência alguns dias antes: isso multiplicou seus inimigos. O temor que estes lhe inspiravam fez com que mandasse tonsurar seus irmãos: isso aumentou ainda mais o número de inimigos. Esses dois últimos atos lhe valeram muitas críticas:[144] não deixaram de apontar que ele havia violado seu juramento e as promessas solenes que havia feito a seu pai no dia de seu coroamento.[145]

Após a morte da imperatriz Hermengarda, com a qual teve três filhos, desposou Judite. Tiveram um filho e não demorou muito para que, juntando as complacências de um velho marido com todas as fraquezas de um velho rei, introduzisse desordem em sua família, que desencadeou a queda da monarquia.

Ele incessantemente mudou as partilhas que havia estabelecido entre seus filhos. No entanto, essas partilhas tinham sido confirmadas uma a uma por seus juramentos, os de seus filhos e os de seus senhores. Isso era querer colocar à prova a fidelidade de seus súditos; era empenhar-se para introduzir confusão, escrúpulos e equívocos na obediência; era confundir os diversos direitos dos príncipes, sobretudo em uma época na qual, sendo as fortalezas raras, o primeiro baluarte da autoridade era a fé prometida e a fé recebida.

Os filhos do imperador, para manter suas partilhas, recorreram ao clero e lhe concederam direitos até então inauditos. Esses direitos eram especiosos: tornava-se o clero a garantia de uma coisa que se queria que ele autorizasse.

---

143 O autor desconhecido da *Vida de Luís, o Bonachão*, na coletânea de Duchesne, t.II, p.295.

144 Vede o processo verbal de sua degradação, na coletânea de Duchesne, t.II, p.333.

145 Ordenou-lhe ter por suas irmãs, irmãos e sobrinhos uma clemência sem limites, *indeficientem misericordiam*. Tégan [*Gesta Hludowici imperatoris*], na coletânea de Duchesne.

Agobardo expôs a Luís, o Bonachão, que havia enviado Lotário a Roma para que o declarassem imperador;[146] que havia feito partilhas entre seus filhos após ter consultado o céu durante três dias de jejum e orações. O que poderia fazer um príncipe supersticioso, assaltado, aliás, pela própria superstição? Podem-se perceber os dois reveses sofridos pela autoridade soberana, pela prisão desse príncipe e por sua penitência pública. Desejaram degradar o rei, degradaram a realeza.

A princípio, é difícil compreender como um príncipe que tinha diversas boas qualidades, ao qual não faltavam luzes, que naturalmente amava o bem, e, para enfim dizer tudo, que era o filho de Carlos Magno, pôde ter inimigos tão numerosos,[147] tão violentos, tão irreconciliáveis, tão ardorosos para ofendê-lo, tão insolentes em sua humilhação, tão determinados em arruiná-lo; e o teriam arruinado irremediavelmente duas vezes caso seus filhos, no fundo mais honestos que eles, tivessem sido capazes de seguir um projeto e de entrar em acordo sobre alguma coisa.

Capítulo XXI – Continuação do mesmo assunto

A força que Carlos Magno tinha colocado na nação perdurou o suficiente durante o reinado de Luís, o Bonachão, para que o Estado pudesse manter sua grandeza e ser respeitado por estrangeiros. O príncipe tinha o espírito débil, mas a nação era guerreira. A autoridade se minguava no interior sem que o poder parecesse diminuir no exterior.

Carlos Martel, Pepino e Carlos Magno governaram a monarquia um após o outro. O primeiro adulou a avareza dos militares; os dois outros, a do clero; Luís, o Bonachão, descontentou a ambos.

Na constituição francesa, o rei, a nobreza e o clero tinham em suas mãos o inteiro poder do Estado. Carlos Martel, Pepino e Carlos Magno por vezes se uniram interessadamente com uma das duas partes, a fim de conter a

---

146 Vede suas cartas.
147 Vede o processo verbal de sua degradação na coletânea de Duchesne, t.II, p.331. Vede também sua *Vida*, escrita por Tégan [*Gesta Hludowici imperatoris*]. *Tanto enim odio laborabat, ut tæderet eos vita ipsius*, diz o autor desconhecido, em Duchesne, t.II, p.307.

Do espírito das leis

outra, e quase sempre se uniram a ambas. Contudo, Luís, o Bonachão, desprendeu de si tanto um como outro desses corpos. Indispôs os bispos com regulamentos que lhes pareciam rígidos, porque o rei ia mais longe do que eles mesmos gostariam de ir. Há excelentes leis feitas inoportunamente. Os bispos, acostumados naqueles tempos a irem para a guerra contra os sarracenos e saxões, estavam bem distantes do espírito monástico.[148] De outro lado, tendo perdido todo resquício de confiança em sua nobreza, elevou pessoas insignificantes.[149] Privou a nobreza de suas ocupações,[150] afastou-a do palácio, chamou estrangeiros. Separou-se desses dois corpos e foi por eles abandonado.

Capítulo XXII – Continuação do mesmo assunto

O que mais enfraqueceu a monarquia foi, no entanto, o fato de esse príncipe ter dissipado seus domínios.[151] É sobre esse ponto que Nitardo,[152] um dos mais judiciosos historiadores que possuímos – Nitardo, neto de Carlos Magno, que era ligado ao partido de Luís, o Bonachão, e escrevia a história por ordem de Carlos, o Calvo –, deve ser escutado.

Ele diz "que, durante um tempo, um certo Aderaldo havia exercido tamanha influência sobre a cabeça do imperador que esse príncipe seguia sua vontade em todas as coisas; que, instigado por esse favorito, havia dados

---

148 "Naquela época, os bispos e os clérigos começaram a abandonar os cintos e boldriés de ouro, nos quais se penduravam punhais encravados com pedras preciosas, as vestimentas de gosto exótico, as esporas cuja riqueza sobrecarregava os calcanhares. Mas o inimigo do gênero humano não admitia tal devoção, que sublevava contra ele os eclesiásticos de todas as ordens e travou guerra contra si própria." O autor desconhecido de *Vida de Luís, o Bonachão*, na coletânea de Duchesne, t.II, p.298.

149 Tégan [*Gesta Hludowici imperatoris*] diz que aquilo que se fazia raramente no reinado de Carlos Magno era comumente feito no de Luís.

150 Querendo conter a nobreza, tomou como camareiro um certo Bernard, que acabou por desesperá-la.

151 *Villas regias, quæ erant sui et avi et tritavi, fidelibus suis tradidit eas in possessiones sempiternas: fecit enim hoc diu tempore.* Tégan, *Gesta Hludowici imperatoris.*

152 Nitardo (séc. IX), cronista francês neto de Carlos Magno, autor de *Historiarum*, fonte sobre as contendas entre filhos de Luís, o Bonachão. (N. T.)

os bens fiscais[153] a todos aqueles que os desejassem; e que, por meio disso, tinha aniquilado a república".[154] Assim, fez no império inteiro aquilo que eu disse[155] que ele havia feito na Aquitânia: algo remediado por Carlos, mas que ninguém mais remediou.

O Estado foi lançado no esgotamento no qual Carlos Martel o encontrara quando chegou à prefeitura, e as circunstâncias eram tais que nem mesmo um enérgico ato de autoridade seria suficiente para restabelecê-lo.

O fisco se viu tão empobrecido que, no reinado de Carlos, o Calvo, era impossível salvaguardar as honras de uma pessoa,[156] não se podia garantir a segurança de ninguém, a não ser que se pagasse por ela; quando foi possível destruir os normandos,[157] deixaram-nos escapar por dinheiro; e o primeiro conselho que Incmaro oferece a Luís, o Gago, é o de pedir em uma assembleia os recursos para sustentar as despesas de sua casa.

Capítulo XXIII – Continuação do mesmo assunto

O clero teve motivos para se arrepender da proteção que havia concedido aos filhos de Luís, o Bonachão. Esse príncipe, como já disse, nunca tinha dado precepções dos bens da Igreja aos laicos.[158] No entanto, logo Lotário, na Itália, e Pepino, na Aquitânia, abandonaram o plano de Carlos Magno e retomaram o de Carlos Martel. Os eclesiásticos recorreram ao imperador contra seus filhos, mas eles mesmos haviam enfraquecido a autoridade à qual apelavam. Na Aquitânia, demonstraram alguma condescendência, mas, na Itália, não obedeceram.

As guerras civis que haviam perturbado a vida de Luís, o Bonachão, foram o germe das que seguiram sua morte. Os três irmãos – Lotário, Luís e

---

153 *Hinc libertates, hinc publica in propriis usibus distribuere suasit.* Nitardo [*Historiarum Francorum*], Lv.IV, parte final.

154 *Republicam penitus annullavit.* Ibid.

155 Vede o Lv.XXX, Cap.13.

156 Incmaro de Reims [*Opuscula et epistolae*], primeira carta a Luís, o Gago.

157 Vede o fragmento da "Crônica do monastério de Saint-Serge d'Angers", em Duchesne, t.II, p.401.

158 Vede o que dizem os bispos no sínodo do ano 845, *apud Teudonis villam*, art.4.

Carlos — buscaram, cada um por seu lado, atrair os grandes para seu partido e conseguir correligionários. Deram àqueles que quiseram segui-los precepções dos bens da Igreja, e, para angariar a nobreza, entregaram-lhe o clero.

Vê-se, nos *Capitulares*,[159] que esses príncipes foram obrigados a ceder à importunidade das exigências e que frequentemente lhes arrancaram aquilo que eles não queriam dar: vê-se ali que o clero se considerava mais oprimido pela nobreza do que pelos reis. Parece ainda que Carlos, o Calvo,[160] foi quem mais atacou o patrimônio do clero, seja por ter sido aquele que mais era irritado contra ele, uma vez que seu pai havia sido humilhado por causa do clero, seja por ter sido o mais tímido. De todo modo, vê-se nos *Capitulares*[161] contínuas querelas entre o clero, que exigia seus bens, e a nobreza que recusava, eludia ou protelava sua entrega — e, entre ambos, os reis.

O estado das coisas naqueles tempos é um espetáculo digno de piedade. Enquanto Luís, o Bonachão, fazia concessões imensas de seus domínios às igrejas, seus filhos distribuíam os bens do clero aos laicos. A mesma mão que fundava as novas abadias despojava, com frequência, as antigas. O clero não tinha uma condição fixa: arrebatavam-lhe os bens, ele os recobrava, mas a coroa perdia sempre.

---

159 Vede o sínodo do ano 845, *apud Teudonis villam*, art.3 e 4, que descreve muito bem o estado das coisas. Vede também o sínodo do mesmo ano, realizado no palácio de Vernes, art.12, e o sínodo de Beauvais, também do mesmo ano, art.3, 4 e 6; e ainda o capitular *in villa Sparnaco*, do ano 846, art.20; e a carta que os bispos reunidos em Reims escreveram, no ano 858, para Luís, o Germânico, art.8.

160 Vede o capitular *in villa Sparnaco*, do ano 846. A nobreza tinha irritado o rei contra os bispos, de modo que ele os expulsou da assembleia: foram escolhidos alguns cânones dos sínodos, e declarou-se que eles seriam os únicos a serem observados; foi-lhes concedido somente aquilo que lhes era impossível recusar. Vede os artigos 20, 21 e 22. Vede também a carta que os bispos reunidos escreveram no ano 858 para Luís, o Germânico, art.8; e o Édito de Pistes, ano 864, art.5.

161 Vede o mesmo capitular, do ano 846, *in villa Sparnaco*. Vede também o capitular da assembleia realizada *apud Marsnam*, do ano 847, art.4, no qual o clero se limitou a exigir ser novamente empossado de tudo aquilo que havia usufruído sob o reino de Luís, o Bonachão. Vede também o capitular do ano 851, *apud Marsnam*, art.6 e 7, que mantém a nobreza e o clero em suas posses; e o *apud Bonoilum*, do ano 856 que é uma repreensão dos bispos ao rei, dizendo que os males, após tantas leis feitas, não haviam sido reparados; e, enfim, a carta que os bispos reunidos em Reims escreveram, no ano 858, para Luís, o Germânico, art.8.

Por volta do fim do reino de Carlos, o Calvo, e a partir desse reinado, não mais se tratava de contendas do clero e dos laicos a respeito da restituição dos bens da Igreja. Os bispos ainda deram alguns bons suspiros nas suas advertências a Carlos, o Calvo, encontradas no capitular do ano 856, e na carta[162] que escreveram a Luís, o Germânico, no ano 858. Mas propuseram coisas e reivindicavam promessas tantas vezes descumpridas que é notório que não tinham nenhuma esperança de obtê-las.

Tratava-se somente de reparar, em geral, os malfeitos realizados na Igreja e no Estado.[163] Os reis se comprometeram a não tomar dos leudes seus homens livres e de não mais lhes dar bens eclesiásticos por precepções,[164] de modo que o clero e a nobreza pareceram unir seus interesses.

As estranhas devastações dos normandos, como já disse,[165] contribuíram bastante para colocar um fim a essas querelas.

Os reis, a cada dia mais desacreditados, por causas que já mencionei e por aquelas que ainda mencionarei, acreditaram não ter outra medida a tomar senão a de se colocar nas mãos dos eclesiásticos. Mas o clero havia enfraquecido os reis e os reis haviam enfraquecido o clero.

Em vão Carlos, o Calvo, e seus sucessores, chamaram o clero para apoiar o Estado e impedir sua queda;[166] em vão se valeram do respeito que os povos têm por esse corpo[167] para manter o respeito que deviam ter por eles; em vão

---

162 Art.8.

163 Vede o capitular do ano 851, art.6 e 7.

164 Carlos, o Calvo, no sínodo de Soissons, diz que havia prometido aos bispos não mais outorgar precepções dos bens da Igreja. Capitular do ano 853, art.11, ed. de Baluze, t.II, p.56.

165 Lv.XXXI, Cap.10. (N. T.)

166 Vede em Nitardo [*Historiarum*], Lv.IV, como, após a fuga de Lotário, os reis Luís e Carlos consultaram os bispos para saber se poderiam assumir e dividir o reino que ele havia abandonado. De fato, como os bispos formavam entre si um corpo mais unido que os leudes, convinha a esses príncipes assegurar seus direitos por uma resolução dos bispos, que poderiam engajar todos os outros senhores a segui-los.

167 Vede o capitular de Carlos, o Calvo, *apud Saponarias*, do ano 859, art.3. "Vénilon, que eu havia tornado arcebispo de Sens, consagrou-me, e eu não deveria ser expulso do reino por ninguém *saltem sine audientia et judicio episcoporum, quorum ministerio in regem sum consecratus, et qui throni Dei sunt dicti, in quibus Deus sedet, et per quos sua decernit judicia; quorum paternis correctionibus et castigatoriis judiciis me subdere fui paratus, et in præsenti sum subditus*" [e certamente não sem audiência e sem julgamento dos bispos, ministério pelo qual

Do espírito das leis

buscaram conferir autoridade às suas leis pela autoridade dos cânones;[168] em vão uniram as penas eclesiásticas às penas civis;[169] em vão, para contra-balançar a autoridade do conde, conferiram a cada bispo a qualidade de seu enviado nas províncias.[170] Foi impossível para o clero corrigir o mal que havia feito, e uma estranha infelicidade, sobre a qual falarei em breve, fez a coroa cair por terra.

Capítulo XXIV – Que os homens livres foram tornados capazes de possuir feudos

Afirmei que os homens livres iam para a guerra sob o comando de seu conde, e os vassalos sob o comando de seu senhor. Isso fazia com que as ordens do Estado se moderassem entre si e, ainda que os leudes tivessem vassalos sob seu comando, podiam ser contidos pelo conde, que era o líder de todos os homens livres da monarquia.

A princípio,[171] esses homens livres não puderam se recomendar para um feudo, mas, posteriormente, puderam fazê-lo. Considero que essa mudan-ça tenha transcorrido no período situado entre o reino de Gontrão até o de Carlos Magno. Provo isso pela comparação que podemos fazer entre o Tratado de Andely,[172] realizado entre Gontrão, Quildeberto e a rainha Brunilda, e a partilha feita por Carlos Magno a seus filhos, assim como uma partilha semelhante feita por Luís, o Bonachão.[173] Esses três atos contêm disposições similares a respeito dos vassalos, e como eles regulam os mes-

---

fui consagrado rei, e que se dizem o trono de Deus, no qual Deus senta, pelos quais distribui a justiça; pelos quais fui e estou presentemente preparado para me submeter às suas correções paternas e castigos judiciais].

168 Vede o capitular de Carlos, o Calvo, *de Carisiaco*, do ano 857, ed. de Baluze, t.II, p.88, art.I a 4, e 7.

169 Vede o sínodo de Pistes, do ano 862, art.4; e o capitular de Carlomano e de Luís II, *apud Vernis palatium*, do ano 883, art.4 e 5.

170 Capitular do ano 876, sob Carlos, o Calvo, *in synodo Pontigonensi*, ed. de Baluze, art.12.

171 Vede o que eu disse no Livro XXX, último capítulo, na parte final. [Cf. nota do tradutor, Lv.XXX, Cap.22. (N. T.)]

172 Do ano 587. Em Gregório de Tours [*História dos francos*], Lv.IX.

173 Vede o capítulo seguinte, no qual trato mais longamente dessas partilhas, bem como as notas em que elas são citadas.

mos pontos em circunstâncias mais ou menos parecidas, o espírito e a letra desses três tratados são, a esse respeito, quase os mesmos.

Mas, no que concerne aos homens livres, há neles uma diferença capital. O Tratado de Andely nada diz sobre a possibilidade de estes se recomendarem para um feudo, ao passo que, nas partilhas de Carlos Magno e de Luís, o Bonachão, encontramos cláusulas expressas para que eles possam recomendar-se a eles: o que revela que, desde o Tratado de Andely, um novo uso se introduziu, pelo qual os homens livres foram tornados capazes dessa grande prerrogativa.

Isso deve ter ocorrido quando Carlos Martel, tendo distribuído os bens da Igreja a seus soldados e tendo-os doado parte como feudo, parte como alódio, operou uma espécie de revolução nas leis feudais. É verossímil que os nobres, que já possuíam feudos, achassem mais vantajoso receber novos dons como alódio, e que os homens livres se vissem ainda mais felizes em recebê-los como feudo.

Capítulo XXV – Causa principal do enfraquecimento da segunda dinastia. Mudança nos alódios

Carlos Magno, na partilha sobre a qual já falei no capítulo precedente,[174] estatuiu que, após sua morte, os homens de cada rei receberiam benefícios no reino de seu rei, e não no de outro,[175] ao passo que seus alódios seriam mantidos em qualquer reino que fosse. Acrescenta, no entanto, que qualquer homem livre poderia, após a morte de seu senhor, se recomendar para um feudo nos três reinos que quisesse, assim como aquele que jamais tivesse tido um senhor.[176] Podemos encontrar as mesmas disposições na partilha que Luís, o Bonachão, realizou entre seus filhos no ano 817.[177]

---

174 Do ano de 806, entre Carlos, Pepino e Luís. Ela é relatada por Goldast [*Constituições imperiais*], e por Baluze, t.I, p.439.

175 Art.9, p.443. O que está em conformidade com o Tratado de Andely, em Gregório de Tours [*História dos francos*], Lv.IX.

176 Art.10. E isso não é abordado no Tratado de Andely.

177 Em Baluze, t.I, p.174. *Licentiam habeat unusquisque liber homo qui seniorem non habuerit, cuicumque ex his tribus fratribus voluerit, se commendandi,* art.9. Vede também a partilha feita pelo mesmo imperador, ano 837, art.6, ed. de Baluze, p.686.

Do espírito das leis

Contudo, mesmo que os homens livres se recomendassem para um feudo, a milícia do conde absolutamente não havia se enfraquecido com isso: ainda era necessário que o homem livre contribuísse para seu alódio e preparasse pessoas que fizessem o serviço deste, na proporção de um homem para quatro solares, ou então que preparasse um homem que servisse no feudo em seu lugar. Como alguns abusos se inseriram nessas questões, eles foram corrigidos, como se vê nas constituições de Carlos Magno[178] e na de Pepino, rei da Itália,[179] que se explicam mutuamente.

A afirmação dos historiadores de que a batalha de Fontenay causou a ruína da monarquia é muito verdadeira. Não obstante, que me seja permitido averiguar as funestas consequências dessa jornada.

Algum tempo após essa batalha, os irmãos Lotário, Luís e Carlos fizeram um tratado no qual encontro cláusulas que devem ter mudado inteiramente o Estado político entre os franceses.[180]

Na anunciação[181] que Carlos fez ao povo, a respeito da parte desse tratado que lhe concernia, ele diz o seguinte. 1º) Que todo homem livre poderia escolher como senhor quem ele quisesse, fosse o rei ou outros senhores.[182] Antes desse tratado, o homem livre podia recomendar-se para um feudo, mas seu alódio permanecia sempre sob o poder imediato do rei, isto é, sob a jurisdição do conde; e apenas dependia do senhor ao qual havia se recomendado em razão do feudo que havia obtido dele. A partir desse tratado, todo homem livre pôde submeter seu alódio ao rei ou a outro senhor, como assim desejasse. Não se trata aqui dos que se recomendavam para um feudo, mas sim dos que estavam transformando seu alódio em feudo, e saindo, por assim dizer, da jurisdição civil para entrar no poder do rei ou do senhor de sua escolha.

---

178 Do ano 811, ed. de Baluze, t.I, p.486, art.7 e 8; e a do ano 812, ibid., p.490, art.1. *Ut omnis liber homo qui quatuor mansos vestitos de proprio suo, sive de alicujus beneficio habet, ipse se præparet, et ipse in hostem pergat, sive cum seniore suo*, etc. Vede o capitular do ano 807, ed. de Baluze, t.I, p.458.

179 Do ano 793, inserida na Lei dos Lombardos, Lv.III, tit.IX, cap.9.

180 No ano 847, relatada por Aubert Le Mire; e Baluze, t.II, p.42. *Conventus apud Marsnam.*

181 *Adnunciatio.*

182 *Ut unusquisque liber homo in nostro regno seniorem quem voluerit, in nobis et in nostris fidelibus, accipiat.* Art.2 da anunciação de Carlos.

Assim, aqueles que outrora estavam manifestamente sob o poder do rei, na qualidade de homens livres sob o conde, imperceptivelmente se tornaram vassalos uns dos outros, porque cada homem livre podia escolher como senhor quem ele assim desejasse, quer fosse o rei ou outros senhores.

2º) Caso um homem transformasse em feudo uma terra que possuísse à perpetuidade, esses novos feudos não poderiam mais ser vitalícios. Também vemos, num momento posterior, uma lei geral para dar os feudos aos filhos do possuidor. Essa lei é de Carlos, o Calvo, um dos três príncipes que anuíram ao contrato.[183]

O que disse sobre a liberdade que todos os homens da monarquia tiveram a partir do tratado dos três irmãos – a liberdade de escolher o senhor que assim desejassem, fosse o rei ou outros senhores – é confirmado pelos atos redigidos desde aqueles tempos.

Na época de Carlos Magno, quando um vassalo tivesse recebido de um senhor uma coisa, mesmo que ela valesse apenas um soldo, não podia mais deixá-lo.[184] Mas, sob Carlos, o Calvo, os vassalos puderam impunemente seguir seus interesses ou seu capricho; e esse príncipe se expressa tão vigorosamente sobre esse ponto que parece mais convidá-los a gozar dessa liberdade do que a restringi-la.[185] Na época de Carlos Magno, os benefícios eram mais pessoais do que reais; posteriormente, tornaram-se mais reais do que pessoais.

Capítulo XXVI – Mudança nos feudos

As mudanças ocorridas nos feudos não foram menores do que as ocorridas nos alódios. Lemos, no capitular de Compiègne, feito sob o rei

---

183 Capitular do ano 877, tit.LIII, art.9 e 10, *apud Carisiacum. Similiter et de nostris vassallis faciendum est* etc. Esse capitular se refere a um outro do mesmo ano e local, art.3.

184 Capitular de Aix-la-Chapelle, do ano 813, art.16. *Quod nullus seniorem suum dimittat, postquam ab eo acceperit valente solidum unum.* E o capitular de Pepino, do ano 783, art.5.

185 Vede o capitular *de Carisiaco*, do ano 856, art.10 e 13, ed. de Baluze, t.II, p.83, no qual o rei e os senhores eclesiásticos e laicos concordaram com o seguinte: *Et si aliquis de vobis sit cui suus senioratus non placet, et illi simulat ut ad alium seniorem melius quam ad illum acaptare possit, veniat ad illum, et ipse tranquille et pacifico animo donet illi commeatum* [...] *et quod deus illi cupierit et ad alium seniorem acaptare potuerit, pacifice habeat.*

Pepino,[186] que aqueles a quem o rei concedia um benefício, concediam, eles mesmos, uma parte desse benefício a diversos vassalos. Mas essas partes não eram distinguidas do todo. O rei as tolhia quando tolhia o todo, e, com a morte do leude, o vassalo perdia também seu subfeudo; um novo beneficiário então vinha, estabelecendo, por sua vez, novos subvassalos. Assim, o subfeudo não dependia do feudo: era a pessoa que dependia. De um lado, o subvassalo regressava ao rei, porque não era ligado para sempre ao vassalo; e o subfeudo da mesma forma regressava ao rei, porque era o próprio feudo, e não uma dependência do feudo.

Assim era a subvassalagem quando os feudos eram amovíveis, e assim continuou a sê-lo enquanto os feudos permaneceram vitalícios. Isso mudou quando os feudos, assim como os subfeudos, passaram aos herdeiros. O que antes dependia imediatamente do rei passou a depender apenas mediatamente, e o poder real retrocedeu, por assim dizer, dois graus – por vezes dois ou mais.

Vê-se, nos livros *Dos feudos*,[187] que mesmo que os vassalos do rei pudessem conceder como feudo, isto é, como subfeudo do rei, no entanto os subvassalos ou pequenos vavassalos[188] não podiam igualmente conceder como feudo, de modo que aqueles que haviam concedido podiam sempre retomar. Além disso, semelhante concessão não passava para os filhos como os feudos, porque não era considerada como sendo feita segundo a lei dos feudos.

Se compararmos a condição na qual a subvassalagem se encontrava quando os dois senadores de Milão escreviam esses livros com a época do rei Pepino, veremos que os subfeudos conservaram sua natureza primitiva por mais tempo que os feudos.[189]

Contudo, quando esses senadores escreveram, haviam sido estabelecidas exceções tão gerais a essa regra que elas haviam praticamente a aniquilado. Afinal, se aquele que houvesse recebido um feudo do pequeno vavassalo o

---

186 Do ano 757, art.6, ed. de Baluze, p.181.
187 [Jacques Cujas, *De feudis*] Lv.I, cap.I.
188 Vassalo de um vassalo, ou vassalo de um subfeudo. (N. T.)
189 Ao menos na Itália e na Alemanha.

houvesse acompanhado a Roma em uma expedição, ele adquiria todos os direitos de vassalo. Da mesma forma, se houvesse dado dinheiro ao pequeno vavassalo para obter o feudo, este não podia nem mais tomá-lo, nem o impedir de transmiti-lo a seu filho, até que houvesse realizado a restituição do dinheiro.[190] Enfim, essa regra não era mais seguida no senado de Milão.[191]

Capítulo XXVII – Outra mudança ocorrida nos feudos

Nos tempos de Carlos Magno,[192] era-se obrigado, sob graves penas, a apresentar-se para a convocação, seja qual fosse a guerra: absolutamente nenhuma desculpa era aceita, e o conde que houvesse isentado alguém disso teria sido ele próprio punido. Mas, a esse respeito, o tratado dos três irmãos inseriu uma restrição[193] que tirou, por assim dizer, a nobreza da mão do rei:[194] não se era mais obrigado a seguir o rei na guerra, a não ser que esta fosse defensiva. Nas outras, era-se livre para seguir seu senhor ou se dedicar aos seus negócios. Esse tratado reporta-se a um outro, feito cinco anos antes, entre os dois irmãos Carlos, o Calvo, e Luís, rei da Germânia, pelo qual esses dois irmãos dispensaram seus vassalos de segui-los na guerra no caso de realizarem alguma expedição um contra o outro: algo que os dois príncipes juraram e fizeram seus dois exércitos jurar.[195]

A morte de cem mil franceses na batalha de Fontenay levou aqueles que ainda restavam da nobreza[196] a pensar que, pelas querelas particulares de seus reis acerca de sua partilha, a própria nobreza seria finalmente exterminada, e que a ambição e a inveja desses reis verteriam todo o sangue que

---

190 [Jacques Cujas] *De feudis*, Lv.I, cap.I.

191 Ibid.

192 Capitular do ano 802, art.7, ed. de Baluze, p.365.

193 *Apud Marsnam*, ano 847, ed. de Baluze, p.42.

194 *Volumus ut cujuscumque nostrum homo, in cujuscumque regno sit, cum seniore suo in hostem, vel aliis suis utilitatibus pergat; nisi talis regni invasio quam Lamtuveri dicunt, quod absit, acciderit, ut omnis populus illius regni ad eam repellendam communiter pergat* . Art.5, ibid., p.44.

195 *Apud Argentoratum*, em Baluze, *Capitulares*, t.II, p.39.

196 Efetivamente, foi a nobreza que fez esse tratado. Vede Nitardo [*Historiarum Francorum*], Lv.IV.

Do espírito das leis

ainda restava a ser derramado. Fez-se então a seguinte lei: que a nobreza não seria constrangida a seguir os príncipes para a guerra, senão quando se tratasse de defender o Estado contra uma invasão estrangeira. Essa lei foi mantida em uso durante muitos séculos.[197]

Capítulo XXVIII – Mudanças ocorridas nos grandes ofícios e nos feudos

Parecia que tudo adquiria um vício particular e, ao mesmo tempo, se corrompia. Disse que, nas primeiras épocas, diversos feudos eram alienados à perpetuidade. No entanto, tratava-se de casos particulares, e os feudos em geral conservavam sempre sua natureza peculiar; e, ainda que a coroa tivesse perdido os feudos, substitui-os com outros. Disse também que a coroa nunca tinha alienado os grandes ofícios em caráter perpétuo.[198]

Mas Carlos, o Calvo, fez um regulamento geral que afetou tanto os grandes ofícios quanto os feudos: estabeleceu, em seus *Capitulares*, que os condados seriam doados aos filhos do conde, e dispunha que esse regulamento também se aplicava aos feudos.[199]

Ver-se-á muito em breve que esse regulamento tinha grande amplitude, de modo que os grandes ofícios e os feudos passaram a parentes mais distantes. Segue-se disso que a maior parte dos senhores que dependiam imediatamente da coroa passou a depender apenas de modo mediato. Esses condes, que outrora administravam a justiça nos tribunais do rei e lideravam os homens livres à guerra, encontraram-se entre o rei e seus homens livres — e o poder novamente retrocedeu um grau.

---

197 Vede a Lei de Guido, rei dos romanos, entre aquelas que foram acrescentadas às leis sálicas e a dos lombardos, tit.VI, §2º, em Échard.

198 Há autores que disseram que o condado de Toulouse havia sido dado por Carlos Martel e passara de herdeiro a herdeiro até o último Raymond. Mas, se as coisas sucederam assim, foi pelo efeito de algumas circunstâncias que puderam levar ao compromisso da escolha dos condes de Toulouse entre os filhos do último possuidor.

199 Vede seu capitular do ano 877, título LIII, art.9 e 10, *apud Carisiacum*. Esse capitular se refere a um outro do mesmo ano e do mesmo lugar, art.3.

Há mais: os capitulares revelam que os condes possuíam benefícios ligados a seu condado, assim como vassalos sob seu comando.[200] Quando os condados se tornaram hereditários, esses vassalos do conde deixaram de ser os vassalos imediatos do rei; os condes se tornaram mais poderosos, porque os vassalos que já possuíam os colocavam na condição de obter outros.

Para bem perceber o enfraquecimento que isso resultou no final da segunda dinastia, basta ver o que aconteceu no começo da terceira, onde a multiplicação dos subfeudos colocou os grandes vassalos em situação de desespero.

Era costumeiro no reino que, quando os primogênitos houvessem doado partilhas a seus caçulas, estes prestavam homenagem aos primeiros,[201] de modo que o senhor dominante apenas os conservava a título de subfeudo. Filipe Augusto, o duque da Borgonha, os condes de Nevers, de Bolonha, de Saint-Paul, de Dampierre, e outros senhores, declararam que doravante, quer fosse o feudo dividido por sucessão, quer por outra forma, o conjunto do todo dependeria sempre do mesmo senhor, sem nenhum senhor intermediário.[202] Essa ordenança não foi geralmente seguida, pois, como já disse em outra ocasião,[203] era impossível fazer, naqueles tempos, ordenanças gerais. No entanto, diversas de nossas práticas consuetudinárias basearam-se nela.

Capítulo XXIX – Da natureza dos feudos a partir do reinado de Carlos, o Calvo

Afirmei que Carlos, o Calvo, dispunha que, quando o possuidor de um grande ofício ou de um feudo deixasse um filho ao morrer, o ofício ou o feudo

---

200 O capitular III do ano 812, art.7; e o do ano 815, art.6, sobre os espanhóis; a coletânea dos *Capitulares*, Lv.V, art.288; e o capitular do ano 869, art.2; e o do ano 877, art.13, ed. de Baluze.

201 Como se lê em Otão de Freising, *Dos feitos de Frederico* [*Gesta Friderici Imperatoris*], Lv.II, cap.29.

202 Vede a ordenança de Filipe Augusto, do ano 1200, na nova coletânea [Laurière, *Ordenanças dos reis da França da terceira dinastia*, 1723].

203 Sobre os costumes na França, cf. Lv.XXVIII, Cap.45. (N. T.)

Do espírito das leis

devia ser transmitido a ele. Seria difícil seguir o progresso dos abusos que resultaram disso e da amplitude dada a essa lei em cada país. Vejo nos livros *Dos feudos*[204] que, no começo do reinado do imperador Conrado II, os feudos, nos países sob sua dominação, não passavam aos netos: passavam somente ao filho do último possuidor que o senhor havia escolhido.[205] Assim, os feudos foram dados por uma espécie de eleição que o senhor realizava entre seus filhos.

Expliquei, no Capítulo XVII deste livro, como, na segunda dinastia, a coroa era sob certos aspectos eletiva e sob outros hereditária. Era hereditária porque sempre se escolhia alguém dentre os reis da segunda dinastia, e, ademais, também o era porque os filhos sucediam. Era eletiva porque o povo escolhia entre os filhos. Como as coisas sempre se sucedem gradualmente, e porque uma lei política sempre tem relação com uma outra lei política, seguia-se, na sucessão dos feudos, o mesmo espírito que havia sido seguido para a sucessão da coroa.[206] Assim, os feudos passaram aos filhos, por direito de sucessão e direito de eleição, e cada feudo tornou-se, assim como a coroa, eletivo e hereditário.

Esse direito de eleição na pessoa do senhor não perdurava[207] na época dos autores dos livros *Dos feudos*,[208] isto é, durante o reinado do imperador Frederico I.

Capítulo XXX – Continuação do mesmo assunto

Nos livros *Dos feudos*,[209] afirma-se que, quando o imperador Conrado partira para Roma, os fiéis a seu serviço pediram que fosse feita uma lei para que os feudos que passavam aos filhos passassem também aos netos; e

---

204 [Jacques Cujas] Lv.I, tit.I.

205 *Sic progressum est, ut ad filios deveniret in quem dominus hoc vellet beneficium confirmare.* Ibid.

206 Ao menos na Itália e na Alemanha.

207 *Quod hodie ita stabilitum est, ut ad omnes aequaliter veniat.* [Jacques Cujas] *De feudis*, Lv.I, tit.I.

208 Gerardus Niger e Aubertus de Orto.

209 [Jacques Cujas] *De feudis*, Lv.I, tit.I.

que aquele cujo irmão fosse morto sem herdeiros legítimos pudesse suceder ao feudo que tivesse pertencido ao seu pai em comum. Isso foi concedido.

Os autores acrescentam ainda, e é preciso ter em mente que aqueles que escrevem viviam na época do imperador Frederico I,[210] "que os antigos jurisconsultos tinham sempre sustentado que sucessão dos feudos em linha colateral não passava além dos irmãos germanos; ainda que naqueles tempos modernos tivesse sido levada até o sétimo grau, assim como, no direito novo, havia sido levada em linha reta até o infinito".[211] É assim que a Lei de Conrado foi paulatinamente ampliada.

Admitidas todas essas coisas, a simples leitura da história da França revela que a perpetuidade dos feudos se estabeleceu na França mais cedo do que na Alemanha. Quando o imperador Conrado II começou a reinar em 1024, as coisas na Alemanha se encontravam como já estavam na França durante o reinado de Carlos, o Calvo, que morreu em 877. Mas, na França, desde o reino de Carlos, o Calvo, operaram-se tamanhas mudanças que Carlos, o Simples, não se encontrava em condições de disputar com uma casa estrangeira seus incontestáveis direitos ao império; e que, enfim, na época de Hugo Capeto, a casa reinante, despojada de todos seus domínios, não pôde sequer conservar a coroa.

A fraqueza de espírito de Carlos, o Calvo, introduziu na França uma igual fraqueza no Estado. Mas como Luís, o Germânico, seu irmão, e alguns de seus sucessores possuíam qualidades imensas, a força de seu Estado ainda se conservou por mais tempo.

Que digo? Que talvez o humor fleumático e, se ouso dizê-lo, a imutabilidade do espírito da nação alemã, tenha resistido por mais tempo que o da nação francesa a essa disposição das coisas, que fazia com que os feudos, como que por uma tendência natural, se perpetuassem nas famílias.

Acrescento que o reino da Alemanha não foi devastado e, por assim dizer, aniquilado, como aconteceu com o da França, por esse gênero particular de guerra que os normandos e os sarracenos lhe travaram. Havia menos

---

210 Cujas provou-o muito bem.
211 [Jacques Cujas] *De feudis*, Lv.I, tit.I.

Do espírito das leis

riquezas na Alemanha, menos cidades para saquear, menos costas a percorrer, mais pântanos a desbravar, mais florestas a penetrar. Os príncipes, que não enxergavam o Estado prestes a desabar a todo instante, tiveram menos necessidade de seus vassalos, isto é, dependeram menos deles. E é provável que, se os imperadores da Alemanha não tivessem sido obrigados a ir a Roma para ser coroados e realizar contínuas expedições na Itália, os feudos teriam preservado sua natureza primitiva por um período ainda maior.

Capítulo XXXI – Como o império deixou a casa de Carlos Magno

O império, que, em prejuízo do ramo de Carlos, o Calvo, já havia concedido aos bastardos do ramo de Luís, o Germânico,[212] passou ainda para uma casa estrangeira, pela eleição de Conrado, duque de Francônia, no ano 912. O ramo que reinava na França, e que apenas com muitos esforços podia disputar os vilarejos, tinha ainda menos condições de disputar o império. Temos um acordo realizado entre Carlos, o Simples, e o imperador Henrique I, que havia sucedido Conrado. É conhecido pelo nome de Pacto de Bonn.[213] Os dois príncipes se encontraram em um navio ancorado no meio do Reno e juraram um ao outro uma amizade eterna. Encontraram um excelente *mezzo termine*. Carlos assumiu o título de rei da França ocidental e Henrique o de rei da França oriental. Carlos contratou com o rei da Germânia, e não com o imperador.

Capítulo XXXII – Como a coroa da França passou para a casa de Hugo Capeto

A hereditariedade dos feudos e o estabelecimento geral dos subfeudos extinguiram o governo político e formaram o governo feudal. Em vez dessa inumerável multidão de vassalos que os reis haviam possuído, passaram a

---

212 Arnulfo e seu filho Luís IV.
213 Do ano 926, relatado por Aubert le Mire, *Cod. donationum piarum*, cap.27.

ter apenas alguns, dos quais dependiam os demais. Os reis quase não mais tiveram autoridade direta: um poder que devia passar por tantos outros poderes, e por poderes tão grandes, detinha-se ou perdia-se antes de alcançar seu termo. Vassalos tão importantes não mais obedeceram e até mesmo se valeram de seus subvassalos para não mais obedecer. Os reis, privados de seus domínios, reduzidos às cidades de Reims e de Laon, estavam à sua mercê. A árvore estendeu seus ramos demasiado longe, e a copa secou. O reino se encontrava sem domínio, como atualmente ocorre no império. A coroa foi entregue a um dos vassalos mais eminentes.

Os normandos assolaram o reino: chegavam em espécies de jangadas ou pequenas embarcações, entravam pela embocadura dos rios, subiam-nos e devastavam o país em ambos os lados. As cidades de Orléans e de Paris detinham esses bandidos,[214] e eles não podiam avançar nem sobre o Sena, nem sobre o Loire. Hugo Capeto, que possuía essas duas cidades, tinha em suas mãos as duas chaves dos infelizes restos do reino: foi-lhe deferida uma coroa que ele era o único em condições de defender. Foi assim que desde então o império foi entregue para a casa que mantém inabaláveis as fronteiras com os turcos.

O império havia saído da casa de Carlos Magno na época que a hereditariedade dos feudos era assentada somente como uma condescendência. Esse uso foi adotado mais tardiamente pelos alemães do que pelos franceses:[215] isso fez com que o império, considerado como um feudo, fosse eletivo. Ao contrário, quando a coroa da França saiu da casa de Carlos Magno, os feudos eram realmente hereditários naquele reino, e a coroa, como um grande feudo, também o era.

De resto, tem sido um equívoco atribuir ao momento exato dessa revolução todas as mudanças que haviam ocorrido ou que ocorreram depois. Tudo se reduz a dois eventos: a família reinante mudou e a coroa uniu-se a um grande feudo.

---

214 Vede o capitular de Carlos, o Calvo, ano 877, *apud Carisiacum*, sobre a importância de Paris, de Saint-Denis, e dos castelos no Loire naquela época.

215 Vede o Cap.30.

Do espírito das leis

Capítulo XXXIII – Algumas consequências da perpetuidade dos feudos

Da perpetuidade dos feudos resultou o estabelecimento do direito de primogenitura entre os franceses. Era desconhecido da primeira dinastia:[216] a coroa era dividida entre os irmãos, os alódios o eram do mesmo modo; quanto aos feudos, fossem amovíveis ou vitalícios, não sendo um objeto de sucessão, não podiam ser um objeto de divisão.

Na segunda dinastia, o título de imperador carregado por Luís, o Bonachão, e com o qual honrou Lotário, seu filho mais velho, fez com que ele imaginasse dar a esse príncipe uma espécie de primazia sobre seus caçulas. Os dois reis deviam anualmente encontrar o imperador, levando-lhe presentes[217] e recebendo outros maiores ainda; deviam conferenciar com ele acerca de assuntos comuns. Foi isso que insuflou em Lotário as pretensões que tantos insucessos lhe causaram. Quando Agobardo escreveu para esse príncipe,[218] evocou a disposição do próprio imperador, que havia associado Lotário ao império, após ter consultado Deus e recorrendo, para tanto, a três dias de jejum e à celebração dos santos sacrifícios, através de orações e esmolas; evocou que a nação lhe havia prestado juramento, e que esta não podia cometer perjúrio; e, ainda, que havia enviado Lotário para Roma, para que fosse confirmado pelo papa. Agobardo pondera sobre tudo isso, e não sobre o direito de primogenitura. Diz, de fato, que o imperador tinha designado uma partilha aos caçulas, e que havia preferido o mais velho. Porém, ao dizer que havia preferido o mais velho, isso significava dizer, ao mesmo tempo, que teria podido dar preferência aos caçulas.

Mas, quando os feudos se tornaram hereditários, instituiu-se o direito do mais velho na sucessão dos feudos, e, pela mesma razão, na sucessão da coroa, que era o grande feudo. A lei antiga, que formava partilhas, deixou de vigorar: como os feudos encarregavam-se de um serviço, era necessário que

---

216 Vede a Lei Sálica e a Lei dos Ripuários, no título sobre os alódios.

217 Vede o capitular do ano 817, que contém a primeira partilha feita por Luís, o Bonachão, entre seus filhos.

218 Vede suas duas cartas a esse respeito, das quais uma tem como título *De divisione imperii*.

o possuidor estivesse em condição de cumpri-lo. Instituiu-se um direito de primogenitura, e a razão da lei feudal se impôs sobre a da lei política ou civil.

Como os feudos passavam aos filhos do possuidor, os senhores perdiam a liberdade de dispor deles; e, para compensarem isso, estabeleceram um direito denominado direito de resgate, sobre o qual falam nossas práticas costumeiras, que inicialmente se pagava em linha reta, e que, com o uso, apenas se pagava em linha colateral.

Logo os feudos puderam ser transferidos aos estrangeiros, como um bem patrimonial. Isso deu origem ao direito de laudêmios e vendas, instituído praticamente no reino inteiro. Esses direitos foram inicialmente arbitrários, mas, quando a prática de conceder essas permissões tornou-se geral, foram determinados em cada região.

O direito de resgate deveria ser pago a cada mudança de herdeiro, e inicialmente era até mesmo pago em linha reta.[219] A prática costumeira mais geral o havia fixado em um ano de renda. Isso era oneroso e incômodo para o vassalo, e prejudicava, por assim dizer, o feudo. Com frequência o vassalo conseguia, no ato de homenagem, que o senhor se comprometesse a lhe pedir o resgate apenas por uma certa quantia de dinheiro[220] que, pelas mudanças ocorridas nas moedas, tornou-se ínfima: assim, o direito de resgate encontra-se, até os dias atuais, praticamente reduzido a nada, enquanto o de laudêmios e vendas perdurou em toda sua extensão. Como esse direito não abrangia nem os vassalos, nem seus herdeiros, mas sendo um caso fortuito que não deveria ser nem previsto, nem esperado, essas espécies de estipulações não foram feitas e se continuou a pagar uma certa parcela do preço.

Quando os feudos eram vitalícios, não era possível entregar uma parte de seu feudo a fim de mantê-lo para sempre como subfeudo: teria sido um absurdo que um simples usufrutuário tivesse disposto da propriedade da coisa. Mas, quando se tornaram perpétuos, isso foi permitido,[221] com certas

---

219 Vede a ordenança de Filipe Augusto, do ano 1209, sobre os feudos.

220 Encontrados nas cartas de muitas dessas convenções, como no capitular de Vendôme e o da abadia de Saint-Cyprien em Poitou, do quais Galland [*Traité du franc-alleu sans titre*], p.55, nos oferece algumas passagens.

221 Mas o feudo não podia ser encurtado, isto é, extinguir uma porção dele.

Do espírito das leis

restrições impostas pelos costumes:[222] isso é o que se chamou de *desmembrar seu feudo*.[223]

Como a perpetuidade dos feudos fez o direito de resgate ser instituído, as jovens puderam suceder a um feudo, na falta de filhos homens. Pois, com o senhor dando o feudo à sua filha, ele multiplicava os casos de seu direito de resgate, porque o marido devia pagá-lo, assim como a mulher.[224] Essa disposição não podia ocorrer para a coroa, pois, como ela não dependia de ninguém, não poderia incidir direito de resgate sobre ela.

A filha de Guilherme V, conde de Toulouse, não sucedeu ao condado. Na sequência, Leonor herdou a Aquitânia, e Matilda a Normandia; e o direito de sucessão das mulheres pareceu tão bem estabelecido naqueles tempos que Luís, o Jovem, após a dissolução de seu casamento com Leonor, não colocou obstáculo algum para devolver-lhe a Guiena. Como esses dois últimos exemplos seguiram muito de perto o primeiro, é forçoso que a lei geral que conclamava as mulheres à sucessão dos feudos tenha sido introduzida mais tardiamente no condado de Toulouse do que nas outras províncias do reino.[225]

A constituição de diversos reinos da Europa acompanhou a condição na qual se encontravam os feudos no momento em que esses reinos foram fundados. As mulheres não eram sucessoras nem da coroa da França nem do império, porque, quando essas duas monarquias foram instauradas as mulheres não podiam ser sucessoras dos feudos. No entanto, elas sucediam nos reinos cuja fundação fosse posterior à instituição da perpetuidade dos feudos, tais como os que foram fundados pelas conquistas dos normandos, pelas conquistas feitas sobre os mouros, ou outros, enfim, que, para

---

222 Eles determinaram a porção que não podia ser desmembrada.

223 No original, *se jouer de son fief*. Segundo o Littré, trata-se de um termo feudal, pelo qual alguém tinha o poder de "desmembrar [o feudo], e mesmo vender uma parte, sem que nada fosse devido ao suserano, desde que fossem mantidas a homenagem em sua íntegra e algum direito senhorial e dominial sobre a parte alienada". (N. T.)

224 É por isso que o senhor constrangia a viúva a casar-se novamente.

225 A maior parte das grandes casas possuía suas leis de sucessão particulares. Vede o que o sr. de la Thaumassière [*Histoire du Berry*] nos diz sobre as casas de Berry.

além dos limites da Alemanha, e em tempos bastante modernos, tiveram, de alguma maneira, um segundo nascimento com o estabelecimento do cristianismo.

Quando os feudos eram amovíveis, eram concedidos a pessoas capazes de servi-los, e a questão sobre os menores de idade não era colocada. Mas, quando se tornaram perpétuos, os senhores assumiam os feudos até a maioridade daquele que o possuísse, seja para aumentar seus lucros, seja para educar o pupilo no exercício das armas.[226] É isso que nossas práticas costumeiras chamam de *guarda-nobre*,[227] fundada sobre outros princípios além da tutela e inteiramente distinta desta.

Quando os feudos eram vitalícios, as pessoas se recomendavam para um feudo, e a tradição real realizada com o cetro confirmava o feudo, assim como atualmente é feita a homenagem. Não é de nosso conhecimento que os condes, ou mesmo os emissários do rei, recebessem as homenagens nas províncias, e essa função não é encontrada nas comissões desses oficiais que nos foram preservadas nos capitulares. É certo que por vezes faziam todos os súditos prestar o juramento de fidelidade,[228] mas esse juramento estava tão distante de uma homenagem da mesma natureza daquelas instituídas posteriormente, que, nestas últimas, o juramento de fidelidade era uma ação unida à homenagem, ora seguindo e ora precedendo a homenagem, que não ocorria em todas as homenagens e que foi menos solene que a homenagem, sendo inteiramente distinta desta.[229]

---

226 Vê-se no capitular do ano 877, *apud Carisiacum*, art.3, ed. de Baluze, t.II, p.269, o momento em que os reis fizeram os feudos serem administrados para conservá-los aos menores: exemplo que foi seguido pelos senhores e deu origem àquilo que denominamos de guarda-nobre.

227 No original *garde-noble*. Segundo o Littré, trata-se de um termo da jurisprudência feudal. O *Dictionnaire de l'Académie Française* define-o como "o direito que um pai ou mãe nobre, sobrevivendo um ao outro, têm de desfrutar do bem de seus filhos até que estes tenham atingido uma certa idade, na condição de os alimentarem e os sustentarem, sem terem que prestar contas por isso". (N. T.)

228 Sua fórmula se encontra no capitular II do ano 802. Vede também o do ano 854, art.13 e outros.

229 Du Cange, na entrada *Hominium*, p.1163, e na entrada *Fidelitas*, p.474, cita os documentos das antigas homenagens, nos quais essas diferenças se encontram

Do espírito das leis

Os condes e os emissários do rei também exigiam, em certas ocasiões, uma garantia chamada *firmitas*[230] dos vassalos cuja fidelidade era suspeita. Contudo, essa garantia não podia ser uma homenagem, porque os reis a davam entre si.[231]

Se o abade Suger fala de uma cátedra de Dagoberto, onde, segundo o relato da antiguidade, os reis da França tinham o costume de receber as homenagens dos senhores,[232] é claro que ele utiliza aqui as ideias e a linguagem de sua época.

Quando os feudos passaram aos herdeiros, o reconhecimento do vassalo, que nas primeiras épocas era somente algo ocasional, tornou-se uma ação regular: foi feito de maneira mais pomposa, revestida de mais formalidades, porque devia carregar a memória dos deveres recíprocos do senhor e do vassalo em todas as épocas.

Eu poderia acreditar que as homenagens começaram a ser instituídas no tempo do rei Pepino, época na qual disse que diversos benefícios foram concedidos em caráter perpétuo. No entanto, acreditaria, com cautela e unicamente sob a suposição de que os autores dos antigos anais dos francos não tenham sido pessoas ignorantes, que, descrevendo as cerimônias do ato

---

e onde é possível consultar um grande número de autoridades. Na homenagem, o vassalo colocava sua mão na do senhor e jurava: o juramento de fidelidade era prestado ao jurar-se sobre os Evangelhos. A homenagem era prestada de joelhos, já o juramento de fidelidade era prestado de pé. Apenas o senhor podia receber a homenagem, mas o juramento de fidelidade poderia ser tomado por seus oficiais. Vede Littleton, seção XCI e XCII. *Foi et hommage* significam fidelidade e homenagem. [Conforme também anota a edição italiana do *Espírito das leis*, na realidade Montesquieu refere-se aqui ao livro *Institutes of the Lawes of England* (1628-1644), de Edward Coke (1522-1634), jurista ligado ao estabelecimento da *common law*. A primeira parte da obra de Coke tem como subtítulo *Commentary upon Littleton*, e trata-se de um comentário à obra *Treatise on Tenures*, de Thomas de Littleton (1422-1481). O tratado de Littleton, escrito em *law french* – um dialeto francês utilizado por juristas ingleses –, é um dos primeiros impressos que buscava sistematizar o direito inglês. (N. T.)]

230 Capitular de Carlos, o Calvo, do ano 860, *post reditum a Confluentibus*, art.3, ed. de Baluze, p.145.

231 Ibid., art.1.

232 Suger, *Liber de rebus in administratione sua gestis*.

de fidelidade que Tassilão, duque da Bavária, prestou a Pepino,[233] tenham falado segundo os usos que observavam serem praticados em sua época.[234]

Capítulo XXXIV – Continuação do mesmo assunto

Quando os feudos eram amovíveis ou vitalícios, pertenciam unicamente às leis políticas. É por isso que, nas leis civis daqueles tempos, são feitas pouquíssimas menções às leis dos feudos. Contudo, quando se tornaram hereditários, quando puderam ser cedidos, vendidos, legados, passaram a pertencer às leis políticas e às leis civis. O feudo, considerado como uma obrigação do serviço militar, ligava-se ao direito político; considerado como uma espécie de bem existente no comércio, ligava-se ao direito civil. Isso deu origem às leis civis sobre os feudos.

Uma vez os feudos se tornando hereditários, as leis referentes à ordem das sucessões tiveram que ser relativas à perpetuidade dos feudos. Assim se instituiu, malgrado a disposição do direito romano e da Lei Sálica,[235] a seguinte regra do direito francês: *imóveis de herança não retrocedem.*[236] O feudo precisava ser servido, mas um avô ou tio-avô teriam sido maus vassalos para se entregar ao senhor. Assim, inicialmente essa regra aplicava-se somente aos feudos, como nos ensina Boutillier.[237]

Como os feudos tornaram-se hereditários, os senhores, responsáveis por velar para que o feudo fosse servido, exigiram que as filhas que deviam herdar o feudo,[238] e, creio, algumas vezes os filhos, não poderiam se casar

---

233 *Anno 757*, cap.17.

234 *Tassillo venit in vassatico se commendans, per manus sacramenta juravit multa et innumerabilia, reliquiis sanctorum manus imponens, et fidelitatem promisit Pippino.* Pareceria haver aí uma homenagem e um juramento de fidelidade. Vede acima a nota sobre Littleton e Du Cange.

235 No título sobre os alódios.

236 [Jacques Cujas] *De feudis*, Lv.IV, tit.LIX. [No original: *propres ne remontent point.* Os *propres* eram, nesse caso, bens imóveis recebidos por herança. A expressão, oriunda da jurisprudência feudal, significa que os ascendentes não herdam as propriedades, com a preferência recaindo sobre os filhos e netos. (N. T.)]

237 *Suma rural*, Lv.I, tit.LXXVI, p.447.

238 De acordo com uma ordenação de São Luís, do ano 1246, feita para confirmar as práticas costumeiras de Anjou e do Maine, os que detêm a guarda de uma jovem

Do espírito das leis

sem seu consentimento, de modo que os contratos de casamento se tornaram para os nobres uma disposição feudal e uma disposição civil. Em semelhante ato, celebrado diante dos olhos do senhor, foram estabelecidas disposições para a sucessão futura, visando fazer que o feudo pudesse ser servido por seus herdeiros. Os nobres também tiveram inicialmente a liberdade de dispor das sucessões futuras por contrato de casamento, como notaram Boyer[239] e Aufrerius.[240]

É inútil dizer que o retrato por linhagem, fundado no antigo direito dos pais, um mistério de nossa antiga jurisprudência francesa o qual não tenho tempo para desenvolver, apenas pudesse ser aplicado aos feudos quando eles se tornaram perpétuos.

Italiam, italiam...[241] Encerro este tratado dos feudos onde a maior parte dos autores o começaram.

---

herdeira de um feudo oferecerão garantia ao senhor de que ela apenas se casará com seu consentimento.

239 [Nicolas de Bohier, *Decisiones supremi senatus Burdegalensis*] Decisão 155, n.8, e 204, n.38.

240 [Stephanus Aufrerius, *Deci. capelle Tholose*] Decisão 453.

241 [Virgílio] *Eneida*, Lv.III, v.523.

DÉFENSE
DE
L'ESPRIT DES LOIX,

A laquelle on a joint quelques ÉCLAIRCISSEMENS.

Le prix est de trente sols broché.

A GENEVE,
Chez BARRILLOT & FILS.

M. DCC. L.

Frontispício da primeira edição de *Défense de l'Esprit des loix, à laquelle on a joint quelques éclaircissemens*. Genebra: Barrillot, 1750.

Defesa do Espírito das leis

Primeira parte

Esta defesa foi dividida em três partes. Na primeira, são respondidas as objeções gerais dirigidas ao autor do *Espírito das leis*. Na segunda, são respondidas as objeções específicas. A terceira contém reflexões sobre a maneira pela qual foi objetada. O público estará a par do estado de coisas e poderá fazer seu julgamento.

I

Ainda que o *Espírito das leis* seja uma obra de pura política e de pura jurisprudência, nela o autor frequentemente teve a ocasião de falar sobre a religião cristã: procedeu de maneira que toda sua grandeza pudesse ser sentida e, se não teve como objetivo esforçar-se para que se acreditassem nela, buscou fazer que fosse amada.

Entretanto, em dois periódicos, um publicado logo após o outro,[1] foram-lhe atribuídas horrendas imputações. A questão é nada menos saber se ele é espinosista ou deísta, e, ainda que essas duas acusações sejam por si mesmas contraditórias, ele é continuamente levado de uma para outra. Como ambas

---

1 Um em 9 de outubro de 1749, o outro no dia 16 do mesmo mês.

são incompatíveis, podem declará-lo culpado apenas por uma delas, embora ambas tenham o condão de torná-lo mais odioso.

É então espinosista, ele que, desde o primeiro parágrafo de seu livro, distinguiu o mundo material das inteligências espirituais.

É então espinosista, ele que, no segundo parágrafo, atacou o ateísmo: "Aqueles que disseram que *uma fatalidade cega produziu todos os efeitos que vemos no mundo* disseram um grande absurdo. Pois há absurdo maior do que uma fatalidade cega que teria produzido seres inteligentes?".

É então espinosista, ele que prosseguiu com as seguintes palavras: "Deus tem relação com o universo como criador e como mantenedor.[2] As leis segundo as quais criou são aquelas segundo as quais conserva: age segundo essas regras, pois as conhece; as conhece porque as fez; as fez porque elas possuem relação com sua sabedoria e seu poder".

É então espinosista, ele que acrescentou: "Como observamos que o mundo, formado pelo movimento da matéria e privado de inteligência, continua a perdurar etc.".

É então espinosista, ele que demonstrou, contra Hobbes e Espinosa, "que as relações de justiça e de equidade eram anteriores a todas as leis positivas".[3]

É então espinosista, ele que no começo do segundo capítulo diz: "A lei que, imprimindo em nós a ideia de um criador, nos conduz para sua direção, é a primeira das *leis naturais* por sua importância".

É então espinosista, ele que combateu com todas as suas forças os paradoxos de Bayle, segundo o qual é melhor ser ateu do que idólatra, paradoxo a partir do qual os ateus extraíram as mais perigosas consequências.

O se poderia dizer, tendo em vista passagens tão categóricas? Além disso, a equidade natural requer que o grau da prova seja proporcional ao peso da acusação.

Primeira objeção

O autor tropeça desde os primeiros passos. "As leis, em seu significado mais amplo", diz ele, "são as relações necessárias que derivam da natureza das coisas". As leis são relações!

---

2 Lv.I, Cap.I.
3 Lv.I, Cap.I.

Pode-se conceber algo assim? [. . .] Entretanto, o autor não alterou, sem um desígnio, a definição comum das leis. Qual é, pois, seu objetivo? Ei-lo: segundo o novo sistema, há, entre todos os seres que formam o que Pope chama o Grande Todo,[4] um encadeamento tão necessário que o mínimo distúrbio levaria à confusão até o trono do primeiro Ser. Foi isto que fez Pope afirmar que as coisas não poderiam ser diferentes do que são, e que tudo está bem como está. Isto posto, entendemos o significado dessa nova linguagem, que as leis são relações necessárias que derivam da natureza das coisas. Ao que se acrescenta que, nesse sentido, "todos os seres possuem suas leis: a Divindade tem suas leis, o mundo material tem suas leis, as inteligências superiores têm suas leis, os animais têm suas leis, o homem tem suas leis".

Resposta

Nem mesmo as próprias trevas são tão obscuras quanto isso. O crítico ouviu dizer que Espinosa admitia um princípio cego e necessário que governava o universo. Ele não precisa de mais nada: a partir do momento que encontrar a palavra *necessário*, tratar-se-á de espinosismo. O autor disse que as leis eram uma relação necessária: eis, pois, espinosismo, porque eis o necessário. E o que há de surpreendente é que o autor, segundo o crítico, é espinosista por causa desse parágrafo, ainda que o parágrafo combata expressamente os sistemas perigosos. O autor visava atacar o sistema de Hobbes, sistema terrível, que, fazendo que todas as virtudes e todos os vícios dependam da instituição das leis que os homens fizeram para si, e buscando provar que os homens nascem todos em estado de guerra e que a primeira lei natural é a guerra de todos contra todos, subverte, como Espinosa, toda religião e toda moral. Sobre isso, o autor estabeleceu primeiramente a existência de leis de justiça e de equidade antes do estabelecimento das leis positivas; provou que todos os seres tinham leis; que, mesmo antes de sua criação, tinham leis possíveis; que o próprio Deus tinha leis, isto é, que as tinha feito. Demonstrou que era falso que os homens nascessem no estado de guerra; manifestou que o estado de guerra[5] apenas havia começa-

---

4 Referência ao poema *Essay on Man* (1733-1734), de Alexander Pope (1688-1744): "All are but parts of one stupendous whole / Whose body Nature is, and God the soul" [Tudo é apenas parte de um todo estupendo/ Cujo corpo é a Natureza e Deus é a alma] (I, 9). (N. T.)

5 Lv.I, Cap.II.

do após o estabelecimento das sociedades; ofereceu, a respeito do assunto, princípios claros. Mas disso sempre resulta que o autor atacou os erros de Hobbes e as consequências dos de Espinosa, e que lhe aconteceu de ser tão pouco compreendido que interpretaram como se fossem as opiniões de Espinosa as objeções que ele faz contra o espinosismo. Antes de entrar em disputa, era preciso começar por inteirar-se bem sobre o estado da questão, e saber, ao menos, se aquele que se ataca é amigo ou inimigo.

Segunda objeção

O crítico continua: *Baseado nisso, o crítico cita Plutarco, que diz que a lei é a rainha de todos os mortais e imortais. Mas será que um pagão etc.*

Resposta

É verdade que o autor citou Plutarco, que diz que a lei é rainha de todos os mortais e imortais.

Terceira objeção

O autor diz que *a criação, que parece ser um ato arbitrário, supõe regras tão invariáveis quanto a fatalidade dos ateus.* A partir desses termos, o crítico conclui que o autor admite a fatalidade dos ateus.

Resposta

Em um momento anterior, ele havia destruído essa fatalidade com as seguintes palavras: "Aqueles que disseram que uma fatalidade cega produziu todos os efeitos que vemos no mundo disseram um grande absurdo. Pois há absurdo maior do que uma fatalidade cega que teria produzido seres inteligentes?". Ademais, na passagem ora repreendida, não se pode fazer o autor falar aquilo que ele não fala. Ele absolutamente não fala de causas, e não compara as causas; fala, no entanto, de efeitos, e compara os efeitos. O parágrafo inteiro, bem como o precedente e o subsequente, revelam que apenas se trata aqui de regras do movimento, que o autor diz terem sido instituídas por Deus: essas regras são invariáveis, e toda a física acompanha o autor; elas são invariáveis porque Deus dispôs que assim fossem e porque quis conservar o mundo. Sobre isso, o autor não diz nada a mais nem nada a menos.

Do espírito das leis

Continuarei a afirmar que o crítico nunca compreende o sentido das coisas, e atém-se somente às palavras. Quando o autor disse que a criação, que parecia ser um ato arbitrário, supunha regras tão invariáveis quanto a fatalidade dos ateus, não seria possível interpretá-lo como se tivesse dito que a criação foi um ato necessário como a fatalidade dos ateus, pois ele já havia combatido essa fatalidade. Ademais, os dois membros de uma comparação devem ter relação entre si. Assim, é absolutamente necessário que a frase queira dizer o seguinte: que a criação, que parece inicialmente ter produzido regras variáveis de movimento, possui também regras tão invariáveis quanto a fatalidade dos ateus. Mais uma vez, o crítico apenas viu, e apenas vê, palavras.

II

Portanto, não há espinosismo no *Espírito das leis*. Passemos a uma outra acusação, e vejamos se é verdade que o autor não reconhece a religião revelada. O autor, no fim do primeiro capítulo, falando do homem, que é uma inteligência finita, sujeita à ignorância e ao erro, diz: "Tal ser poderia a todos os instantes esquecer seu criador: Deus chamou-o a si pelas leis da religião".

Disse no primeiro capítulo do Livro XXIV: "Portanto, examinarei as diversas religiões do mundo em relação ao bem que delas pode ser extraído para o estado civil, seja quando falo das que possuem sua raiz no céu ou mesmo das que possuem a sua na terra".

"Bastará pouquíssima equidade para ver que eu nunca pretendi fazer com que os interesses da religião cedam aos interesses políticos, mas sim uni-los: ora, para uni-los é preciso conhecê-los. A religião cristã, que ordena aos homens se amarem, quer sem dúvida que cada povo tenha as melhores leis políticas e as melhores leis civis, porque ambas são, depois dela, o maior bem que os homens poderiam dar e receber."

E, no Capítulo 2 do mesmo livro, diz: "Um príncipe que ama e teme a religião é um leão que cede à mão que o afaga ou à voz que o apazigua. Aquele que teme e que odeia a religião é como os animais selvagens que mordem a corrente que os impede de avançar sobre os que passam. Aquele que não tem nenhuma religião é como aquele animal terrível que apenas sente sua liberdade quando despedaça e devora".

Montesquieu

No Capítulo 3 do mesmo livro: "Enquanto os príncipes maometanos continuamente impõem a morte ou a recebem, a religião, entre os cristãos, torna os príncipes menos tímidos e, por conseguinte, menos cruéis. O príncipe conta com seus súditos, e seus súditos, com o príncipe. Coisa admirável! A religião cristã, que parece não ter outro objetivo senão a beatitude da outra vida, também propicia nossa felicidade nesta".

No Capítulo 4 do mesmo livro: "Sobre o caráter da religião cristã e da maometana, deve-se, sem outro exame, abraçar uma e rejeitar a outra". Peço que prossigamos.

No Capítulo 6: "Bayle, após ter insultado todas as religiões, difama a religião cristã: ousa propor que verdadeiros cristãos não poderiam formar um Estado capaz de perdurar. Por que não? Seriam cidadãos infinitamente esclarecidos sobre seus deveres, e dedicariam um enorme zelo para cumpri--los; sentiriam muito bem os direitos da defesa natural; quanto mais acreditassem dever à religião, mais pensariam dever à pátria. Os princípios do cristianismo, profundamente gravados no coração, seriam infinitamente mais fortes que essa falsa honra das monarquias, essas virtudes humanas das repúblicas e esse medo servil dos Estados despóticos".

"É surpreendente que esse grande homem não tenha sabido distinguir as ordens para o estabelecimento do cristianismo do cristianismo em si mesmo, e que se possa imputar a ele não ter compreendido o espírito de sua própria religião. Quando o legislador deu conselhos em vez de dar as leis, é porque viu que seus conselhos, se fossem prescritos como leis, seriam contrários ao espírito de suas leis."

No Capítulo 10: "Se por um momento eu pudesse parar de pensar que sou cristão, não evitaria incluir a destruição da seita de Zenão como um dos infortúnios do gênero humano etc. Deixai de lado, por um momento, as verdades reveladas: buscai em toda a natureza e não encontrareis objeto maior que os Antoninos etc.".

E no Capítulo 13: "A religião pagã, que proibia somente alguns crimes grosseiros, que detinha a mão e abandonava o coração, podia conter crimes inexpiáveis. Porém, uma religião que abarca todas as paixões; que não é mais zelosa das ações que dos desejos e pensamentos; que absolutamente

Do espírito das leis

não nos mantém atados por alguma corrente, mas sim por uma inumerável quantidade de fios; que deixa para trás a justiça humana e começa uma outra justiça; que é feita para continuamente conduzir do arrependimento ao amor e do amor ao arrependimento; que coloca entre o juiz e o criminoso um grande mediador, e entre o justo e o mediador um grande juiz; uma semelhante religião não deve ter crimes inexpiáveis. Mas, ainda que propicie temores e esperanças a todos, ela faz com que se perceba suficientemente que, se não há crime inexpiável por sua natureza, uma vida inteira pode sê-lo; que seria muito perigoso atormentar continuamente a misericórdia com novos crimes e novas expiações; que, inquietos pelas antigas dívidas, nunca quitadas com o Senhor, devemos temer contrair outras novas, reiterar no pecado, e atingir o ponto onde termina a bondade paterna".

No final do Capítulo 19, o autor, após ter revelado os abusos das diversas religiões pagãs acerca da condição das almas na outra vida, diz: "Não basta para uma religião estabelecer um dogma, é preciso que o dirija: no que diz respeito aos dogmas sobre os quais falamos, a religião cristã fez isso admiravelmente bem. Ela nos faz esperar um estado em que acreditamos, e não um estado que sentimos ou conhecemos. Tudo, inclusive a ressurreição dos corpos, nos remete a ideias espirituais".

E, no final do Capítulo 26: "Segue-se disso que é quase sempre conveniente que uma religião tenha dogmas específicos e um culto geral. Nas leis que concernem às práticas do culto, poucos detalhes são necessários: por exemplo, mortificações em geral, e não uma determinada mortificação. O cristianismo é repleto de bom senso: a abstinência é de direito divino, mas uma abstinência específica é de direito de polícia, e é possível mudá-la".

No último capítulo, Livro XXV: "Mas disso não resulta que uma religião trazida de um país longínquo e com clima, leis, costumes e maneiras completamente diferentes, alcance todo o êxito que sua santidade deveria lhe prometer".

E no Capítulo 3 do Livro XXIV: "Foi a religião cristã que, malgrado a grandeza do império e o vício do clima, impediu o despotismo de se estabelecer na Etiópia e levou os costumes e as leis do europeu ao meio da África etc. Muito perto dali, vê-se o maometismo mandar encarcerar os filhos do rei do Senar: quando este morre, o conselho manda degolá-los em favor daquele que sobe ao trono".

"Que tenhamos em vista, de um lado, os contínuos massacres dos reis e chefes gregos e romanos, e, de outro, a destruição dos povos e cidades por esses mesmos chefes, Timur e Gengis Khan, que devastaram a Ásia, e constataremos que devemos ao cristianismo tanto certo direito político no governo quanto certo direito das gentes na guerra, coisas pelas quais a natureza humana nunca conseguiria ser suficientemente grata". Suplico que leiam o capítulo na íntegra.

No Capítulo 8 do Livro XXIV: "Em um país onde se tem a infelicidade de haver uma religião que não foi dada por Deus, é sempre necessário que ela esteja de acordo com a moral, porque a religião, mesmo falsa, é a melhor garantia que os homens podem ter da probidade dos homens".

São passagens categóricas: nelas se vê um escritor que não apenas crê na religião cristã, mas também a ama. O que dizem para provar o contrário? E advertimos, uma vez mais, que é preciso que as provas sejam proporcionais à acusação: como essa acusação não é frívola, as provas não devem sê-lo. E, como essas provas são apresentadas de maneira bastante extraordinária, consistindo sempre em metade provas e metade injúrias, e estando como que enredadas na sucessão de um discurso muitíssimo vago, irei investigá-las.

Primeira objeção

O autor louvou os estoicos, que admitiam uma fatalidade cega, um enca-deamento necessário etc.[6] Trata-se do fundamento da religião natural.

Resposta

Irei supor, por um momento, que essa maneira ruim de raciocinar seja boa. O autor louvou a física e a metafísica dos estoicos? Louvou sua moral, disse que os povos tinham extraído grandes benefícios dela. Disse isso, e nada além disso. Engano-me: disse mais, pois, desde a primeira página do livro, atacou essa fatalidade dos estoicos. Portanto, não a louvou quando louvou os estoicos.

---

6 Página 165 da segunda folha de 16 de outubro de 1749.

Do espírito das leis

Segunda objeção

O autor louvou Bayle ao chamá-lo de grande homem.[7]

Resposta

Suporei novamente por um momento que, em geral, essa maneira de raciocinar seja boa: mas, pelo menos nesse caso, não o é. É verdade que o autor chamou Bayle de "um grande homem". Reprovou, no entanto, suas opiniões: se as reprovou, não as admite. E porque combateu suas opiniões, não o chama de "um grande homem" por causa delas. Todo mundo sabe que Bayle tinha uma grande mente,[8] da qual abusou; e, no entanto, essa mente da qual abusou, ele a tinha. O autor combateu seus sofismas e lamenta seus desvarios. Absolutamente não gosto das pessoas que subvertem as leis de sua pátria, mas teria dificuldade de acreditar que César e Cromwell fossem mentes limitadas. Não gosto dos conquistadores, mas não conseguirão me persuadir que Alexandre e Gengis Khan tenham sido gênios comuns. Não teria sido necessário muito espírito ao autor para dizer que Bayle era um homem abominável, mas parece que ele não gosta de proferir injúrias, seja porque deva essa disposição à natureza, seja porque a tenha recebido por sua educação. Tenho razões para crer que, caso ele tomasse a pluma, não distribuiria injúrias nem mesmo àqueles que buscaram lhe fazer um dos maiores males que um homem pode fazer a outro, ao trabalhar para torná-lo odioso a todos aqueles que não o conhecem e suspeito a todos aqueles que o conhecem.

Além disso, destaquei que as declamações dos homens furiosos não impressionam senão aqueles que são eles mesmos furiosos. A maior parte dos leitores são pessoas moderadas: apenas pegamos um livro quando estamos tranquilos, e as pessoas razoáveis preferem as razões. Ainda que o autor tivesse proferido mil injúrias contra Bayle, disso não resultaria nem que Bayle tivesse raciocinado bem, nem que Bayle tivesse raciocinado mal: tudo o que poderíamos ter concluído disso teria sido que o autor sabe proferir injúrias.

---

7 Ibid.

8 *Esprit*. (N. T.)

Terceira objeção

Ela é derivada do fato de que o autor não falou, no seu Capítulo Primeiro, sobre o pecado original.[9]

Resposta

Pergunto a qualquer homem sensato: o capítulo é um tratado de teologia? Se o autor tivesse falado do pecado original, seria possível acusá-lo, da mesma maneira, de não ter falado da redenção: assim iria, de item a item, até o infinito.

Quarta objeção

Ela é tirada do fato de que o senhor Domat[10] começou sua obra de modo diferente do autor, e que inicialmente falou da revelação.

Resposta

É verdade que o senhor Domat começou sua obra diferentemente do autor, e que inicialmente falou da revelação.

Quinta objeção

O autor seguiu o sistema do poema de Pope.

Resposta

Não há, na obra inteira, uma só palavra sobre o sistema de Pope.

Sexta objeção

"O autor diz que a lei que prescreve ao homem seus deveres para com Deus é a mais importante, mas nega que ela seja a primeira: pretende que a paz seja a primeira lei da natureza; que os homens começaram por ter medo uns dos outros etc. Que as crianças sabem que a primeira lei é amar a Deus, e a segunda, a de amar ao próximo."

---

9 Folha de 9 de outubro de 1749, p.162.

10 Jean Domat (1625-1696), jurista francês, autor de *Les Lois civiles dans leur ordre naturel* (1689). (N. T.)

Do espírito das leis

Resposta

Eis as palavras do autor: "A lei que, imprimindo em nós a ideia de um criador, nos conduz para sua direção, é a primeira das *leis naturais* por sua importância, e não na ordem dessas leis. O homem, no estado de natureza, antes de ter conhecimentos teria a faculdade de conhecer. É claro que suas primeiras ideias não seriam especulativas: consideraria a conservação de seu ser antes de buscar a origem de seu ser. A princípio, semelhante homem sentiria apenas sua fraqueza. Sua timidez seria extrema, e, se em relação a esse ponto precisássemos recorrer à experiência, iríamos encontrá-la nas florestas dos homens selvagens; ali, tudo os faz tremer, tudo os faz fugir".[11]

Portanto, o autor diz que a lei que, imprimindo em nós a ideia do criador, nos conduz para sua direção, era a primeira das leis naturais. Não lhe foi proibido, assim como não o foi aos filósofos e escritores do direito natural, considerar o homem sob diversos aspectos. Foi-lhe permitido supor um homem como que caído das nuvens, entregue a si mesmo e sem educação, antes do estabelecimento das sociedades. Pois bem! O autor diz que a primeira lei natural, a mais importante, e, consequentemente, a lei capital, seria, tanto para ele como para todos os homens, a de se conduzir em direção ao seu criador. Também foi permitido ao autor examinar qual seria a primeira impressão feita nesse homem, e ver a ordem em que essas impressões seriam recebidas no seu cérebro: acreditou que ele teria sentimentos antes de fazer reflexões; que o primeiro deles seria, na ordem cronológica, o medo; em seguida, a necessidade de se alimentar etc. O autor afirmou que a lei que, imprimindo em nós a ideia do criador, nos conduz em sua direção, é a primeira das leis naturais; já o crítico afirma que a primeira das leis naturais é amar a Deus. Apenas se diferenciam pelas injúrias proferidas.

Sétima objeção

Ela é tirada do Capítulo Primeiro do Livro I, no qual o autor, após ter dito "que o homem era um ser limitado", acrescentou: "Tal ser poderia a todos os instantes esquecer seu criador: Deus chamou-o a si pelas leis da

---

11 Lv.I, Cap.2.

religião". Ora, sobre isso dizem: qual é a religião de que fala o autor? Fala, sem dúvida, da religião natural; portanto, crê apenas na religião natural.

Resposta

Novamente suporei por um momento que essa maneira de raciocinar seja boa, e que, do fato de o autor ter falado ali somente sobre a religião natural, pode-se disso concluir que ele crê apenas na religião natural e exclui a religião revelada. Digo que nessa passagem ele falou da religião revelada, e não da religião natural; pois, se tivesse falado da religião natural, seria um idiota. Isso seria como se dissesse: tal ser poderia facilmente esquecer seu criador, isto é, a religião natural; Deus chamou-o de volta a si pelas leis da religião natural; de modo que Deus lhe teria dado a religião natural para aperfeiçoar nele a religião natural. Assim, preparando-se para proferir invectivas contra o autor, primeiramente eliminam de suas palavras o sentido mais claro do mundo, para em seguida atribuir a elas o sentido mais absurdo; e, para combatê-lo mais facilmente, privam-no do senso comum.

Oitava objeção

O autor disse,[12] ao falar do homem: "Tal ser poderia a todos os instantes esquecer seu criador: Deus chamou-o a si pelas leis da religião. Tal ser poderia a todos os instantes esquecer-se de si: os filósofos alertaram-no pelas leis da moral. Feito para viver em sociedade, poderia nela esquecer-se dos outros: os legisladores restituíram-no aos seus deveres pelas leis políticas e civis". Então, diz o crítico,[13] segundo o autor o governo do mundo é partilhado entre Deus, os filósofos e os legisladores etc. Onde os filósofos aprenderam as leis da moral? Onde os legisladores viram o que se deve prescrever para governar as sociedades com equidade?

Resposta

E essa resposta é muito fácil. Aprenderam-no na revelação, se tivessem sido suficientemente afortunados para tanto; ou então na lei que, ao imprimir em nós a ideia do criador, nos conduz em sua direção. O autor do

---

12 Lv.I, Cap.1.
13 Página 162 da folha de 9 de outubro de 1749.

Espírito das leis disse como Virgílio: *César divide o império com Júpiter*? Deus, que governa o universo, não deu a certos homens mais luzes e a outros mais poder? Direis que o autor afirma que, porque Deus quis que homens governassem homens, não mais quis que lhe obedecessem, e que se demitiu do império que tinha sobre eles etc. Eis a que são reduzidos aqueles que, tendo muita fraqueza para raciocinar, têm muita força para declamar.

Nona objeção

O crítico continua: "Notemos ainda que o autor, que acha que Deus não pode governar os seres livres tão bem quanto os outros, porque, sendo livres, é preciso que ajam por si mesmos (destacarei, de passagem, que o autor não utiliza a expressão *que Deus não pode*), só encontra remédio nessa desordem pelas leis, que, mesmo capazes de indicar ao homem o que ele deve fazer, não lhes permitem fazê-lo. Assim, segundo o sistema do autor, Deus cria seres cuja desordem Ele não pode nem impedir, nem corrigir... Cego, que não vê que Deus faz o que quer, mesmo valendo-se daqueles que não fazem o que Ele quer!".

Resposta

O crítico já condenou o autor por não ter falado do pecado original. Novamente, pega-o em flagrante: não falou sobre a graça. É triste ter que lidar com um homem que censura todos os parágrafos de um livro e tem apenas uma ideia fixa. É como o conto do pároco da aldeia, a quem os astrônomos mostravam a Lua em um telescópio, mas que não enxergava senão o seu campanário.

O autor do *Espírito das leis* considerou que deveria começar por oferecer alguma ideia das leis gerais, e do direito da natureza e das gentes. Esse tema é imenso, e ele o tratou em dois capítulos; foi obrigado a omitir uma imensa quantidade de coisas relativas à matéria — e, com mais forte razão ainda, omitiu as que não tinham relação com ela.

Décima objeção

O autor diz que, na Inglaterra, o suicídio era o efeito de uma doença, e que não seria possível puni-lo, assim como não se punem os efeitos da demência. Um sectário da religião natural não esquece que a Inglaterra é o berço de sua seita, e faz vista grossa para todos os crimes que ele vê serem cometidos ali.

Resposta

O autor absolutamente não sabe se a Inglaterra é o berço da religião natural, mas sabe que a Inglaterra não é seu berço. Porque falou de um efeito físico observável na Inglaterra, isso não significa que pense sobre a religião como o fazem os ingleses, não mais que um inglês que, falando de um efeito físico ocorrido na França, não pensaria sobre sua religião como os franceses. O autor do *Espírito das leis* de forma alguma é sectário da religião natural, mas gostaria que seu crítico fosse sectário da lógica natural.

Parece-me que já fiz cair das mãos do crítico as assustadoras armas por ele utilizadas: irei agora dar uma ideia de seu exórdio, feito de tal modo que receio que pensem que falo dele de modo derrisório.

Inicialmente ele diz, e essas são suas palavras, que "o livro do *Espírito das leis* é uma dessas produções irregulares [...] que viriam a se multiplicar com tanta força após o lançamento da bula *Unigenitus*". No entanto, atribuir o surgimento do *Espírito das leis* ao advento da constituição *Unigenitus* não é algo feito para provocar risadas? A bula *Unigenitus* não é a causa ocasional do livro *Espírito das leis*; mas a bula *Unigenitus* e o livro *Espírito das leis* foram as causas ocasionais que fizeram com que o crítico elaborasse um raciocínio tão pueril. O crítico continua: "O autor diz que por diversas vezes começou e abandonou sua obra [...]. Todavia, quando ele jogou no fogo suas primeiras produções, encontrava-se menos distante da verdade do que quando começou a se comprazer de seu trabalho". O que ele sabe sobre isso? Acrescenta: "Se o autor tivesse desejado seguir um caminho trilhado, sua obra lhe teria custado menos trabalho". Novamente, o que ele sabe sobre isso? Em seguida, pronuncia esse oráculo: "Não é preciso muita sagacidade para perceber que o livro *Espírito das leis* é fundado sobre o sistema da religião natural [...]. Demonstramos, nas cartas contra o poema de Pope intitulado *Ensaio sobre o homem*, que o sistema da religião natural é compatível com o de Espinosa: isso basta para inspirar em um cristão o horror pelo novo livro que anunciamos". Respondo que não somente isso basta, mas até mesmo que seria demasiado. Acabo de provar, contudo, que o sistema do autor não é o da religião natural; e, mesmo concedendo que o sistema da religião natural fosse compatível com o de Espinosa, o sistema do autor não o seria, porque não é o da religião natural.

O crítico quer, portanto, inspirar o horror antes de provar que se deve ter horror.

Eis as duas fórmulas dos raciocínios difundidos nos dois escritos aos quais respondo. O autor do *Espírito das leis* é um sectário da religião natural; logo, o que ele diz aqui deve ser explicado pelos princípios da religião natural; ora, se o que ele diz aqui é fundado sobre os princípios da religião natural, ele é um sectário da religião natural.

A outra fórmula é a seguinte: o autor do *Espírito das leis* é um sectário da religião natural; logo, o que diz em seu livro em favor da revelação serve somente para ocultar que ele é um sectário da religião natural; ora, se ele se oculta dessa maneira, é um sectário da religião natural.

Antes de terminar essa primeira parte, seria tentado a fazer uma objeção à pessoa que tantas objeções fez. Ela atemorizou de tal modo os ouvidos com a expressão *sectário da religião natural* que eu, que defendo o autor, quase não ouso pronunciá-la. Irei, no entanto, reunir coragem. Seus dois escritos não exigiriam mais explicações do que aquele que eu defendo? Procede corretamente quem, ao falar da religião natural e da revelação, continuamente se atém a uma perspectiva e perde de vista os indícios da outra? Procede corretamente ao nunca distinguir aqueles que reconhecem somente a religião natural daqueles que reconhecem a religião natural e a revelação? Procede bem ao assombrar-se todas as vezes que o autor considera o homem no estado da religião natural, e explica alguma coisa sobre os princípios da religião natural? Procede bem ao confundir a religião natural com o ateísmo? Não ouvi sempre dizer que todos temos uma religião natural? Não ouvi dizer que o cristianismo era a perfeição da religião natural? Não ouvir dizer que a religião natural era utilizada para provar a revelação contra os deístas, e que essa mesma religião natural era utilizada para provar, contra os ateus, a existência de Deus? Ele diz que os estoicos eram sectários da religião natural; quanto a mim, digo-lhe que eram ateus,[14] porque acreditavam que uma fatalidade cega governava o universo; e que é por meio da religião natural que os estoicos podem ser combatidos. Ele diz que o sistema da religião natural é compatível com o de Espinosa;[15] quanto a mim, digo-lhe que são contraditórios, e que é por meio da religião natural que se destrói o sistema de Espinosa. Digo-lhe que confundir a religião natural com o ateísmo é confundir a prova com a coisa que se quer provar, e confundir a objeção contra o erro com o próprio erro: isso significa privar-se das poderosas armas que temos contra esse erro. Deus me livre querer imputar ao crítico alguma intenção maléfica, e tampouco valer-me das consequências que podemos derivar de seus princípios: ainda que ele demonstre pouquíssima indulgência, desejo tê-la para com ele. Digo somente que as ideias metafísicas são extremamente confusas em sua cabeça; que ele absolutamente não possui o dom de distinguir e não saberia realizar bons julgamentos, porque, dentre as diversas coisas que é preciso enxergar, ele sempre enxerga apenas uma. E não lhe digo isso nem mesmo para lhe dirigir censuras, mas sim para destruir as que ele dirige.

Segunda parte

Ideia geral

Absolvo o livro *Espírito das leis* das duas desaprovações gerais das quais foi acusado. Há ainda imputações específicas, às quais é necessário responder. Mas, para oferecer um maior esclarecimento ao que eu disse e ao que direi a seguir, explicarei o que motivou ou serviu de pretexto para as invectivas.

---

14 Vede a p.165 das folhas de 9 de outubro de 1749: "Os estoicos admitiam apenas um Deus, mas esse Deus não era outra coisa senão a alma do mundo. Dispunham que todos os seres, após o primeiro, fossem necessariamente encadeados uns com os outros; uma necessidade fatal movimentava tudo. Negavam a imortalidade da alma e faziam a felicidade soberana consistir em viver conforme a natureza. Trata-se do cerne do sistema da religião natural".

15 Vede a p.161 da primeira folha de 9 de outubro de 1749, no final da primeira coluna.

Do espírito das leis

As pessoas mais sensatas de diversos países da Europa, os homens mais esclarecidos e mais sábios, consideraram o livro *Espírito das leis* como uma obra útil: pensaram que sua moral era pura, os princípios justos, que era adequado para formar pessoas honestas, que nele as opiniões perniciosas eram destruídas, e as boas, encorajadas.

De outro lado, eis um homem que fala dele como de um livro perigoso, elegendo-o como um tópico para as mais ultrajantes invectivas. É preciso que isso seja explicado.

Bem longe de ter compreendido as passagens específicas que criticava nesse livro, o crítico nem sequer soube que matéria era ali tratada. Assim, declamando aos ares e combatendo contra o vento, alcançou triunfos dessa mesma lavra: criticou o livro que tinha em sua cabeça, mas não criticou o livro do autor. Todavia, como foi possível se enganar dessa maneira sobre o assunto e a finalidade de uma obra que se tem diante dos olhos? Aqueles que tiverem algumas luzes verão, em uma primeira olhadela, que essa obra tem como objeto as leis, os costumes e os diversos usos de todos os povos da Terra. Pode-se dizer que o assunto dela é vasto, porque abarca todas as instituições recepcionadas entre os homens; porque o autor distingue essas instituições; porque examina a que mais convém à sociedade e a cada sociedade; porque busca sua origem; porque descobre suas causas físicas e morais; porque examina as que possuem um grau inerente de bondade e as que não possuem nenhum; porque, entre duas práticas perniciosas, busca medir qual é mais e qual é menos perniciosa; porque discute quais delas podem produzir bons efeitos sob determinada perspectiva e maus efeitos sob outra. Acreditou serem úteis as suas pesquisas porque o bom senso consiste em grande parte em conhecer as nuances das coisas. Ora, em um assunto tão vasto, foi necessário tratar da religião: afinal, havendo sobre a Terra uma religião verdadeira e uma infinidade de falsas, uma religião enviada do céu e uma infinidade de outras nascidas da Terra, somente coube considerar todas as religiões falsas como instituições humanas: assim, precisou examiná-las como todas as instituições humanas. E, quanto à religião cristã, apenas cumpria adorá-la como sendo uma instituição divina. Não lhe cabia tratar dessa religião, porque, por sua natureza, ela não é sujeita a nenhum exame; de modo que, quando falou dela, jamais o fez para que

Montesquieu

entrasse no plano de sua obra, mas para lhe pagar o tributo de respeito e de amor que todo cristão lhe deve e para que, nas comparações que fizesse dela com as demais, pudesse sempre fazê-la triunfar sobre todas as outras.

O que digo é visível na obra inteira, mas o autor particularmente explicou-o no início do Livro XXIV, que é o primeiro dos dois livros que fez sobre a religião. Ele começa assim: "Assim como é possível julgar, entre as trevas, as que são menos densas, e, entre os abismos, os que são menos profundos, também podemos encontrar entre as religiões falsas as que são mais conformes ao bem da sociedade, e as que podem mais contribuir, ainda que não tenham o efeito de conduzir os homens para as felicidades da outra vida, à sua felicidade nesta".

"Portanto, examinarei as diversas religiões do mundo em relação ao bem que delas pode ser extraído para o estado civil, seja quando falo das que possuem sua raiz no céu ou mesmo das que possuem a sua na terra."

O autor, portanto, considerando as religiões humanas apenas como instituições humanas, precisou falar sobre elas, porque elas necessariamente entravam em seu plano. Não foi ele que as procurou, mas sim elas que o procuraram. E, quanto à religião cristã, falou dela apenas ocasionalmente, porque, por sua natureza, não podendo ser modificada, mitigada, corrigida, ela de modo algum se inseria no plano por ele proposto.

O que foi feito para dar tão amplo espaço para declamações e abrir a mais larga porta para as invectivas? Trataram o autor, a exemplo de Abbadie,[16] como se ele tivesse desejado fazer um tratado sobre a religião cristã; atacaram-no como se seus dois livros sobre a religião fossem dois tratados de teologia cristã; reprovaram-no como se, ao falar de uma religião qualquer que não a cristã, devesse examiná-la segundo os princípios e os dogmas da religião cristã; julgaram-no como se fosse encarregado, em seus dois livros, de estabelecer para os cristãos, e de pregar aos maometanos e aos idólatras, os dogmas da religião cristã. Todas as vezes que ele falou da religião em geral, todas as vezes que empregou a palavra *religião*, lhe disseram: "É a religião cristã". Todas as vezes que comparou as práticas religiosas de alguma

---

16 Jacques Abbadie (1658-1727), pastor protestante, autor de *Traité de la vérité de la religion chrétienne* (1684) e *Traité de la divinité de Notre Seigneur Jésus-Christ* (1689).

Do espírito das leis

nação qualquer e que tenha dito que eram mais conformes ao governo político daquele país do que tal outra prática, lhe disseram: "Vós a aprovais e, portanto, haveis abandonado a fé cristã". Quando falou de algum povo que não tenha abraçado o cristianismo, ou que houvesse precedido a vinda de Cristo, lhe disseram: "Vós não reconheceis, portanto, a moral cristã". Quando examinou, enquanto escritor político, qualquer prática que seja, lhe disseram: "Deveríeis ter colocado ali tal dogma de teologia. Dizeis que sois jurisconsulto, mas vos transformarei em teólogo malgrado vós. Ademais, dizeis belas coisas acerca da religião cristã, mas as dizeis para vos ocultar: afinal, conheço vosso coração e vossos pensamentos. É verdade que nada entendo de vosso livro, e tampouco importa que eu tenha discernido bem ou mal o objetivo com o qual foi escrito, mas conheço a fundo vossos pensamentos: não conheço nenhuma palavra que dizeis, mas entendo muito bem o que não dizeis". Entremos agora no tema.

Dos conselhos de religião

No livro sobre a religião, o autor combateu o erro de Bayle. Eis suas palavras:[17] "Bayle, após ter insultado todas as religiões, difama a religião cristã: ousa propor que verdadeiros cristãos não poderiam formar um Estado capaz de perdurar. Por que não? Seriam cidadãos infinitamente esclarecidos sobre seus deveres, e dedicariam um enorme zelo para cumpri--los; sentiriam muito bem os direitos da defesa natural; quanto mais acreditassem dever à religião, mais pensariam dever à pátria. Os princípios do cristianismo, profundamente gravados no coração, seriam infinitamente mais fortes que essa falsa honra das monarquias, essas virtudes humanas das repúblicas e esse medo servil dos Estados despóticos".

"É impressionante que esse grande homem não tenha conseguido distinguir que uma coisa eram as ordens para o estabelecimento do cristianismo e outra era o próprio cristianismo; e que seja possível imputar a ele ter desconhecido o espírito de sua própria religião. Quando o legislador, no lugar de

---

17 Lv.XXIV, Cap.6.

dar as leis, deu conselhos, é porque viu que esses conselhos, se fossem ordenados como leis, seriam contrários ao espírito de suas leis".

O que fizeram para privar o autor da glória de ter assim combatido o erro de Bayle? Pegaram o capítulo seguinte,[18] que nada tem a ver com Bayle: "As leis humanas", diz-se ali, "feitas para falar ao espírito, devem dar preceitos, e não conselhos; a religião, feita para falar ao coração, deve dar muitos conselhos e poucos preceitos". E a partir disso conclui-se que o autor considera como conselhos todos os preceitos do Evangelho. Da mesma maneira, seria possível dizer que aquele que faz essa crítica considera, ele próprio, todos os conselhos do Evangelho como preceitos; mas não é essa a sua maneira de raciocinar, muito menos de agir. Vamos aos fatos: é preciso estender um pouco aquilo que o autor abreviou. Bayle havia sustentado que uma sociedade de cristãos não poderia perdurar, e para isso evocava a ordem do Evangelho de apresentar a outra face quando se recebe um tapa, de abandonar o mundo, de se retirar para os desertos etc. O autor disse que Bayle tomava por preceitos o que eram apenas conselhos, por regras gerais o que eram somente regras particulares: assim procedendo, o autor defendeu a religião. O que resulta disso? Estabeleceram como primeiro artigo de sua crença que todos os livros do Evangelho contêm apenas conselhos.

Da poligamia

Outros pontos também forneceram materiais convenientes para as diatribes, e a poligamia é uma excelente matéria para tanto. O autor fez um capítulo inteiramente dedicado a reprová-la. Ei-lo aqui:

DA POLIGAMIA EM SI MESMA (XVI, 4)

"Considerando a poligamia em geral, independentemente das circunstâncias capazes de torná-la um pouco tolerável, ela não é útil nem ao gênero humano, nem a nenhum dos dois sexos, seja para quem comete o abuso, seja para quem o sofre. Tampouco é útil às crianças, e um de seus grandes inconvenientes é que o pai e a mãe não podem ter a mesma afeição por seus

---

18 Trata-se do Cap.7 do Lv.XXIV.

Do espírito das leis

filhos. Um pai não pode amar vinte filhos como uma mãe ama dois. É ainda pior quando uma mulher tem dois maridos, pois, nesse caso, o amor paterno atém-se apenas à seguinte opinião: que um pai pode acreditar, se quiser, ou que outros possam acreditar, que certos filhos sejam seus.

"A pluralidade de mulheres – quem o diria! – leva ao amor que a natureza repudia. É que uma dissolução sempre desencadeia outras etc.

"Há mais: a posse de muitas mulheres nem sempre impede os desejos pela mulher do outro. A luxúria é como a avareza: aumenta sua sede com a aquisição de tesouros.

"Na época de Justiniano, diversos filósofos, incomodados pelo cristianismo, retiraram-se para a Pérsia, junto a Cosroes. O que mais os impressionou, diz Agátias, foi que a poligamia era permitida a pessoas que não se abstinham sequer do adultério."

O autor então estabeleceu que a poligamia era, por sua natureza e em si mesma, algo ruim. Era preciso partir desse capítulo, no entanto, nada foi dito sobre ele. Além disso, o autor examinou filosoficamente em quais países, climas e circunstâncias ela produzia efeitos menos perniciosos. Comparou climas com outros climas, países com outros países, e descobriu que havia países onde a poligamia produzia efeitos menos danosos do que em outros, porque, de acordo com os relatos, como a quantidade de homens e mulheres não é igual em todos os países, é claro que, se há países em que há muito mais mulheres do que homens, a poligamia, ruim em si mesma, é menos maléfica nesses países do que em outros. O autor discutiu isso no Capítulo 4 do mesmo livro. Mas, pelo fato de o título desse capítulo conter as palavras "Que a lei da poligamia é uma questão de cálculo",[19] ativeram-se a esse título. Entretanto, como o título de um capítulo se refere ao próprio capítulo, e não pode dizer nem mais nem menos que esse próprio capítulo, vejamo-lo.

"Segundo os cálculos feitos em diversos lugares da Europa, ali nascem mais meninos do que meninas. Ao contrário, os relatos da Ásia nos dizem

---

19 Na edição de 1757, o título desse capítulo foi alterado para "Da poligamia, suas diversas circunstâncias" (Lv.XVI, Cap.4). Além disso, outras passagens dessa *Defesa* são citadas de acordo com a edição de 1748 – daí algumas diferenças de redação entre os capítulos da presente edição. (N. T.)

que ali nascem mais meninas do que meninos. A lei de uma única esposa na Europa, assim como a que permite diversas na Ásia, possui, portanto, certa relação com o clima.

"Nos climas frios da Ásia, nascem, como na Europa, muito mais meninos do que meninas. Esta é, dizem os lamas, a razão da lei que, entre eles, permite a uma mulher ter diversos maridos.

"Mas tenho dificuldade em acreditar que haja muitos países onde a desproporção seja suficientemente grande a ponto de exigir que ali seja introduzida a lei de diversas esposas ou a lei de diversos maridos. Isso somente quer dizer que a pluralidade das mulheres, ou mesmo a pluralidade dos homens, é mais conforme à natureza em certos países do que em outros.

"Admito que, se aquilo que os relatos nos dizem for verdadeiro – que em Bantém há dez mulheres para um homem –, isso seria um caso bem específico da poligamia.

"Ao dizer tudo isso, não justifico os usos, mas apresento suas razões."

Retornemos ao título: *A poligamia é uma questão de cálculo*. Sim, ela o é quando queremos saber se é mais ou menos perniciosa em certos climas, em certos países, em certas circunstâncias do que em outras. Mas ela não é uma questão de cálculo quando devemos decidir se ela é boa ou má em si mesma.

Ela absolutamente não é questão de cálculo quando raciocinamos sobre sua natureza. Mas pode ser uma questão de cálculo quando combinamos seus efeitos. Enfim, ela jamais é uma questão de cálculo quando examinamos a finalidade do casamento, e muito menos quando examinamos o casamento como sendo estabelecido por Jesus Cristo.

Acrescentarei aqui que o acaso favoreceu muito o autor. É certo que ele não previa que um capítulo tão taxativo fosse omitido para dar sentidos equívocos a um outro, e teve a felicidade de encerrá-lo com as seguintes palavras: "Ao dizer tudo isso, não justifico os usos, mas apresento suas razões".

O autor acaba de dizer que não considerava que pudesse haver climas nos quais a quantidade de mulheres pudesse exceder tanto a de homens, ou a quantidade de homens pudesse assim exceder a de mulheres, a ponto de isso dever induzir à poligamia em algum país. E acrescenta: "Isso somente quer dizer que a pluralidade das mulheres, ou mesmo a pluralidade dos

Do espírito das leis

homens, é mais conforme à natureza em certos países do que em outros".[20] O crítico apega-se à expressão "é mais conforme à natureza" para fazer com que o autor diga que aprova a poligamia. Mas, se digo que prefiro a febre ao escorbuto, isso significaria que gosto da febre, ou somente que o escorbuto me é mais desagradável do que a febre?

Eis, palavra por palavra, uma objeção bastante extraordinária:

"A poligamia de uma mulher que tem diversos maridos é uma desordem monstruosa que não é permitida em nenhum caso, e que o autor não distingue de nenhuma maneira da poligamia de um homem que tem muitas mulheres. Essa linguagem, em um sectário da religião natural, dispensa comentários."[21]

Rogo aos leitores que prestem atenção à ligação das ideias do crítico. Segundo ele, segue-se que, por esse autor ser um sectário da religião natural, não falou daquilo que não vinha ao caso falar, porque é sectário da religião natural. Esses dois raciocínios são da mesma espécie, e as consequências se encontram igualmente nas premissas. Geralmente se critica aquilo que foi escrito; aqui, o crítico fantasia sobre aquilo que não se escreveu.

Digo tudo isso supondo, com o crítico, que o autor não distinguiu a poligamia de uma mulher que tem diversos maridos da poligamia de um marido que tivesse diversas mulheres. Mas se o autor as distinguiu, o que ele dirá? Se o autor demonstra que, no primeiro caso, os abusos seriam maiores, o que ele dirá? Rogo ao leitor que releia o Capítulo 6 do Livro XVI, que citei anteriormente. O crítico dirige invectivas contra o autor porque este silenciou sobre esse ponto. Agora apenas lhe resta dirigir novas invectivas por não ter silenciado.

Eis, no entanto, uma coisa que não posso compreender. O crítico inseriu na segunda folha, p.166: "O autor nos disse mais acima que a religião deve permitir a poligamia nos países quentes, mas não nos países frios". Mas o autor não disse isso em lugar nenhum. Não se trata mais de uma questão de maus raciocínios entre o crítico e o autor: trata-se de um fato. E, como o autor não disse em lugar nenhum que a religião deve permitir a poligamia nos

---

20 Lv.XVI, Cap.4.
21 Página 164 da folha de 9 de outubro de 1749.

países quentes e não nos países frios, sendo a imputação falsa e grave como é, rogo ao crítico que julgue a si mesmo. Essa não é a única passagem na qual o autor tem motivos para se queixar. Na página 163, no final da primeira folha, é dito o seguinte: "O Capítulo 4 tem como título "Que a lei da poligamia é uma questão de cálculo", isto é, que nos lugares onde nascem mais meninos do que meninas, como na Europa, deve-se casar apenas com uma mulher, enquanto naqueles onde nascem mais meninas do que meninos, a poligamia deve ser introduzida". Assim, quando o autor explica alguns usos, ou fornece a razão de algumas práticas, faz-se como se ele estivesse proferindo máximas, e, o que é mais triste ainda, máximas de religião; e, como ele falou de uma infinidade de usos e de práticas em todos os países do mundo, é possível, com semelhante método, acusá-lo dos erros e até mesmo das abominações de todo o universo. O crítico diz, no final da segunda folha, que Deus lhe deu algum zelo. Vejam só! Respondo que não foi Deus que lhe deu esse zelo.

Clima

O que o autor disse sobre o clima é também um material muito suscetível à retórica. Mas todos os efeitos, sejam quais forem, possuem causas: o clima e as outras causas físicas produzem um infinito número de efeitos. Se o autor houvesse dito o contrário, tê-lo-íamos considerado um homem estúpido. A questão inteira se reduz a saber se, nos países distantes entre si, se sob diferentes climas, há caracteres de espírito nacionais. Ora, que tais diferenças existam, isso é estabelecido por praticamente todo o universo de livros já escritos. E, como o caráter do espírito influencia bastante na disposição do coração, não seria possível duvidar que não existam certas qualidades do coração mais frequentes em um país do que em outro, e tem-se ainda como prova uma quantidade infinita de escritos de todos os lugares e épocas. Como tais coisas são humanas, o autor falou delas de uma maneira humana. Teria podido acrescentar a elas uma porção de questão tratadas nas universidades acerca das virtudes humanas e as virtudes cristãs; no entanto, com essas questões não se fazem livros de física, de política e de jurisprudência. Em poucas palavras, essa física do clima pode produzir diversas disposições nos espíritos, e essas disposições podem influenciar as ações humanas: isso se choca com o império do Criador ou com os méritos do Redentor?

Do espírito das leis

Se o autor investigou o que os magistrados de diversos países poderiam fazer para conduzir sua nação da maneira mais conveniente e a mais conforme ao seu caráter, que mal praticou ao fazer isso?

O mesmo se raciocinará a respeito de diversas práticas locais de religião. Não cabia ao autor considerá-las nem como boas, nem como más: disse somente que existiam climas onde certas práticas de religião eram mais fáceis de serem recebidas, isto é, eram mais fáceis de serem praticadas pelos povos desse clima do que pelos povos de outros. É inútil oferecer exemplos a esse respeito: há cem mil deles.

Sei muito bem que a religião por si mesma é independente de todo e qualquer efeito físico; que aquela que é boa em um país é boa em outro, e que não pode ser má em um país sem que o seja em todos; mas digo que, como é praticada por homens e para os homens, há lugares onde uma religião qualquer encontra mais facilidade para ser praticada – seja em todo, seja em parte – em certos países do que em outros, e em certas circunstâncias do que em outras. E, a partir do momento que alguém diga o contrário disso, estará renunciando ao bom senso.

O autor destacou que o clima das Índias produzia uma certa brandura nos costumes. Todavia, disse o crítico, as mulheres se incendeiam até a morte quando do falecimento de seu marido. Essa objeção é desprovida de filosofia. O crítico ignora as contradições do espírito humano? E como sabe separar as coisas mais unidas e unir as mais separadas? Vede, quanto a isso, as reflexões do autor no Capítulo 3 do Livro XIV.

Tolerância

Tudo o que o autor diz sobre a tolerância se refere a essa proposição do Capítulo 9, Livro XXV:

"Aqui falamos como políticos, e não como teólogos – e, mesmo para os teólogos, há grande diferença entre tolerar uma religião e aprová-la.

"Quando as leis do Estado entenderam que várias religiões deveriam ser admitidas, tornou-se também necessário que as obrigassem a se tolerar umas às outras."

Rogamos que o resto do capítulo seja lido.

871

Montesquieu

Muito se protestou contra o que o autor adiciona ao Capítulo 10, Livro XXV: "Eis o princípio fundamental das leis políticas em matéria de religião. Quando se tem a autoridade para admitir ou não uma nova religião, não se deve instituí-la; quando ela já está instituída, deve-se tolerá-la".

A objeção dirigida contra o autor é que ele alerta aos príncipes idólatras que fechem seus Estado para a religião cristã: efetivamente, trata-se de um segredo que ele foi cochichar nas orelhas do rei da Cochinchina. Como esse argumento ofereceu farta matéria para diversas diatribes, darei duas respostas. A primeira, que, em seu livro, o autor nomeadamente excetuou a religião cristã. Disse, no Livro XXIV, Capítulo 1, no final: "A religião cristã, que ordena aos homens se amarem, quer, sem dúvida, que cada povo tenha as melhores leis políticas e as melhores leis civis; porque estas são, depois dela, o maior bem que os homens podem dar e receber". Se, portanto, a religião cristã é o primeiro bem e as leis políticas e civis são o segundo, não há, em um Estado, leis políticas e civis que possam ou devam impedir a entrada da religião cristã.

Minha segunda resposta é que a religião do céu não se estabelece pelas mesmas vias que as religiões da terra. Leia-se a história da Igreja e os pro-dígios da religião cristã serão revelados. Se ela resolveu entrar em um país, fez com que as portas se abrissem para ela, e todos os instrumentos são apropriados para tanto: por vezes, Deus quer se servir de alguns pecadores; por vezes, escolherá algum imperador no trono e fará sua cabeça curvar sob o jugo dos Evangelhos. A religião cristã se oculta em lugares subterrâneos? Es-perai um momento e vereis a Majestade Imperial falar em seu favor. Quando quer, ela supera os mares, os rios e as montanhas: obstáculos mundanos não são capazes de impedi-la de avançar. Se inserirdes aversão nos espíritos, ela saberá vencer essas aversões. Estabelecei costumes, constituí usos, publicai éditos, fazei leis: ela triunfará sobre o clima, sobre as leis que dele resultam, sobre os legisladores que as tiverem feito. Deus, segundo decretos que des-conhecemos, amplia ou restringe os limites de sua religião.

Dizem: "É como se quereis dizer aos reis do Oriente que não recebam em seus países a religião cristã". Falar dessa maneira significa ser bem carnal.[22]

---

22 Isto é, em oposição ao que é "espiritual". (N. T.)

Do espírito das leis

Era então Herodes quem deveria ser o Messias? Parece que consideram Jesus Cristo como um rei que, querendo conquistar um Estado vizinho, oculta suas maquinações e engenhos. Façamo-nos justiça: a maneira pela qual conduzimos as questões humanas é suficientemente pura para pensarmos em utilizá-la na conversão dos povos?

Celibato

Chegamos à questão sobre o celibato. Tudo o que o autor disse sobre isso se refere a uma proposição encontrada no Livro XXV, Capítulo 4. Ei-la:

"Não tratarei aqui das consequências da lei do celibato. É perceptível que ela poderia se tornar perniciosa à medida que o corpo do clero aumentasse demasiadamente e, por conseguinte, que o corpo de laicos não aumentasse suficientemente".

É claro que aqui o autor apenas fala da maior ou menor abrangência que se deve dar ao celibato, em relação à maior ou menor quantidade daqueles que devem adotá-lo; e, como o autor disse em outro lugar, essa lei de perfeição não pode ser feita para todos os homens. É notório, além disso, que a lei do celibato, tal como é praticada, é somente uma lei de disciplina. No *Espírito das leis*, a natureza do celibato nunca entrou em questão, tampouco seu grau de bondade, e essa não é, de forma alguma, uma matéria que deve entrar em um livro de leis políticas e civis. O crítico nunca quer que o autor trate de seu tema, querendo insistentemente que trate do dele, e, por ser sempre um teólogo, o crítico não quer que o autor seja jurisconsulto, mesmo escrevendo um livro de Direito. Entretanto, ver-se-á logo em seguida que, a respeito do celibato, o autor acompanha a opinião dos teólogos, isto é, reconhece sua bondade.

É preciso saber que, no Livro XXIII, no qual é tratada a relação que as leis possuem com a quantidade de habitantes, o autor apresenta uma teoria do que as leis políticas e civis de diversos povos fizeram relativamente a esse ponto. Ele demonstra, ao examinar as histórias dos diversos povos da Terra, que existiram circunstâncias nas quais essas leis foram mais necessárias do que em outras, povos que tiveram mais necessidade delas e épocas nas quais esses povos tiveram ainda mais necessidade delas. Como considerou que os romanos foram o mais sábio povo do mundo, e que, para reparar suas

873

Montesquieu

perdas, tiveram mais necessidades de tais leis, o autor coletou com exatidão as leis que os romanos haviam feito a esse respeito, e determinou com precisão em que circunstâncias haviam sido derrogadas. Não há absolutamente nenhuma teologia nisso tudo e tampouco há necessidade dela. Entretanto, ele julgou adequado evocar a questão. Eis suas palavras:

"Deus me livre de falar aqui contra o celibato adotado pela religião. Mas quem poderia se calar diante do celibato que constitui a libertinagem, aquele no qual os dois sexos, corrompendo-se pelos próprios sentimentos naturais, esquivam-se do vínculo que deve torná-los melhores para viverem em uma união que os torna sempre piores?

"Trata-se de uma regra tirada da natureza que, quanto mais diminuirmos a quantidade de casamentos que poderiam ser celebrados, mais corromperemos os que são consagrados; que, quanto menos pessoas casadas houver, menos fidelidade haverá nos casamentos, assim como quanto mais ladrões existirem, mais roubos existirão."[23]

Portanto, o autor não desaprovou o celibato por motivos religiosos. Ninguém poderia se queixar que o autor se insurgisse contra o celibato introduzido pela libertinagem; que desaprovasse que uma infinidade de pessoas ricas e voluptuosas fugissem do jugo do matrimônio a fim de poder melhor gozar de suas devassidões, para que tomassem para si os prazeres e a volúpia e deixassem os sofrimentos para os miseráveis. Ninguém podia, repito, queixar-se disso. No entanto, o crítico, após ter citado o que o autor disse, pronuncia-se com essas palavras: "Percebe-se aqui toda a malignidade do autor, que pretende lançar sobre a religião cristã as desordens que ela abomina". Não faria sentido acusar o crítico de não ter desejado compreender o autor: direi somente que absolutamente não o compreendeu, e que o fez dizer contra a religião o que disse contra a libertinagem. Ele deve estar bem descontente com isso.

Erro particular do crítico

Poder-se-ia acreditar que o crítico jurou nunca estar a par da questão e jamais compreender uma única passagem que ataca. Todo o segundo

---

23 Lv.XXIII, Cap.21, parte final.

Do espírito das leis

capítulo do Livro XXV versa sobre os motivos mais ou menos poderosos que ligam os homens à conservação de sua religião. Em sua imaginação, o crítico encontra um outro capítulo que poderia ter como assunto os motivos que obrigam os homens a passar de uma religião para outra. O primeiro assunto implica um estado passivo, o segundo um estado de ação, e, aplicando sobre um assunto o que o autor diz sobre outro, o crítico desatina a seu bel-prazer.

O autor diz no segundo parágrafo do Capítulo 2 do Livro XXV: "Somos extremamente inclinados à idolatria, e, no entanto, não somos tão fortemente ligados às religiões idólatras. Não somos nada inclinados às ideias espirituais, e, no entanto, somos muito afeiçoados às religiões que nos fazem adorar um Ser espiritual. Isso deriva da satisfação que encontramos em nós mesmos, por termos sido inteligentes o bastante por termos escolhido uma religião que tira a Divindade da humilhação em que as outras a haviam colocado". O autor inseriu esse parágrafo apenas para explicar o motivo pelo qual os maometanos e os judeus, que não possuem as mesmas graças que nós, são tão invencivelmente afeitos à sua religião, conforme demonstra a experiência. O crítico entende de outra forma: "Atribui-se ao orgulho", afirma, "o movimento que fez os homens passarem da idolatria para a unidade de um Deus".[24] Mas não se trata nesse contexto, nem no resto do capítulo, de nenhuma passagem de uma religião para alguma outra; e, se um cristão sente satisfação com a ideia da glória e da visão da grandeza de Deus, e se a isso dão o nome de orgulho, trata-se de um orgulho muito benéfico.

Casamento

Eis uma outra objeção que não é comum. O autor fez dois capítulos no Livro XXIII. Um tem como título "Dos homens e dos animais em relação à propagação da espécie",[25] e o outro intitula-se "Dos casamentos". No primeiro, empregou estas palavras: "As fêmeas dos animais têm uma fecundidade quase constante. Mas, na espécie humana, a maneira de pensar, o

---

24 Página 166 da segunda folha.

25 Na edição de 1757, o título desse capítulo foi alterado para "Dos homens e dos animais em relação com a multiplicação de sua espécie" (Lv.XXIII, Cap.I). (N. T.)

caráter, as paixões, as fantasias, os caprichos, a ideia de conservar sua beleza, as dificuldades da gravidez, os embaraços de uma família muito numerosa, perturbam de mil maneiras a propagação". E, no outro, disse: "A obrigação natural que o pai tem de alimentar seus filhos deu origem ao estabelecimento do casamento, que declara quem deve cumprir essa obrigação".

Sobre isso, o crítico disse: "Um cristão atribuiria a instituição do casamento ao próprio Deus, que deu uma companheira a Adão, que uniu o primeiro homem à primeira mulher através de uma ligação indissolúvel, antes que tivessem crianças para alimentar. O autor, no entanto, evita tudo o que diz respeito à revelação". O autor responderia que é cristão, mas que não é imbecil; que adora essas verdades, mas que não quer evocar a torto e a direito todas as verdades nas quais crê. O imperador Justiniano era cristão, e seu compilador[26] também o era. Vejam só! Em seus livros de Direito, ensinados aos jovens nas escolas, definem assim o casamento: união do homem e da mulher que forma uma sociedade de vida individual.[27] Jamais passou pela cabeça de alguém condená-los por não terem falado da revelação.

Usura

Chegamos à questão da usura. Receio que o leitor esteja cansado de me escutar dizer que o crítico nunca está inteirado e jamais capta o sentido das passagens que censura. Quanto ao tema das usuras marítimas, diz o seguinte: "O autor não vê senão justiça nas usuras marítimas; estes são seus termos". Na verdade, a obra *Do espírito das leis* tem um péssimo intérprete. O autor tratou das usuras marítimas no Capítulo 20 do Livro XXII: logo, disse nesse capítulo que as usuras marítimas eram justas. Vejamos.

DAS USURAS MARÍTIMAS
"O valor elevado das usuras marítimas é fundado sobre duas coisas: o perigo do mar, que faz com que alguém se arrisque a emprestar seu di-

---

26 O jurista bizantino Triboniano (séc. VI), cujo trabalho de compilação foi fundamental para a composição do *Corpus Juris Civilis*. (N. T.)

27 *Maris et feminæ conjunctio, individuam vitæ societatem continens.*

Do espírito das leis

nheiro somente para depois tê-lo em maior quantidade, e a facilidade que o comércio dá ao emprestador de fazer prontamente negócios vultosos e em grande número. Por seu lado, as usuras na terra, não se fundando em nenhuma dessas duas razões, são proscritas pelos legisladores ou, o que é mais sensato, reduzidas a limites justos."

Pergunto a qualquer homem sensato se o autor acaba de determinar que as usuras marítimas são justas, ou se simplesmente disse que o montante das usuras marítimas causa menos aversão à equidade natural que o montante das usuras da terra. O crítico conhece apenas as qualidades positivas e absolutas; ele não sabe o que são os termos *mais* ou *menos*. Se lhe disséssemos que um mulato é menos preto que um negro, isso significaria, segundo o crítico, que o primeiro é branco como a neve; se lhe disséssemos que é mais preto que um europeu, acreditaria ainda que isso quereria dizer que ele é preto como um carvão. Contudo, prossigamos.

Há, no Livro XXII do *Espírito das leis*, quatro capítulos sobre a usura. Nos dois primeiros, o 29 e o que acabamos de ler, o autor examina a usura[28] na relação que ela possui com o comércio entre as diferentes nações e os diferentes governos do mundo. Esses dois capítulos dedicam-se somente a isso, enquanto os dois seguintes são feitos apenas para explicar as variações da usura entre os romanos. Mas eis que de repente transformam o autor em casuísta, em canonista e em teólogo, unicamente pelo fato de que aquele que o critica é casuísta, canonista e teólogo, ou duas das três, ou uma das três, ou talvez, no fundo, nenhuma das três coisas. O autor sabe que, ao ver o empréstimo a juros em sua relação com a religião cristã, a matéria tem infinitas distinções e limitações; sabe que os jurisconsultos e diversos tribunais nem sempre estão de acordo com os casuístas e canonistas; que uns admitem certas limitações ao princípio geral de nunca exigir juros e que outros admitem limitações ainda maiores. Ainda que todas essas questões fossem atinentes ao seu assunto – o que não é o caso –, como teria podido tratar delas? Com muita dificuldade conhecemos algo que estudamos com afinco, e conhecemos menos ainda aquilo que nunca estudamos na vida. Mas os próprios capítulos

---

28 Entre os romanos, usura ou juros significavam a mesma coisa.

utilizados contra o autor provam suficientemente que ele é apenas historiador e jurisconsulto. Leiamos o Capítulo 19:[29]

"O dinheiro é signo dos valores. É claro que quem tem necessidade desse signo deve emprestá-lo, como faz com todas as coisas das quais tenha necessidade. A diferença inteira consiste que as outras coisas podem ou ser emprestadas ou compradas, ao passo que o dinheiro, que é o preço das coisas, pode ser emprestado, mas não comprado.

"Emprestar ao outro seu dinheiro sem cobrar juros é, sem dúvida, uma ação muito boa, mas percebemos que isso somente poderia ser um conselho religioso, e não uma lei civil.

"Para que o comércio possa ser realizado a contento, é preciso que o dinheiro tenha um preço, mas que esse preço seja pouco considerável. Se for muito elevado, o negociante, percebendo que os custos dos juros ultrapassariam o que ele ganharia com seu comércio, não inicia empreendimento algum. Se o dinheiro não tem preço, ninguém o empresta, e o negociante também não empreende.

"Engano-me quando digo que ninguém o empresta. É sempre necessário que os negócios da sociedade aconteçam; a usura se estabelece, mas com as desordens que são experimentadas em todas as épocas.

"A Lei de Maomé confunde a usura com o empréstimo a juro. A usura aumenta nos países maometanos proporcionalmente ao rigor da proibição: o emprestador recebe uma compensação pelo perigo da contravenção.

"Nesses países do Oriente, a maior parte dos homens não tem nada em segurança. Quase não há relação entre a posse atual de uma soma e a esperança de reavê-la após tê-la emprestado: por conseguinte, nesses lugares, a usura aumenta proporcionalmente ao perigo de insolvabilidade."

Em seguida vem o capítulo "Das usuras marítimas", evocado mais acima, e o Capítulo 21, que trata "Do empréstimo por contrato e da usura entre os romanos". Ei-lo aqui:

"Além do empréstimo feito para o comércio, há ainda uma outra espécie de empréstimo feita por meio de um contrato civil, donde resulta um juro ou usura.

---

29 Lv.XXII.

Do espírito das leis

"Com o povo romano aumentando todos os dias seu poder, os magistrados buscaram adulá-lo fazendo leis que fossem mais de seu agrado: reduziram os capitais; diminuíram os juros e proibiram sua cobrança; acabaram com as prisões por dívida; enfim, todas as vezes que um tribuno quisesse se tornar popular, a abolição das dívidas era colocada em pauta.

"Essas mudanças contínuas, seja através das leis, seja através dos plebiscitos, naturalizaram, em Roma, a usura. Afinal, com os credores vendo o povo como seu devedor, seu legislador e seu juiz, perderam a confiança nos contratos. Os credores não se predispunham a emprestar para o povo, um devedor desprovido de qualquer crédito, senão com juros altíssimos, ainda mais porque, se as leis só surgiam de tempos em tempos, as queixas do povo eram contínuas e sempre intimidavam os credores. Isso fez com que todos os meios honestos de empréstimo fossem abolidos em Roma e que uma terrível usura, repetidamente eliminada e repetidamente renascida, ali se estabelecesse.

"Cícero nos diz que, em sua época, emprestava-se em Roma por 34% e, nas províncias, por 48%. Esse mal provinha, volto a dizê-lo, do fato de que as leis não tinham sido bem administradas. As leis extremas, no bem, fazem nascer o mal extremo; é preciso pagar pelo empréstimo de dinheiro e pelo perigo das penas da lei."

Portanto, o autor apenas falou do empréstimo a juros em sua relação com o comércio dos diversos povos ou com as leis civis dos romanos; e isso é tão verdadeiro que ele faz uma distinção, no segundo parágrafo do Capítulo 19, entre as instituições dos legisladores da religião e a dos legisladores políticos. Se tivesse expressamente falado da religião cristã, quando tinha outro assunto a tratar, teria utilizado outros termos e haveria ordenado aquilo que a religião cristã ordena, bem como aconselhado o que ela aconselha; teria distinguido, com os teólogos, os diversos casos; teria colocado todas as limitações que os princípios da religião cristão deixam à lei geral por vezes estabelecidas entre os romanos e sempre entre os maometanos: "que nunca, em nenhum caso ou circunstância, se deve receber juros pelo dinheiro". O autor não se incumbiu de tratar desse assunto, mas sim que uma proibição geral, ilimitada, indistinta e sem restrição, arruína o comércio entre os maometanos e quase foi causa da ruína da república entre os romanos; donde se segue que, porquanto os cristãos não vivam sob esses rígidos termos, o comércio não é destruído entre eles, e que em seus Estados não vemos essas usuras terríveis exigidas entre os maometanos, que outrora eram extorquidas entre os romanos.

O autor utilizou os capítulos 21 e 22[30] para examinar quais foram as leis entre os romanos a respeito do empréstimo por contrato nas diversas épocas de sua república: seu crítico por um instante deixa os bancos da teologia e volta-se para o lado da erudição. Ver-se-á que ele também se engana em sua erudição, e que nem sequer está a par das questões de que trata. Leiamos o Capítulo 22:

"Tácito diz que a Lei das Doze Tábuas fixou o juro a 1% ao ano. É evidente que ele se enganou, e que tomou uma outra lei, sobre a qual falarei, pela Lei das Doze Tábuas. Se a Lei das Doze Tábuas tivesse regulamentado isso, como, nas disputas que surgiram entre os credores e devedores, não teriam invocado sua autoridade? Não encontramos nenhum vestígio dessa lei sobre o empréstimo a juros, e mesmo alguém pouco versado na história de Roma verá que uma semelhante lei absolutamente não poderia ter sido obra dos decênviros." E adiante o autor acrescenta: "No ano 398 de Roma, os tribunos Duílio e Menêmio passaram uma lei que reduziu os juros a 1% ao ano. É essa lei que Tácito confunde com a Lei das Doze Tábuas, e é a primeira que foi feita entre os romanos a fim de estabelecer a taxa de juros etc.". Vejamos agora.

O autor diz que Tácito se engana ao dizer que a Lei das Doze Tábuas havia fixado a usura entre os romanos; diz que Tácito tomou pela Lei das Doze Tábuas uma lei que havia sido feita pelos tribunos Duílio e Menêmio, em torno de 95 anos após a Lei das Doze Tábuas, e que essa lei foi a primeira que fixou, em Roma, a taxa de usura. O que lhe respondem? Tácito não se enganou: ele falou da usura a 1% ao mês, e não da usura a 1% ao ano. Mas, aqui, não se trata da taxa de usura, mas sim de saber se a Lei das Doze Tábuas estabeleceu alguma disposição sobre a usura. O autor diz que Tácito se enganou, pois disse que os decênviros, na Lei das Doze Tábuas, tinham feito um regulamento para fixar a taxa de usura; e, sobre

---

30 Lv.XXII.

Do espírito das leis

isso, o crítico diz que Tácito não se enganou, pois falou da usura a 1% ao mês, e não a 1% ao ano. Portanto, tenho razão ao dizer que o crítico não se encontra a par da questão.

Resta ainda uma questão: saber se alguma lei mencionada por Tácito fixou a usura a 1% ao ano, como diz o autor, ou então 1% ao mês, como diz o crítico. A prudência recomendaria ao crítico que, sem que este conheça as leis romanas, não iniciasse uma disputa com o autor sobre as leis romanas; que não lhe negue um fato que desconhece e sobre o qual ignora os meios para se esclarecer a respeito. A questão era saber o que Tácito entendia pelas palavras *unciarium fœnus:*[31] bastava abrir os dicionários, e o crítico teria descoberto, no léxico de Calvino ou Kahl,[32] que a usura *unciaria* era de 1% ao ano, e não de 1% ao mês. Quisesse ele ter consultado os sábios, teria encontrado a mesma coisa em Saumaise.[33]

Testis mearum centimanus Gyas
Sententiarum.[34]

(Horácio, Ode IV, Liv.IV, v.69)

---

31 *Nam primo duodecim Tabulis sanctum, ne quis unciario fœnore amplius exerceret.* [Tácito] *Anais,* Lv.VI.

32 *Usurarum species ex assis partibus denominantur: quod ut intelligatur, illud scire oportet, sortem omnem ad centenarium numerum revocari; summam autem usuram esse, cum pars sortis centesima singulis mensibus persolvitur. Et quoniam ista ratione summa hæc usura duodecim aureos annuos in centenos efficit, duodenarius numerus Jurisconsultos movit, ut assem hunc usurarium appellarent. Quemadmodum [autem] hic as, non ex menstrua, sed ex annua pensione æstimandus est; similiter omnes ejus partes ex anni ratione intelligendæ sunt ; ut, si unus in centenos annuatim pendatur, unciaria usura; si bini, sextans; si terni, quadrans; si quaterni, triens; si quini, quinqunx [quincunx]; si seni, semis; si septeni, septunx; si octoni, bes; si novem, dodrans; si deni, dextrans; si undeni, deunx; si duodeni, as.* Lexicon Joannis Calvini, alias Kahl, Coloniæ Allobrogum, anno 1622, apud Petrum Balduinum, in verbo *Usura,* p.960.

33 *De modo usurarum.* Lugduni Batavorum, ex officina Elseviriorum, anno 1639, p.269, 270 e 271, e sobretudo estas palavras: *Unde verius sit unciarium fœnus eorum, vel uncias usuras, ut eas quoque appellatas infra ostendam, non unciam dare menstruam in centum, sed annuam.* [Claude Saumaise ou Salmasius (1588-1653), filólogo e humanista francês, autor de *De usuris* (1638). (N. T.)]

34 "Giges das cem mãos é de minhas palavras testemunha" (Horácio, *Odes,* p.353). Na realidade, a citação encontra-se na Ode IV do Livro III (e não no Lv.IV). (N. T.)

O crítico consultou as fontes? Se o tivesse feito, teria encontrado textos claros sobre o assunto nos livros de Direito, não teria confundido todas as ideias, teria distinguido as épocas e as ocasiões em que a usura *unciaria* significava 1% ao mês das outras épocas e ocasiões em que ela significava 1% ao ano, e não teria tomado o duodécimo do centésimo pelo centésimo.

Quando, entre os romanos, existiam leis sobre a taxa de usura, o mais comum era que os usurários cobrassem doze onças de cobre sobre cem onças que tivessem emprestado, isto é, 12% ao ano; e, como um asse valia doze onças de cobre, os usurários percebiam anualmente um asse sobre cem onças; e, como era preciso frequentemente contar a usura mensalmente, a usura de seis meses foi chamada de *semis*, ou a metade do asse, a usura de quatro meses foi chamada de *triens*, ou um terço do asse, a usura por três meses foi chamada de *quadrans*, ou um quarto do asse, e, enfim, a usura por um mês foi chamada de *unciaria*, ou o duodécimo do asse; de modo que, como se cobrava uma onça cada mês por cem onças que haviam sido emprestadas, essa usura *unciaria*, ou de 1% ao mês, ou de 12% ao ano, foi chamada de usura centésima. O crítico teve conhecimento do significado de usura centésima, mas a aplicou muito mal.

Vê-se que tudo isso era somente uma espécie de método, fórmula ou regra entre o devedor e o credor, a fim de contar suas usuras, supondo-se que a usura fosse 12% ao ano, o que era a prática mais comum. E, caso alguém tivesse emprestado a 18% ao ano, o mesmo método teria sido utilizado, aumentando em um terço a usura de cada mês; de modo que a usura *unciaria* teria sido de uma onça e meia por mês.

Quando fizeram leis sobre a usura, não foi empregado esse método, que havia servido e ainda servia aos devedores e aos credores para a divisão do tempo e a comodidade do pagamento de suas usuras. O legislador tinha um regulamento público a fazer: não se tratava de dividir a usura por mês, mas sim de fixar – e assim fixou – a usura por ano. Continuaram a utilizar os termos tirados da divisão do asse, sem aplicar a eles as mesmas ideias: assim, a usura *unciaria* significava 1% ao ano, a usura *ex quadrante* 3% ao ano, a usura *ex trente* 4% ao ano e a usura *semis* 6% ao ano. E, se a usura *unciaria* tivesse significado 1% por mês, as leis que as fixaram *ex quadrante*, *ex triente*, *ex semisse*, teriam fixado a usura em 3%, 4%, 6% ao mês – o que teria sido

Do espírito das leis

absurdo, pois as leis feitas para reprimir a usura teriam sido mais cruéis que os usurários.

Portanto, o crítico confundiu as espécies das coisas. É de meu interesse, no entanto, relatar aqui suas próprias palavras, a fim de que todos fiquem bem convencidos que a intrepidez com a qual ele fala não deve impressionar ninguém. Ei-las aqui:[35] "Tácito absolutamente não se enganou: ele fala de interesse a 1% ao mês, e o autor imaginou que ele falava em 1% ao ano. Nada é tão conhecido quanto o centésimo que se pagava ao usurário todos os meses. Um homem que escreve dois volumes *in quarto* sobre as leis deveria desconhecer isso?".

Que esse homem tenha ignorado ou não tenha ignorado o centésimo, trata-se de algo muito indiferente. Todavia, não a desconhece, pois falou dele em três lugares. Porém, como falou sobre o assunto? E em que contexto falou dele?[36] Eu poderia muito bem desafiar o crítico a adivinhá-lo, porque ele não encontraria os mesmos termos e as mesmas expressões que conhece.

Não se trata aqui de saber se faltou erudição ou não ao autor do *Espírito das leis*, mas de defender seus altares.[37] Entretanto, foi preciso mostrar ao público que o crítico, adotando um tom tão decisivo sobre coisas que não conhece e sobre as quais tem tão pouca dúvida a ponto de nem sequer abrir um dicionário para se certificar do que afirma, desconhecendo as coisas e acusando os outros de desconhecer seus próprios erros, não merece mais confiança nas outras acusações. Não será possível acreditar que a arrogância e o orgulho do tom que emprega por toda a parte não ocultam, de maneira alguma, o fato de ter cometido erros? Que, quando se inflama, isso não quer dizer que ele não esteja errado? Que, quando ele anatematiza com suas palavras "ímpio" e "sectário da religião natural", é também possível acreditar que ele esteja errado? Que é preciso se precaver bastante de receber as impressões que a atividade de seu espírito e a impetuosidade de seu estilo poderiam causar? Que, em seus dois escritos, é bom distinguir suas

---

35 Folha de 9 de outubro de 1749, p.164.

36 A terceira e a última nota, Capítulo 23, Livro XXII, e o texto da terceira nota.

37 *Pro aris*. [Recurso à expressão latina *Pro aris et focis*, "pelos altares e lares", isto é, defender algo que nós é muito caro e precioso. (N. T.)]

injúrias de suas razões, para em seguida separar as razões mal elaboradas, após o que nada restará?

O autor, nos capítulos sobre o empréstimos a juros e da usura entre os romanos, tratando desse tema que é, sem dúvidas, o mais importante da história destes; desse tema que se ligava de tal modo à sua constituição, a ponto de por mil vezes esta achar que seria derrubada por ele; falando das leis que fizeram por desespero, das que fizeram seguindo sua prudência, dos regulamentos que eram apenas temporários, dos que eram feitos sempiternamente, diz, no fim do Capítulo 22: "No ano 398 de Roma, os tribunos Duílio e Menêmio passaram uma lei que reduziu os juros a 1% ao ano. [...] Dez anos depois, essa usura foi reduzida pela metade, e, em seguida, completamente abolida".

"Aconteceu com essa lei o mesmo que acontece com todas aquelas em que o legislador levou as coisas ao extremo: encontrou-se um meio de burlá-la. Foi necessário editar muitas outras para ratificá-la, corrigi-la, moderá-la. Por vezes leis foram abandonadas para que o uso fosse seguido, por vezes os usos foram abandonados para que as leis fossem seguidas — mas, nesse caso, o uso devia facilmente prevalecer. Quando um homem empresta, ele encontra um obstáculo na própria lei que é feita em seu favor: essa lei tem contra si tanto aquele que ela beneficia quanto aquele que ela condena. O pretor Semprônio Aselio, tendo permitido aos devedores agirem conforme as leis, foi morto pelos credores por ter desejado restabelecer uma severidade que não poderia mais ser tolerada.

"Sob Sula, Lúcio Valério Flaco fez uma lei que permitia os juros a 3% ao ano. Essa lei mais era mais equitativa e mais moderada do que aquelas que os romanos fizeram a esse respeito, mas Patérculo a desaprovou. Contudo, se essa lei fosse necessária à república, se fosse útil a todos os particulares, se formasse uma transferência de desafogo entre o devedor e o emprestador, ela não era injusta.

"'Paga menos', diz Ulpiano, 'aquele que paga mais tarde'. Isso decide a questão se os juros são legítimos, isto é, se o credor pode vender o tempo e o devedor comprá-lo."

Eis como o crítico raciocina sobre a última passagem, que se refere unicamente à Lei de Flaco e às disposições políticas dos romanos. O autor,

Do espírito das leis

diz ele, ao resumir tudo o que disse sobre a usura, sustenta que é permitido ao credor vender o tempo. Caso alguém dê ouvidos ao crítico, dirá que o autor acaba de fazer um tratado de teologia ou de direito canônico, e que ele resume em seguida esse tratado de teologia e de direito canônico – ao passo que é evidente que o autor fala somente das disposições políticas dos romanos, da Lei de Flaco e da opinião de Patérculo, de modo que essa Lei de Flaco, a opinião de Patérculo, a reflexão de Ulpiano e a do autor estão ligadas e não podem se separar.

Teria ainda muitas coisas a dizer, mas prefiro remeter os leitores aos próprios impressos: "Acreditai em mim, meus caros pisões: elas lembram um quadro que, como os sonhos de um doente, revelam apenas imagens inúteis".[38]

Terceira parte

Vimos, nas duas primeiras partes, que tudo o que resulta de tantas críticas amargas é o seguinte: que o autor do *Espírito das leis* não fez sua obra segundo o plano e os desígnios de seus críticos, e que, se seus críticos tivessem feito uma obra sobre o mesmo assunto, teriam nela incluído um grande número de coisas que conhecem. Disso resulta ainda que eles são teólogos e o autor é jurisconsulto; que acreditam estar em condições de desempenhar a profissão do autor, enquanto o autor não é capaz de desempenhar a deles. Enfim, disso resulta que, no lugar de atacar com tanta acrimônia, teriam procedido melhor ao apreciar eles mesmos o valor das coisas que o autor diz em favor da religião, a qual igualmente respeitou e defendeu. Resta-me fazer algumas reflexões.

Não é boa essa maneira de raciocinar, a qual, utilizada contra qualquer bom livro, pode fazê-lo parecer tão ruim quanto qualquer mau livro, e que, praticada contra qualquer mau livro, pode fazê-lo parecer tão bom quanto qualquer bom livro.

---

38 *Credite, Pisones, isti tabulæ fore librum/ Persimilem, cujus, velut ægri somnia, vanæ/ Fingentur species* (Horácio, *Arte poética* [*Epistula ad Pisones*], v.6).

885

Não é boa essa maneira de raciocinar que introduz, às coisas em questão, outras que são somente acessórias, e que confunde diversas ciências e as ideias de cada ciência.

Sobre uma obra feita acerca de uma ciência, não se deve discutir por razões que poderiam atacar a própria ciência.

Quando se critica uma obra, sobretudo uma grande obra, é preciso se esforçar para obter um conhecimento específico da ciência nela tratada e ler atentamente os autores aprovados que já escreveram sobre essa ciência, a fim de ver se o autor se afasta da maneira aceita e comum de tratá-la.

Quando um autor se explica por suas palavras ou por seus escritos, que são a imagem daquelas, é desrazoável abandonar os signos externos de seus pensamentos para procurar seus pensamentos, posto que somente ele conhece seus pensamentos. Isso é muito pior quando, sendo bons seus pensamentos, os classifiquem como maus.

Quando alguém escreve contra um autor e se irrita contra ele, é preciso provar as qualificações pelas coisas, e não as coisas pelas qualificações.

Quando alguém verifica que a intenção geral do autor é boa, se enganará mais raramente se, sobre certas passagens que acreditar serem equívocos, julgar segundo a intenção geral, em vez de lhe atribuir uma má intenção específica.

Nos livros feitos para entreter, três ou quatro páginas dão a ideia do estilo ou dos encantos da obra. Nos livros de raciocínio, não apreendemos nada caso não apreendamos a totalidade do encadeamento.

Como é muito difícil fazer uma boa obra e muito fácil criticá-la, porque o autor tem todos os flancos a proteger e o crítico somente um a atacar, é preciso que este último absolutamente não cometa erros; e se, por acaso, acontecesse de errar continuamente, ele seria indesculpável.

Além disso, como a crítica pode ser considerada como uma ostentação de sua superioridade sobre os outros, e como seu efeito comum é o de oferecer deliciosos momentos para o orgulho humano, aqueles que se dedicam a ela certamente sempre merecem equidade, mas raramente indulgência.

E, como de todos os gêneros de escrita, a crítica é aquela na qual é mais difícil mostrar uma boa índole, é preciso prestar atenção para não aumentar, pela acrimônia das palavras, a tristeza desse ofício.

Do espírito das leis

Quando se escreve sobre grandes matérias, não basta consultar seu zelo, pois também é preciso consultar as próprias luzes; e, se o céu não nos concedeu grandes talentos, eles podem ser supridos pela desconfiança de si mesmo, pela exatidão, pelo trabalho e pelas reflexões.

Não é útil aos homens a arte de encontrar em uma coisa naturalmente dotada de bom sentido todos os maus sentidos que uma mente que não raciocina corretamente pode lhe atribuir: aqueles que a praticam se assemelham aos corvos, que fogem dos viventes e voam por todos os lados em busca de cadáveres.

Tal maneira de criticar produz dois grandes inconvenientes. O primeiro é que ela estraga o espírito dos leitores através de uma mistura do verdadeiro e do falso, do que é bom e do que é ruim: eles se acostumam a buscar um mau sentido nas coisas que naturalmente são dotadas de bom sentido, donde se torna fácil para eles passar para a disposição de buscar um bom sentido nas coisas que naturalmente são dotadas de um mau sentido. Desse modo, faz-se com que percam a faculdade de raciocinar corretamente para lançá-los nas sutilezas de uma dialética ruim. O segundo mal é que, como essa maneira de raciocinar coloca os bons livros em suspeição, ela nos priva de outras armas para atacar as obras ruins, de modo que o público não possui mais nenhuma medida para distingui-las. Se tratam como sendo espinosistas e deístas aqueles que não o são, o que dirão para aqueles que realmente o são?

Embora sem dificuldade devamos pensar que as pessoas que escrevem contra nós, a respeito de matérias que interessam a todos os homens, são movidas a fazê-lo pela força da caridade cristã, no entanto, como a natureza dessa virtude consiste em não poder se ocultar, e como ela se revela em nós malgrado nós mesmos e resplandece e brilha por todos os lados, se acontecesse de, nos dois escritos feitos contra a mesma pessoa, um após o outro, não houvéssemos encontrado nenhum vestígio dessa caridade, que ela não aparecesse em nenhuma frase, nenhuma locução, nenhuma palavra, nenhuma expressão, aquele que tivesse escrito semelhantes obras teria um justo motivo para temer não ter sido conduzido a isso segundo a caridade cristã.

E, como as virtudes puramente humanas são em nós o efeito daquilo que chamamos de boa índole, caso fosse impossível descobrir nesses escritos algum vestígio dela, o público poderia concluir a partir disso que tais escritos não seriam sequer o efeito das virtudes humanas.

Aos olhos dos homens, as ações são sempre mais sinceras que os motivos, e é mais fácil fazer com que acreditem que a ação de proferir injúrias atrozes é um mal do que se persuadirem que o motivo pelas quais foram proferidas é um bem.

Quando um homem pertence a uma condição que faz a religião ser respeitada e que a religião a torna respeitável, e que ele ataque, perante as pessoas do mundo, um homem que vive no mundo, é essencial que mantenha, por sua maneira de agir, a superioridade de seu caráter. O mundo é muito corrompido, mas nele existem certas paixões que são bastante restringidas: há paixões preferidas que impedem a manifestação de outras. Considerai as pessoas do mundo entre si e observareis que nada há de mais tímido: é o orgulho que não ousa dizer seus segredos, e que, na consideração que tem para com os outros, renuncia para em seguida se recobrar. O cristianismo nos incute o hábito de subjugar esse orgulho, ao passo que o mundo nos incute o hábito de ocultá-lo. Com o pouco de virtude que possuímos, o que nos tornaríamos caso nossa alma inteira se pusesse em liberdade e se não estivéssemos atentos às menores palavras, aos menores sinais, aos menores gestos? Ora, quando os homens de caráter respeitável manifestam exaltações que as pessoas do mundo não se atreveriam a exteriorizar, estas começam a se achar melhores do que de fato são, o que representa um grande mal.

Nós, pessoas do mundo, somos tão fracas que merecemos ser tratadas com extremo cuidado. Assim, quando nos mostram todas as marcas exteriores das paixões violentas, o que querem que pensemos sobre o está no âmago? É possível esperar que nós, com nossa habitual temeridade de julgar, não julguemos?

É possível que alguém tenha observado, nas disputas e conversas, o que acontece às pessoas cujo espírito é austero e difícil: como não combatem para ajudar umas às outras, mas sim para se destruir, afastam-se da verdade, não na proporção da grandeza ou pequenez de seu espírito, mas do maior ou menor capricho ou inflexibilidade de seu caráter. O contrário acontece com as pessoas dotadas, pela natureza ou pela educação, de brandura: como suas disputas são auxílios mútuos, como convergem para o mesmo objeto, como

Do espírito das leis

pensam diferente apenas para chegar a pensar da mesma forma, encontram a verdade na proporção de suas luzes. Eis a recompensa da boa índole.

Quando um homem escreve sobre as matérias de religião, não deve contar tanto com a piedade daqueles que o leem a ponto de dizer coisas contrárias ao bom senso, pois, visando ganhar crédito com aqueles que possuem mais piedade do que luzes, ele se descredita com os que possuem mais luzes do que piedade.

E como a religião se defende muito bem por si mesma, ela perde mais quando é mal defendida do que se absolutamente não fosse defendida.

Se acontecesse de um homem, após ter perdido seus leitores, atacar alguém que gozasse de certa reputação, e com isso encontrasse um meio para ser lido, poder-se-ia talvez suspeitar que, sob o pretexto de sacrificar essa vítima pela religião, a sacrificava por seu amor-próprio.

A maneira de criticar sobre a qual falamos é a coisa mais capaz do mundo de limitar a ampliação e mesmo diminuir – se ouso utilizar esse termo – a soma do gênio nacional. A teologia tem seus limites e fórmulas, pois, como as verdades que ensina são conhecidas, é preciso que os homens se atenham a elas, sendo necessário impedir que delas se desviem. Nessa seara, deve-se evitar que o gênio levante voo: é preciso, por assim dizer, circunscrevê-lo em uma clausura. Mas é zombar do mundo querer estabelecer essa clausura para aqueles que tratam das ciências humanas. Os princípios da geometria são muito verdadeiros, mas, se os aplicássemos às coisas relativas ao gosto, faríamos a própria razão desarrazoar. Nada sufoca mais a doutrina do que vestir todas as coisas com uma toga de doutor: as pessoas que querem sempre ensinar frequentemente impedem que outros aprendam, e não há gênio que não encolha quando envolvido em um milhão de escrúpulos inúteis. Tendes as melhores intenções do mundo? Pois vós mesmos sereis constrangidos a duvidar delas. Não podeis se ocupar em bem dizer quando sois incessantemente aterrorizados pelo medo de dizer mal, e quando, em vez de seguir vosso pensamento, ocupai-vos somente dos termos que podem escapar da sutileza dos críticos. Colocam-nos um capuz sobre a cabeça para nos dizer a cada palavra: "Tomai cuidado para não cair. Quereis falar como vós, mas quero que faleis como eu". Pretendemos alçar voo? Seguram-nos pela manga. Temos vigor e vivacidade? Privam-nos delas através de alfinetadas. Temos as melhores intenções do mundo? Forçar-nos-ão a duvidar delas. Elevamo-nos um pouco? Eis pessoas que agarram suas réguas e medidores, levantam a cabeça e gritam para que desçamos, para poderem nos medir. Percorremos nossa estrada? Quererão que olhemos todas as pedras que as formigas colocaram em nosso caminho. Não há ciência nem literatura que possa resistir a esse pedantismo. Nosso século formou as academias, mas insistem em querer nos fazer retornar às escolas dos séculos tenebrosos. Descartes é muito adequado para confortar aqueles que, com um gênio infinitamente menor do que o seu, possuem tão boas intenções quanto ele: esse grande homem foi incessantemente acusado de ateísmo, e hoje em dia os argumentos mais contundentes utilizados contra os ateus são os seus.

De resto, não devemos considerar as críticas como pessoais senão nos casos em que aqueles que as fazem quiseram torná-las tais. É extremamente lícito criticar as obras que foram entregues ao público, porque seria ridículo que aqueles que tivessem desejado esclarecer os outros não pudessem eles próprios ser esclarecidos. Aqueles que nos alertam são companheiros de nossos trabalhos. Se o crítico e o autor buscam a verdade, possuem o mesmo interesse, pois a verdade é o bem de todos os homens: eles serão confederados, e não inimigos.

É com grande prazer que abandono a pluma. Teria continuado a guardar o silêncio caso diversas pessoas não tivessem concluído que, ao guardá-lo, eu estava reduzido a ele.

Esclarecimentos sobre o Espírito das leis

I

Certas pessoas fizeram a seguinte objeção: no livro *Do espírito das leis* a honra ou o medo constituem o princípio de certos governos, e não a virtude; e a virtude é o princípio somente de alguns outros. Logo, as virtudes cristãs não são exigidas na maior parte dos governos.

Eis a resposta: o autor colocou a seguinte nota no Capítulo 5 do Livro III: "Falo aqui sobre a virtude política, que é a virtude moral no sentido de que ela se dirige para o bem geral; pouquíssimo sobre as virtudes morais particulares e nada sobre a virtude que tem relação com as verdades reveladas". Há, no capítulo seguinte, uma outra nota que remete a esta, e, nos capítulos 2 e 3 do Livro V, o autor definiu sua virtude como "amor pela pátria". Ele define o amor pela pátria como "o amor pela igualdade e pela frugalidade". Todo o Livro V repousa sobre esses princípios. Quando um escritor define uma palavra em sua obra, quando oferece, se puder me servir dessa expressão, seu dicionário, não devemos entender suas palavras segundo o significado por ele oferecido?

A palavra *virtude*, como a maior parte das palavras de todas as línguas, é tomada em diversas acepções: ora significa as virtudes cristãs, ora as virtudes pagãs; frequentemente significa certa virtude cristã, ou ainda certa virtude pagã; algumas vezes, em determinadas línguas, significa certa capacidade

Montesquieu

para exercer uma arte ou certas artes. É o que precede ou se segue a essa palavra que determina seu significado. Aqui, o autor vai além: oferece por diversas vezes seu significado. Portanto, a objeção foi feita porque a obra foi lida muito depressa.

II

O autor disse no Livro II, Capítulo 3: "A melhor aristocracia é aquela na qual a parcela do povo que em nada participa do poder é tão pequena e tão pobre que a parte dominante não tem nenhum interesse em oprimi--la. Assim, quando Antípatro instituiu em Atenas que aqueles que não possuíssem duas mil dracmas seriam excluídos do direito de sufrágio,[1] ele formou a melhor aristocracia possível, pois esse recenseamento era tão ínfimo que apenas excluía poucas pessoas, e ninguém que gozasse de alguma consideração na cidade. Portanto, as famílias aristocráticas devem ser, o tanto quanto possível, povo. Quanto mais uma aristocracia se aproxima da democracia, mais perfeita será; e será menos perfeita à medida que se aproxime da monarquia".

Em uma carta inserida no *Journal de Trévoux* de abril de 1749, foi feita uma objeção ao autor sobre sua própria citação. Temos perante os olhos, dizem, a passagem citada, e nela verificamos que apenas 9 mil pessoas tinham o censo prescrito por Antípatro, enquanto 22 mil não o tinham; donde concluímos que o autor utiliza muito mal suas citações, porque, nessa república de Antípatro, o menor número estava compreendido no censo enquanto o maior não estava.

Resposta

Teria sido desejável que a pessoa que fez essa crítica tivesse prestado mais atenção tanto no que o autor disse quanto no que Diodoro disse.

1º) Absolutamente não havia 22 mil pessoas que não estavam compreendidas no censo da república de Antípatro: as 22 mil pessoas mencionadas por Diodoro foram relegadas e instaladas na Trácia; e somente restavam,

---

1 Diodoro, Lv.XVIII, ed. de Rhodoman, p.601.

Do espírito das leis

para formar essa república, os 9 mil cidadãos compreendidos no censo e as pessoas do populacho que não quiseram partir para a Trácia. O leitor pode consultar Diodoro.

2º) Ainda que restassem 22 mil pessoas em Atenas que não tivessem sido compreendidas no censo, a objeção não seria mais justa. As palavras *maior* e *menor* são relativas. Nove mil soberanos, em um Estado, constituem um número imenso, e 22 mil súditos, no mesmo Estado, constituem um número infinitamente pequeno.

Referências bibliográficas

ABBADIE, Jacques. *Traité de la divinité de Nôtre Seigneur Jesus-Christ.* v.1. Roterdã: Reinier Leers, 1689.

_____. *Traité de la vérité de la religion chrétienne.* v.1. Roterdã: Reinier Leers, 1684.

ADDISON, Joseph (ed.). *The Spectator*, Inglaterra, 1711.

_____. *Remarks on Several Parts of Italy*: In the Years 1701, 1702, 1703. Londres: Jacob Tonson, 1705.

AGÁTIAS, o Escolástico. *Histórias.* Intr., trad. e notas B. Ortega Villaro. Madri: Gredos, 2008.

AGOBARDO, arcebispo de Lyon. *Adversus Legem Gundobadi.* Ed. L. van Acker. Turnholt: Brepols, 1981. (Col. Corpus Christianorum Continuatio Mediaevalis, v.52.)

AGOSTINHO, Santo. *A cidade de Deus* [*De Civitate Dei*]. 3v. Lisboa: Fundação Calouste Gulbenkian, 2006-2010.

AIMOIN. *Historiæ francorum.* Paris: Andream Wechelum, 1567.

ANDÓCIDES. *Sobre los misterios.* Espanha: Universidad de Granada, 1983.

ANSON, George (barão). *A Voyage Round the World in the Years 1740-1744.* Edimburgo: W. P. Nimmo, Hay & Mitchell, 1888.

APIANO, Sancho Royo. Guerras civis. In: *História romana.* v.3. Lv.III-IV. Madri: Gredos, c. 198.

_____. *História romana.* 3v. Madri: Gredos, c. 198.

ARENDT, Hannah. *Sobre a revolução.* Trad. Denise Bottmann. São Paulo: Companhia das Letras, 2011.

ARISTIDES. *Oratio in Minervam.* Paris: Bibliothèque Nationale de France, [s.d.]. (manusc.)

ARISTÓTELES. *De mirabilibus auscultationibus.* Cambridge; Londres: Loeb Classical Library, 1936.

_____. *Política.* Trad. Mário da Gama Kury. Brasília: Editora UnB, 1985.

ARMENÓPULO, Constantino. *Hexábiblos.* 6v. Atenas: Andreas Koron, 1835.

ARRIANO. *The Anabasis of Alexander.* Londres: Hodder and Stoughton, 1869.

_____. *Expeditio Alexandri.* Alemanha: Stereotypa, 1829.

ATENEU. *Deipnosophists or Banquet of the Learned.* 15v. Londres: Henry G. Bohn, 1854. [*O banquete dos sofistas.*]

AUFRERIUS, Stephanus. *Deci. capelle Tholose*: decisiones materiaru[m] quotidianarum. [s.L.]: Iacobi Biuncti, 1538.

AULO GÉLIO. *Noites áticas.* Trad. José Rodrigues Seabra Filho. Londrina: Eduel, 2010.

AURELIUS VICTOR, Sextus. *De viris illustribus urbis Romae* (1872). Whitefish, Montana: Kessinger Publishing, 2010.

AVENCHES, Mário de. Chronica. In: MOMMSEN, Theodor (ed.). *Monumenta Germaniae Historica.* Berlim: [s.n.], 1894.

BAHADUR, Abu al-Ghazi. *Histoire généalogique des Tatars.* Leiden: Abram Kallewier, 1726.

BAILYN, Bernard. *As origens ideológicas da Revolução Americana.* Trad. Cleide Rapucci. Bauru, SP: Edusc, 2003.

BALUZE, Étienne. *Capitularia regum Francorum capitularia.* 2t. [s.L.]: Franc. Mugnet, 1667.

BARBEYRAC, Jean. *Histoire des anciens traitez.* 2v. Amsterdã: Wetstein & Smith, 1739.

BARROS, Alberto Ribeiro Gonçalves de. *Republicanismo inglês*: uma teoria da liberdade. São Paulo: Discurso, 2015.

BARTHOLIN, Thomas. *Antiquitatum Danicarum.* Copenhague: J. P. Bockenhoffer, 1689. [*Antiguidades dinamarquesas.*]

BAYLE, Pierre. *Pensées diverses écrites à un docteur de Sorbonne à l'occasion de la Cométe qui parut au mois de décembre de 1680.* 4v. Roterdã: Reinier Leers, 1683-1721. [*Pensamentos diversos sobre o cometa.*]

_____. *Dictionnaire historique et critique* (1695-1697). Ed. Adrien-Jean Quentin Beuchot. 16v. Paris: Desoer, 1820-1824.

_____. *Continuation des Pensées diverses écrites à un docteur de Sorbonne à l'occasion de la Cométe qui parut au mois de décembre de 1680.* 2v. Roterdã: Reinier Leers, 1704. [*Continuação dos pensamentos sobre o cometa.*]

_____. *Critique générale de l'histoire du calvinisme de M. Maimbourg.* Paris: Pierre Le Blanc, 1682. [*Crítica da história do calvinismo.*]

BEAUMANOIR, Philippe de. *Les Coutumes du Beauvoisis.* Paris: Picard et Fils, 1899.

BERNIER, François. *Voyages de François Bernier, contenant la description des États du Grand Mogol*. 2v. Amsterdã: P. Marret, 1709-1710.

BIGNON, Jérôme. *Traité de l'excellence des rois et du royaume de France*. Paris: Hierosme Drovart, 1610.

BIZÂNCIO, Estevão de. *Ethnica*.

BLOCH, Marc. *A sociedade feudal*. Trad. Liz Silva. Lisboa: Edições 70, 2001.

BOCHART, Samuel. *Geographia Sacra, seu Phaleg et Canaan* (1646). 2v. [s.L.]: Cornelium Boutesteyn & Jordanus Luchtmans, 1707.

BODIN, Jean. *Os seis livros da República*: livro primeiro. 1.ed. São Paulo: Ícone, 2011.

BOHIER, Nicolas. *Decisiones supremi senatus Burdegalensis*. Frankfurt: L. B. Schonwetter, 1665.

BOUGEREL, Joseph. *Memoires pour servir a l'histoire de plusieurs hommes illustres de Provence*. Paris: Claude Herissant, 1752. [*Relatos para servir à história de muitos homens ilustres da Provença*.]

BOULAINVILLIERS, Henri de. *État de la France*: mémoires historiques sur l'ancien gouvernement. 2v. Londres: T. Wood & S. Palmer, 1727.

BOUTILLIER, Jean. *La Somme rurale*. Bélgica: Collard Mansion, 1479.

BRUSSEL, Nicolas. *Nouvel examen de l'usage général des fiefs en France*. 2v. Paris: Claude Prud'homme, 1727.

BURNET, Gilbert. *The History of the Reformation of the Church of England*. Londres: T. H., 1679.

CAILLOIS, Roger (org.). *Œuvres complètes de Montesquieu*. 2v. Paris: Gallimard, 1951. (Coleção Bibliothèque de la Pléiade.)

CAMÕES, Luís Vaz de. *Os lusíadas*. 4.ed. Lisboa: Ministério dos Negócios Estrangeiros; Instituto Camões, 2000.

CAPITOLINO, Júlio. Vida de Opílio Macrino. In: IMPRENSA DA UNIVERSIDADE DE COIMBRA (coord.). *História augusta*. v.II. Coimbra: Imprensa da Universidade de Coimbra, 2021.

CARPINI, Giovanni da Pian del (Frade Jean Duplan Carpin) *Historia Mongalorum quos nos Tartaros appellamus*. Massachusetts: Branden Publishing Company, 1996. [Ed. port.: *História dos mongóis aos quais chamamos tártaros*. Portugal: Livros de Bordo, 2015.]

CASSIODORO. *Variæ epistolæ* (537). (manusc.)

CATEL, Guillaume de. *Mémoires de l'histoire du Languedoc*. Paris: P. Bosc, 1633.

CÉSAR, Júlio. *A Guerra Civil*. São Paulo: Estação Liberdade, 1999.

_____. *A Guerra das Gálias*. Lisboa: Sílabo, 2004.

CHARDIN, Jean. *Voyages de Monsieur le Chevalier Chardin en Perse et autres lieux de l'Orient*. Amsterdã: Jean Louis de Lorme, 1711. [*Viagens do sr. Chardin*.]

CHASSEPOL, François. *Traité des finances et de la fausse monoye des Romains*. Paris: Briasson, 1740.

CHAUSSINAND-NOGARET, Guy. *La Noblesse au XVIIIᵉ siècle*: de la Féodalité aux Lumières. Paris: Hachette, 1976.

CÍCERO, Marco Túlio. *Letters to Atticus*. Cambridge: Harvard University Press, 1999. [Ed. esp.: *Cartas*: cartas a Ático. Trad. Miguel Rodríguez-Pantoja Márquez. 2v. Madri: Gredos, 1996.]

_____. *Sobre as leis* [*De legibus* (1824)]. Juiz de Fora, MG: Editora da UFJF, 2021.

_____. *Da República* [*De republica*]. 2.ed. Bauru, SP: Edipro, 2011.

_____. *Philippicae*. [s.L.]: Jiahu Books, 2014. [Ed. bras.: Filípicas. In: *Orações*. 1.ed. Bauru, SP: Edipro, 2005.]

_____. *Segundo discurso contra Verres*.

_____. *De finibus bonorum et maiorum*. Londres: Edward Arnold, 1909. [Ed. bras.: *Do sumo bem e do sumo mal*. 2.ed. São Paulo: WMF Martins Fontes, 2020.]

_____. *De oratore*. Pádua: Typographia Seminarii, 1773.

_____. *Oratione pro Cæcinna*.

COKE, Edward. *Institutes of the Lawes of England*. 4v. Londres: Societie of Stationers, 1628-1644.

CUJAS, Jacques. *De Feudis* [*Libri Feudorum*]. Lv.V. Paris: C. Sennetonium, 1566.

_____. *Observationum et emendationum*. In: *Opera, quae de jure fecit*. t.4. [s.L.: s.n.], 1609.

D'ALLAIS, Denis Vairasse. *Histoire des Sevarambes*. 5v. Paris: L'Auteur, 1677-1687.

D'AUBIGNÉ, Théodore-Agrippa. *Histoire universelle*. 3v. Paris: H. Laurens, 1886-1909.

DAMPIER, William. *Nouveau voyage autour du monde*. 5v. Paris: J.-B. Machuel, 1715.

_____. *Voyages and Descriptions*. Londres: James Knapton, 1699.

DÁVILA, Enrico Caterino. *Dell'istoria della guerra civile di Francia*. 4v. Milão: Antonio Fontana, 1829.

DE LA VEGA, Garcilaso. *Historia general del Perú*. Córdoba: Andrés Barrera e Filhos, 1616.

_____. *Histoire des guerres civiles des espagnols dans les Indes*. Paris: Augustin Courbe, 1650. [*História das guerras civis dos espanhóis nas Índias*.]

DEMÓSTENES. *De Falsa Legatione*.

_____. *Oração da Coroa*. Frankfurt, 1604.

_____. *Orationes, Contra Midiam*. Frankfurt, 1604.

DIÃO CÁSSIO. *História romana*.

DICTIONNAIRE de l'Académie Française. 1762.

DIDEROT, Denis; D'ALEMBERT, Jean Le Rond. *Enciclopédia ou Dicionário razoado das ciências, das artes e dos ofícios*. 7v. São Paulo: Editora Unesp, 2015-2022.

DIODORO SÍCULO. *Biblioteca histórica* [*Bibliothecae historicae*]. v.1. 2.ed. Madri: Gredos, 2001.

_____. *The Historical Library of Diodorus the Sicilian, in Fifteen Books*. Trad. George Booth. Contr. Henri de Valois, Lorenz Rhodoman e Fulvio Orsini. Londres: E. Jones e J. Churchill, 1700.

DIONÍSIO EXÍGUO, ou Dionísio, o Menor. *Collectiones canonum Dionysianæ*. [*The Collectio Dionysiana*.]

DODWELL, Henry. *Dissertação sobre o périplo de Hanão*.

DOMAT, Jean. *Les Lois civiles dans leur ordre naturel*. 3v. Paris: J.-B. Coignard, 1689-1694.

DU CANGE [Charles du Fresne]. *Glossarium ad scriptores mediæ et infimæ latinitatis*. Paris: L. Favre, 1883-1887.

DU CERCEAU, Jean-Antoine. *Histoire de la dernière révolution de Perse*. Paris: Briasson, 1728.

DU FRESNE, Charles. *Glossarium ad scriptores mediæ et infimæ latinitatis*. Paris: L. Favre, 1883-1887.

DU HALDE, Jean-Baptiste. *Description géographique, historique, chronologique, politique et physique de l'Empire de la Chine et de la Tartarie chinoise*. 4t. Paris: Lemercier, 1735. [*Descrição do império da China*.]

DU TILLET, Jean. *Recueil des rois de France*. Paris: [s.n.], 1566. [*Coletânea dos reis da França*.]

DUBOS, Jean-Baptiste. Discurso preliminar. In: *Histoire critique de l'établissement de la monarchie françoise dans les Gaules*. t.1. Paris: Veuve Ganeau, 1742.

_____. *Histoire critique de l'établissement de la monarchie françoise dans les Gaules*. Paris: Veuve Ganeau, 1742.

DUCHESNE, André. *Historiæ Francorum scriptores*. 5v. Paris: Sumptibus Sebastiani Cramoisy, 1636-1649.

DUMONT, Jean. *Corps universel diplomatique du droit des gens*. 8v. Amsterdã: P. Brunel et al., 1726-1731.

DUPIN, Louis Ellies. *Nouvelle bibliothèque des auteurs ecclésiastiques*. Paris: André Pralard, 1690.

ECKHART, Johann Georg von. *Leges Francorum Salicae et Ripuariorum*. Paris: S. N. Foeresteri, 1720.

EGINHARDO. *The Life of Charlemagne*. Nova York: Harper & Brothers, 1880. [Ed. port.: *Vida de Carlos Magno*. Lisboa: Teorema, 2007.]

ELIAS, Norbert. *O processo civilizador*. 2v. Trad. Ruy Jungmann. Rio de Janeiro: Zahar, 1994.

ÉSQUINES. *De falsa legatione*. [*Da falsa embaixada*.]

ESTRABÃO. *Geographica* (1587). Leipzig: Teubner, 1877. [Ed. esp.: *Geografia*. Madri: Gredos, 1991.]

EURÍPEDES, *Ateneu*, Lv.II.

EUSÉBIO DE CESAREIA. *Crônica*. 2v.

_____. *História eclesiástica*. São Paulo: CPAD, 1999.

FILMER, Robert. *Patriarcha; or the Natural Power of Kings*. Londres: W. Davis, 1680. [*Patriarca, ou o poder natural dos reis.*]

FÍLON DE ALEXANDRIA. *De specialibus legibus quæ pertinent ad præcepta Decalogi*. Paris: [s.n.], 1640.

FILÓSTRATO. *Vidas dos sofistas*. Ed. Osvaldo Cunha Neto. Curitiba: Appris, 2021.

FLORUS, Lúcio Aneu. *Epitome rerum romanorum*. Paris: C. N. E. Lemaire, 1827.

_____. *Epitome de Tito Livio*. Zurique: Jakob Thanner, 1500.

FONTAINES, Pierre de. Conseil. In: MARNIER, M. A. J. (ed.). *Le Conseil de Pierre de Fontaines ou traité de l'ancienne jurisprudence française*. Paris: Durand et Joubert, 1846.

FORBIN, Claude de. *Mémoires du comte de Forbin*: chef d'escadre, chevalier de l'Ordre militaire de Saint Louis. 2v. Amsterdã: François Girardi, 1748.

FOUCAULT, Michel. *História da loucura na Idade Clássica*. Trad. José Teixeira Coelho Neto. São Paulo: Perspectiva, 2010.

FREDEGÁRIO. *Chronique de Frédégaire*. Trad. F. Guizot. Paris: J.-L. L. Brière, 1823.

FREISING, Otão de. *Gesta Friderici Imperatoris* (1870). Berlim: Diesterweg, 1924. [*Dos feitos de Frederico.*]

FRÉZIER, Amédée-François. *Relation du voyage de la mer du Sud aux cotes du Chili, du Perou, et du Bresil, fait pendant les années 1712, 1713 & 1714*. 2v. Amsterdã: Pierre Humbert, 1717. [*Relato de viagem do mar do Sul, nas costas do Chile, do Peru e do Brasil.*]

GAGE, Thomas. *A New Survey of the West Indies*: Or the English American his Travel by Sea and Land. Londres: A. Clark, 1677.

_____. *Nouvelle Relation, Contenant les Voyages de Thomas Gage*. 2v. Amsterdã: Paul Marret, 1699. [*Relato de viagem de Thomas Gage.*]

_____. *Thomas Gage's Travels in the New World*. Ed. J. Eric S. Thompson. Estados Unidos: University of Oklahoma Press, 1958.

GALIANO, *in Exhort. ad Art.*

GALLAND, Auguste. *Contre le franc-alleu sans titre*. Paris: [s.n.], 1629.

GIBBON, Edward. *The History of the Decline and Fall of the Roman Empire*. 6v. Londres: W. Strahan e T. Cadell, 1776-1788.

GIRALDI, Lilio Gregorio. *De deis gentium*. Basile: [s.n.], 1548.

GOLDAST, Melchior. *Collectio Constitutionum Imperialium*. Frankfurt: Johannis Adami, 1713.

GRAVINA, Giovanni Vincenzo. *Originum juris civilis*. Frankfurt: J. F. Gleditschii, 1717. [*Origens do direito civil.*]

GRIMAL, Pierre. *A civilização romana*. Trad. Isabel St. Aubyn. Lisboa: Edições 70, 2009.

_____. *História de Roma*. Trad. Maria Leonor Loureiro. São Paulo: Editora Unesp, 2011.

HALICARNASSO, Dionísio de. *Historia antigua de Roma*. Madri: Gredos, 1989. [*Das antiguidades romanas.*]

_____. Elogio de Isócrates. In: *De antiquis oratoribus*. [s.L.: s.n.], 1575.

HARIULFO. Ex Chronico Centulensi. In: *Recueil des historiens des Gaules et de la France*. v.7. Paris: M. Bouquet, 1870.

HÉNAULT, Charles-Jean-François. *Nouvel abrégé chronologique de l'histoire de France*. Paris: Prault, 1744.

HERÓDOTO. *Histórias*. Trad. J. Brito Broca. São Paulo: Nova Fronteira, 2019.

HESÍODO. *Teogonia*: a origem dos deuses. 3.ed. São Paulo: Iluminuras, 1995.

HILL, Christopher. *O eleito de Deus*: Oliver Cromwell e a Revolução Inglesa. São Paulo: Companhia das Letras, 1988.

HIRSCHMAN, A. O. *The Passions and the Interests*: Political Arguments for Capitalism before its Triumph. Princeton, Nova Jersey: Princeton University Press, 2013.

HOBBES, Thomas. *Do cidadão* (1642). Bauru, SP: Edipro, 2016.

_____. *Leviatã*: ou matéria, forma e poder de um Estado eclesiástico e civil (1651). Bauru, SP: Edipro, 2015.

HONT, Istvan. *Jealousy of Trade*: International Competition and the Nation-State in Historical Perspective. Cambridge, Londres: Harvard University Press, 2005.

HORÁCIO. *Arte poética*. 1.ed. bil. Trad. Guilherme G. Flores. Minas Gerais: Autêntica, 2021.

_____. *Epistula ad Pisones*. ed. bil. Belo Horizonte: Fale; UFMG, 2013.

_____. *Odes*. Trad. Pedro Braga Falcão. ed. bil. São Paulo: Editora 34, 2021.

_____. *Sátiras*. 1.ed. Bauru: Edipro, 2011.

HUET, Pierre Daniel. *Histoire du commerce et de la navigation des anciens*. Paris: Antoine--Urbain Coustelier, 1716.

HUME, David. *Ensaios políticos*. Trad. Pedro Paulo Pimenta. São Paulo: Martins Fontes, 2003.

_____. *História da Inglaterra*: da invasão de Júlio César à Revolução de 1688. Trad. Pedro Paulo Pimenta. 2.ed. São Paulo: Editora Unesp, 2017.

HYDE, Thomas. *Historia religionis veterum Persarum eorum que magorum*. [s.L.]: Theatro Sheldoniano, 1700. [*História dos persas* ou *De religione veterum Persarum.*]

IMPRENSA DA UNIVERSIDADE DE COIMBRA (coord.). *História augusta*. 2v. Coimbra: Imprensa da Universidade de Coimbra, 2013-2021. (Série Autores Gregos e Latinos.)

JANIÇON, François-Michel. *État présent de la République des Provinces-Unies*. v.1. [s.L.]: Jean van Duren, 1729.

JENKINSON, Anthony. *Recueil de voyages au Nord*. Amsterdã: Jean Frederic Bernard, 1734. [*Coletânea de viagens ao Norte.*]

JORDANES. *The Origin and Deeds of the Goths* (*De Origene actibusque Getarum*). Nova Jersey: Princeton University Press, 1908. [*Das origens e feitos dos getas ou Gética.*]

JORDANES. *De Regnorum ac Temporum Successione*. [s.L.]: Drukarz Nieznany, 1600.

_____. *Romana et Getica*: de summa temporum vel Origine actibusque gentis romanorum. [s.L.]: Weidmann, 1882.

JOSEFO, Flávio. *A guerra dos judeus*. São Paulo: Pillares, 2022.

JOUBERT, P. *La Science des médailles*. Paris: De Bure, 1739. [*A ciência das medalhas.*]

JUSTINIANO. *Corpus Juris Civilis*: Digesto. Brasília: TRF, 2010.

JUSTINO, Marco Juniano. *Epitoma historiarum philippicarum Pompei Trogi*. Milão: Phillippus Pincius, 1497. [*Epítome das histórias filípicas.*]

JUVENAL. *Sátiras*. Trad. Francisco Antônio Martins Bastos. Rio de Janeiro: Ediouro, 1991.

KAEMPFER, Engelbert. *Histoire Naturelle, Civile et Ecclésiastique de l'Empire du Japon*. Haia: P. Gosse e J. Neaulme, 1729.

LABAT, Jean-Baptiste. *Nouveau voyage aux îles de l'Amérique*. Paris: Guillaume Cavelier, 1722.

LA GUILLETIÈRE, Georges. *Lacédemone ancienne et nouvelle*. Paris: J. Ribou, 1676. [*Lacedêmonia antiga e nova.*]

LA LOUBÈRE, Simon de. *Description du royaume de Siam*. Amsterdã: Henry & La Veuve de Theodore, 1700.

LAMBARDE, William. *Archainomia, sive De priscis Anglorum legibus libri*. Londres: Ioannis Daij, 1568.

LAURIÈRE, Eusèbe-Jacob de. *Glossaire du droit français*. Paris: Jean e Michel Guignard, 1704.

_____. *Ordonnances des rois de France de la troisieme race*. Paris: Imprimerie Royale, 1723.

LE CLERC, Jean. *Histoire des Provinces unies des Pays-Bas*. Amsterdã: Z. Châtelain, 1728. [*História das províncias unidas.*]

LE COINTE, Charles. *Annales eccleiastici Francorum*. Paris: Tip. Regia, 1683.

LEIBNIZ, Gottfried Wilhelm. *De origine Francorum disquisitio*. Hanover: Foerster, 1715. [*Dissertação sobre a origem dos francos.*]

_____. *Monadologia*. Lisboa: Colibri, 2016.

LE MIRE, Aubert. *Codex donationum piarum*. Bruxelas: Johannen Merbecium, 1624.

LETI. *Vida de Sisto V*.

LIMONGI, M. I. Sociabilidade e moralidade. Hume leitor de Mandeville. *Kriterion*, Belo Horizonte, n.108, p.224-43, dez. 2003.

LÍSIAS. *Orat. Contra Agorat.*

LITTLETON, Thomas de. *Lyttleton, his Treatise on Tenures in French and English.* Londres: S. Sweet, 1841.

LOCKE, John. *Segundo tratado sobre o governo civil.* São Paulo: Edipro, 2014.

_____. Segundo tratado sobre o governo. In: *Dois tratados sobre o governo.* Trad. Julio Fischer. São Paulo: Martins Fontes, 2005.

_____. *Considerações sobre as consequências da redução do juro.* Trad. Walter R. P. Paixão. São Paulo: Humanitas, 2005.

LOYSEAU, Charles. *Discours de l'abus des justices de village.* Paris: L'Angelier, 1603.

MANDEVILLE, Bernard de. *A fábula das abelhas.* São Paulo: Editora Unesp, 2017.

MAQUIAVEL. *Discurso sobre a primeira década de Tito Lívio.* São Paulo: Martins Fontes, 2007.

_____. *História de Florença.* São Paulo: Martins Fontes, 2007.

MARCULFO. *Formulary of Marculf.* [*Fórmulas.*]

MÁXIMO, Publio Valério. *Factorum et dictorum memorabilium.* Frankfurt: Caroli Tauchnitil, 1830.

MELON, Jean-François. *Essai politique sur le commerce.* Amsterdã: François Changuion, 1736. [*Ensaio político sobre o comércio.*]

MILTON, John. *Paraíso perdido.* 3.ed. bil. São Paulo: Editora 34, 2021.

MONTESQUIEU. *Cartas persas* (1721). Trad. Renato Janine Ribeiro. São Paulo: Nova Alexandria, 2005.

_____. *Considerações sobre as causas da grandeza dos romanos e de sua decadência.* (1755). Trad. Vera Ribeiro. Rio de Janeiro: Contraponto, 2002.

_____. *Considérations sur les richesses de l'Espagne.* Paris: J. Bernard, 1929.

_____. *De l'Esprit des lois.* Org. Robert Derathé. 2v. Paris: Garnier, [1973] 2014.

_____. *El espíritu de las leyes.* Trad. Siro García del Mazo. 2v. Madri: Librería General de Victoriano Suárez, 1906.

_____. *Lo Spirito delle Legi.* Trad. Sergio Cotta. 1.ed. Turim: Unione Tipografico; Editrice Torinese (Utet), 1952.

_____. *Œuvres complètes de Montesquieu.* Paris: Hachette, 1865.

_____. *Œuvres completes.* 5t. Paris: Gallimard; Pléiade, 1951. [OC]

_____. *Pensées*: le spicilège. Paris: Robert Laffont, 1991. (Coleção Bouquins.)

_____. Réflexions sur la monarchie universelle en Europe (1734). In: *Œuvres complètes.* 5t. Paris: Gallimard, 1951. (Bibliothèque de la Pléiade.) [*Reflexões sobre a monarquia universal na Europa.*]

_____. Spicilège. In: *Œuvres complètes.* Paris: Gallimard, n.336. (Bibliothèque de la Pléiade.)

_____. *The Spirit of Law.* Trad. Philip Stewart. Paris: École Normale Supérieure de Lyon, 2020.

MONTESQUIEU. *The Spirit of the Laws*. Trad. Anne M. Cohler, Basia C. Miller e Harold S. Stoneda. Cambridge: Cambridge University Press, 1989. (Coleção Cambridge Texts in the History of Political Thought.)

_____. *Voyages de Montesquieu*. Paris: Picard Alphonse & Fils, 1894.

MONTRÉSOR. *Mémoires*. 2v. Colônia: J. Sambix, 1723.

MORE, Thomas. *Utopia*. São Paulo: Companhia das Letras, 2018.

MURATORI, L. A. *Rerum Italicarum scriptores*. 2v. Milão: Tip. Soc. Palatina, 1723. [*Historiadores da Itália*.]

NAZÁRIO. *In panegyrico Constantini*. [*Panegírico para Constantino*.]

NEARCO. *Rerum Indicarum*.

NEPOS, Cornélio. *Liber de excellentibus ducibus exterrarum gentium*. Filadélfia: Blanchard and Lea, 1853.

NICETAS Coniates. *Histoire de l'empereur Manuel Comnene*. Paris: Damien Soucault, 1673. [*Vida de Manuel Comneno (História)*.]

NITARDO. *Historiarum Francorum*.

OAKE, Robert. *De L'Esprit des lois*, Books XXVI-XXXI. *Modern Language Notes*, Johns Hopkins University Press, v.63, n.3, p.167-71, mar. 1948.

OVÍDIO. *Metamorfoses*. Trad. Domingos Lucas Dias. 2v. São Paulo: Editora 34, 2017.

PATÉRCULO, Veleio. *História romana*.

PAULO, o Diácono. *Historia gentis Langobardorum/História dos lombardos*. Ed. bil. Trad. Daniela Peruto. [s.L.]: Tektime, [s.d.].

_____. *De sentences*. [*Sentenças*.]

PERRY, John. *État présent de la grande Russie*. Bruxelas: Pour la Compagnie, 1717.

_____. *The State of Russia, under the Present Czar*. Londres: B. Tooke, 1716. [*Estado presente da grande Rússia*.]

PLATÃO. Críton. In: *Diálogos III*. Bauru, SP: Edipro, 2019.

_____. *A República*. São Paulo: Lafonte, 2017.

_____. *As leis de Platão*. Ed. Jean-François Pradeau. São Paulo: Loyola, 2012.

_____. *Timeu-Crítias*. São Paulo: Centro de Estudos Clássicos e Humanísticos, 2011.

PLÍNIO, o Velho. *História natural*.

PLUTARCO. Antigos hábitos dos lacedemônios. *Revista Graphos*, v.33, n.3, p.120-38, 2020.

_____. *Vidas paralelas*. Trad. Maria de Fátima Silva e José Luís Brandão. Coimbra: Imprensa da Universidade de Coimbra, 2019.

_____. *Regum et imperatorum apophthegmata*. Londres: G. Darres & C. Dubosc, 1741. [*Obras morais, ditos dos reis e comandantes*.]

_____. *De que não se deve emprestar com usura*

Do espírito das leis

PLUTARCO. *Questões gregas.*

POLÍBIO. *Histórias.* Sel., trad. e notas Mário da Gama Kury. Brasília: Editora UnB, 1996.

PONCET, Charles-Jacques et al. *Lettres édifiantes.* Paris: Charles Le Gobien, 1704. [Ed. esp.: *Cartas edificantes y curiosas escritas de las missiones estrangeras.* v.1. Madri: Imprensa Nabu, 2010.]

POPE, Alexander. *An Essay on Man*: Moral Essays and Satires. Londres: Cassell & Company, 1891.

PORFIROGENETA, Constantino. *Extrato das virtudes e dos vícios.*

PRIDEAUX, Humphrey. *Histoire des Juifs, et des peuples voisins depuis la decadence des Royaumes d'Israel & de Juda...* Paris: G. Cavelier, 1742. [*História dos judeus.*]

_____. *La Vie de Mahomet.* Paris: George Gallet, 1698.

_____. *The True Nature of Imposture Fully Display'd in the Life of Mahomet.* Londres: W. Rogers, 1697.

PROCÓPIO. *História da guerra.*

_____. *Guerra dos godos.*

_____. *Guerra dos persas.*

_____. *Guerra dos vândalos.*

PSEUDO-CÍLAX. *Périplo.*

PSEUDO-XENOFONTE, o Velho Oligarca. *A constituição dos atenienses.* Trad. Pedro Ribeiro Martis. Lisboa: Coimbra University Press, 2013.

PTOLOMEU. *Geografia.*

PYRARD, François. *Voyage de François Pyrard de Laval, contenant sa navigation aux Indes Orientales, Maldives, Moluques & au Brésil...* Paris: L. Billaine, 1611-1615. [*Viagens de François Pyrard de Laval, contendo sua navegação às Índias Orientais, Maldivas, Molucas e ao Brasil.*]

QUINTILIANO. *Institution oratoire* (1541). Paris: Garnier Frères, 1934. [Ed. bras.: *Instituições oratórias.* São Paulo: Cultura, 1944.]

RAGUEAU, François. *Indice des droicts roiaux et seigneuriaux...* Paris: Nicolas Chesneau, 1583.

RECUEIL DES VOYAGES qui ont servi à l'établissement de la Compagnie des Indes. 5t. Amsterdã: Etienne Roger, 1702-1706. [*Coletânea de viagens que serviram para o estabelecimento da Companhia das Índias.*]

REIMS, Incmaro de. *Opuscula et epistolae.*

RENAUDOT, Eusèbe. *Anciennes relations des Indes et de la Chine...* Paris: B. Coignard, 1718. [*Antigas relações das Índias e da China.*]

RICAUT, Paul. *The Present State of the Ottoman Empire...* Londres: John Starkey and Henry Brome, 1668.

905

RICHELIEU, Armand Jean du Plessis, cardeal de. *Testament politique darmant du plessis de Richelieu*. Amsterdã: Henry Desbordes, 1688. [*Testamento político*.]

RORICON. *Gesta Francorum*.

ROUSSEAU, Jean.-Jacques. Considerações sobre o governo da Polônia. In: *Textos de intervenção política*. Trad. Thiago Vargas, rev. téc. Thomaz Kawauche. São Paulo: Editora Unesp, 2022.

_____. *Do contrato social*: princípios do direito político. São Paulo: Pillares, 2013.

RUDBECK, Olof. *Atland eller Manheim, in Swedish and Latin*. Uppsala: Henricus Curio, 1675. [*Atlantica*.]

SAGACIS, Landolfi. *Historia miscella*. 2v. Roma: Tip. del Senato, 1912.

SAINT-GEORGES, Georges Guillet de. *Lacedemônia antiga e moderna*.

SALLES, F. Natureza e artifício: Hume crítico de Hutcheson e Mandeville. *Discurso*, São Paulo, n.50, n.1, p.65-79, 2020.

SALÚSTIO [Caio Salústio Crispo]. *Guerra de Jugurta*. Madri: Gredos, 2011.

_____. *A conspiração de Catilina (De bello Catil)*. São Paulo: Hedra, 2018.

SANTORIO, Sanctorius. *De Stactica medicina*. Veneza: Domenico Occhi, 1614. [*Medicina estática*.]

SÃO LUÍS. *Établissements*.

SAUMAISE, Claude [Salmasius]. *De usuris liber*. [s.L.]: Elseviriorum, 1638.

SAVOT, Louis. *Discours sur les médailles antiques*. Paris: Sebastien Cramo, 1627. [*Discurso sobre as medalhas antigas*.]

SÊNECA. *As troianas*. São Paulo: Hucitec, 1997.

_____. *De morte Claudii*.

SEVILHA, Isidoro de. *Historia de regibus Gothorum, Vandalorum et Suevorum*.

SHACKLETON, Robert. The Evolution of Montesquieu's Theory of Climate. *Revue Internationale de Philosophie*, v.9, n.33-34 (3/4), p.317-29, 1955.

SHAW, Thomas. *Travels, or, Observations Relating to Several Parts of Barbary and the Levant*. Oxford: Theatre, 1738.

_____. *Voyages de Monsier Shaw, M. D. dans plusierus provinces de la Barbarie et du Levant*. 2v. Paris: Jean Neaulme, 1743.

SIDNEY, Algernon. *Discourses Concerning Government*. Londres: John Toland, 1698.

SIRIANO DE ALEXANDRIA. *Comentário a Hermógenes*.

SMITH, Adam. *A riqueza das nações*. Rio de Janeiro: Nova Fronteira, 2017.

SMITH, William. *A New Voyage to Guinea*. Londres: John Nourse, 1744.

_____. *Nouveau voyage de Guinée*. Paris: Durand, 1751.

SÓCRATES DE CONSTANTINOPLA. *História eclesiástica*. 2v. Madri: Ciudad Nueva, 2017.

SÓFOCLES. *Édipo em Colono*. Rio de Janeiro: Zahar, 1990.

SOLÍS, don Antonio de Solís y Ribadeneyra. *Historia de la conquista de México, población y progresos de la América septentrional, conocida por el nombre de Nueva España.* Madri: Villa--Diego, 1684.

SOZOMENOS, Salamanes Hermias. *Historia ecclesiastica.* Paris: Robert Estienne, 1544.

SPECTOR, C. *Montesquieu et l'émergence de l'économie politique.* Paris: Honoré Champion, 2006.

STOW, John. *The Survey of London.* Londres: J. M. Dent & Sons, 1598.

SUETÔNIO. *Le douze Césars.* Paris: Ambassade du Livre, 1963. [Ed. bras.: A *vida dos doze Césares.* Brasília: Senado Federal; Conselho Editorial, 2012.]

TÁCITO, Cornélio. *Anais.* Rio de Janeiro: Ediouro, 1967.

_____. *Complete Works of Tacitus.* Trad. Sara Bryant. Nova York: Random House, [1876] 1942.

_____. *De moribus germananorum.* [*Sobre os costumes dos germanos.*]

TASSY, Laugier de. *Histoire du royaume d'Alger.* Amsterdã: Henri du Sauzet, 1725. [*História do reino da Argélia.*]

TAVERNIER, Jean Baptiste. *Les Six Voyages de J.-B. Tavernier* [...], *qu'il a fait en Turquie, en Perse et aux Indes.* 2v. Paris: G. Clouzier, 1676

TÉGAN. *Gesta Hludowici imperatoris.* [*Vida de Luís, o Bonachão.*]

TEOFILATO. Histoire de l'empereur Maurice. In: *Historiae.* Berlim: Teubner, 1972.

TEÓFILO. *Instituições.*

TERTULIANO. *Apologeticum.*

THAUMASSIÈRE, Gaspard Thaumas de la. *Histoire de Berry* (1689). 2v. Paris: A. Jollet Fils, 1865.

TITO LÍVIO. *Histoire Romaine.* Trad. Eugene Lassere. Paris: Garnier, 1944. [Ed. bras.: *História de Roma* (*Ab Urbe condita*). São Paulo: Paumape, 1989.]

TOURNEFORT, Joseph Pitton de. *Relation d'un voyage du Levant fait par ordre du Roy.* Paris: Impr. Royale, 1717. [*Viagens.*]

TOURS, Gregório de. *Histoire des Francs.* 2v. Paris: Les Belles Letres, 1999. [*História dos Francos.*]

TUCÍDIDES. *História da guerra do Peloponeso.* Brasília; São Paulo: Editora UnB; Imprensa Oficial; Ipri, 2001.

ULPIANO. *Fragmentos.*

VALOIS, Adrien de. *Gesta Francorum.* 3v. Paris: [s.n.], 1658.

_____. *Notitia Galliarum.* Paris: Fredericum Leonard, 1675.

VARGAS, T. Anatomizing the Invisible: Anatomizing the Invisible: Moral Philosophy and Economics in Mandeville's thought. *Siglo Dieciocho,* Buenos Aires, n.2, p.209-30, 2021.

VARGAS, T. *As sociedades e as trocas*: Rousseau, a economia política e os fundamentos filosóficos do liberalismo. São Paulo/Paris, 2020. Tese (Doutorado em dupla--titulação) – Universidade de São Paulo (USP)/e Paris 1 Panthéon-Sorbonne.

VERONENSIS, Paulo Emílio. *De rebus gestis Francorum*. Paris: M. Vascosani, 1550.

VIRGÍLIO. *Eneida*. Trad. Carlos Alberto Nunes. São Paulo: Editora 34, 2014.

VOLTAIRE. *História de Charles XII, rei da Suécia* (1731). São Paulo: Nabu Press, 2010.

_____. *Histoire de Charles XII*. Paris: Nordberg, 1742.

XENOFONTE. *Banquete/Apologia de Sócrates*. Coimbra: Coimbra University Press, 2008.

_____. *De republ. Lacedæm.* [*A constituição dos Lacedemônios.*]

_____. *Ditos e feitos memoráveis de Sócrates*. Bauru, SP: Edipro, 2006.

XILIFINO, João. *L'Histoire de Dion Cassius de Nycaee, contenant les vies des 26 empereurs qui ont régné depuis Jules César jusqu'à Alexandre...* Paris: Lucas Breyel, 1589.

ZONARAS, Johannes; DU CANGE, Charles. *Epitome historiarum*. 5v. Berlim: Teubner, 1868. [*Epítome das histórias.*]

ZÓSIMO. *New History*. Londres: Green and Chaplin, 1814. [*História nova.*]

Índice onomástico

A

Abbadie, Jacques 864
Abraão 116n
Acílio Glabrião 165
Addison, Joseph 79n, 718n
Adriano (imperador) 471, 639-40
Aega 796-7
Agátias 361, 397, 403n, 799n, 867
Agesilau II 232
Agobardo 651-3, 666, 682n, 822, 839
Agostinho, Santo 603, 635
Aimoin de Fleury 746n, 795n
Alcebíades 115
Alexandre 81n, 205, 226, 231-6, 352n,
    454-5, 461-8, 477, 482, 735, 782,
    820, 855
Alexandre Severo (imperador) 287, 352n,
    517, 550, 640
Alexandre VI, Papa 489
Amadeu, Vítor (II) 143n
Amalafrida 395n
Amalasunta 395n
Anastácio 145, 172, 316n, 780
Aníbal 90, 203, 227, 270n
Anson, George 42, 207-8, 494n

Antíoco 465, 478
Antípatro 81, 892
Antonino Pio (imperador) 142, 287,
    353n, 471, 569, 640n, 852
Antônio 201, 351n
Apiano 294, 295n, 477n, 525n, 526n, 544n
Ápio Cláudio (decênviro) 157, 267, 298
Apolo 432n, 574
Apolodoro 466n
Arão 282
Arcádio (imperador) 155, 286, 290, 304,
    358, 641
Areópago 78n, 122, 153
Argonautas 460
Aristeu 381
Aristides, o Justo 75, 279n, 618
Aristipo 386
Aristóbulo 453, 464n
Aristodemo 230
Aristóteles 38, 69n, 76n, 77n, 103, 108-9,
    110n, 116n, 117n, 122, 193n, 194n,
    199n, 203, 227, 234n, 249n, 255-6,
    257n, 278, 331n, 332n, 344, 381, 434,
    474, 485, 491n, 533, 540-1, 573, 618,
    722n, 735

Arles (reino) 818

Armenópulo, Constantino 487n

Arno 526

Arriano, Lúcio Flávio 233n, 234n, 235n, 462n, 463n, 464n, 465n, 471n, 782

Arribas (rei de Epiro) 256

Artaxerxes II 136, 232n

Artemidoro (de Éfeso) 470

Ascônio 203n

Aselo, Ânio 636

Assuero 97

Atahualpa 620

Atalarico 395n

Ateneu 89n, 459, 580n

Átila, o Huno 206, 611n

Aufrerius, Stephanus 845

Augusto (imperador) 106n, 130, 142, 144, 177, 178n, 185n, 186, 187n, 204, 290, 292, 319n, 350n, 355n, 404, 470, 543-5, 546n, 548n, 549-51, 574n, 634, 638, 820

Augústulo 742

Aurangzeb 559

Ávito de Vienne 682

B

Bahadur, Abu al-Ghazi 313n, 314n, 585n, 597n, 611n

Bailyn, Bernard 40n, 214n

Baluze, Étienne 647n, 651n, 656n, 657n, 689n, 690n, 752n, 754n, 755n, 756n, 757n, 760n, 761n, 762n, 769n, 771n, 775n, 776n, 777n, 785n, 791n, 793n, 794, 808n, 809n, 810n, 811n, 812n, 813n, 814n, 817, 818n, 820n, 826n, 827n, 828n, 829n, 830n, 831n, 832n, 834n, 842n, 843n

Basílio (imperador) 168, 487n

Bayle, Pierre 564, 567, 601n, 848, 852, 855, 865-6

Beaumanoir, Philippe de 160n, 606n, 616, 665n, 666n, 671-3, 674n, 677, 678n, 679n, 680n, 681, 683, 684n, 685, 686n, 687, 688, 691, 692n, 693, 694n, 695-6, 698n, 699-700, 704-6, 707-8, 710n, 711, 713, 714n, 716-7

Bellièvre, Nicolas de 154, 155n

Benedictus Levita 656

Bernard, Samuel 512

Bernier, François 42, 327n, 331n, 337n, 580n

Bignon, Jérôme 653, 776

Bloch, Marc 43, 809

Bochart, Samuel 454

Bodin, Jean 139

Bohier [Boyer], Nicolas de 845

Bougerel, Joseph 280

Boulainvilliers, Henri de 43, 580, 744-5, 788

Bourdeille, Claude de 155

Boutillier, Jean 160, 698-701, 704, 711, 713n, 844

Brunilda 790-3, 795-6, 800

Brutus 267-8, 270n, 290n, 292, 527

Budé, Guillaume 515, 709n

Burnet, Gilbert 288n, 537n, 560n

C

Caio 89, 270n, 271n, 351n, 417

Calígula 89n, 142, 302n

Calvino 567, 881

Calvisiano 548

Cambises 464, 605

Camões, Luis Vaz de 488

Canisius, Henricus 817

Capeto, Hugo 782, 816, 836-8

Capitolino, Júlio 167, 268, 734

Caracala (imperador) 142, 517, 734

Carlomano 803, 816-7, 827

Carlos (da Áustria) 489

Carlos I (da Inglaterra) 198

Do espírito das leis

Carlos II (da Inglaterra) 168

Carlos IX (da França) 102, 556, 732

Carlos Magno 205, 308n, 374, 397, 555, 644, 651n, 656, 657n, 658, 669-71, 673, 675, 690n, 735, 752n, 753, 755-6, 757n, 760, 761, 763, 768, 771n, 772n, 774-6, 787, 788, 795n, 803-4, 807, 809-13, 814-5, 817-20, 822, 824, 827-30, 832, 837-8

Carlos V (da Espanha) 198, 489, 492,

Carlos V (da França) 219, 398n

Carlos VII (da França) 696n, 717, 730

Carlos XII (da Suécia) 133, 231

Carlos, o Belo 701

Carlos, o Calvo 400n, 652, 657n, 689n, 751n, 754n, 756-7, 761n, 775, 777, 783n, 788, 808, 810, 823-6, 827n, 830, 832-4, 836-7

Carlos, o Gordo 818

Carlos, o Simples 836-7

Carpini, Giovanni da Pian del 572n

Cássio 290, 294,

Cássio, Dião 42, 123n, 144n, 165n, 186n, 197n, 203n, 292n, 319n, 355n, 404n, 605n, 639n

Cassiodoro 395n, 397n, 399n, 655n, 669n, 747n, 750

Castor 200n

Catão 227n, 618, 635

Catel, Guillaume 652n

Cecílio 543n, 719, 720n

César, Júlio 166n, 290n, 298n, 434n, 647n

Chardin, Jean 42, 84n, 97n, 133n, 304n, 319n, 347n, 366, 559n, 581n

Chaussinand-Nogaret, Guy 446n

Cícero 38, 77, 106n, 130n, 153n, 166n, 203n, 240n, 265, 267n, 270n, 275n, 292n, 294n, 295n, 296, 369, 379, 418n, 435, 526, 527n, 528n, 551n, 554, 571, 590, 615, 617, 621n, 632n, 635-7, 638n, 729n, 879

Cílax de Carianda 472, 474

Cílon 380n

Cipião, Lucius 270, 417

Ciro 230, 232n, 453, 461, 462

Cláudio (imperador) 89, 117n, 142, 155, 203-4, 352n, 454, 483n, 548, 551n, 640

Clemente X (papa) 85

Clermont, Simon de (conde de Nesle) 685, 695-6, 705, 707

Clito 236

Clotário I 278, 398, 401n, 647, 760, 776, 790-1, 794-6, 798, 811n

Clotário II 769, 771n, 774, 778, 793n, 794-5, 801

Clóvis 399, 644, 647, 774, 779-82, 789, 796, 798-9, 805

Coke, Edward 843n

Colombo, Cristóvão 489, 494

Comneno, Manuel 282

Cómodo (imperador) 142, 197, 734

Confúcio 366, 576

Coniates, Nicetas 282n

Conrado (duque de Francônia) 837

Conrado I (rei da Borgonha) 668

Conrado II (imperador) 835-6

Constantino 144n, 167, 184n, 479, 549, 551-2, 571, 579, 607, 731

Cordo, Aulo Cremúcio 290

Coriolano 262, 268, 279n, 369

Cornélio (tribuno) 165

Cornélio Nepos 116n

Correggio, Antonio 61

Cosroes 361, 867

Cota 201

Crillon, Louis de Berton des Balbes de 102

Crisómalo 460n

Crispo, Caio Salústio 271n

Cristo, Jesus 567, 595, 808, 865, 868, 873

Cromwell, Oliver 88n, 151n, 855

Cujas, Jacques 606n, 759n, 808n, 831n, 832n, 835n, 836n, 844n

D

D'Allais, Denis Vairasse 105n
D'Aubigné, Théodore-Agrippa 102n
Dagoberto 740n, 790n, 796-7, 799n,
801, 843
Damas, Nicolas 188n, 328n
Dampier, William 344n, 356, 539, 579,
Dampierre, Guy de 486, 834
Dario 233-4, 318, 461, 462n, 468, 782
Davila, Enrico Caterino 732
De Fontaines, Pierre 160n, 677, 678n,
679n, 681n, 684n, 685-8, 691n, 692n,
693, 695, 696n, 697-8, 700n, 706n, 707
Demóstenes 77n, 89, 153n, 353n
Derathé, Robert 53, 629n, 750n
Diderot, Denis 39, 307n, 323n, 438n, 558n
Dionísio Exíguo (ou Dionísio, o Menor)
657n
Dodwell, Henry 473n, 475n
Domat, Jean 856
Druso 201
Du Cange, Charles du Fresne 651n, 702,
764n, 773n, 776, 804, 842n, 844n
Du Halde, Jean-Baptiste (padre) 168n,
180n, 196n, 207n, 208n, 285n, 312n,
329n, 320n, 359n, 362n, 371n, 372n,
389, 408n, 409n, 412n, 439n, 491,
531n, 537, 539, 577n, 604
Dubos, Jean Baptiste (abade) 43, 649n,
650, 745, 749, 750, 751, 754n, 758,
762, 778-88
Duchesne, André 224n, 652n, 741n,
753n, 821n, 822n, 823n, 824n
Duílio 525, 880, 884
Dumont, Jean 818n
Dupin, Louis Ellies 568
Duverney, Joseph Pâris 318n

E

Ebbon (arcebispo de Reims) 786-7
Eckhart, Johann Georg von 390

Égica 645, 647
Eginhardo 795n, 813n
Elias, Norbert 446n
Emílio, Paulo 542, 709n
Epaminondas 104, 195n, 201n
Epicuro 201, 638
Eratóstenes 453, 470, 472n
Espinosa 848-50, 860-2
Ésquines 154n, 721,
Estevão de Bizâncio 249n, 808n
Estrabão 108, 117, 125n, 188n, 216n,
226, 450n, 453n, 454n, 456, 459n,
460n, 461n, 462n, 463n, 464n, 465n,
466-70, 471n, 472n, 474, 475n, 477n,
481, 482, 542, 618n
Eudoxo 469, 471
Eudoxo de Cízico 469, 471
Eurico 224, 645n, 650
Eusébio de Cesareia 331n, 544n

F

Fádia 636n, 637
Febo 139n
Filipe de Valois 698, 787
Filipe (bispo de Évreux) 705
Filipe (da França) 688
Filipe (da Macedônia) 89-90, 299, 478,
721
Filipe Augusto 487n, 671, 691n, 696n,
710-11, 716, 834, 840
Filipe II (da Espanha) 733
Filipe II (da França) 198, 492
Filipe, o Alto 283, 487n
Filipe, o Belo 709, 712
Filmer, Robert 70n
Fílocles 162
Fílon de Alexandria 117, 613n
Filóstrato 154, 296
Flávio Arcádio 286n
Flávio Honório 286n
Flávio Teodósio 22n, 286, 290, 358, 418,
445, 480

Do espírito das leis

Florus, Lúcio Aneu 106*n*, 178*n*, 350*n*, 403*n*, 544*n*

Fó 329, 570, 576*n*, 577

Forbin, Claude de 575*n*, 577*n*, 597*n*

Francisco I (da França) 494

François Pyrard de Laval 304*n*, 334*n*, 360*n*, 362*n*, 364*n*, 368*n*, 439*n*, 488*n*, 597*n*, 613*n*, 623,

Fredegário 396*n*, 764, 790, 795*n*, 796-7, 799*n*, 801*n*, 808*n*

Fredegunda 748, 790, 792-3, 795

Frederico I (imperador) 304*n*, 834*n*, 835-6

Freinsheim (ou Freinshemius), Johann 266*n*, 298*n*, 354*n*, 476*n*, 515*n*

Frézier, Amédée-François 493*n*

G

Gabínio 527

Gage, Thomas 534, 536*n*

Gala 604

Galiano (imperador) 517, 602*n*

Galland, Auguste 674*n*, 804*n*, 840*n*

Galo, Élio 481

Garcilaso de la Vega, Inca 171*n*, 342*n*, 502, 620*n*

Gelão 226

Gélio, Aulo 170*n*, 369, 543*n*, 546, 550*n*, 633*n*, 635, 639, 719, 727*n*, 730*n*

Gengis Khan 566, 572, 585, 854-5

Genúcio (tribuno) 249*n*, 525*n*

George I (da Inglaterra) 68*n*

Gibbon, Edward 639*n*

Giges 881*n*

Gilbert Burnet 288*n*, 537*n*, 560*n*

Giraldi, Lilio Gregorio 587*n*

Godefroy, Jacques 545*n*

Goldast, Melchior 813*n*, 815*n*, 817*n*, 828*n*

Gondovaldo (duque) 398

Gontrão 392*n*, 397, 398, 747, 759, 787, 789, 792, 795, 798-9, 801, 805*n*, 827

Graciano 285*n*, 480

Graco (irmãos) 201, 270-1

Gravina, Giovanni Vincenzo 70

Gregório de Tours 43, 392*n*, 397*n*, 398*n*, 399-400, 644*n*, 646*n*, 649*n*, 670*n*, 740*n*, 746*n*, 748*n*, 749, 754*n*, 759, 764*n*, 768*n*, 780-1, 789*n*, 790, 793, 796*n*, 798*n*, 799, 801*n*, 805*n*, 806*n*, 827*n*, 828*n*

Gregório III (papa) 808

Guise, duque de 102

Gundebaldo (rei da Borgonha) 224, 601, 645-6, 651, 653, 663, 665, 667, 682, 742,

H

Halicarnasso, Dionísio de 42, 76, 79*n*, 124*n*, 183*n*, 230*n*, 249*n*, 257*n*, 258, 259*n*, 262*n*, 264*n*, 266*n*, 267, 271*n*, 278*n*, 279*n*, 294, 297*n*, 298*n*, 369, 523*n*, 524*n*, 543, 546*n*, 554, 630*n*, 631, 632*n*, 636

Hamilton, Alexander 213*n*

Hanão, o Grande 227

Hanão, o Navegador 469, 472-4, 475*n*, 476

Hardouin, Jean 750

Harrington, James 253, 735

Heliogábalo (imperador) 142

Hénault, Charles-Jean-François 709*n*

Henri de Boulainvilliers 43, 580, 744-5, 788

Henrique I (imperador) 702, 837

Henrique II (da Inglaterra) 601

Henrique III (da França) 102, 302

Henrique III (da Inglaterra) 486

Henrique VIII (da Inglaterra) 288, 298, 560, 600

Hércules 454, 469-70, 472, 575

Herodes 873

Heródoto 253*n*, 332, 452*n*, 461*n*, 462*n*, 468*n*, 469*n*, 498*n*

Hesíodo 431*n*

Himilcão 475

913

Hirschman, Albert 46, 433*n*

Hobbes, Thomas 42, 68, 621*n*, 849-50

Homero 454*n*, 459-60

Hont, Istvan 438*n*

Hôpital, Michel de 732

Horácio 201*n*, 258, 427, 724*n*, 881, 885*n*

Hormisda 144

Hotaqui, Mamude (Xá) 96*n*

Hotaqui, Miruais Cã 96*n*

Houssaye, Amelot de la 126*n*, 127*n*

Huet, Pierre Daniel 479*n*

Hume, David 39, 45, 89*n*, 174*n*, 198*n*, 298*n*, 306*n*, 438*n*, 521*n*, 558*n*

Hyde, Thomas 330*n*, 461*n*, 577*n*, 587*n*

I

Incmaro 824

Inério 729

Ingunda 392*n*

Inocêncio IV (papa) 572*n*

Isaac, o Anjo 172

Isabel (imperatriz russa) 621

Isidoro (de Sevilha) 645*n*, 650*n*, 657*n*

Isócrates 76*n*

Ivanovna, Ana (Ana da Rússia) 740*ni*

J

Jaime I (de Aragão) 178

Jaime II (de Maiorca) 704

Janiçon, François-Michel 178

Jasão 460*n*

Jaucourt 39, 307*n*, 438*n*, 558*n*, 645*n*

Jenkinson, Anthony 453*n*

João (conde de Ponthieu) 705

João (da Inglaterra) 486

João XII (papa) 668

Jordanes 358*n*, 376

Josefo, Flávio 455

Juliano, Flávio Cláudio, o Apóstata 569

Juliano, Marco Dídio Severo (imperador) 517

Julião (conde) 302, 337

Júlio Capitolino 167, 734

Júlio Cassiano 287

Júlio César 469, 472-4, 475*n*, 476

Júpiter Amon 459, 782

Justiniano 43, 129*n*, 139*n*, 141*n*, 156, 167*n*, 169, 184*n*, 261*n*, 284, 292, 302*n*, 361, 369*n*, 403, 417, 549, 552, 603, 607, 608, 633, 640-1, 661, 712, 729, 731, 734, 781, 867

Justiniano II 302*n*, 419

Justino 136*n*, 195*n*, 256*n*, 275*n*, 375*n*, 403*n*, 408, 436*n*, 476*n*

Juvenal 187, 432*n*, 639*n*

K

Kaempfer, Engelbert 162*n*

Kia-Chan 180*n*

L

La Roche-Flavin, Bernard de 699, 709*n*

Labat, Jean-Baptiste 342*n*

Lambarde, William 763*n*

Landerico 795

Lao Zi (ou Lao-Tsé) 570*n*, 576*n*

Laurière, Eusèbe-Jacob de 696*n*, 710*n*, 711*n*, 716*n*, 834*n*,

Law, John 45, 83, 318*n*, 502*n*, 513, 722*n*

Leda 200*n*

Leibniz, Gottfried Wilhelm 644*n*

Leonor 841

Leovigildo 392*n*, 645*n*

Libânio 74

Licurgo 105-6, 108, 115, 121*n*, 122, 189, 411-2, 590*n*, 618*n*, 630*n*, 727

Lindenbrog, Friedrich 651*n*

Lisandro 162

Lísias 78*n*, 169*n*

Littleton, Thomas de 843*n*, 844*n*

Lívio, Tito 42, 75*n*, 76, 105*n*, 106*n*, 126*n*, 127*n*, 143*n*, 153*n*, 157, 160*n*, 165-6, 176*n*, 183*n*, 187, 202-3, 258*n*, 261*n*, 262*n*, 264*n*, 266*n*, 268*n*, 269*n*,

270, 297*n*, 298*n*, 417*n*, 476*n*, 491*n*, 525, 526*n*, 542, 543*n*, 544*n*, 604*n*, 633*n*, 635, 639*n*

Locke, John 248*n*, 521*n*, 621*n*

López de Gómara, Francisco 342

Lotário (filho de Luís, o Bonachão) 671, 812*n*, 813, 818, 822, 824, 826*n*, 829, 839

Lotário I 648, 669, 690*n*, 810, 814

Loubère, Simon de la 328*n*, 330*n*

Loyseau, Charles 773

Lúcio Emílio Paulo Macedônico 542

Lúcio Tarquínio Colatino 263*n*

Lucrécia 263, 297*n*, 298

Luís II 827*n*

Luís IV (duque de Bourbon) 318*n*

Luís VIII 692*n*, 696*n*

Luís XIII (da França) 92*n*, 154, 342

Luís XIV (da França) 218*n*, 219, 512*n*, 557, 653*n*, 730

Luís, o Bonachão 224, 651-3, 662, 667, 670-1, 673, 682, 689, 742*n*, 751, 753, 761-2, 764*n*, 777*n*, 785-8, 809-10, 812*n*, 813-4, 817, 820, 821*n*, 822-4, 825, 827-8, 839

Luís, o Gago 653, 818, 824

Luís, o Germânico 808, 826, 829, 832, 836-7

Luís, o Gordo 672, 681

Luís, o Jovem 673, 841

Luís, o Piedoso 224*n*

Lutero 567

M

Madison, James 40, 213*n*

Mairan, Jean-Jacques Dortous de 208

Mandeville, Bernard de 45, 94*n*, 174*n*, 175*n*, 307*n*, 406*n*

Mânlio 187*n*, 263, 268*n*, 297, 525*n*

Maomé 331, 357*n*, 361, 366, 481, 522, 575, 878

Maquiavel 75*n*, 153, 158*n*, 639*n*, 654*n*, 735

Marcial 187, 200*n*

Marco Antônio 610

Marco Aurélio 142

Marco Varrão 453

Marculfo (fórmulas) 391*n*, 394, 603, 647, 653*n*, 659*n*, 670*n*, 755, 758-9, 764*n*, 771*n*, 772, 774*n*, 778, 783*n*, 801-2

Mário 252, 271, 294

Mário de Avenches 741*n*

Martel, Carlos 644, 652, 800, 802, 806-8, 810-1, 813-5, 822, 824, 828, 833*n*

Massinissa 604

Mateus (abade de São Dionísio) 705

Matilda 841

Maurício (imperador) 172, 282*n*

Maximino 167

Medeia 460*n*

Megabizo 253*n*

Melon, Jean-François 45, 174*n*, 306*n*,

Menêmio 525, 880, 884

Michelangelo 427

Milton, John 356

Minos 108, 458

Mitrídates 275, 403, 453, 476-8

Moisés 352, 354, 362, 411*n*, 416, 586, 614

Monluc, Jean de 709

Montpensier (duquesa) 302

More, Thomas 735

Muratori, Ludovico Antonio 669, 702, 703*n*

Musas 431-2

N

Nader Xá 238

Narses 302, 798

Nazário 551

Nearco 462

Necao 469, 471

Nero 89, 130*n*, 142, 155, 197*n*, 209, 310, 320, 354, 550

Nerva, Marco Coceio 197*n*, 300*n*

Nitardo 823, 824*n*, 826*n*, 832*n*

Nogaret, Bernard II de (duque de La Valette) 154*n*

Numa 345, 547*n*, 550*n*, 590, 618*n*, 630*n*, 631, 632*n*

Numídico, Quinto Cecílio Metelo 543, 604

O

Oake, Robert 629*n*

Odoacro 742

Oezalces 604

Onesícrito de Astipaleia 462

Orfitiano (*senatus consultum*) 641

Otão 142, 669-70

Otão I 668-70

Otão II 667-8, 670

Ovídio 55*n*, 643, 644*n*, 745*n*, 748*n*

P

Papírio 297-8

Parennin (padre) 208, 285*n*

Partênio 749

Pátroclo 453

Paulo, o Diácono 747*n*

Paulo, o Jurista 732

Pedro I (da Rússia) 133, 301, 308, 410, 411, 454

Penn, William 106

Pepino 644, 651*n*, 652, 659-60, 690, 747, 776, 782, 798, 800-1, 805-6, 808-10, 812, 815-8, 820, 822, 824, 828*n*, 829, 830*n*, 831, 843-4

Pepino (duque) 800, 816

Perry, John 95, 168*n*, 301, 344,

Perseu 478

Pertinax 142

Pescênio Niger 640*n*

Pirro 515, 633*n*

Pisão 165

Pitágoras 732

Pithou, Pierre 394*n*

Platão 38, 59, 89*n*, 105, 107-9, 116, 117*n*, 141, 142*n*, 145, 158, 171*n*, 174, 189, 200, 331*n*, 353, 376*n*, 416, 433, 444, 478*n*, 533, 540, 576*n*, 590, 600, 723, 727, 733, 735, 755*n*

Plínio, o Jovem 550*n*

Plínio, o Velho 449*n*, 452, 453*n*, 454*n*, 456*n*, 461*n*, 463*n*, 465*n*, 466-8, 469*n*, 473, 475*n*, 481, 514*n*, 515*n*, 516*n*

Plutarco 32, 65*n*, 89*n*, 105*n*, 107*n*, 108, 111, 116*n*, 118*n*, 119*n*, 162, 182, 193*n*, 200*n*, 201, 203*n*, 233*n*, 234*n*, 256*n*, 261*n*, 288*n*, 296*n*, 297*n*, 299*n*, 308*n*, 345, 353*n*, 368, 370, 380, 416*n*, 442*n*, 490*n*, 542, 547, 550, 590*n*, 602*n*, 612*n*, 618, 630*n*, 632*n*, 722*n*, 727*n*, 782, 850

Políbio 108, 203, 265, 383*n*, 474, 476*n*, 478*n*, 490*n*, 542

Pollux 76*n*, 309*n*

Pompeu Magno 333, 453, 527, 605

Pompeu Trogo 275*n*

Pompônio Mela 261*n*, 268*n*, 269*n*, 469*n*, 479, 530

Ponce, Charles-Jacques 565

Pôncio 287

Pope, Alexander 849, 856, 860

Porfírio 586

Porfirogeneta, Constantino 145*n*, 172*n*, 176*n*, 188*n*, 197*n*, 272*n*, 328*n*

Prideaux, Humphrey 357*n*, 569*n*, 574*n*, 580*n*

Prisco, Tarquínio 278*n*

Prisco de Pânio 611*n*

Probo 480

Procópio (de Cesareia) 156*n*, 284*n*

Protádio 790, 795

Ptolomeu (general de Alexandre) 464, 467

Ptolomeu Látiro 469, 471

Ptolomeu, Cláudio (geógrafo) 453*n*, 471*n*

Publícola, Valério 160*n*, 258*n*, 261*n*

Público Élio Adriano 471, 639-40

Público Rutilo 272

Público Sextílio Rufo 637, 638*n*

Pufendorf, Samuel 61*n*, 133*n*, 204*n*, 230*n*, 556

Pyrard, François 304*n*, 334*n*, 360*n*, 362*n*, 364*n*, 368*n*, 439*n*, 488*n*, 597*n*, 613*n*, 623

Do espírito das leis

Q

Quereia, Cássio 302
Quildeberto I 392*n*, 398-9, 646, 740, 759-60, 776, 784, 787, 801, 827
Quildeberto II 397-8
Quilderico 396, 740*n*, 748-9, 780, 782, 790*n*, 792, 794-5,
Quilderico II 795
Quilperico 398, 747, 805-6
Quindasvindo 645*n*, 647, 654-5, 669
Quinto Cincinato 202
Quinto Cúrcio 266*n*, 782
Quinto Fádio Galo 637
Quinto Vocônio 635*n*

R

Radamanto 416
Rafael 61*n*, 427
Ragueau, François 711,
Recesvindo 602, 645*n*, 647, 654-5, 669
Renaudot, Eusèbe 539
Richelieu (cardeal) 92, 93*n*, 129, 131, 154*n*, 155*n*, 286, 730
Rômulo 106*n*, 115, 178*n*, 183*n*, 350*n*, 368-70, 404, 554, 630-2
Roricon 741
Rotário 224, 333, 766
Rousseau, Jean-Jacques 39, 41*n*, 89*n*, 174*n*, 200*n*, 204*n*, 222*n*, 229*n*, 307*n*, 341*n*, 433*n*, 558*n*,
Rudbeck, Olof 376
Rufino 290
Ruga, Carvílio Máximo 369-70
Rycaut, Paul 96*n*

S

Sabaco 566
Salomão 282, 455-6
Salústio 123*n*, 271*n*
Santorio (ou Sanctorius) 581
São Luís 279*n*, 398*n*, 671, 673, 677, 683, 693-6, 700-1, 704-9, 712, 714, 716-7, 725*n*, 844*n*

Sataspes 469, 472*n*
Saturno 125, 345, 748
Seleuco Nicátor 454, 464-6
Semíramis 452, 461-2, 613
Semprônio Aselio 526, 884
Sêneca 117, 139*n*, 267*n*
Sérvio Túlio 76, 257-60, 266-7, 274, 278, 631, 636-7
Sesóstris 388, 442
Severo, Alexandre (imperador) 287, 352*n*, 517, 550, 640
Sexto (filho de Tarquínio) 263*n*, 297
Sexto Empírico 443
Sexto Peduceu 637
Shaw, Thomas 604*n*
Siágrio 779, 782
Sicília, Diodoro da 81*n*, 176*n*, 193*n*, 272, 386*n*, 442*n*, 452*n*, 474, 566*n*, 722*n*, 892-3
Sidney, Algernon 245*n*
Silaniano (*senatus consultum*) 351
Silano 117
Silano, Caio Júnio 351*n*
Siriano (de Alexandria) 728
Sisto V (papa) 184
Smith, Adam 40, 45, 89*n*, 174*n*, 521*n*
Smith, William 189, 359*n*, 364, 604*n*
Sócrates 59, 145*n*, 153*n*
Sócrates de Constantinopla 503
Solís y Ribadeneyra, Antonio de 368
Sólon 75*n*, 76-7, 116, 118*n*, 120, 153, 297, 368*n*, 380*n*, 416, 442, 459, 590, 602*n*, 603, 632, 720, 755,
Sozomenos, Salamanes Hermias 547*n*, 552*n*, 639*n*
Stow, John 486
Stroza, Cyriacus 110
Suetônio 42, 96*n*, 166*n*, 187, 291*n*, 483*n*, 544*n*, 546*n*, 548*n*, 550*n*, 574*n*
Suger (abade de Saint Denis) 843
Suídas 145, 172*n*
Sula 88, 166, 201, 292, 294, 884

Montesquieu

T

Tácito (imperador) 292

Tácito, Públio Cornélio 42, 129n, 155, 158n, 177, 178n, 186n, 187, 197n, 237n, 253, 255, 290n, 300n, 310n, 319n, 320n, 346, 347n, 354n, 355n, 390-2, 395-6, 399-400, 403n, 404n, 434, 499n, 523n, 524-5, 527, 544, 546n, 550n, 554, 575, 586, 661, 665, 675, 724n, 738-41, 743, 758, 765-6, 797-8, 880-1, 883

Tanaquil 258n

Tarquínio, o Soberbo 257, 258n, 259, 263, 292

Tassy, Jacques Philippe Laugier de 357, 361, 499

Tavernier, Jean-Baptiste 327n

Tégan 785-7, 821n, 822n, 823

Teodato 395

Teodorico (franco) 644, 746, 750, 795, 800

Teodorico (rei da Itália) 397n, 399, 655n, 669, 747, 750

Teodoro Láscaris 283

Teófilo 444, 633, 635

Teofrasto 108

Tertúlio (*senatus consultum*) 640

Teseu 256n, 370n, 575

Thaumassière, Gaspard Thaumas de la 656n, 713n, 717n, 841n

Tibério 89, 130n, 178, 184, 186-7, 197, 290-1, 499, 548, 550

Tibério Graco 265, 270

Tillet, Jean du 709n, 712n

Timarco 77n

Tournefort, Joseph Pitton de 81n

Trajano 300n, 550, 734

Triboniano 876n

Tucídides 256n, 458n

Túlio Hostílio 165, 258

U

Ulisses 454

Ulpiano 183n, 269n, 287, 528, 545, 547n, 548n, 549, 550n, 630n, 633, 634n, 639n, 640, 884-5

V

Valêncio 480

Valentiniano 285n, 286, 358, 418, 480, 641, 798

Valério Máximo 187, 298n, 369, 543n

Valois, Adrien de 653n

Vamba 655

Varília, Apuleia 187n

Varnacário 791, 795-6

Varo, Públio Quintílio (tribunal de) 275, 403

Veleio Patérculo 665, 884-5

Ven Ti (Wendi) 180, 330, 375

Vênus 459, 529

Veratius, Lucius 730

Vernet, Jacob 37, 431n, 629n

Verres 275n, 292n, 635n, 636

Vespasiano 142

Vibélio, Décio 176n

Virgílio 61n, 431, 432n, 737n, 845n, 859

Virgínia 157, 263, 298

Virgínio 157

Vitélio 142

W

William, Petty 45, 541

Wulemar 766n

X

Xenofonte 75, 109, 121n, 122, 162n, 182n, 192, 444, 458-9, 579n

Xerxes 469

Z

Zenão 569, 576, 852

Zeus 108n, 431n, 458n

Zonaras 444n, 636

Zoroastro 303, 613

Zósimo 144n, 155, 571, 741n, 779

Cronologia dos governos nas dinastias dos merovíngios, carolíngios e capetos

Período merovíngio

c. 457-481. Quilderico I
481-511. Clóvis I
c. 507-511. Publicação da Lei Sálica
Os quatro *regna*: partilha do *regnum Francorum* entre os filhos de Clóvis I
511-534. Teodorico I
511-524. Clodomiro
511-558. Quildeberto I
511-561. Clotário I (rei dos Francos a partir de 558)
561-567. Cariberto I
561-575. Sigeberto I
561-584. Quilperico I
561-592. Gontrão
593-595. Quildeberto II (rei da Austrásia e Borgonha)
584-629. Clotário II (rei dos francos a partir de 613)
629-639. Dagoberto I
639-658. Clóvis II
673-675. Quilderico II
673-691. Teodorico III (rei dos francos a partir de 679)
691-695. Clóvis IV

695-711. Quildeberto III
711-715. Dagoberto III
715-721. Quilperico II
720-740. Governo de Carlos Martel
721-737. Teodorico IV
743-751. Quilderico III

Período carolíngio

751-768. Pepino III (o Breve)
768-771. Carlomano I
768-814. Carlos Magno
814-840. Luís I (o Bonachão, ou o Piedoso)
840-855. Lotário I (imperador do Ocidente)
       855-875. Luís II, o Jovem (imperador do Ocidente)
      843-876. Luís, o Germânico (rei da França oriental)
843-877. Carlos II (o Calvo)
877-879. Luís II (o Gago)
879-882. Luís III
882-884. Carlomano II
884-888. Carlos III (o Gordo)
888-898. Eudo
898-922. Carlos III (o Simples)
922-923. Roberto I
923-936. Raul
936-954. Luís IV (Luís de Além-Mar)
954-986. Lotário
986-987. Luís V (o Indolente)

Período capetiano

987-996. Hugo Capeto
996-1031. Roberto II (o Piedoso)
1031-1060. Henrique I

Do espírito das leis

1060-1108. Filipe I
1108-1137. Luís VI (o Gordo)
1137-1180. Luís VII (o Jovem)
1180-1223. Filipe II (Augusto)
1223-1226. Luís VIII (o Leão)
1226-1270. Luís IX (São Luís)
1270-1285. Filipe III (o Ousado)
1285-1314. Filipe IV (o Belo)
1314-1316. Luís X (o Teimoso)
1316-1322. Filipe V (o Alto)
1322-1328. Carlos IV (o Belo)

SOBRE O LIVRO

Formato: 16 x 23 cm
Mancha: 27,8 x 48 paicas
Tipologia: Venetian 301 12,5/16
Papel: Off-white 80 g/m² (miolo)
Couché fosco encartonado 120 g/m² (capa)

1ª edição Editora Unesp: 2023

EQUIPE DE REALIZAÇÃO

Edição de texto
Tulio Kawata (Copidesque)
Marcelo Porto (Revisão)

Capa
Vicente Pimenta

Editoração eletrônica
Eduardo Seiji Seki

Assistência editorial
Alberto Bononi
Gabriel Joppert

Coleção Clássicos

A arte de roubar: Explicada em benefício dos que não são ladrões
D. Dimas Camándula

A construção do mundo histórico nas ciências humanas
Wilhelm Dilthey

A escola da infância
Jan Amos Comenius

A evolução criadora
Henri Bergson

A fábula das abelhas: ou vícios privados, benefícios públicos
Bernard Mandeville

Cartas de Claudio Monteverdi: (1601-1643)
Claudio Monteverdi

Cartas escritas da montanha
Jean-Jacques Rousseau

Categorias
Aristóteles

Ciência e fé – 2ª edição: Cartas de Galileu sobre o acordo
do sistema copernicano com a Bíblia
Galileu Galilei

Cinco memórias sobre a instrução pública
Condorcet

Começo conjectural da história humana
Immanuel Kant

Contra os astrólogos
Sexto Empírico

Contra os gramáticos
Sexto Empírico

Contra os retóricos
Sexto Empírico

Conversações com Goethe nos últimos anos de sua vida: 1823-1832
Johann Peter Eckermann

Da Alemanha
Madame de Staël

Da Interpretação
Aristóteles

Da palavra: Livro I — Suma da tradição
Bhartrhari

Dao De Jing: Escritura do Caminho e Escritura da Virtude com os comentários do Senhor às Margens do Rio
Laozi

De minha vida: Poesia e verdade
Johann Wolfgang von Goethe

Diálogo ciceroniano
Erasmo de Roterdã

Discurso do método & Ensaios
René Descartes

Draft A do Ensaio sobre o entendimento humano
John Locke

Enciclopédia, ou Dicionário razoado das ciências, das artes e dos ofícios — Vol. 1: Discurso preliminar e outros textos
Denis Diderot, Jean le Rond d'Alembert

Enciclopédia, ou Dicionário razoado das ciências, das artes e dos ofícios —
Vol. 2: O sistema dos conhecimentos
Denis Diderot, Jean le Rond d'Alembert

Enciclopédia, ou Dicionário razoado das ciências, das artes e dos ofícios —
Vol. 3: Ciências da natureza
Denis Diderot, Jean le Rond d'Alembert

Enciclopédia, ou Dicionário razoado das ciências, das artes e dos ofícios —
Vol. 4: Política
Denis Diderot, Jean le Rond d'Alembert

Enciclopédia, ou Dicionário razoado das ciências, das artes e dos ofícios —
Vol. 5: Sociedade e artes
Denis Diderot, Jean le Rond d'Alembert

Enciclopédia, ou Dicionário razoado das ciências, das artes e dos ofícios —
Vol. 6: Metafísica
Denis Diderot, Jean le Rond d'Alembert

Ensaio sobre a história da sociedade civil / Instituições de filosofia moral
Adam Ferguson

Ensaio sobre a origem dos conhecimentos humanos / Arte de escrever
Étienne Bonnot de Condillac

Ensaios sobre o ensino em geral e o de Matemática em particular
Sylvestre-François Lacroix

Escritos pré-críticos
Immanuel Kant

Exercícios (Askhmata)
Shaftesbury (Anthony Ashley Cooper)

Fisiocracia: Textos selecionados
François Quesnay, Victor Riqueti de Mirabeau, Nicolas Badeau, Pierre-Paul
Le Mercier de la Rivière, Pierre Samuel Dupont de Nemours

Fragmentos sobre poesia e literatura (1797-1803) / Conversa sobre poesia
Friedrich Schlegel

Hinos homéricos: Tradução, notas e estudo
Wilson A. Ribeiro Jr. (Org.)

História da Inglaterra — 2ª edição: Da invasão de Júlio César à Revolução de 1688
David Hume

História natural
Buffon

História natural da religião
David Hume

Investigações sobre o entendimento humano e sobre os princípios da moral
David Hume

Lições de ética
Immanuel Kant

Lógica para principiantes — 2ª edição
Pedro Abelardo

Metafísica do belo
Arthur Schopenhauer

Monadologia e sociologia: E outros ensaios
Gabriel Tarde

O desespero humano: Doença até a morte
Søren Kierkegaard

O mundo como vontade e como representação — Tomo I - 2ª edição
Arthur Schopenhauer

O mundo como vontade e como representação — Tomo II
Arthur Schopenhauer

O progresso do conhecimento
Francis Bacon

O Sobrinho de Rameau
Denis Diderot

Obras filosóficas
George Berkeley

Os analectos
Confúcio

Os elementos
Euclides

Os judeus e a vida econômica
Werner Sombart

Poesia completa de Yu Xuanji
Yu Xuanji

Rubáiyát: Memória de Omar Khayyám
Omar Khayyám

Tratado da esfera – 2ª edição
Johannes de Sacrobosco

Tratado da natureza humana – 2ª edição: Uma tentativa de introduzir o método experimental de raciocínio nos assuntos morais
David Hume

Verbetes políticos da Enciclopédia
Denis Diderot, Jean le Rond d'Alembert

Impressão e Acabamento
Bartiragráfica
(011) 4393-2911

Os elementos
Euclides

Os judeus e a vida econômica
Werner Sombart

Poesia completa de Yu Xuanji
Yu Xuanji

Rubáiyát: Memória de Omar Khayyám
Omar Khayyám

Tratado da esfera – 2ª edição
Johannes de Sacrobosco

*Tratado da natureza humana – 2ª edição: Uma tentativa de introduzir o método
experimental de raciocínio nos assuntos morais*
David Hume

Verbetes políticos da Enciclopédia
Denis Diderot, Jean le Rond d'Alembert